# 행정학 절요

행정학의
마루로
통하는 길

行政學節要

변종순 지음

박영사

# PREFACE
| 머리말

행정학의 마디들을 모아 정리한 『행정학 절요』는 학습자 또는 교수자분들의 효율적인 동반자가 되고자 출간한 것이다. 도서명은 「고려사절요」나 「삼국사절요」를 지으신 분들의 뜻과 일치하는 바가 있어 정했다.

저자는 행정학을 처음 접하면서 들었던 의문인 '행정과 행정학은 무엇이고, 어떠해야 하는가?'에 대한 실마리를 찾았다. 행정학 탐색에 소요되는 기회비용을 최소화하는 데 기여할 수 있겠다는 확신이 생긴 것이다.

지천명에 이르기까지 수많은 학생들, 학부모들 및 동료들과 교실 또는 강의실 그리고 상담실 등에서 함께한 세월들이 주마등처럼 스친다. 행정학을 가르치면서 행정학이 주는 모호함과 방대함에 지치고 힘들어 하는 학생들의 목소리를 들으려 했다. 필요로 하는 사람들에게 경로를 제시하는 과정은 늘 긴장되면서도 보람찬 시간이었다. 아울러 학부모님의 심정에서 학생들을 바라보려는 초심을 유지하고자 노력했다.

학습한 지식이 최대의 효과를 발휘하려면 자신의 머릿속에 쉽고, 간결하며, 정확하게 인지되어야 한다. 인간의 제한된 합리성은 지식의 구조화 및 체계화를 요구하기 때문이다.

행정학 이론이나 주장이 가장 객관화될 수 있는 지점은 현실적으로 각종 공개경쟁시험과 법령이라고 생각한다. 이러한 문제의식을 갖고, 관련 지문들을 철저히 분석하여 해당 부문에 서술하는 것에 초점을 두었다. 종이로 인쇄된 교재가 가장 필요한 분들에게 적합하게 구성한 것이다.
우리 행정학이 나아가야 할 지향점과 방안들에 대한 구체적인 생각들은 다른 저술로 대신하고자 한다.

하나의 싹이 터서 잎이 나고 자라나 열매를 맺는 과정에는 수많은 관심과 환경적 여건 등이 맞아떨어져야 함을 성장과정에서 몸소 느껴왔다. 자녀들 교육을 위해 자신들의 삶을 잊은 부모님이 지금 이 순간 더욱 그리워지고, 후회되는 장면들이 눈앞을 스친다.

행정학 교재를 제대로 쓴 후 출판하려는 생각은 품고 있었지만 기회와 여건이 되지 않다가 원고가 어느 정도 성숙되어 박영사에 연락을 했다. 일면식이 없었음에도 불구하고 전화통화만으로 저자의 의지를 확인하고, 흔쾌히 허락해 주신 안상준 대표님을 비롯한 경영진께 이 자리를 빌려 감사의 말씀을 드린다.

학문적 영감을 주신 수많은 선후배 학자들에게 저절로 머리가 숙여지며, 꼼꼼하면서도 좋은 의견을 많이 주신 마케팅 김한유 과장, 편집 김보라 과장과 김민경 대리를 비롯한 관계자분들에게도 재차 감사의 말씀을 드린다.

끝으로 대학 진학 이후 청년기를 함께했던 박영사 교재들만큼 『행정학 절요』가 긍정적인 전환점이 되기를 바라면서 글을 마치고자 한다.

2020. 하늘연달.

누옥에서 도은의 손, 송암의 자 **변종순**(卞宗舜)

## 새김말

- 學而時習之, 不亦說乎(학이시습지, 불역열호)
  → 배우고 때맞추어 이를 익히면, 이 또한 기쁘지 아니한가?

  - 공자

- 무실(無實)을 무실(務實)로 경장(更張)해야 한다.
  → 실(實)없다면 실을 닦기 위해 힘써야 하며 이를 통해 고치고 넓힐 수 있다.

  - 이이(李珥)의 만언봉사(萬言封事)

- Gedanken ohne Inhalt sind leer, Anschauungen ohne Begriffe sind blind.
  → 내용 없는 사고는 공허하며, 개념 없는 직관은 맹목적이다.

  - Immanuel Kant

# 행정학 학습방법

**01** 행정학의 학문적 경향과 이론의 흐름을 이해해야 한다.

행정학의 이론적 정향은 경영의 흐름과 정치의 흐름이 있다. 작용과 반작용의 관계처럼, 경영이나 사실 (fact) 을 강조하는 흐름과 정치나 가치 (value) 를 중시하는 흐름이 반복되는 측면이 있다. 예를 들면 정치행정이원론과 행태주의에 대응하여 정치행정일원론과 후기행태주의가 전개되는 것이다.

**02** 행정학이 방대하다는 평가는 사실이나, 효율화는 충분히 가능하다.

행정학의 맥을 잡는 데 가장 중요한 분야는 행정학의 핵심적 쟁점, 행정학 주요이론과 접근법을 담고 있는 PART 01 총론이다. 첫 단원을 단단하게 다지지 않으면 전체 연결고리가 잘 잡히질 않는다. 첫 단추가 중요하다는 의미이다.

행정학의 기초가 어느 정도 파악되면 각론 분야들에 어떻게 반영되는지를 확인·정리해 나가면 된다. 예를 들면 신자유주의가 신공공관리론에 영향을 주고, 신공공관리론에 근거한 행정개혁에 의해 신성과주의예산 제도가 운영되고 있다는 점을 파악하는 것이다.

**03** 목차와 개념의 상호 연결 관계를 구조화하는 습관을 들여야 한다.

모든 학문의 시작은 사용되는 용어와 개념을 파악하는 것이다. 처음부터 많은 것을 한꺼번에 하려고 하면 심적인 부담의 증가로 학습의욕이 저하될 수도 있다. 그러므로 개념을 통해 전체적인 그림을 자주 그려보고, 어떤 정책이나 사례에 적용이 가능할지를 생각하면서 자신만의 이해의 틀 (framework) 을 찾아야 한다. 자신이 이해한 방식이나 내용을 검증·확인을 하려면 관련 전문가들에게 질문을 하거나 문제를 다뤄보는 방법이 필요하다.

# 행정학 절요 활용법

본서를 통해 행정학을 처음 접하는 분은 우선 목차와 그림, 도표를 중심으로 개관하면서 전체적인 흐름과 내용을 파악하는 것이 좋다.

다른 경로로 행정학을 이미 학습한 적이 있는 분은 본서로 새롭게 접근함으로써 이루고자 하는 정상으로 통하는 길을 찾을 것이다.

『행정학 절요』는 특히 행정학 과목을 시험으로 치르는 분들에게 '행정학의 마루로 통하는 길'을 안내하고자 한다. 9급 시험 응시자가 가장 많기는 하나, 최근 시험들의 경계가 얇아지고 있고 행정학 과목이 필수화됨에 따라 그에 대한 적응 차원의 학습이 필요하다.

한편 행정학 교수자분들은 한 학기 또는 한 강좌에서 다룰 수 있는 실질적인 분량이 많지 않기에, 본서의 각 파트를 중심으로 강의안을 구성하는 것도 하나의 방법이 될 것이다. 각론 과목의 도서들은 분량이 많은데다, 학자들에게만 의미가 있는 부문을 덜어낼 필요가 있기 때문이다. 또한 행정학이 필요해서 공부하는 학습자들이 '실질적으로 필요한 부분을 정확하게 알게 하는 것'이 수업의 효율성을 높인다는 것을 확인하였기 때문이다.

마지막으로 공개경쟁시험의 문제들, 변형문제 및 예상문제 등을 본서와 함께 공부하는 것도 좋은 방법이 된다. 여건이 성숙되는 대로 이른 시간 내에 『행정학 절요』와 함께 학습할 수 있는 문제집 출간도 준비 중이니 참고하길 바란다.

# CONTENTS
| 차례

## PART 03 | 조직론

## PART 04 | 인사행정론

# PART 05 | 재무행정론

# PART 06 | 지방행정론

# PART 07 | 행정환류론

행정학의
마루로 통하는 길

# 행정학 절요

# PART

# 01

# 총론

# 01 행정학의 요소와 행정사

## 제1절 | 행정학의 위치

### ❶ 행정의 개념

#### 1) 행정의 의미

행정 (行政) [1]은 '올바른 다스림을 행하는 것'이다. '올바른 다스림'의 의미를 구체화한다면, 사회의 공공가치 실현을 목적으로 한다고 해석할 수 있다.

행정은 우리 삶 속에 있는 관계의 연속이라고도 정의내릴 수 있다. 관계는 '시간 (時間), 공간 (空間), 인간 (人間)' 3면의 이어짐이다.[2]

✚ 그림 1−1 행정의 관계성

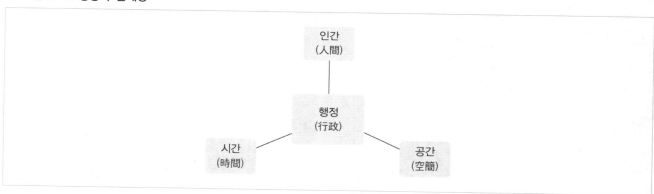

#### 2) 협의와 광의의 행정

행정 (public administration) 은 협의로는 행정부의 조직과 공무원의 활동에 대한 것이다. 좁은 의미의 행정은 행정부 조직이 행하는 공공목적의 달성을 위한 제반 노력을 의미한다.

광의로는 정부를 포함하여 다양한 조직이나 기관에서 목적 달성을 위한 노력이라고 할 수 있다. 넓은 의미의 행정은 협동적 인간 노력의 형태로서, 정부 조직을 포함하는 대규모 조직에서 보편적으로 나타난다.

---

1 『논어 (論語)』에 의하면 "정치란 바름[정자정야 (政者正也)]"을 의미한다. 따라서 행정은 '올바름을 실현하는 것'이라고 정의하고자 한다.
2 행정을 관계의 연속으로 정의하는 것은 저자의 견해로, 이에 대한 상세한 설명은 추후 다른 저작물로 대신하고자 한다.

## 3) 현대 행정의 특징

행정은 공공서비스의 생산, 공급, 분배를 통해 공공욕구를 충족시켜 국민 삶의 질을 증대하고자 한다. 행정의 활동은 환경과의 상호작용을 통해 역동적으로 변화한다. 최근 행정의 개념에는 공공문제의 해결을 위해 정부 외의 공·사조직들 간의 연결 네트워크, 즉 거버넌스 (governance) [3]를 강조하는 경향이 있다.

행정은 정부의 단독행위가 아니라 사회의 다양한 주체들이 함께 참여하는 협력행위로 변해가고 있다. 행정은 정치권력을 배경으로 행정을 수행하되, 오늘날 행정활동은 정부가 독점하는 것은 아니다. 현대적 행정은 공공서비스의 생산 및 공급을 정부와 민간이 함께 담당하는 협력적 통치로서의 행정을 의미한다.

현대 행정이란 행정부의 권력과 역할이 커지고 있는 행정국가 하에서의 행정의 특징을 의미한다. 현대 행정과 대비되는 개념은 근대 입법국가 시대의 행정이다.

근대 입법국가 시대의 행정은 '최소의 행정이 최선의 행정'이라고 보았고, 현대 행정국가의 경우는 '최대의 행정 또는 최대의 봉사가 최선의 행정'이라고 본다.

입법국가 시대에는 정부는 치안, 국방, 외교, 질서, 조세징수 등의 소극적 기능에 한정되어야 한다고 인식했다. 반면에 현대 행정국가에서의 정부의 기능은 복지 수요에 대한 대응과 시장기능이 제대로 작동되지 않는 영역들에 대한 적극적 대응으로 그 필요성이 커지고 있다.

현대 행정의 구조적·양적 특징은 행정부의 양적 확대와 공적 영역의 확장과 관련된다. 행정기구의 확대 및 공무원 수의 증가, 공기업과 공공기관 증가, 재정규모의 팽창 등이다.

현대 행정의 기능적·질적 특징은 행정의 전문성이 요구되며, 시민들의 행정과정에의 참여 요구 증가로 인한 정책평가나 환류의 강화 경향, 잦은 환경 변화에 대응해야 하는 행정의 동태성 (動態性) 강화, 행정 수요 범위의 광역화 (廣域化), 교통·통신의 발달과 전국적 통일성이 요구되는 사무의 증가로 인해 나타나는 신중앙집권적 경향 등이 해당한다.

## ❷ 행정과 경영

## 1) 공통점

행정 (行政) 과 경영 (經營) 의 공통점을 요약하면 관리성 또는 관리기술성, 의사결정과정 내포, 관료제의 성격을 지닌다는 것이다.

첫째, 행정과 경영은 목표달성을 위한 효율적 자원 활용을 위한 관리 (管理) 성 또는 관리기술적 속성을 갖는다.

둘째, 행정 (public administration) 은 목표달성을 위한 의사결정과정 혹은 집단적 협동행위라는 측면에서 경영 (administration) 과 유사하다.

셋째, 행정과 경영은 모두 관료제 (bureaucracy) 적 성격을 가지고 있으며, 능률적인 관리 (management) 의 관점에서 볼 때는 유사하다.

---

3 거버넌스 (governance) 는 '국정관리 또는 국가경영 또는 협치 (協治)'로도 번역되며, 정부를 의미하는 government는 조직 자체를 강조하는 것으로 양자를 구별하여 사용되고 있다. 한편 공공서비스 공급자를 정부로 좁게 보는 하향적 접근방식을 전통적 거버넌스 (old governance) 라고 정의할 경우, 뉴거버넌스 (new governance) 는 상향적 또는 시민참여에 의한 행정을 강조하는 흐름의 의미로 사용된다. 따라서 맥락적 이해가 필요한 개념이다.

## 2) 차이점

첫째, 행정은 공적 (public) 가치를 추구한다는 점에서는 경영과 다르다고 할 수 있다. 행정을 공적인 경영 (public administration) 이라고 한다면, 경영이 이윤극대화를 추구하는 것과 달리 행정의 지향점은 공적 이익의 극대화 또는 사회후생의 극대화이다. 즉 행정은 경영과 달리 공공 (公共) 또는 사회후생 (社會厚生) 이란 가치가 강조된다. 행정은 모든 국민을 대상으로 하지만, 경영은 고객 관계가 형성되어 있는 특정 범위에 한정된다.

둘째, 경영 (經營) 과 구분되는 행정이 가지는 속성은 다음과 같다. 행정은 본질적으로 정치적 공권력을 배경으로 수행되고, 행정은 독점성 측면에서 경쟁자가 없다고 볼 수 있으며, 행정은 공익추구라는 목적을 이루기 위한 수단적 성격을 갖는다.

셋째, 행정은 엄격한 법적 규제를 받으므로 환경 변화에 따른 조직의 대응능력이나 인력의 충원과정에서 탄력성이 떨어지지만 경영은 그렇지 않다.

한편 행정과 경영은 개방체제로 운영되고 있으며, 오늘날 전 세계적인 정부개혁으로 인해 행정과 경영 간의 차이점이 더욱 약해지고 있다.

행정과 경영의 관계를 보는 관점으로는 행정과 경영은 동일하다는 입장인 공사행정일원론과 행정과 경영은 다르다는 입장인 공사행정이원론이 있다.

✚ 표 1-1 경영과 행정

| | 경 영 | 행 정 |
|---|---|---|
| 목 적 | 이윤 극대화, 사익 우선 | 사회후생 극대화, 공익 중시 |
| 조직목표의 특징 | 명확성, 구체성이 높음 | 추상적, 상징적 목표가 많음 |
| 규범 체계 | 내부 규율 적용이 많음 | 법적 규제의 적용 정도가 강함 |
| 강제력 | 강제력과 권력수단 미비 | 강제력 동원과 권력수단을 갖춤 |
| 대상집단 범위 | 대상집단이 한정적 | 대상집단이 광범위 |
| 서비스의 경쟁도 | 독점력이 약하고 경쟁적임 | 독점도가 높고 보편 서비스 제공 |

## ❸ 행정과 정치

### 1) 정치행정이원론

정치행정이원론 (politics - administration dichotomy) 은 행정이 정치와는 다른 속성을 지닌다고 본다. 효율적인 경영을 강조하는 과학적 관리론의 영향을 받아 행정을 비정치적·정치중립적이며 비권력적인 관리현상으로 이해한다.

행정을 수립된 법이나 정책을 관리 및 집행하기 위한 인력과 물자의 관리기술로 보기 때문에 '기술적 (技術的) 행정학'이라고도 한다. 정치행정이원론 또는 기술적 행정학은 공사행정일원론과 상통한다.

정치행정이원론은 정당정치의 개입으로부터 자유로운 행정 영역을 강조하였다. 행정을 정치로부터 분리시켜 독자적인 학문으로서의 행정학 발전에 기여하였다.

정치행정이원론의 관점에서 공공조직의 관리자들은 정책결정자를 위한 지원 및 정보제공의 역할만을 수행한다고 본다. 즉, 행정은 원리에 충실하면서 국가의사를 결정하는 것이 아니라 집행하여야 한다. 행정의 전문성과 중립성 확보의 필요성을 강조한다.

정치행정이원론 (政治行政二元論) 은 한국과 같이 중앙집권적 권력체계와 행정제도의 역사를 가진 국가에서는 행정은 국가의사를 전문적 능력과 법령에 따라 집행하는 일선 행정임을 강조하는 이론으로 설명되기도 한다. 정치행정이원론에 따르면, 행정은 전통적인 당파정치에서 분리되어 전문적·과학적 관리 중심으로 재편되어야 한다.

정치행정이원론은 미국에서는 1880년대의 공무원제도 개혁의 중심이론으로 작용했다. 과학적 관리론과 행정개혁운동은 정치행정일원론의 한계를 지적하였다. 정치행정이원론은 행정관리론과 신공공관리론[4]을 통하여 행정에 사기업관리방식을 도입하도록 했다. 과학적 관리 (scientific management) 와 정부재창조 (reinventing government) 에 공통된 전제를 제공하였다.

정치행정이원론의 대표적 학자로는 Thomas W. Wilson, Frank J. Goodnow, Leonard D. White, William F. Willoughby, Luther Gulick과 Lyndall F. Urwick 등을 들 수 있다.

첫째, Thomas Woodrow Wilson (1887)[5]은 『행정의 연구 (The Study of Administration)』에서 행정과 경영의 유사성을 강조하면서, "행정은 사무관리의 영역 (The field of administration is a field of business) 이다. 행정은 정치의 성급함과 다툼의 속성으로부터 분리되어진다 (It is removed from the hurry and strife of politics)."라고 했다.

둘째, Frank Johnson Goodnow (1900) 는 『정치와 행정 (Politics and Administration)』에서 "정치는 국가의 의지를 표명하고 정책을 구현하는 것이며 행정은 국가의지를 실천하는 것"이라고 정의했으며, 정치와 행정의 차이를 명확히 구별하는 정치행정이원론을 체계화했다.

셋째, Leonard Dupee White (1926) 는 『행정학 입문 (An Introduction to the Study of Public Administration)』[6]에서 "행정은 사람과 물자의 관리"라고 주장했다.

넷째, William Franklin Willoughby (1927) 는 『행정학원리 (Principles of Public Administration)』에서 "행정은 입법·사법·행정부를 통해 행해지는 순수한 기술 과정을 의미한다."고 주장하면서 행정학을 절약과 능률을 목표로 하는 관리학으로 간주했다.

다섯째, Luther Gulick과 Lyndall F. Urwick은 『행정과학 논문집』(1937)에서 최고관리층의 7대 기능으로 'POSDCoRB'를 제시했다. 이것은 Planning (기획), Organizing (조직), Staffing (인사), Directing (지휘), Coordinating (조정), Reporting (보고), Budgeting (예산) 으로 구성된다.

## 2) 정치행정일원론

정치행정일원론 (politics - administration monism) 은 행정이 정치와 유사한 속성을 지닌다고 본다. 정치와 행정의 연계 위에서 행정의 가치지향성, 처방성, 기술성 (art)[7]을 중시한다. 정치행정이원론이 관리기술을 강조하는 기술적 행정학이라

---

4 신공공관리론은 정부부문에 민간의 경쟁이나 경영기법 및 시장의 원리를 적극 도입하자는 입장이다. 이를 통해 정부를 재창조해야 한다는 것이다.

5 윌슨 (Thomas Woodrow Wilson) 은 19세기 말엽 미국 내 정경유착과 보스 (boss) 중심의 타락한 정당정치로 인하여 부패가 극심한 상황에서, 행정이 정치로부터 독립해야 한다고 주장했다.

6 Leonard Dupee White (1926) 의 『행정학 입문 (An Introduction to the Study of Public Administration)』은 최초의 행정학 교과서로 불린다.

고 한다면, 정치행정일원론은 행정을 사회문제를 처방하기 위한 적극적인 가치판단 기능을 갖는 것으로 보며 기능적(機能的) 행정학이라고도 한다. 정치행정일원론 또는 통치기능(統治機能)설은 공사행정이원론과 상통한다.

정치행정일원론의 관점에서는 공공조직의 관리자들은 정책을 구체화하면서 정책결정 기능을 수행한다. 행정에 내포되어 있는 정치적인 기능을 강조한다. 정치행정일원론에서는 행정에 대한 시민의 참여를 통한 민주적 통제를 강조하였다. 1930년대 뉴딜정책은 정치행정일원론이 등장하게 된 중요 배경이다. 신행정학은 정치행정일원론에 입각하여 독자적인 행정이론의 발전을 이루고자 하였다.

정치행정일원론의 대표적 학자로는 Marshall Edward Dimock, Fritz Morstein Marx, John Merriman Gaus, Paul Henson Appleby, Wallace Stanley Sayre 등을 들 수 있다.

첫째, Marshall Edward Dimock (1937)은 『현대정치와 행정(Modern Politics and Administration)』에서 통치는 정책형성과 정책집행으로 구성되며, 정치와 행정의 연속성을 강조하면서 '사회적 능률'이라는 개념을 제시했다.

둘째, Fritz Morstein Marx (1946)는 『행정의 요소(Elements of Public Administration)』에서 정치와 행정의 분리는 비현실적이라고 보았다. John Merriman Gaus (1947)는 『행정에 대한 반성(Reflections on Public Administration)』에서 "우리 시대에 행정이론은 동시에 정치이론을 의미한다."라고 했다.

셋째, Paul Henson Appleby (1949)는 『정책과 행정(Policy and Administration)』에서 "정치와 행정의 관계는 단절적이 아니라 연속적, 정합적, 융합적이기 때문에 양자를 구별하는 것은 적절하지 않다."라고 했다.

넷째, Wallace Stanley Sayre (1958)는 "행정과 경영은 모든 중요하지 않은 것(in all unimportant respects)만 닮았다."고 하면서, 행정과 경영은 중요한 것은 다른데, 행정은 정치성과 권력성을 갖는다고 보았다.

다섯째, Dwight Waldo (1948)는 『행정국가(The Administrative State)』에서 행정을 정치이론과 이념들의 역사라는 관점에서 다뤘다. Dwight Waldo는 정통 행정학에는 근본적인 결함이 있음을 논증하면서 "기존의 행정학에는 참다운 원리가 없다."라고 비판했다.

**✚ 표 1-2 정치행정이원론과 정치행정일원론**

| 구 분 | 정치행정이원론 | 정치행정일원론 |
|---|---|---|
| 시대적 조류 | 19C 근대 입법국가 | 20C 현대 행정국가 |
| 정부의 역할 | 최소의 행정이 최선의 행정 | 최대의 행정이 최선의 행정 |
| 관리와 통치 | 행정관리설 | 통치기능설 |
| 기술과 기능 | 기술(技術)적 행정학 | 기능(機能)적 행정학 |
| 행정과 경영의 관계 | 공사행정일원론 | 공사행정이원론 |
| 사실과 가치 | 사실과 가치중립성 강조 | 가치판단 개입의 불가피성 강조 |
| 과학성과 기술성 | 과학성(science) 강조 | 기술성(art), 처방책 강조 |
| 지향하는 가치 | 효율적 행정 | 시민참여를 통한 민주적 통제 |
| 대표 학자 | Wilson, Gulick | Appleby, Waldo |

---

**7** 기술성(art)은 기술(technology)이 아니라 처방책 내지 문제해결책을 의미한다.

■ **TIP** 행정과 정치 및 경영과의 관계

  1. 행정의 경영적 성격을 강조하는 입장은 정치행정이원론, 공사행정일원론과 부합한다.
  2. 행정의 정치적 성격을 강조하는 견해는 정치행정일원론, 공사행정이원론과 상통한다.

---

## 제2절   행정학의 연구요소

### ❶ 과학성과 기술성

#### 1) 과학성

과학성 (science) 이란 원인과 결과의 규칙성을 발견하는 것을 의미한다. 실증적 이론화 작업을 토대로 설명과 예측을 통한 인과적 설명에 초점을 둔다. 인간의 행태에 대한 실증적 연구를 강조하던 행태주의 학자들은 행정학 연구에서 처방보다는 학문의 과학화에 역점을 두고 가설의 경험적 검증 등을 강조했다.

#### 2) 기술성

Dwight Waldo가 'art, professional'라고 지칭한 기술성은 사회문제 해결을 위한 처방책이나 실천적 대안의 모색을 강조한다.[8]

Woodrow Wilson 등 초기 행정학자들은 당시의 사회문제 해결책은 행정의 능률성을 높이는 것으로 인식하여, 관리기술이나 행정의 원리 등을 발견하려는 것에 초점을 두고 행정학의 기술성을 강조하였다.

정치행정이원론이 과학성 (science) 을 중시한다면, 정치행정일원론은 기술성 (art) 을 강조한다고 볼 수 있다.

현실 문제의 해결은 언제나 과학에만 의존할 수 없으므로 행정학은 기술성과 과학성을 동시에 고려하여야 한다.

### ❷ 가치중립성과 가치판단

가치중립성이란 연구자의 주관적 판단을 배제하고 객관적인 현실이나 사실 그 자체로 이해하고 파악하려는 학문적 태도이다. 가치판단이란 어떤 현상의 올바름과 바람직함의 여부를 주장하는 판단으로, 규범적이고 실천적인 연구를 지향한다.

행정학의 연구에서 가치 (value) 와 사실 (fact) 을 구분할 수 있어도 가치판단 문제를 완전히 배제할 수는 없다.

행정학에서 가치 (value) 에 관한 연구가 본격적으로 관심을 끌기 시작한 학문적 계기는 1960년대 미국의 사회문제 해결을 위한 처방책을 강조한 신행정론의 시작이다.

---

8 사이먼 (Herbert Simon) 이 'practice'란 용어로 지칭한 것은 정해진 목표를 어떻게 효율적으로 달성하는가 하는 방법을 의미한다.

과학성 (science) 을 중시할 경우에는 가치중립성에 토대로 두고, 기술성 (art, professional) 을 강조할 경우에는 가치판단의 개입이 불가피하다.

## ❸ 보편성과 특수성

행정학의 일반이론을 구축하려고 하는 것은 행정이론의 보편성을 믿기 때문이다. 다른 나라의 제도를 도입하려고 하는 것은 행정이론의 보편성 때문이다.

행정현상이 그 국가의 정치체계의 맥락 속에서 나타난다고 말하는 것은 특수성을 지적한 것이다. 성공적인 벤치마킹을 위해서는 제도의 보편성과 특수성을 동시에 고려하여야 한다.

## ❹ 방법론적 개체주의와 방법론적 전체주의

### 1) 방법론적 개체주의

방법론적 개체주의 (methodological individualism) 는 개체 또는 부분이 전체를 결정한다는 것이다. 개체주의는 사회를 사회 내의 개별 구성원들의 단순한 합에 불과한 이름뿐인 존재로 보는 사회명목론 (社會名目論) 과 상통한다.

개체주의 (個體主義) 는 전체를 부분으로 분해해서 이해하려는 환원주의 (還元主義) 입장이다. '하나를 보면 열을 안다'는 속담이 있는데 이를 환원주의 (reductionism) 라고 할 수 있으며, 각 부분에는 전체가 축약되어 있다는 논리다.

그러나 개인의 합이 전체와 일치하지 않는 개체·개인주의적 오류 (individualistic fallacy), 합성의 오류, 구성의 오류 (fallacy of composition), 원자론적 오류 또는 환원주의 오류 (fallacy of reductionism)[9]가 발생할 수 있다.

### 2) 방법론적 전체주의

방법론적 전체주의 (methodological wholism) 는 전체가 개체 또는 부분을 지배한다는 것이다. 전체주의 (全體主義) 는 사회를 개개의 합 이상의 고유한 실체를 갖는 것으로 보는 사회실재 (社會實在) 론 또는 부분의 합이 전체로 이행하면서 알 수 없는 신비한 속성이 나타나게 된다는 신비주의 (mysticism) 입장이다.

그러나 전체를 개별 개체로 분할할 경우 그 속성이 달라지는 분할의 오류 (fallacy of division) 또는 생태론적 오류 (ecological fallacy)[10]가 발생할 수 있다.

---

9 환원주의 오류에는 개체주의 오류뿐만 아니라 변수를 너무 좁게 잡는 오류도 포함된다. 개체주의적 오류 (individualistic fallacy) 란 개인적 특성에 대한 정보를 통해 그가 속한 집단이나 사회의 특성을 파악하고자 할 때 발생하는 오류이다.
10 생태론적 오류 (ecological fallacy) 란 개인보다 큰 집단에 관한 조사에 근거해서 개인에 관한 결론을 내릴 때 생기는 오류를 의미한다.

### ❺ 미시적 이론과 거시적 이론

#### 1) 미시 (微視) 적 이론

미시 (micro - scope) 적 이론은 개개의 단위나 개별 행위자들과 관련된 요인을 분석·설명하는 것으로, 집단의 속성은 개별 구성요소들의 속성의 합과 같다고 보는 개체주의 (個體主義) 적 입장에 근거한다.

#### 2) 거시 (巨視) 적 이론

거시 (macro - scope) 적 이론은 개인과 독립된 별개의 실체로서 구조나 제도가 분석의 초점이고, 전체는 개체의 속성으로 정의될 수 없는 고유한 특성을 지니게 된다는 신비주의 (神祕主義) 에 근거한다.

나무와 숲의 관계로 해석하면 개개의 나무들을 보는 것이 미시 (微視) 적 관점이고, 숲 전체에 초점을 두는 것이 거시 (巨視) 적 관점이다.

생각 넓히기 _ 중범위이론

중범위이론 (middle range theory) 이란 머튼 (Robert K. Merton)·프레스트후스 (R. Presthus) 등에 의해 제창된 것이다. 일반화와 추상화 수준이 매우 높은 거대이론 (grand theory) 과 몇몇의 관찰 결과에 기초한 경험적 일반화와 달리, 비교적 특정한 문제 영역에 초점을 맞추고 해당 영역에서의 각각의 연구 결과들을 전체적인 이론 형태로 나타내는 이론을 총칭하는 것이다. 이러한 성격을 띤 이론적 모형으로는 관료제모형, 생태론, 상황이론 등을 들 수 있다.

### ❻ 연역적 접근과 귀납적 접근

연역적 (deductive) 접근은 일반원리에서 개별사실을 도출하는 것이고, 귀납적 (inductive) 접근은 개별사실을 종합하여 일반원리를 도출하는 것이다.

### ❼ 임의론과 결정론

임의론 (任意論) 은 행정의 독립변수 (獨立變數) 적 특성을 강조하는 것이고, 결정론 (決定論) 은 행정의 종속변수 (從屬變數) 적 측면을 중시한 것이다.

✚ 그림 1-2 행정학 연구요소의 관계

정치행정이원론

• 행정의 과학성(science), 사실(fact) 강조

정치행정일원론

• 행정의 기술성(art, professional), 가치(value) 강조

미시적 연구

• 방법론적 개체주의, 임의론

거시적 연구

• 방법론적 전체주의, 결정론

## 제3절　행정학의 접근방법[11]

### ❶ 구조·제도적 접근, 제도론적 접근방법

#### 1) 역사적 접근방법

역사적 접근(historical approach)은 정치·행정적 사건을 자세히 묘사하는 일종의 사례연구 형식을 띠는 경우가 많다. 사건, 기관, 제도, 정책의 기원과 발전과정을 파악 및 설명하는 데 많이 사용되는 것으로, 발생론적 설명(genetic explanation) 방식을 주로 사용한다.

역사적 접근방법은 각종 정치·행정제도의 진정한 성격과 그 제도가 형성되어 온 특수한 방법을 인식하는 수단을 제공했다.

#### 2) 법률적·제도론적 접근방법

행정학 분야에서 각종 제도나 직제(職制)에 대한 자세한 기술(記述)에 관심을 갖는 것은 제도론적 접근방법에 따른 것이다. 법적·제도적 접근방법은 법과 제도 이면에서 움직이는 동태적인 인간관계나 권력 간 갈등 또는 인간의 심리 등을 고려하지 못하였으며, 연구가 지나치게 기술적 수준에 머물고 정태적이라는 비판에 부딪혔다.

---

11 행정학의 접근방법의 분류는 구조·제도적 접근, 행태적 접근, 행정환경적 접근, 가치주의 접근으로 분류하는 견해가 있다(이종수 외, 『새행정학』, 2016). 한편 행태론적 접근방법, 체제론적 접근방법, 제도론적 접근방법, 논변적 접근방법으로 분류하는 견해도 있다(유민봉, 『한국행정학』, 2016). 본서의 경우는 위 견해들을 토대로 구성하였다.

### 3) 신제도주의 접근방법

신제도주의 접근방법에서는 제도를 공식적인 구조나 조직 등에 한정하지 않고, 비공식적인 규범 등도 포함한다.
신제도주의는 행위 주체의 의도적이고 전략적인 행동이 제도에 영향을 미칠 수 있다는 점을 인정하고, 제도의 안정성
차원보다 제도설계와 변화에 더 관심을 보이고 있다.

공공선택론은 합리적 선택 제도주의를 대표하는 이론으로, 경제학적 분석도구를 이용하여 국가이론, 투표규칙, 투표자
행태, 관료행태, 이익집단 등의 연구에 적용한다.

## ❷ 행태론적 접근방법

행태론적 접근방법 (behavioral approach) 은 인간의 행태를 주된 연구대상으로 하며 집단의 고유한 특성을 인정하지 않
는 방법론적 개체주의의 입장이다.

행태론은 인간 행동의 규칙성을 경험적으로 관찰함으로써 변수 간의 인과관계를 규명하여 일반 법칙성을 추구한다.

행태론적 접근방법은 사실과 가치를 분리한다. 그러나 현상에서 가치문제가 많이 개입되어 있을수록 이론의 적합성이
떨어지기 때문에, 의도적으로 가치문제를 연구 대상이나 범위에서 제외시킬 수 있다는 비판이 제기되고 있다.

## ❸ 행정환경적 접근, 체제론적 접근방법

생태학적 접근방법 (ecological approach) 은 행정을 자연·문화적 환경과 관련하여 이해하면서 행정체제의 개방성을 강조
한다. 후진국의 행정현상을 설명하는 데 크게 기여했으며, 행정의 보편적 이론의 구축보다는 중범위이론에 자극을 주어
행정연구의 과학화에 기여하였다.

체제론적 접근방법 (systems approach) 의 가장 중요한 특징은 현상을 전체성의 시각에서 본다는 것으로, 환경의 영향을
중시하여 체제가 환경과의 전체적 맥락 속에서 주어진 역할을 얼마나 잘 수행하느냐에 따라 체제의 생존력이 결정된다
고 본다. 체제론적 접근방법은 자율적으로 목표를 설정하고 그 방향으로 체제를 적극적으로 변화시켜 나가려는 측면보
다 환경 변화에 잘 적응하려는 측면을 강조한다.

## ❹ 논변적 접근방법, 가치주의 접근

Toulmin (1958) 의 논변적 접근방법은 확실성을 지닌 법칙 발견을 강조하는 기존의 자연과학적 연구방법에서 벗어나, 어
느 정도의 불확실성을 인정하면서 가치측면의 규범성을 연구대상에 포함시키는 인식의 전환을 강조하는 흐름이다.

가치측면의 규범성을 연구의 대상으로 포함시킬 때는 문제해결방안의 진실성이 아니라 해결방안에 대한 주장의 정당성
이 더 중요하다는 입장이다.

주장의 건전성 내지 정당성[12]은 주장의 논거가 얼마나 좋은지에 따라 결정된다고 본다. 좋은 논거의 여부는 경험적 검증

---

12 주장의 정당성을 확보하기 위한 기본 요소를 Toulmin은 법정에서 검사와 변호사가 호소하는 법정변론절차에 착안하여 자료 (data), 본증 (warrant),

자료 외에 사회적 가치나 이념에 의해서도 제시될 수 있다.

논변적 (論辯的) 접근의 진정한 가치는 각자 자신들의 주장에 대한 논리성을 점검하고 상호 타협과 합의를 도출하는 민주적 절차에 있다. 자기 주장에 대한 기회주의적 자세에서 벗어나 자기비판적인 입장에서 반증을 제시하려는 성실한 자세가 요구되는 것이다.

후기행태주의, 현상학적 접근방법, 포스트모더니즘이론 등이 논변적 접근방법에 해당된다.

## 제4절 ▌ 대륙법계 행정학 역사

### ❶ 대륙법계 국가의 특징

#### 1) 독일의 행정법

독일의 행정법은 전통적으로 국가권력과 그에 복종하는 국민과의 지배·복종관계를 중심으로 하여 성립·발전되어 왔다. 내용적으로는, 국가가 재산권의 행사 주체로 행하는 국고 (國庫) 작용은 사법 (私法) 관계로 파악하여 사인 (私人) 과 동일하게 사법 (私法) 의 지배를 받는다. 반면에 권력작용은 공법 (公法) 관계로 보아 행정행위 (行政行爲) 개념을 중심으로 행정법을 구성했다.

#### 2) 프랑스의 행정법

프랑스 행정법은 꽁세유데따 (Conseil d' Etat) [13]의 판례에 의하여 정립·발전되어 왔으며, 행정사건이 일반 사법재판소와는 독립된 행정재판소의 관할로 되어 있다.

프랑스 행정법의 기본원리는 행정판례상으로 정립된 것으로 독일 행정법에 비해서는 구체성이 더 높다고 할 수 있다. 범위에 있어서, 프랑스 행정법은 공역무 (public service) 를 기본 관념으로 하기 때문에 독일 행정법에 비해 더 넓은 편이다.

### ❷ 독일 행정학

#### 1) 의 의

17세기 프러시아 관방학 (Kammeralwissenschaft) 에서 시작하여 경찰학으로 분화된 후 행정법학을 거쳐 현대적 행정학으로 정립됐다. 관방학은 국가 경영의 학문으로, 국가 통치에 필요한 행정 기술과 지식을 제공하기 위한 목적에서 형성된 학문 체계이다. 관방학은 절대군주의 통치술 연구를 위한 정치적 시녀로서의 역할이었다는 비판이 제기된다.

17세기의 관방학 (官房學) 은 재정학적 성격이 강했으나, 경찰국가 체제 정비와 함께 경찰학이 독립된 학문으로 분화했다.

---

보증 (backing), 반증 (rebuttal), 한정접속사 (qualifier), 주장 (claim) 으로 구분하여 논변모형을 구성했다.

**13** 꽁세유데따 (Conseil d' Etat) 는 프랑스의 최고 행정재판소이고, 그 아래에 고등행정재판소 (Cours d'appel) 와 지방행정재판소 (Tribunaux administratifs) 가 있다.

프랑스 시민혁명 이후 자유주의 사상 전파의 영향으로 경찰학으로부터 시민적 법치국가 구현이라는 목적을 위해 행정법학이 강조되었다.

## 2) 전기 관방학

관방학은 보통 1727년 할레 대학과 프랑크푸르트 대학에 관방학의 강좌가 개설된 해를 기준으로 전기와 후기로 나누어진다. 전기 관방학은 공공복지의 사상적 기초를 신학 (神學) 에서 찾았고, 왕실재정과 국가재정을 구별하지 않았으며, 사경제적 이론을 포함한 재정학·경제정책과 혼재되고 있었다. 대표적인 학자는 오제 (Osse), 젝켄도르프 (Seckendorf) 등이다.

## 3) 후기 관방학

유스티 (J. H. G. von Justi) 는 국가이념이나 목적을 실현하기 위한 합목적적 국가활동을 경찰 (polizei), 즉 행정으로 보았다. 후기 관방학의 특색은 경제정책이나 재정학과 구별되는 독자적인 경찰학의 체계를 수립하고자 했으며, 공공복지의 사상적 기초를 계몽 (啓蒙) 사상에 둔 점이다.

## 4) 행정법

프랑스혁명 후 국가로부터의 시민의 권리 확보에 대한 인식이 강조되면서 경찰학은 행정법학으로 대체되었다. 몰 (R. von Mohl)로 대표되는 행정법학의 등장은 시민적 법치국가의 구현과 관련된다. 슈타인 (L. von Stein) 은『행정학 강요』(1888)에서 최초로 시민사회적인 행정과학을 창시했으며, Stein은 Justi의 경찰 (polizei) 을 헌정 (Verfassung) 과 행정 (Verwaltung) 으로 이원화·분리하되, 양자 간의 상호관련성이 높음을 인정했다.

## ❸ 프랑스 행정학

프랑스는 18세기 이래 발달한 경찰학에 토대를 두고 법학적인 접근 방법을 중심으로 행정학이 발달했다.

프랑스는 법학적 행정연구가 주류를 이루고 있는 가운데, 헨리 페욜 (Henry Fayol[14])로 대표되는 경영학적 행정연구와 크로지에 (M. Crozier) 로 대표되는 사회학적 행정연구도 등장했다. 크로지에 (1963) 는『관료제현상』에서 관료제의 병리현상을 분석했다.

---

## 제5절  영미법계 행정학 역사

## ❶ 영미 (英美) 의 행정법

영미 (英美) 에서는 국가와 국민 간의 관계도 사인 상호 간의 관계와 동일하게 원칙적으로 보통법 (common law) 의 지배를

---

14 헨리 페욜 (Henri Fayol) 의『일반 및 산업관리론』(1916) 은 최고경영자 중심의 하향적 관리를 중시하는 이론으로 노동자 중심의 Taylor이론과 대비된다. 14대 관리원칙은 분업의 원리, 명령통일의 원리, 지휘 일원화, 권한－책임의 상응원리, 규율의 원리, 보상의 원리, 질서의 원리, 공평성의 원리, 신분안정, 단결, 부하의 주도권 (initiative), 집권화의 원리, 계층연쇄 (scalar chain) 원칙, 전체이익에 대한 개인이익의 복종원칙 등이다.

받고, 그에 관련된 다툼도 보통재판소가 재판하는 법의 지배 (rule of law) 원칙이 적용되어 왔기 때문에 국가 등의 작용에 관한 특수한 법으로서의 행정법이 존재하지는 않았다.

그러나 현대 행정국가화 경향에 따라 전통적인 법의 지배원칙은 부분적 수정이 되어서, 행정적 권한뿐만 아니라 준입법권 및 준사법권이 부여된 행정위원회 (administrative commissions or boards) 들이 설치되면서 이를 중심으로 행정법이 성립·발달하게 되었다.

영미 (英美) 의 행정법은 기본적으로 보통법의 예외로서 인정된 것으로, 일반 사법 (私法) 에 비해 그 독자성이 인정되고 있는 대륙법계의 행정법과는 그 기본원리가 다른 점이 있다.

## ❷ 영국의 행정학

영국은 절대군주 시대에는 국왕에 의한 정실주의 (patronage system) [15]가 지속되었고, 1688년 명예혁명 이후에는 의회의 유력 정치가에 의한 정실주의가 성행했다. 정실주의 (情實主義) 는 업적·실적보다는 사사로운 정과 친분관계를 중시하는 것이다. 영국 행정학의 시초는 실무 공무원들 위주로 1921년 창설된 왕립행정학회부터라고 인식되고 있다.

영국은 행정학 형성 당시부터 지방자치에 관심이 높았기 때문에 정부 간 관계를 중심으로 지방행정에 대한 연구가 활발했다. R. A. W. Rhodes의 중앙 – 지방정부 관계에 대한 권력의존모형, P. J. Dunleavy의 중앙 – 지방관계론 등이 대표적인 사례이다.

1980년대 이후에는 신보수주의 이념에 따라 시장원리를 정부개혁과 공기업 민영화에 적용하였으며, 신공공관리론과 거버넌스이론은 세계 행정개혁을 위한 이론적 기초를 제공하는 역할을 했다.

## ❸ 미국의 규범적 관료제모형[16]

### 1) 해밀턴주의: 연방주의

해밀턴주의 (Hamiltonianism) 는 연방주의자이고, 국가이익의 증진을 위해 강한 행정부의 적극적 역할과 행정의 유효성을 지향한다.

### 2) 제퍼슨주의: 분권주의

제퍼슨주의 (Jeffersonianism) 는 개인의 자유를 극대화하기 위한 행정책임을 강조하고, 소박하고 단순한 정부와 분권적 참여과정을 중시한다.

---

15 정실주의 (情實主義) 는 1688년 명예혁명 이후부터 1870년까지 영국에서 성행하였던 공무원 임용의 관행이다. 실적 (實績) 을 고려하지 않고 정치성·혈연·지연 (地緣) ·개인적 친분 등에 의하여 공직에 임용하는 인사 관행 내지 제도이다. 엽관주의는 정권이 교체되면 공직의 전면 교체가 단행되었던 것이지만, 정실주의는 정권이 교체되더라도 대폭적인 인사 경질은 없었고 일단 임용된 관료에게는 신분이 보장되어 당시 영국의 공직은 종신적 (終身的) 성격을 띠었다. W. E. Gladstone 수상은 일부 각료들의 반대를 무릅쓰고 1870년에 실적주의 (merit system) 에 입각한 근대적 공무원 제도를 확립시키는 추밀원령을 제정·공포하였다.

16 독립 (1776년) 이후 연방 중심의 중앙집권주의와 주정부 중심의 지방분권파의 대립이 있었다. 해밀턴 (Alexander Hamilton) 은 조지 워싱턴과 함께 큰 정부를 지향하는 연방주의자였다. 제퍼슨 (Thomas Jefferson) 은 미국독립선언문 초안을 작성한 기초위원이자 미국의 제3대 대통령으로 작은 정부를 주장한 반연방주의자였다.

### 3) 매디슨주의: 다원주의

매디슨주의 (Madisonianism) 는 다원적 과정을 통한 이익집단 요구의 조정과 이를 가능하게 하는 견제와 균형을 중시한다.

### 4) 잭슨주의: 엽관주의

잭슨주의 (Jacksonianism) 는 정부개혁을 통해 특정 지역 및 계층 중심의 관료파벌을 해체하고자 했다. Andrew Jackson 이 도입한 엽관주의[17]는 정치지도자의 행정 통솔력을 강화함으로써 국민의 요구에 대한 관료적 대응성을 높였으나, 정책수행과정에서 공직의 전리품화로 인하여 예산의 낭비와 행정의 비효율성을 초래하였다.

### 5) 윌슨주의: 정치와 행정의 분리

윌슨주의 (Wilsonism) 는 행정의 탈정치화를 통해 정당정치의 개입으로부터 자유로운 행정을 강조한다. 미국 행정학의 학문적 초석을 다진 Tomas Woodrow Wilson은 행정에 대한 지나친 정당정치의 개입이 정책의 능률적 집행을 저해한다고 보았다.

## ❹ 미국 고전기의 정통행정학

### 1) Wilson과 Pendleton법

Andrew Jackson이 1829년에 대통령으로 당선되면서 선거를 승리한 정당이 관직을 전리품 (spoils) 처럼 차지하는 엽관주의 (獵官主義) 가 도입되었다. 그러나 산업화의 진전과 함께 정부의 역할이 확대됨에 따라 행정의 전문성이 결여된 정당인들의 공직 채용은 행정의 비효율성과 함께 행정부패현상을 초래했다.

이러한 엽관주의의 비효율성을 제거하고, 행정의 능률성을 확보하기 위해 행정을 개혁하려는 진보주의운동 (progressive movement) 이라는 공직개혁운동이 전개되었다.

진보주의운동의 결과 행정의 정치적 중립, 실적주의 및 시험제도를 통한 공무원 채용 등을 내용으로 하는 「펜들턴법 (Pendleton Civil Service Reform Act)」 (1883)[18]이 제정되었다.

1880년대부터 행정으로부터 정치의 분리를 강조하는 Tomas Woodrow Wilson의 정치행정이원론적 사고가 지배적이었다. W. Wilson은 엽관주의의 폐단을 극복하는 데 기여한 미국의 진보주의운동과 유럽식 중앙집권국가의 관리이론으로부터 영향을 받았다. 미국의 「펜들턴법 (Pendleton Civil Service Reform Act)」 (1883) 과 맥락을 같이하면서 이를 이론적으로 뒷받침했다.

---

**17** 엽관주의 (獵官主義, spoils system) 는 1829년 미국 제7대 대통령인 잭슨 (A. Jackson) 부터 약 50년 동안 실시되어, 미국의 공무원 인사제도는 선거 때마다 승리한 집권정당에 의하여 공무원에 대한 대폭적인 인사교체 (人事交替) 가 이루어졌다. 당시 집권정당이 관직 (官職) 을 마치 전리품 (戰利品, spoils) 처럼 취급하였다는 데서 생겨난 속칭이다.

**18** Pendleton법 (1883) 은 미국의 공무제도를 엽관제 (spoils system) 에서 실적제 (merit system) 로 전환시킨 법이다. 공무원 임용에 있어서 정치적 중립을 확보하기 위한 독립기관으로서의 인사위원회 설치, 공무원 임용에 있어서 공개시험제 확립, 공무원의 정당자금 제공 및 정치운동의 금지 등을 포함한다.

## 2) 관리과학, 과학적 관리론

관리과학(management science)은 미국에서 1920년대에서 1930년대에 걸쳐 능률에 기초한 관리를 주장하는 흐름을 의미한다. Frederick Winslow Taylor에 의한 테일러리즘(Taylorism)은 과학적 관리론으로 불리며, 과업별로 '가장 효율적(the best one way)인 표준시간과 동작'을 정해서 수행할 필요가 있다는 점을 강조한다. 뉴욕시정연구회(1906)는 테일러의 과학적 관리법을 정부에 적용, 사무관리론적 측면의 행정관리로서 각종 사무표준화와 관련 제도를 마련하였다.

## 3) 행정위원회

절약과 능률(economy & efficiency)에 관한 대통령위원회는 Taft 대통령이 설치한 행정개혁기구(Taft 위원회, 1912년)로서 행정부 예산제도 창설과 통제 중심의 품목별 예산제도 도입을 건의했다. 사무관리론적 측면의 행정원리로서 절약과 능률이 성과평가의 가치기준이 되었다.

행정관리에 관한 대통령위원회(Brownlow 위원회, 1937년)는 루스벨트 대통령이 설치한 행정개혁기구로 Luther Gulick이 참여했다.

지방정부에서, 시의회가 행정전문가를 지배인으로 선임해서 일정 기간 시정부의 행정전권을 위임하는 형태인 시지배인제 (市支配人制) 운동의 확대는 전문행정가를 양성하기 위한 행정대학원 창설의 계기를 마련하였다. 한편 미국행정학회 (ASPA, 1939년)가 창립되었다.

이러한 배경 하에 정치행정이원론과 행정의 원리로 요약되는 미국 고전기 정통행정학이 성립되었다.

## ❺ 기능적 행정학과 인간관계론

## 1) 기능적 행정학

미국 행정이론의 발달과정에서 1930년대 경제대공황 이후 New Deal 정책을 계기로 행정권의 우월화현상을 인정한 정치행정일원론 또는 통치기능(統治機能)설이 등장하였다.

## 2) 인간관계론

1930년대 전후에는 Hawthorne 연구(1927~1932)를 토대로 하는 E. Mayo의 인간관계론이 대두되었다. 조직 구성원의 생산성은 조직의 관리통제보다는 조직 구성원 간의 관계에 더 많은 영향을 받는 점을 중시한다.

Chester I. Barnard는 인간관계론을 토대로 조직을 인간의 협동적 체계로 파악하고, 조직 편성과 조직 생성의 양 측면을 통합한 조직형성론을 전개했다. 구성원 상호 간의 의사전달의 중요성과 권위수용설 등을 제시했다.

## ❻ 행태주의와 의사결정이론

## 1) 행태론

행태주의(behaviorism)는 관리기술이 아니라 조직 내의 개인 간 행태인 행정행태를 경험적·실증적 조사방법을 통해 분석하는 것을 연구주제로 삼는 것이다.

Herbert A. Simon (1949) 은 『행정행태론 (Administrative Behavior)』에서 행정학은 이론과 법칙을 정립하는 데 목적을 두어야 하며, 사실 (fact) 의 문제를 연구대상으로 삼아야 한다는 점을 강조했다.

H. A. Simon은 Chester I. Barnard의 영향을 받았고 행정학에 행태과학과 논리실증주의를 도입하여 행정학의 과학화에 기여하였다. Simon은 "고전적 행정원리들은 과학적 실험을 거치지 않는 하나의 격언 (proverb) 에 불과하다."고 비판했다. 행태과학을 활용한 동기부여이론, 인간의 잠재력을 최대한 개발하여 조직 전체의 개혁을 도모하려는 조직발전론 (OD) 등이 등장하게 된다.

## 2) 의사결정이론

Herbert A. Simon (1949) 은 『행정행태론 (Administrative Behavior)』에서 의사결정이 행정의 핵심이므로 행정연구의 핵심은 의사결정이 되어야 한다고 주장했다.

Herbert A. Simon & James G. March (1958) 는 『조직론』에서 제한된 합리성 (bounded rationality) 모형을 제시했다. 또한 정부정책 결정과정에 관한 점증주의 (incrementalism) 를 제시하면서, 현실의 정책 결정을 설명하는 기술적 (記述的) 측면과 어떻게 정책 결정이 되어야 하는가에 대한 규범적 (規範的) 측면을 포함하고 있다.

이러한 의사결정론은 1960년대에 이르러 정책학 분야에서 정책과학과 관리과학으로 발전하게 된다.

## ❼ 신행정학과 발전행정론

### 1) 신행정학, 후기 행태주의

신행정학 (New Public Administration) 은 정통행정학의 능률지상주의를 탈피하여 가치중립적인 관리론보다는 민주적 가치규범에 입각한 정책연구를 지향한다.

Dwight Waldo는 정통행정학에는 근본적인 결함이 있음을 논증하면서 "기존의 행정학에는 참다운 원리가 없다."라고 비판했다. 신행정학은 정치행정일원론에 입각하여 독자적인 행정이론의 발전을 이루고자 하였다.

1960년대 후반 미국사회의 혼란을 극복하기 위해 대두된 신행정학은 행정학의 실천적 성격과 적실성을 회복하기 위해 정책지향적인 행정학을 강조했다.

H. G. Frederickson, Dwight Waldo, F. C. Marini 등 신행정학의 학자들은 사회적 형평성이 행정가치로 주목받는 것에 크게 기여하였다.

신행정학의 규범적, 처방적, 고객지향적 행정의 지적 전통은 비판행정과 행위이론으로 이어지고 있다.

### 2) 발전행정론

발전행정론은 엘리트 중심의 정부주도 성장전략을 제시했고, 행정의 독자성과 행정이 환경에 영향을 미치는 독립변수로서의 역할을 강조한다.

발전행정론은 개발도상국의 발전과 관련된 행정의 역할을 강조하므로 규범적이고 정책지향적인 연구의 성격을 지닌다.

신행정학은 미국의 사회문제 해결을 촉구한 반면 발전행정론은 제3세계의 근대화 지원에 주력하였다.

## ❽ 신공공관리론과 공공선택론

### 1) 신공공관리론

신공공관리론 (New Public Management) 은 1970년대에 자원난과 재정위기를 배경으로, 1980년대 이후 신보수주의 정부에서 행정의 관리적 측면을 강조하는 정치행정이원론이 재등장하면서 행정학의 새로운 접근방법이 되었다.

1980년대 이후에는 신공공관리론이 행정개혁의 수단으로 강조되었으며, 신자유주의 (neo - liberalism) 나 신고전학파 경제이론에 기초하여 정부부문에 시장과 경쟁의 가치를 도입하고자 했다. 정부재창조를 주창하는 신공공관리론으로 대표되는 이러한 경향은 정부관료제에 대한 불신을 반영하고 있다.

정부의 한계에 대한 인식에 따라 '정부실패' 개념이 등장했다. 시장의 역할과 경쟁의 가치를 강조하는 신자유주의 사조 (思潮) 에 따라 작은 정부 또는 감축관리가 제기됐다.

### 2) 공공선택론

Vincent Ostrom (1974) 은 『미국 행정학의 지적 위기 (The Intellectual Crisis of American Public Administration)』라는 저서에서 공공선택론에 기반한 행정학의 미래를 제시했다.

Vincent Ostrom은 계층제적 관료제를 능률적 조직으로 평가한 윌슨 등의 이론을 고전적 패러다임이라고 비판하면서 정치경제학 (political economics) 적 시각에서 '민주행정모형'을 주장했다. 즉 정부는 공공재의 생산·공급자로서 소비자인 국민을 만족시킬 수 있는 최선의 제도적 장치를 설계해야 한다는 것이다.

## ❾ 행정재정립운동과 뉴거버넌스론

### 1) 행정재정립운동

1990년대를 전후해서 정책과정에서 공무원의 적극적 역할을 강조하면서 직업공무원제를 옹호하는 행정재정립운동 (refounding movement) 또는 블랙버그선언 (blacksburg manifesto) 이 등장했다.

Charles T. Goodsell (1985) [19]과 Gary L. Wamsley (1990) 의 『행정재정립론 (Refounding public administration)』 등은 직업공무원제를 옹호하면서 정부를 재창조하기보다 '재발견'해야 한다고 주장했다.

신공공관리론이 행정에 경영적 요소의 도입을 통해 정부재창조를 주창하면서 정부관료제에 대해 불신을 드러내는 공사행정일원론적 또는 정치행정이원론의 입장이라면, 행정재정립론은 직업공무원제를 옹호하면서 공무원의 적극적 역할을 강조한 것이다.

### 2) 신공공서비스론과 뉴거버넌스론

2000년을 전후해서는 신공공관리론의 한계에 대한 인식을 바탕으로, 행정은 시민에 대한 봉사가 되어야 한다는 신공공서비스론과 행정과정에 대한 시민의 참여 또는 협치 (協治) 를 강조하는 뉴거버넌스 (new governance) 의 경향이 커지고 있다.

---

19 Charles T. Goodsell은 관료가 민간기업보다 비효율적이라는 '관료 때리기 (bureaucrat bashing) '는 정당한 이유가 부족하다고 주장한다. 행정과 관료에 대한 위상 재정립, 다원주의 체제를 확대하면서도 관료제의 긍정적 의미에서의 권위 회복에 관심을 둔 것이다.

✚ 그림 1-3 정치와 행정의 관계도

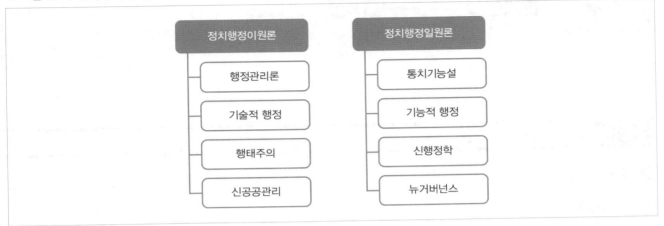

■ **TIP** 정치와 행정의 관계
오늘날의 행정학 출발을 통상적으로 정치행정이원론부터라고 인식하는데, 이러한 입장에 따르면 정치행정이원론에서 출발하여 대립적 이론인 정치행정일원론이 제기되었다. 이러한 흐름은 행태주의와 후기 행태주의(신행정학)로 연결되었다. 최근에는 정치행정이원론적인 신공공관리론과 정치행정일원론에 가까운 뉴거버넌스이론이 행정학의 주요한 흐름을 형성하고 있다고 볼 수 있다.

# CHAPTER 02 행정이 추구하는 가치

## 제1절 | 행정가치의 구분

### ① 윤리적 관점

#### 1) 가치의 의미

가치 (value) 란 바람직한 것에 대한 주관적인 관념으로 사회과학의 기초이다. 반면에 사실 (fact) 은 있는 그대로의 객관적인 현상으로 자연과학의 기초이다. 가치 또는 윤리를 바라보는 관점으로는 상대주의와 절대주의가 있다.

✚ 표 1-3 목적론적 윤리론과 의무론적 윤리론

| | 목적론적 윤리론 | 의무론적 윤리론 |
|---|---|---|
| 상대와 절대 | 상대주의 윤리 | 절대주의 윤리 |
| 보편적 가치판단의 존재성 | 존재하지 않는다고 봄 | 선험적으로 존재한다고 봄 |
| 결과와 동기 | 결과 기준으로 판단 | 동기 기준으로 판단 |
| 사후처벌과 문제해결 | 문제해결보다 사후처벌에 초점 | 사후처벌보다 문제해결이 목표 |
| 대표 이론 | 쾌락주의, 공리주의, 실용주의 등 | 칸트 (I. Kant) 의 선의지, 롤스 (J. Rawls) 의 정의론 등 |

#### 2) 상대주의 윤리

상대론 (relativism) 또는 목적론 (teleology) 은 행동이나 규범을 관찰이 가능한 현상과 비교하여 그 옳고 그름을 결정해야 한다는 것이다. 윤리는 결과 (結果) 를 기준으로 옳고 그름을 상대적으로 판단해야 한다는 입장으로, 문제해결보다 사후처벌에 초점을 둔다. 상대주의 윤리는 '결과주의 (consequentialism) 또는 목적론적 윤리'라고도 한다. 쾌락주의나 공리주의 및 실용주의, 마르크스주의 등이 해당된다.

쾌락주의 (hedonism) 는 행동이 욕망을 만족시키는가를 기준으로 한다. 공리주의 (utilitarianism) 는 가장 많은 사람에게 최대의 행복을 주는가를 가치판단의 기준으로 삼는다. Jeremy Bentham (1789) 은 『도덕 및 입법의 원리 서설 (An Introduction to the Principles of Morals and Legislation)』에서 '최대다수의 최대행복'의 공리 (功利) 를 주장했다. 실용주의 (pragmatism) 는 모든 가치를 유용성 (有用性) 의 입장에서 판단하고 가치를 결정한다.

한편, 마르크스주의 (Marxism) 는 역사적 진보를 촉진하는가를 판단의 기준으로 삼는다.

### 3) 절대주의 윤리

절대론 (absolutism) 또는 의무론 (deontology) 은 절대적인 책임과 의무에 초점을 두고, 옳고 그름에 관한 보편적 원칙과 법칙이 있다고 주장한다. 절대주의 윤리는 동기 (動機) 를 기준으로 옳고 그름을 보편적·절대적 기준으로 판단하는 입장이다. 사후처벌보다 문제해결이 목표이다. '의무론적 윤리 또는 법칙주의 윤리'라고도 한다.

절대론에 해당되는 것은 John Rawls의 배분적 정의와 정책의 공정성에 관한 이론,[20] 칸트의 선의지와 도덕법칙에 관한 이론이다.

Immanuel Kant는 선험적 (先驗的) 으로 존재하는 선의지 (善意志)[21]나 보편적 도덕법칙의 준수를 강조한다.

## ❷ 행정가치의 분류

행정가치를 본질적 (本質的) 가치와 수단적 (手段的) 가치로 분류할 수 있다.[22] 본질적 가치는 '행정을 통해 이룩하고자 하는 궁극적 가치'이다. 본질적 가치에 해당하는 것은 공익, 자유, 형평, 복지, 평등, 정의 등이다.

수단적 가치는 '궁극적 목표로서의 본질적 가치를 실현하는 것을 가능하게 하는 가치들'이다. 수단적 가치의 예시로는 합리성, 능률성과 효과성, 민주성, 책임성, 합법성, 투명성, 가외성 등이 있다. 민주성의 가치와 능률성의 가치는 대체로 충돌한다. 민주성은 형평성이나 공익성과 부합하고, 능률성은 합리성이나 생산성과 부합한다.

행정이념 간에 시대와 장소를 불문한 절대적인 우선순위는 존재하지 않는다. 행정이념들은 서로 항상 충돌하거나 또는 항상 조화되는 관계는 아니다. 그러나 대체로 본질적 가치가 수단적 가치에 우선한다고 본다.

---

| 제2절 | 공익과 정의 |

## ❶ 공 익

### 1) 공익의 의미

공익 (公益) 은 사회 일반의 공통된 이익으로, 행정의 최고 이념적 가치로서 정치행정일원론을 배경으로 한다.

공익에 대한 관심이 대두하게 된 요인으로는 행정인의 재량권이나 자원배분권의 확대, 행정행태의 논리적 준거기준의 필요성 등이 있다. 우리나라는 「대통령훈령」으로 제정한 공무원 헌장[23]을 운용하고 있다. 공무원 헌장은 공직가치의 선

---

20 롤스 (John Rawls) 의 이론은 다음에 이어지는 '제2절 공익과 정의'에서 상세히 다룬다.
21 선의지 (ein guter Wille) 는 칸트 (I. Kant) 가 사용한 개념으로, 칸트는 선의지를 "이 세계 내에서, 아니 이 세계 밖에서조차도 유일하게 그 자체로 제한없이 선하다고 생각되어질 수 있는 것이다."라고 정의했다.
22 행정가치의 분류는 Ackoff의 본질적 가치와 수단적 가치의 구분법이 주로 통용되고 있다.
23 2016년 1월 1일부터 시행 중인 공무원 헌장의 내용은 다음과 같다.
　"우리는 자랑스러운 대한민국의 공무원이다.

언이며 공직윤리의 행동규범으로, 공무원이 실천해야 하는 가치로 공익을 명시하고 있다.

공익이란 개념 속에 개인적인 것과 공동체적인 것을 어떻게 조화시킬 것인가에 따라서 다양한 접근법이 나뉘고 있다. 실체설과 과정설이 대표적이며, 주관주의 접근방법과 객관주의 접근방법도 있다.

## 2) 공익에 대한 실체설

실체 (實體) 설은 공동체의 이익과 사회공동체나 국가의 모든 가치를 포괄하는 정의 또는 공동선 등과 같은 절대가치를 중시한다. 실체설에서 인식하는 공익 개념의 구체적 내용은 도덕적 절대 가치, 정의, 공동사회의 기본적 가치 등으로 다양하다. 실체설은 공익과 사익의 명확한 구분, 엘리트주의, 공익의 선험적 존재성 등을 특징으로 한다.

실체설에 속하는 학자에는 아리스토텔레스 (Aristotle), 플라톤 (Plato), 루소 (Jean Jacques Rousseau), 헤겔 (Georg Wilhelm Friedrich Hegel), 칸트 (Immanuel Kant), 롤스 (John Rawls) 등이 있다.

첫째, 실체설은 부분적이며 특수한 이익보다는 공동체나 사회구성원들이 보편적으로 공유하는 공동의 이익을 중시한다. 공익과 사익이 명확히 구분된다는 입장으로, 공익을 사익으로부터 초월한 실체 · 규범 · 도덕 개념으로 파악하므로 대립적인 이익들을 평가할 수 있는 기준을 제시하고 있다.

둘째, 실체설은 정부와 공무원의 적극적 역할을 강조한다는 점에서 공익에 대한 '적극적 인식론'이라고도 한다.

셋째, 실체설은 도덕적으로 수련된 엘리트가 공익을 발견하고 실현해야 한다는 입장으로, 엘리트주의의 관점을 취한다.

넷째, 실체설은 사회공동체나 국가의 모든 가치를 포괄하는 절대적인 선의 가치가 있다고 가정한다. 공익은 사익을 초월한 실체적 · 규범적 · 도덕적 개념으로서, 공익과 사익의 갈등을 인정하지 않는 입장이라고 할 수 있다. 민주화의 과정에서 발생하는 집단이기주의를 극복하기 위해서는 절대적인 선의 가치를 지향하는 실체설의 입장을 반영할 필요가 있다. 그러나 실체설은 공익이라는 미명하에 개인의 이익이 침해될 수 있는 위험인 전체주의적 요소를 내포하고 있다.

실체설은 전체의 특성을 개별 사례에 적용할 경우에 그 속성이 달라지는 분할의 오류 (fallacy of division) 또는 생태적 오류 (ecological fallacy) 가 나타날 수 있다. 어떤 집단의 특성이 반드시 개별 사례의 특성이 되지 않는 것이 분할의 오류이다.

## 3) 공익에 대한 과정설

과정 (過程) 설은 공익을 사익 간 타협 또는 집단 간 상호작용의 산물로 본다. 공익을 사익의 총합으로 보며, 사익을 초월한 별도의 공익은 존재하지 않는다고 본다. 과정설은 개인주의적 공익 개념, 다원주의적 관점, 절차적 합리성 등을 특징으로 한다.

과정설에 속하는 학자는 David Truman, Arthur F. Bentley, Glendon Schubert,[24] Charles E. Lindblom, Thomas

---

우리는 헌법이 지향하는 가치를 실현하며 국가에 헌신하고 국민에게 봉사한다.
우리는 국민의 안녕과 행복을 추구하고 조국의 평화 통일과 지속 가능한 발전에 기여한다.
이에 굳은 각오와 다짐으로 다음을 실천한다.
하나. 공익을 우선시하며 투명하고 공정하게 맡은 바 책임을 다한다.
하나. 창의성과 전문성을 바탕으로 업무를 적극적으로 수행한다.
하나. 우리 사회의 다양성을 존중하고 국민과 함께하는 민주 행정을 구현한다.
하나. 청렴을 생활화하고 규범과 건전한 상식에 따라 행동한다."

[24] Glendon Schubert (1957) 는 공익과정설의 입장에서 공익이 민주적 정부이론의 중심에 놓여 있다고 주장했다. Schubert는 공익에 관한 이론을 합리주의이론, 이상주의이론, 현실주의이론으로 나누고 있다. 합리주의이론은 정책결정과정을 공익실현을 위한 기술과정으로 간주하므로, 합리주의적

Hobbes, David Hume 등이다.

첫째, 과정설은 현실주의적이고 개인주의적인 공익 개념이다. 공익은 개인들의 사익으로부터 도출되는 것으로 보는 견해이다. 개인들의 사익을 초월하거나 사익과 무관한 공익이 따로 존재할 수는 없다고 보는 것이다.

둘째, 과정설은 다원주의의 관점을 취하는데, 정부와 공무원의 중립적 조정자 역할을 중시한다. 서로 상충되는 이익을 가진 집단들 사이의 조정과 타협의 산물이 공익이라고 보는 입장이다. 공익은 서로 충돌하는 이익을 가진 집단들 사이에 상호 조정과정을 거쳐 균형상태의 결론에 도달했을 때 실현되는 것이라고 본다. 민주적 조정과정을 중시하는 입장으로, 개발도상국보다는 선진국에서 설명력이 더 높다.

셋째, 과정설에는 절차적 합리성을 강조하여 적법절차의 준수에 의해 공익이 보장된다고 보는 입장이 있다. 공익 결정과정에서 적법절차의 준수를 강조하고, 공익 결정은 다수에 의해 민주적으로 이루어지는 것으로 본다.

그러나 과정설에 의하면 협상과 조정과정에서 약자가 희생되는 결과를 초래할 수 있다. 조직화되지 못한 집단의 이익은 오도 (誤導) 된 합의 (deceived consensus) 에 의해 경시될 가능성이 높다.

사익들의 합이 공익이라고 해석하는 과정설은 개별 특성들을 전체에 적용할 경우에 나타나는 합성의 오류 (fallacy of composition) 또는 환원주의 (reductionism) 오류가 발생할 수 있다. 개인적으로 합리적인 행동이 전체적으로는 비합리적이게 되는 현상이 합성의 오류 또는 구성의 모순의 대표적 사례이다.

과정설에 의하면 공익은 거래와 협상과정을 통해 형성되는 것이기 때문에, 실체설에 비해서 변화와 혁신이 더 어렵다고 할 수 있다.

✚ 표 1-4 공익에 대한 실체설과 과정설

| | 실체설(적극적 인식설) | 과정설(소극적 인식설) |
|---|---|---|
| 정책형성 관점 | 엘리트주의, 합리모형 | 다원주의, 점증주의 |
| 개인과 사회 관점 | 사회실재 (實在) 설 | 사회명목 (名目) 론 |
| 오류의 가능성 | 분할의 오류 (fallacy of division) | 합성의 오류 (fallacy of composition) |
| 공 익 | 도덕적 절대가치로 선험적으로 존재 | 사익 간의 조정과 타협의 산물 |
| 공익과 사익의 관계 | 공익과 사익을 명확히 구분 | 사익을 초월한 공익의 존재를 부정 |
| 정부와 관료의 역할 | 전체효용의 극대화를 강조 | 중립적 조정자 역할을 중시 |
| 한계점 | 전체주의화나 권위주의 강화 | 집단 이기주의와 특권적 이익집단의 독과점 |
| 정부와 시민의 관계 | 정부 우위 또는 정부 주도 | 시민사회 우위 또는 정부와 시민사회 협력 |

행정가는 공공정책에서 합리적 분석을 사용하는 것이 공익과 일치하는 최선의 방법이라는 관점으로 정치행정이원론에 부합한다. 이상주의이론은 정치적으로 자율적이고 중립적인 전문직업가적 행정가들이 자연법에 맞는 양심에 의한 행위를 할 때 공익이 달성된다는 주장이다. 현실주의이론은 이해관계의 대립과 갈등을 조정과 타협 및 중재하는 방법처럼 행정가들의 적극적 역할로 공익이 수호될 수 있다는 견해이다.

## 4) 주관주의적 접근방법

주관주의적 접근방법은 개인들은 공동생활이나 관념적 사고를 통해 공익에 대한 관념을 갖게 된다고 보는 견해이다. 개인들의 의식 속에 이미 공익 관념이 자리잡고 있다는 입장이다.

## 5) 객관주의적 접근방법

객관주의적 접근방법은 공익이란 관념이 개인의 의식 속에 내재되어 있는 것이 아니라 일정한 과정을 거치면서 인위적으로 구성되는 것이라고 본다. 공익은 객관적 존재로 위치하면서 개인의 행위를 규제하고 평가하는 기준으로 작용한다는 견해이다.

## 6) 공리주의 관점의 공익

공리주의 (utilitarianism) 관점에서 공익이 향상되었다는 것은 사회 전체의 효용이 증가한 것을 의미한다. 공리주의는 결과를 기준으로 옳고 그름을 상대적으로 판단해야 한다는 '상대주의 윤리 또는 결과주의 윤리 및 목적론적 윤리론'을 따르고 있다.

따라서 공리주의 (功利主義) 는 윤리적 행정의 판단기준에 있어 정당성·합법성 (legitimacy) 보다는 효율성 (efficiency) 을 중시한다고 할 수 있다.

## 7) 절충설

절충 (折衷) 설은 실체설과 과정설을 조화시키려는 것이다. 공익은 단지 사익의 집합체나 타협의 소산도 아니지만, 사익과 다른 전혀 별개의 실체도 아니라고 보는 입장이다. 공익을 소비자의 이익으로 보기도 한다.

## 8) 신공공서비스론에서의 공익

신공공서비스론에서는 공익을 행정의 부산물 (by - product) 이 아닌 목적 (目的) 으로 보아야 한다는 점을 강조한다. 공익은 시민들의 참여와 대화 및 담론의 결과 형성된 공유된 가치 (shared values) 이다.

# ❷ 정의론

## 1) 유학의 정의 (正義)

유학 (儒學) 에서 정의 (正義) 란 올바름과 의로움을 뜻한다. 정의는 개인이 지켜야 할 올바른 도리, 사회를 구성하고 유지하는 공정한 도리이다.

## 2) 아리스토텔레스의 정의 (正義)

Aristotle (1952) 는 정의 (正義) 를 일반적 정의와 특수적 정의로 구분한다. 일반적 정의는 법을 준수하는 것이다. 특수적 정의는 교정적 정의, 분배적 정의, 교환적 정의로 나뉜다.

첫째, 교정적 정의는 사람들 간에 손해와 이익이 동등하지 않는 것을 바로잡는 것이다. 둘째, 분배적 정의는 권력, 명예, 재화 등을 각자의 가치에 비례하여 분배함으로써 공정함을 실현하는 것이다. 셋째, 교환적 정의는 같은 가치의 물건으로 바꿈으로써 교환의 결과를 공정하게 하는 것을 의미한다.

### 3) Blastors의 사회정의

G. Blastors (1962) 는 정당한 분배의 원칙에 대해 각자의 가치 (worth), 각자의 일 (work), 필요 (need), 계약 (contract), 각자의 능력과 업적 (merit) 에 따른 분배를 제시하였다.

### 4) 왈처의 복합평등으로서의 정의

Michael Walzer (1984) 의 견해는 가치를 분배할 때에는 문화적 상대성을 고려해야 하며, 정의 (正義) 의 영역에 따라 분배기준25과 절차가 달라져야 한다는 것이다. 안전과 복지라는 가치는 필요에 따른 분배, 돈과 상품은 교환의 원리, 정치권력은 토론과 민주주의 원리에 의거해서, 공직은 자격과 기회의 공정성에 따라, 기초 교육은 사회적 특수성과 평등의 원칙에 따라 분배되어야 한다.

왈처 (Michael Walzer) 는 어떤 위치에서 우월적 지위를 점하고 있는 사람이 다른 영역까지도 쉽게 소유하는 전제 (專制) 를 반대한다. 경제영역에서 성공한 사람이 정치권력까지 자연스럽게 차지하는 것은 정의롭지 못하다는 것이다.

## ❸ 롤스의 정의론

### 1) 전 제

Jone Rawls (1971) 는 사회계약론의 입장에서 정의의 원리를 도출한다. 전제조건인 원초적 상태란 무지의 베일 (veil of ignorance) 에 가려져 있는 상태를 말한다. 이념적·가설적 상황인 원초적 자연상태 (state of nature) 하에서 구성원들의 이성적 판단에 따른 사회형태는 극히 합리적일 것이라고 가정하는 사회계약론적 전통에 따른다.

롤스 (J. Rawls) 는 정의 (正義) 를 공평·공정 (fairness) 으로 풀이하면서 배분적 정의 (distributive justice) 26가 평등원칙에 입각해야 함을 강조한다. 타고난 차이 때문에 사회적 가치의 획득에서 불평등이 생겨나는 것은 사회적 정의에 어긋난다고 본다.

원초적 상태 (state of nature) 에서는 구성원들이 합의하는 규칙 또는 원칙이 공정할 것이라고 전제하고 있다. 형평성이 확보되려면 우선적으로 결과의 평등이 아니라 절차적 정의 (procedural justice) 인 과정 (process) 의 평등이 전제되어야만 한다.27 Rawls는 원초적 상태 하에서 합리적 인간은 '최소극대화 원리(maximin)'에 따라 의사결정을 한다고 가정한다.

### 2) 기본 원리

Jone Rawls (1971) 의 정의 (正義) 의 두 가지 기본원리는 특수한 사실의 유·불리 여부에 대한 판단이 불확실한 원초적 상태에서 구성원들이 합의하는 규칙 또는 원칙은 공정할 것이라고 전제하고 있다.

---

25 분배의 기준은 업적에 따른 분배, 능력에 따른 분배, 필요에 따른 분배로 나눌 수 있다. 업적에 따른 분배는 성과나 실적 등에 의한 것이고, 능력에 따른 분배는 우연적·선천적 요인의 영향을 받는 육체적·정신적 능력에 따른 분배를 의미한다. 필요에 따른 분배란 인간에게 필요한 기본적인 욕구를 충족할 수 있게 분배하는 것이다.

26 정의는 배분적 정의 (distributive justice) 와 절차적 정의 (procedural justice) 로 구분될 수 있다. 배분적 정의는 '실질적·내용적 정의 (substantive justice), 사회적 정의 (social justice)'라고도 불린다. 배분적 정의는 자원배분 결과의 공정성을 의미하고, 절차적 정의는 자원 배분의 결과를 가져오는 과정의 공정성을 뜻한다.

27 과정 (process) 의 평등이 전제된다면 결과가 반드시 동일할 필요는 없다.

첫째, 정의의 제1원리는 기본적 자유 (自由) 의 평등원리 (equal liberty principle) 로서, 모든 사람은 다른 사람의 유사한 자유와 상충되지 않는 한도 내에서 최대한의 기본적 자유를 평등하게 누릴 권리가 있다는 것이다.

둘째, 정의의 제2원리인 차등 조정의 원리는 다시 기회균등의 원리 (equal opportunity principle) 와 차등의 원리(difference principle) 로 나뉜다.

정의 (正義) 의 제2원리의 하나인 기회균등 (均等) 의 원리 (equal opportunity principle) 는 사회·경제적 불평등은 그 모체가 되는 모든 직무와 지위에 대한 기회균등이 공정하게 이루어진 조건 하에서 직무나 지위에 부수해 존재해야 한다는 원리이다. 기회균등의 원리는 기회의 공평과 관련되며, 수평적 공평에 해당한다.

차등 (差等) 의 원리 (difference principle) 는 사회의 모든 가치는 평등하게 배분되어야 하며, 불평등한 배분은 그것이 사회의 최소수혜자에게도 유리한 경우에 정당하다고 본다. Rawls의 최소극대화 원칙 (maximin principle) 또는 최대최소 원칙은 사회에서 가장 취약한 집단에게 최대의 편익이 돌아가게 하는 정책이 바람직하다는 기준을 의미한다. 다만 최소극대화원리는 정당한 저축원리와 양립하는 범위 안에서 최소수혜자에게 이득이 되어야 한다. '저축원리'란 사회 협동의 모든 산물 중 어느 정도 비율의 것을 분배나 재분배에 충당하지 않고, 설비나 기타 생산수단 및 교육에의 투자 등의 형태로 장래 세대의 복지를 위해 유보 내지 저축하는 것이 적절한 것인가를 규정하는 원리이다.

제2원리 내에서 충돌이 생길 때에는 '기회균등의 원리'가 '차등의 원리'보다 우선한다. 원리 간의 우선순위는 기본적 자유의 평등원칙, 기회균등의 원리, 차등의 원리 순이다. 기회균등의 원리가 '기회'의 공평을 중시한다면, 차등의 원리는 '결과'의 공평을 중시한다.

**생각 넓히기_ 롤스의 이론을 현실에 적용하기**

공무원 시험에 응시할 자유는 제1의 원리인 자유의 원리와 관련된다. 이러한 자유권은 공무담임의 자유 또는 직업선택의 자유에 해당하며, 최대한 보장되어야 한다.

공무원 시험이 공개경쟁채용 시험방식에 의할 경우는 기회균등의 원리에 부합한다. 한편 장애인, 지역인재, 국가유공자 등에 임용을 할당하는 것은 차등의 원리에 부합한다.

## 3) 평 가

자유방임주의에 의거한 전통적 자유주의 입장보다는 자유와 평등의 조화를 추구하는 중도적 입장을 취하고 있다. 현저한 불평등 위에서는 사회의 총체적 효용 극대화를 추구하는 공리주의가 정당화될 수 없다고 주장한다.

그러나 정의론은 총효용의 희생 하에 약자의 이익을 우선하므로 공리주의와 충돌하며, 가상적 개념을 전제로 도출된 이론으로 비현실적이라는 비판이 제기된다.

## 제3절 자유와 형평성

### ① 자유

#### 1) 소극적 자유와 적극적 자유

자유(自由)는 타인의 권리 및 자유와 상충되지 않는 범위 내에서 보장된다. 베를린(Berlin)은 자유의 의미를 두 가지로 구분하면서 간섭과 제약이 없는 상태를 '소극적 자유(negative freedom)'라고 하고, 무엇을 할 수 있는 자유를 '적극적 자유(positive freedom)'라고 하였다.

소극적(消極的) 자유는 정부로부터의 자유(freedom from government)이고, 국가권력에 의한 간섭과 제약이 없는 상태이며 자유권(自由權)과 관련된다.

적극적(積極的) 자유는 정부에로의 자유(freedom to government)로 선거권과 피선거권을 포함하는 참정권(參政權)과 연관된다. 정부에 의한 자유(freedom by government)는 근로, 노동, 환경, 보건, 위생, 안전, 사회보장 등과 관련된 사회권(社會權)적 기본권과 부합한다.

#### 2) 시민적·정치적 자유와 경제적 자유

시민적(市民的)·정치적(政治的) 자유는 개인주의로서 인간은 자신이 살아가는 정치체제로부터 독립된 실재라는 관점에 입각한 것으로, 표현의 자유, 거주이전의 자유, 직업선택의 자유 등이 이에 속한다고 할 수 있다.

경제적(經濟的) 자유는 경제적 개인주의로서 개인의 경제적 선호가 자유롭게 표출될 수 있는 것을 기초로 하는데, 경제활동의 자유, 개인재산의 자유로운 보유와 처분 등을 내용으로 한다.

### ② 형평성

#### 1) 수평적 형평성

수평적 형평성(水平的 衡平性) 또는 절대적·형식적 평등이란 '동등한 것을 동등하게' 취급하는 것을 의미한다. 인간의 기본적인 욕구[28] 충족과 최소한의 평등 확보라는 측면을 강조하는 관점은 수평적 형평에 대한 유용한 기준을 제시한다.

롤즈(J. Rawls)의 기회균등의 원리는 기회의 수평적 공평을 강조하는 원리이다. 수익자 부담원칙은 수익을 본 사람이 비용부담을 하는 것으로, 수평적 형평성에 부합한다. 또한 일정 연령에 도달하면 원칙적으로 누구에게나 선거권을 부여하는 보통선거제도, 일정한 세율로 부과하는 비례세제, 공개경쟁채용제도 등도 수평적 형평성에 부합한다.

#### 2) 수직적 형평성

수직적 형평성(垂直的 衡平性) 또는 상대적·실질적 평등이란 동등하지 않은 것을 서로 다르게 취급하는 것을 의미한다. 실적의 차이에 따른 차등적 배분의 정당성을 뒷받침하는 실적이론은 수직적 형평의 관념을 바탕으로 하고 있다.

---

**28** 기본적인 욕구란 개인의 생명과 생존 유지에 필요한 욕구부터 안전, 애정, 소속 등의 사회적 욕구까지 포함될 수 있다.

롤즈 (J. Rawls) 의 최소극대화의 원리 (maximin principle) 가 세대 내 수직적 공평과 관련된다면, 저축의 원리는 이익을 세대 간에 분배하는 것으로 세대 간 수직적 공평에 해당한다.

부유층일수록 세율이 증가하는 누진세율 (累進稅率) 적용은 소득계층 간의 수직적 형평성 제고를 위한 것이고, 정부의 장기공채 (長期公債) 발행은 비용을 세대 간에 분배하는 세대 간 수직적 형평성, 대표관료제 (代表官僚制) 는 인구비례에 맞게 임용할당을 하는 것으로 수직적 형평성을 높이기 위한 방안에 해당한다. 장애인들에게 특별한 세금감면 혜택을 부여하는 것은 수직적 형평성에 해당되는 제도이다.

**✚ 표 1-5 수평적 형평성과 수직적 형평성**

| | 수평적 형평성·공평성 | 수직적 형평성·공평성 |
|---|---|---|
| 기본 논리 | 같은 것은 같게 | 다른 것은 다르게 |
| 평등의 형태 | 절대적·형식적 평등 | 상대적·실질적 평등 |
| 정의의 유형 | 평균적 정의 | 배분적 정의 |
| 롤즈 (Rawls)원리 | 기회균등 (均等)의 원리 | 차등 (差等)의 원리 |
| 세 율 | 비례세 (比例稅) | 누진세 (累進稅) |

## 3) 사회적 형평

사회적 형평 (social equity)은 같은 상황에 처해 있는 사람들을 평등하게 대우하고 차별을 금지해야 한다는 의미를 내포한다.

사회적 형평 (社會的 衡平)은 성별, 계층별, 세대별로 사회적 약자들을 적극 배려해야 한다는 적극적인 신념에 바탕을 두고 있다. 능률 중심의 전통적 행정에 대한 비판과 함께 강조되었다. 사회적·경제적 약자에게 더 많은 혜택을 제공해야 한다고 주장한다. 현재 차별을 하지 않을 뿐만 아니라 과거의 차별로 인한 결과의 시정까지 요구한다.

사회적 형평성 이념은 1960년대 후반에 미국사회의 혼란과 더불어 제기된 신행정학의 주요 이념의 하나이다. 사회적 형평성은 1960년대 프레데릭슨 (H. G. Frederickson)과 왈도 (D. Waldo) 등의 신행정론의 등장으로 강조되었으며, 1970년대 롤즈 (J. Rawls)의 정의론을 통해 진전되었다.

John Rawls 등 사회적 형평성 이념의 주창자들은 사회 총체적 효용의 희생 위에 약자들의 이익을 추구하려 한다는 점에서 사회 총효용을 중시하는 공리주의자 (J. Bentam)들의 반발을 사고 있다.

## 4) 사전적 형평성과 사후적 형평성

누구나 건강상 문제가 없다면 병역의무의 기회가 균등하게 주어져야 한다는 것은 사전적 (事前的) 형평성의 문제이고, 결과적으로 군복무를 한 사람과 하지 않은 사람 사이의 문제는 사후적 (事後的) 형평성의 문제이다.

## 5) 형평성과 공정성

형평성 (equity)과 공정성 (fairness)은 엄격히 구분되지 않고 동의어로 사용되기도 한다.

## 6) 소득재분배 정책

소득재분배효과를 유발할 수 있는 정책수단으로는 누진세율(progressive tax) 제도, 부(負)의 소득세(negative income tax) 제도, 사회보험(social insurance) 제도, 공공부조제도 등이 있다.

첫째, 누진세(progressive tax)는 부자에게는 높은 세율을 적용하고, 가난한 자에게는 낮은 세율을 적용함으로써 소득재분배효과를 수반한다. 한편 비례세(proportional tax)는 소득계층에 따른 세율의 차이 없이 동일하게 적용하는 것으로 소득재분배효과가 없다. 그리고 역진세(regressive tax)는 누진세와는 반대로 가난한 사람에게 조세를 더 많이 걷게 되는 것으로, 판매세나 소비세는 조세의 역진적 효과가 큰 조세의 예이다.

둘째, 부(負)의 소득세(negative income tax) 제도는 아주 가난한 사람의 경우에는 정부가 세금을 거두는 것이 아니라 오히려 보조금을 지급하는 제도이다. 근로장려세제(EITC: Earned Income Tax Credit)는 사회보험이나 기초생활보장제도의 혜택을 받지 못하는 저소득 근로자에게 정부가 생계비 등을 보조해 주는 일종의 사회보장제도로, 근로소득에 대한 세액공제액이 소득세액보다 많을 경우 그 차액을 환급해 주는 제도이다. 근로장려세제는 세금을 걷는 것이 아니라 반대로 지원해주기 때문에 '마이너스 소득세'라고도 한다.

셋째, 사회보험(社會保險, social insurance) 제도는 국민연금제도, 국민건강보험제도, 고용보험제도, 산업재해보상보험제도 등 사회 전체를 대상으로 실시하는 보험의 성격을 갖는 제도이다.

넷째, 공공부조(公共扶助, public assistance) 정책은 정부가 가난한 사람들의 생계를 돕기 위해 보조금을 지급하는 프로그램이다. 국민기초생활보장제도, 의료급여제도 등이 해당된다.

---

## 제4절 | 합리성과 효율성

### ❶ 합리성

#### 1) 합리성의 개념

합리성(rationality)은 어떤 행위가 궁극적인 목표 달성을 위한 최적의 수단이 되느냐를 뜻하는 개념이다. 합리성(合理性)은 목표 달성에 필요한 최적 행동대안을 선택하는 행동의 특성을 말한다.

근대 이후의 합리성은 목표를 달성하는 수단과 관련된 개념이다. 합리성은 본질적 행정가치보다는 수단적 행정가치에 포함된다.

따라서 합의에 의해 명확히 목표가 규정되어 있거나 선호되는 최적 대안을 선택할 수 있는 경우 합리성은 높아진다. 합리성을 제약하는 요인은 인간의 감정적 요소, 모호한 목표, 지식 및 정보의 불완전성, 의사전달 장애, 불충분한 시간과 비용, 선례에 집착하는 태도 등이다. 개인적 합리성의 추구가 반드시 집단적 합리성으로 연결되는 것은 아니다.

#### 2) 베버(Weber)의 합리성

베버(Max Weber)는 관료제를 형식적 합리성(formal rationality)의 극치로 설명하며, 형식적 합리성은 법과 규정에 입각한 목적·수단의 관계, 산업사회의 관료제적 합리성과 관련된다.

이론적 합리성 (theoreticalrationality) 은 논리적이고 추상적 개념에 근거하여 귀납이나 연역적 접근, 인과관계 등을 중시하는 합리성이다. 실천적 합리성 (practical rationality) 은 개인의 이익을 증진시키기 위해서 실용적 · 이기적 관점에서 정해진 목적을 성취할 때의 합리성이다. 실질적 합리성 (substantial rationality) 은 일관성 있게 존재하는 인생관 · 종교관 · 자유주의 등과 같은 포괄적 가치를 표준으로 하는 합리성이다.

## 3) 사이먼 (Simon) 의 합리성

Herbert A. Simon (1978) 은 합리성을 목표와 행위를 연결하는 기술적 · 과정적 개념으로 이해하며, 내용적 합리성 (substantive) 과 절차적 합리성 (procedural rationality) 으로 구분하였다.

사이먼 (Simon) 의 실질적 (substantive) 합리성은 목표에 비추어 적합한 행동이 선택되는 정도를 의미하며, 행위자는 합리적인 선택을 할 수 있는 모든 지식과 능력을 소유하고 있다고 가정한다.

Simon은 인간이 실질적 합리성을 사실상 포기하고 만족할 만한 대안을 선택하려는 절차적 (procedural) 합리성을 추구한다고 주장한다. 절차적 합리성은 인간의 인지능력에 입각한 제한된 (bounded) 합리성을 말한다.

## 4) Diesing의 합리성

Paul Diesing (1962) 은 합리성을 정치적 합리성, 경제적 합리성, 기술적 합리성, 법적 합리성, 사회적 합리성으로 나누어 설명한다.

Diesing은 정치적 합리성을 의사결정구조의 합리성과 동일시하고, 정책결정에 있어 가장 비중이 크다고 보았다. 법적 합리성이란 대안의 합법성을 나타내는 것으로서 보편성과 공식적 질서를 통해 예측가능성을 높이는 합리성을 의미한다. 경제적 합리성은 경쟁상태에 있는 목표를 어떻게 비교하고 선택할 것인가의 합리성을 뜻한다. 기술적 합리성은 일정한 수단이 목표를 얼마만큼 잘 달성시키는가, 즉 목표와 수단 사이에 존재하는 인과관계의 적절성을 의미한다.

사회적 합리성이란 사회구성원 간의 조정과 조화된 통합성을 의미하며, 이는 Diesing의 합리성 유형 중 목표수단 분석 등으로 설명되지 않는 가장 비합리적인 유형에 속한다.

## ❷ 능률성과 효과성

### 1) 효율성

효율성 (效率性) 또는 생산성 (生産性, productivity) [29]은 능률성 (efficiency) 과 효과성 (effectiveness) 을 합한 개념으로, 행정의 능률성과 효과성은 행정의 본질적 가치라기보다는 수단적 가치이다.

능률성 (能率性) 은 '투입 대비 산출의 비율'을 의미한다. 산출단위당 투입 또는 비용의 관계라는 조직 내의 조건으로 이해되는 수단 관련적, 과정적 측면에 중점을 둔다.

---

**29** 효율성 또는 생산성은 최종 산출의 양적 측면을 표시하는 좁은 의미의 능률성과 질적 측면을 표시하는 효과성을 통합시킨 개념이다. 하지만 효율성 또는 생산성을 좁은 의미의 능률성과 동일한 개념으로 사용하는 경우도 있다. 한편 능률성 (efficiency) 과 효율성 · 효과성 (effectiveness) 으로 구분하면서, 이를 모두 포함한 개념을 생산성 (productivity) 으로 보는 견해도 있다. 따라서 맥락적 이해가 필요하다.

효과성 (效果性) 은 '목표의 달성도 (degree of goal achievement)'를 나타내는 개념이다. 과정보다는 산출 결과에 중점을 두는 목표 관련적인 특징을 지니며, 1960년대 발전행정론[30]에서 중요시한 개념이다.

효과성 (effectiveness) 을 추구하는 과정에서 능률성의 희생이 발생될 수 있다. 능률성 (efficiency) 은 떨어지더라도 효과성은 높을 수 있다. 그리고 능률성이 높더라도 효과성은 낮을 수 있다. 교육훈련을 통해서 교육생을 많이 배출하는 것은 능률성이 높은 것이지, 효과성이 반드시 높다고 볼 수는 없다.

## 2) 능률성

1906년에 설립된 뉴욕시정조사연구소 (The New York Bureau of Municipal Research) 는 좋은 정부를 구현하기 위한 능률과 절약의 실천방안을 제시하고 시정에 대한 과학적 연구를 수행했다.

1912년 태프트 (Taft) 위원회에서 사용한 절약과 능률은 행정관리의 성과를 평가하는 가치 기준이 되었다.

1937년 브라운 (Brown) 위원회에서 L. H. Gulick (1937) 은 POSDCoRB를 통해 능률적인 관리활동방법을 제시하였다. 조직의 최고관리층은 기획, 조직, 인사, 지휘, 조정, 보고, 예산 기능을 담당한다. Gulick은 행정의 가치체계에서 "능률성이 제1의 공리 (axiom number one)"라고 주장했다. 능률성은 오늘날 기계적인 의미로서 가치중립을 강조하기보다는 사회적 의미의 인간관계를 중시하는 쪽으로 나아가고 있다.

## 3) 기계적 능률

기계적 (機械的) 효율성은 정치행정이원론 시대에 경영학의 과학적 관리론이 행정학에 도입되면서 중시되었다. F. W. Taylor는 시간과 동작에 관한 연구를 통해 최선의 방법 (one best way) 을 추구하였다.

기계적 능률성은 정치행정이원론 시대에 과학적 관리론이 행정학에 도입되면서 L. H. Gulick이 강조한 개념이다. '금전적, 객관적, 대차대조표적 능률'이라고도 한다. 행정관리론과 과학적 관리론이 기계적 능률과 관련된다.

## 4) 사회적 능률

사회적 능률성 (social efficiency) 은 인간관계론의 등장과 함께 강조되었다. 사회적 능률성은 구성원의 인간적 가치 실현 등을 내용으로 하여 민주성의 개념으로 이해되기도 한다. 사회적 능률성은 행정의 사회목적 실현과 다원적 이익들 간의 통합조정 및 구성원의 인간가치의 실현 등을 강조한다.

Marshall Edward Dimock (1937) 은 과학적 관리론에 입각한 기계적 효율관 또는 기술적 능률성을 비판하며, 사회적 능률성 또는 사회적 효율성을 제시하고 있다.

M. Dimock의 사회적 능률은 행정의 사회목적 실현과 관련이 있으며 경제성과 연계될 수 있는 개념이다. 행정이 그 목적가치인 인간과 사회를 위해서 최소의 투입으로 최대의 산출을 추구하고, 그 산출이 인간과 사회의 만족에 기여하는 것을 의미한다. 사회적 능률은 기계적 능률에 비해서 인간적 능률, 상대적 능률, 합목적적 능률, 장기적 능률의 특징을 지닌다.

---

**30** 행정 또는 행정인이 사회발전을 위한 독립변수가 될 수 있음을 강조하는 이론으로, 과정보다는 산출 또는 목표달성도를 강조한다.

## 제5절  민주성과 책임성

### ❶ 민주성

#### 1) 의 의

1930년대를 분수령으로 하여 정치행정이원론의 지양과 정치행정일원론으로 전환과 때를 같이해서 행정에서 민주성(民主性)의 이념이 강조되었다.

#### 2) 민주성의 유형

행정의 민주성은 대외적으로 국민 의사의 존중·수렴과, 대내적으로 행정조직의 민주적 운영이라는 두 가지 측면이 있다. 행정의 민주성은 정부가 국민의사를 존중하고 수렴하는 책임행정을 구현하는 대외적 민주성과 행정조직 내부 관리 및 운영과 관련된 대내적 민주성으로 구분된다.

행정의 대외적 민주성을 확보하기 위해서는 행정인의 행정윤리가 확립되어야 하고, 책임행정을 확보할 수 있도록 효과적인 행정통제가 필요하다.

#### 3) 대응성

대응성(responsiveness)은 행정이 시민의 이익을 반영하고 그에 반응하는 행정을 수행해야 한다는 것을 뜻한다.

대응성(對應性)은 국민요구에 부응하는 정도를 뜻하며 민주성과 상통한다.

#### 4) 민주성과 능률성[31]

능률성이 강조될 때 민주성은 저하되기 쉽다. 정책과정에 참여자 수가 증가하면 민주성은 높아지지만, 정책결정이 지연되기 때문에 능률성은 저하될 수 있다. 그러나 능률성을 사회적·인간적 능률로 이해한다면 능률성과 민주성은 조화될 수 있다.

#### 5) 민주성과 합법성

민주성과 합법성은 항상 조화관계는 아니다. 법적 절차를 준수했기에 합법적이지만 결과적·내용적으로 민주성 원칙에 부합되지 않을 수 있다. 민주성을 절차적 합법성만으로 이해할 경우, 법적 절차를 준수했다면 민주성과 합법성은 부합한다. 그러나 민주성을 결과적 혹은 내용적 민주성으로 이해할 경우에는 민주성과 합법성은 충돌할 수도 있다.

---

31 현행 「국가공무원법」 제1조, 「지방공무원법」 제1조, 그리고 「지방자치법」 제1조에서 공통적으로 규정하고 있는 우리나라의 행정가치는 민주성과 능률성이다. 「국가공무원법」 제1조는 "행정의 민주적이며 능률적인 운영을 기하게 하는 것을 목적으로 한다."라고 규정하고 있고, 「지방공무원법」 제1조는 "지방자치행정의 민주적이며 능률적인 운영을 도모함을 목적으로 한다."라고 규정되어 있다. 그리고 「지방자치법」 제1조는 "지방자치행정을 민주적이고 능률적으로 수행하고, 지방을 균형있게 발전시키며, 대한민국을 민주적으로 발전시키려는 것을 목적으로 한다."라고 규정하고 있다.

## ❷ 책임성

### 1) 의 의

행정의 책임성 (責任性) 에는 결과에 대한 책임과 함께 과정에 대한 책임도 포함된다. 법적 책임의 확보 방법은 시대에 따라 변하고 있다.

베버의 관료제 이론에서는 계층적 책임성이 강조된다. 신행정학의 정치적 책임성은 시민참여를 주요 내용으로 한다. 신공공관리론 (NPM) 에서 강조하고 있는 시장책임성은 고객만족에 의한 행정책임을 포함한다. 거버넌스의 정치적 책임성은 참여자 간 상호학습을 주요 내용으로 한다.

### 2) 유 형

전통적으로 책임성은 제도적 책임성 (accountability) 과 자율적 책임성 (responsibility) 으로 구분되어 논의되었다.

자율적 (내재적) 책임성은 공무원의 자율적이고 능동적인 행정책임으로, 양심적 책임과 직업윤리적 책임 등이 해당된다. 자율적 책임성은 절차의 준수와 책임의 완수를 별개로 본다. 책임성에 대해서는 객관적으로 확정할 수 있는 기준이 없으며, 공식적 제도에 의해 달성할 수는 없다고 본다. 제재가 불가능하거나 문책자가 내재화 (內在化) 된다.

제도적 책임성은 국민여망에 부응하는 대응성보다는 합법성 개념에 기초한 행정책임론이다. 객관적 (외재적) 책임은 책임있는 행정인 (administrator) 으로서 지는 책임으로 합법적 책임, 상급자에 대한 책임 (계층제적 책임), 정책에 대한 책임, 입법부와 사법부에 대한 책임 등이 해당된다. 여기에는 판단기준과 절차의 객관화가 전제가 된다. 공식적·제도적인 통제에 의해 책임이 달성될 수 있다. 제재 (制裁) 가 존재하며, 절차의 준수가 강조되고, 문책자가 외재 (外在) 한다.

## ❸ 합법성

### 1) 합법성의 개념

합법성 (合法性) 은 법률적합성, 법에 의한 행정, 법에 근거한 행정, 즉 법치행정 (法治行政) 을 의미한다. 법규는 행정에 합리적·합법적 권위를 부여하는 원천이다. 법은 행정활동을 정당화하는 기능을 수행한다.

합법성이란 법률에 적합한 행정을 추구하는 것으로, 통상 베버 (Max Weber) 시대의 전통적 행정이론은 합법성을 강조한 시기로 보기도 한다.

### 2) 형식적 법치주의와 실질적 법치주의

형식적 법치주의는 수단으로서의 '법률에 의한 지배 (rule by law)'를 의미한다. 외견적 입헌주의 (外見的 立憲主義) 에서는 법치행정의 본질적 목적에서 일탈하여 행정권의 발동이 법률이라는 형식에 의하면 된다는, 국가목적의 실현을 위한 형식·절차만을 문제 삼았다.

반면에 실질적 법치주의는 자의적 권력 (恣意的 權力) 의 지배가 아닌 정당한 법의 지배라는 의미인 '법에 의한 지배 (rule of law)'를 뜻한다. 기본권 보장을 중심가치로 여기며, 수단으로서의 법의 형식뿐만 아니라 법의 실질적 내용도 헌법적 가치나 법의 근본원리에 부합되어야 함을 의미한다.

## 3) 합법성의 순기능과 역기능

합법성 (合法性) 은 정부 관료의 자의적인 행정활동을 막아 주는 데 기여한다. 소극적 의미의 합법성 (legality) 은 상황에 따라 신축성을 부여하는 법의 적합성보다 예외없이 적용하는 법의 안정성을 강조한다.

경직적인 법규의 적용은 행정과정에서 목표와 수단이 전도 (顚倒) 되는 상황을 유발할 수 있다. 합법성을 지나치게 강조하는 경우 수단가치인 법의 준수가 강조되어 목표의 전환 (displacement of goal), 형식주의를 가져올 수 있다.

# ❹ 투명성

## 1) 의 의

투명성 (透明性) 은 정보공개뿐만 아니라 정보에 대한 접근권 (right of access) 까지 포함하는 개념이다. 행정절차의 명확화는 열린 행정과 투명행정을 통해 행정기관과 시민 간의 분쟁을 방지할 수 있다. 정책과정에서 시민참여의 확대 및 자체감사 (自體監査) 기능의 활성화는 투명하고 열린 행정을 가능하게 할 수 있다.

## 2) 행정정보공개제도

국정에 대한 국민의 참여와 국정 운영의 투명성 확보를 목적으로 한다. 우리나라 행정정보공개제도는 먼저 기초자치단체에서 조례로 제도화되었다. 1992년 청주시 정보공개조례 제정사건을 통해 제도화되고, 이후 1996년 「공공기관의 정보공개에 관한 법률」이 제정되었다.

우리나라 공공기관의 정보공개에 관한 법률은 국민의 알권리를 보장하고, 국정에 대한 국민의 참여와 국정 운영의 투명성을 확보하기 위한 제도이다. 우리나라에는 공공기관의 개인정보 보호에 관한 법률, 공공기관의 정보공개에 관한 법률, 행정절차법이 모두 제정되어 있다.

그러나 행정정보공개는 행정비용과 업무량의 증가를 초래할 수 있다. 행정정보공개는 행정책임과 관련하여 정보의 조작 또는 왜곡을 유발할 우려가 있다.

## 3) 공공기관의 정보공개에 관한 법률

「공공기관의 정보공개에 관한 법률」에 의하면 모든 국민은 정보의 공개를 청구할 권리를 가지며, 외국인[32]의 정보공개 청구에 관하여는 대통령령으로 정한다. 정보의 공개를 청구하는 자인 청구인은 해당 정보를 보유하거나 관리하고 있는 공공기관에 정보공개 청구서를 제출하거나 말로써 정보의 공개를 청구할 수 있다.

직무를 수행한 공무원의 성명·직위는 공개대상 정보이다. 공공기관이 보유·관리하는 정보는 원칙적으로 공개대상이 된다. 다만, 다른 법률 또는 법률이 위임한 명령의 규정에 의하여 비밀 또는 비공개 사항으로 규정된 정보는 공개하지 않을 수 있다. 중앙행정기관의 경우 전자적 형태의 정보 중 공개대상으로 분류된 정보는 공개청구가 없더라도 공개하여야 한다. 정보공개에는 국민 개개인의 청구에 의한 의무적인 정보공개는 물론, 행정기관 스스로의 결정에 의한 자발적 공개도 포

---

[32] 정보공개를 청구할 수 있는 외국인은 국내에 일정한 주소를 두고 거주하거나 학술·연구를 위하여 일시적으로 체류하는 사람, 국내에 사무소를 두고 있는 법인 또는 단체이다.

함된다. 정보의 공개 및 우송 등에 드는 비용은 실비 범위에서 청구인이 부담한다.

공공기관은 정보공개의 청구가 있는 때에는 청구를 받은 날부터 10일 이내에 공개여부를 결정하여야 한다. 다만, 부득이한 사유로 10일 이내에 공개여부를 결정할 수 없는 때에는 10일 이내의 범위에서 공개여부 결정기간을 연장할 수 있다.

지방자치단체는 그 소관 사무에 관하여 법령의 범위에서 정보공개에 관한 조례를 정할 수 있다.

## 제6절  가외성과 기타

### ❶ 가외성

#### 1) 개 념

가외성 (redundancy) 은 불확실성의 시대에 행정의 신뢰성 확보 차원에서 M. Landau (1969) 가 강조하면서 본격적으로 논의되었다.

1960년대 정보과학, 컴퓨터 기술, 사이버네틱스 (cybernetics) 이론 발달과 함께 란다우 (M. Landau) 가 불확실성의 시대에 행정의 신뢰성 확보 차원에서 주장한 가치이다. Landau는 권력분립 및 연방주의를 가외성의 현상으로 보았다.[33]

#### 2) 가외성의 특징

가외성 (加外性) 은 불확실한 상황에서의 오류 발생 가능성을 최소화하고 체제의 신뢰성을 높이기 위해 강조되는 행정가치이며, 본질적 가치보다는 행정의 수단적 가치로서의 성격이 더 강하다.

모형 개발이나 정보 획득 등을 통한 불확실성에 대한 적극적 대처방안이 아니라 불확실성을 인정하는 전제에서 출발하는 소극적 대처방안[34]이다.

가외성은 중첩성 (overlapping), 중복성 · 반복성 (duplication), 동등잠재력 (equi - potentiality) 을 속성으로 갖는다.

첫째, 중첩성 (重疊性) 은 다중공공관료장치[35]나 재난에 대처하기 위한 관계기관 간의 협력처럼 기능이 기관별로 배타적이지 않고 혼합적으로 수행되는 상태이다.

둘째, 중복성 (重複性) 은 다수의 정보채널이나 자동차의 이중브레이크처럼 동일한 기능을 여러 기관에서 독자적인 상태에서 수행하는 것을 뜻한다.

셋째, 동등잠재력 (同等潛在力) 은 비행기의 보조엔진이나 단전에 대비한 자가발전설비 구축처럼 주 기관이 작동하지 않을 때를 대비하여 동등한 역할을 수행할 수 있는 보조기관을 준비하는 것이다.

---

**33** 대통령의 거부권, 부통령제도, 3심제도, 양원제, 집권과 분권, 계선과 참모 등이 가외성에 해당되는 경우이다. 그러나 만장일치제, 전형적 계층제, 집권체제만 존재하는 경우 등은 가외성 사례로 볼 수 없다.

**34** 불확실성의 적극적 극복방안은 정책과정에서 정책결정자가 불확실한 것을 확실하게 하는 것 또는 불확실한 것을 적극적으로 해결하려는 방법이다. 불확실성에 대한 소극적 극복방안은 불확실성을 주어진 것으로 보고, 이에 대처하는 방안이다.

**35** 다중공공관료제는 공공선택론에서 주장하는 것으로, 오스트롬 (Ostrom) 은 권한의 분산과 관할권의 중첩을 특징으로 하는 '다중공공관료제'로 대체하여 공공서비스를 경쟁적 방식으로 공급하고 그 선택권을 시민에게 맡김으로써 민주적 행정을 이룰 수 있다고 주장했다.

✚ 그림 1-4 가외성의 내용

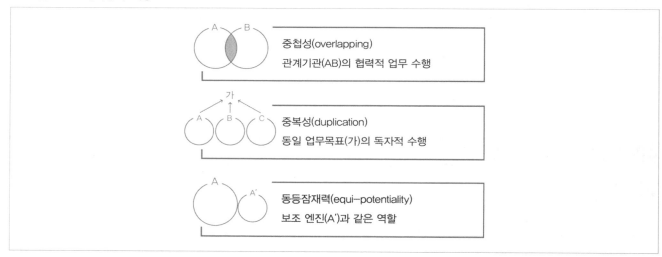

중첩성(overlapping)
관계기관(AB)의 협력적 업무 수행

중복성(duplication)
동일 업무목표(가)의 독자적 수행

동등잠재력(equi-potentiality)
보조 엔진(A')과 같은 역할

## 3) 가외성의 순기능

환경의 불확실성이 커질수록 가외성의 필요성은 증가하며, 환경에 대한 조직의 적응성 및 대응성을 높여준다. 가외성은 각 부문들이 상호유기적인 관련을 가지면서 공동목표를 달성할 수 있도록 기여한다. 환경의 불확실성이 커질수록 가외성 장치는 예측하지 못한 잘못·실수 또는 실패를 줄이는 데 기여하므로, 행정의 안정성과 신뢰성 확보 측면에서 그 필요성이 높아진다. 정보체제의 안전성을 증진시키기 위해서는 초과분의 정보채널 등 가외적 조직설계가 필요하다.

가외성은 다수의 사람들 또는 중복적 조직들의 상호작용에 의해 체제의 창의성을 증진시킬 수 있다. 또한 조직구성원의 정보 수용범위의 한계를 극복하는 데 유용하고, 조직 목표의 달성이 어려울 때 기존 목표를 새로운 목표로 전환하는 목표의 전환(diversion)을 방지하는 기능도 존재한다.

사회구성원 간의 신뢰수준인 사회적 자본이 높아지면 추가적인 담보장치인 가외성의 필요성은 감소한다.

## 4) 가외성의 역기능

가외성은 행정의 여분 및 초과분을 의미하므로 경제성·능률성과 상충관계에 있다. 따라서 가외적 설계를 할 경우에는 감축관리(減縮管理)와 조화가 필요하다.

한편 사회구성원 간의 신뢰와 규범의 네트워크인 사회적 자본(social capital)의 수준이 낮아질수록 가외성의 필요성은 증가하는 방향으로 작용될 것이다.

## ❷ 적합성과 적정성

### 1) 적합성 (適合性)

적합성 (appropriateness) 은 주어진 상황에서 문제설정이 제대로 되었는가를 평가하는 개념이다. 예를 들면 실업문제가 우선해결과제인데 인플레이션 억제를 위해서 긴축정책을 시행하는 것은 경제정책의 목표에 적합성이 없는 것이다.

### 2) 적정성 (適正性), 적절성 (適切性)

적정성 또는 적절성 (adequacy) 은 주어진 문제해결을 위한 목표 또는 수단의 충분성·실현가능성과 관련된 개념이다. 이는 설정된 목표에 따라 달라질 수 있는 상대적인 측정이다. 예를 들면 청년실업문제의 해결이라는 정책의 목표 달성을 위해서 청년실업률을 몇 % 정도로 정할 것인가와 관련된다.

적합성 (appropriateness) 이 목표의 개념이라면, 적정성 (adequacy) 은 수단의 개념에 해당한다.

**✦ 그림 1-5 행정가치의 관계**

> **효율성 지향**
> - 능률성, 효과성, 생산성
> - 계층적 또는 시장적 책임성
>
> **민주성 지향**
> - 형평성, 국민요구에 부응하는 대응성
> - 정치적 책임성

> **■ TIP** 효율성과 민주성의 관계
> 효율성과 민주성의 개념을 정의하는 방법이나 개념적 범위설정에 따라 두 개념은 조화 또는 상충될 수 있다.
> 효율성을 경제적 능률성으로 해석할 경우에는 효율성을 지향하는 것은 능률성, 효과성, 생산성과 부합한다.
> 민주성을 국정주체로서의 시민에 대한 책임이나 시민의 요구에 부응하는 정도로 정의할 경우에는 민주성은 대응성이나 정치적 책임성에 가깝게 된다.
> 한편 경제적 능률성만을 강조하게 되면 절차적 민주성을 등한시하여 민주성과 충돌할 수 있다. 다른 한편으로 민주적 행정이 효율적 방안이라고 해석한다면 민주성과 효율성은 조화될 수 있다.

# 03 정부론

## 제1절 | 정부관

### ❶ 보수주의자

#### 1) 의 의

보수주의자는 기본적으로 자유시장을 신뢰하지만 정부를 불신한다. 보수주의 정부관에 따르면 정부에 대한 불신이 강하고 정부실패를 우려한다. 보수주의자의 경제를 보는 관점은, 스미스(Adam Smith)의 '보이지 않는 손(invisible hand)'인 시장가격기능을 신뢰하는 자유방임주의와 공급이 수요를 창출한다는 세이의 법칙(L. Say's law)에 의한 공급경제학(供給經濟學)을 특징으로 한다.

보수주의 정부관은 합리적이고 이기적인 경제인으로서의 인간관을 전제로 한다. 보수주의 정부관은 자유를 옹호하며 간섭이나 개입이 없는 정부로부터의 자유를 중시한다.

작은 정부를 주장하는 Friedrich Hayek(1944)는 『노예에로의 길』에서 John Maynard Keynes의 주장을 반박하며, 정부의 시장 개입은 단기적 경기 부양에는 효과적일 수 있어도 장기적으로는 시장의 효율성을 심각하게 훼손한다고 주장하였다.

David Osborne & Ted Gaebler(1992)는 『정부 재창조』에서 정부부문에 시장과 경쟁의 가치를 도입할 것을 주장했다. 공공선택론은 정부를 공공재의 생산자로 규정하고 대규모 관료제에 의한 행정의 효율성을 높이는 것이 중요하다고 보는 전통적인 대규모 관료제보다는, 시민의 선호에 부응할 수 있는 분권화되고 시장화된 탈관료제조직이라는 새로운 제도적 장치를 선호한다. 공공선택론에서는 정부를 공공재의 생산자, 시민들은 공공재의 소비자로 규정하였다.

#### 2) 신자유주의

신자유주의가 등장하면서 큰 정부에서 작은 정부로의 전환이 이루어졌다. 시장실패의 해결사 역할을 해오던 정부가 오히려 문제의 유발자가 되었다는 인식을 바탕으로, 다시 시장을 통한 문제해결을 강조하며 '작은 정부(small government)'를 추구한다.

민간기업의 성공적 경영기법을 행정에 접목시켜 효율적인 행정관리를 추구할 뿐만 아니라 개방형 임용, 성과급 등을 통하여 행정에 경쟁원리 도입을 추진한다. 정부의 민간부문에 대한 간섭과 규제는 최소화 또는 합리적으로 축소·조정되어야 한다는 입장에서 규제완화, 민영화 등을 강조한다.

케인즈(J. M. Keynes) 경제학에 기반을 둔 수요중시 거시경제정책을 비판하고, 작은 정부와 감축관리를 지향하는 공급 측면의 경제정책에 대하여는 찬성 입장을 견지한다.

## ❷ 진보주의자

### 1) 의 의

진보주의자의 정의(正義)는 행복(幸福)의 극대화, 공동선(共同善)과 시민의 미덕(美德)을 강조한다. 진보주의 정부관도 시장의 효율성 자체, 번영에 대한 자유시장의 잠재력을 인정한다.

진보주의 정부관은 합리적이고 이기적인 경제인관을 부정하며 오류(誤謬)의 가능성이 있는 인간을 전제한다.

### 2) 행정국가화현상

진보주의자는 조세제도를 통한 정부의 소득재분배 정책을 선호한다. 1930년대 대공황을 겪으면서 최대의 봉사가 최선의 정부라는 신념이 중요시되었다.

1930년대 Franklin Delano Roosevelt 대통령의 뉴딜(New Deal) 정책과 1960년대 Lyndon Baines Johnson 대통령의 위대한 사회 프로그램('The Great Society' Program)은 경제안정화와 복지기능 확대를 추구하는 것으로, 행정부의 사회적 가치배분권의 강조 경향을 반영한 사례이다.

현대 행정국가는 정부의 시장경제에 대한 개입 필요성을 강조하는 John Maynard Keynes 이론[36]과 수요가 공급을 창출한다는 수요경제학(需要經濟學)을 토대로 한다.

행정국가 시대에는 '최대의 봉사가 최선의 정부'로 받아들여졌다. 신공공서비스론 입장에 따르면 정부의 역할은 시민들로 하여금 공유된 가치를 창출하고 충족시킬 수 있도록 봉사하는 데 있다.

**✚ 표 1-6 보수주의와 진보주의 정부관**

| | 보수주의 정부관 | 진보주의 정부관 |
|---|---|---|
| 정부 규모 | 작은 정부, 소극정부 지향 | 큰 정부, 적극국가 지향 |
| 시장과 정부 | 시장을 지향하고, 정부를 불신함 | 정부 개입 지향 |
| 경제정책관 | 공급경제학 | 수요경제학 |
| 행정 가치 | 효율성 강조 | 형평성 강조 |
| 인간관 | 합리적이고 이기적인 인간관 | 협동, 오류가능성 있는 인간을 전제 |
| 기본권, 자유 | 자유권, 정부로부터 자유 | 사회권, 정부에 의한 자유 |
| 조세정책 초점 | 조세감면 | 조세정책을 통한 소득재분배 |

출처: 이종수 외(2016: 79) 토대로 재구성.

---

36 케인즈(J. M. Keynes)는 경제를 이끌어 가는 요소로서 상품에 대한 총수요를 강조했다. 불황기에 정부가 지출을 늘리면 보다 많은 돈이 풀려서 시민들의 소비와 투자가 유도되어 경제가 정상 상태를 회복한다는 논리이다.

## 제2절    재화의 유형

### ◆ 재화의 구분

### 1) 구분기준

재화(財貨)는 경합성(contestability)과 배제성(excludability)을 기준으로 구분할 수 있다. 경합성은 한 사람이 더 많이 소비하면 다른 사람의 소비가 줄어드는 재화의 특성을 뜻한다. 배제성은 소비자가 적절한 가격을 내지 않으면 재화나 서비스를 사용할 수 없는 성질을 의미한다.

**✚ 표 1-7 재화의 유형 구분**

| | | 소비의 경합성 | |
|---|---|---|---|
| | | 경합적 | 비경합적 |
| 소비의 배제성 | 배제 가능 | 시장재, 사적재 | 요금재 |
| | 배제 불가능 | 공유재, 공유지의 비극 | 공공재, 집합재 |

### 2) 시장재, 사적재

시장재 또는 사적재(private goods)는 경합성과 배제성을 동시에 갖는 서비스이다. 원칙적으로 시장에 맡겨 두고 정부가 간섭을 하지 않아야 한다. 일반적으로 시장에 의한 서비스 공급이 활성화될 수 있어 공공부문의 개입이 최소화되는 영역이다.

그러나 의료, 교육 등의 가치재(價値財)는 경합적이므로 시장을 통한 배급도 가능하나, 가치재(worthy goods)는 기본적으로 사적재이지만 일정 수준 소비하는 것이 바람직하기 때문에 정부가 개입하여 일정 수준을 직접 공급하는 경우도 있다. 가치재의 경우는 기본적인 수요조차도 충족하기 어려운 저소득층이나 영세민 배려를 위한 부분적인 정부개입이 발생한다.

### 3) 요금재

요금재(toll goods)는 경합성은 없지만 배제성을 갖는 서비스로, 대가를 지불하지 않는 소비자를 배제할 수 있다. 요금재의 경우, 공기업이 공급하기도 하지만 서비스의 상당 부분이 정부에서 공급되는 이유는 자연독점(natural monopoly)[37]로 인한 시장실패에 대응해야 하기 때문이다.

전기료, 통신요금, 상하수도 요금은 자연독점에 의한 시장실패에 대응해야 하기 때문에 재화의 상당 부분을 정부가 공급하는 이유가 된다.

---

[37] 자연독점(自然獨占)은 상품의 특성상 여러 기업이 생산하는 비용보다 한 기업이 독점적으로 생산할 때 비용이 적게 들어 자연스럽게 생겨난 독점시장이다. 대부분 생산을 많이 할수록 평균 생산단가가 낮아지는 규모의 경제가 존재하는 우편, 전기, 가스 등 사회간접자본이 자연독점의 사례에 해당한다.

## 4) 공유재

공유재 (common pool goods) 는 정당한 대가를 지불하지 않는 잠재적 사용자의 배제가 불가능 또는 곤란한 자원이다. 민간부문도 공유재의 공급주체가 될 수 있다.

공유재는 개인의 사용량이 증가함에 따라 나머지 사람들이 사용할 수 있는 양이 감소하는 특성을 가진 자원이다. 따라서 적절한 조치가 없으면 과다소비 또는 과잉소비로 인한 고갈 문제가 발생한다.

공유재는 비배제성으로 인해서 비용회피 (費用回避) 와 과잉소비 (過剩消費) 의 문제가 생긴다. 공유재는 정당한 대가를 지불하지 않는 사람들의 이용을 배제하기 어렵다는 문제가 있다. 무임승차 (無賃乘車) 의 문제는 배제성을 지니지 못하는 공공재나 공유재에서 발생한다.

공유재화에 대해 정부는 무분별한 사용을 막는 규칙 (規則) 을 설정한다. 공유재의 비극을 초래하는 서비스에 대해서는 서비스 공급비용에 대한 부담 규칙과 무분별한 사용에 대한 규제 (規制) 장치가 요구된다.

## 5) 집합재 또는 공공재

집합재 또는 공공재 (collective goods) 는 원칙적으로 정부가 직접 공급한다. 공공재의 경우는 '무임승차 (free rider)'의 문제가 생길 수 있다. 비경합성과 비배제성의 특징 때문에 시장에서 공급할 경우, 무임승차 문제나 과다공급 또는 과소공급에 의한 시장실패가 발생하므로 원칙적으로 공공부문에서 공급해야 한다.

집합재 (collective goods) 의 비배제성과 비경합성은 민간투자의 저해요인이 될 수 있다. 국방, 경찰, 등대 등은 대표적인 공공재로서 비배제성과 비경합성의 성격을 강하게 띤다.

도로의 경우는 일반적으로는 공공재로 보지만, 엄밀하게 구분하면 혼잡한 도로는 경합성 (contestability) 이 발생한 것이고, 유료도로는 배제성 (excludability) 이 있는 것이다. 따라서 순수 공공재로서의 도로는 혼잡하지 않고 무료인 도로이다.

**✚ 그림 1-6 공공재의 여러 유형**

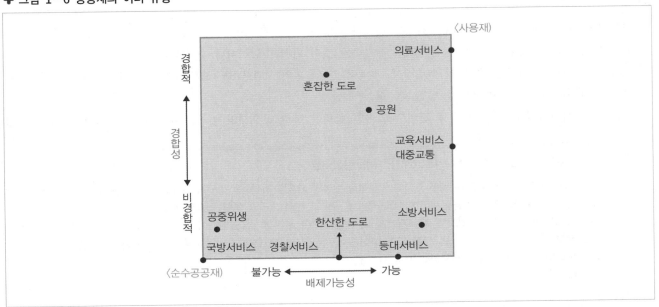

출처: 이준구 『재정학』 (2011: 95).

## ❷ 공유지의 비극

### 1) 공유지 비극의 특징

공유재 (common pool goods) 는 배제불가능성과 함께 소비에서의 경합성을 특징으로 한다. 공유지의 비극 (tragedy of commons) 은 개인의 합리성 추구로 인해 공유재가 고갈되는 현상을 일컫는다. Garrett Hardin (1968) 이 제안한 이론으로, 구성원이 공유재에 대하여 비용을 지불하지 않기 때문에 발생하는 문제이다.

공유지 비극의 주된 요인은 과잉소비에 따른 부정적 외부효과에 기인한다. 어획자 수나 어획량에 대해서 아무런 제한이 없는 개방어장의 경우 공유의 딜레마 또는 공유의 비극이라는 문제가 발생한다.

공유재는 정당한 대가를 지불하지 않는 사람을 소비에서 제외시킬 수 없는 배제불가능성이 있고 동시에 경합성도 있기 때문에 과잉소비할 경우 자원이 고갈 (枯渴) 되게 된다.

공유지의 비극은 개인의 합리성과 집단의 합리성이 충돌하는 딜레마현상이다.

### 2) 구성의 오류

공유지의 비극이란 자신의 이익을 극대화시키려는 개인적 차원의 합리적 선택에도 불구하고, 그 개인들이 하나의 집단으로서의 이익을 파괴함으로써 사회 전체의 합리성을 담보하지 못하는 상태를 말한다.

사적 극대화가 공적 극대화를 파괴하여 구성원 모두가 공멸하게 된다. 구명보트에 너무 많은 사람이 탑승하여 결국 구명보트가 가라앉아 모두의 손해로 귀결되는 '구명보트의 윤리배반현상'과도 관련된다.

공유지의 비극은 구성의 오류, 합성의 오류에 해당한다. 개체주의적 오류 (individualistic fallacy),[38] 원자론적 오류 (fallacy of composition), 환원주의 (reductionism) 오류, 구성의 오류, 합성의 오류는 부분에 관하여 참인 것을 전체에 대하여 참이라고 단정하는 오류로서, 미시적 접근에서 발생하는 오류이다.

### 3) 공유지 비극의 해결책

공유지의 비극은 일정 공유재에 대한 정부의 규제나 개입의 필요성을 설명하는 이론이다. Garrett Hardin (1968) 은 소유권을 명확하게 하여 공유상태를 근본적으로 제거하는 것이 가장 바람직하다고 보았다.

Ronald H. Coase (1960) 는 공유자원의 고갈은 부정적 외부효과의 성격을 가지므로 소유권의 명확화와 당사자 간 협상을 통해, 외부효과의 내부화 (內部化) 를 통한 해결을 추구한다.

최근 현대 시민사회에서는 구성원들 간의 자발적인 합의를 통해 공유재의 비극을 해결하려는 노력이 강조되고 있다.

**생각 넓히기 _ 오스트롬 (Elinor Ostrom) 의 제도발전모형**

기존 연구가 제시한 시장 또는 정부 중심의 이분법적 논리의 한계를 지적하면서, 정부의 규제에 의한 공유자원의 고갈을 방지하는 방식이 아니라 자발적 공동체의 형성과 공동체 규범의 신뢰 그리고 이를 뒷받침할 제도적 설계와 발전을 강조했다.
오스트롬은 정부나 민간기업보다 공유재산을 더 성공적으로 관리할 수 있는 '피플파워 (people power)'를 중시하였고, 공동체를 중심으로 한 제도적 협력체계를 통하여 공유재산을 효율적으로 관리하고 환경파괴도 막을 수 있다는 사실을 게임이론이나 실험을 근거로 제시하였다.

---

**38** 개체주의적 오류 (individualistic fallacy) 는 개인적 특성에 대한 정보를 통해 그가 속한 집단이나 사회의 특성을 파악하고자 할 때 발생하는 오류이다.

## 제3절 시장실패와 정부의 대응

### ❶ 시장실패의 요인

시장실패 (market failure) 는 시장기구를 통해 자원배분의 효율성을 달성할 수 없는 경우를 의미한다. 시장은 완전경쟁 조건이 충족될 경우, 가격이라는 '보이지 않는 손'에 의한 조정을 통해 효율적인 자원배분을 달성할 수 있다. 그러나 완전경쟁시장은 그 전제조건의 비현실성과 불완전성으로 인해 실패할 수 있다.

파레토 최적 (Pareto's optimum) 은 시장에서 효율적 자원배분이 이루어졌는지의 판단 기준으로, 시장실패는 파레토 효율성을 충족하지 못하는 상태이다.

시장실패를 초래하는 요인은 공공재의 존재, 외부효과의 발생, 경제활동에 영향을 주는 외부불경제 (external diseconomy), 불완전한 경쟁, 정보의 비대칭성 등이다.

### ❷ 시장실패에 대한 정부의 대응책

#### 1) 의 의

시장실패를 교정하기 위한 정부의 역할은 공적 공급, 공적 유도, 정부규제 등이다. 시장실패가 발생할 경우 이를 교정하기 위한 정부의 대응방식은 공적 공급, 보조금 등 금전적 수단을 통해 유인구조 (誘因構造) 를 바꾸는 공적 유도 (公的 誘導), 그리고 법적 권위에 기초한 정부규제 등이 있다.

외부효과, 자연독점, 불완전 경쟁, 정보의 비대칭 등의 상황에 모두 적절한 정부의 대응방식은 공적 규제이다.

#### 2) 공공재 또는 집합재

공공재 또는 집합재의 성격을 가진 재화와 서비스는 시장에 맡겼을 때 바람직한 수준 이하로 공급될 가능성이 높다. 공공재를 사회적 최적 수준에 이르게 하려면 정부가 직접 공급 (공적 공급) 하는 방법이 필요하다.

#### 3) 자연독점

규모의 경제가 적용되는 산업에서 자연적인 독점현상이 발생하는 경우 정부는 직접 경영 (공적 공급) 하거나 가격규제 (정부규제) 를 통해 개입한다.

사회기반시설에 대한 대기업의 자연독점으로 인한 시장실패를 방지하기 위하여 공적 공급이 필요하다. 자연독점적 성격을 띠던 서비스 시장에서 경쟁이 가능하게 된 것은 기술의 발달로 인하여 생산조건이 변화하였기 때문으로 이해할 수 있다.

#### 4) 불완전한 경쟁

불완전한 경쟁 (imperfect competition) 인 독과점현상으로 인하여 자원배분의 비효율성이 발생할 수 있다.

자연독점에 대해서는 공적 공급 혹은 정부의 가격규제로, 불완전경쟁에는 정부의 불공정거래행위 규제로 대응할 수 있다. 완전경쟁시장이 독과점 체제로 변모할 경우 정부는 시장의 교란활동에 대해 정부규제를 통해 개입한다.

### 5) 외부효과

외부효과 (外部效果) 는 제3자에게 의도하지 않은 이득이나 손해를 주는 현상으로, 시장실패의 원인이 되기도 한다. 외부효과는 외부불경제 (external diseconomy) 와 외부경제 (external economy) 로 구분된다.

경제주체의 활동에 대한 정당한 대가가 지불되지 않는 외부효과로 인하여 과대 또는 과소공급되는 현상이 발생한다. 정부가 개입하지 않을 때 부 (-) 의 외부효과를 지닌 재화와 서비스의 경우에는 과다공급이 발생하기 쉽고, 정 (+) 의 외부효과를 지닌 재화와 서비스의 경우에는 과소공급이 발생하기 쉽다. 외부효과 발생에 대해서는 보조금 지급과 같은 공적 유도 혹은 부담금 부과와 같은 정부규제로 대응할 수 있다. 외부효과 발생 시 규제와 보조금 등을 사용하여 외부효과를 제거한다.

외부경제 또는 긍정적 외부효과의 경우에는 정부의 개입없이는 과소 공급되므로, 정부는 보조금을 지급해 사회적으로 최적의 생산량을 유지하려 한다.

외부불경제 (external diseconomy) 또는 부정적 외부효과의 경우에는 정부의 개입없이 과다 공급되므로, 정부는 부담금을 부과해 비용부담자가 비용을 스스로 부담하도록 한다.

외부불경제에서 나타나는 문제에 대응하기 위해 정부는 규제를 강화한다. 부정적 외부효과를 유발하는 경우에 조세로써 비용을 부담하게 하는 것으로는 교정적 조세 (Pigouvian tax) [39]가 있다. Arthur Cecil Pigou (1918) 의 교정적 조세 (Pigouvian tax) 는 사회 전체적인 최적의 생산수준에서 발생하는 외부효과의 양에 해당하는 만큼의 조세를 모든 생산물에 대해 부과하는 방법이다.

오염허가서 (pollution permits) 혹은 공해배출권 거래제도, 폐기물처리비 예치제도 등은 부정적 외부효과에 대한 간접적 규제 방법이다. 간접적 규제로서 시장유인적 규제는 개인이나 기업에게 일정한 의무는 부과하되, 그것을 달성하는 구체적 방법은 개인이나 기업의 합리적 선택에 따른 자율적 판단에 맡기는 규제방식이다.

Ronald H. Coase (1960) 는 소유권을 명확하게 확립하는 것이 부정적 외부효과를 줄이는 방법이라고 주장했다. 사회적 문제는 호혜적 성격 (reciprocal character) 을 지니므로, 거래비용 (transaction cost) 이 발생하지 않는다면 정부의 개입이 없더라도 이해당사자 간의 자발적 협상을 통해 시장에서 해결할 수 있다는 것이다.

### 6) 정보의 비대칭성

정보의 비대칭성 또는 정보의 편재 (偏在) 에 대해서는 정보공개를 유도하는 공적 유도 (보조금 지급) 나 정보공개를 강제하는 정부규제를 통해 대응할 수 있다.

건강, 위생, 안전 등 사람의 생명에 영향을 미치는 정보가 불완전한 상태에서 재화나 서비스가 거래된다면, 소비자에게 심각한 위험을 초래할 수 있다.

### 7) 사회적 소득불평등

사회적 소득불평등에 따른 문제를 해결하기 위해 소득재분배정책, 사회보장정책을 시행한다.

---

[39] 피구세 (Pigouvian tax) 는 영국의 경제학자인 피구 (Pigou) 가 『후생경제학 (Economics of Welfare) 』(1918) 에서 제안한 개념으로, 정부의 조세정책을 통해 환경오염에 의한 사회적 비용을 경제주체들이 그들의 의사결정 과정에 포함시키도록 만들 수 있다는 것이다. 환경오염이라는 외부불경제를 유발한 경제주체에게 그 비용을 오염주체가 부담하도록 하는 외부효과의 내부화 방법이다.

**✚ 표 1-8 시장실패 원인과 그 대응책**

| 시장실패 원인 | | 시장실패에 대한 대응책 |
|---|---|---|
| 공공재의 존재 | | 공적 공급 |
| 자연독점 | | 공적 공급 혹은 정부규제 (가격 규제) |
| 불완전경쟁 | | 정부규제 |
| 외부효과 | 외부경제 | 보조금 지급과 같은 공적 유도 |
| | 외부불경제 | 부담금 부과와 같은 정부규제 |
| 정보의 비대칭성 | | 정보공개를 유도하는 공적 유도 (보조금 지급)나 정보공개를 강제하는 정부규제 |
| 소득 불평등 | | 소득재분배정책, 이전소득 (移轉所得), 사회보장정책, 누진세 (累進稅), 공공임대주택건설 |

## 제4절 | 정부실패와 대응책

### ❶ 정부실패의 요인

큰 정부의 등장은 대공황 등 경제위기 속에서 시장에 대한 정부의 적극적 개입을 통해 대공황을 극복해야 한다는 케인즈주의에 사상적 기반을 두고 있다. 경제 대공황 극복을 위하여 등장한 뉴딜 정책과 함께 2차 세계대전 등의 전쟁은 큰 정부가 탄생하는 데 결정적인 영향을 주었다. 시장실패에 대한 대응으로 나타난 큰 정부는 규제를 강화하고 사회보장, 의료보험 등 사회정책을 펼침으로써 정부의 적극적 역할을 강조하였으며, 이러한 이유로 정부의 크기가 커졌다.

정부는 시장실패를 교정하기 위해 계층제적 관리방법을 통해 자원의 흐름을 통제하게 되는데, 정부의 능력은 인적·물적·제도적 제한으로 실패할 수 있다. 정부실패는 시장실패에 대응하는 개념으로 행정서비스의 비효율성을 야기한다.

정부실패는 관료나 정치인들의 개인적 요인 때문에 발생하고 또한 정부라는 공공조직에 내재하는 구조적 요인 때문에 발생하기도 한다.

정부실패는 정부산출 측정의 곤란성, 독점적 생산 등 정부서비스의 공급적 차원의 문제로 인해 발생하고, 정부가 공급하는 재화나 서비스에 대한 수요 측면과도 연관된다.

정부실패의 요인으로는 비공식적 목표가 공식적 조직목표를 대체하는 사적 목표의 설정 또는 행정조직의 내부성 (內部性), 의도하지 않은 파생적 외부효과, 권력의 편재, 정부부문의 X-비효율성, 비용과 편익의 절연 등이 있다.

### ❷ 정부실패에 대한 대응책

#### 1) 의 의

정부실패에 대한 대응으로는 민영화, 정부보조금 삭감, 규제완화 등이 있다. 작은 정부론은 민영화의 확대를 주장하지만 또 다른 시장실패를 유발할 수 있다는 점에서 네트워크 거버넌스 (Network Governance) 의 필요성이 제기되기도 한다.

✚ 표 1-9 정부실패 원인과 그 대응책

| 정부실패 원인 | 정부실패에 대한 대응책 |
| --- | --- |
| 파생적 외부효과 | 규제완화 또는 정부보조 삭감 |
| X - 비효율성 | 규제완화 또는 정부보조 삭감 그리고 민영화 |
| 권력의 편재 | 규제완화 또는 민영화 |
| 관료의 사적 목표의 설정 | 민영화 |

## 2) 파생적 외부효과

파생적 외부효과(derived externality)는 정부개입에 의해 초래된 의도하지 않은 결과 때문에 자원배분 상태가 정부개입이 있기 전보다 오히려 더 악화되는 경우이다.

파생적 외부효과에 대해 가능한 대응책에는 정부보조금의 삭감이나 규제완화의 방법이 있다. 파생적 외부효과의 사례를 들면, 정부가 경제적 약자 보호를 위해 무주택자에게 아파트에 대한 청약우선권을 부여하는 정책을 실시하였더니 주택을 구입할 경제력이 있는 사람들이 청약우선권을 얻기 위해 의도적으로 전세를 살면서 자발적 무주택자가 되었다는 것이 있다. 또는 특정 산업이나 특정인들을 보조하기 위한 보조금 지급이 부당한 보조금 수령이나 정상적인 시장질서를 교란하게 되는 경우도 있다.

이러한 파생적 외부효과를 방지하게 위한 정부의 대응기제로는 규제를 완화하는 방식과 불명확한 정부보조금을 삭감하는 방식이 필요하다.

## 3) X - 비효율성

X - 비효율성은 경쟁의 결여로 인해 발생하는 독점(獨占)에서 나타나는 정부의 과다한 비용발생을 의미하며, X - 비효율성으로 인해 정부실패가 야기되어 정부의 시장개입 정당성이 약화된다. 경제주체가 독점적 지위를 가지는 경우 관리효율성을 극대화하려는 유인이 부족해 생산의 평균비용이 증가하는 현상이 나타난다.

X - 비효율성은 공공재나 외부성의 존재 등과 같은 시장실패요인에 의해 나타나는 배분적 비효율성(allocative inefficiency)이 아니라, 독점과 같은 제한된 경쟁상황으로 인해서 비용최소화와 산출극대화를 달성할 수 있는 최선의 기술을 사용하지 않아서 나타나는 행정 또는 관리상의 기술적 비효율성(technical inefficiency)이다.

정부부문의 X - 비효율성의 경우에는 민영화, 정부보조금 삭감, 규제완화 등의 방법이 사용될 수 있다.

## 4) 권력의 편재

권력의 편재(偏在)는 권력과 특혜에 의한 분배의 불공평성이다. 그린벨트 내의 호화별장 건설허가, 상수원보호구역 근처에서의 골프장 허가 등이다.

권력의 편재에 대한 대응방안으로는 민영화, 규제완화 등이 있다.

## 5) 관료의 사적 목표의 설정

공공조직의 내부성(internality)은 관료들이 자기 부서의 이익 혹은 자신의 사적 이익에 집착함으로써 공익을 훼손하게 되는 경우를 의미한다.

정치인들의 제한된 임기로 인해 시간할인율(time discount rate) [40]이 높기 때문에 정부실패가 일어난다. 선거를 의식하는 정치인의 시간할인율은 사회의 시간할인율에 비해 높아, 단기적 이익과 손해의 현재가치를 높게 평가하는 데 비해서 장기적 이익과 손해의 현재가치를 낮게 평가하는 경향이 있다.

사적 목표의 설정에 대해서는 관료들의 부적절한 이익을 제거하기 위해 민영화하는 방식으로 대응이 가능하다.

## 6) 비용과 편익의 절연

정부정책에 있어서 비용의 투입과 편익이 서로 분리되어 있기 때문에 정부실패가 일어난다. 비용과 편익의 절연(decoupling)이란 수혜자와 비용부담자의 분리로 인하여 자원이 효율적으로 활용되지 못하는 것을 의미한다. 수혜자와 비용부담자의 분리로 인해 비용에 대해 둔감해지고, 자원이 효율적으로 활용되지 못하는 현상이 발생한다.

공공서비스 제공 시 사용료 부과 등 수익자 부담의 원칙을 적용할 때 공공서비스의 불필요한 수요를 줄일 수 있다. 수익자 부담의 원칙은 시장주의에 근거한 것으로, 이용자에 대한 구체적 비용 부담으로 비용과 편익의 절연을 방지할 수 있다.

수익자 부담원칙은 일반 세금에 비해 조세저항을 약하게 유발한다. 비용편익분석이 용이하게 되어 경제적 효율성을 제고시킨다.

그러나 수익자 부담원칙을 강화할 경우에는 사회적 약자의 부담이 상대적으로 커지게 되어 사회적 형평성이 저해될 가능성이 크다.

## ❸ 정부실패의 이론

### 1) 개 설

정부실패 이론으로는 니스카넨의 예산극대화모형, 파킨슨의 법칙, 지대추구이론, X-비효율성, 주인-대리인모형, 거래비용이론 등이 있다.

### 2) 예산극대화모형

예산극대화모형은 필요 이상으로 예산을 극대화하여 낭비한다는 니스카넨(Niskanen)의 모형으로, 공공재가 과다공급된다는 정부실패의 원인에 해당한다. 관료들이 권력의 극대화를 위해 소속부서의 예산을 극대화하는 행태에 분석의 초점을 둔다.

### 3) 지대추구이론

지대추구(rent seeking)이론은 규제로 인하여 발생하는 반사적 이득을 추구하려는 기업의 로비활동으로, 이는 규제의 부작용에 해당하며 정부실패의 원인에 해당한다.

지대추구이론은 정부규제가 지대를 만들어내고, 이해관계자집단으로 하여금 그 지대를 추구하도록 한다는 점을 설명한다.

---

**40** 시간할인율(time discount rate)에서 할인율(discount rate)은 미래가치를 현재가치로 환산한 것인데, 정치인들의 시간할인율이 높다는 말의 의미는 자신들의 선거에 직접적으로 또는 선거시점에 영향을 미치는 일에 관심이 높다는 것을 뜻한다.

## 4) 포획이론

포획이론 (capture theory) 은 미국의 경제학자 George Stigler (1971) 가 제시한 이론이다. 규제기관이 피규제기관의 입장에 동조하는 것으로, 포획현상은 규제기관과 피규제기관 간의 인사교류[41]에도 원인이 있다.

포획 (捕獲) 이론은 정부가 규제의 편익자에게 포획됨으로써 일반 시민이 아닌 특정집단의 사익을 옹호하는 것을 지적한다. 즉 규제행정의 공평성을 저해하게 된다.

## 5) Parkinson의 법칙

Cyril Northcote Parkinson (1955) 의 연구에 의한 파킨슨의 법칙 (Parkinson's Law) 은 업무의 강도나 양과는 관계없이 공무원의 수는 항상 일정한 비율로 증가하며, 공무원은 업무의 양이 증가하면 비슷한 직급의 동료보다 부하 직원을 충원하려는 경향이 강하다는 것으로, 관료제가 제국의 건설을 지향한다는 입장이다.

## 6) 주인 – 대리인모형

주인 – 대리인이론 (principal - agent theory) 은 주인 (principal) 과 대리인 (agent) 모두는 자신의 이익 혹은 효용을 극대화하려는 합리적인 인간 또는 기회주의적 속성을 지니고 있다고 가정하며, 나라의 주인인 국민과 대리인인 정부와의 관계에서 주인이 대리인을 제대로 통제하지 못하여 나타나는 대리손실 (agency loss) 의 문제를 다루기 위하여 제기된 이론이다. 주인과 대리인 간의 정보의 비대칭 (information asymmetry) 으로 인하여 역선택 (adverse selection) 과 도덕적 해이 (moral hazard) 가 발생한다.

관료들이 피규제집단의 입장을 옹호하는 소위 관료포획현상은 도덕적 해이의 사례이다. 공기업의 민영화는 시장의 경쟁요소를 도입함으로써 도덕적 해이를 방지하고자 하는 노력의 일환이다.

주인 – 대리인의 정보 비대칭 문제를 해결하기 위해 대리인에게 위임된 권한에 대해 통제장치가 요구된다. 인센티브제도는 엄격한 평가를 토대로 대리인 문제를 완화하기 위한 것이다.

정보 비대칭을 줄이기 위한 방안으로는 주민참여, 내부고발자 보호제도, 입법예고제도 등이 있다. 주인 – 대리인이론은 대리인의 책임성을 확보할 수 있는 방안을 주로 외부통제에서 찾고 있다. 주인 – 대리인이론에서 대리인은 내부적으로 주인보다 정보를 더 많이 가지고 있는 상황이므로, 대리인의 책임성을 확보할 수 있는 방안을 외부통제에서 찾는 것이다. 대리인이론에 대하여 이기적 인간모형에 대한 전제가 항상 적절할 수 없으며, 비경제적인 요인에 대한 고려를 소홀히 한다는 비판도 있다.

## 7) 거래비용이론

Oliver E. Williamson (1975) 의 거래비용이론 (transaction cost theory) 은 거래비용의 내부화를 통한 비용의 최소화를 꾀하는 이론이다.

분석 단위를 정부기관이나 기업의 조직으로 하고 있으며, 이들 간에 재화와 서비스를 교환하는 과정에서 발생하는 거래

---

**41** 규제기관과 피규제기관 간의 인사교류를 '회전문 (revolving door) 현상'이라고 한다. 회전문현상은 미국의 아이젠하워 대통령이 1961년 고별연설에서 군산 (軍産) 복합체적 현상을 경고하면서 생겨난 개념이다. 군장성들이 은퇴해 국방부 관리가 되고, 국방부에서 물러난 뒤 방위산업체 간부로 들어가 군과 정부 그리고 군수산업체 간에 이해관계를 형성하면서 국가에 막대한 영향을 미쳤기 때문이었다.

비용을 최소화하는 효율적 메커니즘을 찾는 데 용이하다.

거래비용이론에 따르면 거래비용의 절감을 위해 외부화 전략뿐만 아니라 내부화 전략도 가능하다. 시장의 자발적인 교환행위에서 발생하는 거래비용이 관료제의 조정비용보다 클 경우, 거래를 내부화하여 계층제적 질서로 해결하는 것이 효율적이다. Williamson의 거래비용이론에서 계층제가 시장보다 효율적이라고 주장하는 근거 중 하나는 계층제가 적응적·연속적 의사결정을 용이하게 하므로 인간의 제한된 합리성을 완화시키기 때문이라고 본다.

## 8) 네트워크 거버넌스

최근 시장실패와 정부실패를 함께 교정할 수 있는 제도로서 네트워크 거버넌스(governance)가 제시되고 있다.

---

## 제5절　공공재의 적정 공급규모

### ❶ 공공부문 규모

공공부문 규모에 영향을 미치는 요인으로는 정치이념, 집권정당의 성향, 국가발전의 정도, 유권자의 요구 등이 있다. 정치이념의 측면에서는 보수주의나 다원주의보다는 진보주의나 사회주의에서 정부의 시민사회 영역에 대한 개입이 더 증대될 수 있다. 집권정당의 정책 및 정치적 성향이 진보주의 또는 사회주의 성향일수록 공공부문의 역할이 커지는 경향이 있다. 국가발전의 정도가 높은 국가일수록 대체로 작은 정부 혹은 정부부문에 민간의 경영기법의 도입이나 정부 역할의 민간화의 정도가 크다. 반면에 국가발전의 정도가 낮은 국가일수록 정부역할의 강조 또는 국가권력이 시민사회보다 더 큰 경우가 많다.

유권자들이 더 많은 국가의 역할을 요구하거나 정부의 복지 및 재정지출의 증가를 요구하는 정도가 높을수록 공공부문의 규모가 커질 수 있다.

### ❷ 과다공급설

#### 1) 전위효과

Alan T. Peacock & Jack Wiseman(1961)의 전위효과론(displacement effect)은 대규모의 사회적 변동과 사회혼란기에 공공지출이 상향 조정되며 공공지출이 민간지출을 대체하는 현상이다.

#### 2) Baumol효과

William J. Baumol(1967)의 보몰병(Baumol's disease) 또는 보몰효과(Baumol's effect)는 정부가 생산·공급하는 서비스의 생산비용이 상대적으로 빨리 상승하여 정부 지출이 증대하는 현상이다.

정부부문은 노동집약적인 성격을 띠고 있기 때문에 민간부문에 비해 생산성 증가가 더디며, 이로 인해 비용절감이 힘들고 결국 경제성장과 임금 상승에 따라 생산비용이 증가하여 정부지출의 규모가 점차 더 커질 수밖에 없다는 것이다.

### 3) Wagner법칙

Adolf H. G. Wagner (1958) 의 와그너의 법칙 (Wagner's law) 또는 와그너 (Wagner) 의 국가활동 증대법칙 (law of expanding state activity) 은 경제발전에 따른 국민의 다양한 욕구의 증가로, 1인당 국민소득이 증가할 때 국민경제에서 차지하는 공공부문의 상대적 크기가 증대되는 현상이다.

### 4) Parkinson법칙

Cyril Northcote Parkinson (1955) 은 공무원의 수가 해야 할 업무의 경중이나 그 유무에 관계없이 일정 비율로 증가하는 현상을 연구·분석했는데 이를 파킨슨 법칙 (Parkinson's law) 이라고 한다.

부하배증의 법칙과 업무배증의 법칙은 서로 영향을 주고받는다. 부하배증의 법칙이란 A라는 공무원의 업무가 과중할 경우, B라는 경쟁자가 될 동료를 보충받기보다는 A 자신을 보조해 줄 부하 C를 보충받기를 원한다는 것이다.

업무배증의 법칙은 부하가 배증되면 지시·보고·승인·감독 등의 파생적 업무가 발생하여 본질적 업무와는 상관없이 업무량이 증가된다는 것이다.

### 5) 예산극대화 가설

William A. Niskanen, Jr. (1971) 의 예산극대화론 (budget maximization) 은 관료의 효용극대화 추구를 전제로 하며, 관료들이 권력의 극대화를 위해 자기 부서의 예산 극대화를 추구하는 현상이다.

### 6) Leviathan 가설

Geoffrey Brennan과 James M. Buchanan (2008) 의 리바이어던 가설 (Leviathan hypothesis) 에 의하면 공공부문의 전체적 규모는 국가행정의 조세 및 지출권한의 분권화에 반비례한다는 것이다.

공공지출에 대한 권한이 집중될 경우 정부는 과도하게 팽창하게 되며, 다수결 투표[42]는 표교환행위 (vote trading) 와 투표의 담합 또는 정치적 결탁 (log rolling) 에 의해 과다지출을 초래한다는 것이다.

### 7) 로위 (T. Lowi) 의 이익집단 자유주의

로위 (T. Lowi) 의 이익집단 자유주의에 따르면 활동적 소수에 의한 폐해가 나타난다. 영향력이 강한 특정 이익집단의 요구에 대응하여 정부기능이 확대되는 것이다.

## ❸ 과소공급설

### 1) Musgrave의 조세저항

Richard A. Musgarve (1959) 의 조세저항에 의하면 공공재의 경우에는 자신이 부담한 조세에 비해 적게 편익을 누린다고 생각하는 재정착각 (fiscal illusion) 을 하게 되고, 재정착각 (환상) 으로 인한 조세저항은 공공재의 과소공급을 유도한다. 머스그레이브 (Musgarve) 의 조세저항으로 인한 적정 공공재의 공급실패를 '시민실패 (citizen's failure)'라고도 한다.

---

**42** 다수결 투표는 보다 많은 득표를 획득하기 위한 선심성 사업의 약속 등으로 인해서 국가재정이 팽창하고 공공서비스가 과다공급된다는 견해이다.

## 2) Downs의 합리적 무지

Anthony Downs (1957) 의 합리적 무지 (rational ignorance) 주장에 의하면 공공서비스의 공급에 대해 정확하게 평가하지 못하고, 공공서비스 확대에 대해 저항하게 된다.

## 3) Galbraith의 의존효과

John Kenneth Galbraith (1969) 의 의존효과 (dependence effect) 에 의하면 공공서비스 소비는 사적 재화처럼 광고나 선전에 의한 소비증가의 효과가 미흡하기 때문이다.

Galbraith의 의존효과는 공공재는 광고나 선전이 이루어지지 않아 공적 욕구를 자극시키지 못하며, 공공서비스의 투자가 미흡하게 되어 과소공급되는 것을 말한다.

## 4) Duesenberry의 전시효과

James Stemble Duesenberry (1967) 의 전시효과 (展示效果, demonstration effect) 는 과시를 위해 소비를 증가시키는 사적 재와 달리 공공재는 전시 및 과시효과가 적게 작용한다고 본다.

# CHAPTER 04 공공서비스의 공급방식과 정부규제론

## ❶ 공공서비스

### 1) 공공서비스의 개념

공공서비스 공급을 정부가 담당해야 하는 이유로는 공공재의 존재 및 정보의 비대칭성 등이 있다.

행정서비스는 중앙행정기관뿐만 아니라 지역에 설치된 특별지방행정기관[43]과 지방자치단체에 의해 제공된다. 정부가 공공서비스의 생산부문까지 반드시 책임져야 할 필요성은 약해지고 있다.

### 2) 복지국가의 공공서비스 공급접근방식

공공서비스의 형평적 배분에 초점을 두기 때문에 민간부문을 조정·관리·통제하는 공공서비스 기능이 강조된다.

### 3) 신공공관리의 공공서비스 공급접근방식

공공서비스의 형태는 선호에 따라 차별적으로 상품화된 서비스이다. 성과관리는 수요자 중심의 맞춤형 관점에서 이루어지며, 서비스의 배분 준거는 재정효율화이다.

## ❷ 고객지향행정

고객지향적 행정은 행정서비스의 품질을 공급자나 전문가의 판단이 아니라 고객이 판단해야 한다는 관점이다. 행정서비스 품질에 대한 시민평가제는 고객지향적 행정서비스 구현을 위한 개혁사업의 일환으로 도입되었다.

고객지향적 행정에서는 공공서비스에 대한 고객의 선택기회 제공, 공공서비스 품질의 개선 등이 강조된다. 고객지향적 행정업무 수행에 기본이 되는 요소에는 마케팅지향적 방식, 기획의 중시, 경쟁의 포괄성 등이 있다.

그러나 고객지향행정은 관리주의 철학에 기초하여 시민을 수동적(受動的)인 고객(顧客)으로 전락시키는 단점이 있다.

---

[43] 중앙정부 부처의 일선 집행기관으로 국가의 사무를 집행하기 위해서 지방에 설치되는 기관이다. 지방노동청, 지방세무서, 지방국토관리청 등이 특별지방행정기관에 해당된다.

## 제2절　공공재와 공공서비스 전달방식

### ❶ 공공부문의 민간화

#### 1) 개 념

Emanuel S. Savas (1982) 는 민간화 (privatization)[44]란 "공공부문을 줄이고 민간의 영역을 늘리는 것"이라고 정의했다. 「행정권한의 위임 및 위탁에 관한 규정」에 의하면, 민간위탁이란 법률에 규정된 행정기관의 사무 중 일부를 지방자치단체가 아닌 법인·단체 또는 그 기관이나 개인에게 맡겨 그의 명의로 그의 책임 아래 행사하도록 하는 것을 말한다.

민간화 (privatization) 란 정부가 민간에게 공공재와 공공서비스를 생산·공급하게 하는 것이다. 민간화를 가장 좁게 해석하면 외부와의 계약방식만을 의미하고, 넓은 의미로는 공기업의 민영화를 포함한다. 공기업의 민영화 (民營化) 란 공기업을 민간에게 매각하는 것으로, 정부기업형 공기업을 주식회사 형태로 전환하여 주식을 매각하는 방법도 포함한다. 매각이 이루어지면 그 운영은 원칙적으로 시장경제에 맡겨진다.

#### 2) 민간화 대상 사무

민간화 방식에는 계약 방식, 면허 방식, 바우처, 자원봉사자 방식, 자조활동 방식 등이 있다.

민간위탁이 가능한 사무는 단순 사실행위인 행정작용, 공익성보다 능률성이 현저히 요청되는 사무, 특수한 전문지식 및 기술이 필요한 사무, 그 밖에 국민 생활과 직결된 단순 행정사무 등이다. 그러나 조사·검사·검정·관리 사무 등 국민의 권리·의무와 직접 관계되는 사무는 민간위탁을 할 수 없다.

#### 3) 민간화의 기능과 효과

민간위탁 또는 민영화를 통해서 공공서비스 전달의 비용절감 및 품질개선 등 효율성을 제고하는 성과를 창출할 수 있다. 우리나라 지방자치단체의 민간위탁은 정부혁신 (政府革新) 의 일환으로 중앙정부로부터 수직적으로 추진되었다.

민간위탁 또는 민영화의 폐단으로 행정의 책임성, 서비스 공급의 형평성, 서비스의 안정성 약화 등이 있다. 민간은 유한 책임을 기본으로 하기 때문에 정부가 직접 공급할 때보다 책임성이 약화된다. 또한 민간위탁은 정치적 관점에서는 관료제가 자기조직의 이익확대를 추구하는 목적으로 사용된 측면이 있다.

**생각 넓히기 _ 복대리인이론과 역대리인이론**

- 복대리인 (復代理人)이론은 공기업을 통한 공공서비스의 공급은 반복적인 대리구조로 대리손실의 비효율성을 더 악화시킬 수 있으므로 민영화가 더 효율적이라고 한다. 복대리인이론은 민영화를 지지하는 논리이다.
- 역대리인 (逆代理人)이론은 대리인 문제를 해소하기 위해 민영화를 한 결과 오히려 대리인 문제를 심화시켰다는 문제의식에서 출발한다. 민간업체의 미성숙, 부적절한 업체의 선정, 소비자에 의한 통제의 곤란 등의 문제점으로 인해서 민영화 이후에 공공서비스가 제대로 공급되지 못하는 경우가 나타날 수 있음을 지적한다. 역대리인이론은 공공서비스의 민영화를 비판하는 논리이다.

---

[44] 사바스 (E. S. Savas) 는 민간화의 방법으로 공동생산 (co-production), 보조금 (grants or subsidies), 규제완화 (deregulation), 정부사업의 폐지와 축소와 같은 부담덜기 (load shedding), 바우처 (voucher), 정부계약 (contracting out or outsourcing), 독점생산판매권 (franchise) 등을 제시하고 있다.

## ❷ 대리정부이론

### 1) 개 념

대리정부 (proxy government) 란 민관협력 (public - private partnership), 계약 (contracting out) 등의 방식을 통해 정부의 공공서비스 생산과 공급 기능을 대신하는 하위정부나 비영리단체 등을 의미한다.

### 2) 대리정부의 기능과 효과

대리정부 (proxy government) 는 위임자와 수임자 간의 정보의 비대칭성 또는 정보의 왜곡현상으로 인한 대리손실 (agency loss) 이 발생할 수 있다. 분권화 전략에 의해서 채택한 대리정부가 자원의 낭비와 남용을 불러일으켜 재규제나 재집권의 필요성이 제기되고 있기도 하다.

오늘날 대리정부의 형태가 다양하므로, 이를 다루는 행정관리자의 전문적 리더십이 중요해지고 있다. 또한 공적 서비스의 수동적 객체가 아니라 국정 주체로서 시민 개개인의 행동이 정부정책의 성과를 결정하기 때문에 높은 시민의식 하에 대리정부에 대한 시민의 통제가 중요하다.

## ❸ Savas의 모형에 의한 구분

Emanuel S. Savas (1982) 에 의하면 공공부문이 생산자 (producer) 인 동시에 배열자 (arranger) 인 경우의 예로, 정부 간의 협약 (intergovernmental agreement) 을 통해 한 정부가 또 다른 정부의 공공서비스를 구매하는 방식, 정부의 직접 서비스 (government services) 등이 있다.

공공부문이 생산자이고 민간부문이 배열자인 경우의 예로, 정부응찰 (governmental vending) 방식을 통해 민간부문이 정부가 생산한 공공서비스를 선별 및 구매하고 대가를 지불하는 방식으로 정부판매·정부응찰방식이 있다.

민간부문이 생산자이고 정부가 배열자인 경우의 예로 민간위탁 (contract out), 면허 (franchise), 바우처 (voucher), 보조금 (grant) 에 의한 서비스 제공 등이 있다.

민간부문이 생산자이고 민간부문이 배열자인 경우의 예로 시장 (market), 자조방식 (self service) 과 자원봉사 (voluntary service) 등을 들 수 있다.

**➕ 표 1−10 Savas의 모형에 의한 공공서비스 구분**

| | | 배열자 (arranger) | |
|---|---|---|---|
| | | 공공부문 | 민간부문 |
| 생산자 (producer) | 공공부문 | 정부 간 협약·계약, 정부의 직접 서비스 | 정부의 판매 |
| | 민간부문 | 외부와 계약, 지정 특허 또는 면허, 보조금, 바우처 (voucher) | 자조방식 (self help), 자원봉사, 시장기구 |

출처: Emanuel S. Savas (1982).

## ❹ 민간화 유형의 내용

### 1) 외부와 계약 방식

가장 좁은 의미의 민간위탁[45]은 외부와의 계약(contracting out) 방식이다. 정부가 서비스 제공자에게 비용을 지불하며, 서비스 수준과 질은 정부가 규제한다.

계약 방식에서는 기업 간 경쟁 입찰을 통해 서비스 생산 주체를 결정하는 것이 일반적이다.

계약 방식을 사용하면 기업 간 경쟁입찰을 통해 서비스 생산 주체를 결정하므로 정부의 재정적 부담을 경감시킬 수 있다. 관료 인력의 유연성이 제고되어 정부 조직의 팽창을 억제시키는 효과도 있다. 동시에 정부가 해당 분야의 전문 인력을 상시 확보하는 효과도 발생한다. 공공사업, 교통사업, 건강 및 대면서비스, 공공안전서비스 등에 활용되고 있다.

### 2) 면허 또는 독점생산판매권 방식

면허(franchises, license)란 특정 민간조직에게 일정한 구역 내에서 공공서비스를 제공하는 권리를 인정해 주는 방식을 의미한다. 면허 방식에서는 시민이 서비스 제공자에게 비용을 지불하는 대신 정부가 서비스의 수준과 질을 규제한다. Franchises는 독점적 허가방식이고 License는 경쟁적인 일반 허가방식이다.

계약 방식이 생산자가 정부로부터 비용을 회수하는 것에 비해, 면허 방식은 이용자가 서비스 제공자에게 비용을 지불하므로 생산자는 이용자에게서 비용을 회수하는 방식이다.

면허 방식은 폐기물 수거처리, 공공시설 관리, 자동차 견인 및 보관, 구급차 서비스 및 긴급 의료서비스 분야 등에서 활용된다.

면허 방식은 정부가 서비스 수준 및 요금 체계를 통제하면서도 서비스 생산을 민간에게 이양할 수 있는 장점이 있다. 다만 면허 방식에서는 서비스 제공자들 간의 경쟁이 약할 경우 이용자 고객의 비용부담이 증가할 수 있다.

### 3) 보조금 방식

보조금(grants or subsidies) 방식은 민간조직 또는 개인의 서비스 제공활동에 대하여 재정 또는 현물로 지원한다. 공공서비스가 기술적으로 복잡하여 예측하기 어렵고, 서비스 목표달성의 방법을 정확히 알 수 없는 경우 주로 이용하는 방식이다. 보조금 방식은 공공서비스에 대한 요건을 구체적으로 명시하기 곤란하거나 서비스가 기술적으로 복잡한 경우에 적합하다.

보조금 방식은 정부가 서비스 제공자에게 서비스 비용을 직접 지불하여 이용자의 비용부담을 경감시키는 장점이 있다. 그러나 민간운영자에게 재정 지원을 해주는 방식이므로, 서비스 수준을 개선시키는 효과는 크지 않다.

### 4) 바우처 제도

바우처(voucher) 방식은 생산자가 아닌 소비자에게 서비스의 선택권을 부여한다. 바우처 방식은 공공서비스의 생산을 민간부문에 위탁하면서 시민들의 구입 부담을 완화시키기 위해 금전적 가치가 있는 쿠폰(coupon)을 제공한다. 정부가 개

---

[45] 민간위탁은 특정부문의 공공서비스의 생산과 공급의 '전체'에 대해 계약 방식으로 진행된다. 따라서 업무과정의 '일부'만을 대행하는 아웃소싱(outsourcing)과 구분하기도 한다.

인들에게 특정 상품 및 서비스의 구입이 가능한 쿠폰을 제공하는 방식이다.

구매대금의 실질 지급대상에 따라 명시적 바우처와 묵시적 바우처로 구분된다.[46] 명시적 바우처는 쿠폰이나 카드 등 물리적 형태를 통해 구매권을 부여하는 것이다. 명시적 바우처는 소비자에게 지급되는 바우처의 형태에 따라 종이바우처와 전자바우처로 다시 구분된다. 전자바우처는 개별적인 바우처 사용행태를 분석하여 실제 이용자의 실시간 모니터링이 가능하며, 바우처의 오용가능성을 낮추는 데 매우 효과적인 방식이다. 전자바우처는 수요자 중심의 서비스 전달과 바우처 관리의 투명성 및 효율성 제고에 기여한다.

묵시적 바우처는 직접적으로 개인에게 바우처를 제공하지는 않지만 소비자가 공급기관을 자유롭게 선택할 권한이 보장되고, 정부가 공급자에게 비용을 사후에 지급하는 방식으로 운영된다.

바우처 (voucher) 방식은 저소득층 및 특수계층을 대상으로 하는 복지 분야에서 많이 활용되고 있다. 시장에 존재하는 다양한 공급주체를 활용하여 공급자 간 경쟁을 촉진시켜 서비스의 질을 제고한다. 주민 대응성을 제고하고 저소득층을 지원하는 성격이 강하다. 민간부문을 활용하지만 최종적인 책임은 여전히 정부에 있다.

소비자들이 특정 재화나 서비스의 공급자를 자유롭게 선택할 수 있다는 장점이 있지만, 서비스가 타용도로 누출 (漏出)된다는 단점도 있다.

## 5) 자원봉사자 방식

자원봉사는 서비스 생산과 관련된 직접적 보수를 받지 않는 봉사자들이 생산을 담당한다. 자원봉사자 방식은 서비스 생산과 관련된 현금지출에 대해서만 보상받고 직접적인 보수는 받지 않는 방식이다. 레크리에이션, 안전 모니터링, 복지사업 등의 분야에서 많이 활용된다.

자원봉사 방식은 신축적 인력 운영이 가능하고, 서비스 수준을 개선하는 효과가 크다. 특히 재정제약이 큰 시기에는 예산삭감에 따른 서비스 수준의 하락을 최소화할 수 있는 장점이 있다.

## 6) 자조활동

자조활동 (self - help) 방식은 공공서비스 수혜자와 제공자가 같은 집단에 소속되어 서로 돕는 형식이다. 자발적 수단은 민간부문의 자율적 활동 또는 집행이다.

소비자가 공공서비스를 직접 생산하여 소비하는 자조방식 (self - service) 은 주로 보육사업, 주민순찰 등에서 이루어진다. 자조활동 (自助活動) 은 정부의 서비스 생산업무를 대체하기보다는 보조하는 성격을 갖는다.

## ❺ 공공과 민간의 협력

## 1) 내 용

공공과 민간 협력 (PPP: Public - Private - Partnership) 방식은 정부와 하나 혹은 다수의 민간 기업이 파트너십 (partnership) 형태로 자금을 조달하여 공공서비스를 공급하는 방식이다. 통상 PPP 방식은 상호간의 이익을 위해 장기계약형태로 진행

---

[46] 명시적 바우처 (voucher) 중에서 종이바우처의 사례로는 식품이용권인 food stamp가 있고, 전자바우처의 사례로는 노인돌봄 서비스와 장애인활동 보조서비스 등이 있다. 묵시적 바우처의 사례로는 방과후수업제를 들 수 있다.

된다. 정부와 민간 기업이 사회기반시설 구축과 공공서비스 제공을 위해 사업대상을 정하고 이에 대한 정확한 사업범위와 모델을 정하여 계약을 체결하여 진행한다.

## 2) 효과

PPP 방식은 주로 사회기반시설에 대한 민간과 외국인 투자를 유도하기 위해 사용하는 방식이다. PPP 방식은 사회기반시설에 대한 이용가능성과 서비스 품질, 프로젝트의 효율성을 증가시킬 수 있다.

PPP 방식의 사업추진은 민간부문이 가지고 있는 충분한 사업경험과 지식 그리고 자금을 사회기반시설 확충에 활용할 수 있다는 것이 가장 큰 장점이다.

## 3) 공공부문과 민간부문 간의 협력과 정부모형

Goldsmith & Eggers(2004)는 공공부문과 민간부문 간의 협력의 정도와 네트워크관리역량의 정도에 따라 공공과 민간의 협력모형을 구분하고 있다.

네트워크화 정부(networked government)는 외주정부와 제휴정부의 특징들을 모두 갖고 있다. 외주정부(outsourced government)는 공공부문이 공공서비스 전달자(provider) 역할보다는 촉매자(facilitator) 역할을 추구하는 것이다. 제휴정부(joined-up government)는 정부기관 간의 정보 공유가 원활할 경우에 가능한데, 정부의 네트워크관리역량이 높은 경우에 활용되므로 민간부문과의 협력 정도는 외주정부에 비해 낮은 편이다. 계층제적 정부(hierarchial government)는 전통적 정부모형이라고 할 수 있다.

**➕ 표 1-11 공공과 민간의 협력모형**

| | | 공공부문과 민간부문 간의 협력의 정도 | |
|---|---|---|---|
| | | 높음 | 낮음 |
| 네트워크 관리역량의 정도 | 높음 | 네트워크화 정부(networked government) | 제휴정부(joined-up government) |
| | 낮음 | 외주정부(outsourced government) | 계층적 정부(hierarchial government) |

출처: Goldsmith & Eggers(2004), 노화준(2012: 264) 토대로 재구성.

## ❻ 사회적기업

## 1) 의의

사회적기업이란, 「사회적기업 육성법」에 의하면 취약계층에게 사회서비스 또는 일자리를 제공하거나 지역사회에 공헌함으로써 지역주민의 삶의 질을 높이는 등의 사회적 목적을 추구하면서, 재화 및 서비스의 생산·판매 등 영업활동을 하는 기업으로 인증 받은 자를 말한다.

사회적기업은 영업활동을 통하여 창출한 이익을 사회적기업의 유지·확대에 재투자하도록 노력하여야 한다. 연계기업은 사회적기업이 창출하는 이익을 취할 수 없다. 연계기업이란 특정한 사회적기업에 대하여 재정 지원, 경영 자문 등 다양한 지원을 하는 기업으로서 그 사회적기업과 인적·물적·법적으로 독립되어 있는 자를 말한다.

## 2) 요건과 특징

고용노동부장관은 사회적기업을 육성하고 체계적으로 지원하기 위하여 고용정책심의회의 심의를 거쳐 사회적기업 육성기본계획을 5년마다 수립하여야 한다. 고용노동부장관은 사회적기업의 활동실태를 5년마다 조사하고, 그 결과를 고용정책심의회에 통보하여야 한다.

사회적기업을 운영하려는 자는 유급근로자를 고용하여 재화와 서비스의 생산·판매 등 영업활동을 할 것, 취약계층에게 사회서비스 또는 일자리를 제공하거나 지역사회에 공헌함으로써 지역주민의 삶의 질을 높이는 등 사회적 목적의 실현을 조직의 주된 목적으로 할 것, 서비스 수혜자 및 근로자 등 이해관계자가 참여하는 의사결정 구조를 갖출 것, 회계연도별로 배분 가능한 이윤이 발생한 경우에는 이윤의 3분의 2 이상을 사회적 목적을 위하여 사용할 것 등의 인증 요건을 갖추어 고용노동부장관의 인증을 받아야 한다.

## ❼ 행정민원 서비스

### 1) 의 의

행정서비스 중에서 민원 행정은 전달적(傳達的) 행정이며 정치적 관심의 영역이다. 행정서비스는 시민들의 일상생활에 직결되는 민원 중심의 서비스 특징을 지니고 있다. 행정민원 서비스는 행정체제의 경계를 넘나드는 교호작용을 통하여 주로 규제와 급부에 관련된 행정산출을 전달한다. 또한 행정구제(行政救濟) 수단의 기능도 수행한다.

「민원 처리에 관한 법률」에 의하면, 민원이란 '민원인이 행정기관에 대하여 처분 등 특정한 행위를 요구하는 것'을 말한다. 민원은 일반민원(법정민원, 질의민원, 건의민원, 기타민원)과 고충민원으로 구분된다. 민원인이란 행정기관에 민원을 제기하는 개인·법인 또는 단체를 말한다.

다만, 행정기관(사경제의 주체로서 제기하는 경우는 제외한다), 행정기관과 사법(私法)상 계약관계(민원과 직접 관련된 계약관계만 해당한다)에 있는 자, 성명·주소 등이 불명확한 자 등 대통령령으로 정하는 자는 제외한다.

따라서 행정기관도 사경제주체(私經濟主體)로서는 민원을 제기할 수는 있다.

### 2) 민원의 종류

첫째, 다수인관련민원(多數人關聯民願)은 5세대 이상의 공동이해와 관련하여 5명 이상이 연명으로 제출하는 민원이다.

둘째, 복합민원(複合民願)은 하나의 민원 목적을 실현하기 위하여 관계법령 등에 따라 여러 관계기관 또는 관계부서의 인가·허가·승인·추천·협의 또는 확인 등을 거쳐 처리되는 법정민원을 말한다.

셋째, 고충민원(苦衷民願)은 행정기관 등의 위법·부당하거나 소극적인 처분 및 불합리한 행정제도로 인하여 국민의 권리를 침해하거나 국민에게 불편 또는 부담을 주는 사항에 관한 민원이다.

넷째, 질의민원(質疑民願)은 법령·제도·절차 등 행정업무에 관하여 행정기관의 설명이나 해석을 요구하는 민원이다.

다섯째, 건의민원(建議民願)은 행정제도 및 운영의 개선을 요구하는 민원이다.

### 3) 사전심사청구제도

민원인은 법정민원 중 신청에 경제적으로 많은 비용이 수반되는 민원 등 대통령령으로 정하는 민원에 대하여는 행정기관의 장에게 정식으로 민원을 신청하기 전에 미리 약식의 사전심사를 청구할 수 있다.

### 4) 복합민원의 처리

행정기관의 장은 복합민원을 처리할 주무부서를 지정하고 그 부서로 하여금 관계기관·부서 간의 협조를 통하여 민원을 한꺼번에 처리하게 할 수 있다.

행정기관의 장은 복합민원을 처리할 때에 그 행정기관의 내부에서 할 수 있는 자료의 확인, 관계기관·부서와의 협조 등에 따른 모든 절차를 담당 직원이 직접 진행하도록 하는 민원 1회방문 처리제를 확립함으로써 불필요한 사유로 민원인이 행정기관을 다시 방문하지 아니하도록 하여야 한다.

### 5) 민원후견인제도

행정기관의 장은 민원 1회방문 처리제의 원활한 운영을 위하여 민원 처리에 경험이 많은 소속 직원을 민원후견인으로 지정하여 민원인을 안내하거나 민원인과 상담하게 할 수 있다.

### 6) 민원 처리의 예외

행정기관의 장은 접수된 민원(법정민원을 제외한다)이 다음의 어느 하나에 해당하는 경우에는 그 민원을 처리하지 아니할 수 있다. 이 경우 그 사유를 해당 민원인에게 통지하여야 한다.

고도의 정치적 판단을 요하거나 국가기밀 또는 공무상 비밀에 관한 사항, 수사·재판 및 형집행에 관한 사항 또는 감사원의 감사가 착수된 사항, 행정심판·행정소송·헌법재판소의 심판·감사원의 심사청구와 그 밖에 다른 법률에 따라 불복구제절차가 진행 중인 사항, 법령에 따라 화해·알선·조정·중재 등 당사자 간의 이해 조정을 목적으로 행하는 절차가 진행 중인 사항, 판결·결정·재결·화해·조정·중재 등에 따라 확정된 권리관계에 관한 사항, 감사원이 감사위원회의 결정을 거쳐 행하는 사항, 각급 선거관리위원회의 의결을 거쳐 행하는 사항, 사인 간의 권리관계 또는 개인의 사생활에 관한 사항, 행정기관의 소속 직원에 대한 인사행정상의 행위에 관한 사항 등은 민원 처리에서 제외될 수 있다.

## ⑧ 행정지도

### 1) 의 의

행정지도(行政指導)는 행정수요의 급격한 변화에 비해 입법조치가 탄력적이지 못하고, 행정수요가 잠정적이어서 법적 대응이 곤란할 때 활용된다. 입법과정의 복잡한 절차가 필요없이 활용할 수 있다.

공무원이 그 소관 사무의 범위에서 일정한 행정목적을 실현하기 위하여 특정인에게 일정한 행위를 하거나 하지 아니하도록 지도(指導), 권고(勸告), 협조요청(協助要請), 알선(斡旋), 조언(助言) 등을 하는 행정작용이다.

행정지도는 행정주체가 의도하는 바를 실현하기 위해 국민의 임의적 협력을 기대하여 행하는 비권력적 사실행위(非權力的 事實行爲)로서, 민간부문의 정부 의존도가 높을수록 유용성이 커진다.

공무원들이 직무와 관련하여 하는 활동으로, 공무원이라면 그 관할범위 내에서 행정지도를 할 수 있다. 행정지도는 지도형식에 일률적인 제한을 받지 않으면서 국민에게 영향을 미치려는 의사표시 행위이다.

행정지도는 공무원의 각종 권력을 배경으로 하는 활동으로 행정국가 때 정부규제와 함께 팽창하였지만, 최근 시민사회와 민간 주도의 사회개혁운동으로 인하여 축소되고 있다.

### 2) 행정지도의 한계

행정지도는 불분명한 행정책임, 구제수단의 미비, 행정의 과도한 팽창이라는 폐단을 지니고 있다. 공무원의 재량이 많이 작용하기 때문에 형평성이 보장되기 어렵다. 또한 행정의 과도한 경계확장을 유도한다.

행정지도는 직접적인 법규의 수권(授權)을 필요로 하지 않기 때문에 책임소재가 불분명하고, 법치주의를 침해한다는 비판이 있다.

## 제3절  정부규제

### ❶ 행정규제의 개념

행정규제는 정부가 법령에 근거하여 특정 공익목적의 실현을 위해 국민의 권리를 제한하고 의무를 부담시키는 행위이다. 규제의 편익이 규제의 비용보다 클 경우에만 규제의 정당성이 있다.

행정규제는 법적 구속력이 있고, 권력적 행위(權力的 行爲)이다. 반면에 행정지도는 법적 구속력이 없으며, 비권력적 행위이다.

### ❷ 규제의 유형

#### 1) 규제방식별 분류: 네거티브규제와 포지티브규제

정부규제를 포지티브(positive)규제와 네거티브(negative)규제로 구분할 경우, 네거티브 규제가 포지티브규제보다 규제대상기관의 자율성이 더 크다.

'원칙허용·예외금지'의 네거티브규제는 '원칙금지·예외허용'의 포지티브규제보다 피규제자의 자율성을 더 보장한다.

네거티브규제는 '원칙허용·예외금지'의 형태를 취하는 것으로서 명시적으로 금지하는 것 외의 모든 것을 허용하는 규제시스템이다.

반면에 포지티브규제는 '원칙금지·예외허용'의 형태를 취하는 것으로서 명시적으로 허용되는 것 외에는 모든 것을 금지시키는 규제시스템이다.

#### 2) 내용별 분류: 경제규제와 사회규제[47]

경제규제는 주로 시장의 가격기능에 개입하고, 특정 기업의 시장 진입을 배제하거나 억압하는 방식으로 작동된다. 진입 또는 퇴거규제, 가격규제, 품질규제, 독과점규제와 불공정거래규제 등은 경제적 규제의 성격이 강하다.

---

[47] 경제적 규제는 경제활동의 자유라는 가치의 실현차원에서 규제완화가 지향되며, 사회적 규제는 현대사회의 위험요소나 환경오염 및 보건권 등의 수요가 증가함에 따라 자유권의 제한을 통한 규제강화 요구성이 높다.

경제적 규제는 경쟁을 제한하거나 촉진하는 등 경쟁과 관련이 있다. 경쟁을 제한하는 성격의 진입 또는 퇴거규제, 가격규제, 품질규제 등의 경제적 규제는 대체로 규제완화가 요구되지만, 독과점규제와 불공정거래규제는 경쟁을 촉진하기 위한 것이므로 규제강화가 요청된다. 일반적으로 경제적 규제는 사회적 규제에 비해 역사가 길다.

규제기관이 피규제기관에 동조하는 것인 포획(capture) 현상은 사회적 규제보다 경제적 규제에서 잘 나타난다. 포획현상은 누구에게나 차별없이 광범위하게 적용되는 사회적 규제보다는 개별기업에만 영향을 미치는 재량적 규제인 경제적 규제에서 주로 나타난다.

반면에 사회적 규제의 대상산업은 광범위하기 때문에 그것의 경제적 파급효과가 크다. 일반적으로 사회적 규제는 경제적 규제에 비해 역사가 짧다.

사회적 규제는 대체로 규제강화가 요구된다. 환경오염규제, 산업재해규제, 소비자보호 및 안전규제, 유해성 물품규제, 자동차안전규제, 작업안전규제, 보건규제, 사회적 차별규제 등은 사회규제의 성격이 강하다.

**✚ 표 1-12 경제적 규제와 사회적 규제**

| | 경제적 규제 | 사회적 규제 |
|---|---|---|
| 규제의 역사 | 깊, 전통적 규제 | 짧음, 현대적 규제 |
| 규제의 대상산업 | 개별기업 중심 | 광범위하게 적용 |
| 포획현상 정도 | 강 함 | 약 함 |
| 사 례 | 가격규제, 품질규제, 수입규제, 진입퇴거규제, 독점 및 불공정거래규제 등 | 소비자보호 및 안전규제, 환경규제, 노동자보호 및 안전규제, 보건규제, 사회적 차별규제, 유행성 물품규제 등 |

## 3) 수단별 분류: 시장유인적 규제와 명령지시적 규제

간접적 규제 또는 시장유인적 규제는 개인이나 기업에게 일정한 의무는 부과하되 그것을 달성하는 구체적 방법은 개인이나 기업의 합리적 선택에 따른 자율적 판단에 맡기는 규제방식이다. 공해배출권거래제도, 보조금, 세제지원, 정보공개, 건강부과금제도, 폐기물처리비 예치제도 등이 해당된다.

직접규제 또는 명령지시적 규제는 규칙제정, 기준설정, 행정처분 등과 관련된다. 법정 장애인 의무고용비율, 의약품 제조기업의 안전기준 설정, 금융업 진출에 필요한 자격요건 제한, 환경규제를 위한 명령지시적 규제수단으로는 시설이나 제품의 기준을 정해 의무이행을 강제하는 제도인 성과기준제도가 해당된다.

직접규제는 규제효과를 담보할 수 있다는 장점이 있으나, 기업에 불필요한 비용부담을 주는 단점이 있다.

## 4) 규제대상별 분류[48]: 수단·투입규제, 성과·산출규제, 관리·과정규제

수단규제 또는 투입규제는 정책목표를 달성하기 위해 필요한 기술이나 행위에 대해 사전적으로 규제하는 것이다. 수단규제의 사례로는 작업장 안전확보를 위한 안전장비 착용 규제, 환경오염을 방지하기 위해 기업에 특정한 유형의 환경통제기술을 사용할 것을 요구하는 것 등이다.

---

[48] 규제대상별 분류에서 피규제대상기관의 자율성 정도가 높은 것은 성과·산출규제와 관리·과정규제(성과·산출규제 > 관리·과정규제)이다. 수단·투입규제는 자율성이 낮다.

수단규제는 목표달성을 위한 구체적인 방법을 규제하므로, 목표달성수준만 규제하고 방법은 민간의 자율성에 맡기는 성과규제보다 규제대상기관의 자율성이 작다. 수단규제는 피규제자에게 높은 규제순응비용(規制順應費用)을 유발하므로 정부의 규제 정도와 피규제자의 순응 정도를 파악하는 데 용이하다.

성과규제 또는 산출규제는 정부가 목표달성 수준을 정하고 피규제자에게 이를 달성할 것을 요구하는 것이다. 성과규제의 사례로는 인체건강을 위해 개발된 신약에 대해 부작용의 허용 수준을 정하는 것, 이산화탄소 농도수준 규제가 있다. 성과규제에서는 성과기준달성을 위한 수단과 방법을 피규제자가 자유롭게 선택할 수 있다. 그러나 사회경제적으로 바람직한 최적의 성과수준을 찾는 것이 어렵다.

관리규제 또는 과정규제는 피규제자에게 스스로 비용 효과적인 규제를 설계하도록 하여 피규제자에게 많은 자율성을 부여한다. 정부는 성과달성 여부를 측정하는 것이 아니라 피규제자가 스스로 설계한 규제가 구체적 상황에 적합하며 잘 집행되고 있는가를 평가한다. 관리규제의 사례는 식품안전을 위해 그 효용이 부각되는 위해요소중점관리기준(HACCP: Hazard Analysis Critical Control Point)을 지킬 것을 요구하는 것이다.

관리규제는 성과달성의 측정이 어려워 성과규제를 적용하기 어려울 때 적합하다. 관리규제에서는 수단규제에 비해 피규제자에게 더 많은 자율성이 부여되므로 유연한 규제설계가 가능해질 수 있다.

## 5) 수행주체별 분류: 직접규제, 자율규제, 공동규제

정부규제를 수행주체에 따라 구분할 경우, 직접규제는 정부가 직접 규제하는 방식이다. 공동규제는 정부로부터 위임을 받은 민간집단에 의해 이루어지는 규제를 의미한다. 공동규제는 정부로부터 위임을 받은 민간집단에 의해 이루어지는 규제로, 자율규제와 직접규제의 중간 성격을 띤다.

자율규제는 규제의 주체가 정부가 아니라 피규제산업 또는 업계가 되는 경우로, 피규제자가 스스로 합의된 규범을 만들고 이를 구성원들에게 적용하는 형태의 규제방식이다. 규제기관이 행정력 부족으로 인하여 실질적으로 기업들의 규제순응 여부를 추적·점검하기 어려운 경우에 자율규제의 방법을 취할 수 있다. 규제기관의 기술적 전문성이 피규제집단에 비해 현저히 낮을 경우 불가피하게 자율규제에 의존하게 되는 경우도 존재한다.

자율규제는 피규제집단의 고도의 전문성을 기반으로 하기 때문에 소비자단체의 참여를 보장한다. 피규제집단은 여론 등이 자신들에게 불리하게 형성되어 자신들에 대한 규제의 요구가 거세질 경우, 규제이슈를 선점하기 위하여 자발적으로 자율규제를 시도하기도 한다. 자율규제의 기준을 정하는 과정에서 영향력이 큰 기업들이 자신들에게 일방적으로 유리한 기준을 설정함으로써 공평성이 침해되는 경우가 발생할 수 있다.

## 6) 정책유형별 분류: 경쟁적 규제와 보호적 규제

리플리와 프랭클린(Ripley & Franklin)은 정책 유형을 분배정책, 경쟁적 규제정책, 보호적 규제정책, 재분배정책으로 구분하고 있다. 경쟁적 규제정책(competitive regulatory policy)은 다수의 경쟁자 중에서 특정한 개인이나 집단에게 사업권을 부여하는 정책이다. 보호적 규제정책(protective regulatory policy)은 각종 민간활동이 허용되는 조건을 규정함으로써 국민을 보호하는 것이 목적이다.

### ❸ 규제개혁

#### 1) 규제의 합리화

규제 전체의 총량을 줄이되, 대체로 경제적 규제는 완화하는 반면 사회적 규제는 강화한다. 규제효과가 큰 분야에 집중하여 규제를 완화하되 행정책임의 한계를 명확히 할 필요가 있다.

#### 2) 규제다원주의

국가뿐만 아니라 다양한 주체들의 상호협조체제에 의하여 규제가 이루어져야 한다는 것이다.

#### 3) 규제방식의 전환

원칙적 금지와 예외적 허용인 포지티브규제에서 원칙적 허용과 예외적 금지인 네거티브규제로, 사전적 규제에서 사후적 규제로, 직접적 규제에서 간접적 규제로, 자율규제 또는 탈규제로의 전환이 이루어지고 있다.

#### 4) 규제개혁의 단계

규제개혁은 '규제완화 (deregulation) ⇨ 규제품질관리 (regulatory quality management) ⇨ 규제관리 (regulatory management)' 등의 단계로 진행되는 것이 일반적이다(OECD, 1998). 규제완화는 규제비용과 규제건수의 감소를 추구하는 것이고, 규제품질관리는 개별 규제의 질적 측면의 관리에 초점을 두는 것이며, 규제관리는 규제체계의 전반적인 정합성 (整合性) 을 검토하는 것이다.

**생각 넓히기 _ 규제 샌드박스와 규제 프리존**

- 규제 샌드박스 (sandbox): 신산업, 신기술 분야에서 새로운 제품, 서비스를 내놓을 때 일정 기간 동안 기존의 규제를 면제 또는 유예시켜 주는 제도이다. 이 제도는 영국에서 핀테크 (fin-tech) 산업 육성을 위해 처음 시작됐고, 규제로 인해 출시할 수 없었던 상품을 빠르게 시장에 내놓을 수 있도록 한 후 문제가 있으면 사후 규제하는 방식이다.
- 규제 프리존 (free zone): 지역전략산업 관련 규제를 과감히 철폐하여 자유로운 기업활동을 보장한 지역이다. 규제 프리존은 신성장산업 기반 마련과 지역경제 발전을 목적으로 하고 있다.

### ❹ Wilson의 규제정치 유형

#### 1) 의 의

James Q. Wilson (1995) 에 따르면 규제로부터 감지되는 비용과 편익의 분포에 따라 각기 다른 정치경제적 상황이 발생된다. 비용과 편익이 분산되는 경우보다 비용과 편익이 집중되는 경우에 정치활동이 활발해진다.

**✚ 표 1−13 Wilson의 규제정치 유형**

| 규제 비용 (costs) | | 규제 편익 (benefits) | |
|---|---|---|---|
| | | 집 중 | 분 산 |
| 규제 비용 (costs) | 집 중 | 이익집단정치 | 기업가적 정치 (운동가의 정치) |
| | 분 산 | 고객정치 | 대중정치 (다수의 정치) |

## 2) 이익집단정치

이익집단정치는 감지된 비용과 편익이 모두 소수의 동질적 집단에게 집중되어 있는 규제정치를 의미한다. 규제로부터 예상되는 비용과 편익이 모두 소수의 동질적인 집단에 국한되고, 쌍방이 모두 조직적인 힘을 바탕으로 이익 확보를 위해 첨예하게 대립하는 상황이다. 감지된 비용 (costs) 과 편익 (benefits) 이 모두 좁게 집중되어 있는 규제정치를 이익집단정치라 한다. 의·약분업, 한·약분쟁의 경우처럼 쌍방이 모두 조직적인 힘을 바탕으로 이익 확보를 위해 첨예하게 대립하는 정치상황이다. 따라서 규제기관이 어느 한쪽에 장악될 가능성이 약하다.

## 3) 고객정치

고객정치는 정부규제로 인해 발생되는 비용은 상대적으로 이질적인 불특정 다수집단에 부담되나, 그 편익은 매우 크며 동질적인 소수집단에게 귀속되는 상황이다.

고객정치 상황에서는 조직화된 소수 수혜자 집단의 논리가 투입될 가능성이 높다. 조직화된 소수가 포획, 지대추구행위 등 강력한 로비활동으로 다수를 압도·이용하는 미시적 절연 (micro decoupling) [49]이 발생한다. '고객의 정치'는 윌슨의 규제정치모형 중 로비활동이 가장 강하게 발생한다. 미시적 절연은 편익은 소수에 집중되고, 비용은 다수에게 분산되는 형태로 비용과 편익이 절연되는 것이다.

사례로는 수입규제, 농산물에 대한 최저가격규제, 항공산업 허가, 직업면허제도 등이 있다. 환경규제완화 상황인 경우에는 비용이 넓게 분산되고 감지된 편익이 좁게 집중되는 고객정치의 상황이 된다.

## 4) 기업가의 정치

기업가적 정치 또는 운동가의 정치는 환경오염규제 사례처럼 오염업체에게는 비용이 좁게 집중되지만 일반시민들에게는 편익이 넓게 분산된다. 피규제집단에게는 비용이 좁게 집중되지만, 규제로 인한 편익이 일반시민을 포함하여 넓게 분포되는 상황이다.

기업가의 정치 또는 운동가적 정치는 의제 채택이 가장 어려우며 극적인 사건이나 재난, 위기발생이나 공익집단 등의 활동에 의하여 규제가 채택된다.

규제의 피해자들이 잘 조직화되어 있으나, 편익을 보는 비조직화된 절대다수가 갖고 있는 투표에 의한 영향력 때문에 소수의 비용부담을 무릅쓰고 인기에 영합 (迎合) 하려 정책을 채택하게 되는 거시적 절연 (macro decoupling) 이 발생한다.

---

[49] 미시적 절연 (micro decoupling) 이란 비용은 일반 납세자나 소비자 다수에게 분산되지만, 편익은 잘 조직된 소수의 수혜집단에게 집중되는 것이다. 특정 직업군들이 만든 협회와 같은 이익집단은 잘 조직화되어 있는 반면에 대다수의 사람은 집단행동딜레마나 무임승차경향 때문에 조직적인 대응이 어려워, 잘 조직된 단체를 중심으로 하는 이들이 규제기관 등을 포획하여 그들의 이권이 투영되도록 하는 현상을 의미한다.

거시적 절연은 규제의 편익은 다수에게, 비용은 소수에게 집중되어 편익과 비용이 분리되는 것이다. 편익을 기대할 수 있는 측인 다수는 조직화가 되어 있지 않고 집단행동의 딜레마 (dilemma) 에 빠지는 속성이 있다. 거시적 절연은 재분배정책, 기업가적 정치 등에서 나타난다.

환경오염규제, 식품에 대한 위생규제, 산업안전규제, 원자력발전규제 등의 대부분의 사회적 규제는 기업가적 정치에 해당된다.

**✚ 표 1-14 미시적 절연과 거시적 절연**

|  | 미시적 절연 (micro decoupling) | 거시적 절연 (macro decoupling) |
|---|---|---|
| 조직화된 집단 | 편익이 집중된 소수의 수혜자집단 | 비용이 집중된 소수의 피해자집단 |
| 논리 구조 | 조직화된 소수가 포획 등 강력한 로비활동으로 다수를 압도하고 이용함 | 편익을 누리는 조직되지 않는 절대다수가 갖고 있는 투표에 의한 영향력 때문에 소수의 비용부담을 무릅쓰고 정책을 채택함 |
| 주된 관점 | 경제적 관점 | 경제적 관점과 정치적 관점 |
| Wilson의 규제정치 유형 | 고객정치 | 기업가적 정치 |
| Ripley & Franklin의 정책 유형 | 경쟁적 규제정책 | 보호적 규제정책, 재분배정책 |

## 5) 대중정치

대중정치 또는 다수의 정치는 비용과 편익이 모두 이질적인 불특정 다수에게 분산되는 경우이다. 정부규제로 인해 감지된 비용과 편익이 쌍방 모두 이질적인 불특정 다수에게 미치기 때문에, 개개인으로 보면 그 크기가 작은 상황이다. 쌍방 모두 집단행동의 딜레마에 빠지게 되어 규제의 필요성이 공익단체에 의해 먼저 제기된다. 음란물규제, 신문·방송·출판물의 윤리규제, 낙태에 대한 규제, 차별규제 등이 대중정치에 해당한다. 차량10부제는 차량을 이용하는 다수의 시민들에게 교통체증 완화에 따른 편익과 당일 차량 제한에 따른 비용이 발생하는 것으로, 비용과 편익이 모두 다수에 분산되는 대중정치의 상황이다.

## ❺ 규제의 부작용

### 1) 규제의 역설 (regulatory paradox)

타르 베이비 효과 (Tar - Baby effect) 는 어떤 하나의 규제가 시행된 결과, 원래 규제 설계 당시에는 미리 예기하지 못한 또 다른 문제점이 나타나게 되면 규제기관은 그 문제의 해결을 위해 새로운 규제를 하게 됨으로써 결국 규제가 규제를 낳는 결과를 초래하는 것을 의미한다.

규제피라미드 (regulation pyramid) 는 규제가 또 다른 규제를 낳은 결과 피규제자의 비용 부담이 점점 늘어나게 되는 상황이다.

규제의 역설을 설명할 수 있는 사례들은 다음과 같다.

첫째, 소득재분배를 위한 규제가 오히려 사회적 약자에게 불리하게 작용할 수 있다. 최저임금제는 노동공급자를 보호하기 위한 규제인데, 노동의 수요와 공급의 원리에 적합한 임금보다 높은 임금을 지불하도록 한다. 노동의 수요자인 기업 입장에서는 노동의 생산성이 상대적으로 낮다고 판단되는 미숙련 노동자나 장애인 및 사회적 소수자를 차별적으로 먼저 해고시키거나 또는 고용을 적게 하는 방식으로 대응한다.

둘째, 과도한 규제가 꼭 필요한 부분의 과소한 규제를 가져올 수 있다. 청정한 환경을 위한 목적의 과도한 규제는 그 기준에 적합한 상황과 시설을 만들도록 유도하지만, 실질적으로 규제대상집단의 재정건전성을 침해하게 될 경우 정책집행과정에서 정책불응을 유발할 수 있으며 이것은 환경오염을 위해 반드시 요구되는 규제마저 제대로 작동되지 못하게 할 수 있다.[50]

셋째, 최고의 기술을 요구하는 규제가 오히려 기술 개발을 지연시킬 수 있다고 본다. 최고의 기술력을 요구하는 규제는 규제 시점에서 해당 기술을 가진 곳의 독점을 유발하며, 건전하고 공정한 기술경쟁을 저해하여 오히려 기술 개발을 지연시킬 수 있다는 것이다.

## 2) 지대추구이론

지대추구 (rent seeking behavior) 이론은 정부규제가 지대를 만들어내고 이해관계자집단으로 하여금 그 지대를 추구하도록 한다는 점을 설명한다.

지대추구이론은 규제나 개발계획과 같은 정부의 시장개입이 클수록 지대추구행태가 증가하고, 그에 따른 사회적 손실도 증가한다고 주장한다.

## 3) 포획현상

포획현상 (捕獲現象) 이란 정부 또는 개혁추진자가 피규제자 혹은 개혁대상조직의 영향 아래 들어가 피규제자나 개혁대상조직의 이익을 옹호하는 현상이다.

포획현상이 일어나는 원인은 개혁대상조직의 강한 응집력 및 조직력, 개혁대상조직의 정보독점력, 제도화된 부정부패 구조, 개혁추진자의 목표대치 (目標代置), 규제기관과 피규제기관 간의 인사교류 등이다. 규제기관에 대한 국민의 관심이 낮아지게 되면 포획현상이 촉발되기 쉽다.

포획현상이 발생하면 규제행정의 공평성을 저해하게 된다. 포획현상은 누구에게나 차별없이 광범위하게 적용되는 사회적 규제보다는 개별기업에만 영향을 미치는 재량적 규제인 경제적 규제에서 주로 나타난다. 그러나 개혁추진자가 강압적인 개혁을 추진할수록 포획현상은 나타나지 않는다.

## 4) 거래비용이론

거래비용 (去來費用) 이론에서는 당사자 간의 협상, 커뮤니케이션 (communication) 비용, 계약의 준수를 감시하는 비용도 거래비용에 포함한다.

---

[50] 한편 환경오염을 저감시키는 신제품이 가져올 위험성을 예방하기 위한 목적의 규제로 인해 신제품의 가격이 상승할 수 있으며, 이러한 상황으로 인해 환경오염량이 많은 저가의 상품들이 더 많이 판매된 결과로 사회의 전체적 오염량이 증가할 수 있다.

### 5) 대리인이론

대리인이론은 주인－대리인 사이에 정보비대칭성 혹은 정보편재가 있고, 대리인이 기회주의적으로 행동하는 경우 역선택 (adverse selection) 과 도덕적 해이 (moral hazard) 의 문제가 발생할 수 있다고 주장한다.

## ❻ 행정규제기본법

### 1) 의 의

행정규제 (行政規制) 에 관한 기본적인 사항을 규정하여 불필요한 행정규제를 폐지하고, 비효율적인 행정규제의 신설을 억제함으로써 사회·경제활동의 자율과 창의를 촉진하여 국민의 삶의 질을 높이고 국가경쟁력이 지속적으로 향상되도록 함을 목적으로 한다.

행정규제란 국가나 지방자치단체가 특정한 행정 목적을 실현하기 위하여 국민 (국내법을 적용받는 외국인을 포함한다) 의 권리를 제한하거나 의무를 부과하는 것으로서 법령 등이나 조례·규칙에 규정되는 사항을 말한다.

### 2) 적용범위 제외

국회, 법원, 헌법재판소, 선거관리위원회 및 감사원이 하는 사무에 대하여는 「행정규제기본법」을 적용하지 아니한다. 형사 (刑事) 와 행형 (行刑) 및 보안처분에 관한 사무, 과징금과 과태료의 부과 및 징수에 관한 사항, 「국가정보원법」에 따른 정보·보안 업무에 관한 사항, 「병역법」, 「통합방위법」, 「예비군법」, 「민방위기본법」, 「비상대비자원 관리법」 및 「재난 및 안전관리기본법」에 규정된 징집·소집·동원·훈련에 관한 사항, 군사시설과 군사기밀 보호 및 방위사업에 관한 사항, 조세 (租稅) 의 종목·세율·부과 및 징수에 관한 사항에는 「행정규제기본법」을 적용하지 아니한다.

### 3) 규제법정주의와 규제등록주의

행정기관은 법률에 근거하지 아니한 규제로 국민의 권리를 제한하거나 의무를 부과할 수 없다. 「행정규제기본법」은 규제법정주의를 규정하고 있다.

중앙행정기관의 장은 소관 규제의 명칭·내용·근거·처리기관 등을 규제개혁위원회에 등록하여야 한다. 「행정규제기본법」상 규제의 존속기한 또는 재검토기한은 규제의 목적을 달성하기 위하여 필요한 최소한의 기간 내에서 설정되어야 하며 그 기간은 원칙적으로 5년을 초과할 수 없다.

규제총량통제 (規制總量統制) 는 「행정규제기본법」에 명시된 제도는 아니지만, 규제개혁위원회의 내부지침으로 규제에 대한 부처별 총량을 정한 뒤 그 상한선을 유지하도록 통제한다.

중앙행정기관의 장은 규제를 신설하거나 강화하려는 경우 「소상공인기본법」에 따른 소상공인 및 「중소기업기본법」에 따른 소기업에 대하여 해당 규제를 적용하는 것이 적절하지 아니하거나 과도한 부담을 줄 우려가 있다고 판단되면 규제의 전부 또는 일부의 적용을 면제하거나 일정 기간 유예하는 등의 방안을 검토하여야 한다.

### 4) 규제의 원칙

국가나 지방자치단체는 국민의 자유와 창의를 존중하여야 하며, 규제를 정하는 경우에도 그 본질적 내용을 침해하지 아니하도록 하여야 한다.

국가나 지방자치단체가 규제를 정할 때에는 국민의 생명·인권·보건 및 환경 등의 보호와 식품·의약품의 안전을 위한 실효성이 있는 규제가 되도록 하여야 한다.

규제의 대상과 수단은 규제의 목적 실현에 필요한 최소한의 범위에서 가장 효과적인 방법으로 객관성·투명성 및 공정성이 확보되도록 설정되어야 한다.

국가나 지방자치단체가 신기술을 활용한 새로운 서비스 또는 제품과 관련된 규제를 법령 등이나 조례·규칙에 규정할 때에는 '우선허용·사후규제 원칙'을 고려하여야 한다.

## 5) 규제영향분석[51]

규제영향분석이란 규제로 인하여 국민의 일상생활과 사회·경제·행정 등에 미치는 여러 가지 영향을 객관적이고 과학적인 방법을 사용하여 미리 예측·분석함으로써 규제의 타당성을 판단하는 기준을 제시하는 것을 말한다. 중앙행정기관의 장은 규제를 신설하거나 강화 (규제의 존속기한 연장을 포함한다) 하려면 관련 사항을 종합적으로 고려하여 규제영향분석을 하고 규제영향분석서를 작성하여야 한다.

규제 외의 대체수단 존재 여부, 비용 – 편익분석, 경쟁 제한적 요소의 포함 여부 등을 고려하여야 한다. 1970년대 이후 세계의 여러 국가에서 도입하여 왔으며, OECD에서도 회원국들에 규제영향분석의 채택을 권고하고 있다.

규제영향분석은 규제의 경제·사회적 영향을 과학적으로 분석해 타당성을 평가한다. 정치적 이해관계의 조정과 수렴의 기회를 제공하는 역할을 한다. 규제영향분석이 필요한 이유 중 하나는 관료에게 규제비용에 대한 관심과 책임성을 갖도록 유도한다는 점이다. 규제가 초래할 사회적 부담에 대해 책임성을 가지도록 유도하는 기능도 있다.

규제의 편익보다 규제의 비용에 주안점을 둔다. 규제영향분석은 규제로 인한 편익보다 규제로 인한 부작용, 국민부담 등 비용이 가중될 수 있으므로, 규제로 인하여 얻는 편익보다 국민들의 규제비용 부담을 경감하는 데 더 주안점을 두어야 한다.

## 6) 규제심사

중앙행정기관의 장은 규제를 신설하거나 강화하려면 위원회에 심사를 요청하여야 한다. 위원회는 심사를 요청받은 날부터 10일 이내에 그 규제가 국민의 일상생활과 사회·경제활동에 미치는 파급효과를 고려하여 심사를 받아야 할 규제인 중요규제인지를 결정하여야 한다.

위원회는 중요규제라고 결정한 규제에 대하여는 심사 요청을 받은 날부터 45일 이내에 심사를 끝내야 한다. 다만, 심사기간의 연장이 불가피한 경우에는 위원회의 결정으로 15일을 넘지 아니하는 범위에서 한 차례만 연장할 수 있다.

## 7) 규제개혁위원회

정부의 규제정책을 심의·조정하고 규제의 심사·정비 등에 관한 사항을 종합적으로 추진하기 위하여 대통령 소속으로 규제개혁위원회를 두고 있다.

---

51 규제영향분석은 1970년대 이후 세계의 여러 국가에서 도입하여 왔으며, OECD에서도 회원국들에 규제영향분석의 채택을 권고하고 있다. 규제영향분석은 정책 실시 후에 하는 사후적 정책평가의 성격보다는 규제 실시 전에 하는 사전적 정책분석의 성격을 띤다.

규제개혁위원회는 위원장 2명 (국무총리와 대통령이 위촉한 사람) 을 포함한 20명 이상 25명 이하의 위원으로 구성한다. 공무원이 아닌 민간위원이 전체 위원의 과반수가 되어야 한다. 위원 중 공무원이 아닌 위원의 임기는 2년으로 하되, 한 차례만 연임할 수 있다. 간사를 1명을 두되, 대통령이 위촉한 위원장이 간사를 지명한다. 위원장 모두가 부득이한 사유로 직무를 수행할 수 없을 때에는 국무총리가 지명한 위원이 그 직무를 대행한다.

---

## 제4절  행정 참여자

### ❶ 행정환경의 공식적 행위자

#### 1) 행정부

위임입법 (委任立法) 의 확대는 행정국가화 경향과 밀접한 관련이 있다. 대통령은 법률안에 대하여 거부권을 행사할 수 있다. 감사원은 행정기관 및 공무원의 직무에 대한 감찰을 수행한다.

정부는 국회에 법률안을 제출할 수 있고, 대통령은 법률에서 구체적으로 범위를 정하여 위임받은 사항과 법률을 집행하기 위하여 필요한 사항에 관하여 대통령령을 발할 수 있다.

#### 2) 입법부

행정은 민주주의의 원칙에 따라 재원의 확보와 사용에 있어서 국회의 통제를 받는다. 국회는 국민의 대표기관으로서 민주주의 원칙에 합당하게 행정이 이루어지고 있는지를 감시하고 통제하는 권한을 가진다.

입법부는 국정에 관한 다양한 법률제정권을 활용하여 행정부를 견제한다.

#### 3) 사법부

사법부의 판결은 기존의 제도나 정책에 대한 사후적 판단의 성격을 띠고 있으나, 그 자체가 정책결정을 의미하기도 한다. 사법부는 행정처분에 대한 행정재판권을 통하여 부당하게 권리를 침해받은 국민을 구제하는 역할을 한다.

#### 4) 헌법재판소

헌법재판소는 주로 국가적 정책결정과 관련된 판결을 통해 국민생활에 영향을 미친다. 헌법재판소는 위헌법률심판, 탄핵심판, 권한쟁의심판, 헌법소원심판 등을 통해 행정에 대한 통제기능을 수행한다. 헌법재판소의 위헌결정은 행정부의 활동에 지대한 영향을 미칠 수 있다. 「공직선거법」의 1인 1표제가 헌법의 비례대표제 정신을 반영하지 못한다고 판시한 헌법재판소의 판례는 사법부가 정책과정에 실질적인 영향을 미친다는 것을 보여주는 주요한 사례이다.

국민은 국가정책이 헌법상 보장된 권리를 침해한다고 판단할 때, 헌법소원을 통해 정책변경을 모색할 수 있다.

## ❷ 시민의 행정참여

### 1) 시민공동생산

공동생산 (co - production) [52]은 정부와 민간이 함께 공공재와 공공서비스를 생산·공급하는 방법으로, 자원봉사활동으로 정부활동을 보완하는 것이 공동생산 방식의 주종을 이루지만 민관합작 투자사업도 공동생산에 포함된다.

관료제의 비효율성을 극복할 수 있는 대안으로 시민공동생산을 강조하는 견해들도 있다.

모든 행정서비스 영역에서 시민공동생산이 가능한 것은 아니다. 공동생산은 시민들의 무임승차 문제를 해결하기 위한 대안이 될 수 없으며, 정책결정부문보다는 주로 정책집행부문에서 아이디어 제공 등 시민참여로 유용하게 활용될 수 있다.

시민공동생산은 성격상 비정치분야, 집행분야 등으로 한정되기 때문에 모든 공공부문의 서비스 영역으로 확대되는 것이 가능하지도 않고 바람직하지도 않다.

### 2) 시민의 행정참여의 순기능

국민주권의 원리에 부합하게 되므로 정책의 민주성과 정당성이 증대된다. 정책과정에 시민들이 참여해봄으로써 시민의 역량과 자질이 제고될 수 있다. 이를 바탕으로, 집행과정에서 시민의 정책 순응과 협조를 확보할 수 있다.

대의민주주의의 미비점을 보완하고 절차적 민주주의의 실현에 기여한다. 관료의 독선 방지와 행정의 책임성 제고에 기여하며, 행정에 대한 공감과 지지 확보에 기여한다.

### 3) 시민의 행정참여의 역기능

행정에 참여하는 시민의 대표성 (代表性)과 공정성 (公正性) 확보의 어려움이 있다. 공동체 전체의 이익보다는 지엽적 (枝葉的)인 특수이익에 집착할 가능성이 있다.

시민들이 행정에 참여하는 수단들이 증가할수록, 의사결정을 위한 비용과 노력 및 시간이 증가되어 행정적 비용이 높아지는 측면의 역기능도 있다. 즉 행정의 능률성은 저해된다.

행정에 참여하는 시민의 전문성 (專門性) 결여로 인한 의사결정의 지연과 부실의 우려가 있다. 잘못된 정책에 대한 책임을 시민에게 전가 (轉嫁)시키는 빌미로 활용될 수도 있다.

## ❸ 제3섹터

### 1) 행정에 대한 시민사회조직의 역할

시민사회조직 또는 시민단체는 비영리조직을 의미하며 비영리조직이 지닌 특징으로는 자발성, 자율성, 이익의 비배분성 등이 있다.

시민의식이 성숙되고 시민의 참여 욕구가 증대하면서 정부와 시민사회의 새로운 파트너십이 요구되고 있다. 시민사회가 활성화되기 위해서는 NGO·NPO[53] 등과 같은 시민단체들뿐만 아니라 지역사회의 역할도 중요하다.

---

[52] 시민공동생산 (co-production)의 사례로는 녹색어머니회의 교통안전활동, 민간기동순찰대, 시민경찰대의 자율방범활동 등이 해당될 수 있다.

[53] NGO (Non Government Organization)는 비정부성에 초점을 두며, 유럽과 UN에서 제3섹터를 보는 관점과 관련된다. NPO (Non Profit Organization)

## 2) 정부와 시민사회단체의 관계

첫째, 정부와 비정부조직 간에 적대적 관계보다는 서로의 존재를 인정하는 '동반자적 관계'가 점차 확산되고 있다. 비정부조직이 생산하는 공공재나 집합재의 생산비용을 정부가 지원하는 경우에는 정부와 대체적 관계가 아니라 '보완적 관계'를 형성한다.

둘째, 민주적 포섭형은 사회의 민주화가 어느 정도 진전되면서 시민단체가 조직화와 정치화를 통해 역량을 강화함에 따라 정부가 시민단체의 순응을 확보할 전략으로, 명시적이거나 또는 묵시적으로 시민단체의 정책변화에 대한 요구를 수용하거나 시민단체의 유력 인사를 주요 기관에 임용하는 식으로 포섭하는 방식을 의미한다. 이른바 '적응적 흡수(co-optation)[54]'를 시도하는 것이다.

셋째, 정부가 지지나 지원의 필요성을 위해 특정한 비정부조직 분야의 성장을 유도하여 형성된 '의존적 관계'는 개발도상국에서 많이 나타난다. 재정과 활동의 자율성이 모두 낮은 후진국이나 권위주의 또는 조합주의의 국가의 관변단체(官邊團體)들은 정부에 종속된 유형이다. 반면에 자율형은 정부의 재정 지원도 받지 않고 자유롭게 활동하는 유형으로, 성숙된 시민사회에서 나타나는 유형이다.

## 3) 시민단체의 순기능

시민단체는 국민에게 교육을 실시하는 등 사회에 필요한 재화와 서비스의 제공자 역할을 한다. 이익집단 간 갈등이나 지역이기주의로 나타나는 지역 간 갈등에 대한 조정자(調停者) 역할을 한다. 또한 소수 약자의 인권이나 재산권 침해 등에 대한 대변자(代辯者)이기도 하다.

정부나 시장에 대한 감시와 견제의 역할을 한다. 행정통제의 관점에서 보면 시민단체는 행정과정의 비공식적 참여자로, 행정에 대한 비공식적이며 외부 통제자의 역할을 한다.

## 4) 시민단체의 역기능

전문성이 부족하고, 이상주의에 치우쳐 결과에 무책임하다는 비판을 받기도 한다. 재정상의 독립성 결여로 인해 자율성(自律性) 확보에 문제가 있다는 비판이 존재한다.

우리나라에서는 「비영리민간단체 지원법」(2000)에 의하여 비영리민간단체에 보조금 등 재정 지원을 하고 있다. 그러나 정부와 시민단체의 지나친 유착은 시민단체의 정체성(正體性) 문제를 야기한다.

## 5) NGO의 실패

Lester Salamon(1999)은 NGO의 실패의 요인을 박애적 아마추어리즘(amateurism), 박애적 불충분성(insufficiency), 박애적 배타주의(particularism), 박애적 온정주의(paternalism) 등으로 구분하여 설명한다.

첫째, 박애적 아마추어리즘(amateurism)은 NGO가 도덕적 신념에 바탕을 둔 조직으로 전문성과 책임성을 충분히 확보하기 어렵다는 것을 의미한다.

---

는 비영리성에 초점을 두며, 미국과 관련되고 민간자원봉사조직의 성격이 강하다.

**54** 적응적 흡수(co-optation)란 조직이 안정을 유지하고 그 존립에 위협이 되는 요소를 제거하거나 주위의 저항세력을 무마하는 수단으로 사용되며, 다른 조직의 유력자(有力者)를 자기 조직의 고위관리층이나 정책결정기구에 포섭하는 방식을 사용한다.

둘째, 박애적 불충분성 (insufficiency) 은 NGO의 강제성의 부족으로 활동에 필요한 자원을 안정적으로 획득할 수 없다는 것을 뜻한다.

셋째, 박애적 배타주의 (particularism) 는 NGO의 활동 성과가 모든 대상자에게 전달되지 않으며, 그 활동 영역과 서비스 공급대상이 한정되어 있다는 것을 의미한다.

넷째, 박애적 온정주의 (paternalism) 는 NGO의 활동 내용과 방식을 결정하는 것은 NGO에 가장 많은 자원을 공급하는 사람이나 집단의 결정에 의하여 좌우될 수 있다는 것을 뜻한다.

## ❹ 제3섹터 형성이론

### 1) 관청형성모형

관청형성모형 (bureau shaping theory) 은 집행 위주의 계선조직을 정책 위주의 참모 (參謀) 조직으로 개편하려는 의도가 작용하여 준정부조직을 형성하게 된다는 이론이다.

### 2) 계약실패이론 (신뢰이론)

계약실패이론 (contract failure theory) 또는 신뢰이론은 서비스의 성격상 정보의 비대칭성으로 인해 영리기업의 서비스 양과 질을 정확하게 파악하지 못할 때, 비영리성을 띤 준 (비) 정부 조직의 서비스를 더 신뢰하게 된다는 이론이다.

### 3) 소비자통제이론

소비자통제이론 (the consumer control theory) 은 소비자인 시민이 국가권력을 감시하고 통제하기 위한 수단으로 발생하였다는 이론이다.

### 4) 공공재이론

공공재이론 (the public goods theory) 은 시장에서 공급되지 못한 수요를 충족시키기 위하여 중간조직이 발생했다는 이론이다. NGO 부문은 사회의 구성원들에게 기존의 공공재 공급구조체제에서 충족되지 못한 수요를 만족시키는 역할을 한다.

### 5) 기업가이론

기업가이론 (the entrepreneur theory) 은 정부와 NGO (비정부기구) 는 이질적이어서 경쟁과 갈등관계이며, 그로 인해 사회적 기업이 등장할 것으로 본다.

### 6) 다원화이론

다원화이론 (the pluralistic theory) 은 NGO (비정부기구) 는 사회서비스 생산에 있어 정부부문보다 다양성을 제공하고 있다는 것이다.

### 7) 시장실패·정부실패모형

시장실패·정부실패모형은 시장실패와 정부실패를 동시에 해결하기 위해 제3섹터 (중간조직) 가 등장했다는 것이다.

## 8) 상호의존이론

상호의존이론 (the interdependence theory) 은 정부와 NGO (비정부기구) 는 공공재와 사회서비스 제공주체들 간의 상호협력적 관계에 초점을 둔다.

## 9) 사회기원론

사회기원론 (the social origin theory) 은 사회서비스의 주체들을 역사적·사회적 발전과정을 거치면서 선택된 제도적 결과물로 간주한다.

## 10) 정책연결망모형

정책연결망모형 (policy network theory) 은 이익집단에 의한 집단정치가 시민들의 이익이나 선호를 균형있게 반영하지 못하므로, 정책문제들을 중심으로 상호 연결된 조직들의 복합체인 정책연결망이 대두되었다고 보는 입장이다.

## 11) 보조금이론

보조금이론 (the subsidy theory) 은 NGO가 정부의 보조금에 의하여 탄생되고 유지된다는 모형이다.


## ❺ 사회적 자본이론

### 1) 사회적 자본 (social capital theory) 의 개념[55]

사회자본은 참여자들이 협력하도록 함으로써 공유한 목적을 보다 효과적으로 성취하게 만드는 신뢰, 규범, 네트워크와 같은 사회조직의 특징으로 정의할 수 있다.

사회적 자본론은 정부신뢰를 강조하고, 정부신뢰가 정부와 시민의 협력을 증진시키며 정부의 효과성을 높이는 가장 중요한 요인이 된다고 주장하는 행정이론이다. 사회구성원들이 공동의 문제를 해결하는 데 적극적으로 참여하는 사회의 조건 또는 특성을 의미한다.

정부기관과 시민을 연결하는 협력을 증진시킴으로써 정부의 효과성을 높일 수 있다고 보는 것이 사회자본이론이다. 사회자본이론은 신뢰관계 형성이 협동과 타협, 조정의 전제라고 본다. 사회자본은 신뢰가 사회 전체 혹은 사회의 특정 부분에 널리 퍼져 있는 데서 생기는 능력을 의미하기도 한다.

### 2) 사회적 자본의 특징

사회적 자본의 형성과정은 상향적 (上向的) 속성을 지닌다. 사회적 자본에서는 수평적 (水平的) 네트워크가 중요하다. 개인 간 또는 집단 간의 관계를 이어주는 자발적 (自發的) 이며 수평적인 네트워크가 존재한다. 구성원들 사이에 상호 신뢰와

---

[55] 부르디외 (P. Bourdieu) 는 사회적 자본을 "서로 알고 지내는 사이에 지속적으로 존재하는 관계의 네트워크를 통하여 얻을 수 있는 실제적이고 잠재적인 자원의 합계"로 정의하였다. 푸트남 (R. D. Putnam) 등은 이탈리아에서 사회자본 (시민공동체 의식) 이 지방정부의 제도적 성과 차이를 잘 설명한다고 주장했다. 세계은행은 개발도상국 개발사업에 사회적 자본 개념을 활용하고 있다. 후쿠야마 (F. Fukuyama) 는 한국사회에 만연한 불신은 사회적 비효율성의 원인이라고 하였다.

협력을 바탕으로 공동이익을 위한 상호 조정과 협력을 촉진한다. 사회학적 시각에서는 사회적 자본의 출현에 필요한 조건으로서 연결이나 관계를 강조한다.

사회자본은 사적 재화로서의 특성 외에 거시적 차원에서 공공재 (公共財) 의 속성을 가지고 있다. 사회적 자본은 개인, 집단, 지역공동체, 국가 등 상이 (相異) 한 수준에서 정의될 수 있다. 따라서 물적 자본과 달리 공동체 간의 사회적 자본의 이동성은 낮다. 지역 구성원들은 삶과 세계에 대한 도덕적·윤리적 규범을 공유하고 있다. 많은 사람들이 알고 지내는 관계를 유지하는 가운데 대화와 토론을 통해 서로에게 도움을 준다. 이웃과 동료에 대한 기본적인 믿음이 존재하며 공동체 구성원들이 서로 신뢰한다. 사회적 자본의 특징은 '깨진 유리창의 법칙'으로 설명될 수 있다.

생각 넓히기 _ 깨진 유리창의 법칙

깨진 유리창 법칙 (broken windows theory) 은 범죄 현상을 주로 다루던 범죄학자 제임스 윌슨 (James Q. Wilson) 과 조지 켈링 (George L. Kelling) 이 1982년에 만든 개념이다.

깨진 유리창이 그대로 방치돼 있다면, 자신마저 돌을 던져 그 유리창을 깨도 어느 누구도 상관하지 않을 것이라는 도덕적 해이 (moral hazard) 가 들 수 있다는 것이다.

깨진 유리창 이론이 의미하는 것은 사소한 실수 하나가 전체를 망가뜨릴 수 있다는 의미이기도 하지만, 한편으로는 사소하지만 사려 깊은 배려를 통해 전체를 살릴 수도 있다는 의미이기도 하다.

수리적으로 표현하면 10가지를 잘해도 하나만 못할 경우는 '10 − 1 = 0' 이 될 수 있고, 당연하거나 익숙하게 여기는 10가지 일을 하면서도 작은 배려 또는 관심 하나가 '10 + 1 = 11' 이상의 효과를 가져 올 수도 있다는 것을 의미한다.

사회자본은 지속적인 교환 과정을 거쳐서 유지되고 재생산된다. 물적 자본의 교환은 시간적으로 볼 때 동시에 발생하지만 사회자본의 교환은 시간적으로 동시성을 전제로 하지 않는다. 사회자본의 사회적 교환관계는 동등한 가치의 등가교환인 제로 섬 (zero - sum) 게임이 아니라 공동의 이익을 추구하는 정합게임 (positive - sum) 의 특성을 지닌다.

공동체에 대한 무조건적인 또는 대가없는 봉사가 아니라 상호호혜 (相互互惠) 적인 관계를 특징으로 한다. 따라서 지역주민들의 소득이 지속적으로 증가하더라도, 사회 자본이 자동적으로 형성되지 않는다.

## 3) 사회적 자본의 순기능

사회적 자본은 조정과 협동을 용이하게 만들어 거래비용 (去來費用) 의 감소라는 긍정적 효과를 발생시킨다. 정밀한 사회적 연결망은 신뢰를 강화하고, 신뢰를 통해 거래비용을 감소시키는 기능이 있다.

사회적 자본은 사회적 규범 또는 효과적인 사회적 제재력 (制裁力) 을 제공한다. 사회적 자본은 사회적 제재 메커니즘 (mechanism) 을 제공하며 상호간 소망스러운 행위를 유도한다. 공동체 의식의 강화를 통해 지식의 공유와 네트워크의 강화를 기대할 수 있다.

사회적 관계 속에서 사회적 자본이 형성될수록, 불확실성을 주어진 조건으로 보고 불확실성을 극복하기 위해서 두는 가외성 (redundancy) 의 필요성은 감소된다.

사회적 자본은 혁신 (革新) 을 가속화함으로써 경제발전을 촉진할 수 있다. 사회적 자본이 형성된 지역사회에서 다양성은 갈등의 원천이 아니라 창의력과 학습 (學習) 의 원천이 된다.

## 4) 사회적 자본의 역기능

사회적 자본론은 신뢰와 네트워크를 통한 과도한 폐쇄성 (閉鎖性) 을 유발한다는 측면에서 많은 비판을 받고 있다. 사회적 자본은 집단결속력으로 인해 다른 집단과의 관계에 있어서 부정적 효과를 나타낼 수도 있다.

사회적 자본은 경제적 자본에 비해 형성과정이 불투명하고 불확실하다. 개념적으로 추상적 (抽象的) 이기에 객관적으로 계량화하기 쉽지 않다. 단기간에 정부 주도하의 국민운동에 의해 형성될 수 있는 것이 아니라 장기적 (長期的) 이며 지속적 (持續的) 인 노력이 필요하다.

사회적 자본은 동조성 (conformity) 이나 집단규범의 강요로, 개인의 자유로운 행동이나 사적 선택을 저해할 수도 있다. 사회적 자본에 의한 지역사회와 집단에의 참여는 동조압력 (conformity) 을 유발하게 하고 그 경우 개인의 사적 선택의 자유를 침해할 수 있다.

# C HAPTER

# 05 행정학의 주요 이론

| 제1절 | 과학적 관리론, 행정관리론 및 고전적 관료제론[56] |

## ❶ 과학적 관리론

### 1) 의 의

과학적 관리론 (scientific management school) 은 발견 가능한 '유일 최선의 방법 (the best one way)'이 있다고 전제하고 이를 찾는 데 주력하였다.

최소의 노동과 비용으로 최대의 능률을 올릴 수 있는 표준적 작업절차를 정하고, 이에 따라 예정된 작업량을 달성하기 위한 가장 좋은 방법을 발견하려는 이론이다.

### 2) 특 징

Frederick W. Taylor (1911) 가 제철소에서 일하면서 시간연구 (time study) 와 동작연구 (motion study) 를 통해 도출한 것이 테일러시스템 (Taylor system) 이다. 테일러 (W. Taylor) 는 『과학적 관리의 원리들 (Principles of Scientific Management)』이란 저술을 통해 '유일 최선의 방법 (one best way)'을 추구했다.

Taylor는 과학적 관리의 핵심을 개인적 기술 자체가 아니라 노동생산성 향상에 두고, 노동자가 발전된 과학적 방법에 따라 작업을 하도록 한다. 어림짐작 방법을 지양하고 작업의 기본 요소발견과 수행방법에 대한 과학적 방법을 발전시킨다.

과업 (task) 은 일류의 노동자만이 달성할 수 있는 충분한 것이어야 하며 노동자가 과업을 완수하는 경우 높은 보상을, 실패하는 경우 손실을 받게 된다.

Taylor는 조직 내의 인간은 경제적 유인에 의해 동기가 유발되는 타산적 존재라고 보았으며, 노동의욕을 고취시키기 위해 성과급제도 (bonus system) 를 채택했다.

미국행정학은 Taylor의 과학적 관리법에 근거를 둔 조직이론으로부터 영향을 받았다. 과학적 관리법의 내용은 성과급체계, 권한과 책임의 명확한 규정, 계획과 집행의 분리, 기준설정에 의한 통제, 기능별로 전문화된 감독 (functional foremanship) 체계, 예외에 의한 관리[57] 등이다.

---

56 고전적 행정학 (classical public administration) 은 1900년부터 1940년대까지 행정학의 주된 흐름을 의미하며 능률주의, 정치행정이원론, 공식적 조직구조와 과정의 연구, 과학화의 추구, 인간의 합리성과 경제성에 대한 전제 등을 특징으로 한다 (오석홍, 『행정학』, 2016: 9−11).

57 예외에 의한 관리란 예외적이거나 새로운 사안만 관리층에서 결정하고, 그 외의 일상적인 업무사항은 부하에게 위임하는 것이다.

## 3) 평가

외부환경적 요인을 고려하지 않는 폐쇄적 이론이다. 조직의 공식구조만 중시하고, 인간을 경제적 욕구에 의해서만 지배되는 것으로 전제한다.

과학적 관리론은 비공식조직, 조직 내의 갈등현상을 간과하였다.

## ❷ 행정관리학파

### 1) 의 의

과학적 관리론, 베버 (M. Weber) 의 고전적 관료제론 등과 함께 행정학의 출범 초기에 학문적 기초를 쌓는 데 크게 기여했다. 조직과 구성원 간의 관계를 합리적 존재로만 봄으로써 조직을 일종의 기계장치처럼 설계하려 하였다.

행정관리론 (사무관리론·조직관리론) 에서는 계획과 집행을 분리하고, 권한과 책임을 명확히 규정할 것을 강조하였다. 고전적인 행정원리학파는 엄격한 계층제와 분업에 의한 조직편제를 중시하며 궁극적으로는 집권화의 필요성을 강조한다.

### 2) 특 징

대표적인 학자로는 Luther Halsey Gulick, Lyndall Fownes Urwick, Henry Fayol 등이 있다. 행정관리론 (기술적 행정학) 은 행정학의 기본가치로서 능률성을 강조했다.

1912년 Taft위원회에서 사용한 절약과 능률은 행정관리의 성과를 평가하는 가치기준이 됐다. Gulick & Urwick은 계층의 원리, 분업의 원리, 조정의 원리 등의 조직원리 (행정원리) 들을 주장했다.

Brown위원회에 참여했던 Luther Halsey Gulick (1937) 은 『행정과학논문집 (Papers on the Science of Administration)』에서 POSDCoRB를 통해 능률적인 관리활동방법을 제시하였다. POSDCoRB는 최고관리층의 7대원리로서 행정관리설이나 정치행정이원론의 대표적 모형으로 행정의 능률성을 중시한다. POSDCoRB에서 P는 기획 (Planning), O는 조직화 (Organizing), Co는 조정 (Coordination), R은 보고 (Reporting), B는 예산 (Budgeting) 을 의미한다.

### 3) 평 가

조직의 관리기능을 중시하면서 관리층이 맡아야 할 조직 및 관리작용의 원리들을 개척하는 데 주력했으며, 주로 조직의 상층부를 중심으로 하향적 방식에 의한 조직의 합리화를 추구했다.

행정관리론은 비공식적이고 비합리적인 요인을 등한시한다. 조직 속에 흐르는 비공식적이고 비합리적인 측면은 거의 무시되었으며, 능률만이 단일 가치기준으로 규정되어 그 밖의 다른 가치기준, 특히 인간적 가치가 간과되었다. 또한 과학적 관리론이나 행정관리론은 조직 내의 갈등에 대해 제대로 인식하지 않았다.

## ❸ Weber의 고전적 관료제론

### 1) 의 의

Max Weber의 관료제 이념형 (ideal type) 이란 도덕적 이상을 지닌 관료제의 형태를 의미하는 것이 아니라 다양한 현실세계의 일정 부분을 이해하기 위한 수단으로 제시된 모형을 뜻한다.

막스 베버 (Max Weber) 는 권위 (authority) 의 유형을 전통이나 관습에 근거하는 전통적 권위 (traditional authority), 특정 인물의 비범한 자질에 의거하는 카리스마적 권위 (charismatic authority), 법률규정에 의한 합법적 권위 (legal authority) 로 구분하였다. 관료제 이념형 (ideal type) 은 3가지 유형인 중에서 법적·합리적 권위에 근거한 조직구조이다.

## 2) 특 징

관료제는 공·사 조직 모두에 공통적으로 나타나는 구조적 특징을 의미한다. 관료제는 다음과 같은 특징을 지닌다.

첫째, 법과 규칙에 의해 관료의 권한이 엄격히 정해진다. 전문직업적 판단보다 문서화된 법규집을 강조한다. 직무는 문서나 서류로 집행되어야 하며, 관련된 문서는 보존된다.

둘째, 관료는 전문성 (專門性) 을 가지고 있어야 한다. 조직의 목표를 효율적으로 달성하기 위해서는 순환근무보다는 한 가지 일만 반복적·전문적으로 수행하는 엄격한 분업의 원리를 중시한다. 또한 관료적 업무를 부차적으로 여기는 것이 아니라 전임성 (專任性) 이 요구된다.

셋째, 조직설계와 직무구조는 계층제 (階層制) 에 의거해야 한다. 상관은 명령하고 하위 계층은 복종하는 상명하복 (上命下服) 의 체제를 형성하고, 상관은 정해진 규정에 따라 부하의 결정을 관할하고 감독한다.

넷째, 관료는 비정의성 (非情誼性, impersonalism) 을 의미하는 'Sine ira et studio' 정신으로 업무를 수행해야 한다. 즉 공 (公) 과 사 (私) 의 분리를 중시한다.

## 3) 평 가[58]

관료제는 법규의 적용과 준수를 지나치게 강조하는 과잉동조 (over - conformity) 에 따른 목표와 수단의 대치·전환 현상을 초래하기도 하고, 익숙하지 못한 분야에는 적절히 대응하지 못하는 훈련된 무능 (trained incapacity), 공식적 문서 위주의 업무처리에 집착하는 번문욕례 (繁文縟禮, red tape), 관료들의 편협한 안목을 의미하는 할거주의 (sectionalism), 관료들의 권한행사 영역이 계속 확장되는 것을 의미하는 제국 건설 (empire building) 등의 다양한 역기능도 존재한다.

---

## 제2절   인간관계론 및 행태주의

### ❶ 인간관계론

## 1) 의 의

인간관계론 (human relations approach) 은 조직구성원들의 사회적·심리적 욕구와 조직 내 비공식집단 등을 중시하며, 조직의 목표와 조직구성원들의 목표 간의 균형 유지를 지향하는 민주적·참여적 관리 방식을 처방하는 이론이다.

인간관계론은 인간의 사회적 심리적 측면을 중시하여 조직 참여자의 생산성은 사회적 규범에 의해 좌우된다고 보았다.

---

[58] 관료제 역기능의 상세한 내용과 그 대안으로 제시되는 후기관료제모형 또는 탈관료제의 다양한 형태들에 대해서는 조직론 편에서 상세히 다룬다.

## 2) 특 징

George Elton Mayo는 호손실험 (1927~1932) 에서 비공식집단의 역할에 주목했다. 호손공장의 Hawthorne Studies[59]가 인간관계론적 접근방법의 실증적 근거가 되었다.

인간관계론은 외부환경의 영향을 고려하지 않는 폐쇄적 조직론이고 Y이론에 입각한다. 그러나 인간을 자발적, 능동적인 자아실현인으로 보지는 못했으며 여전히 피동적인 존재임을 전제한다.

## 3) 평 가

Marshall Edward Dimock (1937) 은 과학적 관리론에 입각한 기계적 효율관을 비판하며 사회적 효율성을 강조했다. 그러나 인간관계론은 인간을 지나치게 사회심리적이고 감정적인 존재로 인식한다는 비판을 받는다.

**♣ 표 1-15 과학적 관리론과 인간관계론**

|  | 과학적 관리론 | 인간관계론 |
|---|---|---|
| 체 제 | 폐쇄체제 | |
| 정치와 행정관계 | 정치행정이원론 | |
| 행정가치 | 생산성, 능률성 제고 | |
| 동기부여 | 외재성, 인간의 피동성 | |
| 연 구 | 시간과 동작 연구 (Taylor) | 호손실험 (Mayo) |
| 인간관 | 합리적, 경제적 인간관 (X이론) | 사회적 인간관 (Y이론) |
| 능률성 | 기계적 능률성 | 사회적 능률성 |
| 공식성 | 공식조직 중시 | 비공식조직 강조 |
| 직무와 인간 | 직무 중심 | 인간 중심 |
| 보 상 | 경제적 보상 중시 | 사회적 욕구 충족과 같은 비경제적 보상 강조 |
| 조직이론 | 고전적 조직이론 | 신고전적 조직이론 |

## ❷ 행태주의적 접근방법

## 1) 의 의

행태주의 (behavioralism) 는 기존의 거시적인 제도나 구조가 아닌 개인의 표출된 행태를 객관적·실증적으로 분석하여, 사회현상 속에서 일정한 규칙성을 찾고자 하는 이론이다. 행태주의는 실질적인 처방보다는 과학적 설명을 강조하였다. 행태주의는 사회과학도 엄격한 자연과학의 방법을 따라야 한다는 방법론적 일원론 (方法論的 一元論) 의 입장이다. 비엔나학 파에서 시도한 사회현상 연구에의 과학적 방법론 적용에 그 뿌리를 두고 있다.

---

59 Hawthorne실험은 미국 일리노이주에 있었던 Western Electric사의 Hawthorne Works라는 전구 제조공장에서 수행된 일련의 실험이다. 이 실험의 원래 목적은 조명의 밝기와 작업 생산성의 연관성을 알아내기 위한 것이었다. Mayo연구팀이 실험을 다시 수행한 결과, 생산성 향상요인은 물리적 작업환경과 임금과 같은 노동조건뿐만 아니라 종업원의 태도나 감정에 의한 인간관계, 즉 비공식 조직의 중요성을 확인했다.

행태주의는 사회과학이 행태에 공통된 관심을 갖고 있기 때문에 통합된다고 보며, 행정의 실체는 제도나 법률이 아니라고 주장하며 행정인의 행태에 초점을 맞춘다. 집단의 고유한 특성을 인정하지 않는 방법론적 개체주의(個體主義)의 입장을 취한다. 행정행태론은 1940년대에 등장했으며 조직 내 인간적·사회적 측면을 강조하고 사회 내의 개인이나 집단의 의식이나 심리를 연구하는 사회심리학적 접근법을 사용한 Chester Irving Barnard에서 시작된 것이나, 이를 행정현상에 적용시켜 행태론을 체계화시킨 사람은 Herbert A. Simon이다. Simon (1978)은 행정현상을 의사결정과정으로 파악하였고 인접학문과의 협동연구를 중요시한다.

행정행태론은 행태과학을 활용한 동기부여이론, 인간의 잠재력을 최대한 개발하여 조직 전체의 개혁을 도모하려는 조직발전론(OD) 등에 영향을 주었다.

## 2) 내용과 특징

행태주의 (behavioralism)에서는 가치와 사실의 통합이 아니라 분리(分離)를 강조하면서 가치중립성을 지향하며, 사회현상을 관찰 가능한 객관적 대상으로 보며 인간의 주관이나 의식을 배제하고 인식론적 근거로서 논리실증주의 (logical positivism)[60]를 신봉한다.

연구에서 사실과 가치를 구분하여 가치문제를 연구대상에서 제외했는데, 현상에서 가치문제가 많이 개입되어 있을수록 이론의 적합성이 떨어지기 때문에 의도적으로 이러한 문제를 연구대상이나 범위에서 제외시킬 수 있다.

행태론 (behavioralism)은 인간 행태에 규칙성이 있기 때문에 일반화가 가능하다고 주장한다. 행태의 규칙성, 상관성 및 인과성을 경험적으로 입증하고 설명할 수 있다고 본다. 법칙 발견을 위해서는 인과관계에 대한 가설을 설정하고 이를 검증하여야 하는데, 설정되는 가설은 이미 확립된 기존의 이론으로부터 연역적 (deductive)으로 도출되어야 한다. 가설 검증을 위해 현상들을 경험적으로 관찰하여야 하고 관찰할 수 없는 현상은 연구대상에서 제외한다. 복잡한 사회현상으로부터 분명하고 정확한 지식을 얻기 위해 때로는 모호한 질적 정보를 양적 정보로 전환할 필요가 있다는 입장이다. 행태주의는 인간 행태를 명백한 자극과 반응으로서의 행동만을 의미하는 심리학적 행동주의와 달리, 특정 질문에 따른 반응을 통해 파악되는 개성, 태도, 의견, 인격 등을 포괄하는 개념으로 이해하였다. 행태주의는 사실과 가치를 분리했지만, 행태주의가 행정현상 중 가치판단적 요소의 존재 자체를 부인한 것은 아니다. 이렇게 행태주의가 행정의 정책결정기능 성격을 부정하지 않았다는 점에서 '새 정치행정이원론'이라고 칭한다.

## 3) 행태주의에 대한 평가

Herbert A. Simon은 원리접근법에서 제시한 행정원리들이 보편성과 과학성이 결여되었다고 비판하면서, 행정학 연구는 논리실증주의와 같은 과학적 연구 방법을 통해 연구될 필요가 있다고 주장하였다.

사이먼 (Simon)은 "원리주의의 원리들은 과학적인 실험을 거치지 않은 격언 (proverb)에 불과하다."라고 혹평했다. Simon은 Luther Gulick과 Lyndall F. Urwick의 행정관리론에서 개발된 전문화의 원리, 명령통일의 원리, 부성화의 원리 등은 상호 간에 모순성이 존재한다고 지적하면서, 이러한 원리들은 과학적인 실험을 거치지 않은 격언에 불과하다고 논박하였다.

---

60 논리실증주의 (論理實證主義)란 빈 (Wien) 학파 (學派)의 실증주의 철학으로, 논리적인 사고로 해결이 가능한 문제만이 의미가 있고 검증되지 않는 진술이나 명제는 의미없는 (sinnlos) 명제로 판정한다.

Simon은 인간행태에 연구의 초점을 두었고 행정이론의 과학화에 기여하였다. 행태주의는 논리실증주의를 강조한 Simon 이후 행정학 분야에서 크게 발전하였다.

그러나 행태주의는 변화와 개혁을 지향하지 않는다. 따라서 인간이 환경의 변화를 유도하는 상황을 설명하기에는 적합하지 않다. 행태주의는 사회문제 해결의 적실성·실천성이 결여되었다는 한계가 있다.

## 제3절  체제이론, 생태론 및 비교행정론

### ❶ 체제론적 접근방법

#### 1) 의 의

체제론 (systems approach) 은 계서적 (階序的) 관점을 중시하며 하위의 단순체제는 복잡한 상위의 체제에 속한다고 이해한다. 체제의 경계 밖 환경의 영향을 인정하고 대응해가는 체제를 개방체제라고 한다.

체제론은 자율적으로 목표를 설정하고 그 방향으로 체제를 적극적으로 변화시켜 나가려는 측면보다 환경변화에 잘 적응하려는 측면을 강조한다. 체제론에 따르면 체제의 변화나 성장은 기존의 균형 상태에서 일어나지 않고, 구성요소 중 어느 하나에 변화가 생기거나 새로운 이질적 요소가 투입될 때 발생한다고 본다. 체제론적 접근방법[61]은 환류를 통한 체제의 지속적인 균형을 중시한다.

#### 2) 체제론의 특징

개방체제의 일반적 특징으로는 안정된 상태유지의 속성인 항상성 (homeostasis), 에너지 상실을 낮추고 안정화를 추구하는 부 (-) 의 엔트로피 (entropy),[62] 전체로서의 연결성, 구조 기능의 다양성, 목표달성방법을 위한 유일한 방법 (the best one way) 은 없다는 다양성·등종국성 (equifinality), 체제의 진화 등이 있다.

첫째, 체제론적 접근방법은 체제를 동태적 발전이 아닌 동태적 항상성 또는 동적 균형유지의 특성을 갖는 것으로 본다. 개방체제는 목표 자체를 변화시키는 것이 아니라 환경에 적응하여 현상유지하기 위한 체제의 진화를 추구하는 것이다.

둘째, 체제론은 전체 (wholeness) 적인 국면을 다루며 사회현상을 전체의 한 부분으로 보는 거시적 (巨視的) 또는 총체주의적 (總體主意的) 접근방법을 취한다.

셋째, 체제론은 상·하위체제 및 단순·복잡체제와 같은 계서적 관점 (hierarchical perspective) 을 갖는다.

넷째, 체제론은 목적론적 관점을 갖는데, 목적론 (teleology) 이란 어떠한 체제이든 목적을 가지고 있고 목적을 달성하기 위해 기본적인 기능을 수행한다는 것이다.

---

[61] 베르탈란피 (Ludwig von Bertalanffy) 의 일반체제이론은 행정학 외에도 다양한 분야에 적용되어 왔다. 체제의 상태를 평형상태와 비평형상태로 구분하되 행정학에 주로 적용된 것은 평형체제이론이다.

[62] Entropy는 열역학에서 일로 전환될 수 없는 유용하지 않는 에너지로, 무질서를 의미하기도 한다. 체제는 안정성 또는 질서를 추구하므로 부 (-) 의 엔트로피의 특성을 지니는 것으로 본다.

## 3) 대표적인 이론

행정현상에 체제론적 접근방법을 도입한 대표적 학자는 David Easton과 Ira Sharkansky 등이다.

David Easton (1965) 은 요구 (demand), 지지 (support), 산출 (output), 환류 (feedback) 라는 개념을 사용해 정치체제를 설명했다.

정치체제는 환경으로부터 투입 (input) 인 요구와 지지를 받아 전환과정을 거쳐 정치체제의 산물인 정책을 산출한다. 산출된 정책은 환류 (feedback) 되어 다시 정치체제에 투입되는 순환적 과정을 거친다. 체제의 능력상의 한계로 모든 사회문제가 정치체제로 투입되지는 않는다. 문지기 (gatekeeper) 가 통과시켜주는 문제만 정치체제로 투입된다.

**✛ 그림 1-7 Easton의 정치체제모형**

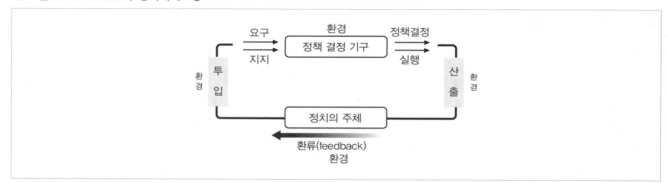

출처: Easton(1965: 32), 이극찬(2001: 140) 재인용.

샤칸스키 (Ira Sharkansky) 의 행정체제론에서는 환경, 투입, 전환, 산출, 환류를 구성요소로 한다. 환경 (environment) 은 체제에 대한 요구 (demand) 나 지지 (support) 를 발생시키는 체제 밖의 모든 영역이고 투입 (input) 은 국민의 지지나 반대 등의 요구, 전환 (transformation process) 은 목표를 설정하고 필요한 정책을 결정하는 과정, 산출 (output) 은 전환과정을 거쳐 다시 환경에 응답하는 결과물, 환류 (feedback) 는 산출결과를 반영하여 다시 정치체제에 대한 새로운 투입이 발생하는 과정이다.

## 4) 체제이론에 대한 평가

체제이론에서는 서구의 행정제도가 후진국에서 잘 작동되지 않는 이유를 사회문화적 환경의 차이라고 설명하면서, 분석수준을 행위자 개인으로 한정하지 않고 집행적 행위나 제도에 맞추고 있다.

그러나 체제론은 거시적인 접근방법을 취함으로써 구체적인 운영의 측면을 다루지 못한다. 행정현상에서 중요한 권력, 의사전달, 정책결정 등의 문제나 행정의 가치문제를 중요한 변수로 고려하지 못하였다.

정태적 (靜態的) 및 현상유지적인 속성 (status quo bias) 을 지니기 때문에 목적성을 띤 정치·사회의 변화를 이끄는 행정의 환경에 대한 독립변수적 성격에 대한 설명력이 미약하다. 체제론은 행정현상의 급진적인 변화를 설명하는 데 한계가 있다. 행정과 환경의 교호작용을 강조하지만 개발도상국과 같이 변화하는 행정현상을 연구하는 데 한계를 지닌다.

생각 넓히기 _ 상황적응적 접근방법

상황적응적 접근방법 (contingency theory) 은 모든 상황에 적합한 유일 최선의 체제설계와 관리방법은 없다는 명제에 입
각한 것이다. 행정조직 또는 그 하위체제를 구성하고 운영하는 방법의 효율성은 그것이 처한 상황에 의존한다는 것이다.
상황적응적 접근방법은 일반체제이론의 거시적 관점을 실용화하려는 중범위이론 (middle – range theory) 이다. 체제론적
관점을 실용화하여 고찰변수를 한정하고, 상황적 조건들을 유형화하여 제한된 범위 내의 일반성과 규칙성을 발견하여 그
에 적합한 문제해결책을 처방하려고 한다.

## ❷ 생태론적 접근방법

### 1) 의 의

생태론적 접근방식 (ecological approach) 은 기본적으로 유기체와 환경과의 상호관계를 기초로 행정학을 연구하고자 한
다. 생태론은 행정을 일종의 유기체로서 정치, 경제, 사회 환경과 상호의존적 존재로 본다. 생태론적 접근의 분석수준은
행위자 개인보다는 유기체로서의 집합적 행위나 제도에 초점을 맞추며, 거시적 차원에서 행정현상을 분석하고자 한다.
생태론적 접근방법은 정치학 및 문화인류학 등에서 발전된 것으로, 이를 행정학에 도입한 학자는 John Merriman Gaus
(1947) 이다. 생태론은 John M. Gaus와 Fred W. Riggs 등이 발전시킨 이론이다.
행정의 보편적 이론보다는 중범위이론 (middle range theory) 의 구축에 자극을 주고 행정학의 과학화에 기여하였다.

### 2) 특 징

행정생태론은 환경적 요인을 따로 고려한다는 점에서 폐쇄체제를 전제로 하는 과학적 관리론과 차이점을 갖는다. 행정
현상을 하나의 유기체로 보아, 행정을 둘러싸고 있는 다른 환경적 제 요소와의 관련성 속에서 행정상태를 연구하려는
개방체제 (開放體制) 적 접근법이다.
생태론자들은 후진국 또는 발전도상국의 행정현상을 설명하는 데 크게 기여했으며 서구의 행정제도가 후진국 또는 발전
도상국에 잘 적용되지 못하는 이유를 사회·문화적 환경의 이질성에 있다고 주장한다.
생태론적 접근방법을 행정학에 처음 도입한 것은 John M. Gaus (1947) 다. 가우스는 행정에 영향을 미치는 환경적 요인
으로 국민·주민 (people), 장소·지역 (place), 재난·위기 (catastrophe), 과학·물리적 기술 (physical technology), 사회적 기
술 (social technology), 욕구·사조 (wishes & ideas), 인물·개성 (personality) 의 일곱 가지를 제시했다.
한편 Fred W. Riggs (1964) 는 행정의 환경변수로 대화·의사전달 (communication), 경제적 기초 (economic foundation),
사회구조 (social structure), 이념적 틀 (ideological framework), 정치체제 (political system) 등 다섯 가지를 들었다.

### 3) 생태론적 접근방법에 대한 평가

생태론적 접근방법은 서구 행정제도가 후진국에서 잘 작동하지 않는 이유를 사회문화적 환경이 다르기 때문이라고 본
다. 후진국의 행정현상을 설명하는 데 크게 기여했으며 행정의 보편적 이론보다는 중범위이론의 구축에 자극을 주어 행
정학의 과학화에 기여했다.

그러나 생태론적 접근은 행정을 환경적 요소에 의해 영향을 받는 것만으로 보고 있어, 행정환경에 대한 행정의 주체적이고 적극적 역할을 경시했다는 비판을 받는다.

### ❸ 비교행정론

#### 1) 의 의

비교행정연구는 각국의 행정의 실제를 비교·분석하는 실증적인 연구이다. 신생국의 정치발전에 관한 연구인 비교정치론은 비교행정론의 발전에 기여했다. 제2차 세계대전 이후 신생국에 대한 원조의 실패에 대한 반성과 함께 경제 및 기술원조 계획에 학자들이 참여하게 되면서 비교행정에 대한 관심이 고조되었다.

미국행정학회 내에 비교행정연구회 (CAG: Comparative Administration Group) 의 활동이 있었다. 비교행정론의 대표적 학자 Fred W. Riggs의 프리즘적 (prismatic) 모형은 농경국가도 산업국가도 아닌 제3의 국가형태인 개발도상국을 연구하는 데 적합하다.

#### 2) 특 징

비교행정론은 일반법칙적 연구의 추구 또는 행정학의 과학화를 위한 노력과 관련되므로 사회문제의 해결을 제시하는 행정의 기술성 (art) 내지는 처방성보다는 행정현상을 설명하는 과학성 (science) 을 강조한다.

각 국가가 처한 사회문화적 환경을 중심으로 하는 구조기능주의적 접근이나 문화횡단적 접근을 통해서 여러 나라에 공통적으로 적용될 수 있는 일반법칙적이고 과학적인 행정이론 개발을 위해 각국의 행정현상을 체계적으로 이해하고자 했다. Fred W. Riggs (1964) 는 농업사회와 산업사회라는 비교행정 연구모형을 통해 발전도상국의 '프리즘적 사랑방모형 (prismatic sala model)'**63**을 제안했다.

첫째, 농업사회 (agraria) 는 융합된 사회 (fused society) 이다. 관료제는 빈청 (賓廳), 빈소 (賓所) 모형 또는 안방모형 (chamber model), 공중을 자유사상가 (literatus) 라고 한다.

둘째, 프리즘적 (prismatic) 사회는 전이사회 (transia) 이다. 전통과 현대가 공존하는 고도의 이질혼합성 (heterogeneity), 연고주의 (nepotism) 분파들이 있는 다분파주의 (poly - communalism), 법제와 실제가 다른 양초점성 (bi - focalism), 전통적 규범과 현대적 규범이 공존하는 다규범성 (ambivalence), 가격의 불확정성, 기능의 중복성, 형식주의, 공중을 인텔리겐치아 (inteligentsia) 로 인식하는 것 등이 특징이다.

셋째, 산업사회 (industria) 는 고도로 분화된 사회 (refracted society) 이다. 관료제를 사무소·관청모형 (office model), 공중을 지성인 (intellectual) 으로 본다.

---

63 Riggs는 신생국을 '프리즘적 (prismatic) 사회'로 칭하고, 신생국의 행정체제를 미분화된 농업사회의 chamber와 발전된 산업사회의 office의 중간형태로 보았으며, 스페인어로 사랑방을 뜻하는 'Sala모형'이라고 했다.

**✚ 표 1-16 Riggs의 사회 유형**

| 구 분 | 융합된 사회<br>(fused society) | 프리즘적 사회<br>(prismatic society) | 분화된 사회<br>(refracted society) |
|---|---|---|---|
| 사회의 구조 | 농업사회 (agraria) | 전이사회 (transia) | 산업사회 (industria) |
| 관료제 모형 | 안방·빈청 (賓廳)모형<br>(chamber model) | 사랑방모형<br>(sala model) | 사무소·관청 (官廳)모형<br>(office model) |
| 공 중 | 자유사상가 (literatus) | 인텔리겐치아 (inteligentsia) | 지성인 (intellectual) |

## 3) 평 가

공공행정의 과학화를 위한 노력을 하였다. 다양한 문화와 국가에 적용이 가능한 행정이론을 도출하고자 했고 신생국 원조사업에 학자들이 참여하기도 했다. 문화후진국의 행정행태를 사회문화적 맥락에서 파악했으나, 환경을 강조하다보니 행정의 독자성을 간과하여 행정을 환경에 대한 종속변수로 취급하였다.

비교행정은 환경과 행정의 교류적 관계를 경시한 정태적 (靜態的) 접근이다. 행정을 지나치게 과소평가함으로써 행정의 독자성을 무시하고 행정의 종속성을 강조하고 있다. 행정학의 처방적 (處方的) 역할에 대한 요구를 간과했다.

비교행정이론은 독자적인 연구대상을 획정하기가 어렵다. 여러 국가의 행정체제를 비교할 때 정치체제와 명확하게 구분하는 것이 어려워 비교정치론의 연구대상과 중복되고, 행정학 내부에서도 비교공무원제도론, 비교조직론 등은 인사행정론, 조직론의 분야와 중복된다.

## 제4절 신행정론 및 발전행정론

## ❶ 신행정론

## 1) 의 의

신행정론 (New Public Administration)은 논리실증주의와 행태주의를 비판하면서 행정학의 실천성과 적실성, 가치문제를 강조하였다. 정치체계론자 David Easton에 의하여 행정학에 도입되었으며, 비판행정학이나 담론이론 등 후기 산업사회 행정이론의 계기가 되었다고 할 수 있다. 1960년대 미국사회의 사회혼란을 해결하지 못하는 학문적 무력함에 대한 반성으로 나타났다. 신행정학이라는 움직임의 대두는 당시 미국사회와 학계의 형편을 반영한 것으로, 인종갈등의 심화, 월남전을 둘러싼 정치적 사회적 뒤틀림 등으로 표출된 미국사회의 소용돌이가 조성한 일종의 위기감에서 비롯되었다.

1960년대 말 David Easton이 주장한 후기행태주의 (Post - Behavioralism)에 의하면 1960년대 전반까지 미국 행정학계를 지배해온 행태주의 (Behavioralism) 사조는 지나치게 논리실증주의 연구방법만을 강조하여, 당면한 사회문제 해결에 한계를 드러냈다.

Dwight Waldo가 주도한 1968년 Minnowbrook Conference[64]는 신행정학의 탄생에 영향을 주었다. 대부분의 논자들은 1968년에 개최된 Minnowbrook회의를 신행정학의 출발점으로 보고 있다. H. G. Frederickson, D. Waldo, F. Marini 등이 주도하였다.

왈도 (D. Waldo)는 신행정학은 다양한 관점을 보이지만 대체로 규범이론, 철학, 사회적 타당성, 행동주의 (activism)로 특징지을 수 있다고 하였다. 가치로부터 구분된 순수한 사실이란 존재하지 않는다고 주장하므로 사이먼 (A. Simon)의 행태주의에 반대하는 입장이다. 행정에는 권위가 필요하지만 민주주의를 증진해야 한다는 전제를 배제할 수 없다고 보았다. 행정관리론에서 개발된 행정원리를 비판하면서 행정의 처방적 기능을 강조하였다. 왈도 (D. Waldo)는 정통행정학에 근본적인 결함이 있음을 논증하면서 행정학에는 참다운 원리가 없다고 비판했다.

사기업부문에서 개발된 원리를 공공부문의 상황에 적용하는 데서 문제가 발생한다고 보면서, 행정관리론에서 개발된 행정원리를 비판하고 있다. 전통적 접근방법을 비판했다고 하는 점에서 신행정학을 '비판행정학'이라고 부르는 사람들도 있다. 이러한 신행정학의 흐름은 1980년대 전후에 등장한 비판행정학이나 행위이론 (action theory)에 영향을 미쳤다.

## 2) 특 징

신행정학은 정책지향적 행정론으로 정치행정일원론에 속하며, '행정은 정책을 가치중립적으로 집행한다'라는 주장이 근본적으로 잘못되었다고 비판하였다. 행정학의 실천적 성격과 적실성을 회복하기 위한 정책지향적인 행정학이며 가치에 대한 새로운 인식을 기초로 규범적이며 처방적인 연구를 강조하였다. 가치중립적인 과학적·실증적 연구보다는 가치평가적인 정책연구를 지향하는 입장으로, 정책과학 (1970년대)의 발전에 견인차 역할을 하였다.

행정학 연구에 있어 적실성 (適實性) 또는 현실 적합성 (適合性)의 추구, 분권화와 참여의 강조, 행동 혹은 변화 (action), 가치, 사회적 형평성 추구, 행정의 고객지향성 강조 등에 기초한 행정학의 독자적 주체성을 강조했다. 주지주의 (主知主義)가 아닌 주의주의 (主意主義),[65] 객관주의가 아닌 주관주의를 표방한다.

고객인 국민의 요구를 중시하는 행정을 강조하고 시민참여의 확대를 주장했다. 계층제 조직의 능률성이 아니라 탈계층제 혹은 탈관료제 조직을 통한 고객 중심의 행정, 행정의 대응성 향상을 강조한다.

## 3) 평 가

후기행태주의는 과학적 연구도 중요하지만 가치의 문제도 함께 연구해야 한다고 주장하였다. 엄격한 실증주의에 대한 비판 위에서 인간주의 심리학, 현상학 등에 바탕을 두고 현실문제를 해결하려 했다.

사회적 문제의 개선에 기여할 수 있는 연구와 가치평가적 정책연구를 지향한다. 신행정학은 가치에 대한 새로운 인식을 기초로 규범적이며 처방적인 연구를 강조하였다.

---

**64** 미노브룩 회의 (Minnowbrook Conference)는 미국 시라큐스 (Syracuse) 대학의 왈도 (C. D. Waldo) 교수의 주창에 따라 발족된 것이다. 미국의 격동하는 사회상황에 대응하여 행정학의 적절한 처방과 적응성을 논의한 것으로, 신행정학 탄생의 계기가 되었다.

**65** 주의주의 (voluntarism)는 지성을 의지보다 상위에 두는 주지주의 (intellectualism)와 달리 의지가 지성보다 우위라고 보는 입장으로, 라틴어의 '의지 (voluntas)'에서 유래한 것이다.

## ❷ 발전행정론

### 1) 의 의

발전행정론 (study of development administration) 은 정치행정일원론의 입장으로, 정책의 효과성 또는 목표달성도를 강조한다. 효과성은 1950년대 발전행정론[66]의 등장과 함께 Milton J. Esman과 E. W. Weidner가 강조한 개념이다.

신행정학이 미국의 사회문제 해결을 촉구한 반면, 발전행정은 제3세계의 근대화 지원에 주력하였다.

### 2) 특 징

발전행정론은 비교행정론의 한 영역 또는 분파로 출발한 이론으로, 개발도상국의 국가발전을 뒷받침하기 위하여 연구된 이론이다. 행정연구의 구조기능주의[67]에 반발하여 실용주의를 적용한 것이다. 즉 가치지향적인 입장을 취하면서 행정의 독립변수적 측면을 강조한다.

독립변수로서의 발전인을 중시하는 것으로 엘리트주의 혹은 선량 (選良) 주의 (elitist orientation) 이면서 국가·정부 주도 (statist orientation) 성장전략을 추구한다. 국가발전을 위한 행정의 목표달성기능과 이를 위한 기관형성 (institution building)[68]의 중요성을 강조하며, 개발도상국의 경우 정부 주도의 성장 (growth orientation) 을 후진성 탈피의 핵심적 방안으로 간주한다.

### 3) 이론의 한계

이론적 과학성이 낮고, 일방적인 산출을 강조한 나머지 투입기능을 경시했다. 발전개념이 서구화 (西歐化) 와 동일시할 우려가 있고 불균형적 접근법으로 행정권력의 비대화 (肥大化) 를 정당화시켰다는 비판이 따른다. 그리고 처방성과 문제해결성을 강조함에 따라 행정의 비과학화 (非科學化) 를 초래하였다.

**생각 넓히기 _ 터널 효과 (tunnel effect)**

정부 주도의 불균형성장전략은 허쉬만 (A. O. Hirschman) 의 터널 효과 (tunnel effect) 를 유발시킬 수 있다. 터널 속의 한 차선만 차량소통이 원활할 경우 초기에는 차량 밖의 경찰에 대해서 신뢰를 갖고 자기 차선을 유지하지만, 인내의 한계를 벗어나기 시작하면 차선변경이 심해진다는 것이다. 발전 초기에는 소득불균형에 대한 용인 (容忍) 정도가 크지만 경제발전에 따라 소득불평등에 대한 허용 정도가 낮아진다는 것이다.

---

66 발전행정이란 용어가 국제적으로 처음 사용된 것은 1956년 George Gant에서 비롯되었다.

67 구조기능주의 (structural-functionalism) 란 미국의 사회학자 파슨스 (Talcott parsons) 가 사회 시스템의 구조분석 (지위와 역할의 배치시스템) 과 기능분석 (개인이나 집단의 활동이 사회에 미치는 영향) 을 통합하고자 제창한 용어이다. 사회유지기능에 치우쳐 사회변동에 대한 설명력이 약하다는 비판을 받았다.

68 기관형성 (機關形成) 은 1960년대부터 미국의 피츠버그 (Pittsburgh) 대학을 중심으로 에스만 (Milton J. Esman) 등의 학자들에 의하여 국가발전 전략의 하나로 제기된 이론이다. 주위 환경으로부터 지지와 협조를 받으며 국가발전을 주도하고 이끌 공식 조직을 새로 만들거나, 그러한 공식조직으로 개편하는 것이다.

**❶ 신제도주의**

**1) 의 의**

신제도주의(new institutionalism)에서는 제도를 이해할 때 공식적인 규범에 한정하지 않고 비공식적인 제도와 규범도 포함한다는 특징이 있다. 즉 제도의 개념을 넓은 의미로 이해한다.

신제도주의에서는 제도를 중심 개념으로 정책현상 등 다른 변수들과의 관계 분석도 추구한다. 신제도주의는 공식적인 제도뿐만 아니라 비공식적 제도나 규범에 관심을 가지며, 외생변수로 다루어졌던 정책 혹은 행정환경을 내생변수로 분석대상에 포함시켰다.

법적·제도적 접근방법은 연구가 지나치게 기술적 수준에 머물고 정태적(靜態的)이라는 비판에 부딪혔다. 법률적·제도론적 접근방법은 공식적 제도나 법률에 기반을 두고 있기 때문에 제도 이면에 존재하는 행정의 동태적(動態的) 측면을 체계적으로 파악할 수 없었다.

신제도주의(new institutionalism)는 국가별 다양한 행정이나 정책의 특성을 제도적 차이로 설명한다. 신제도주의는 행태주의에서 규명하고자 했던 개인의 선호체계와 행위결과 간의 직선적 인과관계에 의문을 제기한다. 신제도주의는 기존의 행태주의가 시대별 정책적 차이나 다양성을 설명하지 못하는 한계를 가지고 있다는 점에 주목한다.

신제도주의는 접근방법의 범위가 넓고 경계는 느슨한 경향이 있으며, 그 안에는 개별적 특성이 서로 다른 이론들이 들어 있다. 제도를 연구의 중심 개념으로 사용하고, 인간은 어떠한 제도적 제약을 받지 않고 행동한다는 합리적 행동모형에 회의적이라는 점에서 구제도주의와 공통점이 있다.

신제도주의에서는 제도 자체는 균형을 이루고 있는 상태로 간주하긴 하지만 행위주체의 의도적이고 전략적인 행동이 제도에 영향을 미칠 수 있다는 점을 긍정하고, 제도의 안정성 차원보다는 제도설계와 변화에 더 관심을 보이고 있다.

제도를 통합된 단일체가 아니라 서로 긴장과 갈등 관계의 다수 요소들이 상호작용하는 결합체로 보고 이러한 제도의 내생적 요인과 행위자의 전략적 선택이 제도변화에 중요한 요인임을 인정한다. 제도의 정태성보다는 제도설계와 변화의 동태성으로 관심이 이동되고 있다.

**✚ 표 1-17 구제도론과 신제도론**

| | 구제도론 | 신제도론 |
|---|---|---|
| 분석 대상 | 공식적인 법령과 정부조직 등을 대상으로 함 | 공식적 법령이나 정부조직 등 외에 비공식적인 문화, 상징, 무형적 요소도 포함 |
| 분석 초점 | 공식적 제도나 법률에 기반하는 법률적·제도론적 접근방법 | 제도의 안정성 차원보다 제도설계와 변화에 더 관심을 가짐 |
| 분석 내용 | 제도의 정태성 분석, 거시적 분석 | 제도설계와 변화의 동태성 분석, 거시적과 미시적 분석 모두 포함 |
| 제도와 개인의 관계 | 제도가 독립변수 | 제도가 독립변수이자 종속변수도 됨 |
| 공통점 | 제도를 연구의 중심 개념으로 사용하고, 인간은 어떠한 제도적 제약을 받지 않고 행동한다는 합리적 행동모형에 회의적이라는 점 | |

또한 최근에는 기존의 경로의존성, 사회의 규범, 개인 선호에 대한 관심 외에 아이디어들이 다수의 공감을 얻는 설득·소통의 담론과정 (discursive process) 에 관심을 두기도 한다. 그러나 신제도론은 제도와 행위 사이의 정확한 인과관계를 설명하는 데 한계가 있다는 비판을 받는다.

신제도주의는 이론적 배경을 달리하는 합리적 선택 제도주의, 역사적 제도주의, 사회학적 제도주의 등으로 구별된다 (Peter A. Hall & Rosemary C. R. Taylor, 1996).

## 2) 합리적 선택 제도주의

합리적 선택 제도주의 (rational choice institutionalism) 는 방법론적 개체주의 (individualism) 입장에서 제도 그 자체를 전체로서 이해하지 않고, 제도를 개인으로 환원시켜 이해한다.

첫째, 합리적 선택 제도주의는 개인의 선호는 안정적이며 선험적 (先驗的) [69]으로 주어진 것으로 가정한다. 인간을 합리적인 행위자로 전제하나 선호는 선험적으로 주어진 외생적 (外生的) 인 것으로 가정하므로, 선호 형성 자체에 대해서 제도는 아무런 역할을 하지 못한다.

둘째, 합리적 선택 제도주의는 사회적 딜레마를 해결하기 위해 사람들이 스스로 만드는 게임의 규칙을 제도로 본다. 제도를 개인들 간의 전략적 상호작용의 결과로 형성된 균형으로 인식한다. 합리적 선택 제도주의는 제도를 개인들 간의 선택적 균형에 기반한 산출물로 인식하고, 개인의 합리적 선택과 전략적 의도가 제도변화를 발생시킨다고 본다.

셋째, 합리적 선택 제도주의는 기능주의 (機能主義) [70]적 관점에서 사회가 직면하는 제반 문제점을 해결하기 위한 장치로서 제도를 인식하며, 공식적 제도의 의도적 설계를 중시한다.

넷째, 합리적 선택 신제도주의 계열에는 거래비용경제학, 공공선택이론, 공유재이론 등이 있다.

## 3) 역사적 제도주의

역사적 제도주의 (historical institutionalism) 는 각국에서 채택된 정책의 상이성과 효과를 역사적으로 형성된 제도에서 찾으려는 제도주의 접근의 한 방식이다. 연구조사방법은 사례연구와 비교연구이다.

첫째, 역사적 제도주의는 방법론적 전체주의 (holism) 입장을 취하며, 주로 중범위 수준에서 분석을 수행한다. 분석 수준에 있어서 마르크스이론의 계급이나 근대화이론의 사회·경제적 발전과 같은 거시 수준의 변수가 아니라 국가와 사회의 관계를 구조화하는 제도적 배열이라는 중위 수준의 변수를 사용한다. 중범위적 제도 변수가 개별 행위자의 행동과 정치적 결과를 어떻게 연계시키는지에 대해 초점을 맞춘다.

둘째, 역사적 제도주의는 개인의 선호는 내생적으로, 즉 정치체제가 개인의 선호를 형성하고 제약한다고 본다. 역사적 조망과 거시 구조적 분석을 결합하여 정책에 대한 맥락적 (脈絡的) 접근을 강조한다.

셋째, 역사적 제도주의는 장기간의 역사적 과정과 경로의존성 (徑路依存性) [71]을 중시한다. 기존 경로를 유지하려는 제도의 속성을 강조하고, 제도는 일단 형성되면 방향성과 안정성을 유지하면서 일정한 경로를 지속한다고 보는 것이다. 경로의

---

**69** 선험적 (transcendental) 이란 칸트 (I. Kant) 철학의 개념으로, '대상 또는 경험에 의한 인식이 아니라 선천적으로 가능한 대상 인식의 방법에 관한 것'이다.

**70** 기능주의 (functionalism) 는 각 과정, 제도, 관행은 사회적 요구를 충족시키고, 그리하여 사회의 구조나 평형상태를 유지하도록 돕는 것으로 간주된다.

**71** 경로의존성 (path dependence) 은 과거의 하나의 선택이 타성 (惰性, inertia) 때문에 쉽게 변화되지 않는 현상을 의미한다. 경로의존성 연구는 행위자, 제도 및 조직 간의 질서를 중시하는 역사적 제도주의에서 비롯되었다.

존적인 사회적 인과관계를 강조하지만 특정 제도가 역사적 전환점 (historical junctures) [72] 또는 중대한 전환점 (critical junctures) 에 의해 중단될 수 있는 가능성을 긍정한다. 중대한 전환점에서 형성된 제도는 다시 경로의존성을 지니게 되는 시기로 구분할 수 있는데, 이를 단절된 균형 (punctuated equilibrium) 이라고 한다.

넷째, 역사적 제도주의는 제도를 설명할 때 권력의 불균형 또는 권력의 비대칭성에 초점을 맞춘다. 합리적 선택이론이나 다원주의가 사회는 자유로운 또는 평등한 의사결정주체 간의 계약과 거래로 구성되어진다고 보는 것과는 달리, 역사적 제도주의는 역사적으로 형성된 제도는 사회집단 사이에 권력을 불평등하게 배분하는 작용을 한다고 보는 것이다. 이러한 권력의 불평등배분의 결과, 제도에 의해 권력을 많이 누리고 있는 일부 집단에게만 정책결정과정에의 특권적 접근 (privileged access) 을 허용한다는 것이다.

다섯째, 역사적 제도주의는 정치 또는 국가를 다른 사회부문과 차별화시키면서 정치적 영역의 상대적 자율성 (relative autonomy) 을 강조한다. 국가를 단지 중립적인 중재자나 지배계급을 위한 도구에 불과한 것이 아니라, 국가 자체의 이해 (利害) 와 정책선호 (policy preferences) 를 가지고 사회적 저항에 부딪치더라도 자신의 선호를 실현시킬 능력을 지닌 자율적·독립적 행위자라고 본다.

## 4) 사회학적 제도주의

사회학적 제도주의 (sociological institutionalism) 에서 제도는 사회적 정당성을 획득한 문화, 상징, 도덕적 기초의 산물 등을 포함한다. 사회학적 제도주의는 인류의 보편적 제도란 존재하지 않으며 사회문화나 상황에 따라 다양한 제도가 존재할 수 있다고 가정한다. [73]

첫째, 사회학적 제도주의와 역사적 제도주의는 합리적 선택 제도주의와 달리, 개인의 선호체계를 주어진 것으로 가정하지 않는 내생적 선호를 전제한다. 사회학적 제도주의에서의 접근법은 방법론적 전체주의 (holism) 와 귀납적 접근법이 사용된다.

둘째, 사회학적 제도주의는 경제적 효율성이 아니라 사회적 정당성 (legitimacy) 때문에 새로운 제도적 관행이 채택된다고 주장한다. 조직의 배태성 (embeddedness) [74]은 조직구성원이 제도를 넘어선 효용극대화의 합리성에 따라 행동하기보다, 주어진 제도 안에서 적합한 방식을 찾아 행동할 가능성이 높음을 강조한다.

셋째, 사회학적 제도주의는 제도의 규범적 측면보다 외적 환경요소나 대상을 수용하여 인간의 내적인 요소와 상호작용을 통해 발달해 가는 정신능력인 인지적 (認知的) 측면을 중시하며, 경제적 효율성과 같은 결과성의 논리보다 담화의 참여자들이 함축된 의미를 이해하고 소통할 수 있는 적절성 (適切性) 의 논리를 강조한다.

넷째, 사회학적 제도주의는 문화가 제도의 형성에 미치는 영향을 중시하고, 제도를 제도적 동형화 (institutional isomorphism) [75] 과정의 결과물로 보며 선진 제도 학습에 따른 제도의 동형화를 강조한다.

---

[72] 역사적 전환점 (historical junctures) 에는 대공황과 같은 심각한 경제위기, 전쟁과 같은 중대한 군사적 갈등, 정권 교체, 의회권력의 대대적 변화 등이 해당될 수 있다.

[73] 사회학적 제도주의는 국가 간 또는 조직 간의 유사한 제도의 횡단 (橫斷) 면적인 분석을 토대로 제도의 다양성에 초점을 둔다. 이와 달리 역사적 제도주의는 시간의 흐름에 따른 분석을 강조하고, 제도의 종단 (縱斷) 면적 측면을 중시하면서 국가 간의 차이를 강조한다.

[74] 배태성 (胚胎性) 또는 내재성 (內在性) 은 어떤 현상이나 사물이 발생하거나 일어날 원인을 내포하고 있다는 의미이다.

[75] 제도적 동형화 (institutional isomorphism) 란 조직의 장 (organizational field) 이 구조화되어 사회적 정당성을 획득하게 되면 내부조직뿐만 아니라 새로 진입하려는 조직들도 유사해지는 경향을 의미한다.

DiMaggio & Walter W. Powell (1983)은 동형화가 나타나는 과정을 강압적 동형화(coercive isomorphism), 모방적 동형화(mimetic isomorphism), 규범적 동형화(normative isomorphism)로 구분하고 있다.

강압·강제적 동형화(coercive isomorphism)는 어떤 조직이 의존관계에 있는 다른 조직의 압력이나 조직에 대한 사회·문화적 기대라는 압력에 의해 조직형태가 수렴되어 가는 것이다. 규제정책에 따라 오염방지시설을 하는 경우이다.

모방적 동형화(mimetic isomorphism)는 정당성을 인정받고 있거나 성공적이라고 평가받는 조직을 모방해 가는 과정의 결과로 조직의 형태가 유사해지는 것이다. 선진국의 제도를 정부개혁에 도입하는 경우이다.

규범적 동형화(normative isomorphism)는 전문교육기관이나 협회 등에 의한 전문화(professionalization)를 통해 조직의 관리자들이 조직형태에 대한 규범을 공유하게 되어 조직형태가 동형화되는 것이다.

**✚ 표 1-18 신제도주의이론**

| | 합리적 선택 제도주의 | 역사적 제도주의 | 사회학적 제도주의 |
|---|---|---|---|
| 학문적 기초 | 경제학 | 역사학, 정치학 | 사회학, 문화인류학 |
| 선호의 형성 | 외생적·선험적으로 결정, 합리적 경제인을 가정 | 정치체제가 개인선호를 형성·제약 | 사회문화와 상징체계가 개인선호를 형성·제약 |
| 연구방법 | 방법론적 개인주의, 연역적 접근 | 방법론적 전체주의, 귀납적 접근 | 방법론적 전체주의, 귀납적 접근 |
| 분석 범위와 이론의 성격 | 개인들의 선택에 의한 거래행위를 분석하는 미시적 이론으로, 임의론적 성격이 강함 | 특수성을 유발하는 변수로 제도를 연구하는 중범위이론으로, 결정론적 성격임 | 문화, 관습, 유행 등에 초점을 두는 거시이론으로, 결정론적 성격이 강함 |

## ❷ 공공선택론

### 1) 의 의

공공선택론(public choice)은 정치·행정 제도의 상호작용을 연구하는 일련의 시도로서 정치경제학적 성격이 강하며, 공공재의 공급이나 사회의 비시장적인 영역들에 대해서 경제학적 방식으로 연구하는 것이다. 경제학적인 분석도구를 관료행태, 투표자 행태, 정당정치, 이익집단, 국가이론, 규칙 등의 비시장(non-market)적 분야의 분석에 적용함으로써 공공서비스의 효율적 공급을 위한 제도적 장치를 탐색한다.

공공선택이론은 정치철학에서는 사회계약론자인 Thomas Hobbes와 국가의 목적을 자유로 보았던 Baruch Spinoza와 사상적 배경을 같이하며, 정치학에서는 다원주의 입장인 James Madison, 역사를 평등의 부단한 진전으로 보면서 국가나 사회에 대하여 개인의 우월한 가치를 인정하는 토크빌(Alexis de Tocqueville)의 사상과 맥을 같이한다.

공공선택론은 James M. Buchanan이 창시하고 Vincent Ostrom & Elinor Ostrom 부부가 발전시킨 이론으로, 정치현상을 대상으로 경제학적 분석도구를 중시하기에 '정치의 경제학(economics of politics)'이라고도 불린다.

### 2) 특 징

공공선택론은 자기중심적이며 이기적인 경제인을 가정하는 합리적 선택이론을 공공부문에 적용한다. 국가의 의지가 아니라 합리적 경제인인 개개인의 이익을 중시하며, 부서목표의 극대화보다는 개개인의 이익이나 목표를 강조한다. 관료들

CHAPTER 05 행정학의 주요 이론 · **93**

의 경우에도 자신의 이익 극대화를 추구하는 존재로 인식함으로써 정보의 수준에 따라 개인의 결정행위가 달라진다고 가정한다.

첫째, 공공선택론은 합리모형의 정책결정수단으로서의 성격을 인정하면서 공공재와 공공서비스의 특질을 중시하였다. 인간은 합리적 존재라는 가정에 기초하는 연역적 설명방식을 취함으로써 사물에 관한 추론방법을 이용하는 데 유용하다.

둘째, 공공선택론적 접근방법은 방법론적 개체주의 입장에서 공공재의 수요자들 간의 공평한 자원배분이 아니라 효율적 배분에 관심을 가진다. 정당이나 국가, 사회 전체적 선호를 연구대상으로 하는 유기체적 접근법보다는, 분석의 기초단위를 개인의 선호나 개인들을 연구대상으로 하는 방법론적 개체주의 입장이다.

셋째, 공공선택학파는 시장경제원리에 입각하여 가급적 이해당사자들의 참여를 통하여 선호가 반영되는 민주적이고 집단적인 의사결정을 강조한다. 정부와 시민을 각각 공급자와 소비자로 간주하고, 행정 및 정치를 이들 간에 이루어지는 재화의 거래를 위한 장치로 이해한다. 정치를 교환 혹은 거래로 인식하는 '교환으로서의 정치 (politics as exchange)'로 보면서 정치적인 경쟁이 자원배분에 어떤 결과를 초래하는지를 분석한다.

넷째, 정부실패의 개념을 제시함으로써 신공공관리론 (NPM) 의 이론적 기초를 제공하였다. 공공선택이론에서는 정부실패의 원인을 정부관료제가 공공재의 생산과 공급에서 독점적인 영향력을 행사하는 것에서 찾는다. 시민을 공공재의 소비자로, 관료를 공공재의 생산자로 보면서 정부실패의 원인을 분석하고자 하였다.

다섯째, 공공선택론에서는 공공서비스를 독점 공급하는 전통적인 정부관료제가 시민의 요구에 민감하게 대응할 수 없는 장치라고 보면서, 시민들의 요구와 선호에 민감하게 부응하는 제도를 마련하는 것을 강조한다.

여섯째, 공공선택론은 정부실패의 한계를 극복하기 위하여 관할 구역의 분리 혹은 관할 중첩의 타파가 아니라, 분권화와 관할 중첩을 통한 다중공공관료장치 또는 다원조직체로 공공재 공급의 효율성을 높여야 한다고 주장한다. 관할권이 다른 지방정부로 이주하는 것은 개인의 지방정부에 대한 선호 표시와도 관련이 있는 것으로 본다.

생각 넓히기 _ 오스트롬 (Ostrom) 의 다중공공관료제

오스트롬 (Ostrom) 은 권한의 분산과 관할권의 중첩을 특징으로 하는 '다중공공관료제'로 대체하여 공공서비스를 경쟁적 방식으로 공급하고, 그 선택권을 시민에게 맡김으로써 민주적 행정을 이룰 수 있다고 주장하였다.

다중공공관료제를 도입할 경우 대응성의 향상, 경쟁 촉진, 민주성 제고, 지역분쟁과 외부효과의 극복수단이 될 수 있다. 소비자인 시민의 다양한 선호를 만족시켜 줌으로써 행정의 대응성이 향상되고, 정부기관 간의 건전하고 민주적인 경쟁을 촉진시킬 수 있으며, 행정책임의 소재를 다양화 및 다층화하고 공공서비스의 선택권을 시민에게 맡김으로써 행정의 민주성을 이룰 수 있다. 또한 중첩된 관할권의 기관 간에는 영역분쟁을 하지 않으므로 지역이기주의와 같은 갈등구조를 완화시킬 수 있으며, 문제해결을 위한 비용을 공동부담하게 하므로 비용과 편익이 일치하지 않는 외부효과를 극복해 준다.

## 3) 적정 참여자모형 또는 비용극소화모형

James M. Buchanan & Gordon Tullock (1962) 의 적정 참여자모형·비용극소화모형·최적다수결제도는 합의에 도달하기 위한 집합적 의사결정의 비용을 크게 정책결정비용 (decision making cost) 과, 외부비용 또는 집행비용 (external cost) 으로 구분한다.[76]

---

[76] 정책결정비용 (decision making cost) 은 제도의 운영과 의사결정과정에 참가하는 비용으로, 합의를 도출하기 위해 필요한 토론이나 설득 및 조정

만장일치의 경우에는 외부비용은 없으나 의사결정비용이 클 수 있다. 반면에 만장일치를 제외한 다수결 원칙이 적용될 경우는 의사결정비용이 감소하는 대신 외부비용은 증가할 수 있다.

정책결정비용은 참여자의 수가 증가할수록 증가하지만, 결정과정에서 참여자 수가 증가할수록 집행상의 저항을 적게 하거나 협조하게 되므로 집행비용 (외부비용) 이 감소한다고 본다. 정책결정비용과 외부비용의 총합이 최소화가 되는 지점이 적정 참여자 수이다.

✚ 그림 1-8 최적다수결제도

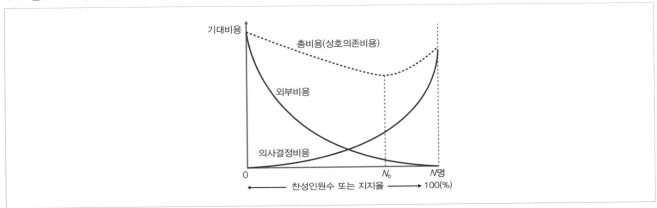

출처: 이만우 (2004: 237), 김성준 (2012: 142) 재인용.

그림 1-8에서 X축은 합의에 필요한 인원수 또는 지지율이고 Y축은 기대비용이다. 많은 사람의 합의를 요하는 경우는 의사결정비용이 증가하는데, 만장일치는 의사결정비용이 최대가 된다. 반면에 외부비용은 찬성하는 인원수가 많을수록 감소하는 경향을 보이고 만장일치의 경우는 외부비용이 없게 된다. 그림 1-8에서라면 비용극소화 지점인 $N_0$에서 의사결정방법이 채택되어야 한다. $N_0$은 1/2 지점이 될 수도 있지만 아닐 경우도 많다.

뷰캐넌과 털록의 모형이 시사 (示唆) 하는 바는 만장일치제와 다수결이 항상 효율적인 의사결정방법이 아닐 수도 있다는 점이다. 정책의제에 따라 각 비용함수가 다르기 때문에 최적 찬성자의 수는 달라질 수 있다.

## 4) Ostrom의 민주행정모형

Vincent Ostrom은 『미국 행정학의 지적 위기 (The Intellectual Crisis of American Public Administration)』 (1974) 라는 저서에서 공공선택론에 기반한 행정학의 미래를 제시했다. 계층제적 관료제를 능률적 조직으로 평가한 윌슨 등의 이론을 고전적 패러다임이라고 비판하면서 민주행정모형을 제시하였다.

윌슨 (W. Wilson) 류의 패러다임에 의하면 행정은 가치중립적인 것이고 효율적인 집행을 담당하기 때문에 정치의 영역 밖에 있으며, 행정기능에 관한 한 모든 정부는 구조적으로 유사성을 지닌다고 본다.

---

등의 비용을 의미한다. 외부비용 (external cost) 은 개인의 의사와 무관하게 합의과정에 참여하도록 강요받은 경우에 참여자들이 감수해야 하는 비용을 뜻한다.

반면에 민주행정모형은 행정부의 활동은 정치적 영향 속에 놓여 있기 때문에 전문적이고 합리적인 관료일지라도 부패할 가능성이 상존하므로, 권한을 분산해서 권력의 부패와 남용을 방지해야 함을 강조한다. 민주행정에 있어서의 능률성은 소비자의 다양한 선호를 고려하는 사회적 능률성의 개념으로 인식해야 한다고 주장한다.

## 5) 주인 – 대리인이론

주인 – 대리인이론 (principal - agent theory) 은 주인 (principal) 과 대리인 (agent) 모두는 자신의 이익 혹은 효용을 극대화하려는 합리적인 인간 또는 기회주의적 속성을 지니고 있다고 가정한다. 대리인이론은 보험회사가 보험가입 대상자에 대한 정보부족으로 발생되는 문제와 불량중고차시장 (lemon market) 과 관련된다. 나라의 주인인 국민과 대리인인 정부와의 관계에서 주인이 대리인을 제대로 통제하지 못하여 나타나는 대리손실 (agency loss) 의 문제를 다룰 수 있다.

주인이 대리인보다 전문적인 지식이 부족하다고 간주하며, 대리인은 주인보다 우월한 능력을 가지기 때문에 주인은 대리인의 재량에 의존하는 바가 크다고 인식한다. 대리인의 선호가 주인의 선호와 일치하지 않을 수 있음을 전제하고 대리인에게 유리한 선택으로 인해 발생하는 문제해결에 초점을 둔다.

한편 대리인 관계를 설정할 수 있는 다수의 잠재적 당사자 (대리인) 가 존재하는 경우에는 주인의 대리인 선택권이 커지므로 대리인 문제의 발생가능성이 낮아진다.

첫째, 주인과 대리인 간에는 정보의 비대칭성 (information asymmetry) 이 존재한다. 주인과 대리인 간의 정보의 비대칭으로 인하여 역선택 (adverse selection) 과 도덕적 해이 (moral hazard) 가 발생한다.

둘째, 역선택 (adverse selection) 은 계약 전의 숨겨진 특성으로 인한 사전적 정보의 비대칭성 때문에 발생한 것으로, 대리인에 대한 정보 부족으로 부적격자나 무능력자를 대리인으로 선임하게 되는 대리손실 (agency loss) 이 발생하는 것을 뜻한다.

셋째, 도덕적 해이 (moral hazard) 는 사후적 정보의 비대칭성 때문에 발생한 것으로, 계약 이후 대리인이 자신의 이익 추구를 위해 대리권을 남용하여 발생하는 대리손실 (agency loss) 을 뜻한다.

넷째, 주인이 대리인을 통제하고 감시하는 데 발생하는 비용을 거래비용 (transaction cost) 이라고 한다. 대리인에 의한 도덕적 해이 (moral hazard) 는 정보의 비대칭성으로 인한 사후손실로서, 주인이 대리인에게 지급한 성과급이 대리인을 감시하는 비용인 거래비용보다 적을 때 도덕적 해이가 나타나게 된다.

다섯째, 주인·대리인의 정보 비대칭 문제를 해결하기 위해 대리인에게 위임된 권한에 대해 통제장치[77]가 요구된다. 대리인이론에서는 대리인 문제를 완화하기 위하여 엄격한 평가에 바탕을 둔 인센티브제도를 강조한다.

### 생각 넓히기_ 청지기 이론 (stewardship theory)

청지기 (stewardship) 이론은 대리이론과는 달리 사회학적·심리학적 접근에 이론적 토대를 두고 있다. 대리인이론이 경제적 접근에 뿌리를 두면서 부하를 개인주의·이기주의·기회주의자로 묘사했다면, 청지기이론은 사회학적·심리학적 접근에 뿌리를 두고 구성원을 이타주의·집단주의, 신뢰할 만한 가치가 있는 존재로 묘사한다.

대리인이론이 대리손실을 최소화하기 위한 통제장치의 설계에 초점을 두는 것에 비해서 청지기이론은 주인과 대리인의 이해가 조화될 수 있는 상황의 조성에 초점을 둔다.

---

**77** 역선택 방지방법은 신호발송 (signalling), 선별장치 (screen device) 활용, 인증제 (KS마크 등), 건강진단서 제출, 자동차성능검사서, 자동차사고 이력조회제도 등이 있다. 도덕적 해이 방지대책은 성과에 부합하는 보상을 하는 성과급제도, 인센티브체계를 통해서 대리인의 행동과 주인의 이익이 합치하도록 한다. 정보공개제도 확대, 입법예고제, 내부고발자 보호제도 등이 활용될 수 있다.

## 6) 거래비용이론

Oliver E. Williamson (1975) 의 거래비용 (transaction cost) 이론은 합리적 선택 신제도주의에 속한다. 거래비용에는 측정비용 (measurement cost), 집행비용 (enforcement cost), 감시비용 등을 포함한다.

거래를 준비하기 위한 의사결정비용은 사전적 거래비용이라 할 수 있다. 불확실성, 자산특정성 (asset specificity) 은 Williamson의 거래비용이론에 의하면 거래비용을 증대시키는 요인이다.

거래비용 (transaction cost) 이론은 분석 단위를 정부기관이나 기업의 조직으로 하고, 이들 간에 재화와 서비스를 교환하는 과정에서 발생하는 거래비용을 최소화할 수 있으려면 기업과 시장 사이의 효율적인 경계 (efficient boundary) 가 어떠해야 하는지를 찾으려고 한다.

시장의 자발적인 교환행위에서 발생하는 거래비용이 관료제의 조정비용보다 클 경우 거래를 내부화하는 것이 효율적이라고 본다.

시장을 통한 거래를 내부화하는 대표적 방법으로 윌리엄슨은 능률적인 조직형태인 M형 (Multi - divisionalized Organization) 을 제시했다. M형 조직은 전통적으로 기능별 조직인 U형 (Unitary Organization) 과 대응되는 조직모형으로, 기능의 유사성이 아닌 일의 흐름에 따른 '흐름별 조직'이다.

## 7) 불가능성 정리

Kenneth J. Arrow (1951) 의 불가능성 정리 (impossibility theorem) 는 '어떠한 사회적·집단적 의사결정도 민주적·비독재적인 동시에 효율적이기가 불가능하다는 것'을 의미한다. 개인의 선택을 충분히 반영할 수 있는 사회적 선택의 다섯 가지 전제조건 (가능성 정리의 공준) 을 모두 충족시켜주는 집단적 선택규칙은 존재하지 않는다는 것이다. 바람직한 집합적 의사결정방법의 다섯 가지 기본조건은 다음과 같다.

첫째, 파레토 (Pareto) 의 원리로, 모두가 A보다 B를 원하면 사회적 선택도 B가 되어야 한다. 사회적 선호체계가 개별 구성원의 선호체계를 존중해야 한다.

둘째, 이행성(합리성)의 원리로, A < B이고 B < C이면 A < C가 되어야 한다.

생각 넓히기 _ **투표의 역설**

투표의 역설 (voting paradox) 또는 '콩도르세의 역설(Condorcet's paradox)'이란 집합체의 선호가 이행성의 공리를 충족하지 못함으로 인해서, 짝짓기 투표가 아무런 결론을 도출하지 못하고 무한정 반복되는 '투표의 순환' 현상을 초래하는 것을 의미한다.

A와 B의 선거에서 B가 승리. B와 C 사이에서는 C가 승리했다면 이행성의 원칙상 A와 C 간에는 C가 승리하여야 하나, 이행성 원칙에 위배되어 A가 승리하게 되는 것을 '투표의 역설'이라고 한다. 그 원인은 투표자들 중 하나가 다봉 (多峰) 형 선호를 지니고 있기 때문이다. 다만, 모든 투표자의 선호의 봉우리가 단수인 단봉 (單峰) 제의 경우에는 투표의 역설은 발생하지 않는다.

셋째, 독립성의 원리로, 상관이 없는 선택대상으로부터 영향을 받지 않고 결정되어야 한다. 두 대안에 대한 개개인의 선호 순위는 다른 제3의 대안을 고려하지 않고 오직 그 두 대안 자체에 대한 선호에 따라 결정되어야 한다.

넷째, 비독재성의 원리로, 한 사람에 의한 독재적 의사결정은 안 된다. 어느 누구도 집합적인 선택의 과정에 대해서 결정적인 영향력을 행사해서는 안 된다.

다섯째, 선호의 비제한성 원리로, 개인은 어떠한 선호체계도 가질 수 있어야 한다. 개개인의 선택의 자유가 제한되어서는 안 된다.

> ■ **TIP** 합리성 원리와 민주성 원리
> 파레토의 원리와 이행성의 원리 및 독립성의 원리는 합리성 원리라고 할 수 있다.
> 비독재성의 원리와 선호의 비제한성의 원리는 민주성의 원리에 속한다.

## 8) Tiebout 모형

Charles Mills Tiebout (1956) [78]의 '발로 하는 투표 (voting with the feet)'는 샤무엘슨 (Samuelson) 이 주장하는 공공재는 국민의 선호와 관계없이 정치적 과정을 통해서 중앙정부에 의해서만 공급될 수 있다는 것에 대한 반론으로, 지방공공재는 분권화된 체제에서 더 효율적인 자원배분이 이루어진다는 주장이다.

## 9) 이론에 대한 평가

공공서비스에 대한 선택권을 시민에게 부여함으로써 민주행정의 구현에도 의의가 있다. 정부를 공공재의 생산자로 규정하며 시민들을 공공재의 소비자로 규정한다. 시민 개개인의 선호와 선택을 존중하며, 경쟁을 통해 서비스를 생산하고 공급함으로써 행정의 대응성이 높아진다. 시민을 공공재의 소비자 관점에서 봄으로써 행정에서의 소비자보호운동 (消費者保護運動) 을 강화하는 데 기여했다.

공공선택론은 공공서비스의 효율적 공급을 위해서 분권화된 조직 장치가 필요하다는 입장으로, 집권적이며 계층제적 구조를 강조하는 전통적 관료제를 비판하고 그것을 대체할 공공재 공급방식의 도입을 강조한다. 공공재와 공공서비스의 특질을 중요시하고 공공정책의 확산 효과 (spill-over effects) 를 강조한다.

그러나 자유시장의 논리를 공공부문에 도입함으로써 시장실패 (市場失敗) 라는 한계를 안고 있다. 자유경쟁시장의 논리를 공공부문에 도입하고자 하는데, 그 논리 자체가 현상유지와 균형이론에 집착하는 것이며 시장실패라는 고유한 한계를 가지고 있다.

인간은 경제적 이해관계로만 움직이지 않는다. 현실세계가 효용극대화를 추구하고 있으며 합리적인 개인들로 구성되어 있다고 가정하는데, 이는 현실적이지 못하다. 정부활동의 성과를 지나치게 시장적 가치로 환원하려는 경향이 있다. 그리고 행정은 가치중립적인 것이며 정치의 영역 밖에 있다고 가정하는데, 이는 현실적합성이 매우 떨어진다.

개인의 기득권을 계속 유지하려는 보수적 (保守的) 접근이라는 비판이 있다. 공공선택론을 역사적으로 누적 및 형성된 개인의 기득권을 옹호하기 위한 접근이라고 보는 시각도 있다.

---

[78] 티부모형 (Tiebout model) 은 PART 6 지방행정론에서 상세히 다룬다.

## ❸ 신공공관리론

### 1) 의 의

신공공관리론 (NPM: New Public Management) 은 공공서비스 제공에 대한 민간부문의 적극적인 역할 분담 및 정부와 민간부문의 협력적 활동을 강조한다. 전통적인 관료제 패러다임의 한계를 극복하고 작은 정부를 지향하는 정부운영 및 개혁에 관한 이론이다.

정부활동의 기술적 · 경제적 합리성을 중시하고 정부가 시장의 힘을 활용하는 촉매자 역할을 한다는 점을 강조하는 이론이다. 신공공관리론에서는 정부부문에 민간기업의 관리 기법과 시장의 경쟁원리의 도입을 주장하였다.

신공공관리론의 대표적 학자로는 Christopher Hood, David Osborne 등이 있다.

### 2) 학문적 및 시대적 배경

신공공관리론은 시장주의와 신관리주의를 결합한 이론이다. 최협의의 신공공관리인 신관리주의 (managerialism) 에 시장주의인 신제도주의적 경제학 (new institutional economics) 을 결합한 이론으로, 행정의 효과성과 능률성을 극대화하고자 하였다.

정부실패를 지적하고 그 대응책을 제시한 신제도주의 경제학의 범주에 속하는 공공선택론, 거래비용이론, 주인 – 대리인이론 등을 이론적 기반으로 한다. 경영학의 성과관리와 경제학의 신제도주의가 혼합되어 영향을 주었다.

Friedrich Hayek (1944) 의 『노예로의 길 (The Road to Serfdom)』은 신공공관리론의 철학적 기초가 되었다. Hayek는 시장에 대한 국가의 개입이나 국가기획을 반대한 입장으로 신자유주의나 대처리즘, 신공공관리론의 철학적 기초가 되었다.

신공공관리론은 1980년대 영국의 대처정부 (Thatcherism), 미국 레이건정부 (Reagonomics) 의 신자유주의 (neo – liberalism) 철학에 근거한 공급중시경제 (供給重視經濟)[79] 에 토대를 둔다.

신자유주의란 케인즈언 (Keyngian) 에 의한 재정팽창을 통한 총수요 증대정책이 비효율, 저성장, 고실업, 도덕적 해이 등의 한계를 보이자 그에 대한 대안으로 모색된 것이다. 신자유주의는 복지정책 축소, 정부역할의 축소, 행정의 시장화, 노동의 유연화, 공기업의 민영화, 불필요한 규제의 완화 등을 추구한다.

### 3) 정부재창조론

David Osborne & Ted Gaebler의 『정부재창조론』 (1992) 에서 제시된 기업가적 정부운영의 원리이다.

고객지향적 정부 (customer - driven government), 임무 중심 정부 (mission - driven government), 예견적 정부 (anticipatory government), 지역사회가 주도하는 정부 (community - owned government), 분권적 정부 (decentralized government), 촉진적 정부 (catalytic government), 경쟁적 정부 (competitive government), 성과지향 정부 (results - oriented government), 기업가형 정부 (enterprising government), 시장지향적 정부 (market - oriented government) 등이다.

---

[79] 공급중시경제학은 시장기구가 중심인 신고전파경제학을 토대로 하며, 그 구체적인 내용은 소득세의 감세조치 · 정부지출의 삭감 · 정부규제의 완화이다. 정책의 전개과정은 '감세 ⇨ 저축 증가 ⇨ 이자율의 하락 ⇨ 투자의욕 증대 ⇨ 생산력의 증가 ⇨ 물가수준의 안정'이라는 효과 외에도 '감세 ⇨ 노동의욕 증대 ⇨ 생산력의 증가'라는 효과도 기대할 수 있다는 것이다.

행정관리의 이념으로 효율성을 강조하고, 행정서비스 공급의 경쟁체제를 선호한다. 문제에 대한 사후수습 (cure) 보다 예측과 예방 (prevention) 을 통한 미래지향적 (anticipatory) 정부를 강조한다.

투입 (inputs) 중심이 아니라 결과 (results) 와 성과 (outcomes) 중심의 예산제도를 통해 예산을 관리한다. 신공공관리론에서는 국민을 납세자나 일방적인 서비스 수혜자가 아닌 정부의 고객 (customer) 으로 인식한다.

직접적인 서비스 공급자 (rowing) 가 아니라 권한 분산과 하부 위임 (empowerment) 을 통한 참여적 의사결정을 촉진 (steering) 한다. 기업가적 목표달성을 위해 폭넓은 행정재량을 공무원에게 허용할 수 있다.

규칙 (rule) 중심이 아니라 목표와 임무 (mission) 중심의 조직 운영을 추구한다. 지출 (spending) 보다는 수익창출 (earning), 계층제 질서 (hierarchy) 보다는 참여와 협동 (participation and teamwork) 을 지향하는 조직문화, 행정서비스 공급에 경쟁원리 (competition) 도입을 통한 시장지향적 정부 (market - oriented government) 를 추구한다.

## 4) 신공공관리론의 특징

가격 매커니즘과 경쟁원리를 활용한 공공서비스 생산, 고객지향적인 공공서비스 제공 등을 중시한다. 기업의 경영원리와 관리기법들을 행정에 도입하여 정부의 성과 향상과 관리의 효율성을 제고시킬 것을 강조한다.

신공공관리론은 공공선택이론의 주장과 같이 정부의 역할을 대폭 시장에 맡겨야 한다는 입장은 아니며, 기존의 계층제적 통제중심으로부터 경쟁원리에 기초한 시장체제로 전환함으로써 관료제의 효율성과 성과를 높이려 한다.

관리자의 재량권을 확대시켜 행정의 신축성을 제고한다. 관리자들에게 자율적 권한을 부여하여 혁신과 창의를 고취시키고 책임을 강화시킨다. 신공공관리론은 효율적 감시와 통제를 위하여 측정이 가능한 성과목표와 기준을 제시하고 이의 달성을 중시한다.

정책결정과 정책집행의 분리, 책임운영기관 등 행정의 분절화 (分節化) 를 강조한다. 집행적 성격의 사업기능은 전문적 책임운영기관으로 분리·이관시키고, 정부는 조정역할 및 정책능력을 강화한다.

예산지출 위주의 정부운영 방식에서 탈피하여 수입확보의 개념을 활성화하는 것이 필요하다고 주장하였다. 납세자가 제공하는 돈 (세금) 의 가치를 높이기 위하여 공공부문 내 내부공급에 대하여 가격책정을 하기도 한다.

**✚ 표 1-19 전통 행정이론과 신공공관리론**

| | 전통 행정이론 | 신공공관리론 |
|---|---|---|
| 정부 역할 | 직접적인 서비스 공급, 노젓기 (rowing) | 촉매적 정부, 방향잡기 (steering), 권한위임 (empowering) |
| 정책목표 달성기제 | 관료제, 규칙 (rule) 중심 | 관료제＋민간기관, 비영리기구, 분권화, 미션 (mission) 추구 |
| 공무원의 반응대상 | 일방적인 납세자, 수혜자, 유권자 | 고객 (customer) |
| 공공서비스 초점 | 투입 (inputs), 지출 (spending), 사후처방 (cure) | 결과 (results, outcomes), 수입 (earning), 사전예방 (prevention) |
| 행정재량과 책임성 확보방법 | 상대적으로 제한된 재량권, 계층제적 책임 | 상대적으로 넓은 재량권, 시장지향적 책임 |

## 5) 정부개혁의 5가지 전략

David Osborne & Peter Plastrik (1997) 은 『정부개혁의 5가지 전략 (The Five Strategies for Reinventing Government)』에서 기업가 정부를 만들기 위한 5C 전략을 제시했다. 5C 전략은 정부의 DNA를 바꾸는 유전자 리엔지니어링 전략으로 핵심 (Core) 전략, 성과 (Consequence) 전략, 고객 (Customer) 전략, 통제 (Control) 전략, 문화 (Culture) 전략이다.

핵심 (core) 전략은 공공조직의 목표를 대상으로 하고 목표, 역할, 정책방향의 명료화를 추구한다. 성과 (consequence) 전략은 업무유인의 개선을 위해 경쟁을 도입하고 성과관리를 추진한다. 고객 (customer) 전략은 정부조직의 책임 대상으로 고객에 대한 정부의 책임 확보 및 고객에 의한 선택의 확대를 추구한다. 통제 (control) 전략은 권력을 대상으로 하고 분권화를 추구한다. 문화 (culture) 전략은 조직문화를 대상으로 구성원의 가치, 규범, 태도 그리고 기대를 바꾸려는 것이다.

## 6) 신공공관리론 비판

첫째, 신공공관리론은 기업경영의 원리와 기법을 그대로 정부에 이식하려고 한다는 비판을 받는다. 시장유사기제의 적용에 따른 문제점으로 민간위탁은 독과점의 폐해를 야기할 수 있다. 공공부문은 민간부문과 다르기 때문에 민간부문의 관리 기법을 공공부문에 그대로 적용하는 데에는 한계가 있다. 정부와 기업 간의 근본적인 환경 차이를 무시하고 정부부문에 시장기제를 적용하고 있다.

둘째, 신공공관리론이 추구하는 가치는 행정의 민주성 (民主性) 과 충돌 가능성이 있다. 효율성을 지나치게 강조하는 과정에서 민주주의의 책임성 (責任性) 이 결여될 수 있는 한계가 있다. 민영화에 따른 정부역할의 약화로 인해 행정의 책임성 문제가 발생될 수 있다. 분권화와 권한이양에 따른 문제점으로, 정책기능과 집행기능 간 기능분담의 적절성 (適切性) 확보가 어렵다.

셋째, 신공공관리론은 행정 효율성을 향상시키기 위해 기업가적 재량권을 선호하므로 공공책임성의 문제를 야기할 수 있다. 민주적 책임성과 기업가적 재량권 간의 갈등으로 인하여 정부관료제의 효율성을 제고하기 어렵다.

넷째, 신공공관리론의 고객중심 논리는 국민을 관료주도의 행정서비스 제공에 의존하는 수동적 (受動的) 존재로 전락시킬 우려가 있다. 내부관리적 효율성을 우선하여 정치적 논리를 경시하는 경향이 있다.

다섯째, 신공공관리론은 개인차나 상황의 차이를 무시하고 성과급이라는 외재적 보상 (外在的 報償) 을 주된 유인기제로 삼기 때문에, 유인기제의 다양성이 부족해 성과관리가 실제로는 용이하지 않다는 비판이 제기되고 있다. 다만 신공공관리적 개혁의 효과성에 상대적으로 중요성이 높은 변수를 개발하여 개혁수단으로 적용한다면 적실성이 높아질 수 있다.

---

## 제6절   탈신공공관리론 및 뉴거버넌스

### ❶ 탈신공공관리론

#### 1) 의 의

탈신공공관리 (post - NPM) 는 경쟁, 성과, 고객 중심의 신공공관리론 (NPM) 방식이 초래한 조직, 정책, 서비스의 분화와 독립의 문제점을 비판하고 정부의 조정·협업·통합 역량을 강화시키는 방향으로 조직구조와 관리방식의 혁신을 추구한다.

정책결정부터 현장의 서비스 제공에 이르기까지 분화보다는 통합, 부분보다는 전체의 시각에서 정부가 '하나의 전체로서' 움직일 수 있도록 하는 것으로 총체적 정부 혹은 '통(通) 정부 접근(WG: Whole of Government)'이라고도 한다. 탈신공공관리(post-NPM)는 신공공관리를 대체하는 이론이 아니라 신공공관리론을 조정·보완하려는 것이다.

## 2) 신공공관리와 탈신공공관리의 비교

탈신공공관리(post-NPM)는 신공공관리의 역기능적 측면을 교정하고, 통치역량을 강화하며 구조적 통합을 통한 분절화의 축소, 역할모호성의 제거 및 명확한 역할관계 설정, 재집권화와 재규제의 필요성, 중앙의 정치·행정적 역량의 강화, 환경적·역사적·문화적·맥락적 요소에 유의 등을 강조한다.

신공공관리는 구조적 권한이양과 분권화를 특징으로 하며 탈신공공관리(post-NPM)는 분권화와 집권화의 조화를 갖춘 재집권화를 강조한다. 신공공관리론에서 강조하는 행정개혁 전략은 규제완화인 것에 비해 탈신공공관리(post-NPM)에서는 재규제를 강조한다. 신공공관리는 경쟁적 인사관리를 강조하는 것에 비해 탈신공공관리(post-NPM)는 공공책임성을 중시한다.

탈신공공관리(post-NPM)는 민간-공공부문의 파트너십(partnership)을 강조한다. 정부의 정치·행정적 역량강화를 중시하여 정치적 통제를 강조한다. 탈신공공관리(post-NPM)에 해당되는 접근방식은 통(通) 정부 접근(WG: Whole of Government), 공공가치(public value)론, 신공공서비스(NPS: New Public Service)론 등이다.

**✚ 표 1-20 신공공관리론과 탈신공공관리론**

| | 신공공관리론 (NPM) | 탈신공공관리론 (post-NPM) |
|---|---|---|
| 정부와 시장의 관계 | 시장 메커니즘 활용 | 민간-공공부문의 파트너십을 강조 |
| 관료제 형태 | 탈관료제모형 지향 | 관료제와 탈관료제의 조화 |
| 조직 구조 | 구조적 권한이양과 분권화 | 구조적 통합을 통한 분절화의 축소, 재집권화 |
| 정부규제 | 규제완화, 탈규제, 탈정치 | 재규제와 재집권화 주창, 정부의 정치·행정적 역량 강화 |
| 인사관리 | 경쟁적 인사관리 | 공공책임성을 중시 |
| 행정가치 | 능률성, 경제적 가치에 초점 | 민주성과 형평성의 가치도 중시 |
| 행정통제 초점 | 결과와 산출 중심 | 과정과 소통 중심 |
| 시민을 보는 관점 | 효용극대화를 추구하는 고객 | 헌법적 가치와 주권을 가진 시민의 지위 |

출처: 이종수 외 (2016: 93) 토대로 재구성.

# ❷ 뉴거버넌스론

## 1) 의 의

R. A. W. Rhodes (1996)의 뉴거버넌스(new governance)론은 정부, 시장, 시민사회 간 신뢰와 협동, 파트너십과 유기적 결합관계를 중시한다. 공공참여자의 활발한 의사소통, 수평적 합의, 네트워크 촉매자로서의 정부역할을 강조하였다.

통치구조 (governing structure) 는 시장, 계층제, 네트워크로 구분할 수 있다. 시장 (market) 은 가격을 교환의 매개로 하여 경쟁을 통해서 작동하지만, 계층제 (hierarchy) 는 권력을 교환의 매개체로 하여 명령과 통제의 연쇄 (chain) 에 의한다. 그리고 네트워크 (network) 는 상호성 (reciprocity) 과 신뢰 (trust) 에 의거한다.

**✚ 표 1-21 계층제, 시장, 네트워크**

|  | 계층제 (hierarchy) | 시장 (market) | 네트워크 (network) |
|---|---|---|---|
| 교환의 매개 | 권위 | 가격 | 신뢰 |
| 문화 | 복종 | 경쟁 | 상호의존 |
| 의존 정도 | 의존적 | 독자적 | 상호의존적 |
| 관계의 기반 | 고용관계 | 계약과 사유재산권 | 자원의 교환 |
| 갈등해소 및 조정수단 | 규칙과 명령 | 흥정과 사법부 | 외교 |

출처: 정정길 외(2011: 260) 토대로 재구성.

뉴거버넌스적 관점은 정부기관을 배제하지 않고 계층제 (hierarchy) 를 포함하여 시장과 네트워크를 연계·조합한 방식을 활용하여 공공문제를 협력적으로 해결하려 한다. 뉴거버넌스가 새로운 국정관리시스템으로 정착되기 위해서는 정부와 시장 그리고 시민사회가 수평적 네트워크를 구축해야만 한다.

## 2) 특징

전통적 거버넌스 (old governance) 에서 공공서비스는 공공관료제에 의해 주도적으로 생산되고 공급되었으나, new governance 체제에서는 시장 (기업) 과 시민사회 (NGO) 가 공공서비스 공급에 중요한 역할을 맡게 되었다.[80] 뉴거버넌스 체제하에서 정부의 중심기능은 기존의 감독자 역할에서 조정자 역할로 변화한다.

성공적 거버넌스 구축을 위해서는 사회적 자본 (social capital) 이 축적되어야 한다. 거버넌스는 사회의 신뢰가 높고, 시장이 발전한 사회에서 잘 작동한다. 거버넌스 체제가 적절히 작동하기 위해서는 주도적 집단에 의해 결정된 룰 (rule) 이 아니라 참여자들의 협상에 의한 룰이 정립되어야 한다.

## 3) 신공공관리론과 뉴거버넌스의 비교

신공공관리론 (NPM) 과 뉴거버넌스 (new governance) 두 이론 모두 정부실패를 이념적 토대로 설정하여 그 대응책을 마련하고자 하며, 비용적 측면의 투입보다는 결과로써의 산출에 대한 통제를 강조한다.[81]

---

[80] 전통적 거버넌스 (old governance) 는 정부의 주도적 역할을 강조하고 공공서비스의 직접제공 (rowing), 명령 및 통제나 위계적 질서를 강조한다. 반면에 뉴거버넌스 (new governance) 는 정부와 시민 간의 partnership과 network를 강조하고 이들의 주도적 역할수행을 인정한다.

[81] 신공공관리론과 뉴거버넌스이론 모두 바라보는 대상의 초점이 비용 측면의 투입보다는 결과로써의 산출에 대한 통제를 강조한다는 것이다. 다만 신공공관리론은 비용 대비 산출 또는 결과의 최대화를 추구함으로써 결과값인 산출량 자체에 초점을 둔다. 반면에 뉴거버넌스는 그 결과와 산출을 낳은 과정에서 구성원들의 능동적 역할을 인정하고 민주적 참여의 가치를 강조한다.

✚ 표 1-22 신공공관리론과 뉴거버넌스의 비교

| | 신공공관리론 (NPM) | 뉴거버넌스 (new governance) |
|---|---|---|
| 이론 및 인식론적 기초 | 신고전학파, 신자유주의 경제이론, 신보수주의 정부관, 성과관리론 | 공동체주의, 연결망이론, 조직사회학, 담론이론 |
| 관리기구 | 시장 (market) | 네트워크 (network) |
| 관료의 역할 | 공공기업가 (public entrepreneur) 역할 | 조정자 (coordinator) 역할 |
| 국민을 보는 시각 | 국민을 고객으로 간주 | 국민을 국정의 파트너로 인식 |
| 참여 형태 | 신우파적 자원봉사주의 (volunteerism) | 신좌파적 시민주의 (civicism) |
| 조직 내외 관계 | 조직 내 관계 (intra-organization) | 조직 간 관계 (inter-organization) |
| 부문 간의 관계 | 부문 간 경쟁에 역점 | 부문 간 협력에 역점 (협력체제) |
| 결과와 과정 | 결과 자체에 초점 | 결과에 이르는 과정에 초점 |
| 추구하는 중심가치 | 효율성, 생산성 | 민주적 책임성 |
| 정치와 행정 관계 | 정치행정이원론을 중시 | 정치행정일원론의 성격이 강함 |
| 책임소재 | 성과계약에 따라 분명 | 책임소재의 모호성 |

첫째, 정부의 역할을 직접 공급하는 노젓기 (rowing) 가 아니라 방향잡기 (steering) 에 두는 점은 NPM과 new governance 모두 공통적이다. 다만 NPM에서는 기업이 아니라 정부를 방향잡기의 중심에 두는 데 비해서 new governance는 협력적 체제를 강조한다.

둘째, NPM에서는 정책결정과 집행을 분리하여 정책결정은 정부가 주도하며, 집행이나 관리 부분은 민간부문과 수평적 관계로 본다. 반면에 new governance는 기본적으로 권위·집권·주도권와 같은 불평등한 힘의 관계가 아니라 평등한 관계에서 함께 하기를 추구한다.

셋째, NPM은 시장, 결과, 방향잡기, 공공기업가, 경쟁, 고객으로서의 시민을 강조한다. 반면에 new governance는 연계망, 신뢰, 방향잡기, 조정자, 협력체제, 임무 중심을 강조한다. NPM은 국민을 고객으로만 보지만, new governance는 국정의 파트너로 본다.

넷째, 이론 및 인식론적 기초를 보면 NPM은 시장기능을 강조하는 신고전학파 경제이론, 신보수주의 정부관, 신자유주의 경제관, 성과관리론에 토대를 둔다. 한편 new governance는 공동체주의, 담론 (談論) 이론 등에 바탕을 둔다.

다섯째, 관료의 역할과 국민을 보는 시각은, NPM은 관료는 공공기업가 (public entrepreneur) 의 역할을 수행하고 국민을 고객으로 간주할 것을 주장한다. 반면에 new governance는 관료는 조정자 (coordinator) 의 역할에 중점을 두고 국민을 국정의 파트너로 인식할 것을 강조한다.

여섯째, 부문이나 조직 간 관계에 있어서는 NPM은 조직 내 문제 (intra-organization) 에 초점을 두고 조직 내 부문 간의 경쟁을 강조한다. 이에 반해서 new governance는 조직 간 문제 (inter-organization) 에 초점을 두고 각 부문 간의 협력을 중시한다. NPM이 경쟁과 계약을 강조하는 반면에, new governance는 네트워크나 파트너십을 강조하고 신뢰를 바탕으로 한 상호존중을 중시한다. new governance는 정부영역과 민간영역을 상호배타적이고 경쟁적인 관계로 보지 않는다.

일곱째, 행정의 가치의 측면에서 NPM는 결과 중심으로 효율성을 강조한다. 하지만 new governance는 과정 중심으로 민주적 책임성을 강조한다. new governance는 NPM에 비해 자원이나 프로그램 관리의 효율성보다 국가차원에서의 민주적 대응성과 책임성을 강조한다.

## 4) Peters의 정부모형

Peters의 정부모형은 new governance에 이론적 기초를 두고 있다. B. G. Peters (2001)는 new governance에 기초한 정부개혁모형으로 전통적 정부모형, 시장모형, 참여정부모형, 유연조직모형, 저통제정부모형을 제시한다.

첫째, 전통적 정부모형의 문제진단 기준은 전근대적인 권위에 있으며 구조개혁 방안으로 계층제를 제안한다.

둘째, 시장적 정부모형 (market model)은 민간부문이 공공부문보다 본질적으로 성과 측면에서 우위에 있다고 전제하며 조직의 분권화를 처방한다.

시장적 정부모형은 공공서비스에 대한 정부의 독점적 공급으로 인한 정부관료제의 비효율성을 문제삼으며 시장의 효율성에 대한 신뢰를 전제로 한다. 관리개혁 방안으로 성과급 등 민간부문의 기법을 도입할 것을 제안한다.

셋째, 참여적 정부모형 (participatory model)의 문제진단 기준은 관료적 계층제에 있으며 구조개혁 방안으로 탈계층제조직인 평면조직을 제안한다.

고위관료가 아니라 조직 하층부 구성원이나 시민들의 의사결정 참여기회가 확대될수록 조직이 효과적으로 기능한다고 인식하여, 조직의 고위층과 최하위층 간에 계층 수가 많지 않아야 한다고 본다. 참여적 정부모형은 구조개혁 방안으로 평면적 조직을, 관리개혁 방안으로는 총체적 품질관리팀제를 제안한다.

넷째, 신축적 정부 (flexible government) 모형 또는 유연조직모형에서는 항구성을 문제삼으며 가변적이고 임시적인 조직을 중시한다. 전통적 관료조직의 경직성이 불러오는 문제점을 지적하면서, 관리의 개혁 방안으로 가변적 인사관리 또는 임시조직 활용의 필요성을 주장한다.

변화하는 정책수요에 맞춰 탄력적으로 구성원들을 활용하기 위해 임시직이나 시간제 근무를 늘릴 필요는 있으나 이들의 조직과 업무에 대한 몰입도 및 책임감은 낮아질 것이다. 유연조직모형의 정책결정개혁 방안은 실험이다.

다섯째, 탈규제적 정부모형 (deregulated government) 또는 저통제모형에서는 공직사회 내부통제 완화를 통해 공직자의 잠재력과 창의성이 고양되면 관료들은 역동적으로 기능할 것으로 가정하면서, 관료들의 재량권을 확대하고 창의성을 존중해 줄 것을 강조한다.

정치지도자들의 권력을 약화시키고 기업가적 관료들의 정책결정자로서의 역할을 제고하면 이들이 적극적으로 공익을 구현하려고 한다고 본다. 조직구조에 대한 특정적 처방은 없다. 저통제정부 또는 탈규제적 정부모형의 공익 기준은 창의성과 활동주의 또는 행동주의이다.

✚ 표 1-23 Peters의 정부모형

| | 전통적 정부모형 | 시장적 정부모형 | 참여적 정부모형 | 신축적 정부모형 | 탈내부규제 정부모형 |
|---|---|---|---|---|---|
| 문제의 진단기준 | 전근대적 권위 | 독 점 | 계층제 | 영속성 | 내부 규제 |
| 구조개혁 방안 | 계층제 | 분권화 | 평면조직 | 가상조직 | 특정한 제안이 없음 |
| 관리의 개혁 방안 | 직업공무원제 절차적 통제 | 성과급 민간기법의 도입 | 총 품질관리팀제 | 가변적 인사관리 | 관리재량권 확대 |
| 정책결정의 관리 방안 | 정치행정의 구분 | 내부의 시장화 시장적 유인책 | 협의·협상 | 실 험 | 기업가적 정부 |
| 공익의 기준 | 안전성·평등 | 저비용 | 참여·협의 | 저비용·조정 | 창의성·활동주의 |

출처: Peters(2001: 21), 이종수 외(2016 :95) 재인용.

## 5) 좋은 거버넌스

좋은 거버넌스(good governance)는 세계은행이 제3세계 국가들에 대한 대출조건으로서 사용한 개념이다. 행정의 투명성, 책임성, 통제 및 대응성이 높을수록 좋은 거버넌스라고 할 수 있다.

R. A. W. Rhodes(1996)는 좋은 거버넌스는 자유민주주의와 신공공관리론을 결합한 것이라고 주장하였다. 행정업무 수행에서 공무원들이 효율적·개방적이면서도 타당한 정책결정과 집행을 할 수 있는 관료제적 능력을 지니는 것을 말한다.

## 6) 뉴거버넌스론 비판

시민과 기업의 참여를 통한 서비스의 공동 공급을 주장하지만 '좋은 거버넌스'처럼 실현 불가능한 이상향(utopia) 내지 정치적 수사(修辭)에 가까울 수 있다. 좋은 거버넌스에서는 시민단체의 역할을 강조하는데, 정부와 시민단체 간의 균형을 위해서는 정보의 공유가 필요하다.

뉴거버넌스가 신공공관리의 효율성 차원과는 달리 민주적 책임성을 부각시키지만 신공공관리가 성과계약에 따른 결과책임을 확보하는 데 비해서, 뉴거버넌스에 의할 경우에 합의 도출에 실패하거나 합의과정의 문제로 인해 책임소재가 불분명해지는 문제점이 있다. 거버넌스론은 내재화된 변수가 많고 변수 간의 유기적 관계를 강조하기 때문에 모형화가 어렵다.

뉴거버넌스는 상호협력을 강조하지만 뉴거버넌스 참여자들의 윤리성과 투명성이 확보되지 못한 문제 등을 간과할 우려가 있다. 거버넌스의 참여자들인 이익집단, 관료, 의회위원회에 의한 철의 삼각(iron triangle) 및 규제기관이 피규제기관에 사로잡히는 포획(捕獲) 등의 문제가 나타날 수 있다.

## 제7절  포스트모더니즘, 현상학적 접근 및 신공공서비스론

### 1 포스트모더니즘 행정이론

#### 1) 의 의

포스트모더니즘 (postmodernism) 은 이성, 합리성 및 과학 등에 기초한 모더니즘 (modernism) 을 비판하면서 상상, 해체, 영역파괴, 타자성 등의 개념을 중심으로 하는 미시이론, 미시정치 등을 통하여 행정현상을 설명하고자 한다.

포스트모더니티 (postmodernity) 행정이론은 인간행동의 의미와 동기, 즉 의도가 결부된 '의미있는 행동'과 '타인과의 사회적 상호작용'을 연구해야 한다고 주장한다.

#### 2) 포스트모더니즘의 지적 특징

포스트모더니즘은 상상 (imagination), 해체 (deconstruction), 영역해체 (deterritorialization), 타자성 (alterity), 구성주의 (constructivism), 해방주의적 (emancipatory) 성격, 맥락의존적 (context dependent) 특징을 지닌다.

첫째, 상상 (imagination) 은 상상력을 키운다는 단순한 의미를 넘어 새로운 사고방식으로 생각해본다는 의미를 내포한다.

둘째, 해체 (deconstruction) [82]는 당연하게 받아들이는 이론이나 가정 및 언어 등의 근거를 파헤쳐본다는 뜻이며, 영역해체 (deterritorialization) 는 어떤 학문의 고유영역의 지식이란 의미를 넘어서는 변화가 일어나고 있다는 것이다.

셋째, David John Farmer (1995) [83]가 언급한 타자성 (alterity) 이란, 나 아닌 다른 사람을 인식적 타인 (epistemic other) 이 아닌 도덕적 타인 (moral other) 으로 인정하는 것이다. 타자성은 즉자성 (I-ness, asmita) 에 대비되는 개념이다. 즉자성 (卽自性) 이란 타인의 존재를 인정하지 않는 자족의 상태를 말한다.

넷째, 포스트모더니즘의 세계관은 상대적이고 다원주의적이며, 개방주의적인 경향을 지닌다. 지배를 야기하는 권력을 거부하고 고유한 이론의 영역을 거부한다.

다섯째, 구성주의 (constructivism) 를 지향한다. 우리가 발견할 수 있는 객관적 사실이 있다고 보는 객관주의를 배척하고 사회적 현실은 우리들의 마음 속에서 구성된다고 보는 구성주의적 입장을 취한다.

여섯째, 인간해방주의적 (emancipatory) 성격의 세계관을 지니고 있다. 이성 또는 도구적 합리성보다 인권, 인간 중심적 관점에서의 행정을 강조한다. 탈물질화와 탈관료제화를 추구한다.

일곱째, 맥락의존적 (context dependent) 인 진리를 수용한다. 포스트모더니즘은 진리의 기준을 맥락의존적인 것으로 보며, 인간이 지닌 이성을 통해서만 진리의 기준을 객관적으로 이해하는 것을 반대한다.

---

[82] '행정의 실무는 능률적이어야 한다.', '합리화는 인간의 진보를 의미한다.', '경제발전이 역사의 원동력이다.' 등의 설화를 해체 (deconstruction) 의 대상으로 볼 수 있다 (이종수 외, 『새행정학』, 2016: 77).

[83] David John Farmer (1995) 는 패러다임 간의 통합 (paradigm integration) 이 아니라 패러다임 교차 (paradigm crossing) 의 가능성을 모색한다. 파머 (Farmer) 의 성찰적 언어 패러다임 (reflexive language paradigm) 은 사회적 사실을 바라볼 때 사용하는 이론적 렌즈 (lens) 를 구성하고 있는 일단의 가정들을 재검토해보는 기예 (arts) 를 말한다. 행정현실과 이론은 사회적으로 구성되므로, 이러한 사회적 구성에 영향을 미치는 가정을 재검토해볼 필요가 있다고 본다.

## 3) 기능과 평가

포스트모더니즘은 행정이론의 한계와 모순을 잘 인식하게 하고 담론을 통한 발전 가능성을 모색하는 촉매역할을 할 수 있다는 장점이 있다.

이미 만들어진 결과보다 만들어져 가는 과정과 행동을 중시한다. 공직윤리의 수준은 간주관성 (inter - subjectivity) 과 감정 이입을 통해 향상될 수 있다.

포스트모더니티 (post - modernity) 행정이론의 관점에서 바람직한 행정서비스는 다품종소량생산체제에서 제공될 가능성이 높다.

## ❷ 현상학적 접근방법

### 1) 현상학의 의의

현상학 (phenomenology) 이란 신행정학에서 채택한 연구방법이다.[84] 행정현상의 본질, 인간인식의 특성, 이론의 성격 등 사회과학 연구의 본질적 문제에 대해 실증주의와 행태주의적 연구방법에 반대한다. 행정연구에서 가치와 사실을 구별하려는 행태주의 연구방법에 반대한다.

행태론의 논리실증주의처럼 과거의 경험이나 외면적 행태만을 고찰하는 것은 무의미하다고 보고, 내부주관성이나 감정이입을 통한 상호인식작용 혹은 간주관성 (inter - subjectivity) 을 중시하는 접근법이다.

Michael M. Harmon (1981) 은 『행위이론 (Action Theory for Public Administration)』에서 행정을 해석사회학, 현상학, 상징적 상호주의 및 반실증주의의 입장에서 다루었다. 행위이론은 인간행위의 주관적 의미를 탐구하는 접근방법으로 현상학과 해석학 (hermeneutics) 에 기초를 둔 접근방법이다.

행위이론은 사회과학의 연구대상은 자연과학과 다르다고 주장하면서 가치문제를 중요시했으며, 개체주의적 미시적 접근방법이다.

### 2) 특 징

행태론이 객관주의적 접근방법이라면 현상학은 주관주의적 접근방법에 해당한다. 현상학적 접근법은 행정현실을 이해하는 데 자연과학적 방법보다 해석학적 방법을 선호한다.

첫째, 현상학적 탐구는 인간행위의 가치는 행위가 산출한 결과보다 그 행위 자체에 있다고 본다. 조직을 인간의 의도적인 행위에 의해 구성되는 가치함축적인 행위의 집합물로 이해한다. 조직 내외의 인간들은 자신 또는 다른 사람의 행위에 의미를 부여함으로써 조직을 설계한다고 설명한다.

둘째, 현상학 (現象學) 은 방법론적 이원론 (二元論) 에 기초한다. 사회현상이 상호주관적 (相互主觀的) 인 경험으로 이룩되기 때문에 사회과학의 연구대상은 자연과학과는 큰 차이가 난다는 입장이다.

셋째, 사회현상 또는 사회적 실제 (實際) 란 자연현상처럼 사람과 동떨어진 객체로 존재하는 것이 아니라, 사람들의 상호주관적인 경험으로 이루어진다는 것이다. 행정현상은 사람들의 의식, 생각, 언어, 개념 등을 통해 구성된 것으로 본다.

---

84 현상학은 독일 철학자 후셀 (Edmund Husserl) 에 의해 발전된 이론으로, 행정학에는 1970년대 Kirkhart에 의해 신행정론에 도입되었다.

따라서 행정활동과 관련된 사람들 사이의 상호작용에 의해 구성된 상호주관적 경험이 중요하다.

넷째, 현상학적 행정연구는 일상적이고 실제적인 측면을 강조하는 미시적(微視的) 관점이다. 조직의 전체성을 파악하기보다는 생활세계(life world) 또는 개별적인 인간행위와 개인 간의 상호작용의 해석에 역점을 둔다.

다섯째, 현상학적 연구방법은 행위의 목적성과 의도성을 찾아내는 데 역점을 두고, 인간을 의도성을 지닌 능동적인 존재로 이해한다. 인간의 의도된 행위와 표출된 행위를 구별하고 의도된 행위에 관심을 집중시킨다.

여섯째, 조직의 중요성은 구조성에 있는 것이 아니라 그 안에 있는 가치, 의미 및 행동에 있다고 본다. 기존의 관찰이나 믿음에 영향을 받지 않기 위해 '괄호 안에 묶어두기' 또는 '판단정지(epoche) [85]'가 요구된다.

### 3) 현상학적 접근방법에 대한 비판

주관적인 철학의 범주를 벗어나기 어렵다. 행위의 목적성과 의도성을 어떻게 찾아낼 것인가에 대한 방법과 기술에 대해서는 언급이 없다.

인간은 능동적이라고 가정하고 있지만, 실제에 있어서는 수동적인 경우가 더 많다. 인간행위의 많은 부분이 무의식이나 집단규범 또는 외적 환경의 산물이라는 것을 간과하고 있다.

**✚ 표 1-24 행태주의와 현상학**

| | 행태주의 | 현상학 |
|---|---|---|
| 사실과 가치 | 사실과 가치를 분리, 사실 중시 | 가치나 의도를 중시 |
| 보편과 개별 | 일반법칙 발견 강조 | 개별 사례나 문제 중심 |
| 연구방법론 | 방법론적 일원론 (자연과학적 연구) | 방법론적 이원론 (해석학적 방법) |
| 객관과 주관 | 객관주의적 접근방법 | 주관주의적 접근방법 |
| 연구대상물 | 표출된 행위 (behavior) | 의도된 행위 (action) |
| 인식론 | 실증주의, 주지주의 (主知主義) | 반실증주의, 주의주의 (主意主義) |
| 행정이념 | 합리성, 능률성 | 대응성, 책임성 |
| 자아 (自我) | 수동적·원자적 자아 | 능동적·사회적 자아 |

## ❸ 신공공서비스론

### 1) 의 의

신공공서비스론(NPS: New Public Service)은 신공공관리론(NPM)의 오류에 대한 반작용으로 대두되었으며 주로 민주적 시민이론, 조직인본주의와 담론행정이론(談論行政論) [86] 등에 기초하고 있다. 정부의 전략적 합리성을 중시하고 시민과

---

85 에포케(epoche)는 고대 그리스의 회의론자(懷疑論者)들이 쓰던 용어로, 어떠한 주장에 대해서도 그 반대가 성립될 수 있기 때문에 확실한 판단은 불가능하고, 따라서 판단을 보류하지 않을 수 없다는 것이다. Husserl은 현상학적 입장에서 일상적이고 자연적인 견해에 의한 판단을 보류하는 것을 현상학적 에포케라 하였다.

지역공동체집단들 간의 공유된 가치창출을 위한 과정에서 정부의 중재역할을 강조하는 행정이론이다.

Janet V. Denhardt & Robert B. Denhardt (2011) 의 신공공서비스론 (New Public Service) 은 시민적 담론과 공익에 기반을 두고 시민에게 봉사 (奉仕) 하는 정부의 역할을 강조하는 이론이다. 이론적·학문적 뿌리는 시민행정학, 인간중심 조직이론, 신행정학, 포스트모던 행정학 등이라고 할 수 있다. 민주주의이론, 비판이론 (critical theory),**87** 해석학, 실증주의, 포스트모더니즘 등을 바탕으로 탄생한 복합적 (複合的) 이론이다.

J. Denhardt & R. Denhardt는 기업가적 신관리주의가 평등성·공정성·대표성·참여 등의 가치를 약화시킨다고 설명하고 있다. 신공공서비스론에서는 시장메커니즘보다 공동체 가치를 중시하는 공공책임성 (公共責任性) 의 강화를 중요하게 여긴다.

## 2) 내 용

신공공서비스론 (NPS) 은 공익을 목적으로 보고 시민을 국정주체로 인식하며 정부의 역할은 봉사에 있다고 보면서, 관료가 전략성 합리성을 가지고 다면적인 행정책임의식을 가져야 한다고 본다.

첫째, 공익을 행정의 부산물이 아니라 목적으로 보아야 함을 강조한다 (public interest is the aim, not the by - product). 공익은 개인이익의 단순한 합산이 아닌 공유하고 있는 가치에 대해 대화와 담론을 통해 얻은 결과물이다.

둘째, 관료가 반응해야 하는 대상은 고객이 아닌 시민 (市民) 이다 (serve citizens, not customers). 관료의 반응대상 또는 책임성 확보의 방법은 민주적으로 선출된 대표자에 대한 책임 또는 고객으로서의 시민에 대한 단순한 책임이 아니라, 국정주체 (國政主體) 로서의 시민에 대한 복잡하고 다원적인 행정책임을 받아들인다 (accountability isn't simple).

셋째, 정부의 역할은 노젓기 (rowing) 도 아니고 방향잡기 (steering) 도 아닌 봉사 (奉仕) 이며, 정부 규모의 일방적 축소를 지양한다. 복잡한 미래사회에서는 정부의 방향잡기 역할이 어렵거나 불가능하기 때문에 행정의 역할은 서비스를 제공해야 하는 데 있음을 강조한다. 관료의 역할로 방향잡기보다는 시민들로 하여금 공유된 가치를 표명하고, 그것을 충족시킬 수 있도록 도와주고 봉사 (serving) 해야 함을 중시한다. 관료의 동기 부여 원천은 보수나 기업가 정신이 아닌 공공서비스 제고이다.

넷째, 전략적 합리성을 가정하며 정책과정에 있어서 전략적으로 생각하고 민주적으로 행동해야 한다 (think strategically, act democratically) 고 강조한다. 관료에게만 집중되었던 권력을 시민에게 되돌려 줌으로써 시민 중심의 공직제도를 구축하고자 한다.

다섯째, 단지 생산성만을 위해서가 아니라 인간을 존중하고 인간을 통한 관리를 중시한다 (value people, not just productivity). 공공서비스의 이상을 인간에게 가장 높은 가치와 초점을 부여하는 것으로 설정하여, 조직은 인간을 존경하는 가운데 협동과 공유된 리더십으로 운영될 때만이 성공할 수 있다고 본다.

---

**86** 담론 (discourse) 행정은 국민과 민주적이고 자유로운 토론을 통해서 국민이 원하는 바를 파악하여 행정에 반영하는 것이다. 덴하르트 (Denhart) 는 공공서비스에서 나타나는 정당성의 위기를 진단했으며, 시민과 관료 간의 불신 때문에 의사소통이 왜곡되었다고 보면서 담론의 중요성을 역설하였다.

**87** 비판이론은 프랑크푸르트학파 (Frankfurt school) 의 학자들이 중심이 되어 전개한 사회적 변혁과 해방에 관한 이론이다. 실증주의가 사회과학을 특정 이데올로기에 봉사하는 도구로 전락시킨다고 비판하면서, 사실문제와 가치문제를 함께 다루려 한다. 하버마스 (Habermas), 호크하이머 (Horkheimer), 덴하르트 (Denhardt) 등에 의해서 강조되었다.

## 3) 평 가

신공공서비스론은 공무원의 반응대상을 고객보다 시민에 두고 있고, 정부의 역할을 공유된 가치창출을 위한 봉사활동으로 보는 점에서 뉴거버넌스이론과 유사하다.

신공공서비스론은 행정책임의 다면성과 복잡성을 강조하였으며 행정재량이 필요하지만 제약과 책임이 수반된다고 주장하였다.

신공공서비스론은 신공공관리론이 간과하거나 경시한 행정의 공공성을 재조명한다. 신공공서비스론은 담론행정 (談論行政) 을 반영하므로 신공공관리론보다 지역공동체 활성화에 더 적합한 이론이다. 시민과의 소통이나 참여를 중시하는 신공공서비스론은 신공공관리론과 달리 집단이나 계층, 지역의 이해관계와 결부된 정책결정 등에 대한 해결책을 찾기가 용이하다.

**생각 넓히기 _ 숙의 (deliberative) 민주주의**

숙의 (熟議) 또는 심의 (審議) 민주주의 (deliberative democracy)는 간접적이고 주어진 선호의 크기만 비교하는 선호집합적 (aggregative)인 대의민주주의의 결함을 시정하고, 고전적인 직접민주주의 이상을 현대에 재현하려는 시도이다. 집단적인 문제, 공적인 문제를 해결하고 문제해결방식에 관한 정당성을 획득할 수 있다.
한편 심의민주주의는 소규모 지역문제의 해결에는 적합하지만, 대규모의 집단문제에는 현실적으로 적합하지 않다.

그러나 신공공서비스론은 규범적 가치에 관한 이론 제시는 하지만, 이러한 가치들을 구현하기 위해 필요한 구체적 처방을 제시하지 못하고 있다는 한계가 있다. 신공공서비스론은 행정의 규범적 특성과 가치가 지나치게 강조됨으로써 행정의 전문성과 효율성 등 수단적인 가치가 위축될 수 있다.

## 4) 신공공관리론과 신공공서비스론의 비교

첫째, 신공공관리론은 경제적 합리성에 기반하는 반면에 신공공서비스론 (NPS) 은 전략적 합리성에 기반한다.

둘째, 신공공관리론은 기업가 정신을 강조하는 반면에 신공공서비스론 (NPS) 은 사회적 기여와 봉사를 강조한다.

셋째, 신공공관리론의 대상이 고객이라면 신공공서비스론 (NPS) 의 대상은 국정주체로서의 시민이다.

넷째, 신공공관리론이 기대하는 조직은 주요 통제권이 조직 내에 유보된 분권화된 조직이지만, 신공공서비스론 (NPS) 에서 기대하는 조직구조는 조직 내·외적으로 공유된 리더십을 갖는 협동적 구조이다.

**➕ 표 1−25 신공공관리론과 신공공서비스론**

| | 신공공관리론 (NPM) | 신공공서비스론 (NPS) |
|---|---|---|
| 이론 및 인식론적 토대 | 신고전학파 경제이론, 신보수주의 정부관, 신자유주의 경제관, 성과관리론 | 민주주의이론, 실증주의, 해석학, 비판이론, 포스트모더니즘 등 복합적 |
| 합리성과 인간행태모형 | 기술적·경제적 합리성, 경제인 또는 사익에 기초한 의사결정자 | 전략적 합리성, 정치·경제·조직적 합리성에 대한 다원적 검증 |
| 공익의 개념 | 개인 이익의 총합 (집합체) | 공유가치에 대한 담론의 결과 |
| 공무원의 반응대상 | 기업의 고객 (customer) | 국정주체로서 시민 (citizen) |

## 제8절 혼돈이론, 딜레마이론 및 시차이론

### ❶ 혼돈이론

#### 1) 의 의

혼돈이론 (chaos theory) 은 행정조직을 개인과 집단 그리고 환경적 세력이 상호작용하는 복잡한 체제로 본다. 혼돈 (混沌) 이론의 연구대상은 예측하기 어렵고 복잡한 비선형적·역동적 현상인 결정론적 혼돈 (deterministic chaos) 이다. 이것은 한정된 혼란 또는 질서있는 무질서 (orderly disorder) 이다.

연구대상으로서 혼돈은 초기치민감성 (初期値敏感性) 이 높다. 초기치민감성 (sensitivity to the initial condition) 은 나비효과 (butterfly effect) [88]라 부르기도 한다.

#### 2) 특 징

첫째, 현실의 복잡성과 불확실성을 극복하기 위해 단순화하지 않고, 복잡한 사회문제에 대한 통합적 접근을 시도한다. 대상체제인 행정조직은 질서와 무질서, 구조화와 비구조화가 공존하는 복잡한 체제로 인식한다.

둘째, 혼돈 (混沌) 을 통제와 회피의 대상이 아니라 발전의 필수불가결한 조건으로 이해하고 긍정적 활용대상으로 인식한다.

셋째, 혼돈이론은 조직의 자생적 학습능력과 자기조직화 (self-organization) [89] 능력을 전제로 한다. 행정조직은 혼돈상황에서 자기조직화를 통해 체제의 항상성을 유지하면서 새로운 질서를 창출할 수 있다고 본다.

넷째, 각 개체들의 상호진화를 뜻하는 공진화 (共進化, coevolution) 를 특징으로 한다

다섯째, 혼돈이론의 처방은 탈관료제 또는 반관료주의이다. 전통적 관료제의 통제와 구조적 경직성을 타파하도록 처방하는데, 창의적 학습과 개혁을 위해서는 무질서를 용인하거나 조성할 필요가 있다는 관점이다.

### ❷ 딜레마이론

#### 1) 의 의

딜레마 (dilemma) 이론은 상황의 특성, 대안의 성격, 결과가치의 비교평가, 행위자의 특성 등 상황이 야기되는 현실적 조건하에서 대안의 선택방법을 규명하는 것을 통해 행정이론 발전에 기여하였다.

딜레마 상황은 부정확한 정보와 의사결정자의 결정능력 한계로 인해 발생하는 것이 아니라, 상충하는 이해관계의 가치 간 갈등이나 가치 간 비교의 어려움으로 인해 정책결정 자체가 어려워지는 경우를 말한다. 딜레마는 대안의 불명확성으로 인하여 발생하는 것이 아니라 대안이 구체적이고 명료할 경우에 발생한다.

#### 2) 딜레마의 논리적 구성요건

딜레마의 논리적 구성요건으로는 균등성, 단절성, 상충성, 선택불가피성이 있다. 균등 (equality) 성은 대안이 가져올 결과가치

---

[88] 나비효과 (butterfly effect) 란 나비의 날갯짓처럼 사소하고 미묘한 움직임이 크게 증폭되어 예측하기 어려운 결과를 낳을 수도 있다는 것을 뜻한다.
[89] 자기조직화 (self-organization) 란 체제가 항상성 및 정체성을 유지하면서 다른 한편으로는 환경에 대응하여 변화와 창조를 계속하는 특성을 의미한다.

또는 기회손실이 동등한 것이다. 단절성 또는 분절성 (discreteness) 은 절충안을 선택하는 것이 불가능하다는 의미이다. 상충 (trade - off) 성은 대안들 간의 충돌로 인해 하나의 대안만 선택해야 하는 것이다. 선택불가피성 (unavoidability) 은 시간의 제약이 존재하므로 어떤 식의 결정이든 해야 함을 의미한다.

### 3) 딜레마 상황에 대한 대응방법

정책딜레마 상황에 대한 정책결정자의 소극적 대응방법으로는 대안을 선택하지 않는 비결정인 정책결정의 회피 (inaction), 지연 (procrastination), 결정책임의 전가, 다른 정책에 의해 문제가 해결된 것처럼 보이게 상황을 호도하는 방법 등이 있다.

정책딜레마에 대한 적극적 대응형태로는 정책문제의 재규정, 상충되는 정책대안의 동시 선택, 새로운 딜레마 상황 조성, 딜레마 상황의 변화 시도, 선택한 대안의 정당성을 높이기 위한 상징 조작, 결정 후 번복·수정하는 Stop−Go 전략 등이 있다.

## ❸ 시차이론

### 1) 의 의

시차 (時差) 이론은 시차를 두고 변화하는 사회현상을 발생시키는 주체들의 속성이나 행태의 연구가 행정이론 연구의 핵심이 된다고 주장하고, 이를 행정현상 연구에 적용하였다.

시차 (time lag) 이론은 우리나라에서 정책집행이나 정부개혁과정이 성공을 거두지 못하는 이유를 파악하려는 데서 시작된 접근법이다.

시차이론은 인과관계를 파악함에 있어서 변수들의 작동순서나 성숙기간 등을 감안해야 한다는 순수 한국적 행정학이론으로, 정책평가 등을 행함에 있어 구성요소들 간의 모순이 존재하지 않아야 한다는 내적 정합성 (整合性) 확보가 필요하며 새로운 제도나 정책의 효과가 충분히 발휘될 수 있도록 충분한 성숙기간 (成熟期間) 을 갖도록 하여야 한다는 것이다.

### 2) 특 징

시차이론은 원인변수의 시간적 순서, 제도의 정합성, 정책참여자의 인지 (認知) 상의 시차가 정책의 성공과 실패를 좌우한다는 입장이다.

시차이론은 원인변수와 결과변수 간의 인과관계가 원인변수들이 작용하는 순서에 따라 달라진다고 본다. 정책이나 제도의 도입 이후 어느 시점에서 변경을 시도해야 바람직한 결과를 낳을 것인지에 주목한다.

제도의 정합성 (congruence) 은 제도를 구성하는 요소들의 정합성인 내적 정합성과 제도의 환경맥락과의 부합성인 외적 정합성으로 구분된다. 시차이론은 구성요소들 간의 내적 정합성 확보 측면을 고려하여 충분한 성숙시간이 필요하다고 본다. 정책이나 제도의 효과는 어느 정도 숙성기간이 지난 후에 평가하는 것이 보다 합리적이라고 본다.

행정학의
마루로 통하는 길

# 행정학 절요

# PART

# 02

# 정책학 원론

# 06 정책의 구성요소

정책학의 의의

## ❶ 정책학의 등장 배경

현대적 의미의 정책학은 Harold Dwight Lasswell (1951) 의 『정책지향 (The Policy Orientation)』이라는 논문에서 시작되었는데, 라스웰 (Lasswell) 은 정책을 "사회변동의 흐름 속에서 목표와 가치 및 전략을 포함한 계획이자, 사회문제 해결을 위한 정부활동"으로 설명했다.

Lasswell의 주장은 1950년대 당시에 미국 정치학계를 휩쓸던 행태주의에 밀려 1960년대 말에 와서야 비로소 재출발하게 되었다. 1960년대 인종갈등, 월남전, 여성문제 등의 사회적 문제가 대두됨에 따라 정책학이 발전하기 시작하였다. 정책학은 후기행태주의 (post - Behavioralism) 의 등장으로 활성화되었다.

## ❷ 정책학의 특성

정책과정에 관한 지식은 규범적·처방적 지식이 아니라 경험적·실증적 지식을 의미하는 것에 비해 정책학은 사회문제의 해결이라는 실천적 목표를 지향한다.

Lasswell은 정책학의 특성으로 문제지향성, 맥락성, 범학문성, 규범지향성 등을 들고 있다. 문제지향성은 정책학은 사회문제의 해결을 지향해야 한다는 것이고, 맥락 (脈絡) 지향성은 정책적 의사결정을 사회적 과정의 부분에 해당한다고 보는 것이다. 범학문성은 다양한 연구방법의 사용을 장려하고 규범지향성은 정책과정에 관한 경험적 지식이 아니라 규범적·처방적 지식을 의미한다.

## ❸ 정책의 특성

정책은 편파적으로 이익과 손해를 나누어주는 성격도 갖고 있다. 정책목표와 정책수단 사이에는 인과관계가 있어야 하며, 정책대안 선택의 기준들 사이에는 갈등이 있을 수 있다.

모든 사회문제가 정책의제로 전환되는 것은 아니다. 사회문제 중 일부만이 정책문제로 전환되는 선택적 의제설정이 이루어진다.

## ④ 정책의 관점[1]

### 1) 행정적 관점

행정적 관점에서 정책은 주어진 목표달성을 위한 자원의 효율적·효과적 활용계획이다. 전통적인 정치행정이원론의 관점과 상통한다.

### 2) 정치적 관점

정치적 관점에서 정책은 가치를 사실에 투사(投射)해서 얻은 행동계획, 사회 전체를 위한 가치의 권위적 배분의 결과, 사회문제의 정의를 통한 문제의 해결방침, 목표와 수단에 대해 구속력 있는 정부기관이 내린 결정이다. 정책을 행정적 관점에서 바라보는 것과 달리 상대적으로 정치행정일원론적 관점과 부합한다.

---

| 제2절 | 정책의 유형 |
|---|---|

## ① Lowi의 정책의 유형

### 1) 특 징

Theodore J. Lowi는 정책의 유형에 따라 정책의 결정과정이 달라진다고 보았으며, 정책 유형에 따라 정치적 관계가 상이해질 것으로 가정하고 있다.

로위(T. J. Lowi)는 1960년대 초에 미국 정치학계의 대논쟁인 미국식 다원주의자와 엘리트주의자의 논쟁을 통합[2]하려는 의도에서 정책을 분류했다. 로위에 의하면 규제정책의 경우에는 다원주의자의 주장이 맞고, 재분배정책의 경우에는 엘리트주의자가 옳다는 것이다.

Lowi(1972)는 정책 유형을 배분정책, 구성정책, 규제정책, 재분배정책으로 구분하였으며, 구분의 기준이 되는 것은 강제력의 행사방법(간접적, 직접적)과 강제력의 적용영역(개별적 행위, 행위의 환경)이다.

**✚ 표 2−1 Lowi의 정책 분류**

| | | 강제력의 적용영역 | |
|---|---|---|---|
| | | 개별적 행위 | 행위의 환경 |
| 강제력의 행사방법 | 간접적 | 배분정책 | 구성정책 |
| | 직접적 | 규제정책 | 재분배정책 |

출처: Lowi (1972: 300), 노화준 (2012: 138) 토대로 재구성.

---

1 정책의 관점을 행정적 관점과 정치적 관점으로 구분하는 것은, 경영·관리적 측면에 초점을 두느냐 아니면 가치배분과 처방적 성격에 두느냐의 차이로 해석할 수 있다.
2 로위(Lowi)의 엘리트이론과 다원주의이론의 상황론적 통합에 관한 내용은 CHAPTER 07 권력모형 부문에서 상세히 다룬다.

## 2) 분배정책

분배정책 (distributive policy) 은 특정한 개인, 기업체, 조직, 지역사회 등에 권리나 이익 또는 재화나 공공서비스를 배분하는 정책이다. 분배정책의 편익은 국민 다수에게 돌아가기도 하지만 사회간접자본 시설과 같이 특정지역에 보다 직접적인 편익이 돌아가는 경우도 많다.

분배정책 (分配政策) 은 정책내용이 세부 단위로 쉽게 구분되고, 각 단위는 다른 단위와 별개로 처리될 수 있다. 예를 들면 신설 고속도로 구간 선정, 신설 연구소 건립, 신설 학교 설립 등의 정책은 상호 구분되고 별개로 다룰 수 있다. 따라서 정책결정과 예산분배과정에서 로그롤링 (log rolling) 과 포크배럴 (pork barrel) [3] 과 같은 거래와 협력적 경쟁이 나타나기 쉽다.

분배정책은 정책과정에서 전문가나 관계기관의 역할은 미미하고, 의회위원회의 역할이 결정적이다. 로그롤링 (log rolling) 은 의회에서 이권과 관련된 법안을 해당 의원들이 서로에게 이익이 되도록 협력하여 통과시키거나, 특정 이익에 대한 수혜를 대가로 상대방이 원하는 정책에 동의해 주는 방식으로 이루어진다. 반면 포크배럴 (pork barrel) 은 각종 개발 사업과 관련된 법안이나 정책 교부금을 둘러싸고 의원들이 그 혜택을 서로 나누어 가지려고 노력하는 현상을 말한다.

분배정책의 사례로는 도로나 공항 및 항만 등의 사회간접자본 확충, 국·공립학교를 통한 교육서비스 제공, 국유지 불하 정책 (拂下政策), 택지분양, 주택자금대출, 기업에 대한 보조금 지원, 직업훈련원 신설 등이 제시될 수 있다.

## 3) 규제정책

규제정책 (regulatory policy) 은 특정 개인이나 집단에 대해 자유를 통제 및 제한하는 정책이다. 법령에서 제시하는 광범위한 기준을 근거로 국민들에게 강제적으로 특정한 부담을 지우는 것이다.

규제정책 (規制政策) 은 정책결정 시 정책수혜자와 피해자 (피규제자) 가 명백하게 구분되며, 이해당사자 간 제로섬 (zero - sum) 게임이 발생한다. 피해자와 수혜자가 명백하게 구분되기 때문에 정책결정자와 집행자가 서로 결탁하여 갈라먹기식 (log - rolling) 으로 정책을 결정하는 것이 어렵다.

규제정책은 법률의 형태를 취하며, 관료들은 정책의 불응자에게 어느 정도 재량권을 갖고 강제력을 행사하게 된다. 특정 개인이나 집단에 대한 선택의 자유를 제한하는 유형의 정책으로, 정책불응자에게는 강제력을 행사한다.

규제정책의 사례로는 독과점 규제, 최저임금제도, 공공건물 금연, 탄소배출권거래제, 오염물질 배출허가기준, 공해배출 업소 단속, 기업의 대기오염 방지시설 의무화, 부실 (不實) 기업 구조조정, 사기광고 배제 등이 제시될 수 있다.

## 4) 재분배정책

재분배정책 (redistributive policy) 이란 고소득층으로부터 저소득층으로의 소득이전 (所得移轉) 을 목적으로 하기 때문에 계급대립적 성격을 지닌다. 상대적으로 많이 가진 계층·집단으로부터 적게 가진 계층·집단으로 재산·소득·권리 등의 일부를 이전시키는 정책을 말한다.

재분배정책 (再分配政策) 은 재산권의 행사에 관련된 것이 아니라 재산 그 자체를 주로 문제 삼고, 동등한 취급이 아니라 동등한 소유를 지향하며 행태 (behavior) 가 아니라 존재 (being) 의 문제이다.

재분배정책은 계층 간 갈등이 심하고 저항을 유발하므로 국민적 공감대를 이끌어야 정책의도가 실현될 수 있다.

---

**3** 포크배럴 (pork barrel) 은 돼지여물통인데, 여물통에 먹이를 던져주면 돼지들이 몰려드는 장면에 빗대어 미국 의회에서 정부보조금을 타내기 위해서 경쟁하는 의원들의 행태를 비꼬기 위해 사용한 용어이다.

Lowi의 정책유형론 중 분배정책의 경우에는 정책과정에 전문가나 관계기관의 역할은 미미하고 의회위원회의 역할이 결정적인 반면, 상대적으로 재분배정책의 결정과정은 대통령 지향적이어서 대통령과 막료들의 역할이 적극적이다. 재분배정책은 중앙적 수준에서 집권적인 정책결정이 이루어진다.

재분배정책의 사례로는 누진 소득세 제도의 실시, 생활보호대상자에 대한 의료보호, 영세민에 대한 취로사업(就勞事業), 무주택자에 대한 아파트 우선적 분양, 임대주택 건설, 저소득 근로자들에게 적용시키는 근로소득보전세제, 사회보장제도, 연방은행의 신용통제 등이 제시될 수 있다.

**✛ 표 2-2 분배정책과 재분배정책**

| | 분배정책 | 재분배정책 |
|---|---|---|
| 행정가치 | 효율성 추구 | 형평성 추구 |
| 비용부담자 | 불특정 다수 | 고소득층 |
| 주요 행위자 | 의회위원회 | 대통령 |
| 대상집단의 정책순응도 | 높음 | 낮음 |

## 5) 구성정책

구성정책(constitutional policy)은 Lowi의 정책분류에서 뒤늦게 추가된 것으로 헌정(憲政) 수행에 필요한 운영규칙과 관련된 정책이다. 정치체제의 구조와 운영에 관한 정책으로, 체제 내부를 정비하는 정책으로 대외적 가치배분에는 큰 영향이 없으나 대내적으로는 '게임의 법칙'이 발생한다.

구성정책(構成政策)의 사례로는 선거구 조정정책, 정부기관이나 기구 및 기관의 신설에 관한 정책, 공직자 보수 및 공무원 연금에 관한 정책 등이 제시될 수 있다.

## 6) Lowi 분류의 약점

Theodore J. Lowi의 정책 분류는 상호배타성이라는 분류의 요건을 충족시키지 못하고 있고 정책에 대한 조작적 정의(operational definition)[4]가 어렵다. 구성정책이 나중에 추가되는 등 동일한 분류기준을 사용하지 않아 분류된 정책들이 상호배타적이지 못하고, 정책분류에서 사용한 기본 개념들의 모호함이 조작화(operationalization)를 어렵게 한다는 약점을 지닌다.

하나의 정책은 실제로는 여러 정책 유형에 속할 수 있다. 모든 국민들에게 서비스나 권리를 부여하는 배분정책일지라도 저소득층에게 더 많은 혜택이 가도록 정책설계를 한다면 재분배정책의 성격이 강한 것이다.

---

**4** 조작적 정의(operational definition)는 어떤 용어에 대해 그 용어가 적용되는지 되지 않는지를 결정하는 특정한 기준이나 절차를 구체화하는 것이다.

## ❷ Ripley와 Franklin의 정책 유형

### 1) 의 의

Randall B. Ripley & Grace A. Franklin (1986)은 Theodore J. Lowi의 정책 분류를 참고하고 정부관료제가 추구하는 사회적 목적의 특성을 기준으로 국내정책과 외교국방정책으로 대별하고 있다. 국내정책은 분배정책, 경쟁적 규제정책, 보호적 규제정책, 재분배정책으로 구분했다. 외교국방정책은 구조정책, 전략정책, 위기정책으로 나눴다.

로위 (Lowi)의 정책유형구분과의 차이는 규제정책을 경쟁적 규제정책과 보호적 규제정책으로 나누고 있는 점과 외교국방정책을 추가한 점이다.

리플리와 프랭클린은 정책 유형에 따라 이데올로기 (ideology) 논쟁 정도, 집행과정의 안정성과 정형화의 정도 등의 차이로 인해서 정책집행과정이 달라진다[5]고 주장하였다.

### 2) 분배정책

분배정책 (distributive policy)은 Lowi의 분류체계와 동일하다. 그러나 정책집행단계에서는 수혜자들 간의 경쟁이 드러날 수밖에 없음을 리플리와 프랭클린 (Ripley & Franklin)은 밝히고 있다.

### 3) 경쟁적 규제정책

경쟁적 규제정책 (competitive regulatory policy)은 다수의 경쟁자 중 특정 개인이나 집단에게 서비스 제공권을 부여하고 이들의 활동을 규제하는 정책이다.

경쟁적 (競爭的) 규제정책은 분배정책의 측면과 공익을 위한 보호적 규제정책 측면의 양면성을 지닌다. 경쟁적 규제정책의 사례로는 항공노선 선정, 방송사업자 선정, 버스운행노선 운영권 부여 등이 해당된다.

### 4) 보호적 규제정책

보호적 규제정책 (protective regulatory policy)은 소수자나 사회적 약자, 그리고 일반대중을 보호하기 위해서 개인이나 집단의 권리행사나 행동의 자유를 제한하는 정책이다.

보호적 (保護的) 규제정책은 분배정책보다 재분배정책에 더 가까운 성격을 지닌다. 보호적 규제정책의 사례로는 최저임금제도 시행, 장시간 근로제한, 기업의 대기오염 방지시설 의무화, 독과점 규제, 농산물 원산시 표시제, 남은 음식물 재사용 규제 등이 해당한다.

### 5) 재분배정책

재분배정책 (redistributive policy)은 Lowi의 분류체계와 동일하다. 그러나 재분배정책은 이데올로기 (ideology) 논쟁의 강도가 높은 점을 Ripley & Franklin은 밝히고 있다.

---

5 리플리와 프랭클린 (Ripley & Franklin)의 정책 유형에 따른 정책집행과정의 특징에 관한 상세한 내용은 CHAPTER 11 정책집행에서 다룬다.

### 6) 외교·국방정책

전략정책은 타국에 대한 군사 및 외교적 입장을 주장하고 실행에 옮기는 정책이다. 구조정책은 전략의 범위 내에서 투입될 인적·물적 자원을 배치하는 것이다. 위기정책은 예고없이 발생하는 문제에 대한 즉각적인 행동을 필요로 하는 정책으로, 전략정책이나 구조정책에 비해 대통령과 그 막료 및 관련 관료기구의 영향력이 더 큰 특징을 지닌다.

## ❸ Almond & Powell의 정책 유형

### 1) 의 의

Almond & Powell (1980)은 정치체제의 산출을 업적(performance)으로 부르면서 정책을 분배정책, 규제정책, 추출정책, 상징정책으로 분류했다. 정치체제가 수행하는 산출활동의 기능적 특성에 주목하는 기능주의(functionalism)적 관점에 기초한 분류이다.

알몬드와 파웰(Almond & Powell)의 분배정책과 규제정책은 Lowi의 분류체계와 동일하므로, 추출정책과 상징정책만 다루기로 한다.

### 2) 추출정책

추출정책(extractive performance)은 정부체제를 유지하기 위해서 환경으로부터 인적·물적 자원을 동원하는 정책이다. 조세제도, 징병제도, 성금모금 등은 추출정책에 해당한다.

### 3) 상징정책

상징정책(symbolic performance)은 정치체제에 대한 정당성(legitimacy)이나 국민통합성을 증진시키기 위하여 환경에 산출시키는 이미지(image)를 이용하는 정책이다. 국경일 제정, 역사적 인물의 상징화, 궁궐 복원, 광화문 복원 등은 상징정책에 속한다.

## ❹ Salisbury의 정책 유형

Robert H. Salisbury (1968)는 결정체제(decision system)와 요구(demand)의 통합과 분산의 정도에 따라 분배정책, 규제정책, 재분배정책, 자율규제정책으로 구분한다.

**✚ 표 2−3 Salisbury의 정책 유형**

| | | 결정체제 (decision system) | |
|---|---|---|---|
| | | 통합 (소수의 정부부처) | 분산 (다수의 정부부처) |
| 요구 (demand) | 통합 (소수집단) | 재분배정책 | 자율규제정책 (전문직 면허규제) |
| | 분산 (다수집단) | 규제정책 (독립규제위원회) | 분배정책 |

출처: Salisbury (1968).

Salisbury의 자율규제정책은 피규제집단 스스로 자신들의 이익보호 및 이익촉진을 위해 요구하는 정책으로 변호사회, 의사회, 약사회 등의 전문적 면허를 가진 집단들과 관계된 규제이다.

---

### 제3절　정책목표와 정책수단

#### ❶ 정책목표

#### 1) 정책목표의 기능

정책목표는 행정활동의 방향과 지침을 제공하고 행정에 정당성의 근거를 부여한다. 또한 능률성·효과성 평가의 기준이 되고 행정통제와 행정개선의 근거를 제공하며, MBO (목표에 의한 관리) 정립을 위한 필수적 전제가 된다.

#### 2) 정책목표의 요건

바람직한 정책목표가 되기 위해서는 정책목표의 적합성, 내용의 타당성, 정책목표 수준의 적절성, 내적 일관성 등이 요구된다.

첫째, 정책목표의 적합성 (appropriateness) 은 중요하고 해결이 시급한 문제를 목표의 대상으로 했는지 여부로서, 실질적인 내용면에서의 타당성이다.

둘째, 목표 수준의 적절성 (adequacy) 이란 문제로 인하여 발생한 피해를 어느 정도 완화시킬 수 있는지로 문제해결의 충분성이다.

셋째, 정책목표의 내적 일관성이란 정책목표들 사이에 구조적 모순과 충돌이 없도록 해야 함을 뜻한다. 목표 간 우선순위 또는 계층구조의 명확화가 요구된다.

#### 3) 정책목표의 유형

상위목표는 조직의 기본목표로 일반성과 추상성을 지닌다. 하위목표는 상위목표를 구체화한 목표이다.

유형목표는 하위목표와 같은 현실성 및 부분성을 가진 목표이다. 무형목표는 행동이나 해석상의 융통성 확보에 기여하는 장점이 있다.

상위목표, 무형목표일수록 행동이나 정책해석의 신축성이 확보되므로 이해관계의 대립을 완화시키기에 용이하다. 반면에 정책목표를 구체화시킬수록 정책수정이 곤란해진다.[6]

---

6 행복한 나라, 안전한 사회, 공정한 국가 등은 추상적이며 무형의 목표라고 할 수 있다. 한편, 임기 내 공공임대주택 몇 호 건설, 최저임금 몇 원 달성, 비정규직 비율 0% 등은 구체적이며 유형의 목표에 속한다.

## ❷ Salamon의 정책수단의 유형

### 1) 의 의

Lester M. Salamon (2002) 은 직접성 (directness) 과 강제성 (coerciveness) 의 정도에 따라 정책수단 (policy tools) 을 분류했다. 직접성이란 공공활동 허가 및 재원조달 주체가 관여한 정도이다. 강제성은 개인의 자유에 대한 제약 정도의 문제이다. Salamon은 형평성에 대한 고려가 특히 중요한 경우에는 직접적 수단이 간접적 수단보다 적절하다고 주장한다. 정책수단의 직접성과 강제성이 높을수록 형평성과 효과성이 높아진다. 반면에 정책수단의 직접성과 강제성이 낮을수록 형평성과 효과성이 낮아진다.

### 2) 직접적 정책도구

직접적 수단 (direct tools) 은 경제적 규제 (economic regulation), 정부소비 (direct government), 공기업 (government corporations), 직접대출 (loan), 정보제공 (public information) 등이다.

첫째, 경제규제 (economic regulation) 란 경제활동에 관한 규칙, 기업의 진입과 퇴출, 가격 및 생산 활동에 대한 통제 등을 의미한다. 규제는 진보와 보수 등 정책 이데올로기 차원에서 논란의 대상이 되는 정책수단이다. 진보진영은 규제를 찬성하지만, 보수진영은 규제를 반대할 수 있다.

둘째, 정부소비 (direct government) 는 정부가 직접 지출하는 물품구매나 인건비 등으로 정부의 전통적인 소비활동이다.

셋째, 공기업 (government corporations) 은 정부가 출자하여 경영상의 책임을 부담하는 기업으로 공공서비스를 직접 공급한다. 공기업은 직접적 정책수단 중 하나로서 정부의 소유 또는 통제 하에 재화와 서비스를 제공한다.

넷째, 직접대출 (loan) 은 정부기관의 자금을 기업이나 단체 등에게 직접 대출의 형식으로 자금지원을 하는 것이다.

다섯째, 정보제공 (public information) 은 정부가 보유하고 있는 정보를 국민에게 전달하는 것이다.

### 3) 간접적 정책도구

간접적 수단 (indirect tools) 에는 사회적 규제 (social regulation), 조세지출 (tax expenditure), 계약 (contracting), 공적 보험 (government insurance), 바우처 (voucher) 제도, 보조금 (grant), 대출·지급보증 (loan guarantee), 부과금·벌금 (charges), 피해보상청구권·손해책임법 (tort liability law) 등이 포함된다.

첫째, 사회적 규제 (social regulation) 는 환경, 노동, 보건, 위생, 안전, 교육 등의 사회권과 관련된 규범을 제정하여 개인 및 기업의 사회적 행동을 규제하는 것이다.

둘째, 조세지출 (tax expenditure) 은 정부가 받아야 할 세금을 받지 않고 포기한 것을 의미한다.

셋째, 바우처 (voucher) 제도는 공공서비스 공급자 간 경쟁을 촉진시켜 서비스의 질을 제고하며, 소비자에게 금전적 가치가 있는 쿠폰이나 포인트를 제공하는 방식을 의미한다. 바우처 제도는 저소득층 및 특수계층을 대상으로 하는 복지 분야에서 많이 활용되고 있다.

넷째, 지급보증 (loan guarantee) 이란 특별한 사건이 발생했을 때 개인이나 기업의 손실을 보상해 주기로 정부가 동의하는 것을 의미한다.

## 4) 강제성 정도에 의한 정책수단

경제규제 (economic regulation) 와 사회규제 (social regulation) 는 정부의 권위에 근거하므로 강제성이 높은 정책수단이다. 규제는 형평성을 확보하기 위한 유효한 수단이며, 효율적인 집행을 통해서 규제의 목표달성도인 효과성과 정치적 지지 획득인 정치적 정당성이 높아질 수 있다. 그러나 규제는 피규제집단의 저항, 규제기관이 피규제기관에 동조하는 포획현상, 규제기관의 재량권 남용 등의 문제가 상존하므로 관리가능성이 낮고 규제의 효율성이 떨어질 수 있다.

한편 손해책임법, 정보제공, 조세지출, 바우처, 보조금 등은 강제성이 낮은 정책수단으로 분류된다.

**✚ 표 2-4 Salamon의 정책수단**

| | 직접성 | 강제성 |
|---|---|---|
| 경제적 규제 | 높 음 | 높 음 |
| 정부소비, 공기업, 직접대출, 정보제공 | 높 음 | 낮 음 |
| 사회적 규제 | 낮 음 | 높 음 |
| 조세지출, 보조금, 바우처, 손해책임법, 공적보험, 벌금, 대출보증, 계약 | 낮 음 | 낮 음 |

출처: Salamon(2002: 26, 29) 토대로 재구성.

## ❸ Vedung의 정책도구 분류

비덩 (Evert Vedung, 1998) 은 정책도구를 에치오니 (Etzioni) 의 권력분류인 강제적 권력, 보상적 권력, 규범적 권력에 근거하여 채찍 (stick) 으로써 규제적 도구, 당근 (carrots) 으로써 유인적 도구, 정보제공 (sermons) 으로써 정보적 도구 등으로 유형화하였다.

## ❹ Hood의 통치자원의 유형에 따른 분류

Hood (1986) 는 정부가 사용할 수 있는 통치자원 (governing resources) 을 정보 (nodality, information), 권위 (authority), 자금 (treasure), 공식조직 (formal organization) 으로 분류했다.

정보에 기반을 둔 수단 (공공정보, 권고 또는 설득 등), 권위에 기반을 둔 수단 (규제정책), 자금에 기반을 둔 수단 (재정인센티브, 대출, 조세지출, 바우처, 공적 보험 등), 조직에 기반을 둔 수단 (정부기관, 공기업, 시장조직 등) 으로 구분할 수 있다.

권위에 기반을 둔 수단은 규제정책을 의미하는 것으로, 예측가능성이 높기 때문에 사회적 위기상황에 적합한 수단이다. Hood는 정책수단의 선택은 정치적인 성격을 가지며 특히 진보나 보수처럼 이념적으로 지향하는 가치는 정책수단의 선택에 핵심적인 영향을 미친다고 보았다.

## 제4절　변 수

### ❶ 독립변수

독립변수 혹은 원인변수란 결과변수에 영향을 미치는 모든 원인변수를 말하는데, 이 원인변수에는 정책변수와 환경변수가 있다.

정책변수(policy variable)란 원인변수 중에서 정책결정자가 정책대안으로 채택하여 개선하거나 다룰 수 있는 것으로, 어느 정도 마음대로 조작 가능한 변수를 뜻한다.

반면에 환경변수(environment variable)는 학생들의 가정환경처럼 정책결정자가 정책을 통해 조작할 수 없는 제약조건을 의미한다.

### ❷ 허위변수

허위변수(spurious variable)는 독립변수와 종속변수 간 전혀 관계가 없음에도 불구하고 마치 상관관계가 있는 것처럼 보이도록 하는 제3의 변수이다.

독립변수인 정책수단의 효과가 전혀 없을 때 숨어서 정책효과를 가져오는 변수로, 정책수단과 정책효과 사이의 인과관계를 완전히 왜곡하는 요인이다.

허위변수는 독립변수와 종속변수 모두에게 영향을 미치며 이들 사이의 공동변화를 설명하는 제3의 변수이다.

**✚ 그림 2-1 허위변수와 혼란변수**

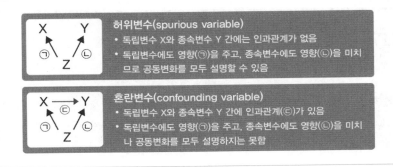

### ❸ 혼란변수

혼란변수(confounding variable)는 독립변수와 종속변수 간에 상관관계가 있는 상태에서 두 변수 간의 관계를 과대 또는 과소평가하게 만드는 제3의 변수이다.

독립변수인 정책수단과 함께 종속변수인 정책효과를 가져오는 요인으로, 정책수단과 정책효과 사이의 인과관계를 과대 또는 과소평가한다.

## ④ 다양한 변수들

### 1) 억제변수

억제변수는 독립변수와 종속변수 간에 상관관계가 있는데도 없는 것처럼 보이도록 하는 제3의 변수이다.

### 2) 왜곡변수

왜곡변수는 독립변수와 종속변수 간의 관계를 반대로 보이게 하는 제3의 변수이다.

### 3) 선행변수

선행변수는 독립변수에 선행하여 작용함으로써 독립변수에 영향을 미치는 제3의 변수이다.

### 4) 매개변수

매개변수는 독립변수와 종속변수의 사이에서 독립변수의 결과인 동시에 종속변수의 원인이 되는 제3의 변수다.

### 5) 조절변수

독립변수와 종속변수 간에 상호작용 효과를 나타나게 하는 제3의 변수이다. 독립변수와 종속변수 사이의 제2의 독립변수로 상호작용 효과를 강화시키거나 약화시킨다.

---

## 제5절　정책결정요인론

## ① 정책결정요인론 연구

### 1) 의 의

정책결정요인론이란 정책의 산출과정에서 정책의 내용을 결정하는 것이 환경으로부터의 투입인지, 정치체제의 특성인지에 관한 연구를 말한다. 정책결정요인론은 정책환경이 정책의 주요한 내용을 규정한다는 것을 규명해 주었다는 점에서 정책연구에 큰 기여를 하였다.

환경으로부터의 투입은 사회·경제적 요인으로 1인당 국민소득, 인구밀도, 도시화 등이 해당된다. 정치체제의 특성은 정치적 요인으로 정당 간 경쟁, 투표율 등이 포함된다.

### 2) 초기 연구

초기 연구에서는 정치적 요인보다 사회·경제적 요인이 정책내용에 더 큰 영향을 미치는 것으로 나타났다. 초기 연구인 경제학자들의 환경연구에서는, 재정학자들에 의해 사회·경제적 요인이 정책의 내용을 좌우하는 것으로 결론이 도출되었다.

### 3) 후기 연구

후기 연구에서는 사회·경제적 요인과 함께 정치적 요인도 정책내용에 영향을 미치는 것으로 나타났다. 후기 연구인 Cnudde와 McCrone의 혼합모형에서는 사회·경제적 변수뿐만 아니라 정치적 변수도 정책에 독립적인 영향을 미친다는 것을 증명하여 정치체제와 정책 간의 관계를 혼란관계로 파악하고 있다.

## ❷ 정책결정요인모형

### 1) Key & Lockard의 참여경쟁모형

V. O. Key, Jr. (1949)는 대단위 농장주라는 경제적 환경이 저소득층의 정치적 영향력 확대를 막기 위해 정당 간의 경쟁을 축소시켰고, 경쟁이 적을수록 사회보장지출이 적다고 분석했다.

Duane Lockard (1959)는 경제가 발달할수록 정당 간의 경쟁이 심해지고, 증대된 정당 간의 경쟁으로 복지지출이 증가된다고 했다.

키와 로커드 (Key - Lockard) 모형은 '사회·경제적 변수 (독립변수) ⇨ 정치적 변수 (매개변수) ⇨ 정책 (종속변수)'의 순차적 관계가 인정된다. 따라서 정치체제와 같은 정치적 변수가 매개변수가 된다. 정치체제와 같은 정치적 변수는 독립변수인 사회·경제적 변수의 결과이자 종속변수인 정책의 원인이 되는 것이다.

### 2) Dawson & Robinson의 경제적 자원모형

Richard E. Dawson & James. A. Robinson (1963)의 경제적 자원모형에서는 소득, 인구 등의 사회·경제적 요인이 정책내용을 모두 결정한다. 따라서 정치적 변수는 정책에 단독으로 영향을 미치지 못하는 허위의 상관관계이다.

정치체제 (정치적 요인)는 환경변수 (사회·경제적 요인)와 정책내용 간의 매개변수가 아니므로 '사회·경제적 변수 (환경변수, 제3의 변수) ⇨ 정치적 변수 (독립변수) ⇨ 정책 (종속변수)'의 순차적 관계가 부정된다.

도슨과 로빈슨의 경제적 자원모형은 정책을 좌우하는 것은 정치적 요인이 아니라 소득수준과 같은 사회경제적 요인임을 입증한 모형이며, 정치체제와 정책은 허위의 관계에 있음을 설명했다.

### 3) Cnudde & McCrone의 혼합모형

Charles F. Cnudde & Donald J. McCrone (1969)의 혼합모형에서는 사회경제적 변수 (제3의 변수)뿐만 아니라 정치적 변수 (독립변수)도 정책 (종속변수)에 영향을 준다고 본다.

따라서 정치적 변수와 정책의 관계는 혼란관계가 된다. 다만, 정치적 변수보다는 사회·경제적 변수와 같은 환경적 변수가 정책에 더 큰 영향을 미친다고 본다.

**➕ 그림 2-2 경제적 자원모형과 혼합모형**

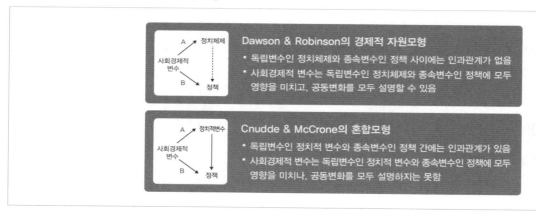

## 제6절 │ 정책과정의 참여자

### ❶ 공식적 참여자

#### 1) 참여자의 유형 구분

공식적 참여자는 대통령, 입법부(의회), 행정부처, 사법부, 헌법재판소, 지방정부 등이다. 정당, 언론, 여론, 시민단체 (NGO), 이익집단 등은 비공식적 정책 참여자로 분류된다.

#### 2) 공식적 참여자의 특징

대통령은 국회와 사법부에 대한 헌법상의 권한을 통하여 영향력을 행사하며, 행정부 주요 공직자에 대한 임면권을 통하여 정책과정에서 주도적 역할을 수행한다.

엘리트주의에서는 관료의 적극적 역할보다는 지배계층의 역할에 주목한다. 철의 삼각에서 관료는 특수 이익집단의 이익에 종속되는 경향이 있다. 조합주의적 관점에서는 관료의 적극적 역할을 옹호한다. 이슈네트워크에서는 이슈에 따라 관료가 방관자가 되거나 주도적 역할을 하기도 한다.

의회는 중요한 정부정책을 결정하는 공식적 참여자이다. 국회는 국정조사나 예산심의 등을 통하여 행정부를 견제하고, 국정감사나 대정부질의 등을 통하여 정책집행과정을 평가한다.

사법부는 정책집행으로 인한 사회적 갈등상황이 야기되었을 때 판결을 통하여 정책의 합법성이나 정당성을 판단한다. 헌법재판소는 위헌심사를 통해 정책과정 전반에 영향을 미친다.

### ❷ 비공식적 참여자

정당, 이익집단, NGO, 언론매체, 정책전문가·정책공동체·싱크탱크, 일반시민과 여론 등이다.

정책전문가는 정책을 분석·평가하여 정책 대안을 제시한다.

### ❸ 품의제도

#### 1) 개 념

결정권자가 스스로 입안하는 것이 아니라 하위 기안 (起案) 책임자가 기안하고, 단계별로 상위자의 결재를 거쳐 최고결재권자가 결재를 한 다음에 기안책임자가 집행하는 공식적인 정책결정체제로 민간기업에서도 사용한다.

하의상달 (下意上達) 식이고 계선 (系線) 중심의 공식적·제도적 의사결정이다. 업무는 분권적이고 의사결정은 집권적인 성격을 지닌다.

#### 2) 품의제의 장점

하의상달 (下意上達) 또는 민주적·상향적 결정을 통해 하급직원의 사기를 앙양 (昻揚) 하고 정책결정에 대한 사전조정 및 심사기능을 한다. 결정권이 조직의 장에게 전속하고 있으므로, 장은 강력한 리더십을 발휘할 수 있다. 정책결정과 집행의 유기적 연계가 가능하다. 품의제는 하위자가 기안한 품의서를 관계부문에 돌려서 의견을 묻거나 동의를 구한 후에 결재권자가 결재하는 방식으로, 실시단계에서의 협력 확보나 기록보존이 용이하다.

#### 3) 품의제의 단점

회의제가 아닌 독임 (獨任) 형 의사결정방식으로, 여러 단계의 계층제적 경로를 거쳐야 하므로 의사결정이 지연되고 토론 및 회의를 통한 합리적·분석적 결정을 저해한다. 문서주의가 심화되고, 결정의 다단계화가 책임을 불명확하게 한다. 실무자선에서 횡적 업무 협조가 약화된다. 상급자의 결재를 통하지 않고는 다른 부서와의 실무적 협조가 곤란하게 되어 할거주의 (割據主義) 를 초래할 수 있다.

### ❹ 담론적 접근방법

#### 1) 의 의

담론 (談論) 적 정책결정과정은 평등한 의사소통에 의한 논증과 논변을 기초로, 관련 이해관계자들의 참여와 토론을 통해 상호이해와 합의에 의한 결정이 이루어지는 것이다.

#### 2) 평 가

정책결정과정에 있어서 담론적 접근방법을 선택할 때 기대되는 유용성은 다수의 정책참여에 의하여 정책의 정당성을 확보하는 데 유리하다는 점이다. 지식, 지혜 및 정보를 포괄적으로 활용할 수 있으며 구성원의 합의로 주관적·상대적인 정책평가기준이 활용될 수 있다.

그러나 정책결정과정에서 시간의 한계 및 정확한 정보의 부족문제를 극복하기 어렵다. 따라서 담론적 결정은 정책결정과정에 과도한 시간과 비용이 소요되는 문제를 지니고 있다.

# C HAPTER

# 07 권력모형

---

## 제1절 권력모형의 구분

### ❶ 접근방법에 따른 구분

#### 1) 체제론적 접근방법

David Easton의 견해로, 체제에서 투입단계를 정책의제형성으로 보는 입장이다. 체제의 과부하(overload)를 방지하기 위하여 체제 내부의 능력에 맞는 의제 설정을 강조한다. 체제로의 진입에서 결정적인 역할을 하는 것은 체제의 문지기(gatekeeper: 대통령, 고위관료, 국회의원 등)이다. 문지기가 체제로의 진입을 허용하는 일부 사회 문제만 정책문제로 채택된다고 본다.

#### 2) 의사결정 접근방법

Herbert A. Simon은 제한된 합리성(bounded rationality)을 근거로, 인간의 인지능력상의 제약으로 인해 모든 사회문제를 인식할 수 없기 때문에 인식할 수 있는 일부 문제만 정책의제화된다고 본다. 사이먼(H. A. Simon)은 의사결정단계를 '주의집중단계(intention) ⇨ 설계(design) ⇨ 선택 단계(choice)'로 나누고 주의집중단계를 정책의제형성이라고 한다. 그러나 왜 특정의 문제가 정책문제로 채택되고 다른 문제는 제외되는가에 대한 설명에 한계가 있다.

#### 3) 정책결정 권력모형

다원주의(pluralism)와 elite주의의 논쟁, 베버주의(Weberism), 조합주의(corporatism), 맑시즘(Marxism), 정책네트워크(policy network) 모형 등이 있다.

### ❷ 주도권에 의한 구분

#### 1) 국가중심적 접근방법

국가주의적 접근인 신베버주의, 신중상주의와 국가의 적극적 역할을 강조하는 조합주의가 해당된다고 볼 수 있다.

#### 2) 사회중심적 접근방법

사회의 다양한 세력과 집단들의 경쟁과 이들의 권력에의 접근가능성을 인정하는 다원주의 또는 이익집단론, 특정한 소수의 권력집단인 엘리트주의, 경제적 권력을 갖는 지배계급의 이익을 대변하는 것으로 국가를 바라보는 마르크스주의가 있다.

## 3) 정책네트워크 (policy network) 모형

정책과정에 대한 국가중심 접근법과 사회중심 접근법이라는 이분법적 논리를 극복하고자 하는 이론이다.

## ❸ 권력의 집중과 분산에 따른 구분

### 1) 권력 균형론

권력 균형론 또는 권력 분산론은 양보와 타협을 통해 집단 간의 권력의 균형이 이루어진다고 보고, 정부의 관료제도 스스로의 이익을 추구하면서 외부집단이나 개인들이 가하는 압력에 반응하는 하나의 동등한 집단으로 본다.
다원주의, 신다원주의, 사회조합주의, 하위정부론 등이 권력 균형론 또는 권력 분산론에 해당된다고 볼 수 있다.

### 2) 권력 불균형론

권력 불균형론 또는 권력 집중론은 국가의 독점적 통치·엘리트·지배계급에 의한 하향적 통치를 중시하는 것으로, 권력의 균형이 아닌 권력이 집중되는 과정과 관련된다.
국가조합주의, 엘리트주의, 마르크스주의, 신마르크스주의 등은 권력 불균형론 또는 권력 집중론에 해당된다고 볼 수 있다.

---

## 제2절 | 엘리트론

### ❶ 엘리트론

엘리트주의에서는 권력은 다수의 집단에 분산되어 있지 않으며 소수의 힘 있는 기관에 집중되고, 기관의 영향력 역시 일부 고위층에 집중되어 있다고 주장한다. 엘리트주의는 정책이 동질적이고 폐쇄적인 엘리트들의 자율적인 가치배분에 의해 결정된다고 본다.

### ❷ 고전적 엘리트론

유럽에서 주장된 고전적 엘리트이론은 Gaetano Mosca, Robert Michels, Vilfredo Pareto 등에 의해 대표된다.
Gaetano Mosca는 엘리트 통제의 핵심이 '소수집단의 조직화 능력'에 있다고 본다. Robert Michels는 사회조직을 지배하는 가설로 '과두지배의 철칙 (the iron law of oligarchy)'을 주장하였다. Vilfredo Pareto는 엘리트 계층의 구성원이 사회적 유동성에 의해 바뀔 수도 있다고 보며, 이를 '엘리트 순환론'이라고 부른다.

## ❸ 현대 엘리트이론

현대적 엘리트이론에서는 소수의 지배엘리트들(지배계급)과 다수의 피지배자가 구분되며, 정책은 엘리트의 선호에 의하여 결정되는 것이라고 본다. 특히 1950년대 미국의 elite이론은 미국사회에서 엘리트 지배를 실증적으로 입증하고 있으며, Mills의 지위접근법(positional method)과 Hunter의 명성적 접근방법(reputational method)이 대표적이다.

C. Wright Mills(1956)은 『권력엘리트(The Power Elite)』에서 권력은 '사회적 지위'에서 나온다고 주장하였다. 기업체, 군, 정치 세 영역의 '권력엘리트(power elite)'들이 중요한 결정을 내린다고 본다. C. Wright Mills의 주장은 Dwight David Eisenhower 대통령이 의회에서 행한 사임연설에서 언급한 '군산복합체(military industry complex)'를 통해서 지지되었다. Floyd Hunter(1953)의 명성·평판접근법(reputational method)은 전국적 차원이 아니라 지역사회의 지배구조에 초점을 맞추면서, 소수 엘리트가 강한 응집성을 가지고 정책을 결정하고 정치에 무관심한 일반대중들은 비판없이 이를 수용한다고 설명한다. Floyd Hunter는 애틀랜타(Atlanta)시의 지역사회연구를 통해 정치엘리트가 아니라 응집력과 동료의식이 강하고 협력적인 '기업·경제엘리트들'이 지역사회를 지배한다고 보았다. 대부분의 중요정책의 결정과정의 배후에는 경제엘리트의 영향력이 작용하고, 정부는 단지 정책집행기관에 불과하다고 한다.

## ❹ 신엘리트론, 무의사결정론

### 1) 의 의

신엘리트론자인 Peter Bachrach & Morton Baratz(1962)는 정책문제 정의와 의제설정과정에 관한 엘리트론의 관점을 무의사결정(non-decision making)론으로 설명하고자 하였다. 엘리트들에게 안전한 이슈만을 논의하고, 불리한 문제는 거론조차 못하게 봉쇄하는 것과 밀접하게 연결되어 있다.

바흐라흐와 바라츠의 무의사결정(non-decision making)론은 권력을 가진 집단은 자신들의 이해관계와 관련하여 자신들에게 불리하거나 바람직하지 않다고 생각되는 특정 이슈들이 정부 내에서 논의되지 못하도록 봉쇄한다고 설명한다. 신엘리트론은 실제 정책과정은 기득권의 이익을 수호하려는 보수적인 성격을 나타낼 가능성이 높다는 것을 시사(示唆)해 준다.

### 2) 다원주의 비판

신엘리트이론 또는 무의사결정론은 단순히 사회적 지위나 명성에 의하여 엘리트들의 권력행사를 파악하려고 했던 C. Wright Mills나 Floyd Hunter의 초기 미국 엘리트이론은 엘리트에 의한 또 다른 측면의 권력행사를 고려하지 못하였다고 평가하고, 엘리트들의 은밀한 권력에 의한 의도적 무결정을 강조하였다.

정책결정에 영향을 미치는 정치권력은 두 가지 얼굴이 있다고 주장하며, 이 가운데 하나의 측면인 권력의 밝은 면만을 고려하고 또 다른 측면인 권력의 어두운 면을 보지 못한 Robert Alan Dahl의 다원주의를 비판하였다.

### 3) 광의의 무의사결정

넓은 의미의 무의사결정은 정책의제 설정과정뿐만 아니라 정책결정과정, 그리고 정책집행과정에서도 발생한다. 정책문제 채택과정에서 기존 세력에 도전하는 요구는 정책문제화하지 않고 억압한다. 사회의 현존 이익과 특권적 분배 상태를 변화시키려는 요구가 표현되기도 전에 질식·은폐되거나, 그러한 요구가 국가의 공식 의사결정 단계에 이르기 전에 소멸되기도 한다. 엘리트는 정책문제의 정의와 의제설정과정에서 은밀한 영향력을 행사하기 때문에 실증적 분석방법론의 활용이 어렵다고 주장하였다. 집행과정에서도 무의사결정이 일어난다고 보며, 정책대안이 마련되었다 하더라도 정책집행의 과정에서 정책대안이 집행되지 못하도록 한다.

## 4) 무의사결정의 수단과 방법

무의사결정의 수단과 방법은 폭력을 이용하는 방법, 적응적 흡수, 지배적인 가치·신념·편견의 동원, 현존 규칙·절차의 재편성 등이 사용된다. 무의사결정을 추진하는 수단이나 방법으로 정치체제의 규범이나 절차 등을 수정 및 보완하여 정책요구를 봉쇄하는 방법뿐만 아니라 폭력이나 테러행위도 사용된다.

변화의 주창자에 대해서 현재 부여되고 있는 혜택을 박탈하거나 새로운 이익으로 매수한다. 변화를 주장하는 사람으로부터 기존에 누리는 혜택을 박탈하거나 새로운 혜택을 제시하여 매수하기도 한다.

정치체제 내의 지배적 규범이나 절차를 강조하여 변화를 주장하는 요구가 제시되지 못하도록 한다. 정책문제를 기각 혹은 방치하여 결과적으로 정책대안이 만들어지지 못하도록 한다. 무의사결정의 수단으로 폭력, 권력, 편견의 동원, 편견의 수정이 사용된다. 편견의 수정은 정치체계의 규범, 절차 자체를 수정·보완하여 정책의 요구를 봉쇄하는 방법으로, 가장 간접적이며 우회적인 방법이다.

---

## 제3절 | 다원론

### ❶ 다원주의

#### 1) 권력의 분산과 경쟁

다원주의이론에 따르면 권력은 다양한 세력들에게 분산되어 있으며, 권력은 대중의 요구에 민감하게 반응한다. 정부정책을 다양한 행위자들 간의 협상과 경쟁의 결과로 본다. 이해관계자들의 타협과 조정에 의하여 의사결정을 한다.

다원론에서는 엘리트가 엘리트 자신들의 이익을 추구하기보다 다수의 의사를 반영한다고 본다. 각 정책영역별로 영향력을 행사하는 엘리트들이 각기 다르며, 엘리트집단 전체가 대중의 요구에 민감하게 움직일 수밖에 없다고 본다.

#### 2) 동등한 접근기회

각종 이익집단은 정책과정에 동등한 정도의 접근기회를 갖는다. 이익집단 간의 영향력의 차이는 구성원의 수, 재정력, 리더십, 응집성 등에 따라 달라지는 것일 뿐, 정부가 차별적으로 접근을 허용하기 때문은 아니다.

#### 3) 전체적 균형

이익집단들 간에 상호 경쟁적이지만 게임의 규칙을 준수해야 한다는 데 합의하고 있고, 이익집단 간에 영향력의 차이는 있지만 전체적으로 균형을 유지한다.

### 4) 정부의 중립적 조정자 역할

다원주의에서 정부의 역할은 개인과 집단의 이익을 중립적인 입장에서 조정하는 역할을 담당하는 것이며 이러한 과정을 통해 정책이 만들어지고 집행된다. 다원주의에서의 정부는 다양한 이익집단 간 이익의 소극적 중재자 역할에 한정되고, 집단들 간에 조정자 역할 또는 심판자의 역할을 할 것으로 기대된다. 경쟁시장에서 개인의 합리적 선택이 사회 전체의 합리성을 보장한다고 보는 고전학파경제학의 입장과 유사하다.

### 5) 외부주도형

정책의제설정은 대부분 외부주도모형에 따라 이루어진다. 다원주의에 의하면, 개인차원이 아니라 집단차원에서 정책결정에 직접적 영향력을 행사하기가 수월하다. 다원주의에서는 다양한 집단들의 선호를 반영하여 정책이 결정된다. 다원주의는 사회중심적 접근법이다.

## ❷ 이익집단론

### 1) 의 의

다원주의이론에는 크게 고전적 다원주의에 해당하는 이익집단론(집단과정이론)과 이를 바탕으로 연구된 Robert Alan Dahl의 다원주의론(다원적 권력이론)이 있다.

이익집단들 간은 상호 경쟁적이지만 기본적으로는 게임의 규칙을 준수해야 하는 데 합의를 하고 있다고 본다. 다양한 이익집단은 정부의 정책과정에 동등한 접근기회를 가지고 있음을 전제한다. 즉 이익집단 간의 영향력의 차이는 구성원의 수, 재정력, 리더십 등 이익집단 내부적 요인에 있는 것이지 정부에 의한 차별적 접근허용에 기인한 것은 아니라고 본다. 이익집단들 간의 영향력 차이는 있지만 전체적으로는 균형을 유지하고 있다는 입장이다.

권력의 원천이 특정 세력에 집중되지 않고 다수의 이해집단으로 분산되어 있으면서도 이익집단 내재적 원인에 기인한 불공평성을 지니지만, 사회 전체적으로는 균형을 이루고 있다고 본다. 분산된 권력이면서도 불공평성을 내재한 다원적 권력을 위한 이익집단들 간의 경쟁은 정치체제의 유지에 순기능적이라고 한다.

### 2) 이익집단론과 공공이익집단론

Arthur Fisher Bently(1908)과 David Bicknell Truman(1971)으로 대표되는 이익집단론에 따르면 정치과정의 핵심은 이익집단활동이며, 정책과정에서 관료들의 소극적인 역할을 상정하고 있다. 이익집단론은 정치체제가 잠재이익집단과 중복회원 때문에 특수이익에 치우치지 않는다고 주장한다.

반면에 공공이익집단론은 공익을 주장하는 집단의 이익이 우선시된다는 것이다. 공공이익집단론은 특수이익보다는 공익에 가까운 주장을 하는 이익집단의 이익이 정책에 반영될 것이라는 이론이며, 엘리트이론에 대한 반론이 아니라 고전적 다원주의인 이익집단론에 대한 반론이다.

## ❸ 다원적 권력론

Robert Alan Dahl (1961) 은 New Haven시를 대상으로 한 연구에서 다원주의사회의 특성을 주장한다. 정책영역별로 영향력을 행사하는 엘리트들이 각기 다름을 설명한다. Robert A. Dahl은 다원론 (pluralism) 관점에서 미국은 민주주의 국가이기 때문에 특정한 어느 개인이나 집단도 주도권을 행사하기 어렵다고 주장하였다. 동일한 엘리트가 모든 정책영역에서 지배적인 영향을 행사하는 것은 아니다.

Robert A. Dahl의 다원론에서 정책문제의 선정은 특정세력에 의하여 작위적·인위적으로 이루어지는 것이 아니라 무작위적·자동적으로 이루어진다고 가정한다. 엘리트는 대중의 요구에 민감하게 움직이며, 엘리트들 간의 정치적 경쟁으로 대중의 선호가 정책에 반영된다.

## ❹ 신다원주의론

신다원주의론은 자본주의 국가에서는 기업가집단의 특권적 지위가 현실의 정책과정에서 나타난다고 본다. 다원주의와 신다원주의는 집단 간 경쟁의 중요성을 인정한다는 점에서 같은 입장을 취하고 있다. 신다원주의는 집단 간 경쟁의 중요성은 여전히 인정하면서, 집단 간 대체적 동등성의 개념을 수정하여 특정집단이 다른 집단보다 더욱 강력할 수 있다는 점을 인정하였다.

다원주의는 정책결정에 있어서 정부의 이해관계와 영향력을 간과하고 있다고 비판을 받는다. 신다원주의는 정부는 단순히 중립적 조정자의 역할에 그치는 것이 아니라 능동적·전문적 지위를 갖는다고 본다.

Charles E. Lindblom (1977) 은 기업집단이 다른 집단보다 더 강력하다고 주장한다. 자본주의 국가의 정부는 프로그램을 위해 지출해야 하는 과세 (課稅) 의 기반과 자신들의 재선 기반을 확보하기 위해 번영하는 경제가 필요하기 때문에, 정부는 기업의 요구에 특별한 관심을 가질 수밖에 없다는 것이다.

## ❺ 다원주의와 엘리트이론의 상황론적 통합: Lowi의 정책 분류

Theodore J. Lowi는 정책 유형에 따라 정책을 둘러싼 이해당사자들 사이의 상호작용 양식이 달라진다고 주장한다. 정책을 독립변수로 보고 정책의 성격과 유형에 따라 정책과정이 달라진다고 보면서, 정책결정과정을 연구하여 정책 유형을 도출하는 데 커다란 기여를 했다.

로위 (T. J. Lowi) 의 정책 유형의 분류는 다원주의와 엘리트주의를 통합하려는 노력의 일환으로 볼 수 있다. Lowi는 하나의 정치적 모형이 모든 정책을 지배할 수 없으며 정책 유형별로 정책결정과정에서 나타나는 정치적 특징이 달라진다고 보았다.

Lowi는 정책결정 행태에 따라 규제정책과 재분배정책을 구분했다. 다원주의적 행태는 규제정책으로, 엘리트주의적 행태는 재분배정책이라고 하면서 다원주의와 엘리트주의를 통합하려고 시도했다.

규제정책이 다원주의에 가깝다고 본 이유는 규제로 인해서 이익을 받는 집단과 손해를 보는 집단 간의 갈등과 타협의 결과로 규제정책이 산출되기 때문이다.

재분배정책이 엘리트주의에 부합한다고 주장한 근거는, 재분재정책의 경우 유산자 (有産者) 와 무산자 (無産者), 부유층과 저소득층, 대기업과 소기업 사이의 정책갈등과 조정이 특정 엘리트집단에 의해 집권적으로 이루어지기 때문이다.

한편 Lowi는 미국의 통상정책, 미국의 국유지 불하정책, 하천이나 항만 등의 사회간접자본 건설, 연구 개발, 기업에 대한 수출보조금 및 융자금 지원 등의 정책은 엘리트주의나 다원주의자들이 상정하는 것과는 다른 정책결정 행태를 보인다고 하면서, 이를 '후원 (patronage)' 또는 '분배정책'이라고 했다.

**✚ 표 2-5 Lowi의 정책유형과 정치적 관계**

| 활동무대 | 기본적인 정치단위 | 단위들 간의 관계 | 권력구조 | 구조의 안정성 |
|---|---|---|---|---|
| 분배정책 | 개인, 회사 (firm), 법인 (corporation) | • 로그롤링 (logrolling)<br>• 상호불간섭<br>• 공통점이 없는 이해관계 | 지지집단을 가진 비갈등 관계의 엘리트 | • 의회의 위원회나 행정기관에서 결정됨<br>• 안정적 구조 |
| 규제정책 | 집단 (group) | • 상호제휴 (coalition)<br>• 협상<br>• 관련문제에 대한 공유된 이해형성 | 다원적, 다중추적 균형 | 불안정 |
| 재분배정책 | 연합 (association) | • 연합 (association)<br>• 계급<br>• 이념 | • 갈등 관계의 엘리트<br>• 엘리트와 대항엘리트 | • 대통령과 정상연합<br>• 안정적 구조 |

출처: Lowi (1964: 691), 남궁근 (2012: 105) 재인용.

---

## 제4절  조합주의

### ❶ 조합주의의 개념과 특징

#### 1) 의 의

조합주의 (corporatism) 이론은 정책과정에서 국가의 역할이 적극적·주도적이라고 본다. 조합주의는 국가의 독자성, 지도적·개입적 역할을 강조한다.

Philippe C. Schmitter (1974)에 의하면 조합주의는 정책결정에서 정부의 보다 적극적인 역할을 인정하고, 이익집단과의 상호협력을 중시한다. 정부는 사회적 공동선을 달성하기 위해 중요 이익집단과 우호적 협력관계를 유지한다. 조합주의는 국가가 중심이 되어 사회 각 분야의 독점적 이익대표를 조정하는 메커니즘 (mechanism)이다.

#### 2) 특 징

다원주의적 이익대표체계가 분야별로 다양한 이익집단의 자율적·경쟁적 이익표출을 전제하는 것에 비해서, 조합주의에서 이익집단은 단일적·위계적이고 강제성을 띠며 비경쟁적인 이익대표체계를 형성한다.

첫째, 각 구성단위는 특정 영역 또는 제한된 범주 내에서 전국적이며 전문적이고, 독점적인 이익집단의 형태로 조직되어 있다. 계서적인 위상을 가지며 전체 체계는 위계적으로 조직화된다. 각 구성단위는 지도자의 선출과 요구 표명에 있어 국가의 통제를 수용하는 대가로 해당 범위 내에서 이익대표권을 독점한다.

둘째, 이익집단 간은 경쟁적이 아니라 협력적이며, 이익집단 간의 상대적 중요성은 사회 속에서 수행하는 역할의 기능적 중요도에 따라 차이를 보인다. 이익집단은 상호경쟁보다는 국가에 협조함으로써 특정 영역에서 자신의 요구를 정책과정에 투입한다.

셋째, 조합주의에서 국가는 자체이익을 가지면서 이익집단의 활동을 규정하고 포섭 또는 억압하는 독립적 실체로 간주된다. 따라서 국가는 중립적이지 않으며, 특정 집단을 차별적으로 배제할 수도 있고 동시에 특정 집단에게는 독점적인 이익대표권을 부여할 수 있다.

넷째, 정책결정과정에서 정부와 이익집단 간에는 제도화된 합의과정이 있고, 정책집행에서도 이익집단은 정부정책의 대리집행 또는 집행을 보조하는 역할을 수행하기 때문에 조합주의하에서 이익집단은 준정부기구 또는 확장된 정부의 일부분으로 인식되기도 한다.

## ❷ 조합주의 유형

### 1) 국가조합주의

국가조합주의 (state corporatism) 는 국가가 조합을 지도·감독한다. 국가조합주의는 국가가 민간부문의 집단들에 대하여 강력한 주도권을 행사하는 모형으로, 국가가 정책을 결정하고 조합이 정책을 집행하는 것이다. 국가조합주의는 이익집단 통제를 하는 권위주의적 개발도상국가나 파시스트 (Fascist) 체제의 이익대표체계에 적용될 수 있다.[7]

### 2) 사회조합주의

사회조합주의 (societal corporatism) 는 유럽의 스칸디나비아 국가들을 중심으로 변화에 순응하려는 이익집단들의 자발적 시도와 정부 사이의 정치적 타협을 통한 이익대표체계 또는 정책결정방식을 의미한다.

사용자단체와 노동조합의 정상조직 (peak organization) 이 참여하여 시장에 영향을 미치는 공공정책의 주요 내용을 결정하고, 정부관료와 의회 의원들이 이러한 협상과정에 참여하되 주로 조정자로서의 역할을 담당한다. 북유럽 국가들의 정책협의체 (policy concertation) 는 사회조합주의적 정책조정방식의 사례이다.

### 3) 신조합주의

신조합주의 (neo - corporatism) 는 다국적 기업과 같은 중요 산업조직이 국가 또는 정부와 긴밀한 동맹관계를 형성하고 이들이 경제 및 산업정책을 함께 만들어 간다고 설명하는 이론이다.

신조합주의는 1970년대 이후, 2차 세계대전 이래 확립된 조직자본주의의 쇠퇴와 탈조직자본주의의 등장과 관련된다. 조직자본주의란 생산방식에서 포드주의, 케인즈주의적 복지국가, 조합주의에 근거한 계급타협을 특징으로 한다.

---

7 조합주의라는 용어가 널리 알려진 것은 유럽의 파시스트 (Fascist) 운동과 관련되어 있다. 파시스트 조합주의는 기업가들에게 일방적으로 유리한 것인데, 파시스트 당원을 노조의 대표로 받아들이도록 하여 이들 노동자 대표가 기업가 대표들과 유착하도록 국가에 의해 강제된 것이다. 또한 노동조합을 법적으로 허가된 것과 허가되지 않은 것으로 구분한 다음 허가된 조합에게만 단체협약을 체결할 수 있는 권리를 부여했다.

반면에 탈조직자본주의란 포스트 포드주의 (post - Fordism) [8]로의 이행, 다국적 기업 등 초국가적 권력단위에 의한 국민국가의 잠식을 특징으로 지닌다.

신조합주의는 국가, 자본, 노동 간에 삼각동반자 관계를 정착시켜 왔던 독일과 스웨덴 등의 조합주의 국가들이 중앙집권화된 거대 이익집단인 다양한 사적 이익정부 (private interest governments) 의 참여를 통해 세계화 및 포스트 포드주의로의 이행을 시도하고 있는 것을 설명하는 개념이다.

## 제5절 베버주의와 마르크스주의

### ❶ 베버주의

베버주의 (Weberism) 또는 베버 (Max Weber) 의 관료제 국가론은 국가나 정부관료제의 독자성 또는 절대적 자율성과 지도적·개입적 역할을 강조한다.

법과 합리성을 정당성 또는 권위의 근거로 보며 관료제를 공동체의 번영을 위한 국가권력의 합리적 행사주체로 파악한다. 국가를 공동체의 이상을 실현하는 최고의 인륜 (人倫) 으로 보는 Georg Wilhelm Friedrich Hegel 사상에 기초한다. Weber의 관료제 국가론은 국가나 정부관료제를 독자성 또는 절대적 자율성을 갖는 존재로 보기 때문에 국가의 계급적 투쟁을 무시한다.

근대국가와 자본주의의 연계성을 당연시하면서, 프로테스탄티즘 (protestantism) 이 자본주의와 연계됨을 강조한다.[9]

생각 넓히기 _ 국가의 자율성

국가의 자율성 (state autonomy)이란 국가가 사회세력의 압력·간섭을 배제하고 독자적으로 자신의 의지·정책을 관철할 수 있는 정도를 뜻한다. 자율성의 정도에 따라 절대적 자율성 (absolute autonomy)과 상대적 자율성 (relative autonomy)으로 나뉜다.

### ❷ 신베버주의

신베버주의 (neo - Weberism) 에서 국가란 다원주의에서 말하는 단순한 중립적 이해관계 조정자나 Marxism이 인식하는

---

**8** 포스트 포드주의 (post – Fordism) 란 Henry Ford식의 대량생산체제에서 노동자들의 단순반복 업무수행에 따른 누적된 불만의 증가로 나타난 문제점들에 대응하기 위한 것이다. 새로운 흐름인 다품종 소량생산의 요구에 부응하려는 시도이다. 업무의 결합에 따른 분업의 최소화, 노동자들의 자율성 강화, 의사결정과정에의 참여 확대, 삶의 질 향상을 위한 노동환경 조성 등을 내용으로 한다.

**9** Max Weber (1904~1905) 는 『프로테스탄티즘의 윤리와 자본주의 정신 (Die protestantische Ethik und der Geistes des Kapitalismus)』을 통해서 합리주의가 유럽에서 도출될 수 있었던 이유를 종교사회학적으로 해명하려고 했다. 캘뱅주의 (Calvinism) 을 비롯한 프로테스탄티즘 제파의 금욕적 생활윤리와 근대 유럽에 있어서의 자본주의 발전의 정신적 추진력이 된 자본주의정신 사이의 내면적 관련성에 주목했다. 독일어의 Beruf와 영어의 Calling에는 '신의 부름'이라는 뜻과 세속적인 '직업'이라는 의미가 포함되어 있어, 세속적인 직업을 신의 부름에 따른 사명으로 인식한다.

자본가계급의 이익을 반영하는 수동적 존재가 아니라 자율적인 의사결정 주체로서 능동적 존재를 의미한다.

신베버주의에 속하는 Stephen D. Krasner (1978)에 의하면, 국가가 다른 나라와의 경제관계에 관한 정책결정을 할 때 기업의 이익이 아니라 국가이익을 옹호하는 결정을 내렸다고 한다. 베버주의와 달리 국가의 상대적 자율성을 인정한다.

## ❸ 마르크스의 계급이론

마르크스주의 (Marxism)는 사회를 지배계급과 피지배계급으로 나누는데, 경제적 부를 소유한 지배계급 (자본가계급)이 정치엘리트로 변하게 되어 결국 정부 또는 정책의 기능은 지배계급 (자본가 계급)을 위한 봉사수단이라고 본다.

Karl Marx의 계급이론에 의하면, 국가는 자본가계급의 도구에 불과하므로 국가의 자율성은 절대적으로 부정된다.

## ❹ 신마르크스주의

신마르크스주의 (neo - Marxism)는 국가가 자본가들로부터 일정 수준의 자율성인 상대적 자율성 (relative autonomy)을 갖는다고 본다. 국가의 상대적 자율성은 단기적 현상이고, 장기적으로는 결국 자본가의 이익을 도모하는 것으로 본다.

Nicos Poulantzas (1968)는 비자본가 계급으로부터 충원된 관료들로 구성된 관료기구의 존재는 국가가 자본으로부터 일정 수준 자율성을 갖게 되는 토대라고 본다.[10] Antonio Gramsci (1971)는 헤게모니 (hegemony)라는 개념을 통해 지배계급이 물리적 강제력을 행사하지 않고도 지배해 나간다고 주장한다.

## ❺ 종속이론

종속이론 (dependency theory)은 1960년대 남미학자들에 의해서 제기된 이론으로, 마르크스주의 (Marxism)를 국제적 구조 측면에 적용한 것으로 서구 중심의 근대화 이론에 대한 비판이다. 국가는 중심부 국가와 중심부 국가의 지시에 따라 움직이는 허수아비에 불과하고 매판자본가 (買辦資本家)의 의사에 좌우되는 수동적 존재로 본다.

주변부 국가의 저발전의 원인은 중심부 국가에의 의존·착취구조이므로 그 관계를 끊고 주체적 발전을 해야 한다는 주장이다.

> **■ TIP** 국가의 자율성
> • 국가의 절대적 자율성: M. Weber의 관료제 국가론
> • 국가의 자율성 부정: Marxism, 종속이론 (Dependency theory)
> • 국가의 상대적 자율성: neo - Weberism, neo - Marxism

---

**10** Nicos Poulantzas에 의하면 국가가 경제로부터 상대적으로 자율적이라는 의미는 자본주의 국가의 법 이데올로기는 사회 구성원들을 계급구성원으로서가 아니라 평등하고 자유로운 개인적 법적 주체로 구성하게 만들고, 따라서 결국 계급관계를 은폐하는 '고립효과'·'개별화효과'를 낳는 것이라고 했다.

## ❻ 관료적 권위주의

관료적 권위주의 (bureaucratic authoritarianism) 는 Guillermo A. O'Donnell (1978) 이 종속이론과 조합주의를 토대로 발전시킨 이론이다.

기술관료적 정책결정은 사회 상층부 (대자본, 관료, 군부의 연합) 의 이익을 대변하고, 사회의 하층은 정치적으로 소외되는 배제적 국가조합주의와 관련되어 있다. 외연적으로는 산업화가 어느 정도 이루어졌지만 중심부 국가에 종속적이고 불균형적 발전의 상황에 놓여있는 후발자본주의 국가의 현실과 관련된다.

## ❼ 신중상주의

신중상주의 (neo - mercantilism) 는 국가가 정책과정을 압도적으로 주도하는, 동아시아 신흥공업국들의 국가주도적 경제발전 체제를 설명하는 이론이다.

---

| 제6절 | 정책네트워크모형 |

## ❶ 등장배경과 구성요소

### 1) 등장배경

정책네트워크의 참여자는 정부뿐만 아니라 민간부문까지 포함한다. 참여자는 정부부문과 민간부문의 개인 또는 조직이며, 정책영역별 또는 정책문제별로 형성된다. 사회학에서 사용되고 있는 사회연결망의 분석방법을 응용하였다. 사회학이나 문화인류학의 연구에서 이용되어 왔던 네트워크 분석을 다양한 참여자들의 행위들로 특징지어지는 정책과정의 연구에 적용한 것이다. 정책네트워크모형에 의하면, 국가는 자신의 정책 이해를 가지고 이를 정책과정에서 관철시키고자 하는 하나의 행위자이다.

정책네트워크는 공식적인 정책과정 참여자인 국가기관과 비공식적인 민간 참여자들이 네트워크를 형성하고, 함께 정책을 형성하고 집행하는 것이다. 정책형성뿐만 아니라 정책집행까지 설명하는 유용한 도구이다. 그러므로 국가중심 접근방법과 사회중심 접근방법이라는 이분법적 논리를 극복하는 이론이다. 다원주의의 사회중심적 국가관과 엘리트주의와 조합주의의 국가중심적 국가관이라는 이분법적 논리를 극복하려는 것이다. 영국의 경우 정당과 의회 중심의 정책과정 설명이 한계에 부딪히면서 등장하였다.

### 2) 구성요소

정책네트워크는 참여자와 비참여자를 구분하는 경계가 존재한다. 정책네트워크를 구성하는 행위자들 간의 관계형성동기는 소유 자원의 상호의존성에 기인한다. 참여자 간 교호작용 속에서 형성되는 연계가 중요하고, 참여자와 비참여자를 구분하는 경계가 있다. 참여자들의 상호작용을 규정하는 공식적·비공식적인 제도적 특성을 지니고 공적 부문과 사적 부문의 불명확한 관계를 설명하고 있다.

정책네트워크를 통한 정책 산출은 처음 의도한 정책내용과 다를 수 있으며, 모형에 따라 차이는 있지만 정책산출에 대한 예측이 다소 어렵다.

하위정부모형 또는 철의 삼각모형과 이슈네트워크 또는 정책문제망은 의회와 정당 중심으로 논의했던 미국의 이론이다. 반면에 정책공동체는 정책네트워크를 중시하는 영국의 뉴거버넌스와 연관된 개념이다. 시기적으로는 철의 삼각모형, 이슈공동체, 정책공동체의 순이다.

## ❷ 하위정부모형

하위정부 (subgovernment) 는 철의 삼각 (iron triangle) 과 같이 정부관료, 선출직 의원 그리고 이익집단의 역할에 초점을 맞춘다. 정책영역별로 정책의 결정과 집행에 영향을 미치는 3자 연합 (iron triangle) 은 관료조직인 소관부처, 선출직인 의회의 위원회, 관련 이익집단이다.

하위정부는 상호 협력적 관계를 형성하여 상호 이익을 도모하며, 안정적이고 지속적인 관계를 유지한다. 하위정부모형은 공식적·비공식적 참여자들 간의 상호작용과 영향력 관계를 동태적으로 묘사하고 있다. 하위정부모형을 포함한 정책네트워크모형은 모두 다양한 참여자들 간의 공식적·비공식적 상호작용을 설명하는 정책과정의 동태성을 설명하는 이론모형이다.

하위정부모형에서는 정책결정이 참여자들 사이의 협상과 합의에 의해 이루어진다고 본다. 하위정부모형 (철의 삼각) 은 소수 엘리트들이 연대를 형성하여 폐쇄적 관계를 강조하고, 다른 이익집단의 참여를 배제한다. 하위정부모형은 행정수반의 관심이 약하거나 영향력이 적은 분배정책분야에서 주로 형성된다. Hugh Heclo (1978) 는 하위정부모형에 대한 비판적 입장에서 이슈네트워크모형을 제안했다.

한편 정책커튼과 철의 듀엣은 Yael Yishai (1992) 가 기존 이론을 바탕으로 독창적으로 개발한 정책네트워크 유형이다. 정책커튼모형 (policy curtain model) 은 정부기구 내의 권력 장악자들에 의해 정책과정이 독점되는 가장 폐쇄적인 유형이다. 철의 듀엣 (iron duet) 은 정부기구와 관련된 소수의 전문가 집단 간의 배타적 동맹관계인 전문관료 정치형태이다.

## ❸ 이슈네트워크모형

이슈네트워크 (issue network) 또는 정책문제망은 정부부처의 관료, 의원, 기업가, 학자, 언론인 등을 포함하는 특정영역에 이해관계나 관심이 있는 사람은 누구나 참여할 수 있는 의사소통 네트워크이다. 이슈네트워크모형은 구성원 간 인식에 대한 공유나 책임감이 없고, 제로섬게임이 나타나므로 경쟁적·갈등적이며 매우 유동적·일시적인 불안정한 관계망이다. 일시적이고 느슨한 형태의 집합체이다.

헤클로 (Heclo) 는 하위정부모형을 비판적으로 검토하면서 정책이슈를 중심으로 유동적이며 개방적인 참여자들 간의 상호작용 현상을 묘사하기 위한 대안적 모형을 제안하였다. 이슈네트워크의 행위자는 매우 유동적이고 불안정하며, 이슈의 성격에 따라 주요 행위자가 수시로 변할 수 있다. 이슈네트워크는 참여자 간의 상호 의존성이 낮고 불안정하며 상호 간의 불평등 관계가 존재하기도 한다.

## ❹ 정책공동체

정책공동체 (policy community) 는 일시적이고 느슨한 형태의 집합체가 아니라 멤버십의 연속성에 의한 안정적인 상호 의존관계를 유지하는 공동체의 시각을 반영한다. 정책공동체의 경우 빈번한 교류를 통해서 이해와 가치의 공감대를 형성하고, 모든 참여자가 자원을 가지며 참여자 사이의 관계는 교환관계이다.

정책공동체의 참여자는 학자, 대학 및 연구기관의 전문가, 행정부 관료 외에 시민단체, 의회 등이 포함될 수 있고 학술세미나, 토론회, 간담회, 자문회의 등에서 공식적 또는 비공식적으로 활발한 교류를 한다. 정책결정을 둘러싼 권력게임은 공동의 이익을 추구하는 정합게임 (positive - sum game) 의 성격을 띤다.

## ❺ 정책네트워크 유형의 비교

정책공동체는 비교적 폐쇄적이고 안정적이며 지속적인 네트워크로, 결과에 대한 예측가능성이 높다. 정책공동체의 참여자는 하위정부 (subgovernment) 에 비해 넓다. 정책공동체 (policy community) 는 이슈네트워크 (issue network) 에 비해 참여자들이 기본가치를 공유하며 그들 간의 접촉빈도가 높다.

첫째, R. A. W. Rhodes & David Marsh (1992) 에 따르면 정책공동체는 비교적 폐쇄적이고 안정적인 반면 이슈네트워크는 개방적이고 유동적이다.

정책공동체는 개인주의를 토대로 하는 미국식 다원주의가 아니라 이해집단과 정부와의 사회적 합의를 중시하는 유럽식 사회조합주의와 맥락이 닿는다. 미국이 의회정치와 이익집단정치가 활발하고 관료제가 상대적으로 약한 것에 비해 유럽은 미국과 달리 관료제의 적극적 역할을 인정하는데, 정책공동체는 이러한 안정적이고 상호 의존관계를 유지하는 공동체의 시각을 반영한 것이다.

둘째, 이슈네트워크는 정책공동체에 비해서 다양한 행위자들이 정책과정에 참여하며 경계의 개방성이 높은 특성이 있다. 네트워크 내 자원배분과 관련하여 정책커뮤니티는 근본적인 관계가 교환관계이고 모든 참여자가 자원을 보유하고 있으나, 이슈네트워크는 근본적인 관계가 제한적 합의이고 어떤 참여자는 자원보유가 한정적이다.

참여자 수와 관련하여 정책커뮤니티는 극히 제한적이며 의식적으로 일부 집단의 참여를 배제하기도 하나, 이슈네트워크는 개방적이며 다양한 행위자들이 참여한다. 이익의 종류와 관련하여 정책커뮤니티는 경제적 또는 전문 직업적 이익이 지배적이나, 이슈네트워크는 관련된 모든 이익이 망라된다.

셋째, 합의와 관련하여 정책커뮤니티는 모든 참여자가 기본적인 가치관을 공유하며 성과의 정통성을 수용하지만, 공동체의 구성원들이 정책문제의 해결방안을 둘러싸고 갈등을 일으킬 수도 있다고 본다. 반면에 이슈네트워크는 어느 정도의 합의는 있으나 항상 갈등이 있다.

넷째, 정책산출 예측과 관련하여 정책공동체는 비교적 예측이 용이하다고 볼 수 있고, 이슈네트워크는 정책산출 예측이 곤란하다.

| | 정책공동체 | 이슈네트워크 |
|---|---|---|
| 참여자의 범위 | 제한적, 폐쇄적 | 광범위, 개방적 |
| 기본가치·목표 | 공유감이 높음 | 공유감이 낮음 |
| 참여자의 권한과 자원 | 모든 사람이 자원권한을 가진 교환적 관계 | 일부만 권한자원을 소유한 배타적 관계 |
| 행위자 간의 관계 | 의존적·협력적 정합게임 (positive-sum game) | 경쟁적·갈등적 영합게임 (negative-sum game) |
| 정책산출 예측성 | 의도한 정책산출이 예측 가능 | 정책산출의 예측이 곤란 |

■ **TIP** 정책공동체와 이슈네트워크

정책공동체는 학술대회, 학회 등의 모임 형식을 통해 정책에 관한 의견을 나누고 교류하는 특징을 지닌다.
반면에 이슈네트워크는 사회적 쟁점(issue)별로 관심 있는 사람들이 모이거나 해체되는 모습을 보인다.

# 08 정책의제설정

| 제1절 | 정책의제설정의 개관 |

## ❶ 정책의제설정 과정

### 1) 의 의

정책의제설정 (policy agenda setting)은 다양한 사회문제 중 특정한 문제가 정부의 정책에 의해 해결되기 위해 하나의 의제로 채택되는 과정이다. 반면에 정책분석 및 정책결정은 정책목표와 기준에 따라 각 대안을 비교·평가하여 최종적으로 정책을 결정하는 것을 의미한다.

일반적으로 정책의제는 정치성, 가치판단이 내재된 주관성, 환경의 변화와 함께하는 동태성을 지닌다. Robert A. Dahl (1961)과 같은 다원주의에 의하면 사회적 요구가 있으면 사회문제는 정책문제화가 될 가능성이 있다고 보았다. 그러나 1960년대 미국의 흑인폭동은 특정한 사회문제의 방치로 인한 결과로 인식되었다. 정책의제설정에 대한 관심은 무의사결정론의 대두 (擡頭)와 시기를 같이한다.

정책의제설정은 정책과정을 정책의제설정, 정책분석, 정책결정, 정책집행, 정책평가의 단계로 구분할 경우에는 첫 번째 단계에 해당된다.

✚ 그림 2-3 정책과정

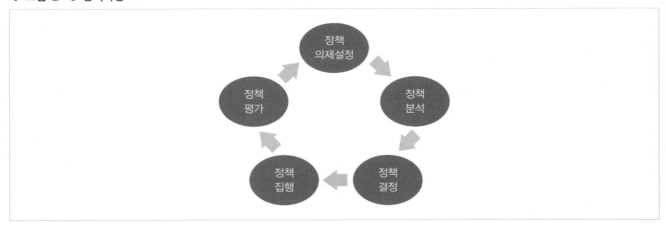

## 2) 정책의제설정 유형

첫째, Roger W. Cobb & Charles D. Elder (1983)는 정치의제형성 과정을 '사회문제 (social problem) ⇨ 사회적 이슈 (social issue) ⇨ 체제의제 (systemic agenda) ⇨ 제도의제 (institutional agenda)'로 제시했다.

둘째, Roger W. Cobb, Jenni-Keith Ross & Marc Howard Ross (1976)는 정책의제형성 과정을 '주도단계 혹은 이슈의 제기단계 (initiation) ⇨ 구체화 (specification) ⇨ 확산·확장 (expansion) ⇨ 진입 (entrance)'으로 설명했다.

셋째, Robert Eyestone (1978)은 '사회문제 (social problem) ⇨ 사회적 이슈 (social issue) ⇨ 공중의제 (public agenda) ⇨ 공식의제 (official agenda)'로 구분했다.

## 3) 체제의제, 확산, 공중의제, 토의의제, 환경의제

Cobb & Elder (1983)는 일반대중이 정부가 해결방안을 강구해야 한다고 공감하는 문제를 '체제의제'라고 한다. 체제의제 (systematic agenda)란 개인이나 민간차원에서 쉽사리 해결될 수 없어서, 정부가 이를 해결해야 한다고 많은 사람들이 생각하는 정책적 해결 필요성이 있는 의제를 의미한다.

Cobb, Ross & Ross (1976)는 사회적 쟁점이 체제의제로 되기 위해서는 이슈의 확산 (expansion)을 통해 인식을 공유하는 집단이 확대되어야 한다고 본다.

아이스톤 (Eyestone)은 '공중의제 (public agenda)', 앤더슨 (Anderson)은 '토의의제 그리고 환경의제'라고 칭한다. 공중의제는 어떤 사회문제가 사회적으로 이슈화되어 정부의 정책적 고려의 대상이 되어야 할 단계에 이른 문제를 뜻한다.

## 4) 제도의제, 진입, 공식의제, 정부의제, 행동의제

콥과 엘더 (Cobb & Elder)는 정부가 여러 가지 사회문제 중에서 정책적 해결을 의도하여 공식적으로 채택한 문제를 '제도의제 (institutional agenda)'라고 했다. Cobb과 Elder가 언급한 제도의제는 특정 쟁점에 대해 정책대안이나 수단을 모색할 수 있을 정도로 구체적이다.

콥과 로스 (Cobb, Ross & Ross)는 공중의제가 정부에 의하여 공식의제로 채택되는 단계를 '진입 (entrance)'이라고 칭한다. 제도의제는 공식의제, 행동의제, 정부의제 (governmental agenda), 기관의제 등으로 불린다. 아이스톤 (Eyestone)은 공공의제들 중에서 정부가 그 해결을 위하여 심각하게 관심과 행동을 집중하는 정부의제로 선별된 상태를 '공식의제 (official agenda)'라고 했다. James E. Anderson (2005)은 '행동의제'라고 표현한다.

## ❷ 정책의제설정을 좌우하는 요인

### 1) 주도집단과 참여자

정책의제화를 요구하는 집단의 규모가 큰 경우에는 정책의제화 가능성이 크다. 사회 이슈와 관련된 행위자가 많고, 이 문제를 해결하기 위한 정책이 많은 집단에 영향을 미치거나 혹은 정책으로 인한 영향이 중요한 것일 경우 상대적으로 쉽게 정책의제화된다. 그러나 이해관계자의 분포는 넓지만 조직화 정도가 낮은 경우는 정책의제화 가능성이 떨어진다. Matthew A. Crenson (1971)은 공장공해와 같은 전체적인 문제 (collective issue)는 편익은 전체에게, 비용은 일부가 부담하는 것으로, 비용부담집단은 강한 조직력으로 저항하고 편익집단은 조직력이 약하므로 정책문제화가 어려웠다고 주장한다. 크랜슨(Crenson)은 선출직 지도자들이 공장공해 등 전체적인 문제에 민감하게 반응하지 않아 정책의제화가 되지 않는다고 본다.

## 2) 정치적 요소

국민의 관심 집결도가 높거나 특정 사회 이슈에 대해 정치인의 관심이 큰 경우에는 정책의제화가 쉽게 진행된다. 우리나라의 1960년대 경제제일주의는 많은 노동문제를 정부의제로 공식 검토되지 않게 하였다.

다원화된 사회에서는 동원형이나 내부접근형보다는 외부주도형 중심의 정책의제설정이 이루어진다.

## 3) 문제의 특성과 사건

정책문제가 상대적으로 쉽게 해결될 것으로 인지되는 경우에는 정책의제화가 용이하다. 정책문제의 해결 가능성이 높을수록 정책의제화가 용이하다. 특정 사회문제의 중요성이 증가하면 정부의제로 채택될 가능성이 크다.

새로운 문제보다는 일상화된 정책문제가 보다 쉽게 정책의제화된다. 선례가 있어 관례화(routinized)된 경우에는 정책문제가 정책의제로 채택될 가능성이 커진다.

극적인 사건이나 위기 등은 의제로 채택될 가능성이 높다. 극적인 사건이나 위기, 재난은 사회문제를 정부의제화시키는 점화장치(triggering device)로 작용한다.

그러나 정책문제에 대한 통계지표의 오류는 바람직한 의제설정을 어렵게 한다. 정치체제의 가용자원 한계는 정책의제에 대한 적극적 탐색을 어렵게 하기도 한다.

---

## 제2절　정책의제설정과 주도집단

### ❶ Cobb & Ross의 모형

## 1) 의 의

콥(Cobb)과 로스(Ross)는 정책의제 형성과정을 주도단계(이슈 제기), 구체화, 확산, 진입이라는 네 가지 단계별 특징에 따라 외부주도형, 동원형, 내부접근형으로 분류했다. 외부주도형과 동원형은 확산(expansion)의 과정을 거치지만 내부접근형은 확산을 하지 않는다.

콥과 그 동료들(Cobb, Ross&Ross)에 따르면 공식의제가 성립되는 단계는 외부주도모형의 경우에는 진입(entrance) 단계, 동원모형과 내부접근모형의 경우에는 주도(initiation) 단계이다.

## 2) 외부주도형

외부주도형이란 정부 바깥에 있는 집단이 자신들에게 피해를 주고 있는 사회문제를 정부가 해결해 줄 것을 요구하여, 이를 사회쟁점화하고 공중의제로 전환시켜 결국 정부의제로 채택하도록 하는 의제설정 과정이다. 민간집단에 의해 이슈가 제기되어 공중의제화한 이후 정책결정자의 관심을 끌게 되면 정부의제로 전환된다.

외부주도형은 외부집단이 주도하여 정책의제의 채택을 정부에 강요하는 경우로, Albert. O. Hirschman (1975)은 이를 '강요된 정책문제'라고 하였다. 공중의제화 과정을 거치기 때문에 행정부의 영향력이 작고 민간부문이 발전된 국가에서 많이 나타나는 모형이다. 다원주의 국가에서의 정책의제 설정과정은 동원모형보다는 주로 외부주도모형에 의해 이루어 진다고 볼 수 있다.

### 3) 동원형

동원형은 정부의제화한 후 구체적인 정책결정을 하면서 공중의제화한다. 동원형은 정책결정자가 주도하여 정부의제를 만드는 경우로, 정치지도자들의 지시에 의하여 사회문제가 바로 정부의제로 채택되고 일반 대중의 지지를 얻기 위해 정부의 PR활동(공공관계 캠페인)을 통해 공중의제가 된다. 정책결정자가 주도하여 정책의제를 미리 결정한 후, 이것을 일반 대중에게 이해 및 설득하는 활동을 한다.

동원형은 정부 내의 고위 정책결정자가 주도하여 정부의제를 만드는 경우로 이익집단이 아닌 전문가의 영향력이 크다. 사회문제가 공중의제화되지 않지만, 정부가 우선 정부의제로 채택한 후 정부의 홍보를 통해 공중의제화가 되는 것이다. 정부의 힘이 강하고 이익집단이나 시민사회 영역이 취약한 사회에서 많이 나타나는 모형이다.

동원형이 정책집행에 성공하려면 대중의 자발적 순응과 일선 공무원들의 헌신적 노력이 필요하다. 동원형은 공중의제화 과정을 거치는데, 행정부의 영향력이 강하고 민간부문이 취약한 후진국에서 많이 나타나는 모형이다. 새마을 운동, 가족 계획, 올림픽이나 월드컵 유치 노력 등은 정부가 주도하여 국민들의 지지를 이끌어 내었다는 점에서 동원형의 사례에 해당된다.

### 4) 내부접근형

내부접근형은 정책담당자들에 의해 자발적으로 정책의제화가 진행되는 유형으로, 의도적이고 일방적으로 국민을 무시하는 정부에서 나타날 수 있는 유형이다. 사회문제가 바로 정책의제로 채택되는 과정을 거치는 모형은 내부접근형이다. 내부접근형은 사회문제로부터 정부의제의 과정을 거치며 공중의제가 형성되지 않는다.

내부접근형은 정부기관 내의 관료집단이나 정책결정자에게 쉽게 접근할 수 있는 외부집단이 최고정책결정자에게 접근하여 문제를 정부의제화하는 경우이다. 정책의제설정모형에서 내부접근형은 대중의 지지를 획득하기 위한 공중의제화 과정이 없다는 점에서 동원형과 다르다. 내부접근형은 정부가 공중의제화하는 것을 꺼리기 때문에 주도 집단이 정책의 내용도 미리 결정하고, 이 결정된 내용을 그대로 또는 최소한의 수정만으로 집행하려고 시도한다.

내부접근형은 행정관료가 의제설정을 주도하는 유형으로, 의도적이고 일방적으로 국민을 무시하는 정부에서 나타날 수 있는 유형이다. 내부접근형은 불평등한 사회에서 나타나며 일반 대중에게 알리지 않는 일종의 '음모형'에 속한다. 무기 구입 계약, 김영삼 정부 시절의 긴급재정경제명령 형식의 금융실명제 실시 등은 내부접근형의 사례에 해당한다.

동원형의 경우는 최고통치자나 고위정책결정자가 의제형성을 주도하지만 내부접근형의 경우는 이들보다 낮은 지위의 관료가 의제형성을 주도한다. 동원형에서는 정부의제를 PR를 통해 공중의제화하지만 내부접근형에서는 정부가 공중의 제화하는 것을 꺼린다. 내부접근형은 대중의 지지를 획득하기 위한 공중의제화 과정이 없다는 점에서 공중의제화 과정을 거치는 동원형과 다르다.

## ❷ May의 모형

Peter J. May(1991)는 정책의제설정의 주도자와 대중의 관여 정도에 따라 정책의제설정 과정을 유형화했다.

✚ 표 2-7 May의 모형

| 정책의제설정의 주도자 | | 대중의 관여 정도 | |
|---|---|---|---|
| | | 높음 | 낮음 |
| 정책의제설정의 주도자 | 민간 | 외부주도형 | 내부접근형 |
| | 정부 | 굳히기(consolidation)형 | 동원형 |

첫째, 외부주도형은 외부집단이 주도하여 정책의제 채택을 정부에게 강요하는 경우로 허쉬만(Hirschman)이 말하는 '강요된 정책문제'에 해당된다. 외부주도형은 심볼 활용(symbol utilization)이나 매스 미디어(mass media) 동원 등을 통하여 사회적 이슈를 확장함으로써 공중의제화하고, 이를 정부의 정책의제화하는 단계적 전략을 활용한다.

둘째, 내부접근형에서는 공중의제화가 억제된다. 정책결정에 특별한 접근권이 있는 영향력을 가진 집단이 정책을 제안하지만 공개적으로 확대되고 경쟁하는 것을 바라지 않는다.

셋째, 굳히기(consolidation)형은 대중의 지지가 높은 정책문제에 대하여, 정부가 그 과정을 주도하여 해결을 시도한다.

넷째, 동원형은 정부의 힘이 강하고 이익집단의 역할이 취약한 후진국에서 일반적으로 많이 나타난다.

---

## 제3절　의제설정 행위자모형

### ❶ 엘리트론

엘리트주의는 정책이 동질적이고 폐쇄적인 엘리트들의 자율적인 가치배분에 의해 결정된다고 본다. 현대적 엘리트이론에서는 소수의 지배 엘리트들과 다수의 피지배자로 구분하며, 정책은 엘리트의 선호에 의하여 결정되는 것이라고 주장한다.

### ❷ 다원론

다원론에서는 어떤 사회문제로 인하여 고통을 받고 있는 집단이 있으면 이들의 지지를 필요로 하는 누군가에 의해 그 사회문제가 정책문제로 채택된다고 본다. 다원주의에서는 다양한 집단들의 선호를 반영하여 정책이 결정된다.

이익집단들이나 일반 대중이 정책의제설정에 상당한 영향력을 행사한다. 다원주의 입장에서 정부정책은 다양한 행위자들 간의 협상과 경쟁의 결과이다. 다원주의에서 정부는 개인과 집단의 이익을 중립적인 입장에서 조정하는 역할을 담당한다.

### ❸ 무의사결정론

신엘리트론자인 Peter Bachrach & Morton Baratz (1962) 는 정책문제 정의와 의제설정과정에 관한 엘리트론의 관점을 무의사결정 (non - decision making) 론으로 설명하고자 하였다. 대중에 대한 억압과 통제를 통해 엘리트들에게 유리한 이슈만 정책의제로 설정된다. 엘리트들에게 안전한 이슈만을 논의하고, 불리한 문제는 거론조차 하지 못하게 봉쇄하는 것과 밀접하게 연결되어 있다.

무의사결정론은 사회문제에 대한 정책과정이 진행되지 못하도록 막는 행동 등을 설명한 이론으로, 엘리트이론의 관점을 반영하는 것이다. 기득권 세력의 특권이나 이익 그리고 가치관이나 신념에 대한 잠재적 또는 현재적 도전을 좌절시키려는 것을 의미한다. 기득권 세력이 그 권력을 이용해 기존의 이익배분 상태를 유지하려는 것을 뜻한다. 변화를 주장하는 사람으로부터 기존에 누리는 혜택을 박탈하거나 새로운 혜택을 제시하여 매수하는 방식도 사용한다.

### ❹ 정책선도자

정책선도자 (policy entrepreneur) 란 정책주체로서 정책아이디어를 개발하여 정책의제를 만들고 이것이 효과적으로 집행되도록 열정을 쏟고 자원을 투입하는 사람이다. 정책선도자는 정부 외부뿐만 아니라 정부 내부에도 존재할 수 있다. 정책문제의 인지, 해결책의 제시, 정치적 지원 유도 등의 역할을 한다.

---

## 제4절　의제설정 과정모형

### ❶ 정책흐름 또는 정책의 창모형

#### 1) 의 의

John Kingdon (2003) 의 정책의 창 (policy windows) 또는 정책흐름모형은 '조직화된 무정부 상태'에서의 합리성과 유사한 합리성 가정을 의제설정과정의 설명에 적용한다. 킹던 (Kingdon) 의 정책흐름모형은 마치 (J. G. March) 와 올슨 (J. P. Olsen) 이 제시한 쓰레기통모형을 의제설정과정에 적용한 모형이다. 정책과정 중 정책의제설정 단계에 초점을 맞춘 모형이다.

#### 2) 이론의 내용

상호 독립적인 경로를 따라 진행되던 문제흐름 (problem stream), 정책흐름 (policy stream), 정치흐름 (political stream) 이 결정적 계기에서 만날 때 '정책의 창'이 열린다고 본다. 킹던 (Kingdon) 의 정책의 창모형에서는 서로 무관하게 자신의 고유한 규칙에 따라 흘러다니던 문제의 흐름, 정책의 흐름, 정치의 흐름의 세 가지 흐름이 사회적 사건이나 정치적 사건과 같은 점화 (triggering) 장치에 의해 결합하게 되고, 이런 현상을 정책의 창이 열린 것으로 표현하였다.

정치의 흐름은 국가적 분위기 전환, 선거에 따른 행정부나 의회의 인적 교체, 이익집단들의 로비활동과 압력행사 등과 같은 요소들로 구성된다. 정책의 흐름은 문제를 검토하여 해결방안들을 제안하는 전문가들과 분석가들로 구성되며, 여기서 여러 가능성들이 탐색되고 그 범위가 좁혀진다.

정책 창문은 문제의 흐름, 정치적 흐름, 정책적 흐름 등이 함께 할 때 열리기 쉽다. 정책 창문은 정책의제설정에서부터 최고의사결정에 이르기까지 필요한 여러 가지 여건이 성숙될 때 열린다. '정책의 창'은 국회의 예산주기, 정기회기 개회 등의 규칙적인 경우뿐 아니라 때로는 우연한 사건에 의해 열리기도 한다.

문제에 대한 대안이 존재하지 않을 경우 '정책의 창'이 닫힐 수 있다. Kingdon의 '흐름창(Policy Window) 모형'은 정책 창문이 쉽게 열리지 않고, 한번 열리면 문제에 대한 대안이 도출될 때까지 상당한 기간 열려 있는 상태로 유지되는 것이 아니라 짧은 기간만 열려 있어서 쉽게 닫힐 수 있다고 본다. 정책 창문은 한번 닫히면 다음에 다시 열릴 때까지 많은 시간이 걸리는 편이다.

## ❷ 포자모형

포자모형은 정책문제 자체의 성격이 갖는 중요성보다는 정책문제가 제기되어 정의되는 환경에 주목한다. 포자가 환경이 유리하게 조성되면 균사로 변화하듯이, 일반 국민들이 해당 사회문제나 이슈에 강한 관심을 보이는 점화장치(triggering device)와 같은 환경이 만들어지면 정책의제화가 용이해진다는 것이다.

## ❸ 이슈관심주기이론

Anthony Downs(1972)의 이슈관심주기(issue attention cycle) 모형은 공공의 관심을 끌기 위한 치열한 경쟁을 하는 과정에서 이슈 자체에 생명주기가 있다고 본다. 어떤 이슈는 하나의 사회문제로 갑자기 등장하여 잠시 동안 관심을 끌다가 사라지는 경향이 있다는 것이다. Anthony Downs는 어떤 이슈가 공공의 관심을 끌기 위해서는 공공의 장에서 다른 공공이슈들과 치열하게 경쟁해야 한다고 주장하였다.

## ❹ 혁신확산이론

혁신확산이론(diffusion of innovation theory)은 시간의 경과에 따른 새로운 아이디어와 사물이 확산되는 방식에 관련된 이론이다. 혁신확산이론은 새로운 정책 아이디어가 때로는 빠르게 확산되지만, 때로는 전파되지 않고 사라지거나 국지적으로 머무는 이유를 분석하는 데 유용하다.

Everett Rogers(2003)는 새로운 아이디어나 정책의 수용과정을 '인식(awareness) ⇨ 관심(interest) ⇨ 평가(evaluation) ⇨ 시험사용(trial) ⇨ 수용 후 확신(post-adaption confirmation)'의 단계로 제시하였다. 혁신확산과정은 혁신수용시간에 따라 선도자, 초기 수용자, 초기 다수, 후기 다수, 지체자의 순으로 나눌 수 있다.

초기 수용자는 소속 집단의 신망을 받는 자들로서 그들은 사회에서 여론선도자(opinion leader) 역할을 한다. 혁신의 초기 수용자는 소속집단의 신망을 받는 이들로서 그 사회에서 여론선도자일 가능성이 높다. 확산은 선진산업국가로부터 저개발지역으로 확산되는 '계층적 확산(hierarchical diffusion)'과 이웃지역으로부터의 모방을 통한 '공간적 확산(spatial diffusion)'으로 구분할 수 있다. 혁신 확산에 관한 연구는 주로 중위수준 및 거시수준에서의 연구에 머물러 있다.

로저스 (E. Rogers) 에 따르면 혁신수용시간에 따라 수용자 수의 분포는 정규분포를 띠고, 이들 수용자의 누적도수는 S자 형태를 이룬다.[11]

## ❺ 동형화이론

동형화모형은 사회문제 해결에 대한 정책아이디어의 전파를 의미하는 정부 간 정책전이 (policy transfer) 가 모방, 규범, 강압을 통해 이루어진다고 본다.

Paul J. Dimaggio & Walter W. Powell (1983) 의 동형화 (isomorphism) 이론에 따르면 어떤 조직이든 생성 시에는 다양한 형태로 출발하지만 시간이 흐르면 동질화의 압력이 나타나 동형화가 이루어진다는 것으로, 정책전이현상도 일종의 정부 간 동형화로 이해한다. 즉 사회적으로 정당성 또는 배태성을 인정받은 정책들을 채택한다는 것인데 동형화의 근거와 방식에는 모방, 규범, 강압 3가지가 있다.

강압적 동형화란 공식·비공식 억압에 의한 순응을 말하고, 모방적 동형화란 조직이 자발적으로 주변의 성공사례를 벤치마킹하는 것이며, 규범적 동형화란 전문직업사회에서의 전문화과정에 의한 동형화를 말한다.

## ❻ 사회적 구성론

Helen Ingram & Anne Schneider (1991) 가 제시한 정책대상집단의 사회적 구성 (social construction of target population) 모형은 집단에 대한 사회적 이미지와 정치적 권력을 가지고 유형화시킨 모형이다.

사회적 구성론 (social construction) 은 인과관계를 강조하는 행태주의와 달리, 의제설정을 구조와 행위의 연관성 속에서 사회적으로 만들어지는 구성물이라고 본다. 즉 어떤 집단에 대한 인식, 이미지, 상징 등은 사회적으로 구성된다.

잉그램과 슈나이더 (Ingram & Schneider) 의 사회적 구성론에서 사회적 형상은 정책결정자 및 국민들이 정책대상집단에 대해 갖는 긍정적 혹은 부정적 인식이다. 정치적 권력은 다른 집단과의 연합 형성의 용이성, 동원 가능한 보유자원의 양, 집단구성원들의 전문성 정도 등이다.

**✚ 표 2-8 사회적 구성론**

| | | 사회적 형상 (social image) | |
|---|---|---|---|
| | | 긍정적 | 부정적 |
| 정치적 권력 (political power) | 높음 | 수혜집단 (advantaged)<br>예 과학자, 퇴역군인, 중산층 | 주장 또는 경쟁집단 (contenders)<br>예 거대 노동조합, 부유층 |
| | 낮음 | 의존집단 (dependents)<br>예 어린이, 노약자 | 이탈집단 (deviants)<br>예 약물중독자, 테러리스트 |

---

11 혁신확산과정은 혁신수용시간에 따라 선도자 (2.5%), 초기 수용자 (13.5%), 초기 다수 (34%), 후기 다수 (34%), 지체자 (16%) 의 수가 정규분포를 이룬다. 이를 수용자의 누적도수로 나타내면 S자 형태를 띤다.

특정 정책대상집단은 둘 이상의 유형으로 구성될 수 있으며, 그 사회적 구성이 시간에 따라 변화할 수도 있다. 현실의 사회문제를 설명하는 데 있어서는 이미지, 고정관념, 사람이나 사건 등의 가치에 대한 해설이 이루어질 필요가 있다고 지적한다. 정책설계 및 집행의 맥락을 이해하기 위해 사회적·정치적 상황을 객관적 분석으로 단순화하는 방법론을 지양하고 정책대상집단의 인식, 이미지, 상징 등을 분석한다.

정책설계는 기술적인(technical) 과정으로만 설명할 수 없고, 어느 집단의 이익을 더 많이 반영할 것인가에 대한 논쟁이 발생하게 된다고 본다. 정책대상집단의 사회적 구성모형은 정책설계가 정치적 과정이기 때문에 정책대상집단의 영향력이 중요하다고 본다.

첫째, 수혜집단(advantaged)은 권력도 강하고 사회적 이미지도 긍정적인 집단으로 과학자, 퇴역한 군인, 중산층이 대표적이다.

둘째, 경쟁집단(contender)은 권력은 상대적으로 많지만 이미지는 부정적이다. 거대 노동조합, 부유층이 경쟁집단에 속한다고 볼 수 있다.

셋째, 의존집단(dependents)은 권력은 상대적으로 적지만 이미지는 긍정적이다. 어린이나 노약자 등이 의존집단에 속한다.

넷째, 이탈집단(deviants)은 정치적 권력이 약하며 사회적 이미지도 부정적이다. 이탈집단에게는 강력한 제재가 허용되고, 정치적 권력이 약하므로 저항이 크지 않다고 본다. 약물중독자, 테러리스트 등이 이탈집단에 해당된다.

# CHAPTER 09 정책분석

## 제1절 정책문제의 분석과 구조화

### ❶ 정책분석의 의미

#### 1) 정책분석의 특징

관리과학은 정확한 계산에 의하여 최선의 답(best answer)을 모색하는 알고리즘(algorithm) 방식에 의한 새로운 대안의 탐색을 중시한다. 능률성을 강조하고 양적 분석을 중시한다.

반면에 정책분석(PA: Policy Analysis)은 비용·편익의 총크기뿐만 아니라 비용·효과의 사회적 배분까지 고려한다. 경제적 합리성과 함께 정치적 합리성, 공익성, 직관이나 영감 등의 초합리성을 포괄적·종합적으로 고려한다. 부분적 최적화보다는 정책목표의 최적화를 추구한다.

정책분석은 비용과 효과의 사회적 배분을 중시하지만, 체제분석(SA: System Analysis)은 자원배분의 효율성을 중시한다. 정책분석은 대안의 평가기준에서 정치적 합리성을 강조하지만 체제분석은 경제적 합리성에 주안점을 둔다. 정책분석은 질적 분석을 중요시하지만 체제분석은 비용편익분석의 양적 분석에 치중한다. 정책분석에 활용되는 기본과학은 정치학, 행정학, 사회학 등이지만 체제분석에서는 경제학과 응용과학 등이다.

**➕ 그림 2-4 정책분석의 유형과 차원**

#### 2) 정책문제의 정의와 특성

정책문제를 올바르게 정의하기 위해서 고려해야 할 요소로는 가치판단, 역사적 맥락의 파악, 인과관계 파악 등이 있다. 정책문제를 정의하고 해석하는 과정은 다양한 결과에 이를 수 있는 애매하고 불투명한 과정으로 간주된다. 정책문제는 당위론적 가치관의 입장에서 정의하는 것이 중요하다.

정책주체와 객체의 행태는 객관적이지만 정책문제는 주관적이다. 특정 문제의 발생 원인이나 해결 방안 등은 다른 문제들과 상호 연관성을 갖는다. 정책수혜집단과 정책비용집단이 있다는 것을 의미하는 차별적 이해성을 갖는다. 정책문제는 공공성을 가지며, 문제가 주관적이고 인공적인 성격을 갖는다. 또한 복잡·다양하며 상호 의존적이고, 역사성과 동태성을 갖게 된다.

## 3) 정책설계

성공적인 정책설계(policy design)를 위한 구성요소는 다음과 같다. 먼저 정부가 달성하고자 하는 정책의 목표가 분명해야 한다. 정책문제를 야기한 원인과 그 원인을 제거할 수 있는 수단에 대한 인과모형이론을 정립해야 한다. 또한 정부가 정책목적을 달성하기 위해 사용하는 통제방법을 선택해야 한다. 정책의 집행방법을 구체화하고, 집행체계를 마련할 주체를 정해야 한다. 그러나 정책행위자들은 실질적인 제약과 절차적인 제약하에서 대안을 선택하게 된다.

## ❷ 정책분석에 있어서 문제구조화

### 1) Dunn의 정책문제구조화

William N. Dunn(2009)은 정책문제를 구조화가 잘된 문제(well-structured problem), 어느 정도 구조화된 문제(moderately structured problem), 구조화가 잘 안된 문제(ill-structured problem)로 분류한다. 구조화가 잘된 문제의 해결을 위해서 분석가는 전통적인(conventional) 방법을 사용하기도 한다.

문제구조화는 상호 관련된 4가지 단계인 문제의 감지, 문제의 정의, 문제의 구체화, 문제의 탐색으로 구성되어 있다. 정책문제구조화의 방법에는 경계분석, 계층분석, 분류분석, 가정분석 등이 있다.

### 2) 경계분석

경계분석(boundary analysis)은 문제의 위치 및 범위를 파악하는 것이다. 메타문제(문제군)를 추정하고 문제의 위치와 범위를 찾는 것이다. 정책문제의 존속기간 및 형성과정을 파악하기 위해 사용하는 기법으로, 포화표본추출(saturation sampling)을 통해 관련 이해당사자를 선정한다.

Kline의 자작농의 상황과 관련되며 이 자작농 상황이란 자작농이 현재의 경계를 유지할 것인가 혹은 넓힐 것인가의 선택의 상황을 의미한다. 문제의 경계를 설정함으로써 문제의 위치 및 범위 등을 명확히 하여 문제의 주요국면을 간과하는 일이 없도록 하기 위한 기법으로, 대표적으로 포화표본추출기법이 사용된다.

포화표본추출은 처음에는 정책에 대해서 의견이 다른 표본을 선정하여 접촉하고, 이들로부터 다른 이해관계자들을 추천하도록 부탁하고 더 이상 새로운 이해관계자들이 나타나지 않을 때까지 이 과정을 계속한다. 이를 통해 이해관계자로부터 대안적 문제표현 또는 사건에 의미를 부여하는 해석체계를 도출하는 문제표현의 도출(elicitation of problem representation) 단계를 거쳐 경계추정(boundary estimation)을 한다.

### 3) 계층분석

계층분석 (hierarchy analysis) 은 문제상황의 원인을 규명하는 것이다. 문제상황의 발생에 영향을 줄 수 있는 다양한 원인들을 식별하기 위한 기법이다. 간접적이고 불확실한 원인으로부터 차츰 확실한 원인을 차례로 확인해 나가는 기법으로, 인과관계 파악을 주된 목적으로 한다.

문제에 대한 간접적이고 불확실한 원인에서 직접적이고 확실한 원인을 차례차례 계층적으로 확인해 나가는 기법이다. 가능한 원인 (possible causes), 개연적 원인 (plausible causes), 행동 가능한 원인 (actionable causes) 으로 구분할 수 있다.

### 4) 분류분석

분류분석 (classification analysis) 은 문제의 구성요소를 식별하는 것이다. 문제의 개념들을 귀납적으로 추론하고 경험을 구체적으로 분류하는 것이다. 문제상황을 정의하기 위해 당면 문제를 그 구성요소들로 분해하는 기법으로, 논리적 추론을 통해 추상적인 정책문제를 구체적인 요소들로 구분한다.

분류분석은 논리적 분할과 논리적 분류에 기초한다. 논리적 분할 (logical division) 은 문제와 관련된 집단 또는 계급을 그 구성요소들로 나누는 과정이다. 논리적 분류 (logical classification) 는 역의 과정으로, 구성요소들을 보다 큰 집단이나 계급으로 결합하는 과정이다.

### 5) 유추분석

유추분석 (analogy analysis) 은 유사문제에 대한 비교와 유추를 통해 특정 문제를 명확하게 정의하는 기법이다. 개인적 (personal) 유추, 직접적 (direct) 유추, 상징적 (symbolic) 유추, 환상적 (fantasy) 유추의 유형이 있다.

개인적 (personal) 유추는 분석가가 마치 정책결정자처럼 문제를 경험하고 있는 것으로 상상한다. 직접적 (direct) 유추는 분석가가 두 개 이상의 실제 문제상황 사이의 유사한 관계를 탐색한다. 분석가가 약물중독의 문제를 구조화할 때 전염병의 통제경험으로부터 유추하는 것은 직접적 유추이다. 상징적 (symbolic) 유추는 주어진 문제상황과 상징적 대용물 사이의 유사한 관계를 탐색하는 것으로, 정책의 순환적 결정과정을 자동온도조절장치나 자동항법장치에 비교하는 것이다. 환상적 (fantasy) 유추는 문제상황과 어떤 상상적인 상태 사이의 유사성을 자유롭게 상상하고 탐험하는 것이다. 분석가가 핵공격에 대한 방어의 문제를 구조화하기 위해 상상적인 상태에서 유추하는 것은 환상적 유추이다.

### 6) 가정분석

가정분석 (assumption analysis) 은 상충 (相衝) 적 전제 (前提) 들의 창조적 통합이다. 문제상황과 관련된 여러 대립적인 가정들·전제들을 창조적으로 통합하는 것이다. 정책문제와 관련된 여러 구조화되지 않은 가설들을 창의적으로 통합하기 위해 사용하는 기법으로, 이전에 건의된 정책부터 분석한다.

가정분석은 다른 구조화 기법들과 결합하여 사용되므로 가장 포괄적인 방법이다. '구조화가 잘 안된 문제', 즉 정책분석가·정책결정자·이해관계자들이 문제를 어떻게 형성하는가에 관하여 합의에 이를 수 없는 문제를 명백하게 취급하도록 고안된 것이다.

### 7) 내러티브 정책분석

내러티브 정책분석 (narrative analysis) 은 갈등적 스토리들 (stories) 을 비교·평가하여 새로운 메타내러티브를 만들어 내는 방법이다. 메타내러티브(meta - narrative)는 기존의 양극화된 정책 내러티브 갈등 당사자들이 정책결정의 가정에 동의하는 내러티브이다.

## ❸ 정책분석의 오류

### 1) 제1종 오류

정책이나 프로그램의 효과가 실제로 발생하지 않았음에도 불구하고 통계적으로 효과가 나타난 것으로 결론을 내리는 경우이다. 올바른 귀무(歸無) 가설을 기각하는 오류이다. 가설의 내용은 "정책이나 프로그램이 효과가 없다."라는 형식을 띠며, 이 가설이 올바름에도 불구하고 가설을 기각하는 경우로 잘못된 대안을 선택하는 오류이다.

### 2) 제2종 오류

정책효과가 있는데 없다고 판단하는 경우를 '2종 오류'라고 말한다. 정책이나 프로그램의 효과가 실제로 발생하였음에도 불구하고 통계적으로 효과가 나타나지 않은 것으로 결론을 내리는 경우이다. 올바른 대립가설을 기각하는 오류로 잘못된 대안을 선택하는 오류이다.

### 3) 제3종 오류

제3종 오류는 정책의 대상이 되는 문제 자체에 대한 정의를 잘못 내리는 경우이다. '메타 오류(meta error)'라고도 한다. 제3종 오류를 방지하는 것이 정책문제 구조화(構造化)의 핵심으로 간주된다. 제3종 오류를 줄이기 위한 방법으로 경계분석, 복수관점분석 등이 사용된다.

제3종 오류는 정책문제를 잘못 인지한 것과 관련된다. 제3종 오류는 대안 선정 및 제시의 단계가 아니라 주로 의제 채택 과정에서 나타난다.

제3종 오류는 가치중립적인 판단이 비현실적이라는 관점에서 출발한다. 수단적 기획관에서는 기획을 정치지도자가 설정한 목표 달성을 위한 객관적·합리적 수단의 강구로 해석한다. 그러나 개인적인 선호와 판단이 불가피한 문제정의나 목표설정이 잘못된 경우 합리적인 수단의 선택이 무의미해지는 제3종 오류를 유발할 수 있다. 제3종 오류는 수단주의적 기획관의 한계를 보여주는 오류유형이다.

## 제2절  체제분석

## ❶ 비용편익분석

### 1) 개 념

비용편익분석(cost - benefit analysis)은 정책의 소망성 기준 가운데 능률성을 측정하는 분석기법이다. 목표관리(MBO)에 비해 장기적인 안목에서 사업의 바람직한 정도를 평가할 수 있는 방법이며, 사업의 타당성과 우선순위를 식별하는 분석도구로 사용된다. 바람직한 대안을 선택하는 것뿐만 아니라 단일 정책의 비용과 편익의 비교에도 이용된다.

비용편익분석은 비용과 편익을 화폐가치라는 단일한 척도로 표현하여 다양한 분야에 걸친 정책을 상호 비교할 수 있는 수단을 제공한다. 비용편익분석은 다양한 정부정책이나 사업들을 비교하는 데 용이하다. 경제적 합리성에 기반한 객관적이고 과학적인 의사결정을 가능하게 한다. 그러나 비용과 편익의 가치에 대한 각 개인의 주관적 차이를 반영하지 못한다.

## 2) 비용과 편익의 측정

비용과 편익을 화폐단위로 평가하되, 미래가치를 현재가치로 평가한다. 비용과 편익을 모두 동일한 척도로 추정한다. 미래에 발생할 비용과 편익을 화폐적 단위로 표시하고 계량적인 환산을 한다.

첫째, 비용편익분석에서는 화폐적 혹은 금전적 비용이나 편익 대신 실질적(real) 또는 실물적(physical) 비용과 편익을 포함시켜야 한다. 즉 화폐적 혹은 금전적 비용이나 편익은 제외된다.

비용편익분석에서 실질적 편익과 비용만을 포함시키는 이유는 해당 사업의 시행으로 인해 사회 전체적인 사회적 자원의 순손실과 순편익 증가분을 비교하여 공공사업의 우선순위나 사업의 시행 여부를 결정하기 때문이다.

특정 공공사업의 시행으로 인해 해당 사회의 순편익 또는 순후생의 증가가 생겼다면 실질적 또는 실물적 편익이 발생했다고 하고, 순손실이 있으면 실질적 또는 실물적 비용으로 산정한다. 그러나 사업 시행의 결과 사회 전체적 순편익의 변화는 없고, 누군가는 이익을 보고 다른 누군가는 손해를 본 경우에는 화폐적 편익과 화폐적 비용이 발생했다고 해석한다.

둘째, 실질적 비용과 편익의 유형에는 해당 사업의 주된 또는 일차적 목적에 부합하는 직접적(direct) 편익과 비용, 사업 시행과정에서 부수적으로 발생하는 간접적(indirect) 편익과 비용, 시장가치로 환산이 용이한 유형적(tangible) 편익과 비용, 시장가치로 환산이 어려운 무형적(intangible) 편익과 비용이 있다.[12] 즉 비용편익분석에는 사회적 순편익의 변화를 수반하지 않는 화폐적 내지 금전적 비용과 편익이 아니라면 모든 실질적 비용과 편익을 포함시켜야 한다.

셋째, 편익은 소비자잉여(consumer's surplus)의 측면에서 평가하며, 소비자잉여란 지불한 값과 지불해도 좋다고 생각한 값의 차이이다.[13]

넷째, 비용은 기회비용(opportunity cost)의 관점에서 평가하며 미래에 발생할 비용만 계상한다. 비용은 실제 지불된 비용이 아닌 기회비용의 관점에서 평가하며, 이미 투입된 회수불능의 매몰비용(suck cost)이 아닌 미래에 발생할 비용만 계상한다. 사업에 실제 투입된 보조금은 비용에 포함시켜야 하지만, 세금은 단순한 금전적 이동이므로 비용에 포함시키지 않아야 한다.

다섯째, 비용은 시장가격을 직접 활용할 수 없으므로 자원의 투입에 따른 진정한 가치인 잠재가격(shadow price)을 활용한다. 잠재가격은 '한 사회의 진정한 사회적 기회비용'을 의미한다.

잠재가격은 사회적 기회비용으로, 완전경쟁시장에서의 시장가격만이 사회적 기회비용을 반영한 가격이므로 현실의 시장가격을 완전경쟁시장의 가격으로 조정하는 잠재가격화(shadow pricing) 과정이 필요하다. 잠재가격(shadow price)은 시장가격이 존재하지 않거나 활용할 수 없을 때 분석가가 주관적으로 가치를 추정하는 것이므로, 재화에 대한 잠재가격의

---

**12** 정부가 치명적 전염병 퇴치 공공프로젝트를 시행하기 전에 비용편익분석을 할 경우라면, 해당 전염병 환자의 생명이라는 무형적 편익을 계산에 넣어야 한다. 예를 들면 공공프로젝트 시행 이후 환자들의 수명연장분에 그 기간 동안의 평균예상소득을 곱하는 방식으로 편익을 산정할 수 있다.

**13** 소비자잉여(consumer's surplus)란 어떤 물건을 획득하기 위해서 구매자가 최대 10만 원까지 지불 가능하다고 생각했을 때 실제 지불한 금액은 7만 원이라면, 3만 원이 소비자잉여이다.

측정과정에서 실제 가치를 왜곡할 수 있다.

여섯째, 칼도-힉스 보상기준(Kaldor-Hicks criterion)은 능률성을 평가하는 기준으로, 사회 총편익이 사회 총비용보다 크다면 사업의 타당성을 인정하는 기준이다. 따라서 분배정책의 비용편익분석에 일반적으로 활용되며 형평성이나 재분배적 편익의 문제를 다루지는 못한다.

## 3) 할인율

할인율(discount rate)은 미래가치를 현재가치로 환산하는 평가비율로, 미래가치를 현재가치로 환산할 수 있게 한다.[14] 민간할인율(private rate of return)은 시중금리 혹은 시장이자율(market rate of interest)을 뜻하고 사회적 할인율(social rate of return)은 공공할인율을 의미한다. 공공할인율은 민간할인율보다 낮은 것이 보통이다. 자본의 기회비용(opportunity cost of capital)은 사회적 할인율 결정의 기준이 될 수 있다. 자본의 기회비용은 자원이 공공사업에 사용되지 않고 사회 전체적 관점에서 활용될 경우의 수익률로, 모든 산업의 평균수익률(average rate of return)이다. 자본회수기간은 투자원금을 회수하는 데 걸리는 시간으로 자본회수기간이 짧을수록 타당성이 인정된다.

$$P = \frac{A}{(1+i)^n} \quad (P = \text{현재가치}, \ i = \text{이자율}, \ n = \text{기간}, \ A = \text{미래의 비용 또는 편익})$$

할인율이 높을수록 현재가치는 작아진다. 할인율이 동일하다면 할인기간이 길수록 현재가치는 작아진다. 따라서 할인율이 동일하다면 할인기간이 짧은 사업, 즉 초기에 편익이 많이 나는 사업이 더 효과적이다.

비용이 동일하다면 할인율이 높을수록 현재가치는 작아지므로 장기사업보다 단기사업이 더 효과적이다.

한편 할인율이 낮게 평가된다면 공공사업의 대안평가결과가 긍정적으로 나타나므로 공공지출이 활발히 진행될 수 있다.

## 4) 순현재가치법

비용편익분석의 평가기준은 서로 다른 의미를 지니기 때문에 어떤 평가기준을 적용하느냐에 따라 다른 평가결과가 나오게 된다. 순현재가치법(NPV: Net Present Value)에서는 순현재가치가 '0'보다 클 때 그 사업은 추진할 가치가 있다. 즉 '순현재가치(NPV) > 0'일 때 경제적 타당성이 있다고 판단한다.

사업대안이 복수일 경우, Kaldor-Hicks기준에 의하면 순현재가치가 가장 큰 값을 갖는 대안이 가장 타당성이 있는 대안이다.

## 5) 비용편익비율법

비용편익비를 산정할 때에는 비용과 편익을 현재가치로 환산할 필요가 있다. 비용 대비 편익비(B/C ratio: cost benefit ratio)가 '1'보다 큰 사업은 경제적 타당성이 있다고 판단하며, 비용편익비가 가장 큰 대안이 최선의 대안이 된다.

---

**14** 1년 후에 들어올 120만 원의 연이자율(일반적으로 할인율과 같음)이 20%일 경우에 현재가치로 환산하면 현재가치 = 1년 후의 120만 원 / 1 + 0.2 = 100만 원이 된다. 즉 현재 지니고 있는 100만 원은 1년 후에 얻을 수 있는 120만 원과 같다.

✦ 표 2-9 비용편익비율의 예시

| 구 분 | 비 용 | 편 익 | 순현재가치 | 비용편익비 |
|---|---|---|---|---|
| A안 | 50 | 60 | 10 | 1.2 |
| B안 | 10 | 18 | 8 | 1.8 |
| C안 | 30 | 45 | 15 | 1.5 |

동일한 상황하에서 순현재가치법과 비용편익비를 적용하느냐에 따라 사업의 채택 여부나 타당성 여부는 달라지지 않지만, 사업의 우선순위는 달라진다. A, B, C안 모두 사업의 타당성은 있지만 우선순위는 달라지는데 순현재가치법에 의하면 C안이, 비용편익비에 의하면 B안이 선택될 것이다.

비용편익비율법의 경우 부(-)의 편익을 편익의 감소로 처리할 것이냐 비용의 증가로 처리할 것이냐에 따라 결과가 다르게 나타난다. 편익이 4억 원, 비용이 2억 원인 사업에서 음(-)의 편익이 1억 원이 발생했다고 가정하자. 음(-)의 편익·양(+)의 비용의 반영 여부에 관계없이 순현재가치는 1이 된다. 음(-)의 편익으로 볼 경우 순현재가치는 (4-1)-2=1이고, 양(+)의 비용으로 산정하면 순현재가치는 4-(2+1)=1이 된다. 반면에 비용편익비율법에 의하면 비용에 반영하면 4/3, 편익에 반영하면 3/2이다.

## 6) 내부수익률

내부수익률(IRR: Internal Rate of Return)이란 비용의 현재가치와 편익의 현재가치를 같도록 만들어주는 때의 할인율을 의미한다. 내부수익률(IRR)은 순현재가치(NPV)를 '0'으로 만드는 할인율 또는 비용 대비 편익비를 '1'로 만드는 할인율이다.[15]

내부수익률은 공공프로젝트를 평가할 때 적절한 할인율이 알려져 있지 않을 경우 유용하게 사용할 수 있다.

내부수익률은 일종의 예상수익률이므로, 내부수익률이 기준할인율인 시중금리 혹은 시장이자율보다 높아야 투자할 가치가 있는 사업이다. 내부수익률이 높을수록 사업의 타당성이 인정된다. 여러 가지 정책대안들을 비교할 때 내부수익률이 높은 대안일수록 좋은 대안이다.

내부수익률에 의한 사업의 우선순위는 사회적 할인율을 적용한 순현재가치에 의한 사업의 우선순위와 다를 수 있다. 어떤 한 대안의 내부수익률은 여러 개로 계산될 수 있으며, 사업이 종료된 후 또다시 투자비가 소요되는 변이된 사업 유형에서는 복수의 내부수익률이 존재할 수 있다.

## 7) 비용편익 기법의 적용

첫째, 공공투자사업에 따른 모든 비용과 편익을 현재가치로 산정한 화폐단위로 환산하여 비교·평가하는 기법으로, 동종 사업뿐만 아니라 이종 사업 간에도 정책 우선순위를 비교할 수 있다. 전체 이자를 계산하는 데 사용되는 일반적인 방법은 복리(複利) 접근 방법이다.

---

15 A사업을 집행하기 위하여 소요된 총비용은 80억 원이고, 1년 후의 예상총편익은 120억 원이라고 하자. 내부수익률은 순현재가치를 '0'으로 만드는 할인율 내지 예상수익률이다. 총비용 80억 원을 투자하여 40억 원의 수익이 발생한 것이므로 내부수익률은 50%이다. 또는 120/(1+r)-80=0을 만드는 r값은 0.5이므로 내부수익률은 50%이다.

둘째, 순현재가치 (NPV) 와 비용 대비 편익비 (B/C ratio) 는 할인율의 크기에 따라 그 값이 달라진다. 적용되는 할인율이 낮을수록 미래 금액의 현재가치는 높아지게 된다. 높은 할인율을 적용하면 단기간에 걸쳐 편익이 발생하는 단기 투자에 유리하다.

셋째, 비용에 비해 편익이 장기적으로 발생한다면 할인율이 높을수록 순현재가치가 작아져 경제적 타당성이 낮게 나타난다. 편익이 장기적으로 발생할 때 할인율이 높으면 미래로 갈수록 복할인 (復割引) 되어 미래편익의 현재가치 (PV) 가 작아지므로, 순현재가치는 작아져 해당 사업의 경제적 타당성은 낮아진다.

넷째, 대규모 사업의 경우는 순현재가치법이 유리하고 소규모 사업은 비용편익비율이 유리하다.[16] 순현재가치법은 순편익의 절대적인 크기가 큰 순서대로 사업을 선택하기 때문에 서로 다른 다수의 선택대안이 있을 경우, 규모가 큰 사업이 우선적으로 선택된다.

다섯째, 가장 정확하고 일반적으로 널리 사용되는 기준은 순현재가치법이고, 비용편익비율은 보완적 기준으로 사용된다. 순현재가치법은 특정 항목을 음의 편익으로 볼 것인가 또는 양의 비용으로 볼 것인가에 관계없이 결과가 같게 나타나지만 비용편익비율법은 다르게 나타난다. 비용편익비율이 극대화되는 지점과 순현재가치가 극대화되는 지점이 일치하지 않을 수 있다.[17]

## 8) 비용편익분석의 한계

경제적 효율성 측면만을 분석하므로 형평성 또는 공평성을 고려하지 못한다. 따라서 효율성보다 형평성 측면을 고려해야 하는 경우가 많은 공공부문의 적용에는 한계가 있다.

시장가격을 이용할 수 없을 경우에 잠재가격 (shadow price) 을 사용하는데, 잠재가격 측정과정에서 실제 가치를 왜곡시킬 수 있다.

## ❷ 비용효과분석

### 1) 의 의

편익의 화폐가치 계산인 계량화가 힘들거나, 비용과 편익의 측정단위가 달라 동일한 기준으로 양자를 비교하기가 힘들 때 이용되는 분석기법이 비용효과분석이다. 가치산정에 있어서 비용은 화폐가치로, 효과는 산출물 단위로 한다.

비용효과분석에서는 일정 수준의 효과를 정해 놓은 뒤 이를 달성하는 데 소요되는 비용이 최소인 대안을 선정하는 최소비용기준의 방법과 일정 수준의 비용을 정해 놓은 뒤 이를 통해 달성되는 효과가 최대인 대안을 선정하는 최대효과기준의 방법이 있다.

---

[16] 사업의 실현가능성 차원에서 볼 경우, 대규모 사업의 경우는 순편익의 수치가 크게 나타나기 때문에 사업 실현을 위한 설득력이 높아지게 된다. 반면에 소규모 사업의 경우는 비용 대비 편익의 절대수치가 상대적으로 작기 때문에 그 비율값을 강조하게 된다.

[17] 비용편익비율이 극대화되는 지점은 총편익 / 총비용이 가장 큰 지점이고, 순현재가치가 가장 큰 지점은 총편익－총비용이 가장 큰 곳이므로 그 값이 일치하지 않을 수 있다.

## 2) 장점

비용효과분석은 산출물을 금전적 가치로 환산하기 어렵거나 산출물이 동일한 사업의 평가에 주로 이용되고 있다. 비용효과분석에서 효과는 물건이나 용역의 단위 또는 측정 가능한 효과로 나타내어지므로, 효과를 화폐단위로 환산하는 과정을 거치지 않아 당장 적용이 쉽다는 장점이 있다. 화폐단위로 측정하는 문제를 피하기 때문에 비용편익분석보다 훨씬 쉽게 적용할 수 있다.

## 3) 단점

비용효과분석의 경우 비용은 화폐가치로 표현하지만, 효과의 경우 화폐가치로 표현하지 않기 때문에 측정대상이 이질적인 경우 효과성만으로 비교 분석이 곤란하다. 비용효과분석은 비용과 효과가 서로 다른 단위로 측정되기 때문에 총효과가 총비용을 초과하는지의 여부에 대한 직접적 증거는 제시하지 못한다.

## 4) 비용편익분석과 비용효과분석의 비교

비용편익분석과 비용효과분석은 효율성을 중시하고 계량적 분석기법이며 형평성의 크기를 고려하지 못한다는 측면에서는 공통점이 있다. 차이점은 다음과 같다.

✚ 표 2−10 비용편익분석과 비용효과분석

| | 비용편익분석 | 비용효과분석 |
|---|---|---|
| 화폐가치 측정 | • 비용: 화폐가치로 측정<br>• 편익: 화폐가치로 측정 | • 비용: 화폐가치로 측정<br>• 효과: 측정가능한 효과 (화폐가치로 환산 ×) |
| 비교사업 범위 | 이종 사업 간도 비교 가능 | 동종 사업만 비교 가능 |
| 평가지표 | 능률성 강조, 경제적 합리성 강조 | 효과성 강조, 기술적 합리성 강조 |
| 분석 | 양적 분석 | 질적 분석도 중시 |
| 비용 대비 편익과 효과 | 가변비용 대비 가변 편익 | 동일비용 대비 효과 차이 또는 동일효과를 달성하는 비용 차이 |

첫째, 비용편익분석은 양적 분석에, 비용효과분석은 외부효과나 무형적이고 질적 가치의 분석에 적합하다.

둘째, 비용편익분석은 경제적 합리성을 강조하지만 비용효과분석은 일정한 목표달성에 적합한 수단을 발견하는 기술적 합리성을 강조한다. 비용편익분석은 화폐단위로 환산한 편익과 비용의 가치 비교를 통해 경제적 합리성을 강조하지만, 비용효과분석은 동일비용 대비 효과 차이 또는 동일효과를 달성하는 비용 차이를 비교하여 기술적 합리성을 강조한다.

셋째, 비용편익분석은 비용과 편익이 함께 변동하는 가변비용과 가변편익을 특징으로 한다. 비용효과분석은 어느 한쪽이 고정되는데, 비용 고정상태에서 효과가 최대인 대안 (maximum - effectiveness criterion) 을 선정하는 방법과 효과 고정상태에서 비용이 최소인 대안 (least - cost criterion) 을 선정하는 방법이 있다.

## 제3절 관리과학

### ❶ 관리과학의 개념 및 특징

#### 1) 개 념

관리과학이란 문제해결이나 의사결정에 있어 최적 대안을 탐색하는 데 활용되는 과학적·계량적·체제적 접근방법을 뜻한다. 과학적 관리론의 후예로서, 1941년 2차대전 당시 물리학자들을 중심으로 제시된 운영연구(OR: Operation Research)로부터 발달하였다.

#### 2) 특 징

관리과학은 관리를 위한 계량적 분석기법으로 민간부문에서 주로 활용된다. 적용과정은 '문제의 인지와 목표의 설정 ⇨ 자료의 수집 ⇨ 대안의 개발 ⇨ 대안의 비교평가 ⇨ 대안의 선택 ⇨ 실행 및 환류' 과정을 거친다.

주요 기법으로는 선형계획, 회귀분석, PERT(Program Evaluation and Review Technique)와 CPM(Critical Path Method), 모의실험(simulation), 게임이론(game theory), 대기행렬이론, 시계열영향분석, 계층화분석법 등이 있다.

#### 3) 관리과학의 한계

가치문제나 질적인 문제를 경시하고, 정책을 둘러싼 제도적 맥락 및 정치적 합리성을 소홀히 한다. 계량화만을 강조하므로 복잡한 사회문제를 등한시하거나 다루지 못한다. 전사회적인 목표 설정이나 초정책과정인 정책의 일반적 지침이 되는 원칙 또는 방침을 결정하는 것을 경시하는 측면이 있다.

### ❷ 관리과학의 주요 기법

#### 1) 선형계획

선형계획(linear programming)은 의사결정에 제약이 있는 상황하에서 특정한 목표를 달성하기 위한 최선의 대안을 찾는 기법으로, 최선의 결정은 목적함수로 표현되며 목적함수는 1차식으로 구성된다. 투입산출분석(input-output model)은 Leontief가 개발한 모형으로 선형계획의 초보적 형태이다.

#### 2) 비선형계획

비선형계획(non linear programming)은 변수 간의 관계가 선형함수 또는 일차함수로 표시될 수 없는 경우를 분석한 것으로, 변수 간의 관계를 2차함수 이상으로 표시하여 분석하는 모형이다.

#### 3) 대기행렬이론

대기행렬이론(queuing theory or waiting theory)은 서비스를 받기 위한 고객의 도착시간과 서비스시설의 서비스시간이 다르기 때문에, 행정서비스를 받기 위해 기다리는 시간이 사회적 비용이라는 전제하에 이를 최소화하기 위한 분석기법이다.

## 4) 모의실험

모의실험 (simulation) 은 위험요소가 있는 불확실 상황하에서 복잡한 현실과 유사한 가상적 장치에 의한 실험결과를 통하여 실제 현상을 예측하는 기법이다. 그러나 투입과 산출의 관계를 명확하게 예측할 수 없고, 모형에 의하여 예측된 결과가 실제 현상에서는 그대로 나타나지 않을 수 있다.

## 5) 게임이론

게임이론 (game theory) 은 불확실하고 상충 (conflict) 적 상황하에서 게임 참여자들은 자기이익의 극대화를 추구하는 합리적 행위자라는 입장에 기초한다. 게임의 참여자들은 동시에 균등한 기회에서 확률을 계산하고 이에 의하여 선택하며, 참여자들의 이익과 손해의 합이 영 (zero) 인 것은 zero-sum게임이라고 한다.

## 6) 의사결정나무이론

의사결정나무이론 (decision tree theory) 은 몇 개의 의사결정이 연속되는 경우, 첫 단계의 의사결정에 의하여 실제상황에 대한 정보를 입수한 후, 이 정보를 토대로 다음 단계의 의사결정을 하는 것에 이용된다.

## 7) 회귀분석

회귀분석 (regression analysis) 은 변수 간의 인과관계 유무인 인과분석, 상관관계 강도인 상관분석, 영향을 미친 경로인 경로분석 등을 밝혀 독립변수 한 단위가 변할 때 종속변수의 변화량을 예측하는 기법이다.

## 8) 경로분석

경로분석 (path analysis) 에는 계획의 평가검토기법 (PERT: Program Evaluation Review Technique) 과 중요경로분석 (CPM: Critical Path Method) 이 있다. 비반복적 사업의 성공적 달성을 위한 경로계획 또는 시간공정, 일정관리 기법이다.

## 9) 시계열분석

시계열분석 (time series analysis) 은 과거의 변동 추세에 대한 분석 결과를 토대로, 이를 연장하여 미래를 추정하는 투사법이다.

## 10) 계층화분석법

계층화분석 (AHP: Analytic Hierarchy Process) 은 정책의 우선순위 선정을 위한 기법이다. 불확실성을 나타내는 데 확률 대신에 우선순위를 사용한다. 1970년대 Thomas L. Saaty교수에 의해 개발되어 광범위한 분야의 예측에 활용되어 왔다. 우리나라의 예비타당성 조사에서 정책적 타당성 판단기준으로 활용되고 있다.

기본적으로 시스템 (system) 이론에 기초를 두고 있다. 하나의 문제를 더 작은 구성요소로 분해하여 최상계층은 정책의 최종목표, 최하위계층은 정책의 구체적 대안에 위치시킨다. 그 다음 이 요소들을 둘씩 짝을 지어 비교하는 일련의 과정을 거쳐 각 계층별 우선순위를 수치로 전환한 후에, 이를 종합하여 대안 간의 우선순위를 도출하는 방법이다.

1단계는 문제의 계층화 단계이고, 2단계는 쌍대비교 원리가 적용되며 확률 대신 우선순위를 사용한다. 3단계에는 숫자로 전환 및 취합하여 AHP지수를 도출한다.

계층화분석법은 두 대상의 상호 비교가 불가능한 경우에는 사용할 수 없다는 단점이 있다.

## 11) 기타 분석 기법

DEA (Data Envelopment Analysis) 는 생산성, 효율성 분석을 위한 기법이다. Q 방법론은 주관적 요인을 측정하기 위한 기법으로, 특정 대상에 대한 사람들의 주관적 반응을 탐색하여 대상에 대한 인식과 태도가 유사한 집단으로 구분 (grouping) 을 시도한다.

---

## 제4절 | 정책대안의 탐색과 결과예측

### ❶ 정책대안의 결과예측방법

William N. Dunn (2009) 은 정책대안의 결과예측방법을 연장적 (extrapolative) 예측, 이론적 (theoretical) 예측, 직관적 (intuitive) 예측으로 구분했다. 연장적 예측에 의한 투사 (projection), 이론적 예측에 의한 예견 (prediction), 직관적 예측에 의한 추측 (conjecture) 으로 나뉜다.

### ❷ 추세연장에 의한 예측

#### 1) 개 념

추세연장 혹은 외삽 (extrapolation) 의 방법은 귀납적 논리 (inductive logic) 로, 과거로부터 지속되어온 경향을 투사 (projection) 하여 미래의 상태를 예측하는 방법이다. 이는 경험적 자료를 중시하는 예측방법이다. 연장적 예측이란 과거의 시간적 변동추세를 바탕으로 연장하여 미래를 예측하는 경향분석 내지 시계열분석을 말한다.

추세연장에 의한 예측기법은 선형경향추정 (linear trend estimation), 시계열분석 (time series analysis), 검은줄 기법 (black thread technique), 이동평균법 (moving average), 지수가중법 (exponential weighting)·지수평활법 (exponential smoothing), 최소자승경향추정 (least squares trend estimation), 격변기법 (catastrophe methodology), 자료전환법 (data transformation) 등이 있다.

#### 2) 선형경향추정

선형경향추정 (linear trend estimation) 은 회귀분석을 이용하여 시계열의 관찰값을 기초로, 미래 사회상태에 대하여 통계적으로 신뢰할 수 있는 추정치를 얻는 절차이다. 선형회귀를 이용하려면 시계열상의 관찰값들이 곡선 형태가 아니어야 한다.

#### 3) 시계열분석

전통적 시계열분석 (classical time series analysis) 은 변수결정의 메카니즘에 대한 설명이 없고, 과거의 역사적·시계열적 자료를 이용해 미래를 예측하는 비인과모형이다.

## 4) 검은줄 기법

추세연장적 미래예측 기법들 중 하나인 검은줄 기법 (black thread technique) 은 시계열적 변동의 굴곡을 직선으로 표시하는 기법이다.

## 5) 이동평균법과 지수평활법

이동평균법 (moving average) 은 최근 몇 개의 관찰값의 단순평균값을 다음 기간의 예측값으로 추정하는 방법이다. 지수평활 또는 지수가중법 (exponential smoothing) 은 과거의 모든 자료를 사용하여 평균을 구하되 최근의 자료에 가중치를 높게 부여하는 방법으로, 시간의 지수함수에 따라 자료에 가중치를 부여하는 것이다.

## 6) 최소자승법

최소자승경향추정 (least squares trend estimation) 은 각각의 데이터와 이를 가장 잘 설명할 수 있는 '상상의 선'이 있다고 가정하고, 둘 사이의 편차를 제곱하여 더한 총합이 가장 작도록 하는 1차함수 (선형) 를 결정하여 이를 바탕으로 미래의 추세를 예측하는 방법이다.

## ❸ 이론적 예측 또는 모형작성 기법

## 1) 개 념

이론적 (theoretical) 예측 또는 모형작성 기법 (causal modelling techniques) 은 연역적 논리 (deductive logic) 로, 미래예측 이론들을 구성하고 있는 인과관계에 대한 이론적 가정들에 근거하여 미래를 예견 (prediction) 하는 방법이다. '인과관계적 예측'이라고도 한다.

몇 가지 이론적 가정을 토대로 모형을 작성하고 모형에 포함된 변수에 관하여 자료를 수집한 다음 그 자료를 분석하여 미래를 예측한다.

이론적 미래예측은 인과관계분석이라고도 하며 회귀분석 (regression analysis), 상관분석 (correlation analysis), 경로분석 (path analysis), PERT (계획의 평가검토기법) 과 CPM (중요경로분석), 선형계획 (linear programming), 비선형계획 (non linear programming), 투입 – 산출모형 (input - output models), 이론지도 작성 (theoretical mapping), 의사결정나무 (decision tree) 분석, 대기행렬이론 (queueing theory), 시뮬레이션 혹은 모의분석 (simulation), 게임이론 (game theory), 계층화분석 (AHP: Analytic Hierarchy Process), 구간추정 (interval estimation), 계량적 시나리오 작성 기법 등이 있다.

## 2) 회귀분석모형

회귀분석 (regression analysis) 모형은 하나의 종속변수와 몇 개의 독립변수들 사이에 존재하는 선형관계의 유형 및 정도를 추정하는 통계분석 방법이다. 독립변수가 한 개일 경우는 단순회귀분석, 독립변수가 둘 이상인 경우는 다중회귀분석이라고 한다.

상관계수로 표시하여 변수 간의 상관관계 정도를 도출하는 상관분석, 인과관계 발생경로를 분석하여 최단공정경로 혹은 최소비용으로 사업을 완수하는 경로 등을 분석하는 경로분석 (path analysis), 두 개 이상의 표본에 대한 평균의 차이를 검정하는 분산분석 (ANOVA: Analysis of variance), 시간을 독립변수로 하는 회귀분석의 일종인 마르코프 (Markov) 분석 등은 회귀분석과 유사한 분석이다.

### 3) 경로분석

경로분석 (path analysis) 은 경향분석과 달리 인과관계를 분석하는 것으로 이론적 예측에 속한다. 여기서 경로 (path) 란 인과관계를 의미하는 것으로, 원인변수가 결과변수에 어떠한 경로로 영향을 미쳤는지를 분석하는 인과분석모형이며 회귀분석의 일종이다. 우주개발사업, KTX사업처럼 비반복적·비정형적인 대규모사업에 대하여 통제된 계획관리공정을 실시함으로써 최단공정경로 및 최단시간과 최소비용으로 사업을 완수하고자 하는 기법이다.

### 4) PERT와 CPM

경로분석에는 계획의 평가검토기법 (PERT: Program Evaluation Review Technique) 과 중요경로분석 (CPM: Critical Path Method) 이 있다. PERT는 프로젝트 (project) 를 분할하고, 각각의 소요시간을 계산하여 주공정 (critical path) 을 중심으로 공정의 선·후 관계를 정하여 프로젝트 공정표를 완성하는 절차이다.

### 5) 선형계획법

선형계획법 (linear programming) 은 주요 변수 간의 상관관계를 선형방정식으로 나타내고, 주어진 제약조건하에서 이윤극대화나 비용극소화를 위한 자원의 최적배분을 찾아내는 수리적 분석기법이다.

### 6) 상관분석

상관분석 (correlation analysis) 은 수집된 자료 간에 존재할 수 있는 상관관계를 상관계수로 표시하여 변수 간의 상관관계 정도를 도출하고, 이를 이용해 미래를 예측하는 계량적 방법이다.

### 7) 투입산출모형

투입－산출모형 (input-output models) 은 레온티에프 (Leontief) 가 개발한 모형으로, 선형계획의 초보적 형태이다. 미지수의 수와 방정식의 수가 같을 경우에만 미지수를 구할 수 있다고 보는 계량적 모형이다.

### 8) 비선형계획법

비선형계획 (non linear programming) 은 변수 간의 관계를 일차함수인 선형함수로 표시할 수 없는 것으로, 2차 이상의 함수를 활용하는 분석기법이다.

### 9) 이론지도 작성

이론지도 작성 (theoretical mapping) 은 논증 혹은 이론적 과정의 인과구조를 지도로 나타내어 체계화하는 기법이다.

## 10) 의사결정나무

의사결정나무 (decision tree) 분석은 의사결정에서 나무의 가지를 가지고 목표와 상황과의 상호관련성을 나타내어 최종적인 의사결정을 하는, 불확실한 상황하의 의사결정 분석방법이다. 의사결정나무를 활용한 분석모형에서는 상황의 불확실성을 고려한다.

## 11) 대기행렬이론

대기행렬이론 (queueing theory) 은 서비스를 받기 위한 고객의 도착시간과 서비스시설의 서비스시간이 다르기 때문에, 행정서비스를 받기 위해 기다리는 시간이 사회적 비용이라는 전제하에 이를 최소화하기 위한 분석기법이다.

## 12) 시뮬레이션

시뮬레이션 혹은 모의분석 (simulation) 은 장래에 나타날 문제점들을 예측하는 데 이용할 수 있다. 비용과 위험을 줄일 수 있고 실수를 미연에 방지할 수 있다. 그러나 투입과 산출의 관계를 명확하게 예측할 수 없고, 모형에 의하여 예측된 결과가 실제 현상에서는 그대로 나타나지 않을 수 있다.

## 13) 게임이론

게임이론 (game theory) 은 불확실하고 상충적 상황하에서의 의사결정 전략이다. 게임 참여자들은 자기이익의 극대화를 추구하는 합리적 행위자라는 입장에 기초한다.

## 14) 구간추정

구간추정 (interval estimation) 은 도출된 통계적 확률이 적용될 수 있는 신뢰구간을 추정하는 기법이다.

## 15) 계량적 시나리오 작성

계량적 시나리오 작성은 대안의 결과에 대한 미래의 이야기를 계량적으로 분석하여 각본으로 작성하는 기법이다.

## ❹ 주관적·질적 방법을 통한 미래예측

### 1) 개 념

미래예측을 위한 질적인 방법은 경험적 자료나 이론이 없을 때 관계자와 전문가의 주관적 판단에 의존하는 것으로, 집단적 문제해결기법이 대부분이다. 주관적 판단을 통해 미래를 추측 (conjecture) 하는 것이다. 주관적 판단은 역류적 논리 (retroductive logic) 에 기초하는데, 역류적 논리란 미래의 일정 상황에 대하여 예측한 다음에 이러한 예측을 뒷받침할 수 있는 근거와 가정을 찾아나가는 추론과정이다.

주관적·질적 예측기법으로는 일반델파이법 (conventional delphi method), 정책델파이 (policy delphi), 교차영향분석 (cross-impact analysis), 브레인스토밍 (brain storming), 명목집단기법 (normal group technique), 전자적 회의방식 (electronic meeting), 지명반론자 기법 (devil's advocate method), 변증법적 토론 (dialectical discussion method), 실현가능성분석 (feasibility assessment technique), 역사적 유추, 비계량적 시나리오 작성, 패널토의나 자유토론 등이 있다.

## 2) 일반적 델파이기법

일반적 또는 전통적 미래 예측을 위한 델파이기법 (delphi method)은 해당 분야에 대한 체계적인 지식이 풍부한 전문가들을 활용하여 전문가들의 주관적 의견을 수렴하기 위한 기법이다. 델파이기법은 가까운 미래보다는 중·장기적인 문제에 대한 예측기법으로, 전문가들의 주관적인 판단을 토대로 하는 직관적·질적 예측기법이다. 델파이는 그리스에서 미래를 예견하던 아폴로 신전이 위치한 도시 이름에서 유래된 것이다.

정책분석에서 사용되는 주요 미래예측기법 중 1948년 미국 랜드 (RAND) 연구소에서 개발된 것으로, 전문가들을 대상으로 설문 (poll)을 반복하여 특정 주제에 대한 합의를 도출하는 접근 방식이다. 개개인의 판단을 집계하여 전문가들에게 다시 알려주고 이를 반복하는 과정을 거친다.

전문가들의 의견을 종합하여 보다 합리적인 아이디어를 만들려는 시도이며, 정책대안의 결과 예측뿐만 아니라 정책대안의 개발·창출에도 사용된다. 전문가집단의 의사소통은 구조화된 설문지를 통해 반복적으로 이루어진다.

익명성의 측면에서, 일반적 (전통적) 델파이기법에 참여하는 모든 전문가나 지식인들은 철저하게 익명성이 보장된 상태에서 답변하며 자신의 답변을 수정할 수 있다. 문제해결의 아이디어를 제공하는 사람들 간에 서로 대면접촉을 하지 않는다. 익명성이 유지되는 전문가들이 상호 토론 없이 각각 독자적으로 형성한 판단을 조합·정리하는 방법이다. 불일치나 갈등을 유발하고 있는 의견들보다는 의견의 중위값 (medium)을 통계적으로 처리한다.

해당 분야에 대한 체계적인 이론과 지식이 풍부하지 못할 때 유용한 주관적 정책분석방법이다. 해당 분야에 대한 체계적인 이론과 지식이 풍부하지 못할 때 전문가나 경험자들의 주관적인 의견을 수렴하여 예측하는 기법이다. 구성원 간의 성격 마찰, 감정 대립, 지배적 성향을 가진 사람의 독주, 다수의견의 횡포 등을 피할 수 있으며 집단사고 (group thinking)를 방지할 수 있다.

그러나 각 분야를 대표할 수 있는 전문가 선정이 어렵고, 의견의 과학성과 객관성을 담보하는 데 한계가 있다. 응답결과의 추상성 및 모호성을 극복하기 힘들다.

## 3) 정책델파이

정책델파이 (policy delphi)는 정책대안을 탐색하기 위해서 전문가들을 활용하는 것이다. 의견을 서면으로 제시하게 하는 등의 방법으로 누가 어떤 의견을 제시하였는지를 모르도록 한다. 서로 상이한 의견들이 도출될 수 있도록 유도한다.

정책델파이가 일반적 또는 전통적 델파이와 다른 점은 익명성이 끝까지 유지되지 않는 점과 갈등을 창의적 문제해결을 위해 불가피하게 필요한 것으로 인식하는 점이다.

첫째, 정책델파이는 예측의 초기단계에만 익명으로 응답하는 선택적 익명성이 특징이다. 처음에는 익명성이 요구되나, 정책안에 대한 논쟁이 표면화되고 나면 참여자들은 공공연한 입장에서 토론이 허용된다.

둘째, 정책델파이 기법은 의견의 중위값 (medium)을 통계적으로 처리하는 것이 아니라 의견차나 갈등을 부각시키는 양극화된 또는 이원화된 통계처리를 한다. 정책델파이는 의견이 합의에 이를 수도 있으나 보다 창의적 문제해결을 위해 갈등을 불가피한 것으로 인식하며, 주관적이고 질적인 예측방법으로서 컴퓨터에 의한 의견교류과정을 전개한다. 참여자의 선발은 전문성뿐만 아니라 그 문제에 관해 관심과 통찰력을 가지고 있는가의 여부도 고려하며, 흥미와 통찰력을 가지고 의견에 참여할 수 있도록 여러 상황을 대표하는 주창자들을 선정할 수 있어야 한다.

| | 일반적 (전통적) 델파이 | 정책델파이 |
|---|---|---|
| 목 적 | 객관적인 입장에서 동일영역 전문가들의 의견 종합 | 정책관련자들의 대립되는 의견 표출 |
| 응답자 | 전문가 | 전문가와 이해관계자 등 정책관련자 |
| 익명성 | 철저한 격리성과 익명성 | 선택적 익명성 |
| 중시의견 | 의견의 평균치 (중위값) 중시 | 의견 차이나 갈등을 부각 (극단적이거나 대립된 견해도 존중하고 이를 유도함) |

## 4) 교차영향분석

교차영향분석 (cross-impact analysis) 은 관련된 사건의 발생 확률에 기초하여 미래 특정사건의 발생 가능성에 대한 식견 있는 판단을 이끌어내는 주관적·질적 분석기법이다. 교차영향분석은 연관사건의 발생 여부에 따라 대상사건이 발생할 가능성에 관한 주관적 판단을 구하고, 그 관계를 분석하는 기법으로 교차영향행렬을 적용한다.

## 5) 시나리오기법

시나리오기법은 각각의 대안들이 채택되면 전개될 미래의 상태에 대한 줄거리와 각본을 작성하는 기법이다.

## 6) 브레인스토밍

브레인스토밍 (brain storming) 은 누구나 자유롭게 발언할 수 있으며, 다른 아이디어에 편승한 창안을 적극 유도하는 주관적·질적 분석기법이다. 관련 분야의 전문가가 아니라도 아이디어를 제안할 수 있으며 우스꽝스럽거나 비현실적인 아이디어의 제안도 허용해야 한다. 정책대안을 검토하는 과정에서 토론의 질보다는 양을 중시하는 회의방식이다 (Quantity breeds quality). 광범위하고 복잡한 문제보다는 주제가 한정된 경우에 적합한 회의방식이다.

브레인스토밍 집단은 조사되고 있는 문제상황의 본질에 따라 구성되어야 한다. 아이디어 개발단계에서의 브레인스토밍 활동의 분위기는 개방적이고 자유롭게 유지되어야 한다. 이미 제안된 여러 아이디어들을 종합하여 새로운 아이디어를 만들어내는 편승기법 (piggy backing) 의 사용을 유도·장려한다. 아이디어 개발과 아이디어 평가는 동시에 이루어져서는 안 된다. 브레인스토밍 과정에서는 타인의 아이디어를 비판하거나 평가하지 말아야 한다. 아이디어 평가의 첫 단계는 모든 아이디어가 총망라된 다음에 시작되어야 한다. 아이디어 평가의 마지막 단계에서 아이디어에 우선순위를 부여한다.

## 7) 명목집단기법

명목집단기법 (normal group technique) 은 관련자들이 의사결정에 참여하지 않은 채 서면으로 대안에 대한 아이디어를 제출하도록 하고, 모든 아이디어가 제시된 이후 토의를 거쳐 투표로 의사결정을 하는 집단의사결정기법이다. 명목집단기법은 집단적 문제해결에 참여하는 개인들이 개별적으로 해결방안에 대해 구상을 하고, 그에 대해 제한된 집단적 토론만을 한 다음 해결방안에 대해 표결을 하는 기법이다.

### 8) 전자적 회의방식

전자적 회의방식 (electronic meeting) 은 익명성이 보장되도록 개인의 의견을 컴퓨터를 통하여 입력하고, 각 개별 의견에 대하여 컴퓨터를 통하여 표결한다. 명목집단기법의 변형이다.

### 9) 지명반론자기법

지명반론자기법 (devil' s advocate method) 은 작위적으로 특정 조직원들 또는 집단을 반론을 제기하는 집단으로 지정해 반론자 역할을 부여하고, 이들이 제기하는 반론과 이에 대한 제안자의 옹호 과정을 통해 의사결정을 유도하는 기법이다. 지명반론자기법이 성공하려면 반론자들이 고의적으로 본래 대안의 단점과 약점을 적극적으로 지적하여야 한다.

변증법적 토론은 찬·반 두 팀으로 나누어 토론을 진행하여 대안의 장·단점을 도출하는 방법으로, 악마의 주장법 (devil's advocate method) 이라고도 한다.

### 10) 역사적 유추

역사적 유추는 과거의 유사한 문제 등을 통한 유추 (synectics) 에 의한 예측방법이다. 시네틱스 (synectics) 은 생소한 특정 문제에 대해서 그것과 유사한 친숙한 유형을 찾아내고 개인적·직접적·상징적 유추 따위를 통하여 해결책을 모색하는 방법이다.

### 11) 실현가능성분석

실현가능성분석 (feasibility assessment technique) 은 정치적 갈등이 심한 상태에서 대안의 정치적 실현가능성을 분석한다.

### 12) 근거이론

근거이론 (grounded theory) 은 실증주의와 상호작용이론을 접목시켜 만든 사회과학의 질적 방법론의 한 종류이다. 전개되는 관찰들을 비교함으로써 이론을 산출하려는 귀납적 접근이다.

---

## 제5절  불확실성과 결과예측

### ❶ 불확실성에 대한 적극적 극복방안

### 1) 의 의

불확실성의 적극적 극복방안은 정책과정에서 정책결정자가 불확실한 것을 확실하게 하는 것 또는 불확실한 것을 적극적으로 해결하려는 방법이다. 불확실성의 적극적 극복방안은 이론 또는 모형 개발, 정책실험, 정책델파이, 정보의 충분한 획득, 환경 또는 상황의 통제나 제어 등이다.

## 2) 이론, 모형의 개발

가장 이상적인 방법은 이론이나 모형의 개발이며, 정책대안과 결과의 관계를 명확히 하고 정보를 정확히 획득하여 정책대안이 가져올 결과를 확실하게 예측하는 것이다.

## 3) 차선의 방법

차선의 방법으로는 상황에 대한 정보 획득, 정책실험의 수행, 전문가들의 주관적 판단에 의존하는 델파이, 환경 또는 경쟁기관과의 협상이나 타협, 적응적 흡수(co-optation) 등을 통해 불확실성을 발생시키는 상황 자체를 통제하는 방법 등이 있다.

일반적으로 불확실성이 높다고 생각하는 경우에는 정보와 지식의 수집활동에 적극적으로 대응하게 되는데, 정보와 지식의 수집은 불확실성에 대한 적극적 대처방안이다.

## ❷ 불확실성에 대한 소극적 극복방안

## 1) 의 의

불확실성에 대한 소극적 극복방안은 불확실성을 주어진 것으로 보고 이에 대처하는 방안이다. 소극적 대처방안으로는 지연이나 회피, 가외성(redundancy) 확보, 민감도(sensitivity) 분석, 분기점(break-even) 분석, 악조건 가중(a fortiori) 분석, 보수적 접근법 등이 있다.

주요 정책결정에 있어서 가외성(redundancy)을 감안할 수 있는 제도적 장치를 준비하거나 작업과정에서 행정의 표준화를 통해 개인의 자의적 행위를 예방하여 확실성을 확보하고자 한다.

## 2) 민감도분석

민감도(sensitivity) 분석은 정책대안의 결과들이 여러 가지 가능한 값에 따라 대안의 결과가 어떻게 달라지는지를 분석하는 기법이다.[18] 민감도분석은 모형의 파라미터(parameter)가 불확실할 때 여러 가지 가능한 값에 따라 대안의 결과가 어떻게 달라지는지를 분석하는 방법으로, 수행하는 상황에 따라 분기점분석과 악조건 가중분석으로 나뉜다.

## 3) 분기점분석

분기점(break-even) 분석은 최선 및 차선으로 예상되는 대안들이 동등한 결과를 산출하기 위해서는 불확실한 요소들에 대한 어떤 가정을 해야 하는지를 파악하고 분석함으로써, 최선과 차선 중 어떤 대안이 비현실적인가를 사정하는 방법이다. 최선 및 차선으로 예상되는 대안들이 동등한 결과를 산출하기 위해서는 불확실한 요소들에 대한 어떤 가정을 해야 하는지를 파악하여 가장 발생가능성이 높은 대안을 최선의 대안으로 채택하는 방법이다.

---

**18** 조선소 건설 시 선박 예상판매량, 예상가격이 비관적인 아주 낮은 값에서 높은 값으로 변화함에 따라 예상 수익과 비용이 어떻게 달라지는지, 건축시간이나 자재의 공급량과 가격이 변함에 따라 건설비 등의 비용이 어떻게 변화하는지 알아보는 것은 민감도분석에 해당한다.

## 4) 악조건 가중분석

악조건 가중(a fortiori) 분석은 최선의 대안에 최악의 상황을, 다른 대안에 최선의 상황을 가정해 보는 분석이다. 가장 두드러진 대안에 불리한 값을 대입하여 우선순위의 변화를 통해 종속변수의 불확실성을 해결하기 위한 것이다.

악조건 가중분석은 지금까지의 분석결과로 보아 가장 우수하다고 판단되는 정책대안에 대해서는 최악의 상태를 가정하고 나머지 정책대안은 최선의 상태가 발생하리라 가정하여, 악조건 가중분석에도 불구하고 최초에 가장 우수하다고 판단된 대안이 여전히 가장 우수한 대안으로 판명되면 그 대안이 우수한 대안이 된다.

## 5) 보수적 접근

보수적(conservative) 접근은 미래에 발생할 수 있는 최악의 상황을 가정하고 가장 보수적으로 접근하여 정책결과를 예측하는 것이다. 보수적 결정은 최악의 불확실성을 전제하고 정책대안의 결과를 예측하는 것이다.

## 6) 상황분석

상황분석(contingency analysis)은 정책환경에 대한 불확실성을 최소화하기 위한 것으로, 상이한 조건하에서의 우선순위 변화를 통해 분석하는 방법이다.

## ❸ 불확실성하의 의사결정기준

## 1) 낙관적 기준

낙관적 기준은 유리한 상황을 가정한다. maximax는 편익의 최대치가 최대인 대안을 선택한다. 편익이 최대치인 유리한 상황을 가정하고, 그중에서 편익의 최댓값이 가장 큰 대안을 선택하는 것이다.

minimin은 비용의 최소치가 최소인 대안을 선택한다. 비용이 최소치인 유리한 상황을 가정하고, 그중에서 비용의 최솟값이 가장 작은 대안을 선택하는 것이다.

## 2) 비관적 기준

비관적 기준은 불리한 상황을 가정한다. maximin은 편익의 최소치가 최대인 대안을 선택한다. 편익이 최소치인 불리한 상황을 가정하고, 그중에서 편익의 최솟값이 가장 큰 대안을 선택하는 것이다.

minimax는 비용의 최대치가 최소인 대안을 선택한다. 비용이 최대치인 불리한 상황을 가정하고, 그중에서 비용의 최댓값이 가장 최소인 대안을 선택하는 것이다.

## 3) Laplace기준

각 상황이 발생할 확률은 전혀 모르기 때문에 모든 상황이 동일한 확률로 발생한다고 가정한다. 발생 가능한 조건부 상황들의 평균값을 도출·비교하여 평균값이 최대인 대안을 선택한다.

## 4) Hurwicz기준

Hurwicz기준은 의사결정자가 미래에 대해 완전한 비관주의자 또는 낙관주의자가 아니라 그 중간의 입장에 있다는 견해를 바탕으로 한다.

낙관계수를 설정하고, 각 대안들의 최대 성과값과 최소 성과값이라는 극단적인 값만을 고려하여 실현치를 비교·도출한 다음 실현치가 최대인 대안을 선택한다.

$$실현치 = A \times 최댓값 + (1-A) \times 최솟값 \quad (단, A: 낙관계수)$$

## 5) Savage기준

Savage기준은 최대 후회값이 최소인 (minimax regret) 기준으로 의사결정자가 미래의 상황을 잘못 판단하여 가져올 최대 후회값인 기회비용을 최소화하려는 것이다.

특정 대안의 후회값 (regret)을 산출하는 방법은 같은 상황하에서 가장 큰 편익의 값에서 특정 대안의 값을 뺀 값이다.

## 6) 사례분석

**✚ 표 2-12 각 상황별 각 대안의 청산표** (단위: 억 원)

| 대안 \ 상황 | S1 | S2 | S3 |
|---|---|---|---|
| A1 | 50 | 20 | -10 |
| A2 | 30 | 24 | 15 |
| A3 | 25 | 25 | 25 |

첫째, maximax의 의하면 대안들의 상황별 최고치 중에서 가장 큰 값을 가지는 대안이므로 A1이다.

둘째, maximin에 의하면 대안들의 상황별 최소치 중에서 가장 큰 값을 가지는 대안이므로 A3이다.

셋째, Laplace기준에 의하면 대안들의 평균값이 가장 큰 대안을 선택하는 것이므로 A3이다.

넷째, Hurwicz기준에 의할 경우 낙관계수가 0.6이라면, 실현치가 최대인 대안은 A1이다.

다섯째, Savage기준 (minimax regret 기준)이라면 최대 후회값이 최소인 대안에 해당하는 것은 표 2-13에서 보듯이 A2이다.

**✚ 표 2-13 Savage기준의 예시** (단위: 억 원)

| 대안 \ 상황 | S1 | | S2 | | S3 | |
|---|---|---|---|---|---|---|
| | 대안값 | 후회값 | 대안값 | 후회값 | 대안값 | 후회값 |
| A1 | 50 | 0 | 20 | 5 | -10 | 35 |
| A2 | 30 | 20 | 24 | 1 | 15 | 10 |
| A3 | 25 | 25 | 25 | 0 | 25 | 0 |

## 제6절 | 정책대안의 비교평가 및 선택

### ❶ 소망성과 실현가능성의 평가기준

#### 1) 소망성

Robert T. Nakamura & Frank Smallwood (1980)는 정책대안의 평가기준으로 크게 소망성과 실현가능성을 들었다. 소망성 (desirability)에 노력, 능률성, 효과성, 형평성, 대응성을 포함시키고 있다.

#### 2) 실현가능성 평가기준

실행가능성 (feasibility)은 기술적 실현가능성, 재정적 실현가능성, 행정적 실현가능성, 법적 실현가능성, 윤리적 실현가능성, 정치적 실현가능성을 포함한다.

### ❷ 최선의 정책수단 선택을 제약하는 상황

#### 1) 위기상황

위기상황은 조직의 집권화를 촉진하는 요인으로 작용한다. 위기관리 시 빠른 의사결정이 요구되어 상황 재정의(再定義)의 시간적 여유가 없다. 위기관리 시 조직의 판단능력이 저하되는 현상인 집단사고 (group - think)[19]의 우려가 있다. 위기관리는 정보의 내용보다 정보의 출처에 우선순위를 둔다. 위기관리의 경우는 상향적·하향적 커뮤니케이션의 양이 증가한다.

#### 2) 혼돈이론

혼돈 (chaos) 이론은 비선형적·역동적 체제에서의 불규칙성을 중시한다. 현실의 복잡성과 불확실성을 극복하기 위해 단순화나 정형화하지 않고, 있는 그대로 파악하며 사소한 조건까지 고려하여 복잡한 현상에 대한 통합적 접근을 시도한다. 조직의 자생적 학습능력과 자기조직화능력을 전제로 한다. 혼돈을 통제와 회피의 대상이 아니라 긍정적 활용대상으로 인식한다. 전통적 관료제 조직의 통제중심적 성향을 타파하도록 처방한다. 대상체제인 행정조직을 질서와 무질서, 구조화와 비구조화가 공존하는 복잡한 체제로 인식한다.

---

[19] 어빙 재니스 (Irving Janis)는 '집단사고 (group - think)'를 "응집력이 강한 집단의 구성원들이 어떤 현실적인 판단을 내릴 때 만장일치를 이루려고 하는 사고의 경향"이라고 정의했다. 집단사고는 집단 외부를 향한 비합리적이고 비인간적인 행동을 취하게 만든다. 다만 집단사고는 상례적이며 사소한 결정을 하는 사안의 경우에는 시간절약 효과를 가져다줄 수 있다. 그러나 중요한 결정을 내리는 일에서조차 그룹 내의 화합적 분위기를 깨지 않으려는 강한 욕망이 작용하여 합리적 의심이나 비판이 사라지게 된다.

### ❸ 정책분석 사례

#### 1) 환경영향평가

우리나라의 환경영향평가제도는 대규모 개발사업이나 특정 프로그램을 비롯하여 환경영향평가법에서 규정하는 대상사업에 대하여, 사업으로부터 유발될 수 있는 모든 환경영향에 대하여 사전에 조사·예측·평가하여 자연훼손과 환경오염을 최소화하기 위한 방안을 마련하려는 전략적인 종합체계이다. 환경영향평가제도는 환경오염의 사전예방 수단으로서, 사업계획을 수립·시행함에 있어 해당 사업의 경제성, 기술성뿐만 아니라 환경성까지 종합적으로 고려함으로써 환경적으로 건전한 사업계획안을 모색하는 과정이자 계획적인 기법으로 정의될 수 있다.

환경영향평가제도는 1969년 미국에서 「국가환경정책법 (NEPA)」을 근거로 최초로 도입·운영하였고, 우리나라는 1977년 「환경보전법」을 제정·공포하면서 환경영향평가제도가 도입되었으며 1993년에 「환경영향평가법」이 제정되었다. 2012년 개정법에 의해 전략환경영향평가 (SEA: Strategic Environmental Assessment), 환경영향평가 (EIA: Environmental Impact Assessment), 소규모 환경영향평가로 나누어 진행하고 있다.

#### 2) 규제영향분석

규제영향분석이란 규제로 인하여 국민의 일상생활과 사회·경제·행정 등에 미치는 여러 가지 영향을 객관적이고 과학적인 방법을 사용하여 미리 예측·분석함으로써 규제의 타당성을 판단하는 기준을 제시하는 것을 말한다. 1970년대 이후 세계의 여러 국가에서 도입하여 왔으며 OECD에서도 회원국들에 규제영향분석의 채택을 권고하고 있다.

중앙행정기관의 장은 규제를 신설하거나 강화 (규제의 존속기한 연장을 포함한다) 하려면 관련 사항을 종합적으로 고려하여 규제영향분석을 하고 규제영향분석서를 작성하여야 한다. 규제 외의 대체수단 존재 여부, 비용 – 편익분석, 경쟁 제한적 요소의 포함 여부 등을 고려하여야 한다.

규제의 편익보다 규제의 비용에 주안점을 둔다. 규제로 인한 편익보다 규제로 인한 부작용, 국민부담 등 비용이 가중될 수 있으므로, 규제영향분석은 규제로 인하여 얻는 편익보다 국민들의 규제비용부담을 경감하는 데 더 주안점을 두어야 한다.

규제영향분석은 규제의 경제·사회적 영향을 과학적으로 분석해 타당성을 평가한다. 또한 정치적 이해관계의 조정과 수렴의 기회를 제공하는 역할을 한다. 규제영향분석이 필요한 이유 중 하나는 관료에게 규제비용에 대한 관심과 책임성을 갖도록 유도한다는 점이다. 규제가 초래할 사회적 부담에 대해 책임성을 가지도록 이끄는 역할을 한다.

# 10 정책결정

## 제1절 합리모형과 만족모형

### ❶ 합리모형

#### 1) 의 의

합리모형 (rational model) 은 정책결정자가 모든 대안과 모든 결과를 고려할 수 있는 '절대적 합리성'을 가지고 있다고 본다. 제한된 합리성 (bounded rationality) 이 아니라 '완전한 합리성'에 의거하여 효용을 계산하며 효용을 극대화할 수 있는 대안을 선택한다. 달성하고자 하는 목표가 명확하고, 완전한 (객관적) 합리성을 추구한다.

정책결정의 기준이 되는 목표와 가치는 그 중요성에 따라 분명히 제시되고 서열화될 수 있다고 본다. 합리모형은 의사결정자들이 사회적으로 추구하는 가치와 그것들의 우선순위를 보여주는 일련의 목표들을 설정할 능력이 있다고 가정하고, 완전한 지식과 정보를 이용하여 가치 극대화를 추구하는 일에 중점을 둔다.

#### 2) 합리모형의 특징

가장 합리적인 대안을 선택하기 위해 모든 대안을 검토해야 한다. 합리모형에서 말하는 합리성은 '경제적·기술적 합리성'을 의미한다. 정책대안의 분석과 비교가 총체적·종합적으로 이루어진다. 합리모형은 대안을 포괄적으로 탐색하고 대안의 결과도 포괄적으로 고려한다. 정보와 대안의 광범위한 탐색을 강조한다. 비가분적 (indivisible) 정책의 결정에는 합리모형 (총체주의) 이 적용된다.

합리모형 (合理模型) 은 부분적 최적화가 아닌 '전체적 최적화'를 위해 체계적·포괄적 대안 탐색과 분석을 실시하여 포괄적인 가치변화를 추구한다. 조직의 전체적 목표 달성의 극대화를 위하여 장기적 비전과 전략을 수립·집행한다. 합리모형은 소수 엘리트에 의한 국가발전을 도모하는 개발도상국의 정책결정을 설명하는 데 적합하다.

#### 3) 한 계

합리모형 (rational model) 은 정책결정에서 인간의 주관적이고 감정적인 요소를 배제하고, 정치적 현실의 역동성을 고려하지 않는다.

## ❷ 만족모형

### 1) 의 의

만족모형 (satisficing model) 은 제한된 합리성 (bounded rationality) 을 중시하며 정책결정자의 주관적이고 현실적인 판단에 근거한다. 만족모형은 인간의 인지능력에 한계가 있으므로 의사결정이 제한된 합리성에 머문다고 가정한다.

Herbert A. Simon (1978) 은 현실적 제약 조건을 고려하여 제한된 합리성을 추구하는 정책결정모형을 제시하였다. 사이먼 (Simon) 의 만족모형 (滿足模型) 은 합리모형에 대한 심각한 도전이자, 인간의 인지능력이라는 기본적인 요소에서 출발했기에 이론적 영향이 컸다.

Simon은 결정자의 인지능력의 한계, 결정상황의 불확실성 및 시간의 제약 때문에 제한된 합리성의 조건 하에서 결정이 이루어지게 된다고 주장한다.

### 2) 특 징

합리모형에서 가정하는 의사결정자는 경제인이고, 만족모형에서 가정하는 의사결정자는 합리성의 제약을 받는 '행정인'이다. 경제인은 목표 달성의 극대화를 도모하여 가능한 모든 대안 중 최선의 대안을 선택하지만 행정인은 만족할 만한 대안의 선택에 그친다.

경제인은 복잡하고 동태적인 모든 상황을 고려하여 대안의 결과 예측을 시도하지만 행정인은 불확실성이나 불충분한 정보 등으로 대안의 결과를 예측하지 못한다고 본다. 만족모형 (滿足模型) 은 제한된 합리성에 근거한 실증적 · 귀납적 접근법이다. 만족모형은 의사결정자들이 만족할 만하고 괜찮은 해결책을 얻기 위해 모든 대안이 아니라 몇 개의 대안만을, 병렬적이 아니라 '무작위적 또는 순차적'으로 탐색한다고 본다. 실제의 의사결정자는 모든 대안을 탐색하지 않고 몇 개의 대안만을 탐색하며, 대안의 탐색은 무작위적이고 순차적으로 이루어진다는 주장이다. 이상적인 상태를 고려한 최상의 결정은 아니지만 제약조건을 고려하여 충분히 만족할 만한 수준에서 현실적인 결정을 한다.

**✚ 표 2-14 합리모형과 만족모형**

|  | 합리모형 | 만족모형 |
|---|---|---|
| 인간관 | 경제인 (economic man) | 행정인 (administrative man) |
| 합리성 | 완전한 합리성 | 제한된 합리성 |
| 의사결정 과정 | 모든 대안의 탐색과 결과 예측 | 무작위적이고 순차적 대안 탐색 |
| 선택과 결정 | 최적 대안의 선택 | 만족할 만한 대안의 선택 |
| 모형의 성격 | 규범적 모형 | 실증적 모형 |
| 논리 전개 | 연역적 접근 | 귀납적 접근 |

### 3) 한 계

만족모형은 대안 선택의 객관적 기준을 제시하기가 어렵다. Simon의 의사결정론은 왜 특정의 문제가 정책문제로 채택되고 다른 문제는 제외되는가에 대한 설명에는 한계가 있다.

## 제2절 | 점증주의적 정책결정모형

### ❶ 점증주의모형의 개요

점증모형 (incremental model) 은 경제적 합리성보다는 정치적 합리성 (political rationality) 을 추구하여 타협과 조정을 통한 합의를 중시한다. 인간의 제한된 합리성과 다원주의의 정치적 정당성을 정교하게 결합하였다.

이상적이고 규범적인 합리모형과는 대조적으로, 점증모형 (漸增模型) 은 실제의 결정상황에 기초한 현실적이고 기술적인 모형이다. 합리모형이 현실적으로 불가능할 뿐만 아니라 분석에 소요되는 시간과 비용이 과다하고 대폭적인 변화를 추구하기 때문에 바람직하지도 않다는 것이다.

Charles E. Lindblom (1959) 는 「The science of muddling Through」라는 논문에서 합리모형의 비현실성을 비판하고, 타협과 조정을 중시하는 정치적 실현가능성 (political feasibility) 을 추구했다. 이러한 관점에서 Charles E. Lindblom과 같은 점증주의자들은 점증모형이 "실증적 모형일 뿐만 아니라 규범적 모형이다."라고 주장한다.

### ❷ 점증주의의 특징

#### 1) 매몰비용 고려

점증주의 (incrementalism) 는 기존의 정책을 토대로 하여 그보다 약간 개선된 정책을 추구하는 방식이다. 매몰비용 (sunk cost) 을 고려하고 정치적 실현 가능성을 중시한다. 기존 정책에 대한 추가와 삭제의 형태로 정책이 결정된다. 정책을 결정할 때 현존의 정책에서 약간만 변화시킨 대안을 고려한다. 과거의 정책 혹은 다른 정부의 정책대안도 점증주의 정책대안의 주요한 원천들이다.

#### 2) 계속적 정책결정

점증모형은 계속적 정책결정 (successive comparisons) 이다. 상황이 복잡하여 정책대안의 결과가 극히 불확실할 때 지속적인 수정과 보완을 통해 불확실성을 극복할 수 있다. 일단 불완전한 예측을 전제로 하여 정책대안을 실시해 본 후, 그때 나타나는 결과에 잘못된 점이 있으면 그 부분만 다시 수정·보완하는 방식을 택하기도 한다.

#### 3) 제한된 합리성

점증주의는 제한된 합리성에 기초한다. 고려하는 정책대안이 가져올 결과를 모두 분석하지 않고 제한적으로 비교·분석하는 방법을 사용한다. 합리모형이 정책목표를 먼저 선택하고 그에 상응하는 정책대안을 선택하는 것과는 달리, 점증주의는 정책대안을 고려하면서 정책목표를 설정하게 된다. 정책결정은 한번에 전체가 결정되기보다는 조금씩 수정·보완하는 방법으로 이루어진다.

## 4) 부분적·분산적 의사결정

점증주의는 부분적·분산적 정책결정(piecemeal - disjointed policymaking)의 특징을 지닌다. 합리모형은 대안의 분석·평가의 측면에서 성질이나 관점에 따라 분해하여 분석·평가하되, 이를 통합·조정하는 것을 이상적으로 여긴다. 반면에 점증주의는 통합·조정의 노력이 없이 산발적인 분석평가가 이루어지는 '분석과 평가의 사회적 분산'이 이루어지는 '분할적 점증주의(disjointed incrementalism)'의 특성을 나타낸다.

## 5) 수확체감의 법칙

점증적(漸增的) 변동은 환류로 인한 급격한 변화를 억제하는 부정적 환류(negative feedback) 또는 수확체감(收穫遞減)의 법칙이 작용하는 영역에서 작동한다.

## ❸ 점증모형의 장점

점증모형은 기술적(descriptive), 경험적(empirical), 실증주의적 특징을 지닌다. 현실에 대한 설명력이 높다.

점증모형은 처방적(prescriptive), 규범적(normative) 모형으로서의 특성도 있다. 의사결정은 비용보다 효과가 크도록 진행되어야 한다는 점을 명백히 했으며, 정치적 실현가능성과 안정성을 중시하는 장점이 있다.

점증주의는 집단의 합의과정이 반영되며 다원적 정치체제의 정책결정에 대한 설명력이 우수하다. 정치적 갈등을 줄이고 실현 가능성을 확보하여 정책결정과 집행을 용이하게 한다.

## ❹ 점증모형의 단점

점증주의는 보수적이어서 혁신적인 대안 발굴에 기여하지 못한다. 점증주의는 정치적 현상유지(status quo)를 옹호하므로 정책의 쇄신성이 낮고 보수적이라는 비판을 받고 있다. 매몰비용을 배제하지 않게 되면 매우 새로운 정책대안을 받아들이지 못하는 주요한 원인이 될 수 있다.

정책결정과정이 소수 몇몇 집단에 의해 주도될 가능성이 있고, 집단들 간의 타협과 조정의 과정에서 집단이기주의가 발생할 수 있다.

점증모형은 점증적인 정책선택이 불가능한 비가분적(indivisible) 정책[20]의 결정에 있어서는 적용하기 곤란하다.

점증주의에 의할 경우 정책의 목표와 수단이 뚜렷하게 구분되지 않기 때문에 목표와 수단의 관계 분석에는 부적절하다.

---

[20] 비가분적 정책의 사례로는 한강에 교량을 건설할 때 다리의 일부만 건설할 수는 없으므로 건설 여부의 결정만이 필요하고, 유인우주선의 달착륙 사업도 분할결정이 어려운 경우가 있다. 비가분적 결정의 경우는 높은 착수비용(start - up cost)이 소요되는 경우가 많고, 정책이 착수되더라도 여론이 변동되거나 관심에서 벗어나게 되어 정책이 표류하는 경우도 많다.

**➕ 표 2−15 합리모형과 점증모형**

| | 합리모형 | 점증모형 |
|---|---|---|
| 인 간 | 완전한 합리적 인간을 가정 | 지적 능력 한계를 가진 인간을 가정 |
| 합리성 | 경제적 합리성 추구 | 정치적 합리성·실현가능성 강조 |
| 목표와 수단 관계 | 수단을 목표에 합치되도록 선택 | 목표를 수단에 합치되도록 수정 가능 |
| 목표수단 분석 | 목표수단 분석을 전제로 함 | 목표수단 분석을 전제로 하지 않음 |
| 분석 범위 | 총체적, 포괄적 분석 | 연속적, 제한적 비교 |
| 분석 방향 | 연역적 접근 (algorithm) | 귀납적 접근 (heuristic) |
| 정책결정 | 근본적 결정 (root approach) | 지엽적 결정 (branch approach) |
| 최적화 | 전체적 최적화 추구 | 부분적 최적화 추구 |
| 정책의 평가기준 | 목표의 달성도 | 바람직하지 않은 상황의 수정 |
| 정책 변동 | 대폭적 변화, 쇄신적 정책결정 | 소폭의 점진적 변화, 보수적 정책결정 |
| 적용 국가 | 개발도상국에 적합 | 다원화되고 안정된 선진국에 적합 |
| 정책 참여도 | 소수에 의한 폐쇄적 결정 | 다양한 이해관계자의 참여 인정 |

## ❺ Braybrooke & Lindblom의 의사결정전략

Braybrooke & Lindblom (1970)은 분절화된 점증주의는 사회변동의 정도가 낮은 동시에 정책목표·수단에 대한 이해의 정도가 낮은 경우에 잘 적용된다고 본다.

포괄적 합리모형은 사회변동의 정도가 크지 않은 안정된 사회에서 정책목표와 수단에 대한 이해의 정도가 높은 수준에 적합하다. '다소 행정적이고 기술적인 의사결정'이 필요한 포괄적 합리모형은 현실적인 측면을 고려한 모형으로, 현실적으로 광범위한 변화는 어렵고 점증적인 변화가 나타난다고 본다.

**➕ 표 2−16 결정의 전략**

| | | 의사결정에 의한 사회변화의 크기 | |
|---|---|---|---|
| | | 광범위한 변화 | 점증적인 변화 |
| 정책목표와 수단에 대한 이해의 정도 | 높은 이해 | 혁명적, 이상적 결정 | 다소 행정적이고 기술적인 의사결정 (포괄적 합리모형) |
| | 낮은 이해 | 전쟁, 혁명, 위기 등 대변혁 | 점증적 정치 (분절화된 점증주의) |

## ❻ Hayes의 정책결정상황

### 1) 의 의

Michael T. Hayes (2001)는 정책결정상황을 참여자들 간 목표 합의 여부, 수단적 지식 합의 여부에 따라 아래의 표 2-17과 같이 구분한다.

✚ 표 2-17 정책결정상황

| | 목표의 갈등 | 목표의 합의 |
|---|---|---|
| 수단적 지식의 갈등 | Ⅰ 정상적 점증주의 영역 | Ⅱ 순수한 지식기반의 문제 |
| 수단적 지식의 합의 | Ⅲ 순수한 가치갈등의 문제 | Ⅳ 합리적 의사결정의 영역 |

### 2) 정책결정상황

첫째, 정상적 점증주의 영역(Ⅰ)에서는 점증주의적 결정이 불가피하며, 점증적이지 않은 대안은 입법과정에서 제외될 수밖에 없다.

둘째, 순수한 지식기반의 문제(Ⅱ)의 경우는 사이버네틱스(cybernetics)모형에 따라 정책이 결정된다. 안정적인 목표를 가진 정책결정시스템이 환경으로부터 정보를 모니터하여 변화하는 환경에 적응하여 가는 것이다.

셋째, 순수한 가치갈등의 문제(Ⅲ)는 수단에 대한 합의는 있지만 목표에 대한 합의가 이루어지지 않은 목표갈등상황이므로 합리적 의사결정이 이루어지지 않는다. 소득재분배 정책문제일 경우, 각 대안이 초래할 재분배효과가 비교적 명확하게 알려져 있지만 개혁의 비용을 누가 부담할 것인가에 대해서는 복잡한 갈등상황이 전개될 수 있다.

넷째, 합리적 의사결정의 영역(Ⅳ)은 목표와 수단에 대한 합의가 모두 이루어져 있으므로 합리적 의사결정이 가능하다. 비교적 기술적이고 행정적인 문제가 포함되어 비점증적인 큰 변화가 이루어질 수 있다.

---

## 제3절　혼합모형과 최적모형

## ❶ 혼합모형

### 1) 의 의

혼합모형(mixed-scanning model)은 합리모형의 이상주의적 특성에서 나오는 단점과 점증모형의 지나친 보수성이라는 약점을 극복할 수 있는 전략으로 제시된 모형이다. 점증모형의 단점을 합리모형과의 통합으로 보완하려는 시도이다.

혼합주사모형(混合走査模型)은 정책의 결정을 근본적 결정과 세부적 결정으로 구분한다. 근본적 결정은 합리모형을, 세부적 결정은 점증모형을 선별적으로 적용하는 방법이다. 거시적이고 장기적인 안목에서 대안의 방향성을 탐색하는 한편, 그 방향성 안에서 심층적이고 대안적인 변화를 시도하는 것이 바람직하다는 관점이다.[21]

---

21 지난 30년간의 자료를 중심으로 전국의 자연재난 발생현황을 개략적으로 파악한 다음, 홍수와 지진 등 두 가지 이상의 재난이 한 해에 동시에 발생한 지역을 중심으로 다시 면밀하게 관찰하며 정책을 결정한다.

## 2) 특 징

Amitai Etzioni (1967)는 합리모형과 점증모형의 단점을 극복하기 위하여 혼합탐사 (探査) 모형을 주장하였다. Etzioni (1968)는 혼합탐색 (探索) 모형이 합리모형이나 만족모형과 같이 인간의 결정 행태에 국한되는 것이 아니라, 능동적 사회의 범사회적 지도체제 (social guidance system) 의 조직원칙이라고 주장하였다. 능동적 사회에서는 전체주의적 사회체제가 추구하는 합리주의적인 것뿐만 아니라 동시에 민주주의 사회가 옹호하는 점증주의적인 것을 혼합하는 전략이 필요하다고 보았다.

거시적 맥락의 근본적 결정에 해당하는 부분에서는 합리모형의 의사결정방식을 따르며, 혼합주사모형에서 합리적 결정이란 나무보다는 숲을 개괄적으로 파악하는 유형의 결정을 말한다.

합리모형은 고려 (考慮) 하는 모든 대안을 고려하고, 대안의 결과 또한 모든 결과를 고려한다. 점증모형은 제한적으로 대안을 고려하고, 제한적 결과만을 고려한다.

혼합모형의 경우 근본적 결정 또는 합리적 결정은 모든 대안을 고려하되 개략적으로 파악하지만, 결과는 중요한 결과만을 한정적으로 고려한다. 세부적 결정 또는 점증적 결정은 제한적으로 대안을 고려하지만, 대안의 결과는 선택된 대안의 모든 결과를 포괄적으로 고려한다.

**✚ 표 2-18 정책결정모형과 정책분석**

| | | 고려하는 대안의 수 | 각 대안의 결과 예측 |
|---|---|---|---|
| 합리모형 | | 고려하는 모든 대안을 고려 | 모든 결과를 고려 |
| 점증모형 | | 제한적으로 대안을 고려 | 제한적 결과만을 고려 |
| 혼합모형 | 근본적 결정 | 모든 대안을 고려하되 개략으로 파악 | 중요한 결과만을 한정적으로 고려 |
| | 세부적 결정 | 제한적으로 대안을 고려 | 선택된 대안의 모든 결과를 포괄적으로 고려 |

## ❷ 최적모형

### 1) 의 의

Yehezkel Dror (1971) 의 최적모형 (optimal model) 은 계량적 분석뿐만 아니라 직관적 판단에 의한 결정의 중요성을 강조한다. 양적 분석과 함께 질적 분석 결과도 중요한 고려요인으로 인정한다.

드로 (Y. Dror) 는 점증주의 정책결정이론의 주된 비판자로, 경제적 합리성의 추구를 기본원리로 삼고 정책결정자의 직관적 판단 혹은 초합리성 (超合理性) 도 정책결정의 중요한 요인으로 간주한다. 비정형적인 결정의 경우 직관의 활용, 가치판단, 창의적 사고, 브레인스토밍을 통한 초합리적 아이디어까지 고려할 것을 주장한다.

최적모형은 정책결정을 체계론적 시각에서 파악하고 정책성과를 최적화하려는 정책결정모형이다. 합리적 정책결정모형 이론이 과도하게 계량적 분석에 의존하여 현실 적합성이 떨어지는 한계를 보완하기 위해 제시되었다.

최적모형 (最適模型) 은 현실주의와 이상주의를 절충할 수 있는 모형이다. '현실'과 '이상'을 통합한 것으로 메타정책결정 (meta policy making) 을 중요시한다. 합리적 종합적 분석에 의한 정책결정이 달성하기 어려운 조건과 상황에서 순수한 합리성에 대한 현실적인 차선책 (second bests) 을 제시한다. 점증주의적 정책의 개선으로 합리적 종합적 모형 (rational - comprehensive model) 이 아니라 규범적 최적모형 (normative optimum model) 을 제시한다.

Dror (1971) 가 제시하는 정책결정의 18국면 (phase) 은 상위 (초) 정책결정단계, 정책결정단계, 정책결정 이후 단계, 모든 단계가 상호 연결되는 의사전달과 피드백 통로로 구분된다.

## 2) 메타정책결정단계

메타정책결정단계 (meta policy making stage) 는 정책을 어떻게 결정할 것인가를 결정하는 '정책결정을 위한 정책결정'을 의미한다. 메타정책결정단계에 속하는 것은 가치처리, 현실처리, 문제처리, 위험최소화전략 대신 혁신전략을 취하는 것과 같은 정책결정전략의 결정, 정책결정체제의 설계·평가 및 재설계, 문제·가치 및 자원의 배분·할당, 자원의 조사·처리 및 개발 등이다.

## 3) 정책결정단계

정책결정단계 (policy making stage) 에는 자원의 하위배분, 우선순위에 입각한 구체적 목표설정, 우선순위에 입각한 여타 중요가치의 설정, 좋은 대안을 포함한 주요 대안의 마련, 각 대안이 초래할 주요 편익과 비용에 대한 신뢰성 높은 예측, 각 대안이 초래할 기대 편익과 비용의 비교 및 최선의 대안 확인, 최선의 대안이 초래할 편익과 비용에 대한 평가 및 그것이 좋은 것인지의 여부를 결정하는 것 등이 속한다.

## 4) 정책결정 이후 단계

정책결정 이후 단계 (post policy making stage) 에는 정책집행을 위한 동기 부여, 정책의 집행, 집행 후의 정책평가 등이 포함된다.

---

## 제4절    회사모형과 Allison모형

### ❶ 회사모형

#### 1) 의 의

회사모형은 회사조직이 서로 다른 목표를 지닌 구성원들의 연합체 (coalition) 라고 가정하며 Richard M. Cyert & James G. March (1963) 가 발전시킨 것으로, '연합모형 또는 조직모형'이라고 불리기도 한다.

문제를 여러 하위문제로 분해하고 이들을 하위조직에게 분담시킨다고 가정한다. 회사모형은 조직을 하부조직의 연합체로 보고 장기적 전략보다는 단기적 환류에 의존하는 단기적 대응책을 강조한다.

회사모형은 개인의 의사결정 원리를 유추·적용하여 조직의 의사결정을 설명한 것으로, 합리모형에 대한 비판에서 출발한다. 회사모형, 앨리슨모형, 쓰레기통모형 등은 집단차원의 의사결정모형으로 구분하기도 한다. 한편 합리모형, 만족모형, 점증모형, 혼합주사모형, 최적모형 등은 개인차원의 정책결정모형으로 구분한다.

## 2) 회사모형의 개념요소

회사모형의 개념요소는 문제 중심의 탐색, 갈등의 준해결, 조직의 학습, 불확실성의 회피, 표준운영절차 (SOP) 의 활용 등이다.

첫째, 문제 중심의 탐색 (problemistic search) 은 정책결정자들이 시간과 능력의 제약 때문에 모든 상황을 고려하기보다 특별히 관심을 끄는 부분에 대해서만 고려한다는 것이다. 정책결정능력의 한계로 인하여 관심이 가는 문제 중심으로 대안을 탐색한다.

둘째, 갈등의 준해결 (quasi-resolution of conflict) 이란 정책결정에서는 관련 집단들의 요구가 모두 성취되기보다는 서로 나쁘지 않을 정도의 수준에서 타협점을 찾는 경향이 있다는 것이다. 조직 내 갈등의 완전한 해결은 불가능하며 타협적 준해결에 불과하다.

셋째, 표준운영절차 (SOP: Standard Operation Procedure) 수립이란 정책결정자들의 경험이 축적됨에 따라 가장 효율적이라고 판단되는 정책결정절차와 방식을 마련하게 되고, 이를 활용한 정책결정이 증가하는 것을 의미한다. 표준운영절차 (SOP) 는 업무 담당자가 바뀌게 되더라도 표준운영절차로 인해 업무처리의 연속성을 유지하는 것이 쉽게 된다. 표준운영절차는 업무처리의 공평성을 확보하는 데 기여한다. 그러나 표준운영절차에 따른 업무처리는 정책집행 현장의 특수성을 반영하는 것을 어렵게 한다. 정책결정모형 중 앨리슨 (Allison) 모형의 Model Ⅱ은 표준운영절차에 따른 의사결정을 가정한다.

넷째, 조직의 학습 (organizational learning) 은 반복적인 의사결정의 경험이 전수되며 시간의 흐름에 따라 결정수준이 개선되고 목표달성도가 높아지게 되는 것이다.

## ❷ Allison모형

### 1) 의 의

Graham T. Allison (1971) 은 집단의사결정을 유형화하여 정책결정과정을 세 가지 의사결정모형으로 분석하면서, 합리모형 (모형 Ⅰ), 조직과정모형 (모형 Ⅱ), 관료정치모형 (모형 Ⅲ) 을 제시했다.

1962년 쿠바 미사일 위기 (Cuba missile crisis) 사건과 같은 미국의 외교·안보 정책문제 분석에 있어서 설명력을 높이기 위한 대안적 모형으로, 집단적 의사결정을 국가의 정책결정에 적용하기 위해 합리적 행위자모형, 조직과정모형, 관료정치모형으로 분류하였다. 원래 국제 정치적 사건과 위기적 사건에 대응하는 정책결정을 설명하기 위한 모형으로 고안되었으나 일반정책에도 적용 가능하다. 실제 정책결정에서는 어느 한 모형이 아니라 세 가지 모형이 모두 적용될 수 있다.

### 2) 합리적 행위자모형 (모형 Ⅰ)

합리적 행위자모형에서 의사결정자는 완벽한 정보를 가지고 주어진 목표의 극대화를 추구하는 합리적 존재라고 가정한다. 정부의 전략적 목표가 중시되며 행위자의 목표는 조직 전체의 목표와 동일하고, 구성원 간의 응집성이 높다. 의사결정에 참여하는 구성원들 간의 높은 목표 공유도가 형성되어 있다. 국가 전체의 이익과 국가목표 추구를 위해서 개인의 이익을 고려하지 않는 것을 경계하지만, 국가가 단일적인 결정자임을 긍정한다.

## 3) 조직과정모형 (모형 Ⅱ)

조직과정모형에서 정부는 독립적인 개별 행위자들의 집합체가 아니라 '느슨하게 연결된 조직체들의 집합'으로 간주된다. 정책산출물은 주로 관행과 표준적 절차에 따라 만들어진다고 가정한다.

앨리슨 (Allison) 모형 Ⅱ는 느슨하게 연결된 하위조직체들이 표준운영절차를 통해 상호 의존적인 의사결정을 한다고 본다. 조직과정모형에서 조직은 불확실성을 회피하기 위하여 정책결정을 할 때 표준운영절차 (SOP) 나 프로그램 목록 (program repertory) 에 의존한다. 조직과정모형은 조직 하위계층에 적용가능성이 높다.

## 4) 관료정치모형 (모형 Ⅲ)

관료정치모형은 정책결정의 방식을 정치적 게임의 규칙에 따라 협상, 타협 등에 의해 이루어지는 것으로 본다. 한편 정치적 표결인 선거나 투표에 따라 의사결정이 이루어지는 것은 관료정치모형이 아니라 공공선택론이다.

정책결정의 행위주체를 잘 조직화된 유기체가 아니라 독자성이 높은 다수 행위자들의 집합으로 인식한다. 국가정책을 결정하는 주체는 부처들의 연합체가 아니라 참여자들 개개인이다.

조직 상위계층에 적용가능성이 높으며 정책을 참여자들 간의 타협과 흥정에 의한 정치적 결과로 본다. 관료정치모형은 조직 상위계층에 적용가능성이 높고, 조직과정모형은 조직 하위계층에 적용가능성이 높다.

정책결정의 권력은 개인 행위자의 정치적 자원에 의해 좌우된다. 참여자 개개인은 자신이 지닌 정치적 자원을 이용하여 목표달성을 위해 노력한다.

관료정치모형은 다양한 문제에 관심을 갖는 다수의 행위자를 상정하며 이들의 목표는 일관되지 않는다. 정책결정의 일관성은 다른 모형에 비해서 약한 편이다. 정책결정의 주요한 양식은 타협, 흥정 등이다.

### ✚ 표 2-19 Allison모형

| | 합리적 행위자모형 | 조직과정모형 | 관료정치모형 |
|---|---|---|---|
| 조직관 | 조직화된 유기체로 간주 | 정부는 느슨하게 연결된 연합체 | 독자성이 높은 다수의 참여자들 개개인 |
| 합리성 | 완전한 합리성 | 제한된 합리성 | 정치적 합리성 |
| 권력의 소재 | 최고 관리층에게 집중 | 권력은 반독립적인 하위조직에 분산 | 독립된 자유재량을 가진 개인적 행위자들 |
| 행위자의 목표 | 개인 목표보다 전체 목표에 치중 | 전체 목표와 하위 조직들의 목표의 합 | 목표에 대한 합의 정도가 낮음 |
| 목표의 공유도 | 높 음 | 약 함 | 매우 약함 |
| 정책의 일관성 | 높 음 | 약 함 | 거의 없음 |
| 정책결정 | • 합리적 선택의 산물<br>• 동시적·분석적 해결 | • SOP에 의해 대안 추출<br>• 순차적 해결 | • 정치적 게임 규칙에 의해 이루어짐<br>• 정치적 해결 |
| 적용계층 | 조직 전반 | 하위계층 | 조직 상층부 |
| 유사모형 | 합리모형 | 회사모형 | 쓰레기통모형 |

## 제5절　쓰레기통모형

### ❶ 쓰레기통모형의 개요

쓰레기통모형 (garbage can model) 은 '조직화된 무정부상태 (organized anarchies)' 속에서 나타나는 몇 가지 흐름에 의하여 정책결정이 우연히 이루어진다고 보는 정책모형이다. 그동안 해결하지 못했던 정책문제에 관한 대책을 대형참사를 계기로 마련하게 되는 상황을 설명하기에 가장 적절한 정책결정모형이다.

Michael Cohen, James March & Johan Olsen (1972) 이 쓰레기통모형에서 가정하는 결정상황은 불확실성과 혼란이 심한 상태로, 정상적인 권위구조와 결정규칙이 작동하지 않는 경우이다. 공유된 목표가 없는 '조직화된 무질서 상태'에서 대형 재난이나 정치적 격변 상황 등과 같은 계기로 인해 우연히 정책이 결정된다.

쓰레기통모형이 발생하기 용이한 조직은 상하관계가 분명하지 않은 대학 조직에서 의사결정이 이루어지는 경우, 다당제인 의회에서 의사결정이 이루어지는 경우, 정책결정에 행정부 내의 여러 부처가 관련되는 경우 등이다.

그러나 계층제적 권위를 중심으로 하위조직이 연계되어 있는 관료조직에서 의사결정이 이루어지는 경우는 쓰레기통모형이 발생하기가 어렵다.

### ❷ 쓰레기통모형의 내용

#### 1) 전제조건

쓰레기통모형의 전제조건으로는 문제성 있는 선호 (problematic preference), 불명확한 기술 (unclear technology), 유동적 참여자 (part-time participation) 가 있다.

첫째, 문제성 있는 선호 (problematic preference) 는 의사결정에 참여하는 구성원 간에 무엇을 선택하는 것이 바람직한지에 대한 합의가 없어 정책 행위자들의 선호가 서로 다르다는 것이다.

둘째, 불명확한 기술 (unclear technology) 은 목표와 수단 간의 인과관계가 불분명하기 때문에 어떤 목표를 달성하기 위해 무엇을 수단으로 선택해야 할지를 잘 모르는 경우이다.

셋째, 유동적·수시적 참여자 (part-time participation) 는 문제에 따라 참여자가 다르며, 정책 참여자들이 정책과정에 있어 부분적으로 참여하는 것을 의미한다.

#### 2) 구성요소

쓰레기통모형은 의사결정을 위해서는 문제, 해결책, 참여자, 선택 (의사결정) 기회의 네 가지 요소가 필요하다고 본다. 문제, 해결책, 참여자, 선택기회의 네 가지 요소가 상호 연관성 없이 독자적으로 작용하다가 어떠한 계기로 교차하여 만나게 될 때 정책결정이 이루어진다고 설명한다. 정책결정의 우연성을 강조하여 정책결정이 이루어지게 되는 계기에 주목한다.

> ■ **TIP** 정책흐름 (policy stream), 정책의 창 (policy window) 이론
> 　J. W. Kingdon이 주장한 이론이다. 문제의 흐름 (problem stream), 정책의 흐름 (policy stream), 정치의 흐름 (political stream) 이 어떤 계기에 의해 서로 결합되어 (coupling) 새로운 정책의제로 형성된다는 것이다.

### ❸ 최종 의사결정 방식

최종 의사결정은 문제해결 (problem resolution) 보다는 간과 또는 날치기 (choice by oversight)나, 탈피 또는 진빼기 (choice by flight) 에 의해 이루어진다. 진빼기 결정 (choice by flight) 은 해결해야 할 주된 문제와 이와 관련된 다른 문제들이 함께 있어서 결정이 이루어지지 않을 때, 관련 문제들이 진이 빠져 스스로 다른 의사결정의 기회를 찾아서 떠날 (flight) 때까지 기다려서 결정을 하는 것이다. 날치기 통과는 관련된 다른 문제들이 제기되기 전에 재빨리 의사결정을 하는 것이다.

### ❹ 평 가

쓰레기통모형은 이론적 설명에만 머무르지 않고 현실 적합성이 높다. 특히 대형참사 (慘事) 나 재해를 겪은 후의 정책결정 과정에 대한 설명력이 높다.

그러나 목표나 평가기준이 명확하지 않은 경우가 많고, 명확하지 않은 인과관계를 토대로 해결책이 제시되는 경우가 많다. 또한 이해관계자들의 지속적인 의사결정 참여가 어렵다.

---

| 제6절 | 다양한 정책모형 |
|---|---|

### ❶ 사이버네틱스 의사결정모형

#### 1) 의 의

사이버네틱스 (cybernetics) 모형은 설정된 목표달성을 위해 정보제어와 환류과정을 통해 자신의 행동을 스스로 조정해 나간다고 가정하는 것이다. 정책결정과정을 이미 프로그램화되어 있는 특정한 상태를 유지하기 위한 것으로 파악한다. 주요 변수가 시스템에 의하여 일정한 상태로 유지되는 적응적 의사결정을 강조한다.

상황 변화에 따른 새로운 정보에 초점을 맞추는 것이 아니라 극히 제한된 투입 변수의 변동에 주의를 집중하여 의사결정을 한다.

#### 2) 특 징

John D. Steinbruner (1974) 는 시스템 공학의 사이버네틱스 개념을 응용하여 관료제에서 이루어지는 정책결정을 단순하게 묘사하고자 노력하였다. 주요 변수가 시스템에 의하여 일정한 상태로 유지되는 적응적 또는 습관적 의사결정을 강조한다. 자동온도조절장치와 같이 사전에 프로그램된 메커니즘에 따라 의사결정이 이루어진다.

정보·대안·변수를 광범위하게 탐색하는 합리모형과 달리, 한정된 범위의 변수에만 관심을 집중함으로써 불확실성을 통제하려는 모형이다. 사이버네틱스모형은 결과 예측 후 합리적 대안을 선택하는 인과적 학습이 아니라 '도구적 학습'에 의존한다.

생각 넓히기 _ 분석적 패러다임과 사이버네틱스 패러다임

합리모형과 Allison Model Ⅰ을 분석적 패러다임 (paradigm)으로 볼 경우에, 회사모형이나 Allison Model Ⅱ는 사이버네틱스 패러다임이라고 할 수 있다.

분석적 패러다임은 완전한 합리성, 총체적 분석, 연역적 접근, 인과적 학습, 알고리즘 (algorithm) 접근, 최적화 등의 특징을 지닌다.

반면에 사이버네틱스 패러다임은 제한된 합리성, 순차적 분석, 귀납적 접근, 도구적 학습, 휴리스틱 (heuristic) 접근, 만족화 등의 특징을 지닌다.

## ❷ 정책딜레마이론

### 1) 의 의

정책딜레마 (Policy Dilemma) 이론은 문제상황의 특성, 대안의 성격, 결과가치의 비교평가, 행위자의 특성 등 상황이 야기되는 현실적 조건하에서 대안의 선택 방법을 규명하는 것을 통해 행정이론 발전에 기여하였다. 딜레마 상황은 부정확한 정보와 의사결정자의 결정능력 한계로 인해 발생하는 것이 아니라 상충하는 이해관계의 가치 간 갈등이나 가치 간 비교의 어려움으로 인해 정책결정 자체가 어려워지는 경우를 말한다. 딜레마는 대안의 불명확성으로 인하여 발생하는 것이 아니라 대안이 구체적이고 명료할 경우에 발생한다.

정책딜레마의 유형으로는 주어진 딜레마를 주관적으로도 딜레마로 설정하는 일치된 딜레마, 주어진 딜레마를 주관적으로는 딜레마로 파악하지 않는 무시된 딜레마, 딜레마가 아닌 상황을 딜레마로 파악하는 의사 (疑似) 딜레마로 구분할 수 있다.

### 2) 논리적 구성요건

딜레마의 논리적 구성요건으로는 균등성, 단절성, 상충성, 선택 불가피성이 있다. 균등 (equality) 성은 대안이 가져올 결과가치 또는 기회손실이 동등한 것이다. 단절성 또는 분절성 (discreteness) 은 절충안을 선택하는 것이 불가능하다는 의미이다. 상충 (trade-off) 성은 대안들 간의 충돌로 인해 하나의 대안만 선택해야 하는 것이다. 선택불가피성 (unavoidability) 은 시간의 제약이 존재하므로 어떤 식의 결정이든 해야 함을 의미한다.

### 3) 딜레마가 증폭되는 조건

정책딜레마가 증폭되는 조건은 갈등집단들의 내부 응집력이 강할 때, 갈등집단 간의 권력균형이 있는 것, 대안선택에 걸린 이해관계가 클 경우, 특정 대안의 선택으로 이익을 보는 집단과 손해를 보는 집단이 명확히 구분되는 것, 갈등집단 간의 자율조정기능이 취약한 것, 갈등 당사자들이 정책결정의 회피나 지연을 용납하지 않는 것, 대립 당사자들이 정부를 불신하는 것, 정책문제에 대한 정부조직의 관할이 중첩되는 것, 갈등 당사자들이 정책대안의 이익이나 손실을 과장하는 등의 계략적 행동을 하는 것 등이다.

## 4) 대응방법

정책딜레마상황에 대한 정책결정자의 소극적 대응방법으로는 대안을 선택하지 않는 비결정인 정책결정의 회피(inaction), 지연(procrastination), 결정책임의 전가, 다른 정책에 의해 문제가 해결된 것처럼 보이게 상황을 호도하는 방법 등이 있다.

정책딜레마에 대한 적극적 대응형태로는 정책문제의 재규정, 상충되는 정책대안의 동시선택, 새로운 딜레마상황 조성, 딜레마상황의 변화 시도, 선택한 대안의 정당성을 높이기 위한 상징조작, 결정 후 번복·수정하는 Stop-Go 전략 등이 있다.

## ❸ 시차이론

시차(time lag)를 두고 변화하는 사회현상을 발생시키는 주체들의 속성이나 행태의 연구가 행정이론 연구의 핵심이 된다고 주장하고, 이를 행정현상 연구에 적용하였다.[22]

변화 시작의 시간적 전후관계나 동반관계, 변화과정의 시간적 장단(長短) 관계를 사회현상 연구에 적용하는 접근방법이다. 정책이 실제로 실행되는 타이밍, 정책대상자들의 학습시간, 정책의 관련 요인들 간 발생순서 등이 정책효과를 다르게 할 수 있다고 주장한다.

## ❹ 혼돈이론

Chaos theory는 비선형적(nonlinear) 변화, 역동적 체제에서의 불규칙적 행태에서 규칙성을 발견하고자 한다. 현실의 복잡성과 불확실성을 극복하기 위해 단순화나 정형화하지 않고, 있는 그대로 파악하고 사소한 조건까지 고려하여 복잡한 현상에 대한 통합적 접근을 시도한다.

나비효과처럼 초기 조건(initial fluctuations)의 민감성(sensitivity)을 인정한다. 대상체제인 행정조직은 질서와 무질서, 구조화와 비구조화가 공존하는 복잡한 체제로 인식한다. 각 개체들의 상호진화를 뜻하는 공진화(共進化, coevolution)를 특징으로 한다.[23]

조직의 자생적 학습능력과 자기조직화(self-organizing) 능력을 전제로 한다. 혼돈을 통제와 회피의 대상이 아니라 긍정적 활용대상으로 인식한다. 전통적 관료제 조직의 통제 중심적 성향을 타파하도록 처방한다.

---

**22** 시차이론에 관한 상세한 설명은 CHAPTER 11 정책집행의 제4절 정책변동모형 부문에서 다룬다.

**23** 공진화(coevolution)는 각 개체들이 서로 적응하면서 변화해가는 상호인과성(mutual causality)을 특징으로 한다. 환경적응력이 높은 개체만 살아남는 적자생존적 진화가 아니라, 개체들이 서로의 진화를 일으켜 장기적으로는 일정한 균형 상태를 이룬다고 보고 있다.

## 제7절  기 획

### ❶ 기획에 관한 논의

#### 1) 기획의 개념

기획 (企劃) 은 목표지향성, 미래지향성, 변화지향성, 행동지향성 등을 특징으로 하는 의사결정과정이자 계속적 준비과정이라고 할 수 있다. 기획은 자율과 창의를 억압하는 통제성을 지니기도 하고, 경직성을 띠므로 기획의 수정이 곤란한 측면이 있으며 이러한 연유로 목표의 전환현상을 낳기도 한다.

#### 2) 기획 수립의 일반적 절차

'자료·정보의 수집 ⇨ 상황분석 ⇨ 기획 전제와 목표의 설정 ⇨ 대안 또는 기획안의 탐색·결과 예측·비교평가 ⇨ 최종안의 선택과 실행계획'의 과정을 거친다.

#### 3) 기획이론의 전개

기획이론은 Yehezkel Dror와 같은 학자의 부분적 기획과 수단적 기획을 강조하는 경향에서 Erith Jantsch (1980) 처럼 종합적 기획과 규범적 기획을 추구하는 방향으로 변화했다. 기획은 정책의 하위개념이었으나, 점차 상위개념이 되고 있다. 첫째, 전통적 기획관 또는 수단적 기획관은 기획을 관리능률 향상을 위한 관리과정으로 이해한다. 부분적·계량적·사실적 기획, 독립적인 폐쇄적 기획, 목표와 수단의 선형적 관계에 치중한 기계적 기획의 특징을 지닌다. 미래보다는 현실문제의 해결에 초점을 둔다. 기획을 정책의 수단으로 보는 수단적 기획관은 정책문제 정의의 오류인 제3종 오류를 방지하기 어려웠다.

둘째, 현대적 기획관은 기획을 정책형성이나 정책결정 등의 정책과정으로 이해한다. 목표와 가치를 중시하는 규범적이고 질적 기획의 특징을 지니며 종합적 기획, 환경 변화에 따른 개방적이고 동태적인 기획, 창조적인 인간행동모형 관점에서의 기획, 미래창조에 초점을 두는 기획이다.

#### 4) 실질기획이론과 과정기획이론

실질기획이론 (theory in planning) 은 기획 대상에 이용되는 사회과학이론을 의미하며, 경제기획에는 경제학, 사회기획에는 사회학, 도시기획에서 도시경제 등의 이론이 활용될 수 있는데 이를 기획의 실질이론이라고 한다.

과정기획이론 (theory of planning) 은 기획활동에 관한 이론이다. 기획활동에 포함되는 가치, 목표, 조직, 절차 등에 관한 이론이 과정이론에 포함된다. 과정이론은 기획이 어떻게 이루어져야 하는가에 초점을 두는 과정적·규범적이론 (procedural, normative theory of planning) 과 기획이 실제 어떻게 이루어지는가에 연구의 초점을 두는 실증적·경험적이론 (positive, empirical theory of planning) 으로 구분된다.

## 5) 발전국가론

Chalmers Johnson (1999)의 발전국가 (developmental state)의 핵심적 성격은 기획합리성 (plan rationality)이다. 비교정치경제학에서 1990년대에 가장 황금기를 누렸던 이론으로, 발전국가란 합리적인 기획에 의하여 국가발전을 이룩하는 접근법을 발한다.

시장합리성 (market rationality)을 중시하는 신고전주의 경제성장이론이 상정하고 있는 최소한의 국가 개입을 규제국가로 개념화하면서, 동아시아 국가들의 경험은 시장합리성에 기초한 규제국가의 개념에 의해서 적절히 설명되기 어렵다고 지적하고 있다.

Chalmers Johnson의 발전국가의 핵심은 발전국가의 관료기구가 수행하는 기능적 본성인데, 기능적 본성이란 희소한 자원을 합리적·선택적으로 적절히 배분하는 문제를 뜻한다. 이러한 기능적 본성을 잘 수행하면 할수록 발전국가의 목표인 산업구조 변환속도를 더 빠르게 달성할 수 있다는 것이다.

일본, 싱가포르 및 대만을 비롯하여 우리나라를 대표적인 성공사례로 들 수 있다. 이러한 접근에서는 선도기구 (pilot agency)라 할 수 있는 기획기구 (planning agency)나 조정기구 (coordinating agency)가 매우 중요하며, 1960년대 우리나라 경제기획원 (EPB) 같은 기구가 대표적이다.


## ❷ 기획에 대한 찬반 논쟁

### 1) 의 의

행정에서 기획은 인간의 자유와 인권을 신장시킬 수 있는 도구라는 긍정설의 입장과 오히려 의회의 자유로운 토의를 제한함으로써 행정이 기획에 노예화된다는 부정설의 입장이 있다. 기획은 정치 이데올로기 차원에서는 반민주주의적인 속성이 있고, 경제 이데올로기 차원에서는 반시장경제적 특성을 띤다.

### 2) 대표적 학자

기획과 민주주의의 관계 논쟁에 있어 반대론자는 F. A. Hayek이다. Friedrich A. Hayek (1944)는 『노예에로의 길 (The Road to Serfdom)』에서 신자유주의 사상을 바탕으로 작은 정부적 입장을 피력하면서 국가기획을 반대했다.

찬성론자는 Herman Finer, Karl Mannheim, A. N. Holcomb 등이 있다. Herman Finer (1944)는 『반동에의 길 (The Road to Reaction)』에서 국가의 기획이 오히려 개인의 자유를 신장시키는 기능을 수행한다고 주장했다.

Karl Mannheim (1951)은 『자유, 권력 및 민주적 기획론 (Freedom, Power and Democratic Planning)』에서 자유방임적 경쟁사회로부터 기획사회로의 이행이 불가피하다고 하면서 자유사회를 위한 민주적 기획을 주장했다.

Arthur Norman Holcomb (1935)은 『계획적 민주정부론 (Government in a Planned Democracy)』에서 사유재산과 사기업의 절대성을 전제하면서 민간자원의 합리적 이용을 위해서는 정부에 의한 적극적 정책이 필요하다고 주장했다. 관료제에 의해 뒷받침되는 계획적 민주주의의 중요성을 강조하며 기획에 대해 찬성했다.

## ❸ 기획의 유형

### 1) 연동기획과 고정기획

연동기획(rolling plan)은 점증주의 전략에 입각하여 계획적 이상과 현실을 조화시키려는 것이다. 계획 집행상의 신축성을 유지하기 위해 매년 계획내용을 수정·보완하여 계획기간을 계속적으로 1년씩 늦추어 가면서 동일한 연한의 계획기간을 가진다. 일종의 계속적인 계획으로서 장기계획과 단기계획을 결합시키는 데 이점이 있다. 그러나 목표를 명확하게 부각시키기가 어려워 선거공약으로는 적합하지 않다. 방대한 인적 자원과 물적 자원이 요구된다.

반면에 고정기획은 기간이 고정된 기획이다.

### 2) 정책기획, 운영기획, 전략적 기획

정책기획은 장기적, 이상적, 합리적 성격을 지닌다. 운영기획은 단기적, 현실적, 점증적 특징을 띤다. 전략적 기획 혹은 장기적 기획은 하버드정책모형이라고 하는 SWOT분석과 관련되며, 이상과 현실의 절충적 형태이다.

### 3) Ackoff의 기획의 분류

Russel Lincoln Ackoff(1974)는 기획을 무위주의(inactivism), 반동주의(reactivism), 선도주의(preactivism), 능동주의 또는 상호작용주의(proactivism)로 구분한다.

첫째, 무위주의(inactivism)는 현상유지적이며 국가의 인위적 개입을 반대한다. 수단의 선택을 중시하는 조작적 기획이 나타난다.

둘째, 반동주의(reactivism)는 전통과 역사를 존중하며 과거로 회귀하려는 경향성을 지닌다. 수단과 단기목표를 중시하는 전술적 기획이 나타난다.

셋째, 선도주의(preactivism)는 더 나은 미래를 지향하며, 수단과 장·단기 미래의 목표선택에 있어서 최적화를 중시하는 전략적 기획이 강조된다.

넷째, 능동주의(proactivism) 또는 상호작용주의는 제3종 오류를 방지하기 위해 정책문제의 정의를 올바르게 하는 것을 중시한다. 상호작용을 통한 적응능력 향상에 초점을 두고, 최적화가 아니라 이상적 방안을 탐구하는 규범적 기획이 나타난다.

### 4) Hudson의 기획의 분류

Barclay M. Hudson(1979)의 SITAR는 기획을 총괄적(Synoptic) 기획, 점진적(Incremental) 기획, 교류적 또는 거래적(Transactive) 기획, 창도적(Advocacy) 기획, 급진적(Radical) 기획으로 분류한다.

첫째, 총괄적(synoptic) 기획은 합리적 및 종합적 접근으로 개발도상국에서 많이 사용된다.

둘째, 점진적(incremental) 기획은 계속적인 조정과 적응을 추구하는 방법으로 선진국에서 주로 나타난다.

셋째, 교류적 또는 거래적(transactive) 기획은 대면접촉기회를 강조하는 것으로 인간의 존엄성과 효능감을 중시한다.

넷째, 창도적 또는 옹호(advocacy) 기획은 법조계의 법률구제절차에서 비롯된 것으로 사회적 약자의 보호를 강조한다.

다섯째, 급진적(radical) 기획은 사회·경제 전반에 대한 거시적인 개혁 시도이다.

## ❹ 기획의 제약요인

### 1) 기획수립상의 제약요인

복합적 요인들이 작용하여 목표설정 과정에서의 대립과 명확한 목표설정의 곤란성, 인간의 인지능력과 정보자료의 부족과 부정확성에 의한 예측능력상의 한계, 기획에 소요되는 비용과 시간상의 제약조건, 기획의 집권성으로 인한 개인의 창의성 위축, 기획의 그레샴 법칙 등이 제시될 수 있다.

기획의 그레샴 법칙(Gresham's law of planning)이란 기획권한은 조직 상층부에 집중되게 되는데 일상적 진부한 업무와 쇄신적 기획업무의 두 가지 업무가 있는 경우, 최고결정자가 일상적인 결재업무에 시달리게 됨으로써 중요한 전략적 기획업무에 소홀하게 되는 것을 의미한다.

### 2) 기획집행상의 제약요인

첫째, 이미 수립된 기획에 따라 형성된 이해관계자들의 저항과 반발 때문에 기획이 경직화 경향을 띠게 되어 상황변화에 적합하게 기존 기획을 수정하기 어렵게 된다.

둘째, 기획이 가져오는 기존 질서의 변화와 쇄신성에 대한 기득권층의 저항은 순조로운 집행을 어렵게 할 수 있다.

셋째, 최고관리층의 잦은 교체로 인해서 기획이 빈번하게 수정되거나 새로운 최고관리층의 과잉의욕으로 기획의 변경이 클 경우에는 기획의 집행현장에 혼란을 가중시킬 수 있다.

넷째, 상황과 환경의 변화가 급속히 진행되는 경우에는 기본계획에 따른 운용계획과 집행의 적합성이 떨어지게 되어, 기본계획의 정책집행현장에서의 유용성이 저하될 수 있다.

다섯째, 자원의 비효율적 배분으로 인해서 계획의 효율적 집행이 곤란한 경우가 많다.

# CHAPTER

# 11 정책집행

C HAPTER

| 제1절 | 집행론과 정책집행 영향요인 |

## ❶ 현대적 집행론

현대적 집행론의 등장배경은 정책결과에 대한 집행의 독자성 인정이다. 정치이원론의 관점에 충실하게 집행을 해석할 경우, 집행은 단지 결정된 정책의 비정치적·중립적·기계적 실현에 불과하게 된다. 반면에 정치행정일원론의 관점에 의할 경우, 집행을 계속적·구체적 결정이 이루어지고 정치적 이해관계가 작용하는 과정으로 본다.

정책실패의 원인을 정책 자체의 문제보다는 집행과정에서의 문제와 연관시켜 논의하기 시작하면서 1970년대 초 현대적 집행론이 등장하였다.

## ❷ 정책집행에 영향을 미치는 요인

법규정의 명확성은 정책의 기계적·정형적 집행을 가능하게 하여 정책결과에 대한 집행과정의 독자성의 여지를 없게 한다. 그러나 집행과정에 중간매개자의 개입, 정책대상집단의 비협조, 권력분립과 조직변화 등의 요인이 작용할수록 집행과정은 복잡해지고, 이러한 집행변수로 인하여 정책실패가 발생할 수 있다.

정책집행자의 전문성, 사기(士氣), 정책에 대한 인식 등이 집행효율성에 상당한 영향을 미친다. 집행효율성은 정책문제를 해결할 수 있는 기술이 확보되어 있다면 높아질 수 있다. 정책결정자의 관심과 지도력은 정책집행의 성과에 큰 영향을 미친다.

정책집행은 대상집단의 범위가 광범위하고 활동이 다양한 경우에는 정책내용을 실현시키기가 그만큼 어려워진다. 정책을 통해 해결하려는 문제가 정책집행 체계의 역량을 넘어서는 경우에는 정책집행이 지체된다.

## ❸ 정책집행의 용이성 여부

### 1) 정책목표와 정책수단

정책목표가 지나치게 구체적일 경우, 대체로 정치적 저항이나 반대가 커지거나 수정 및 변경의 필요성이 커져서 집행이 용이하지 않다. 정치적 반대가 강화될 가능성이 커지고 정치적 지지의 획득이 곤란하다. 집행과정은 보통 비공개적이므로 집행과정에서 구체적으로 결정되는 목표는 일반대중의 이익보다는 특수집단의 이익을 반영하는 경향이 발생한다. 한편 정책목표와 정책수단이 구체적일수록 정책집행이 성공할 가능성이 커진다는 주장도 있다.

## 2) 정책대상집단

불특정다수인이 혜택을 보는 경우보다 특정한 집단이 배타적으로 혜택을 보는 경우에 강력한 지지를 얻을 수도 있다. 수혜집단과 희생집단의 규모에 관계없이, 각 집단의 조직화 정도가 약할 경우 정책집행이 용이하다. 희생집단이 수혜집단보다 크더라도 양 집단의 조직화 정도가 약할 경우에는 정책집행이 용이하다.

정책대상집단 중 수혜집단의 조직화가 강할수록 정책집행이 용이하다. 수혜집단이 희생집단보다 크고 양 집단의 조직화 정도가 강할 경우에는 정책집행이 용이하다.

한편 수혜집단과 희생집단의 규모가 비슷하고 양 집단의 조직화 정도가 강할 경우에는 정책집행이 곤란하다. 또는 희생집단의 규모가 수혜집단보다 더 크고 양 집단의 조직화 정도가 강할 경우에는 정책집행이 곤란하다.

> **■ TIP** 정책대상집단의 속성과 정책집행
>
> 수혜집단과 희생집단의 조직화 정도가 약할수록 정책집행과정에 저항이 작아지게 되므로 정책집행이 용이하다. 수혜집단과 희생집단의 조직화 정도가 높아질 경우에는 희생집단의 규모와 조직화 정도가 클수록 정책집행이 곤란해진다.

## 3) 정책대상집단에 대한 순응확보전략

첫째, 설득전략은 정책의 도덕적 당위성을 설득하거나 양심에 호소하는 방법이다. 작업장에서의 안전장비 착용에 대한 중요성을 홍보하는 TV광고를 발주하는 형태이다.

둘째, 촉진전략은 순응을 촉진하는 방향으로 정책을 해석하고 지원·관리하는 방법이다. 새로이 추진하는 신규사업에 보다 많은 주민들이 지원할 수 있도록 선발기준을 명료하게 명시한 안내문을 발송하고, 필요시 직원들이 직접 찾아가서 관련 서류를 구비하는 것을 지원하는 경우이다.

셋째, 유인전략은 순응 시 보상과 편익을 제공하는 방법이다. 황무지를 초지로 개간하여 조사료(bulky food)를 재배하는 축산농가에 대해서는 개간한 초지면적당 일정액의 보조금을 지급하는 방식이다.

넷째, 규제전략은 불응할 경우에 불이익이나 제재를 가하거나 혜택을 박탈하는 방법이다. 일반용 쓰레기봉투에 재활용품을 담아서 배출하는 경우 해당 쓰레기봉투는 수거하지 않는 것이다.

## ❹ Ripley & Franklin의 정책유형별 정책집행

## 1) 의 의

Ripley & Franklin(1986)은 정책의 유형에 따라 집행 과정이 달라진다고 보았다. 분배정책이 집행에 장애가 되는 요인이 가장 적어 성공적인 정책집행의 가능성이 가장 높다고 본다. 보호적 규제정책에서는 일반 시민들보다 조직화가 잘되어 있는 피규제집단이 가장 큰 영향력을 행사하기 때문에 정책집행의 성공가능성이 낮아진다. 재분배정책은 집행을 둘러싼 이데올로기의 논쟁 강도가 높고, 집행 담당 공무원들은 피해집단이나 계층으로부터 직접적인 압력은 물론 대통령이나 의원을 통한 간접적인 압력에 직면하기 쉽기 때문에 정책집행의 성공가능성이 낮아지게 된다.

## 2) 집행과정의 정형화 정도

표준운영절차(SOP)나 상례적 절차(routine)를 확립하여 원만한 집행이 이루어질 가능성은 배분정책의 경우가 가장 크고, 규제정책이나 재분배정책은 아주 작다.

## 3) 참여자들 간 관계의 안정성

집행기관들의 계속적인 관여 정도와 이들 간의 관계는 배분정책과 재분배정책의 경우 관계자들이 안정적이다. 배분정책은 정책과정에서 의회와 관련 이익집단 및 해당 관료들 간의 거래와 담합이 이루어지는 경우가 많다. 재분배정책은 고소득층과 저소득층이라는 대립관계 속에서 진행된다. 반면에 경쟁적 규제정책은 규제들에 따라 편익은 소수에 집중되고, 비용은 다수가 분담한다. 보호적 규제정책의 경우는 해당 규제들이 시행됨에 따라 규제에 따른 비용은 소수에게 집중되고, 편익은 다수에게 분산된다.

## 4) 집행에 대한 갈등의 정도

집행에 따른 집단 간의 갈등은 분배정책에서는 거의 없으나, 재분배정책에서는 커다란 갈등이 있다. 규제정책의 경우도 갈등이 크다.

## 5) 관련 집단의 집행에 대한 반발의 정도

관련 집단들의 반대는 정책을 둘러싼 논란이 심할수록 커진다. 분배정책의 경우는 집행에 대한 갈등의 정도가 낮다. 규제정책 중에서는 경쟁적 규제정책보다 보호적 규제정책의 경우에 피해를 보는 피규제자들이 정책의 전부 혹은 일부에 대해 반대하고, 집행과정에서도 저항이 크다. 재분배정책의 경우 기득권층은 저소득층에 대한 정책적 지원을 반대하기보다는 정책이 불공정하고 자원이 비효율적으로 집행되고 있다는 형태로 우회적인 비판을 하는 경우가 많다.

## 6) 이념적 논쟁

이념적 논쟁은 재분배정책에서 주로 나타나고, 재정지출 감축과 정부역할 축소를 주장하는 '작은 정부론'도 재분배정책에서 가장 크게 나타난다. 배분정책에서는 이러한 요구들이 거의 발생하지 않는다.

**➕ 표 2-20 Ripley & Franklin의 정책유형과 정책집행**

|  | SOP에 의한 정책집행 가능성 | 참여자들 간 관계의 안정성 | 집행에 대한 갈등의 정도 | 정부관료의 집행에 대한 반발의 정도 | 이념적 논쟁 (작은 정부론 요구) |
|---|---|---|---|---|---|
| 분배정책 | 가장 크다. | 높다. | 낮다. | 낮다. | 낮다. |
| 경쟁적 규제정책 | 보통이다. | 낮다. | 보통이다. | 보통이다. | 다소 높다. |
| 보호적 규제정책 | 아주 작다. | 낮다. | 높다. | 높다. | 높다. |
| 재분배정책 | 아주 작다. | 높다. | 높다. | 높다. | 매우 높다. |

출처: Ripley & Franklin (1986), 유민봉 (2016: 313), 정정길 외 (2011: 541-543).

## ❺ Pressman & Wildavsky의 정책집행

### 1) 의 의

Jeffrey L. Pressman & Aaron Wildavsky (1979)는 정책집행연구의 초기 학자들로서 집행을 정책결정과 분리하지 않고 연속적인 과정으로 정의한다. Pressman과 Wildavsky는 실패한 정책인 The Oakland Project를 분석하여 정책집행과정을 설명하면서, 정부사업이 성공하는 것이 얼마나 어려운 일인가를 보여주었다.

### 2) 공동행동의 복잡성

Pressman & Wildavsky가 『집행론 (Implementation)』에서 설명한 공동행동의 복잡성 모형에서는 단순한 정부사업 또는 프로그램 집행과정이 많은 참여자와 의사결정점 (decision point) 수의 증가로 인해서 집행하기 어려운 복잡한 프로그램 으로 변한다는 점을 설명하였다.

정책의 성공적 집행가능성은 의사결정점의 수에 반비례한다. $P = A^n$ 이며 P는 성공적 정책집행 확률, A는 하나의 의사결정점에서 정책집행 성공확률, n은 의사결정점의 수이다. Oakland project는 그 사업이 실행되기 위하여 참여자들이나 조직들이 의사결정을 내리고 합의를 이루어야 하는 의사결정점 (decision point 또는 clearance) 을 무려 70개나 갖고 있었다.[24]

## ❻ Nakamura & Smallwood의 정책집행

### 1) 의 의

Robert Nakamura & Frank Smallwood (1980)는 정책결정자와 정책집행자의 관계에 따라 정책결정 및 정책집행이 다르게 나타난다고 제시했다. 고전적 기술관료형에서 관료적 기업가형으로 갈수록 정책집행자의 재량권이 확대된다고 주장하였다.

### 2) 고전적 기술관료형

고전적 기술관료형은 정책결정과 정책집행은 엄격하게 분리되며, 정책집행자는 정책결정자가 결정한 정책을 충실히 집행한다. 정책결정자가 정책집행자를 엄격히 통제하여 집행자는 결정된 정책내용을 충실히 집행하는 유형이다.

고전적 기술관료형에서 집행자의 역할은 기술적 수단에 불과하므로 재량권이 없으며, 정책평가기준은 효과성이다.

### 3) 지시적 위임가형

지시적 위임가형은 정책결정자가 정책목표를 구체적으로 설정하지만 정책집행자도 정책목표 달성에 필요한 행정적 권한을 보유한다. 정책결정자들에 의해 목표가 수립되고 대체적인 방침만 정해진 뒤 나머지 부분은 집행자들에게 위임되므로, 목표 달성을 위해 필요한 범위 내에서 행정적·기술적·협상적 권한은 여전히 정책결정자들이 보유하는 것이 아니

---

24 70개의 상호 독립적인 모든 의사결정점을 통과할 수 있는 확률인 집행의 성공가능성은 각각의 의사결정점을 통과할 수 있는 확률이 상당히 높은 90%라 하더라도, 0.000644 $(0.9^{70})$ 가 되고 0.06%이다. 상호 독립적인 의사결정점이 50개라 하면, 0.0051 $(0.9^{50})$ 로 의사결정점을 모두 통과할 수 있는 확률은 0.5%가 된다. 결국 성공적 집행의 가능성은 의사결정점이 많을수록 감소한다.

라 정책집행자가 보유한다.

지시적 위임가형의 정책평가기준은 능률성과 효과성이며 집행자가 어느 정도의 재량권을 지닌다.

## 4) 협상자형

협상자형은 정책결정자와 정책집행자의 정책목표나 수단에 대한 의견은 반드시 일치하지는 않는다. 정책목표와 수단에 대해 양자 간 합의가 이루어져 있지 않다는 점에서 고전적 기술자형, 지시적 위임가형과 차이점을 갖는다.

집행자는 정책의 목표와 수단에 대해 결정자와 협상한다. 협상자형에서 정책을 평가하는 주요한 기준은 정치적 지지의 정도인 주민만족도이다.

협상자형에서 정책집행의 실패 요인으로 집행자의 정책목표 왜곡, 집행수단상 기술적 결함, 협상의 실패로 인한 부집행 등을 들 수 있다.

## 5) 재량적 실험가형

재량적 실험가형에서 정책결정자는 일반적이고 추상적인 목표를 지지한다. 재량적 실험가형에 따르면 정보, 기술, 현실 여건들 때문에 정책결정자들은 구체적인 정책이나 목표를 설정하지 못하고 추상적인 수준에 머문다. 정보·기술 등 현실적 여건으로 인해 정책결정자들이 구체적인 정책이나 목표를 설정하지 못하고 추상적인 수준에 머물고 있기 때문에, 정책의 대부분을 정책집행자에게 위임하는 유형이다. 재량적 실험가형은 결정자가 추상적인 목표를 제시하고 집행자는 광범위한 재량권을 가지며, 정책평가의 기준은 수익자 대응성이다.

정부가 암이나 심장질환과 같은 특정한 질병의 해결을 위한 연구를 국립보건기구나 의과대학들에 의뢰하는 경우 등을 예로 들 수 있다. 정책결정자는 구체적인 정책이나 목표를 설정하지 못해 막연하고 추상적인 정책목표를 결정하고, 정책집행자에게 정책목표와 수단선택을 위임한다.

## 6) 관료적 기업가형

나카무라(Nakamura)와 스몰우드(Smallwood)가 제시한 가장 광범위한 재량을 갖는 정책집행자의 유형은 관료적 기업가형이다. 정책집행자는 공식적 정책결정자로 하여금 자신이 결정한 정책목표를 받아들이도록 설득 또는 강제할 수 있다. 정책집행 담당 관료들이 정책과정 전체를 좌지우지하며 정책결정권까지도 행사한다. 상위 결정자들은 형식상 결정권을 소유하고 있지만 집행자들에 의해 만들어진 정책과 목표를 받아들일 수밖에 없다. 모든 실권을 집행자들이 가지고 있기 때문이다. 정책집행자는 자신의 정책목표달성에 필요한 능력을 보유하고 있으며, 자신의 정책목표달성에 필요한 수단들을 확보하기 위해 정책결정자와 협상한다. 관료적 기업가형의 정책평가기준은 포괄적 기준인 체제유지도이다.

미국 FBI의 국장직을 수행했던 후버(Hoover) 국장이 대표적인 예이다. 정책집행 담당 관료들이 큰 권한을 보유하고 정책과정 전체를 좌지우지하며, 결정권까지 행사한다.

**✚ 표 2-21 Nakamura & Smallwood의 정책집행모형**

| | 결정자의 역할 | 집행자의 역할 | 집행 재량권 | 정책평가 기준 |
|---|---|---|---|---|
| 고전적 기술관료형 | 구체적 목표설정 | 집행을 위한 기술적 수단 | 없 음 | 효과성 |
| 지시적 위임가형 | 대체적인 방침결정 | 행정수단에 대한 권한 보유 | 어느 정도의 재량권 | 능률성, 효과성 |
| 협상자형 | 의견불일치 상황 | 결정자와 협상 | - | 주민만족도 |
| 재량적 실험가형 | 추상적 목표 제시 | 정책목표의 구체화 | 광범위한 재량 | 수익자 대응성 |
| 관료적 기업가형 | 집행자가 설정한 목표 지지 | 집행자가 정책결정권 행사 | 가장 광범위한 재량 | 체제유지도 |

---

## 제2절 정책집행의 접근방법

### ❶ 정책집행의 하향적 접근방법

#### 1) 의 의

정책결정과 정책집행은 뚜렷하게 구분된다고 본다. 합리모형의 선형적 시각을 반영하여 정책목표와 수단 간의 타당한 인과관계를 전제로 한다. 정책은 성과를 측정할 수 있는 명확히 정의된 목표를 가지고 있으며, 정책은 단독법령 또는 다른 권위가 있는 정책의 진술로 표현된다.

정책집행의 하향식 접근법은 공식적 정책목표를 중요한 변수로 취급하며 공식 목표의 달성 여부를 정책 성패의 관건으로 본다. 안정되고 구조화된 정책상황을 전제로 한다. 하향식 접근법은 정책목표를 달성하는 데 영향을 주는 집행요인들을 밝히는 것에 초점을 둔다.

#### 2) 하향식 접근의 관점에서 성공적인 정책집행의 조건

사바티어와 마즈매니언은 하향식 접근방법의 발전에 기여하였다. 이들은 하향식 접근법을 주장하다가 나중에 정책지지연합모형이라는 통합모형을 주장하였다. Daniel Mazmanian & Paul Sabatier (1979)은 효과적인 정책집행을 위해서는 전제조건이 필요하다고 보았다.

첫째, 정책결정의 기술적 타당성이다. 정책목표와 정책수단 사이에 타당한 인과관계가 있어야 하고, 인과관계를 복잡하게 만드는 변수를 통제해야 한다.

둘째, 정책목표와 정책결정자의 의도를 명확하게 제시해야 한다. 집행에 참여하는 사람들이 수행해야 할 업무의 내용과 지침을 상세하게 제시해야 한다. 법령은 명확한 정책지침을 가지고 대상집단의 순응을 극대화시켜야 한다.

셋째, 정책이 집행되는 동안 정책목표의 우선순위가 변하지 않아야 하며, 한번 정해진 정책의 우선순위가 바뀌지 않도록 일관성을 유지해야 한다.

넷째, 정책과 관련된 이익집단, 주요 입법가, 행정부의 장 등으로부터 지속적인 지지를 받아야 한다. 유능하고 헌신적인 관료가 정책집행을 담당해야 한다.

### 3) 하향식 접근방법의 특징

하향식 접근법은 연역적·규범적 처방을 정책결정자에게 제시하는 데 그 목적이 있다. 집행과정에서 나타나는 다양한 요인들을 연역적으로 도출한다. 명확한 정책목표와 그 실현을 위한 정책수단을 가지고 있다는 가정을 한다. 집행의 비정치적이고 기술적인 성격을 강조하는 입장이다. 하향식 접근은 정책결정을 정책집행보다 선행하는 것이고 상위의 기능으로 간주한다.

정치행정이원론과 합리모형을 배경으로 하며 Elmore의 전향적 접근과 맥을 같이 하는 모형은 하향식 접근법이다. 정책목표의 설정과 정책목표 간 우선순위는 명확하다. 엘모어 (Elmore) 는 전향적 집행 (forward mapping) 이라고 하였으며 버먼 (Berman) 은 정형적 집행 (programmed implementation) 이라고 하였다.

### 4) 하향식 접근방법의 장점과 단점

공식적인 정책목표가 중요한 변수로 취급되므로 집행실적의 객관적 평가가 용이하다. 단계주의적 모형이며, 집행영향요인의 발견과 이를 기반으로 한 집행이론의 구축을 연구목표로 삼는다. 정책집행연구의 하향론자들은 단순한 조직구조가 정책의 성공적 집행을 도와준다고 주장한다.

그러나 다원화된 사회에서는 하향적 접근이 불가능한 경우가 많다. 하향식 접근은 하나의 정책에만 초점을 맞추므로 여러 정책이 동시에 집행되는 경우를 설명하기 곤란하다.

## ❷ 정책집행의 상향적 접근방법

### 1) 의 의

정책집행에 대한 상향적 접근방법은 집행과정에서 일선집행권자가 가장 큰 영향력을 행사한다. 정책집행에서 순응과 통제의 방식이 아닌 재량과 자율을 강조한다. 집행이 일어나는 현장을 강조하고 재량권을 부여한다. 집행에서 시작하여 상위계급이나 조직 또는 결정단계로 거슬러 올라가는 방식이다. 일선공무원의 전문지식과 문제해결능력을 중시하고, 집행현장에서 일선관료의 재량과 자율을 강조한다. 상향식 접근방식의 정책집행연구가 주장하는 성공적인 정책집행의 조건은 집행현장의 일선공무원에게 적절한 재량과 자율이 주어져야 한다는 것이다.

### 2) 상향식 접근의 특징

상향식 접근법은 실제 행위자 중심의 연구로서 미시적 접근이며, 집행현장에서 발생하는 구체적인 현상들의 고찰로부터 시작하므로 귀납적 접근이다.

상향식은 결정과 집행 간의 엄밀한 구분에 의문을 제기하며 집행단계에서도 정책이 수정될 수 있다고 주장한다. 상향식 접근은 분명하고 일관된 정책목표의 존재가능성을 부인하고, 정책목표 대신 집행문제의 해결에 논의의 초점을 맞춘다. 상향식 접근은 정책문제를 둘러싸고 있는 행위자들의 동기, 전략, 행동, 상호작용 등에 주목하며 일선공무원들의 전문지식과 문제해결능력을 중시한다. 상향식 접근은 집행이 일어나는 현장에 초점을 맞추고 그 현장을 미시적이고 현실적이며 상호작용적인 차원에서 관찰한다.

집행의 성공 또는 실패의 판단기준은 '정책결정권자의 의도에 얼마나 순응하였는가'가 아니라 '일선집행관료의 바람직한 행동이 얼마나 유발되었는가'이다. 말단집행계층부터 차상위계층으로 올라가면서 바람직한 행동과 조직운용 절차를 유발하기 위하여 필요한 재량과 자원을 파악한다.

## 3) 상향식 접근의 장점과 단점

정책집행 현장을 연구하면서 공식적인 정책목표의 달성에 초점을 맞추지 않고, 집행현장을 있는 그대로 파악하기 때문에 프로그램의 의도하지 않은 효과까지 분석할 수 있다. 상향식 접근은 의도하지 않은 효과도 분석 가능하며 지역 간 집행상 차이의 파악에 유리하다. 정책집행 현장에서 일어나는 문제점을 파악하여 대응하게 함으로써 분권과 참여가 증대될 수 있다.

실제적인 정책집행과정을 상세히 기술하여 정책집행과정의 인과관계를 잘 설명할 수 있다. 광범위한 행위자들이 추구하는 전략에 초점을 맞추기 때문에 시간의 경과에 따른 전략적 상호작용이 어떻게 형성되고 변화하는지 알 수 있다.

집행을 주도하는 집단이 없거나 집행이 다양한 기관에 의해 주도되는 경우를 설명하는 데 유용하다. 집행현장에서 여러 정책들이 동시에 추진되어, 어느 하나의 정책도 지배적이지 못한 채 다양한 공적 또는 사적인 정책 프로그램이 교차하는 집행영역을 보다 잘 다룰 수 있다.

그러나 상향식 접근은 집행과정에 간접적으로 영향을 미치는 사회적·경제적·법적 요인들을 무시하기 쉽다는 단점이 있다. 상향식 접근방법에서는 공식적 정책목표가 중요한 변수로 취급받지 않으므로 이에 근거한 집행실적의 객관적 평가가 어렵다.

**✚ 표 2-22 하향식 접근방법과 상향식 접근방법**

| | 하향식 접근방법 | 상향식 접근방법 |
|---|---|---|
| 집행자의 재량 | 재량권의 통제와 축소 | 집행자의 재량과 자율의 강조 |
| 정책상황 | 안정적, 구조화된 상황 | 유동적, 동태화된 상황 |
| 흐 름 | 연역적, 선형적, 규범적, 비정치적 | 귀납적, 실증적, 쌍방향적, 정치적 |
| 결정과 집행 | 정책결정과 집행의 분리 | 정책결정과 집행의 통합 |
| 정책목표 성격 | 목표의 명확성 | 목표의 수정가능성이 높음 |
| 집행의 성공요건 | 결정자의 리더십 | 집행관료의 재량권 |
| 집행성공 판단기준 | 정책결정권자의 의도에 얼마나 순응하였는가 | 일선집행관료의 바람직한 행동이 얼마나 유발되었는가 |
| 법적 구조화 | 인 정 | 부 정 |
| Elmore | 전향적 접근 (forward mapping) | 후향적 접근 (backward mapping) |
| Berman | 정형적·거시적·하향적 집행 | 적응적·미시적·상향적 집행 |
| Nakamura | 고전적 기술자형, 지시적 위임가형 | 재량적 실험가형, 관료적 기업가형 |

## ❸ Lipsky의 일선관료제이론

### 1) 의 의

Michael Lipsky (1976) 는 일선관료 (street‑level bureaucracy) 가 상당한 재량권을 가지고 매우 복잡한 업무를 수행한다고 본다. 립스키 (M. Lipsky) 는 상향적 접근방법을 주장한 학자로서, 분명한 정책목표의 가능성을 부인하고 집행문제해결에 초점을 맞춘다.

일선관료는 서비스 제공에 있어서 직무의 자율성이 많고, 의사결정에 있어서 재량권의 범위가 넓다. 고객과 접촉하는 일선관료가 실질적으로 공공정책을 결정한다는 상향적 정책집행 접근법을 중시한다. 특히 복지행정에서는 일선관료가 중요한 역할을 수행하나 지금껏 이에 대한 연구가 부족했다고 비판하였다.

### 2) 업무환경과 대응

일선관료들이 처하게 되는 문제성 있는 업무환경은 불충분한 자원, 권위에 대한 위협과 도전, 모호하고 대립되는 기대 등이다.

첫째, 일선행정관료들이 처한 업무상황은 일률적으로 정형화시키기에는 너무 다양하고 복잡하다. 자원은 만성적으로 부족하며 서비스 수요는 증가하는 경향이 있다.

둘째, 일선관료는 복잡한 업무를 수행하기 때문에 직무상 상당한 자율성이 인정된다. 일선관료는 행정고객의 특수성으로 인해 인간적 차원에서 대처해야 할 상황이 많다. 일선관료는 집행에 필요한 자원이 부족할 경우, 대체로 부분적이고 간헐적으로 정책을 집행한다.

셋째, 일선관료는 직무에 대한 적응방식으로 단순화와 정형화를 시도한다. 일선관료는 고객에 대한 고정관념 (stereotype) 을 형성하거나 고객을 선별함으로써 복잡한 문제와 불확실한 상황에 대처한다. 일선행정관료들은 서비스의 기준, 양과 질 등에서 정책고객을 범주화하여 재량적으로 선별한다. 그 결과 일선행정관료들은 고객의 요구와 필요에 민감하지 않은 경향을 보인다.

넷째, 일선관료가 업무를 수행하는 기관에 대한 고객들의 목표기대는 서로 불일치·이율배반하고 모호·불명확하다. 때문에 목표달성을 지향하는 성과의 측정이 불가능한 것은 아니지만 매우 어렵다.

## ❹ Berman의 적응적 집행

### 1) 의 의

Paul Berman (1978) 은 정책집행을 정형적 집행 (programmed implementation) 과 적응적 집행 (adaptive implementation) 으로 구분했다. 버만 (Berman) 은 집행 현장에서 집행조직과 정책사업 사이의 상호적응 (mutual adaptation) 이 중요함을 강조했다.

### 2) 정형적 집행과 적응적 집행

정형적 집행의 경우 정책상황은 구조화된 상태이므로 정책목표의 수정이 필요없다고 본다. 집행자의 재량은 제한되고, 관련자의 참여필요성이 낮다. 평가의 기능 측면에서 볼 때 정책에 대한 성과평가 혹은 집행의 충실도 (fidelity) 가 1차적 성격을 지닌다.

적응적 집행의 경우 정책상황은 비구조화된 상태이므로 정책목표의 수정이 필요하다고 본다. 집행자의 재량은 광범위하고, 관련자의 참여필요성이 높다. 평가의 기능 측면에서 볼 때 정책에 대한 성과평가는 부차적 성격을 지니고, 변화에의 적응성이 1차적이다.

### 3) 거시적 집행구조

거시적 집행구조는 중앙정부에서 지방의 집행조직에 이르기까지 관련 정책분야의 전 참여자와 관련되고, 다양한 참여자들이 느슨하게 연계된 (loosely coupled) 연합체의 특성을 지닌다. 실질적인 집행이 가능하고 의도한 효과가 발생되도록 프로그램을 어느 정도 구체화하는 것을 의미한다.

거시적 집행구조의 네 가지 통로는 행정, 채택, 미시적 집행, 기술적 타당성으로 구분된다.

첫째, '행정 (administration)'은 결정된 정책을 구체적인 정부프로그램 (government program) 으로 만드는 것이다.

둘째, '채택'은 행정을 통해 구체화된 정부프로그램이 집행을 담당하는 지방정부의 사업 (local project) 으로 받아들여지는 것을 의미한다.

셋째, '미시적 집행'은 지방정부가 채택한 사업을 실행사업 (implemented practices) 으로 변화시키는 것을 의미한다.

넷째, '기술적 타당성 (technical validity)'은 목표와 수단 및 산출 간의 긴밀한 인과관계를 뜻한다.

### 4) 미시적 집행구조

미시적 집행구조란 현지에서 직접 서비스를 전달하거나 규제를 담당하는 일선집행기관 또는 지방정부의 하위수준의 조직이다. 미시적 집행구조는 동원, 전달자의 집행, 제도화의 세 단계로 구분된다.

첫째, 동원 (mobilization) 은 집행조직에서 사업을 채택하고 실행계획을 수립하는 것이다.

둘째, 전달자의 집행 (deliverer implementation) 은 실제 집행단계에서 상황적응과정이다.

셋째, 제도화 (institutionalization) 는 지속적인 정책결과를 산출하기 위한 제도화의 과정이다.

버만 (P. Berman) 은 집행현장을 강조하는 입장을 취하였다. 미시집행 국면에서 발생하는 정책과 집행조직 사이의 상호적응 (mutual adaptation) 이 이루어질 때 성공적인 정책집행으로 본다.

---

### 제3절　정책집행의 통합모형

## ❶ Sabatier의 정책지지연합모형

### 1) 의 의

Paul A. Sabatier (1986) 의 통합모형 (ACF: Advocacy Coalition Framework) 은 정책의 변동을 중시하면서도 정책학습모형의 성격이 강하게 나타나고, 정책행위자 집단의 핵심 신념에 기초한 상호작용과 정책학습을 강조한다. 사바티어 (Sabatier) 는 처음엔 하향적 접근을 주장하다가 하향식과 상향식을 통합한 ACF모형을 제시했다.

## 2) 분석단위

정책변화의 분석단위로서 상향적 접근방법의 분석단위인 다양한 행위자를 포함한 정책하위체제(policy subsystem)에 중점을 두고, 여기에 영향을 미치는 요인으로 하향적 접근방법의 여러 가지 변수를 결합한다. 정책변화 이해에 가장 유효한 분석단위는 상향적 접근방법의 분석단위인 정책하위시스템이다. 정책하위시스템에서는 서로 다른 목표 또는 신념체계를 가진 지지연합이 있다. 정책하위시스템 참여자들의 활동에 영향을 미치는 요인을 하향적 접근방법에서 도출하였다.

## 3) 주요 특징

정책집행을 한 번의 과정이 아니라 연속적인 정책 변동(policy change)으로 보았다. 정책변화과정을 이해하기 위해서는 10년 이상의 장기간이 필요하다고 본다. 통합모형에서는 핵심 신념에 기초한 지지연합의 상호작용과 시간의 흐름에 따른 정책학습, 사회경제적 변동과 정치체제 구조의 변화로 정책변동이 일어난다.

# ❷ Elmore의 모형

## 1) 의 의

Richard F. Elmore(1985)는 정책집행 연구의 접근방법을 전방향적 접근법(forward mapping)과 후방향적 접근법(backward mapping)으로 구분했다. 엘모어는 초기에 상향적 접근법을 주장하다가 이후 통합모형을 제시하였다.

## 2) 주요 특징

엘모어(Elmore)의 전방향적 접근법은 정책결정자가 집행과정과 정책결정의 결과에 절대적인 영향력을 행사하고자 한다고 가정한 반면, 후방향적 접근법은 정책결정자가 영향력을 행사하고자 하지만 실제로는 영향력이 적고 바람직하지도 않다고 가정한다. 즉 후방향적 접근법에서는 일선현장에 종사하는 공무원이 정책집행에 가장 큰 영향을 미치는 행위자라고 본다.

Elmore는 통합모형에서 정책결정자들이 정책설계 단계에서는 하향적으로 정책목표를 결정하고, 정책수단을 강구할 때에는 상향적 접근법을 수용하여 가장 집행가능성이 높은 수단을 선택해야 한다고 주장한다.

## 3) 집행모형

Elmore는 정책집행에 영향을 주는 핵심요인을 기준으로 체제관리모형, 관료적 과정모형, 조직발전모형, 갈등협상모형 등의 4가지 집행모형을 제시했다.

성공적 정책집행의 조건으로 체제관리모형은 효율적인 관리통제, 관료적 과정모형은 조직의 새로운 정책통합, 조직발전모형은 정책결정자와 집행자의 합의, 갈등협상모형은 조직을 갈등의 장으로 인식하고 집행의 성공과 실패를 상대적 개념으로 본다.

## ❸ Matland의 모형

### 1) 의 의

Richard E. Matland (1995)의 모형은 집행구조의 상황이 정책목표와 수단의 모호성 (ambiguity)과 갈등 (conflict)이라는 두 차원의 정도에 따라 다양하게 나타나며, 특정 상황에서 가장 영향력이 큰 변수를 제시하는 것이 올바른 처방이 된다고 주장한다.

**✚ 표 2-23 Matland의 모형**

| | | 갈등 (conflict) | |
|---|---|---|---|
| | | 높 음 | 낮 음 |
| 모호성 (ambiguity)<br>(정책목표와<br>수단 차원) | 높 음 | • 상징적 (symbolic) 집행<br>• 목표해석과정으로 인식 | • 실험적 (experimental) 집행<br>• 학습과정으로 인식 |
| | 낮 음 | • 정치적 (political) 집행<br>• 매수, 담합, 날치기 | • 관리적 (administrative) 집행<br>• SOP에 의한 결정 |

### 2) 집행의 유형

첫째, 상징적 (symbolic) 집행은 목표와 수단이 불분명함에도 불구하고 이해관계자 간 갈등이 존재할 때에 발생하는 집행으로, 집행과정은 '해석 (interpretation)의 과정'으로 이해된다. 상향식 접근이 유용한 경우이다.

둘째, 실험적 (experimental) 집행은 쓰레기통 의사결정모형의 가정과 같이 정책목표와 수단에 대한 참여자들의 선호가 모호하거나 정책 실현을 위해 필요한 기술이 불확실한 상황으로, '학습 (learning) 과정'으로서 집행과정을 이해한다.

셋째, 정치적 (political) 집행은 정책집행과정이 대립적 이해관계를 가진 집행조직 외부의 행위자에 의해 영향을 많이 받는다고 본다. 순응을 확보하기 위해서는 강압적 또는 보상적 수단이 중요해지며 매수 (side payment)나 담합 (logrolling) 또는 날치기 통과 (oversight) 등을 통해 갈등이 해결된다.

넷째, 관리적 (administrative) 집행은 목표가 정해져 있고 문제해결을 위한 기술적인 수단이 알려져 있으므로 정책결과는 집행에 필요한 자원의 확보 여부와 정부에 의해 하향식으로 결정되며, 표준운영절차에 의한 집행이 가능하다.

## ❹ Winter의 모형

### 1) 의 의

Soren Winter (1990)는 정책결정과 집행과정을 연계하여 정책집행의 거시적 환경에 관한 연계 모형을 제시했다. 윈터 (Winter)의 통합모형에서 정책집행 성과를 결정하는 주요 변수로는 정책형성과정의 특성, 조직 내 혹은 조직 상호 간의 집행행태, 일선집행관료의 행태, 정책대상집단의 행태 등의 네 가지이다.

✚ 그림 2-5 Winter의 통합모형

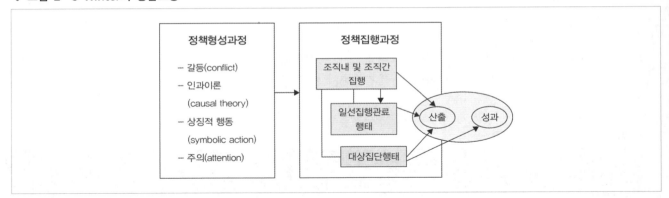

출처: S. Winter (1990), 정정길 외 (2011: 602).

## 2) 집행모형

합리 (rational) 모형, 갈등타협 (conflict - bargaining) 모형, 쓰레기통 (garbage can) 모형의 세 가지 정책결정모형에 근거하여, 각각의 모형별로 정책결정과정의 특징적 측면들이 정책집행의 성공과 실패에 어떤 영향을 준 것인지에 대해 연구하였다.

첫째, 합리모형의 경우 정책목표가 불분명하게 설정되고, 대안 탐색과 예측이 불충분하게 되면 집행 실패의 가능성이 커진다.

둘째, 갈등타협모형에 의하면 정책참여자들 간에 갈등이 크면 정책목표가 상충되거나 모호하게 설정되며, 이러한 요인들이 집행 실패를 야기한다고 본다.

셋째, 쓰레기통모형에 의하면 정책결정이 상징적 행위의 차원이거나 정책결정자의 관심이 부족한 상태에서 결정되면 집행과정에서 지연과 왜곡이 일어날 가능성이 커진다.

---

## 제4절 　정책변동모형

### ❶ 정책지지연합모형

#### 1) 의 의

정책지지·옹호연합 (ACF: Advocacy Coalition Framework) 모형은 사바띠에 (Sabatier) 등에 의해 종전의 정책과정단계모형의 한계를 극복하기 위하여 개발된 모형이다. 정책하위체제 (policy subsystem) 가 상향식 모형의 주된 개념이라면, 헌정 (憲政) 구조나 사회문화적 분위기는 하향식 모형의 주된 개념이다.

## 2) 정책하위체제

ACF모형에서는 정책변화를 이해하기 위한 분석단위로 정책하위체제(policy subsystem)에 중점을 두고 있다. 정책문제나 쟁점에 적극적으로 관심을 가지는 공공 및 민간조직의 행위자들로 구성되는 정책하위체계라는 개념을 활용한다. 분석단위로서 정책하위체제에 초점을 두고 정책변화를 이해한다.

## 3) 신념체계

신념체계(belief system)별로 여러 개의 연합으로 구성된 정책하위체계인 정책행위자 집단이 자신들의 신념을 정책으로 관철하기 위하여 경쟁한다는 점을 강조한다.

규범핵심(normative core)은 모든 정책에 적용되는 존재론적 공리(公理) 또는 근본적인 가치를 의미하며 변화가 매우 어렵다. 정책핵심(policy core)[25]은 규범핵심을 달성하기 위한 정책적 시각이나 입장으로, 정책핵심은 쉽게 변화하지 않지만 사회경제적인 중요한 변화가 있을 경우 변경될 수 있다. 2차적·부차적 신념(secondary aspects)[26] 또는 도구적 신념 (instrumental aspects)은 정책핵심을 집행하기 위해 필요한 도구적 성격을 지니며, 가장 구체적이고 변화가능성이 크다. 정책과정 참여자의 신념체계를 가장 강조하는 모형은 정책지지연합(advocacy coalition) 모형이다. 정책지지연합은 정책핵심을 구성하는 정책기조나 전략을 중심으로 정책동맹을 형성한다.

## 4) 정책중개자

정책지지연합들이 그들의 신념체계를 정책으로 전환시키기 위해 서로 경쟁하는 과정에서, 상호 상반되는 정책대안들은 제3자에 의해 중재된다. 정부, 정치인, 관료, 시민단체 등이 정책중재자(policy mediator)가 될 수 있다.

## 5) 정책학습

정책학습은 정책지지연합의 신념체계의 변화를 가져오는 것으로, 장기적이고 점진적인 정책변화를 촉진하는 원동력이 된다.

정책지지연합모형은 정책집행과정보다 정책변화 또는 정책학습에 초점을 맞춘 이론이다.

## 6) 정책변동

신념체계, 정책학습 등의 요인은 정책변동에 영향을 준다. 정책하위체제 내부에는 신념체계를 공유하는 정책지지연합이 있으며, 이 정책지지연합들이 그들의 신념체계에 입각한 정책을 추진하기 위해 경쟁하는 과정에서 정책변동이 발생한다. 정책핵심의 변동을 위해서는 10년 정도의 시간이 요구되므로 10년 이상의 장기간에 걸쳐 일어나는 정책의 변동을 설명하는 데 유리하다.

정책변동은 외부사건 또는 충격과 정책학습에 의해 촉진되지만, 상대적으로 안정적 변수인 근본적인 사회문화적 가치와 기본적인 법적 구조 및 자연자원의 기본적 배분상태 등에 의해 제약된다.

---

25 정책핵심의 사례로는 시장영역에 대한 정부개입의 범위나 강도, 환경보전과 경제개발의 우선순위 논쟁 등이 해당될 수 있다.
26 2차적·부차적 신념은 행정규칙, 예산배분, 규정해석 등과 같이 집행도구나 정보탐색을 위한 규칙으로, 신념체계 중에서 변화가능성이 가장 크다.

외부안정적 요인에는 정책문제의 특성, 자원의 배분, 법적 구조 등이 있다. 외부역동적 요인에는 사회·경제적 조건의 변화, 통치집단의 변화 등이 있다.

## ❷ 정책패러다임 변동모형

Peter A. Hall (1993)에 의해 제시된 정책변동모형으로 정책목표, 정책수단 또는 기술, 정책환경의 세 가지 변수 중 정책목표와 정책수단에 급격한 변화가 발생하는 정책변동모형을 정책패러다임 변동 (paradigm shift) 모형이라 한다.

정책변동은 변화의 정도에 따라 점진적 정책변동과 패러다임 전환적인 급격한 정책변동으로 구성된다.

## ❸ 정책흐름 또는 정책의 창모형

킹던 (J. Kingdon)의 정책의 창 (policy windows) 이론은 마치 (J. G. March)와 올슨 (J. P. Olsen)이 제시한 쓰레기통모형을 발전시킨 것이다. 킹던 (Kingdon)은 정책결정의 불확실성을 강조한 쓰레기통모형을 의사결정과정에 적용하여 정책흐름 (policy stream) 모형을 개발하였다.

상호 독립적으로 존재하던 문제흐름 (problem stream), 정책흐름 (policy stream), 정치흐름 (political stream)이 결정적 계기에서 만날 때 '정책의 창'이 열린다고 본다. 정책의 창은 국회의 예산주기, 정기회기 개회 등의 규칙적인 경우뿐만 아니라, 때로는 우연한 사건에 의해 열리기도 한다. 문제에 대한 대안이 존재하지 않을 경우 정책의 창이 닫힐 수 있다.

## ❹ 단절적 균형모형

단절균형모형 (punctuated equilibrium model)은 정책이 어떤 계기에 의해 급격히 변화하는 이유를 설명하는 데 유용하다. 정책하위체제 간의 경쟁에서 승리한 하위체제는 정책독점권 (policy monopoly)을 행사하게 되는데, 이들의 세력이 교체되는 경우 정책독점체제의 변화로 인해 급격한 정책변동이 발생한다는 것이다.

단절균형모형은 점증주의적 시각의 한계를 보완하고 발전시킨 것으로, 역사적 신제도주의의 변화이론 중의 하나이며 정책이 급격히 변동하는 상황을 설명하는 데 유용하다.

Stephen D. Krasner (1984)는 제도의 변화과정에도 중대한 전환점 (critical juncture)이 있는 시기와 새로이 형성된 경로가 지속되는 시기가 있다고 하였다.

## ❺ 이익집단 위상변동모형

Gary Mucciaroni (1995)는 이슈맥락 (issue context)과 제도적 맥락 (institutional context)이라는 두 가지 개념을 사용하여, 정책의 내용은 사적 이익을 추구하는 이익집단의 위상이 정책과정에서 어떠한 위치를 차지하고 있느냐에 따라 달라질 수 있다고 주장한다.

첫째, 이슈맥락이란 정책의 유지 또는 변동에 영향을 미치는 요인으로, 주로 정치체제 외부의 상황적 요소들인 정책요인, 이념, 경험, 환경적 요인 등을 의미한다. 이러한 이슈맥락의 선호가 특정 이익집단의 이익이나 주장을 옹호하느냐 또는 반대하느냐에 따라 정책의 내용이 달라진다고 본다.

둘째, 제도적 맥락이란 입법부나 행정부와 같은 구성원들의 선호 여부에 의해서 정책이 달라지는 것을 의미한다. 제도적 맥락과 이슈맥락이 특정 이익집단에 유리할 경우에 이익집단의 위상은 상승 (fortunes rose) 하고, 불리할 경우에 이익집단의 위상은 쇠락 (fortunes declined) 한다. 제도맥락과 이슈맥락이 반대방향으로 작용할 경우에는 제도맥락에 의해 좌우된다. 제도맥락이 유리할 경우에는 위상이 유지 (fortunes maintained) 되고, 제도맥락이 불리할 경우에는 위상이 저하 (fortunes contained) 된다.

**➕ 표 2-24 이익집단 위상변동모형**

| | | 제도적 맥락 | |
|---|---|---|---|
| | | 유 리 | 불 리 |
| 이슈맥락 | 유 리 | 위상이 상승 (fortunes rose) | 위상이 저하 (fortunes contained) |
| | 불 리 | 위상이 유지 (fortunes maintained) | 위상이 쇠락 (fortunes declined) |

출처: Mucciaroni(1995), 정정길 외(2011: 719).

## ❻ 시차이론

### 1) 의 의

시차 (time lag) 이론은 시차를 두고 변화하는 사회현상을 발생시키는 주체들의 속성이나 행태의 연구가 행정이론 연구의 핵심이 된다고 주장하고, 이를 행정현상 연구에 적용하였다.

시차 (時差) 이론은 우리나라에서 정책집행이나 정부개혁과정이 성공을 거두지 못하는 이유를 파악하려는 데서 시작된 접근법이다.

시차이론은 인과관계를 파악함에 있어서 변수들의 작동순서나 성숙기간 등을 감안해야 한다는 순수 한국적 행정학이론이다. 정책평가 등을 행함에 있어 구성요소들 간의 모순이 존재하지 않아야 한다는 내적 정합성 (整合性) 확보가 필요하며, 새로운 제도나 정책의 효과가 충분히 발휘될 수 있도록 충분한 성숙기간 (成熟期間) 을 갖도록 하여야 한다는 것이다.

### 2) 특 징

시차이론에 의하면 원인변수의 시간적 순서, 제도의 정합성, 정책참여자의 인지 (認知) 상의 시차가 정책의 성공과 실패를 좌우한다는 입장이다.

원인변수와 결과변수 간의 인과관계가 원인변수들이 작용하는 순서에 따라 달라진다고 본다. 정책이나 제도의 도입 이후 어느 시점에서 변경을 시도해야 바람직한 결과를 낳을 것인지에 주목한다.

제도의 정합성 (congruence) 은 제도를 구성하는 요소들의 정합성인 내적 정합성과 제도의 환경맥락과의 부합성인 외적 정합성으로 구분된다. 시차이론은 구성요소들 간의 내적 정합성 확보 측면을 고려하여 충분한 성숙시간이 필요하다고 본다. 정책이나 제도의 효과는 어느 정도 숙성기간이 지난 후에 평가하는 것이 보다 합리적이라고 본다.

<table>
<tr><td>제5절</td><td>정책학습</td></tr>
</table>

## ❶ 정책학습의 의미

정책학습 (policy learning) 의 주체는 정책집행의 대상이 되는 개인이나 조직일 수도 있고 정책을 결정하거나 집행하는 개인, 조직 또는 정책창도연합체 (advocacy coalition) 일 수도 있다. 시행착오나 정책실패를 통해 더 나은 정책을 결정할 수 있는 방법을 얻을 수 있게 된다.

## ❷ Howlett & Ramesh의 정책학습

Michael Howlett & M. Ramesh (1995) 는 학습의 원천과 동기가 현존하는 정책과정의 안 또는 밖에 있느냐에 따라 내생적 학습과 외생적 학습으로 구분한다.

첫째, 하울렛 (Howlett) 과 라메쉬 (Ramesh) 의 내생적 학습은 정책목적과 정책수단·기법들을 바꾸는 것이다. 외생적 학습은 외부적인 정책환경의 변화에 맞춰 정부의 대응을 바꾸는 것이다.

둘째, Howlett & Ramesh의 '외생적 학습'은 정책문제의 정의 또는 정책목적 자체에 대한 의문 제기를 포함한다. 버크랜드 (Birkland) 가 제안한 '사회적 학습'은 하울렛과 라메쉬의 '외생적 학습'과 비슷한 의미로 이해할 수 있다.

## ❸ Birkland의 정책학습

Thomas A. Birkland (2011) 는 학습이 일어나는 수준에 따라 수단적 학습, 사회적 학습, 정치적 학습으로 구분한다.

첫째, 수단적 학습은 정책개입이나 집행설계의 실행 가능성 또는 집행수단이나 기법을 통한 학습으로, 하울렛과 라메쉬의 내생적 학습과 상통한다.

둘째, 사회적 학습은 정책문제의 정의 또는 정책목적 자체에 대한 의문 제기, 정책의 목적과 정부 행동의 성격과 적합성이 포함된다. 사회적 학습은 단순한 프로그램 관리의 조정수준을 넘어서 정책의 목적 및 정부 행동의 성격과 적합성까지 포함한다. 사회적 정책학습이 성공적으로 적용되면 정책문제에 내재된 인과관계를 더 잘 이해하게 된다.

셋째, 정치적 학습은 정책적 사고나 문제를 주장하고 이를 정교화하기 위한 전략으로서, 정치적 변화를 찬성 또는 반대하기 위한 학습이다. 버크랜드 (Birkland) 의 사회적 학습과 정치적 학습은 하울렛과 라메쉬의 외생적 학습과 연관된다.

## ❹ Rose의 교훈얻기·도출 학습

Richard Rose (1976) 의 '교훈얻기·도출 학습'은 다른 지역의 효과적인 프로그램을 조사·연구하여 창도자의 관할지역에 도입할 경우, 어떠한 결과가 나올지 미리 평가하는 것이다.

## ❺ Sabatier의 정책지향학습

Paul A. Sabatier (1993) 는 정책신념체계의 수정과 연관시켜서 생각이나 의도를 비교적 지속적으로 변경시키는 것을 정책지향학습 (policy - oriented learning) 이라고 했다.

## 제6절　정책변동의 유형

## ❶ 점증주의적 정책변동

### 1) 의 의

점증주의적 정책변동은 균형을 유지하려는 항상성 (homeostasis) 때문에 발생한다. 티핑포인트 (tipping point) 를 부정하고 분기점 내에서의 점진적 변화를 추구하며, 완만한 변화와 안정을 중시하는 비단절적 균형모형과 상통한다.

### 2) 수확체감의 법칙 적용영역

수확체감의 법칙 (law of diminishing returns) 이 적용되는 영역에서의 예산변동은 정치세력 간의 균형을 유지할 수 있는 범위 내에서만 허용되는데, 이 영역에서는 정치체제의 안정을 추구하는 부정적 환류기제가 작동한다.

### 3) Truman의 교란이론

Truman의 교란이론에 의하면, 어떤 이익집단의 정치적 영향력이 커지면 이를 상쇄하기 위한 새로운 이익집단이 출현한다.

### 4) Lowi의 이익집단자유주의

Lowi의 이익집단자유주의에 의하면, 각종 정부 프로그램에 내재된 이익집단 간 다원주의적 경쟁을 통해서 점진적으로 정책변동이 일어난다고 본다.

### 5) 철의 삼각동맹, 정책하위체계이론

철의 삼각동맹이나 정책하위체계이론에 의하면, 다원주의적 정책주체들 간의 상호 타협과 연합을 통해서 급진적이기보다는 점진적 정책변화를 수반한다고 본다.

## ❷ 비점증주의적 정책변동

### 1) 수확체증의 법칙 적용영역

수확체증의 법칙 (law of increasing returns) 이 적용되는 영역에서는 변화를 추구하는 긍정적 환류, 자기강화기제 (self - reinforcing mechanism) 가 작동하여 급격한 변화를 초래하는 비 (非) 점증적 정책변동이 일어난다. 단절적 균형모형 (punctuated equilibrium model) 과 상통한다.

## 2) 티핑포인트 긍정

티핑포인트 (tipping point) 는 커다란 정책변동이 초래되는 분기점이다. 초기에 정당성을 인정받으면 긍정적 환류가 작동하고, tipping point를 지나면 엄청난 파급효과와 함께 커다란 정책변동을 가져온다.

## ❸ Hogwood & Peters의 정책변동

### 1) 의 의

Hogwood & Peters (1983) 는 정책변동을 그 내용에 따라 정책혁신 (policy innovation), 정책유지 (policy maintenance), 정책승계 (policy succession), 정책종결 (policy termination) 로 분류했다.

### 2) 정책혁신

정책혁신 (policy innovation) 은 특정 사회문제가 처음으로 의제화되고 정부가 정책적 개입을 하게 된 것으로, 기존의 정책이나 활동이 없고 이를 담당하던 조직이나 예산이 없는 '무 (無) 의 상태에서 유 (有) 의 상태'로 새로운 정책을 만드는 것이다.

정보화사회가 진전되면서 기존에 없던 새로운 사이버 범죄에 대응하기 위해 사이버 수사대와 같은 전담조직을 신설하는 것은 정책혁신의 사례에 속한다고 볼 수 있다.

### 3) 정책유지

정책유지 (policy maintenance) 는 현재의 정책을 기본적으로 유지하면서 정책수단의 부분적인 변화만 이루어지는 경우를 말한다. 정책수단의 기본 골격이 달라지지 않으며, 주로 정책산출 부분이 변한다.

정책의 기본적 성격이나 정책목표·수단 등은 큰 폭의 변화 없이 모두 그대로 유지되지만, 정책의 구체적 내용에 있어서 부분적 대체나 완만한 변동은 있을 수 있다.

정책대상집단의 범위가 변동된다거나 정책의 수혜수준이 달라지는 경우와 관련이 있다. 저소득층 자녀에 대한 교육비 보조를 그 바로 위 계층의 자녀에게 확대하는 사례가 이에 해당한다.

### 4) 정책승계

정책승계 (policy succession) [27]는 정책목표를 유지한다는 측면에서는 정책유지와 비슷하지만, 정책수단인 사업 (program) 이나 사업담당조직 및 예산상의 중대한 변화를 수반한다는 점에서는 정책유지와 다르다. 기존의 조직과 예산을 활용하여 이전에 관여한 적이 없는 새로운 정책분야에 개입하는 것과 정책평가로부터 얻은 정보가 정책채택 단계에서 다시 활용되어 정책목표는 유지하면서 정책수단을 새로운 수단으로 대체하는 것도 정책승계에 해당한다.

정책승계의 유형은 정책대체, 복합적 정책승계, 우발적 승계, 부분종결, 정책통합, 정책분할 등이 있다.

---

[27] 호그우드와 피터스 (Hogwood & Peters) 의 정책변동은 거의 대부분이 정책유지와 정책승계에 해당된다고 볼 수 있다. 승계된 정책내용은 다양한 정책변동 유형이 복합적으로 나타날 수 있는데, 종결만이 나타나는 경우는 정책종결에 해당하고 유지만이 나타난 경우는 정책유지에 해당한다.

첫째, 정책대체 (replacement) 는 정책목표를 변경시키지 않는 범위 내에서 정책내용을 완전히 새로이 바꾸는 것, 일부만을 대체하는 부분대체, 정책환원 (policy reversal) 또는 정책재도입도 포함한다.

둘째, 선형적 승계 (linear succession) 는 새로운 정책이 과거의 정책을 대체하여 양자의 관계가 명확하게 나타나는 가장 단순한 형태의 정책승계이다. 과속차량 단속이라는 목표를 변경하지 않고, 기존에 경찰관이 현장에서 직접 단속하는 수단을 무인 감시카메라 설치를 통한 단속으로 대체하는 것은 정책승계 중 선형적 (linear) 승계에 해당한다.

셋째, 복합적 정책승계는 정책유지, 정책대체, 정책종결, 정책혁신 등이 3개 이상 복합적으로 나타나는 경우로, 호그우드 (Hogwood) 와 피터스 (Peters) 는 이를 '비선형적 (non-linear) 승계'라고 했다.

넷째, 우발적 승계는 타 분야의 정책변동에 연계하여 우발적인 변화가 나타나는 형태의 정책승계이다.

다섯째, 정책통합 (policy consolidation) 은 같은 분야의 정책이 합하여짐으로써 새로운 정책이 나타나는 형태의 정책승계이다.

여섯째, 정책분할 (policy splitting) 은 하나의 정책이 다수의 새로운 정책으로 분할되는 형태의 정책승계이다.

일곱째, 부분종결 (partial termination) 은 정책의 일부를 유지하면서 다른 일부를 완전히 폐지하는 것이다. 정책유지와 정책종결이 결합된 형태이다.

## 5) 정책종결

정책종결 (policy termination) 은 현존하는 정책을 완전히 소멸시키는 것으로, 정책수단이 되는 사업과 지원 예산을 중단하고 이들을 대체할 다른 수단을 결정하지 않은 경우이다. 정책종결에 대한 저항원인으로는 매몰비용, 법적 제약, 동태적 보수주의 등이 있다. 동태적 보수주의 (dynamic conservatism) 는 목표가 달성되거나 환경이 변화하여 행정조직이나 정책이 필요가 없게 되었음에도 불구하고, 그 목표를 수정하고 정책이나 행정조직이 그대로 존속되는 현상을 의미한다.

생각 넓히기 _ 현대적 집행론 개관

Pressman & Wildavsky의 「집행론」이 현대적 집행론의 출발점으로 여겨진다. Goggin(1990) 등은 1970년대 이후 집행 연구를 3세대로 구분한다.

제1세대 연구는 단일사례연구를 하되, 정책집행을 실패 가능성이 높은 것으로 보았다. 제2세대 연구는 1970년대 후반부터 시작되었으며, 이론적 틀과 가설을 제시하면서 이론형성을 추구했다.

2세대 연구는 하향적 접근방법과 상향적 접근방법 간의 논쟁이 전개되었다.

3세대 연구는 하향적 방법과 상향적 방법을 통합하는 모형을 구축하려 했다. 분명한 가설의 구체화 같은 통계적 연구설계의 바탕 위에서 가설 검증을 위해 적절한 조작적 정의와 경험적 관찰을 강조하였다.

# 12 정책평가

---

## ❶ 정책평가의 목적과 특징

### 1) 정책평가의 목적

정책평가의 목적은 정책결정과 집행에 필요한 정보제공 및 정책과정의 책임성 확보에 있다. 정책평가를 통해서 목표가 얼마나 잘 충족되었는지 파악할 수 있고, 정책성공과 실패의 원인을 구체적으로 제시할 수 있다. 정책성공을 위한 원칙 발견과 향상된 연구를 위한 토대를 마련할 수 있다.

### 2) 정책분석과 정책평가의 비교

정책분석은 목표달성을 위한 최적 대안의 내용에 초점을 두는 반면, 정책평가는 결정된 정책이 제대로 집행되었는가 또는 의도한 정책목표를 달성하였는가라는 과정에 초점을 둔다.

정책분석이 미시적 방법을 사용한다고 보면 정책평가는 상대적으로 거시적 방법을 사용한다. 정책집행을 중심에 두고 보면, 정책분석은 사전적 활동이고 정책평가는 사후적 활동이다.

### 3) 정책평가의 절차

일반적인 정책평가의 절차는 정책목표의 확인, 정책평가 대상 및 기준의 확정, 인과모형의 설정, 자료 수집 및 분석, 평가 결과의 환류이다.

## ❷ Nakamura & Smallwood의 평가기준

### 1) 의 의

나카무라 (R. T. Nakamura) 와 스몰우드 (F. Smallwood) 는 정책대안의 평가기준으로 소망성 (desirability) 과 실현가능성 (feasibility) 을 제시했다. 정책효과의 평가기준으로는 능률성, 효과성, 주민 만족도, 수익자 대응성, 체제 유지도를 제시했다.

### 2) 소망성

소망성 (desirability) 에는 사업활동에 투자한 질적·양적 투입인 노력, 파레토 최적 (Pareto Optimum) 과 Kaldor – Hicks기준과 같은 능률성, 목표달성도를 의미하는 효과성, 조직외부집단의 만족도인 대응성이 해당된다.

효과성은 목표달성도를 의미하며, 효율성과 효과성은 반드시 일치하지는 않지만 대체로 병행된다고 본다. 대응성은 조직 외부집단의 만족도와 관련된 효과성을 평가하는 기준이다.

파레토 최적은 능률성 판단기준이며 형평성이나 소득분배 상태에 대해 명확한 기준을 제시해 줄 수는 없다. 파레토 최적은 다른 사람의 후생을 감소시키지 않고는 누구의 후생도 증대시키는 것이 불가능할 정도로 자원이 효율적으로 배분되어 있는 상태이다. Kaldor-Hicks기준은 어떠한 변화가 사회 전체적으로 손실보다 이득을 많이 가져올 경우를 바람직한 것으로 보면서 파레토 최적(Pareto Optimum)의 한계를 보완하고 있다.

## 3) 실현가능성

실현가능성(feasibility)은 국민 또는 국회의 지지 여부와 관련된 정치적 실현가능성, 인력 부족·행정기구의 문제인 행정적 실현가능성, 기술수준과 연계된 기술적 실현가능성, 재정적 실현가능성, 법적 실현가능성, 윤리적 실현가능성 등을 포함한다.

## 4) 정책집행 유형별 평가기준

Nakamura & Smallwood의 정책집행 유형별 정책효과의 평가기준에 따르면 고전적 기술자형과 지시적 위임자형은 능률성과 효과성, 협상가형은 주민 만족도, 재량적 실험가형은 수익자 대응성, 관료적 기업가형은 체제 유지도이다.

## ❸ 소득불평등 지표

## 1) 5분위 배율

하위 20%의 소득 대비 상위 20%의 소득의 비율이다. 5분위 배율=상위 20% 소득 / 하위 20% 소득이다. 값의 범위는 '1'부터 무한대까지가 될 수 있고, 낮을수록 평등하다.

## 2) 10분위 배율

상위 20%의 소득 대비 하위 40%의 소득의 비율이다. 10분위 배율=하위 40%의 소득 / 상위 20%의 소득이다. 값의 범위는 '0'부터 '2'까지가 될 수 있고, 높을수록 평등하다.

## 3) Lorenz곡선

로렌츠곡선(Lorenz curve)은 소득의 계층별 분포 혹은 지역소득의 차별적 분포 특성을 설명하는 데 유용한 분석기법이나, 특정 지역에 대한 특성만을 중요시한다는 한계점이 있다. 로렌츠곡선이 45° 대각선이 되고 지니계수가 0인 경우 완전한 소득균등배분이 이루어지고 있음을 의미한다.

어떤 사회의 분배상태가 완전히 평등할 때 그 사회의 로렌츠곡선은 원점에서 시작되는 대각선이 된다. 반면 그 사회의 모든 소득이 한 사람의 수중에 집중되어 있으면, 로렌츠곡선은 옆으로 뒤집어 놓은 L자 모양의 곡선이 된다. 대각선에서 멀어질수록 불평등하다.

✚ 그림 2-6 Lorenz곡선

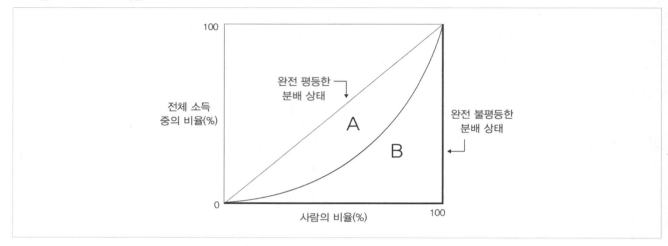

## 4) Gini계수

지니계수(Gini coefficient)는 로렌츠곡선의 상태를 계수화한 것이다. 대각선과 로렌츠곡선 사이의 면적을 대각선 아래의 삼각형 전체의 면적으로 나눈 값으로, 다른 지역의 복합적 특성을 동시에 고려할 수 있는 분석기법이다.

로렌츠곡선에 의한 지니계수 측정

$$G = \frac{A}{A+B}, \qquad 0 \leq G \leq 1$$

어떤 사회의 모든 소득이 한 사람의 손에 집중되어 있는 경우에 지니계수의 값은 '1'이 되고, 모든 사람이 똑같은 소득을 갖는 경우 지니계수의 값은 '0'이 된다. 지니계수가 '0'인 경우는 로렌츠곡선이 45도선과 일치하며 이때 완전한 소득균등 배분이 이루어지고 있음을 의미하고, 지니계수가 '1'인 경우는 완전불균등분배이다. 지니계수가 낮을수록 평등하다.

## 5) Atkinson지수

Anthony Atkinson (1970)의 앳킨슨지수(Atkinson index)란 현재의 사회후생수준을 가져다 줄 수 있는 평균소득이 얼마인가를 주관적으로 판단하는 것이다. 앳킨슨지수(Atkinson index) = 1 − (균등분배대등소득 / 사회전체평균소득)이다.

균등분배대등소득(equally distributed equivalent income)이란 1인당 평균소득이 Yn으로 주어진 사회에서 어떤 특정한 분배상태로 사람들 간에 분배된 결과 W라는 사회후생수준이 달성되었다고 가정할 때, 모든 사람에게 Ye씩의 소득을 균등하게 분배할 경우에 W의 사회후생수준이 달성될 수 있는 소득수준이다.[28]

소득분배가 완전히 균등하다면 Yn = Ye가 되므로 앳킨슨지수는 '0'이 된다. 반면에 현재의 소득분배 상태가 매우 불균등

---

[28] 현재의 우리나라 국민의 1인당 평균소득이 3만 달러이고, 현재의 사회후생수준이 W라고 가정하자. 만약 모든 사람에게 1인당 2만 달러씩 균등하게 분배함으로써 현재의 사회후생수준인 W를 달성할 수 있다면 2만 달러가 균등분배대등소득이 된다.

하다고 인식되면 거의 '0'원에 가까운 돈이라도 분배되기만 한다면 현재의 사회후생수준을 누릴 수 있다고 여겨질 것이고, 이 경우 앳킨슨 지수는 '1'에 가까운 값을 가지게 된다.

균등분배대등소득과 사회전체평균소득과의 차이가 클수록 불균등한 분배가 된다. 완전균등분배는 '0', 완전불균등분배는 '1'이다. 앳킨슨지수 (Atkinson index) 가 낮을수록 평등하다.

## 6) 빈도함수

빈도함수는 소득계층별 인구 특성이 비선형이고, 저소득층에 비하여 고소득층이 적은 상황에서 인구와 소득수준 간의 관계를 설명하는 데 유용한 분석기법이다.

---

## 제2절　정책평가의 유형

### ❶ 평가시기에 의한 구분

#### 1) 평가성 사정

평가성 사정 (evaluability assessment) 은 본격적인 평가가능 여부와 평가결과의 프로그램 개선가능성 등을 진단하는 일종의 예비적 평가이다.

평가성 사정은 영향평가 또는 총괄평가를 실시하기 전에 평가의 유용성, 평가의 성과 증진효과, 평가 실시의 기술적 가능성 등을 평가하는 활동이다.

평가성 사정은 여러 가지 가능한 평가로부터 얻을 수 있는 정보수요를 사정하고, 실행 가능하고 유용한 평가설계를 선택하도록 함으로써 평가의 공급과 수요를 합치시키도록 도와준다.

#### 2) 형성평가

형성평가 (formative evaluation) 란 프로그램이 집행과정에 있으며 여전히 유동적일 때 프로그램의 개선을 위해서 실시하는 평가이다. 형성평가는 집행 도중에 이루어지는 평가로서, 집행 관리와 전략의 수정 및 보완을 위한 것이다. 정책집행 과정에서 나타난 문제점을 해결함으로써 집행전략이나 집행설계를 수정·보완하는 데 도움을 준다.

형성평가는 정책집행 도중에 과정의 적절성과 수단·목표 간 인과성 등을 평가하는 것이다. 형성평가는 주로 내부 평가자 및 외부 평가자의 자문에 의해 평가를 진행하며, 정책집행 단계에서 정책 담당자 등을 돕기 위한 것이다.

#### 3) 사후평가

사후평가 (ex - post evaluation) 또는 총괄평가 (summation evaluation) 는 정책이 집행종료된 후에 그 정책이 당초 의도했던 성과나 효과를 가져왔는지의 여부를 판단하는 활동이다.

총괄평가란 정책이 집행된 후에 정책이 사회에 미친 결과 (outcome) 나 영향 (impact) 을 추정하고 판단하는 활동으로, 정책수단 (X) 이 의도했던 정책목표 (Y) 를 가져왔는지를 판단하며 양자의 중간에 있는 매개변수 (중간목표) 에 대해서는 관심이 없다.

총괄평가는 정책 프로그램의 최종적 성과를 확인하기 위해 주로 외부 평가자에 의해 수행되며 평가결과를 환류하여 최종안을 개선하는 것이 목적이다. 정책비용의 측면을 고려하는 능률성 평가는 총괄평가에서 검토될 수 있다. 총괄평가는 정책이 집행되고 난 후에 의도한 목적이 달성되었는지의 여부를 판단하는 것으로, 평가기준에 따라 능률성, 효과성, 영향 등을 평가하는 것이다.

## ❷ 평가대상에 의한 구분[29]

### 1) 과정평가

집행에 있어 과정평가(process evaluation) 또는 형성평가(formative evaluation)는 정책집행 및 활동을 분석하여 이를 근거로 보다 효율적인 집행전략을 수립하거나 정책내용을 수정·변경하는 데 도움을 준다.

협의의 과정평가에서는 정책수단으로부터 정책목표까지 이르는 도중에 개입되어 있는 중간목표를 포함한 변수들 간의 인과관계경로를 확인·검증하여 효과성평가를 보완한다.

생각 넓히기 _ 프로그램 모니터링

프로그램 모니터링(program monitoring)은 프로그램 집행의 능률성과 효과성을 확보하기 위한 평가이다. 프로그램 모니터링은 프로그램 집행 또는 행정적 모니터링(administrative monitoring)과 프로그램 성과의 모니터링으로 구분될 수 있다.

집행 모니터링은 프로그램이 설계된 대로 운영되고 있는지, 명시된 대상집단에 도달되고 있는지 및 프로그램이 원래 서비스하고자 했던 수요가 아직도 존재하는지 여부 등을 체계적으로 검토하여 수정·보완·개선할 수 있도록 건의하기 위해서 수행된다.

성과 모니터링은 투입 및 산출을 측정하고, 프로그램의 성과들을 사전에 설정하거나 기대했던 성과와 비교하는 것에 중점을 둔다. 프로그램이 의도한 목표를 향해서 가는 과정 중에 성과를 주기적으로 측정함으로써 현재의 상태에 대한 정보를 산출 및 제공한다.

### 2) 영향평가

영향평가(impact evaluation) 또는 총괄평가(summation evaluation)는 정책에 따른 변화 또는 영향이 평가의 대상이 된다. 프로그램이 전체적으로 보아 의도한 효과를 내고 있는지 또는 낼 수 있는지를 발견하기 위한 평가방법이다. 정책의 실현이 미친 직·간접의 영향을 평가한다.

다만 환경영향평가, 교통영향평가, 규제영향평가는 정책평가라기보다는 사전에 결과를 예측하는 것으로, 정책분석의 특수한 예라고 할 수 있다.

---

29 과정평가(협의의 과정평가와 집행분석을 포함)와 영향평가로 구분할 경우 이를 평가대상에 따른 분류로 보지만, 평가목적에 따른 구분으로 보는 견해들도 있다.

### 3) 메타평가

메타평가 (meta evaluation)[30]는 평가 자체를 대상으로 하며, 평가활동과 평가체제를 평가해 정책평가의 질을 높이고 결과활용을 증진하기 위한 목적으로 활용된다. 영향평가 또는 총괄평가를 실시한 후에 평가의 유용성, 평가의 성과 증진 효과 등을 평가하는 활동이다.

## ❸ 연구방법과 자료수집방법에 의한 구분

### 1) 양적 평가

양적 평가 또는 계량적 평가는 인과관계의 발생 정도를 계량적으로 검증하는 방법이다. 가설을 설정하고, 이를 실증적 자료를 통해 검증해나가는 연역적 연구방법과 관련된다.

자료수집방법은 질문지법이나 실험법 등이 이용된다. 통계, 실적치, 비율 등의 강성자료 (hard data) 를 활용한다.

### 2) 질적 평가

질적 평가 또는 비계량적 평가는 인과관계의 논리적 타당성을 비계량적으로 검증하는 방법이다. 정책사업 수행과정의 난이도 평가, 수치화하기 어려운 사업의 결과 내지는 계량적 측정이 어려운 분야에 대한 평가를 위해 활용된다.

자료수집방법은 심층면접, 참여관찰, 현장확인 등의 연성자료 (soft data) 가 이용된다. 개별사례들에 대한 해석적 연구를 토대로 하는 귀납적 연구방법에 해당한다. 질적 기법은 해석적·창의적·개인적·서술적 접근을 하며, 무엇이 (what) 어떻게 (how) 이루어졌는가를 분석하므로 구체적인 관찰로부터 시작되는 귀납적 과정을 거친다.

## ❹ 평가주체에 따른 분류

### 1) 내부평가

내부평가 (internal evaluation) 는 프로그램을 집행하는 기관의 내부요원들에 의해 평가가 이루어지는 것이다. 우리나라 정부기관에서 수행하고 있는 자체평가는 내부평가라 할 수 있다.

### 2) 외부평가

외부평가 (external evaluation) 는 조직외부 사람들에 의한 평가이다. 시민단체에 의한 평가는 외부적 평가이다.

---

30 메타평가는 상위평가, 평가에 대한 평가, 2차평가, 평가감사 (evaluation audit) 라고도 부른다. 메타평가는 형성적 평가로도 수행될 수 있고 총괄적 평가로도 수행될 수 있다. 한편 메타분석 (meta analysis) 은 개별 연구결과들을 종합할 목적으로 다수의 개별적 연구결과들을 통계적 방법을 사용하여 분석하는 것이다. 메타분석은 변수들을 계량적으로 추출하는 경험적 연구결과들에만 적용 가능하고 이론적인 연구에는 적용할 수 없다.

## ❺ 다양한 정책평가 유형

### 1) 프로그램 전략평가

프로그램 전략평가는 프로그램 관리자들에게 국가프로그램을 구성하고 있는 개개 사업들에서 활용되는 서로 다른 전략이나 방법들의 상대적 효과성에 대한 정보 제공을 목표로 삼는다.

### 2) 착수직전 분석

착수직전 분석 (front - end - analysis) 은 주로 새로운 프로그램 평가를 기획하기 위하여 평가를 착수하기 직전에 수행되는 평가작업이다.

### 3) CIPP모형

맥락평가, 투입평가, 과정평가, 산출평가로 구성된 CIPP (Context Input Process Product) 모형은 정책의 사전 형성평가와 사후 총괄평가에 적용할 수 있다.

### 4) 적합성 평가

적합성 (appropriateness) 평가는 프로그램 목표와 전반적인 프로그램 형태가 사회정책적 입장에서 바람직한 것인지를 체계적으로 검토하는 것이다. 프로그램의 목표가 사회가 추구하는 가치를 잘 반영하고 있는지를 점검하는 것이다.

### 5) 능률성 평가

능률성 평가는 하나의 프로그램에 의해 이루어졌다고 판단되는 효과나 편익이 투입된 비용에 비추어 정당화될 수 있는지를 검토하는 평가이다. 영향 평가와 능률성 평가는 서로 밀접한 관계가 있다. 산출된 영향을 투입된 비용과 관련시켜 판단했을 경우 정책의 효과에 대한 보다 올바른 판단이 가능하게 된다.

능률성 평가의 대표적인 방법으로는 비용편익분석과 비용효과분석이 있다.

## ❻ 성과감사의 유형

### 1) 성과감사

성과감사 (performance audit) 란 경제성, 능률성, 효과성에 대한 검토와 평가를 위주로 특정 사업이나 정책에 대하여 수행하는 감사를 말한다.

### 2) 효과성 성과감사

효과성 성과감사란 피감사기관이 수행하는 제사업, 활동의 성과나 편익 및 그러한 사업의 활동이 미리 설정한 목표를 달성하고 있는지의 여부를 검토하는 행위를 말한다 (spending wisely).

효과성 평가는 의도한 정책효과가 발생했는지, 의도한 정책효과가 정책수단에 기인한 것인지, 그리고 그 효과를 정책대상집단이 만족하는지를 평가하는 것이다. 따라서 사업의 대상집단에 대한 정의가 정확히 이루어져야 한다. 구체적으로는 의도했던 정책효과가 과연 그 정책 때문에 나왔는지의 여부, 발생한 정책효과의 크기가 정책목표에 대비하여 어느 정도인지의 판단, 정책효과의 크기가 해결하고자 했던 원래의 정책문제의 해결에 충분할 정도인지의 판단 등을 포함한다.

## 3) 경제성과 능률성 성과감사

경제성 성과감사는 사업에 필요한 물품을 고가로 구매했는지 여부, 사업을 추진하는 데 보다 적은 인력을 투입할 수 있었는지 여부 등이다 (spending less). 능률성 성과감사는 더 낮은 생산비용이 드는 다른 방법으로 사업을 추진할 수 있었는지 여부, 구입 후 활용하지 않고 있는 자원은 없는지 여부, 부처 간 공통목적 달성을 위해 잘 협조하고 있는지 여부 등이다 (spending well).

---

## 제3절    정책평가의 타당성과 신뢰성

### ❶ 정책타당도 유형

Thomas D. Cook & Donald T. Campbell (1979) 이 분류한 정책타당도는 내적 타당도, 외적 타당도, 구성타당도, 결론 혹은 통계적 타당도 등이 있다.

내적 타당도는 정책수단과 정책효과 사이의 인과관계를 파악할 수 있게 한다. 외적 타당도는 정책이 다른 상황에서도 실험에서 발견된 효과들이 그대로 나타날 수 있는가이다.

구성타당도 혹은 개념적 타당도란 처리, 결과, 상황 등에 대한 이론적 구성요소들이 성공적으로 조작화된 정도를 말한다. 결론타당도 혹은 통계적 타당도란 정책 실시와 영향의 관계에서 정확도를 의미한다.

### ❷ 내적 타당성

내적 타당도 (internal validity) [31]란 평가의 결과가 정책이 아닌 다른 요인에 의해서 나타나지 않고, 오직 정책에 의해 나타나는 정도를 의미한다. 허위변수나 혼란변수와 같은 다른 요인들이 작용한 효과를 제외하고 오로지 정책 때문에 발생한 순수한 효과를 정확히 추출해 내는 것과 관련되는 개념이다.

내적 타당성은 추정된 원인과 그 결과 사이에 존재하는 인과적 추론의 정확성에 관한 것이다. 나타난 결과가 처치에 의하여 나왔다고 말할 수 있는 정도를 말한다. 정책집행과 정책효과 사이의 인과관계를 정확히 파악할 수 있는 평가는 내적 타당성을 갖추었다고 볼 수 있다.

정책평가를 위하여 고찰된 통계적·실험적 방법들은 내적 타당도를 제고하는 것을 제1차적 목적으로 한다. 내적 타당성이 높은 정책평가는 허위·교란변수를 통제함으로써 어떤 정책과 효과 간에 실제로 높은 수준의 인과관계가 존재함을

---

[31] 내적 타당성을 파악하는 것과 관련된 사례로는 "까마귀 날자 배 떨어진다."라는 속담이 있다. 이처럼 정책의 효과가 우연히 나타난 것은 아닌지, 다시 말해서 오직 정책에 기인한 것인지를 살펴보는 것이다.

입증한 평가를 의미한다. 진실험설계에 의한 정책영향 평가과정에서 연구대상의 무작위 (random) 배정은 실험집단과 통제집단의 동질성을 확보함으로써 내적 타당성을 높일 수 있다.

## ❸ 내적 타당성 저해요인

### 1) 혼란변수

혼란변수는 정책 이외에 제3의 변수도 결과에 영향을 미치는 경우이며, 정책의 영향력을 정확히 평가하기 어렵게 만드는 변수이다.

### 2) 허위변수

허위변수는 정책과 결과 사이에 아무런 인과관계가 없으나 마치 정책과 결과 사이에 인과관계가 존재하는 것처럼 착각하게 만드는 변수이다.

### 3) 선발 또는 선정요인

선발 혹은 선정 (selection) 요인은 정책평가에서 내적 타당성을 저해하는 요소 중 외재적 요소이다. 실험집단과 통제집단을 구성할 때, 두 집단에 서로 다른 개인들을 선발하여 할당함으로써 발생되는 것이다. 실험집단 및 통제집단에 대한 무작위배정과 사전측정을 통해 어느 정도 통제할 수 있다.

### 4) 상실요인

상실 (mortality) 요인 또는 상실효과[32]는 정책집행기간에 대상자 일부가 이탈하여 사전 및 사후 측정값이 달라지는 것과 관련이 있다. 실험집단과 통제집단이 무작위로 배정된 경우에도 실험적 처리의 기간 동안 서로 다른 성질의 구성원이 각 집단으로부터 상실되어, 나머지 구성원만으로 처리효과를 추정한다면 그 결과가 왜곡될 가능성이 있다.

선발요인이나 상실요인을 통제하기 위해서는 무작위배정이나 사전측정이 필요하다.

### 5) 역사요인

역사 (history) 요인 또는 사건효과[33]는 실험기간에 일어난 역사적 사건이 실험에 영향을 미치는 것을 말한다. 역사적 요소는 외부환경에서 발생하여 사전 및 사후 측정값이 달라지게 만드는 어떤 사건을 말한다.

역사효과는 특정 프로그램 처리가 집행될 즈음에 발생한 다른 어떤 외부적 사건 때문에 나타난 효과이다.

---

[32] A자치단체에서 만성 흡연자를 위해 6개월 동안 수강생 50명으로 금연교실을 운영하였으나, 중도탈락자로 인해 20명만 수료하고 이 중 15명이 금연에 성공하였다. A자치단체가 금연교실 운영효과를 75% (수료자 20명 중 15명 성공) 로 평가하는 오류를 상실 (mortality) 요인이라고 한다.

[33] 정부에서 무인속도감지기를 설치한 직후부터 교통사고 사망자가 급감하였다. 그런데 이 정책평가과정에서, 바로 같은 시기에 세계적 협약에 따라 자동차의 운전자 보호성능이 현격히 개선된 사실이 확인되었다면 이는 내적 타당성 저해요인 중 우발적 사건 또는 역사적 (history) 요인에 의한 것이다.

### 6) 성숙요인

성숙 (maturation) 요인이란 순전히 시간의 경과 때문에 발생하는 조사대상집단의 특성변화를 말한다. 성숙효과는 실험기간 중 실험집단의 특성이 변화함으로써 결과에 영향을 미치는 것을 말한다. 성숙효과는 정책으로 인하여 그 결과가 나타난 것이 아니라, 그냥 가만히 두어도 시간이 지나면서 자연스럽게 변화가 일어나는 경우이다.

### 7) 실험효과

실험 또는 검사 (testing) 효과 혹은 요인은 실험 대상자들이 사전측정 (pretest) 의 내용에 대해 친숙하게 되어 사후 측정값이 달라지는 것이다. 정책 및 프로그램의 실시 전후 유사한 검사를 반복 (repetition) 하는 경우에 시험에 친숙도 (親熟度) 가 높아져 측정값에 영향을 미치는 경우이다.

실험효과를 통제하기 위해서는 사전검사를 하지 않는 통제집단과 실험집단을 활용하거나 사전검사를 위장 (偽裝) 하거나 눈에 띄지 않는 관찰방법 등이 필요하다.

### 8) 측정도구요인

측정도구 또는 도구·수단 (instrumentation) 요인은 측정자와 측정방법이 달라짐으로써 측정결과에 영향을 미치는 것을 의미한다. 측정수단요인을 통제하는 방법은 표준화된 측정도구를 사용하는 것이다.

### 9) 회귀요소

회귀요인 혹은 회귀인공 (regression) 요소 또는 통계적 회귀는 실험 직전 단 한번 측정한 극단치에 의해 개인들을 선발하면, 다음 측정에서는 그들의 평균치가 덜 극단적인 방향으로 이동하게 되는 오류이다. 회귀 (regression) 효과는 극단적인 점수를 얻은 실험대상들이 시간이 흐름에 따라 보다 덜 극단적인 상태로 표류하게 되는 경향이다.

회귀인공요소는 정책의 영향력과는 관계없이 정책대상의 상태가 자연스럽게 평균값으로 되돌아가는 경향으로, 실험이 진행되는 동안 구성원들이 원래 자신의 성향으로 돌아가는 경우에 나타나는 오차를 말한다.

### 10) 오염효과

오염 (모방) 효과는 통제집단의 구성원이 실험집단 구성원과 접촉하여 행동을 모방하는 확산효과이다. 정책의 실험과정에서 실험대상자와 통제대상자들이 서로 접촉하는 경우에는 모방효과가 나타날 수 있다.

## ❹ 외적 타당성

외적 타당도 (external validity) [34]란 실험결과를 다른 상황에까지 일반화시킬 수 있는지의 정도를 말한다.
외적 타당성은 조사연구의 결론을 다른 모집단, 상황 및 시점에 어느 정도까지 일반화시킬 수 있는지의 정도를 나타낸다.

---

[34] 외적 타당성을 파악하는 것과 관련된 사례로는 서울특별시를 대상으로 시범 실시하여 효과적으로 나타난 A사업을 전국 광역시를 대상으로 확대 실시한 경우에도 효과적인지를 검토해보는 것이 있다.

## ❺ 외적 타당성 저해요인

### 1) 표본의 대표성 부족

두 집단 간 동질성은 있으나, 사회적 대표성이 없어 일반화가 곤란하게 되는 오류는 표본의 대표성 부족에 의한 외적 타당성 저해요인이다.

일정한 연령층을 대상으로 선정한 실험집단과 통제집단으로부터 얻은 평가결과는 다른 연령층에 그대로 적용되지 않을 수 있다.

### 2) 호손효과 또는 실험조작의 반응효과

호손효과 (Hawthorne Effect) 또는 실험조작의 반응효과 (reactive arrangement) 는 인위적인 실험환경에서 얻은 정책평가 결과는 실제 사회현실에의 적용가능성에 다소 의문이 있을 수 있어서 일반화하기 어려운 현상을 의미한다.

실험대상자들이 실험의 대상으로 자신들이 관찰되고 있다는 사실을 알게 되어, 평소와는 다른 특별한 심리적 행동을 함으로써 발생하는 외적 타당성의 저해요인이다.

### 3) 크리밍효과 또는 선발과 측정의 상호작용

크리밍효과 (creaming effect) 또는 선발과 측정의 상호작용은 효과가 크게 나타날 사람만 의도적으로 실험집단에 배정한 경우에 나타나는 요인이다. 정책효과가 나타날 가능성이 높은 집단을 의도적으로 실험집단으로 선정함으로써 정책의 영향력이 실제보다 과대평가되는 경우이다.

정책평가에 있어서 조건이 양호한 집단을 대상으로 정책수단을 실시한 후, 그 결과가 좋게 나타난 정책수단을 다른 상황에 적용하려고 하는 경우에 나타나는 외적 타당성의 문제이다.

크리밍효과는 어떤 요인이 내적 타당성과 외적 타당성을 모두 저해할 수 있다는 것을 보여준다. 크리밍효과는 효과가 크게 나타날 사람만을 실험집단에 포함시켜 실험을 실시할 경우 그 효과를 일반화하기 어렵다는 것을 말한다. 실험집단과 통제집단이 서로 다르기 때문에 내적 타당도를 저해하는 요인이면서, 이를 일반화하는 것도 어렵기 때문에 외적 타당도를 저해하는 요인이다.

한편 외적 타당성을 저해하는 요인으로서의 크리밍효과는 표본의 비대표성, 그리고 상이한 실험집단과 통제집단의 선택과 실험조작의 상호작용에서 모두 언급될 수 있다.

### 4) 실험조작과 측정의 상호작용

실험조작과 측정의 상호작용 또는 검사와 처리의 상호작용 (interaction of testing and treatment) 은 실험 전 측정 (pretest) 과 피조사자의 실험조작 (treatment) 이 상호작용하여 실험결과에 나타날 경우에 발생하는 요인이다.

사전측정이 실험 처리에 대한 피조사자의 감각에 영향을 줄 수 있으므로 그에 따라 얻는 결과를 모집단에 일반화하면 편의 (bias) 가 발생할 수 있다.

### 5) 다수적 처리에 의한 간섭

반복된 실험조작에 익숙해짐으로써 발생하게 되는 오류는 다수적 처리에 의한 간섭으로 인한 외적 타당성 저해요인이다.

동일집단에 여러 번의 실험적 처리를 할 경우, 실험 처리에 어느 정도 익숙해짐으로써 얻은 결과는 그렇지 않은 경우와 동일한 결과를 얻는다는 보장을 할 수 없다.

## ❻ 구성적 타당성

구성타당도 (construct validity) 혹은 개념적 타당도[35]란 처리 결과 상황 등에 대한 이론적 구성요소들이 성공적으로 조작화된 정도를 말한다.

## ❼ 통계적 결론의 타당성

통계적 결론의 타당성 혹은 통계적 타당도 (statistical conclusion validity) 는 정책효과의 측정을 위해 충분히 정밀한 연구설계가 이루어진 정도를 말한다. 정책 실시와 영향의 관계에서 정확도를 의미한다.

통계적 결론의 타당도는 연구설계를 정밀하게 구성하여 평가과정에서 제1종 및 제2종 오류가 발생하지 않는 정도를 의미한다. 추정된 원인과 추정된 결과 사이에 관련이 있는지에 관한 통계적인 의사결정의 타당성을 뜻한다.

## ❽ 신뢰성

신뢰성은 척도 또는 측정도구가 얼마나 일관성 있게 작용하는가에 영향을 받는다. 반면에 타당성은 척도 또는 측정도구가 측정하고자 하는 것을 얼마나 정확히 반영하는가에 영향을 받는다.

신뢰성은 정책의 대상집단과 내용 등이 동질적이나 정책평가시기를 달리하는 경우, 각 시기별 정책결과 측정값의 상관관계를 분석한다.

정책평가의 신뢰성이 높다고 그 평가의 타당성이 높다고 할 수는 없다. 신뢰성은 타당성을 위한 필요조건에 불과하다. 즉 신뢰성이 없는 측정은 타당성이 없다. 반대로 타당성이 있는 측정은 신뢰성이 있다.

---

### 제4절  실험적 방법

## ❶ 인과관계 추론의 조건

인과관계 추론의 조건으로 시간적 선후성 (time order), 연관성 (association), 비허위성 (non - spuriousness) 을 들 수 있다.
인과관계가 성립하기 위해서는 원인변수의 시간적 선행성, 원인과 결과의 연결성, 경쟁가설 배제 혹은 비허위적 관계가 충족되어야 한다.

---

[35] 청렴, 직무몰입도, 전문성이라는 이론적 구성요소에 대한 측정지표가 성공적으로 조작화되어 있는가를 살펴보는 것이다.

첫째, 원인변수의 시간적 선행성 (temporal precedence) 은 원인이 되는 사건이나 현상은 시간적으로 결과보다도 먼저 발생하여야 한다는 것을 뜻한다. 시간적 선행성의 입증을 위한 정책변수의 조작 (manipulation) 이 필요하다.

둘째, 규칙적 동양성 (同樣性) 또는 상시연결성 (constant conjunction) 은 원인이 되는 현상이 변화하면 결과적인 현상도 항상 같이 변화해야 한다는 의미이다. 공동변화의 입증을 위한 비교 (comparison) 가 요구된다.

셋째, 경쟁가설 (rival hypothesis) 의 배제원칙 혹은 비허위적 (非虛僞的) 관계란, 결과변수의 변화가 추정된 원인이 아닌 제3의 변수 또는 외재적 변수에 의해 설명될 가능성이 없어야 한다는 것이다. 경쟁적 가설에 의한 설명가능성을 배제하기 위한 통제 (control) 가 이루어질 수 있도록 설계되어야 한다.

인과관계 추론의 조건을 어느 정도 갖추었느냐에 따라 진실험설계, 준실험설계, 비실험설계로 구분된다. 인과관계 추론의 세 가지 요소를 가장 충실히 갖춘 것은 진실험설계이다.

## ❷ 진실험설계

### 1) 의 의

진실험 (true experiment) 설계는 정책을 집행하는 실험집단과 집행하지 않는 통제집단을 구성하되 두 집단이 동질적인 집단이 되도록 한다. 진실험 (眞實驗) 은 무작위 (random) 배정에 의한 인위적이고 통제된 실험으로, 실험집단과 통제집단의 동질성을 확보한 실험이다.

진실험적 방법은 연구자가 사전에 계획하여 미리 실험집단과 통제집단을 무작위로 배정할 수 있기 때문에 미래지향적 성격이 강하며, 두 집단은 관찰기간 동안에 동일한 시간과 관련된 과정을 경험해야 한다.

진실험설계에 의한 정책영향 평가과정에서 연구대상의 무작위 배정은 실험집단과 통제집단의 동질성을 확보함으로써 내적 타당성을 높일 수 있다.

### 2) 특 징

진실험적 방법을 사용할 경우, 내적 타당도는 확보할 수 있지만 외적 타당성의 문제가 심각하게 발생할 수 있다. 진실험은 자연과학 실험과 같이 대상자들을 격리시켜 실험하기 때문에 역사적 효과, 성숙효과, 선발효과의 영향이 줄어들어 내적 타당성이 높은 편이다.

하지만 진실험은 실험대상자들이 실험의 대상으로 자신들이 관찰되고 있다는 사실을 알게 되어 평소와는 다른 행동을 함으로써 발생하는 외적 타당성의 저해요인인 호손효과 (Hawthorne effect) 를 강화시켜 외적 타당성을 떨어뜨린다.

모방효과, 정책내용의 누출 등은 진실험설계로도 극복하기 어려운 내적 타당성을 저해하는 문제들이다.

진실험이나 준실험은 가설을 설정하고 이를 검증해나가는 연역적 연구방법과 관련되므로, 검증을 위해 실험과 설문지법 등의 양적 평가가 주로 사용되며 총괄평가에 주로 활용된다.

### 3) 통제집단 사후측정설계

무작위 배정에 의해 실험집단과 통제집단을 구성한 후에 실험집단에 대해서만 정책변수를 처리하며, 두 집단 모두에 대해 사후측정을 실시한다.

무작위 배정에 의한 두 집단의 사전측정값은 동일하다는 가정에 기초하며, 정책변수의 효과는 실험집단과 통제집단의 관찰된 값의 차이로 나타낸다. 역사요인, 성숙요인, 회귀요인 등의 내적 타당성 저해요인들을 제거할 수 있다.

정책변수의 처리 전에 실험집단과 통제집단에 대한 관찰값의 동일성 여부를 점검할 수 없다는 약점을 지니고 있지만 현실적으로 가장 많이 활용되는 설계방식이다.

### 4) 통제집단 사전사후측정설계

통제집단 사전사후측정설계 (pretest posttest control group design) 는 정책변수의 처리 전에 실험집단과 통제집단에 대한 관찰값의 동일성 여부를 점검할 수 있는 설계방법으로 고전적 설계 (classical design) 라고도 불린다. 역사요인, 성숙요인, 회귀요인 등의 내적 타당성 저해요인들을 제거할 수 있다.

정책변수의 효과는 실험처리 후의 실험집단과 통제집단의 측정값의 차이에서 실험처리 전의 실험집단과 통제집단의 측정값의 차이를 뺀 값으로 측정된다.

통제집단 사전사후측정설계는 사전검사를 실시하기 때문에 실험 대상자들이 사전측정 (pretest) 의 내용에 대해 친숙하게 되어 사후 측정값이 달라지는 실험·검사효과 (testing effect) 가 나타날 수 있다. 또한 실험대상자들이 연구자의 의도를 파악하거나 검사 방식에 익숙하게 됨에 따라 실제의 정책효과와 다른 결과가 산출되는 사전측정과 처리의 상호작용 (interaction of testing and treatment) 효과가 발생할 수 있다.

**생각 넓히기 _ 솔로몬의 4집단 실험설계**

솔로몬의 4집단 실험설계 (Solomon four-group design)는 통제집단 사후측정설계와 통제집단 사전사후측정설계를 결합한 실험설계 유형으로, 실험집단과 통제집단을 각각 2개씩 두는 것이다.

제2실험집단과 제2통제집단의 경우에는 사전측정 또는 검사효과를 배제하기 위해 사전측정을 실시하지 않는 대신에, 제1실험집단과 제1통제집단에서 사전측정된 값의 평균값을 사전측정값으로 사용한다.

사전측정의 효과는 사전측정을 실시한 제1실험집단과 제1통제집단의 사후값과 사전측정을 하지 않은 제2실험집단과 제2통제집단의 사후측정값을 비교하여 구할 수 있다.

사전측정과 처리의 상호작용은 사전측정과 실험처리가 결합된 제1실험집단의 사후측정값과 사전측정없이 실험처리만 실시한 제2실험집단의 사후측정값을 비교하여 구할 수 있다.

### ❸ 준실험설계

### 1) 의 의

준실험 (quasi-experiment) 설계는 짝짓기 (matching) 방법으로 실험집단과 통제집단을 구성하여 정책영향을 평가하거나 시계열적인 방법으로 정책영향을 평가한다.

진실험이 준실험보다 내적 타당성 면에서는 우수하나, 실행 가능성 면에서는 준실험 (準實驗) 이 진실험보다 우수하다.

준실험이 갖는 약점은 주로 외적 타당성보다는 내적 타당성에 관한 것이다. 진실험설계보다 준실험설계를 사용할 때 내적 타당성의 저해요인이 다양하게 나타난다.

## 2) 특 징

준실험은 측정대상을 실험집단과 통제집단에 선택적으로 배정시킬 수 있기 때문에 실제 시행이 용이하다.

준실험적 방법은 비실험적 방법의 약점인 선발효과 (선정효과) 와 성숙효과를 어느 정도 분리해 낼 수 있어 내적 타당성을 상대적으로 확보할 수 있다.

효과가 크게 나타날 사람만 의도적으로 실험집단에 배정한 경우에 나타나는 요인인 크리밍효과 (creaming effect) 는 준실험에 해당하면서 외적 타당도가 문제되는 가장 전형적인 것이다.

준실험설계는 인과적 추론이 비교적 가능한 준실험설계와 인과적 추론이 어려운 준실험설계로 구분할 수 있다.

인과적 추론이 비교적 가능한 준실험설계로는 비동질적 비교·통제집단설계 (non - equivalent control group design), 회귀－불연속설계 (regression discontinuity design), 단절적 시계열설계 (interrupted time - series design) 가 있다.

인과적 추론이 어려운 준실험설계는 단일집단 사후측정설계 (one group posttest only design), 비동질적 집단 사후측정설계 (the posttest only design with nonequivalent group), 단일집단 사전사후측정설계 (the one group pretest - posttest design) 가 있다.

## 3) 짝짓기 (matching) 방법

짝짓기 (matching) 방법으로 실험집단과 통제집단을 구성하는 유형은 사전테스트에 의한 비동질적 통제집단설계, 자격기준을 갖춘 대상에게만 적용하는 회귀불연속설계, 사후테스트에 의한 사후측정 비교집단설계가 해당된다.

준실험적 방법에서 비동질적 비교·통제집단설계 (non - equivalent control group design)[36]는 하나의 집단에는 정책변수를 처리하고 다른 집단에는 정책변수를 처리하지 않고 사전측정과 사후측정을 실시하는 설계이다. 통제집단 사전사후측정설계와 유사하나, 실험집단과 통제집단이 무작위 배정을 통한 동질성을 확보하지 못한 점에서 차이를 보인다.

회귀－불연속설계[37]는 실험집단과 통제집단에 실험대상을 배정할 때 분명하게 알려진 자격기준 (eligibility) 을 적용하는 방법으로, 투입자원이 희소하여 오직 대상집단의 일부에게만 희소자원이 공급될 수밖에 없는 경우에 정책효과를 파악하기 위한 연구에 적합하다. 통제집단에게는 해당 혜택이나 프로그램이 적용되지 않고 실험집단에게만 적용된다.

## 4) 재귀적 통제

시계열적인 방법인 재귀적 (再歸的) 통제방법은 단절적 시계열분석에 의한 평가, 단절적 시계열 비교집단설계, 통제시계열설계 (control - series design) 등이 있다.

단절적 시계열설계 (interrupted time - series design) 는 여러 시점에서 관찰되는 자료를 통하여 정책변수의 효과를 추정하는 방법이다. 각 시점에서 관찰된 값들이 정의될 수 있고 계량화가 가능하며, 이러한 관찰된 값들이 특정 정책이나 사업의 시행 전과 후의 시점에 걸쳐서 가능할 경우에 그 수치의 변화를 측정하여 정책효과를 판단하는 경우이다.

---

36 비동질적 비교·통제집단설계의 사례로는 사전측정을 통해 비슷한 점수를 받은 대상자끼리 짝을 지어 배정 (matching) 한 후 실험하는 방식이 있다. 사전테스트 (pretest) 를 통해 A점수대 그룹과 B점수대 그룹을 배정한 후, 특정 정책이나 프로그램을 처방한 후에 그 결과값의 변화를 비교하여 정책이나 사업의 효과를 측정하는 것이다.

37 회귀－불연속설계의 사례로는 특정 대상에게만 복지정책이나 장학혜택을 부여한 후에 그 정책이나 사업의 효과를 측정하는 경우이다. 성적이 우수한 학생에게 장학금을 지급하고, 장학금 지급이 성적 향상에 어떤 효과가 있는지를 분석하는 방식이다.

단절적 시계열설계에서 유의할 점은 특정 정책변수를 실시하기 전후에 발생한 역사(history)적 사건과 그 사건이 정책변수에 영향을 주었는지를 확인하는 것이다. 단절적 시계열분석[38]은 특정 기관이나 특정 대상집단 전체에만 적용되는 정책사업의 효과를 판단하기 위한 설계방법으로 적절하다.

단절적 시계열 비교집단설계는 정책과 사업의 시행 전후를 비교하되, 실험집단과 비교집단 각각의 시행 전후 수치변화를 비교하여 정책효과를 판단하는 것이다.

통제시계열 설계는 단절적 시계열설계에 하나 또는 여러 통제집단을 부가하는 방법이다. 정책변수에 노출되지 않았던 집단도 통제시계열(control - series)로 그래프에 부가되어 비교되는 것으로, '복수시계열설계(multiple series design)'라고 부르기도 한다.

## 5) 인과적 추론이 어려운 준실험설계

연구대상에 실험처리를 하지만 연구대상이 실험집단과 비교집단에 무작위 배정이 불가능하거나 비교집단 자체가 없으며, 실험적 통제를 대체할 수 있는 통계적 통제도 사용하기 어려운 경우이다. 실험의 성격은 갖고 있지만 외재적 변수의 통제가 어렵기 때문에 인과관계를 검증하기가 곤란하다.

단일집단 사후측정설계[39]는 '1회의 사례연구(one shot case study)'라고도 불리는 것이다. 성숙요인, 역사요인, 선발요인, 상실요인 등의 효과를 배제하기 위한 통제를 할 수 없는 설계방법으로 인과적 추론의 타당성을 담보하기가 어렵다.

비동질적 집단 사후측정설계는 실험집단의 사후측정값을 무작위 배정하지 않아 동질성이 확보되지 못한 통제집단과 비교하는 방법으로, '정태적 집단비교방법(static group comparison)[40]'이라고도 부른다.

단일집단 사전사후측정설계[41]는 독립변수인 실험처리 또는 정책변수의 개입 이전에 측정한 실험집단의 종속변수 측정값을 정책개입 후의 사후측정값과 비교하여 정책변수의 효과를 측정하는 경우이다.

## ❹ 비실험적 설계

## 1) 의 의

비실험설계(non - experiment design)는 인과관계 추론의 조건인 시간적 선후성(time order), 연관성(association), 비허위성(non - spuriousness)이 결여된 경우이다. 사전에 별도의 통제·비교집단을 설정하지 않는 형태이다.

---

**38** 특정 지역이나 특정 대상집단 전체에만 정책사업의 효과가 국한될 경우에는 다른 지역이나 다른 범주의 집단과의 정책결과를 비교하는 것이 제한된다. 이런 경우는 전년도 또는 이전 시점의 자료를 기준으로 시계열적으로 추정하는 방법이 적절하다. 고속도로 사고 사망률, 의료보호 수혜자 수, 직업훈련원생의 취업률, 의료사고 사망률 등의 정책효과를 측정하기에 알맞은 방법이다.

**39** 광고를 본 후에 광고효과를 측정하는 경우 또는 운동의 체중감소효과에 대해 상당기간 운동을 해서 균형잡힌 몸매를 만든 몇 사람을 본 후에, 운동의 효과가 입증되었음을 주장하는 경우이다.

**40** 운동을 통해 균형잡힌 몸매를 만든 실험집단을 다양한 몸매를 가진 일반적인 사람들로 구성된 통제집단과 비교해서 운동의 효과가 입증되었음을 주장하는 경우이다.

**41** 비만상태 사람들의 체중을 운동 전에 측정한 후에 운동 후의 체중과 비교하여 체중이 감소된 경우로 나타나면, 운동의 체중감소효과가 입증되었음을 주장하는 경우이다.

## 2) 특 징

비실험 (非實驗) 적 설계는 정책변수의 조작이나 외재적 변수의 인과적 영향을 배제하기 위한 통제가 어려운 경우에, 자연적인 상황에서 발생하는 공동변화 (concomitances) 나 시간적 선후 (sequences) 의 관찰을 토대로 인과적 과정을 추론하는 것이다. 이러한 연유로 수동적 관찰 (passive observation) 을 통하여 원인을 추론하는 방법이라고 부른다.

비실험적 설계는 면담이나 참여관찰과 같은 질적 평가방법에 의한 귀납적 연구의 특징을 지니며 과정평가에 주로 활용된다. 비실험적 방법은 외적 타당성과 실행가능성은 매우 높지만 내적 타당성은 매우 낮다.

## 3) 통계적 통제

통계적 통제 (statistical control) 는 내적 타당도를 높이기 위해 결과변수에 영향을 주는 것으로 판단되는 제3의 변수들을 식별하여, 이를 통계분석의 모형에 포함시키는 것이다. 통계분석에 포함된 제3의 변수들의 영향을 통제한 후에 정책변수가 미치는 영향의 크기를 파악하는 방법이다.

## 4) 인과경로모형에 의한 추론

인과경로모형은 변수들 간의 인과관계가 복잡하다고 생각되는 경우에, 인과관계 경로를 모형화 (modeling) 하고 경로분석 (path analysis) 을 통해서 변수들 간의 인과관계경로에 대한 가설을 검증하는 방법이다.

## 5) 단일집단 사전사후측정설계

단일집단 사전사후측정설계 (the one group pretest - posttest design) [42]는 동일한 정책대상집단에 대한 사전측정과 사후측정을 통해 정책효과를 추정하는 방식이다. 독립변수인 실험처리 또는 정책변수의 개입 이전에 측정한 대상집단의 종속변수 측정값을 정책개입 후의 사후측정값과 비교하여 정책변수의 효과를 측정하는 경우이다.

## 6) 사후적 비교집단 구성

사후적으로 비교집단을 구성[43]하는 것은 정책효과의 존재 여부를 판단하기 위해 정책대상집단과 다른 집단을 정책집행 후에 사후적으로 찾아내어 일정한 시점 (one - shot) 에서 비교하는 설계이다.

> ■ **TIP** 진실험과 준실험의 시간성
> 진실험은 연구자가 사전계획에 의해 실험집단과 통제집단을 무작위배정하여 진행하므로 미래지향적이라면, 준실험은 정책집행 후에 시점상 과거인 실험처리의 효과를 추정하는 연구가 많기 때문에 과거지향적이다.

---

[42] 우유급식의 효과를 알아보기 위해서 대상집단의 급식 시행 전의 평균체중을 측정하고, 일정 기간 시행 후에 평균체중이 어느 정도 증가했다면 우유급식사업의 정책효과가 있다고 보는 경우이다. 그러나 학생들의 성숙에 따른 효과일 수 있다는 점을 간과할 우려가 있다.

[43] 학생들의 성적 향상을 위해 특정과목 특별반을 편성할 경우, 일정 기간 후 시험성적을 평가한 결과 특별반 학생들이 비교시점 (one-shot) 에서 찾아낸 유사한 다른 집단보다 성적이 높다면 정책효과가 있다고 보는 경우이다. 그러나 학습의욕이 높은 학생들을 특별반에 선발하는 선정효과를 간과할 우려가 있다. 사후테스트 비교집단설계를 준실험설계로 보는 견해도 있다.

**✚ 표 2-25 실험 유형**

| | 진실험 | 준실험 | 비실험 |
|---|---|---|---|
| 내적 타당성 | 높 음 | 낮 음 | 매우 낮음 |
| 외적 타당성 | 낮 음 | 높 음 | 매우 높음 |
| 실현 가능성 | 낮 음 | 높 음 | 매우 높음 |
| 내적 타당성 제고를 위한 변수 통제방법 | 무작위 배정에 의한 통제 | • 축조 (matching) 에 의한 통제<br>• 재귀적 (시계열적 방법) 통제 | 통계적 통제 |

## 제5절 성과평가

### ❶ 성과중심행정

#### 1) 의 의

성과관리 또는 성과중심 (performance oriented) 의 행정은 기존의 투입요소의 통제방식에 따라 수동적으로 업무를 수행하던 태도에서 벗어나, 보다 명확한 업무목표를 세우고 이를 달성하기 위한 추진전략을 마련함으로써 결과에 초점을 맞춘 능동적인 자세로 전환하고자 하는 것이다. 성과 중심의 행정은 신공공관리론이나 기업형 정부에서 강조하는 핵심적 개혁방향이다.

그러나 성과중심행정으로 인해 목표의 전환이 나타나거나 잘못된 절차를 묵인할 가능성이 있다.

#### 2) 요건과 제도의 운용

최근 성과관리는 투입이 자동으로 산출로 연결된다는 단선적 가정에서 벗어나, 성과가 적극 관리되어야 한다는 인식하에서 조직·인사·예산·환류 등 국정 전반에 걸쳐 통합적·균형적으로 연계·추진되고 있다.

성과지표는 타당성 (validity), 신뢰성 (reliability), 정확성 (accuracy), 민감성 (sensitivity), 명확성 (clarity) 등의 요건을 갖추어야 한다.

성과 중심의 인사관리의 예로 성과급제도, 공모직위, 직무성과계약제 등을 들 수 있다.

성과 중심의 재정운용을 위해 총괄배정예산제도, 지출통제예산제도, 효율성배당, 불용액 이월제도 등 성과 중심의 적극적인 재정운용이 필요하다.

### ❷ 성과평가의 방법과 모형

#### 1) 논리모형 또는 논리매트릭스

논리모형 (logic model) 또는 논리매트릭스는 단기적인 산출물 (output) 보다는 설정된 성과목표를 성취하는 과정을 중시한다.

논리모형은 '투입 (input) ⇨ 활동 (activity) ⇨ 산출 (output) ⇨ 결과 또는 성과 (outcome) ⇨ 영향 (impact)'의 논리구조를 갖는다.

## 2) 균형성과평정법

균형성과평정법 (balanced score card)은 재무적 지표와 비재무적 지표, 조직의 내부요소와 외부요소 (고객), 선행지표와 후행지표, 단기적 관점과 장기적 관점의 균형을 모색하는 제도이다.

## 3) 성과표준평정법

성과표준평정법 (performance standard appraisal)은 구체적이고 측정 가능한 성과수준을 명시한다.

## 4) 행태관찰평정법

행태관찰평정법 (behavioral observation scales)은 성과와 관련된 직무행태를 관찰하여 활동의 발생빈도를 측정한다.

# ❸ 논리모형

## 1) 의 의

논리모형 (logic model) 또는 논리매트릭스는 단기적인 산출물 (output) 보다는 설정된 성과목표를 성취하는 과정을 중시한다. 논리모형은 '투입 (input) ⇨ 활동 (activity) ⇨ 산출 (output) ⇨ 결과 또는 성과 (outcome) ⇨ 영향 (impact)'의 논리구조를 갖는다. 정책 프로그램이 특정 성과를 산출하기 위해 어떤 논리적 인과구조를 가지고 있는지를 명시적으로 보여준다.

✚ 그림 2-7 논리모형

## 2) 유용성

논리모형은 조직 전체 차원의 평가보다는 프로그램 또는 단위사업의 정책평가의 타당성을 제고한다. 프로그램이 해결하려는 정책문제 및 정책의 결과물이 무엇인지를 명확히 해주기 때문에, 정책형성과정의 인과관계에 대한 가정의 오류와 정책집행의 실패를 구분할 수 있도록 한다. 프로그램 논리의 분석 및 정리과정이 이해관계자의 정책프로그램에 대한 이해를 높인다. 논리모형 (logic model)은 프로그램의 산출 (output) 보다 더 근본적이고 장기적 변화인 결과 (outcome)와 영향 (impact)에 초점을 맞춘다.

## 3) 적용 사례

경찰부서의 산출방법은 '투입 (input)은 조사활동에 투입된 경찰 및 차량 규모 (비용) ⇨ 활동 및 과정 (activity, process)은 담당 사건 수 (업무처리과정) ⇨ 산출 (output)은 범인 체포건수 (직접적인 생산물) ⇨ 결과 혹은 성과 (outcome)는 범죄율 감소

(산출물이 창출한 조직 환경에서 직접적인 변화) ⇨ 영향(impact)은 지역사회의 안정성(사업의 궁극적인 사회·경제적 효과)'이다. 도로포장 산출방법은 '투입(input)은 도로포장을 위해 이용된 중장비의 규모 및 사업비 지출금액 ⇨ 활동 및 과정(activity, process)은 도로포장 과정에서 공사 진척률이나 민원해결 건수 ⇨ 산출(output)은 포장된 도로의 비율 ⇨ 결과 혹은 성과(outcome)는 차량의 통행속도 증가율 ⇨ 영향(impact)은 지역 간 균형발전'이다.

**✚ 표 2-26 논리모형에 의한 성과평가 사례**

| | 경찰부서 산출방법 | 도로포장 산출방법 |
|---|---|---|
| 투입(input, 비용) | 조사활동에 투입된 경찰 및 차량 규모 | 도로포장을 위해 이용된 중장비의 규모 및 사업비 지출금액 |
| 활동(activity), 과정(process) | 담당 사건 수 | 도로포장 과정에서 공사 진척률, 민원해결 건수 |
| 산출(output, 직접적인 생산물) | 범인 체포건수 | 포장된 도로의 비율 |
| 결과·성과(outcome, 조직환경의 직접적 변화) | 범죄율 감소 | 차량의 통행속도 증가율 |
| 영향(impact, 궁극적인 사회·경제적 효과) | 지역사회의 안정성 | 지역 간 균형발전 |

## ❹ 균형성과표

### 1) 의 의

균형성과표(BSC: Balanced Score Card)는 Kaplan & Norton이 관리자의 성과정보가 재무적 정보에 국한된 약점을 극복하고자 다양한 측면의 정보를 제공하며, 재무적 정보 외에 고객, 내부 절차, 학습과 성장 등 조직운영에 필요한 관점을 추가한 것이다.

균형성과표는 재무적 지표와 비재무적 지표(고객, 내부 프로세스, 학습과 성장)의 균형, 조직의 내부요소(직원과 내부 프로세스)와 외부요소(재무적 투자자와 고객) 간의 균형, 결과를 예측해주는 선행지표와 결과인 후행지표 간의 균형, 단기적 관점(재무관점)과 장기적 관점(학습과 성장관점)의 균형을 지향한다.

BSC는 정부실패와 시장실패 등의 위기를 극복하기 위하여 비재무적 지표와 재무적 지표의 균형 있는 관리의 중요성을 강조한다. 거시적·장기적 측면의 조직문화 형성뿐만 아니라 순익과 같은 미시적·단기적 목표와 계획 및 전략까지 균형 있게 초점을 둔다.

기존의 성과관리는 계량적으로 측정 가능한 유형자산에 초점을 두었기에, 조직 구성원들에게 조직의 전략과 목적 달성에 필요한 성과가 무엇인지 알려주는 데 한계가 있기 때문에 조직전략의 해석지침으로는 적합하지 않았다.

반면에 BSC는 무형자산에 대해 강조하므로 성과평가의 시간에 대한 관점을 단기에서 장기로 전환시킨다. BSC의 장점은 거시적이고 추상적인 조직목표와 실천적 행동지표 간 인과관계를 확보함으로써 조직의 전략과 기획을 실행에 옮길 수 있게 한다는 것이다. 거버넌스에 입각한 전략적인 성과관리 시스템이다.

## 2) 재무적 관점의 성과지표

재무적 관점의 성과지표는 민간부문에서 특히 중시하는 전통적인 후행지표로서 매출, 자본수익률, 예산 대비 차이 등이다. BSC를 공공부문에 적용할 때 재무적 관점이란 국민이 요구하는 수준의 공공서비스를 제공할 수 있는 재정자원을 확보해야 한다는 측면을 포함한다. 민간부문은 재무 관점이 성공의 핵심이지만, 공공부문에서의 궁극적인 목적은 사명달성의 성과라는 것이 강조된다.

## 3) 고객 관점

고객 관점은 BSC의 4가지 관점 중에서 외부지향적 관점에 해당한다. BSC를 공공부문에 도입할 경우 재무적 관점보다 고객 관점이 강조되어야 하며, 가장 중요한 관점이 된다. 정부는 성과평가에 있어서 재무적 관점보다는 국민이 원하는 정책을 개발하고 재화와 서비스를 제공하는지에 대한 고객의 관점을 중요한 위치에 놓는다. 고객만족도, 정책순응도, 민원인의 불만율, 신규고객의 증감률 등이 대표적 지표이다.

공공부문은 고객의 범위가 명확하지 않으므로 균형성과관리 (BSC) 의 중점 관리지표인 고객 관점 지표를 적용하기가 용이하지 않다.

## 4) 내부프로세스 관점

내부프로세스 관점에서는 개별 부서별로 따로따로 이루어지는 일처리 방식보다 통합적인 일처리 절차에 초점을 맞춘다. 업무처리 관점은 정부부문에서 정책결정과정, 정책집행과정, 재화와 서비스의 전달과정 등을 포괄하는 넓은 의미를 가진다. 의사소통의 도구로 조직구성원들에게 조직의 전략목표를 달성하기 위해 필요한 성과가 무엇인지 알려준다.

대표적인 성과지표로는 의사결정 과정에의 시민참여, 적법적 절차, 조직 내 커뮤니케이션 구조, 공개 등이 있다. 공공조직은 무형자산인 학습과 성장으로부터 지원받는 내부프로세스 성과를 통해 성과를 창출할 가능성이 크다.

## 5) 학습·성장 관점

학습·성장 관점은 구성원의 능력개발이나 직무만족과 같이 주로 인적 자원에 대한 성과를 포함한다.

학습과 성장 관점은 장기적 관점의 지표로서 조직이 보유한 인적 자원의 역량, 지식의 축적, 정보시스템 구축 등과 관련된다. 학습과 성장 관점의 성과지표에는 학습 동아리 수, 내부 제안 건수, 직무만족도 등이 있다. 세 관점 (재무적 관점, 고객 관점, 프로세스 관점) 을 토대로 하는 가장 하부적인 관점에 속한다. 그러나 미래적 관점의 선행지표라는 점에서 공공부문에서 중시되는 관점의 지표이다. 학습과 성장의 관점은 민간부문과 정부부문이 큰 차이를 둘 필요가 없는 부분이다.

**➕ 그림 2-8 BSC의 관점과 지표**

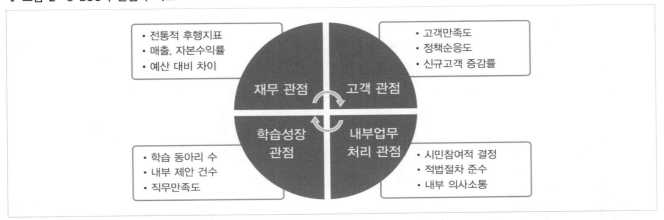

## 6) 조직전략의 해석지침

BSC는 추상성이 높은 비전에서부터 구체적인 성과지표로 이어지는 위계적인 체제를 가진다. 기관의 임무나 비전을 먼저 설정하고 부서별 전략목표, 성과목표 순으로 작성된다. BSC의 장점은 거시적이고 추상적인 조직목표와 실천적 행동지표 간 인과관계를 확보함으로써 조직의 전략과 기획을 실행에 옮길 수 있게 한다는 것이다. BSC(균형성과관리) 성과지표는 전략의 연계를 강조하므로, 조직전략의 해석지침으로 적합하다. '미션(임무) ⇨ 비전 ⇨ 전략목표 ⇨ 성과목표 ⇨ 관리과제 ⇨ 성과지표'로 이어지는 목표-수단 또는 원인-결과의 논리구조를 유지함으로써 비전과 전략이 모든 성과평가의 지침이 되도록 한다.

**➕ 그림 2-9 성과목표체계**

## 7) 조화와 균형

재무지향, 비재무지향, 내부지향, 외부지향의 지표 중에서, 기존에는 내부의 재무적 지표에 치우치는 데 비해서 BSC는 네 차원에서 균형적이다. 장기지향, 단기지향, 과정지향, 결과지향의 지표 중에서, 기존에는 단기적인 결과를 지향하는 데 비해서 BSC는 네 차원에서 균형적이다.

BSC는 조직 구성원 학습, 내부 절차 및 성장과 함께 정책 관련 고객의 중요성을 강조하며, 고객과 이해당사자들에 대한 의사소통 채널로서의 기능을 가지고 있다. BSC는 정부실패와 시장실패 등의 위기를 극복하기 위하여 비재무적 지표와 재무적 지표관리의 조화와 균형을 강조한다. 그러나 BSC의 기본 틀은 성과관리 체계로 이전의 관리방식인 TQM이나 MBO와 크게 다르지 않고, 다만 거기에서 진화된 종합모형이라 평가 받고 있다.

**➕ 표 2-27 논리모형과 균형성과지표**

| | 논리모형 | 균형성과지표 (BSC) |
|---|---|---|
| 평가의 초점 | 인과관계 | 기관의 미션, 비전, 전략과 성과지표 간의 연계 |
| 평가의 변수 | 투입, 활동, 산출, 결과, 영향 | 재무 관점, 내부프로세스 관점, 고객 관점, 학습과 성장 관점 |
| 적용 범위 | 단위 프로그램에 대한 심층평가 | 전체 조직 차원의 성과평가 |
| 기관의 독립성 | 예산·인사에 있어 독립성 결여 | 예산·인사에 있어 상당한 독립성 존재 |
| 주된 적용기관 | 일반정부 (중앙행정기관, 지자체) | 책임운영기관, 공공기관, 지방공사 |

---

제6절     **정부업무평가제도**

## ❶ 우리나라 재정사업 성과관리제도

재정사업 성과관리제도는 재정성과 목표관리제도, 재정사업 자율평가제도, 재정사업 심층평가제도의 세 가지 형태로 운영되고 있다.[44]

첫째, 재정성과 목표관리제도 (performance monitoring) 는 2003년에 도입된 제도로, 기관별 성과계획서 및 성과보고서를 통해 설정된 성과목표의 달성 여부를 모니터링한다.

둘째, 재정사업 자율평가제도 (program review) 는 미국의 PART (Program Assessment Rating Tool) 제도를 원용해 우리나라에는 2005년도에 도입된 제도이다. 사업 수행부처가 자체적으로 정한 평가지표에 근거하여 소관 재정사업을 매년 모두 평가하는 것이 아니라, 예산과 기금이 투입되는 재정사업의 1/3씩을 순차적으로 평가 (3년 주기로 평가) 한다.

셋째, 재정사업 심층평가제도 (program evaluation) 는 2006년에 도입된 제도로, 부처 간 유사·중복 사업 또는 비효율적인 사업 추진으로 예산낭비의 소지가 있는 사업에 대해서는 재정사업 심층평가를 실시할 수 있다.

---

44 재정사업 성과관리제도에 관한 상세한 설명은 PART 5 재무행정론에서 다룬다.

## ❷ 정부업무평가 기본법

### 1) 의 의

정부업무평가는 국정운영의 능률성, 효과성 및 책임성을 확보하기 위하여 평가대상기관이 행하는 정책 등을 평가하는 것을 말한다.

정부업무평가의 대상기관은 공공기관을 포함하여 중앙행정기관 및 지방자치단체와 그 소속기관이다. 정부업무평가의 평가대상기관에는 중앙행정기관(대통령령이 정하는 대통령 소속기관 및 국무총리 소속기관·보좌기관을 포함), 지방자치단체, 중앙행정기관 또는 지방자치단체의 소속기관, 공공기관 등이 포함된다. 중앙행정기관 또는 지방자치단체의 소속기관이 행하는 정책은 정부업무평가의 대상에 포함된다. 중앙행정기관 및 그 소속기관에 대한 평가는 통합하여 실시되어야 한다.

「정부업무평가 기본법」상 정부업무평가의 종류로는 중앙행정기관의 자체평가, 지방자치단체의 자체평가, 공공기관에 대한 평가 등이 있다.

### 2) 정부업무평가기본계획, 성과관리전략계획

국무총리는 위원회의 심의·의결을 거쳐 정부업무의 성과관리 및 정부업무평가에 관한 정책목표와 방향을 설정한 정부업무평가기본계획을 수립하여야 한다. 국무총리는 최소한 3년마다 정부업무평가기본계획의 타당성을 검토하여 수정·보완 등의 조치를 하여야 한다.

중앙행정기관의 장은 소속기관을 포함한 당해 기관의 전략목표를 달성하기 위한 중·장기계획인 성과관리전략계획을 수립하여야 한다. 중앙행정기관의 장은 성과관리전략계획에 당해 기관의 임무·전략목표 등을 포함하여야 하고, 최소한 3년마다 그 계획의 타당성을 검토하여 수정·보완 등의 조치를 하여야 한다.

중앙행정기관의 장은 성과관리전략계획에 기초하여 당해 연도의 성과목표를 달성하기 위한 연도별 시행계획인 성과관리시행계획을 수립·시행하여야 한다.

중앙행정기관의 장은 정부업무평가시행계획에 기초하여 당해 정책 등의 성과를 높일 수 있도록 자체평가계획을 매년 수립하여야 한다.

### 3) 정부업무평가위원회

정부업무평가의 실시와 평가기반의 구축을 체계적·효율적으로 추진하기 위하여 국무총리 소속하에 정부업무평가위원회를 둔다. 정부업무평가위원회는 위원장 2인을 포함하여 15인 이내의 위원으로 구성한다. 위원장은 국무총리와 위원 중에서 대통령이 지명하는 자가 된다. 기획재정부장관, 행정안전부장관, 국무조정실장은 정부업무평가위원회의 당연직 위원이다.

### 4) 자체평가

자체평가는 중앙행정기관 또는 지방자치단체가 소관 정책 등을 스스로 평가하는 것이다. 중앙행정기관장과 지방자치단체장은 매년 자체평가위원회를 통해 자체평가를 실시한다. 행정안전부장관은 평가의 객관성 및 공정성을 높이기 위하여 평가지표, 평가방법, 평가기반의 구축 등에 관하여 지방자치단체를 지원할 수 있다.

중앙행정기관은 자체평가위원회를 운영한다. 자체평가위원회는 위원장 1인을 포함하여 10 이상 30인 이내의 위원으로 구성되며, 위원장은 민간위원 중에서 중앙행정기관의 장이 지명한다. 위원의 3분의 2 이상은 민간위원이다.

## 5) 특정평가

특정평가는 국무총리가 중앙행정기관을 대상으로 국정을 통합적으로 관리하기 위하여 필요한 정책 등을 평가하는 것이다. 평가방식으로 볼 때 하향식 평가방식이다. 특정평가는 정부업무 성과관리의 한 종류이다.

정권 차원에서 관심을 기울일 필요가 있는 정책을 특정평가 항목으로 추가하여 집중적 점검 및 평가를 실시할 수 있다. 국무총리는 2 이상의 중앙행정기관 관련 시책, 주요 현안시책, 혁신관리 및 대통령령이 정하는 대상부문에 대하여 특정평가를 실시하고 그 결과를 공개하여야 한다.

## 6) 자체평가결과에 대한 재평가

국무총리는 중앙행정기관의 자체평가결과를 확인·점검 후 평가의 객관성·신뢰성에 문제가 있어 다시 평가할 필요가 있다고 판단되는 때에는 정부업무평가위원회의 심의·의결을 거쳐 재평가를 실시할 수 있다.

## 7) 합동평가

지방자치단체 또는 그 장이 위임받아 처리하는 국가사무, 국고보조사업 그 밖에 대통령령이 정하는 국가의 주요시책 등에 해당하는 국가위임사무 등에 대하여, 국정의 효율적인 수행을 위하여 평가가 필요한 경우에는 행정안전부장관이 관계중앙행정기관의 장과 합동으로 평가하는 합동평가를 실시할 수 있다.

행정안전부장관은 지방자치단체에 대한 합동평가를 효율적으로 추진하기 위하여 행정안전부장관 소속하에 지방자치단체합동평가위원회를 설치·운영할 수 있다. 지방자치단체합동평가위원회의 위원장은 민간위원 중에서 행정안전부장관이 지명한다. 위원회 구성은 위원장 1인을 포함하여 20인 이내이고, 2/3 이상은 민간위원이다.

## 8) 공공기관 평가

공공기관 평가대상은 「공공기관의 운영에 관한 법률」에 따라 지정된 공기업 및 준정부기관, 「지방공기업법」에 의한 지방공사 및 지방공단, 「정부출연연구기관 등의 설립·운영 및 육성에 관한 법률」에 의한 연구기관 또는 연구회, 「과학기술분야 정부출연연구기관 등의 설립·운영 및 육성에 관한 법률」에 의한 연구기관 또는 연구회, 「지방자치단체출연 연구원의 설립 및 운영에 관한 법률」에 의한 지방자치단체출연연구원, 그 밖에 대통령령이 정하는 기관·법인 또는 단체 등이다.

## 9) 평가제도 점검 및 평가결과의 활용

국무총리는 평가제도의 운영실태를 확인·점검하고, 그 결과에 따라 제도개선방안의 강구 등 필요한 조치를 할 수 있다.

평가를 실시하는 기관의 장은 평가결과를 전자통합평가체계 및 인터넷 홈페이지 등을 통하여 공개하여야 한다.

중앙행정기관의 장은 평가결과를 다음 연도의 예산 요구 시 반영하여야 한다. 기획재정부장관은 평가결과를 중앙행정기관의 다음 연도 예산 편성 시 반영하여야 한다.

중앙행정기관의 장은 전년도 정책 등에 대한 자체평가결과를 지체 없이 국회 소관 상임위원회에 보고하여야 한다.

## ❸ 정부업무평가제도의 유형

### 1) 정부성과평가

성과평가는 개인의 성과를 향상시키기 위한 방법을 모색하기 위해서 사용될 수 있다. 관리자와 구성원의 적극적인 참여는 성과평가의 성공에 있어서 중요한 역할을 한다.

조직목표의 본질은 성과평가제도의 운영과 직접 관련성을 갖는다. 총체적 품질관리(TQM: Total Quality Management)는 개인의 성과평가를 위한 도구가 아니라, 조직 전체적 차원에서 품질향상이라는 성과를 실현하기 위한 관리방식이다.

### 2) 책임운영기관평가

책임운영기관평가는 「책임운영기관의 설치·운영에 관한 법률」에 근거를 두고 있다. 책임운영기관의 존속 여부 및 제도의 개선 등에 관한 중요 사항을 심의하기 위하여 행정안전부장관 소속으로 책임운영기관운영위원회를 둔다. 위원회는 위원장 및 부위원장 각 1명을 포함한 15명 이내의 위원으로 구성한다. 위원회의 위원장은 행정안전부장관이 되며, 부위원장은 위원 중에서 행정안전부장관이 위촉한다.

책임운영기관운영위원회는 책임운영기관제도의 운영과 개선, 기관의 존속 여부 판단 등을 위하여 책임운영기관에 대한 종합평가를 한다. 다만, 종합평가 결과가 2회 연속 특별히 우수하다고 인정하는 기관에 대하여는 2년의 범위에서 대통령령으로 정하는 바에 따라 종합평가를 유예할 수 있다.

### 3) 지방공기업평가

지방공기업평가는 「지방공기업법」에 근거를 두고 있다. 원칙적으로 행정안전부장관이 실시하되 필요시 지방자치단체장이 실시할 수 있다. 행정안전부장관은 지방공기업의 경영 기본원칙을 고려하여 대통령령으로 정하는 바에 따라 지방공기업에 대한 경영평가를 하고, 그 결과에 따라 필요한 조치를 하여야 한다. 다만, 행정안전부장관이 필요하다고 인정하는 경우에는 지방자치단체의 장으로 하여금 경영평가를 하게 할 수 있다.

행정안전부장관은 지방공기업 관련 주요 정책, 경영평가, 경영진단, 그 밖에 경영 개선에 관한 사항을 심의하기 위하여 관계 전문가로 구성된 지방공기업정책위원회를 운영한다. 지방공기업정책위원회는 위원장 1명을 포함한 15명 이내의 위원으로 구성한다.

### 4) 공기업, 준정부기관평가

공기업, 준공공기관평가는 「공공기관의 운영에 관한 법률」에 근거를 두고 있다. 기획재정부장관은 연차별 보고서, 계약의 이행에 관한 보고서, 경영목표와 경영실적보고서를 기초로 하여 공기업·준정부기관의 경영실적을 평가한다. 기획재정부장관은 경영실적 평가의 효율적인 수행과 경영실적 평가에 관한 전문적·기술적인 연구 또는 자문을 위하여 공기업·준정부기관경영평가단을 구성·운영할 수 있다.

## 5) 보조사업평가

보조사업평가는 「보조금 관리에 관한 법률」에 근거한다. 대통령령으로 정하는 보조사업을 제외한 보조사업의 존속기간은 3년 이내로 한다. 기획재정부장관은 존속기간이 만료되는 보조사업에 대하여 실효성 및 재정지원의 필요성을 평가하여 3년 이내의 범위에서 해당 보조사업의 존속기간을 연장할 수 있다. 존속기간이 연장된 보조사업에 대해서도 또한 같다. 기획재정부장관은 평가를 실시하기 위하여 대통령령으로 정하는 바에 따라 보조사업평가단을 구성·운영할 수 있다.

## 6) 복권평가

복권에 대한 평가는 「복권 및 복권기금법」에 근거를 둔다. 복권의 발행·관리·판매, 복권수익금의 배분·사용 등에 관한 업무를 수행하게 하기 위하여 기획재정부장관 소속으로 복권위원회를 둔다. 복권위원회는 위원장 1명을 포함하여 25명 이내의 위원으로 구성한다. 위원장은 기획재정부장관이 지명하는 기획재정부차관이 된다.

✚ 표 2-28 정부업무평가

| 주 관 | 평가대상 및 업무 | 관련 위원회 |
|---|---|---|
| 국무총리 | • 특정평가, 재평가<br>• 정부업무평가기본계획 (3년) | 정부업무평가위원회 (대통령이 지명하는 위원장 2인을 포함하여 15인 이내의 위원으로 구성) |
| 행정안전부장관 | • 국가위임사무 등에 대한 평가 (합동평가)<br>• 책임운영기관, 지방공기업 | • 지방자치단체합동평가위원회 (민간위원 중에서 행정안전부 장관이 지명하는 위원장 1인을 포함하여 20인 이내이고, 2/3 이상은 민간위원)<br>• 지방공기업정책위원회<br>• 책임운영기관운영위원회 |
| 기획재정부장관 | • 공기업, 준정부기관 평가<br>• 보조사업 평가, 복권 평가 | • 공기업·준정부기관 경영평가단<br>• 보조사업 평가단<br>• 복권위원회 |
| 중앙행정기관 또는 지방자치단체 | • 자체평가<br>• 성과관리전략계획 (3년), 자체평가계획 (매년) 수립 | 자체평가위원회 (민간위원 중에서 중앙행정기관장이 지명하는 위원장 1인을 포함하여 10인 이상 30인 이내이고, 2/3 이상은 민간위원) |

생각 넓히기 _ 부동산 정책과 정책이론

부동산 정책을 정책학과 연결하여 분석할 수 있다.

신도시 건설공약은 배분정책의 성격을 지니며, 공공임대주택 공급확대는 재분배정책에 속한다. 분양가 상한제는 규제정책에 해당된다. 부동산 가격 상승을 억제하기 위한 대출규제나 특정지역의 거래를 제한하는 정책수단을 동원할 경우, 규제대상지역 밖에서는 오히려 가격이 상승하는 현상을 '파생적 외부효과'가 나타났다고 할 수 있다. 또한 임차인 보호를 강하게 하려는 정책의도를 가진 법률제정이 오히려 임차인들의 부담을 증가시키는 부작용이 발생했다면 이는 '규제의 역설'에 속한다.

다양한 정책수단과 많은 부동산 대책의 효과가 실제로 나타나지 않았는데, 효과가 있다고 결론짓는 경우라면 이것은 '제1종 오류'에 빠졌다고 할 수 있다. 그리고 부동산 관련 정책대안들의 문제가 아니라 부동산에 대한 근본적인 정책정의나 부동산 정책의제 구조화에 대한 오류가 있었다면 이것은 틀린 문제에 대한 해답을 찾고 있는 상황으로 '제3종 오류'에 해당된다. 한편 부동산을 통한 경기부양책을 주장하는 집단들과 이를 반대하는 세력들의 경쟁과정은 정책옹호연합모형으로 설명될 수 있다.

행정학의
마루로 통하는 길

# 행정학 절요

# PART

# 03

# 조직론

# 13 조직원리와 조직구조

## 제1절 조직설계의 원리

### ❶ 계층제의 원리

#### 1) 의 의

계층제의 원리는 조직 내의 권한과 책임 및 의무의 정도가 상하의 계층에 따라 달라지도록 조직을 설계하는 것이다. 계층제의 원리는 직무를 권한과 책임의 정도에 따라 등급화하고, 상하계층 간에 지휘와 명령복종관계를 확립하는 것이다. 조직의 수직적 분화가 많이 이루어졌을 때 고층구조라 하고, 수직적 분화가 적을 때 저층구조라 한다. 엄격한 명령계통에 따라 상명하복의 관계 유지를 위해서는 통솔 범위를 좁게 설정한다. 직무를 권한과 책임의 정도에 따라 등급화하고 상하계층 간에 지휘·명령복종관계를 확립하는 계층제는 필연적으로 통솔범위를 좁게 한다.

#### 2) 기 능

조직에서 지휘명령 등 의사소통, 특히 상의하달(上意下達)의 통로가 확보되는 순기능이 있다. 그러나 계층제의 원리는 구성원의 의사결정에의 참여를 저해하므로, 귀속감이나 참여감을 저하시켜 구성원의 소외(疏外)감을 야기한다.

### ❷ 통솔범위의 원리

통솔범위의 원리는 부하들을 효과적으로 통솔하기 위해 부하의 수가 한정되어야 한다는 것을 의미한다. 통솔범위란 한 사람의 상관 또는 감독자가 효과적으로 통솔할 수 있는 부하 또는 조직단위의 수를 말하며, 감독자의 능력, 업무의 난이도, 돌발 상황의 발생 가능성 등 다양한 요소를 고려하여 정해진다.

통솔범위와 계층의 수는 대체로 역(逆)의 관계에 있다. 계층의 수가 많아지면 통솔범위가 축소된다. 통솔범위를 좁게 잡으면 계층의 수가 늘어난다. 통솔범위가 넓은 조직은 일반적으로 저층구조를 갖는다.

### ❸ 명령통일의 원리

명령통일의 원리는 명령을 내리고 보고를 받는 사람이 한 사람이어야 한다는 것을 의미한다. 명령통일의 원리는 한 사람에게만 보고하고 지시를 받아야 한다는 원리를 말한다. 그러나 명령통일의 원리를 지나치게 강조할 경우 분권화와 권한위임을 저해할 우려가 있다.

## ❹ 전문화의 원리

### 1) 의 의

전문화란 직무의 분업정도를 말한다. 전문화의 원리 또는 분업의 원리란 전문화가 되면 될수록 행정능률은 올라간다는 것을 의미한다. 분업의 원리에 따라 조직 전체의 업무를 종류와 성질별로 나누어 조직구성원이 가급적 한 가지의 주된 업무만을 전담하게 하는 것이다.

계선과 참모를 구분하는 것은 분업의 한 형태로 볼 수 있다. 한편 업무량의 변동이 심하거나 원자재의 공급이 불안정한 경우에는 분업의 제약조건이 된다.

### 2) 전문화의 유형

전문화는 수평적 차원에서는 직무의 범위를 결정하고, 수직적 차원에서는 직무의 깊이를 결정한다.

수평적 전문화 수준이 높을수록 한 사람이 맡는 업무는 단순해진다. 수직적 전문화는 계층화 정도로, 수직적 전문화가 높아질수록 한 사람이 갖는 권한과 책임의 범위가 축소된다. 비숙련 단순직무일수록 수평적·수직적 전문화를 높이는 것이 효과적이다.

지나친 전문화의 문제점은 직무의 포괄성과 복합적 직무설계로 보완할 수 있다. 직무확장(job enlargement)은 수평적 전문화를 낮추는 것이다. 직무충실(job enrichment)은 수직적 전문화를 약화시키려는 것이다. 직무확장과 직무충실은 직무 재설계로 유기적 구조의 특성에 부합한다.

**✚ 표 3-1 전문화의 유형**

| | | 수평적 전문화 | |
|---|---|---|---|
| | | 높 음 | 낮 음 |
| 수직적 전문화 | 높 음 | 비숙련 단순 직무 | 일선관료 직무 |
| | 낮 음 | 전문가적 직무 | 고위관료 직무 |

### 3) 기 능

분업의 심화는 작업도구·기계와 그 사용방법을 개선하는 데 기여할 수 있고, 작업전환에 드는 시간(change-over time)을 단축할 수 있다.

그러나 부서 간 의사소통과 조정의 필요성이 생긴다. 전문화의 원리는 전문가적 편협성과 할거주의로 인하여 조직 내의 각 단위의 통합과 조정을 저해한다. 분업이 고도화되면 조직구성원의 비인간화나 심리적 소외감을 야기(惹起)시킬 수 있다.

## ❺ 부성화의 원리

### 1) 의 의

부성화(部省化)의 원리는 한 조직 내에서 유사한 업무를 묶어 여러 개의 하위기구를 만들 때 활용되는 것이다. 부서편성의 원리는 조직편성의 기준을 제시한다. 기능부서화, 사업부서화, 지역부서화, 혼합부서화 등의 방식이 있다.

## 2) 부처편성 기준

귤릭(Gulick)의 부처편성 기준은 목표·기능, 과정·절차, 봉사나 처리의 대상이 되는 고객·물건, 업무수행 장소의 네 가지이다.

## ❻ 조정의 원리

### 1) 의 의

조정의 원리는 공동목적을 달성하기 위하여 구성원의 행동 통일을 기하도록 집단적 노력을 질서 있게 배열하는 과정이다. 조정의 원리는 전문화에 의한 할거주의, 비협조 등을 해소하는 순기능을 가지고 있다. 조정의 원리는 수직적 연결과 수평적 연결로 나눌 수 있다.

### 2) 수직적 연결 조정기제

수직적 연결은 상위계층의 관리자가 하위계층의 관리자를 통제하고 하위계층 간 활동을 조정하는 것을 목적으로 한다. 계층제, 규칙과 계획, 계층직위의 추가, 수직 정보시스템 등은 수직적 연결을 위한 조정기제에 해당한다. Daft의 수직적 조정기제는 계층제, 규칙과 계획, 계층직위의 추가, 수직 정보시스템 순으로 강도가 점차로 커진다.

### 3) 수평적 연결 조정기제

수평적 연결은 동일한 계층의 부서 간 조정과 의사소통을 목적으로 한다. 수평적 연결방법으로는 임시적으로 조직 내의 인적·물적 자원을 결합하는 프로젝트 팀(project team)의 설치, 여러 부서에서 차출된 직원들로 구성되며 특정 과업이 해결된 후에는 해체되는 태스크포스(task force)의 설치, 위원회 조직, 조직 간 조정방법 중 하나로서 차관회의 등이 있다. Daft의 수평적 조정기제의 강도는 수평 정보시스템, 접촉, 임시작업단(task force), 사업관리자, 사업팀(project team)의 순으로 커진다.

**✚ 표 3-2 Daft의 수직적 및 수평적 조정기제의 강도**

| 수직적 조정기제 | 계층제 < 규칙과 계획 < 계층직위의 추가 < 수직 정보시스템 |
|---|---|
| 수평적 조정기제 | 수평 정보시스템 < 직접접촉 < task force < 사업관리자 < project team |

### 4) 연락 역할 담당자

연락 역할 담당자는 종적 경로를 거치지 않고 부서 간의 직접적인 의사전달을 하며, 공식적인 권한은 없으나 비공식적인 권한을 상당히 부여받아 업무를 수행한다.

### 5) 연결핀모형

연결핀모형에 의하면 조직은 일련의 중첩된 집단들로 구성되어 있으며, 수평적으로는 두 개의 다른 집단의 구성원이면서 수직적으로는 그들 자신의 상하 계층 간의 연결핀 역할을 한다는 것이다.

## 제2절 | 조직구조의 기본 변수

### ❶ 공식화

#### 1) 의 의

공식화 (formalization) 는 행동을 표준화하는 문서화·규정화의 정도이다. 공식화는 주로 각종 규정과 매뉴얼 등을 통하여 이루어진다. 구성원들의 업무와 행동을 미리 규칙이나 절차로 규정해 두는 정도로, 일반적으로 업무수행 방식에 대한 공식적 규정의 수준을 뜻한다.

공식화는 구성원들이 자기 업무를 어떻게 처리하는지를 통제하고 예측하기 위한 것이다. 공식화는 직무와 일의 흐름을 규정하는 표준화의 개념과 엄격한 규칙과 절차를 강조하는 관료제의 개념 모두를 포괄한다.

#### 2) 조직구조 변수와 공식화의 관계

공식화의 수준이 높을수록 업무는 표준화되므로, 개인의 재량이 감소한다. 공식화 정도가 높아지면 집권화가 촉진된다. 조직의 규모가 커짐에 따라 조직의 공식화 수준은 높아진다. 기술이 일상적이고 환경의 확실성이 높을수록 공식화가 촉진된다. 환경의 불확실성이 높아질수록 조직의 공식화 수준은 낮아진다.

일반적으로 단순하고 반복적 직무일수록, 조직의 규모가 클수록 그리고 안정적인 조직환경일수록 공식화가 높아진다. 그러나 공식화의 정도가 높아질수록 인간소외 현상이 심화될 수 있으며, 현장의 특수성을 반영하기 어려워 문제에 대한 탄력적 대응이 저해될 수 있다. 공식화의 정도가 높을수록 조직적응력은 떨어진다.

### ❷ 복잡성

#### 1) 의 의

조직구조의 복잡성 (complexity) 은 '조직의 분화의 정도 (degree of differentiation)'로, 수직적·수평적·지리적 분화의 정도를 의미한다. 수평적 분화는 단위 부서 간에 업무를 세분화하는 것을 의미한다. 수직적 분화는 상하계층 간의 업무를 분담하는 것이다. 공간적 혹은 장소적 분화는 조직의 시설과 구성원이 물리적으로 분리되어 있는 정도를 뜻한다.

첫째, 수평적 (horizontal) 분화는 직무의 분화 또는 분업 (division of labor) 과 사람의 전문화 (specialization) 및 분화된 여러 활동을 수평적으로 조정하여 집단화하는 부문화 (departmentation) 를 포괄한다. 전문화는 대표적인 수평적 분화의 양상을 보여준다. 계선과 참모를 구분하는 것은 분업의 한 형태로 볼 수 있다. 부문화는 기능별 부문화, 제품별 부문화, 지역별 부문화, 공정별 부문화, 고객별 부문화, 프로젝트별 부문화 등이 있다.

둘째, 수직적 (vertical) 분화는 최상층으로부터 최하층에까지 이르는 계층의 수를 뜻하며, 조직의 종적인 분화로서 책임과 권한의 계층적 분화를 의미한다. 통제의 폭 (span of control) 이란 한 사람의 관리자가 효과적으로 직접 관리할 수 있는 부하의 수를 의미하는데, 통제의 폭이 좁다는 것은 부하의 수가 적다는 것을 뜻한다. 통제의 폭이 좁을수록 고도의 수직적 분화가 일어나서 계층의 수가 많은 고층구조 (tall structure) 가 된다. 통제의 폭이 넓을수록 부하의 수가 많아지고 계층의 수가 적어지므로 평면구조 (flat structure) 가 된다. 평면구조를 가진 조직은 계층의 수가 적고 통제의 폭이 넓다.

셋째, 장소적 분화는 공간적으로 분리된 업무수행 장소의 수와 인원수 등으로 측정된다.

## 2) 조직구조 변수와 복잡성의 관계

조직의 규모가 클수록 수직적 또는 수평적 분화가 촉진되어, 복잡성은 높아진다. 조직의 규모가 클수록, 기술이 비일상적일수록, 환경이 불확실할수록 조직의 분화의 정도가 커지므로 조직의 복잡성이 커진다. 한편 일상적 기술일수록 분화의 필요성이 낮아져서 조직의 복잡성이 낮아질 것이다.

지나친 전문화는 조직구성원을 기계화하고 비인간화시키며, 조직구성원 간의 조정을 어렵게 하는 단점이 있다. 수평적 분화가 심할수록, 부서 간 의사전달이 제약되고 할거주의가 발생하므로 전문성을 가진 부서 간 커뮤니케이션과 업무협조가 어려워진다.

## ❸ 집권화

### 1) 의 의

집권화 (centralization) 는 조직 내 자원배분이나 직무수행에 관련된 의사결정의 집중도로, 의사결정의 권한이 조직의 고위층에 집중되어 있는 정도를 의미한다.

### 2) 집권화 형성요인

집권화의 형성요인으로는 조직의 규모가 작으면 최고관리자가 모든 문제를 소상히 알고 관리할 수 있기 때문에 집권화가 능률적이다. 하급자나 하급기관의 역량이 부족한 경우 집권화의 필요성이 높아지고, 결정사항의 중요도가 높거나 위기관리의 필요성 증가 및 교통·통신의 발달은 집권화를 촉진하는 요인이다.

하위조직단위 간 횡적조정이 어려워 이를 조정해야 하는 경우 집권화의 필요성이 커진다.

## ❹ 분권화

### 1) 의 의

분권화란 의사결정 권한의 분산 정도이다. 조직의 규모가 커질수록 조직의 문제의 복잡성이 증가하여 분권화의 필요성이 커진다. 다수의 유능한 관리자가 있는 경우 분권화의 필요성이 높아진다.

### 2) 분권화가 필요한 상황

지식공유가 원활하고 구성원의 전문성이 높은 경우 분권화가 필요하다. 환경의 불확실성이 높을수록 환경변화에 적응하기 위해 조직의 다양성과 권한위임이 필요하므로, 조직의 분권화가 높아지고 조직의 공식화가 낮아질 것이다. 조직환경이 불확실할수록 일선 또는 현장 관료들의 재량적 집행이 필요한 경우가 증가하므로, 분권화 정도는 높고 공식화 정도는 낮은 조직구조가 적합하다.

고객의 요구에 대응하여 신속하게 서비스를 제공하기 위해서는 현장적응적 집행이 요구되는데 이는 조직의 분권화를 촉진시킨다. 개인의 창의성 발휘가 요구될 때 분권화의 필요성이 높아진다.

## 제3절 조직의 상황과 조직구조

# ❶ Woodward의 기술유형과 조직구조

## 1) 의 의

Joan Woodward (1965)는 작업과정에 착안하여 기술체제를 분류했다. 우드워드 (Woodward)는 대량생산 기술에는 관료제와 같은 기계적 구조가 효과적이고, 단일소량생산기술과 유동절차생산기술은 유기적 구조가 적합하다고 주장하였다.

## 2) 기술의 유형

제조업체의 생산기술에 따라 조직이 사용하는 기술의 유형을 단일소량생산기술, 대량생산기술, 연속적 또는 유동절차 생산기술로 구분한다.

첫째, 단일소량생산기술 (unit and small batch production technology)은 개별적인 주문자의 요구에 따라 한 개 또는 소수의 생산품을 만드는 작업과정이다.

둘째, 대량생산기술 (large batch and mass production technology)은 대량으로 생산하는 작업과정이다.

셋째, 연속적 또는 유동절차생산기술 (long-run process production or continuous technology)은 화학제품이나 원유생산과정처럼 생산품이 연속적으로 처리 및 산출되는 작업과정이다.

# ❷ Thompson의 기술유형과 조직구조

## 1) 의 의

James D. Thompson (1967)은 기술적 합리성을 평가하는 기준에는 수단적 기준과 경제적 기준이 있다고 보면서, 수단적 기준을 강조했다. 경제적 기준은 기대하는 결과를 최소 자원소모로 달성할 수 있느냐의 문제이고, 수단적 기준은 기대하는 결과를 실제로 가져오느냐의 기준이다.

## 2) 기술의 유형

톰슨 (Thompson)은 업무처리과정에서 일어나는 과업의 상호의존도 (task interdependence)를 기준으로 기술을 집약적 기술, 길게 연결된 기술, 중개적 기술로 분류하였다.

첫째, 길게 연계된 기술 (long-linked technology)은 여러 가지 행동이 순차적으로 의존관계를 이루는 연속적 상호의존성 (sequential interdependence)이 있을 때 쓰이는 기술이다. 길게 연계된 기술의 대표적 예로는 대량생산체제의 조립라인 (assembly line)이다.

둘째, 중개기술 (mediating technology)은 서로 의존하기를 원하는 고객들을 연결하는 활동에 쓰이는 기술이다. 단위부서들 사이의 상호의존성이 가장 낮은 상태인 집합적 상호의존성 (pooled interdependence)의 특징을 지니며, 관리자들은 각 단위부서 간의 업무표준화를 통해 상호 간의 조정을 위한 활동이 최소화된다. 중개적 기술은 은행이나 중개업에 적합하다고 본다.

셋째, 집약적 기술(intensive technology)은 상호의존성이 가장 높은 교호적 상호의존성(reciprocal interdependence)을 필요로 하는 경우이다. 고객에게 맞는 제품과 서비스를 제공하기 위해 모든 업무담당자가 협력하여 동시에 제공하는 형태인데, 다양한 기술의 복합체로 '맞춤 기술(custom technology)'이라고도 한다. 종합병원처럼 집약기술이 필요한 조직은 수평적 조정이 중요하다.

## ❸ Perrow의 기술유형과 조직구조

### 1) 의 의

Charles Perrow(1970)는 원자재(raw material)를 처리하는 과정에서 발생하는 예외적인 사례의 수(number of exceptions)와 원자재의 처리에서 채택하는 탐색과정(search procedures)에 따라 기술을 분류했다.

일상적 또는 정형화된(routine) 기술을 사용하는 조직은 기계적 구조가 적합하며, 비일상적 또는 비정형화된(non-routine) 기술을 사용하는 조직은 유기적 구조가 적합하다. 공학기술은 대체적으로 기계적인 구조가, 장인적 기술은 대체적으로 유기적 구조가 적합하다.

조직이 일상적인 기술을 사용할수록, 높은 공식화와 높은 집권화를 특징으로 한다. 비일상적 기술일수록 공식화는 낮아지고, 분권화는 높아진다. 비일상적인 기술을 사용하는 조직일수록 복잡성은 높은 반면 공식화의 정도는 낮아지고, 집권성은 낮아진다.

### 2) 기술의 유형

예외적인 사례의 수(number of exceptions)인 과제의 다양성과 업무 처리가 표준화된 절차에 의해 수행되는 정도인 문제의 분석가능성을 기준으로 조직의 기술을 일상적 기술, 공학적 기술, 장인기술, 비일상적 기술로 구분하였다.

첫째, 일상적 또는 정형화된(routine) 기술은 과제다양성이 낮고 분석가능성이 높아 표준화 가능성이 크다. 공식성 및 집권성이 높은 조직구조와 부합한다.

둘째, 공학적(engineering) 기술은 과제다양성이 높지만 분석가능성도 높아 일반적 탐색과정에 의하여 문제가 해결될 수 있다. 공학적 기술은 분석 가능한 탐색과 다수의 예외가 결합된 기술이다.

셋째, 장인적 또는 기예적(craft) 기술은 과업수행 시의 정보 모호성으로 인해 문제에 대해 깊은 이해를 가져다 줄 수 있는 풍성한 정보를 필요로 한다. 장인기술은 발생하는 문제가 일상적이지 않아 분권화된 의사결정구조가 필요하다.

넷째, 비일상적 또는 비정형화된(non-routine) 기술은 분석 불가능한 탐색과 다수의 예외가 결합된 기술이다. 과업의 다양성이 높고 성공적인 방법을 발견하는 탐색절차가 복잡하여 통제·규격화된 기계적 조직구조가 아니라 유기적 조직구조가 필요하다. 부하들에 대한 상사의 통솔범위를 넓히는 통제의 리더십이 아니라 상황적응적 문제해결을 위해 부하들에게 재량권을 넓게 인정하는 조직문화나 조직구조가 필요하다.

**✚ 표 3-3 Perrow의 기술유형과 조직구조**

| | | 과제의 다양성 (예외적인 사례의 수) | |
|---|---|---|---|
| | | 낮 음 | 높 음 |
| 문제의 분석가능성 (표준화된 절차에 의한 업무처리 수행 정도) | 높 음 | • 일상적, 정형화된 기술 (routine technology)<br>• 기계적 구조 / 제조업무 | • 공학적 기술 (engineering technology)<br>• 대체로 기계적 구조 / 회계업무 |
| | 낮 음 | • 장인적, 기예적 기술 (craft technology)<br>• 대체로 유기적 구조 / 예술 | • 비일상적, 비정형화된 기술 (non-routine technology)<br>• 유기적 구조 / 연구 |

출처: Perrow (1970: 78), 이창원 외 (2014: 456) 재인용 후 재구성.

### ❹ 조직의 규모

조직 규모가 커짐에 따라 공식화 또는 표준화가 높아질 것이며, 표준화와 공식화에 의한 조정통제가 이루어진다. 반면에 조직규모가 감소하면 공식화와 분권화가 모두 낮아진다. 조직의 규모가 작으면 최고관리자가 모든 문제를 소상히 알고 관리할 수 있기 때문에 집권화가 능률적이다.

조직의 규모가 클수록 수직적·계층적 분화 및 수평적 분화가 촉진되어 복잡성은 높아진다. 조직의 규모가 커지면서 복잡성이 높아지고, 분권화 경향이 클수록 구성원들 상호 간의 파악이 어려워지므로 조직 내 구성원의 응집력은 약해진다. 규모가 클수록 관료제화가 촉진되고 비정의성 (impersonality)이 높아지고 집단의 응집성은 약해진다.

### ❺ 집단의 특성과 과업과의 관계

동질적 집단일수록 과업의 신속한 해결가능성은 높아지지만, 과업의 창조성은 낮아질 확률이 높다. 반면에 이질적 집단일수록 과업의 신속한 해결가능성은 낮아지지만, 과업의 창조성은 높아질 확률이 높다.

### ❻ 환경과 조직

#### 1) 의 의

조직환경이란 조직 밖에 놓여 있으면서 조직목표달성에 영향을 미치는 모든 것을 뜻한다. 조직을 개방체제로 보기 시작하면서 조직환경의 중요성이 부각되고 있으며, 환경이 불확실하고 복잡성이 높을수록 사업의 변동률이 높아진다. 상황론적 조직이론 (contingent theory)에서는 환경을 조직구조에 영향을 미치는 독립변수로 인식한다.

#### 2) Daft의 조직환경과 조직구조

환경의 불확실성이란 환경에 대한 정보의 불충분성으로 인해 정책결정자가 외부의 변화를 예측하기 어려운 상황을 의미한다. 환경의 불확실성은 환경의 단순성과 복잡성 여부에 의해 영향을 받는다.

환경의 불확실성이 낮을수록 공식화가 용이하고 집권화 수준이 높고 기계적 구조가 적합하다. 반면에 환경의 불확실성
이 높을수록 공식화가 곤란하고 집권화 수준이 낮고 참여적·분권적인 유기적 구조가 적합하다.

**✚ 표 3-4 환경의 불확실성과 조직구조**

| | | 환경의 복잡성 | |
|---|---|---|---|
| | | 단 순 | 복 잡 |
| 환경의<br>변화 | 안 정 | • 낮은 불확실<br>• 기계적 구조<br>• 높은 공식화, 높은 집권화 | • 다소 낮은 불확실성<br>• 기계적 구조<br>• 다소 높은 공식화, 다소 높은 집권화 |
| | 불안정 | • 다소 높은 불확실성<br>• 유기적 구조<br>• 다소 낮은 공식화, 다소 높은 분권화 | • 높은 불확실성<br>• 유기적 구조<br>• 낮은 공식화, 높은 분권화 |

출처: Daft (2007), 이종수 외 (2016:168) 재인용 후 재구성.

### 3) Emery & Trist의 환경과 조직

Emery와 Trist는 복잡성과 불확실성을 기준으로 평온 무작위적 환경 (placid, randomized environment), 평온 집약적 환경,
교란 반응작용적 환경, 격동의 장 (turbulent field) 에 이르기까지 네 가지 환경유형론을 제시하였다. 평온 무작위 환경에
는 기계적 구조가, 평온 집합적 환경에는 집권화된 구조가, 교란 반응적 환경에는 분권화된 구조가, 격변적 환경에는 유
기적 구조가 적합하다고 본다.

### 4) Burns & Stalker의 환경과 조직

Burns와 Stalker는 환경을 정적 환경, 동적 환경, 혁신적 환경으로 구분하고 정적 환경에서는 기계적 구조가 적합하고,
동적 및 혁신적 환경에서는 유기적 구조가 바람직하다고 주장한다.

### 5) Selznik의 대응전략

적응적 흡수 (co-optation) 는 외부에서 중요한 조직이나 사람들을 수용하여 조직을 확장하는 것을 의미한다. 조직이 안
정과 존속을 유지하고, 안정과 존속에 대한 위협을 회피하고, 조직의 발전을 도모하기 위하여 조직의 정책이나 리더십
및 의사결정기구에 환경의 새로운 요소를 흡수하여 적용하는 과정이다.
적응적 변화는 변화하는 환경에 적응하여 조직의 구조나 기술을 변화시키는 것이다.

### 6) Thompson & McEwen의 대응전략

경쟁 (competition), 협상 (bargaining), Selznik의 적응적 흡수와 유사한 흡수 (co-optation), 정당 간의 연합으로 연립내각
을 구성하는 연합 (coalition) 의 방식이 있다.

### 7) W. Scott의 대응전략

완충전략 (소극적, 대내적 전략) 은 처리할 부서를 결정하고 신설하는 분류 (coding), 필요한 자원을 비축 (stock-filing), 투입
이나 산출요인의 변이성을 줄이려는 형평화 (leveling), 수요와 공급의 변화를 사전에 예견하여 대비하는 예측 (forecasting),

조직의 기술적 핵심을 확장시키는 전략인 성장(growth) 등이 있다.

연결전략(적극적, 대외적 전략)은 공기업의 민영화처럼 타 조직과의 경쟁을 통하여 능력의 향상·서비스의 질을 향상시키는 경쟁(competing), 중심조직이 외부조직의 자원이나 정보를 통제하는 권위주의, 두 조직 간에 자원교환을 합의하는 계약, 조직이 필요로 하는 자원이 외부에 집중되어 있거나 조직의 자원만으로는 외부의 위협을 해소할 수 없는 경우에 여러 조직이 연합하는 합병(coalition) 등이 있다.

**➕ 표 3-5 조직구조의 상황변수와 기본변수의 관계**

| | 공식화 | 복잡성 | 집권화 |
|---|---|---|---|
| 규모가 큰 경우 | 공식화 커짐 | 복잡성 커짐 | 집권화 작아짐 |
| 기술이 일상적인 경우 | 공식화 커짐 | 복잡성 작아짐 | 집권화 커짐 |
| 환경이 불확실한 경우 | 공식화 작아짐 | 복잡성 커짐 | 집권화 작아짐 |

## ❼ 환경과 SWOT분석

### 1) 의 의

조직 내적 특성과 외부 환경의 조합에 따른 맞춤형 대응전략 수립에 도움이 된다. 조직 외부 환경은 기회와 위협으로, 조직 내부 자원·역량은 강점과 약점으로 구분한다.

### 2) 전략의 유형

첫째, 공격형 전략은 유기적 구조에서 사용하는 개방적, 적극적 대응 전략이다. 공격형 전략에서는 낮은 공식화와 높은 분권화가 특징이다.

둘째, 조직이 방어적 전략을 추구할수록, 공식화와 집권화 정도가 모두 높은 조직구조가 적합하다. 방어적 전략이란 저비용 전략이라고 하며 업무수행을 공식화·표준화에 의존하는 기계적 구조에서 사용하는 소극적인 폐쇄형 전략으로 공식화의 정도는 높아지고, 분권화의 정도는 낮아진다.

셋째, 다양화 전략은 조직의 강점을 활용하여 위협을 회피하거나 최소화하는 전략이라고 볼 수 있다.

넷째, 기존 프로그램의 축소 또는 폐지는 약점-기회를 고려한 방향전환 전략이라고 볼 수 있다.

**➕ 표 3-6 조직과 SWOT분석**

| | | 조직 내부의 자원과 역량 | |
|---|---|---|---|
| | | 강점 (strength) | 약점 (weakness) |
| 외부환경 | 기회 (opportunity) | • SO (공격적 전략)<br>• 조직의 강점을 기반으로 기회를 활용하는 전략 | • WO (방향전환전략)<br>• 조직의 약점을 보완해 기회를 활용하는 전략 |
| | 위협 (threat) | • ST (다양화전략)<br>• 조직의 강점을 기반으로 위협을 극복하는 전략 | • WT (방어적 전략)<br>• 조직의 약점을 보완해 위협을 극복하는 전략 |

# 14 조직의 유형

## 제1절   학자별 조직의 유형 구분

### ❶ Burns & Stalker의 조직유형

### 1) 의 의

Tom Burns & G. M. Stalker (1961)는 조직구조의 기본 변수인 공식화, 복잡성, 집권화 등을 통합하여 조직구조를 기계적 구조 (mechanistic structure)와 유기적 구조 (organic structure)로 구분했다. 조직을 둘러싼 환경의 성격 및 특성이 조직구조와 어떻게 관련되는지를 설명한다.

### 2) 기계적 구조

기계적 구조 (mechanistic structure)는 높은 공식화, 높은 복잡성, 높은 전문화, 제한적 및 주로 하향적 의사전달 등을 특징으로 한다. 기계적 조직구조의 특징은 일반적으로 관료제적, 수직적, 집권적 조직에서 나타난다.

일상적 업무 수행의 내부 효율성을 제고한다. 기계적 조직에서는 효율적인 조직 운영을 위해 권한과 책임이 집중되어 있다.

### 3) 유기적 구조

유기적 구조 (organic structure)는 낮은 공식화, 낮은 복잡성, 낮은 전문화, 개방적 및 비교적 자유로운 의사전달 등을 특징으로 한다. 유기적 조직구조의 특징은 일반적으로 수평적, 분권적 조직에서 나타난다.

유기적인 조직일수록 책임관계가 모호할 가능성이 크다. 모호한 조직목표와 과제를 지니므로, 성과 측정이 어렵다. 복합적 과제에 따라 복합적 동기 부여 요인이 존재한다.

> **■ TIP** 기계적 구조와 유기적 구조의 구별
> 기계적 구조와 유기적 구조는 환경의 확실성 여부와 기술의 일상성 정도에 의해 구별할 수 있다.
> 환경의 불확실성 정도가 높을수록, 비일상적 기술일수록 유기적 구조가 적합하다.

| | 기계적 구조 | 유기적 구조 |
|---|---|---|
| 집권화 (권위구조) | 집권적, 수직적 계층구조 | 분권적, 수평적, 다원적 구조 |
| 공식화 (규칙, 문서) | 높음, 표준운영절차 확립 가능 | 낮음 |
| 복잡성 (분업, 전문화) | 부서 간 구분이 뚜렷함, 배타적 | 부서 간 구분이 모호함, 업무중복 |
| 과업과 역할 및 책임 | 분명하고 구체적 | 불분명하고 모호함, 유동적 |
| 직무의 폭 | 좁은 직무 범위 | 넓은 직무 범위 |
| 조직 밖 환경과의 관계 | 폐쇄성 | 개방성 |
| 구조의 영속성 | 고정 | 상황에 따른 적응적 변화 |
| 유용성 | 예측가능성 | 적응성 |
| 성과 측정 | 성과측정이 용이 | 성과측정이 어려움 |
| 권위 | 직위에 의해 권위의 정당성 확보 | 전문성을 강조하나 도전받는 권위 |
| 동기부여와 보상 | 금전적 요인, 계급 간 차이가 큼 | 복합적 요인, 계급 간 작은 차이 |
| 의사소통 채널 | 계층제적 질서, 하향적, 수직적 | 다원화된 채널, 상향적, 수평적 |
| 인간 관계 | 공식적 관계, 비정의성 (非情誼性) | 비공식적, 대면적 관계 |

출처: 유민봉(2016: 393), 이종수 외(2016: 172) 토대로 재구성.

## ❷ Blau와 Scott의 조직유형

### 1) 의의

Peter M. Blau & W. Richard Scott (1962)은 조직 활동의 주된 수혜자가 누구인가를 기준으로 조직의 유형을 분류하였다. 수혜자에 따른 네 가지 조직유형은 정당과 노조 등의 호혜적 단체 (mutual benefit associations), 병원과 학교 등의 봉사조직 (service organizations), 기업체와 은행 등의 기업조직 (business concerns), 행정기관과 군대 및 경찰 등의 공익조직 (commonwealth organizations) 등이다.

### 2) 조직의 유형

수혜자 집단의 범주는 조직의 구성원, 국민 일반, 고객집단, 조직의 소유자로 나눌 수 있다.

첫째, 정당과 노동조합 등의 호혜적 단체 (mutual benefit association)의 주된 수혜자는 조직의 구성원들이다. 집권화 유인이 많기 때문에 구성원의 참여에 의한 내재적 통제가 가능하도록 민주적 장치를 발전시키는 것이 중요하다.

둘째, 행정기관, 군대, 경찰 등의 공익조직 (commonwealth organization)은 국민 일반을 수혜자로 하는 조직이다. 국민에 의한 외재적 통제가 가능하도록 민주적 장치를 발전시키는 것이 가장 중요한 문제이다.

셋째, 병원과 학교 등의 봉사조직 (service organizations)의 주된 수혜자는 고객집단이다. 고객에 대한 전문적 봉사와 행정적 절차 사이에서 생기는 갈등 해결이 중요하다.

넷째, 기업체와 은행 등의 기업조직 (business concerns) 의 주된 수혜자는 소유주이다. 운영의 능률을 극대화하여 이익을 창출하는 것이 중요하다.

**✦ 표 3-8 Blau와 Scott의 조직유형**

|  | 주된 수혜자 | 대표적 조직 사례 |
|---|---|---|
| 호혜적 단체 | 조직의 구성원 | 정당, 노동조합 |
| 공익조직 | 국민 일반 | 행정기관, 군대, 경찰 |
| 봉사조직 | 고객집단 | 병원, 학교 |
| 기업조직 | 소유주 | 기업체, 은행 |

## ❸ Etzioni의 조직유형

### 1) 의 의

Amitai Etzioni (1961) 는 상급자가 조직을 통제하는 권한과 부하의 복종 구조 (compliance structure) 혹은 복종양태를 중심으로 조직을 구분하였다.

에치오니 (Etzioni) 는 상급자가 조직을 통제하는 권한을 강압적 권한 (coercive authority), 공리적 권한 (utilitarian authority), 규범적 권한 (normative authority) 으로 나눈다. 부하의 복종양태에 따라 굴종적·소외적 복종, 타산적 복종, 도덕적 복종으로 구별했다.

### 2) 조직의 유형

조직유형은 조직을 통제하는 수단 또는 권한과 부하의 반응 혹은 복종의 양태에 따라 강압적 조직, 공리적 조직, 규범적 조직의 유형으로 분류한다.

첫째, 강압적·강제적 조직 (coercive organization) 은 강압적 권한의 사용과 굴종적인 복종이 부합된 조직이다. 강제적 수단은 상급자가 신체적 위협이나 위해를 동원하는 것으로, 부하의 굴종이란 조직으로부터 이탈하고 싶지만 선택의 여지가 없어서 조직에 남아있을 수밖에 없는 경우이다. 강제적 조직의 예로는 교도소나 수용소 등이다.

둘째, 공리적 조직 (utilitarian organization) 은 상사의 공리적 권한과 부하의 타산적 복종이 결합된 형태이다. 공리적·경제적 수단은 상사가 돈이나 기타 물질적 보상을 바탕으로 권한을 행사하는 경우로, 이 경우 부하의 타산적 복종이란 상사가 제시한 경제적 보상이 수용할만하다고 인식되면 복종하는 경우이다. 공리적·경제적 조직의 예로는 기업체이다.

셋째, 규범적 조직 (normative organization) 은 규범적 권한과 도덕적 복종이 결합된 조직이다. 규범적 수단이란 상사가 신뢰나 인격존중 등의 가치를 바탕으로 권한을 행사하는 것으로, 이 경우 부하의 복종은 도덕적 복종으로 나타난다. 규범적 조직의 예로는 학교나 종교 및 정당이나 자발적 사회단체 등이다.

### 3) Etzioni의 조직목표

Amitai Etzioni는 조직목표를 기능별로 분류하여 질서목표, 경제적 목표, 문화적 목표로 구분했다. 첫째, 질서목표는 조직으로부터 일탈행위를 방지하고 통제하려는 목표로서, 교도소와 경찰서와 같은 강제적 조직에서의 목표이다. 둘째, 경제적 목표는 재화와 서비스 생산과 관련된 목표로서, 기업과 같은 공리적 조직에서의 목표이다. 셋째, 문화적 목표는 상징정책·사회가치 창조 및 강화와 관련된 것으로, 학교나 종교단체와 같은 규범적 조직에서의 목표이다.

✚ 표 3−9 Etzioni의 조직유형

| | 통제권한과 복종양태 | 조직의 목표 유형 | 사 례 |
|---|---|---|---|
| 강압·강제적 (coercive) 조직 | • 상사의 강요적 권한<br>• 부하의 굴종·소외적 복종 | 질서목표 | 교도소, 경찰서 |
| 공리적 (utilitarian) 조직 | • 상사의 공리적 권한<br>• 부하의 타산적 복종 | 경제적 목표 | 사기업, 이익단체 |
| 규범적 (normative) 조직 | • 상사의 규범적 권한<br>• 부하의 도덕적 복종 | 문화적 목표 | 학교, 종교단체 |

## ❹ Parsons의 기능과 조직유형

### 1) 의 의

Talcott Parsons (1960)는 사회체제가 생존하기 위한 필수적인 4가지 기능을 중심으로 조직의 유형을 분류하였다. 적응 (adaptation) 기능은 자원 및 정보 등을 수집하여 환경의 변동에 적응하는 것이고, 목표달성 (goal attainment) 기능은 목표를 구체화하고 갈등을 조정하는 것이다. 통합 (integration) 기능은 일탈행동을 통제하고 체제의 각 구성요소의 활동을 상호조정한다. 잠재적 형상유지 (latent pattern maintenance) 기능은 체제의 형상을 유지해 나가는 것을 뜻한다.

### 2) 조직의 유형

민간 기업과 같은 경제적 조직은 적응 (adaptation) 기능을, 정당이나 행정기관 등의 정치조직은 목표달성 (goal attainment) 기능을 수행한다.
경찰이나 사법기관처럼 통제·조정하는 통합조직은 통합 (integration) 기능을, 학교나 종교 및 문화단체 등은 한 사회의 모습을 유지하는 잠재적 형상유지 (latent pattern maintenance) 기능을 수행한다.

### 3) Katz & Kahn의 조직유형

Daniel Katz & Robert L. Kahn (1966)도 기능을 중심으로 적응기능, 목표달성기능, 통합기능, 형상유지기능으로 구분했다. 적응기능은 연구소와 같은 적응조직이 담당하고, 목표달성기능은 산업조직과 같은 경제적·생산적 조직이 역할을 수행한다. 통합기능은 정당과 같은 정치적·관리적 조직이 담당하고, 형상유지기능은 형상유지조직이 담당한다고 본다.

**+ 표 3-10 Parsons와 Katz & Kahn의 조직유형**

| | Parsons의 조직유형 | Katz & Kahn의 조직유형 |
|---|---|---|
| 적응기능 | 기업체와 같은 경제적 조직 | 연구소 |
| 목표달성기능 | 정당이나 행정기관 등의 정치조직 | 산업조직, 생산적 조직 |
| 통합기능 | 경찰이나 사법기관 | 정당과 같은 정치적·관리적 조직 |
| 형상유지기능 | 학교나 문화단체 및 종교기관 | 형상유지조직 |

## ❺ Cox의 조직유형

### 1) 의 의

Taylor Cox, Jr. (2011)는 문화론적 시각에서 조직 유형을 획일적 조직 (monolithic organization), 다원적 조직 (plural organization), 다문화적 조직 (multicultural organization) 등으로 구분했다.

### 2) 조직의 유형

첫째, 획일적 조직 (monolithic organization)은 단일의 문화가 강하게 작용되므로 한 사회 내의 집단 간의 갈등은 최소화되지만, 타 문화에 대해 매우 배제적·폐쇄적이다.

둘째, 다원적 조직 (plural organization)은 타 문화를 일단 인정하지만, 소수문화나 집단의 지위는 약하고 집단 간의 갈등이 매우 크게 상존한다.

셋째, 다문화적 조직 (multicultural organization)은 문화적 다양성의 가치를 인정하며, 타 문화를 존중하므로 집단 간의 갈등이 최소화된다.

## ❻ Keidel의 유형

### 1) 의 의

Robert W. Keidel (1995)은 조직설계의 기준은 전략, 구조, 체제의 3가지 측면이 있다고 한다. 전략 (strategy)의 기준은 주된 수혜자, 성향, 능력이 요소이다. 구조 (structure)의 기준은 조직도, 물적 시설의 배치, 상호의존성이다. 체제 (systems)의 기준은 보상체제, 회의체제, 의사결정체제이다.

### 2) 조직의 유형

조직설계의 기준인 전략, 구조, 체제의 3가지 측면에 의거해서 분류한 조직의 기본적 양태는 자율적 조직, 통제적 조직, 협동적 조직이다. Keidel의 바람직한 미래의 조직유형은 자율적 조직과 협동적 조직이 혼합된 모습이다.

첫째, 통제 (control)적 조직은 의사결정체제가 집권적이며 계서제적 구조를 특징으로 하는 집권화된 고전적 조직유형의 특성을 지닌다.

둘째, 자율(autonomy)적 조직은 의사결정체제는 분권적이며, 개인별 보상체계를 특징으로 하는 분권화된 민주적 조직유형이다.

셋째, 협동(cooperation)적 조직은 자발적인 교호작용을 지지하며 조직의 적응성과 융통성을 강조하고, 업무관계가 상호적이며 팀 중심의 운영을 하는 유기적 현대조직의 특성을 지닌다.

## 제2절 ｜ Daft의 조직유형

### ❶ 기능 구조

기능 구조(functional structure)는 시설과 자원 등의 중복과 낭비를 예방하고, 기능적 통합을 통하여 기능 내에서 규모의 경제를 구현할 수 있다. 유사한 기능을 수행하는 구성원들의 분업을 통해 지식과 기술을 통합적으로 활용하므로 부서와 구성원들의 전문성을 제고할 수 있다.

그러나 기능 구조는 각 기능부서들 간의 조정과 협력이 요구되는 환경에 적응하기 곤란할 수 있으며 의사결정의 상위 집중화로 최고 관리층의 업무 부담이 증가될 수 있다.

＋ 그림 3-1 Daft의 기능별 구조 예시

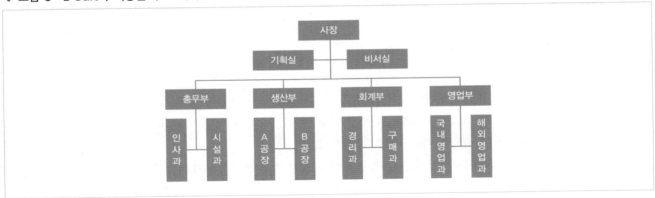

### ❷ 사업부 구조

사업부 구조 또는 부문별·분할 구조(divisional structure)는 성과책임의 소재가 분명해 성과관리 체제에 유리하다. 산출물에 기초한 사업부서화 방식의 조직구조이다. 사업부 구조의 한 부서는 특정 고객집단에 봉사할 때 필요한 모든 기능적 직위가 부서 내로 배치된 자기 완결적 단위이다.

✚ 그림 3-2 Daft의 사업부 구조 예시

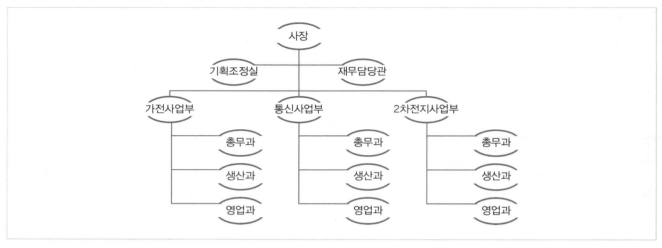

특정 산출물별로 운영되므로 고객만족도를 제고하고 성과에 대한 책임소재를 분명하게 하여 성과관리에 유리하다. 사업부서 내의 기능 간 조정이 용이하고, 변화하는 환경에 신속하게 대응할 수 있다. 각 부서들은 자치권을 가지고 있기 때문에 전체 조직에 끼치는 영향은 미약하여, 한 부서의 비효과적인 업적이 다른 부서에 주는 영향이 적다.

사업구조는 사업부서 내 조정은 용이하지만 자율적으로 운영되는 사업부서 간 조정이 곤란할 수 있다. 또한 사업부별로 기능부서들이 존재하여 기능부서 간 중복으로 자원낭비가 발생할 수 있다.

## ❸ 매트릭스 조직

### 1) 의 의

매트릭스 조직 (matrix organization)은 기술적 전문성이 있는 기능 중심의 수직조직과 신속한 대응성이 있는 사업부 중심의 수평조직을 화학적으로 결합한 이중구조적 조직이다.

기능별·목적별 집단과 프로젝트 팀이 공존한다. 기존의 기능부서 조직에 프로젝트 팀의 장점인 유연성·자율성·전문성·혁신성을 배합하고, 기능별로 분화된 수직적 지시·감독 체계에 수평적 지시·감독 체계가 작동하도록 설계한 조직유형이다.

매트릭스 조직은 일상적인 업무보다는 특수과제 혹은 프로젝트나 사업 추진에 적합한 조직이다. 특수대학원, 재외국민보호를 담당하는 경찰주재관이 파견되어 있는 재외공관이 이러한 조직에 해당한다고 할 수 있다.

▪ **TIP** 매트릭스 조직의 이론적 위치

매트릭스 조직은 수직적 기능구조와 수평적 사업부 구조의 결합으로, 환경변화에 대응하기 위한 유기적 구조에 해당한다. 이중적 구조이므로 명령통일의 원리에는 부합하지 않는다.

**+ 그림 3-3 Daft의 매트릭스 구조 예시**

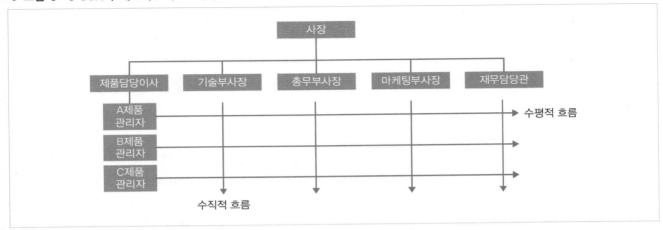

## 2) 매트릭스 조직의 성공조건

매트릭스 조직이 성공적으로 운영되기 위해서는 명령통일의 원리가 배제되고 이중의 명령 및 보고체계가 허용되어야 한다. 매트릭스 조직은 명령 및 보고체계가 다원화되어 있다.

부서장들 간의 갈등해소를 위해 공개적이고 빈번한 대면기회가 필요하고, 기능부서의 장들과 사업부서의 장들이 자원배분에 관한 권력을 공유할 수 있어야 한다. 기능부서장과 사업부서장이 자원배분권을 공유한다.

매트릭스 조직이 유용한 상황적 조건은 조직의 규모가 너무 크거나 작지 않은 중간 정도의 크기일 것, 환경적 변화가 심하고 불확실성이 높을 것, 조직이 사용하는 기술이 비일상적일 것, 기술적 전문성도 높고 산출의 변동도 빈번해야 한다는 이원적 요구가 강력할 것, 사업부서들이 사람과 장비 등을 함께 사용해야 할 필요가 클 것 등이다.

## 3) 매트릭스 조직의 장점

급변하는 환경변화에 탄력적으로 대응할 수 있다. 경직화되어 가는 대규모 관료제 조직에 융통성을 부여해줄 수 있다. 조직의 신축성 확보를 위해 대규모 기업에서 많이 채택한다.

매트릭스 구조에서는 조직구성원들을 부서 간에 공유함으로써 자원 활용의 효율성을 제고할 수 있다. 이중구조를 통한 인적 자원의 경제적 활용을 도모한다. 매트릭스 구조는 인력활용 측면에서 비용부담이 적고, 조직구성원들은 다양한 경험을 통해 넓은 안목과 시야의 습득이 가능하다.

매트릭스 구조는 조직의 규모가 너무 크거나 너무 작지 않은 중간 정도의 크기이고, 조직이 사용하는 기술은 비일상적일 경우에 유용하다.

## 4) 매트릭스 조직의 단점

매트릭스 조직은 책임과 권한의 한계가 명확해야 한다는 명령통일의 원리에 부합하지 않는다. 구성원 간의 역할갈등, 역할모호성, 과업조정의 어려움 등이 발생할 우려가 있다. 또한 조직의 성과를 저해하는 권력투쟁을 유발하기 쉽다. 결과적으로 조직 구성원 간의 원만한 인간관계 형성이 곤란하다.

잦은 대면과 회의를 통해 과업조정이 이루어지기 때문에 시간과 노력이 많이 들고 신속한 결정이 어려울 수 있다. 매트릭스 조직은 사업구조와 기능구조를 결합한 이중적 조직으로 상황적응적이어서 공식화나 표준화에 의존하지 않으므로, 조직관리의 객관성과 예측가능성을 확보할 수 없다는 단점이 있다.

## ❹ 수평·프로세스 조직

### 1) 의 의

프로세스 조직 (process organization) 또는 수평조직은 수직적 계층과 부서 간 경계를 제거하여 의사소통을 원활하게 만든 구조다. 과업이나 기능을 통합하여 핵심업무과정을 중심으로 프로세스화한 조직이다.

팀제 도입의 특징으로 결재단계의 축소를 들 수 있고, 팀조직은 의사결정단계의 축소로 신속한 의사결정을 가능하게 한다. 인력의 신축적·탄력적 운용이 가능하고 업무 중심의 편제를 지향한다. 조직문화 측면에서 관리보다는 협업이 강한 조직에 적합하다. 업무성취에 대한 개인적 책임과 성과 중심의 팀별 보상을 강조한다.

태스크 포스 (task force), 프로젝트 팀 (project team) 등은 수평구조의 특징을 지닌다. 태스크 포스 (task force) 는 특수한 과업 완수를 목표로 기존의 서로 다른 부서에서 사람들을 선발하여 구성한 팀으로서, 본래 목적을 달성하면 해체되는 임시조직이다. 프로젝트 팀 (project team) 은 전략적으로 중요하거나 창의성이 요구되는 프로젝트를 진행하기 위하여 여러 부서에서 적합한 사람들을 선발하여 구성한 조직이다.

✚ 그림 3-4 Daft의 프로세스 조직의 예시

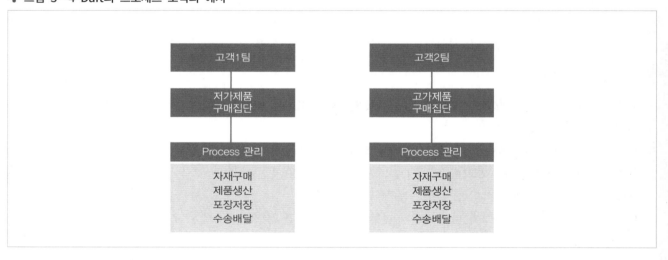

### 2) 프로세스 조직의 장점

프로세스 또는 수평 구조는 고위관료들의 권한을 축소하고 팀장 또는 팀원에게 권한을 대폭 위임하므로, 의사결정단계를 축소하여 신속한 의사결정에 기여한다.

조직의 인력을 신축적으로 운영하고, 실무 차원에서 팀장 및 팀원의 권한을 향상시킨다. 조직구성원들에게 자율관리, 의사결정권과 책임을 위임함으로써 사기와 직무동기 부여에 기여한다.

### 3) 프로세스 조직의 단점

프로세스 또는 수평구조는 공동의 목표를 달성하기 위하여 책임을 공유하므로, 팀원들의 무임승차 현상을 효과적으로 방지하기 어렵다.

공동의 목표를 달성하기 위하여 책임을 공유하고 문제해결을 위한 공동의 접근방법을 사용하기 때문에 팀원들의 무임승차 현상이 발생할 경우, 업무의 공동화 (空洞化) 현상이 나타날 수 있는 단점이 있다.

## ❺ 네트워크 조직

### 1) 의 의

네트워크 조직 (network organization) 은 핵심기능을 수행하는 소규모의 조직을 중심에 두고, 다수의 협력업체를 네트워크로 묶어 과업을 수행한다.

네트워크 조직은 조직의 자체 기능은 핵심역량 위주로 합리화하고 여타 기능은 외부기관들과의 계약관계를 통해 수행하는 방식이다. 유기적 조직유형의 하나로 정보통신기술의 확산으로 채택된 접근법이다.

### 2) 특 징

고도의 적응성과 유연성을 가진 유기적 구조를 지닌다. 구조의 유연성이 강조되므로 조직의 경계는 유동적이며 모호하다. 가상조직과 임시체제의 속성을 내포한다.

수평적, 공개적 의사전달이 강조된다. 의사결정체계는 분권적이면서 동시에 집권적이다. 네트워크 조직은 조직 간에 형성될 수 있고, 조직 내의 집단 간에도 형성될 수 있다.

각기 높은 독자성을 지닌 조직단위나 조직들 간에 협력적 연계장치로 구성된 조직이다. 네트워크 기관과 구성원들 간의 교류를 통한 신뢰관계 형성이 중요하다. 조직 간 연계장치는 수평적인 협력관계에 바탕을 두며, 타율적 관리보다는 개방적 의사전달과 참여가 강조된다.

### 3) 네트워크 조직의 장점

조직의 유연성과 자율성 강화를 통해 환경 변화에 신속히 대응하고 창의력을 발휘할 수 있다. 지식정보사회의 네트워크 조직은 과다한 초기투자 없이 새로운 사업에 진입할 수 있다. 특정 기능별로 최고의 품질과 최저비용의 자원들을 활용할 수 있으면서, 매우 간소화된 조직구조를 유지할 수 있다.

네트워크구조 내의 개인들은 도전적인 과업을 수행하면서 직무의 확충 (enrichment) 과 확장 (enlargement) 에 따라 직무동기가 유발되는 장점이 있다.

네트워크 조직은 시장형태의 조직보다 커뮤니케이션을 더욱 촉진시킬 수 있으며, 가격신호에 의해 움직이는 시장형태보다 예측 불가능한 환경적 변화에 대한 적응력이 더 우월하다. 네트워크 조직은 시장보다 풍부하고 복잡한 정보를 더 많이 전달하기 때문에 학습을 촉진시킨다.

## 4) 네트워크 조직의 단점

유동적이고 모호한 조직경계에 따라, 조직의 정체성이 약해 응집력 있는 조직문화를 가지기 어렵다는 단점이 있다. 계약 관계에 있는 외부기관을 직접 통제하기 어렵기 때문에 대리인 문제의 발생가능성이 높고, 이로 인해서 제품의 안정적 공급과 품질관리가 어려울 수 있다. 전략적 제휴 등을 통한 과다한 네트워크 조직은 결국 실패로 이어진다는 것이 일반적 견해이다. 네트워크 조직은 과정적 자율성은 높으나 성과에 대해서는 계약에 의하여 책임을 물을 수 있어야 하므로 성과평가가 가능해야 한다. 따라서 성과평가가 어려운 경우 네트워크 조직을 적용하기 힘들다.

순수한 조직 구조적 관점에서 볼 때 모든 조직들의 형태는 네트워크이므로 시장형 조직, 계층제형 조직, 네트워크형 조직이라는 3분법은 잘못된 측면이 있다는 비판이 있다.

> ■ **TIP** Daft의 조직유형
>
> 조직구조의 유형들을 수직적 계층을 강조하는 구조에서 수평적 조정을 강조하는 구조로 옳게 배열하면, 관료제 (기능구조) – 사업부제 구조 – 매트릭스 구조 – 수평구조 (프로세스 조직) – 네트워크 구조 순이다.

---

## 제3절  Mintzberg의 조직설계모형

### ❶ Mintzberg 조직의 구성 부문

Henry Mintzberg의 조직성장 경로모형에 의하면 조직은 전략 부문 (최고관리층), 중간 라인 부문 (중간계선), 핵심 운영 부문 (작업계층), 기술 구조 부문 (기술구조), 지원 스태프 부문 (지원참모) 으로 구성된다.

민츠버그 (H. Mintzberg) 의 조직성장 경로모형은 폐쇄체제 관점에서 기능을 기준으로 유형을 분류하는 것이 아니라, 개방체제 (open system) 적 관점에서 조직의 3가지 국면인 조직의 핵심구성부문, 조정기제, 상황·구조적 요인에 따라 5가지로 조직유형을 분류하였다.

첫째, 전략 부문 (strategic apex) 은 조직에 관한 전반적 책임을 지는 부분으로 조직의 전략을 형성하며, 조직을 가장 포괄적인 관점에서 관리하는 최고관리층이 있는 곳이다.

둘째, 핵심 운영 부문 (operating core) 은 조직의 제품이나 서비스를 생산해내는 기본적인 일들이 발생하는 곳으로, 전문적 관료제에서 주요한 부문이다.

셋째, 중간 라인 부문 (middle line) 은 전략부문과 핵심 운영 부문 간을 직접적으로 연결시키는 계선에 위치한 모든 중간 관리자로 구성된다.

넷째, 기술 구조 부문 (technostructure) 은 조직 내의 과업과정과 산출물이 표준화되는 시스템을 설계하는 분석가들을 포함한다.

다섯째, 지원 스태프 부문 (support staff) 은 기본적인 과업흐름 외에서 발생하는 조직의 문제에 대해 지원하는 전문가로 구성되며, 임시특별조직 (adhocracy) 에서 중요한 부문이다.

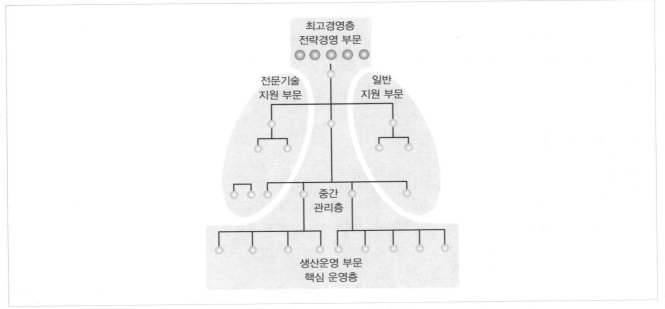

✚ 그림 3-5 Mintzberg의 조직의 다섯 가지 구성부문

출처: 임창희 (2015: 232).

## ❷ 단순구조

### 1) 의 의

단순구조 (simple structure) 는 집권화되고 유기적인 조직구조로서 단순하고 동태적인 환경에서 주로 발견된다. 조직의 초창기에 주로 발견되고, 집권화된 유기적 구조라고 할 수 있다. 단순하면서도 동태적인 환경에서, 환경이 적대적이거나 최고관리자가 의사결정을 집권화할 필요가 있을 때 적합한 조직구조이다.

### 2) 특 징

단순구조 (simple structure) 는 낮은 복잡성·분화, 낮은 공식화·표준화, 높은 집권화를 특징으로 한다. 단순구조는 신생조직이나 소규모조직에서 주로 나타나는데, 주된 조정방법은 직접통제이다.

## ❸ 기계적 관료제

### 1) 의 의

기계적 관료제 (machine bureaucracy) 는 단순하고 안정적인 환경에 적절한 조직형태로서 주된 조정방법은 작업과정의 표준화이다. 대개 단순하고 반복적인 문제를 해결하기 위해 생성된다. 기계적 관료제는 막스 베버 (Max Weber) 의 관료제와 유사하다.

CHAPTER 14 조직의 유형 · 265

## 2) 특 징

기계적 관료제 (machine bureaucracy)는 기술구조부문 (technostructure) 중심의 구조이며, 업무와 조직단위의 분화수준이 높다. 기술구조가 중요한 역할을 수행하지만 최고관리층도 강한 권력을 행사한다.

기계적 관료제는 업무의 표준화 및 높은 공식화를 정착시킬 수 있으며, 다소 낮은 전문성을 가진 중간 및 낮은 수준의 관리자를 채용할 수 있어 비용을 절감할 수 있다.

## ❹ 전문적 관료제

### 1) 의 의

전문적 관료제 (professional bureaucracy)는 수평·수직적으로 분권화된 조직형태로서 복잡하고 안정적인 환경에 적합하다. 전문적 관료제는 수평·수직적으로 분권화된 조직형태로서, 주된 조정방법은 기술의 표준화이다.

### 2) 특 징

전문적 관료제 (professional bureaucracy)는 핵심운영 (operating) 중심의 구조이며 복잡하고 안정적인 환경에 적합하다. 업무환경이 광범위한 훈련 프로그램과 학습이 요구될 정도로 복잡하면서도, 표준화된 지식과 기술 및 운영절차를 적용할 정도로 안정되어 있는 환경에 적합하다. 수평·수직적으로 분권화된 조직형태이지만, 전문적 관료제는 높은 연결 및 연락 수준을 갖는다.

높은 복잡성과 높은 분권화, 오랜 훈련과 경험으로 내면화된 표준 기술을 이용해서 과업을 조정하므로 업무수행과정에서 자율권이 부여되어 낮은 공식화의 특징을 지닌다. 전문적 관료제는 높은 수평적 분화수준, 수직적 분권화를 추구하여 복잡하지만 안정적인 환경에서 적절한 조직구조이지만, 환경변화 적응에는 불리한 구조이다.

전문관료제는 표준화를 통한 효율성을 유지하면서 운영핵심부문에 고도로 훈련된 전문가를 고용하여 운영하는 조직이다.

## ❺ 사업부 조직

### 1) 의 의

사업부 구조 또는 할거적 양태·다변화 조직 (divisionalized form)은 중간관리층 (middle line) 중심의 구조이며 상대적으로 안정적인 환경에서의 조직구조이다. 제한된 수직적 분권화 조직 형태로, 상대적으로 안정된 환경에서 운영되는 대규모의 오래된 조직에서 발견된다.

### 2) 특 징

민츠버그 (H. Mintzberg)의 조직분류 중 산출물의 표준화를 중시하며 성과관리에 가장 적합한 조직유형이다. 사업부제 조직 (divisionalized form)은 중간관리층을 핵심부문으로 하는 대규모 조직에서 나타나는데, 산출물의 표준화를 중시하며 성과관리에 적합하다.

### 3) 평 가

수평적 조정인 사업부 내의 과업 조정은 산출물의 표준화를 통해 이루어지지만, 사업부 간 조정은 어렵다는 한계가 있다. 관리자 간 영업 영역의 마찰이 일어날 수 있다.

사업부제조직(divisionalized form)은 사업부별로 기능부서들이 존재하여 기능부서 간 중복으로 인한 자원낭비가 발생할수 있다. 기능부서 간 중복 및 공통관리비 등 규모의 불경제나 사업영역 간 갈등이 발생한다.

## ❻ 애드호크라시

### 1) 의 의

애드호크라시 또는 임시체제(adhocracy)는 특정 업무를 수행하기 위해 다양한 분야의 전문가가 일시적으로 구성된 후 업무가 끝나면 해체되는 경우가 많다.

애드호크라시는 대개 복잡하고 동태적인 문제를 해결하기 위해 생성된다. 동태적이고 복잡한 환경에 적합한 유기적 구조이고, 복잡하고 비일상적 업무에 적합하다.

**생각 넓히기_ 우리 역사 속의 adhocracy**

우리 역사 속에서도 임시체제(adhocracy)를 찾아볼 수 있다. 구급도감(救急都監)은 고려 시대에 백성들의 재난을 구휼하기 위해 설치한 임시 관아이다. 구제도감(救濟都監)은 고려 시대 질병환자의 치료 및 병사자의 매장을 관장하던 임시 관서이다. 예종 4년(1109) 5월 개경에 감염병이 크게 유행하여 다수의 사망자가 발생하고 시체를 거리에 방치하는 사태에 직면하자 구제도감을 설치하여 문제를 처리한 것이 예이다.

### 2) 특 징

애드호크라시는 문제해결 지향적인 체계이다. 문제해결을 위한 한시적 조직으로, 목표가 달성되면 해체되는 경우가 많다. 애드호크라시는 변화가 심하고 적응력이 강한 임시적인 체계이다.

조직 구조적으로 낮은 복잡성, 낮은 공식화, 낮은 집권화의 조직구조형태를 띠고 있다. 애드호크라시는 임시체제로 낮은 수준의 공식화, 팀원 중심의 낮은 수준의 집권화 또는 높은 분권화, 관료제에 비해 수직적 분화의 정도가 낮아서 낮은 수준의 복잡성을 특징으로 한다.

구조적으로 수평적 분화는 높은 반면 수직적 분화는 낮고, 비정형적 업무수행으로 공식화·표준화 및 집권화의 수준이 낮다. 고도의 창의성과 환경 적응성이 필요한 상황에서 유효한 임시조직이다.

권한은 구성원이 지닌 직위보다 각자가 보유한 전문성으로부터 나온다. 전문인들로 구성되기 때문에 업무의 이질성이 높은 편이다.

임시체제에서는 지원참모의 위치가 중요하지만 별도의 조직 단위를 구성하지는 않는다. 현장 중심의 활동을 수행하기 때문에 행정지원부서의 규모가 작은 편이다.

애드호크라시는 유기적 조직구조로 네트워크(network) 조직, 매트릭스(matrix) 조직, 태스크 포스(task force) 조직, 프로젝트 팀(project team) 조직 등이 해당된다고 볼 수 있다.

## 3) 태스크 포스 (task force)

특수한 과업수행을 위해 서로 다른 부서에서 선발된 팀으로, 본래 목적을 달성하면 해체되는 임시조직이다. 태스크 포스 참여자들은 각자 소속 부서의 이해를 대변하거나 회의에서 나온 의견을 소속부서에 피드백 (feedback)시키는 연결핀 역할을 할 수 있다.

## 4) 프로젝트 팀 (project team)

전략적 중요성과 창의성이 요구되는 프로젝트를 위해 여러 부서에서 가장 적합한 사람들을 선발하여 구성한 조직이다. 태스크 포스처럼 한시적이고 횡적으로 연결된 조직유형이지만 태스크 포스에 비해 참여자의 전문성과 팀에 대한 소속감이 강한 특징을 지닌다.

## 5) 평 가

애드호크라시는 변화에 신속하게 대응할 수 있다는 장점이 있으며, 관료제 구조를 대체하는 것이 아니라 제한적으로 활용된다. 구성원의 능력을 최대한 발휘하게 하여 혁신을 촉진할 수 있다.

그러나 업무 처리 과정에서 과업의 표준화나 공식화 정도가 상대적으로 낮기 때문에, 구성원 간 업무 갈등이 일어날 우려가 있다. 애드호크라시는 불분명한 권한관계로 인하여 권한과 책임을 둘러싼 갈등이 발생할 수 있다. 창의적 업무수행 과정에서 심적 스트레스를 많이 받는다.

✚ 표 3-11 민츠버그의 조직성장 경로모형

| | 단순구조 | 기계적 관료제 | 전문적 관료제 | 사업부제 | 임시조직 |
|---|---|---|---|---|---|
| 핵심부문 | 전략부문 | 기술구조 부문 | 핵심운영 부문 | 중간 라인 부문 | 지원 스태프 부문 |
| 권 력 | 최고관리자 | 기술관료 | 전문가 | 중간관리층 | 전문가 |
| 조정수단 | 직접 감독 | 업무의 표준화 | 지식·기술의 표준화 | 산출물의 표준화 | 상호조정 |
| 조직환경 | 단순, 동태적 | 단순, 안정적 | 복잡, 안정적 | 단순, 안정적 | 복잡, 동태적 |
| 기 술 | 단 순 | 비교적 단순 | 복 잡 | 가변적 | 매우 복잡 |
| 규 모 | 소규모 | 대규모 | 가변적 | 대규모 | 가변적 |
| 역 사 | 신생조직 | 오래된 조직 | 가변적 | 오래된 조직 | 신생조직 |
| 전문화 | 낮 음 | 높 음 | 높음 (수평적) | 중 간 | 높음 (수평적) |
| 공식화 | 낮 음 | 높 음 | 낮 음 | 높 음 | 낮 음 |
| 집권/분권 | 집권화 | 제한된 수평적 분권화 | 수평·수직적 분권화 | 제한된 수직적 분권화 | 선택적 분권화 |
| 통합/조정 | 낮 음 | 낮 음 | 높 음 | 낮 음 | 높 음 |
| 사 례 | 신생조직 | 행정부 조직 | 종합병원, 학교 | 대기업 | 연구소 |

출처: 이창원 외 (2014: 469) 재구성.

## 제4절 | 계선기관과 막료기관

### ❶ 계선기관

#### 1) 의 의

계선조직은 계층적 구조를 갖는 수직적 조직이다. 실, 국, 과는 부처 장관을 보조하는 기관으로 계선기능을 담당한다. 보조기관은 위임·전결권의 범위 내에서 의사결정과 집행의 권한을 가진다. 계선기관은 권한과 책임의 한계가 명확하여 그 결과에 직접적인 책임이 수반된다. 계선기관은 조직의 명령계통 하에서 상·하급기관이 직접적으로 연결되며, 조직의 결정권·집행권을 담당하는 단위로서 상·하 간에 권한과 책임관계가 명확하다.

#### 2) 장점과 단점

보조기관이 보좌기관보다는 더 현실적이고 보수적인 속성을 가질 가능성이 높다. 계선조직의 장점으로는 권한과 책임의 한계가 명확한 점, 조직의 안정성 확보 등이다.

그러나 계선조직은 참모조직에 비해서 전문성이 낮아 업무능률이 낮다.

### ❷ 막료기관

#### 1) 의 의

참모조직은 횡적 지원을 하는 수평적 조직이다. 참모기능은 차관보, 심의관 또는 담당관 등의 조직에서 담당한다. 막료기관은 조직의 최고관리자에게 직속되어 전문지식으로 최고관리자를 보좌하며 그들과 자주 교류한다. 계선기관에 대한 조언과 권고의 역할을 수행하며, 계선기관 간의 수평적 업무조정을 수행하기도 한다. 보좌기관은 참모조직이다. 보좌기관이란 행정기관이 그 기능을 원활하게 수행할 수 있도록 그 기관장을 보좌함으로써 행정기관의 목적달성에 공헌하는 기관을 말한다.

#### 2) 장점과 단점

참모·막료기관 또는 보좌기관은 업무조정 및 전문지식 활용이 가능하도록 도우며, 목표달성 및 정책수행에 간접적으로 기여한다. 막료조직은 정책보좌기능의 역할이 증대될 때에 그 중요성도 커지는 경향이 있다. 조직의 운영에 융통성을 부여하고, 계선의 통솔범위를 확대시켜 준다. 보좌기관은 보조기관보다 좀 더 쇄신(刷新)적인 경향을 지닌다.

그러나 참모조직의 단점으로는 조직 내의 불화의 가능성, 계선과 참모 간 책임 전가의 우려, 의사전달의 경로가 혼선을 빚을 가능성 등이 있다. 막료조직은 권한과 책임의 한계가 분명하지 않은 특징이 있다. 보좌기관은 정책에 대한 최종적인 책임을 지지 않는 경우가 많으며 보조기관과 갈등을 유발할 수도 있다. 계선조직과 막료조직의 갈등을 해결하기 위해서는 책임한계를 분명히 하는 것, 공동의 교육훈련, 인사교류 등이 필요하다.

## 제5절     공식조직과 비공식조직

### ❶ 공식조직

#### 1) 의 의

공식조직은 합법적 절차에 따른 공식적 규범이 성립되어 있다. 비공식조직을 부분적인 질서를 위한 활동으로 본다면, 공식조직은 전체적인 질서를 위한 활동을 한다고 볼 수 있다.

비공식조직이 구성원 간에 수평적 대등관계의 성격이 강하다고 보면, 공식조직은 대체로 수직적인 계층관계를 갖는다.

#### 2) 장점과 단점

지위와 권한 및 책임의 범위가 명확히 설정되어 있어 예측가능성이 높다. 그러나 구성원들의 심리적 소외감을 유발시킬 수 있고, 경직성으로 인해서 환경변화에 대한 대응력을 저하시킬 수 있다.

### ❷ 비공식조직

#### 1) 의 의

비공식적 조직은 사회적 욕구충족을 위해 어디까지나 공식적 조직 내에서 발생하는 조직을 말한다. 비공식적 조직은 각 구성원이 지켜야 할 행동규범을 확립하여 사회적 통제의 기능을 수행한다. 비공식적 조직을 파악하는 데는 연결망 분석의 일종인 소시오메트리(sociometry) 기법이 유용할 수 있다.

#### 2) 장점과 단점

비공식조직은 공식조직에서 오는 심리적 소외감을 완화시켜 조직 구성원의 심리적 안정감을 높여주고, 공식적 관계의 특성인 조직의 경직성을 완화시키는 장점이 있다.

그러나 비공식적 조직이 비밀정보망으로 기여하게 되며, 이는 공식조직의 응집력을 낮추는 작용을 한다. 비공식조직은 조직의 공식목표보다 사적 목표를 강조하면서 조직 내의 파벌(派閥)화를 조장할 수 있다.

## 제6절     관료제와 탈관료제

### ❶ Weber의 관료제 이념형

#### 1) 의 의

Max Weber의 관료제 이념형(ideal type)이란 도덕적 이상을 지닌 관료제의 형태가 아니라 추상적 개념으로서 관료제의 형태를 말한다. 조직의 목표를 효율적으로 수행하기 위해 분업구조와 계층제를 강조한다.

베버 (Weber) 는 정당성을 기준으로 권위의 유형을 전통적 권위, 법적·합리적 권위, 카리스마적 권위로 구분했는데, 관료제는 법적·합리적 권위에 기초를 두고 있다고 주장한다. 관료제는 소기의 목적달성을 위해 기능하는 가장 합리적인 지배형식이라고 본다.

관료제 (bureaucracy) 는 관료 (bureaucrat) 에 의해 통치된다는 뜻으로, 왕정이나 민주정 (民主政) 에 비해 관료가 국가정치와 행정의 중심역할을 수행한다는 점에 의미가 있다. 베버는 관료제를 사회생활의 합리화나 역사 진화의 산물로 파악했다.

## 2) 관료제 이념형의 특징

첫째, 관료제 모형은 계층제의 원리를 근간으로 한다. 하급자는 상급자의 지시나 명령에 복종하는 계층제의 원리에 따라 조직이 운영된다.

둘째, 지도자 개인의 카리스마가 아니라 성문화된 법령이 조직 내 권위의 원천이 된다. 권한은 사람이 아니라 직위에 부여되는 것이다.

셋째, 관료제는 권한과 책임의 한계를 명확히 하고, 일정한 자격 또는 능력에 따라 규정된 기능을 수행하는 분업의 원리에 따른다.

넷째, 모든 직무수행과 의사전달은 구두가 아니라 문서로 이루어지는 것이 원칙이다. 직무수행은 문서에 의거하여 이루어지며, 그 결과는 문서로 기록 및 보존된다.

다섯째, 조직 내의 모든 결정행위나 작동은 공식적으로 확립된 법규체제에 따른다. 법규와 절차준수의 강조는 개별적 사정이나 인간적 감정을 배제하는 비정의성 (impersonality) 을 제고한다. 비정의성 (非情誼性) 이란 임무수행 시 개인적 이익이나 특별한 사정, 상대방의 지위 등에 구애되는 일 없이 공평무사함을 유지하는 것이다. 관료는 'Sine ira et studio (without anger and fondness)'의 정신으로 업무를 수행하여야 한다.

여섯째, 관료는 업무 수행에 대한 대가로 정기적으로 일정한 보수를 받는다. 보수를 받지 않고 봉사하는 사람은 관료라고 볼 수 없다.

일곱째, 관료의 충원 및 승진은 정치적 전문성이 아니라 기술적 전문성에 부합하는 자격과 능력을 기준으로 이루어진다. 베버 (Weber) 의 이념형 관료제는 업무수행 실적평가에 따른 성과급 제도와 부합하는 것이 아니고 관료들은 계급과 근무연한에 따라 보수와 연금을 받으며, 승진의 기준은 주로 연공서열·선임순위 (seniority) 이다. 따라서 관료를 승진시킬 때에는 근무연한을 고려할 수 있다.

## 3) 베버 (Max Weber) 관료제의 장점과 단점

관료제는 법적·합리적 권한에 의해 구조화된 조직이므로 보편성에 근거한 객관적 업무수행이 용이하다. 관료제 내의 직위를 계서적으로 배열함으로써 업무능률을 향상시키고 조정을 용이하게 한다. 전문적 관료들이 업무를 계속해서 수행하므로 업무가 신속·정확하고, 장기적으로 보면 업무수행의 비용이 적게 든다.

그러나 인간적 또는 비공식적 요인의 중요성을 간과하였다는 단점이 있다. 베버 (Weber) 는 관료제를 이념형으로 파악하여, 관료제의 공식적·합리적·순기능적 측면만을 강조하였다.

## ❷ 관료제의 병폐

### 1) 목표대치

목표대치 (displacement)란 목표가 아닌 수단으로서의 규칙과 절차에 지나치게 집착하는 동조과잉 (over - conformity) 현상이 나타나면서, 목표와 수단이 전도되는 현상을 의미한다. 목표달성을 위해 마련된 규정이나 절차에 집착하여 목표와 수단의 전도현상 또는 목표대치가 발생한다.

관료제는 소수의 상관과 다수의 부하로 구성되는 피라미드 형태를 취하며 과두제 (oligarchy) 의 철칙이 나타날 수 있는데, Robert Michels의 '과두제의 철칙 (iron law of oligarchy)' 현상에 가장 부합하는 조직목표 변동 유형은 목표대치 (displacement) 이다.

Robert Merton은 관료에 대한 권한 위임이 아니라 최고관리자의 지나친 통제가 동조과잉 (over - conformity) 과 같은 관료들의 경직성을 초래한다고 본다. 머튼 (Merton) 은 엄격한 법규의 적용과 통제가 조직의 경직성을 초래한다고 비판한다. 권위주의 행정문화는 상급자에게 맹종하는 과잉동조, 과잉충성과 같은 행태를 조장한다.

### 2) 파킨슨의 법칙

Parkinson's law (1955) 는 업무의 강도나 양과는 관계없이 공무원의 수는 항상 일정한 비율로 증가한다는 것이다. 부하 배증의 법칙은 공무원은 업무의 양이 증가하면 비슷한 직급의 동료보다 부하 직원을 충원하려는 경향이 강함을 의미하고, 업무배증의 법칙은 본질적인 업무가 아닌 감독, 지시, 보고 등 파생적 업무를 증가시키려는 현상을 말한다.

### 3) 리바이던 가설

Geoffrey Brennan & James M. Buchanan (2008) 의 리바이던 가설 (Leviathan Hypothesis) 처럼 관료제가 '제국의 건설'을 지향한다는 입장이다. 브레낸과 뷰캐넌의 리바이던 가설 (Leviathan Hypothesis) 은 공공부문의 총체적 규모는 정부의 조세 및 지출 권한의 분권화와 반비례해서 변화된다는 가설이다. 이는 공공지출에 대한 통제 권한이 집중화될 경우, 정치인·관료·로비스트들의 선호가 재정정책에 반영됨으로써 재정지출이 늘어나고 규모가 과도하게 팽창하게 된다는 것을 의미한다. 파킨슨 법칙이나 리바이던 가설은 모두 관료들의 자기 이익 추구성향과 관련되며, 관료제가 '제국의 건설'을 지향한다는 입장이다.

### 4) 피터의 원리

피터의 원리 (Peter's principle) 는 무능력자가 승진하게 되는 경우를 의미한다. 위계질서 안에서 일하는 사람들은 자신의 무능력수준에 도달할 때까지 승진하기를 원한다는 것으로, 이러한 현상은 조직의 효율성과 창의성을 저해한다. 피터의 법칙 (Peter's Principle) 은 관료제 내에서 되풀이되는 승진으로 관료들이 무능화되는 현상을 설명한다.

### 5) 마일의 법칙

마일 (Mile) 의 법칙은 공무원의 입장 및 태도가 그의 직위 (職位) 에 의존한다고 설명한다.

## 6) 할거주의, 국지주의

할거주의 (sectionalism) 는 조직 구성원들이 자신이 소속된 기관과 부서만을 생각하고 다른 부서에 대해 배려하지 않는 편협한 태도를 취하는 것을 말하고, 국지주의 (parochialism) 는 관료들의 편협한 안목을 뜻하며 직접적인 고객의 특수 이익에 묶여 전체 이익을 망각하는 경향을 의미한다.

분업과 전문화는 할거주의와 훈련된 무능을 초래하는데, 자신의 소속기관만을 중요시함에 따라 타 기관과의 업무협조나 조정이 어렵게 되는 문제가 나타난다. 할거주의는 수평적 조정을 곤란하게 하는 원인이 된다. 관료들의 지나친 전문화는 좁은 시야에 의한 전문적 무능과 포괄적 통제력의 부족을 유발한다.

Philip Selznick (1957) 은 권한의 위임과 전문화가 조직 하위 체제의 이해관계를 지나치게 분열시켜 할거주의를 초래한다고 본다. 권한위임과 전문화가 전체 목표보다는 하위목표에 집착하는 병리의 원인이다. 셀즈닉 (P. Selznick) 모형은 분업으로 인해 할거주의가 발생하여 조직 전체의 성취도가 낮아진다고 본다.

## 7) 훈련된 무능

훈련된 무능 (trained incapacity) 은 조직구성원이 한 가지의 지식 또는 기술에 관하여 훈련받고 기존 규칙을 준수하도록 길들여져 다른 대안을 생각하지 못하는 것을 의미하며, 이로 인해서 변동된 조건 하에서는 대응이 어렵게 된다.

## 8) 인간적 발전의 저해

인간적 발전의 저해란 집권적이고 권위주의적인 통제와 법규우선주의, 그리고 몰인격적 (impersonal) 역할관계가 조직구성원의 사회적 욕구충족을 저해하며 그들의 성장과 성숙을 방해한다는 것이다. 비정의성 또는 비인간화는 인간소외를 유발한다.

## 9) 심리적 불안감으로 인한 병폐

권한과 능력의 괴리, 상위직으로 갈수록 모호해지는 업적평가기준, 조직의 공식적 규범을 엄격하게 준수해야 한다는 압박감 등으로 조직구성원들이 불안해지므로 더욱 더 권위주의적인 행태를 가지게 된다.

Victor A. Thompson (1965) 은 관료제 조직 내 인격적 관계의 상실로 인한 조직구성원의 심리적 불안감이 현상유지적 행태를 초래하고, 이로 인해 관료제는 동조과잉이나 변동에의 저항 등 역기능을 나타낸다고 한다.

## 10) 문서주의, 형식주의

모든 업무를 문서로 처리하는 문서주의는 형식주의와 번문욕례 (繁文縟禮) 를 초래하는데, 이로 인해서 쇄신과 발전에 대해 거부적이며 고객과 환경의 요청에 적절히 대응하지 못하는 관료 행태가 나타난다. 때문에 외부환경의 변화에 둔감하고 조직목표의 혁신에 적극적으로 저항하는 현상이 발생한다.

형식주의 (red - tape) 의 폐단으로는 행정의 목표나 실적보다 형식과 수단에 집착하게 되는 '목표와 수단의 전환' 현상이 있다. 겉과 속이 다른 행태의 이원화 구조를 조장함으로써 공식적 규범의 위반상태가 만연할 수 있다. 또한 실질보다는 외양을 중시하는 전시행정으로, 예산낭비와 행정의 효율 저하를 초래할 수 있다.

### 11) 무사안일주의

상관의 권위에 의존하면서 소극적으로 일을 처리하려는 무사안일주의가 나타난다. Alvin W. Gouldner (1960) 는 관료들이 규칙의 범위 내에서 최소한의 형태만을 추구하여 무사안일주의를 초래한다고 본다. 부하를 통제하기 위한 규칙이 통제 위주의 관리를 초래한다고 주장한다. Alvin W. Gouldner는 규칙이 구성원들의 조직목표에 대한 낮은 내면화를 초래함으로써 능률성 저하를 가져온다고 본다.

### 12) 권력구조의 이원화

권력구조의 이원화란 상관의 계서적 권한과 부하의 전문적 권력이 이원화됨에 따라 조직 내에서 갈등이 발생하게 되어 조직구성원들의 불만이 증대된다는 점을 말한다.

### 13) 관료제 옹호 견해

Charles T. Goodsell (1985) 은 관료제를 비판하기보다 1985년 블랙스버그 선언에 참여하여 관료제를 옹호한 학자이다.

## ❸ 탈관료제 모형

### 1) 의 의

탈관료제란 팀워크 중심의 자발적 참여와 결과 지향적 산출을 지향한다.

### 2) 매트릭스 조직

매트릭스 조직은 기능 중심의 수직적 분화가 되어 있는 기존의 지시·감독 라인에 횡적으로 연결된 또 하나의 지시·감독 라인을 인정하는 조직이다.
매트릭스 조직은 이중적 권한 분배로 인해서 의사결정의 신속성이 떨어질 수 있다. 매트릭스 조직은 기능부서와 사업부서 간의 갈등으로 갈등해결에 요구되는 시간과 노력의 낭비가 발생하는 단점이 있다.

### 3) 네트워크 조직

네트워크 조직은 각기 높은 독자성을 지닌 조직단위나 조직들 간에 협력적 연계장치로 구성된 조직이다.
지식정보사회의 네트워크 조직은 과다한 초기투자 없이 새로운 사업에 진입할 수 있다. 네트워크 조직은 업무처리의 신속성과 유연성을 확보하는 데 유리하지만, 응집력 있는 조직문화를 만드는 데 불리하다.

### 4) 계서제 없는 조직

계서제 없는 조직은 소집단의 연합체 형성, 모호하고 유동적인 경계, 협동적 문제해결, 승진개념의 소멸, 보수차등의 철폐 등을 특징으로 한다.

### 5) 공동화 (hollowing) 조직

공동화 (空洞化) 조직은 조정·통제·기획 등의 핵심적 기능은 직접 수행하고, 유통·생산·보관·운반 등의 부수적 기능은 제3자에게 위임 또는 위탁을 하여 업무를 축소한 조직형태이다.

## 6) 삼엽 (shamrock) 조직

삼엽 조직 또는 클로버 (clover)형 조직은 정규직원을 소규모로 유지하면서도 산출의 극대화를 도모하는 조직이다. 삼엽 (shamrock) 조직의 근로자는 소규모 전문직 근로자, 계약직 근로자, 비정규직 임시 근로자로 구성된다.

정보화 사회에서는 삼엽 조직이나 공동화 조직이 확대되고, 기획 및 조정기능 이외의 기능에 대한 위임과 위탁을 통해 업무가 간소화되기도 한다.

## 7) 견인이론

Robert T. Golembiewski (1962)의 견인이론 (pull theory)은 기능의 동질성이 아닌 일의 흐름을 중시하며, 권한의 흐름을 하향적·일방적인 것이 아니라 상호적인 것으로 생각한다. 조직 내에 자유로운 업무분위기를 조성하고, 직무수행과 욕구 충족의 조화를 추구한다. 자율규제를 촉진하여 통솔범위를 넓힐 수 있으며 변동에 대한 구성원들의 적응을 용이하게 한다. Robert T. Golembiewski의 견인이론 (pull theory)은 일의 흐름을 중시하는 조직원리로, 조직의 분화 혹은 분업보다는 조직의 통합 또는 협업을 강조한다. 전통적 관료제 조직이 기능의 동일성에 입각하여 수평적 분화를 추진하였다면, 견인 이론에서는 일의 흐름을 기준으로 수평적 분화를 추진한다. 견인이론은 전통적인 관료제적 조직구조가 처방하는 억압이 론 (push theory)과 대비되는 반관료제적 조직구조의 원리로, 골렘뷰스키 (Golembiewski)가 제시한 이론이다.

억압이론 (push theory)이란 사람들에게 고통스러운 결과를 피하기 위해 일하도록 만드는 방안을 처방하는 이론으로, 기능 중심으로 구성원들을 관리한다.

## 8) 미들업다운관리

미들업다운관리 (middle up down management) 체제는 Ikujiro Nonaka (1988)가 사용한 용어로, 하이퍼텍스트 (hypertext) 조직의 관리방식에 해당한다. 중간관리자가 최고 경영층의 비전과 부하사원의 창의성을 통합하고 계층 상호 간의 역동 성을 이끌어내는 새로운 경영이론이나 전략을 말하는 것이다.

## 9) 연합적 이념형

Larry J. Kirkhart (1974)의 연합적 이념형은 컴퓨터의 활용, 사회적 계층화의 억제, 권한체제의 상황적응성 및 다원적 권 한구조의 특징을 가지며, 이외에도 고용관계의 잠정성 및 고용관계의 자유계약성, 한시적 구조, 프로젝트 팀의 구성, 고 객집단의 참여, 자율과 협동, 목표추구 방법과 수단의 다양성, 업무처리기술과 사회적 기술 등을 요소로 한다.

## 10) 학습조직

학습조직 (learning organization)은 유기적 조직의 한 유형으로서 전통적 조직 유형의 대안으로 나타났다. 학습조직은 조 직구성원에게 충분한 학습 기회를 제공할 수 있는 훈련을 강조한다.

개방체계와 자아실현적 인간관에 기반하며, 핵심 가치는 의사소통과 수평적 협력을 통한 조직의 문제해결이다. 학습조직 은 집단적 학습과 시스템적 사고를 특징으로 하므로, 학습조직의 보상체계는 개인별 성과급 위주로 구성되는 것이 아니 라 조직 전체의 이윤공유와 지식급의 도입을 중시한다.

수직적인 기능보다 업무 프로세스 중심으로 조직을 구조화하며 위계적 통제보다 구성원 간의 수평적 협력을 중시한다. 조직의 기본구성 단위는 팀으로, 수평적 조직구조를 강조한다.

기본단위는 통합 기능팀이며, 구성원의 권한 강화를 강조한다. 전략수립과정에서 일선조직 구성원의 참여가 중요한 역할을 담당한다. 조직의 목표달성을 위하여 구성원의 권한 강화(empowerment)를 강조한다.

학습조직은 부분보다 전체를 중시하고 경계를 최소화하려는 조직문화가 필요하다. 선발된 조직구성원만이 아니라 조직의 모든 구성원이 문제 인지(認知)와 해결에 관여하는 실험조직이다. 역량기반 교육훈련제도의 대표적인 방식으로 활용되고 있다.

신축성을 제고할 수 있는 네트워크 조직과 가상조직을 활용한다. 불확실한 환경에 요구되는 조직의 기억과 학습의 가능성에 주목한다. 리더에게는 구성원들이 공유할 수 있는 미래비전 창조의 역할이 요구된다.

Peter M. Senge(2006)가 제시한 학습조직의 기본요소에는 자기개발 또는 자기역량 확대를 통한 자기완성(personal mastery), 집단구성원 전체의 참여를 통한 집단 또는 팀 학습(team learning), 사고의 틀 또는 모형(mental models)에 대한 지속적인 성찰, 공유 또는 공동의 비전(shared vision), 시스템 사고(system thinking)가 있다.

## 11) 이중 순환고리 학습

조직의 이중 순환고리 학습(double - loop learning)은 Gareth Morgan(1997)이 홀로그래픽(holographic) 조직설계를 위해 개발한 '학습을 위한 학습 원칙'과 관련성이 높다.

단일고리학습(single - loop learning)은 기존의 운영규범 및 지식체계 하에서 오류를 발견하고 수정해가는 것이다. 주로 조직의 목표와 현재의 실적 사이의 격차를 발견하여 수정해 나가는 것을 말한다. 학습 과정의 안정성이 필요하므로 개방적인 조직보다는 폐쇄적인 조직 하에서 발생할 가능성이 높다. 학습효과는 빠르고 국소적으로 나타난다.

지식정보사회형 미래조직으로서 자기조직화 능력을 높이기 위한 홀로그래픽(holographic) 조직은 '학습을 위한 학습'을 내용으로 한다. 이는 규범에 의한 행동을 하도록 통제하는 '단일순환고리 학습(single - loop learning)'과 규범이 행동의 적절한 근거가 되는가의 여부를 판단하는 '이중순환고리 학습(double - loop learning)' 능력에 의해, 체제의 통합과 응집력을 획득하게 하면서도 변화하는 환경의 요구에 반응하여 스스로 진화·발전하도록 하는 것이다.

## ❹ 관료제와 민주주의

Douglas Yates(1982)는 제도개혁을 통해 관료제에 대한 통제전략을 잘 수립하기만 하면 관료제는 능률과 민주주의를 잘 조합시켜 나갈 수 있을 것으로 보았다.

예이츠(D. Yates)가 제시한 제도개혁방안들은 다음과 같다. 지역주민이 참여할 수 있도록 지역서비스 센터를 운영하고, 각 부처 내에 장관이 주도하는 갈등조정장치를 설치하며 각 부처에 대민서비스처를 두는 것이다. 또한 최고 집행자의 조정권한을 증대하고 관료들 간의 갈등문제를 해결하고 일관성 있는 정책을 추진하기 위해 소각료회의를 운영하며, 장기적 기획능력을 강화함은 물론 경쟁적·공개적 예산과정을 수립할 것을 제안한다.

# CHAPTER 15 조직이론 유형

## 제1절 | 조직이론의 구분

### ❶ Waldo의 조직이론 분류

#### 1) 고전적 조직이론

고전적 조직이론(classic organization theory)은 과학적 관리론으로 대표되며 합리적·경제적 인간관을 바탕으로 한다. 기계적 능률성을 추구하고 공식구조의 역할을 중시한다. 동기부여 동인은 외재적이며, 환경과 조직의 관계에 있어서는 폐쇄적이다.

조직의 구조적 또는 기계적인 관점에 기초하였다. 외부환경과의 관계보다는 조직 내부의 합리적 또는 능률적 관리에 초점을 두었다. 연대적으로는 19세기 말부터 1930년대까지 나타난 조직이론들을 지칭한다. 고전적 조직이론에는 과학적 관리론, 행정관리설, 관료제 이론 등이 포함된다. Taylor와 Gulick 등은 고전적 조직이론자들이다.

#### 2) 신고전적 조직이론

인간관계론으로 대표되며 사회적 인간관을 바탕으로 하고, 사회적 능률성을 추구한다. 공식구조 외에 비공식구조의 역할에 주목한다. 동기부여 동인은 외재적이고, 환경과 조직의 관계가 폐쇄적이라는 점에서는 고전적 조직이론과 공통적이다.

#### 3) 현대적 조직이론

체제이론 이후의 이론들이라고 할 수 있고, 복잡한 인간관을 바탕으로 하며 다원적 목표와 이념을 추구한다. 동태적이고 유기적인 구조가 적합하다고 본다.

조직과 환경과의 관계는 개방체제적 관점이다. 지식관리론은 학습조직 등과 함께 정보화사회의 등장과 더불어 강조된 현대적 조직관리론에 해당한다.

### ❷ Scott의 조직이론 분류

#### 1) 폐쇄·합리모형

폐쇄·합리모형(~1930)에는 고전적 관료제론, 과학적 관리론, 행정관리학파 등이 해당된다. 폐쇄합리적 조직이론은 조직을 외부 환경과 단절된 폐쇄체제로 보면서, 조직구성원들이 합리적으로 사고하고 행동하는 것으로 간주하는 이론이다.

## 2) 폐쇄·자연모형

폐쇄·자연모형 (1930~60) 은 인간관계론, 행태론, McGregor의 X·Y이론 등이다.

## 3) 개방·합리모형

개방·합리모형 (1960~70) 은 체제이론, 구조적 상황이론, 조직경제학 이론 등이다. 개방·합리적 조직이론은 조직환경의 중요성을 강조하면서 조직이나 인간의 합리성 추구를 강조한다. 체제론과 상황론의 기본적인 전제는 조직을 개방체제 내지 유기체로 보는 것이다. 과거의 미시적 관점으로부터 조직을 전체로 보거나 환경과의 관계 속에서 이해하는 거시적 관점으로 전환했다. 체제론과 상황론은 원인과 결과의 선형적 사고 (linear thinking) 에 의한 인과관계보다는 부분과 부분의 상호작용을 강조한다.

## 4) 개방·자연모형

개방·자연모형 (1970~) 은 마치 (March) 의 쓰레기통모형, 혼돈이론 혹은 자기조직화이론, 자연선택이론 등이다.

### ✚ 표 3−12 Scott의 조직이론 분류

| 조직의 특성 | | 체제의 본질 | |
| --- | --- | --- | --- |
| | | 폐쇄적 | 개방적 |
| 조직의 특성 | 합리적 | • 폐쇄·합리적 조직이론<br>　− 과학적 관리론 (Taylor)<br>　− 관료제론 (Weber)<br>　− 행정관리학파 (Fayol)<br>　− POSDCoRB (Gulick & Urwick) | • 개방·합리적 조직이론<br>　− 제한된 합리성 (Simon)<br>　− 구조적 상황이론 (Lawrence & Lorsch)<br>　− 조직경제이론 (Williamson) |
| | 자연적 | • 폐쇄·자연적 조직이론<br>　− 인간관계론 (Mayo)<br>　− 환경유관론 (Selznick)<br>　− XY이론 (McGregor) | • 개방·자연적 조직이론<br>　− 조직군 생태이론 (Hannan & Freeman)<br>　− 자원의존이론 (Pfeffer & Salanick)<br>　− 사회적 제도화 이론 (DiMagio & Powell)<br>　− 조직화 이론 (Weick)<br>　− 혼돈이론 (Prigogine & Stengers) |

출처: Scott (2003: 108), 이창원 외 (2014: 50).

## ❸ Morgan의 조직에 대한 시각

## 1) 의 의

모건 (Gareth Morgan) 은 『조직의 이미지』(1997) 에서 조직을 역사적으로 바라보기보다는 조직 자체를 횡단면적으로 이해할 수 있도록 은유 (metaphors)[1]라는 방법을 통해 기계장치, 유기체, 두뇌, 문화, 정치적 존재, 심리적 감옥, 흐름, 문화라

---

1 모건 (Gareth Morgan) 은 은유 (metaphors) 를 "경험에서 오는 하나의 요소를 다른 요소로 이해하려는 시도"라고 정의하면서, 보충적이고 대립적인 시각을 가지기 위해 다양한 은유를 활용할 필요가 있고, 이러한 다양한 시각의 장점을 이용해 진실을 이해할 수 있다고 했다.

는 여덟 가지 조직이미지를 제시하였다.

모건은 역사적 시각과 종단면적 분석에 집착한 스코트(A. Scott)의 조직이론 분류방식과는 달리 횡단면적·비교적 맥락에서 조직이론을 분류했다.

## 2) 두 뇌

두뇌로서 조직(organizations as brains)에서 두뇌는 작은 변화를 통해 지속적인 개선을 하는 특성을 지닌다. 두뇌는 원인과 결과라는 사슬에 얽매인 기계장치와는 다르다고 본다. 조직을 두뇌로 바라보는 시각의 대표적인 이론에는 사이먼의 제한된 합리성, 정보처리체제, 학습조직, 홀로그래픽(holographic)적 조직이 있다.

사이먼(Herbert Simon)은 제한된 합리성(limited rationality)으로 인해 제한된 수의 대안들만 고려할 수 있고, 대안의 최종결과에 대한 정확한 가치판단을 내리기 어렵다고 본다.

위너(Wiener)는 사이버네틱스(cybernetics) 모형을 개발했는데, 시스템이 통제능력을 발휘하기 위해서는 정보교환과 부정적 피드백(negative feedback)이 중요하다고 보았다.

프리브람(Pribram)은 두뇌는 홀로그래픽(holographic) 원리에 따라 작동한다고 주장했다. 이는 기억은 두뇌의 여러 곳에 저장된 상태로 있다가 두뇌의 어느 곳에서든 다시 재구성될 수 있다는 것이다. 이를 조직에 적용하면 조직은 가외성(redundancy)과 필수다양성(requisite variety)을 가질 필요가 있고, 지식의 분권과 분산이 요구된다고 할 수 있다.

두뇌는 학습할 수 있는 능력을 지니고 있는데, 조직은 학습을 통해서 새로운 환경과 과제에 적응하고 대응해 나갈 수 있다는 것이다. 제한된 학습과정인 단일순환학습(single-loop learning)이 아니라 연속적 배움인 이중순환학습(double-loop learning)이 필요하다.

## 3) 기계장치

조직을 기계장치(organizations as machines)로 바라보는 시각에서는 조직을 효과적으로 작동하는 기계와 같은 존재로 취급한다. 프레더릭 대왕(Frederick the Great)의 군대조직, 테일러(F. W. Taylor)의 과학적 관리론, 페욜(H. Fayol)의 일반관리 원칙, 베버(M. Weber)의 이념형 관료제 등을 들 수 있다.

## 4) 유기체

조직을 유기체(organizations as organisms)로 바라보는 시각에서는 조직을 하나의 살아있는 생명체처럼 간주한다. 조직을 유기체로 바라보는 관점은 일반체제론, 인간관계론, 상황적합이론 등이다.

## 5) 지 배

지배를 위한 도구(organizations as domination)로서 조직을 바라보는 시각은 지배계층이 자신의 이익을 위해 피지배계층을 조종하고 착취하는 존재로서 조직을 인식하는 것이다.

## 6) 문 화

문화로서 조직 (organizations as culture) 은 단순히 목표를 달성하고자 하는 도구적 존재만이 아니라, 그 자체가 하나의 문화적 실체이다.

## 7) 정치적 존재

정치적 존재로서 조직 (organizations as political systems) 은 상호 대립적인 이익을 추구하는 다양한 세력의 경쟁과 갈등의 장이자 타협을 이루어가는 장이다.

## 8) 심리적 감옥

심리적 감옥으로서 조직 (organizations as prison metaphor) 은 구성원들이 만들어진 조직 속에 갇혀버린다는 의미이며, 조직행태를 합리성의 문제뿐만 아니라 무의식 (unconsciousness) 또는 무기력 (powerlessness) 의 문제로 간주한다.

## 9) 흐 름

흐름으로서의 조직 (organizations as flux and transformation) 은 자기생산 (autopoiesis), 카오스이론과 복잡성 이론, 순환적인 관계들 (circular relations), 변증법적 논리로 인해 조직은 지속적인 변화에 직면할 수밖에 없음을 주장한다.

---

## 제2절 │ 고전 및 폐쇄체제 이론

### ❶ 고전적 조직이론

#### 1) 의 의

고전적 조직이론에서는 조직 내부의 효율성과 합리성이 중요한 논의 대상이었다. 과학적 관리론을 배경으로 하며, 기계적 능률성을 최고의 가치로 한다. 고전적 조직이론은 합리적·경제적 인간관에 입각하며, 합리적·경제적 인간관은 인간을 자신의 이익을 극대화하기 위해 행동하는 존재로 본다. 인간은 조직에 의해 통제·동기화되는 수동적 존재이며 조직은 인간의 감정과 같은 주관적 요소를 통제할 수 있도록 설계되어야 한다는 관점이다.

#### 2) 특 징

과학적 관리론은 발견 가능한 '유일 최선의 방법 (the best one way)'이 있다고 전제하고 이를 찾는 데 주력하였다. 최소의 노동과 비용으로 최대의 능률을 올릴 수 있는 표준적 작업절차를 정하고, 이에 따라 예정된 작업량을 달성하기 위한 가장 좋은 방법을 발견하려는 이론이다.

계층적 구조와 분업을 중시하고, 과학적 분석을 통해 업무수행에 적용할 '유일 최선의 방법'을 발견할 수 있다고 보았다. 조직 내의 인간은 경제적 유인에 의해 동기가 유발되는 타산적 존재라고 보았다. F. Taylor는 이러한 접근방법을 주장한 대표적 학자이다.

## ❷ 신고전적 조직이론

### 1) 의 의

신고전적 조직이론은 고전적 조직이론이 전제한 합리적·경제적 인간관에 대한 반발로 등장하였다. 인간관계론을 바탕으로 하며, 사회적 인간관에 입각하여 사회적 능률성을 중시한다. 신고전적 조직이론은 인간에 대한 관심을 불러일으켰고 조직행태론 연구의 출발점이 되었다. 고전적 조직이론과 신고전적 조직이론은 외부환경의 영향을 고려하지 않는 폐쇄적 조직론이다.

메이요(Mayo) 등에 의한 호손(Hawthorne) 공장 실험에서 시작되었다. 메이요(E. Mayo) 등은 호손(hawthorne) 공장 실험을 통해 조직의 생산성 제고를 위해 구성원들 간의 사회적 관계의 중요성을 확인하였다. 인간관계론의 궁극적 목표는 조직운영의 민주화가 아니라 조직의 성과 제고 혹은 능률성·생산성 향상이다.

### 2) 특 징

공식조직 내에 있는 자생적이며 비공식적 집단을 인정하고 수용한다. 비경제적 요인과 인간의 사회적 욕구와 사회적 동기유발 요인에 초점을 맞춘다. 인간을 정서적 존재로 인식하고, 조직구성원들의 사회적·심리적 욕구와 조직 내 비공식집단 등을 중시한다.

조직 내에서의 의사소통과 참여를 중시한다. 조직의 목표와 조직구성원들의 목표 간의 균형 유지를 지향하는 민주적·참여적 관리 방식을 처방하는 이론이다. 인간관계론은 인간의 사회적·심리적 측면을 중시하여, 조직 참여자의 생산성은 사회적 규범에 의해 좌우된다고 보았다. 호손 공장의 연구(Hawthorne Studies)가 인간관계론적 접근방법의 실증적 근거가 되었다.

### 3) 후기 인간관계론

후기 인간관계론은 인간관계론이 가정하고 있는 인간욕구의 획일성, 인간의 피동성, 동기부여의 외재성에 대응하여, 인간 욕구의 다양성을 인정하고 인간 중심의 자율적이고 자아실현적인 욕구를 강조하였다. 과학적 관리론이 합리적·경제적 인간관, 인간관계론이 사회적 인간관에 부합한다고 하면, 후기 인간관계론은 자아실현적 인간관에 속한다.

후기 인간관계론에 적합한 관리전략은 의사결정 과정에 개인을 참여시키는 참여관리론이 필요하다. 대표하는 이론으로는 맥그리거(McGregor)의 Y이론, 아지리스(Argyris)의 성숙인, 앨더퍼(Alderfer)의 성장 욕구, 리커트(R. Likert)의 참여형 관리 등을 들 수 있다.

허즈버그(Herzberg)는 전통적 조직이론의 인간관을 위생이론(hygene theory), 새로운 조직이론의 인간관을 동기이론(motivation theory)으로 구분하였다. 아지리스(C. Argyris)는 개인의 성격은 미성숙한 상태에서 성숙한 상태로 변하며 이러한 성격변화는 하나의 연속선상에 있다고 주장하였다. 리커트(R. Likert)는 지원적 관계의 원리와 참여관리의 가치에 따라 구성원의 참여를 통해 조직의 효과성을 제고할 수 있다고 주장하였다.

## 제3절 　현대적 조직 및 개방체제 이론

### ❶ 현대적 조직이론의 특징

현대적 조직이론은 동태적이고 유기체적인 조직을 상정하며 조직발전 (OD) 을 중시해 왔다. 반면에 고전적 조직이론과 신고전적 조직이론은 기본적으로 환경을 고려하지 못하는 폐쇄체제의 관점에 있다.

### ❷ 체제론

시스템이론 (system theory) 은 조직을 하나의 개방체계로 보고, 조직과 외부환경과의 상호작용을 강조한다. 체제론은 조직 전체를 부분과 부분이 서로 밀접하게 연결된 관계로 인식한다. 체제론적 접근방법은 자율적으로 목표를 설정하고 그 방향으로 체제를 적극적으로 변화시켜 나가려는 측면보다 환경 변화에 잘 적응하려는 측면을 강조한다.

### ❸ 상황적응적 조직이론

상황적응적 조직이론 (contingency theory) 또는 구조적 상황이론은 모든 상황에 적용되는 유일·최선의 조직구조나 관리방법은 없다는 것을 전제로 하므로, 조직이 처해 있는 상황이 다르면 효과적인 조직설계 및 관리방법도 달라져야 한다고 주장한다.

체제이론에서와 같이 조직은 일정한 경계를 가지고 환경과 구분되는 체제의 하나로 본다. 연구대상이 될 변수를 한정하고 복잡한 상황적 조건들을 유형화함으로써 거대이론보다 분석의 틀을 단순화한다.

체제론과 상황론에서 가정하는 인간관은 개인을 규정하는 유일하고 최선의 시각은 존재할 수 없고, 그러한 관리방식도 없다고 본다. 개인은 다양한 차원에서 다채로운 특성을 지니므로 개인 간의 차이들이 존재하게 되고, 이러한 개인들 간의 관계는 더욱 복잡한 모습으로 나타나게 된다. 따라서 복잡한 현실에 적합한 인간관은 상황에 따라 사람을 다양한 시각으로 이해하는 '복잡인 (complex man)'이라고 주장한다.

### ❹ 쓰레기통모형

쓰레기통모형은 정책문제, 해결책, 선택기회, 참여자의 네 요소가 독자적으로 흘러 다니다가 어떤 계기로 교차하여 만나게 될 때 의사결정이 이루어진다고 보는 것이다. 대형 참사를 계기로 그동안 해결하지 못했던 정책문제에 관한 대책을 마련하게 되는 상황을 설명하기에 가장 적절한 정책결정모형이다.

쓰레기통모형에서 가정하는 결정상황은 불확실성과 혼란이 심한 상태로 정상적인 권위구조와 결정규칙이 작동하지 않는 경우이다. 공유된 목표가 없는 '조직화된 무질서 상태'에서 어떠한 계기로 인해 우연히 정책이 결정된다. 정책결정의 우연성을 강조하여 정책결정이 이루어지게 되는 계기에 주목한다.

## ❺ 혼돈이론

혼돈이론(chaos theory)은 급격한 환경변화 속에서 유연하게 대응할 수 있는 체제관리원칙들을 제시하고 있다. 조직의 자생적 학습능력과 자기조직화 능력을 전제로 한다. 혼돈을 통제와 회피의 대상이 아니라, 긍정적 활용대상으로 인식한다. 현실의 복잡성과 불확실성을 극복하기 위해 단순화하지 않고 있는 그대로 파악한다. 대상체제인 행정조직은 질서와 무질서, 구조화와 비구조화가 공존하는 복잡한 체제로 인식한다.

---

| 제4절 | 거시조직론 |
|---|---|

## ❶ 상황적응적 조직이론

구조적 상황론 또는 상황적응론(contingency theory)은 환경의 영향에 대한 조직관리자의 역할이 수동적이다. 상황론은 조직구조를 결정짓는 유일한 변수가 있는 것이 아니라 규모, 기술, 환경의 조건에 따라 그에 적합한 조직구조를 갖춰야 조직의 성과를 향상시킬 수 있다는 것이다.

상황적응론(contingency theory)은 상황과 조직특성 간의 적합 여부가 조직의 효과성을 결정하고, 조직을 구성하고 운영하는 방법의 효율성은 그것이 처한 상황에 의존한다고 가정한다. 상황적응론은 경험적 조직이론이며, 관료제이론과 행정원리론에서 추구했던 보편적인 조직원리를 비판하면서 등장했다.

상황론적 조직이론은 중범위라는 제한된 수준 내에서 일반성과 규칙성의 발견을 추구한다. 문제에 대한 처방을 추구하는 것이 아니라 경험적·실증적 연구를 중시하며 과학성을 추구한다. 상대적인 입장을 취해 조직설계와 관리방식의 융통성을 꾀한다.

## ❷ 조직군 생태이론

조직군 생태론(population ecology theory)은 결정론(決定論)적이다. 조직이 환경에 적응해 나갈 능력이 없음을 인정하고 환경이 조직을 선택한다는 점을 강조하는 이론이다.

조직군을 분석단위로 하며, 개별조직은 외부 환경의 선택에 좌우되는 수동적인 존재이다. 단일조직이 아니라 유사한 조직구조를 갖는 조직들을 분석단위로 하며, 조직을 외부 환경의 선택에 따라 좌우되는 피동적인 존재로 간주한다.

조직군 생태론은 자연선택론을 취한다. 조직의 존속, 발전, 소멸의 이유를 환경에 대한 조직 적합도(適合度)에서 찾았다. 환경이 조직을 선택한다는 극단적인 결정론으로서 조직이 아니라 환경이 최적화의 주체라고 본다. 조직군 생태학이론에 의하면 조직변화는 횡단적 조직분석이 아니라 시계열적인 종단적 조직분석에 의해서만 검증이 가능하다고 전제한다. 조직군 생태론은 '변이 ⇨ 선택 ⇨ 보존'이라는 종단적 조직분석을 통하여 조직의 변화를 설명한다.

## ❸ 조직경제학이론

조직경제학은 결정론 (決定論) 적 이론에 해당한다. 거래비용이론 (transaction cost theory), 주인－대리인이론 등은 조직경제학이론에 속한다.

## ❹ 거래비용이론

### 1) 의 의

거래비용이론 (transaction cost theory) 조직가설에 따르면 정보의 비대칭성과 기회주의에 의한 거래비용의 증가 때문에 계층제가 필요하다. 조직이란 거래비용을 감소하기 위한 장치로 기능한다고 본다. 윌리암슨 (Williamson) 의 거래비용이론은 거래비용의 내부화를 통한 비용의 최소화를 꾀하는 이론이다. 분석 단위를 정부기관이나 기업의 조직으로 하고, 이들 간에 재화와 서비스를 교환하는 과정에서 발생하는 거래비용을 최소화하는 효율적 메커니즘을 찾는 데 용이하다. 거시 조직이론의 분류상 결정론에 해당하므로, 조직의 행동은 환경에 대한 종속변수라고 본다.

### 2) 특 징

거래비용경제학에서는 자산의 특정성과 정보의 편재성이 거래비용을 증가시키는 요인이라고 본다. 거래비용이론은 생산보다는 비용에 관심을 가지며 조직을 거래비용 감소를 위한 장치로 파악한다. 거래비용에는 거래 상대방의 기회주의적 행동에 대한 탐색비용, 감시비용 등이 포함된다.

거래비용의 절감을 위해 외부화 전략뿐만 아니라 내부화 전략도 가능한데, 거래비용이 높아지면 기업 내 위계조직 설립이 늘어난다고 설명한다. 거래비용의 최소화를 위해서는 거래를 내부화하는 것이 효율적이라고 본다. 거래비용이론은 시장에서의 거래비용이 클 경우 기업조직이 만들어진다는 이론이기 때문에 공공조직보다 민간조직에서 적용 가능성이 더 높다.

시장의 자발적인 교환행위에서 발생하는 거래비용이 관료제의 조정비용보다 클 경우 거래를 내부화하는 것이 효율적이다. 내부조정비용이 거래비용보다 작을 경우는 내부 계층제의 의한 경우가 효율적이므로, 조직 통·폐합이나 내부조직화 및 조직 내 위계조직 설립 혹은 수직적 통합 (vertical integration) 이 효과적이다.

윌리암슨 (Williamson) 의 거래비용이론에서 계층제가 시장보다 효율적이라고 주장하는 근거는 계층제가 적응적·연속적 의사결정을 용이하게 하여 인간의 제한된 합리성을 완화시키고 소수교환관계에서 기회주의를 희석시키며, 구성원들의 기대가 어느 정도 수렴됨으로써 불확실성을 감소시키고 정보밀집성 혹은 정보의 비대칭성의 문제를 극복할 수 있기 때문이다. Williamson은 조직 내 거래비용을 줄이기 위해 U (unitary) 형 조직 대신 M (multi - division) 형 조직을 제시하였다.

## ❺ 주인 – 대리인이론

### 1) 의 의

주인 – 대리인이론 (principal - agent theory) 은 주인 (principal) 과 대리인 (agent) 모두는 자신의 이익 혹은 효용을 극대화하려는 합리적인 인간 또는 기회주의적 속성을 지니고 있다고 가정하며, 나라의 주인인 국민과 대리인인 정부와의 관계에서 주인이 대리인을 제대로 통제하지 못하여 나타나는 대리손실 (agency loss) 의 문제를 다루기 위하여 제기된 이론이다.

### 2) 내 용

주인이 대리인보다 전문적인 지식이 부족하다고 간주하며, 대리인은 주인보다 우월한 능력을 가지기 때문에 주인은 대리인의 재량에 의존하는 바가 크다고 인식한다. 주인과 대리인 간의 정보의 비대칭 (information asymmetry) 으로 인하여 역선택 (adverse selection) 과 도덕적 해이 (moral hazard) 가 발생한다. 역선택 (adverse selection) 은 대리인에 대한 정보부족으로 부적격자나 무능력자를 대리인으로 선임하게 되는 사전손실이 발생하는 것을 뜻한다. 주인이 대리인을 통제하고 감시하는 데 발생하는 비용을 거래비용 (transaction cost) 이라고 한다. 대리인에 의한 도덕적 해이 (moral hazard) 는 정보의 비대칭성으로 인한 사후손실로서, 대리인에게 지급한 성과급이 거래비용보다 작을 때 나타난다.

### 3) 대 안

주인 – 대리인이론에 따르면, 주인·대리인의 정보 비대칭 문제를 해결하기 위해 대리인에게 위임된 권한에 대해 통제장치가 요구된다. 대리인이론에서는 대리인 문제를 완화하기 위하여 엄격한 평가에 바탕을 둔 인센티브 제도를 강조한다.

## ❻ 제도화이론

신제도주의는 행위 주체의 의도적이고 전략적인 행동이 제도에 영향을 미칠 수 있다는 점을 긍정하고, 제도의 안정성 차원보다는 제도설계와 변화로 관심의 초점이 옮겨지고 있다.

제도화이론에서 말하는 동형화는 사회학적 제도주의에서 말하는 동형화를 의미한다. 제도적 동형화론은 조직의 장 (organizational field) 이 생성되어 구조화되면, 내부 조직뿐만 아니라 새로 진입하려는 조직들도 유사해지는 경향을 나타낸다.

## ❼ 전략적 선택이론

전략적 선택이론은 조직구조의 변화가 외부환경 변수보다는 조직 내 정책결정자의 상황판단과 전략에 의해 결정된다고 본다. 전략적 선택이론에 의하면, 상황이 구조를 결정하기보다는 관리자의 상황 판단과 전략이 구조를 결정한다. 전략적 선택이론은 임의론이고, 분석 단위는 개별조직이다.

전략적 선택이론에 의하면 환경의 영향을 최소화하기 위한 소극적 전략으로 분류, 형평화, 성장 등을 들고 있다.

## ❽ 자원의존이론

자원의존이론은 조직이 주도적·능동적으로 환경에 대처하며, 그 환경을 조직에 유리하도록 관리하려는 존재로 본다. 자원의존이론은 자원을 획득하고 유지할 수 있는 능력을 조직 생존의 핵심요인으로 파악한다.

조직은 자원을 획득하는 데 있어 그 환경에 의존한다는 점은 인정하지만, 조직은 능동적으로 환경에 영향을 미치려고 한다고 전제하면서 조직과 환경과의 관계에서 조직의 전략적 선택을 중요시한다. 자원의존이론은 전략적 선택이론의 일종으로, 환경에 피동적으로 대응하기보다는 관리자의 통제능력에 의한 능동적이고 적극적인 환경관리를 중시한다.

## ❾ 공동체 생태학이론

공동체 생태학이론은 조직 간의 관계에 대해 논의를 전개한다. 공동체 생태학이론은 조직을 생태학적 공동체 속에서 상호의존적인 조직군들의 한 구성원으로 파악하여 조직 내적 논리보다는 조직 간 공동전략에 의한 능동적 환경적응과정을 강조한다.

전략적 선택이론, 자원의존이론, 공동체 생태학이론은 임의론적 관점을 채택하고 있다.

**✚ 표 3−13 주요 거시조직이론의 분류**

| 분석수준 | | 환경 인식 | | 기 타 |
| --- | --- | --- | --- | --- |
| | | 결정론 (환경이 독립변수) | 임의론 (환경이 종속변수) | |
| 분석수준 | 개별조직 | 체제구조적 관점 – 구조적 상황론 | 전략적 선택 관점 – 전략적 선택이론, 자원의존이론 | 제도주의 관점 |
| | 조직군 | 자연적 선택 관점 – 조직군 생태학이론, 조직경제학 | 집단적 행동 관점 – 공동체 생태학이론 | |

출처: Astley & Van de Ven(1983: 245 – 273), 이창원 외(2014: 482).

---

## 제1절 인간관과 조직관리

### ❶ 인간관과 이론

인간이 가진 욕구의 경향성을 분류한 것이 인간관이다. 샤인 (Shein, 1965) 에 의하면, 조직의 인간관은 합리적·경제적 인간관, 사회적 인간관, 자기실현적 인간관, 복잡한 인간관으로 구분된다.

첫째, 합리적·경제적 인간관에는 머슬로 (Maslow) 의 생리적 욕구와 안전 욕구 수준의 인간관, 맥그리거 (McGregor) 의 X 이론, 아지리스 (Argyris) 의 미성숙인, 앨더퍼 (Alderfer) 의 생존 욕구, 과학적 관리론, 고전적 관료제론 등이 해당된다.

둘째, 사회적 인간관에는 인간관계론, 호손실험, 머슬로 (Maslow) 의 사회적 욕구, 앨더퍼 (Alderfer) 의 관계적 욕구 등이 해당된다.

셋째, 자아실현적 인간관에는 머슬로 (Maslow) 의 자아실현인, 맥그리거 (McGregor) 의 Y이론, 아지리스 (Argyris) 의 성숙인, 앨더퍼 (Alderfer) 의 성장욕구 등이 속한다.

넷째, 복잡한 인간관에 속하는 것은 샤인 (Schein) 의 복잡인, 라모스 (Ramos) 의 괄호인 등이다.

### ❷ 합리적·경제적 인간관

#### 1) 의 의

합리적·경제적 인간관은 조직목표와 개인 목표의 조화에 관한 교환모형을 동기부여의 기본 모형으로 삼는다. 합리적·경제적 인간관은 인간을 자신의 이익을 극대화하기 위해 행동하는 존재로 본다. 대부분의 사람들은 본질적으로 일을 싫어하며, 가능하면 일을 하지 않으려고 하면서도 안전을 원하고 변화에는 저항적이라고 가정한다.

#### 2) 합리적·경제적 인간관의 조직인 관리전략

합리적·경제적 인간관의 조직인 관리전략은 조직 체제를 합리적으로 구성해 기계적 생산체제를 확립하는 것이다. 정확한 업무지시와 감독을 강화해야 하고, 관리자가 조직구성원에게 적절한 업무량을 부과하여 업무를 수행하게 해야 한다. 업무 평가 결과에 따른 엄격한 상벌의 원칙을 제시한다.[2]

---

2 예를 들면 업무평가 하위 10%에 해당하는 직원에 대한 20%의 급여삭감계획은 더욱 많은 업무 노력을 이끌어 낼 수 있는 방법이다. 채찍인 강제 및 위협 등과 같은 강경한 (hard) 방법 및 당근인 경제적 보상, 대인관계 개선 등의 인간의 하위욕구 충족과 같은 부드러운 (soft) 방법이 있다.

교환형 관리에 기초하므로, 구성원이 달성한 생산과 업적에 따라 경제적 보상 유인체계를 확립한다. 교환조건에 대한 약속이행 여부를 감시·통제하고, 조직의 목표달성으로부터 이탈하는 구성원을 물리적 불이익이나 제재를 통해 통제한다. 합리적 조직인은 경제적 유인에 의해 동기부여가 되며, 인간은 조직에 의해 통제 및 동기화되는 수동적 존재로 간주한다. 인간의 감정은 비합리적이어서 합리적 이익 추구를 방해한다고 인식한다. 따라서 조직은 인간의 감정과 같은 주관적 요소를 통제할 수 있도록 설계되어야 한다.

## ❸ 사회적 인간관

### 1) 의 의

사회적 인간관은 인간을 사회적 존재로 인식한다. 인간은 감정과 정서의 매개에 의해 자연스럽게 형성된 비공식집단 속에서 안정감과 소속감에 대한 욕구를 충족할 수 있으며, 일에 대한 동기도 부여된다는 입장이다.

대부분의 사람들은 본질적으로 일을 싫어하는 것이 아니며, 사람들에게 일이란 작업조건만 제대로 정비되면 놀이를 하거나 쉬는 것과 같이 극히 자연스러운 것이고 인간이 물리적·사회적 환경에 도전하는 여러 방법 중의 하나라고 가정한다.

### 2) 사회적 인간관에 부합하는 조직관리전략

사회적 인간관에 부합하는 조직관리전략은 의사결정 시 부하직원을 참여시키고 자율적으로 업무를 수행할 수 있도록 해야 한다. 공식집단 내에서 자생적으로 발생한 비공식집단의 실체를 수용해야 한다고 주장한다. 중간관리층은 하급자들을 고위관리층과 연결하는 가교 역할을 담당해야 한다.

사회적 인간관과 합리적·경제적 인간관은 인간의 피동성, 동기부여의 외재성, 욕구체계의 획일성이란 측면에서 공통점을 지니고, 두 인간관 모두 '교환에 의한 관리'를 강조한다. 사회적 인간관에 의한 동기유발 전략은 합리적·경제적 인간관처럼 교환모형에 입각해 사회적 유인과 직무 수행을 교환한다.

## ❹ 자아실현적 인간관

### 1) 의 의

자아실현적 인간관(성장이론)은 조직 속의 인간을 자아를 실현하려는 존재로 파악한다. 인간은 부단히 자기를 확장하고 창조하며 실현해가는 주체로 본다. 자아실현적 인간관은 동기 유발을 위해서는 자율적인 업무성취와 보람 있는 직업생활을 보장하도록 하는 데 초점을 둔다.

### 2) 자아실현인에 대한 관리전략

자아실현인에 대한 관리전략은 조직구성원들이 자신들의 직무에서 의미를 발견하면서 긍지와 자존심을 갖고 도전적으로 직무를 담당할 수 있게 해야 한다. 관리자는 조직구성원을 통제하기보다 면담자나 촉매자로서의 역할을 수행하는 데 역점을 두어야 한다. 구성원들에게 외부에서 부여하는 경제적·사회적 보상보다는 성취감이나 만족감과 같은 내적인 보상을 얻도록 하는 것이 중요하다. '통합형 관리전략'을 적용해서 개인과 조직의 목표를 융화 및 일체화하려는 노력이 요구된다. 즉 구성원들을 의사결정 과정에 참여시켜 조직목표를 위해 기여하도록 이끈다.

## ❺ 복잡인 인간관

### 1) 의 의

복잡인 인간관은 합리적·경제적 인간관, 사회적 인간관, 자아실현적 인간관들은 인간을 과도하게 단순화하거나 일반화해서 특정한 상황의 인간을 설명하지 못하는 경우가 많다고 비판하고 있다. 복잡한 인간관은 인간을 현실적으로 단순하게 일반화하거나 유형화할 수 없는 복잡한 존재로 본다.

### 2) 복잡인에 대한 조직관리전략

샤인에 의하면 조직 내 인간은 다양한 욕구와 잠재력을 지닌 존재이며, 인간의 동기는 상황에 따라 달라지므로 관리자는 '상황적응적 관리'를 통해 관리전략을 구사해야 한다고 주장했다.

복잡인 인간에 대한 조직관리전략의 관리자는 조직 내외의 상황을 파악하여 구성원을 관리해야 한다. 관리자는 구성원의 변화가능성과 개인 간의 차이를 인식하고, 진단가적 자세로 구성원들 각자에 맞는 융통성 있는 '다원적 관리전략'을 사용해야 한다.

**➕ 표 3−14 인간관과 조직관리**

| 구 분 | | 관련 이론 |
| --- | --- | --- |
| 교환형 관리 | 합리적·경제적 인간관 | 과학적 관리론, Maslow의 생리적 욕구·안전 욕구 수준의 인간관, Alderfer의 생존 욕구, McGregor의 X이론, Argyris의 미성숙인, 고전적 관료제론 |
| | 사회적 인간관 | 인간관계론, 호손실험, Maslow의 사회적 욕구, Alderfer의 관계적 욕구, McGregor의 Y이론 |
| 통합형 관리 (참여형 관리), 자아실현적 인간관 (성장이론) | | 후기 인간관계론, Maslow의 자아실현인, McGregor의 Y이론, Argyris의 성숙인, Alderfer의 성장 욕구 |
| 상황적응적 (다원형) 관리, 복잡인 인간관 | | 체제론, 상황론, Schein의 복잡인, Ramos의 괄호인 |

## ❻ 공공서비스 동기

### 1) 의 의

Perry, James L. & Wise, L. R. (1990)의 공공서비스 동기 또는 공직봉사 동기(PSM: Public Service Motivation) 이론은 공공부문의 종사자들을 봉사의식이 투철하고 공공부문에 더 큰 관심을 가지며, 공공의 문제에 영향을 미칠 수 있다는 것에 큰 가치를 부여하고 있는 사람들로 전제한다.

동기유발요인으로 금전적·물질적 보상보다 지역공동체나 국가, 인류를 위해 봉사하려는 이타심에 주목하는 이론이다.

### 2) 특 징

공무원은 민간부문 종사자와는 다른 가치관을 가지고 있다고 전제한다. 경제적 보상이 민간기업에 비해서 공공조직에서는 잘 작동되지 않을 것으로 가정한다. 공무원에 대한 동기부여에 있어서 외재적 요인보다 내재적 요인이 더 강한 영향을 미칠 것이라는 관점이다.

공공부문에 종사하기 이전 성장과정에서 공익을 위한 이타적 성향이 형성될 수도 있고, 공무원 입직 (入職) 이후 사회화 과정을 통하여 공직봉사동기의 내재화 (內在化) 가 가능하다는 견해이다.

## 3) 유 형

Perry & Wise (1990) 에 의하면 공직동기는 합리적 차원 (rational motive), 규범적 차원 (norm - based motive), 정서적 차원 (affective motive) 으로 구성된다.

첫째, 합리적 차원 (rational motive) 의 동기는 공공정책 결정에 대한 호감도를 뜻한다. 공공정책 결정과정에 참여하여 사회문제를 해결하거나 또는 사회적 고통수준을 낮추는 데에 기여하는 과정에서 만족감과 자긍심이 높아지는 것이다.

둘째, 규범적 차원 (norm - based motive) 의 동기는 공익에 대한 몰입을 뜻한다. 공익에 대한 봉사욕구, 높은 수준의 애국심과 국가와 국민에 대한 충성심, 사회적 소수자 및 사회적 약자에 대한 사회적 형평성 추구 등을 포함한다.

셋째, 정서적 차원 (affective motive) 은 동정심과 희생정신을 내포한다. 정책의 사회적 중요성에 대한 진실한 신념에 토대를 두는 정책에 대한 몰입 또는 타인에 대한 사랑과 희생에 기초한 선의의 애국심 (patriotism of benevolence) 등을 포함한다.

## 4) 한 계

민간부문의 종사자들도 공공 문제나 타인에 대한 봉사 동기가 없다고 단정하기는 어렵다. 차이를 구분짓는다면 상대적으로 공공부문의 종사자들은 안전 욕구가 강하고, 민간부문의 종사자들은 경제적 욕구가 강하다고 볼 수는 있다.

---

## 제2절 내용이론

### ❶ 내용이론의 체계

#### 1) 의 의

내용이론은 '동기를 유발하는 내용이 무엇인지'를 설명하는 이론이다. 내용이론은 '무엇이 동기를 유발하는가'에 초점을 두는 이론이다. 내용이론은 인간의 욕구와 그 욕구를 충족시키는 유인에 대한 이론체계로, '욕구이론 (needs theory)'이라고도 부른다. 욕구란 필요하지만 결핍된 상태일 경우에 생기므로, 내용이론은 사람들의 결핍된 욕구를 채워줌으로써 동기를 부여할 수 있다고 본다.

#### 2) 내용이론 구분

내용이론은 교환모형, 성장이론, 복잡인 모형으로 구분할 수 있다. 성장이론 (growth theory) 은 조직원의 자아실현적 욕구와 성장적 측면을 강조하는 동기이론이다.

**✚ 표 3-15 동기부여 내용이론**

| 모 형 | | 해당 이론 |
|---|---|---|
| 교환모형 | 합리적 경제인 | 과학적 관리론, 맥그리거 (McGregor) 의 X이론 |
| | 사회인 | 맥그리거 (McGregor) 의 Y이론, 인간관계론 |
| 성장이론 | | 매슬로 (Maslow) 의 욕구단계이론, 앨더퍼 (C. Alderfer) 의 ERG이론, 아지리스 (Argyris) 의 성숙과 미성숙 이론, 맥그리거 (McGregor) 의 X이론과 Y이론, 허즈버그 (Herzberg) 의 욕구충족요인 이원론, 맥클리랜드 (D. McClelland) 의 성취동기이론, Likert의 관리체제이론 |
| 복잡인모형 | | 샤인 (Shein) 의 복잡인관, Ramos의 Z이론: 괄호인 (일정한 범주의 재량권), Lundstedt의 Z이론: 방임형관리, Lawless의 Z이론: 상황적응적 관리, Bennis의 Z이론: 탐구형 인간, Ouchi의 Z이론: 경영가족주의 (일본식 Z이론), Hackman & Oldman의 직무특성모델 (과정이론으로 보는 견해도 있음) |

## ❷ Maslow의 욕구단계이론

Abraham Harold Maslow (1954) 의 욕구단계이론은 가장 낮은 생리적 욕구부터 시작하여 안전 욕구, 사회적 욕구 또는 소속의 욕구, 존중 또는 존경에 대한 욕구, 자아실현 욕구 순으로 다섯 가지의 위계적 욕구단계가 존재한다.

매슬로우 (A. H. Maslow) 는 인간의 욕구는 서로 상관되어 있으며 순차적으로 발로되는 우선순위의 계층을 이룬다고 본다. 하위욕구를 충족하게 되면 그 다음 단계의 욕구가 나타나는 것과 같이 순차적으로 다른 욕구가 발로되며, 어떤 욕구가 충족되면 그 욕구의 강도는 약해지며 충족된 욕구는 동기유발요인으로서의 의미를 상실한다. 다만, 어느 한 단계의 욕구가 완전히 충족되어야만 다음 단계의 욕구를 추구하게 되는 것은 아니다.

Maslow는 충족된 욕구는 동기부여의 역할이 약화되고, 그 다음 단계의 욕구가 새로운 동기 요인이 된다고 하였다. 그러나 Maslow의 욕구계층론에 대하여 각 욕구단계가 명확히 구분되지 않는다는 비판이 있다. 또한, Maslow의 욕구계층이론은 두 가지 이상 욕구가 동시에 작용되는 것을 설명하기 어렵다.

## ❸ Alderfer의 ERG이론

Clayton Paul Alderfer (1972) 는 인간의 욕구를 존재 (Existence), 관계 (Relatedness), 성장 (Growth) 의 3단계로 나누고 '좌절-퇴행' 접근법을 주장한다. ERG이론은 매슬로우의 욕구 5단계를 줄여서 생존·존재 욕구, 대인관계 욕구, 성장 욕구의 세 단계를 제시하였다.

Maslow의 생리적 욕구와 안전의 욕구는 Alderfer의 ERG이론의 첫 번째 욕구단계인 존재 (Existence) 욕구에 해당하고, Maslow의 자아실현 욕구는 Alderfer의 성장 (Growth) 욕구와 유사하다. Alderfer는 ERG이론에서, Maslow의 욕구 5단계이론과 달리 욕구 추구는 분절적으로 일어날 수도 있지만, 두 가지 이상의 욕구를 동시에 추구하기도 한다는 복합연결형의 욕구단계를 설명한다.

Alderfer의 ERG이론은 욕구의 계층화를 시도한 점에서 Maslow의 욕구단계이론과 유사하지만, '좌절-퇴행' 접근법을 주장한 점에서는 차이를 보인다. Alderfer는 상위욕구가 만족되지 않거나 좌절될 때 하위욕구를 더욱 충족시키고자 한다는 좌절-퇴행법을 주장하였다.

## ❹ Argyris의 성숙과 미성숙이론

Chris Argyris (1957)는 인간은 미성숙 상태에서 성숙 상태로 발전하는 과정에서 성격변화를 경험한다고 주장한다. 아지리스 (Chris Argyris)는 미성숙–성숙이론에서 공식 조직이 개인의 행태에 미치는 영향 연구를 통하여, 미성숙 상태에서 성숙 상태로 발전하는 성격 변화의 경험이 성취동기의 기본이 된다고 주장하였다. Argyris는 조직목표와 개인목표가 일치하는 조직이 건강한 조직이라고 주장하였다.

## ❺ McGregor의 X이론과 Y이론

### 1) X이론

Douglas McGregor (1960)의 이론에서 X이론은 하위욕구를, Y이론은 상위욕구를 중시한다. X이론에 의하면 대부분의 사람들은 본질적으로 일을 싫어하며 가능하면 일을 하지 않으려고 한다. 또한 안전을 원하고 변화에 저항적이다.
맥그리거 (Douglas McGregor)의 X이론 측면에서 조직의 관리전략은 권위주의 리더십에 의거하여 정확한 업무지시와 감독을 강화해야 한다. 경제적 보상체계를 강화하여 업무 평가 결과에 따른 엄격한 상벌의 원칙을 제시한다. 관리자가 조직구성원에게 적절한 업무량을 부과하여 업무를 수행하게 해야 한다.

### 2) Y이론

맥그리거 (Douglas McGregor)의 Y이론은 의사결정 시 부하직원을 참여시키고 권한을 확대해서 자율적으로 업무를 수행할 수 있게 한다. McGregor는 Y이론적 관리전략으로 자율에 의한 통제, 잠재력 발휘를 위한 여건의 조성, 통합의 원리, 비공식적 조직활용, 목표에 의한 관리체계의 구축 등을 제시하였다.

## ❻ Herzberg의 욕구충족요인 이원론

### 1) 의 의

Frederick Herzberg (1966)의 욕구충족 2요인론 (two - factor theory)은, Maslow의 욕구계층화와 달리 조직 구성원에게 만족을 주는 요인과 불만족을 주는 요인은 상호 독립적이라고 본다. 인간의 욕구를 만족 (satisfaction)과 불만 (dissatisfaction)이라는 상호 독립적인 이원적 구조로 파악하면서 만족의 반대를 만족이 없는 상태 (no - satisfaction)로, 불만족의 반대를 만족이 아니라 불만족이 없는 상태 (no - dissatisfaction)로 규정한다.
Herzberg은 만족과 불만족을 서로 다른 차원으로 이해하면서, 불만요인 (위생요인)을 없앤다고 해서 적극적으로 만족감을 느끼는 것은 아니라고 했다. 욕구충족 이원론은 만족을 유발하는 요인으로서 동기요인 (motivation factors)과 불만족을 유발하는 위생요인 (hygiene factors)으로 구성된다.

### 2) 동기요인과 위생요인

동기요인 (motivation factors)이란 만족을 느끼게 하는 심리적 요인으로서 직무 그 자체이며, 위생요인은 불만족을 느끼게 하는 요인으로서 직무의 환경과 관련된 것이다.

동기요인은 성취 (achievement), 인정 (recognition), 직무자체 (the work itself), 책임감 (responsibility), 승진 (advancement), 성장 (growth) 등이다.

위생요인 (hygiene factors) 은 조직의 정책과 관리 (policies & administration), 감독 (supervision), 작업환경 (working condition), 보수 (salary), 인간관계 (interpersonal relations), 직위 (status), 직무안정성 (job security) 등이다.

낮은 보수의 인상, 작업조건에 대한 불만을 해소한다고 하더라도 근무태도에 장기적인 영향을 미치지는 않는다고 본다. 허즈버그 (F. Herzberg) 의 이론은 실제의 동기유발과 만족 자체에 중점을 두고 있기 때문에, 산업체의 기술자와 회계사 등 상위 욕구를 추구하는 계층에 적용이 용이하다.

그러나 Herzberg의 욕구충족요인 이원론에 대하여는 위생요인과 동기요인이 구성원에 따라 다를 수 있다는 점인 개인의 욕구 차이에 대한 충분한 고려가 없다는 비판이 있다. 또한 기사와 회계사들을 연구대상으로 하였기 때문에 연구결과의 일반화가 곤란하다는 비판을 받는다.

## ❼ McClelland의 성취동기이론

David McClelland (1961) 는 모든 사람이 공통적으로 비슷한 욕구의 계층을 갖고 있고 개인마다 욕구 계층의 차이가 없다는 Maslow의 이론을 비판하면서, 개인의 행동을 동기화시키는 잠재력을 지니고 있는 욕구는 학습되는 것으로 개인마다 욕구 계층의 차이가 있다고 주장했다.

맥클리랜드 (D. McClelland) 는 동기는 개인의 본능적 특성보다는 학습이 중요하게 작용하며 사회문화와 상호작용하는 과정에서 취득되는 것으로, 친교 욕구 (need for affiliation), 권력 욕구 (need for power), 성취 욕구 (need for achievement) 가 있다고 보았다.

McCelland의 성취동기이론에 의하면, 성취 욕구는 행운을 바라는 것이 아니라 우수한 결과를 얻기 위해 높은 기준을 설정하고 이를 달성하려는 욕구로, 성취 욕구가 높을수록 생산성이 높아진다고 주장한다.

## ❽ Likert의 관리체제이론

Rensis Likert (1961) 는 체제1, 체제2, 체제3, 체제4로 구분했다.[3] 체제1과 체제2는 상대적으로 낮은 욕구와 관련되고, 관리자의 부하에 대한 신뢰도가 낮아서 관리자는 권위형 (authoritative system) 의 행태를 보인다. 체제1은 극단적인 권위적 통제를 내용으로 하는 착취적 (exploitative) 권위형이고 체제2는 온정적 (benevolent) 권위형이다.

반면에 체제3과 체제4는 상대적으로 높은 욕구와 관련되고, 관리자의 부하에 대한 신뢰도가 높아서 관리자는 부하의 참여를 인정하는 참여형 (participative system) 의 행태를 보인다. 체제3은 부하에 대한 상당한 정도의 신뢰에 기초한 협의적 (consultative) 참여형이고, 체제4는 부하에 대한 완전한 신뢰를 토대로 하는 협동적 참여 또는 참여집단형 (participative group system) 이다.

---

[3] Likert의 체제1과 체제2에 가까운 모형은 McGregor의 X이론, Herzberg의 위생요인 등이다. 반면에 Likert의 체제3과 체제4에 가까운 모형은 McGregor의 Y이론, Herzberg의 동기요인 등이다.

## ❾ 복잡인 모형

### 1) Schein의 복잡인

Edgar H. Schein (1985)에 의하면 인간은 다양한 욕구와 잠재력을 가진 복잡한 존재로서 개인별로 복잡성의 유형도 다르다고 보았다. 개인은 다양한 차원에서 다양한 특성을 지니고 있으므로 상황에 따라 개인을 다양한 시각으로 이해할 필요가 있다.

샤인 (Schein)의 복잡인 시각에 담겨 있는 기본 전제는 인간은 복잡하고 고도의 가변성을 지니고 있으며, 조직생활을 통해서 새로운 동기를 습득할 수 있다는 것이다. 동기는 조직의 성격 및 사람의 조직 내에서의 위치에 따라 다르며, 사람은 여러 종류의 관리전략에 대응할 수 있다는 것이다.

### 2) Z이론

첫째, William G. Ouchi (1981)의 Z이론은 미국조직을 A, 일본조직을 J, 미국사회에 적응된 일본식 조직을 Z모형으로 설명하면서 Z모형의 우수성을 강조한다. Z모형은 경영가족주의라고 할 수 있다.

오우치 (Ouchi)의 Z모형의 특징은 직원에 대한 전인격적 (全人格的) 관심, 장기적인 고용관계, 일반가 (generalist) 양성중심의 인사관리, 집단적·합의적 의사결정과 개인적 책임, 신속한 평가와 빠른 승진이 아니라 엄격한 평가와 느린 승진이며, 빈번하고 공식적인 평가가 아니라 비공식적이고 암묵적인 평가를 강조한다.

둘째, Sven Lundstedt (1972)는 X이론은 독재형, Y이론은 민주형, Z이론은 자유방임형 조직으로 보면서, 무정부상태와 같은 방임형 관리를 강조한다.

셋째, David J. Lawless (1972)는 변동환경과 조직의 특성을 고려한 상황적응적 관리전략 수립의 필요성을 강조한다.

넷째, Alberto Guerreiro Ramos (1972)는 X인간을 작전인 (operational man), Y인간을 반응인 (reactive man), 제3유형을 괄호인 (parenthetical man)이라고 칭한다. 괄호인이란 자기 (ego)와 환경을 객관적으로 검토할 수 있는 성찰적 인간형으로, 이들에게는 일정한 범주의 재량권이 부여될 필요가 있으며 의사결정과정에서 참여 확대가 필요하다.

다섯째, Warren G. Bennis (1966)는 앞으로의 경영은 관료형 인간, 인간관계적 인간을 넘어 진리탐구를 추구하는 탐구형 또는 과학적 태도형의 인간이 요구된다고 주장한다.

## ❿ Hackman & Oldham의 직무특성이론[4]

J. R. Hackman & G. Oldham (1976)의 직무특성이론은 직무가 조직화되는 방법에 따라 조직원의 노력 정도가 달라진다는 점에 착안하여 모든 직무를 다섯 가지 핵심 직무 차원으로 구분했다.

핵맨과 올드햄 (Hackman & Oldham)의 직무특성이론에 따르면 성장욕구 수준이 낮은 사람의 경우 더 높은 수준의 직무를 제공하는 것은 바람직하지 않다. 구성원의 내재적 동기부여를 강조한 이론으로, 구성원의 성장욕구가 강할 때 효과적인 이론이다.

---

4 다만, 핵맨과 올드햄 (Hackman & Oldham)의 직무특성이론을 과정이론에 속하는 것으로 보는 견해들도 있다.

이 모델은 기술다양성, 직무정체성, 직무중요성, 자율성, 환류 등 다섯 가지의 핵심 직무특성을 제시한다. 기술다양성은 직무수행에 요구되는 기술의 종류이다. 직무정체성이란 주어진 직무의 내용이 하나의 제품 혹은 서비스를 처음부터 끝까지 완성시킬 수 있도록 구성되어 있는지에 관한 것으로, 직무내용의 완결성 정도이다. 직무중요성이란 자신이 수행하는 직무가 조직과 다른 사람들의 삶과 일에 영향을 미치는 정도를 말한다. 자율성은 업무결과에 대한 책임성 인식을 제고하는 직무설계의 측면이다. 환류는 성과에 대한 지식으로, 직무수행 성과에 대한 정보의 유무를 의미한다.

잠재적 동기지수(Motivating Potential Score: MPS) 공식에 의하면, 제시된 직무특성들 중 자율성과 환류가 동기부여에 가장 중요한 역할을 한다. 자율성과 환류 중 어느 한 가지만 없어도 잠재적으로 동기가 전혀 부여되지 않는다. 업무수행에 있어서 갖는 자율성을 강조하며, 업무결과에 대한 환류는 동기부여에 긍정적 작용을 한다고 가정한다.

$$\text{잠재적 동기지수} = \frac{\text{기술다양성} + \text{직무정체성} + \text{직무중요성}}{3} \times \text{자율성} \times \text{환류}$$

## 제3절 | 과정이론

### ❶ 과정이론의 체계

과정이론은 '인간 행동의 동기가 어떻게 유발되는가'에 중점을 둔다. 과정이론은 '일에 대한 의욕이나 노력이 어떠한 경로를 거쳐 실제행동과 성과로 옮겨지는지'에 초점을 맞춘다.

**✚ 표 3-16 동기부여 과정이론 체계**

| 모 형 | 해당 이론 | |
|---|---|---|
| 기대이론 | • 브룸 (Vroom) 의 기대이론 (VIE), 앳킨슨 (J. Atkinson) 의 기대모형<br>• 포터 (L. Porter) 와 로울러 (E. Lawler) 의 성과 (업적) – 만족이론<br>• 조고폴로스 (Georgopoulos) 의 통로·목적이론 | |
| 학습이론 | 고전적 학습이론 | • Skinner의 강화이론 (학습이론)<br>• 조건화 이론 |
| | 현대 학습이론 | • 사회적 학습이론<br>• 자율학습이론<br>• 인지학습이론 |
| 형평성 이론 | 애덤스 (Adams) 의 형평성 (equity) 이론 | |
| 목표설정 모형 | 로크 (Locke) 의 목표설정이론 | |

## ❷ Vroom의 기대이론

### 1) 의 의

Victor H. Vroom (1964)은 동기부여의 강도를 산정하는 기본개념으로 유인가 또는 유의성 (valence), 수단성 (instrumentality), 기대감 (expectancy)을 제시하였다. 브룸 (V. H. Vroom)의 기대이론에 의하면, 개인의 선호에 부합하는 결과물을 유인으로 제시할 경우에 동기부여가 된다. 동기부여의 정도는 사람들이 선호하는 결과를 가져올 때, 자신의 특정한 행동이 그 결과를 가져오는 수단이 된다고 믿는 정도에 따라 달라진다고 본다. 유의성 (valence)이란 어느 개인이 원하는 특정한 보상에 대한 선호의 강도를 뜻한다. 수단성 (instrumentality)이란 개인이 지각하기에 어떤 특정한 수준의 성과를 달성하면 바람직한 보상이 주어지리라고 믿는 정도를 의미한다. 기대감 (expectancy)은 일정한 노력을 기울이면 근무성과를 가져올 수 있으리라는 가능성에 대한 인간의 주관적인 확률과 관련된 믿음을 말한다.

### 2) 내 용

Vroom의 기대이론에 따를 경우 조직구성원의 직무수행 동기를 유발하기 위한 조건은 첫째, 내가 받을 보상은 나에게 가치 있는 것이라는 유인가 (valence)가 충족되어야 한다. 선호의 강도는 긍정적 보상의 경우 정 (+)의 유의성·유인가를 갖고, 부정적 보상의 경우는 부 (-)의 유의성을 갖는다. 둘째, 내가 높은 등급의 실적평가를 받으면 많은 보상을 받을 수 있다는 수단치 (instrumentality)가 충족되어야 한다. 높은 성과가 항상 높은 보상을 가져올 것으로 기대한 경우 수단치는 '1'이 된다. 셋째, 내가 노력하면 높은 등급의 실적평가를 받을 수 있다는 기대치 (expectancy)가 충족되어야 한다. Vroom은 조직구성원의 동기는 기대 (0~1), 수단성 (-1~+1), 유의성 또는 유인가 (-n~+n) 등 3가지 요소의 값이 각각 최댓값이 되면 최대의 동기부여가 되고, 각 요소 중에 하나라도 '0'이 되면 전체 값이 '0'이 되어 동기부여가 되지 않는다고 했다.

Vroom은 성과에 영향을 미치는 요인으로 노력 이외에도 직무수행의 능력과 직무수행에 필요한 여러 가지 환경 요인을 들고 있다.

한편, Vroom의 이론은 동기부여의 방안을 구체적으로 제시하지 못하는 한계가 있다.

## ❸ Adams의 형평성 이론

### 1) 의 의

John Stacy Adams (1963)는 형평성 (equity) 이론에서 자신이 투입한 노력과 그로 인하여 받은 보상의 비율이 다른 사람과 비교하여 공평해야 한다는 균형성 (balance)이 충족되어야 행동동기에 영향을 준다고 본다. 애덤스 (Adams)의 공정성 이론 (equity theory)은 개인이 자신의 직무에 대한 공헌도 (투입)와 보상 (산출)을 준거인물과 비교하여 불공정성을 느끼는 경우 이를 해소하는 방향으로 동기가 부여된다고 본다.

동기부여에 있어서 조직원의 지각의 중요성을 인식한다. 개인은 업적에 따라 보상을 받게 되며, 이때 주어지는 보상은 공평한 것으로 지각되어야 하는데, 개인이 불공평하다고 인식하면 만족을 줄 수 없게 된다고 본다. 즉, 단순히 프로젝트에 참여한 모든 사람에게 동일한 보상을 주는 것이 동기부여 방안이 될 수 없다.

## 2) 공정성을 위한 지각

Adams는 불공정한 상황을 공정한 상황으로 시정하기 위해서 동기부여가 가능해진다고 보았다. 불공정성을 줄이기 위해서 조직원은 투입과 산출의 수준과 방향에 변화를 주어 공정한 지각이 되도록 한다. 처우의 공평성은 자신의 투입·산출을 준거인의 투입·산출과 비교하여 평가하게 된다.

첫째, 투입을 변경하는 것이다. 과소보상상황에서는 직무수행에 있어서 투입하는 노력과 시간의 절대량을 줄이고, 과대보상상황에서는 노력과 시간의 절대량을 늘릴 수 있다.

둘째, 산출을 변화시키는 방법이다. 과소보상상황에서는 생산량을 늘려 더 많은 성과급을 받을 수 있도록 하고, 과대보상상황에서는 생산량을 줄여서 전체적인 보상수준을 낮출 수 있다.

셋째, 자신에 대한 지각을 왜곡하는 것이다. 과소보상상황에서는 자신이 생각보다 열심히 일하지 않았다고 왜곡해 평가함으로써 투입 대비 산출의 비율 차이를 줄일 수 있게 되며, 과대보상상황에서는 자신이 타인보다 훨씬 더 열심히 일했다고 왜곡해 평가함으로써 죄책감을 줄일 수 있다.

넷째, 타인에 대한 지각을 왜곡하는 것이다. 과소보상상황에서는 타인이 자신보다 훨씬 더 열심히 일했다고 왜곡해 평가함으로써 투입 대비 산출의 비율 차이를 줄일 수 있게 되며, 과대보상상황에서는 타인이 자신보다 열심히 일하지 않았다고 왜곡해 평가함으로써 죄책감을 줄일 수 있다.

다섯째, 타인과의 비교에 있어 다른 준거 인물을 선정하는 것이다. 과소보상상황에서는 기존의 준거인물보다 성과가 다소 떨어지는 사람을, 과대보상상황에서는 기존의 준거인물보다 성과가 높은 사람을 선택함으로써 지각된 불공정성을 시정할 수 있다.

여섯째, 조직을 떠나는 것이다. 개인은 일을 그만둠으로써 불공정한 상황으로부터 벗어날 수 있게 된다.

## ❹ Porter & Lawler의 성과 – 만족이론

### 1) 내재적 보상과 외재적 보상

Lyman W. Porter & Edward E. Lawler Ⅲ (1968) 의 성과 (업적) – 만족이론은 성과의 수준이 업무만족의 원인이 된다고 본다. 포터 (Porter) 와 롤러 (Lawler) 는 인간의 동기유발요인을 내재적 보상과 외재적 보상으로 나눴다.

외재적 보상은 조직의 통제 하에 있는 보상으로 주로 하위 욕구와 관련되며 보수, 승진, 근무환경, 안전 등과 같은 개인의 환경과 관련된 것을 지칭했다.

내재적 보상은 직무성과에 대해 개인이 스스로 얻는 보상으로, 자기실현 욕구와 성장 욕구와 같은 상위 욕구와 관련된 것으로 심리적인 보상, 성취감, 자아실현 등이 포함된다. 이러한 내재적 보상이 이익 및 승진 등과 같은 외재적 보상보다 더 중요하다고 주장하였다.

### 2) 보상의 유의성

Porter와 Lawler는 조직 내 구성원은 노력에 대한 보상의 유의성 (valence) 이 높다고 느낄수록, 그리고 노력이 바람직한 보상을 가져올 것이라는 기대감이 높을수록 더 많은 노력을 한다고 가정했다.

## 3) 보상의 공정성에 대한 개인의 만족감

Porter와 Lawler는 보상의 공정성에 대한 개인의 만족감을 주요 변수로 삼아 기대이론을 보완하였다. 내재적·외재적 보상이 있더라도 그것이 불공평하다고 지각되면 개인에게 만족을 줄 수 없다.

개인이 실제로 받은 보상의 양뿐만 아니라 그가 받아야 한다고 기대하는 보상의 양도 만족에 영향을 미친다. 직무성과는 내재적·외재적 보상을 가져오며, 이 관계는 불완전하게 연결될 가능성이 있다. 보수나 승진 등의 외재적 보상은 높은 성과에 대하여 개인이 스스로 얻는 보상인 내재적 보상보다 성과 (직무성취) 이외에 다른 요인을 함께 고려하는 것이 일반적이기 때문에 성과와 외재적 보상의 연결은 불완전해질 가능성이 크다.

## ❺ Locke의 목표설정이론

Edwin A. Locke (1968) 의 목표설정이론 (goal setting theory) 에 의하면 난이도가 높고 구체적인 목표를 제시하는 것이 동기부여가 된다.

구체적이고 어려운 목표의 설정과 목표성취도에 대한 환류의 제공이 업무담당자의 동기를 유발하고 업무성취를 향상시킨다고 본다.

## ❻ Skinner의 강화이론

### 1) 의 의

Burrhus Frederic Skinner (1953) 의 강화이론 (reinforcement theory) 은 동기이론 가운데 과정이론에 속하고, 강화물은 사람에 따라 다양한 차이가 발생한다. 강화이론은 행태변화에 초점을 둔 행태주의자들의 동기이론이다. 스키너 (Skinner) 는 칭찬, 출산장려금 지급과 같은 적극적 강화가 가장 바람직한 수단이라고 주장하였다.

### 2) 적극적 강화

첫째, 연속적 강화 (continuous reinforcement) 는 조직의 강화일정 중 초기단계의 학습에서 바람직한 행동의 빈도를 늘리는 데 효과적인 방법이다. 연속적 강화는 초기단계 학습에서는 효과적이나, 강화효과가 빨리 소멸하므로 관리자에게는 도움이 되지 않는 편이다.

둘째, 고정간격강화 또는 고정간격계획 (fixed interval schedule) 은 부하의 행동이 발생하는 빈도와 관계없이 월급처럼 일정한 시간적 간격으로 강화요인을 제공하는 것이다.

셋째, 변동간격강화 또는 변수간격계획 (variable interval schedule) 은 불규칙적인 시간 간격으로 강화하는 것이다.

넷째, 고정비율강화 또는 고정비율계획 (fixed ratio schedule) 은 생산량에 비례하여 임금을 지급하는 성과급제가 대표적인 고정비율강화의 한 예로, 바람직한 행동을 유지하는 데는 효과적이다.

다섯째, 변동비율강화 또는 변수비율계획 (variable ratio schedule) 은 불규칙적 빈도 또는 비율의 성과에 따라 강화요인을 제공하는 것으로, 강화일정에 맞춰 업무를 수행하는 부하의 경우 바람직한 행동을 유지하는 데 매우 효과적이다. 변동비율로 강화 요인을 제공할 때에는 강화 요인을 제공하는 시간 간격을 너무 길지 않게 함으로써 부하들의 사기가 떨어지지 않도록 배려할 필요가 있다.

## 3) 소극적 강화

바람직하지 않은 결과의 제거인 소극적 강화의 예로는 갈등 면제, 육아부담의 제거 등이 있다.

## 4) 소 거

바람직한 결과의 제거인 소거는 강화기제가 아니다. 팀의 주요사업에 기여도가 약한 사람에게는 팀에 주어지는 성과 포인트를 배정하지 않음으로써, 성실한 참여를 유도하는 방법은 '소거'에 해당한다.

> ■ **TIP** Skinner의 강화계획의 반응률
> 가장 높은 반응의 빈도를 지속적으로 유발하는 정도는 연속적 강화계획 < 고정간격강화계획 < 변동간격강화계획 < 고정비율강화계획 < 변동비율강화계획 순으로 높아진다고 스키너는 주장하였다.

## 7 학습이론

### 1) 고전적 조건화이론

고전적 조건화이론(classical conditioning theory)은 조건화된 자극의 제시에 의하여 조건화된 반응을 이끌어 내는 자극·반응적 학습이다. 고전적 학습이론으로, 주로 파블로프(Pavlov)의 자극반응실험에서와 같이 동물 길들이기 과정에서 보여주는 비자발적 반응 등을 포함한다.

### 2) 조작적 조건화이론

조작적 조건화이론(operational conditioning theory)은 행동의 결과를 조건화함으로써 행태적 반응을 유발하는 과정을 설명한다.

### 3) 수단적 조건화이론

수단적 조건화이론(instrumental conditioning theory)은 사람들은 강화요인을 획득하기 위해 행태적 반응을 보이게 된다는 이론으로, 효과의 법칙이라고도 한다.

### 4) 인식론적 학습이론

인식론적 학습이론(cognitive learning theory)은 행동을 결정함에 있어서 외적 선행 자극이나 결과가 아니라 내면적 욕구, 만족, 기대 등이 학습에 영향을 미친다고 본다.

### 5) 잠재적 학습이론

잠재적 학습이론(latent learning theory)은 학습에는 강화작용이 필요 없지만 행동 유발에는 강화작용이 필요하다고 본다.

## 6) 사회적 학습이론

사회적 학습이론(social learning theory)은 인간과 그의 행동 그리고 환경이 서로 교호작용하는 과정에서 학습이 진행된다는 이론이다.

## 7) 자율규제이론

자율규제(self regulation) 혹은 자기통제(self control)는 사회적 학습이론이 제시하는 타인의 강화기제를 관찰하는 대리학습을 통하여 자신의 행태에 대한 결과를 스스로 평가하며, 이에 대한 자율적인 반응행동을 취한다고 보는 관점이다.

## 8) 귀납적 학습이론

귀납적 학습이론(inductive learning theory)은 직접적인 설명·지시가 없어도 불확실한 추론이라는 귀납적 학습을 통하여 어떤 특정 영역의 구조와 규칙을 학습할 수 있다는 이론이다.

생각 넓히기 _ Atkinson의 기대이론

사람들이 행동을 선택하는 기준은 그 행위를 달성할 수 있는 가능성, 해당 행위를 얼마나 하고 싶어 하느냐라는 동기의 강도, 행위의 결과가 가져다주는 유인가에 의해 결정된다고 본다.

성공을 바라는 경우의 선택은 성공가능성, 성공하고 싶어 하는 동기의 강도, 성공하는 경우의 유인가를 고려한다. 반면에 실패를 회피하려는 선택을 하는 경우에는 실패회피의 가능성, 실패를 회피하고자 하는 동기의 강도, 실패회피로 인한 유인가를 고려한다는 것이다.

성공추구동기형은 성취동기가 실패회피동기보다 크고, 실패회피동기형은 성취동기보다 실패회피동기가 큰 경우이다.

# CHAPTER

# 17 리더십

## ❶ 리더십 연구의 흐름

리더십 연구는 과학적 관리론에서는 주목받지 못했지만, 인간관계론이나 발전행정론 등과 관련해서 연구가 활성화되었다. 리더십이론은 리더십 과정의 어느 측면을 강조하느냐에 따라 특성론, 행태론, 상황론적 접근법으로 분류할 수 있다. 리더십이론은 시기적으로 자질·특성론, 행태론, 상황론, 신속성론·자질론의 순서로 전개되었다.[5]

특성·자질 (trait) 론은 리더의 자질·속성을 규명하는 것에 초점을 두는 것이다. 성공적인 리더의 개인적 특성·자질에 관한 연구를 중시한다.

행태 (behavior) 론은 실제로 관찰되는 리더들의 행동의 다양성과 차별성을 규명하는 리더행동 유형론이라고 할 수 있다. 조직의 성과를 높여주는 최선의 리더행동유형을 찾는 것에 초점을 둔다.

상황 (situation) 론은 리더십의 효율성에 영향을 미치는 상황조건을 규명하는 것을 중시하는 것이다. 모든 상황에 적합한 최선의 리더십은 존재하지 않고 상황에 따라 달라질 수 있음을 주장한다.

신속성·자질 (trait) 론은 변혁적 리더십처럼 리더의 속성을 다시 중시하는 것이다.

## ❷ Yukl의 리더십이론 구분

Gary A. Yukl (1994) 는 리더십 과정의 어느 측면을 강조하느냐에 따라 리더십이론을 다음 네 가지로 분류하였다.

첫째, 특성론적 접근법 (trait approach) 은 리더를 중심으로 성공적인 리더의 개인적 특성 및 자질에 연구의 초점을 맞춘다.

둘째, 행태론적 접근법 (behavioral approach) 은 리더와 부하 간의 관계를 중심으로 리더의 행동을 통해 리더십 효과성을 분석한다.

셋째, 권력 – 영향력 접근법 (power - influence approach) 은 리더가 갖고 있는 권력의 크기와 유형 (types), 그리고 그러한 권력이 행사되는 방법 등을 통해 리더십 효과성을 설명한다. 권력 – 영향력이론은 리더십의 요체를 리더의 부하에 대한 영향력 행사로 보고, 리더의 권력 획득과 상실에 대해 밝히는 이론이다. 권력 – 영향력이론에 해당하는 것은 사회적 교환이론이다. 사회적 교환이론 (social exchange theory) 은 리더와 부하 간의 관계에서 리더의 권력이 어떻게 획득되고 상실

---

5 Yukl (1994) 는 전통적 접근법과 현대적 접근법으로 대별하고 있다. 전통적 접근법은 특성론, 행태론, 상황론적 접근법으로 분류한다. 현대적 접근법은 카리스마적 리더십, 변혁적 리더십, 서번트 리더십, 셀프 리더십, 수퍼 리더십, 팔로어십, 윤리적 리더십 등이 있다. 합리적 과정이나 교환 과정의 중요성을 강조하는 전통적 리더십에 비해, 현대적 리더십은 감정 및 가치관이나 상징적인 행태의 중요성 등을 강조한다.

되는지를 설명해준다. 교환의 대상에는 물질적인 혜택뿐만 아니라 인정, 존경, 사랑의 표시 등 사회·심리적 혜택까지 포함된다. 그리고 리더의 권력과 영향력 행사가 어떤 경우에 효과적인가 등을 분석한다.

넷째, 상황론적 접근법 (situational approach) 은 리더의 행동이 상황에 따라 어떻게 다른가를 파악하고, 효과적인 리더의 행동이나 특성은 상황에 따라 다르다는 것을 강조한다.

## 제2절   특성론적 접근과 행태론적 접근

### ❶ 특성론적 접근법

자질이론 (특성이론, 속성이론) 은 지도자의 특성으로 지능과 인성뿐만 아니라 육체적 특징 등을 들고 있다. 자질론은 지도자의 자질·특성에 따라 리더십이 발휘된다는 가정하에, 지도자가 되게 하는 개인의 속성·자질을 연구하는 이론이다. 자질·특성·속성 (trait) 이론은 리더는 그들만의 공통적인 특성이나 자질을 가지고 있기 때문에, 어떤 상황에서든 리더가 될 수 있다고 전제한다.

자질론은 리더로서의 단일적 자질로 파악하는 단일적 자질론과 여러 요인의 조합을 통해 지도자의 자질을 도출하려는 성좌 (星座) 적 자질론으로 구분할 수 있다.

그러나 특성론에 대해 비판할 수 있는 점은 지도자의 자질이 집단의 특성·조직목표·상황에 따라 완전히 달라질 수 있고, 동일한 자질을 갖는 것은 아니며 반드시 갖춰야 할 보편적인 자질은 없다는 것이다.

### ❷ 행태론적 접근법

#### 1) 의 의

행태이론은 리더의 자질보다 리더의 행태적 특성이 조직성과에 영향을 미친다고 본다. 행태론적 리더십은 어떤 사람이든 리더가 될 수 있으며, 리더십을 훈련할 수 있다고 가정했다.

행태이론은 리더의 선천적 자질보다 리더의 행동 특성을 훈련시켜 리더를 만들어 갈 수 있다는 이론이다. 행태론은 리더의 행동유형을 연구하였고, 리더와 부하집단 사이의 관계에 중점을 둔다. 리더의 어떠한 행동이 리더십 효과성과 관계가 있는가를 파악하고자 하는 접근법이다.

행태이론은 눈에 보이지 않는 능력 등 리더가 갖춘 속성보다 리더가 실제 어떤 행동을 하는가에 초점을 맞춘 이론이다. 상이한 지도유형이 구성원의 과업 성과에 어떤 영향을 주는가를 분석한다.

행태이론은 모든 상황에 적합한 효과적인 리더십 유형이 존재한다는 것을 전제로 한다. 그러나 행태론적 접근법은 효과적인 리더의 행동은 상황에 따라 다르다는 사실을 간과한다.

## 2) 리더십의 1차원적 모형

레윈(Lewin), 화이트(White), 리피트(Lippitt) 등이 주도한 아이오아(Iowa) 대학의 연구는 리더의 행태에 따라 과업지향(task-oriented)의 권위주의형, 사람지향(people-oriented)의 민주형, 제3유형인 자유방임형 등의 세 가지 유형으로 구분하였다. 실험의 결과 민주형 지도자가 가장 선호되었고, 생산성은 민주형과 권위주의형이 비슷했으며, 제품의 질은 민주형이 가장 높게 나타났다.

리더십에 대한 미시간 대학(University of Michigan)의 연구에서는 직원 중심(employee-centered)형과 생산 중심(production-centered)형으로 구분한다. 연구의 결과 직원·종업원 중심의 리더십이 생산·업무 중심의 리더십보다 더 효율적인 것으로 분석되었다.

## 3) 리더십의 2차원적 모형

첫째, 오하이오 대학의 리더십 연구는 과업 중심의 구조설정 또는 조직의 구조화정도(initiating structure)와 인간관계 중심의 배려 또는 배려(consideration) 정도라는 이원적 구분을 했다. 연구 결과 조직화의 정도가 높고 배려심이 깊은 지도자가 효과적이라고 분석되었다.

둘째, R. R. Blake & J. S. Mouton(1964)은 조직발전에 활용할 목적으로 관리유형도 또는 관리망(managerial grid)이라는 개념적 도구를 사용한다. 관리 그리드(managerial grid) 또는 관리망 모형에서 과업 지향 또는 생산에 대한 관심, 인간관계 지향 또는 인간에 대한 관심이라는 기준을 활용하여 81개의 관리 그리드를 5가지 리더십 유형으로 분류하였다. 블레이크와 머튼(Blake & Mouton)은 리더십 유형을 무관심형(무기력형), 친목형(컨트리클럽형), 과업형, 타협형(중도형), 단합형(팀형) 등의 다섯 가지로 분류하였다. Blake & Mouton은 단합형(팀형)이 가장 이상적인 리더십 유형이라고 규정한다. 단합형(팀형)은 생산과 인간에 대한 관심이 모두 높은 유형으로 조직목표달성을 위한 공동체정신이나 헌신을 강조한다.

---

### 제3절 　상황론적 접근법

### ❶ 상황론적 리더십이론의 개요

상황 리더십이론은 모든 조직에 적용할 수 있는 가장 효과적인 지도자 유형은 존재하지 않는다고 본다. 상황론은 상황에 따라 리더십의 효율성이 달라진다고 보았다. 지도자 행태, 부하의 성숙도, 그리고 특정 상황에 따른 각 지도자 행태의 효과성에 관심을 갖는다.

리더십의 상황론적 접근법에서는 상황에 따른 효과적인 리더의 특성과 행동 등을 파악하는 것이 연구의 초점이 된다. 상황론에서는 리더십을 특정한 맥락 속에서 발휘되는 것으로 파악해, 상황 유형별로 효율적인 리더의 행태를 찾아내기 위한 연구를 수행하였다.

일반적으로 사회적 분위기가 권위적이며 부하들의 참여에 대한 기대가 별로 없는 경우에는 '권위적 리더십'이 효과적이다. 상황론의 대표적인 예로 피들러(F. Fiedler)의 상황조건론, 하우스(R. J. House)의 경로-목표모형 등이 있다.

## ❷ Hersey & Blanchard의 생애주기이론

P. Hersey & K. H. Blanchard (1982) 의 생애주기이론은 과업 중심적 리더십 행태와 인간관계 중심적 리더십 행태라는 두 가지 차원 외에, 상황에 따른 효과성 차원을 추가시켜 3차원 리더십모형을 제시했다.[6]

Hersey & Blanchard는 리더십의 효과성은 상황에 의존한다고 보면서 부하의 성숙도에 따라 리더의 역할이 달라져야 한다고 주장한다. 상황변수로 부하의 능력과 의욕으로 구성되는 성숙도 (maturity) 를 채택하였다.

부하가 가장 미성숙한 상황에서 점점 성숙해간다고 할 때, 가장 효과적인 리더십 유형을 '지시형 리더십 ⇨ 설득형 리더십 ⇨ 참여적 리더십 ⇨ 위임형 리더십'으로 구분하였다.[7]

## ❸ House & Evans의 경로 – 목표이론

R. J. House (1971), M. G. Evans (1970) 의 경로 – 목표 (path - goal theory of leadership)모형은 리더는 추종자들이 바라는 보상·목표를 받게 해 줄 수 있는 행동·통로를 명확하게 해주어야 부하의 성과를 높일 수 있다고 설명한다.

리더십 유형을 상황요인·상황변수인 부하의 특성에 따라 '지시적 ⇨ 지원적 ⇨ 참여적 ⇨ 성취지향적 리더십'의 네 가지로 분류하였다. House (1971) 의 경로 – 목표모형 (path - goal model) 에서 리더의 지원적 행태는 원인변수이고, 부하의 특성은 상황요인·상황변수이며 목표달성 확률은 매개변수이고, 구성원의 만족도와 근무성과는 결과변수이다.

첫째, 지시형 리더는 부하들의 역할 모호성이 높은 상황에서 부하들의 활동을 계획·통제·조정한다.

둘째, 지원형 리더는 부하들의 업무가 단조롭거나 부하들이 자신감이 결여되어 있거나, 실패의 공포가 높은 상황에서 작업환경의 부정적 측면을 최소화하고 부하의 욕구와 복지를 생각하는 경우이다.

셋째, 참여적 리더는 부하들의 의견을 반영하며, 부하들이 구조화되지 않은 과업을 수행할 때 필요하다.

넷째, 성취형 리더는 부하들의 도전적인 목표를 설정하는 데 몰두하며 성과의 확신을 나타내는 유형으로, 부하들이 구조화되지 않은 과업을 수행할 때 필요하다.

## ❹ Fiedler의 상황이론

F. E. Fiedler (1967) 는 상황적인 요소에 따라 효과적인 리더십의 유형이 달라짐을 주장하면서, 리더십 유형을 과업지향적 리더십과 인간관계지향적 리더십으로 구분하였다. 피들러 (Fiedler) 의 상황적합이론 (contingency theory of leadership) 에서 상황변수는 리더와 부하·구성원의 관계 (leader - member relations), 과업구조 (task structure), 리더의 직위에서 나오는 직위 권력 (position power) 이다.

---

6 William J. Reddin (1970) 은 과업지향과 인간관계지향의 2차원에 효과성이라는 차원을 추가해서 3차원 모형을 제시했다. 기본형 (분리, 관계, 헌신, 통합형), 효과적 유형 (관료, 개발, 선의의 독재, 관리자형), 비효과적 유형 (방관, 전도사, 독재, 타협형) 으로 구분했다. 과업·관계지향성이 모두 낮은 경우는 분리, 관료, 방관형이다. 모두 높은 경우는 통합, 관리자, 타협형이다. 관계성만 높은 경우는 관계, 개발, 전도사형이다. 과업지향성만 높은 경우는 헌신, 선의의 독재, 독재형이다.

7 Robert Tannenbaum & Warren Schmidt (1973) 는 리더의 권위와 부하의 재량권 크기는 반비례한다고 보았다.

'가장 좋아하지 않는 동료에 대한 호감도라는 척도 (LPC: least preferred coworker)'를 사용하는데, LPC 점수가 낮은 경우 과업지향형으로 분류하고, LPC 점수가 높은 경우는 관계지향형으로 분류한다.

가장 유리한 조건 (관계는 신뢰, 과업은 구조화, 권력은 수용하는 경우) 또는 가장 불리한 조건 (관계는 적대, 과업은 비구조화, 권력은 수용하지 않는 경우) 에서는 과업 중심적 리더십이 효과적이다. 한편 중간일 때는 관계형이 유리하다.

**✚ 표 3-17 상황적합적 리더십**

| | 리더의 유형 | 상황변수 |
|---|---|---|
| Hersey & Blanchard | 지시형 리더십 ⇨ 설득형 리더십 ⇨ 참여형 리더십 ⇨ 위임형 리더십 | 부하의 성숙도 |
| House & Evan | 지시적 리더십 ⇨ 지원적 리더십 ⇨ 참여적 리더십 ⇨ 성취지향적 리더십 | • 종업원 (부하) 의 특성<br>• 근무 (업무) 환경 특성 |
| Fiedler | • 낮은 LPC (유리·불리조건): 업무 (과업)지향<br>• 높은 LPC (중간조건): 관계지향 | • 구성원 간의 관계 (분위기)<br>• 과업 (업무) 구조<br>• 리더의 지위 (직위) 권력 |

## ❺ Kerr와 Jermier의 리더십 대체물이론

S. Kerr & J. Jermier (1978) 의 리더십 대체물 (leadership substitutes approach) 이론은 대체물, 중화물, 증강요인이란 개념을 사용한다.

첫째, 대체물 (substitutes) 은 리더십을 불필요하게 만드는 요인으로, 일정한 상황에서는 리더의 지시가 없어도 부하가 성공적으로 직무를 수행할 수 있다는 것이다. 상황요인은 부하의 특성, 과업 및 조직의 특성과 같은 요인이다. 부하의 경험, 능력, 훈련 수준이 높은 것은 리더십의 대체물이다. 구조화되고 일상적이며 애매하지 않은 과업, 수행하는 과업의 결과에 대한 환류 (feedback) 가 빈번한 것은 리더십의 대체물이다.

둘째, 중화물 (neutralizers) 은 리더십의 필요성을 약화시키는 요인이다. 조직이 제공하는 보상에 대한 무관심, 통제할 수 없는 보상, 긴 공간적 거리는 리더십의 중화물이다.

셋째, 증강요인 (enhancers) 은 추종자에 대한 영향을 확대해주는 요인으로, 리더의 지위가 격상되는 경우이다.

## ❻ Yukl의 다중연결모형

Gary A. Yukl (1994) 의 다중연결모형 (multiple linkage model) 은 리더의 행위는 매개변수와 상황변수를 통해 결과 또는 부서의 효과성 (unit effectiveness) 으로 나타나게 됨을 설명한다. 매개변수는 부하의 노력, 부하의 능력과 역할의 명료성, 과업의 조직, 집단의 협동과 응집력, 자원과 지원, 업무조정 등의 6가지이다. 상황변수는 리더행동에 대한 상황적 제약요인, 매개변수에 직접적으로 영향을 미치는 것, 매개변수의 상대적 중요성을 결정하는 것 등이다.

단기적으로는 리더가 매개변수를 얼마나 유리하게 만드느냐, 장기적으로는 리더가 상황변수를 얼마나 유리하게 만드느냐에 따라 부서의 효과성이 달려 있다고 한다.

## 제4절　신특성이론

### ① 변혁적 리더십

#### 1) 의 의

변혁적 리더십(transformational leadership)은 인간의 행태나 상황뿐 아니라 리더의 개인적 속성도 다시 재생시키고 있으므로 신속성론에 해당한다. James MacGreger Burns(1978), Bernard Bass(1993)의 변혁적 리더십은 조직을 위해 새로운 비전을 창출하고, 그러한 비전이 새로운 현실이 될 수 있도록 이끄는 리더십이다. 리더가 부하들의 창의성을 계발하는 지적 자극(intellectual stimulation)을 중시한다. 리더가 인본주의, 평화 등 도덕적 가치와 이상을 호소하는 방식으로 부하들의 의식수준을 높인다.

변혁적 리더십은 구성원들이 변화와 참여에 대한 의지나 기대가 큰 경우에 적합하며 예외에 의한 관리보다는 변혁적 관리에 초점을 둔다.

Hal G. Rainey와 Steven A. Watson(1996)에 의하면 변혁적 리더십은 바람직한 방향으로 조직을 변동시키고 활성화하는 데 주요한 역할을 하는 상층부 또는 최고관리자의 리더십을 말한다. 민츠버그(H. Mintzberg)의 조직설계모형에 의할 경우 기계적 관료제, 사업부제보다는 동태적 환경에 적합한 조직 구조인 단순구조나 임시체제에 필요한 리더십은 변혁적 리더십이다.

바스(Bass)와 번스(Burns)는 리더십을 거래적 리더십(transactional leadership)과 변혁적 리더십(transformational leadership)으로 구분하였다. 변혁적 리더십은 카리스마적 리더십, 촉매적 리더십, 지적 자극, 영감(inspiration)적 리더십, 개별적 배려 등으로 구성되어 있다.

#### 2) 카리스마적 리더십

카리스마적 리더십(charismatic leadership)은 리더가 특출한 성격과 능력으로 추종자들의 강한 헌신과 리더와의 일체화를 이끌어낸다. 변혁적 리더십은 리더는 부하로부터 존경심을 이끌어내는 카리스마를 가져야 한다고 보고 있기 때문에, 카리스마적 리더십과 중첩되는 측면이 있다. 카리스마적 리더십에서 추종자들은 스스로 근무성과의 목표를 높게 설정하지만, 제도가 아니라 강한 헌신과 일체감, 역할모형에 의하여 리더에게 복종한다.

#### 3) 지적 자극과 촉매적 리더십

지적 자극(intellectual stimulation)은 리더가 부하로 하여금 형식적 관례와 사고를 다시 생각하게 하는 것이다.

촉매적 리더십(catalytic leadership)은 공공부문의 리더가 부하로 하여금 형식적 관례와 사고를 다시 생각하게 함으로써 새로운 관념을 촉발시키는 것을 의미한다. 지적 자극을 촉진시키는 리더십으로, 지적 자극을 통해서 새로운 관념을 촉발시킨다.

#### 4) 영감적 리더십

영감적 리더십(inspirational leadership)은 자신감과 영감을 불어넣으며, 조직에 대한 팀 스피리트(team spirit)를 고무시킨다.

## 5) 개별적 배려 리더십

개별적 배려(individualized consideration)는 리더가 부하에게 특별한 관심을 보이고 각 부하의 특정한 요구를 이해해 줌으로써, 부하에 대해 개인적으로 존중한다는 것을 전달하고 자긍심과 신념을 심어준다.

## ❷ 발전적, 서번트, 진성 리더십

### 1) 발전적 리더십

발전적 리더십(developmental leadership)은 변동추구적이라는 점에서 변혁적 리더십과 유사하지만, 리더의 봉사정신과 추종자 중심주의가 특별히 더 강조된다는 점에서 변혁적 리더십과 구별된다.

### 2) 서번트 리더십

서번트 리더십(servant leadership)은 부하직원들을 상급자처럼 떠받들어 주면서 리더를 따르게 하는 변혁적 리더십의 일종이다. 서번트 리더십에서 봉사란 부하들을 육성하고, 지지하며, 위임하는 것을 포함하는 개념이다.

### 3) 진성 리더십

진성(authentic) 또는 신뢰감을 주는 리더십은 리더가 정직성, 가치의식, 도덕성을 토대로 추종자(follower)들의 믿음을 이끌고 팔로워들이 리더의 윤리성과 투명성에 신뢰를 보낸다는 것이다.

## ❸ 변혁적 리더십과 거래적 리더십

거래적 리더십(transactional leadership)은 경제적·합리적 인간이나 교환 과정 또는 조건적 보상의 중요성을 강조한다. 보상은 적극적 보상과 소극적 보상을 포함한다.

거래적 리더십은 조직참여의 기대가 적은 경우에 적합하며, 합의된 성과수준에 도달하지 못할 때에만 리더가 개입을 하는 행정관리원칙인 예외적 관리에 초점을 둔다. 변혁적 리더십에 비해 의사소통이 하향적·수직적이며, 보수적·현상유지적이라는 평가를 받기도 한다.

### ✚ 표 3-18 거래적 리더십과 변혁적 리더십

|  | 거래적 (전통적) 리더십 | 변혁적 (전환적) 리더십 |
|---|---|---|
| 개념요소 | 교환적 보상관계, 예외에 의한 관리 | 카리스마, 영감, 개인적 배려, 지적 자극, 변혁적 관리 |
| 변화관 | 안정지향적, 현상유지적, 폐쇄적 | 변동지향적, 개방체제적 |
| 관리자층 | 하급관리자 | 최고관리층 |
| 이 념 | 능률 지향 | 적응 지향 |
| 조직구조 | 기계구조, 기계적 관료제에 적합 | 유기적 구조, 경계작용적 구조, 임시조직에 적합 |

# C HAPTER

# 18 의사전달과 갈등관리

## 제1절　조직의 의사전달

### ❶ 의사전달의 의미와 과정

#### 1) 의사전달의 의미

의사전달은 정보를 전달하는 과정으로, 전달자와 피전달자 간에 사실과 의견을 전달해서 행동과 태도의 변화를 일으키는 것을 뜻한다.

의사전달에 관한 논의는 정부와 국민 간의 의사전달이라고 할 수 있는 공공관계 (PR: Public Relations) 의 영역으로 확대되고 있다. 민주사회의 핵심요소로 '의사소통의 합리성'을 제시한 학자는 비판이론의 대표자인 하버마스 (Habermas) 이다.

#### 2) 의사전달의 과정

발신자, 상징화 (encoding), 통로 (channel), 해독 (decoding), 수신자, 환류 (feedback) 로 이루어진다. 수신자가 자신에게 전달된 정보를 어떤 개념이나 생각 및 감정 등으로 변화시키는 사고과정을 해독 (decoding) 이라고 한다. 정확한 메시지 (message)[8] 전달을 어렵게 하는 의사전달의 장애요인으로 잡음(noise) 이 있다.

**➕ 그림 3-6 의사전달 과정**

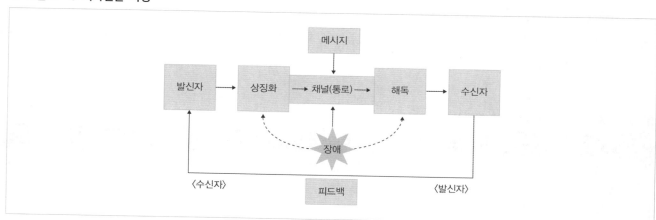

출처: 유민봉 (2016: 427).

---

[8] 메시지 (message) 는 상징화 (encoding) 가 끝난 정보로 글, 연설, 몸짓 등과 같은 상태이다. 메시지를 전달하는 방법이 미디어 (media) 또는 채널 (channel) 이 된다.

### 3) 의사전달의 장애요인

시간의 압박, 의사전달의 분위기, 계서제적 문화는 의사전달에 영향을 미칠 수 있다. 어의(語義)상 문제, 의사전달 기술의 부족 등 매체의 불완전성이 원인이 되어 의사전달의 장애가 발생할 수도 있다.

수신자의 선입관은 준거틀을 형성하여 발신자의 의도를 왜곡할 수 있다. 가치관의 차이로 인한 소통의 왜곡을 줄이기 위해서는 가치관이나 업무에 관련된 교육훈련이 요구된다.

참여인원이 적고 접근가능성이 낮다면 의사전달체제의 제한성이 높은 것이다. 환류의 차단은 의사전달의 신속성을 제고할지 모르나, 정확성이 우선되는 상황에서는 장애가 될 수 있다.

## ❷ 공식성 여부에 의한 의사전달 유형

### 1) 공식적 의사전달

공식적 의사전달은 의사소통이 객관적이고, 상관의 권위가 유지되며 책임 소재가 명확하다는 장점이 있다. 또한 자료 보존이 쉽고, 정책결정에 활용하는 것이 용이하다.

그러나 법규에 의하기 때문에 의사전달의 신축성이 부족하고 형식화될 수 있으며, 변동하는 상황에 대한 신속한 적용이 곤란하다. 또한 의사전달 근거가 남기 때문에 기밀 유지가 어렵다는 단점이 있다.

### 2) 비공식적 의사전달

비공식적 의사전달은 신속한 의사전달이 가능하며, 공식적 의사전달을 보완하고 배후 사정을 소상히 전달할 수 있다. 관리자에 대한 조언이 가능하고, 의사소통 과정에서의 긴장과 소외감을 극복하고 개인적 욕구를 충족시킨다는 장점이 있다.

그러나 비공식적 의사전달은 책임소재가 불분명하며, 조정과 통제를 어렵게 만들기도 한다. 수직적 계층제에서 상관의 권위를 손상시킬 수 있다. 또한 공식적 의사소통을 마비시키거나 개인목적에의 악용가능성, 의사결정에 활용하기는 어려운 문제 등이 있다.

포도덩굴 커뮤니케이션이란 일정한 공식경로 없이 자유롭게 이루어지는 비공식 의사소통을 말하는 것으로, 이는 상관의 공식적 권위가 손상된다는 한계가 있다.

**+ 표 3-19 공식적 의사전달과 비공식적 의사전달**

|  | 공식적 의사전달 | 비공식적 의사전달 |
|---|---|---|
| 책임소재 명확성 | 책임소재가 명확 | 책임소재가 불분명 |
| 상관의 권위 | 상관의 권위 유지 | 상관의 권위 상실 |
| 조정과 통제 | 조정과 통제가 용이 | 조정과 통제가 곤란 |
| 신속성, 신축성 | 신축성 결여, 신속한 적용 곤란 | 신속한 의사전달 |
| 정책결정 활용성 | 정책결정에의 활용이 용이 | 의사결정에 활용이 곤란 |
| 의사소통의 성격 | 객관적 의사소통 | 소문, 풍문 등이 작용 |
| 자료 보존성 | 자료 보존이 용이 | 자료 보존이 곤란 |

## ❸ 의사전달의 방향과 흐름에 의한 의사전달 유형

### 1) 상의하달 유형

상의하달 (上意下達) 형 의사전달은 정보가 위에서 아래로 흐르는 것으로, 하향적 (downward) 으로 상사가 부하에게 행하는 의사전달이다. 조직구조상 지나친 계층화는 수직적 의사전달을 저해한다. 구두 (口頭) 명령, 문서명령, 예규 (例規) 등의 명령과 기관지, 행정백서, 편람 (便覽), 게시판, 구내방송 등의 일반적 정보에 의한다.

### 2) 하의상달 유형

하의상달 (下意上達) 형 의사전달은 정보가 아래에서 위로 올라가는 것으로, 상향적 (upward) 으로 부하가 상사에게 행하는 의사전달이다. 품의 (稟議) 제, 보고 (報告) 제도, 결재 (決裁) 시스템, 제안 (提案) 제도, 고충 (苦衷) 심사제도, 의견조사, 면접 등이 해당된다.

### 3) 횡적 의사전달

수평적 의사전달을 뜻한다. 지나친 전문화와 할거주의는 수평적 의사전달을 저해한다. 토의 (討議), 위원회 (委員會) 조직, 회람 (回覽) 과 공람 (供覽), 회의 (會議), 레크리에이션 (recreation), 사전심사, 사후통지 등이 해당된다.

### 4) 대각선적 의사전달

대각선적 의사전달은 공식 업무를 촉진하거나 개인적·사회적 욕구 충족을 위해 나타난다.

### 5) 연결핀 모형

Likert (1967) 의 연결핀 (linking pin) 모형에 의하면, 관리자는 연결핀으로서 자신이 관리하는 집단의 구성원인 동시에 상사에게 보고하는 관리자 집단의 구성원이다.

### 6) 연락역할 담당자

Mintzberg (1979) 에 의하면, 연락역할 담당자 (liaison roles) 는 상당한 비공식적 권한을 부여받아 조직 내 부문 간 의사전달 문제를 처리한다.


## ❹ 의사전달 네트워크의 유형

### 1) 의 의

의사전달 네트워크 (communication network) 란 조직 구성원들 간의 소통의 모습이나 연결유형이다. 집단 내에서 누가 누구와 의사소통을 할 수 있는가에 관한 논의이다.

의사전달 연결망의 형태는 바퀴 (wheel) 형, 연쇄 (chain) 형, 원 (circle) 형, Y형, 개방 (all channel) 형, 혼합형이 있다.

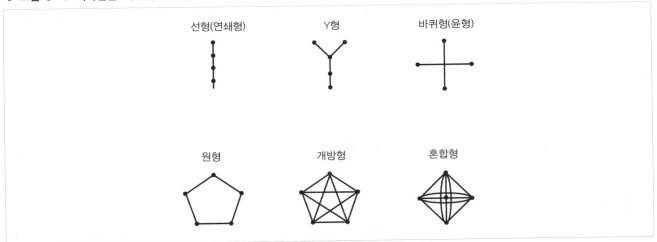

**♣ 그림 3-7 의사전달 네트워크의 형태**

선형(연쇄형)  Y형  바퀴형(윤형)

원형  개방형  혼합형

출처: 오석홍 (2016: 351).

바퀴형이 기계적 구조의 조직과 부합된다면, 개방형은 유기적 구조의 조직과 부합한다. 전형적인 관료제적 조직구조의 의사연결망인 바퀴형은 의사전달은 신속 및 정확하나 집권성이 높아서 구성원들의 만족감·효능감이 떨어지고, 모호한 상황에 대한 현장의 대처속도가 가장 늦은 특성을 지닌다.

## 2) 연쇄형

연쇄형 (chain) 또는 선형 (線形) 은 계서제 (階序制) 적 의사전달망으로, 정보흐름은 계층상의 한 줄로 단계적으로 이루어진다. 자신의 직속상관이나 직속부하 사이에만 정보가 전달되고 그 위나 아래와는 의사전달이 되지 않는 형태로, 의사전달의 왜곡가능성이 높다.

## 3) Y형

의사전달망의 최상위층 또는 최하층에 두 개의 대등한 지위가 있는 형태로, 상위집단과 하위집단이 연결된 유형이며 계선 (line) 과 참모 (staff) 의 혼합조직에서 나타날 수 있는 모형이다.

## 4) 바퀴형

바퀴 (wheel) 또는 윤 (輪) 형 [9] 은 집단 내 강한 리더가 존재하고 정보의 전달이 한 사람에게 집중되는 형태이다. 구심점 (centrality) 이 되는 중심 인물이 있으나, 채널의 수는 적으므로 개방성은 낮다.

전형적인 관료제적 조직의 의사전달 연결망으로, 한 사람에게 모든 것을 보고하는 형태로 의사전달망은 가장 신속하고 능률적인 모형이다.

---

[9] 바퀴형 또는 윤형에서 바퀴살이 모아지는 부분이 의사소통의 중심 인물이 되고, 바퀴살의 수가 채널의 수가 된다.

## 5) 원 형

원형 (circle) 은 구성원들의 서열이나 지위가 동등한 입장에서 소통하는 유형이다. 다만 집단 내 가까운 사람들과는 의사전달을 하지만, 다른 사람들과는 의사전달이 되지 않는다.

## 6) 개방형

개방 (all channel) 형, 성 (星) 형 또는 완전연결형은 조직 내 각 구성원이 다른 모든 구성원들과 직접적인 의사전달을 하는 형태이다.

구성원들 모두가 서로 정보를 교환하기 때문에 의사전달 속도 자체는 빠르지만, 문제해결을 위한 조정비용과 시간이 많이 걸릴 수 있다. 그리고 개방형에는 중심적 위치를 차지하는 단일의 리더는 없다.

## 7) 혼합형

혼합형 (mixed network) 은 바퀴형과 개방형이 결합된 형태이다. 구성원들이 서로 자유롭게 의사전달을 하지만, 리더로 인정되는 한 사람이 중심적 위치를 점한다.

**➕ 표 3-20 의사전달 네트워크와 조직행위**

| | 바퀴형 | 연쇄형 | 원 형 | 개방형 |
|---|---|---|---|---|
| 의사전달 연결망의 집권화 정도 | 가장 높음 | 중 간 | 낮 음 | 가장 낮음 |
| 중심되는 단일 리더의 출현 확률 | 높 음 | 중 간 | 없 음 | 없 음 |
| 구성원의 효능감, 만족감 | 낮 음 | 중 간 | 높 음 | 높 음 |
| 모호한 상황에 대한 현장의 대처 속도 | 가장 느림 | 느 림 | 빠 름 | 빠 름 |
| 의사전달의 왜곡 가능성 | 중 간 | 가장 높음 | 높 음 | 가장 낮음 |
| 의사전달의 신속성 | • 단순과업: 빠름<br>• 복잡과업: 늦음 | 중 간 | • 모여 있는 경우: 빠름<br>• 떨어진 경우: 늦음 | 빠 름 |
| 의사전달의 정확성 | • 단순과업: 높음<br>• 복잡과업: 낮음 | 높 음 | • 모여 있는 경우: 높음<br>• 떨어진 경우: 낮음 | 중 간 |

출처: 신유근(1990: 351), 최창현 외(2019: 88) 토대로 재구성.

## ❺ 행정 PR

행정 PR (Public Relations) 은 행정에 대한 국민의 호의적 반응이나 지지를 얻기 위해 하는 것이다. 행정이념의 하나인 민주성과 깊은 관련이 있다.

행정 PR의 필요성으로는 국민의 의견을 사전에 반영하여 행정의 효율성 제고에 기여할 수 있다는 점을 들 수 있다. 행정의 민주성 증진을 목표로 하며 공개행정 및 주민참여를 구현하기 위한 필수요소이다. 행정 PR의 내용은 사회적 책임이나 공익과 일치되어야 한다. 그러나 국민의 비판적 여론 억제, 여론 조작 등은 행정 PR의 정당한 목적이 아니다.

## ① 의사결정의 개념과 특징

### 1) 의사결정의 개념

의사결정은 분석과 선택행위이다. 조직은 끊임없이 문제를 확인하고 목표를 정하며 대안을 탐색하고 선택하는 과정을 거친다. 공공문제 해결을 위해 권위가 있는 기관이 내린 의사결정을 통상 '정책 (政策)'이라고 하며, 정책학의 영역에서 주로 다룬다.

### 2) 합리적 의사결정과 제한된 합리성

합리적 의사결정은 '문제의 정의 ⇨ 목표의 구체화 ⇨ 대안의 탐색 ⇨ 대안의 비교평가 ⇨ 대안의 선택' 경로를 거친다. 그러나 현실의 의사결정은 완전한 합리성을 가지고 의사결정하기에는 의사결정자의 시간, 정보, 자원상의 제약이 크기 때문에 제한된 합리성 (bounded rationality) 을 가지고 의사결정 상황에 이르게 된다.

## ② 조직의 의사결정모형

### 1) 관리과학모형에 의한 조직의 의사결정

제2차 세계대전 중 대규모의 긴급한 군사상 문제를 해결하는 과정에서, 수학과 통계학 등 계량적 데이터를 기반으로 분석적 의사결정을 내리는 데 사용된 의사결정 기법이다. 민간 기업의 마케팅 방법과 규모, 정부의 물가와 환율을 관리하기 위한 거시경제 수리적 분석 등이 해당된다.

### 2) 회사모형에 의한 조직의 의사결정

회사모형은 카네기멜론 대학의 Richard M. Cyert & James G. March (1963), Herbert A. Simon의 연구에 기초한 모형으로, '카네기 모형'이라고도 한다. 제한된 합리성에 기초하고 있고, 기업조직의 의사결정은 최고 의사결정자 개인의 합리적 결정이 아닌 조직 수준에서 의사결정에 참여하는 많은 관리자 사이에 형성되는 세력의 연합에 의해 이뤄진다는 점을 지적했다.

하나의 세력연합은 조직목표와 우선순위에 동의하는 관리자들의 동맹에 의해 이뤄진다고 본다. 세력연합의 의사결정은 최적의 문제해결 또는 조직의 최대성과달성을 지향하는 것이 아니라 여러 개의 목표가 동시에 달성되는 수준으로 한 세력집단의 구성원들이 함께 받아들일 수 있는 정도의 만족스런 해결이면 된다. 만족스런 해결의 시계 (視界) 는 장기적인 해결책이 아니라 당면한 문제에 대한 해결책인 경우가 많다.

### 3) 점진적 의사결정 과정모형에 의한 조직의 의사결정

조직이 최종적 의사결정 결과물을 내는 과정에서는 각 단계마다 장애물을 만나게 되는데, 이 장애물을 의사결정의 차단이라고 한다. 의사결정이 차단되면 다시 이전 단계로 회귀하는 과정을 거치게 된다.

점진적인 의사결정의 패턴은 '확인 ⇨ 개발 ⇨ 선택'의 세 단계를 거친다. 확인단계에서는 관리자가 문제와 의사결정의 필요성을 깨닫기 시작하는 '인식'과 문제 상황에 대한 '진단'에 대한 의사결정을 포함한다. 개발단계에서는 확인단계에서 정의된 문제해결을 위한 해결안 '탐색'과 문제에 대한 새로운 개별적 해결 방안을 제시하는 '설계'를 포함한다. 선택단계에서는 해결안이 선택되는 단계로, 의사결정자의 '판단'과 체계적 기법에 의한 '분석' 및 이해관계 있는 의사결정자들의 집단에 의한 '교섭'에 의해 평가와 선택이 이루어진다.

## 4) Schein의 집단의 의사결정방법

Edgar H. Schein (1969)은 집단이 문제해결과정에서 채택할 수 있는 의사결정방법을 소수에 의한 결정 (decision by minority), 다수결에 의한 결정 (decision by majority), 합의에 의한 결정 (decision by consensus), 만장일치에 의한 결정 (decision by unanimous consent), 무반응에 의한 결정 (decision by lack of response),[10] 권한에 의한 결정 (decision by authority)으로 범주화했다.

## 5) Thompson과 Tuden의 대안선택 전략

Thompson과 Tuden (1959)은 결정주체의 대안선택 전략을 결과에 대한 선호와 인과관계에 대한 신념에 기초한 합의성 여부에 따라 네 가지 유형으로 구분하고, 각 유형에 적합한 조직구조를 제시했다.

✚ 표 3-21 Thompson과 Tuden의 결정주체의 대안선택 전략

| | | 결과에 대한 선호 | |
|---|---|---|---|
| | | 합의 있음 | 합의 없음 |
| 인과관계에 대한 신념 | 합의 있음 | • 계산 (computation) 전략<br>• 관료제 (bureaucratic) 구조 | • 타협 (compromise) 전략<br>• 대표 (representative) 구조 |
| | 합의 없음 | • 판단 (judgment) 전략<br>• 합의제 (collegial) 구조 | • 영감 (inspiration) 적 전략<br>• 아노미 (anomic) 구조 |

첫째, 계산 (computation) 전략이 적용되는 경우는 결정주체가 선호에 대한 우선순위와 인과관계를 모두 알고 있을 때이며, 결정은 기계적으로 이루어진다. 계산전략에 적합한 조직구조는 각 전문요원이 자신에게 부여된 역할을 숙지하고, 조직의 선호체계에 맞게 역할을 수행하면 되는 관료제적 구조 (bureaucratic structure)이다.

둘째, 타협 (compromise) 전략은 선호가 다른 사람들 간의 타협에 의해 대안을 선택하는 전략이다. 타협전략은 대표구조 (representative structure)가 적합한데, 계산전략을 사용할 경우에는 구성원의 수를 적게 하고 판단전략을 활용할 때에는 참여자 수를 많게 하는 것이 바람직하다.

셋째, 판단 (judgment) 전략은 여러 사람의 판단에 따르는 전략이다. 선호가 알려져 있고 선호에 대한 합의는 성립하지만, 각 대안의 장단점에 대한 명확한 증거가 부족할 경우 다수의 판단 (majority judgement)에 따르는 경우이다. 판단전략에 적합한 조직구조는 모든 구성원이 동등한 자격으로 의사결정에 참여하는 합의제 구조 (collegial structure)이다.

넷째, 영감 (inspiration) 적 전략은 선호와 인과관계 모두에 대해 합의가 없는 경우에 채택하는 전략이다. 합의 정도가 매

---

10 무반응에 의한 결정 (decision by lack of response)은 토론 없이 아이디어 제안을 계속해서 받다가 집단이 받아들일 수 있는 아이디어가 나오면 그 아이디어를 채택하고, 그 이전의 아이디어들은 평가나 토론 없이 자동 폐기된다.

우 낮아서 조직의 와해가 우려되는 상황이기에 조직붕괴를 막기 위해서, 조직구성원 모두가 공동의 문제의식을 갖고 문제해결과정에 참여하도록 하는 아노미 구조 (anomic structure) 가 적합하다.

## ❸ 집단적 의사결정의 장점과 단점

### 1) 장 점

집단적 문제해결방법은 전통적인 관료제구조에서 나타나는 의사결정구조의 경직성을 완화해줄 수 있다.

다양한 대안의 탐색이 가능하고, 다수인의 판단을 종합하여 모호한 상황을 타개할 수 있는 점도 집단적 문제해결의 장점이다.

### 2) 단 점

집단적 문제해결은 집단의 응집력 (group cohesiveness) 이 강할수록 구성원들의 비판적 능력이 저하되어 Irving L. Janis (1972) 가 명명한 집단사고 (group think) [11]의 경향이 심화될 수 있다. 집단적 문제해결은 개인적 문제해결의 경우보다 극단적인 결론에 다다르는 집단전환 (group shift) 또는 집단극화 (group polarization) 경향이 있다.

발언을 많이 하는 활동적 소수가 주도하는 의견이 지배하여 문제해결과정을 어렵게 할 수 있으며, 책임이 분산되어 집단행동의 딜레마 (collective action dilemma) 현상이 발생하기가 쉽다.

## ❹ 집단적 문제해결 방법

### 1) 델파이 기법

델파이 기법 (Delphi method) 은 미래 예측을 위해 일반인 다수가 아니라 전문가 집단을 활용하는 방법이다.

전통적 델파이 기법하에서는 참여자들의 익명성이 보장되는 것을 원칙으로 한다. 전통적 델파이 기법은 전문가들의 의견일치를 유도한다. 반면에 정책델파이 기법은 전문가들의 다양성을 고려해 의견일치를 유도하지 않는다.

### 2) 브레인스토밍 (brainstorming)

브레인스토밍은 여러 사람에게 하나의 주제에 대한 아이디어를 무작위로 제시하도록 하여 좋은 아이디어를 발굴하는 방법이다. 브레인스토밍 과정에서는 타인의 아이디어를 비판하거나 평가하지 말아야 한다. 정책대안을 검토하는 과정에서 토론의 질보다는 양을 중시하는 (quantity breeds quality) 회의방식이다. 광범위하고 복잡한 문제보다는 주제가 한정된 경우에 적합한 회의방식이다.

---

**11** Janis (1972) 가 이름을 지은 집단사고 (group think) 는 높은 집단응집력을 지니며, 집단의 모든 구성원들은 동의할 것이라는 만장일치에 대한 환상 (illusion of unanimity), 집단이 실수할 리가 없다는 환상 (illusion of invulnerability), 집단의 도덕성에 대한 환상 (illusion of morality), 집단 내에서 통용되는 그룹규범 (group norms) 의 내재화, 창의적 사고나 영감적 동기부여보다는 획일적 사고를 하는 경향을 지닌다. 집단사고 (集團思考) 가 형성되어 있는 경우는 집단적 문제해결이 개인적 문제해결보다 더 극단적인 결론에 도달하는 경향인 집단적 변환 (group shift) 또는 집단극화 (group polarization) 현상이 발생하기 쉽다.

## 3) 명목집단 기법

명목집단 기법 (nominal group technique) 은 관련자들이 의사결정에 참여하지 않은 채 서면으로 대안에 대한 아이디어를 제출하도록 하고, 모든 아이디어가 제시된 이후 해결방안에 대해 제한된 토론을 거쳐 표결로 결정하는 기법이다. 명목집단 기법은 집단적 문제해결에 참여하는 개인들이 개별적으로 해결방안에 대해 구상을 하고, 그에 대해 제한된 집단적 토론만을 한 다음 해결방안에 대해 표결을 하는 기법이다.

## 4) 지명반론자 기법

지명반론자 기법 (devil s advocate method) 또는 변증법적 토론기법 (dialectical discussion method) 은 작위적으로 특정 조직원들 또는 집단을 반론을 제기하는 집단으로 지정해 반론자 역할을 부여하고, 이들이 제기하는 반론과 이에 대한 제안자의 옹호 과정을 통해 의사결정을 유도하는 기법이다. 지명반론자 기법이 성공하려면 반론자들이 고의적으로 본래 대안의 단점과 약점을 적극적으로 지적하여야 한다.

## 5) 민감도 분석

민감도 분석은 불완전한 정보를 가지고 있는 모형 내의 파라미터 (parameter) 의 변화에 따라 대안의 결과가 어떻게 반응하는지를 분석하는 기법이다.

---

## 제3절 권력과 갈등관리

## ❶ 권 력

## 1) 베버의 권력

베버 (Max Weber) 는 권력의 유형을 전통적 권력, 합법적 권력, 카리스마적 권력으로 구분했다.
첫째, 전통적 권력 또는 지배는 전통의 신성함이나 관습 등에 의한 권력이다.
둘째, 합법적 권력 또는 지배는 법과 제도 및 공식적 직위에서 나오는 권력이다.
셋째, 카리스마적 권력 또는 지배는 리더의 초인적인 힘에서 나오는 권력이다.

## 2) French와 Raven의 권력유형

French & Raven (1959) 은 권력유형을 준거적 권력 (referent power), 전문적 권력 (expert power), 보상적 권력 (reward power), 강압적 권력 (coercive power), 직위적·합법적 권력 (legitimate power) 으로 구분하였다.
첫째, 준거적 권력 (referent power) 은 어떤 사람이 자신보다 뛰어나다고 생각하는 사람을 닮고자 할 때 발생한다. 카리스마 개념과 유사하다.
둘째, 전문적 권력 (expert power) 은 다른 사람이 필요로 하는 전문적 기술이나 지식에 기반할 때 발생한다. 전문적 권력은 조직 내 공식적 직위와 항상 일치하는 것은 아니다.

셋째, 보상적 권력 (reward power) 은 다른 사람들에게 보상을 제공할 수 있는 능력에 기반을 둔 것으로, 조직이 제공하는 보상의 예로는 봉급, 승진, 직위 부여 등이 있다.

넷째, 강압적 권력 (coercive power) 은 인간의 공포에 기반을 둔 것으로, 다른 사람을 처벌할 수 있는 능력을 가진 경우에 발생한다. 강압적 권력은 어떤 사람이 다른 사람을 처벌할 수 있는 능력을 가지거나 육체적 또는 심리적으로 다른 사람에게 위해를 가할 수 있는 능력이다.

다섯째, 합법적·정통적 권력 (legitimate power) 또는 직위적 권력은 권한 (權限) 과 유사하며 상사가 보유한 직위에 기반한다. 정당성이 부여된 권력을 의미하는 권한과 유사한 개념은 합법적 권력이다. 직무를 가지고 있는 사람과는 관계없이 그 직위 자체로 인해 부여받은 권력이므로 보상적 권력, 강압적 권력 등과는 상호 의존적이다.

합법적 권력은 상사가 보유하고 있는 직위에 기반을 둔 것으로, 일반적으로 직위가 높을수록 합법적 권력은 더욱 커지는 경향이 있으며 합법성의 한계는 직위의 공식적인 속성과 비공식적인 규범 및 전통에 의해 결정된다.

### 3) 권력의 행사

Moorhead & Griffin (2004) 은 French & Raven (1959) 이 분류한 권력의 원천에 따라 부하들이 어떻게 반응을 보이고, 그에 대한 상사의 권력 행사방법에 대해 처방했다.

Moorhead & Griffin은 부하의 반응유형을 몰입 (commitment), 복종 (compliance), 저항 (resistance) 으로 구분했다. 몰입 (commitment) 은 부하가 상사를 인정하고 상사를 동일시하는 경우에 나타나는 반응이다. 복종 (compliance) 은 상사의 일방적인 지시에 따라 부하가 추가적인 노력은 하지 않는 범위에서 상사가 원하는 것을 수행하는 경우이다. 저항 (resistance) 은 상사의 요구가 가장 성공가능성이 낮은 경우로, 부하가 상사의 제안이나 요구대로 하지 않는 행태이다.

**✚ 표 3-22 권력의 행사에 따른 부하의 반응**

| | 반응의 유형 | | |
|---|---|---|---|
| | 몰입 (commitment) | 복종 (compliance) | 저항 (resistance) |
| 준거적 권력 | 가능성 높음 | 가능함 | 가능함 |
| 전문적 권력 | 가능성 높음 | 가능함 | 가능함 |
| 합법적 권력 | 가능함 | 가능성 높음 | 가능함 |
| 보상적 권력 | 가능함 | 가능성 높음 | 가능함 |
| 강압적 권력 | 거의 가능성 없음 | 가능함 | 가능성 높음 |

출처: Moorhead & Griffin(2004: 376), 이창원 외(2014: 269).

## ❷ 갈등의 의미와 기능

### 1) 갈등의 의미

조직 내에서 갈등이란 행동 주체 간의 대립적 또는 적대적 상호작용을 말한다. 조직 내 의사결정 과정에서 대안의 선택 기준이 모호하거나 한정된 자원에 대한 경쟁 때문에 갈등상황이 발생한다.

갈등관리에서의 갈등은 표면적으로 드러나는 것만을 말하는 것이 아니라 당사자들이 느끼는 잠재적 갈등상태까지를 포함하는 것이다.

생산적 갈등은 구성원의 능동적 행동을 촉진시키고, 창조와 성장을 이끌며, 팀워크와 단결을 촉진시키는 등 조직변동의 원동력으로 기능한다.

## 2) 갈등의 기능

갈등이 없는 경우 조직은 침체되고 구성원들이 현실에 안주하여 조직성과가 낮을 수 있다. 갈등은 조직발전의 새로운 계기로 작용해 장기적으로 조직의 안정화를 촉진시키고, 갈등과정에서 선의의 경쟁을 통해 조직의 쇄신과 발전을 가져올 수 있고, 갈등의 해결 과정에서 조직의 문제 해결능력과 창의력, 적응능력, 융통성, 단결력 등이 향상될 수 있다. 그러나 갈등은 조직의 목표달성을 저해하는 요인이 될 수도 있으며, 구성원의 사기를 저하시키기도 한다. 갈등은 구성원들 간의 반목 (反目) 과 적대감 (敵對感) 및 위화감 (違和感) 을 키울 수 있고, 갈등과 불안이 일상화될 경우 조직의 쇄신과 발전을 저해할 수 있다.

## ❸ 조직 갈등을 바라보는 관점

### 1) 의 의

갈등에 대한 연구는 인간관계론과 행태론부터 본격적으로 시작됐다. Robbins & Judge (2011) 는 조직의 갈등을 바라보는 시각을 전통적·고전적 관점, 행태주의·인간관계적 관점, 상호작용적 관점으로 구분하여 접근한다.

### 2) 고전적·전통적인 관점

고전적 관점 또는 전통적인 시각에서 갈등은 조직 효과성에 부정적인 영향을 끼친다고 가정한다. 고전적 관점은 모든 갈등을 비용과 비합리성을 초래하는 해로운 것으로 인식하며, 피해야 할 것으로 정의했다. 갈등은 언제나 부정적 영향을 준다고 가정하여, 집단의 성과를 향상시키기 위해서는 갈등의 역기능 (逆機能) 을 바로잡아야 한다고 했다.

### 3) 인간관계적·행태론적 관점

인간관계적 (human relations) 견해 또는 행태론적 시각은 조직 내 갈등을 불가피하고 정상적인 것으로 간주한다. 갈등이란 조직에서 자연적으로 일어나는 것이므로, 갈등을 용인 (容認) 하고 수용 (受容) 할 것을 주장한다.

행태론적 시각은 조직 내 갈등을 필연적 현상으로 인식하므로, 갈등의 완전한 제거는 불가능하고 때로는 조직의 성과를 향상시키기도 하는 순기능 (順機能) 적 측면이 있음을 제시한다. 갈등은 새로운 아이디어 촉발, 문제해결력 개선 등의 순기능이 있다.

### 4) 상호작용적 관점

상호작용주의자 (interactionist) 또는 현대적 갈등론은 갈등이 조직 내에서 하나의 추진력 또는 조직변화의 원동력으로 작용할 수 있다고 한다.

상호작용적 견해는 모든 갈등이 좋은 것이라고 하지는 않는다. 갈등의 좋고 나쁨은 갈등의 유형에 따라 다르다고 본다.

건설적인 갈등은 집단의 목표를 지원하여 성과를 높이는 기능적 (functional) 작용을 하고, 파괴적 갈등은 집단의 성과에 방해가 되는 역기능적 (dysfunctional) 작용을 한다. 조직의 목표달성에 긍정적인 갈등은 어느 정도 조장하고, 부정적인 영향을 미치는 갈등은 제거되어야 한다고 본다.

## ❹ 갈등의 진행단계

### 1) Pondy의 진행단계별 갈등

L. R. Pondy (1967) 는 갈등을 진행단계별로 '잠재된 (latent) 갈등 ⇨ 지각된·인지된 (perceived) 갈등 ⇨ 감정적·느낀 (felt) 갈등 ⇨ 표면화·명백화된 (manifest) 갈등 ⇨ 갈등의 여파 (aftermath)'로 구분한다.

첫째, 잠재된 (latent) 갈등은 갈등이 유발될 수 있는 상황 또는 조건을 의미한다. 과업의 상호의존성이 높은 경우 잠재적 갈등이 유발될 수 있다.

둘째, 지각된·인지된 (perceived) 갈등은 당사자들이 갈등의 잠재성을 알게 된 상태이다.

셋째, 감정적·느낀 (felt) 갈등은 적대감 (敵對感) 또는 적의 (敵意) 가 형성된 것이다.

넷째, 표면화·명백화 (manifest) 갈등은 적대적 행동이 실제로 나타난 것이다.

다섯째, 갈등의 여파 (aftermath) 는 갈등대응 이후의 조건이나 상황이다.

### 2) Robbins & Judge의 갈등과정

Robbins & Judge (2011) 의 갈등과정 (conflict process) 은 '잠재적 대립 또는 상충 (potential opposition or incompatibility)[12] ⇨ 인지와 개인화 (cognition and personalization) ⇨ 의도 (intentions) ⇨ 행동 (behavior) ⇨ 결과 (outcomes)'로 구성되어 있다.

## ❺ 갈등의 유형

### 1) 갈등의 주체에 따른 구분

개인적 갈등은 개인이 여러 가지 대안 중 선택에 곤란을 겪는 것이고, 복수의 의사주체 간 갈등은 조직 내 또는 조직 간 의사결정 또는 정치적 배분의 결과를 놓고 긴장하고 있는 상태이다.

### 2) 갈등하는 대안의 목표와 가치의 성격에 의한 구분

첫째, 접근-접근 갈등은 선택 상황에서 두 가지의 대안이 모두 선택하고자 하는 대안일 경우 겪는 갈등이다.

둘째, 회피-회피 갈등은 선택 상황에서 두 가지 대안 모두 선택하고 싶지 않은 대안일 때 겪는 갈등이다.

셋째, 접근-회피 갈등은 하나의 대안은 선택하고 싶은 대안이고, 다른 대안은 선택하고 싶지 않은 대안일 경우에 겪는 갈등이다.

---

**12** 잠재적 대립 또는 상충 (potential opposition or incompatibility) 단계는 갈등이 생길 수 있는 기회를 제공하는 상황이 존재하는 상태이다. 갈등을 유발시키는 조건으로는 의사소통의 장애, 구조적인 문제, 개인적인 변수 등이 있다.

### 3) 수평적 갈등과 수직적 갈등

수평적 갈등은 목표의 분업구조, 과업의 상호의존성, 자원의 제한 등으로 인한 동일수준 부서 간의 갈등이다. 수직적 갈등은 감독, 근무조건, 보수 등의 문제로 인한 상하 간의 갈등이다.

### 4) 소모적 갈등과 생산적 갈등

소모적 갈등은 팀워크(teamwork)를 저해하는 역기능적 갈등이다. 반면에 생산적 갈등은 팀워크를 강화하는 순기능적 갈등이다.

### 5) 갈등 발생대상에 따른 갈등의 유형

Stephen P. Robbins & Timothy A. Judge(2011)는 갈등발생의 대상을 기준으로 갈등을 대인관계와 관련된 관계갈등 (relationship conflict), 업무의 내용과 목표와 관련된 직무갈등(task conflict), 그리고 업무수행방법과 절차와 관련된 과정갈등(process conflict)으로 구분하였다.

## ❻ 개인적 갈등의 원인과 해결방안

### 1) 개인적 갈등의 원인

개인적 갈등의 원인은 개인 사이의 가치관 격차가 클 때, 개인의 이기적인 태도 등이다. 개인 사이의 가치관 격차가 클 때는 조직에서 갈등이 발생할 수 있는 소지가 크다. 개인의 특성 관련 갈등예방을 위해서는 다른 사람과의 공감대 형성 능력 개발을 위한 교육이 바람직하다.

### 2) Simon & March의 견해

Simon & March는 개인적 갈등의 원인 및 행태를 불확실성(uncertainty), 비수락성(unacceptability), 비비교성(incomparability) 으로 구분했다.

불확실성(uncertainty)은 각 대안이 초래할 결과를 알 수 없는 경우이고, 비수락성(unacceptability)은 각 대안의 예상결과를 알지만 대안들이 모두 만족 기준을 충족시키지 못해 선택에 곤란을 겪게 되는 경우이다. 마지막으로 비비교성(incomparability)은 의사결정자가 각 대안의 결과를 알고는 있으나 대안 간 비교 결과 어떤 것이 최선의 결과인지를 알 수 없어 발생하는 개인적 갈등이다.

## ❼ 복수 의사주체 간의 갈등 원인과 해결방안

### 1) 의 의

여러 의사주체 간 갈등의 원인은 조직의 구조적 차원에서 발생하는 경우가 많다. 과업의 상호의존성 또는 업무의 연계성 으로 인한 타인과의 협조 필요성 증가, 지위부조화, 제한된 자원의 하위 부서 간 공유, 기능이나 업무의 특성에 따른 목표의 분업구조 등이 중요한 원인으로 작용한다.

갈등은 복잡한 동태적 현상이므로, 갈등의 상황적 조건에 맞게 해소전략과 조성전략을 취사선택하는 갈등관리전략을 사용해야 한다. 건설적·생산적 갈등은 조성하고 파괴적·부정적 갈등은 해소하는 전략이 필요하다.

## 2) 갈등 발생대상에 따른 갈등관리

첫째, 관계갈등 (relationship conflict) 은 대인관계의 악화로 인한 갈등이므로, 관계갈등을 해결하기 위해서는 의사전달의 장애요소를 제거하고, 직원 간 소통의 기회를 제공해 줄 필요가 있다.

둘째, 직무갈등 (task conflict) 은 업무의 내용이나 목표와 관련된 갈등이므로, 직무갈등을 해결하기 위해서는 상위목표의 제시, 공식적 권한을 가진 상사의 명령 및 중재, 그리고 상호타협의 방법이 있을 수 있다.

셋째, 과정갈등 (process conflict) 은 업무수행방법과 절차와 관련된 갈등이므로, 조직의 자원증대 (resource allocation), 상호 의사소통 증진, 그리고 조직구조의 변경을 통하여 해결할 수 있다.

## 3) 권한과 책임의 불분명

부처 간 또는 담당자 간에 권한과 책임이 불분명 또는 모호하게 규정될 경우에 갈등이 일어날 수 있는데, 이 경우에는 부처 간 권한과 책임을 명확하게 하는 것이 해결방안이다.

## 4) 조직 목표

주체 간 목표의 차이로 인한 갈등의 경우에는 상위목표를 제시하거나 계층제 및 권위에 의한 갈등해결 방안이 강구될 수 있다. 갈등은 양립할 수 없는 둘 이상의 목표를 추구하는 상황에서도 발생한다.

## 5) 의사전달의 장애와 부처할거주의

의사전달의 장애나 장벽, 부처할거주의로 인한 갈등의 경우에는 제도 개혁을 통해 갈등을 해결해야 한다. 제도 개혁의 방법으로는 순환보직제 (job rotation) 도입, 공동 교육훈련, 조정·통합 기능의 합리화, 의사전달 촉진 방안 도입, 적합한 보상체계 확립, 공동기구 설치를 통한 대응, 조직 범위의 확대 등이 제시될 수 있다.

## 6) 분업구조

분업에 역점을 둔 직무설계가 되어 직무와 책임의 분할이 심한 경우에도 의견 대립과 갈등의 가능성이 높아진다. 분업구조의 성격이 강할 때는, 할거주의와 전문화로 인한 수평적 의사전달의 저해가 나타나는데, 이는 조직구조에서 기인하는 의사전달의 장애요인이다. 조직의 분업구조 관련 갈등 예방을 위해서는 직급교육과 인사교류가 효과적이다.

## 7) 업무의 상호의존성

업무가 수평적 상호의존성이 높을 때는 조직에서 갈등이 발생할 수 있는 소지가 크다. 업무를 수행하는 사람들 사이에 긴밀한 영향을 미치는 수평적 또는 쌍방향적 상호의존성이 높을 때, 서로 긴밀한 사람들 사이의 협력관계가 깨지면 갈등이 발생할 가능성이 높다. A부서의 업무수행에는 B부서의 사전검토가 필요한데, B부서가 지연하는 경우이다.

업무의 상호의존성에 따른 갈등예방을 위해서는 부서 간 접촉의 필요성을 줄여주는 전략이 유효하다. 반면에 업무가 일방향 또는 집중형일 경우에는 조직에서 갈등이 발생할 수 있는 소지가 적다.

### 8) 지위부조화

지위부조화 혹은 지위불일치 (status in-congruence) 는 지위와 직무수행능력 간의 부조화로, 지위불일치가 심할 경우 행동주체 간의 교호작용을 예측 불가능하게 하여 갈등을 유발한다.

### 9) 자원의 희소성

자원의 희소성이 높으면, 제한된 자원을 누가 차지할 것인가에 대한 갈등이 발생할 수 있다. 신입사원이나 예산을 배정받기 위해 경쟁하는 경우이다. 자원의 희소성 관련 갈등예방을 위해서는 자원배분의 기준을 명확히 하는 것이 필요하다.

## ❽ 갈등해소 전략

### 1) 갈등해소 방법

갈등해소 방법으로는 문제해결, 상위목표의 제시, 공동의 적 확인, 회피 (avoiding), 상관의 명령, 자원증대, 태도변화 훈련, 구조적 요인의 개편·변화 (갈등조정기구의 신설이나 갈등조정 역할을 수행할 담당자 지정) 등을 들 수 있다.

갈등 주체 간 목표의 차이로 인해 발생되는 갈등은 상위의 목표를 제시하거나 계층제 또는 권위에 의해 갈등을 해결하는 것이 효과적이다. 유해한 갈등을 해소하기 위해 갈등상황이나 출처를 근본적으로 변동시키지 않고 거기에 적응하도록 하는 전략을 사용하기도 한다. 문제해결 (problem solving) 이란 갈등을 일으킨 당사자들이 직접접촉을 통해 공동문제를 해결하는 것이다. 회피 (avoidance) 는 갈등행동의 억압 등에 의하여 단기적으로 갈등을 진정시킬 수 있는 방법이다.

### 2) 분배형 협상과 통합형 협상

갈등관리에 있어서 분배형 협상은 자원이 제한되어 있어 제로섬 방식으로 나눌 수밖에 없다는 것을 기본적인 전제로 한다. 반면에 통합형 협상은 자원이 제한되어 있지 않아 제로섬 방식을 할 필요가 없는 상황 (win-win) 을 전제로 하는 협상이다.

### 3) 토마스 (Thomas) 의 갈등해소 전략

Kenneth W. Thomas (1992) 의 2차원 모형은 자신의 이익을 만족시키려는 정도인 자기주장성 (assertiveness) 과 상대방의 이익을 만족시키려는 정도인 협력성 (cooperativeness) 의 차원에서, 개인 간에 발생하는 대인적 갈등의 관리방안을 유형화했다.

> ■ **TIP** 갈등해소전략과 갈등조성전략
> 갈등해소전략은 갈등의 역기능을 전제로 하는 것이고, 갈등조성전략은 갈등의 순기능에 초점을 둔다.

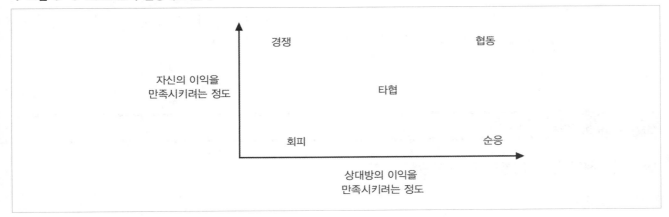

첫째, 협력 또는 협동(collaborating)형 갈등관리는 자신과 상대방의 이익 모두를 만족시키려는 방안으로, 갈등 당사자 간의 관계를 좋은 상태로 유지하면서 상호 간의 이익을 추구하는 상생(win-win) 전략으로 가장 이상적인 해결방안이다.

둘째, 갈등관리 방안 중 타협(compromising)은 자신과 상대방 이익의 중간정도를 만족시키려는 방안으로, 대립되는 주장을 부분적으로 양보하여 공동결정에 도달하는 과정으로 분명한 승자나 패자가 없다.

셋째, 갈등해소를 위한 경쟁(competing) 전략은 상대방의 이익을 희생해 자신의 이익을 추구하는 것으로, 신속하고 결단력이 필요한 경우나 구성원들에게 인기 없는 조치를 실행할 경우 사용될 수 있다.

넷째, 회피(avoiding)는 자신의 이익이나 상대방의 이익 모두에 무관심한 대인적 갈등관리 방안이다.

다섯째, 순응(accommodating)은 자신의 이익을 희생하면서 상대방의 이익을 만족시키려는 대인적 갈등관리 방안이다.

## ❾ 갈등조성 전략

### 1) 의 의

조직의 상황에 따라 갈등을 용인하고, 나아가 갈등을 조성 또는 조장하는 것은 조직 갈등관리 전략 중의 하나이다.

갈등의 유형 중에서 생산적 갈등이란 조직의 팀워크와 단결을 촉진하고 조직의 생산성을 중요시하는 유형이다. 조직의 불확실성을 높이거나 위기감을 불러일으키는 것과 같이 조직의 갈등을 인위적으로 조성하는 전략은 조직의 생존·발전에 필요한 전략 중 하나이다.

조직이 무사안일이나 침체에 빠져 있을 때에는 갈등해소가 아니라 갈등의 조성이 필요하다.

### 2) 갈등조성 방법

적절한 갈등을 조성하는 방법으로 의사전달 통로의 변경, 과다한 정보전달, 정보전달 억제, 인사이동 또는 직위 간의 관계 재설정, 외부인의 투입, 구조적 분화와 전문화, 리더십 스타일 변경, 의도적 반대자 지정, 조직의 재구조화 등을 들수 있다.

표면화된 공식적 및 비공식적 정보전달통로를 의식적으로 변경시키거나, 단위부서들 간 경쟁상황을 조성한다. 상황에 따라 정보전달을 억제하거나 지나치게 과장한 정보를 전달한다.

조직의 수직적·수평적 분화를 통해 조직구조를 변경한다. 조직의 재구조화란 유사업무 수행 부서 간의 경쟁구조를 형성하는 조직설계 및 의사결정권한의 재조정을 통한 관리자 간의 경쟁자극 등이다.

## 제4절 공공정책갈등

### ❶ 공공기관의 갈등 예방과 해결에 관한 규정

#### 1) 갈등영향분석

중앙행정기관의 장은 공공정책을 수립·시행·변경함에 있어서 국민생활에 중대하고 광범위한 영향을 주거나 국민의 이해 상충으로 인하여 과도한 사회적 비용이 발생할 우려가 있다고 판단되는 경우에는 해당 공공정책을 결정하기 전에 갈등영향분석을 실시할 수 있다.

중앙행정기관의 장은 갈등영향분석서를 작성하여 갈등관리심의위원회에 심의를 요청하여야 한다.

갈등영향분석이라 함은 공공정책을 수립·추진할 때 공공정책이 사회에 미치는 갈등의 요인을 예측·분석하고, 예상되는 갈등에 대한 대책을 강구하는 것을 말한다.

#### 2) 갈등관리심의위원회

위원회는 위원장을 포함한 11인 이내의 위원으로 구성한다. 중앙행정기관의 장은 소속 직원 또는 갈등의 예방과 해결에 관한 학식과 경험이 풍부한 자 중에서 위원을 임명 또는 위촉하되, 공무원이 아닌 위원이 전체위원의 과반수가 되도록 하여야 한다. 위원회의 위원장은 민간위원 중에서 호선하여 선출한다.

#### 3) 갈등조정협의회

중앙행정기관의 장은 공공정책으로 인하여 발생한 갈등해결을 위하여 필요하다고 판단되는 경우에는 각 사안별로 갈등조정협의회를 구성하여 운영할 수 있다.

### ❷ 프레임 분석

#### 1) 의 의

M. Elliott, B. Gray & R. J. Lewicki (2003) 는 공공정책갈등을 프레임분석 (frame analysis) [13]했는데, 프레임을 정체성 프레임

---

[13] 프레임 (frame) 은 정보에 대한 선택과 조직화가 가능하도록 하는 정보해석의 준거 틀이라고 할 수 있는데, 프레임에 따라 각종 사회문제가 공공정책의 의제로 채택되는지의 여부 및 정책과정에 영향을 준다. 프레임분석 (frame analysis) 은 공공정책갈등에 대한 합리적 선택이론의 갈등관리 기법들의 한계에 대한 고찰로부터 주목받게 되었다.

(identity frames), 특징부여 프레임 (characterization frames), 사회적 통제 프레임 (social control frames), 손익 프레임 (gain versus loss frames), 위험프레임 (risk frames), 갈등관리 프레임 (conflict management frames), 상황요약 프레임 (whole story frames), 권력 프레임 (power frames) 등의 8가지 프레임으로 분류했다.

## 2) 프레임의 유형

첫째, 정체성 프레임 (identity frames) 은 갈등 당사자는 스스로에게 정책의 피해자라는 일정한 특징을 부여하여 자신들을 범주화한다.

둘째, 특징부여 프레임 (characterization frames) 은 상대방에 대한 정의를 담고 있으며, 상대방에 대한 긍정적 및 부정적 또는 중립적인 묘사와 관련된다.

셋째, 사회적 통제 프레임 (social control frames) 은 권력의 정당성에 대한 갈등 해결 당사자들의 인식을 의미한다.

넷째, 손익 프레임 (gain versus loss frames) 은 문제 상황이 자신에게 어떤 이익과 손해를 가져오는지에 대한 당사자의 평가에 달려 있다.

다섯째, 위험프레임 (risk frames) 은 갈등이슈와 관련된 위험수준과 유형에 대한 당사자의 평가를 의미한다.

여섯째, 갈등관리 프레임 (conflict management frames) 은 당사자들이 가지고 있는 갈등관리 방법의 선호로, 갈등이 어떻게 관리되고 다루어져야 하는가에 대한 당사자들의 인식이다.

일곱째, 상황요약 프레임 (whole story frames) 은 당사자가 갈등 상황의 핵심을 인식하고 요약하는 방식을 나타낸다.

여덟째, 권력 프레임 (power frames) 은 지위 또는 권력의 차이를 가져오는 원천들인 사회적 권위, 자원의 소유, 전문성 등에 대한 개개인의 인식의 차이로부터 나온다.

## ❸ 공공갈등 분쟁해결방법

### 1) 대안적 분쟁해결수단

대안적 분쟁해결수단 (ADR: Alternative Dispute Resolution) 은 소송에 의한 사법적 판결에 의하지 않고, 분쟁을 해결하는 방식이다.

ADR은 당사자에 의한 해결방식인 협상·교섭 (negotiation) 과 제3자의 개입에 의한 알선 (good office), 조정 (mediation), 중재 (arbitration) 등이 있다.

### 2) 숙의적 분쟁해결수단

숙의적 (deliberative) 분쟁해결수단은 직접적 이해관계가 없는 일반시민도 토론·담론과정에 참여하도록 하여 분쟁을 해결하는 방법으로, 시민배심원제 (citizen jury) 가 대표적 사례이다.

### 3) 법적 절차에 의한 소송

가장 전형적인 분쟁해결수단이지만 비용부담이 크고 당사자 간에 지울 수 없는 앙금을 남기는 문제가 있다. 이러한 이유 때문에 최근에는 대안적·숙의적 분쟁해결수단이 주목받고 있다.

# C HAPTER

# 19 조직의 혁신과 변화

## 제1절 조직혁신과 변화관리의 개념

### ❶ 조직혁신의 개념

#### 1) 의 의

조직혁신 (organizational innovation) 은 계획적 변화를 통하여 조직을 어떤 상태에서 보다 나은 바람직한 상태로 전환시키는 것을 뜻한다.

조직혁신과 유사한 개념으로 조직개혁 (organizational reform) 이 있다. 조직혁신은 주로 행태과학적 측면에서 사용하고 행태의 변화에 초점을 두는 데 반해서, 조직개혁은 일반적으로 고전적 이론계통에서 사용하던 용어로 주로 제도의 변화를 대상으로 할 때 사용되었다.

#### 2) 목적적 접근법

목적적 접근방법 (what approach) 은 '무엇을 변화시킬 것인가'에 초점을 두는 것으로, 어떤 변수를 중심으로 해서 변화를 일으킬 것이냐의 문제이다.

Harold J. Leavitt (1965) 는 조직혁신의 대상으로 업무·과업 (task), 구조 (structure), 기술 (technology), 인간 (people) 등의 네 가지 변수를 제시하였다.

#### 3) 수단적 접근법

수단적 접근방법 (how approach) 은 '어떻게 변화시킬 것인가'에 강조점을 두는 것으로, 어떤 방법을 통해서 조직을 바람직한 방향으로 변화시킬 것인가의 문제이다.

Larry E. Greiner (1970) 는 권력의 개념을 사용해서 일방적 권력 (unilateral power), 공유적 권력 (shared power), 위임된 권력 (delegated power) 등의 세 가지 권력활용 변수를 설정하고, 거기에 따른 구체적인 변화의 접근방법을 제시했다.

### ❷ 변화관리의 개념

#### 1) 의 의

개방체제인 조직에서 변화는 환경의 투입을 전환하는 과정에서 자연스럽게 일어나는 것이다. 조직의 변화는 개방체제가 항상 경험하고 있는 적응 과정의 일부이다.

## 2) Lewin의 변화관리의 단계

Kurt Lewin (1947) 의 3단계 모형이 있다.

첫째, 현상의 해동 (unfreezing) 단계로 변화의 필요성을 인식하고 변화 대상자의 태도와 감정을 완화시키는 것이다.

둘째, 변화 (changing) 단계는 이동과 변화의 실행 단계로 변화를 위한 순종과 동일화 및 내면화가 일어난다.

셋째, 재동결 (refreezing) 단계는 변화의 실행을 통해 새로이 획득한 지식, 태도, 행동이 변화 대상자에게 체화되는 단계이다.

## 3) French & Bell의 변화관리 기법의 유형

French & Bell (1995) 은 대상집단의 규모에 적합한 변화관리 기법의 유형을 체계화했다. 경력계획, 감수성 훈련 등은 개인의 변화에 초점을 맞춘 것으로 보았다. 팀 수준을 대상으로 하는 것은 품질관리팀이다. 조직 전체를 대상으로 하는 것은 총체적 품질관리 (TQM), 전략관리 등이다.

특히 목표관리제 (MBO) 는 개인, 팀, 조직 전체 수준 모두에 적용할 수 있는 관리기법으로 보았다.

## ❸ 변화에 대한 저항과 극복

### 1) 개인적 차원에서의 주요 저항 요인

G. Moorhead & R. Griffin (2004) 이 제시한 개인적 차원의 주요 저항 요인은 다음과 같다.

익숙해진 습관을 변화시켜야 하는 것에 대한 거부, 자신의 신분이나 지위에 대한 안정성을 위협하는 것에 대한 저항, 미지의 새로운 세계에 대한 두려움, 변화가 자신의 문제로 귀속될 것이라는 인지적 특성에 의한 거부, 조직혁신이 안정된 급여를 위협할 수 있을 것이라는 경제적 요인, 자신은 변화를 원해도 소속집단의 다른 구성원들의 시선이 두려워 저항하는 경우 등이 있다.

### 2) 조직적 차원에서의 주요 저항 요인

Katz & Kahn (1978) 이 제시하는 조직적 차원의 주요 저항 요인은 다음과 같다. 안정성을 지향하는 조직의 구조적 타성 (structural inertia), 다양한 하위 시스템의 비협조, 조직문화나 조직 규범에 의한 저항, 기존의 조직 권력이나 통제권의 변화를 가져오는 것에 대한 거부, 너무 편협한 관점에서 시도하는 개혁에 따른 저항, 자원할당에서 불리하다고 느끼는 집단의 저항 등이다.

### 3) 저항에 대한 극복전략

Moorhead & Griffin (2004) 이 제시한 조직혁신에 대한 저항을 극복하는 방안은 다음과 같다. 조직혁신의 목표를 구성원들의 목표와 일치시키는 것, 교육과 의사소통, 조직혁신에 관한 의사결정에 구성원들을 참여시키는 것, 새로운 변화와 관련된 촉진책과 지원을 제공하는 것, 협상과 합의, 조종과 흡수, 강제와 강압적 수단 등이 있다.

## 제2절  조직혁신 기법 및 변화관리

### ❶ 목표관리제

#### 1) 의 의

목표관리제(MBO)는 개인이나 부서의 목표를 조직의 관리자가 일방적으로 제시하는 것이 아니라 하급자나 하위부서가 상급자나 상급기관과 협의해 목표를 설정하고, 협의 기간이 경과한 후에 목표달성도를 평가하여 그 결과를 예산, 인사관리, 재무관리 등에 반영하도록 하는 제도이다. 조직단위 또는 개인의 활동에 이르기까지 조직의 하부층과 상부층이 다같이 참여하여 공동으로 목표를 결정하고 그 업적을 측정·평가하는 방법으로, 하나의 목표 성취를 위해 조직의 구성요소들이 상호의존적인 입장에서 팀워크를 이루면서 활동한다.

단위부서별 순차적·상향적으로 목표설계를 한다. 상하 간의 참여적 관리를 의미하며 목표설정에서 책임의 확정, 실적평가에 이르기까지 상관과 부하의 합의로 이루어진다. 목표관리제의 의사결정의 흐름은 하급자의 참여를 통한 협력적 목표설정이라는 점에서 상향적이다. 목표관리제는 구성원의 참여를 강조한다는 점에서 '참여관리'라고도 한다. 목표관리제는 1950년대 드러커(P. Druker), 맥그리거(D. McGregor) 등에 의해 창시되었으며, 우리나라에서는 신공공관리적 행정개혁의 수단으로 성과급제와 함께 도입되었다.

#### 2) 목표관리제의 유용성

목표관리는 부하 직원과 하급 부서의 참여를 통한 목표설정, 목표실행, 평가와 환류 단계로 구분된다. 목표관리는 조직의 활동을 목표지향적으로 이끌어서 효율적인 조직을 도모한다. 참여를 통한 목표설정 과정에서 조직 상하 간에 의사소통이 원활해지고, 민주적 운영이 가능하게 하는 측면이 있다.

개인목표와 조직목표의 통합을 촉진시켜 조직목표의 달성을 위해 조직을 재구조화는 장치가 되기도 한다. 목표관리제는 평가와 환류를 통해 조직 구성원을 통제하는 수단이 된다.

#### 3) 목표관리제의 한계

MBO는 장기적이고 거시적인 관점보다는 단기적·가시적·미시적 관점의 목표를 중시한다. 목표관리제는 고객만족이나 서비스의 품질 또는 지역격차해소 등 정책이나 사업의 궁극적인 목표 또는 기대효과보다는 조직 내 부서별 단기목표의 달성을 양적으로 추구한다.

성과에 지나친 몰입은 지나치게 쉬운 목표를 채택하거나 중요하지 않은 목표를 선정하도록 유인하는 수단이 될 수도 있다. 공공조직의 경우에 목표의 추상성이 높기 때문에 목표달성도인 성과를 정확하게 측정하기 어려운 문제가 있다. 목표관리를 실현하기 위해서는 성과평가 자료의 마련과 갈등 조정 과정 등의 시간과 비용이 소요된다.

그리고 목표관리제가 조직에 적용되기 위해서는 조직문화가 참여나 민주적 운영에 적합한 구조여야 된다는 전제가 요구되므로, 권위적이거나 위계적 조직문화 속에서는 목표관리제가 구현되기 어렵다.

## ❷ 총체적 품질관리

### 1) 의 의

총체적 품질관리(Total Quality Management)는 고객에 대한 서비스 품질을 향상시키는 관리로, 사실자료에 기초를 두고 과학적 품질관리기법을 활용한다. 총체적 품질관리(TQM)는 품질관리가 과정의 매 단계마다 이루어지고, 산출물의 일관성 유지를 위해 과정통제 계획과 같은 계량화된 통제수단을 활용한다.

TQM은 고객만족을 위한 서비스 품질 제고를 제1차적 목표로 삼고, 구성원의 광범위한 참여하에 조직의 과정·절차·태도를 지속적으로 개선해 나가려는 총체적 성과향상 전략인 동시에 고객지향적인 총체적인 품질관리철학을 의미한다. 총체적 품질관리(TQM)는 공공서비스의 품질 향상을 통한 고객만족을 목표로 하기 때문에 공무원들의 행태를 고객 중심적으로 전환할 수 있다. 모든 조직구성원들은 한편으로 공급자면서 다른 한편으로는 고객인 이중적 역할을 수행하는 것으로 본다.

총체적 품질관리는 조직 내의 인간을 존중하고 인간의 발전을 위한 투자를 강조한다. TQM은 탈관료제적 관리방식으로서 고객의 필요에 부응하는 등 관심의 초점은 외향적이지만, 관료제의 근본을 부정하거나 이와 상충된다고 여기지는 않는다.

### 2) 전통적 관리와 TQM

전통적 관리체제는 기능을 중심으로 구조화되는 데 비해, TQM은 절차를 중심으로 조직이 구조화된다. 전통적 관리체제는 개인의 전문성을 장려하는 분업을 강조하는 데 비해, TQM은 주로 팀 안에서 업무를 수행할 것을 강조한다. 전통적 관리체제는 상위층의 의사결정을 위한 정보체제를 운영하는 데 비해, TQM은 절차 내에서 변화를 이루는 사람들이 적시에 정확한 정보를 소유하는 것에 초점을 둔다. 전통적 관리체제는 낮은 성과의 원인을 관리자의 책임으로 간주하는 데 비해, TQM은 낮은 성과를 근로자 개인의 책임이 아니라 집단적 노력을 강조하므로 조직의 연대적·총체적 책임으로 간주한다.

**✛ 표 3-23 전통적 관리와 TQM**

|  | 전통적 관리 | TQM (Total Quality Management) |
|---|---|---|
| 조직의 구조화 | 기능을 중심으로 구조화 | 절차·과정을 중심으로 구조화 |
| 분업에 대한 인식 | 개인의 전문성을 장려하여 분업을 강조 | 팀 안에서 업무를 수행할 것을 강조 |
| 정보체제 운영 | 상위층의 의사결정 도구로 운영 | 구성원들이 적시에 정확한 정보 활용 |
| 낮은 성과의 원인 | 관리자의 책임으로 간주 | 조직의 연대적·총체적 책임으로 간주 |

### 3) 총체적 품질관리(TQM)와 목표관리(MBO)

TQM과 MBO는 구성원의 참여를 인정하는 Y이론적 인간관에 기반하고 있다. 구성원의 참여를 인정한다는 점에서 MBO와 TQM은 동일하다. TQM과 MBO는 분권화된 조직관리 방식이다. 하급직원들에게 힘을 실어주는 일과 분권화를 촉구하지만 계층제의 완전한 폐지를 주장하지는 않는다.

MBO가 개별 구성원의 활동을 바탕으로 한다면, TQM은 팀 단위의 활동을 바탕으로 한다. MBO는 내부적, 상하급자 간 합의로 목표를 설정하는 반면에 TQM은 외부적, 고객에 의해 목표를 설정한다. MBO가 조직 내부 성과의 효율성에 초점을 둔다면, TQM은 고객만족도 중심의 대응성에 초점을 둔다. MBO가 대내 지향인 것과 달리, TQM의 관심은 외향적이어서 고객의 필요에 따라 목표를 설정하는 것을 강조한다. TQM의 시간관은 장기적이며, 통제유형은 예방적·사전적 통제이다.

**➕ 표 3-24 목표관리와 총체적 품질관리**

| | 목표관리제 (MBO) | 총체적 품질관리(TQM) |
|---|---|---|
| 인간관 | Y이론 | Y이론 |
| 조직관리 방식 | 분권화 | 분권화 |
| 초 점 | 조직 내부 성과의 효율성 | 고객만족도 중심의 대응성 |
| 지향점 | 대내적 효과 지향 | 조직 외부 지향, 고객지향적 관리 |
| 활 동 | 개별 구성원의 활동 | 팀 단위의 활동 |
| 보상체계 | 개별 보상 | 집단적 노력 강조, 팀 보상 |
| 관리 시점 | 사후적 관리 (평가 중시) | 사전적·예방적 관리 |
| 추구 과제 | 결 과 | 과정, 절차, 문화 |
| 시계 및 평가지표 | 단기, 미시, 정량적 (양적 지표) | 장기, 거시, 정성적 (질적 지표) |

## ❸ 조직발전

### 1) 의 의

조직발전 (OD: Organization Development)은 아래로부터의 자율적이고 자발적인 접근방법이 아니라 외부의 전문가들이 참여하는 하향적 관리방식으로, 문제해결역량을 개선하여 조직 전체의 변화를 추구하는 계획적·의도적인 개입방법이다. 조직발전에서 인간에 대한 가정은 맥그리거 (McGregor)의 X이론이 아니라 Y이론의 인간관에 바탕을 둔 성장이론 (growth theory)이다. 행태과학의 지식이나 기법을 활용하게 되며, 이 분야의 전문가인 변화관리자의 도움으로 지속적이며 장기적인 조직 전반의 변화를 추구한다.

조직발전 (OD)은 구조나 기능이 아니라 조직구성원의 행태변화를 통하여 조직의 생산성과 환경에의 적응능력을 향상시키는 것을 목표로 한다. 조직발전에서 가정하는 조직은 개방체제 속에서 복합적 인과관계를 가진 유기체이다. 조직발전에서 추구하는 변화는 조직문화의 변화를 포함한다. 그러나 심리적 요인에 치중한 나머지 구조적·기술적 요인을 경시할 우려가 있다. 또한 기존 권력구조 강화에 악용될 수 있다.

조직발전은 과정지향성을 지니며, 인간적 및 사회적 과정과 문제해결을 위한 협동적 과정을 중시하지만, 아래로부터 자율적이고 자발적으로 진행되는 것이 아니라 최고관리층의 주도하에 하위계층의 협력과 참여를 수반하면서 하향적으로 진행된다. 조직발전 (OD)의 기법으로는 감수성 훈련, 관리망 훈련, 팀 빌딩 기법, 과정상담, 개입전략 등이 있다.

## 2) 조직진단

조직진단 (organization diagnose) 은 조직의 의도적인 변화를 시도하기 위한 전 단계 과정으로서, 조직발전의 관점에서 조직의 과거와 현재를 분석하고 미래 발전상을 제시하는 일련의 절차다. 조직진단은 환경진단과 조직 자체에 대한 진단으로 대별 (大別) 된다. 다시 환경진단은 종합적 환경진단과 분야별 환경진단으로 구분된다. 조직 자체에 대한 진단은 종합적 조직진단, 부문별 진단, 과제별 진단으로 나뉜다.

종합적 조직진단에는 협의의 조직진단 (기능 및 구조진단), 인력진단, 재정진단, 서비스와 프로세스 진단, 조직문화와 행태 진단 등이 포함된다. 부문별 진단에는 관리부문진단, 업무부문진단이 해당된다. 과제 (프로젝트) 별 진단에는 행정과제별 진단, 관리과제별 진단이 속한다.

## 3) 감수성훈련

감수성훈련 (sensitivity training) 은 동료 간·동료와 상사 간의 상호작용을 진작시키기 위한 것으로 실제 근무상황이 아니라 인위적인 상황에서 실시하는 기법이다. '실험실훈련 혹은 T-집단훈련'이라는 명칭으로 불린다.

자신의 행동이 타인에게 미치는 영향을 검토하도록 하고, 갈등과 상호관계에 관련된 능력을 개선할 목적으로 사용된다. 구성원들 간 비정형적 체험을 통해서 자기에 대한 인식과 타인에 대한 이해의 기회를 갖게 하여, 태도와 행동의 변화를 가져오고 궁극적으로 대인관계 기술을 향상시키려는 목적을 갖는다.

## 4) 관리망 훈련

Blake & Mouton은 생산에 대한 관심과 사람에 대한 관심의 이원적 변수에 의거하여 81개의 리더십 (관리망) 유형을 만들고, 단합형 또는 팀형 리더를 가장 효과적인 관리유형으로 꼽았다.

## 5) 팀 빌딩 기법

팀 빌딩 기법은 구성원 간의 협력적 노력을 향상시켜 팀 성과를 증가시킨다. 과정상담은 외부 전문 상담가가 문제가 있는 조직과정에 개입하여 조직이 문제를 스스로 해결하도록 유도하는 전략이다. 개입전략은 상담자가 조직에 참여하여 갈등을 직접 공개적으로 해결하도록 유도한다.

## ❹ Greiner의 조직의 생명주기모형

## 1) 의 의

Larry E. Greiner (1972) 의 조직의 생명주기모형은 사람이 나이를 먹듯이 조직도 5단계의 진화단계를 거치며, 각 단계별로 조직이 직면한 문제들로 인해서 위기에 봉착하게 되고 다음 단계로 나아가기 위해서는 이 위기를 극복해야 한다는 견해이다.

## 2) 조직의 진화단계와 위기

Greiner의 조직의 5단계 진화과정은 창조를 통한 성장단계, 감독을 통한 성장단계, 위임을 통한 성장단계, 조정을 통한 성장단계, 협력을 통한 성장단계로 구분할 수 있다.

첫 번째 단계인 창조를 통한 성장단계 (growth through creativity) 에서 기업가는 틈새시장 (niche markets) 에 적합한 신제품 개발과 생산, 새로운 절차를 만들고 발전시키기 위한 조직학습 (organizational learning) 이 활발하다. 그러나 조직이 성장할수록 관리업무의 한계 및 기업가 정신만으로 극복하기 어려운 리더십의 위기 (crisis of leadership) 가 오게 된다. 두 번째 단계는 감독을 통한 성장 (growth through direction) 이다. 리더십의 위기를 극복하기 위해서 조직을 이끌 역량을 지닌 강한 관리자를 양성한다. 그 결과 집권화와 의사결정의 공식화 경향이 커져서 자율성의 위기 (crisis of autonomy) 상황에 직면하게 된다.

세 번째 단계는 위임을 통한 성장 (growth through delegation) 이다. 자율성의 위기를 극복하기 위해서 하위 관리자에게 권한을 위임하고 고객의 수요에 신속한 대응을 하도록 한다. 그러나 조직이 성장해감에 따라 하위 관리자들은 더 많은 자율성과 재량권을 확보하려 하기 때문에, 최고관리층은 조직에 대한 통제의 위기 (crisis of control) 에 봉착하게 된다.

네 번째 단계는 조정을 통한 성장 (growth through coordination) 이다. 통제의 위기를 극복하기 위해 최고관리층은 성과평가를 통한 조정과 능률적인 조정을 하기 위해 많은 규칙과 절차를 만들게 된다. 그 결과 조직은 관료제화가 심화되는 관료제의 위기 (crisis of red tape) 에 이르게 된다.

다섯 번째 단계는 협력을 통한 성장 (growth through cooperation) 이다. 관료제의 위기를 극복하기 위해서는 공식적인 통제에 중점을 두기보다는 사회적 통제나 자기통제와 같은 방식이 바람직하다. Greiner는 협력을 통한 상호조정과 유기체적 조직운영을 위해 매트릭스 조직구조로 전환할 것을 제안했다. 한편 조직은 새로운 위기에 봉착할 때까지는 계속해서 협력을 통한 성장을 도모하지만, 조직은 성장하는 것뿐만 아니라 쇠퇴도 하게 된다.

## ❺ 리엔지니어링

리엔지니어링 (BPR: Business Process Reengineering) 을 위해서는 프로세스의 변화뿐만 아니라 조직구조나 문화 등 다양한 측면에서 변화가 요구된다. 조직의 근본적 변화가 필요할 때 사용되며, 조직문화도 개혁의 대상이다.

민간부문과 공공부문 간에 리엔지니어링 (BPR) 환경의 차이가 있긴 하지만, 행정개혁으로서의 리엔지니어링 (BPR) 은 고객만족 가치를 창출하는 프로세스 또는 관리기술의 개선에 초점을 두는 것이다.

## ❻ Kotter의 변화관리모형

John P. Kotter & Dan S. Cohen (2002) 의 조직변화 8단계는 '위기감 조성 ⇨ 강력한 변화추진의 구심체 구축 (변화추진팀 구축) ⇨ 비전 창조 (비전 개발) ⇨ 비전 전달 ⇨ 구성원에 대한 임파워먼트 (empowerment) ⇨ 계획수립 및 실현 (단기성과 달성) ⇨ 성과향상의 통합과 후속변화의 창출 (지속적 도전) ⇨ 새로운 접근방법의 제도화 (변화의 제도화)'이다.

변화를 위한 첫 번째 단계는 리더와 관리자가 외부환경의 변화와 조직실태의 엄밀한 분석을 통해 위기에 대한 인식을 불러일으키는 것이다. 두 번째 단계는 감지된 위기에 대응하여 변화를 이끌 팀을 구축하는 것이 필요하다. 세 번째 단계는 변화를 통해 달성하고자 하는 목표와 가치를 개발 및 창조하는 것이다. 네 번째 단계는 비전과 전략이 구성원 모두에게 전달되는 과정으로 변화의 내용이 구체화되면서 저항도 구체화되기도 한다. 다섯 번째 단계는 변화의 비전과 전략을 실행할 수 있도록 구성원들에게 권한위임 (empowerment) 을 해주는 것이다. 여섯 번째 단계는 변화에 따른 단기적·가시적 성과를 조직구성원들에게 보여줌으로써 변화를 위한 추진력을 확보한다. 일곱 번째 단계는 단기적 성과에서 머무르지 않고 점차 어려운 과제에도 도전하도록 한다. 여덟 번째 단계는 변화와 개혁이 이루어진 새로운 업무방식이나 구성원의 행동방식이 내재화(內在化)되도록 제도화하는 것이다.

## ⑦ 전략적 관리

전략적 관리(SM: Strategic Management)는 역동적인 환경 속에 놓인 조직의 미래지향점을 정하고, 이를 달성하기 위한 전략을 개발하고 실행하는 것을 의미한다. 임무(mission)와 목표 및 실천행동을 포함하는 통합적 접근방법이다.

전략적 관리는 장기적 시계(視界)를 갖고 환경 및 조직역량을 분석하여, 목표성취를 위한 전략개발을 추구하는 목표지향성을 지닌다.

전략적 관리의 단계는 목표 설정, 계획기간 설정, 환경평가, 역량평가, 전략계획서 작성, 실행, 환류 및 평가이다.

---

## 제3절　조직문화

## ① 조직문화의 기능과 특징

### 1) 조직문화의 기능

조직문화(organizational culture)란 조직체제의 구성원들이 공유하는 가치와 신념, 그리고 태도와 행동양식의 총체라고 할 수 있다.

조직문화는 조직구성원들에게 소속 조직원으로서의 정체성을 제공하고, 조직구성원들의 행동을 형성시킨다. 조직이 처음 형성되면 조직문화는 조직을 묶어 주는 접착제 역할을 한다. 그러나 조직이 성숙 및 쇠퇴 단계에 이르면 조직문화는 조직혁신을 제약하는 요인이 된다.

### 2) 조직문화의 특징

조직문화의 속성을 특징짓는 요소들은 규범, 지배적 가치, 철학, 조직풍토, 행태의 규칙성 등이 있다.

첫째, 규범은 조직에 있는 "일을 너무 많이 하지 마라, 너무 적게 하지 말라." 등 업무수행방법에 관한 지침이 되는 행동기준이다. 둘째, 지배적 가치는 조직이 강조하고 참여자가 공유하기를 바라는 주요가치로, "우리 조직의 구성원들은 서로를 신뢰한다."라는 형태이다. 셋째, 철학은 조직구성원과 고객에 대한 조직의 신념을 밝히는 정책이다. 넷째, 조직풍토는 시설의 배치, 참여자 간의 상호작용방식, 조직구성원의 고객이나 외부인사와의 접촉방식 등으로 전해지는 총체적인 느낌이다. 다섯째, 관찰된 행태의 규칙성은 조직참여자가 상호작용할 때 공통적으로 쓰는 언어와 경의·복종과 관련되는 의식(儀式)이다.

### 3) 조직문화의 접근방법

G. S. Saffold (1988) 는 조직문화접근법을 특성론적 접근방법, 문화강도적 접근방법, 문화유형론적 접근방법, 상황론적 접근방법으로 분류했다.

첫째, 특성론적 접근방법은 조직효과성을 향상시킬 수 있는 특정한 문화 특성이 존재한다고 여긴다. 긍정적인 문화를 가진 조직이 그렇지 못한 조직보다 효과성이 높다고 간주한다.

둘째, 문화강도적 접근방법은 조직 효과성을 향상시키기 위해서는 강한 문화가 필요하다는 견해이다. 구성원들이 가치를 강하게 공유하고 있는 조직이 효과성이 높다고 전제한다.

셋째, 문화유형론적 접근방법은 문화 유형의 특성에 따라 조직효과성이 각각 달라진다고 여긴다. 특히 문화유형론적 접근의 대표적인 방식인 경쟁가치모형은 그 타당성과 신뢰성이 이미 많은 연구자들에 의하여 검증되어 유용하게 활용되고 있다.

넷째, 상황론적 접근방법은 조직문화의 특성과 상황요인들 간의 적합성에 따라 조직효과성이 달라질 수 있다는 것이다.

## ❷ Douglas의 문화이론

### 1) 의 의

Mary Douglas와 Aaron Wildavsky (1982) 의 문화이론 (culture theory) 은 문화를 외생적으로 주어진 것으로 전제하지 않고, 문화는 구성원들이 공유하는 문화편향 (culture bias) 과 사람과 사람의 관계인 사회관계 (social relation) 의 상호작용으로 형성되며, 사회구성원들이 특정한 삶의 양식 (way of life) 을 갖도록 하는 특징을 지닌다고 보았다.

집단성 (group) 은 개별 집단 내 자발적 결속력이나 소속감으로, 개인의 정체성과 관련된다. 규칙성 (grid) 은 개인의 행동을 통제하는 외부조건으로, 사회적 구속성을 의미한다. 집단성이 강할수록 서로에 대한 의존도가 크고, 규칙성이 강할수록 개인의 자율성이 억제된다.

### 2) 문화의 유형

집단성 (group) 과 규칙성 (grid) 의 강약에 따라 위계주의, 운명주의, 평등주의, 개인주의로 구분한다.

첫째, 위계주의 (hierarchy) 또는 관료주의는 집단성과 규칙성이 모두 강한 경우로, 부분 및 개인보다 전체와 집단을 중시하고 법 앞에 평등을 주장한다. 둘째, 운명주의 (fatalism) 는 집단성은 약하지만 규칙성은 강한 경우로, 인간에 대한 의구심으로 인하여 의무·규율·복종을 중시하고 최고층의 권한 집중과 개인의 자율적 결정 배제를 중시하는 유형이다. 셋째, 평등주의 (egalitarianism) 또는 공동체 주의는 집단성은 강하지만 규칙성은 약한 경우로, 타인배려적·협동적 인간관에 입각하여 결과의 평등을 중시하는 유형이다. 넷째, 개인주의 (individualism) 는 집단성과 규칙성이 모두 약한 경우로, 자아추구적·경제적 인간관에 입각하여 경쟁 및 개인책임을 중시하는 유형이다.

| | | 집단성 (group) | |
|---|---|---|---|
| | | 강 | 약 |
| 규칙성 (grid) | 강 | 위계주의 (hierarchy) | 운명주의 (fatalism) |
| | 약 | 평등주의 (egalitarianism) | 개인주의 (individualism) |

출처: 정정길 외 (2011: 750) 토대로 재구성.

## ❸ Hofstede의 문화 차원

### 1) 의 의

Geert Hofstede (1980) 는 문화를 한 집단이 다른 집단의 구성원들과 구별되는 정신적 가치와 집합적 설계 (collective programming)라고 정의내리고 있다. 개인주의와 집단주의, 권력거리, 남성성과 여성성, 불확실성의 회피, 시간관의 차원에서 문화의 다양성을 비교했다.

### 2) 개인주의와 집단주의 차원

개인주의 (individualism) 는 개인의 자유와 이익을 우선시하고 독립심이 강하며 대인관계가 소극적이다.

집단주의 (collectivism) 는 집단에 대한 소속감과 충성심이 강하고, 집단 속에서 자신의 이익을 보호받고자 하며, 사람들 간의 화합과 상호의존성을 중시한다.

### 3) 권력거리

권력거리 (power distance) 가 강한 경우 권력자의 결정이나 자신과의 지위 차이를 훨씬 편하게 받아들이는 것으로, 권력거리가 강한 문화는 집권화와 권위주의 요소가 강하고 커뮤니케이션이 폐쇄적이다.

권력거리가 약한 문화는 분권화나 권한위임이 잘 되어 있고 개방적인 커뮤니케이션이 활성화된다.

### 4) 남성성과 여성성 차원

남성성 (masculinity) 이 강한 문화는 자기주장이 강하고 남성과 여성의 역할에 대한 분명한 차이를 인정하려고 하며, 보통보다는 최고를 지향한다.

반면에 여성성 (feminity) 이 강한 문화는 양적인 성공보다는 타인에 대한 배려와 삶의 질이나 문화적 가치의 차이에 초점을 두며, 양성평등을 선호하고 최고보다는 평균 혹은 보통을 기준으로 삼는다.

### 5) 불확실성의 회피

불확실성의 회피 (uncertainty avoidance) 차원은 불확실하고 모호한 상황에 불안감을 느끼는 정도와 이를 피하려고 노력하는 정도를 뜻한다. 불확실성 회피의 정도가 강하다는 것은 자신과 다른 생각과 행동에 대한 두려움을 갖고 공식적인 규정을 많이 만들어 불확실한 요소를 최대한 통제하려하고 변화를 꺼린다.

반면에 불확실성 회피정도가 약한 경우는 이견이나 다양성을 수용하고 위험과 변화를 피하지 않는다.

## 6) 장기와 단기 차원[14]

장기성향(long orientation)이 강한 사회는 전통을 중시하면서도 미래를 생각하는 긴 안목을 가진 경우로, 현재 혹은 당장의 보상이 없더라도 장기적으로 보상받을 것에 대한 기대를 가진다.

반면에 단기성향(short orientation)이 강한 사회는 전통보다는 당면한 문제를 더 중요하게 생각하기 때문에 현실적응적이며 변화지향적인 성격이 강한 편이다.

## 7) 한국행정문화에 적용

개인주의와 집단주의 차원에서 보면, 개인주의가 서구 국가들의 행정문화라면 우리나라의 행정문화의 특성은 집단주의에 더 가깝다. 권력거리 차원에서는 수평문화보다 권위주의나 수직문화 경향이 더 크므로, 권력거리가 강한 문화에 속한다고 할 수 있다.

남성성과 여성성 차원에서는 과업지향보다는 관계지향적이고 온정주의적 성향을 지닌다. 불확실성의 회피차원에서는 변화지향보다는 안정지향 혹은 안정주의이다.

## ❹ Trompenaars의 문화 차원

### 1) 의 의

Fons Trompenaars(2001)는 문화를 일곱 가지 측면에서 비교했다. 비교기준은 개인주의와 공동체주의, 전체와 부분, 보편주의와 특수주의, 중립과 감성, 성취와 귀속, 선형시간관과 원형시간관, 외부통제와 내부통제이다.

### 2) 개인주의와 공동체주의 차원

개인주의와 공동체주의 차원에서 개인주의(individualism)는 개인의 행복이나 편익을 공동체나 집단의 후생이나 이익보다 더 중시한다.

반면에 공동체주의(communitarianism)는 공동체 전체의 이익을 개개인의 이익보다 더 중요하게 여긴다.

### 3) 부분성과 전체성 차원

부분성과 전체성 차원의 경우 부분성 혹은 특정성(specificity) 문화는 개개인의 삶이 합해져 전체를 이룬다는 시각으로, 개인생활을 독립적으로 이해하고 구체적인 사실이나 객관적인 기준, 명확한 계약 등을 강조한다.

한편 전체성 혹은 모호성(diffuseness) 차원에서는 전체의 시각에서 부분들의 관계를 이해하므로, 전체는 개인들의 단순 합과는 다른 고유한 속성을 지닌다고 본다. 전체성 문화는 사적으로 형성된 관계를 다른 부분에까지 확장하려는 경향성을 지니며, 객관적 기준이나 규범보다 직관이나 분위기 및 신뢰관계 등을 강조한다.

---

**14** 장기-단기 차원은 호프스테드(Hofstede)가 동아시아 국가의 경제성장을 설명하기 위해 추가한 것이다.

### 4) 보편주의와 특수주의 차원

특수주의와 보편주의 차원의 경우, 보편주의(universalism) 문화는 법과 규칙과 같은 규범이 모든 사람에게 예외 없이 평등하게 적용되는 것을 강조한다.

한편 특수주의(particularism)는 문제가 발생한 상황이나 인간관계의 특수성을 고려하여 법과 규칙과 같은 규범을 유연하게 해석하고 적용하려는 경향성을 지닌다.

### 5) 중립과 감성 차원

중립과 감성 차원에서는, 중립(neutral) 문화는 감정의 표출이 제한적이며 감정을 통제하려고 한다.

반면에 감성(affective)문화의 경우는 정에 이끌리는 정의성(情誼性)을 지니며, 감정의 표출을 중시하므로 표출되지 않는 감정은 중요하게 다루지 않는다.

### 6) 성취와 귀속 차원

성취와 귀속 차원의 경우, 성취(achievement) 문화는 후천적으로 개인이 노력해서 얻은 결과를 중시한다. 반면에 귀속(ascription)문화에서는 선천적인 요인에 의한 지위를 강조한다.

### 7) 선형과 원형시간관 차원

선형과 원형시간관 차원의 경우, 선형시간(sequential)관은 시간을 직선상에서 계속 앞으로 움직이는 것으로 보고, 계획된 생활을 매우 중요하게 생각한다.

반면 원형시간(synchronous)관은 여러 가지 일을 동시에 벌여놓고 하는 경우가 많고, 시간에 대한 관념이 상대적이며 상황에 따라 변동될 수 있다.

### 8) 내부통제와 외부통제 차원

내부통제와 외부통제 차원에서 내부통제(internal control)는 모든 문제에 대한 답을 자기 안에서 찾으며, 자연을 보는 관점도 자연을 하나의 기계로 보고 인간의 의지와 노력으로 극복할 수 있는 대상으로 인식한다.

반면에 외부통제(external control)는 자연을 유기체로 간주하고, 사람을 자연의 한 부분으로 받아들이기 때문에 자연과 환경과의 조화로운 생활방식을 강조한다.

## ❺ Quinn의 경쟁적 가치의 조직문화 모형

### 1) 의 의

R. E. Quinn(1988)은 조직은 상호모순되는 가치들을 동시에 만족시킬 수 있어야 높은 성과를 얻을 수 있다고 보았다. 유연성과 질서의 차원과 외부와 내부 지향성이라는 차원을 기준으로 네 가지의 조직문화 유형을 제시하고 있다.

**+ 표 3-26 Quinn의 경쟁적 가치의 조직문화 유형**

| 내부, 외부 지향 | | 질서와 유연성 | |
| --- | --- | --- | --- |
| | | 질 서 | 유연성 |
| 내부, 외부 지향 | 내부 지향 | 위계질서문화 (hierarchy culture) | 관계지향 (인적 자원) 문화 (clan culture) |
| | 외부 지향 | 과업 (생산) 중심문화 (rational culture) | 혁신지향 (개방체제) 문화 (adhocracy culture) |

출처: Quinn (1988: 48).

### 2) 위계질서문화

위계질서문화는 질서를 중시하고 내부통합적이다. 예측가능한 일만 하고 비용 통제와 철저한 관리로 안정적인 조직풍토를 가지고 있다.

### 3) 관계지향문화

관계지향문화 또는 인적 자원문화는 비공식적인 유연한 문화로서 내부지향적이다. 구성원의 참여와 가족공동체를 지향하며, 충성심에 기반한 조직풍토를 지닌다.

### 4) 생산중심문화

생산중심문화는 경쟁지향적이며 과업 중심의 문화로, 외부지향적이다. 조직의 경쟁력과 생산성을 강조하며 이를 관리 및 감독한다.

### 5) 개방체제문화

개방체제문화 또는 혁신지향적 문화는 외부지향적이다. 도전적이며 창의적이고 혁신과 자율이 보장되는 문화이다.

## ❻ Daft의 환경과 전략에 따른 문화의 유형

### 1) 의 의

R. L. Daft (2004)는 조직을 둘러싼 환경이 유연성과 안정성을 요구하는 정도와 조직이 지향하는 초점이 내부인지 혹은 외부인지에 따라 네 가지의 문화유형을 제시했다.

**+ 표 3-27 Daft의 조직문화 유형**

| 전략적 초점 | | 환경 요구 | |
| --- | --- | --- | --- |
| | | 안정성 | 유연성 |
| 전략적 초점 | 내부 지향 | 관료문화 (bureaucratic culture) | 동류문화 (clan culture) |
| | 외부 지향 | 사명문화 (mission culture) | 적응문화 (adaptability culture) |

출처: Daft (2004: 335).

## 2) 관료문화

관료문화 (bureaucratic culture) 는 전략적 초점은 내부에 있고, 안정된 환경에서 일정한 방식에 따라 사업을 수행하므로 일관성이 높다.

## 3) 동류문화

동류문화 (clan culture) 는 높은 성과달성을 위해 구성원들의 요구에 귀를 기울여 조직에의 몰입과 참여를 유도한다.

## 4) 사명문화

사명문화 (mission culture) 는 조직의 목적을 담고 있는 명확한 비전과 목적 달성을 위한 세부목표를 강조하므로, 개개인은 구체화된 개인의 성과목표에 책임을 지고 조직은 그 성과에 대해 보상한다.

## 5) 적응문화

적응문화 (adaptability culture) 는 환경의 변화를 탐색하고 해석하여 새로운 대응책을 개발할 수 있는 조직 역량을 강조한다.

## ❼ 조직시민행동

### 1) 의 의

D. W. Organ (1988) 은 조직시민행동 (organizational citizenship behavior) 을 "조직의 공식적인 보상 시스템에 의하여 보상되지는 않지만, 전체적으로는 조직이 효과적으로 기능하도록 도움이 되는 행동"이라고 했다.

### 2) 유 형

Williams, Larry J. & Stella E. Anderson (1991) 은 조직시민행동을 조직에 대한 조직시민행동 (OCB - O) 과 개인에 대한 조직시민행동 (OCB - I) 으로 구분하였다.

신사적 행동 (sportsmanship), 성실행동 (conscientiousness), 시민의식행동 (civic virtue) 은 조직에 대한 조직시민행동 (OCB - O) 이다.

첫째, 신사적 행동 (sportsmanship) 은 불평, 불만, 험담, 과장된 얘기 등을 하지 않는 정당한 행동을 의미한다. 둘째, 성실 또는 양심행동 (conscientiousness) 은 조직의 규범을 잘 따르고, 조직의 규칙 등이 요구하는 수준 이상의 역할을 수행하는 것이다. 작업장의 청결을 유지하는 것, 회사비품 아껴 쓰기, 조기 출근 등은 조직시민행동 유형 중 양심행동에 속한다. 셋째, 시민의식행동 또는 시민정신 (civic virtue) 은 조직의 구성원이 조직생활에 책임감을 갖고 임하며, 조직발전을 위해 혁신적 태도로 참여하는 것이다. 조직의 정책에 대한 관심을 가지고 정책제안이나 이슈토론에 활발히 임하는 것을 의미한다.

반면에 이타적 행동 (altruism), 예의성 (courtesy) 은 개인에 대한 조직시민행동 (OCB - I) 이다. 이타적 행동 (altruism) 은 조직 내의 타인을 기꺼이 도와주는 행동으로, 신입사원의 회사적응을 도와주거나 아픈 동료를 대신해 일을 분담해주는 것 등이다. 예의성 (courtesy) 은 다른 사람의 권리를 고려하고 존중하는 것으로, 자신의 결정이나 행동에 의해 영향을 받을 사람에게 사전에 연락을 취해 양해를 구하거나 의견을 조율하는 것 등을 뜻한다.

## 3) 영향관계

구성원들의 직무만족도가 높을수록, 조직몰입도가 높을수록, 조직의 구성원들이 조직의 절차적 공정성이 높다고 인식할수록 조직시민행동에 긍정적 영향을 미친다. 그러나 구성원들이 자신의 역할을 명확하게 인식하지 못하는 역할모호성 지각은 조직시민행동에 부정적 영향을 미친다.

## ❽ 조직의 창의성 향상 훈련

창의성을 높이려는 훈련의 목적은 확장적 사고의 능력뿐만 아니라 문제를 구성하고 분석하는 능력, 새로운 아이디어에 대한 개방적 태도, 도전에 적극적으로 대응하는 태도를 육성하는 것이다.

반전기법 (reversal technique) 은 기존의 시각과 반대되는 시각에서 문제를 뒤집어 생각해보는 기법이다. 생각하는 탐험여행 (thinking expedition) 은 사람들이 익숙하지 않은 또는 도전적인 상황에 노출되는 여행을 통해 기존의 방식과 다르게 생각하고 창의적인 아이디어들을 구상할 수 있게 하는 기법이다. 행태학적 분석기법 (morphological analysis technique) 은 문제에 내포된 기본적 요소들의 선택과 배합 또는 조합을 체계적으로 바꿔보게 하는 방법이다.

악역활용기법 (devil's advocate technique) 은 악역 담당자가 다수의견에 맞서서 제안되어 있는 문제해결방법의 오류, 일관성 결여, 실패요인 등을 지적하게 함으로써 다른 참여자들의 생각을 일깨우고, 반성의 기회를 부여하여 안이한 결론을 견제하고 창의적 사고를 촉진시키는 방법이다. 브레인스토밍 (brainstorming) 은 거리낌 없이 자유롭게 창의적인 아이디어를 발산하도록 하는 기법으로, 대면적인 토론 방법 외에 메모나 이메일 또는 문제의 분할 등의 다양한 방법이 사용되고 있다.

교호충실화 기법 (cross-fertilization technique) 은 서로 다른 분야의 전문가들이 문제를 분석하고 해결방안을 제시하게 함으로써 서로 배우게 하는 방법이다. 비유기법 (analogy technique) 은 물체·인간·상황 사이의 유사성을 찾아 검토하는 과정에서 문제해결에 도움되는 새로운 아이디어를 구상해보도록 하는 기법이다. 연상기법 (association technique) 은 어떤 단어나 물건 등을 제시하고 그로부터 연상되는 것을 생각나는대로 말하게 하는 기법이다. 숙려기법 (incubation technique) 은 충분한 시간을 두고 문제와 해결책에 대해 깊이 생각해보게 하는 기법이다. 도표작성기법 (mapping technique) 은 큰 목표 또는 문제를 점차 상세해지도록 차례로 분해하여 이해하기 쉽게 도표화해 보도록 하는 기법이다.

# CHAPTER 20 조직의 효과성

## 제1절 　조직의 목표

### ❶ 조직목표의 요소

#### 1) 미션 (mission)

미션은 '왜 우리 조직이 존재해야 하는지?' 또는 '우리 조직이 없으면 무엇이 문제인지?'에 대한 답을 담고 있으며, 미션 선언문은 무엇이 할 일이고, 무엇이 할 일이 아닌지에 대한 지침 내지 기준을 제공한다.

#### 2) 비전 (vision)

비전은 조직의 미래의 모습에 대한 '머릿속의 그림'이자 '언어로 그린 그림'이다. 미션이 조직의 존재 이유에 대한 답이라면, 비전은 조직의 미래상이 무엇인지 보여준다.

비전의 설정은 행정에 방향성과 목표성을 제공한다. 정부조직의 미션과 비전은 정부를 둘러싼 환경변화, 정부가 추구하는 이념과 가치 지향, 정부혁신의 방향과 전략 등에 따라 달라져야 한다. 따라서 리더의 일방적인 판단으로 비전을 세우는 것은 바람직하다고 볼 수 없다.

#### 3) 핵심가치 (core value)

핵심가치 (core value) 는 미션과 비전을 달성하는 과정에서 '어떻게 행동하여야 하는가'에 대한 기준을 말한다. 이는 의사결정 등 업무수행 전 과정에서 중요한 규범요소가 된다.

### ❷ 조직목표의 변동

#### 1) 목표의 대치

목표의 대치 (displacement) 는 원래의 조직목표가 다른 목표로 전환되는 목표의 전환 (diversion) 과 공식목표와 실질목표의 괴리 현상으로 보기도 하지만, 통상적으로는 목표달성을 위해 필요한 수단이 오히려 목표 그 자체가 되어 수단적 가치가 종국적 가치로 변하는 현상을 의미한다.

목표를 달성하기 위해 수단을 활용해야 하는 상황에서, 수단에 집착한 나머지 오히려 목표가 경시 또는 왜곡되는 현상으로 Michels의 과두 지배의 철칙 (iron law of oligarchy) 현상, 규칙절차에 대한 지나친 집착, 유형적 목표의 과다측정, 조직 내부문제의 중시 등이 목표의 대치에 해당한다. Michels의 과두 지배의 철칙 (iron law of oligarchy) 은 조직의 최고관리자나 소수의 간부가 일단 권력을 장악한 후에는 조직의 본래 목표보다 자기 권력의 강화·유지에 더 관심을 기울이는 것이다. 규칙과 절차에 대한 지나친 집착이 규칙절차 그 자체가 목표가 되어 형식주의·의례주의와 동조과잉 (over-conformity) 을 초래하는 것이다. 유형적 목표의 과다측정은 행정목표의 추상적·개괄적 성격으로 인해 행정인이 측정 가능한 유형적 목표·하위목표에 더 치중할 경우 상위 목표를 등한시하는 현상이 유발된다. 조직 내부문제의 중시는 조직 내부문제만을 중시하고 전체 목표나 조직 외부환경의 변화를 과소평가하는 경우에 발생한다.

## 2) 목표의 승계

목표의 승계 (succession) 는 본래 표방한 목표가 완전히 달성되었거나 달성이 불가능한 경우, 조직이 생존을 위해 본래의 목표와 동일 유형의 다른 목표를 발견해서 본래의 목표를 새로운 목표로 교체함으로써 조직의 정통성을 확보하는 것이다. 목표 승계의 사례로는 미국의 소아마비 재단 (The Foundation of Infantile Paralysis) 이 20년간의 활동 끝에 소아마비 예방백신 개발로 목표가 달성되자 관절염과 불구아 출생의 예방 및 치료라는 새로운 목표를 채택한 경우, 미국재향군인회의 본래 목표는 제1차 세계대전 원정군의 정신을 기념하고 보존하는 것이었지만 목표가 달성되자 예비역 군인들의 권익보호로 조직의 목표를 교체한 경우 등이 해당된다.

## 3) 목표의 다원화

목표의 다원화 또는 목표의 추가 (multiplication) 는 동종 목표의 수가 늘어나거나 이종 목표가 추가되는 것을 의미한다. 목표의 추가 사례로는 대학이 원래의 목표인 교육과 연구 외에 사회봉사라는 목표를 추가하는 경우, 종교단체가 본래의 종교적 목표 외에 사회봉사라는 목표를 추가하는 경우 등이다.

## 4) 목표의 확대와 목표의 축소

목표의 확대는 본래의 조직 목표의 달성이 낙관적일 경우에 동일 목표의 범위가 넓어지거나 높아지는 것으로, 본래 16강 진출이 목표였으나 4강 진출로 목표를 상향 조정하는 경우이다. 목표의 축소란 동종 또는 이종 목표의 수나 범위가 줄어드는 경우를 의미한다.

# ❸ 조직목표의 모호성

## 1) 의 의

조직목표가 분명하지 않아 조직원은 조직목표를 여러 가지 의미로 받아들이고 해석하는 경우가 있는데, 이를 조직의 목표 모호성 (goal ambiguity) 이라고 한다. 목표 모호성 (goal ambiguity) 은 공공조직과 기업조직 모두에서 발견되지만, 공공조직의 목표는 기업조직의 목표보다 일반적으로 더 추상적이다. 행정조직이 추구하는 공익이라는 목표는 추상적이며, 추가적 해석과 목표달성을 위한 수단이 구체화되기 전까지는 실체를 파악하기 어렵다. 이로 인해 조직 목표에 대한 경쟁적 해석 가능성이 나타난다. 조직목표 모호성의 차원은 크게 네 가지 차원으로 구분된다.

## 2) 조직목표 모호성의 차원

첫째, 사명 이해 모호성(mission comprehension ambiguity)은 목표가 모호해 조직원이 어떤 조직의 사명을 이해하고 설명하고 의사소통하는 과정에서 자신의 업무가 무엇인지를 각자 다르게 이해하는 것을 의미한다.

둘째, 지시적 모호성(directive ambiguity)은 어떤 조직의 사명이나 일반적 목표들을 그 사명을 달성하기 위한 구체적 행동지침으로 전환하는 데 발생하는 다양하고 경쟁적인 해석의 정도를 뜻한다.

셋째, 평가적 모호성(evaluative ambiguity)은 어떤 조직의 사명을 얼마나 달성했는지 그 진전을 평가하는 데 발생하는 경쟁적 해석의 정도를 말한다.

넷째, 우선순위 모호성(priority ambiguity)은 다수의 조직목표 중 우선순위를 선정하고 평가하는 데 발생하는 경쟁적 해석의 정도이다.

그러나 공공조직의 목표가 분명하고 구체적인 것이 항상 바람직한 것은 아니다. 공공조직은 다양한 가치를 동시에 추구하므로 추상적인 목표를 제시함으로써 충돌하는 가치 간의 조화를 도모할 수도 있다. 관료조직의 법규에 의한 행정의 경우에도 일선 공무원에게 상황에 적합한 가치판단의 여지를 둬서 행정의 합목적성을 확보하기도 한다.

---

### 제2절 조직의 효과성 평가모형

#### ❶ 조직의 효과성 평가의 의의

조직의 효과성은 조직이 의도한 목표를 달성한 정도이다. 조직의 효과성은 일반적으로 조직의 산출(output)과 결과(outcome)를 통해 파악된다.

그러나 효과성은 산출과 결과뿐 아니라 조직 이해관계자의 요구, 고객 및 국민의 만족 등을 통해서도 평가할 수 있다. 공익을 추구하는 행정조직의 목표는 다양하고 복합적이므로, 특정의 효과성평가 기준만으로 목표달성을 이해하기는 어렵기 때문에 다수의 가치를 하나의 모형에 포함해서 조직의 효과성을 측정하려는 시도들이 발전했다.

#### ❷ 효과성 평가모형

#### 1) 목표모형 접근법

목표모형 접근법은 조직의 목표달성에 초점을 두고, 그 평가기준은 조직이 설정한 목표에 의하는 것이다.

#### 2) 체제모형 접근법

체제모형 접근법은 목표나 산출보다는 목표달성을 위해 필요로 하는 수단에 초점을 둔다.

#### 3) 이해관계자모형

이해관계자모형은 조직에 참여하는 내·외부 이해관계자의 요구를 어떻게 만족시키느냐가 주요 관건이다.

## 4) 내부과정적 접근법

내부과정적 접근법은 조직 내부 구성원들의 조직에 대한 만족감과 경제성 측면에서 평가하는 방법이다.

## ❸ 경쟁적 가치접근법

### 1) 의 의

R. E. Quinn & J. Rohrbaugh (1983) 의 경쟁적 가치접근법 또는 경합가치모형 (CVM: Competing Values Model) 은 조직의 효과성이 평가자의 가치에 의존한다는 주장이다. 경합가치모형은 조직이 내부·외부 중 어디에 초점을 두고 있는가, 조직구조가 통제 (안정) 를 강조하는가 아니면 변화와 융통성을 강조하는가를 기준으로, 조직효과성에 대한 네 가지 경쟁적인 모형을 도출한 것이다.

퀸과 로보그 (Quinn & Rohrbaugh) 는 조직이 초점을 어디에 두는가와 조직구조의 성격에 따라 네 가지 경쟁가치모형 (competing values model) 을 제시하였다.

✚ 표 3-28 경쟁가치모형

| | 안정성 (통제) | 유연성 (융통성) |
|---|---|---|
| 내 부<br>(조직 구성원) | 내부과정모형<br>– 공식화단계에 적합<br>– 의사소통과 정보관리 중시 | 인간관계모형<br>– 집단공동체 형성단계에 적합<br>– 구성원들의 응집력과 사기 앙양 중시 |
| 외 부<br>(조직 자체) | 합리적 목표모형<br>– 공식화단계에 적합<br>– 생산성과 능률성 중시 | 개방체제모형<br>– 창업단계와 정교화단계에 적합<br>– 조직의 성장과 자원확보 중시 |

### 2) 내부과정모형

내부과정모형은 조직의 내부에 초점을 두고 통제를 강조하며 안정성 및 균형을 목표로 한다. 내부과정모형은 조직의 균형을 확보하는 것이 목표가치이며, 그 수단으로서 정보관리와 의사소통 등이 강조된다.

내부과정모형은 조직 그 자체보다는 구성원을 중시하고, 조직의 안정성을 위한 수단으로 정보관리가 강조된다.

### 3) 합리적 목표모형

합리적 목표모형은 조직 외부에 초점을 두고 통제를 강조하며 생산성이나 능률성을 목표로 한다.

합리적 목표모형은 조직의 생산성, 능률성, 수익성을 달성하는 것이 목표가치이며, 그 수단으로써 계획과 목표 설정이 강조된다. 합리적 목표모형은 조직구성원보다 조직 그 자체를 중시하고 안정을 강조하는 것으로, 목표가치는 생산성과 능률성이고 수단은 기획 및 목표설정이다.

### 4) 인간관계모형

인간관계모형은 조직의 내부에 초점을 두고 융통성을 강조하는 경우의 효과성 평가유형이다. 인간관계모형의 목표가치는 인적 자원 개발이며, 그 수단으로서 조직구성원의 응집성, 사기 및 훈련 등이 강조된다.

인간관계모형은 조직 그 자체보다 구성원을 중시하고 유연한 구조를 지향하는 것으로, 목표가치는 인적자원을 개발하는 것이며 수단으로는 응집력, 사기 등이 강조된다.

## 5) 개방체제모형

개방체제모형은 조직의 외부에 초점을 두며 융통성을 강조하는 경우의 평가유형이다. 개방체제모형의 목표가치는 성장과 자원 획득 등이며, 그 수단으로 준비성과 외부평가 등이 강조된다.

개방체제모형은 조직 구성원보다 조직 자체를 중시하고 조직의 유연성과 환경적응성에 초점을 둔다. 조직의 가치목표는 성장과 자원확보이고, 수단은 융통성과 외적평가가 강조된다.

## 6) 조직의 성장단계별 적합한 모형

조직의 성장단계는 창업, 집단공동체, 공식화, 정교화 단계를 거친다고 본다.

첫째, 창업단계는 혁신과 창의성 및 자원의 집결이 중요하므로 개방체제모형이 적합하다.

둘째, 집단공동체형성단계는 비공식적 의사전달과 협동 등이 강조되는 단계이므로 인간관계모형이 적합하다.

셋째, 공식화단계는 내부절차 및 활동의 효율성이 중요하므로 내부과정모형이나 합리적 목표모형이 적합하다.

넷째, 정교화 단계는 조직이 외부환경에 적응하고 변화와 성장을 도모하는 단계이므로, 조직의 성장 및 자원획득의 목표를 강조하는 개방체제 모형이 적합하다.

## ④ 집단의 성과에 영향을 미치는 요인

### 1) 과업의 특성과 집단의 규모

I. Steiner (1972)에 의하면, 과업의 특성에 따라 집단 규모가 성과에 미치는 영향이 다르다. 개별적 과업수행결과를 합한 것이 조직성과가 되는 경우나 최고성과를 낸 구성원의 성과가 조직성과가 되는 경우는 집단규모가 커질수록 조직성과도 높아진다. 그러나 최저성과를 낸 구성원의 성과가 조직성과가 되는 경우는 집단규모가 커질수록 조직성과도 낮아진다.

### 2) 집단의 구성과 과업특성

M. E. Shaw (1981)에 의하면 집단의 동질성과 이질성에 따라 집단의 성과에 효과적인 과업이 달라진다고 본다.

동질적 집단이 집단의 성과도출에 효과적인 경우는 집단의 과업이 단순하거나 연속적이며, 구성원의 협조가 필요한 과업, 신속성이 요구되는 경우이다. 이질적인 집단이 효과적인 경우는 집단의 과업이 복잡하거나 집합적인 경우, 신속성보다는 창조성이 요구되는 과업이다.

### 3) 집단의 응집력과 집단성과

J. L. Gibson (1982)에 의하면, 집단목표와 조직목표의 일치 여부에 따라 집단성과가 달라지므로, 집단의 응집력이 반드시 조직의 목표달성에 기여한다고 볼 수는 없다. 집단목표와 조직목표가 일치하면서 집단의 응집력이 높을 경우에 집단성과가 높다. 반면에 집단목표와 조직목표가 불일치하고 집단의 응집력이 낮을 경우에는 집단성과가 낮다.

## 제3절   성과 중심의 관리

### ❶ 목표관리제

목표관리제 (management by objectives) 는 개인이나 부서의 목표를 조직의 관리자가 일방적으로 제시하는 것이 아니라 하급자나 하위부서가 상급자나 상급기관과 협의해 목표를 설정하고, 협의 기간이 경과한 후에 목표달성도를 평가하여 그 결과를 예산, 인사관리, 재무관리 등에 반영하도록 하는 제도이다.

목표관리제의 의사결정의 흐름은 하급자의 참여를 통한 협력적 목표설정이라는 점에서 상향적이다. 목표관리제는 구성원의 참여를 강조한다는 점에서 '참여관리'라고도 한다. 목표관리제는 1950년대 드러커 (P. Druker), 맥그리거 (D. McGregor) 등에 의해 창시되었으며, 우리나라에서는 신공공관리적 행정개혁의 수단으로 성과급제와 함께 도입되었다.

목표관리 (MBO) 는 부하 직원과 하급 부서의 참여를 통한 목표설정, 목표실행, 평가와 환류 단계로 구분된다. 목표관리는 조직의 활동을 목표지향적으로 이끌어서 효율적인 조직을 도모한다. 참여를 통한 목표설정 과정에서 조직 상하 간에 의사소통이 원활해지고, 민주적 운영을 가능케 하는 측면이 있다. 개인 목표와 조직 목표의 통합을 촉진시켜 조직의 목표달성을 위해 조직을 재구조화는 장치가 되기도 한다. 목표관리제는 평가와 환류를 통해 조직 구성원을 통제하는 수단이 된다.

그러나 성과에 지나친 몰입은 지나치게 쉬운 목표를 채택하거나 중요하지 않은 목표를 선정하도록 유인하는 수단이 될수도 있다. 공공조직의 경우에 목표의 추상성이 높기 때문에 목표달성도인 성과를 정확하게 측정하기 어려운 문제가 있다. 목표관리를 실현하기 위해서는 성과평가 자료의 마련과 갈등 조정의 과정 등의 시간과 비용이 소요된다. 그리고 목표관리제가 조직에 적용되기 위해서는 조직문화가 참여나 민주적 운영에 적합한 구조여야 된다는 전제가 요구되므로, 권위적이거나 위계적 조직 문화 속에서는 목표관리제가 구현되기 어렵다.

### ❷ 성과관리제

성과관리제 (performance management) 는 조직의 비전과 목표로부터 이를 달성하기 위한 부서 단위의 목표와 성과지표, 개인단위의 목표와 성과지표를 제시한다는 점에서 연역적·하향식 접근이다. 성과관리제는 목표관리제가 지나치게 쉽거나 중요하지 않은 목표를 설정하거나 참여를 통해 수립된 목표가 조직의 전략과 조직 전체의 목표와 괴리되는 한계를 극복하기 위해 제기되었다. 성과관리제는 조직원과 하위 부서가 추구해야 할 목표가 조직 전체의 비전과 미션 및 계획과 하나로 연결되는 체계적이며 구조적인 접근을 강조한다.

목표관리제와 성과관리제는 성과지표별로 목표달성수준을 사전에 협의해 설정하고, 사후의 목표달성도에 따라 보상과 재정지원의 차등을 약속하는 성과계약 또는 성과협약을 체결하는 점에서는 공통적이다. 성과지표로는 투입 (input), 산출 (output), 결과 (outcome) 등이 있다.

성과평가는 평가의 타당성, 신뢰성, 객관성이 확보되어야 한다. 평가의 타당성은 성과지표가 개인과 조직의 성과를 내용적으로 얼마나 잘 반영했는가의 문제이다. 평가의 신뢰성은 평가의 정확성과 관련된다. 평가의 객관성은 평가자의 주관을 배제하여 평가의 공정성을 확보하는 것이다.

### ❸ 균형성과표[15]

균형성과표 (balanced scored card) 는 종래의 재무지표 중심의 성과관리의 한계를 극복하고 다양한 관점의 균형을 추구하는 것이다.

재무적 지표와 비재무적 지표 (고객, 내부 프로세스, 학습과 성장) 의 균형, 조직의 내부요소 (직원과 내부 프로세스) 와 외부요소 (재무적 투자자와 고객) 간의 균형, 결과를 예측해주는 선행지표와 결과인 후행지표 간의 균형, 단기적 관점 (재무관점) 과 장기적 관점 (학습과 성장 관점) 의 균형을 지향한다.

균형성과표 (BSC) 는 추상성이 높은 비전에서부터 구체적인 성과지표로 이어지는 위계적인 체제를 갖는다. 고객관점, 내부 프로세스 관점, 재무적 관점, 학습과 성장 관점이 균형을 이루면서 조직의 목표달성 전략을 구현하기 위해 개발된 성과지표 간의 연계 체계이다.

전략목표, 성과지표, 목푯값과 실행계획으로 연결된 전략관리시스템이다. 전략목표가 조직을 구성하는 단위부서와 담당 개인직원에게까지 연결되는 캐스케이딩 (cascading) 과정의 특징을 지닌다. 또한 BSC는 조직구성원들에게 조직 전략의 해석지침이 되어, 의사소통 도구로서도 기능한다.

---

**15** 균형성과표 (BSC) 에 관한 상세한 설명은 PART 2 정책학원론 CHAPTER 12 정책평가 제5절 성과평가 부분을 참고하면 된다.

# CHAPTER 21 정부조직과 공공기관

## 제1절 | 행정기관

### ❶ 대통령과 국무총리

#### 1) 대통령

대통령은 행정부 수반으로 국무회의의 의장이다. 우리나라의 정부구성은 대통령제를 기반으로 의원내각제적 요소를 가미하고 있다. 5년 단임제로 인해 '시간'이란 자원이 매우 중요한 요인이 되고 있으며, 대통령 소속 정당이 다수당의 지위를 상실할 경우 레임덕(lame duck) 현상이 가속화된다.

감사원, 국가정보원은 대통령 소속이다. 감사원은 「헌법」에서 정하는 독임제 행정기관에 해당한다. 감사원의 회계검사 대상에는 국회나 법원도 포함되지만, 감사원의 직무감찰대상에는 국회나 법원 및 헌법재판소 소속의 공무원은 제외된다.

#### 2) 국무총리

국무총리는 국무회의의 부의장이다. 법제처, 인사혁신처, 국가보훈처, 식품의약품안전처는 국무총리 소속이다.

### ❷ 중앙행정기관

#### 1) 의 의

중앙행정기관의 설치와 직무범위는 법률로 정한다. 중앙행정기관은 「정부조직법」에 따라 설치된 부·처·청과 각 법률에 의해 설치된 방송통신위원회, 공정거래위원회, 국민권익위원회, 금융위원회, 원자력안전위원회, 개인정보보호위원회, 행정중심복합도시건설청, 새만금개발청이다.

#### 2) 부(部), 처(處)

대통령의 통할하에 행정 각부를 둔다. 행정 각부에 장관 1명과 차관 1명을 두되, 장관은 국무위원으로 보하고, 차관은 정무직으로 한다. 다만 기획재정부, 과학기술정보통신부, 외교부, 문화체육관광부, 국토교통부, 보건복지부에는 차관 2명을 둔다. 장관은 소관사무에 관하여 지방행정의 장을 지휘·감독한다.

부(部)는 고유의 행정사무를 수행하기 위한 기능별·대상별 기관이다. 「정부조직법」에 의하면 기획재정부, 교육부, 과학기술정보통신부, 외교부, 통일부, 법무부, 국방부, 행정안전부, 문화체육관광부, 농림축산식품부, 산업통상자원부, 보건복지부, 환경부, 고용노동부, 여성가족부, 국토교통부, 해양수산부, 중소벤처기업부의 18부이다.

처 (處) 는 여러 부의 업무를 총괄하는 막료업무를 수행한다. 5처는 대통령경호처, 국가보훈처, 인사혁신처, 법제처, 식품의약품안전처이다. 국가보훈처, 인사혁신처, 법제처, 식품의약품안전처는 국무총리 소속이지만, 대통령경호처는 대통령직속기관이다. 처장은 차관급이지만, 국가보훈처장은 장관급이다.

## 3) 청 (廳)

청 (廳) 은 행정 각부의 소속으로 업무의 독자성이 높고 집행 위주의 사무를 수행한다. 「정부조직법」에 의하면 16청이 있다. 경찰청과 소방청은 행정안전부 소속의 청이고, 해양경찰청은 해양수산부의 소속의 청이며, 검찰청은 법무부 소속의 청이다.

국세청, 관세청, 통계청, 조달청은 기획재정부 소속의 청이다. 특허청은 산업통상자원부 소속으로, 행정 및 재정상의 자율성이 부여되고 성과에 대해 책임을 지도록 하는 중앙책임운영기관에 해당한다.

병무청과 방위사업청은 국방부 소속의 청이고, 기상청은 환경부 소속의 청이다. 산림청과 농촌진흥청은 농림축산식품부 소속의 청이고 문화재청은 문화체육관광부 소속의 청이며, 질병관리청은 보건복지부 소속이다.

행정중심복합도시건설청과 새만금개발청은 국토교통부 소속의 청으로, 「정부조직법」이 아닌 개별법에 근거하여 설치된다. 치안에 관한 사무를 관장하게 하기 위하여 행정안전부장관 소속으로 경찰청을 둔다. 경찰청의 사무를 지역적으로 분담하여 수행하게 하기 위하여 특별시장·광역시장 및 도지사 소속으로 지방경찰청을 두고, 지방경찰청장 소속으로 경찰서를 둔다.

한편 교육청은 교육부의 외청이 아니라 시·도에 소속되어 있다.

## ❸ 하부조직

## 1) 보조기관

보조기관은 위임·전결권의 범위 내에서 의사결정과 집행의 권한을 가진다. 실, 국, 과는 부처 장관을 보조하는 기관으로 계선 기능을 담당한다. 각 부처의 차관과 실장은 중앙행정기관의 보조기관이다. 보조기관이 보좌기관보다는 더 현실적이고 보수적인 속성을 가질 가능성이 높다.

## 2) 보좌기관

보좌기관이란 행정기관이 그 기능을 원활하게 수행할 수 있도록 그 기관장을 보좌함으로써 행정기관의 목적달성에 공헌하는 기관을 말한다. 보좌기관은 참모조직으로, 참모 기능은 차관보, 심의관, 정책관, 공보관, 감사관 등이 해당된다고 볼 수 있다.

보좌기관은 목표달성 및 정책수행에 간접적으로 기여한다. 보좌기관은 정책에 대한 최종적인 책임을 지지 않는 경우가 많으며 보조기관과 갈등을 유발할 수도 있다.

### ❹ 소속기관

#### 1) 특별지방행정기관

특별지방행정기관은 국가의 특정한 중앙행정기관에 소속되어 해당 관할구역 내에서 시행되는 소속 중앙행정기관의 권한에 속하는 행정사무를 관장하는 국가의 지방행정기관을 말한다. 특별지방행정기관은 국가의 지방행정기관으로 소속공무원은 국가직공무원이다. 지방병무청, 지방국세청, 유역환경청, 보훈지청, 세무서 등은 특별지방행정기관이다.

#### 2) 부속기관

부속기관이란 행정권의 직접적인 행사를 임무로 하는 기관에 부속하여 그 기관을 지원하는 행정기관을 말한다. 시험연구기관·교육훈련기관·문화기관·의료기관·제조기관 및 자문기관은 부속기관이다. 국가기록원, 지방자치인재개발원 등은 행정안전부 소속기관이다. 국립중앙박물관은 문화체육관광부 소속기관이다.

### ❺ 교차기능조직

교차기능조직은 행정체제 전반에 걸쳐 관리작용을 분담하여 수행하는 참모조직을 의미한다. 인사, 조직, 정원, 예산, 법제, 조달 등 횡적 지원조직으로 막료부처를 말한다. 우리나라의 인사혁신처, 행정안전부, 기획재정부의 예산실, 법제처, 조달청 등이 이에 해당한다.

### ❻ 독립통제기관

독립통제기관은 일반행정 계서조직, 대통령, 외부 통제주체들의 중간에 위치하여 상당한 수준의 독자성과 자율성을 지닌 통제기관이다. 일반행정 계서조직보다는 위이지만 대통령보다는 아래에 위치하면서 직무상으로는 독립성을 지니는 내부 통제장치로, 감사원과 국민권익위원회가 대표적이다.

---

## 제2절 | 위원회조직

### ❶ 위원회조직의 개요

행정기관에는 그 소관사무의 일부를 독립하여 수행할 필요가 있는 때에는 법률로 정하는 바에 따라 행정위원회 등 합의제 행정기관을 둘 수 있다.

위원회는 복수인으로 구성된 합의형 조직의 한 형태다. 위원회조직은 복수의 의사결정권자에 의해 최종 의사결정이 이루어진다는 면에서 독임제로 운영되는 계층제와 차이가 있다. 위원회는 각계각층의 다양한 의견을 필요로 하므로, 외부 전문가도 참여하지만 정부 내부 공무원들도 참여하는 경우가 많다.

## ❷ 소속에 의한 위원회 구분

### 1) 대통령 소속

대통령 소속의 위원회는 방송통신위원회, 규제개혁위원회, 자치분권위원회 등이다. 자치분권 및 지방행정체제 개편을 추진하기 위하여 대통령 소속으로 자치분권위원회를 둔다.

대통령 소속의 헌법기관으로는 국가안전보장회의, 국가원로자문회의, 민주평화통일자문회의, 국민경제자문회의가 있다.

법률기관으로 국가과학기술자문회의법에 근거하여 대통령소속으로 국가과학기술자문회의를 두고 있다.

### 2) 국무총리 소속

국무총리 소속의 위원회는 국민권익위원회, 공정거래위원회, 금융위원회, 원자력안전위원회, 개인정보보호위원회 등이 있다.

### 3) 각 부처 소속

소청심사위원회는 인사혁신처 소속으로 행정기관 소속 공무원의 징계처분에 관한 사무를 관장한다. 중앙노동위원회는 고용노동부 소속이다.

### 4) 독립위원회

독립위원회에는 국가인권위원회, 중앙선거관리위원회, 한국은행에 두는 금융통화위원회 등이 해당된다.

### 5) 독립규제위원회

행정부나 의회로부터 독립성을 갖고, 준입법권과 준사법권을 지니며, 경제·사회적 규제기능을 주로 수행한다. 미국의 Brownlow위원회는 미국의 독립규제위원회를 '머리없는 제4부'라고 비판하면서 폐지를 주장했다.

우리나라의 경우 공정거래위원회, 금융위원회, 중앙선거관리위원회, 중앙노동위원회 등이 독립규제위원회에 가깝다고 할 수 있다.

## ❸ 권한의 정도에 의한 구분

### 1) 행정위원회

행정위원회는 독립 지위를 가진 행정관청으로 결정권과 집행권을 갖는다. 독립 지위를 가진 행정관청으로 의사결정의 법적 구속력이 있고 행정집행권을 소유하며, 경우에 따라 준입법권과 준사법권을 갖는다. 중앙선거관리위원회, 방송통신위원회, 공정거래위원회, 금융위원회, 국민권익위원회 등은 행정위원회에 해당한다.

### 2) 의결위원회

의결위원회는 자문위원회와 행정위원회의 중간조직으로, 국민의 권리·의무와 관련된 사무에 대한 의사결정 권한은 있으나 집행권은 없다. 대표적 예로는 정부공직자윤리위원회, 각 부처 징계위원회 등이 있다.

## 3) 자문위원회

자문위원회는 계선기간이 아니라 참모·막료기관으로 사안에 따라 조사·분석 등의 기능을 수행한다. 자문위원회의 의사
결정은 일반적으로 구속력을 갖지 않는다.

**✚ 표 3-29 위원회**

|  | 행정위원회 | 의결위원회 | 자문위원회 |
|---|:---:|:---:|:---:|
| 의결권 | ○ | ○ | × |
| 집행권 | ○ | × | × |

## ❹ 위원회의 구성과 운영

「행정기관 소속 위원회의 설치·운영에 관한 법률」상 위원회 소속 위원 중 공무원이 아닌 위원의 임기는 대통령령으로
정하는 특별한 경우를 제외하고는 3년을 넘지 아니하도록 하여야 한다. 그러나 금융감독원은 「금융위원회 설치 등에 관
한 법률」에 따라 설치된 무자본특수법인으로 중앙행정기관이 아니다.

## ❺ 위원회에 대한 평가

### 1) 위원회의 장점

합의제 행정기관으로 토론과 타협을 통해 운영되기 때문에 상호협력과 조정이 가능하다. 결정에 대한 책임의 공유와 분
산이 특징이다. 다양한 정책전문가들의 지식을 활용할 수 있으며 이해관계자들의 의견 개진이 비교적 용이하다.

### 2) 위원회의 단점

위원 간 책임이 분산되기 때문에 무책임한 의사결정이 발생할 수 있다. 독임제 (獨任制) 에 비해서 의사결정의 신속성이
떨어진다.

우리나라 위원회의 경우 권한과 책임이 불분명한 형식적 위원회들이 남발되어 있고, 위원회가 행정부의 정책결정을 단
순히 합리화·정당화하는 수단으로 이용되어 왔다는 문제점이 있다.

---

## 제3절 | 책임운영기관

## ❶ 책임운영기관의 개요

### 1) 개 념

책임운영기관이란 정부가 수행하는 사무 중 공공성 (公共性) 을 유지하면서도, 경쟁 원리에 따라 운영하는 것이 바람직하

거나 전문성이 있어 성과관리를 강화할 필요가 있는 사무에 대하여, 책임운영기관의 장에게 행정 및 재정상의 자율성을 부여하고 그 운영성과에 대하여 책임을 지도록 하는 행정기관을 말한다.

## 2) 기관의 특성

책임운영기관은 기관장에게 재정상의 자율성을 부여하고 그 운영성과에 대해 책임을 지도록 하는 행정기관의 특성을 갖는다. 책임운영기관은 현장 중심의 인력배치 등을 통해 환경에 탄력적으로 대응하지만, 조직구조적인 측면에서는 계층제의 구조를 보여준다.

책임운영기관은 정부서비스 민영화 방식의 일종이 아니라 정부조직이다. 공공성이 크기 때문에 민영화하기 어려운 업무를 정부가 직접 수행하기 위해 고안된 것이다. 집행·서비스 전달 기능을 정책 기능으로부터 분리한다.

## 3) 연 혁

기관의 자율성과 독립성을 보장하는 책임운영기관은 신공공관리론의 성과관리에 바탕을 둔 제도이다. 행정운영의 효율성과 행정서비스의 질적 향상을 도모하기 위해 도입된 제도로, 신공공관리운동의 일환으로 개발 및 채택되었다.

책임운영기관은 1980년대 영국의 Next Steps Program에 따라 영국에서 집행기관 (executive agency) 이라는 이름으로 처음 도입되었고, 우리나라는 김대중 정부 시절에 「책임운영기관의 설치·운영에 관한 법률」 (1999) 과 시행령에 근거하여 설치되고 운영되기 시작했다.

## ❷ 책임운영기관의 관리 및 유형

## 1) 책임운영기관의 설치와 해제

책임운영기관은 기관의 주된 사무가 사업적·집행적 성질의 행정 서비스를 제공하는 업무로서 성과 측정기준을 개발하여 성과를 측정할 수 있는 사무, 기관 운영에 필요한 재정수입의 전부 또는 일부를 자체적으로 확보할 수 있는 사무 중에서 어느 하나에 맞는 경우에 대통령령으로 설치한다.

행정안전부장관은 기획재정부 및 해당 중앙행정기관의 장과 협의하여 책임운영기관을 설치하거나 해제할 수 있다.

## 2) 중기관리계획 수립

행정안전부장관은 5년 단위로 책임운영기관의 관리 및 운영 전반에 관한 기본계획 (중기관리계획) 을 수립하여야 한다.

## 3) 책임운영기관의 유형

소속책임운영기관은 중앙행정기관의 소속 기관으로서 대통령령으로 설치된 기관이다. 중앙책임운영기관은 「정부조직법」에 따른 청 (廳) 으로서 대통령령으로 설치된 기관[16]이다.

책임운영기관은 사무성격에 따라 조사연구형, 교육훈련형, 문화형, 의료형, 시설관리형, 그 밖에 대통령령으로 정하는 기타 유형으로 구분된다.[17]

---

16 중앙책임운영기관에 해당하는 청은 특허청이다.
17 「책임운영기관의 설치·운영에 관한 법률 시행령」 [별표 1] 책임운영기관의 설치 및 구분에 의한다.

첫째, 조사연구형기관은 조사 및 품질관리형 기관과 연구형 기관으로 나뉜다. 조사 및 품질관리형 기관에는 국립종자원, 항공기상청, 화학물질안전원, 국토지리정보원, 항공교통본부, 국립해양측위정보원, 경인지방통계청, 동북지방통계청, 호남지방통계청, 동남지방통계청, 충청지방통계청이 해당된다.

연구형 기관에는 국립문화재연구소, 국립과학수사연구원, 국립재난안전연구원, 국립소방연구원, 국립생물자원관, 국립수산과학원, 통계개발원, 국립해양문화재연구소, 국립원예특작과학원, 국립축산과학원, 국립산림과학원, 국립수목원, 국립기상과학원이 해당된다.

둘째, 교육훈련형 기관에는 한국농수산대학, 국립국제교육원, 통일교육원, 해양수산인재개발원, 관세국경관리연수원이 속한다.

셋째, 문화형 기관에는 국립중앙극장, 한국정책방송원, 국립중앙과학관, 국립과천과학관, 국방홍보원, 국립현대미술관, 국립아시아문화전당, 궁능유적본부가 있다.

넷째, 의료형 기관에는 국립재활원, 경찰병원, 국립정신건강센터, 국립나주병원, 국립부곡병원, 국립춘천병원, 국립공주병원, 국립마산병원, 국립목포병원이 속한다.

다섯째, 시설관리형 기관에는 국방전산정보원, 국가정보자원관리원, 국립자연휴양림관리소, 해양경찰정비창이 해당된다.

여섯째, 기타 유형의 기관에는 소속책임운영기관으로는 국세상담센터, 고용노동부고객상담센터가 있다. 한편 중앙책임운영기관에는 특허청이 해당된다.

## ❸ 소속책임운영기관

### 1) 소속책임운영기관의 장

소속책임운영기관의 장은 소속중앙행정기관의 장이 공개모집절차에 따라 선발하여, 「국가공무원법」에 따른 임기제공무원으로 임용한다.

기관장은 공개모집절차에 따라 채용하고, 기관장의 근무기간은 5년의 범위에서 소속중앙행정기관의 장이 정하되, 최소한 2년 이상으로 하여야 한다. 소속책임운영기관장은 소속중앙행정기관의 장과 성과계약을 체결한다. 기관장의 임용요건은 소속중앙행정기관의 장이 정하여 인사혁신처장에게 통보하여야 한다.

### 2) 운영 및 평가

기관장은 법령에서 정하는 범위에서 소속책임운영기관의 조직 및 운영에 관한 기본운영규정을 제정하여야 한다. 소속책임운영기관의 사업성과를 평가하고 소속책임운영기관의 운영에 관한 중요 사항을 심의하기 위하여, 중앙행정기관의 장의 소속으로 소속책임운영기관운영심의회를 둔다.

### 3) 조직 및 정원

소속책임운영기관에 두는 공무원의 총 정원 한도는 대통령령으로 정한다. 종류별·계급별 정원 및 고위공무원단에 속하는 공무원 정원은 총리령 또는 부령으로 정한다.

소속책임운영기관에는 대통령령으로 정하는 바에 따라 소속 기관을 둘 수 있다. 소속책임운영기관 및 그 소속 기관의 하부조직 설치와 분장(分掌) 사무는 기본운영규정으로 정한다.

## 4) 인사관리

중앙행정기관의 장은 소속책임운영기관 소속 공무원에 대한 일체의 임용권을 가진다. 이 경우 중앙행정기관의 장은 대통령령으로 정하는 바에 따라 그 임용권의 일부를 기관장에게 위임할 수 있다.

소속책임운영기관 소속 공무원의 임용시험은 기관장이 실시한다. 다만, 기관장이 단독으로 실시하기 곤란한 경우에는 중앙행정기관의 장이 실시할 수 있으며, 다른 시험실시기관의 장과 공동으로 실시하거나 대통령령으로 정하는 다른 기관의 장에게 위탁하여 실시할 수 있다.

소속 중앙행정기관과 소속책임운영기관 소속 공무원 간의 전보, 개인별 상여금 차등 지급 등이 가능하다.

## 5) 예산 및 회계

기관 운영에 필요한 재정수입의 전부 또는 일부를 자체적으로 확보할 수 있는 사무를 주로 하는 소속책임운영기관의 사업을 효율적으로 운영하기 위하여 책임운영기관특별회계를 둔다. 책임운영기관특별회계는 책임운영기관특별회계기관별로 계정(計定)을 구분한다. 특별회계는 계정별로 중앙행정기관의 장이 운용하고, 기획재정부장관이 통합하여 관리한다. 책임운영기관특별회계기관의 사업은 정부기업으로 본다.

중앙행정기관의 장은 자체 수입만으로는 운영이 곤란한 책임운영기관특별회계기관에 대하여는 심의회의 평가를 거쳐 대통령령으로 정하는 경상적(經常的) 성격의 경비를 일반회계 등에 계상하여 특별회계에 전입할 수 있다.

기관장은 특별회계 또는 일반회계의 세입예산을 초과하거나 초과할 것이 예측되는 수입(초과수입금)이 있는 경우에는 그 초과수입금을 해당 초과수입에 직접 관련되는 경비와 기관의 업무수행을 위하여 필요하다고 인정하는 경비로서 대통령령으로 정하는 간접경비[18]로 사용할 수 있다. 기관장은 초과수입금을 사용한 경우에는 소속중앙행정기관의 장, 기획재정부장관 및 감사원에 통보하여야 한다.

## ❹ 중앙책임운영기관

## 1) 중앙책임운영기관의 장

중앙책임운영기관의 장의 임기는 2년으로 하되, 한 차례만 연임할 수 있다. 중앙책임운영기관장은 국무총리와 성과계약을 체결한다.

## 2) 운영 및 평가

중앙책임운영기관의 장은 주어진 사업목표를 달성하기 위한 사업운영계획 및 연도별 사업계획을 수립하여 대통령령으로 정하는 기간 내에 소속중앙행정기관의 장을 거쳐 국무총리에게 제출하여야 한다.

중앙책임운영기관의 사업성과를 평가하고 기관의 운영에 관한 중요 사항을 심의하기 위하여 중앙책임운영기관의 장 소속으로 중앙책임운영기관운영심의회를 둔다.

---

18 「책임운영기관의 설치·운영에 관한 법률 시행령」 제26조(초과수입금의 직접사용)에 따르면, 업무수행과 직접 관련된 자산취득비와 국내여비 그리고 시설유지비 및 보수비, 일시적인 업무 급증으로 사용한 일용직 임금, 초과수입 증대와 관련된 업무를 수행한 직원에게 지급하는 보상적 경비, 그 밖에 초과수입에 수반되는 경비로서 기획재정부장관이 정하는 경비 등이다.

## 3) 조직 · 인사 · 예산

중앙책임운영기관의 조직 및 정원에 관한 사항은 「정부조직법」이나 그 밖의 정부조직 관계 법령에서 정하는 바에 따른다. 중앙책임운영기관의 장은 고위공무원단에 속하는 공무원을 제외한 소속 공무원에 대한 일체의 임용권을 가진다.

중앙책임운영기관 소속 공무원의 임용시험은 중앙책임운영기관의 장이 실시한다. 다만, 중앙책임운영기관의 장이 필요하다고 인정하면 임용시험의 일부 또는 전부를 다른 시험실시기관의 장과 공동으로 실시하거나 대통령령으로 정하는 다른 기관의 장에게 위탁하여 실시할 수 있다.

중앙책임운영기관의 예산 및 회계에 관한 사항에 관하여는 소속책임운영기관에 관한 규정을 준용한다.[19]

## ❺ 책임운영기관운영위원회의 설치 · 운영

책임운영기관의 존속 여부 및 제도의 개선 등에 관한 중요 사항을 심의하기 위하여 행정안전부장관 소속으로 책임운영기관운영위원회를 둔다.

위원회는 위원장 및 부위원장 각 1명을 포함한 15명 이내의 위원으로 구성한다. 위원회의 위원장은 행정안전부장관이 되며, 부위원장은 위원 중에서 행정안전부장관이 위촉한다.

책임운영기관의 성과관리는 1차 평가인 자체평가는 소속 중앙행정기관에 설치된 책임운영기관 운영심의회에서 하고, 2차 평가인 메타 평가는 행정안전부에 설치된 책임운영기관 운영위원회에서 실시한다.

**✚ 표 3-30 소속책임운영기관과 중앙책임운영기관**

| | 소속책임운영기관 | 중앙책임운영기관 |
|---|---|---|
| 기관장 | • 임기제공무원<br>• 공개모집<br>• 2~5년 이내 임기 | • 정무직<br>• 2년 임기<br>• 1차에 한하여 연임 가능 |
| 임용권 | 중앙행정기관의 장 | 중앙책임운영기관의 장 |
| 시험실시권 | 소속책임운영기관의 장 | 중앙책임운영기관의 장 |
| 심의기구 | 중앙행정기관의 장의 소속, 소속책임운영기관운영심의회 | 중앙책임운영기관의 장 소속, 중앙책임운영기관운영심의회 |

---

[19] 「책임운영기관의 설치 · 운영에 관한 법률 시행령」 제29조의8 (예산 및 회계) 에 의하면, 중앙책임운영기관의 장은 보상적 경비에 초과수입금의 10%를 초과하여 사용하려면 기획재정부장관과 협의하여야 한다.

## ❶ 공공기관의 지정

### 1) 지정 대상

공공기관은 공공기관의 자율경영 및 책임경영체제의 확립, 경영합리화, 투명성 제고를 목적으로 하는 「공공기관의 운영에 관한 법률」에 의해 규율되고 있다. 기획재정부장관은 공공기관을 공기업·준정부기관과 기타 공공기관으로 구분하여 지정하되, 공기업과 준정부기관은 직원 정원이 50인 이상인 공공기관 중에서 지정한다.

### 2) 지정 제외

지방자치단체가 설립하고 그 운영에 관여하는 기관, 구성원 상호 간의 상호부조·복리증진·권익향상 또는 영업질서 유지 등을 목적으로 설립된 기관, 한국방송공사, 한국교육방송공사는 기획재정부장관이 공공기관으로 지정할 수 없다.

## ❷ 공공기관의 유형

### 1) 공기업

「공공기관의 운영에 관한 법률」에 따르면, 직원 정원이 50명 이상인 기관 중에서 공기업은 자체수입액이 총수입액의 2분의 1 이상인 기관 중에서 지정하고, 준정부기관은 공기업이 아닌 공공기관 중에서 지정한다. 공기업은 시장형과 준시장형으로 구분된다.

첫째, 시장형 공기업은 자산규모가 2조 원 이상이고, 총수입액 중 자체수입액이 대통령령이 정하는 기준인 100분의 85 이상인 공기업을 말한다.

시장형 공기업으로는 공항공사(인천국제, 한국), 항만공사(부산, 인천), 한국전력공사, 한국남부발전 등 5개 발전회사, 한국수력원자력, 한국석유공사, 한국가스공사, 한국광물자원공사, 강원랜드 등이 있다.

둘째, 준시장형 공기업은 시장형 공기업이 아닌 공기업을 의미한다. 준시장형 공기업으로는 한국토지주택공사, 한국조폐공사, 한국마사회, 한국도로공사, 한국철도공사, 대한석탄공사, 한국수자원공사 등이 있다.

### 2) 준정부기관

준정부기관은 위탁집행형과 기금관리형으로 구분된다. 첫째, 기금관리형 준정부기관은 「국가재정법」에 따라 기금을 관리하거나 기금의 관리를 위탁받은 준정부기관을 의미한다. 기금관리형 준정부기관으로는 국민연금공단, 공무원연금공단, 근로복지공단, 신용보증기금, 중소기업진흥공단, 예금보험공사, 한국자산관리공사 등이 있다.

둘째, 위탁집행형 준정부기관은 기금관리형 준정부기관이 아닌 준정부기관을 의미한다. 위탁집행형 준정부기관으로는 한국소비자원, 한국고용정보원, 국민건강보험공단, 건강보험심사평가원, 한국산업인력공단, 도로교통공단, 한국연구재단, 한국환경공단, 국립공원관리공단, 에너지관리공단, 한국관광공사, 한국가스안전공사, 대한무역투자진흥공사(KOTRA), 한국농어촌공사 등이 있다.

✚ 표 3-31 공공기관의 구분

| 유 형 | | 내용 및 사례 |
|---|---|---|
| 공기업 | | 직원 정원이 50인 이상이고, 자체수입원이 총 수입액의 2분의 1 이상 |
| | 시장형 공기업 | 자산 규모가 2조 원 이상이고, 총 수입액 중 자체 수입액이 85% 이상인 공기업<br>예 한국전력공사, 한국가스공사, 한국공항공사, 항만공사 |
| | 준시장형 공기업 | 시장형 공기업이 아닌 공기업<br>예 한국마사회, 한국토지주택공사, 한국도로공사 |
| 준정부기관 | | 직원 정원이 50인 이상이고, 공기업이 아닌 공공기관 중에서 기획재정부장관이 지정한 기관 |
| | 기금관리형<br>준정부기관 | 국가재정법에 따라 기금을 관리하거나 기금의 관리를 위탁받은 준정부기관<br>예 국민연금관리공단, 근로복지공단, 신용보증기금 |
| | 위탁집행형<br>준정부기관 | 기금관리형 준정부기관이 아닌 준정부기관<br>예 한국연구재단, 한국소비자원, 도로교통공단 |
| 기타 공공기관 | | 공기업, 준정부기관이 아닌 공공기관<br>예 대한법률구조공단, 노사발전재단 |

## ❸ 공공기관 운영 및 통제

### 1) 중장기재무관리계획

자산규모 2조 원 이상인 공기업·준정부기관은 중장기재무관리계획을 수립하여 기획재정부장관과 주무기관의 장에게 제출하여야 한다. 경영환경·경제여건 및 국가정책방향 등을 고려하여 기획재정부장관은 공기업의 장에게, 주무기관의 장은 준정부기관의 장에게 각각 중장기재무관리계획의 변경을 요구할 수 있다.

### 2) 조직 및 인사관리

공기업의 기관장은 관할 행정부처의 통제를 받지만, 일정한 범위 내에서 조직, 인사, 예산 운영 등에 있어서 일정한 자율성을 가진다. 「공공기관의 운영에 관한 법률」의 적용을 받는 공기업의 상임이사는 공기업의 장이 임명한다. 다만, 상임감사위원은 대통령 또는 기획재정부장관이 임명한다.

시장형 공기업과 자산규모가 2조 원 이상인 준시장형 공기업의 이사회 의장은 선임비상임이사가 된다. 자산규모가 2조 원 미만인 준시장형 공기업과 준정부기관의 이사회 의장은 기관장이 된다.

### 3) 경영실적 평가

공기업과 준정부기관은 신규 지정된 해를 제외하고 매년 경영실적 평가를 받는다. 공공기관 경영평가에서 3년 연속 최하등급을 받은 공기업은 「공공기관의 운영에 관한 법률」상 기획재정부장관이 운영위원회의 심의·의결을 거쳐 기관장·상임이사 임명권자에게 해임을 건의 또는 요구할 수 있다.

## ❹ 공기업의 유형

정부기업은 정부부처형 공기업을 말한다. 정부가 소유권을 가지고 직접 운영하는 공기업으로 정부조직에 해당한다. 국가공기업은 「공공기관의 운영에 관한 법률」의 적용을 받고, 지방공기업은 「지방공기업법」의 적용을 받는다.

**✛ 표 3−32 공기업 분류**

| 분 류 | | 조직형태 | 법인격과 당사자능력 | 운영과 경영자율성 | 설립근거법률, 적용법률 |
|---|---|---|---|---|---|
| 정부부처형 공기업 | 정부기업 | 행정기관, 정부조직, 공무원 신분 | 법인격과 당사자능력 없음 | • 정부예산으로 운영 (특별회계)<br>• 경영자율성 약함 | 정부조직법, 국가재정법, 정부기업예산법 |
| | 책임운영기관 | | | | |
| 법인체 공기업 | 공공법인형 공기업 | 행정기관 + 사기업 혼합 | 법인격과 당사자능력 있음 | • 독립채산제로 운영 (국가예산 ×)<br>• 경영자율성 강함 | 특별법, 회사법, 공공기관의 운영에 관한 법률 |
| | 주식회사형 공기업 | 상법상 사기업 형태 | | | |

출처: 주운현 외(2019: 375) 토대로 재구성.

정부기업이 독립된 법인격을 갖지 못하는 것과 달리, 공사형 공기업과 주식회사형 공기업은 법인으로 공공기관에 해당하며 독립된 법인격을 갖는다.

정부부처형 공기업은 경영자율성이 약하고, 상대적으로 법인체 공기업은 경영자율성이 크다. 독립채산제(獨立採算制)란 단일 기업 또는 기업 내 경영 단위가 자기의 수지(收支)에 의해 단독으로 사업을 성립시킬 수 있도록 하는 경영관리제도이다. 공기업의 독립채산제는 재정과 경영을 분리하는 제도이다. 독립채산제를 채택한 공기업은 수지채산의 독립과 균형을 확보할 수 있고, 정부와 의회로부터 자주성을 확보할 수 있다.

## ❺ 공기업 민영화

### 1) 민영화의 필요성

민영화의 주된 근거는 민간의 경쟁원리에 노출시켜 공공부문의 비효율을 제거하는 것이다. 시장성이 큰 서비스를 다루는 공기업은 민영화하게 되면 경쟁체제에 노출되기 때문에 민영화의 실익이 높은 편이다. 민영화는 공공영역을 일정 부분 축소하는 것으로 볼 수 있다. 공기업 매각 방식의 민영화를 통해 공공재정의 확충이 가능하다.

### 2) 복대리인이론

복대리인(複代理人)이론은 공기업을 통한 공공서비스의 공급은 반복적인 대리구조로 대리손실의 비효율성을 더 악화시킬 수 있으므로 민영화가 더 효율적이라고 한다. 복대리인이론은 민간화를 지지하는 논리이다.

### 3) 역대리인이론

민영화는 주인 – 대리인 문제를 완화하는 수단으로 논의되지만, 여전히 주인 – 대리인 문제가 남기 때문에 대리손실을 해소하는 최종적 수단이 될 수 없다. 역대리인이론은 대리인 문제를 완화하기 위하여 민영화를 한 결과 오히려 역으로 대리인 문제를 심화시킬 수 있다는 것이다. 공기업의 민영화와 관련해 역대리인이론이 제기하는 문제점은 정부가 민간 기업체에 대한 정보 부족으로 최적의 민간기업체를 선정하지 못하여, 민영화 이후에 공공서비스가 제대로 공급되지 못할 수도 있다는 점이다. 역대리인이론은 민간화를 비판하는 논리이다.

### 4) 크림 탈취

크림 탈취 (cream skimming) 란 민간이 흑자 공기업만 인수하려고 하기 때문에, 적자 공기업은 매각되지 않고 흑자 공기업만 매각되는 것을 의미한다.

### 5) 황금주

민영화를 통해 정부의 지분이 다수 국민에게 지나치게 분산되면 대주주는 없고, 다수의 소액주주만 있어서 공기업에 대한 효과적인 감시가 어려워질 수 있다. 따라서 민영화 과정에서 정부가 일부 지분을 계속 유지하려고 한다.
황금주 (golden share)[20]란 보유한 주식의 수량이나 비율에 관계없이 기업의 주요한 경영 사안에 대하여 거부권을 행사할 수 있는 권리를 가진 주식을 말한다.

### 6) 공공성 침해와 서비스 형평성 문제

공기업을 민영화하면 국민에 대한 보편적 서비스의 제공이 약화될 수 있고, 공공성이 높은 서비스의 공급에 문제가 발생하여 공공성이 침해될 수 있다. 공기업에서 제공하던 공공서비스가 사적 서비스로 변환되기 때문에, 서비스 배분의 형평성 문제가 제기될 수 있다.

### 7) 행정책임 확보의 곤란성

시장논리로 인한 서비스 품질의 저하가 발생할 가능성이 있고, 행정책임의 확보가 곤란할 수 있다.

### 8) 지대추구행위

민영화 과정에서 특혜, 정경유착 등의 부패가 발생할 수 있다.

---

20 1984년 영국의 브리티시텔레콤 (BT) 을 민영화하는 과정에서 처음 도입되었는데, 그 취지는 민영화된 이후에도 공익성을 유지할 수 있도록 정부가 민간 경영진을 견제하려는 것이다.

생각 넓히기 _ 경찰청과 경찰위원회

「경찰법」에 의하면 치안에 관한 사무를 관장하게 하기 위하여 행정안전부장관 소속으로 경찰청을 둔다. 경찰청의 사무를 지역적으로 분담하여 수행하게 하기 위하여 특별시장·광역시장 및 도지사 소속으로 지방경찰청을 두고, 지방경찰청장 소속으로 경찰서를 둔다.

경찰행정에 관한 주요사항을 심의·의결하기 위하여 행정안전부에 경찰위원회를 둔다. 위원회는 위원장 1명을 포함한 7명의 위원으로 구성하되 위원장 및 5명의 위원은 비상임으로 하고, 1명의 위원은 상임으로 하며, 상임위원은 정무직으로 한다. 위원의 임기는 3년으로 하며 연임할 수 없다.

위원회의 회의는 재적위원 과반수의 출석과 출석위원 과반수의 찬성으로 의결한다.

경찰위원회의 위원장은 비상임위원 중에서 호선한다. 위원장 또는 행정안전부장관은 위원의 면직을 위한 위원회의 의결을 요구할 수 있다.

위원회의 회의는 정기회의와 임시회의로 구분한다. 정기회의는 특별한 사유가 있는 경우를 제외하고는 매월 2회 위원장이 소집한다. 위원장은 필요한 경우 임시회의를 소집할 수 있으며, 위원 3인 이상과 행정안전부장관 또는 경찰청장은 위원장에게 임시회의의 소집을 요구할 수 있다.

행정학의
마루로 통하는 길

# 행정학 절요

**PART**

# 04

# 인사행정론

# CHAPTER 22 인적자원관리와 인사제도

---

## ❶ 정부의 인사행정과 기업의 인사관리

정부의 인사행정은 정치권력의 영향으로 합리성을 확보하기 어려운 경우가 많다. 인사행정은 인사관리에 비해 법정주의로 인해 신축성을 확보하기 어렵다.

정부의 인사행정은 기업의 인사관리에 비해 범위가 넓고 다양성을 가지고 있다. 인사행정은 행정의 공익성으로 인해 비시장성을 지니고 있다.

생각 넓히기 _ 조선시대 인사행정

계급제적 분류구조이다. 정1품부터 정9품, 종1품부터 종9품으로 구분했다. 실적주의와 정실주의가 이원화되었다. 과거제도와 같은 실적주의가 지배적이었으나 음서제도와 같은 정실주의 인사가 통용되기도 했다.

중앙의 관리나 지방관에 대한 규칙적인 근무성적평정제도인 도목정사 (都目政事) 라는 제도가 있었다. 1년에 한 번 행하는 것은 단도목 (單都目), 두 번 행하는 것을 양도목 (兩都目), 네 번 행하는 것을 4도목 (四都目) 이라 하였다.

---

## ❷ 인적자원관리

전통적인 연공주의 인적자원관리는 형식 요건을 중시하고 규격화된 임용 방식을 확대한다. 전통적 인적자원관리는 직무태도나 근속연수에 의한 보상, 평생고용 지향 등의 특성을 지닌다.

반면에 성과주의 인적자원관리는 태도와 근속연수보다 성과와 능력 중심의 평가를 강조한다. 성과주의 인적자원관리는 직급파괴와 역량에 의한 승진을 강조하고, 조기퇴직 및 전직 (轉職) 지원을 활성화한다.

전략적 인적자원관리 (SHRM: Strategic Human Resource Management) 는 개인의 욕구는 조직의 전략적 목표달성과 조화해야 한다는 입장이다. 전략적 인적자원관리는 장기적이며 목표·성과 중심적으로 인적자원을 관리하고, 인사업무 책임자가 조직전략 수립에 적극적으로 관여하며, 조직의 전략 및 성과와 인적자원관리 활동 간의 연계에 중점을 둔다.

✚ 그림 4-1 인적자원관리 단계

**전통적**
연공주의
인적자원관리

**성과주의**
인적자원관리

**전략적**
인적자원관리

## ❸ 적극적 인사행정

적극적 인사행정이란 실적제와 엽관제, 계급제와 직위분류제 등 대립하는 인사제도를 적극적으로 융합 활용하려는 인사방안을 말한다.

적극적 모집 (active recruitment)[1], 인간다운 삶을 위한 행정, 인사의 분권화, 정치적 임용의 부분적 허용, 공무원단체의 활동 인정, 재직자의 능력발전, 공직박람회 개최 등을 포함한다. 정실인사의 배제, 엄격한 직위분류제의 운용 등은 적극적 인사행정에 부합하지 않는다.

## ❹ 중앙인사기관

### 1) 기 능

중앙인사기관의 기능은 준입법, 준사법 기능과 집행, 감사기능을 모두 포함한다. 정부 규모의 확대로 전략적 인적자원관리가 강조되어 중앙인사기관의 설치 및 기능이 중요시된다. 행정부의 경우 중앙인사기관장은 인사혁신처장, 입법부는 국회사무총장, 사법부는 법원행정처장, 헌법재판소는 헌법재판소 사무처장, 선거관리위원회는 중앙선거관리위원회 사무총장이다. 감사원의 인사는 인사혁신처장이 관장한다.

### 2) 중앙인사기관의 유형

중앙인사행정기관의 형태는 기관의 독립성과 합의성을 기준으로 분류할 수 있다. 독립성 여부에 따라 독립형과 비독립형으로 구분하고, 합의성 여부에 따라 합의제와 단독제로 나뉜다.

---

1 적극적 모집 (active recruitment) 은 젊고 유능한 인재들이 공직에 매력을 느끼고 지원할 수 있도록 유도하는 활동을 의미한다. 반면에 소극적 모집 (passive recruitment) 은 채용계획을 일반 대중에게 공개하고 지원자가 찾아오기만을 기다리는 방식이다.

**➕ 표 4-1 중앙인사기관의 조직형태**

| | | 합의성 | |
|---|---|---|---|
| | | 합의적 | 단독적 |
| 독립성 | 독립적 | 독립형 합의제 | 독립형 단독제 |
| | 비독립적 | 비독립형 합의제 | 비독립형 단독제 |

출처: 이종수 외 (2016: 244).

첫째, 독립 합의형 (위원회형) 은 엽관주의의 영향력을 배제함으로써 실적제를 발전시키는 데 유리하고, 중앙인사기관을 통해 타 기관과의 밀착을 방지하고 원만한 관계를 설정할 수 있다. 인사행정의 공정성 확보가 용이하고, 다수의 위원들에 의해서 인사행정에 관한 결정을 함으로써 신중한 의사결정을 할 수 있다는 장점이 있다.

그러나 비독립 단독형에 비해 인사행정의 책임소재가 불분명해질 수 있고, 의사결정이 지연되는 단점이 있다. 또한 독립 합의형은 행정수반이 정책을 강력하게 추진하기 위한 인사관리 수단을 제한한다.

독립 합의형의 사례로는 실적주의 초기 형태로서 1883년 「펜들튼법」에 의해 창설된 미국의 연방인사위원회 (CSC) 및 현재의 실적제보호위원회 (MSPB: Merit System Protection Board) [2] 등이 있다.

둘째, 독립 단독형은 중앙인사기관이 독립성이 있으며, 한 사람의 기관장에 의해 관리되는 형태로 매우 드문 이례적인 형태이다.

셋째, 비독립 합의형으로는 미국의 연방노동관계청 (FLRA: Federal Labor Relations Authority) 과 우리나라 인사혁신처 소속의 소청심사위원회와 김대중 정부 당시 대통령 직속이었던 중앙인사위원회 (1999~2008) 등이 있다.

넷째, 비독립 단독형 인사기관의 기관장은 행정수반이 임명한다. 비독립 단독형 (부처조직형) 은 미국의 인사관리처처럼 집행부 형태로 인사행정의 책임이 분명하고, 주요 인사정책의 신속한 추진을 가능하게 한다.

그러나 비독립 단독형은 인사행정의 정실화와 기관장의 자의적 결정을 견제하기 어렵다. 비독립 단독형 인사기관은 인사행정의 일관성을 유지하기 어렵다.

비독립 단독형의 대표적인 예는 대통령 직속의 미국의 인사관리처 (OPM: Office of Personnel Management) 나 영국의 수상 직속의 내각사무처 공무원 장관실 (OMCS), 일본의 총무성, 현재 우리나라의 인사혁신처 등이 있다.

---

## 제2절　엽관주의

### ❶ 엽관주의 개요

엽관주의는 정당에 대한 충성도와 공헌도를 관직 임용의 기준으로 삼는 제도이다. 엽관주의는 관직을 만인에게 개방함

---

[2] 미국의 연방인사위원회 (CSC) 는 인사관리처 (OPM) 와 실적제보호위원회 (MSPB) 로 분리되었다. 실적제보호위원회 (MSPB) 는 실적제를 보호하고 인사권 남용 및 부당행사 등을 억제하기 위해서, 1978년 공무원제도개혁법 (civil service reform act) 에 의해 설치된 미국의 독립합의제 인사행정기관이다. 실적제보호를 위해 주로 소청심사기능을 담당한다.

으로써 특정 계층의 공직 독점을 타파하고 민주주의의 평등이념에 부합하는 측면이 있다.

엽관주의는 19세기 초 정치적으로 자유민주주의가 어느 정도 정착된 미국에서 발전했다. 엽관주의는 1829년 미국의 7대 대통령 Andrew Jackson이 취임하면서 의회에서 발표한 연두교서에서부터 더욱 강화되었다. 미국의 잭슨(A. Jackson) 대통령은 공무원의 장기근무의 역기능을 강조하며, 공직의 대중화를 도모하여 정부관료제의 민주화에 기여했다.

오늘날 엽관주의는 종래와 같이 광범위하게 이용되지는 않으며, 정책결정을 담당하는 고위직이나 특별한 신임을 요하는 직위 등에 한하여 한정적으로 허용되고 있다. 학자에 따라서는 미국에서 발달한 엽관주의(spoils system)와 영국에서 발달한 정실주의(patronage system)를 구분해서 정의하기도 한다.

## ❷ 엽관주의의 순기능

엽관주의는 특권적인 정부관료제를 일반 대중에게 공개함으로써 민주정치의 발달과 행정의 민주화에 공헌하며, 행정에 대한 민주적 통제를 강화시킨다. 엽관주의하에서는 행정의 민주성과 관료적 대응성의 향상은 물론 정치적 책임을 확보하기 용이하다. 엽관주의는 국민에 대한 관료의 대응성을 높일 수 있다는 장점이 있다.

엽관주의는 선거를 통하여 국민에게 책임을 져야 하는 선출직 지도자들이 직업공무원들에 대한 통제를 용이하게 수행하는 데 도움이 된다. 즉, 정치지도자들의 행정 통솔력을 강화시키는 데 기여한다.

엽관주의는 정당정치이념의 구현에 기여한다. 공무원들의 충성심을 확보하기 용이하여, 정책의 효율적 집행을 도모할 수 있다. 엽관주의는 정치지도자의 국정지도력을 강화함으로써 공공정책의 실현을 용이하게 해준다.

## ❸ 엽관주의의 역기능

공직이 정치에 의해 영향을 크게 받으므로, 공무원의 정치적 중립성을 저해하고 직업공무원제의 확립이 어렵다. 따라서 행정의 안정성과 지속성도 확보하기 어렵다. 공직임용에 정치적 요소가 개입되므로 부정부패가 커질 수 있으며, 공직의 상품화를 가져올 우려가 있다.

행정의 연속성이 담보되지 않으므로, 행정인이 해당 직무분야에서 전문적 능력을 향상시키기 어려워 행정의 전문성이 저하될 수 있다.

---

### 제3절  실적주의

## ❶ 실적주의 개요

실적주의는 개인의 자격·능력·적성·실적 중심의 인사제도이다. 실적주의는 개인의 능력이나 자격, 적성에 기초한 실적을 임용기준으로 삼는 인사행정제도이다.

미국에서는 1881년 James Abram Garfield 대통령이 암살당하면서 엽관주의가 쇠퇴하고 실적주의 도입의 배경이 되었고, 1883년에 제정된 「펜들턴법 (Pendleton Act)」을 계기로 실적주의가 확립되었다.

실적주의의 도입은 공정하고 독립적인 인사행정을 위한 독립된 중앙인사기관를 설치·운영하게 함으로써, 인사행정을 통일적이고 집권적으로 수행하도록 하였다. 「펜들턴법」은 공개경쟁채용 시험 도입, 대통령 직속이 아닌 초당파적 독립기구인 연방인사위원회 (civil service commission) 설치, 제대군인 임용 시 특혜, 민관 (民官) 인사교류 인정, 정치적 중립 최초 규정 등을 포함하고 있다.

## ❷ 실적주의 요소

### 1) 의 미

실적주의의 주요 구성요소로는 공직취임의 기회균등, 신분보장과 정치적 중립 등이 있다. 실적주의는 행정의 효율성과 공정성을 확보할 수 있다. 실적주의는 공직임용의 기회를 균등히 보장함으로써 민주주의적 평등이념의 실현에 기여한다. 실적주의는 각 개인이 가지고 있는 능력에는 차이가 있음을 인정하는 인간의 상대적 평등주의를 신봉한다. 실적주의는 공무원의 정치적 중립을 강조하고, 실적주의에서 공무원은 자의적인 제재로부터 적법절차에 의해 구제받을 권리를 보장받는다.

실적주의는 상대적으로 유능한 인재의 유치라는 적극적인 측면보다는 부적격자의 제거라는 소극적인 측면에 중점을 두게 되었다. 반면에 적극적 인사행정은 실적주의의 비융통성을 보완하는 적극적·분권적·신축적 인사행정을 의미한다. 엽관주의와 실적주의는 상호 조화가 가능하며, 이를 활용한 인사관리방안이 적극적 인사행정이다. 적극적 인사행정이란 소극적인 실적주의와 과학적 인사행정만을 고집하지 아니하고 실적주의의 개념과 범위를 확대하여 엽관주의적인 요소나 인간관계론적인 요소를 신축성 있게 받아들이는 발전적 인사관리방안을 의미한다.

### 2) 공무원의 정치적 중립

공무원의 정치적 중립이란 어느 정당이 집권하든 공평하게 여야 간에 차별 없이 봉사하는 것을 의미한다. 정치적 중립은 엽관제의 폐단을 극복하고 실적주의를 확립하기 위한 핵심가치였다. 그러나 공무원의 정치적 중립성을 지나치게 강조하다 보면 폐쇄집단화할 가능성도 있다. 우리나라의 공무원은 정치적 중립을 지키도록 법률로 명문화되어 있다.

공무원에게 정치적 중립이 요구되는 근거는 정치적 개입에 의한 부정부패를 방지하기 위해 필요하다. 또한 행정의 계속성과 전문성을 확보하고, 공무원 집단의 정치세력화를 방지하기 위해 필요하다.

실적주의와 직업공무원제가 동일하지는 않으나, 둘 다 공무원의 정치적 중립을 기본적으로 전제한다. 실적주의의 등장은 미국은 「펜들턴법」 (Pendleton Act), 영국은 추밀원령이다. 「해치법」 (Hatch Act) 은 미국 공무원들의 정치적 중립을 강화하기 위한 특별법 (1939, 1940) 이다.

### 3) 공무원의 신분보장

정치적 중립을 확보하기 위한 신분보장은 실적주의 및 직업공무원제 정착에 기여한다. 「국가공무원법」에 의하면, 공무원은 형의 선고, 징계처분 또는 「국가공무원법」에서 정하는 사유에 의하지 아니하고는 그 의사에 반해 휴직 강임 또는 면직을 당하지 아니한다. 그러나 1급 공무원과 직무등급이 가장 높은 등급의 직위에 임용된 고위공무원단에 속하는 공무원은 포함되지 않는다.

직위해제의 경우는 공무원의 신분을 유지하나, 해임 및 파면의 경우는 공무원의 신분을 상실한다. 임의퇴직을 늘리기 위한 하나의 방편으로써 권고사직은 공무원에게 온정적 조치이지만, 때로는 신분보장을 침해할 위험이 있다.

## ❸ 실적주의의 한계

사회적 약자의 공직 진출을 제약하게 되어, 인구비례에 부합되는 공무원 인적구성의 다양화를 저해하는 요인이 되는 점은 실적주의의 한계이다.

실적주의는 정치적 중립을 지향하여 인사행정을 소극화, 형식화시켰다. 실적주의는 모든 인사처리가 공개채용이나 중앙인사기구의 엄격한 기준에 얽매여 적극적 인사유치가 어렵고, 정치적 중립이라는 소극적 측면에 집착하여 인사행정을 소극화 내지는 형식화시켰다.

✚ 표 4-2 엽관제와 실적제

| | 엽관제 | 실적제 |
|---|---|---|
| 제도발달의 배경 | 19C 초 잭슨대통령 취임 | 1883년 펜들턴법의 제정 |
| 기본적 가치 | 인사행정의 민주성, 형평성 (정부관료제의 대표성 증진) | 인사행정의 민주성, 형평성 (공개경쟁과 기회균등 보장) |
| 수단적 가치 | 정치적 대응성을 강조 | 행정적 능률성과 공무원 권익보호 |
| 기 여 | 정부관료제의 민주화에 기여 | 정부관료제의 효율화에 기여 |

## ❹ 균형인사제도

균형인사제도는 전통적인 능률성 위주의 실적주의 원칙의 한계를 보완하여, 공직 구성의 다양성과 형평성을 제고하기 위해 그 적용범위가 확대되고 있다.

지역인재 추천채용제도는 우수한 인재를 공직에 유치하기 위하여 학업성적 등이 뛰어난 고등학교 이상 졸업자나 졸업 예정자를 추천·선발하여 3년의 범위에서 수습으로 근무하게 하고, 그 근무기간 동안 근무성적과 자질이 우수하다고 인정되는 자는 6급 이하의 공무원으로 임용할 수 있는 것이다.

양성평등채용목표제는 공직 내 성별 불균형 해소를 위해 도입된 제도이다. 장애인 모집 확대, 저소득층 임용 확대, 이공계 임용 증대 및 고위직에서 일정 비율 확보 등도 여기에 포함된다.

## 제4절 직업공무원제

### ❶ 직업공무원제의 개요

직업공무원제란 젊은 인재들을 공직에 적극적으로 유치하기 위하여 만든 것으로, 공직에 근무하는 것을 명예롭게 생각하면서 일생동안 공무원으로 근무하도록 하기 위한 것이다. 젊고 우수한 인재가 공직을 직업으로 선택해 일생을 바쳐 성실히 근무하도록 운영하는 인사제도이다.

직업공무원제의 확립요건은 민주적 공직관에 입각한 공공봉사자로서의 높은 사회적 평가 유지, 직무경험이 있는 사람보다는 젊은 사람을 더욱 중시, 인재채용 시에 학력과 연령의 제한, 승진 전보 훈련 등을 통한 능력발전의 기회를 공정하게 제공하는 것, 재직 중은 물론 퇴직 후의 생계 안정화 등이다. 직업공무원제는 원칙적으로 학력과 연령을 제한하므로 완전한 기회균등을 보장한다고 볼 수는 없다.

> ■ **TIP** 연령제한과 직업공무원제
>
> 직업공무원제는 공직에 높은 사회적 가치를 부여하는 젊은 인재들을 충원하여, 그들에게 많은 능력발전의 기회를 부여함으로써 장기간 근속을 유도한다. 따라서 채용시험의 경우 응시연령 상한선을 두는 것이 직업공무원제의 취지에 부합한다. 그러나 우리나라의 경우는 응시연령의 상한선 설정은 「헌법」상의 평등원칙 위반으로 해석하여 응시연령 상한선 설정이 폐지되었다.

직업공무원제를 올바르게 수립하기 위해서는 공무원 인력계획에 대한 장기적인 계획이 수립되고 운용되어야 한다. 유럽에서는 일찍이 직업공무원제가 확립되었으나, 최근에는 실적주의도 강조되고 있다. 직업공무원제는 절대왕정시기의 관료제에 연원을 두고 있으며, 장기 근무를 장려하여 공직을 하나의 전문 직업분야로 확립하는 데 기여한다.

### ❷ 직업공무원제의 특징

#### 1) 정치적 중립과 신분보장

직업공무원제는 공무원의 정치적 중립성과 신분보장을 요소로 한다. 공무원 집단의 정치세력화를 방지하기 위해 필요하다. 정치적 중립은 엽관제의 폐단을 극복하고 실적주의를 확립하기 위한 핵심가치였다. 실적주의와 행정의 능률성·전문성 확보에 필요하다.

우리나라의 공무원은 정치적 중립을 지키도록 법률로 정치운동을 금지하는 명문규정이 있다. 공무원의 정치적 중립성과 관련되는 것은 미국의 정치활동 금지법인 「해치법」(Hatch Act, 1939, 1940), 직업공무원제 확립, 국민 전체에 대한 봉사이다.

공무원의 신분보장을 위해 「국가공무원법」은 공무원은 형의 선고, 징계 처분 또는 법에 정하는 사유에 의하지 아니하고는 그 의사에 반해 휴직 강임 또는 면직을 당하지 아니함을 규정하고 있다. 다만 1급 공무원과 「국가공무원법」에 따라 배정된 직무등급이 가장 높은 등급의 직위에 임용된 고위공무원단에 속하는 공무원은 포함되지 않는다.

## 2) 직업공무원제도와 실적주의 관계

오늘날 직업공무원제는 대체로 실적주의에 입각해 있다. 그러나 직업공무원제와 실적주의는 제도적으로 구별된다. 직업공무원제는 계급제와 폐쇄형 공무원제 및 일반 행정가주의에 입각하고 있는 데 반해, 실적주의는 직위분류제와 개방형 공무원제 및 전문가주의에 입각하고 있다.

직업공무원제는 계급제와 폐쇄형 공무원제, 그리고 일반행정가주의를 지향한다. 직업공무원제의 확립을 위해서는 엽관주의보다는 실적주의, 개방형 임용보다는 폐쇄형 임용, 전문 행정가보다는 일반 행정가, 직위분류제보다 계급제가 더 적합하다.

실적주의의 확립은 직업공무원제가 확립되기 위한 필요조건이다. 실적주의가 확립되었다고 하여 반드시 직업공무원제가 확립되는 것은 아니지만, 실적주의는 직업공무원제의 필요조건이므로 실적제가 확립되지 않고서는 직업공무원제가 확립되기 힘들다.

## 3) 폐쇄형 임용제도

폐쇄형 임용제도는 직무수행의 적격자를 공직 내부에서만 찾을 수 있는 인사제도이다. 폐쇄형 임용은 재직자의 승진기회가 많고 경력발전의 기회가 많다. 조직에 대한 소속감이 높고 공무원의 사기가 높다. 공무원의 신분보장이 강화됨으로써 행정의 안정성을 유지할 수 있다. 폭넓은 지식을 갖춘 일반행정가를 육성하는 데에 효과적이다.

## ❸ 직업공무원제의 장점

직업공무원제도는 일반적으로 폐쇄형 임용체계를 채택하고 있으며, 공무원의 연대감을 높여준다. 행정의 지속성과 안정성을 확보할 수 있고, 높은 수준의 행동규범을 유지하는 데 도움이 된다.

직업공무원제는 폐쇄형 인사제도 및 일반 행정가주의에 입각하므로, 장기근무를 장려하고 행정의 계속성과 일관성을 유지하는 데 긍정적인 제도이다.

## ❹ 직업공무원제의 단점

직업공무원제도는 공직을 직업전문 분야로 확립시키기도 하지만, 일반 행정가 양성에 초점을 두기 때문에 행정의 전문성 약화를 가져오기도 한다.

폐쇄형 임용에 기초하므로 조직 내에 승진적체가 심화되면서 직원들의 불만이 증가할 수 있다.

✚ 표 4-3 직업공무원제와 실적주의

| | 직업공무원제 | 실적주의 |
|---|---|---|
| 결원의 충원방식 | 폐쇄형에 가까움 | 개방형과 유사 |
| 채용의 기준 | 공직을 평생의 보람으로 생각하는 생애성(生涯性) | 채용 당시 당사자가 가지고 있는 업적성 |
| 응시연령 상한선 설정 여부 | 채용 시 응시연령 상한선을 두어 젊은 인재의 장기근무 유도 | 채용 시 응시연령 상한선을 설정하지 않음 |
| 채용후 능력발전의 기회 다소 여부 | 승진, 전보, 훈련 등을 통해서 능력발전의 기회를 많이 부여함 | 상대적으로 경시함 |
| 공통점 | • 직업공무원제와 실적주의 모두 정치적 중립성이 필수적인 요소<br>• 정실주의를 배제<br>• 실적주의도 원칙적으로 신분보장을 강조 | |
| 직업공무원제와 실적주의 관계 | • 실적주의는 직업공무원제의 필요조건이지만, 충분조건은 아님<br>• 실적주의가 확립된 것만으로 직업공무원제가 확립되는 것은 아님 | |

# CHAPTER 23 계급제와 직위분류제

## 제1절 | 계급제

### ❶ 계급제의 개요

계급제는 개인의 자격, 능력, 학벌 등에 의해 분류된 계급(rank-in-person)에 따라 직무가 부여되는 제도이다. 개별 공무원의 자격과 능력을 기준으로 계급을 설정하고, 이에 따라 공직을 분류하는 제도이다.

계급제는 정치적 민주화가 꽃을 피우기 훨씬 전부터 국가체제를 유지하기 위한 공직 분류 체계의 기본 틀로 형성되었다. 사회의 수평적 분화가 이루어지고 산업사회가 고도화됨에 따라 많은 나라가 계급제의 골격을 유지하면서 직위분류제를 도입하고 있다. 우리나라의 국가공무원제도는 계급제를 기본으로 직위분류제적 요소를 가미하여 운영하고 있다.

### ❷ 계급제의 특징

계급제는 공무원 개개인의 능력이나 자격을 기준으로 공직 분류체계를 형성한다. 계급을 신분과 동일시하려는 경향이 강하다.

계급제는 직무보다는 사람을 중심으로 공직을 분류하며, 직위분류제에 비해서 규모가 작고 단순한 조직에 적합하다.

계급제의 경우 직책에 따라 보수액을 결정하는 것이 아니라 능력, 자격에 따라 보수를 결정한다.

### ❸ 계급제의 장점

공무원의 장기적인 발전 가능성이나 잠재력을 중시하는 직업공무원제 수립에 기여한다. 계급제는 공무원의 신분보장과 경력발전이 강조된다. 사람을 기준으로 하는 공직분류는 공무원의 신분보장에 용이하다. 계급제는 연공서열 중심으로 인사관리가 이루어지므로, 공무원의 신분안정과 직업공무원제 확립에 기여하며, 직위분류제에 비해서 장기적 사업계획 수립에 유리하다.

계급제는 공무원 간의 유대의식이 높아 협력을 통한 능률성을 제고할 수 있으며, 단체정신과 조직에 대한 충성심 확보에 유리하다.

개인의 능력과 자격을 기준으로 한 공직분류는 일반행정가 양성에 용이하다. 순환보직(循環補職)을 통해 다양한 업무를 경험할 수 있도록 한다. 잠정적·비정형적 업무로 구성된 역동적이고 불확실한 직무상황에 유용하다. 순환보직(job rotation) 제도를 통해 인력활용의 신축성과 융통성이 높아서, 조직과 직무의 변화 등에 신속히 대응할 수 있다.

계급제는 인사권자에게 보다 많은 재량권과 융통성을 주어 리더십을 강화시켜 준다.

## ❹ 계급제의 단점

계급제는 직책을 중심으로 공직을 분류하기 때문에 행정의 전문화를 저해한다는 비판이 있다. 해당 직무에 적임자의 임용이 보장되지 않는다.

계급제에서는 보수 및 직무부담의 형평성 확보가 곤란하다. 인적자원관리에 있어 편의적 기준의 개입으로 보수체계기준의 합리화가 저해되고, 보수와 업무부담의 형평성이 결여될 수 있다.

계급제는 인적자원 활용의 수평적 융통성은 높으나, 수직적 융통성은 낮은 편이어서 계급 간의 수직적 이동이 곤란하다. 계급 간 승진이 어려워 한정된 계급 범위에서만 승진이 가능하다. 상·하위직 간에 계급의식이나 위화감이 크다.

계급제는 지나친 신분보장으로 공직자의 특권집단화를 초래할 수 있다.

> ■ **TIP** 인적자원의 신축적 운용
>
> 인적자원의 신축적 운용이 가능한 것은 계급제로 보아야 한다. 다만 계급제는 인적자원을 수평적으로 융통성 있게 활용할 수 있지만, 수직적 융통성은 떨어진다.

---

### 제2절 ┃ 직위분류제

## ❶ 직위분류제의 개요

직위분류제란 각 직위에 내포된 직무의 종류와 곤란도, 책임도를 기준으로 하여 직류·직렬·직군별과 직급·등급별로 공직을 분류하는 제도이다. 사회적 출신배경에 관계없이 담당 직무의 수행능력과 지식·기술을 중시한다. 공직에 자리가 비었을 때 외부 충원을 원칙으로 한다. 실적제 요소와 개방형 인사의 엽관제 요소를 모두 가지고 있다.

근무성적평정을 객관적으로 할 수 있는 기준을 제시해준다. 과학적 관리운동은 직위분류제의 발달에 많은 자극을 주었다. 직위분류제는 직무의 난이도에 따른 차별적 직무급 수립에는 기여한다. 직위분류제는 동일 직무에 대한 동일 보수의 원칙을 적용하기 쉽기 때문에, 직무급 수립이 용이하여 인사행정의 합리적 절차수립에 유리하다.

## ❷ 직위분류제의 장점

직무의 성질, 내용, 자격요건 등에 따라 공직을 분류하므로 채용, 승진 등 인사배치를 위한 합리적 기준을 제공해 준다. 직위분류제에서는 직위 간 권한과 책임의 한계가 명확하므로 행정책임과 예산 행정의 능률 확보가 용이하다. 각 직무를 담당하고 있는 직원들의 교육훈련 수요를 파악하기 쉽다.

동일 직무를 수행하는 직원이 동일한 보수를 받도록 하는 직무급체계를 확립하는 것이 용이하다. 보수행정의 형평성은 계급제에 비해 동일직무·동일보수를 추구하는 직위분류제가 더 높다.

전문성 확보는 계급제보다 유리하다. 동일 직렬에서 장기간 근무하는 것을 원칙으로 하기 때문에 전문가 양성에 도움이 된다. 직위 간의 권한과 책임의 한계를 명확히 해주기 때문에, 전문직업인을 양성하는 데 도움이 되고 행정의 전문화에 기여한다. 일반행정가 양성에는 불리하나, 계급이 올라감에 따라 직무 전문성이 축적되기 때문에 한 분야에 특화된 전문가 양성에 적합하다. 상대적으로 직업훈련의 필요성이 계급제보다 덜하다.

### ❸ 직위분류제의 단점

직위분류제는 특정 직위에 적합한 직무수행능력자를 강조하므로 조직계획의 단기적 합리성을 확보할 수 있으나, 폭넓고 장기적인 안목을 지닌 일반 행정가의 양성이 곤란하다.

직위분류제는 계급제에 비해 분류 구조와 보수 체계가 복잡하고 융통성이 적어, 그 활용성이 떨어진다는 단점이 있다. 특정 직위에 맞는 사람을 배치하는 제도이기 때문에 직위나 직무의 변화 상황에 신속히 대처하기가 어려운 인사제도라고 할 수 있다. 이로 인해 인사이동이 경직적이며, 특히 인사관리의 수평적 탄력성·신축성이 저해되기 쉽다.

직위분류제를 엄격하게 시행할 경우, 업무가 세분화되기 때문에 직무 간 협의와 조정이 곤란해진다. 공무원 간의 협력이 원활하게 이루어지기 어렵다. 직위분류제는 업무의 전문화로 인하여 상위직급에서의 업무 통합이 곤란하다는 단점이 있다.

### ❹ 직위분류제 수립절차

#### 1) 직무기술서

직무기술서는 개개 공무원이 수행하는 직무내용을 기술하게 하여 직무를 조사하는 것이다. 직무조사는 분류될 직위의 직무에 대한 객관적인 정보수집이다. 직위분류제 수립과정에서 직무기술서는 특정 직위에 있는 자가 자기 직무에 관한 내용을 직접 기입한 것으로 직무분석이나 직무평가의 토대가 된다.

#### 2) 직무분석

직무분석(job analysis)은 유사한 직위를 모아 직류를 만들고 직류를 모아 직렬을, 직렬을 모아 다시 직군을 만드는 것이다. 직무분석을 위한 직무자료 수집방법에는 관찰, 면접, 설문지, 일지기록법 등이 활용된다.

#### 3) 직무평가

직무평가(job evaluation)는 직무의 곤란성과 책임성을 기준으로 직무의 상대적 가치를 결정하는 것이다. 직위분류제의 수립절차에서 직무의 난이도와 책임의 경중에 따라 직위의 상대적 수준과 등급을 구분하는 것이다.

직무평가의 결과는 보수와 직결되는 것이 보통이다. 보수체계는 직무분석이 아니라 직무평가를 통해 결정된다. 직무평가는 개인에게 공정한 보수를 제공하는 데 필요한 작업으로 서열법, 분류법, 점수법 등을 활용한다.

우리나라 고위공무원단에 속하는 공무원의 연봉제 수립에 있어서 직무평가가 직무분석보다 더 중요한 기능을 한다. 우리나라 고위공무원단에 속하는 공무원은 직무성과급적 연봉제의 적용을 받는데, 직무의 책임도·곤란도를 반영하여 직무등급을 책정하므로 직무분석보다는 직무평가가 더 중시된다.

## 4) 직급명세

직급명세 (class specification) 는 직급별로 명칭, 자격요건, 채용조건, 보수 등을 명확히 규정하는 것이다.

## 5) 정 급

정급 (allocation) 은 모든 직위를 각각 해당 직군·직렬·직류와 등급·직급에 배정하는 것이다. 정급 (allocation) 의 토대가 되는 것은 직급명세서이다.

**✚ 그림 4-2 직위분류제 수립절차**

## ❺ 직위분류제의 분류

### 1) 직군, 직렬, 직류, 직위

첫째, 직군 (occupational group) 은 직무 종류가 광범위하게 유사한 직렬의 군이다. 직군의 예시로는 행정직군, 기술직군, 관리운영직군 등이 있다.

둘째, 직렬 (series of classes) 은 직무 종류는 유사하나 난이도와 책임 수준이 다른 직급 계열이다. 직렬의 예시로는 행정직군에는 행정직렬, 세무직렬, 관세직렬, 교정직렬, 검찰직렬, 출입국관리직렬 등이 있다.

셋째, 직류 (sub - series) 는 동일 직렬 내에서 담당 직책이 유사한 직무군이다. 직류의 예시로는 행정직렬에는 일반행정직류, 인사조직직류, 법무행정직류, 재경직류, 국제통상직류, 교육행정직류 등이 있다.

넷째, 직위 (position) 란 한 사람의 직원에게 부여할 수 있는 직무와 책임을 의미한다. 직위의 예시로는 실장, 국장, 과장, 계장 등이 있다.

**✚ 그림 4-3 직위분류제의 분류 예시**

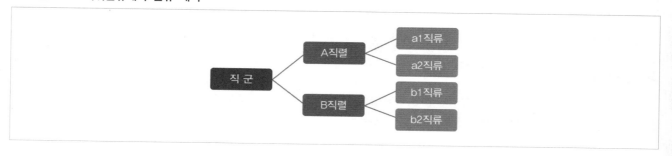

## 2) 직급, 등급, 직무등급

첫째, 직급 (class) 은 직무의 종류, 곤란성과 책임도가 상당히 유사하여 인사상 동일하게 다룰 수 있는 직위의 군이다. 직급은 직위에 포함된 직무의 성질, 난이도, 책임의 정도가 유사해 채용과 보수 등에서 동일하게 다룰 수 있는 직위의 집단이다. 수평적 등급과 수직적 직렬이 교차하는 공통부분이다. 직급의 예시로는 관리관, 이사관, 부이사관, 서기관, 사무관, 주사, 주사보, 서기, 서기보 등이 있다.

둘째, 등급 (grade) 은 직무의 종류는 다르지만 그 곤란성·책임수준 및 자격수준이 상당히 유사하여 동일한 보수를 지급할 수 있는 모든 직위를 포함하는 것으로, 직위의 횡적 군이다. 계급제의 계급에 해당한다. 다만 등급의 지나친 세분화는 공무원을 채용하고 활용함에 있어서 경직성을 높일 수 있다.

셋째, 직무등급이란 직무의 곤란성과 책임도가 상당히 유사한 직위의 군을 말한다. 고위공무원단과 외무공무원은 직무등급이 적용되며, 더 높은 직무등급의 직위에 임용되는 것을 '승격'이라고 한다.

## ⑥ 직무평가의 방법[3]

### 1) 분류법

직무평가의 방법은 비계량적 방법과 계량적 방법이 있으며, 분류법과 서열법이 비계량적 방법에 해당하고, 점수법과 요소비교법이 계량적 방법에 해당한다.

분류법 (classification) 은 직무 전체를 종합적으로 판단해 미리 정해 놓은 등급기준표와 비교해가면서 등급을 결정한다. 분류법은 각 직무에 요구되는 기술과 책임감의 수준 등을 판정하여 사전에 정해놓은 등급으로 분류하는 평가방법이다. 분류법은 등급별로 책임도, 곤란성, 필요한 지식과 기술 등에 관한 기준을 고려하여 직무를 해당하는 등급에 배치하는 방법이다.

분류법은 직위의 등급 수를 정하고, 분류기준에 의거한 등급기준표의 작성이 필요하다. 따라서 분류법에서는 등급기준표가 완성되기까지 직무평가가 이루어져서는 안 된다.

### 2) 서열법

서열법 (job ranking) 은 직무 전체의 중요도, 난이도, 책임도 등을 고찰하고, 각 직무의 상대적 가치를 비교하여 서열을 결정하는 방법이다. 점수법과 달리 직무를 구성요소별로 나누지 않고, 비계량적 방법을 통해 직무기술서의 정보를 검토한 후 직무 상호 간에 직무 전체의 중요도를 종합적으로 비교하여, 우수한 순서대로 나열한 후에 상대평가를 하는 것이다. 그러나 서열법은 주관성이 개입되고, 직위의 수가 많을수록 평가가 어렵다. 서열법은 직무와 직무를 직접 비교하므로 비용이 적게 든다는 장점이 있으나 평가자의 주관이 개입할 소지가 가장 많다는 단점이 있다.

---

3 분류법은 정부에서 주로 사용되고, 점수법은 사기업에서 주로 사용한다.

## 3) 점수법

점수법 (point method) 은 직무평가기준표에 따라 직무의 세부 구성요소들을 구분한 후 요소별 가치를 점수화하여 측정하는데, 요소별 점수를 합산한 총점이 직무의 상대적 가치를 나타낸다. 점수법은 각 직무를 기초적인 요소의 척도에 따라 계량적으로 계측하는 방법이다. 점수법은 직무의 평가요소별 가중치를 부여하고 각 직무에 대하여 요소별로 점수를 매긴 다음 이를 합산하는 방법이다.

점수법은 신뢰도와 타당도가 높아 일반적으로 가장 많이 활용되는 방법이다. 분류법과 점수법은 직무와 등급기준표를 활용한다는 점에서 동일하지만, 분류법은 비계량적, 점수법은 계량적 평가를 시행한다는 차이가 있다.

점수법은 체계적이고 과학적인 방법에 의하여 작성된 직무평가 기준표를 사용하기 때문에 평가결과의 타당성과 신뢰성이 인정된다. 한정된 평가요소만을 사용하는 것이 아니라, 분류대상 직위의 직무에 공통적이며 중요한 특징을 평가요소로 사용하기 때문에 관계인들이 평가결과를 쉽게 수용한다.

그러나 점수법은 직무평가표에 따라 구성요소별 점수를 매기고, 이를 합계해 총점을 계산하므로 시간과 노력이 많이 든다는 단점이 있다.

## 4) 요소비교법

요소비교법 (factor comparison) 은 대표가 될 만한 직무들을 선정하여 기준 직무 (key job) 로 정해놓고, 각 요소별로 평가할 직무와 기준 직무를 비교해 가며 점수를 부여한다. 대표직위를 선정하고 대표직위의 평가 요소별 서열을 정하는 과정이 필요하다.

요소비교법은 직무를 평가요소별로 계량적으로 평가하고 관찰이 가능한 직무와 기준 직무를 비교함으로써, 직무의 세부 구성요소별 가치를 점수화하는 과정에서 나타나는 점수법의 임의성을 보완하기 위하여 개발된 계량적 방법이다. 가장 늦게 고안된 직무평가 방법으로 평가 요소의 비중 결정과 단계 구분에 따른 점수부여의 임의성을 극복하고자 개발된 기법이다. 그러나 요소비교법은 점수법과 달리 시행이 어려워 점수법보다 광범위한 사용이 이루어지고 있지는 않다.

**➕ 표 4-4 직무평가방법의 분류**

| 직무가치의 결정방식 | 비계량적 비교 (직무 전체 비교) | 계량적 비교 (직무구성요소 비교) |
|---|---|---|
| 직무와 척도 (절대평가) | • 분류법 (classification)<br>• 직무와 등급기준표 | • 점수법 (point method)<br>• 직무와 직무평가 기준표 |
| 직무와 직무 (상대평가) | • 서열법 (job ranking)<br>• 직무와 직무 | • 요소비교법 (factor comparison)<br>• 직무와 직무 (대표 직위) |

출처: 유민봉(2016: 486) 토대로 재구성.

## ❼ 계급제와 직위분류제의 비교

외부환경에 대한 대응력 차원에서 직위분류제는 계급제가 폐쇄형 임용과 결합되는 것과 달리, 동태적 환경에서 외부의 최신 기술과 전문성을 갖춘 인재를 임용할 수 있다는 측면에서는 외부환경에 대한 대응력이 상대적으로 강하다고 볼 수 있다.[4] 인재의 적재적소의 배치 측면에서 개방형 임용과 결합된 직위분류제가 계급제에 비해서 용이하다고 할 수 있다.[5] 직위분류제에서는 계급 간의 수평적 이동은 제약되지만, 수직적 이동은 계급제에 비해서 용이하다.

**╋ 표 4-5 계급제와 직위분류제**

| | 계급제 | 직위분류제 |
|---|---|---|
| 직업공무원제의 확립 | 기 여 | 장 애 |
| 정치적 중립, 신분보장 | 강 함 | 약 함 |
| 인적자원 충원 | 폐쇄적 | 개방적 |
| 조직계획과 능력발전 | 장기적 측면 반영 | 단기적 측면 반영 |
| 공무원 시야 | 종합적, 광범위, 일반행정가 | 부분적, 협소, 직무전문가 |
| 부서 간 협조와 교류 | 원활함 | 원활하지 못함 |
| 직무갈등 조정의 정도 | 용 이 | 어려움 |
| 인적자원의 신축적 운용 | 신축적 | 경직적 |
| 외부환경변화 대응력 | 약 함 | 강 함 |
| 인재의 적재적소의 배치 | 곤 란 | 용 이 |
| 교육훈련 수요 파악 | 곤 란 | 용 이 |
| 보수 및 직무수행의 형평성 | 낮 음 | 높 음 |
| 발달배경 | 농업사회적 전통 | 분화된 산업사회 |

출처: 유민봉(2016: 487) 토대로 재구성.

---

4 계급제의 경우 잠정적·비정형적 업무로 구성된 역동적이고 불확실한 직무상황에서 인력을 탄력적으로 운용할 수 있기에, 변화에 대한 대응력은 계급제와 직위분류제 중 어느 하나가 반드시 유리하다고 단정적으로 말할 수는 없다. 다만 직위분류제에 의할 경우 외부환경변화에 대응하여 직무적합성을 갖춘 인재 충원을 통해 문제해결력이 높아지는 측면이 있다.

5 계급제의 경우 세분된 직무분류기준을 사용하지 않기 때문에 횡적 이동이 신축적이다. 따라서 인재의 적재적소의 배치는 직위분류제가 계급제보다 더 유리하다고 단정적으로 말할 수는 없다. 하지만 해당 업무적합성이 높은 인재 충원은 직위분류제가 더 용이하다.

# C HAPTER

# 24 공무원 임용과 관료제도

## 제1절 공무원 임용과 채용

### ❶ 공무원 임용

#### 1) 임용의 정의

임용 (任用) 이란 신규채용, 승진임용, 전직 (轉職), 전보, 겸임, 파견, 강임 (降任), 휴직, 직위해제, 정직, 강등, 복직, 면직, 해임 및 파면을 말한다 (공무원임용령 제2조).

#### 2) 임기제 공무원의 종류

첫째, 일반임기제공무원은 직제 등 법령에 규정된 경력직공무원의 정원에 해당하는 직위에 임용되는 임기제공무원이다.

둘째, 전문임기제공무원은 특정 분야에 대한 전문적 지식이나 기술 등이 요구되는 업무를 수행하기 위하여 임용되는 임기제공무원이다.

셋째, 시간선택제임기제공무원은 통상적인 근무시간보다 짧은 시간 (주당 15시간 이상 35시간 이하의 범위에서 임용권자 또는 임용제청권자가 정한 시간) 을 근무하는 공무원으로 임용되는 일반임기제공무원 (시간선택제일반임기제공무원) 또는 전문임기제공무원 (시간선택제전문임기제공무원) 이다.

넷째, 한시임기제공무원은 휴직하는 공무원, 30일 이상의 병가를 실시하는 공무원, 30일 이상의 특별휴가를 실시하는 공무원, 통상적인 근무시간보다 짧은 시간을 근무하는 공무원으로 지정된 공무원 (시간선택제전환공무원) 등의 공무원의 업무를 대행하기 위하여 1년 6개월 이내의 기간 동안 임용되는 공무원이다.

#### 3) 시간선택제채용공무원의 임용

임용권자 또는 임용제청권자는 통상적인 근무시간보다 짧은 시간 근무하는 공무원을 신규채용할 수 있다. 공무원 근무형태의 유연성을 높이고 일자리 나누기 (job sharing) 의 방법론이기도 하다.

시간선택제채용공무원의 주당 근무시간은 「국가공무원 복무규정」에도 불구하고 15시간 이상 35시간 이하의 범위에서 임용권자 또는 임용제청권자가 정한다. 이 경우 근무시간을 정하는 방법 및 절차 등은 인사혁신처장이 정한다.

시간선택제채용공무원을 통상적인 근무시간 동안 근무하는 공무원으로 임용하는 경우에는 어떠한 우선권도 인정하지 아니한다.

## 4) 외국인과 복수국적자의 임용

임용권자 또는 임용제청권자는 외국인을 전문경력관, 임기제공무원 또는 특수경력직공무원으로 채용할 수 있다. 다만, 임용권자 또는 임용제청권자는 법령으로 정한 각 기관의 소관 업무 중 일정한 업무에는 복수국적자의 임용을 제한할 수 있다.[6]

## ❷ 신규채용

### 1) 공개경쟁채용

공개경쟁채용(公開競爭採用)은 최소 자격기준을 갖춘 모든 사람에게 지원 기회를 제공하며, 공개된 형태의 경쟁시험을 통해 공직후보자를 선발하는 제도이다. 공개채용제도의 채택 여부는 실적주의 인사제도 확립을 위한 중요한 기준이 된다. 공개경쟁 채용시험 합격자인 채용후보자는 시험 실시기관의 장이 정하는 바에 따라 채용후보자 등록을 하여야 한다. 공무원 공개경쟁 채용시험에 합격한 사람의 채용후보자 명부의 유효기간은 2년으로 한다.

신규채용은 공개경쟁 채용시험을 통해 채용하지만 퇴직 공무원의 재임용의 경우에는 경력경쟁채용시험에 의한다. 공무원은 원칙적으로 공개경쟁채용시험으로 채용한다. 다만 경력 등 응시요건을 정하여 같은 사유에 해당하는 다수인을 대상으로 하는 경쟁의 방법으로 채용하는 시험인 경력경쟁채용시험으로 공무원을 채용할 수 있다 (국가공무원법 제28조).

### 2) 경력경쟁채용 등

특별채용은 공개경쟁채용이 적당하지 않거나 곤란한 경우에 경쟁을 제한해 별도의 선발 절차를 거쳐 공직 후보자를 선발하는 제도이다.

경력경쟁채용시험 등으로 공무원을 임용할 때에는 원칙적으로 그 시험을 실시할 때의 임용예정 직위 외의 직위에 임용할 수 없다. 경력경쟁채용시험 등 합격의 효력은 1년으로 한다.

특별채용은 공개경쟁채용시험 운영에 따른 막대한 비용을 절감할 수 있다. 그러나 과도한 특별채용은 시험에 응시할 기회균등의 원칙을 침해하고 정실인사에 따른 인사과정의 부패를 초래할 수 있어 실적주의의 확립을 저해할 수 있다.

### 3) 부처맞춤형 충원시스템

부처맞춤형 충원시스템은 수습사무관 중에서 각 부처에서 필요로 하는 자를 직접 선택할 수 있도록 한 제도이다. 우리나라에 2009년부터 도입됐으며, 각 부처가 자체 수요를 고려해 임용예정자 중에서 적격자를 직접 선택하는 것이 가능하다. 임용예정자는 각 부처가 미리 공개한 선택기준에 따라 자신이 원하는 부처를 정해 지원하며, 각 부처는 지원한 임용예정자를 대상으로 면접을 실시한다. 지원한 부처에 배치받지 못하면 임용예정자는 성적순으로 배치된다.

---

6 「공무원임용령」에 의해 복수국적자의 임용이 제한되는 업무는, 국가안보와 관련되는 정보·보안·기밀 및 범죄수사에 관한 분야, 대통령 및 국무총리 등 국가 중요 인사의 국정수행 보좌 및 경호에 관한 분야, 외교관계·통상교섭 및 국제협정에 관한 분야, 남북 간 대화·교류·협력 및 통일에 관한 분야, 검찰·교정 및 출입국관리에 관한 분야, 군정 및 군령과 무기체계 획득 그리고 방위력 개선 및 그 밖의 군사에 관한 분야, 국민의 생명·신체·재산 보호 그리고 기업의 영업비밀 및 신기술 보호 그 외에 주요 경제·재정 정책 및 예산 운영에 관한 분야, 업무의 성질상 국가의 안보 및 이익에 중대한 영향을 미칠 수 있는 분야로서 복수국적자가 수행하기에 부적합하다고 인정하여 소속 장관이 정하는 분야 등이다.

## ❸ 인사청문회제도

### 1) 인사청문특별위원회

국회의 인사청문회는 인사청문특별위원회와 소관 상임위원회로 구분하여 실시하고 있다. 국회는 「헌법」에 따라 그 임명에 국회의 동의가 필요한 대법원장·헌법재판소장·국무총리·감사원장 및 대법관에 대한 임명동의안, 「헌법」에 따라 국회에서 선출하는 헌법재판소 재판관 및 중앙선거관리위원회 위원에 대한 선출안 또는 의장이 각 교섭단체 대표의원과 협의하여 제출한 선출안 등을 심사하기 위하여 인사청문특별위원회를 둔다.

대법원장, 대법관, 헌법재판소장, 국무총리, 감사원장, 국회에서 선출하는 헌법재판소 재판관 및 중앙선거관리위원회 위원은 인사청문특별위원회에서 인사청문이 이루어진다.

### 2) 소관 상임위원회

대통령이 임명하고 대법원장이 지명하는 헌법재판소 재판관 및 중앙선거관리위원회 위원, 국정원장, 경찰청장, 검찰총장, 국세청장의 인사청문회는 소관 상임위원회에서 실시한다. 국무위원, 방송통신위원회 위원장, 공정거래위원회 위원장, 금융위원회 위원장, 국가인권위원회 위원장, 합동참모의장, 특별감찰관, 한국은행총재, 한국방송공사 사장 등은 소관 상임위원회에서 인사청문회를 실시한다.

그러나 중앙선거관리위원회 위원장, 감사위원, 국민권익위원회 위원장, 금융통화위원회 위원장, 해양경찰청장, 통계청장 등은 인사청문 대상이 아니다.

### 3) 제도의 운용

국회에 제출하는 임명동의안 첨부서류에는 최근 5년간의 소득세·재산세·종합토지세의 납부 및 체납 실적에 관한 사항이 포함되어 있다. 국회는 임명동의안이 제출된 날로부터 20일 이내에 인사청문을 마쳐야 한다. 국회의 인사청문회의 진행은 원칙적으로 공개되어야 하나, 예외적으로 의원회의 의결로 공개하지 않을 수 있다.

인사청문특별위원회 위원장은 인사청문경과를 국회 본회의에 보고한 후, 국회의장이 대통령에게 인사청문경과보고서를 송부한다. 소관상임위원회 인사청문에서 상임위원회가 경과보고서를 채택하지 않더라도 대통령이 후보자를 임명하는 것을 실정법으로 막을 수 없다.

---

## 제2절 | 폐쇄형 임용과 개방형 임용

## ❶ 폐쇄형 인사제도

### 1) 의 의

폐쇄형 인사제도(closed career system)는 원칙은 내부 승진만 허용하며, 처음 임용되는 공무원의 상위 및 중간직의 임용을 제한하는 제도이다. 대체로 폐쇄형은 계급제에 바탕을 두고, 전문가보다는 일반행정가 중심의 인사체제를 이룬다.

## 2) 폐쇄형 인사제도의 장점

직업공무원제 확립에 유리하고, 내부 승진기회의 확대로 재직자의 사기를 앙양(昂揚)시킨다. 공무원의 장기근무를 장려하므로 공직의 안정성을 확립시키고, 공무원의 충성심 강화에 유리하다.

행정의 일체성과 일관성을 가져오는 데 유리하고, 정치적 영향이나 압력으로부터 자유롭다.

## 3) 폐쇄형 인사제도의 단점

행정조직 관료화에 대한 민주적 통제가 어렵다. 공무원의 장기 근무로 인한 무사안일로 공직의 침체를 가져오고, 관료가 국민의 요구에 민감하게 대응하지 못해 특권 집단화할 우려가 있다.

일반행정가 양성을 중시하므로 행정의 전문성이 떨어질 수 있고, 교육훈련 등 인력개발에 소요되는 비용이 증가할 수 있다.

## ❷ 개방형 직위제도

### 1) 의 의

개방형 직위제도는 전문성이 특히 요구되거나 효율적인 정책수립을 위하여 필요하다고 판단되는 경우에, 공직 내부 또는 외부에서 적격자를 임용할 필요가 있는 직위에 대하여 개방형 직위로 지정하여 운영하는 것이다.

전문성이 요구되는 경우 일정한 직무 수행요건을 갖춘 자를 공직 내·외부에서 임용하여 공직의 전문성을 높이기 위한 제도이다. 개방형 직위로 지정된 직위에는 외부 적격자뿐만 아니라 내부 적격자도 임용할 수 있다. 개방형 직위는 공직 내부와 외부에서 적격자를 공개모집에 의한 시험을 거쳐 선발한다.

개방형 인사관리는 충원된 전문가들이 관료집단에서 중요한 역할을 수행하게 된다. 개방형은 기존 직원에게는 승진기회의 제약과 퇴직을 낳는 원인이 되기도 한다.

### 2) 대상과 비율

개방형 직위는 공무원과 민간인이 경쟁하여 최적임자를 선발하는 것으로, 고위공무원단 또는 과장급 이상에 한하여 인정된다.

「개방형 직위 및 공모 직위의 운영 등에 관한 규정」에 의하면 소속장관별로 고위공무원단 직위 총수의 20% 범위 안에서 지정 가능하고, 과장급 직위 총수의 20% 범위 안에서 지정 가능하다. 다만 중앙행정기관과 소속기관 간 균형을 유지하도록 하여야 한다.

한편 자치단체의 경우 지정 가능범위는 시·도별 1~5급의 10%와 시·군·구의 2~6급 직위의 10%이다.

개방형 직위는 임기제공무원으로 임용함을 원칙으로 하되, 임기제가 아닌 경력직으로도 임용할 수 있다. 임용기간은 5년의 범위 안에서 2년 이상으로 한다.

### 3) 경력개방형 직위제도

경력개방형 직위제도는 민간인으로만 개방형 직위에 채용하는 제도로, 2015년에 도입됐다. 경력개방형 직위제도는 공무원과 민간인이 경쟁하여 최적임자를 선발하는 개방형 직위와 달리, 공직 외부에서만 적격자를 선발하는 직위를 말한다. 소속 장관은 개방형 직위 중 특히 공직 외부의 경험과 전문성을 적극 활용할 필요가 있는 직위를 공직 외부에서만 적격 자를 선발하는 개방형 직위인 경력개방형 직위로 지정할 수 있다.

## 4) 개방형 임용제의 순기능

개방형 임용제는 행정조직의 관료제를 억제하고 공직사회의 탈관료제화에 기여할 수 있다. 공직의 침체, 무사안일주의 등 관료제의 병리를 억제한다. 개방형 임용제는 국민의 요구에 민감하게 대응하므로, 행정에 대한 민주적 통제가 보다 용이해진다. 개방형 인사행정은 임용기회의 형평성 제고, 성과주의적 관리의 촉진, 정치적 리더십의 조직 장악력을 높이 는 데 기여한다.

기존 내부 관료들에게 전문성 축적에 대한 자극제가 되며, 민간부문과의 인사교류로 적극적 인사행정이 가능하다. 공직 사회에 신선한 활력을 불어넣고, 특정 직무에 필요한 우수인력 확보에 유리할 수 있다. 공무원과 민간전문가 사이의 생 산적인 경쟁을 유도하여 공무원의 자기계발을 촉진하는 효과를 거둘 수 있다.

## 5) 개방형 임용제의 역기능

개방형 직위제도는 정실에 의한 자의적 인사의 우려가 있다. 기존 관료들에게 승진기회가 축소될 수 있다는 불안감을 주고, 사기를 저하시킬 수 있다. 재직자의 능력발전이나 승진 및 경력발전 기회의 제약으로 재직자들의 사기를 떨어뜨릴 수 있다.

개방형 임용제도는 계급제와 폐쇄형 임용을 전제로 하고 있는 직업공무원제 확립에 단기적·장기적으로 부정적인 영향 을 미친다. 개방형 직위제는 임기제공무원으로 임용이 가능하기 때문에 신분보장의 문제가 발생할 수 있다.

개방형 인사관리는 행정조직에 대한 민주적 통제를 강화하나 행정의 일체성과 일관성을 저해할 수 있다. 민간전문가가 공직 경험이 많은 공무원들을 지휘해야 할 직위에 임용되었을 경우에 조직 장악에 어려움이 있을 수 있다.

## ❸ 공모직위제도

## 1) 의 의

공모직위제도는 타 부처 공무원들과의 경쟁을 통해 최적임자를 선발하는 제도이다. 「국가공무원법」은 효율적인 정책수 립 또는 관리를 위하여 적격자를 임용할 필요가 있는 직위에 대하여 공모직위로 지정하여 운용할 수 있다고 규정하고 있다.

경력직 고위공무원단 직위 수의 30% 범위에서 지정해야 한다. 소속 장관은 소속 장관별로 경력직 공무원으로 임명할 수 있는 고위공무원단 직위 총수의 100분의 30의 범위에서 공모 직위를 지정하되, 중앙행정기관과 소속기관 간 균형을 유지하도록 하여야 한다.

소속 장관은 경력직 공무원으로 임명할 수 있는 과장급 직위 총수의 100분의 20의 범위에서 공모 직위를 지정하되, 그 실시 성과가 크다고 판단되는 기관, 공무원의 종류 또는 직무 분야 등을 고려하여야 한다.

소속 장관은 공모 직위의 지정 범위에 관하여 인사혁신처장과 협의하여야 한다.

## 2) 제도의 운영

임용된 날부터 2년 이내에 다른 직위에 임용이 제한된다. 공무원이 개방형 직위나 공모직위를 통해 임용된 경우 모두 임용기간 만료 후 원소속으로 복귀가 가능하다.

임용권자나 임용제청권자는 직위별로 직무의 내용·특성 등을 고려하여 직무수행요건을 설정하고 그 요건을 갖춘 자를 임용하거나 임용제청하여야 한다. 임용권자나 임용제청권자가 고위공무원단 직위인 공모 직위를 지정 또는 변경하거나 직위별 직무수행요건을 설정 또는 변경하려면 중앙인사관장기관의 장과 협의하여야 한다.

중앙인사관장기관의 장은 공모 직위를 운영할 때 각 기관 간 인력의 이동과 배치가 적절한 균형을 유지할 수 있도록 관계 기관의 장과 협의하여 이를 조정할 수 있다. 공모직위에 임용되는 공무원은 전보·승진·전직 또는 특별채용의 방법에 의하여 임용하여야 한다.

**➕ 표 4-6 개방형 직위와 공모직위**

| | 개방형 직위 | 공모직위 |
|---|---|---|
| 선발범위 | 공직 내와 공직 외(공직 외부인도 가능) | 부처 내와 부처 외(공무원 중에서만) |
| 모집사유 | 전문성이 요구되거나 효율적인 정책 수립 | 효율적인 정책 수립 또는 관리 |
| 임용기간 | • 최소 2년 이상 5년 이내<br>• 단, 임기제공무원은 3년 이상 | 기간 제한이 없음 |
| 임용방식 | 임기제공무원으로 임명함이 원칙이고, 일반직 특정직 외에 별정직에도 적용 가능 | 경력직 공무원으로 임명해야 함 |
| 지정범위 | • 고위공무원단 직위 총수의 20% 범위 안에서, 과장급 직위 총수의 20% 범위<br>• 과장급 미만은 해당되지 않음<br>• 지방자치단체: 시·도별 1~5급의 10%와 시·군·구의 2~6급 직위의 10% | • 고위공무원단 직위 총수의 100분의 30의 범위에서, 그리고 과장급 직위 총수의 100분의 20의 범위<br>• 과장급 미만은 장관의 자율 |

---

## 제3절   대표관료제

### ❶ 대표관료제의 개요

대표관료제(representative bureaucracy)는 사회경제적 인구구성을 반영토록 하여, 해당 관료가 출신집단에 책임을 질 수 있도록 보장하기 위한 제도적 장치다. 대표관료제는 관료제 내에 민주적 가치를 주입시키려는 의도에서 발달된 개념이다. 관료제에 대한 외부적 통제는 근본적 한계를 지닐 수밖에 없다는 인식이 확산되면서 제기되었다. 그 사회를 구성하는 모든 주요 집단으로부터 인구비례에 따라 관료를 충원한다. 임명직 관료집단이 민주적 방법으로 행동하도록 하기 위한 방안으로 도입되었다.

J. Donald Kingsley (1944)는 대표관료제라는 용어를 처음 사용했으며, Harry Kranz (1976)는 관료제 내의 모든 직무분야와 계급의 구성비율도 인구구성비율과 일치할 것을 주장하면서 비례대표 (proportional representation)로까지 그 개념을 확대하였다. Paul P. Van Riper (1958)는 사회적 특성 (직업, 사회계층, 지역 등) 외에 사회적 가치 (사회적 형평성, 그 사회의 사조나 태도 등)까지도 포함시켰다.

킹슬리 (Donald Kingsley)는 실적주의의 폐단을 보완하기 위해 정부 관료제 구성에서 사회 내 주요 세력의 분포를 반영할 것을 제안하였으며, 대표관료제는 실적주의의 폐단과 직업공무원제의 한계를 극복하고 사회적 약자를 보호하기 위하여 등장했다.

사회적 소외집단을 배려하는 우리나라의 균형인사 정책은 미국의 적극적 조치 (affirmative action)의 관점에서 이해될 수 있다. 우리나라는 균형인사제도를 통해 장애인·지방인재·저소득층 등에 대한 공직진출 지원을 하고 있다. 양성평등채용목표제, 여성관리자 임용확대 및 장애인 의무고용제 등은 대표관료제를 반영한 인사제도라고 할 수 있다.

## ❷ 대표관료제의 논리 구조

### 1) 가 정

Frederick C. Mosher (1982)에 의하면, 대표관료제는 관료들이 출신 집단의 가치와 이익을 대변하리라는 기대에 기반을 둔다. 소극적 대표 또는 구성적 대표성이 적극적 대표 또는 실질적 대표를 촉진한다는 가정하에 제도를 운영해 왔다. 관료들의 객관적 책임을 매우 비현실적이라고 비판하고, 행정책임은 기본적으로 주관적이거나 심리적이라고 주장한다. 대표관료제에 따르면 관료들은 자기 출신 집단의 이익을 정책에 반영하려고 하므로, 관료들의 책임의식은 매우 주관적·내면적인 것이라고 주장한다.

### 2) 대표성의 유형

소극적 대표성 (passive representative bureaucracy)은 전체 사회의 인구 구성적 특성과 가치를 반영하는 관료제의 인적 구성을 강조한다. 소극적 대표성 (구성론적 대표성)은 관료들의 사회경제적 배경이 사회 전체의 것을 반영하는 정도를 의미한다.

적극적 대표관료 (active representative bureaucracy), 실질적 대표성 (역할론적 대표성)은 관료들이 출신 집단의 이익을 위해 능동적으로 행동하는 적극적인 측면이다.

## ❸ 대표관료제의 장점

### 1) 정부관료제의 대응성 향상

대표관료제는 정부관료제 내의 인적 구성의 대표성 확보를 통해, 전체 국민에 대한 정부의 대응성을 향상시킬 수 있다. 사회 각계각층의 이해를 공공정책에 반영하여 사회적 정의 실현에 이바지할 수 있으며, 국민에 대한 관료의 대응성을 향상시킬 수 있다. 관료들의 국민에 대한 대표성을 높이고 민주적 서비스를 촉진한다. 정책의 형성 및 집행과정에서 상이하거나 상충되는 각 집단 또는 계층의 이익이 골고루 반영될 수 있다.

## 2) 내부통제 및 행정책임성 강화

임명직 관료집단이 민주적 방법으로 행동하도록 하기 위한 내부통제의 방안으로 도입되었다. 대표관료제는 다양한 배경의 대표자들이 관료사회 내부로 진입함으로써 관료 조직 내의 내부통제를 강화한다. 출신 집단의 가치와 이익에 대한 책임감 때문에 공무원 간의 견제와 내적 통제가 강화된다. 대표관료제는 내부통제이면서 비공식 통제로서의 특성을 지닌다.

## 3) 사회적 형평성 강화

실질적인 기회균등을 적극적으로 보장하는 데 의의가 있다. 소외집단이나 소수집단의 공직취임기회를 확대하여 사회적 형평성을 제고할 수 있다. 사회적 약자를 보호하기 위한 형평성을 지향하고, 국민의 다양한 요구에 대한 정부정책의 대응성을 향상시킬 수 있고, 관료의 국민에 대한 책임성을 향상시킨다. 정부 관료의 충원에 있어서 다양한 집단을 참여시킴으로써 정부 관료제의 민주화에 기여할 수 있다.

## ❹ 대표관료제의 단점

### 1) 역차별 발생과 사회적 갈등조장

대표관료제는 할당제 등으로 인한 수평적 형평성을 저해하는 역차별을 낳고, 집단 간의 사회분열을 조장할 수 있다.

### 2) 실적주의 훼손과 국민주권원리 위반

대표관료제는 할당제를 강요하는 결과를 초래하여, 현대 인사행정의 기본원칙인 실적주의를 훼손하고 행정능률을 저해할 수 있다는 비판을 받는다. 실적주의의 폐단을 보완하기 위해 도입한 대표관료제가 오히려 실적주의를 훼손한다는 비판이 제기된다. 그리고 대표관료제는 공무원의 정치적 중립 윤리와 상호 모순되는 경향이 있다.

### 3) 행정의 전문성 및 능률성 약화

행정의 전문성 약화로 행정의 능률성 및 생산성이 저하될 수 있다. 능력과 자격을 부차적인 임용기준으로 삼기 때문에 행정의 전문성과 생산성·효율성을 저하시킬 우려가 있다.

### 4) 능동적·실질적 대표성 확보의 어려움

국민에 의한 선발이 아닌 점에서 국민주권의 원리를 위반하는 측면이 있다. 능력 중심의 자유주의나 기회균등에 입각한 천부적 자유개념을 저해한다는 비판이 있다. 소극적 대표성(구성론적 대표성)이 실질적 대표성(역할론적 대표성)로 연결되지 못하는 역할론적 대표성 확보의 어려움이 있다. 대표관료제의 소극적 대표성과 적극적 대표성의 관계는 구체적으로 입증하기 어렵기 때문에 명확히 밝혀지지 않았다.

### 5) 적극적 대표성과 민주주의 충돌

공무원의 적극적 대표성은 민주주의에 반할 위험도 존재한다. 선출직 공직자의 정책결정을 중립적인 위치에서 수행하여야 하는 직업공무원제와 상충되어 민주주의의 기본 원칙에 반할 수 있다.

## 6) 관료들의 재사회화과정 경시

채용 전과 후의 이해관계가 변화할 수 있고 자기의 신념도 바뀔 수 있다는 재사회화 현상을 충분히 고려하지 못한다. 임용 이후의 사회화를 통한 동질화 가능성을 간과한다는 비판을 받는다.

---

## 제4절 고위공무원단제도

### ❶ 고위공무원단제도의 개요

국가의 고위공무원을 범정부적 (凡政府的) 차원에서 효율적으로 인사관리하기 위하여 도입하였다. 전정부적 (全政府的) 으로 통합 관리되는 공무원 집단으로, 계급제나 직위분류제적 제약이 약화되어 인사 운영의 융통성이 강화된다. 성과계약을 통해 고위직에 대한 성과관리가 강화되지만, 고위공무원단은 직업공무원제의 근간을 유지하되 고위직의 책임성을 제고하는 제도이다.

고위공무원단제도는 직업공무원제도를 약화시키는 측면이 있다. 그러나 고위공무원단제도가 직업공무원제도나 정년 및 신분보장 자체를 부정하는 것은 아니다. 고위공무원단 인사 (人事) 에도 원칙적으로 실적주의 원칙과 정치적 중립성이 보장되며 정년 및 신분보장제도도 존치된다. 다만, 성과와 능력이 현저하게 미달하는 고위공무원은 객관·공정한 판단을 거쳐 엄정하게 인사조치된다.

고위공무원단은 계급제가 아닌 직무등급제를 기반으로 운영된다. 원칙적으로 직무성과급적 연봉제를 적용한다. 고위공무원단제도는 관료제의 폐쇄성을 극복하고, 인사관리의 선진화를 추구하는 것이라고 할 수 있다.

그러나 고위공무원단제도는 고위직은 정치논리로, 하위직은 기업논리로 운영되도록 하여 행정의 분절화 (分節化) 현상이 초래될 수 있다.[7]

### ❷ 대상과 범위

미국을 필두로 영국, 호주, 네덜란드로 확산되어 우리나라도 2006년 노무현 정부부터 채택하고 있다. 미국의 고위공무원단제도에는 엽관주의적 요소가 혼재 (混在) 되어 있다. 미국의 고위공무원단은 1978년 카터 행정부의 「공무원제도개혁법」에 의거하여 탄생된 SES (Senior Executive Service) 가 시초이다.

고위공무원단의 대상은 고위공무원단 직위에 임용되어 있는 기존의 1~3급의 일반직·별정직·특정직 (외무직) 공무원이다. 고위공무원단에는 「정부조직법」상 중앙행정기관의 실장·국장 등 보조기관뿐만 아니라 이에 상당하는 보좌기관도 포함된다. 또한 국가공무원으로 보하는 지방자치단체 및 지방교육행정기관의 고위직위인 행정 부시장, 행정 부지사 및 부교육감을 포함한다.

---

7 고위공무원단은 계급제적인 의미의 계급은 폐지되고, 하위직에 비해 상대적으로 신분보장의 정도가 약하다. 고위공무원단 운용과정에서는 실제적으로 정치적 논리에 의한 임용이 작용할 가능성이 높다.

고위공무원단의 직위는 개방형 직위와 공모직위 등의 형태로 운영된다. 고위공무원단은 개방형 직위 20%, 공모직위 30%, 기관자율인사직위 50%로 이루어져 있다. 고위공무원단의 일부는 공모직위제도에 의해 충원되기도 한다. 고위공무원단제도는 지방자치단체의 지방공무원에 대해서는 도입되지 않고 있다.

> **■ TIP** 고위공무원단에서 제외되는 대상
> 지방직 공무원, 정무직 공무원, 특정직 중에서 계급제적 성격이 강한 소방, 경찰, 군인 등은 제외된다. 「헌법」상 독립기관인 국회, 법원, 중앙선거관리위원회, 헌법재판소 등도 제외된다.
> 광역자치단체 정무 부시장 및 정무 부지사, 기초자치단체 부단체장은 제외된다.

## ❸ 역량평가

고위공무원단 역량평가의 대상은 사고(thinking) 항목의 문제인식과 전략적 사고, 업무(working) 항목의 성과지향과 변화관리, 관계(relating) 항목의 고객만족과 조정·통합의 6가지 역량으로 구성되어 있다. 고위공무원단 후보자가 되기 위해서는 고위공무원단 후보자 교육과정을 이수한 후에 역량평가를 거쳐야 한다.

역량평가는 실제 직무상황과 유사한 4개의 실행과제를 평가대상자에게 제시하고, 이때 나타나는 평가대상자의 행동특성을 4명의 평가자가 교차적으로 평가한 후 평가자 회의를 통해 결과를 합의·조정하여 최종 평가결과를 도출한다.

실행과제(exercise)는 업무상황에서 나타날 수 있는 갈등구조를 토대로 모의상황을 구성한 것으로, 1:1 역할수행(interview), 1:2 역할수행(1:2 role play), 서류함 기법(in-basket), 집단토론(group discussion) 등 4개의 실행과제로 구성된다.

## ❹ 임용과 적격심사

### 1) 임 용

고위공무원단에 속하는 모든 일반직 공무원의 신규채용 과정은 소속장관의 제청으로 인사혁신처장과 협의를 거쳐 대통령이 임명한다. 인사혁신처장은 고위공무원단에 속하는 공무원이 갖추어야 할 능력과 자질을 설정하고 이를 기준으로 고위공무원단 직위에 임용되려는 자를 평가하여 신규채용·승진임용 등 인사관리에 활용할 수 있다. 고위공무원단에 속하는 일반직공무원의 경우 소속장관은 해당 기관에 소속되지 아니한 공무원에 대하여 임용제청을 할 수 있다.

### 2) 적격심사

고위공무원단에 속하는 일반직 공무원은 낮은 근무성적평정이나 정당한 사유없이 일정기간 직위를 부여받지 못한 사유에 해당하면, 고위공무원으로서 적격한지 여부에 대한 심사인 적격심사를 받아야 한다. 고위공무원단에 속하는 일반직 공무원으로서 적격심사를 요구받은 자는 직위해제 대상자에 해당한다.

적격심사 해당 사유는 근무성적평정에서 최하위 등급의 평정을 총 2년 이상 받은 때, 대통령령으로 정하는 정당한 사유 없이 직위를 부여받지 못한 기간이 총 1년에 이른 때, 근무성적평정에서 최하위 등급을 1년 이상 받은 사실이 있으면서 대통령령으로 정하는 정당한 사유 없이 6개월 이상 직위를 부여받지 못한 사실이 있는 경우, 조건부 적격자가 교육훈련을 이수하지 아니하거나 연구과제를 수행하지 아니한 때 등이다. 적격심사는 어느 하나에 해당하게 된 때부터 6개월 이내에 실시하여야 한다.

## ❺ 보수체계

고위공무원단에 속하는 공무원에 대하여는 원칙적으로 직무성과급적 연봉제가 적용된다. 고위공무원단은 계급제가 아닌 직무등급제를 기반으로 운영된다.[8]

고위공무원단의 성과연봉은 전년도 근무성과에 따라 결정된다. 성과급적 연봉제에서 기본연봉은 기준급과 직무급으로 구성된다. 기준급은 개인의 경력 및 누적성과를 반영하여 책정되고, 직무급은 직무의 곤란성 및 책임의 정도를 반영하여 직무등급에 따라 책정된다. 그러나 대통령경호처의 고위공무원단에 속하는 별정직 공무원은 호봉제가 적용된다.

---

[8] 고위공무원단 직무등급이 2009년 종전의 5등급에서 2등급으로 변경되었다.

# 25 공직의 구조와 인사이동

## 제1절 경력직 공무원과 특수경력직 공무원

### ① 경력직 공무원

#### 1) 의 의

공무원은 경력직 공무원과 특수경력직 공무원으로 구분되고, 경력직 공무원은 다시 일반직 공무원과 특정직 공무원으로 나뉜다.

경력직 공무원이란 실적과 자격에 따라 임용되고, 그 신분이 보장되며 평생 동안 (근무기간을 정하여 임용하는 공무원의 경우에는 그 기간 동안을 말한다) 공무원으로 근무할 것이 예정되는 공무원이다.

#### 2) 일반직 공무원

일반직 공무원은 기술·연구 또는 행정 일반에 대한 업무를 담당하는 공무원이다. 일반직 공무원은 행정일반, 연구지도, 기술 분야 등에 종사한다.

전문경력관[9], 감사원 사무차장, 광역자치단체 (시·도) 선거관리위원회 상임위원 (임기제 공무원), 국회전문위원 등은 일반직 공무원이다.

#### 3) 특정직 공무원

「국가공무원법」에 의한 특정직 공무원은 법관, 검사, 외무공무원, 경찰공무원, 소방공무원, 교육공무원, 군인, 군무원, 헌법재판소 헌법연구관, 국가정보원의 직원, 경호공무원과 특수 분야의 업무를 담당하는 공무원으로서 다른 법률에서 특정직 공무원으로 지정하는 공무원 등이다. 대법원장, 대법관, 검찰총장, 경찰청장, 해양경찰청장, 소방청장은 특정직 공무원이다.

「지방공무원법」에 의한 특정직 공무원은 공립 대학 및 전문대학에 근무하는 교육공무원, 교육감 소속의 교육전문직원 및 자치경찰공무원과 그 밖에 특수 분야의 업무를 담당하는 공무원으로서 다른 법률에서 특정직 공무원으로 지정하는 공무원 등이다.

우리나라 행정부 국가공무원 중에서는 특정직 공무원의 수가 가장 많다.

---

9 전문경력관이란 직무 분야가 특수한 직위에 임용되는 일반직 공무원으로 계급 구분과 직군 및 직렬의 분류를 달리 적용한다.

### 4) 군무원

군무원은 특정직 공무원에 속한다. 기술·연구·예비전력관리 또는 행정관리 분야에 대한 업무를 수행하는 군무원인 일반군무원의 계급은 1급부터 9급까지로 하고, 일반군무원은 직군과 직렬별로 분류한다. 특수업무 분야에 종사하는 일반군무원에 대해서는 계급 구분이나 직군 및 직렬의 분류를 적용하지 아니할 수 있고, 이 경우 계급 구분이나 직군 및 직렬의 분류는 대통령령으로 정한다.

군무원은 원칙적으로 공개경쟁시험으로 채용하지만, 경력경쟁채용시험으로 군무원을 채용할 수 있다. 군무원의 채용시험·승진시험 및 전직시험은 원칙적으로 국방부장관이 실시한다. 「국가공무원법」에 의한 결격사유에 해당하는 사람, 대한민국의 국적을 가지지 아니한 사람, 대한민국 국적과 외국 국적을 함께 가지고 있는 사람 등은 군무원에 임용될 수 없다.

군무원은 군인에 준하는 대우를 하며 그 계급별 기준은 대통령령으로 정한다. 군무원의 보수에 관한 사항은 대통령령인 「공무원보수규정」에 의한다.

군무원은 형의 선고나 「군무원인사법」 또는 「국가공무원법」에서 정한 사유에 따르지 아니하고는 본인의 의사(意思)에 반하여 휴직·직위해제·강임(降任) 또는 면직을 당하지 아니한다. 다만, 1급 군무원은 그러하지 아니하다.

## ❷ 특수경력직 공무원

### 1) 의 의

특수경력직 공무원은 경력직 공무원 이외의 공무원으로서 경력직 공무원과는 달리, 실적주의와 직업공무원제의 획일적인 적용을 받지는 않는다. 그러나 특수경력직 공무원도 경력직 공무원과 마찬가지로 「국가공무원법」에 규정된 보수와 복무규율을 적용받는다.

### 2) 정무직 공무원

「국가공무원법」에 의한 정무직 공무원은 선거로 취임하거나 임명할 때 국회의 동의가 필요한 공무원, 고도의 정책결정업무를 담당하거나 이러한 업무를 보조하는 공무원으로서 법률이나 대통령령(대통령 비서실 및 국가안보실의 조직에 관한 대통령령만 해당한다)에서 정무직으로 지정하는 공무원이다.

「지방공무원법」에 의한 정무직 공무원은 선거로 취임하거나 임명할 때 지방의회의 동의가 필요한 공무원, 고도의 정책결정업무를 담당하거나 이러한 업무를 보조하는 공무원으로서 법령 또는 조례에서 정무직으로 지정하는 공무원이다. 정무직 공무원은 개방형으로 임용하는 경우가 많다.

대통령, 대통령 비서실장, 청와대 수석, 국무총리, 국무총리실 사무차장, 감사원장, 감사위원 및 감사원 사무총장, 국가정보원 원장 및 차장, 국회의원, 국회 사무차장, 지방자치단체 의원, 지방자치단체장, 국가인권위원회 위원장 및 상임위원, 헌법재판소 재판관, 헌법재판소 사무차장, 중앙선거관리위원회 사무차장, 서울시 행정부시장 등은 정무직이다.

### 3) 별정직 공무원

별정직 공무원은 비서관·비서 등 보좌업무 등을 수행하거나 특정한 업무 수행을 위하여 법령에서 별정직으로 지정하는 공무원이다.

별정직 공무원으로는 국회의원 비서관, 도지사 비서, 국회수석전문위원, 국가정보원 기획조정실장 등이 있다.

별정직 공무원의 근무상한연령도 원칙적으로 60세이고, 다른 법률에 특별한 규정이 있는 경우 외에는 별정직 공무원(비서관·비서는 제외한다)이 직제와 정원의 개폐 또는 예산의 감소 등으로 폐직 또는 과원이 되었을 때 스스로 퇴직하면 예산의 범위에서 수당을 지급할 수 있다.

## ❸ 정무직 공무원과 직업관료 간의 차이

첫째, 정무직 공무원은 재임기간이 짧기 때문에 정책의 필요성이나 성패를 단기적으로 바라보지만, 직업관료는 신분보장이 되어 있기 때문에 장기적으로 바라보는 경향이 있다.

둘째, 정무직 공무원은 행정수반의 정책비전에 따른 변화를 추구하고, 직업관료는 제도적 건전성을 통한 중립적 공공봉사를 중시한다.

셋째, 정무직 공무원은 정치적 이념에 따라 정책문제를 정의하고, 직업관료는 직업적 전문성(professionalism)에 따라 정책문제를 바라본다.

넷째, 정책대안을 평가할 때 정무직 공무원은 조직 내부의 이익보다 정치적 반응에 더 큰 비중을 두고, 직업관료는 본인이 소속된 기관의 이익을 중시하는 경향이 있다.

### ✚ 표 4-7 공무원의 분류

| 구 분 | | 특징과 내용 |
|---|---|---|
| 경력직 공무원 | 일반직 | 직군 및 직렬별로 구분, 1~9계급(단, 전문경력관은 예외 가능) |
| | | 감사원 사무차장, 시·도 선거관리위원회 상임위원(임기제), 국회전문위원, 인사혁신처·법제처·식품의약품안전처의 차장, 광역시·도·특별자치시·특별자치도의 행정부지사·부시장(고위공무원단 소속의 일반직 공무원) |
| | 특정직 | 군인, 군무원, 교육공무원, 외무공무원, 경찰공무원, 소방공무원, 법관, 대법관, 대법원장, 헌법연구관, 검사, 검찰총장과 차장검사, 경찰청·해양경찰청·소방청의 청장 및 차장, 법원행정처의 처장 및 차장, 고위공직자범죄수사처의 처장 및 차장 |
| 특수 경력직 공무원 | 정무직 | 감사원장, 감사원 감사위원 및 사무총장, 국가정보원 원장 및 차장, 중앙선거관리위원회 위원, 중앙선관위 사무처장 및 차장, 국회의원, 국회 사무총장 및 차장, 헌법재판소 재판관, 헌법재판소 사무처장 및 차장, 대통령 비서실장, 대통령비서실 보좌관, 대통령 수석비서관, 대통령 정책실장, 국무총리 비서실장, 국무조정실 실장 및 차장, 국가보훈처 처장(장관급) 및 차장, 인사혁신처·법제처·식품의약품안전처 처장(차관급), 국무위원, 장관, 차관, 청장(특정직에 해당하는 청장은 제외), 서울특별시 행정부시장(정무직 국가공무원), 서울특별시 정무부시장(정무직 지방공무원), 방송통신위원회 위원장, 국가인권위원회 위원장 등 |
| | 별정직 | 국회수석전문위원, 국가정보원 기획조정실장, 일반적인 비서관 및 비서, 대통령경호처 차장(고위공무원단 별정직 또는 1급 경호공무원), 광역시·도·특별자치시·특별자치도의 정무부지사·부시장(별정직 1급 상당 지방공무원 또는 일반직 지방관리관) |

## 제2절　임기제 공무원과 전문경력관

### ❶ 임기제 공무원제도

#### 1) 신분상 지위

임기제 공무원제도는 개방형 인사제도의 하나로, 기존의 계약직 제도를 폐지하고 일반직 내에 임기제 공무원제도를 신설한 것이다. 전문지식·기술이 요구되거나 임용관리에 특수성이 요구되는 업무를 담당하는 경력직 공무원에 속하며 임용할 때에 일정한 기간을 정해 근무하는 공무원이다.

일반직과 동일하게 계급 명칭을 사용하고, 임기 동안 법에서 정한 사유에 해당하지 않으면 면직할 수 없게 하는 등 신분보장이 강화됐다.

#### 2) 임기제 공무원의 특례

「공무원임용령」에 의하면 임기제 공무원으로 임용된 경우 시보임용을 면제한다. 「개방형 직위 및 공모 직위의 운영 등에 관한 규정」에 의하면 소속 장관은 고위공무원단 공모 직위에 경력직 공무원을 임용하려는 경우에는 원칙적으로 해당하는 사람을 대상으로 공개모집에 의한 시험을 거쳐 적격자를 선발하여야 한다. 다만, 이 경우에 임기제공무원은 제외한다.

### ❷ 전문경력관제도

소속 장관은 해당 기관의 일반직 공무원 직위 중 순환보직이 곤란하거나 장기 재직 등이 필요한 특수 업무 분야의 직위를 인사혁신처장과 협의하여 전문경력관 직위로 지정할 수 있다. 일반직 공무원과 달리 계급 구분과 직군 및 직렬의 분류를 적용한다. 전문경력관 직위의 군은 직무의 특성·난이도 및 직무에 요구되는 숙련도 등에 따라 구분한다.

임용권자는 일정한 경우에 전직시험을 거쳐 전문경력관을 다른 일반직 공무원으로 전직시킬 수 있다.

## 제3절　징계와 직권면직 및 직위해제

### ❶ 공무원 징계

#### 1) 징계(懲戒)의 종류

「국가공무원법」상 징계는 파면(罷免), 해임(解任), 강등(降等), 정직(停職), 감봉(減俸), 견책(譴責)으로 구분한다. 파면(罷免)과 해임(解任)은 강제퇴직 처분으로 해임은 3년간, 파면은 5년간 공무원으로 재임용될 수 없다.

첫째, 파면(罷免)은 공무원의 신분을 박탈하는 중징계 처분의 하나이며, 퇴직급여액이 삭감되는 임용행위로 파면 처분을 받은 때부터 5년이 지나지 아니하면 공무원으로 임용될 수 없다.

둘째, 해임(解任)은 공무원의 신분을 박탈하는 중징계 처분의 하나이며, 원칙적으로는 퇴직금 감액이 없는 임용으로,

징계로 해임처분을 받은 때부터 3년을 경과하지 아니한 자는 공무원으로 임용될 수 없다.

셋째, 강등(降等)은 1계급 아래로 직급(職級)을 내리고(고위공무원단에 속하는 공무원은 3급으로 임용하고, 연구관 및 지도관은 연구사 및 지도사로 한다) 공무원신분은 보유하나 3개월간 직무에 종사하지 못하며, 그 기간 중 보수는 전액을 감한다. 다만, 계급을 구분하지 아니하는 공무원과 임기제 공무원에 대해서는 강등을 적용하지 아니한다.

넷째, 정직(停職)은 1개월 이상 3개월 이하의 기간으로 하고, 정직 처분을 받은 자는 그 기간 중 공무원의 신분은 보유하나 직무에 종사하지 못하며 보수는 전액을 감한다. 강등과 정직은 18개월간 승진 및 승급이 제한된다.

다섯째, 감봉(減俸)은 1개월 이상 3개월 이하의 기간 동안 보수의 3분의 1을 감한다. 감봉의 경우 감봉 처분이 끝난 날부터 12개월간 승진 및 승급이 제한된다.

여섯째, 견책(譴責)은 전과(前過)에 대하여 훈계하고 회개하게 한다. 6개월간 승진과 승급이 제한되는 효력을 지니며, 견책도 징계이므로 잘못된 행동과 훈계내용이 서면인 처분사유설명서로 교부되어야 한다.

**✚ 표 4-8 공무원 징계**

| 징계 종류 | 처분의 성격 | 임용 제한 | 보수 변동 |
|---|---|---|---|
| 파 면 | 강제퇴직 처분 | 5년간 공직취임 제한 | 퇴직급여 제한 |
| 해 임 | 강제퇴직 처분 | 3년간 공직취임 제한 | 뇌물, 공금횡령죄는 퇴직급여 제한 |
| 강 등 | 3개월 동안 직무 정지 | 18개월 승급 제한, 1계급 강등 | 3개월 동안 전액 감액 |
| 정 직 | 1~3개월 동안 직무 정지 | 18개월 승급 제한 | 1~3개월 동안 전액 감액 |
| 감 봉 | 직무수행 가능 | 12개월 승급 제한 | 1~3개월 동안 1/3 감액 |
| 견 책 | 직무수행 가능 | 6개월 승급 제한 | 그대로 유지 |

## 2) 징계의결 등의 요구

감사원에서 조사 중인 사건에 대하여는 조사 개시 통보를 받은 후부터 징계 의결의 요구나 그 밖의 징계 절차를 진행할 수 없다.

징계의결 등의 요구는 징계 등의 사유가 발생한 날부터 3년이 지나면 하지 못한다. 다만, 금품수수나 공금횡령 및 유용 등으로 인한 징계의결 요구의 소멸시효는 5년이다. 징계에 대한 불복 시 소청심사위원회에 소청제기가 가능하다.

## 3) 징계위원회

공무원의 징계처분 등을 의결하기 위하여 대통령령 등으로 정하는 기관에 징계위원회를 둔다. 징계위원회는 중앙징계위원회와 보통징계위원회로 구분한다.[10] 중앙징계위원회는 국무총리 소속으로 둔다. 보통징계위원회는 중앙행정기관에 둔다. 징계의결 요구는 5급 이상 공무원 및 고위공무원단에 속하는 일반직 공무원은 소속 장관이, 6급 이하의 공무원은 소속 기관의 장 또는 소속 상급기관의 장이 한다. 다만, 국무총리·인사혁신처장 및 대통령령 등으로 정하는 각급 기관의 장은

---

10 중앙징계위원회는 원칙적으로 5급 이상 공무원의 징계 등 사건, 보통징계위원회는 원칙적으로 6급 이하 공무원의 징계 등 사건을 다룬다.

다른 기관 소속 공무원이 징계 사유가 있다고 인정하면 관계 공무원에 대하여 관할 징계위원회에 직접 징계를 요구할 수 있다.

징계위원회는 원칙적으로 징계의결 등 요구서를 접수한 날부터 30일 (중앙징계위원회의 경우는 60일) 이내에 징계의결 등을 해야 한다.

징계위원회는 위원 5명 이상의 출석과 출석위원 과반수의 찬성으로 의결하되, 의견이 나뉘어 출석위원 과반수의 찬성을 얻지 못한 경우에는 출석위원 과반수가 될 때까지 징계 등 혐의자에게 가장 불리한 의견에 차례로 유리한 의견을 더하여 가장 유리한 의견을 합의된 의견으로 본다.[11]

## ❷ 직권면직

### 1) 의 의

직권면직 (職權免職) 은 직제·정원의 변경으로 직위의 폐지나 초과정원이 발생한 경우, 전직시험에서 3회 이상 불합격한 자로서 직무수행능력이 부족한 자로 인정된 때에는 임용권자가 직권으로 공무원의 신분을 박탈하는 임용행위이다. 직권면직은 법이 정한 사유가 발생한 경우 임용권자가 일방적으로 공무원 관계를 소멸시키는 것을 말한다. 그러나 직권면직은 「국가공무원법」상 징계의 종류에는 해당하지 않는다.

### 2) 직권면직 사유

직권면직 (職權免職) 사유는 직제와 정원의 개폐 또는 예산의 감소 등에 따라 폐직 (廢職) 또는 과원 (過員) 이 되었을 때, 휴직 기간이 끝나거나 휴직 사유가 소멸된 후에도 직무에 복귀하지 아니하거나 직무를 감당할 수 없을 때, 직위해제되어 대기명령 (待機命令) 을 받은 자가 그 기간에 능력 또는 근무성적의 향상을 기대하기 어렵다고 인정된 때, 전직시험에서 세 번 이상 불합격한 자로서 직무수행 능력이 부족하다고 인정된 때, 병역판정검사·입영 또는 소집의 명령을 받고 정당한 사유 없이 이를 기피하거나 군복무를 위하여 휴직 중에 있는 자가 군복무 중 군무 (軍務) 를 이탈하였을 때, 해당 직급·직위에서 직무를 수행하는 데 필요한 자격증의 효력이 없어지거나 면허가 취소되어 담당 직무를 수행할 수 없게 된 때, 고위공무원단에 속하는 공무원이 적격심사 결과 부적격 결정을 받은 때 등이다.

### 3) 절 차

임용권자는 직권면직시킬 경우에 미리 관할 징계위원회의 의견을 들어야 한다. 다만, 대기 명령을 받은 자가 그 기간에 능력 또는 근무성적의 향상을 기대하기 어렵다고 인정되는 사유로 직권면직시킬 경우에는 징계위원회의 동의를 받아야 한다.

---

11 징계위원회에 출석한 위원이 7명이고 파면의견 2명, 해임의견 2명, 강등의견 1명, 정직의견 1명, 감봉의견 1명이라고 하자. 과반수의견이 없는 상태인데, 가장 불리한 의견인 파면 2명에 그 다음으로 유리한 의견인 해임의견 2명을 더하면 과반수인 4명이 된다. 이 중에서 가장 유리한 의견은 해임의견이므로, 해임의견을 합의된 의견으로 본다. 따라서 이 경우에 결정된 징계의 종류는 해임이다.

## ❸ 직위해제

### 1) 의 의

직위해제 (職位解除) 는 해당 공무원에 대해 직위를 부여하지 않으나 신분은 보유하는 임용행위이다. 직위해제 처분은 「국가공무원법」상의 징계에 포함되지 않는다. 직위해제는 직무수행능력이 부족하거나 근무성적이 극히 나쁜 경우 공무원의 신분은 유지하지만 강제로 직무를 담당하지 못하게 하는 것이다. 잠정적으로 직무에 종사하지 못하도록 하는 것으로, 보직 (補職) 의 해제를 의미한다.

### 2) 직위해제 사유

직위해제 (職位解除) 대상자는 직무수행 능력이 부족하거나 근무성적이 극히 나쁜 자, 파면·해임·강등 또는 정직에 해당하는 징계 의결이 요구 중인 자, 형사 사건으로 기소된 자 (약식명령이 청구된 자는 제외한다), 고위공무원단에 속하는 일반직 공무원으로서 적격심사를 요구받은 자, 금품비위·성범죄 등 대통령령으로 정하는 비위행위로 인하여 감사원 및 검찰·경찰 등 수사기관에서 조사나 수사 중인 자로서 비위의 정도가 중대하고 이로 인하여 정상적인 업무수행을 기대하기 현저히 어려운 자 등이다.

### 3) 절 차

직무수행 능력이 부족하거나 근무성적이 극히 나쁜 사유로 직위해제하는 경우는 3월 이내의 대기명령 (待機命令) 상태에 놓이게 되며 이 기간 중에 교육훈련 또는 특별연구과제를 부여하고, 능력 및 근무성적 향상 시에는 직위를 부여하고 그렇지 않을 경우는 징계위원회의 동의 (同意) 를 거쳐 직권면직할 수 있다.

직위해제의 사유가 소멸하면 임용권자는 지체없이 직위를 부여해야 한다. 직위해제는 징계처분보다 절차가 간편해 현실적으로 징계처분의 한 수단으로 남용되기도 한다. 직위해제 시에는 봉급 및 수당의 경우 감액되거나 지급되지 않을 수도 있다. 형사사건으로 기소되는 등의 사유로 직위해제된 자가 직위해제처분 기간 중에 강등 이하의 징계처분을 받은 경우에는 직위해제처분으로 감액된 수당액을 기초로 징계처분 시의 수당지급방법에 따라 다시 감액한다.

---

| 제4절 | 수직적 이동과 수평적 이동 |
| --- | --- |

## ❶ 수직적 이동

### 1) 승진과 승급

승진 (promotion) 은 상위직급 또는 계급으로 이동하는 것이다. 승진의 기준은 연공서열 (seniority) 과 실적 (merit) 이다. 연공서열 (年功序列) 기준은 사람 또는 신분을 중심변수로 하고 승진요소로는 근무연수, 경력, 학력, 연령 등을 고려한다. 실적 (實績) 기준은 직무 또는 직무능력을 중심변수로 삼고 직무수행능력, 업적 또는 성과를 승진의 구성요소로 한다.

고위공무원단이나 그에 상응하는 계급으로의 승진 (昇進) 은 능력과 경력을 고려하며, 5급으로의 승진은 별도의 승진시험을 거쳐야 한다.

한편 승급 (昇給) 은 직책의 변동 없이 같은 계급이나 등급 내에서 연봉 산정을 위한 호봉이 높아지는 것이다. 호봉 간 승급에 필요한 기간은 1년이며, 직종별로 구분하여 적용한다. 일반직, 전문경력관, 공안업무, 정무직 등에 종사하는 공무원, 연구직, 지도직, 경찰·소방공무원, 군인, 교원 등은 별도의 봉급표를 갖는다.

## 2) 강등과 강임

강등 (降等) 은 승진의 반대 개념으로, 강등된 자는 1계급 아래로 직급을 내리는 것이다. 공무원 신분은 유지되지만 직무에 종사하지 못하며, 그 기간 중 보수의 전액이 삭감된다. 강등 (降等) 은 징계에 해당하지만, 강임은 징계는 아니다.

강임 (降任) 은 하위 직급으로 이동하는 것으로, 징계처분이 아닌 예외적 사항으로 인해 직급의 하강이 이루어진다는 점에서 강등과 차이가 있다. 강임은 직제와 정원이 변경되거나 예산의 감소 등으로 폐직이 됐을 경우, 그리고 본인이 원할 경우 가능하다.

임용권자는 직제 또는 정원의 변경이나 예산의 감소 등으로 직위가 폐직되거나 하위의 직위로 변경되어 과원이 된 경우 또는 본인이 동의한 경우에는 별도의 심사절차 없이 소속 공무원을 강임 (降任) 할 수 있다. 강임된 공무원은 상위 직급 또는 고위공무원단 직위에 결원이 생기면 우선 임용된다. 다만, 본인이 동의하여 강임된 공무원은 본인의 경력과 해당 기관의 인력 사정 등을 고려하여 우선 임용될 수 있다.

강임된 봉급이 강임되기 전보다 많아지게 될 때까지는 강임되기 전의 봉급에 해당하는 금액을 지급한다.

## 3) 공무원 승진제도

승진제도의 유형에는 일반승진, 특별승진, 근속승진이 있다. 특별승진은 특별한 자격요건을 갖춘 경우에 일반승진요건의 충족과 관계없이 승진을 허용하는 제도이다. 근속승진은 근무연수만을 승진기준으로 하는 것으로, 동일 직급에서 일정기간 근무한 경우에는 직급별 정원에 관계없이 승진을 허용하는 것이다.

승진소요 최저 연수는 일반직 공무원 (우정직 공무원은 제외) 이 승진하려면 9급은 1년 6개월, 8급은 2년, 7급은 2년 이상, 6급은 3년 6개월, 5급은 4년, 4급은 3년 이상 해당 계급에 재직하여야 한다 (공무원임용령 제31조). 3급 이상은 제한이 없다.

근속승진은 승진후보자명부 작성단위기간 직제상의 정원표에 일반직 6급·7급 또는 8급의 정원이 없는 경우에도 근속승진인원만큼 상위직급에 결원이 있는 것으로 보고 승진임용할 수 있다.

공개경쟁승진은 5급으로 승진에 적용되며, 기관 구분 없이 승진자격을 갖춘 6급 공무원을 대상으로 하는 공개경쟁승진시험의 성적에 의하여 결정된다. 5급 이하 공무원의 승진후보자명부는 근무성적평정 80%, 경력평정 20%를 고려하여 작성된다.

특별승진은 민원봉사대상 수상자, 직무수행능력 우수자, 제안채택시행자, 명예퇴직자, 공무 사망자 등을 대상으로 일정 요건을 충족하는 경우 승진임용하거나, 승진심사 또는 승진시험에 응시할 수 있도록 하는 제도이다. 청렴하고 투철한 봉사정신으로 직무에 모든 힘을 다하여 공무집행의 공정성을 유지하고, 깨끗한 공직사회를 구현하는 데에 다른 공무원의 귀감이 되는 공무원은 특별승진임용하거나 일반 승진시험에 우선 응시하게 할 수 있다.

## ❷ 수평적 이동

### 1) 배치전환

배치전환 (reassignment, transfer) 은 보수나 계급의 변동 없이 수평적으로 직위를 옮기는 것으로, 정부 내의 인적자원을 효율적으로 활용하기 위한 것이다. 전직, 전보, 인사교류 등이 배치전환의 운용사례이다.

선발에서의 불완전성을 보완하여 개인의 능력을 촉진할 수 있으며, 조직구조 변화에 따른 저항을 줄이고 비용을 절감하는 효과를 낳기도 한다. 또한 부서 간 업무 협조를 유도함으로써 구성원 간 갈등을 해소한다.

그러나 배치전환 (配置轉換) 은 본질적인 용도와 다르게 징계의 대용 (代用) 이나 사임 (辭任) 을 유도하는 수단으로 사용되기도 한다.

### 2) 전직과 전보

전직과 전보는 직무의 책임수준이 유사한 직위 간의 수평적 이동이다. 전보 (轉補) 는 수평적 이동이 동일 직렬 내에서 이루어지는 것이고, 전직 (轉職) 은 직렬을 넘어서는 것이다.

전보 (轉補) 는 동일한 직렬의 동일 직급 내에서 직위 혹은 보직만 바뀌는 것이다. 같은 직급 내에서 직위 등을 변경하는 전보는 수평적 인사이동에 해당하며, 전보의 오용과 남용을 방지하기 위해 전보가 제한되는 기간이나 범위를 두고 있다.[12]

공무원을 직렬을 바꾸는 전직 (轉職) 임용하려는 때에는 원칙적으로 전직시험을 거쳐야 한다. 다만, 대통령령 등으로 정하는 전직의 경우에는 시험의 일부나 전부를 면제할 수 있다. 직제나 정원의 개폐로 인하여 해당 직의 인원을 조정할 필요가 있는 경우에 해당하여 전직된 경우, 전직하는 사람의 봉급이 전직하기 전보다 적어지는 경우에는 전직하기 전보다 많아지게 될 때까지는 전직하기 전의 봉급에 해당하는 금액을 지급한다.

전직과 전보는 부처 간 할거주의의 폐단을 타파하고 부처 간 협력조성을 위한 기반을 마련해 줄 수 있다.

### 3) 인사교류

인사교류 (人事交流)[13]는 기관 상호 간에 직무분야가 유사한 범위 내에서 공무원의 수평적 이동을 허용하는 제도이다. 기관 상호 간의 업무협조를 증진시킬 수 있고, 공무원에게 능력발전의 기회를 제공해주는 효과도 존재한다.

그러나 기관 간의 인사이동이 자유로운 교류형 인사 체제에서는 행정의 전문성을 확보하기 어렵고, 연고주의나 인맥중시 행정 등을 초래할 수 있다. 다만 교류형 인사의 경우라도 전문직렬을 유지하는 경우에는 전문성이 유지된다는 반대견해도 있다.

---

12 「공무원임용령」 제45조 (필수보직기간의 준수 등) 임용권자 또는 임용제청권자는 소속 공무원을 해당 직위에 임용된 날부터 필수보직기간 (휴직기간, 직위해제처분기간, 강등 및 정직 처분으로 인하여 직무에 종사하지 아니한 기간은 포함하지 아니한다) 이 지나야 다른 직위에 전보할 수 있다. 이 경우 필수보직기간은 3년으로 하되, 「정부조직법」 제2조 제3항 본문에 따라 실장·국장 밑에 두는 보조기관 또는 이에 상당하는 보좌기관인 직위에 보직된 3급 또는 4급 공무원과 고위공무원단 직위에 재직 중인 공무원의 필수보직기간은 2년으로 한다.

13 「국가공무원법」 제32조의2 (인사교류) 인사혁신처장은 행정기관 상호 간, 행정기관과 교육·연구기관 또는 공공기관 간에 인사교류가 필요하다고 인정하면 인사교류계획을 수립하고, 국무총리의 승인을 받아 이를 실시할 수 있다.

## 4) 전입과 전출

전입과 전출은 행정부, 입법부, 사법부 등 기관 상호 간에 하는 공무원 이동이다. 전입 (轉入) 은 인사 관할을 달리하는 입법부, 행정부, 사법부, 지방자치단체 등의 다른 기관 소속 공무원을 이동시켜 받아들이는 것이다.

국회, 법원, 헌법재판소, 선거관리위원회 및 행정부 상호 간에 다른 기관 소속 공무원을 전입하려는 때에는 시험을 거쳐 임용하여야 한다. 이 경우 임용 자격 요건 또는 승진소요 최저 연수·시험과목이 같을 때에는 대통령령 등으로 정하는 바에 따라 그 시험의 일부나 전부를 면제할 수 있다.

## 5) 겸임과 파견

겸임 (兼任) 은 한 사람에게 둘 이상의 직위를 부여하는 것이다. 겸임은 주로 일반직 공무원에게 인정되나 「교육공무원법」상 특정직인 교육공무원에게도 인정되며, 겸임기간은 원칙적으로 2년 이내로 하되 특히 필요한 경우 2년의 범위에서 연장할 수 있다.

파견 (派遣) 은 기관 간 업무의 공동수행이나 업무량이 과도한 다른 기관의 행정지원 등을 위하여 소속기관을 유지한 채 다른 기관으로 자리를 옮겨 근무하는 것이다.

## 6) 민간근무휴직

민간근무휴직은 공무원이 휴직하고 민간기업 등에 근무하면서 민간부문의 업무수행방법, 경영기법 등을 습득해 정책의 현장 적합성과 업무의 전문성을 향상시킬 수 있는 기회를 부여하는 것이다. 민간 입장에서도 공무원의 전문지식과 경험을 활용할 수 있게 하여, 민·관 간의 협력도모와 이해의 폭을 넓힐 수 있는 장점이 있다.

일정 기간 재직한 공무원에게만 인정되며, 정부투자기관 등 공직 유관단체나 상호출자 제한기업 집단 및 금융지주회사 그룹 그리고 법무·회계·세무법인 등은 휴직 대상 기업에서 제외된다. 휴직기간은 1년 내지 2년 정도이다.

## ❸ 보직관리

「공무원임용령」에 의하면, 임용권자 또는 임용제청권자는 소속 공무원을 보직할 때 직위의 직무요건과 소속 공무원의 인적요건을 고려하여 적재적소 (適材適所) 에 임용하여야 한다.

첫째, 직위의 직무요건으로는 직위의 주요 업무활동, 직위의 성과책임, 직무수행의 난이도, 직무수행요건 등이 해당된다.

둘째, 공무원의 인적요건으로는 직렬 및 직류, 윤리의식 및 청렴도, 보유 역량의 수준, 경력이나 전공분야 및 훈련실적, 그 밖의 특기사항이 해당된다.

임용권자 또는 임용제청권자는 소속 공무원을 해당 직위에 임용된 날부터 필수보직기간이 지나야 다른 직위에 전보할 수 있다. 이 경우 필수보직기간은 원칙적으로 3년으로 한다.

## ❶ 공무원의 퇴직

### 1) 의 의

공무원의 퇴직 (退職) 에는 자진퇴직과 강제퇴직이 있다. 자진퇴직은 자발적 퇴직으로 의원면직 (依願免職) 과 명예퇴직 (名譽退職) 이 해당된다. 강제퇴직은 비자발적 퇴직으로 정년퇴직과 징계퇴직이 포함된다.

### 2) 정년제도

정년 (停年) 제도는 연령정년, 근속정년, 계급정년 등이 있다. 연령정년은 가장 일반적인 정년제도로, 우리나라는 현재 60세가 원칙이다. 근속정년 (勤續停年) 은 일정 근속연한을 근무하면 자동퇴직하는 제도이다.

계급정년 (階級停年) 제도는 공무원이 일정한 기간동안 승진하지 못하고 동일한 계급에 머물러 있으면, 그 기간이 만료된 때에 그 사람을 자동적으로 퇴직시키는 제도이다. 인적자원의 유동률을 높여 국민의 공직취임 기회를 확대할 수 있으며, 공무원의 교체를 촉진하여 낡은 관료문화 타파에 기여할 수 있다.

### 3) 징계퇴직

징계퇴직 (懲戒退職) 은 징계위원회의 해임과 파면처분에 의해 공무원의 신분이 상실되는 경우이다. 권고사직 (勸告辭職) 은 의원면직의 형식을 취하나 사실상의 강제퇴직에 해당한다. 권고사직은 「국가공무원법」상의 제도는 아니다.

### 4) 당연퇴직

당연퇴직 (當然退職) 은 법이 정한 사유가 발생한 경우 별도의 처분 없이 공무원 관계가 소멸되는 것을 말한다. 당연퇴직 사유[14]는 공무원결격사유에 해당하는 경우, 임기제공무원의 근무기간이 만료된 경우이다.

### 5) 퇴직급여와 수당

공무원이거나 공무원이었던 사람이 재직 중의 사유 (직무와 관련이 없는 과실로 인한 경우 및 소속 상관의 정당한 직무상의 명령에 따르다가 과실로 인한 경우는 제외한다) 로 금고 이상의 형이 확정된 경우, 탄핵 또는 징계에 의하여 파면된 경우, 금품 및 향응 수수 혹은 공금의 횡령·유용으로 징계에 의하여 해임된 경우에는 대통령령으로 정하는 바에 따라 퇴직급여 및 퇴직수당의 일부를 줄여 지급한다.[15]

---

14 「국가공무원법」 제69조에 의하면, 당연퇴직 사유는 제33조 공무원결격사유에 해당하는 자, 임기제공무원의 근무기간이 만료된 경우이다. 다만 「국가공무원법」 제33조 공무원결격사유 중에서 피성년후견인 또는 피한정후견인, 파산선고를 받은 사람으로서 「채무자 회생 및 파산에 관한 법률」에 따라 신청기한 내에 면책신청을 하지 아니하였거나 면책불허가 결정 또는 면책 취소가 확정된 경우, 금고 이상의 실형을 선고받고 그 집행이 종료되거나 집행을 받지 아니하기로 확정된 후 5년이 지나지 아니한 자, 금고 이상의 형을 선고받고 그 집행유예 기간이 끝난 날부터 2년이 지나지 아니한 자, 「형법」 제129조부터 제132조까지 「성폭력범죄의 처벌 등에 관한 특례법」 제2조 「아동·청소년의 성보호에 관한 법률」 제2조 제2호 및 직무와 관련하여 「형법」 제355조 또는 제356조에 규정된 죄를 범한 사람으로서 금고 이상의 형의 선고유예를 받아 그 선고유예 기간 중에 있는 자, 법원의 판결 또는 다른 법률에 따라 자격이 상실되거나 정지된 자 등이 해당된다.

## ❷ 퇴직관리

퇴직관리 (退職管理) 는 퇴직을 전후해서 발생하는 문제들에 대한 인적자원관리 활동으로 정의할 수 있다. 성과주의 행정이 강화되기 전에는 퇴직은 주로 개인적 차원의 문제로 인식되었다. 성과주의 인적자원관리에서는 저성과자에 대한 재교육과 퇴출 방안이 도입되었다. 또한 고령화 사회에 따라 공무원의 퇴직 후 삶을 체계적으로 준비할 필요성이 증대되고 있다. 퇴직관리 프로그램은 저성과자 관리 프로그램과 퇴직 후 재취업 및 은퇴설계를 위한 각종 지원 프로그램이다.

퇴직관리 (退職管理) 의 적극적 확대는 공직자 윤리의 관점에서 제한적인 접근이 필요하다. 특히 재취업 대상기관 제한이나 업무취급의 제한 등이 법적으로 규정되고 있다.

---

15 금품 및 향응 수수 혹은 공금의 횡령·유용으로 징계에 의하여 해임된 경우는 재직기간이 5년 미만인 사람의 퇴직급여는 8분의 1, 재직기간이 5년 이상인 사람의 퇴직급여는 4분의 1을 감액한 후 지급한다. 한편 퇴직수당은 4분의 1을 감액한 후 지급한다. 재직 중의 사유로 금고 이상의 형이 확정된 경우, 탄핵 또는 징계에 의하여 파면된 경우에는 재직기간이 5년 미만인 사람의 퇴직급여는 4분의 1, 재직기간이 5년 이상인 사람의 퇴직급여는 2분의 1을 감액한 후 지급한다. 한편 퇴직수당은 2분의 1을 감액한 후 지급한다.

# C HAPTER

# 26 평가체계와 성과평가

---

## 제1절 │ 공무원 임용시험

### ❶ 공무원 선발과정

#### 1) 선발단계

공직사회 선발과정은 일반적으로 서류심사 (document screening), 선발시험 (selection test), 면접, 신원조사 및 신체검사, 시보임용의 단계로 구성된다.

#### 2) 시험의 종류

시험은 시험의 측정대상과 시험의 형식에 따라 구분될 수 있다. 첫째, 시험의 측정대상에 따라 적성검사 (aptitude test), 지능검사 (intelligence test), 성취도 검사 (achievement test), 체력검사 (physical test), 성격검사 (personality test) 등으로 나뉜다. 둘째, 시험의 형식에 따라 필기시험 (written test, paper - pencil test), 실기시험 (performance test), 면접시험 (interview, oral test) 등으로 분류된다.

#### 3) 공무원임용시험령

첫째, 시험실시의 원칙은 공무원 임용시험은 직급별로 실시하되, 특수한 직렬에 대해서는 직류별로 분리하여 실시할 수 있다.

둘째, 시험의 방법은 필기시험, 면접시험, 실기시험, 서류전형 등을 거쳐 최종합격을 결정한다. 필기시험은 일반교양 정도와 해당 직무 수행에 필요한 지식 및 그 응용능력을 검정 (檢定) 한다. 면접시험은 해당 직무 수행에 필요한 능력 및 적격성을 검정하며, 모든 평정요소[16]를 각각 상, 중, 하로 평정한다. 실기시험은 해당 직무 수행에 필요한 지식·기술 또는 체력을 실험·실습 또는 실기의 방법으로 검정한다. 서류전형은 해당 직무 수행에 관련되는 응시자의 자격·경력 등이 정해진 기준에 적합한지 등을 서면으로 심사하여 적격 또는 부적격을 판단한다.

셋째, 법 또는 다른 법령에 따라 공무원으로 임용될 수 없는 사람은 임용시험에 응시할 수 없다. 공무원의 채용시험에 응시하려는 사람은 최종시험예정일이 속한 연도에 7급 이상은 20세 이상, 8급 이하는 18세 (교정·보호 직렬은 20세) 이상의 응시연령에 해당하여야 한다. 공무원 임용시험은 이 영 및 다른 법령에 특별한 규정이 있는 경우를 제외하고는 학력에 따른 제한을 두지 아니한다.

---

[16] 「공무원임용시험령」에 의한 면접평정요소는 공무원으로서의 정신자세, 전문지식과 그 응용능력, 의사 표현의 정확성과 논리성, 예의·품행 및 성실성, 창의력·의지력 및 발전 가능성이다.

넷째, 비다수인 대상 채용시험은 응시자격의 제한이 있다. 동일 요건에 따른 동일 직급의 비다수인 대상 채용시험의 응시자격은 3회로 제한하며, 비다수인 대상 채용시험의 제1차 시험 또는 제2차 시험 (5급 이상 공무원 및 5등급 이상 외무공무원의 경우에는 제1차 시험만 해당된다) 에서 1과목 이상이 만점의 40% 미만을 득점하여 불합격된 경우에는 제1차 시험 응시일부터 6개월 이내에는 동일 요건에 따른 동일직급의 비다수인 대상 채용시험에 다시 응시할 수 없다.

## 4) 시보임용

시보임용 (probation) 은 선발절차·도구의 하나로, 시보기간 동안은 신분보장이 제한되지만 공무원 경력에는 포함된다. 5급 공무원을 신규 채용하는 경우에는 1년, 6급 이하의 공무원을 신규 채용하는 경우에는 6개월간 각각 시보 (試補) 로 임용하고, 그 기간의 근무성적·교육훈련성적과 공무원으로서의 자질을 고려하여 정규 공무원으로 임용한다. 다만, 대통령령 등으로 정하는 경우에는 시보임용을 면제하거나 그 기간을 단축할 수 있다.

시보 (試補) 기간이 정상적으로 종료되면 보직을 부여받지 못했더라도 정규 공무원으로서의 신분이 인정된다. 시보공무원도 「공무원법」상 공무원에 해당하기 때문에 시보기간 동안에도 직위를 맡을 수 있다. 따라서 시보공무원도 직위해제나 전보의 대상이 될 수 있다.

휴직한 기간, 직위해제 기간 및 징계에 따른 정직이나 감봉 처분을 받은 기간은 시보임용 기간에 넣어 계산하지 아니한다. 시보임용 기간 중에 있는 공무원이 근무성적·교육훈련성적이 나쁘거나 「국가공무원법」 또는 「국가공무원법」에 따른 명령을 위반하여 공무원으로서의 자질이 부족하다고 판단되는 경우에는 면직시키거나 면직을 제청할 수 있다. 그러나 시보기간 중에 직권면직이 되더라도 직권면직은 공무원임용 결격사유는 아니다.

## ❷ 시험의 타당성

## 1) 의 의

시험의 타당성은 시험이 측정하고자 하는 것을 실제로 얼마나 정확하게 측정했는가를 의미하며 그 종류에는 기준타당성, 내용타당성, 구성타당성 등이 있다.

## 2) 기준타당성

기준타당성 (criterion validity) 은 시험 성적이라는 예측치 (predictor) 가 직무수행실적이라는 기준 (criterion) 과 얼마나 부합하는가를 판단하는 타당성으로, 두 요소 간 상관계수로 측정된다. 기준타당성은 하나의 측정도구를 이용하여 측정한 결과와 다른 기준을 적용하여 측정한 결과를 비교했을 때 도출된 연관성의 정도이다. 우수한 성적을 받고 합격한 사람들이 실제 임용 후에도 일을 잘하는 것으로 조사되었다면 시험의 기준타당성이 높다고 본다. 현재 근무하고 있는 직원들에게 시험을 실시하고, 동시에 감독자들에게 이들의 근무성적을 평정하게 한 후 양자를 비교하는 것은 시험의 타당도를 측정하려는 것이다.

기준타당성은 예측적 타당성 (predictive validation) 과 동시적 타당성 (concurrent validation) 으로 구분된다. 예측적 타당성 (predictive validation) 검증은 시험합격자를 대상으로 시험성적과 일정기간을 기다려야 나타나는 근무실적을 시차를 두고 수집하여 비교하는 것이다. 현재 근무하고 있는 재직자에게 시험을 실시한 결과 근무실적이 좋은 재직자가 시험성적도 좋았다면, 그 시험은 동시적 타당성 (concurrent validation) 을 갖추었다고 인정할 수 있다.

## 3) 내용타당성

내용타당성(content validity)이란 시험내용이 직위의 의무와 책임에 직접적으로 관련되는 능력요소들, 즉 직무수행에 필요한 지식, 기술, 태도 등을 제대로 측정할 수 있는 정도를 말한다.

내용타당성은 직무에 정통한 전문가 집단이 시험의 구체적 내용이나 항목이 직무의 성공적 임무 수행에 얼마나 적합한지를 판단하여 검증하게 된다. 내용타당성은 채용시험이 특정한 직위의 직무수행에 필요한 능력요소를 어느 정도까지 측정할 수 있는가의 문제로, 내용타당성을 확보하려면 직무분석이 무엇보다도 필수적이다.

내용타당성은 일반적으로 직무에 정통한 전문가 집단이 시험의 구체적 내용과 직무수행의 적합성 여부를 주관적으로 판단하여 검증한다. 공무원 선발시험 과목 중 행정학 시험의 타당성을 검증하기 위해 행정학 교수들로 패널을 구성하여 전체적인 문항들을 검증하는 방법은 내용타당도와 관련이 있다.

## 4) 구성타당성

구성타당성(construct validity)은 연구에서 이용된 이론적 개념과 이를 측정하는 측정 수단 간의 일치정도를 의미한다. 채용시험이 이론적으로 추정된 능력요소(theoretical construct)를 얼마나 정확하게 측정할 수 있는가의 문제이다.

구성타당성을 확보하기 위해서는 전문가의 판단에만 의존하지 않고, 계량분석기법인 행태과학적 조사를 통한 검증절차를 거쳐야 한다. 지원자의 능력이라는 추상적인 개념을 공직적격성 테스트(PSAT: Public Service Aptitude Test)라는 측정도구가 적절하게 측정했는가를 의미하는 것이 구성타당성의 문제이다.

수렴적 타당성(convergent validity)은 동일한 개념을 다른 측정방법으로 측정했을 때 측정된 값 사이의 상관관계 정도를 의미하며, 측정값 사이의 관계성이 높을수록 수렴타당도가 높다. 차별적 타당성(discriminant validity)은 서로 다른 개념을 동일 측정방법으로 측정한 값 사이의 상관관계 정도를 의미하며, 지표 간 상관관계가 낮을 때 차별적 타당성이 높다.

## ❸ 시험의 신뢰성

### 1) 의 의

시험의 신뢰성(reliability)은 시험결과로 나온 성적의 일관성(consistency)을 의미한다. 신뢰성은 측정 대상을 일관성 있게 측정하는 정도이며, 같은 사람이 여러 번 시험을 반복하여 치르더라도 결과가 크게 변하지 않을 때 신뢰성을 갖게 된다. 시험의 신뢰성은 시험이 측정도구로서 가지는 일관성을 말한다.

신뢰도가 높아야 타당도가 높아지지만 신뢰도가 높다고 하여 항상 타당한 시험은 아니다. 신뢰도는 타당도의 필요조건일 뿐 충분조건은 아니다.

### 2) 신뢰도 검증방법

첫째, 재시험법(test-retest)은 시험의 종적 일관성을 검증하는 것이다. 재시험법(test-retest)은 시험에 합격한 사람들에게 몇 개월 뒤 같은 문제로 시험을 보게 하여 두 점수 간의 상관관계를 분석한다.

둘째, 동질이형법(equivalent forms)은 내용과 난이도에 있어 동질적인 Ⓐ, Ⓑ 책형을 개발하여 동일 대상자들에게 시험을 보게 한 후, 두 책형의 성적 간 상관관계를 분석한다. 횡적 일관성을 검증하기 위해 사용된다.

셋째, 이분법 (split - half) 은 하나의 시험지 내에서 문항만을 두 집단으로 나누어 이들 문항집단 간의 성적을 상호 비교하는 것이다. 문제의 문항을 무작위로 배열한 후에 짝수 문항과 홀수 문항으로 이분해서 점수 간의 상관관계를 조사하는 것이다. 이분법은 시험의 내적 일관성 (internal consistency) 을 확인하는 것으로, 횡적 일관성을 검증하는 것이다.

### ❹ 객관도, 난이도, 실용도

#### 1) 객관도

객관성은 누가 채점을 하더라도 동일한 결과가 나와야 한다는 것이다. 시험문제가 주관식 (서술형) 이었는데, 채점위원 A교수의 채점결과 평균점수와 다른 시험위원 B교수의 채점결과 평균점수가 상당한 차이를 보였다면 시험의 객관도가 낮다고 여겨진다. 채점의 공정성과 관련되고, 시험의 신뢰도를 높이는 하나의 조건이기도 하다.

#### 2) 난이도

난이도는 시험이 어렵고 쉬운 정도를 조정하는 것이다. 채용시험이 개인 간의 능력 차이를 어느 정도까지 식별할 수 있는가의 문제이다.

#### 3) 실용도

실시비용의 저렴성 및 실시와 채점의 용이성을 의미한다.

---

### 제2절 　성과평가

### ❶ 성과평가의 의의와 절차

#### 1) 의 의

성과평가제도의 목적은 공무원의 능력과 성과를 향상시켜 성과 중심의 인사제도를 구성하는 것이 핵심 요소이다. 근무성적평정 (performance appraisal) 의 목적 중에는 공무원의 능력발전, 시험의 타당성 측정 등이 있다.

현행 평가제도는 직급에 따라 차별적 평가체제를 적용하고 있다. 「공무원 성과평가 등에 관한 규정」에 의하면, 일반직 공무원의 근무성적평정은 크게 4급 이상을 대상으로 한 '성과계약 등 평가'와 5급 이하를 대상으로 한 '근무성적평가'로 구분된다. 평정대상자의 근무실적과 직무수행능력 외에 적성, 근무태도 등도 평가한다.

#### 2) 근무성적평정의 절차

우리나라는 평정상의 오차나 편파적 평정을 시정하기 위하여 평정자와 확인자에 의한 이중평정제를 실시한다. 평가자는 근무성적평정이 공정하고 타당하게 실시될 수 있도록 하기 위하여 근무성적평정 대상 공무원과 성과면담을 반드시 실시하여야 한다. 근무성적평정 결과의 공개는, 근무성적평정이 완료되면 평정 대상 공무원에게 해당 근무성적평정 결과를 알려주는 것이 원칙이다. 다만, 소속 장관은 필요하다고 인정하는 경우에는 근무성적평정 결과의 공개에 대하여 달리 정할 수 있다.

근무성적평정 대상 공무원이 평가자의 근무성적평정 결과에 이의가 있는 경우에는 원칙적으로 확인자에게 이의를 신청할 수 있다. 근무성적평가 대상 공무원으로서 이의신청 결과에 불복하는 공무원은 근무성적평가위원회에 근무성적평가 결과의 조정을 신청할 수 있다.

소속 장관은 성과계약 등 평가 및 근무성적평가의 결과를 평가대상 공무원에 대한 승진임용·교육훈련·보직관리·특별승급 및 성과상여금 지급 등 각종 인사관리에 반영하여야 한다. 공무원의 인사기록카드에는 학력, 신체사항에 대한 정보를 기재하지 않는다.

## ❷ 직무성과계약제

### 1) 의 의

직무성과계약제는 장·차관 등 기관 책임자와 실·국장, 과장 간에 업무수행과 관련된 성과목표 및 지표 등의 내용을 사전에 협약토록 하고, 이를 토대로 하여 승진, 보상 등 인사관리에 반영하는 제도이다. 직무성과계약은 하향식으로 체결된다.

직무성과평가제는 실·국장 등 4급 이상 공무원을 대상으로 공식적 성과계약을 체결하며, 성과관리제는 조직의 비전과 목표로부터 이를 달성하기 위한 부서단위의 목표와 성과지표, 개인단위의 목표와 지표를 제시한다는 점에서 하향식 접근이다. 직무성과계약제는 투입부문의 통제보다는 산출이나 결과(outcome) 중심의 평가 시스템을 구축하고자 하는 것이다.

### 2) 평가대상과 평가항목

4급 이상 공무원(고위공무원단 포함)과 연구관·지도관(연구직 및 지도직 공무원의 임용 등에 관한 규정 제9조에 따른 연구관 및 지도관은 제외한다) 및 전문직 공무원에 대한 근무성적평정은 성과계약 등 평가에 의한다. 다만, 소속 장관은 5급 이하 공무원 및 우정직 공무원 중 성과계약 등 평가가 적합하다고 인정하는 공무원에 대해서도 성과계약 등 평가를 실시할 수 있다. 소속 장관은 성과계약 등 평가의 평가항목을 성과목표 달성도, 부서 단위의 운영 평가 결과, 그 밖에 직무수행과 관련된 자질이나 능력 등에 대한 평가 결과 중에서 하나 또는 그 이상으로 정할 수 있다. 정기평가를 연 1회 12월 31일에 실시한다.

### 3) 평가등급

평가등급의 수는 3개 이상으로 하여야 한다. 성과계약 등 평가를 할 때에는 성과목표의 중요도, 난이도 및 평가대상 공무원의 자질·태도 등에 관한 사항 등을 고려하여 평가할 수 있으며, 업무상 비위 등 소속 장관이 정하는 요건에 해당하는 공무원에게 최하위등급을 부여할 수 있다.

고위공무원단에 속하는 공무원에 대한 성과계약 등 평가는 5개 등급 평가를 한다. 평가등급별 인원 분포 비율은 소속 장관이 정하되, 최상위등급의 인원은 평가대상 공무원 수의 상위 20% 이하의 비율로, 하위 2개 등급(미흡+매우 미흡)의 인원은 평가대상자 대비 10% 이상의 비율로 분포하도록 하여야 한다. 미흡 이하 등급에 대해서는 성과연봉을 지급하지 않는다.

## 4) 평가지표

평가지표란 성과목표의 달성 여부를 측정하기 위한 기준을 말한다.

**✚ 표 4-9 성과평가 평가지표**

| 지표 유형 | 설 명 |
|---|---|
| 투입 (input) 지표 | 성과 달성에 동원된 자원의 양을 나타내는 지표<br>예 직업훈련 프로그램 예산, 인력 |
| 과정 (process) 지표 | 사업 진행과정에서 나타나는 산출물의 양을 나타내는 지표<br>예 직업훈련 프로그램 출석률 및 진도율, 프로그램 진행과정과 만족도 |
| 산출 (output) 지표 | 자원을 투입하여 나타난 1차 산출물을 나타내는 지표<br>예 직업훈련 프로그램 참가자 수 대비 수료자 수 |
| 결과 (outcome) 지표 | 1차적 산출물을 통해 나타나는 궁극적인 사업의 효과, 정책이 미치는 영향력을 나타내는 지표<br>예 직업훈련 수료 후 취업자 수 및 소득증가율, 프로그램 만족도 |

## 5) 목표관리제(MBO) 와 비교

직무성과계약제는 상·하급자 간에 합의를 통해 목표를 설정한다는 점에서 목표관리제(MBO) 와 유사하다. 그러나 직무성과계약은 구체적인 계약이 체결된다는 점, 성과계약이 하향식으로 체결된다는 점에서 목표관리제와 차이가 난다.

목표관리제(MBO) 는 상·하급자 간의 합의를 통해 목표를 설정하는 점에서는 직무성과계약제와 유사하나, 성과계약이 상향식으로 체결되는 점에서는 직무성과계약제와 다르다.

## 6) 균형성과지표(BSC) 와 비교

직무성과계약제는 개인적 차원의 성과평가제도로, 조직 전반의 성과관리를 중심으로 하는 균형성과지표(BSC) 와 구분된다.

## ❸ 근무성적평가제도

### 1) 의의와 평가대상

근무성적평가제도는 평가대상자의 근무실적, 직무수행능력 등을 평가하여 그 결과를 인사관리에 반영하는 개인에 대한 종합적 평가제도이다. 근무성적평가제도는 5급 이하의 공무원을 대상으로 시행한다. 5급 이하 공무원, 우정직 공무원, 「연구직 및 지도직 공무원의 임용 등에 관한 규정」 제9조에 따른 연구직 및 지도직 공무원에 대한 근무성적평정은 근무성적평가에 의한다.

평가대상 공무원이 평가대상 기간 중 휴직, 직위해제 또는 그 밖의 사유로 실제 근무한 기간이 1개월 미만인 경우에는 근무성적평가를 실시하지 아니한다. 연 1회 근무성적평가를 실시하는 경우에는 실제 근무한 기간이 2개월 미만인 경우에는 근무성적평가를 실시하지 않는다.

## 2) 평가시기

근무성적평가는 정기평가와 수시평가로 구분하여 실시하고, 경력평정은 정기평정과 수시평정으로 구분하여 실시한다. 정기평가 또는 정기평정은 6월 30일과 12월 31일을 기준으로 연 2회 실시한다.

## 3) 평가항목

근무성적평가는 직급별로 구성한 평가 단위별로 실시하되, 소속 장관은 직무의 유사성 및 직급별 인원 수 등을 고려하여 평가단위를 달리 정할 수 있다. 근무성적평가의 평가항목은 근무실적과 직무수행능력으로 하되, 소속 장관이 필요하다고 인정하는 경우에는 인사혁신처장이 정하는 범위에서 직무수행태도 또는 부서 단위의 운영 평가 결과를 평가항목에 추가할 수 있다.

평가항목 간의 균형유지를 위하여 근무실적과 직무수행능력의 평가점수는 어느 하나의 비율이 70%를 초과하지 않도록 해야 한다. 추가항목으로 지정할 경우 직무수행태도는 10%, 부서단위의 운영평가는 30% 이내로 하여야 한다.

## 4) 평가등급

평가등급의 수는 3개 이상으로 하며, 최상위 등급의 인원은 상위 20%의 비율로, 최하위 등급의 인원은 하위 10%의 비율로 분포하도록 평가한다. 소속 장관은 최상위 등급과 최하위 등급의 인원비율을 달리 정할 수 있다.

근무성적평가 결과는 승진 및 보직관리뿐만 아니라 성과급 지급에도 활용된다. 근무성적평가 결과는 5급 이하의 경우 승진에 70% 반영된다. 최상위등급에 부여하는 점수는 70점 또는 70점 이하로 하고, 최하위등급에 부여하는 점수는 34점 미만 또는 38점 미만부터 42점 미만의 범위에서 정한 점수로 할 수 있다. 근무성적평가결과 최하등급에 해당될 경우 「공무원보수규정」 제14조(승급의 제한)에 의거 6월의 기간 동안 승급시킬 수 없다.

## 5) 파견 및 육아휴직 등 평가

동일기관에 동일직급 공무원이 다수 파견되어 있는 경우, 파견받은 기관의 장이 정한 평가결과상의 순위를 원소속기관에서 바꿀 수 없다. 직제상 정원에 의한 파견자로서, 파견받은 기관에서 성과급 등 보수를 지급 받은 경우 파견받은 기관에서 평가 및 확인이 가능하다.

육아휴직 또는 파견기간 중이라도 평가대상 기간 중 근무기간이 1개월 이상(연 1회 근평 시 2개월 이상)이면 근무성적평가를 실시한다.

## ❹ 경력평정과 가점평정

## 1) 경력평정 대상자

평정기준일 현재 승진소요 최저 연수에 도달한 5급 이하 공무원(연구직·지도직 공무원 포함, 우정직군의 경우 우정2급 이하)이다. 경력평정점의 총점은 30점을 만점으로 한다.

## 2) 가점평정

소속 장관은 승진후보자 명부를 작성할 때에는 직무 관련 자격증의 소지 여부, 특정 직위 및 특수지역에서의 근무경력,

근무성적평가 대상 기간 중의 업무혁신 등 공적사항, 그 밖에 직무의 특성 및 공헌도 등을 고려하여 해당 공무원에게 5점의 범위에서 가점을 부여할 수 있다.

## ❺ 다면평가

### 1) 의 의

다면평가(多面評價)는 개인을 평가할 때, 직속상사에 의한 일방향의 평가가 아닌 평가자의 익명성이 유지된 상태로 다수의 평가자에 의한 다양한 방향에서의 평가이다. 우리나라는 1998년 「공무원임용령」에 다면평가 결과를 승진에 활용할 수 있는 법적 근거를 마련했다. 「공무원 성과평가 등에 관한 규정」에 의하면, 소속 장관은 소속 공무원에 대한 능력개발 및 인사관리 등을 위하여 해당 공무원의 상급 또는 상위 공무원, 동료, 하급 또는 하위 공무원 및 민원인 등에 의한 다면평가를 실시할 수 있다. 따라서 각 부처가 반드시 다면평가를 실시해야 하는 것은 아니다. 다면평가를 실시하는 경우, 평가자 집단은 다면평가 대상 공무원의 실적, 능력 등을 잘 아는 업무유관자로 구성하며, 소속 공무원의 인적 구성을 대표하도록 구성하여야 한다.

다면평가 결과는 근무성적평정에 반영하지 않으며, 역량개발, 교육훈련, 승진, 전보, 성과급 지급 등에 참고자료로 활용이 가능하다.

### 2) 다면평가의 장점

다면평가의 결과는 해당 공무원에게 공개할 수 있으며, 해당 공무원에게 다면평가정보를 다각적으로 제공하는 경우에는 능력개발을 유도할 수 있다. 다양한 평가자에 의한 평가 결과가 환류될 경우 피평가자의 역량강화를 위한 효과적인 정보를 얻을 수 있다.

민원인도 해당 공무원에 대한 다면평가에 참여할 수 있기 때문에, 공무원의 국민에 대한 충성심을 강화하는 데 기여할 수 있다. 개별 평가자의 오류를 방지하고 다양한 사람으로부터 입체적인 평가를 받을 수 있기 때문에 평가의 객관성과 공정성을 제고할 수 있다. 인간이 사회현상이나 사람에 대한 지각 혹은 인지를 함에 있어서 오류가 있기 마련인데, 이러한 사회적 지각 오류를 최소화하기 위해서는 특정 개인이 평가하는 것보다 복수의 구성원들이 평정에 참여하는 다면평정이 가장 효과적이다.

조직 내외의 다양한 사람들과의 원활한 인간관계를 증진시키도록 동기를 부여하기 때문에 업무 수행의 효율성(efficiency)을 제고할 수 있다. 업무 전반의 관련자로부터의 긍정적인 평가가 중요시되기 때문에 업무 전반에 대한 성과 향상에 기여할 수 있는 제도이다. 다면평가를 통해 능력과 성과 중심의 인사관리가 이루어질 경우, 개인의 행태변화에 긍정적인 영향을 미친다.

### 3) 다면평가의 단점

인간관계 중심의 인기투표로 변질될 가능성이 있다. 다면평가는 능력보다는 인간관계에 따른 친밀도로 평가가 이루어져, 상급자가 업무추진보다는 부하의 눈치를 의식하는 행정이 이루어질 가능성이 높다.

다면평가를 계서적 문화가 강한 조직에 적용할 경우, 상급자와 하급자 간의 갈등이 커질 수 있다. 또한 특정인에 대한 평가를 둘러싸고 평정자들 간의 담합이나 정치적 모략으로 활용될 수 있다.

부처가 통합된 경우에는 능력에 따른 평가보다 출신부처에 따른 평가로 소규모 부처 출신자들이 부당한 평가를 받을 가능성이 높다.

### ❻ 역량평가

#### 1) 의 의

역량평가(competency evaluation)에서 역량이란 저성과자 혹은 보통의 성과자와 비교하여 고성과자에게 나타나는 공통의 특성을 의미한다. 일종의 사전적 검증장치로 단순한 근무실적 수준을 넘어 공무원에게 요구되는 해당 업무 수행을 위한 충분한 능력을 보유하고 있는지에 대한 평가를 목적으로 한다.

역량평가제도는 구조화된 모의상황을 설정한 뒤 현실적 직무 상황에 근거한 행동을 관찰해 평가하는 방식이다. 역량평가는 고위공무원으로 임용되기 전 개인별 역량을 사전에 검증하는 제도이다

#### 2) 특 징

역량평가제도는 대상자의 과거 성과를 평가하는 것이 아니라 미래 행동에 대한 잠재력을 측정하며, 성과에 대한 외부변수를 통제함으로써 객관적 평가가 가능하다. 우리나라에서 역량평가제도는 고위공무원단 신규 임용자를 대상으로 업무수행에 필요한 충분한 역량을 보유하고 있는지를 평가한다. 역량평가는 실제 직무상황과 유사한 모의상황을 피평가자에게 다양하게 제시하고, 그 상황에서 다수의 훈련된 평가자가 평가대상자가 수행하는 역할과 행동을 관찰하고 합의하여 평가결과를 도출하는 평가기법이다.

---

### 제3절 　 근무성적 평정방법

### ❶ 평정방법의 유형

근무성적 평정모형은 평정기법과 평정주체별로 구분할 수 있다. 평정기법에 따라 나눌 경우에는 도표식 평정척도법, 강제선택법, 강제배분법, 중요사건기록법, 행태기준척도법, 행태관찰척도법, 목표관리법 등이 있다.

평정주체별로 구분할 경우에는 자기평정, 감독자평정, 다면평정이 해당된다.

### ❷ 도표식 평정척도법

#### 1) 의 의

도표식 평정척도법(graphic rating scales)은 우리나라 공무원의 경우 5급 이하 공무원의 근무성적평가에서 사용되고, 4급 이상 공무원의 성과계약중심평가에서는 목표관리제 평정법을 기본으로 하고 있다.

여기에 자기평정법, 다면평정법, 강제배분법, 서술법, 가점법 등을 보완적으로 활용하고 있다. 정부의 근무성적 평정방법은 다원화되어 있으며, 상황에 따라 신축적인 운영이 가능하다.

## 2) 내용과 특징

다수의 평정요소와 각 평정요소마다 실적수준을 평가할 수 있는 등급으로 구성되어 있다. 평정요소는 직무 및 사람과 관련된 실적, 능력, 태도를 평가할 수 있는 항목들이다.

✚ 표 4-10 도표식 평정척도법의 예

| 평가요소 | 정 의 | 평가 등급 | | | | |
|---|---|---|---|---|---|---|
| | | 매우 우수 (5점) | 우수 (4점) | 보통 (3점) | 미흡 (2점) | 매우 미흡 (1점) |
| 전문성 | 담당 직무 수행을 위한 ( )한 능력 | | | | | |

5급 이하 일반직 공무원의 근무성적평가는 근무실적과 직무수행능력을 기본적 준수사항으로, 그리고 직무수행태도나 부서단위의 운영평가는 부처의 자율적 평가항목으로 정하고 있는데, 직무수행능력의 경우는 전형적인 도표식 평정척도법을 사용하고 있다.

도표식 평정척도법은 평가요소가 모든 직무 및 사람에게 일반적으로 나타나는 공통적인 속성에 근거하고, 평가자는 해당하는 등급에 표시만 하면 되며, 평정의 결과를 점수로 환산한다.

## 3) 장점과 단점

도표식 평정척도법은 평정이 용이하다는 장점이 있다. 상벌 목적에 이용하는 데 효과적이다. 그러나 도표식 평정법은 평정요소의 합리적 선정이 어렵고, 등급기준이 모호하며, 연쇄효과의 우려가 있다는 단점이 있다. 평정요소와 등급의 추상성이 높아서 평정자의 자의적 해석의 여지가 많다. 평정자마다 척도에 사용되는 용어에 대한 지각과 이해가 상이할 경우 연쇄효과(halo effect)처럼 평정상의 오류가 범해질 수 있다.

## ❸ 목표관리제 평정법

### 1) 의 의

목표관리제 평정법(MBO appraisals)은 목표관리(MBO: Management By Objectives)를 평정에 적용한 것으로, 평가요소 가운데 근무과정이나 태도보다는 결과를 중시하는 평정방법이다. 목표관리제 평정법은 개인의 능력이나 태도는 목표를 설정할 때 이미 반영하고, 실제의 평가에서는 결과로 나타난 실적만이 대상이 된다.

### 2) 내용과 특징

공무원성과평가 규정에는 4급 이상의 공무원에 대해서는 평가자와 평가대상자 간에 성과목표, 평가지표, 그리고 평가활용 등에 대해 성과계약을 체결하도록 하고 있는데, 목표관리제 평정법을 적용한 것으로 볼 수 있다. 성과목표는 기관의 임무(mission), 전략목표, 실·국장급 성과목표, 과·팀장급 성과목표의 형태로 조직-개인 목표 간의 유기적 연계성을 확보하여야 하므로 상위자로부터 하위자로 순차적인 성과계약을 체결하도록 하고 있다.

### 3) 장점과 단점

목표관리제 평정법은 참여를 통해서 이루어지는 것으로 평정자와 피평정자 간의 긴장관계를 완화하고 피드백을 통한 개인의 능력발전에 공헌하는 측면이 있다.

그러나 목표관리제 평정법은 측정 가능한 구체적 목표설정이 행정의 특수성상 어려울 수 있고, 목표설정 과정에서 개인의 특수성이 반영된 경우가 있으므로 개인 간의 비교를 위한 자료로 활용가능성이 떨어질 수 있다. 또한 참여를 바탕으로 하기 때문에 제도의 개발과 운영과정에서 시간과 비용이 따른다는 문제도 있다.

## ❹ 강제배분법

강제배분법은 근무성적평정의 오류 중 관대화 경향, 엄격화 경향, 집중화 경향을 방지할 수 있는 방법 중 가장 효과적인 것이다.

강제배분법은 피평정자들을 우열의 등급에 따라 구분한 뒤 몇 개의 집단으로 분포비율에 따라 강제로 배치하는 방법으로, 절대평가의 단점인 집중화·관대화의 경향을 막을 수 있지만 역산제의 우려가 있다는 것이 단점이다.

평정자가 미리 정해진 비율에 따라 평정대상자를 각 등급에 분포시키고, 그 다음에 역으로 등급에 해당하는 점수를 부여하는 역산식 산정을 할 가능성이 높다.

## ❺ 체크리스트법

체크리스트 (check list) 평정법은 공무원을 평가하는 데 적절하다고 판단되는 표준행동목록을 미리 작성해 두고, 이 목록 (list) 에 가부 (可否) 를 표시하게 하는 방법이다. 체크리스트 (check list) 법 또는 강제선택법은 평정서에 나열된 평정요소에 대한 설명이나 질문을 보고 평정자가 피평정자에게 해당하는 것을 골라 표시하도록 하는 방법으로 이루어진다.

평정요소에 관한 평정항목을 만들기가 힘들 뿐만 아니라 질문 항목이 많을 경우 평정자가 곤란을 겪게 된다.

## ❻ 중요사건기록법

중요사건기록법 (critical incident method) 은 평정자가 피평정자의 근무실적에 큰 영향을 주는 중요사건을 기록하게 하는 것이다. 중요사건기록법은 피평정자와의 상담을 촉진하는 데 유용하고, 사실에 근거한 평가가 가능하다. 평정자와 피평정자가 해당사건에 대해 토론하는 과정에서 피평정자의 태도와 직무수행을 개선하기 용이하다.

그러나 중요사건기록법은 피평정자의 이례적인 행동을 지나치게 강조하게 될 위험이 있다.

## ❼ 행태기준 평정척도법

행태기준 평정척도법 (behaviorally anchored rating scales) 은 평정의 임의성과 주관성을 배제하기 위하여 도표식 평정척도법에 중요사건기록법을 가미한 방식이다.

행태기준 척도법은 과학적 직무분석에 기초하여 평정의 결과가 점수로 환산된다. 주관적 판단을 배제하기 위하여 직무 분석에 기초하여, 직무와 관련된 중요한 과업분야를 선정한다. 각 과업분야에 대하여는 가장 이상적인 과업행태에서부터 가장 바람직하지 못한 행태까지를 몇 개의 등급으로 구분한다. 각 등급마다 중요 행태를 명확하게 기술하고 점수를 할당한다.

**➕ 표 4-11 행태기준 평정척도법의 예**

| 등 급 | 〈예시〉 평정요소: 조직 몰입도 |
|---|---|
| | 행태 유형 |
| ( ) 5 | 제시한 발전적 대안 실현을 위해 솔선수범한다. |
| ( ) 4 | 적극적으로 참여하면서 조직의 발전을 위한 대안제시 노력을 한다. |
| ( ) 3 | 업무시간 외의 모임에도 적극적으로 참여는 한다. |
| ( ) 2 | 자신의 직무수행을 위해서만 구성원들과 교류한다. |
| ( ) 1 | 다른 구성원과 대화나 교류를 거의 하지 않는다. |

## ⑧ 행태관찰 평정법

행태관찰 평정법 또는 행태관찰 척도법(behavioral observation scales)은 성과와 관련된 직무행태를 관찰하여 활동의 발생빈도를 측정한다. 행태기준 평정척도법에 도표식 평정척도법을 결합한 방식이다.

**➕ 표 4-12 행태관찰 평정법의 예**

| 평정 항목 | 〈예시〉 평정 요소: 직무 몰입도 | | | | |
|---|---|---|---|---|---|
| | 등 급 | | | | |
| 업무시간에는 업무 관련 | 거의 관찰할 수 없다. ↔ 매우 자주 관찰된다. | | | | |
| 일에만 집중한다. | 1 | 2 | 3 | 4 | 5 |

행태기준 평정척도법의 단점인 행태 유형 간의 상호배타성을 극복하기 위해 개발된 평정방법이다. 행태관찰 척도법은 도표식 평정척도법이 갖는 등급과 등급 간의 모호한 구분과 연쇄효과의 오류가 나타날 수 있다.

## ⑨ 서열법

서열법은 근무성적을 피평정자 간에 서로 비교해서 서열을 정하는 방법이다. 쌍쌍비교법, 대인비교법 등의 서열법은 특정집단 내의 전체적 서열은 알려줄 수 있지만, 다른 집단과 비교할 수 있는 객관적 자료는 제시하지 못한다.

첫째, 쌍쌍 비교법(paired comparison method)은 피평정자를 두 사람씩 짝을 지어 비교를 되풀이하여 평정하는 방법이다.

둘째, 대인비교법(man-to-man comparison)은 평정기준으로 구체적인 인물을 활용한다는 점에서 평정의 추상성을 극복할 수 있다.

## ⑩ 다양한 평정법

### 1) 산출기록법

산출기록법 (production records) 또는 사실기록법은 일정한 시간당 달성한 작업량과 같이 객관적 사실에 기초를 두고 평가하는 방법이다. 그러나 사실기록법은 공무원이 달성한 작업량을 측정하기 어려운 업무에 대해서는 적용하기가 곤란하다.

### 2) 자기평정법

자기평정법은 평정대상자로 하여금 자신의 근무실적을 스스로 보고하도록 하는 방법이다.

### 3) 감독자평정

감독자평정은 수직적 계층구조가 강한 기계적 구조에 적합한 방식이다.

### 4) 다면평가

감독자뿐만 아니라 부하, 동료, 민원인까지 평정주체로 참여시키는 전방위 (全方位) 평정방법으로 유기적 구조에 적합한 평정방식이다.

---

### 제4절 　 근무성적의 평정오류

## ❶ 연쇄효과와 논리적 오류

### 1) 연쇄효과

연쇄효과 (halo effect) 란 평정자가 가장 중요시하는 하나의 평정요소에 대한 평가결과가 성격이 다른 평정요소에도 영향을 미치는 것으로, 연쇄화의 오류를 방지하기 위해서는 강제선택법을 사용한다.

연쇄효과 혹은 연속화의 오차는 중요항목의 평가결과가 나머지 항목의 평가에 영향을 미치는 것을 말한다. 연쇄효과 오류는 평정자가 가장 중요시하는 평정요소가 다른 평정요소에도 연쇄적으로 긍정적인 영향을 주는 효과로 발생하는 오류를 말한다. 평정자인 A팀장은 피평정자인 B팀원이 성실하다는 이유로 창의적이고 청렴하다고 평정하였다면, A팀장이 범한 오류는 연쇄효과에 가장 가깝다. 평정오류 중 연쇄화경향을 방지하기 위한 방법으로 강제선택법이 효과적으로 활용될 수 있다.

### 2) 논리적 오류

논리적 오류는 평정요소 간 논리적으로 상관관계가 있는 것을 연관짓는 것으로, 한 요소의 평정점수가 논리적으로 상관관계에 있는 다른 평정요소에 영향을 미치는 것이다.

## ❷ 집중화 경향, 관대화 경향, 엄격화 경향

### 1) 집중화 경향

집중화 경향(central tendency)은 평정척도상 중간 등급에 집중하여 평가하는 것이다.

### 2) 관대화 경향

관대화(leniency) 경향은 실제수준보다 높은 평가결과가 도출되는 것으로, 평정대상자와의 불편한 인간관계를 피하려는 동기로부터 유발된다. 상관이 부하와의 인간관계를 고려하여 실제보다 후한 평정을 하는 것을 말한다.

### 3) 엄격화 경향

엄격화 경향(tendency of strictness)은 실제수준보다 낮은 평가결과가 도출되는 것을 뜻한다. 관대화 경향, 엄격화 경향, 집중화 경향을 방지할 수 있는 방법 중 가장 효과적인 것은 상대평가를 반영하는 강제배분법이다.

## ❸ 규칙적 오류와 총계적 오류

### 1) 규칙적 오류 또는 일관적 착오

규칙적 오류(systematic error)는 근무성적 평정 시 어떤 평정자가 다른 평정자보다 언제나 좋은 점수 또는 나쁜 점수를 주는 오류이다.

일관적 착오(systematic error)란 평정자의 평정기준이 다른 평정자보다 높거나 낮아 다른 평정자들보다 항상 박한 점수를 주거나, 후한 점수를 줄 때 발생하는 착오이다.

### 2) 총계적 오류

총계적 오류(total error)는 근무성적평정상의 오류 중 평가자가 일관성 있는 평정기준을 갖지 못하여 관대화 및 엄격화 경향이 불규칙하게 나타나는 것이다. 관대화, 엄격화 경향이 일관성이 없거나 불규칙하게 나타나는 것으로 규칙적 오류 또는 일관적 착오와 반대된다.

## ❹ 근접효과와 첫머리 효과

### 1) 근접효과

근접효과 혹은 막바지 효과는 평정대상기간 중에서 평정시점에 가장 가까운 실적이나 사건일수록 평정에 더 크게 반영되는 경향을 말한다. 막바지 효과는 최근의 실적이나 능력을 중심으로 평가하는 오류를 말한다. 시간적 오차(recency error) 또는 시간적 근접오류를 방지하기 위해 중요사건기록법, 독립된 평가센터 설치·운영, 목표관리제 평정 등이 활용된다.

## 2) 첫머리 효과

첫머리 효과(primacy effect) 혹은 초두효과(初頭效果)는 초기 업적에 대한 평가 결과가 전체 평가에 영향을 미치는 오류를 말한다.

## ❺ 상동적 오차와 유사성에 의한 착오

### 1) 상동적 오차

상동적(stereotyping) 오차 또는 유형화(類型化)의 착오는 사람에 대한 경직된 편견(bias)이나 선입견에 의한 오류(prejudice error) 또는 고정관념(stereotyping)에 의한 오류를 말한다. 이를 방지하기 위해서는 개인의 귀속적 요인에 대한 신상정보를 밝히지 말아야 한다.

상동적(相同的) 착오는 평정자가 어떤 사람이나 사물을 볼 때 그들이 속한 집단 또는 범주에 대한 고정관념에 비추어 지각함으로써 발생하는 착오이다.

선입견에 의한 오류(prejudice error)는 평가 요소와 상관없는 성별이나 학력, 지역, 연령 등에 대한 편견이 평가 결과에 영향을 미치는 오류를 말한다.

### 2) 유사성에 의한 착오

유사성에 의한 착오(similarity error)는 평정자가 자기 자신과 성향이 유사(類似)한 부하에게 후한 점수를 주는 오차이다. 투사(projection)는 자신의 감정, 특성을 다른 사람에게 귀속·전가하는 데서 오는 착오로, 유사성의 착오는 투사(投射)에 해당된다.

## ❻ 대비오차와 선택적 지각

### 1) 대비오차

대비오차(contrast error)는 평정자가 평정대상자를 다른 평정대상자와 비교함으로써 발생하는 오류이다. 대비(對比) 오차는 평정자가 바로 직전의 평정대상자와 비교하여 평가함으로써 발생하는 오차이다.

### 2) 선택적 지각

선택적 지각(selective perception)이란 모호한 상황에 관해 부분적인 정보만을 받아들여 판단을 내리게 되는 데서 범하는 착오이다. 선택적 지각은 지각적 방어(perceptual defense)와 지각적 탐색(perceptual vigilance)으로 나뉠 수 있다. 지각적 방어 또는 방어적 지각(perceptual defense)은 평정자가 자신의 고정관념에 어긋나는 정보를 회피하거나, 정보를 고정관념에 부합되도록 왜곡시킬 때 발생하는 착오이다. 상동적(stereotyping) 오차 또는 유형화(類型化)의 착오는 지각적 방어(perceptual defense)의 사례에 해당될 수 있다.

지각적 탐색(perceptual vigilance)은 자신의 의견, 태도, 신념 등에 일치하고 유리할 경우에 지각이 더 잘되는 현상이다.

## ❼ 귀인이론과 귀인오류

### 1) 귀인이론

Harold Kelley (1971) 의 귀인 (attribution) 이란 다른 사람의 행동을 관찰하고, 그 행동의 원인을 설명하는 것을 의미한다. 행동의 평가기준은 합의성 (consensus), 일관성 (consistency), 특이성 (distinctiveness) 이다.

합의성 (consensus) 은 동일 상황에 놓인 사람들이 다른 사람들의 행동에 의해 결정하는 성향의 정도이고, 일관성 (consistency) 은 동일인이 과거의 행동패턴을 유지하는 정도이며, 특이성 (distinctiveness) 은 동일 행동주체가 상황 자체가 다름에도 불구하고 그 행동주체의 특이한 행동패턴을 보이는 정도이다.

내면적 요인에 의한 행동이란 그 행동의 통제권이 행동의 주체에게 있는 경우이고, 외면적 요인에 의한 행동은 어떤 상황적 요인이 그 사람으로 하여금 그러한 행동을 하도록 한 경우이다.

첫째, 개인이 동일한 사건에서 다른 사람들과 동일하게 행동하는 정도가 높다면, 그 행동의 원인을 외적 요소에 귀인하려는 경향이 나타난다.

둘째, 개인이 다른 사건에서는 달리 반응하는 정도가 높다면, 그 행동의 원인을 외적 요소에 귀인하려는 경향이 나타난다. 셋째, 개인이 동일한 사건에서 과거와 동일하게 반응하는 정도가 높다면, 그 행동의 원인을 내적 요소에 귀인하려는 경향이 나타난다.

넷째, 개인이 다른 사건에서 미래에 동일하게 반응하는 정도가 높다면, 그 행동의 원인을 외적 요소에 귀인하려는 경향이 나타난다.

### 2) 근본적 귀속의 착오

근본적 귀속의 착오 (fundamental attribution error) 는 타인의 성공을 평가할 때에는 상황적 요인을 과대평가하고, 타인의 실패를 평가할 때에는 개인적 요인을 과대평가하는 경향을 말한다. 타인의 실패를 평가할 때에는 반대로 상황적 요인을 낮게, 개인적 요인을 높게 평가하려는 성향을 말한다.

### 3) 자기고양적 귀인 편견

자기고양적 귀인 편견 (self - serving bias) 또는 이기적 착오는 자신의 실패를 평가할 때에는 상황적 요인을 과대평가하고, 자신의 성공을 평가할 때에는 개인적 요인을 과대평가하는 경향을 말한다.

# C HAPTER

# 27 사기와 능력발전

## 제1절　공직 동기

### ❶ 사기관리와 동기부여

#### 1) 공무원의 사기

사기 (morale) 는 근무의욕 또는 일에 대한 동기를 뜻한다. 사기관리란 사기의 요인과 과정에 관한 것이다. 사기 (士氣) 는 주관적·상대적인 것으로 사기의 수준은 상황의존적이며 가변적이다. 사기 (morale) 는 개인적 현상일 뿐만 아니라 집단적 현상이다. 사기에 영향을 주는 사회심리적 요인으로 동료 간의 친밀도, 승진에의 기대 등을 들 수 있다.

#### 2) 사기의 영향

동기이론에 의하면, 사기 (士氣) 의 요인은 인간의 기본적인 욕구와 관련되고, 사기 앙양 (昂揚) 과정은 기대이론과 맥락이 상통한다. 사기이론은 욕구이론과 관련성이 높으며, 사기에 영향을 주는 경제적 요인으로는 근무여건 개선, 보수인상 등이 있다.

동기이론은 인사관리 차원에서는 생리적 욕구와 안전의 욕구를 충족시킬 수 있는 보수문제, 자존과 인간관계를 형성하는 근무환경의 문제, 자아실현을 충족시키는 성취 기회의 문제 등으로 분류할 수 있다. 사기관리를 위한 노력은 기존의 불만 해소를 통한 사기 앙양과 적극적인 성취 기회를 제공하는 사기 앙양의 방법으로 구분할 수 있다.

사기 (morale) 제고는 조직의 생산성 향상을 위한 충분조건이 아니라 필요조건이다. 생산성 향상을 위해서는 사기 제고가 필요하지만, 사기 제고가 반드시 조직의 생산성 향상을 가져오지는 않기 때문이다.

### ❷ 공공서비스 동기

#### 1) 의 의

공직 동기 또는 공공서비스 동기 (PSM: Public Service Motivation) 이론에서는 공공부문의 종사자들을 봉사의식이 투철하고 공공부문에 더 큰 관심을 가지며, 공공의 문제에 영향을 미치는 것에 큰 가치를 부여하고 있는 사람들로 전제한다. 공공부문 종사자들이 갖는 타인에 대한 봉사 동기와 공익 우선의 동기는 일반적인 민간 부문의 종사자들과는 다른 새로운 동기라고 해석한다.

공직 동기 (PSM) 는 민간부문 종사자들과 차별화되는 공공부문 종사자의 가치체계를 의미하며, 공공부문의 특수한 동기 요인을 의미한다. 이는 공공부문 종사자들의 특유의 동기에 주목하는 것으로 일반적인 민간부문 종사자와는 다른 보상체계나 관리방식이 필요함을 역설한다. 이러한 관점에서는 신공공관리론에 의한 성과급 체계나 승진 및 보상 방식 등은 외재적 보상에 중점을 두는 점에서 적합하지 못한 부분이 있으므로, 공공부문 종사자들이 갖고 있는 공직에 대한 사회적 평가와 내적 동기를 고려한 인사관리 방식이 제고될 필요성이 있음을 강조한다.

James L. Perry & L. R. Wise (1990) 는 공직동기를 합리적 차원, 규범적 차원, 정서적 차원으로 구분한다.

## 2) 합리적 차원

합리적 차원의 동기 (rational motive) 는 개인의 효용극대화를 위한 행동으로, 공공정책 결정에 대한 호감도 (attraction to policy making) 이다. 공공정책에 대한 호감도는 정책형성과정에의 참여, 공공정책에 대한 동일시, 특정 이해관계에 대한 지지 등을 포함한다. 공직자 자신이 정책형성과정에 참여했던 정책이 성공적으로 실현될 경우, 이를 자신의 자아실현욕구 성취와 동일시하는 것이다. 또한 사회적 약자나 사회적 문제해결을 위한 정책과정에 참여하여 문제해결이나 고통 완화에 기여함으로써 성취감을 느끼는 것은 개인의 효용을 극대화하는 것이기도 하다.

## 3) 규범적 차원

규범적 차원의 동기 (norm - based motive) 는 규범을 준수하려는 노력에 따른 행동으로, 공익에로의 몰입 (commitment to public interest) 이다. 공익에의 몰입은 공익 봉사의 욕구, 의무와 정부 전체에 대한 충성심, 사회적 형평성 추구 등을 포함한다. 공익에 대한 봉사의식은 이타성이 전제되어야 하며, 국가와 시민에 대한 애국심과 충성심이 요구된다. 공직은 수단적 가치인 효율성뿐만 아니라 사회적 형평성과 같은 본질적 가치를 함께 고려해야 한다.

## 4) 정서적 차원

정서적 차원의 동기 (affective motive) 는 다양한 사회적 맥락에 대한 감정적 반응에 의한 행태로 동정 (compassion) 과 자기희생 (self - sacrifice) 이다. 동정과 자기희생은 정책의 사회적 중요성에 대한 진실된 신념으로부터 기인한 정책에로의 몰입, 선의의 애국심 등을 포함한다. 공공부문 종사자들의 정책에로의 몰입은 많은 경우에 정책에 대한 진실된 신념에 의해 동기부여 수준이 결정되며, 이러한 동기의 중심에는 선의의 애국심이 존재하기 때문이라고 설명한다. 여기서 선의의 애국심이란 국가 내에 존재하는 모든 국민에 대한 광범위한 사랑과 그들에게 부여된 모든 기본권을 보호해주고자 하는 마음을 의미한다. 이러한 선의의 애국심은 타인에 대한 사랑과 자기희생에 기초하므로 정서적 차원이라고 한다.

**✚ 표 4-13 공직동기의 개념 차원**

| 개념 차원 | 특 징 |
|---|---|
| 합리적 차원 | 공공정책 결정에 대한 호감도 (attraction to policy making) |
| 규범적 차원 | 공익에로의 몰입 (commitment to public interest) |
| 정서적 차원 | 동정 (compassion) 과 자기희생 (self - sacrifice) |

## 5) 한 계

그러나 민간부문의 종사자들도 공공 문제나 타인에 대한 봉사 동기가 없다고 단정하기는 어렵다. 차이를 구분 짓는다면, 상대적으로 공공부문의 종사자들은 안전 욕구가 강하고, 민간부문의 종사자들은 경제적 욕구가 강하다고 볼 수는 있다.

## 제2절　교육훈련

### ❶ 교육훈련의 개요

#### 1) 교육훈련의 필요성

교육훈련의 목적은 공무원의 직무수행 능력을 배양하여 전문성을 향상시키도록 하는 것이 1차적 목적이고, 변화에 대응하는 능력의 배양, 새로운 가치관 확립 등이 포함된다. 공무원의 역량 제고를 위한 교육을 통해서 공무원에 대한 통제와 조정의 필요성이 줄어들게 된다.

#### 2) 공무원 교육훈련에 대한 저항 이유

개인적 차원과 조직적 차원의 이유로 구분할 수 있다. 개인적 차원은 교육훈련 발령을 불리한 인사조치로 이해하는 경향, 장기간의 훈련인 경우 복귀 시 보직 문제에 대한 불안감, 교육훈련 결과의 인사관리 반영 미흡 등이다. 한편 조직적 차원의 저항 이유는 조직성과의 저하 및 훈련비용의 발생이다.

#### 3) 공무원 교육훈련의 종류

공무원 교육훈련은 교육훈련의 장소에 따라 교육훈련기관 교육훈련, 직장 교육훈련, 위탁 교육훈련 등으로 구분된다. 내용에 따라서는 기본교육, 전문교육, 정신교육, 정부의 특별시책에 대한 교육 등으로 나뉜다.

### ❷ 직장 내 훈련방법

#### 1) 의 의

현장훈련 또는 직장 내 훈련(OJT: On the Job Training)은 '수습'이라고 불리는 것으로, 피훈련자가 직책을 정상적으로 수행하면서 담당 업무 또는 수행능력을 향상시키기 위하여 상관이나 선임자로부터 직무수행에 관한 지식과 기술을 배우는 방법이다.

#### 2) 직무순환

직무순환(job rotation) 또는 배치전환(配置轉換)은 능력의 정체와 퇴행현상을 방지할 수 있다. 직무의 부적응을 해소하고 조직 구성원에게 재적응의 기회를 부여할 수 있다.

그러나 배치전환은 보직변동이 지나치게 빈번하게 이루어지게 되면, 행정의 전문화·능률화를 저해할 수 있는 역기능이 존재한다. 또한 정당한 징계절차에 의하지 않고 일종의 징계수단으로 활용될 가능성이 존재한다.

#### 3) 실무지도

실무지도(apprentice coaching)란 일상적인 근무 중에 상관이 부하에게 직무수행기술을 전수하거나 질문에 대한 답변 등의 형태로 부하를 지도하는 경우이다.

### 4) 멘토링

멘토링(mentoring)은 개인 간의 신뢰와 존중을 바탕으로, 조직 내 발전과 학습이라는 공통 목표의 달성을 도모하고자 하는 상호관계이다. 학습조직은 조직 내 모든 구성원의 학습과 개발을 촉진시키는 조직 형태로, 지식의 창출 및 지식 공유 등을 특징으로 한다.

### 5) 인턴십

실무수습 또는 인턴십(internship)은 조직의 전반적인 구조·문화·과정에 대한 이해와 함께 간단한 업무를 경험할 수 있는 기회를 부여하는 것이다.

### 6) 임시배정

임시배정(transitory experience)은 특수 직위나 위원회 등에 잠시 배정하여 경험을 쌓게 함으로써, 앞으로 맡게 될 임무에 대비케 하는 방법이다.

### 7) 시보제도

시보(probation)는 시험에 합격한 사람을 일정기간 근무하게 한 후에 일정 조건을 충족할 경우에 임용하는 방법이다.

### 8) 장점과 단점

훈련으로 구체적인 학습 및 기술 향상의 정도를 알 수 있으므로 구성원의 동기를 유발할 수 있다. 훈련에서 배운 지식이 그대로 실무에서 활용될 수 있다. 상사나 동료 간의 이해와 협동정신을 강화·촉진시킨다. 피훈련자의 습득도와 능력에 맞게 훈련할 수 있다. 또한 훈련비용이 적게 들고 훈련을 받은 사람이 새로운 환경에 적응할 필요가 없다.

그러나 감독자의 능력과 기법에 따라 훈련성과가 달라지며 많은 사람을 동시에 교육하기 어렵다. 직장 내 훈련은 교육훈련의 내용과 수준을 통일시키기 곤란하며, 전문적인 고도의 지식과 기능을 가르치기 힘들다는 비판을 받는다. 또한 직장 생활을 수행하면서 동시에 진행되기 때문에 사전에 예정된 계획에 따라 실시하기가 곤란하다.

## ❸ 직장밖 교육훈련방법

### 1) 의 의

직장 밖 훈련(Off JT: Off the Job Training)은 교육훈련만을 목표로 특별한 장소와 시설에서 훈련하는 것이다. 강의, 감수성 훈련, 사례연구, 역할연기 등의 방법이 활용된다.

### 2) 교육훈련 프로그램의 체계

직장 밖 훈련(Off JT)은 교육훈련 대상자의 범위와 직무분야에 따라 직급별(계급별) 교육, 직무별(전문분야별) 교육, 계급과 직무의 범위를 벗어나서 실시되는 특별교육으로 분류될 수 있다.

## 3) 장점과 단점

사전에 예정된 계획에 따라 실시하기가 용이하다. 해당 분야에 대한 전문지식이 있고 강의방식에 익숙한 교관으로부터 훈련을 받기 때문에 효과적인 학습이 될 수 있다. 또한 일상적 업무 부담에서 벗어나 교육훈련에만 전념할 수 있다. 통일적인 교육훈련이 가능하다.

그러나 교육원에서 습득한 지식이나 기술이 실무에 그대로 전이(transfer)되지 못하는 측면이 있다. 그리고 비용과 시간이 많이 소비된다.

## ❹ 교육훈련 유형

### 1) 감수성훈련

감수성훈련(sensitivity training)은 태도와 행동의 변화를 통해 대인관계의 이해와 이를 통한 인간관계의 개선을 목적으로 한다. 사전에 과제나 사회자를 정해 주지 않고, 서로 모르는 사람을 10명 내외의 소집단으로 만들어 허심탄회하게 자신의 느낌을 말하고, 다른 사람이 자신을 어떻게 생각하는지를 귀담아듣는 방법이다.

'실험실훈련, T-집단훈련' 등 다양한 이름으로 불리는 감수성훈련은 조직개혁의 행태적 접근방법인 조직 발전(OD: Organization Development)의 대표적인 기법이다. 감수성훈련은 자신의 행동이 타인에게 미치는 영향을 검토하도록 하여, 갈등과 상호관계에 관련된 능력을 개선할 목적으로 사용된다.

### 2) 역할연기

역할연기(role playing)는 원래 정신병 치료법으로 발달한 것으로, 주어진 사례나 문제에서 어떠한 역할을 실제로 연기해 봄으로써 당면한 문제를 체험해 보는 방법이다. 몇 명의 피훈련자가 실제의 행동으로 연기하고, 사회자가 청중들에게 연기내용을 비평·토론하게 한 후 결론적인 설명을 하는 역할연기는 참여자들의 태도변화와 민감한 반응을 촉진한다.

### 3) 사례연구

사례연구(case study)는 실제 조직생활에서 경험한 사례나 또는 가상의 시나리오를 가지고 문제해결방식을 찾는 토론이다. 일정한 사례를 공동으로 연구하여 문제점을 도출하고, 그에 대한 대안을 모색하는 사례연구는 피훈련자의 능동적인 참여를 유도해야 하므로 시간이 많이 걸린다는 단점이 있다.

### 4) 형태학적 분석기법

형태학적 분석기법(morphological analysis technique)은 문제에 내포된 기본적 요소들의 선택과 배합을 체계적으로 바꿔보는 기법을 말한다.

### 5) 강 의

강의(lecture)는 다수의 인원을 대상으로 똑같은 정보를 가장 효율적으로 전해줄 수 있는 방법이다. 대체로 일방향적 정보전달이지만, 교관의 강의방식에 따라 교육효과에 커다란 차이가 발생한다.

### 6) 시청각 교육

시청각 교육(audio - visual method)은 각종 시청각 기재를 활용하여 다량의 정보를 많은 사람에게 제공하는 방식이다.

### 7) 프로그램화 학습

프로그램화 학습(programmed learning)은 일련의 질의와 응답을 통해 학습이 가능하도록 진도별로 학습지침을 제공하는 책자와 컴퓨터 프로그램을 이용한다. 지시에 따라 문제를 풀면 그에 대한 정오를 확인하고, 맞으면 다음 단계로 넘어가는 방식으로 일종의 자율학습방법이다.

### 8) 신디케이트

신디케이트(syndicate)는 몇 사람이 반을 편성하여 문제를 연구하고 전원에게 보고하며 비판을 가하는 것이다. 참가자의 관심유도와 상대방 의견 존중 등이 장점이나 충분한 시간이 필요하다.

### 9) 워크아웃 프로그램

워크아웃 프로그램(work - out program)은 미국 GE사의 전략적 인적자원 개발프로그램으로 활용된 것이다. 정책 현안에 대한 각종 워크숍(workshop)의 운영을 통해 집단적 토론과 함께 문제해결방안을 도모하고, 개별 공무원의 업무 역량을 제고하기 위한 목적에서 적극 활용되고 있다.

### 10) 액션러닝

액션러닝(action learning)은 전문가의 지원을 받아 과제의 해결책을 도출하는 방법이다. 소규모로 구성된 그룹이 실질적인 업무현장의 문제를 해결해내고, 그 과정에서 성찰을 통해 학습하도록 하는 행동학습(learning by doing) 교육훈련 방법이다.

교육참가자들이 팀을 구성하여 실제 현안문제를 해결하면서 동시에 문제해결과정에 대한 성찰을 통해 학습하도록 지원하는 행동학습(learning by doing)으로 주로 관리자훈련에 사용되는 교육방식이다.

### 11) 팀 빌딩기법

팀 빌딩(team building)은 구성원 간의 협력적 노력을 향상시켜 팀 성과를 증가시키려는 것이다. 수직적인 계층제적 질서나 한계를 극복하고, 응집적인 팀을 형성시켜 자율적·협동적·수평적 인간관계를 도모하고 구성원 간의 협력적 노력을 향상시켜 팀 성과를 증가시키려는 방법이다.

### 12) 모의연습

모의연습 또는 시뮬레이션(simulation)은 실제와 유사한 가상적 상황을 꾸며 놓고 피훈련자가 거기에 대처하도록 하는 훈련방법이다. 사건처리연습, 정보처리연습, 관리연습 등이 있다. 사건처리연습(incident method)은 어떤 사건의 윤곽을 피교육자에게 알려주고 그 해결책을 찾게 하는 방법이다.

## ⑤ 역량기반 교육훈련

### 1) 의의와 배경

역량기반 교육훈련 제도 (CBC: Competency‑Based Curriculum) 는 전통적 교육훈련의 한계를 극복하고, 역량진단을 통한 문제해결 및 현실적용성을 제고하기 위한 방안으로 도입되고 있다.

David McClelland (1973) 는 우수성과자의 인사관련 행태를 역량으로 규정하고, 이를 중심으로 하는 인사관리를 주장하였다. 맥클랜드 (McClelland) 에 의하면 역량이란 직무에서 탁월한 성과를 나타내는 고성과자 (high performer) 에게서 일관되게 관찰되는 행동적 특성을 의미하며, 이를 통해 역량 모델을 개발하여 인사관리 분야에 적용시키고자 한다. 피교육자의 능력을 정확히 진단하여 부족한 부분 (gap) 을 보충하는 교육이 가능하다.

### 2) 특 징

역량기반 교육훈련 (competency‑based curriculum) 은 직무분석으로 도출된 직무명세서를 바탕으로 교육과정을 설계하는 직무지향적 교육훈련 방법이 아니라, 조직이 필요로 하는 역량요소를 설계하고 이를 근거로 조직구성원의 개인별 역량을 체계적으로 진단하여 피드백한 후 부족역량을 보완하는 교육훈련방법이다.

### 3) 역량의 유형[17]

첫째, 공통 또는 핵심역량 (common or core competency) 은 조직의 전체 구성원이 공통적으로 갖추어야 할 역량으로, 조직의 미션이나 가치 및 전략으로부터 도출될 수 있다.

둘째, 관리 또는 리더십 및 프로세스 역량 (managerial or leadership or process competency) 은 개인의 역량이 조직 차원에서 원활하게 수렴되고 변화하도록 하는 역량이다.

셋째, 직무 또는 개인 혹은 전문 역량 (job or personal or professional competency) 은 조직 구성원 각자가 업무를 효율적으로 수행하기 위한 역량이다.

### 4) 역량기반 교육훈련의 수단

역량기반 교육훈련의 대표적인 방식에는 멘토링 (mentoring), 학습조직, 액션러닝 (action learning), 워크아웃 (work‑out) 등이 있다.

첫째, 멘토링 (mentoring) 은 개인 간의 신뢰와 존중을 바탕으로 조직 내 발전과 학습이라는 공통 목표의 달성을 도모하고자 하는 상호관계이다.

둘째, 학습조직은 조직 내 모든 구성원의 학습과 개발을 촉진시키는 조직 형태로, 지식의 창출 및 지식 공유 등을 특징으로 한다.

셋째, 액션러닝 (action learning) 은 전문가의 지원을 받아 과제의 해결책을 도출하는 방법이다. 소규모로 구성된 그룹이 실질적인 업무현장의 문제를 해결해내고, 그 과정에서 성찰을 통해 학습하도록 하는 행동학습 (learning by doing) 교육훈련 방법이다.

---

[17] 역량리스트를 가치역량, 관계역량, 직무역량으로 구분할 수도 있다. 가치역량에 속하는 것은 고객지향, 윤리성, 변화지향 등이다. 관계역량에 속하는 것은 리더십, 팀워크, 팔로워십 (followership) 등이다. 직무역량에 해당되는 것은 직무공통역량, 직무전문역량 등이다.

넷째, 워크아웃 프로그램(work-out program)은 미국 GE사의 전략적 인적자원 개발프로그램으로 활용된 것이다. 정책 현안에 대한 각종 워크숍(workshop)의 운영을 통해 집단적 토론과 함께 문제해결방안을 도모하고, 개별 공무원의 업무 역량을 제고하기 위한 목적으로 적극 활용되고 있다.

## 5) 기대효과

역량기반 교육과정(competency-based curriculum)의 기대효과는 '인재육성 차원'과 '인력관리 차원'으로 구분할 수 있는데, 성과지향적 교육과정 개발의 근거를 제공하는 것은 '인재육성 차원'에서의 기대효과에 해당한다.

역량기반 교육훈련은 개인뿐만 아니라 조직에 필요한 역량을 규명하고 이를 고려해서 통합적으로 교육훈련이 이루어지므로 전략적 인적자원관리(SHRM: Strategic Human Resource Management)의 핵심적 기능을 할 수 있다.

## ❻ 경력개발제도

## 1) 의 의

경력개발제도(CD: Career Development)는 개별 조직구성원이 장기적인 경력 목표를 설정하고, 이를 달성하기 위해 필요한 경력계획을 세워 자신의 역량을 개발해 나가는 활동이다. 공무원의 잦은 보직 변경으로 인한 전문성 부족과 행정서비스의 질 저하를 방지하기 위해 도입된 제도이다.

공직의 경쟁력 제고 및 공무원 개인의 전문성 강화를 위한 목적에서 도입되었지만, 비현실적인 목표의 설정이나 지원 프로그램의 한계, 다른 인사관리제도와의 연계성 미흡 등의 난점이 있다.

## 2) 경력개발의 원칙

직무와 역량 중심의 원칙, 적재적소의 원칙, 승진경로의 원칙, 개방성 및 공정경쟁의 원칙, 인재양성의 원칙, 자기주도의 원칙 등을 포함한다.

첫째, 직무와 역량 중심의 원칙은 경력개발은 직급이 아닌 직무 중심의 경력계획을 세우고, 직무에서 요구되는 필요 역량의 개발에 중점을 두어야 함을 의미한다.

둘째, 적재적소의 원칙이 준수되기 위해서는 조직 내에 있는 직무의 자격능력요건과 공무원의 적성능력구조에 대한 정보를 충분히 파악할 필요가 있다.

셋째, 승진(보직) 경로의 원칙은 조직 내의 모든 직위를 수 개의 전문 분야와 공통 분야로 구분하고, 특정 공무원의 경력 전공 등을 종합적으로 고려하여 전문 분야를 지정하여야 한다는 것을 의미한다.

넷째, 개방성 및 공정경쟁의 원칙은 경력개발의 기회가 모든 직원에게 공평하게 제공되어야 하고 보직이동의 기회도 역량을 갖춘 직원들에게 공정한 경쟁을 통해서 제공되어야 함을 뜻한다.

다섯째, 인재양성의 원칙은 외부 영입이 아닌 내부 인재양성을 강조한다.

여섯째, 자기주도의 원칙은 조직구성원 스스로가 적극적인 정보수집을 통해 경력개발을 하여야 함을 뜻한다.

## 3) 경력개발제도의 운영과정

조직 차원에서는 '직무설계 ⇨ 경력설계 ⇨ 경력관리 ⇨ 평가 및 보완'의 단계를 거친다.

**✚ 그림 4-4 경력개발제도의 단계**

첫째, 직무설계 단계는 직무분석을 통해 직위정보, 직무별 필요역량 및 요건 등의 정보를 파악하고, 조직 내 구성원의 의견을 반영한 전문분야 분류를 진행하는 단계이다.

둘째, 경력설계 단계에서는 자기진단을 행한 후에 자기진단에 부합되는 경력목표를 설정하고, 구체적으로 그 경력목표에 이를 수 있는 경력경로를 설계하는 단계이다.

셋째, 경력관리 단계는 경력설계 단계가 끝난 후에, 개인의 역량강화를 위한 교육훈련계획과 경력개발을 위한 각종 지원제도의 활용 및 역량개발에 대한 자기평가를 통해 해당 직위를 추구해가는 과정이다. 경력관리 단계에서는 자기개발계획서 (IDP: Individual Development Plan)를 수립해야 한다.

넷째, 평가 및 보완은 경력개발제도의 마지막 단계로 목표했던 경력계획의 달성 정도를 평가하고, 이에 따른 보완점을 모색하고 반영하는 과정이다.

한편 개인 차원에서는 자기평가, 관심경력 탐색, 경력목표 설정, 실행계획 수립, 경력관리의 다섯 단계로 운영한다.

# CHAPTER

# 28 권익과 후생

## 제1절 소청심사제도와 인센티브제도

### ❶ 소청심사제도

#### 1) 의 의

소청심사 (訴請審査) 제도는 징계처분과 같이 의사에 반하는 불이익 처분을 받은 공무원이 그에 불복하여 이의를 제기했을 때, 이를 심사하여 결정하는 절차이다. 소청심사제도는 공무원이 징계처분 기타 그 의사에 반하는 불이익 처분에 대해 이의를 제기하는 경우 이를 심사·결정하는 특별행정심판 (特別行政審判) 제도이다. 소청심사제도는 행정소송을 위한 의무적 전심절차 (前審節次) 이다.

행정부의 소청심사업무는 인사혁신처 소속의 소청심사위원회에서 담당하고, 「헌법」상 독립기관들인 국회나 법원 및 헌법재판소와 중앙선거관리위원회는 별도의 기구에서 담당한다.

#### 2) 소청심사 대상

소청은 의사 (意思) 에 반하여 불리한 처분을 받은 공무원이 위법적 사항에 한해 제기할 수 있으며, 위법사항이 아닌 부당한 사항은 일반적으로 고충상담의 처리 대상으로 본다.

인사혁신처에 설치된 소청심사위원회는 징계처분이나 강임·휴직·직위해제 또는 면직처분과 같이, 그 의사에 반하는 불리한 처분이나 부작위에 대한 소청을 심사·결정한다. 소청심사위원회의 결정은 처분청의 행위를 기속하는 효력이 있다.

징계에 대한 불복 (不服) 시 소청심사위원회에 소청제기가 가능하나, 근무성적평정결과나 승진탈락 등은 소청 대상이 아니다.

#### 3) 소청심사위원회

소청심사위원회는 행정관청적 성격을 지닌 행정위원회에 해당되므로, 소청심사위원회의 결정은 구속력 (拘束力) 이 인정되어 처분 행정청을 기속 (羈束) 한다. 소청사건의 결정은 재적위원 3분의 2 이상의 출석과 출석위원 과반수의 합의에 의한다. 의견이 나뉠 경우 출석위원 과반수에 이를 때까지 소청인에게 가장 불리한 의견에 차례로 유리한 의견을 더하여 가장 유리한 의견으로 결정한다. 불이익 변경금지 원칙에 의해, 원징계처분보다 무거운 징계를 부과하는 결정을 할 수 없다.

강임·휴직·직위해제·면직 처분을 받은 공무원은 처분사유 설명서를 받은 후 30일 이내에 심사청구를 할 수 있다. 소청심사위원회는 임시결정을 한 경우 외에는 소청심사청구를 접수한 날부터 60일 이내에 이에 대한 결정을 하여야 한다. 다만, 불가피하다고 인정되면 소청심사위원회의 의결로 30일을 연장할 수 있다.

소청결정에 대한 중앙인사기관장의 재심요구권은 폐지되었다. 따라서 위원회의 결정이 부당하다고 여길지라도 인사혁신처 장관은 재심을 요구할 수 없다.

소청심사위원회는 인사혁신처 소속이며 그 위원장은 정무직으로 보 (補) 한다. 위원장 1인을 포함한 5명 이상 7명 이하의 상임위원과 상임위원 수의 2분의 1 이상의 비상임위원으로 구성되어 있다. 소청심사위원회의 상임위원은 다른 직무를 겸할 수 없다. 소청심사위원회의 상임위원의 임기는 3년으로 하며, 한 번만 연임할 수 있다.

소청심사위원회 위원의 결격사유로는 공무원결격사유에 해당하는 자, 「정당법」에 따른 정당의 당원, 「공직선거법」에 따라 실시하는 선거에 후보자로 등록한 자 등이다.

소청심사위원회는 다른 법률로 정하는 바에 따라 특정직 공무원의 소청을 심사·결정할 수 있다. 지방소청심사위원회는 광역자치단체 (시·도) 별로 설치되어 있다. 지방소청심사위원회 위원은 자치단체장이 임명 또는 위촉하나, 위원장은 위촉 위원 중에서 호선한다.

## ❷ 고충처리제도

### 1) 의 의

고충처리 (苦衷處理) 란 공무원이 자신의 불만을 해소하기 위한 장치로, 자신의 의견을 고용주인 정부에 적극적으로 피력함으로써 자신의 권익을 지켜내려는 노력이라고 할 수 있다. 고충처리제도와 소청심사제도 모두 공무원의 권익보호를 위한 제도이다.

### 2) 결정의 효력

고충심사위원회의 결정의 효력은 기속력이 없다. 다만 임용권자는 고충심사위원회 결정의 결과에 따라 고충 해소를 위해 노력할 의무를 부과하고 있다.

「공무원 고충처리 규정」에 의하면 심사 대상은 근무 조건, 인사관리 및 기타 신상 문제이며, 이를 다루는 곳은 각급 고충심사위원회이다. 6급 이하는 각 부처의 보통 고충심사위원회가, 5급 이상은 중앙 고충심사위원회가 각각 담당한다. 중앙 고충심사위원회의 기능은 인사혁신처에 설치된 소청심사위원회에서 관장한다.

## ❸ 인센티브제도

### 1) 제안제도

제안제도는 공무원의 창의적 의견을 장려하여 사기를 높이고 그 결과로 행정의 개선에 기여하게 하는 제도이다.

제안제도는 고충처리제도나 소청심사제도와 동일하게 공무원 자신의 의견을 고용주인 정부에게 개진 (開陳) 한다는 점에서 공통점을 갖는다. 차이점은 제안제도는 고충처리제도나 소청심사제도와 다르게 불만의 해소를 넘어 적극적인 차원에서의 성취기회를 제공한다는 점이다.

「공무원 제안 규정」에 의하면 우수한 제안을 제출한 공무원에게 인사상 특전이나 상여금을 지급할 수 있다.

### 2) 성과상여금제도

성과보너스는 탁월한 성과를 거둔 조직구성원에게 금전적 보상을 제공하는 제도이다. 성과상여금제도는 공직의 경쟁력을 높이기 위하여 공무원 인사와 급여체계를 사람과 연공 중심이 아니라, 성과와 능력 중심으로 개편한 것이다.

### 3) 종업원인정제도

종업원인정제도는 금전적 보상을 제공하는 것이 아니라, '이달의 인물'처럼 특수한 기여를 인정해줌으로써 동기를 유발하고자 하는 제도이다.

---

## 제2절　공무원 보수

## ❶ 공무원 보수의 의의와 특징

### 1) 의 의

보수 (pay) 는 근무의 대가로 지불되는 보상 중의 하나로, 정부가 공무원에게 금전적으로 지급하는 재정적 보상이다. 공무원의 보수 (報酬) 는 세금으로 충당되므로, 이것은 보수 인상의 제약요인으로 작용한다. 동일 노동, 동일 대가의 원칙은 노동의 비교평가가 용이할 경우에 적합하지만, 공무원 직무의 경우는 민간 업무에 비해 비교평가가 더 어려워 이 원칙의 적용이 쉽지 않다.

보수체계는 보수를 구성하는 모든 항목의 배열을 말하며, 봉급 (기본급) 과 수당 (부가급) 으로 구성된다.[18] 봉급 (salary) 은 직책, 능력, 자격에 따라 일률적으로 받는 금액이다. 봉급 (俸給) 은 직무의 곤란성 및 책임의 정도에 따라 직책별로 지급되는 기본급여 또는 직무의 곤란성 및 책임의 정도와 재직기간 등에 따라 계급별·호봉별로 지급되는 기본급여를 말한다. 수당 (手當) 은 특별한 사정에 따라 받는 금액이다.

보수행정의 합리화 정도가 낮거나 계급제를 채택하고 있는 나라들은 수당의 종류가 많은 것이 일반적인 현상이다. 특히 보수의 체계적인 관리방식 마련 및 재원대책 없이 수당을 통해 미봉책을 마련하려는 유인이 작용할 경우에는 각종 명목의 수당 증가를 막기 어렵다.

### 2) 우리나라 공무원 보수의 특징

전통적으로 생활급 중심의 보수체계로 인해 공무원 보수의 공정성이 낮은 편이다. 보수에 대한 정치적 통제가 커서 민간기업 보수보다 경직성이 강하다. 공무원사회도 동일노동·동일보수의 원칙을 추구하지만 일반적으로 노동삼권 중 단체행동권은 인정되지 아니한다. 한편 성과급적 연봉제는 실적평가 결과를 반영하여 보상의 차등화를 지향한다.

공무원의 보수 수준은 정부의 재정력을 상한선으로 하고, 공무원의 생계비를 하한선으로 하여 결정하는 것이 바람직하다. 공무원 복지포인트는 정부의 맞춤형 복지제도에 따라 2005년부터 모든 공무원을 대상으로 시행되는 제도이다.

---

[18] 공무원의 보수 (pay) 는 좁은 의미의 임금 (wage) 과 유사한 봉급 (salary) 과 수당으로 구성된다. 우리나라에서는 보수는 정부조직에서, 임금은 민간부문에서 통용되고 있다. 민간부문에서 (넓은 의미의) 임금은 좁은 의미의 임금에 수당을 합한 것이다.

## ❷ 보수결정의 원칙

### 1) 대외적 비교성

공무원의 보수를 민간부문과 비교하는 것으로, 직책에 따른 정확한 시장가격의 상정이 어렵기 때문에 민간기업 보수의 평균치를 기준으로 보수를 결정하는 것이 일반적이다. 공무원의 보수는 일반의 표준 생계비, 물가 수준, 그 밖의 사정을 고려하여 정하되, 민간부문의 임금 수준과 적절한 균형을 유지하도록 노력하여야 한다.

한국, 영국, 미국, 캐나다 등에서의 공무원 보수수준 결정은 주로 대외적 상대성 원칙을 따르고 있다.

### 2) 대내적 상대성

대내적 상대성이란 동기부여에 대한 기대감을 조직 내에서 찾는 것으로, 직급 간의 보수의 차이는 능력발전과 근무의욕의 유인으로 작용할 것이라는 기대를 전제한다. 성과에 따른 보상이 공평하다고 여길 경우에 동기부여의 요인으로 작용한다고 본다. 상하 간의 격차가 적으면 공평한 지급이지만 유인체계로써의 매력은 떨어진다. 반대로 차이가 너무 클 경우에는 불만 누적 및 불만 제기의 요인으로 작용할 수 있다.

### 3) 공무원 보수곡선

보수곡선은 상위직으로 갈수록 급격히 보수가 높아지는 J자 형태를 가지는데, 이러한 보수곡선의 특성은 장기근속을 유도하여 직업공무원제의 확립에 유리하다. 그러나 J자 모양의 보수곡선이 초래하는 공무원 인건비에 따른 재정상의 부담 때문에 일정 연령에 도달하면 근로자에게 정년을 보장하거나 연장하는 대신 임금을 삭감하는 임금피크 (pay peak) 제도가 일자리 나누기 (work sharing) 의 한 형태로 도입되고 있다.

## ❸ 보수결정의 요인

### 1) 보수의 유형

보수는 생활보장의 원칙과 노동대가의 원칙을 토대로 한다. 생활보장의 원칙은 생계비를 보수결정의 기준으로 삼는 것이고, 노동대가의 원칙은 직무와 실적 및 직무수행능력 등을 보수결정의 기준으로 하는 것이다.

생활급은 생계비를 기준으로 하는 보수로서 공무원과 그 가족의 기본적인 생활을 보장하기 위한 것이다. 연공급 또는 근속급 (seniority - based pay) 은 근무연수와 같은 인적 요소를 기준으로 하는 보수이다.

직무급 (job - based pay) 은 직무의 난이도와 책임에 따라 결정되는 보수이다. 직능급 (skill - based pay) 이란 직무수행능력에 따라 보수를 지급하는 제도를 말한다. 성과급 또는 실적급 (performance - based pay) 은 근로성과의 가치에 근거하고, 개인이나 집단의 근무실적과 보수를 연결시킨 것이다.

### 2) 등급의 폭과 호봉의 수

하나의 등급 내에서 공무원의 유용성이 최대로 될 때까지의 기간의 길이에 따라 호봉의 수를 달리해야 한다. 승진의 기회 또는 동일등급에 있어서의 체류기간을 고려해야 한다. 승진의 기회가 제한되어 있고, 동일 등급 내에서의 체류기간이 길면 호봉의 수를 많게 할 필요가 있다. 승급기간이 길고 호봉의 수가 적다면 승급액이 상대적으로 많아져야 한다.

✚ 그림 4-5 공무원 보수제도

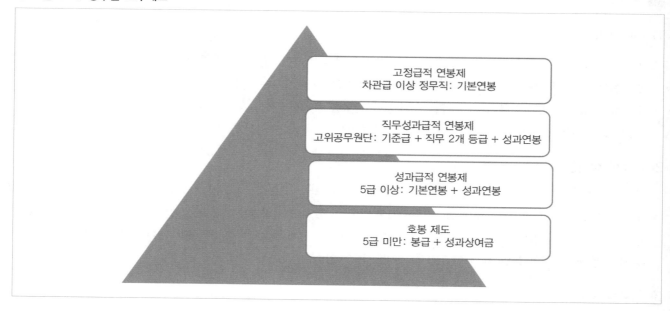

고정급적 연봉제
차관급 이상 정무직: 기본연봉

직무성과급적 연봉제
고위공무원단: 기준급 + 직무 2개 등급 + 성과연봉

성과급적 연봉제
5급 이상: 기본연봉 + 성과연봉

호봉 제도
5급 미만: 봉급 + 성과상여금

## ❹ 연봉제

### 1) 의 의

연봉제는 실적주의 및 직위분류제를 강화시키지만, 직업공무원제 및 계급제는 약화시키는 경향이 있다. 연봉제 도입은 관료제 내부의 공동체의식이나 팀 정신을 약화시킬 수 있다. 우리나라의 경우 연봉액을 1년 단위로 책정하여, 전액을 매년 1회 일괄해서 지급하는 것이 아니라 연봉액을 12개월로 나누어 매월 지급하는 것이 원칙이다.

### 2) 고정급적 연봉제

고정급적 연봉제는 직위별로 연봉이 고정되는 것으로 차관급 이상의 정무직 공무원을 대상으로 하는데, 정무직 공무원은 일반직 공무원과 달리 성과측정이 극히 어렵기 때문에 개별 직위마다 고정된 연봉을 책정한다.

### 3) 성과급적 연봉제

성과급적 연봉제는 일반직, 별정직 등의 5급 이상 공무원과 임기제 공무원을 대상으로 하며, 계급별 기본연봉과 업무실적의 평가 결과에 따른 성과연봉으로 구성된다. 기본연봉은 봉급, 기말수당, 정근수당(가산금 포함), 관리업무수당, 명절휴가비, 교통보조비, 가계지원비 등의 연액으로 책정한다. 성과연봉은 성과급적 연봉제 적용 대상 공무원에 대해 전년도 업무 성과의 평가 결과에 따라 평가 등급별로 차등 지급한다.

### 4) 직무성과급적 연봉제

고위공무원단(대통령경호처 직원 중 별정직 공무원을 제외함)에게는 직무성과급적 연봉제가 적용되고 있다. 직무성과급적 연봉제에서 기본연봉은 기준급과 직무급(가, 나 등급)으로 구성되고, 성과급 비중이 높은 편이다. 우리나라 고위공무원단에 속하는 공무원의 연봉제 수립에 있어서 직무평가가 직무분석보다 더 중요한 기능을 한다.

기본연봉과 성과연봉으로 구성되는 것은 성과급적 연봉제와 직무성과급적 연봉제이다. 성과급적 연봉제와 직무성과급적 연봉제의 성과연봉은 전년도의 업무실적에 따른 평가결과에 따라 차등 지급된다는 점에서 유사한 면이 있다.

## ❺ 성과급제

### 1) 의 의

성과급(output payment) 제도는 개인 및 집단이 수행한 작업성과에 기초하여 보수를 차등하여 지급하는 것을 의미하며, 우리나라는 1998년에 도입해서 2001년부터 시행하고 있다.

성과상여금 지급방법은 개인별 지급, 부서별 지급, 병용 방법 등이 있는데, 각 부처가 소속 공무원의 의견을 수렴하고 해당 기관의 업무와 구성원의 특성을 감안해 자율적으로 선택해 운영하도록 되어 있다.

### 2) 특 징

개인별 지급방법은 성과주의 구현에는 적합하지만 조직의 일체감과 단합을 저해할 수 있다. 부서별 지급방법은 조직의 단합은 유지할 수 있지만, 무임승차자 문제가 존재한다. 직종별·직급별로 개인의 성과를 평가해서 우선 개인별로 성과 상여금을 차등 지급한 후에, 부서별로 차등 지급하는 방법도 있다. 한편 직종과 업무의 특성상 팀제 운영 등으로 개인별 성과를 구분해 평가하기가 부적합한 경우에는, 부서별로 성과를 평가한 후에 부서별로 성과상여금을 차등 지급하고 부서 내 개인에게는 계급별로 균등하게 지급한다.

## ❻ 총액인건비제도

### 1) 의 의

총액인건비제도는 성과관리와 관리유인체계를 제공하기 위한 신공공관리론의 산물로, 인력과 예산 운영의 효율성 제고와 조직의 성과를 높이기 위한 제도이다. 각 시행기관이 당해 연도에 편성된 총액인건비 예산의 범위 안에서 기구·정원·보수·예산에 대해 자율적으로 운영할 수 있게 하는 것이다.

우리나라는 총액인건비제도를 2007년 노무현 정부부터 중앙행정기관과 지방자치단체에 도입한 후, 공공기관으로까지 확대했다. 총액인건비 내에서 조직, 보수 제도를 성과 향상을 위한 인센티브제로 활용하여 성과 중심의 조직을 운영할 수 있다.

### 2) 특 징

총액인건비제도는 예산 당국은 각 행정기관별 인건비 예산의 총액만을 관리하고, 각 행정기관이 인건비 한도에서 인력의 규모와 종류를 결정하고 기구의 설치 및 인건비 배분의 자율성을 보유하며, 그 결과에 책임을 지는 제도이다. 총액인건비제도는 예산, 보수, 조직, 정원 등의 관리에 있어서 중앙정부의 통제를 줄이고, 각 부처나 지방자치 단체의 자율성을 높이려는 성과 중심의 조직관리 방안을 말한다.

총액인건비제는 국(局) 단위 이상 기구는 대통령령 직제(職制)에서 규정하되, 국 아래 두는 보조기관은 각 부처가 정원 범위 내에서 총리령 또는 부령으로 자율적으로 설치·운용하는 것이다.

## 3) 순기능과 역기능

중앙정부에 의한 정원통제를 어느 정도 피할 수 있고, 정원 및 기구의 조정을 통해 조직 내에서 자동적인 제어기능이 작동한다. 업무성격이나 내용에 따라 유연한 인력운영이 가능하며, 성과상여금에 대한 지급액의 증감이 용이하다.

그러나 계급별 적정비율을 넘는 직급(職級) 인플레이션을 촉발할 수 있고, 자율에 따른 도덕적 해이가 우려된다.

<br>

## 제3절 | 공무원 연금

### ❶ 공무원 연금의 의의와 대상

#### 1) 의 의

연금은 공무원에 대한 사회보장제도의 하나로, 장기간에 걸쳐 충실히 근무한 대가를 퇴직 후에 금전적으로 보상받는 보상체계이다. 퇴직연금제도는 공무원이 노령, 질병, 부상, 기타의 이유로 퇴직하거나 사망한 경우 본인 또는 유족의 생계를 돌보기 위해 연금을 지급하는 제도로, 직업공무원제를 확립하는 데 불가결한 제도이다

연금은 공무원에게는 사회보장의 기능을 하고, 정부 입장에서는 공무원의 사기앙양(士氣昂揚)을 통해 근무실적을 향상시키고 공직에 인재들을 충원하는 유인장치가 된다.

공무원 연금제도는 공무원에 대한 사회보장제도의 일환이다. 보수후불설 또는 거치보수(据置報酬)설에 따르면 퇴직연금은 공무원의 당연한 권리이다. 우리나라의 공무원 연금제도는 미국과 같이 연금을 일종의 거치된 보수(deferred compensation)로 보는 거치보수설에 입각하고 있으며, 일시적으로 공무에 종사하지 않는 휴직공무원도 연금의 적용대상에 포함된다.

우리나라의 공무원 연금제도는 최초의 공적연금제도이며, 직업공무원을 대상으로 하는 특수직역연금제도로 1960년에 도입되었다. 우리나라 공무원 연금제도는 사회보험 원리와 부양 원리가 혼합된 제도로 운영되며, 비용부담은 정부와 공무원이 균등 부담하는 사회보험의 성격과 재정수지 부족액을 재정으로 보전하는 부양원리를 채택하고 있다. 정부의 재정보전은 부과방식(PAYGO: Pay-As-You-GO system)에 기반을 둔 세대 간 부양시스템을 적용한 것이다.

#### 2) 공무원연금 대상과 운용

「공무원연금법」상 공무원연금 대상은 「국가공무원법」, 「지방공무원법」 등 법률에 따른 공무원[19]이며, 국가 또는 지방자치단체에 근무하는 청원경찰과 청원산림보호직원 및 국가 또는 지방자치단체의 위원회 등의 상임위원과 전임(專任) 직원으로서 매월 정액의 보수 또는 이에 준하는 급여를 받는 사람 등이다. 우리나라 「공무원연금법」의 적용 대상에는 장관도 포함된다.

공무원연금제도는 인사혁신처가 관장하고, 그 집행은 공무원연금공단에서 실시하고 있다. 공무원연금기금으로 운영하고, 특별회계로 운영하지 않는다.

---

[19] 2018년 「공무원연금법」 개정으로 구법의 적용대상에서 '상시공무에 종사하는' 부분이 삭제되어, 시간선택제공무원도 「공무원연금법」의 적용대상이 된다.

그러나 군인과 선거에 의하여 취임하는 공무원은 「공무원연금법」의 적용대상에서 제외한다. 군인연금기금은 「군인연금법」에 의한다. 또한 공무원 임용 전의 견습직원 등도 제외된다.

## ❷ 공무원 연금의 방식

### 1) 의 의

재원의 형성방식에 따라 적립방식인 기금제와 부과방식인 비기금제로 나눌 수 있다. 적립방식·기금제는 노인소비의 재원을 노인들 자신의 생산활동기간 동안의 저축으로 해결하려는 데 기본이념을 두고 있음에 비해, 부과방식은 자식세대의 생산활동으로부터의 분배에 기초하여 '세대 간 부양'의 취지로 운영되는 재정방식이다.

### 2) 적립방식·기금제

적립방식·기금제 (pre-funding system 또는 funded plan)는 예산이 아닌 별도의 기금을 조성하여 운용하는 방식이다.

기금제 중에서 기여제 (contributory system)는 재직기간 중 보수의 일부를 갹출하고, 여기에 정부의 부담금을 합하여 기금으로 적립해 가는 방식이다. 대한민국과 미국의 공무원 연금은 기금제–기여제 방식으로 운영하고 있다. 한편 기금제를 채택하면서 기금조성의 비용을 정부에서 단독 부담하는 제도를 비기여제 (non-contributory system)라 한다.

우리나라 공무원연금제도는 기금제를 택하고 있으며, 퇴직연금뿐만 아니라 복지후생연금의 의미도 가지고 있다. 그리고 우리나라는 기금조성의 비용을 정부와 공무원이 공동으로 부담하는 기여제를 채택하고 있다.

적립금 또는 기금의 운용을 통해 투자수익금까지 기금에 축적되므로, 경기변동의 영향으로부터 연금재정 및 급여의 안정성을 꾀할 수 있다. 기금 수익을 통해 장기 비용부담을 덜어 제도의 안정적인 운영이 가능하다.

기금제는 보험료의 평준화를 통해 세대 간 부담을 공평화하여, 고령화와 같은 인구구성의 변화에 따른 영향을 적게 받는다. 그러나 적립방식은 인플레이션이 심할 경우 기금의 실질가치가 하락할 수 있다. 기금제는 운용·관리 비용이 많이 든다는 단점이 있다.

### 3) 부과방식·비기금제

부과방식·비기금제 (pay-as-you-go system)는 별도의 기금을 조성하지 않고, 당해 연도의 연금급여지출을 그 해의 국가예산 등에서 조달하는 방식이다.

일정 기간 내에서 (보통 1년) 수지균형을 맞추어 나가고 (pay-as-you-go), 기금의 적립은 이루어지지 않으며 비상시를 대비한 지불준비금만을 보유한다.

어느 한 시점에서 노령자의 생활유지에 필요한 연금급여의 재원을 그 당시 근로세대의 보험료에서 구하는 것으로, '세대 간 부양'의 취지로 운영되는 재정방식이다. 비기여제는 정부가 연금재원의 전액을 부담하는 제도이다. 영국은 비기금제–비기여제로 운영하고 있다.

인플레이션이 심하더라도 연금급여의 실질가치를 유지할 수 있다. 그러나 인구구성에 의존하기 때문에 고령화가 진전되는 상황에서 후세대의 부담을 증가시켜 소득재분배의 불합리성을 초래할 수 있다. 부과방식·비기금제 (pay-as-you-go system)는 프랑스, 독일 등 대부분의 유럽 국가들이 채택하는 방식이다.

**✚ 그림 4-6 기금제와 비기금제**

| 기금제의 장점 | 기금제의 단점 | 비기금제의 장점 | 비기금제의 단점 |
|---|---|---|---|
| • 세대 간 부담의 공평화<br>• 경기변동, 인구구조로부터의 영향이 적음 | • 운영, 관리비용이 많이 소요됨<br>• 인플레이션에 따른 실질가치 하락 위험 | • 제도시행 초기에 부담이 적음<br>• 인플레이션과 투자의 위험성이 적음 | • 인구구조와 경기변동으로부터의 영향이 큼<br>• 미래세대의 부담을 가중시킴 |

## ❸ 연금급여

### 1) 급여의 종류

퇴직급여, 퇴직유족급여, 비공무상 장해급여, 퇴직수당 등이 있다. 퇴직급여에는 퇴직연금, 퇴직연금일시금, 퇴직연금공제일시금, 퇴직일시금이 있다. 비공무상 장해급여에는 비공무상 장해연금, 비공무상 장해일시금이 해당된다.

급여 중 퇴직급여, 퇴직유족급여 및 비공무상 장해급여에 드는 비용은 공무원과 국가 또는 지방자치단체가 부담한다. 급여 중 퇴직수당 지급에 드는 비용은 국가나 지방자치단체가 부담한다.

### 2) 퇴직연금

공무원이 10년 이상 재직하고 퇴직한 경우에는 65세가 되는 때[20]부터 사망할 때까지 퇴직연금을 매월 지급한다. 다만 폐직 및 과원, 60세 미만의 정년규정, 계급정년으로 퇴직 시에는 퇴직 후 5년이 경과한 때부터 지급한다.

퇴직연금 산정 시 재직기간은 36년을 초과하지 못한다. 기여금 납부기간은 최대 36년까지이다. 연금수령을 위한 기여금의 최소 납부기간은 10년이다. 기여금은 기준소득월액의 9%로 한다.[21]

퇴직연금의 금액은 재직기간 1년당 평균기준소득월액[22]의 1.7%로 한다. 다만, 재직기간은 36년을 초과할 수 없다.

### 3) 퇴직연금일시금, 퇴직연금공제일시금, 퇴직일시금

퇴직연금일시금은 퇴직연금 해당자가 연금을 갈음하여 일시금으로 지급받는 것이다. 퇴직연금공제일시금은 퇴직연금 해당자가 일부에 대해 일시금으로 지급받는 것이다. 퇴직일시금은 10년 미만 재직하고 퇴직한 때 받는 퇴직급여이다.

### 4) 퇴직유족급여

퇴직유족급여에는 퇴직유족연금, 퇴직유족연금부가금, 퇴직유족연금특별부가금, 퇴직유족연금일시금, 퇴직유족일시금이 있다. 공무원이거나 공무원이었던 사람으로서 퇴직연금 또는 조기퇴직연금을 받을 권리가 있는 사람이 사망한 경우 퇴직유족연금을 지급한다. 퇴직유족연금은 공무원이거나 공무원이었던 사람이 받을 수 있는 퇴직연금액 또는 조기퇴직연금액의 60%로 한다.

---

[20] 연금지급 개시 연령은 2033년부터는 임용시기 구분없이 만 65세로 한다.

[21] 기여율은 올리고 (7% ⇨ 9%) 지급률은 낮추는 방향 (1.9% ⇨ 1.7%) 으로 연금개혁이 이루어졌다.

[22] 퇴직연금 및 유족연금의 산정은 평균기준소득월액을 기초로 한다. 평균기준소득월액은 재직기간 중 매년 기준소득월액을 공무원보수인상률 등을 고려하여 급여의 사유가 발생한 날의 현재가치로 환산한 후 합한 금액을, 재직기간으로 나눈 금액을 말한다.

퇴직유족연금부가금은 사망 당시의 퇴직연금일시금에 해당하는 금액의 25%로 한다. 공무원이 10년 미만 재직하고 사망한 경우에는 그 유족에게 퇴직유족일시금을 지급한다.

## 5) 비공무상 장해급여

공무원이 공무 외의 사유로 생긴 질병 또는 부상으로 인하여 장해상태가 되어 퇴직하였을 때 또는 퇴직 후에 그 질병 또는 부상으로 인하여 장해상태로 되었을 때에는 장해등급에 따라 비공무상 장해연금 또는 장해일시금을 지급한다.

## 6) 퇴직수당

공무원이 1년 이상 재직하고 퇴직하거나 사망한 경우에는 퇴직수당을 지급한다. 퇴직수당 소요비용은 정부가 전액 부담한다.

---

## 제4절 　유연근무제와 일과 삶의 균형

### ❶ 유연근무제

#### 1) 유연근무제의 개념과 유형

유연근무제는 공무원의 근무방식과 형태를 개인·업무·기관특성에 따라 선택할 수 있는 제도이다. 「국가공무원 복무·징계관련 예규」에 의하면, 유연근무제도에는 시간선택제 전환근무제, 탄력근무제, 원격근무제가 포함된다.

**➕ 표 4−14 유연근무제 유형**

| 유 형 | | 특 징 |
|---|---|---|
| 시간선택제 전환근무제 | | 주40시간보다 짧은 시간 근무 |
| | | • 실시기간: 1개월 이상<br>• 보수 및 연가: 근무시간에 비례하여 적용 |
| 탄력근무제 | | 주 40시간 근무하되, 출퇴근시각·근무시간·근무일을 자율 조정 |
| | 시차출퇴근형 | 출·퇴근시간 제한 없이 자율 조정, 1일 8시간 근무 |
| | 근무시간선택형 | 1일 8시간 제한 없이 4~12시간, 주 5일 근무 유지 |
| | 집약근무형 | 주 5일 미만 근무(주 3.5일~4일), 1일 4~12시간 근무 |
| | 재량근무형 | 출·퇴근 의무 없이 프로젝트 수행으로 주 40시간 인정 |
| 원격근무제 | | 특정한 근무장소를 정하지 않고 정보통신망을 이용하여 근무 |
| | 재택근무형 | 사무실이 아닌 자택에서 근무 |
| | 스마트워크 근무형 | 자택 인근 스마트워크센터 등 별도 사무실 근무 |

출처: 국가공무원 복무·징계관련 예규 (인사혁신처 예규 제83호, 2020. 01. 20.).

시간선택제 전환근무제는 통상적인 전일제 근무시간인 주 40시간보다 짧은 시간을 근무하는 제도이다.

탄력근무제는 주 40시간을 근무하되, 출퇴근시각·근무시간·근무일을 자율 조정할 수 있는 제도이다. 탄력근무제는 시차출퇴근형, 근무시간선택형, 집약근무형, 재량근무형으로 나뉜다.

원격근무제는 특정한 근무장소를 정하지 않고 정보통신망을 이용하여 근무하는 유형이다. 원격근무제는 재택근무형과 스마트워크 근무형으로 구분된다. 심각한 보안위험이 예상되는 업무는 온라인 원격근무를 할 수 없다. 재택근무자의 재택근무일에는 「국가공무원 복무·징계 관련 예규」에 의해 시간외근무수당 실적분을 지급하지 않고 정액분만을 지급한다.

## 2) 시간선택제 채용공무원

시간선택제 채용공무원은 통상적인 근무시간보다 짧은 시간 (주 15~35시간) 을 근무하는 공무원으로서, 일반 공무원처럼 시험을 통해 채용되고 정년이 보장되는 공무원이다.

2014년부터 시간선택제 채용공무원 시험이 최초로 실시되었다. 시간선택제 채용공무원을 통상적인 근무시간 동안 근무하는 공무원으로 임용하는 경우 어떠한 우선권도 인정되지 않는다.

시간선택제 공무원도 「공무원연금법」의 적용대상이 된다. 시간선택제 공무원제도는 유연근무제도의 일환으로 도입되었으며, 기관 사정이나 정부의 일자리 나누기 정책 구현 등을 위해서 활용된다.

## ❷ 일과 삶의 균형

일과 삶의 균형 (WLB: Work Life Balance) 이란 근로의 질 (Quality of Work Life) 과 삶의 질 (Quality of Life) 을 핵심가치로 한다. 일과 삶의 균형은 역할갈등이론 (role conflict theory) 과 전이이론 (spillover theory) 으로 설명될 수 있다.

첫째, 역할갈등이론은 한 사람이 여러 지위를 갖게 되면서 지위 간에 나타나는 역할의 충돌로 일어나는 역할모순에 의한 갈등과 동일한 지위 내에서 둘 이상의 기대역할 간의 충돌로 발생하는 역할긴장에 의한 갈등으로 구분할 수 있다.[23] 둘째, 전이이론은 한 영역에서의 태도와 행동이 다른 영역으로 옮겨져서 그 태도와 행동형성에 영향을 미친다고 보는 것이다.[24]

## ❸ 출산휴가 및 육아휴직

## 1) 의 의

출산 및 육아휴직제도는 여성들의 사회진출이 늘면서 '일과 가정이 양립하는 환경'을 만들기 위해 도입된 것이다. 제도적 노력에도 불구하고, 대체인력 확보의 어려움과 그로 인한 업무공백 및 다른 직원들의 업무가중의 문제가 제기되고 있다.

---

[23] 가정 내에 중요 행사나 변고가 있을 경우에, 직장 내의 직위에 따른 역할과 가정에서의 지위에 따른 역할의 갈등은 역할모순에 의한 갈등이다. 한편 '엄한 혹은 자상한 부모가 될 것인가'의 갈등은 역할긴장이라고 할 수 있다.

[24] 직장이나 가정생활 중에서 어느 한쪽에 부정적인 태도나 불만족이 발생했을 경우에, 이것이 다른 한쪽으로 전이되어 전체적인 성과나 직무만족도를 떨어뜨리는 악순환을 낳을 수 있다.

## 2) 휴직명령

임용권자는 만 8세 이하(취학 중인 경우에는 초등학교 2학년 이하)의 자녀를 양육하기 위하여 필요하거나 여성공무원이 임신 또는 출산하게 되어 휴직을 원하면 대통령령으로 정하는 특별한 사정이 없으면 휴직을 명하여야 한다.

| 제5절 | 공무원 단체 |

## ❶ 공무원의 단체활동에 대한 논쟁

### 1) 공무원 단체활동 제한론

저성과자의 퇴출을 억제하는 등의 실적주의 원칙을 침해할 우려가 있다. 공무원의 정치적 중립성이 훼손될 수 있다. 보수인상 등 복지요구 확대는 국민 부담으로 이어진다.

### 2) 공무원 단체활동 찬성론

공직 내 의사소통을 강화시킨다. 공무원단체는 정부와 공무원 간의 쌍방향적 의사전달의 통로가 된다.

## ❷ 공무원 노동조합

### 1) 설 립

「공무원의 노동조합 설립 및 운영 등에 관한 법률」에 의하면, 노동조합을 설립하려는 사람은 고용노동부장관에게 설립신고서를 제출하여야 한다. 공무원이 노동조합을 설립하려는 경우에는 국회, 법원, 헌법재판소, 선거관리위원회, 행정부, 특별시, 광역시, 특별자치시, 도, 특별자치도, 시·군·구(자치구를 말한다) 및 특별시, 광역시, 특별자치시, 도, 특별자치도의 교육청을 최소 단위로 한다. 공무원 노동조합은 2개 이상의 단위에 걸치는 노동조합이나 그 연합단체도 가능하다.
우리나라 공무원 노동조합의 종류는 「공무원복무규정」에 의한 현업관서 노조인 우정노조, 「교원의 노동조합 설립 및 운영 등에 관한 법률」에 근거한 국·공립 교원의 교원노조, 「공무원의 노동조합 설립 및 운영 등에 관한 법률」에 의거한 일반 공무원 노조가 있다.
공무원은 노동조합 활동을 할 때, 다른 법령에서 규정하는 공무원의 의무에 반하는 행위를 하여서는 아니 된다.

### 2) 가입 범위

현행 「공무원노조법」은 단결권, 즉 노조에 가입할 수 있는 공무원의 범위를 6급 이하로 하고 있다. 6급 이하의 일반직 공무원 및 이에 상당하는 일반직 공무원, 특정직 공무원 중 6급 이하의 일반직 공무원에 상당하는 외무행정·외교정보관리직 공무원, 6급 이하의 일반직 공무원에 상당하는 별정직 공무원이다. 공무원이 면직·파면 또는 해임되어 「노동조합 및 노동관계조정법」에 따라 노동위원회에 부당노동행위의 구제신청을 한 경우에는 「노동위원회법」에 따른 중앙노동위원회의 재심판정이 있을 때까지는 노동조합원의 지위를 상실하는 것으로 보아서는 아니 된다.

그러나 6급 이하라도 지휘·감독 직책의 공무원, 인사·보수 등 행정기관의 입장에서 업무를 수행하는 공무원은 제외된다. 다른 공무원에 대하여 지휘·감독권을 행사하거나 다른 공무원의 업무를 총괄하는 업무에 종사하는 공무원, 인사·보수에 관한 업무를 수행하는 공무원 등 노동조합과의 관계에서 행정기관의 입장에서 업무를 수행하는 공무원, 교정·수사 또는 그 밖에 이와 유사한 업무에 종사하는 공무원, 업무의 주된 내용이 노동관계의 조정·감독 등 노동조합의 조합원 지위를 가지고 수행하기에 적절하지 아니하다고 인정되는 업무에 종사하는 공무원 등은 노동조합에 가입할 수 없다.

## 3) 노동조합 전임자의 지위

공무원은 임용권자의 동의를 받아 노동조합의 업무에만 종사할 수 있다.[25] 임용권자의 동의를 받아 노동조합의 업무에만 종사하는 사람인 전임자(專任者)에 대하여는 그 기간 중 「국가공무원법」 또는 「지방공무원법」에 따라 휴직명령을 하여야 한다. 국가와 지방자치단체는 전임자에게 그 전임기간 중 보수를 지급하여서는 아니 된다. 국가와 지방자치단체는 공무원이 전임자임을 이유로 승급이나 그 밖에 신분과 관련하여 불리한 처우를 하여서는 아니 된다.

## 4) 단체교섭권

우리나라는 공무원 노조의 단체교섭권을 허용한다. 「공무원의 노동조합 설립 및 운영 등에 관한 법률」상 단체교섭 대상은 조합원의 보수, 복지, 그 밖의 근무조건에 관한 사항이다. 행정부의 정부측 교섭대표는 인사혁신처장이다.

그러나 법령 등에 따라 국가나 지방자치단체가 그 권한으로 행하는 정책결정에 관한 사항, 임용권의 행사 등 그 기관의 관리·운영에 관한 사항으로서 근무조건과 직접 관련되지 아니하는 사항은 교섭의 대상이 될 수 없다. 정책의 기획 등 정책결정에 관한 사항, 기관의 조직 및 정원에 관한 사항, 예산·기금의 편성 및 집행에 관한 사항 등은 단체교섭의 대상에서 제외된다.

또한 단체협약의 내용 중 법령, 조례, 예산에 의하여 규정되는 내용은 단체협약으로서의 효력을 인정하지 아니한다. 법령과 조례 및 예산에 의해서 규정되는 내용은 단체협약으로서의 효력을 인정하지 않고, 정부에게 그 내용을 이행하도록 성실히 노력할 의무만을 규정하고 있다.

## 5) 단체행동권

단체행동권은 원칙적으로 허용되지 않는다. 다만, 사실상 노무에 종사하는 공무원은 예외로 한다. 대통령령인 「국가공무원 복무규정」에 의하면, 사실상 노무에 종사하는 공무원은 과학기술정보통신부 소속 현업기관의 작업 현장에서 노무에 종사하는 우정직 공무원(우정직 공무원의 정원을 대체하여 임용된 일반임기제공무원 및 시간선택제 일반임기제공무원을 포함한다)이다. 다만, 서무·인사 및 기밀 업무에 종사하는 공무원, 경리 및 물품출납 사무에 종사하는 공무원, 노무자 감독 사무에 종사하는 공무원, 「보안업무규정」에 따른 국가보안시설의 경비 업무에 종사하는 공무원, 승용자동차 및 구급차의 운전에 종사하는 공무원의 단체행동권은 인정되지 않는다. 사실상 노무에 종사하는 공무원으로서 노동조합에 가입된 자가 조합 업무에 전임하려면 소속 장관의 허가를 받아야 한다. 허가에는 필요한 조건을 붙일 수 있다.

「공무원의 노동조합 설립 및 운영 등에 관한 법률」은 공무원노조의 쟁의행위를 명시적으로 허용하지 않고 있다. 노동조합과 그 조합원은 파업, 태업 또는 그 밖에 업무의 정상적인 운영을 방해하는 일체의 행위를 하여서는 아니 된다. 우리

---

[25] 사실상 노무에 종사하는 공무원으로서 노동조합에 가입된 자가 조합 업무에 전임하려면 소속 장관의 허가를 받아야 한다.

나라는 노조 간부를 포함한 공무원 노조의 정치활동을 원칙적으로 허용하지 않는다. 노동조합과 그 조합원은 정치활동을 하여서는 아니 된다. 공무원은 국민 전체에 대한 봉사자라는 「헌법」상의 지위와 직무의 공공성 차원에서 행정서비스의 중단이 국익에 중대한 해를 가져올 수 있기 때문이다.

## 6) 분쟁해결

단체교섭이 결렬(決裂)된 경우에는 당사자 어느 한쪽 또는 양쪽은 중앙노동위원회에 조정(調停)을 신청할 수 있다. 조정은 조정신청을 받은 날부터 30일 이내에 마쳐야 한다. 다만, 당사자들이 합의한 경우에는 30일 이내의 범위에서 조정기간을 연장할 수 있다.

조정이 실패한 경우에 관계 당사자 양쪽이 함께 중재를 신청할 수 있다. 공무원 노동관계 조정위원회 전원회의에서 중재 회부를 결정한 경우에 중앙노동위원회는 지체 없이 중재(仲裁)를 한다.

단체교섭이 결렬된 경우 이를 조정·중재하기 위하여 중앙노동위원회에 공무원 노동관계 조정위원회를 둔다. 「공무원의 노동조합 설립 및 운영 등에 관한 법률」의 적용을 받는 국가공무원노동조합과 지방공무원노동조합 모두 단체교섭이 결렬된 경우에는 중앙노동위원회에 조정을 신청할 수 있다. 위원회는 공무원 노동관계의 조정·중재를 전담하는 7명 이내의 공익위원으로 구성한다. 관계 당사자는 중앙노동위원회의 중재재정이 위법하거나 월권(越權)에 의한 것이라고 인정하는 경우에는 「행정소송법」에도 불구하고 중재재정서를 송달받은 날부터 15일 이내에 중앙노동위원회 위원장을 피고로 하여 행정소송을 제기할 수 있다.

## ❸ 공무원 직장협의회

## 1) 설 립

「공무원 직장협의회의 설립·운영에 관한 법률」에 의하면, 국가기관과 지방자치단체 및 그 하부기관에 근무하는 공무원은 당해 기관의 근무환경 개선, 업무능률 향상 및 고충처리 등을 위한 목적으로 직장협의회를 설립할 수 있다.

협의회는 기관 단위로 설립하되, 하나의 기관에는 하나의 협의회만을 설립할 수 있다. 협의회는 기관 단위로 설립하며, 하나의 기관에 복수의 협의회를 설립할 수 없고, 전국 단위 결성은 금지된다. 협의회를 설립한 경우 그 대표자는 소속 기관의 장인 기관장에게 설립 사실을 통보하여야 한다.

## 2) 가입 범위

6급 이하의 일반직 공무원 및 이에 준하는 일반직 공무원, 일반직 공무원에 상당하는 별정직 공무원, 특정직 공무원 중 재직 경력 10년 미만의 외무영사직렬·외교정보기술직렬 외무공무원, 경감 이하의 경찰공무원, 소방경 이하의 소방공무원 등은 협의회에 가입할 수 있는 공무원이다.

그러나 「국가공무원법」 및 「지방공무원법」에 따라 노동운동이 허용되는 사실상 노무에 종사하는 공무원, 지휘·감독의 직책에 있는 공무원, 인사, 예산, 경리, 물품출납, 비서, 기밀, 보안, 경비 및 그 밖에 이와 유사한 업무에 종사하는 공무원 등은 협의회에 가입할 수 없다.

### 3) 협의회의 기능

협의회는 기관장과 해당 기관 고유의 근무환경 개선에 관한 사항, 업무능률 향상에 관한 사항, 소속 공무원의 공무와 관련된 일반적 고충에 관한 사항 등을 협의한다.

공무원은 자유로이 협의회에 가입하거나 협의회를 탈퇴할 수 있다. 공무원노조와 달리 협의회의 업무를 전담하는 공무원은 둘 수 없다.

> **■ TIP** 공무원 노동조합과 직장협의회
>
> 공무원 노동조합과 공무원 직장협의회의 차이는 공무원 노동조합의 경우, 전담공무원을 둘 수 있고 복수노동조합의 설립이 가능하며, 전국단위조직을 결성할 수도 있다. 사실상 노무에 종사하는 공무원의 경우는 공무원노동조합에는 가입이 가능하나, 공무원직장협의회에는 가입할 수 없다.

생각 넓히기 _ 공무원과 인사행정

공무원 채용을 위한 공개경쟁시험은 실적주의의 요소이며, 공무원에게 정치적 중립성을 준수할 것을 의무화하되 신분보장을 해주는 것은 직업공무원제를 확립하기 위한 것이다.

공무원 시험문제가 공무원의 직무수행에 필요한 요소들을 고르게 담아냈다면, 시험의 내용타당성이 있다고 할 수 있다.

공무원에게 책임을 묻는 것으로 직위해제라는 것이 보도되는 경우가 많은데, 직위해제는 공무원으로서의 신분이 박탈되는 것도 아니고 「공무원법」상 징계의 종류에도 해당되지 않는다.

특정 지역, 연령, 소득계층, 성별 등의 요소를 공무담임을 위한 가점요인 또는 임용할당사유로 삼는 것을 대표관료제라고 한다. 그러나 역차별이라는 비판에도 불구하고 이들을 배려했지만, 실질적이고 적극적으로 그들이 대표해야 할 사람들의 이익을 대변하지 못하고 초심을 잃는 경우가 많다.

# 행정학 절요

# PART

# 05

# 재무행정론

# CHAPTER 29 예산과 재정

## ❶ 정부운영에서 예산이 갖는 특성

예산 (豫算) 은 정부가 일정한 기간 동안에 징수할 수입인 세입 (稅入) 과 지출할 경비인 세출 (歲出) 의 내역 및 규모에 대한 계획이다. 예산은 계획 (計劃) 의 의미가 있고, 정부가 사용할 수 있는 공공재원 자체를 뜻하기도 한다. 예산은 국가사업계획을 국가재정수립을 통해서 구체화시키는 역할을 하는데 계획과 예산의 성질상 차이, 예산심의과정의 정치성 등으로 계획과 예산의 괴리가 발생하기도 한다.

정부가 재원을 동원하고 지출하는 경제활동 전체를 '재정 (財政)'이라고 하며, 재정은 예산보다 더 포괄적이다. 재정은 예산과 기금 (基金) 으로 구성되며 예산은 다시 일반회계 (一般會計) 와 특별회계 (特別會計) 로 구분된다.

예산 과정을 통해 정부정책의 산출을 평가하고 측정할 수 있다. 예산이 결정되는 과정에는 다양한 주체들의 상호작용이 끊임없이 발생한다. 예산과정은 희소자원의 배분과정이므로 선택에 따른 기회비용이 발생한다.

## ❷ 회계연도

예산은 원칙적으로 회계연도 (會計年度) 에 국한하여 효력이 있는데, 이를 '회계연도 (FY: Fiscal Year) 독립의 원칙'이라고 한다. 회계연도 기간은 나라마다 차이가 있다.

우리나라는 「국가재정법」에서 1월 1일부터 12월 31일까지를 회계연도로 규정하고 있다. 회계연도 독립의 원칙에 의해, 각 회계연도의 경비는 그 연도의 세입 또는 수입으로 충당하여야 한다.

## ❸ 재무행정 조직

중앙예산기관과 국고수지 (國庫收支) 총괄기관의 분리 여부 (分離與否) 에 따라 삼원체제와 이원체제로 구분된다. 미국은 중앙예산기관인 관리예산처, 국고수지총괄기관인 재무부, 중앙은행인 연방준비은행이 분리된 삼원체제 (三元體制) 에 해당한다. 미국의 관리예산처는 대통령 직속으로 설치되어 있어서 강력한 통솔력과 효과적인 행정관리 수단, 분파주의 방지 등의 삼원체제의 장점을 지닌다.

우리나라는 현재 중앙예산기관과 국고수지총괄기관이 기획재정부에 통합되어 있는 이원체제 (二元體制) 에 해당되며, 이는 세입·세출의 유기적 연계성을 높인다. 중앙은행으로서 한국은행은 금융정책을 수행하는 정부의 기관으로, 정부의 모든 국고금의 출납업무를 대행하는 정부의 재정대행기관이다.

## ❹ 기획과 예산의 관계

기획(企劃)은 장기적·미래지향적 관점, 쇄신적(刷新的)·발전지향적·소비지향적 성격을 지닌다. 반면에 예산(豫算)은 상대적으로 단기적(일반적으로 1년 단위)·보수적·저축지향적 성격을 지닌다. 기획은 입법부 심의대상이 아니지만 예산은 입법부의 심의대상에 속한다.

계획담당기관과 예산담당기관의 유기적 통합이 결여될 경우 계획과 예산은 분리된다. 현재 우리나라는 계획과 예산의 유기적 통합을 위해 기획재정부를 두고 있다.

---

| 제2절 | 재정의 기능과 목적 |
| --- | --- |

## ❶ 행정적 기능

Allen Shick(1966)는 예산의 행정적 기능을 통제기능, 관리기능, 계획기능으로 구분했다. 통제기능은 품목별 예산(LIBS)이 대표적이며, 관리기능은 성과주의 예산(PBS)과 관련된다. 계획기능은 계획예산(PPBS)이 해당된다.

Allen Shick은 「The Road to PPB: The Stages of Budget Reform」에서 통제지향, 관리지향, 기획지향이라는 예산의 3대 지향에 대한 논리를 정립하면서 계획예산의 타당성을 강조했다.

## ❷ 정치적 기능

Aaron Wildavsky(1984)가 예산을 갈등과 타협의 산물로 본 예산의 기능은 정치적 기능이다. 예산은 다양한 이해관계의 조정과 타협으로 결정되며, 입법부가 행정부를 통제하는 수단이다.

재정 민주주의(財政民主主義)는 '대표 없이 과세 없다'라는 표현에서 나타나듯이 재정주권(財政主權)이 납세자인 국민에게 있다는 의미를 내포하고 있다.

납세자인 시민이 국가 또는 지방자치단체의 재정지출과 관련된 부정과 낭비를 감시하는 납세자 소송제도는 재정 민주주의의 본질을 잘 반영하고 있다. 주민참여 예산제도는 예산편성과정에 주민참여를 확대함으로써 지방재정 운영의 투명성 및 공정성을 제고하여 재정 민주주의에 기여한다.

## ❸ 경제적 기능

### 1) 의 의

Richard A. Musgrave(1959)의 정부 재정기능의 기본 원칙은 효율적 자원배분, 형평성 확보, 재정안정 등이다.

## 2) 효율적인 자원배분 기능

예산은 시장경제를 통해 생산되지 않는 재화나 용역을 공급하기 위하여 자원을 할당한다. 공공재의 외부효과 및 소비의 비경합성과 비배제성에 기인한 시장실패(market failure)를, 재정을 통해서 교정하고 사회적 최적 생산과 소비수준이 이루어지도록 한다. 정부재정은 시장실패를 교정하고 사회적 최적 생산과 소비 수준이 이루어지도록 해야 한다.

## 3) 형평성 있는 소득재분배 기능

시장경제에서 결정된 분배상태가 바람직하지 못할 때 이를 시정한다. 세입 면에서는 차별 과세를 하고, 세출 면에서는 사회보장적 지출을 통해 소외계층을 지원한다.

## 4) 경제성장과 안정의 균형

고용, 물가 등과 같은 거시경제 지표들을 안정적으로 조절한다. 예산은 개발도상국의 경제성장을 위한 자본을 형성한다.

## ❹ 재정운영의 목적

### 1) 의 의

「국가재정법」 제1조에서 "국가의 예산·기금·결산·성과관리 및 국가채무 등 재정에 관한 사항을 정함으로써 효율적이고 성과지향적이며 투명한 재정운영과 건전재정의 기틀을 확립하는 것을 목적으로 한다."라고 규정하고 있다.

### 2) 효율성 및 성과지향성

성과지향성이란 투입을 중심으로 하는 전통적인 재정운용방식에서 벗어나 성과를 중심으로 재정사업을 평가·관리하는 것을 의미하며, 재정지출뿐만 아니라 조세지출에도 적용된다.

국가재정의 효율적 운용을 위해 도입한 제도로는 국가재정운용계획의 수립, 재정활동에 대한 성과관리체계의 구축, 회계기금 간 여유재원의 전입과 전출 등이 해당된다.

### 3) 재정의 투명성

재정의 투명성이란 재정의 편성부터 심의, 집행에 이르는 과정에서의 제반 사항 및 경과를 일반 국민들이 확인할 수 있는 정도를 의미한다.

### 4) 재정 건전성

재정의 건전성은 지출이 수입의 범위 내에서 충당되어 국채발행이나 차입이 없는 재정운용 또는 다소 적자가 발생하더라도 장기적으로 상환 가능할 정도로 크지 않은 재정운용을 의미한다.

국가재정법상 재정건전화 방안으로는 국가재정운용계획수립 후 국회제출 의무화, 재정부담 수반하는 법령 제·개정 시 재정조달방안 첨부 의무화, 국세감면의 제한, 추가경정예산안의 편성요건 강화, 초과조세수입의 국채 우선 상환, 국고채무부담행위나 보증채무부담행위 시 국회의 사전동의 의무화 등이다.

## 제3절　국가의 재정지출을 위한 재원조달방식

### ① 조세수입에 의해 충당하는 경우

#### 1) 조세의 체계

정부가 동원하는 공공재원은 조세와 국·공채발행, 수익자 부담금 등이 있다. 국세 (國稅) 는 국내에 있는 대상물에 부과하는 조세인 내국세 (內國稅) 와 외국으로부터 수입되는 대상물에 부과하는 관세 (關稅) 로 구성된다. 「국세기본법」상 국세는 소득세, 법인세, 상속세와 증여세, 종합부동산세,[1] 부가가치세, 개별소비세, 교통·에너지·환경세,[2] 주세 (酒稅), 인지세 (印紙稅), 증권거래세, 교육세, 농어촌특별세이다.

첫째, 국세 (國稅) 는 조세의 전가 (轉嫁) 여부에 따라 직접세와 간접세로 구분된다. 직접세 (直接稅) 는 납세의무자와 조세부담자 (담세자) 가 일치해 조세부담이 전가되지 않는 세금이다. 간접세 (間接稅) 는 납세의무자와 담세자 (擔稅者) 가 일치하지 않고 조세의 부담이 타인에게 전가되는 세금이다.

직접세로는 소득세 (종합소득세와 양도소득세 포함), 법인세, 상속세와 증여세, 종합부동산세가 있다. 간접세로는 부가가치세, 개별소비세 (구 특별소비세), 주세, 인지세, 증권거래세가 있다.

둘째, 조세 (租稅) 는 사용목적에 따라 보통세와 목적세로 나뉜다. 보통세 (普通稅) 는 국가 또는 지방자치단체의 일반적 지출에 충당하기 위한 조세이다.

한편, 목적세 (目的稅) 는 특정 경비를 충당하기 위해 부과하는 세금이다. 목적세는 교육세, 농어촌특별세, 교통·에너지·환경세이다.

셋째, 조세 (租稅) 는 부과·징수하는 주체를 기준으로 국세와 지방세로 구분한다. 국세 (國稅) 는 국가가 부과·징수하는 조세이다. 반면에 지방세 (地方稅) 는 지방자치단체가 부과·징수하는 조세이다.

지방세는 보통세와 목적세로 구분된다.[3] 목적세는 지방교육세와 지역자원시설세이며, 광역자치단체만 부과할 수 있다. 보통세는 도세, 시·군세, 특별시·광역시세, 자치구세로 구분된다.

넷째, 조세는 부의 재분배에 미치는 영향을 기준으로 누진세 (累進稅), 비례세 (比例稅), 역진세 (逆進稅) 로 구분한다. 누진세 (progressive tax) 는 부자에게는 높은 세율을 적용하고, 가난한 자에게는 낮은 세율을 적용함으로써 소득재분배효과를 수반한다. 비례세 (proportional tax) 는 소득계층에 따른 세율의 차이가 없이 동일하게 적용하는 것으로 소득재분배효과가 없다. 역진세 (regressive tax) 는 누진세와는 반대로 가난한 사람에게 조세를 더 많이 걷게 되는 것으로, 판매세나 소비세는 조세의 역진적 효과가 큰 조세의 예이다.

#### 2) 조세의 장점과 단점

조세 (租稅) 는 이자 부담이 없으며 부채관리와 관련된 재원관리 비용이 발생하지 않고, 장기적으로 차입보다 비용이 저렴

---

1 종합부동산세는 재산 보유에 따른 세금으로, 지방교부세의 하위 항목인 부동산교부세를 통해 지방에 일반재원으로 전액이 교부된다.

2 「국세기본법」에 의하면 현재 시행 중인 법률상은 국세의 종류에 교통·에너지·환경세가 포함되지만, 2022년 1월 1일부터 시행되는 법률에 의하면 교통·에너지·환경세가 제외된다.

3 지방세에 관한 상세한 설명은 PART 6 지방행정론 CHAPTER 38 지방재정에서 다룬다.

하다. 현 세대의 의사결정으로 인한 재정부담이 원칙적으로 미래세대로 전가되지 않는다. 조세의 경우 납세자인 국민들은 정부지출을 통제하고 성과에 대한 직접적인 책임을 요구할 수 있다.

그러나 과세의 대상과 세율을 결정하는 법적 절차가 복잡하고, 시간이 많이 소요되기 때문에 경직적이다. 조세를 통해 투자된 자본시설은 대가를 지불하지 않는 자유재(free goods)로 인식되어 과다수요 혹은 과다지출되는 비효율성 문제가 발생한다. 미래세대까지 혜택이 발생하는 자본투자를 조세수입에 의해 충당할 경우 세대 간 비용·편익의 형평성 문제가 발생한다.

### 3) 조세부담률과 국민부담률

조세부담률은 경상GDP에서 조세가 차지하는 비중이다. 국민부담률은 경상GDP에서 조세와 사회보장기여금이 차지하는 비중이다. 최근 OECD는 사회보장기여금을 사실상의 조세로 간주하여 국민부담률을 '총조세부담률(total tax revenue)'로 지칭하고 있다.

## ❷ 국·공채발행에 의해 충당하는 경우

국공채(國公債)는 국가나 지방자치단체가 공공지출 경비의 재원을 조달하기 위해 부담하는 채무이다. 국공채는 조세 수입을 담보로 발행하는 일반채가 원칙이다.

국공채는 사회간접자본(SOC) 관련 사업이나 시설로 인해 편익을 얻게 될 경우, 후세대도 비용을 분담하기 때문에 세대 간 형평성을 제고시킨다. 공채발행은 현 세대의 의사결정에 대한 재정부담을 미래세대에게도 부담하게 하는 것으로, 편익과 비용부담의 일치를 도모하여 세대 간의 수직적 형평성을 제고하는 효과가 있다.

그러나 국·공채발행에 의한 재원조달 방식은 현재의 납세자뿐만 아니라 미래세대도 비용부담을 하므로 현재의 납세자들이 정부지출을 통제하기가 어렵고, 정부에게 성과책임을 직접적으로 요구하기도 어렵다. 또한 정부가 국공채 발행을 통해 확장적 재정정책을 하는 경우에, 이자율 상승으로 인해서 민간부문의 소비와 투자가 위축되는 구축효과(crowding-out effect)가 발생할 수 있다.

## ❸ 수익자 부담금

수익자 부담금은 공공서비스의 직접적 혜택이나 이용의 대가로 징수하는 재원으로 사용료, 수수료, 공기업 요금 등이 있다. 재원 규모가 큰 부담금은 주로 중앙정부가 운영하고 있는데 환경개선부담금과 개발부담금이 대표적인 사례에 해당한다. 부담금은 특정의 공공서비스를 창출하거나 바람직한 행위를 유도하기 위해 사용된다.

수익자 부담금은 시장기구와 유사한 매커니즘(mechanism)을 통해 공공서비스의 최적 수준을 지향하여 자원배분의 효율성을 제고할 수 있다. 공공서비스의 편익을 누리는 자가 비용을 부담하게 하여 비용부담자와 편익수혜자를 일치시키는 효과가 있다. 즉 부담금은 수익자 부담의 원칙이 적용된다.

지방재원 중 부담금은 「부담금관리 기본법」에 근거하고, 세외수입에 속하며 임시적 수입에 해당한다.

# ❹ 민간자본 투자유치

## 1) 의 의

민간자본은 공공부문에서 공공재의 공급을 위해 유치(誘致)한 민간부문의 자본이다. 민간위탁이나 계약을 통한 공공서비스의 제공은 민간자원을 이용하는 것으로, 정부가 민간자본을 동원해 공공서비스를 제공하는 것과 동일한 효과가 있다. 민간자본을 직접 활용하는 방식으로는 공동출자회사의 설립이나 민자 유치가 있다. 공동출자회사는 정부와 민간기업이 공동으로 출자해 특수목적법인(SPC: Special Purpose Company)을 설립해 공공서비스를 제공하는 것이다.

민자 유치는 민간자본에 의해 공공시설이나 장기사업을 추진한 후에, 관련 시설이나 부대시설의 운영권을 해당 투자기업에 부여하는 것이다. 민간투자 방식은 소유와 운영 권한의 결합 형태에 따라 BTO, BTL, BOO, BOT 등으로 다양하게 운용된다.

## 2) BTO

수익형 민자사업(Build - Transfer - Operate)은 민간이 공공시설을 건설하여 소유권을 정부에 이전한 후, 민간이 사업을 운영하는 방식이다. BTO방식은 민간투자기관이 민간자본으로 공공시설을 건설하고 시설 완공과 동시에 소유권을 정부에 이전하는 대신, 민간투자기관이 일정 기간 시설을 운영하여 투자비를 회수하는 방식이다.

BTO는 민간사업자가 수요위험을 부담한다. BTO의 사업운영주체는 민간사업시행자이다. BTO는 최종 수요자에게 사용료를 부가하여 투자비의 회수가 용이한 시설에 적용된다. BTO에서는 예상수입의 일부를 보장해 주는 최소수입보장제도가 적용되기도 하나, 우리나라의 경우 부작용으로 인해 폐지되었다.

## 3) BTL

임대형 민자사업(Build - Transfer - Lease) 방식은 민간이 시설을 건설하고 정부가 소유하며, 민간은 정부로부터 임대료 수익을 보장받는 방식이다. BTL방식은 민간투자기관이 민간자본으로 공공시설을 건설하고, 완공 시 소유권을 정부에게 이전하더라도 관리운영권은 민간사업자에게 있다고 보아, 정부가 그 운영권을 민간사업자로부터 임차하는 형식을 띤다. BTL에서는 정부의 시설임대료를 통하여 투자비를 회수한다. BTL은 최종 수요자에게 부과되는 사용료만으로는 투자비 회수가 어려운 시설에 대해서 실시하는 경우가 일반적이다.

## 4) BOO

BOO(Build - Own - Operate) 방식은 민간이 시설을 건설하고 직접 소유하면서 운영하는 방식이다.

민간의 투자자금으로 사회간접자본을 건설하여, 소유권을 민간에서 보유한 채로 민간이 사업을 운영하는 방식이다.

## 5) BOT

BOT(Build - Own · Operate - Transfer)는 민간사업자가 일정 기간 소유하면서 운영하다가 정부에게 소유권을 넘겨주는 방식이다. BOT 방식은 민간사업자가 자금을 투자하여 사회간접자본을 건설(Build)하고, 소유권을 취득 후 일정 기간 관리운영(Operate)하여 시설투자비를 회수한 뒤 국가에 소유권을 이전(Transfer), 즉 기부채납(寄附採納)하는 방식이다.

## 6) BLT

BLT (Build - Lease - Transfer) 는 민간의 투자자본으로 건설한 공공시설을 정부가 사업운영하며 민간에 임대료를 지불하는 방식으로, 운영종료 시점에 정부가 소유권을 이전받는 방식이다.

## 7) 민간사업자의 사업위험 부담

수익형 민자사업 (Build - Transfer - Operate) 은 민간사업자의 위험부담을 줄여주는 최소수입보장제도 (MRG: Minimum Revenue Guarantee) 가 시행되기도 했으나 재정누출 (財政漏出) 이 발생하여 폐지되었다. 그러므로 BTO방식은 손실과 이익 모두 100% 민간이 책임지고 정부의 보전이 없다.

최근에는 민간사업자의 사업 위험을 낮추는 새로운 방식들이 도입되고 있다. 위험분담형 BTO − rs (Build · Transfer · Operate - risk sharing) 는 정부가 사업시행비용의 일정 비율을 부담하되, 그 운영결과의 손익도 비용분담비율만큼 분배하는 방식이다. 손익공유형 BTO − a (Build · Transfer · Operate - adjusted) 는 정부가 사업시행비용 중에서 최소사업운영비의 일정 비율을 보전해주는 것으로, 운영결과의 손익은 보전비율에 따라 공유하는 방식이다. BTO − rs보다 민간리스크가 낮다.

**✚ 표 5−1 BTL과 BTO**

| | 임대형 민자사업 (BTL) | 수익형 민자사업 (BTO) |
|---|---|---|
| 소유권 | 준공 시 정부에게 소유권 이전 | |
| 관리운영권 | 민간사업자 | |
| 투자비 회수 | 정부의 시설임대료 | 최종이용자의 사용료 |
| 대상 시설 | 최종사용자에게 사용료 부과로 투자비 회수가 어려운 시설 예 교육, 문화, 복지시설, 학교, 박물관, 군인아파트 | 최종사용자에게 사용료 부과로 투자비 회수가 가능한 시설 예 도로, 철도, 항만, 주차장 등 |
| 사업의 위험부담 | 민간의 수요위험 배제 (시설에 대한 수요변동위험을 정부에서 부담) | 민간이 시설에 대한 수요변동위험을 부담 |
| 재정지원 | 토지 무상 제공 등 | 손익공유형 (BTO − a) 과 위험분담형 (BTO − rs) 도입 |
| 임대료, 사용료 산정 | • 총 민간투자비 기준<br>• 임대료는 정부가 지급 | • 총 사업비 기준<br>• 사용료는 이용자가 부담 |

---

## 제4절  재원 및 지출 특성별 예산유형

### ❶ 일반회계예산

일반회계는 조세수입 등을 주요 세입으로 하고 국가의 일반적인 세출에 충당하기 위하여 설치한다. 일반회계예산의 세입은 원칙적으로 조세수입을 재원으로 하고, 세출은 국가사업을 위한 기본적 경비지출로 구성된다. 예산 단일성 원칙, 예산 통일성 원칙을 준수한다.

「국가재정법」상 예산은 예산총칙, 세입세출예산, 계속비, 명시이월비 및 국고채무부담 행위를 총칭한다.

정부회계는 발생주의·복식부기 원칙에 입각하고 있다. 일반회계예산 및 특별회계예산, 기금에 대해서 발생하는 경제적 거래 등은 발생 사실에 따라 복식부기 방식으로 회계처리한다.

## ❷ 특별회계예산

### 1) 의 의

특정한 세입으로 특정한 세출에 충당하기 위하여 일반회계와 별도로 구분할 필요가 있을 때 특별회계예산을 설치한다. 특별회계는 특정한 세입으로 특정한 세출에 충당함으로써 일반회계와 구분하여 관리할 필요가 있을 때 법률로써 설치한다. 「국가재정법」에 따르면 기획재정부장관은 특별회계 산정에 대한 타당성을 심사한다.

특별회계예산은 세입과 세출의 수지가 명백하다. 특별회계예산은 특정한 세입으로 특정한 세출에 충당하기 위한 것으로, 일반회계와 구분하여 세입과 세출을 별도로 계리한다. 특별회계는 일반회계와 기금의 혼용 방식으로 운용할 수 있다. 특별회계는 통일성의 원칙과 단일성의 원칙의 예외적인 장치에 해당된다. 그러나 예산한정성 원칙은 적용된다.

특별회계예산도 일반회계예산과 같이 국회의 심의 대상이다. 특별회계의 세입은 별도의 특정 수입과 일반회계의 전입금 등으로 이루어지며, 특별회계에서 발생한 잉여금을 일반회계로 전입시킬 수 있다. 일반회계와 특별회계, 기금 상호 간에는 교류 및 전·출입이 허용된다. 정부는 국가재정의 효율적 운용을 위하여 필요한 경우에는 다른 법률의 규정에도 불구하고, 회계 및 기금의 목적 수행에 지장을 초래하지 아니하는 범위 안에서 회계와 기금 간 또는 회계 및 기금 상호 간에 여유재원을 전입 또는 전출하여 통합적으로 활용할 수 있다.

### 2) 설치와 운영

특별회계의 경우 각각의 개별법이 마련되어 운영되는 것이 일반적이다. 우편사업, 우체국예금사업, 양곡관리사업, 조달사업을 수행하기 위한 특별회계예산의 운용에 관한 사항을 규정하고 있는 현행법은 「정부기업예산법」이다.

「국가재정법」상 특별회계를 설치할 수 있는 근거법률은 「국가균형발전 특별법」, 「정부기업예산법」, 「책임운영기관의 설치·운영에 관한 법률」 등이다.

우체국보험, 주한 미군기지 이전, 행정중심 복합도시 건설, 아시아문화중심 도시 조성, 국방·군사시설 이전, 혁신도시 건설, 교통시설, 육아교육 지원, 에너지 및 지원사업, 등기, 농어촌 구조 개선, 지역발전, 교도작업 등은 기존의 일반회계에서 처리하기 곤란한 대규모 국책사업을 실행하기 위해 관련 법률에 근거하여 운영되는 기타 특별회계에 속한다.

「지방재정법」상 특별회계는 「지방공기업법」에 따른 지방직영기업이나 그 밖의 특정 사업을 운영할 때 또는 특정 자금이나 특정 세입·세출로서 일반세입·세출과 구분하여 회계처리할 필요가 있을 때에만 법률이나 조례로 설치할 수 있다. 중앙관서의 장은 특별회계를 신설하고자 하는 때에는 해당 법률안을 입법예고하기 전에 특별회계 신설에 관한 계획서를 기획재정부장관에게 제출하며, 그 신설의 타당성에 관한 심사를 요청하여야 한다.

### 3) 순기능과 역기능

특별회계예산에서는 행정부의 재량이 확대된다. 재정운영 주체의 자율성 증대를 통해 운영의 효율성을 높일 수 있을 때 필요하다.

그러나 특별회계예산은 국가재정의 전체적인 관련성을 파악하기 곤란하다. 특별회계예산은 예산구조를 복잡하게 만들어 입법부의 예산통제가 곤란해진다. 특별회계의 증가는 재정팽창의 원인이 된다.

## ❸ 기 금

### 1) 의 의

기금(基金)은 세입·세출예산에 의하지 아니하고 예산 외(off-budget)로 운영할 수 있다. 기금이란 국가가 특정한 목적을 위하여 특정한 자금을 신축적으로 운용할 필요가 있을 때에 한하여 법률로써 설치하되, 기금은 세입·세출예산에 의하지 아니하고도 운용할 수 있다.

출연금, 부담금 등 다양한 재원으로 융자 사업 등을 수행한다. 특정 수입과 지출을 연계한다는 점에서 특별회계와 공통점이 있다. 기금관리 주체는 안정성·유동성·수익성 및 공공성을 고려하여 기금자산을 투명하고 효율적으로 운용하여야 한다.

공무원연금기금처럼 비금융성 기금은 통합예산에 포함되지만, 기술보증기금이나 신용보증기금처럼 특정 사업에 수반해 보조적 역할을 수행하는 금융성 기금은 시중의 금융기관처럼 운용되는 기금으로 통합예산에서 제외된다.

**✚ 표 5-2 일반회계, 특별회계, 기금**

| | 일반회계 | 특별회계 | 기 금 |
|---|---|---|---|
| 설치 사유 | 국가 고유의 일반적인 재정활동 | • 특정한 사업 운영<br>• 특정 자금 보유와 운용<br>• 특정한 세입으로 특정한 세출에 충당 | 국가가 특정한 목적을 위하여 특정한 자금을 신축적으로 운용할 필요가 있을 경우 |
| 재원조달 및 운용 | • 조세수입이 주요 세입원<br>• 무상급부 원칙 | 일반회계와 기금의 운용형태가 혼재 | 재원은 정부의 출연금 또는 민간부담금이고, 융자사업 등 유상급부 제공 |
| 자율성 정도 | 합법성에 입각한 엄격한 통제 | 합법성에 입각한 엄격한 통제 | 합목적성 차원에서 상대적으로 자율성과 탄력성 보장 |
| 예산 통일성 | • 수입과 지출의 연계 배제<br>• 예산통일성 원칙 준수 | • 수입과 지출의 연계 가능<br>• 예산통일성 원칙 예외 | • 수입과 지출의 연계 가능<br>• 예산통일성 원칙 예외 |
| 예산 단일성 | 예산단일성 원칙 준수 | 예산단일성 원칙 예외 | 예산단일성 원칙 예외 |
| 변 경 | 추가경정예산 편성 | 추가경정예산 편성 | 비금융성 기금은 20% 이상, 금융성기금은 30% 이상 변경 시 국회의결이 필요 |
| 국회 개입 | 국회는 세입세출예산과 기금을 심의·확정함 | | |

## 2) 기금의 유형

기금은 사회보장성 기금, 금융성·계정성 기금, 사업성 기금으로 구분할 수 있다.

사회보장성 기금으로는 연금기금, 고용보험기금, 산재보험기금이 있다.

금융성·계정성 기금에는 기술보증기금, 신용보증기금, 복권기금, 무역보험기금 등이 해당된다.

사업성 기금의 사례로는 중소기업진흥기금, 전력기금, 주택도시기금, 건강증진기금, 자동차사고지원기금 등이 있으며 사업성 기금의 종류가 가장 많다.

## 3) 기금의 설치와 운영

기금(基金)은 특별회계처럼 국회의 심의·의결로 확정되며, 집행부의 재량이 상대적으로 큰 편이다. 기금운용계획의 확정 및 기금의 결산은 국회의 심의·의결을 거친다.

국회는 정부가 제출한 기금운용계획안의 주요항목 지출금액을 증액하거나 새로운 과목을 설치하고자 하는 때에는 미리 정부의 동의를 얻어야 한다.

기금관리 주체는 지출계획의 주요항목 지출금액의 범위 안에서 대통령령이 정하는 예측할 수 없는 소요나 긴급한 소요 및 기존사업을 보완하는 경우에는 세부항목 지출금액을 변경할 수 있다. 기금운용계획변경안을 국회에 제출하지 아니하고 대통령령으로 정하는 바에 따라 변경할 수 있는 것은 금융성 기금 외의 기금은 주요항목 지출금액의 변경범위가 10분의 2 이하, 금융성 기금은 주요항목 지출금액의 변경범위가 10분의 3 이하, 의무적 지출금액, 국채원리금 상환 등이 해당된다. 「국가재정법」상 기금관리장치로 국정감사, 자산운용위원회, 기금운용심의회 등이 있다. 군인연금, 공무원연금, 국민연금은 기금으로 운영된다. 기획재정부장관은 기금에 대하여 매년 실태조사를 하고 3년마다 존치 여부를 평가한다.

## 4) 기금의 기능

특별회계와 기금은 예산의 단일성 원칙 및 예산의 통일성 원칙에 대한 예외로 운용에 있어 신축성이 높다. 합목적성 차원에서 예산에 비하여 운영의 자율성과 탄력성이 높다.

---

## 제5절  예산의 분류방법

### 1 조직별 분류

기관별 또는 조직별 분류(organizational classification)는 예산을 편성하고 집행하는 정부의 조직단위에 따라 분류하는 방법이다. 우리나라는 소관별 분류(classification by agency)라고 부른다. 세입예산 및 세출예산 모두 조직별로 분류되며, 조직별 분류는 기능별 분류 및 품목별 분류와 함께 사용되기도 한다.

조직별 분류는 예산분류의 가장 기본적인 방법으로, 예산흐름의 파악이 용이하다. 그러나 조직별 분류는 사업 중심이 아니므로 사업의 우선순위 파악이나 예산의 성과 파악이 어렵다. 예산을 조직별로 분류하면 모든 중앙관서가 세입예산을 갖는 것은 아니다.

## ❷ 기능별 분류

기능별 분류 (classification by function) 는 정부활동의 일반적이며 총체적인 내용을 보여 주어 일반 납세자가 정부의 예산내용을 쉽게 이해할 수 있도록 설계된 예산의 분류 방법이다. '시민을 위한 분류 (citizen's classification)' 라고도 한다. 기능별 분류는 시민을 위한 분류라고 불리며 행정수반의 재정정책 수립을 용이하게 한다.

기능별 분류는 국민의 예산이해 편의를 제공하고, 정부기능 변화 추세의 분석에 용이하며 행정부의 사업계획수립을 용이하게 한다.

## ❸ 품목별 분류

품목별 분류 (classification by objects) 는 예산집행기관의 재량을 의회가 통제하는 데 유용하다. 예산을 품목별 또는 항목별로 분류하면 정원과 현재의 인원 등에 대한 자료를 제공하므로 인사행정에 유용한 자료와 정보를 제공한다. 그러나 품목별 분류는 사업의 지출성과와 결과에 대한 측정이 곤란하다. 품목별 분류는 예산집행기관의 신축성을 저해한다.

## ❹ 경제성질별 분류

경제성질별 분류 (economic character classification) 는 국민경제활동의 구성과 수준에 미치는 영향을 파악하고, 고위정책결정자들에게 유용한 정보를 제공해 주는 예산의 분류이다. 경제성질별 분류는 경상계정과 자본계정으로 분류하는 것이 일반적이다. 또는 국민소득계정 (national account) 과 연계하여 분류하기도 한다.[4]

경제성질별 분류는 국민소득, 자본형성 등에 관한 정부활동의 효과를 파악하는 데 유리하다.

---

## 제6절 국회 제출시기별 유형

## ❶ 본예산

본예산 (本豫算) 이란 행정부가 편성하여 정기국회에 제출하고 국회의 심의와 의결을 거쳐 성립되는 예산을 의미한다. 정기국회 심의를 거쳐 확정된 최초 예산을 본예산 혹은 당초예산 (當初豫算) 이라고 한다.

---

**4** 국민소득 (Y) 을 구성하는 소비 (C), 투자 (I), 저축 (S) 으로 구분해서 예산을 분류하는 방식이다. 국민경제의 총체적 순환과정에서 재정의 역할을 분석하고자 하는 것이다.

## ❷ 수정예산

수정예산 (修正豫算) 은 정부가 예산안을 국회에 제출한 이후 국회의결 이전에 기존 예산안 내용의 일부를 수정해 다시 제출한 예산안이다. 예산안이 제출된 이후 국회의결 이전에 기존안의 일부를 수정해 제출한 예산이다.

## ❸ 추가경정예산

추가경정예산 (追加更正豫算) 이란 예산안이 국회의 의결을 거쳐 성립된 후 추가 또는 변경을 가하는 예산이다. 추가경정예산은 예산의 신축성 확보를 위한 제도이다.

추가경정예산의 남용을 방지하기 위해서 「국가재정법」은 편성사유를 제한하고 있다. 전쟁이나 대규모 자연재해가 발생한 경우, 경기침체, 대량실업, 남북관계의 변화, 경제협력 같은 대내·외 여건에 중대한 변화가 발생하였거나 발생할 우려가 있는 경우, 법령에 따라 국가가 지급하여야 하는 지출이 발생하거나 증가하는 경우 등이다.

추가경정예산안의 편성절차는 본예산안의 편성절차와 원칙적으로 동일하다.

예산심의가 종료된 후 발생한 변화에 대처하기 위한 예산이긴 하지만 편성횟수에 제한은 없다. 정부는 국회에서 추가경정예산안이 확정되기 전에 이를 미리 배정하거나 집행할 수 없다. 추가경정예산은 본예산과 별개로 성립하지만, 일단 성립되면 결산 심의는 합쳐서 이루어진다.

| 제7절 | 예산 불성립 시 조치 |
|---|---|

## ❶ 준예산

### 1) 의 의

준예산 (準豫算) 은 예산이 새로운 회계연도가 개시될 때까지 의결되지 않을 경우, 일정한 경비를 전년도에 준하여 지출할 수 있도록 하는 제도를 말한다. 준예산제도는 국가 재정활동의 단절을 방지하기 위한 것이다. 준예산은 예산 불성립 시 대처방안으로 국회의 사전동의 혹은 의결이 필요하지 않다.

### 2) 운 용

우리나라는 새로운 회계연도가 개시될 때까지 예산안이 국회에서 의결되지 못한 경우에 대비하여 준예산제도를 시행하고 있다. 우리나라는 1960년도 이후부터 준예산제도를 채택하고 있으며, 제도의 도입 이후 중앙정부에서는 한 번도 활용된 적이 없다.[5] 준예산제도 시행 사례는 현행 우리나라, 독일 등이다.

---

5 중앙정부의 경우에는 여·야 간의 대립이 치열하긴 했지만 늦어도 12월 31일에는 결정되었기 때문이다. 그러나 지방자치단체의 경우에는 2013년 기초자치단체인 성남시에서, 2016년 광역자치단체인 경기도와 경기도 교육청에서 준예산이 작동된 적이 있다.

## 3) 준예산의 지출항목

준예산(準豫算)의 지출항목은 한정적이며, 헌법상 준예산으로 지출 가능한 경비를 제한하고 있다. 이미 예산으로 승인된 사업의 계속 목적, 헌법이나 법률에 의해 설치된 기관 또는 시설의 유지·운영 경비, 공무원의 보수와 사무처리에 관한 기본 경비를 목적으로 집행할 수 있다. 지출이 가능한 기간의 제한은 없으며 당해 연도 예산이 성립할 때까지 유효하다.

## ❷ 가예산

가예산(假豫算)은 회계연도 개시 전까지 예산이 의결되지 못하는 경우를 대비해 의회가 미리 1개월분 예산만 의결해 정부로 하여금 집행할 수 있도록 하는 예산을 의미한다.

가예산(假豫算) 제도 채택 사례는 우리나라 제1공화국(1948~1960), 프랑스(3공, 4공화국) 등이다.

## ❸ 잠정예산

잠정예산(暫定豫算)은 회계연도 개시 전까지 예산이 의결되지 않은 경우 기간의 제한 없이 정부로 하여금 잠정적으로 집행할 수 있도록 하는 예산을 말한다.

예산이 성립되면 잠정예산(暫定豫算)은 그 유효기간이나 지출 잔액 유무에 관계 없이 본예산에 흡수된다. 잠정예산제도 채택 사례는 미국, 일본, 영국, 캐나다 등이다.

✚ 표 5-3 예산 불성립 시 조치

| | 채택 국가 | 지출가능 항목 | 의회 사전의결 | 사용기간 제한 |
|---|---|---|---|---|
| 준예산 | 한국, 독일 | 한정적 | 불 요 | 무제한 |
| 가예산 | 한국의 제1공화국, 프랑스 | 전반적 | 필 요 | 1개월 |
| 잠정예산 | 미국, 캐나다, 영국, 일본 | 전반적 | 필 요 | 무제한 |

# 30 재정법률과 예산원칙

## CHAPTER

---

| 제1절 | 재정법률 |
|---|---|

### ❶ 국가재정법

#### 1) 목 적

「국가재정법」[6]은 국가의 예산·기금·결산·성과관리 및 국가채무 등 재정에 관한 사항을 정함으로써 효율적이고 성과지향적이며 투명한 재정운용과 건전재정의 기틀을 확립하는 것을 목적으로 한다.

#### 2) 예산원칙

정부는 예산의 편성 및 집행에 있어서 재정건전성을 확보하여야 하며, 국민부담의 최소화를 위하여 최선을 다하여야 한다. 정부는 재정을 운용함에 있어 재정지출 및 「조세특례제한법」에 따른 조세지출의 성과를 제고하여야 한다. 정부는 예산과정의 투명성과 예산과정에의 국민참여를 제고하기 위하여 노력하여야 한다. 정부는 예산이 여성과 남성에게 미치는 효과를 평가하고, 그 결과를 정부의 예산편성에 반영하기 위하여 노력하여야 한다.

회계연도 독립의 원칙에 따라 각 회계연도의 경비는 그 연도의 세입 또는 수입으로 충당하여야 한다. 예산총계주의 원칙에 의해 한 회계연도의 모든 수입을 세입으로 하고, 모든 지출을 세출로 한다.

#### 3) 세입세출예산의 구분

세입세출예산은 필요한 때에는 계정으로 구분할 수 있다. 세입세출예산은 독립기관 및 중앙관서의 소관별로 구분한 후 소관 내에서 일반회계·특별회계로 구분한다.

세입예산은 그 내용을 성질별로 관·항으로 구분하고, 세출예산은 그 내용을 기능별·성질별 또는 기관별로 장·관·항으로 구분한다.

예산의 구체적인 분류기준 및 세항과 각 경비의 성질에 따른 목의 구분은 기획재정부장관이 정한다.

> ■ **TIP** 입법과목과 행정과목
> 입법과목은 법률의 체계인 장, 관, 항이다. 행정과목은 행정부의 재량영역으로 세항, 목이 해당된다.

---

6 「국가재정법」은 종래의 「예산회계법」과 「기금관리기본법」을 통폐합하여 2007년 1월 1일부터 시행한, 국가의 예산·결산 등에 관한 사항을 정한 법률이다. 한편 「국가회계법」은 2009년 1월 1일부터 시행된 법이다.

✚ 표 5-4 세입세출예산의 구분

| 분류기준 | 입법과목: 신설, 변경 시 국회의결 필요 | | | | 행정과목: 신설, 변경 시 행정부 재량 | | | |
|---|---|---|---|---|---|---|---|---|
| | 소관별 | 기능별 | | 사업별, 활동별 | | | 품목별 | |
| 세입예산 | 소관, 기관 | - | 관 (款) | 항 (項) | - | - | 목 (目) | |
| 세출예산 | 소관, 기관 | 장 (章) | 관 (款) | 항 (項) | 세항 (細項) | 세세항 (細細項) | 목 (目) | 세목 (細目) |
| 프로그램예산 | 소관, 기관 | 분 야 | 부 문 | 프로그램, 정책사업 | 단위사업 | 세부사업 | 편성비목 | 통계비목 |

## 4) 예산의 구성

「국가재정법」상 예산은 예산총칙·세입세출예산·계속비·명시이월비 및 국고채무부담행위를 총칭한다. 예산총칙에는 세입세출예산·계속비·명시이월비 및 국고채무부담행위에 관한 총괄적 규정을 두는 외에 국채와 차입금의 한도액, 재정증권의 발행과 일시차입금의 최고액 등이 포함된다.

## 5) 예비비

정부는 예측할 수 없는 예산 외의 지출 또는 예산초과지출에 충당하기 위하여 일반회계 예산총액의 100분의 1 이내의 금액을 예비비로 세입세출예산에 계상할 수 있다. 다만, 예산총칙 등에 따라 미리 사용목적을 지정해 놓은 예비비는 별도로 세입세출예산에 계상할 수 있다. 그러나 공무원의 보수 인상을 위한 인건비 충당을 위하여 예비비의 사용목적을 지정할 수 없다.

## 6) 계속비

완성에 수년도를 요하는 공사나 제조 및 연구개발사업은 그 경비의 총액과 연부액(年賦額)을 정하여 미리 국회의 의결을 얻은 범위 안에서 수년도에 걸쳐서 지출할 수 있다. 국가가 지출할 수 있는 연한은 그 회계연도부터 5년 이내로 한다. 다만, 사업규모 및 국가재원 여건상 필요한 경우에는 예외적으로 10년 이내로 할 수 있다. 기획재정부장관은 필요하다고 인정하는 때에는 국회의 의결을 거쳐 지출연한을 연장할 수 있다.

## 7) 명시이월비

세출예산 중 경비의 성질상 연도 내에 지출을 끝내지 못할 것이 예측되는 때에는 그 취지를 세입세출예산에 명시하여 미리 국회의 승인을 얻은 후 다음 연도에 이월하여 사용할 수 있다. 각 중앙관서의 장은 명시이월비에 대하여 예산집행상 부득이한 사유가 있는 때에는 사항마다 사유와 금액을 명백히 하여 기획재정부장관의 승인을 얻은 범위 안에서 다음 연도에 걸쳐서 지출하여야 할 지출원인행위를 할 수 있다. 기획재정부장관은 다음 연도에 걸쳐서 지출하여야 할 지출원인행위를 승인한 때에는 감사원에 통지하여야 한다.

## 8) 국고채무부담행위

국가는 법률에 따른 것과 세출예산금액 또는 계속비의 총액의 범위 안의 것 외에 채무를 부담하는 행위를 하는 때에는 미리 예산으로써 국회의 의결을 얻어야 한다.

국가는 재해복구를 위하여 필요한 때에는 회계연도마다 국회의 의결을 얻은 범위 안에서 채무를 부담하는 행위를 할 수 있으며, 이 경우 그 행위는 일반회계 예비비의 사용절차에 준하여 집행한다. 국고채무부담행위는 사항마다 그 필요한 이유를 명백히 하고 그 행위를 할 연도 및 상환연도와 채무부담의 금액을 표시하여야 한다.

### 9) 국가재정운용계획

정부는 대통령의 승인을 얻은 예산안을 회계연도 개시 120일 전까지 국회에 제출하여야 한다. 정부는 재정운용의 효율화와 건전화를 위하여 매년 당해 회계연도부터 5회계연도 이상의 기간에 대한 재정운용계획인 국가재정운용계획을 수립하여 회계연도 개시 120일 전까지 국회에 제출하여야 한다.

국가재정운용계획에 포함되는 것은 재정운용의 기본방향과 목표, 중기 재정 전망 및 그 근거, 분야별 재원배분계획 및 투자방향, 재정규모(의무지출과 재량지출 및 재정수입) 증가율 및 그 근거, 조세부담률 및 국민부담률 전망, 통합재정수지에 대한 전망과 근거 및 관리계획 등이 해당한다.

## ❷ 헌법상 국가재정제도

### 1) 준예산

새로운 회계연도가 개시될 때까지 예산안이 의결되지 못한 때에 정부는 국회에서 예산안이 의결될 때까지 다음의 목적을 위한 경비를 전년도 예산에 준하여 집행할 수 있다.

준예산의 사유로는 헌법이나 법률에 의하여 설치된 기관 또는 시설의 유지·운영, 법률상 지출의무의 이행, 이미 예산으로 승인된 사업의 계속이다.

### 2) 추가경정예산

정부는 예산에 변경을 가할 필요가 있을 때에 추가경정예산안을 편성하여 국회에 제출할 수 있다.

### 3) 계속비

한 회계연도를 넘어 계속하여 지출할 필요가 있을 때에 정부는 연한을 정하여 계속비로서 국회의 의결을 얻어야 한다.

### 4) 예비비

예비비는 총액으로 국회의 의결을 얻어야 한다. 예비비의 지출은 차기국회의 승인을 얻어야 한다.

### 5) 예산안 편성, 심의·확정

정부는 회계연도마다 예산안을 편성하여 회계연도 개시 90일전까지 국회에 제출하고, 국회는 회계연도 개시 30일 전까지 이를 의결하여야 한다. 국회는 국가의 예산안을 심의·확정한다.

국회는 정부의 동의 없이 정부가 제출한 지출예산 각 항의 금액을 증가하거나 새 비목을 설치할 수 없다. 국채를 모집하거나 예산 외에 국가의 부담이 될 계약을 체결하려 할 때에 정부는 미리 국회의 의결을 얻어야 한다. 조세의 종목과 세율은 법률로 정한다.

국회는 상호원조 또는 안전보장에 관한 조약, 중요한 국제조직에 관한 조약, 우호통상항해조약, 주권의 제약에 관한 조약, 강화조약, 국가나 국민에게 중대한 재정적 부담을 지우는 조약 또는 입법사항에 관한 조약의 체결·비준에 대한 동의권을 가진다.

## 6) 긴급명령 및 긴급재정경제처분

대통령은 내우·외환·천재·지변 또는 중대한 재정·경제상의 위기에 있어서 국가의 안전보장 또는 공공의 안녕질서를 유지하기 위하여 긴급한 조치가 필요하고, 국회의 집회를 기다릴 여유가 없을 때에 한하여 최소한으로 필요한 재정·경제상의 처분을 하거나 이에 관하여 법률의 효력을 가지는 명령을 발할 수 있다.

---

## 제2절   예산과 법률의 관계

### ❶ 예산과 법률의 형식

#### 1) 예산법률주의

미국은 법률주의로 예산과 법률이 동일한 형식이다. 미국은 세입법(Revenue Act)을 의회에서 제정한다. 예산이 법률의 형식을 취하면, 행정수반은 의회를 통과한 예산법안이 자기의 의사에 반할 때에는 일반 법률에 대한 것과 마찬가지로 거부권을 행사할 수 있다.

#### 2) 예산주의

한국은 예산 계정을 위한 근거법을 필요조건으로 하고 있지는 않다. 한국은 예산에 의해 법률을 개폐할 수 없다. 예산은 국회의 의결로 성립하지만 정부의 수입·지출의 권한과 의무는 별도의 법률로 규정된다.

### ❷ 우리나라에서 예산과 법률의 차이

첫째, 예산은 정부만이 제안권을 갖고 있고 국회는 제안권을 갖고 있지 않은 것에 비해서, 법률은 정부와 국회 모두 법률안 제안권이 있다.

둘째, 국회는 발의·제출된 법률안을 수정·보완할 수 있고, 제출된 예산안도 수정·보완할 수 있다. 다만 국회는 제출된 예산안에 대해서는 원칙적으로 폐지 및 삭감만 할 수 있다. 즉 국회는 정부의 동의 없이는 지출예산 각 항의 금액을 증액하거나 새 비목을 설치할 수 없다.

셋째, 예산은 법률의 하위 효력을 갖지만 예산과 법률은 별개이므로, 예산으로 법률의 개폐가 불가능하고 법률로 예산을 변경할 수 없다. 우리나라는 미국과 달리 예산의 형식으로 통과되어 법률보다 하위의 효력을 갖는다. 예산은 국회의 의결로 성립하지만 정부의 수입 지출의 권한과 의무는 별도의 법률로 규정된다.

넷째, 국회에 제출된 법률안은 의결기한에 제한이 없으나, 예산안은 매년 회계연도 개시 30일 전인 12월 2일까지 본회의의 의결을 마쳐야 한다. 대통령은 국회가 의결한 법률안에 대해 거부권이 있지만, 국회의결 예산에 대해서는 거부권 및 재의요구권이 없다. 일반적으로 법률은 국가기관과 국민에 대해 구속력을 갖지만, 예산은 국가기관에 대해서만 구속력을 갖는다. 법률은 공포를 해야 효력이 발생하지만, 예산은 국회의 의결로 확정되며 공포가 필요없다.

**➕ 표 5-5 예산과 법률**

|  | 예 산 | 법 률 |
|---|---|---|
| 제출권자 | 정 부 | 정부와 국회 |
| 대통령 거부권 여부 | 예산에 대한 거부권 행사 불가 | 법률에 대한 거부권 행사 가능 |
| 대인적 구속력 | 국가기관에 대해서만 구속력 | 국가기관과 국민에 대해 구속력 |
| 지역적 효력 | 국내외에 효력 발생 | 원칙적으로 국내로 한정 |
| 시간적 효력 | 회계연도로 국한 | 계속적 효력이 발생 |
| 예산과 법률의 관계 | 예산으로 법률 개폐 불가 | 법률로 예산 변경 불가 |
| 심의 범위 | 정부동의 없이 증액이나 새 비목 설치 불가 | 자유로운 수정 가능 |
| 제출 기한 | 회계연도 개시 120일 전 | 제한 없음 |
| 심의 기한 | 회계연도 개시 30일 전 | 제한 없음 |
| 공포 요부 | 의결로 확정되므로 공포 불요 | 공포가 요구됨 |

---

## 제3절 　고전적 예산원칙

### ❶ 고전적 예산원칙의 의의

고전적 또는 전통적 예산원칙[7]은 입법부 우위의 예산원칙으로, 통제 중심의 예산원칙이다. 정부 규모가 작고 단순했던 입법국가시대에 강조되었던 것이다.

### ❷ 예산 완전성의 원칙, 예산총계주의

#### 1) 의 의

예산총계주의는 모든 세입과 세출이 예산에 계상되어야 한다는 것을 의미하며, 한 회계연도의 모든 수입을 세입으로 하고 모든 지출을 세출로 한다. 「국가재정법」상 예산총계주의 원칙의 예외로는 수입대체경비, 현물출자, 전대차관, 차관물자대 등이 있다. 조세를 징수하는 경우 징세비를 제외한 순수입만을 예산에 반영한 순계예산은 예산총계주의 예외 사유이다.

---

7 고전적 또는 전통적 예산원칙을 주장한 대표적 학자는 Fritz Neumark, J. W. Sundelson (1935) 이다.

> **■ TIP** 예산순계와 순계예산
>
> 예산총계주의에 의해 모든 세입과 모든 세출을 예산에 계상하게 되면, 회계 간 거래나 동일 회계 내 계정 간 거래금액으로 인해
> 동일한 재원이 중복 계상되는 문제가 발생한다. 여기서 중복되는 부분을 차감한 예산 순액을 예산순계(豫算純計)라고 한다.
> 한편, 순계예산(純計豫算)은 세금을 거두어들이는 데 드는 비용인 징세비(徵稅費)를 공제하고 순세입만 계상한 예산이다.

## 2) 「국가재정법」상 예산총계주의 원칙의 예외

첫째, 수입대체경비는 국가가 특별한 용역 또는 시설을 제공하고 그 제공을 받은 자로부터 비용을 징수하는 경우의 당해
경비로서 기획재정부장관이 정하는 경비로, 수입이 예산을 초과하거나 초과할 것이 예상되는 때에는 그 초과수입을 대
통령령이 정하는 바에 따라 그 초과수입에 직접 관련되는 경비 및 이에 수반되는 경비에 초과지출할 수 있다. 대법원의
등기소 등기부 등·초본발행 경비, 외교통상부의 여권발급 경비 등이 이에 해당한다.

초과수입에 직접 관련되는 경비 및 이에 수반되는 경비에는 업무수행과 직접 관련된 자산취득비·국내여비·시설유지비
및 보수비, 일시적인 업무 급증으로 사용한 일용직 임금, 초과수입 증대와 관련 있는 업무를 수행한 직원에게 지급하는
보상적 경비 등이 포함된다.

생각 넓히기 _ 수입금 마련 지출

**「정부기업예산법」 제19조(수입금 마련 지출)** ① 특별회계는 그 사업을 합리적으로 운영하기 위하여 수요의 증가로 인한
  예산초과수입 또는 초과할 것이 예측되는 수입을 그 초과수입에 직접적으로 관련되는 비용에 사용할 수 있다.
  ② 관계 중앙관서의 장은 초과수입금을 사용하려는 경우에는 그 이유 및 금액을 명시한 명세서를 기획재정부장관에게
  제출하여야 한다.
  ③ 기획재정부장관은 명세서를 심사하여 국무회의의 심의를 거쳐 대통령의 승인을 받아야 한다.
  ④ 기획재정부장관은 초과수입금의 사용이 결정되면 이를 관계 중앙관서의 장에게 통지하고 그 사실을 감사원에 통보
  하여야 한다.
  ⇨ 우정사업본부의 우표발행 경비, 국립대학 부속병원의 진료비 등이 이에 해당한다.

둘째, 국가가 현물로 출자하는 경우에는 이를 세입세출예산 외로 처리할 수 있다.

셋째, 국가가 외국차관을 도입하여 전대(轉貸)하는 경우에는 이를 세입세출예산 외로 처리할 수 있다.[8] 전대차관(轉貸借款)을
상환하는 경우 환율의 변동으로 인하여 원리금 상환액이 그 세출예산을 초과하게 되는 때에는 초과한 범위 안에서 그
세출예산을 초과하여 지출할 수 있으며, 금리의 변동으로 인한 경우에도 해당된다.

넷째, 차관물자대(借款物資貸)[9]의 경우 전년도 인출 예정분의 부득이한 이월 또는 환율 및 금리의 변동으로 인하여 세입
이 그 세입예산을 초과하게 되는 때에는 그 세출예산을 초과하여 지출할 수 있다.

---

**8** 전대차관은 외국정부, 국제협력기구, 외국금융기관 등으로부터 정부가 차주가 되어 기간산업 및 사회간접자본 확충 등을 위해 필요한 외화자금을
  차입해서 자금의 실수요자인 전대차주에게 전대하는 차관이다. 기획재정부장관이 정부를 대표해서 차관공여기관과 차관협약을 체결한다.
**9** 차관물자대란 외국의 실물자본을 일정 기간 사용하거나 대금결제를 유예하면서 도입하는 것으로서 원자재차관과 자본차관으로 구분된다. 차관물자
  대 도입 및 상환의 방법, 절차, 채무관리는 전대차관과 유사하다.

## 3) 개별 법률에 따른 예외

「국고금관리법」에 의한 국고금 통합계정 차금 운용수익금, 「자동차손해배상보장법」에 의한 자동차사고 피해지원사업 분담금, 「정부기업예산법」에 의한 회전자금 등이다.

## 4) 법률에 명시되지 않는 예외

국제빈곤퇴치 기여금, 공탁금관리위원회 출연금, 국립대학교 기성회비, 문화체육관광부 공익사업적립금, 한국마사회 특별적립금, 중앙선거관리위원회 위탁선거관리비, 방송통신위원회 전파검사수수료, 산림청 녹색자금 등이다.

## 5) 절 차

각 중앙관서의 장은 예산을 초과하여 수입대체경비를 지출한 때에는 그 이유 및 금액을 명시한 명세서를 기획재정부장관 및 감사원에 각각 송부하여야 한다.

## ❸ 예산 통일성의 원칙

### 1) 의 의

정부가 특정 수입과 특정 지출을 직접 연계해서는 안 된다는 것이다. 모든 수입은 국고(國庫)에 편입되고, 국고를 중심으로 예산의 통일적 운용이 이루어지도록 하여 특정 수입과 특정 지출의 연계를 금지한다. '목적 구속 금지의 원칙 또는 세입 비지정의 원칙'이라고도 한다. 이를 통해 재정의 칸막이 현상을 방지할 수 있다.

통일성 원칙의 예외로는 특별회계, 기금, 목적세, 수입대체경비 등이 있다.

### 2) 예산통일원칙과 예산결정이론[10]

예산 통일성의 원칙에 의하면 각 중앙행정기관은 배정받을 수 있는 정확한 예산 규모를 예측하기 어렵기 때문에, 예산의 최적 사용을 위한 총체주의적 예산결정보다 기존 예산에 비해서 소폭 변화만을 가져오는 점증주의적 예산결정이 이루어지게 된다. 한편 총액배분자율편성제도는 중앙예산기관이 각 중앙관서가 지출 가능한 총액을 미리 정해주는 것으로, 점증주의적 예산결정의 행태에 대한 대안이 될 수 있다.

예산 통일성의 원칙이 지켜지는 영역인 일반회계와 보통세의 경우에서는 타협과 조정이 용이하여 정치적 합리성을 강조하는 점증주의가 타당하며, 예산 통일성의 원칙 예외(특별회계나 목적세) 영역에서는 특정 수입과 특정 지출이 연계되므로 조정과 타협이 어려워 총체주의(합리주의)가 적합하다.

---

10 총체주의적 예산결정과 점증주의 예산결정 등의 예산결정이론과 총액배분자율편성제도와 같은 예산제도에 관한 부분은 이후의 해당 절에서 상세히 다룬다.

## ❹ 예산 단일성의 원칙

예산 단일성의 원칙 또는 단일예산주의는 국가의 예산이 하나로 존재해야 한다는 원칙이다. 예산 단일의 원칙은 예산 명료의 원칙, 예산 공개의 원칙과 밀접한 관련성을 지닌다. 특별회계, 기금, 추가경정예산은 예산 단일성의 원칙에 대한 예외이다.

## ❺ 예산 한정성·한계성의 원칙

### 1) 의 의

예산 한정성의 원칙은 예산의 목적, 금액, 기한을 지켜야 한다는 원칙이다. 예산은 주어진 목적, 규모 그리고 시간에 따라 집행되어야 한다는 원칙이다.

목적 외 사용금지 원칙, 초과지출금지 원칙, 회계연도 독립의 원칙을 포함한다.

### 2) 목적 외 사용금지 원칙

목적 외 사용금지 원칙 또는 내용상·질적 한정성의 원칙은 각 중앙관서의 장은 세출예산이 정한 목적 외에 경비를 사용할 수 없다는 원칙이다.

예산 목적 외 사용금지 원칙의 예외로는 예산의 이용 (移用), 전용 (轉用), 이체 (移替) 등이 있다.

### 3) 초과지출금지 원칙

초과지출금지 원칙 또는 양적 한정성의 원칙은 예산에 계상된 금액 이상의 지출은 허용되지 않는다는 것이다.

초과지출금지 원칙의 예외로는 예비비, 추가경정예산의 편성 등이 있다.

### 4) 회계연도 독립의 원칙

회계연도 독립의 원칙 또는 시간 한정성의 원칙은 각 회계연도의 경비는 그 연도의 세입 또는 수입으로 충당하여야 한다는 원칙이다. 시간적 제약을 완화하기 위한 제도란 회계연도 독립의 원칙 (기간적 한정성) 에 대한 예외를 의미한다. 이월제도, 계속비제도, 국고채무부담행위, 긴급재정, 과년도 수입 및 지출,[11] 앞당기어 충당·사용 등이 있다.

첫째, 이월 (移越) 은 사용하지 못한 예산을 다음연도로 넘겨 사용하는 것이다. 둘째, 계속비제도는 완성을 하는 데 수년을 요하는 공사, 제조, 연구개발사업을 회계연도를 초월하여 계속 지출할 수 있도록 하는 경비이다. 셋째, 국고채무부담행위의 경우 국회의 의결은 수년에 걸쳐 효력이 지속되므로 회계연도 독립의 원칙에 대한 예외이다.

---

11 과년도 수입은 출납이 완결된 연도에 속하는 수입이다. 본래 소속할 연도의 출납은 이미 완결되었으므로 현금 영수일에 속하는 연도의 세입에 편입하게 된다. 과년도 지출은 어느 연도에 지출하기로 되어 있던 경비가 채권자의 청구 등이 없어서 지출되지 않은 경우로, 현 연도의 예산으로써 지출함을 뜻한다.

## ❻ 예산 사전의결의 원칙

예산 사전의결(prior authorization)의 원칙은 「헌법」상의 원칙이기도 하다.[12] 회계연도 개시 전 의회의 의결을 통해서 예산을 확정하는 것을 의미한다. 사전의결원칙에 의하면 예산은 미리 결정되어, 회계연도가 시작되면 바로 집행할 수 있도록 해야 한다. 입법부가 사전에 의결한 사항만 집행이 가능하다는 의미이다.

사전의결의 원칙의 예외로는 준예산, 사고이월, 전용, 예비비 지출, 대통령의 긴급재정·경제 명령, 지방자치단체장의 선결처분 등이 있다.

> **■ TIP** 예비비와 사전의결원칙의 관계
> 「헌법」에 의하면, 예비비는 총액으로 국회의 의결을 얻어야 한다. 예비비의 지출은 차기국회의 승인을 얻어야 한다. 따라서 예비비의 설치 자체는 사전의결의 원칙에 부합하므로 사전의결원칙의 예외가 아니다. 그러나 예비비의 지출은 사전에 국회의 의결이 없이 사용 가능하고, 예비비 지출 이후 차기국회의 승인을 얻는 것이므로 사전의결원칙의 예외에 속한다.

## ❼ 예산 엄밀성의 원칙

예산은 결산과 일치해야 한다는 예산 엄밀성의 원칙(the principle of accuracy)은 '정확성의 원칙'이라고도 불린다. 예산 엄밀성의 원칙은 예산과 결산이 꼭 일치할 수는 없지만, 가능한 한 일치하도록 엄밀성을 유지해야 한다는 것이다. 예산 정확성 또는 엄밀성의 원칙은 예산 추계는 가능한 한 정확해야 한다는 것이다. 예산과 결산의 차이가 너무 크면 예산 공개의 원칙이나 예산 사전의결의 원칙에 반하게 될 수 있다. 예산 엄밀성 또는 정확성 원칙의 예외에 속하는 것은 적자예산, 예산불용액(不用額) 등이다.

## ❽ 예산 명확성의 원칙

명확성 또는 명료성의 원칙에 따르면 예산구조나 과목은 국민들이 이해하기 쉽게 단순해야 한다. 예산은 모든 국민이 알기 쉽게 분류·정리되어야 한다는 원칙은 예산 명확성의 원칙에 해당한다.

총액계상예산, 총괄예산은 명확성 원칙의 예외이다. 총액계상예산은 세부 사업별 예산항목이 정해지지 않고, 총액규모만을 정하여 예산에 반영시키는 것이다.

---

**12** 「대한민국헌법」 제54조 제2항에 의하면 정부는 회계연도 개시 90일 전까지 예산안을 국회에 제출하고, 국회는 회계연도 개시 30일 전까지 이를 의결해야 한다고 규정하고 있다.

## ❾ 예산 공개의 원칙

예산 공개의 원칙은 모든 예산은 공개되어야 한다는 것이다. 국가기밀에 속하는 국방비·외교활동비, 국가정보원예산, 신임예산[13]의 비공개는 예산 공개의 원칙에 대한 예외이다.

**✚ 표 5-6 예산원칙과 예외**

| 예산의 원칙 | 개 념 | 예 외 |
|---|---|---|
| 예산총계주의 | • 모든 세입과 세출을 예산에 계상<br>• 예산 완전성의 원칙 | 수입대체경비, 현물출자, 전대차관, 차관물자대, 순계예산 |
| 예산 통일성원칙 | • 특정 수입과 특정 지출의 직접 연계금지의 원칙<br>• 국고 중심으로 예산의 통일적 운용 | 특별회계, 기금, 목적세, 수입대체경비 |
| 예산 단일성원칙 | 국가의 예산은 하나 (일반회계예산) 로 존재해야 한다는 원칙 | 특별회계, 기금, 추가경정예산 |
| 질적 한정성원칙 | 목적 외 사용금지 원칙 | 이용 (移用), 전용 (轉用), 이체 (移替) |
| 양적 한정성원칙 | 초과지출금지 원칙 | 예비비, 추가경정예산의 편성 |
| 시간 한정성원칙 | 회계연도 독립의 원칙 | 이월제도, 계속비제도 |
| 사전의결원칙 | 회개년도 개시 전 의회의결 확정 | 준예산, 예비비지출, 긴급명령, 선결처분 |
| 예산 엄밀성원칙 | 예산은 결산과 일치해야 한다는 것 | 적자예산, 예산불용액 (不用額) |
| 예산 명확성원칙 | 국민이 이해하기 쉽게 하는 것 | 총액계상예산, 총괄예산 |
| 예산 공개원칙 | 모든 예산은 공개되어야 한다는 것 | 국가정보원예산, 신임예산 |

---

13 신임예산 (信任豫算) 은 의회가 세부내역을 정하지 않고 예산을 총액으로 승인해주는 제도로, 2차대전 당시 영국 등에서 사용된 것이다.

## ① 전통적 예산원칙과 현대적 예산원칙의 비교

전통적 예산원칙이 입법부 우위의 원칙이라면, 현대적 예산원칙[14]은 행정부 우위의 원칙이라고 할 수 있다.

전통적 또는 고전적 예산원칙은 예산을 통제수단으로 파악하였다. 입법부 우위의 예산원칙은 행정이 소극적 성격을 가졌던 상황에서 효과적이었다.

반면에 행정부 우위의 현대적 예산원칙은 관리지향적 예산원칙으로, 예산과 기획의 밀접한 관계를 중요시하며 예산의 신축성을 인정한다.

통제지향적인 고전적 또는 전통적 예산원칙과 관리지향 또는 예산의 신축성을 인정하는 현대적 예산원칙은 대립적 관계가 아니라 상호 보완적 관계에 있다.

**➕ 표 5-7 전통적 예산원칙과 현대적 예산원칙**

|  | 전통적 예산원칙 | 현대적 예산원칙 |
| --- | --- | --- |
| 입법부와 행정부의 관계 | 입법부 우위의 예산원칙 | 행정부 우위의 예산원칙 |
| 예산의 지향 | 예산을 통제수단으로 파악 | 예산관리와 예산과 기획의 연계를 중시 |
| 예산의 신축성 정도 | 신축성을 고려하지 않음 | 예산의 신축적 운용을 인정함 |

## ② 현대적 예산원칙의 내용

### 1) 행정부 계획의 원칙

정부의 예산안은 행정수반의 사업계획(executive programming)을 반영하여야 하며, 정부의 사업계획과 예산편성은 연계되어야 한다. 행정부 계획의 원칙은 자원관리의 효율성과 계획성을 강조한다.

### 2) 행정부 책임의 원칙

행정부는 계획된 예산을 경제적으로 집행할 책임(executive responsibility)을 갖는다.

### 3) 행정부 재량의 원칙

예산집행의 효율화를 위해 행정부 재량(executive discretion)의 범위를 넓혀야 한다. 총괄예산은 현대적 예산원칙인 재량원칙에는 부합하지만, 고전적 또는 전통적 예산원칙인 예산 명확성의 원칙의 예외가 된다.

---

[14] 현대적 예산원칙은 Harold D. Smith가 제시한 것으로, Smith의 예산원칙이라고도 불린다.

PART 05

### 4) 다원적 절차의 원칙

다양한 행정활동의 유형별로 적합한 예산절차(multiple procedures in budgeting) 또는 회계절차상 조치를 취해야 한다. 특히 정부부처형 공기업인 정부기업은 일반행정기관의 예산제도와 달라야 한다.

### 5) 시기 신축성의 원칙

경기변동 및 상황에 대응하여 예산집행의 시기를 적절히 조정할 수 있어야 한다. 시기 신축성(flexibility in timing)의 원칙을 반영한 것은 이월, 계속비, 다년도 예산 등이 대표적이다.

### 6) 적절한 수단 구비의 원칙

적절한 예산 수단 구비(adequate budget tools)의 원칙은 행정부가 예산관리 책임의 이행을 위해 필요한 조직과 제도를 가져야 한다는 의미이다.

### 7) 보고의 원칙

보고(reporting)의 원칙이란 예산의 편성, 심의, 집행은 공식적인 형식을 가진 재정 보고 및 업무 보고에 기초를 두어야 한다는 뜻이다.

### 8) 상호교류적 예산기구의 원칙

예산기구 상호성(two way budget organization)의 원칙 또는 상호교류적·협력적 예산기구의 원칙은 중앙예산기관과 정부기관 간 상호 협력적 관계가 설정되어야 함을 의미한다.

---

■ **TIP** 예산의 원칙과 예산집행

고전적 예산원칙은 예산의 통제에 초점을 두는데, 예산집행에 있어 통제를 강조하는 제도로는 총사업비관리제도, 예비타당성조사, 통합재정수지, 예산의 배정과 재배정 등이 해당된다.

현대적 예산원칙은 예산의 신축적 운용을 강조한다. 예산의 신축적 집행을 추구하는 제도에는 이용과 전용, 이체, 이월, 계속비, 예비비, 추가경정예산, 국고채무부담행위 등이 있다.

# C HAPTER

# 31 예산제도

## 제1절 | 예산개혁의 정향

### ❶ 예산개혁의 시대별 추이

미국에서 현대적 예산제도의 출발점은 1912년 태프트위원회 권고에 따라 1921년 예산회계법이 제정된 이후에 시작됐다. 행정부 중심의 예산체제가 법제화되자 미국 의회는 품목별 예산제도 (line item budget) 를 도입해 행정부의 예산운용을 감독하기 위한 통제수단을 마련했다. 그러나 행정수요의 증가로 정부 재정사업의 효율적 관리의 필요성이 대두되었다. 이러한 맥락에서 1949년 후버위원회의 권고를 수용해서 1950년 예산회계절차법에 근거하여 성과주의예산 (performance budget) 제도가 실시되었다.

통제와 관리기능이 정착된 이후, 중장기 국가 전략을 효과적으로 구현하기 위한 새로운 예산제도의 도입이 필요한 상황이 되었다. 이에 대응하여 1950년 랜드연구소에서 개발한 것이 PPBS (Planning Programming Budget System) 이다. 미국 케네디 행정부의 국방장관인 맥나마라 (McNamara) 가 1963년 국방부에 최초로 도입하였으며, 1966년 미국 존슨 (Johnson) 행정부에서 채택했다. 그러나 PPBS는 전면적으로 국가의 전략과 기획 역할을 강조했기 때문에 자유민주주의 이념과 충돌하는 문제에 노출되었다. 쉬크 (A. Schick) 는 통제, 관리, 기획이라는 예산의 세 가지 지향 (orientation) 을 제시하면서 PPBS의 타당성을 설득시키려고 노력했다.

1970년대와 1980년대의 긴축재정과 작은 정부를 강조하는 사조 속에서, 1976년 카터 (Carter) 행정부에서 영기준예산 (zero based budget) 제도가 도입되었다. 영기준예산제도에서 공공서비스와 정책의 성과를 직접적으로 연계시키려는 시도가 있었다. 이러한 레이건 (Reagon) - 부시 (Bush) 행정부의 연구 성과들을 토대로 클린턴 (Clinton) 행정부는 영기준 예산제도에서 개발했던 예산지출의 성과정보에 초점을 두면서 주요 국가들의 예산개혁 내용을 비교분석한 후 1993년 GPRA (Government Performance and Results Act) 를 통해 결과지향적 예산 (result - oriented budget) 개혁을 추진했다. 이후 2002년 부시 행정부에서 PART (Program Assessment Rating Tool) 체제가 추가되었다.

1950년대 후버위원회의 성과주의예산제도는 재정사업의 '관리'를 위한 것인데, 1990년대 이후의 클린턴 행정부의 재정개혁은 재정사업이 창출하는 구체적인 '결과'를 평가·관리하고 성과책임을 강조하는 것이다.

영국의 경우 1982년에 재정관리 프로그램 (financial management initiative) 을 도입해 개혁을 추진하였다. 최고의 가치 (best value) 프로그램은 1991년에 영국 정부가 도입했던 시장성 검증제도가 2000년도에 개편된 것으로, 비용절감보다는 품질을 우선화하겠다는 의지이다.

호주의 경우 1984년 「Budget Reform」이라는 백서를 통해 지출통제를 위해서 지출심사위원회 (expenditure review committee) 를 두어 새로운 정책과 예산을 검토하게 했다. 뉴질랜드의 경우 1988년에 국가부문법 (state sector act) 을 제정하여 예산개혁을 추진하였다.

## ❷ 예산제도와 지향하는 가치

### 1) 쉬크(A. Schick) 의 예산 정향

쉬크 (A. Schick) 는 통제, 관리, 기획이라는 예산의 세 가지 지향 (orientation) 을 제시하였다. 관리지향예산은 사업의 투입물보다 사업의 수행방식과 성과에 초점을 두는 예산 정향이다. 품목별 예산제도 (LIBS) 는 통제지향, 성과주의예산 (PBS) 과 목표관리예산 (MBO) 은 관리지향, 계획예산제도 (PPBS) 는 기획지향이다.

### 2) 예산개혁의 정향

예산개혁의 정향은 주로 '1920년대 통제지향의 품목별 예산제도 (LIBS) ⇨ 1950년대 관리지향의 성과예산제도 (PBS) ⇨ 1960년대 기획지향의 계획예산제도 (PPBS) ⇨ 1970년대 초 관리·참여지향의 목표관리예산제도 (MBO) ⇨ 1970년대 말 감축지향의 영기준예산제도 (ZBB) ⇨ 1990년대의 결과지향예산 또는 신성과주의 예산제도' 순으로 진행되었다.

계획예산제도 (PPBS) 가 단위사업을 사업 – 재정계획에 따라 장기적인 예산편성 쪽으로 방향을 잡았다면, 영기준예산제도 (ZBB) 는 당해 연도의 예산 제약 조건을 먼저 고려하는 것으로 감축지향이다. 결과지향 가치에서는 재정사업에서 투입 (input) 과 과정 (process) 에 대한 성과가 아니라, 산출 (output) 과 결과 (outcome) 에 대한 성과를 강조한다.

✚ 그림 5−1 예산제도의 변천

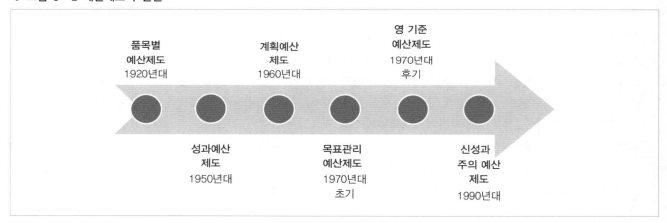

─────────────────────────────────────────────────────

| 제2절 | 품목별예산과 성과주의예산 |

## ❶ 품목별예산

### 1) 의 의

품목별예산제도 (LIBS: Line Item Budget System) 는 예산을 지출 대상별로 분류하여 편성하는 것이다. 품목별예산 (LIBS) 은 지출품목마다 그 비용이 얼마인가에 따라 예산을 배정하는 제도이다.

1912년 능률과 절약을 위한 대통령위원회가 추천한 것에서 보듯이, 미국 정부의 지출을 체계적으로 구조화한 최초의 예산제도이다. 성과주의예산제도의 도입에도 불구하고 품목별예산제도는 우리나라에서 여전히 활용되고 있다.

품목별예산제도가 성공적으로 도입·운영되기 위해 중시되어야 하는 것은 행정부제출예산제도, 합법성 위주의 예산심의, 회계검사기관의 기능 강화 등이다. 품목별예산제도는 통제지향적 예산으로 상향식 (bottom - up) 의사결정구조를 가지며, 활동의 정보보다는 품목에 초점을 둔다.

## 2) 품목별예산서

품목별예산서는 인건비나 물건비 등과 같이 품목별로 예산재원을 분류한 예산서 형식으로, 정부재정지출을 통제해야 할 항목별로 배열함으로써 예산을 관리·감독하는 데 효과적인 방식이다.

미국에서는 1912년 태프트위원회 (Taft Commission) 의 권고에 의해 1921년 품목별예산 (line item budgeting) 형식이 도입되었다. 그러나 품목별예산서는 예산재원이 정부사업별로 어떻게 배분되고 재정사업에 지출되는 비용이 적절하게 구성되었는지를 정확히 확인하기 어려웠다. 이에 대한 대안을 제시한 것은 1949년 미국 후버위원회 (Hoover budgeting) 의 프로그램예산 (program budgeting) 형식이다.

## 3) 품목별예산의 장점

첫째, 품목별예산제도 (LIBS) 는 정부의 지출을 체계적으로 구조화한 최초의 예산제도로서, 각 항목에 의한 예산배분을 하므로 지출 대상을 파악하기가 용이하여 지출 대상별 통제가 쉽게 된다.

둘째, 지출 대상에 따라 자세히 예산이 표시되어 있으므로 지출에 대한 근거를 요구하고 확인할 수 있어 예산심의가 용이하여, 지출을 통제하고 공무원의 회계적 책임을 확보하기 쉽다. 품목별예산은 회계책임을 명백히 할 수 있기 때문에 예산의 유용이나 남용을 방지할 수 있는 예산제도로, 예산 담당 공무원들에게 필요한 핵심적 기술은 회계기술이다. 예산 집행자들의 재량권을 제한함으로써 행정의 정직성을 확보하려는 제도이다.

셋째, 품목별예산제도 (LIBS) 는 정원 및 현원에 대한 자료를 제공하므로 인사행정을 위하여 필요한 정보를 제공해 줄 수 있다는 장점이 있다. 인사행정에 유용한 자료를 제공하며, 이익집단의 저항회피라는 정치적 이점이 있다.

넷째, 품목별예산 (LIBS) 의 정책결정방식은 점증적이고 예산과정이 상향적 흐름이며, 입법부에 의한 통제지향 예산제도이다. 품목별예산제도는 책임 확보와 재정민주주의에 입각하여 행정부에 대한 통제가 용이하다는 장점이 있다.

## 4) 품목별예산의 단점

재정의 목표의식이 결여되어 있고, 장기적인 계획과 연계시킬 수 없으며 정책이나 사업의 우선순위를 소홀히 하게 된다는 비판을 받는다.

정부가 수행하는 사업과 그 효과에 대한 명확한 정보를 제공하지 못하므로 '왜 돈을 지출해야 하는지, 무슨 일을 하는지'에 대하여 구체적인 정보를 알 수 없기에, 정부활동의 전체적인 상황을 파악하기 어렵다.

예산편성 시 점증주의적 성격을 띠므로 신규 사업을 창안하고 시행하기에 적합하지 않다. 또한 동조과잉이나 번문욕례를 초래할 수 있고 정부활동의 중복 방지와 통합·조정에 불리한 예산제도이다.

## ❷ 성과주의예산

### 1) 의 의

성과주의예산제도 또는 성과관리 (PBS: Performance Budgeting System) 는 투입보다는 산출 또는 성과를 중심으로 삼고 있다. 정부가 무슨 일을 하느냐에 중점을 두는 제도로, '기능별 예산제도 또는 활동별 예산제도'라고 부르기도 한다.

예산배정과정에서 필요 사업량이 제시되어 있어서 사업계획과 예산을 연계할 수 있다. 예산서에는 사업의 목적과 목표에 대한 기술서가 포함되며, 재원은 활동단위를 중심으로 배분된다. 구체적으로 완성한 이후의 모습을 보여줌으로써 재원과 사업을 직접적으로 연계시키는 예산제도이다.

성과주의예산은 운영관리를 위한 지침으로 효과적이다. 관리지향성을 지니며 예산관리를 포함하는 행정관리작용의 능률화를 지향한다. 점증주의적 예산결정 방식의 예산제도로, 단위원가를 토대로 중앙에서 능률적 관리를 촉구하므로 예산관리기능의 집권화를 추구한다.

제2차 세계대전 이후 미국의 제1차 후버위원회에서 권고한 제도 중의 하나이다.

### 2) 성과주의예산의 특징

성과주의예산제도 (PBS) 는 투입요소 중심으로 단위원가에 업무량을 곱하여 예산액을 측정한다. 성과주의예산제도가 성공적으로 도입·운영되기 위해 중시되어야 하는 것은 사업원가의 도출이다. PBS는 예산을 사업별로 편성하여 사업 수행의 최종 산출물을 강조하였다.

거리 청소, 노면 보수 등과 같이 활동단위를 중심으로 예산재원을 배분한다. 거리 청소사업으로 예를 들면, 거리의 청결도와 주민의 만족도 등을 다음년도 예산배분에 반영하는 것이다.

구체적으로 완성된 이후의 모습을 보여줌으로써 재원과 사업을 직접적으로 연계시키는 예산제도이다. 단위당 X원가에 수행되는 Y개의 업무량으로 표현함으로써 관리의 능률성을 높인다. 성과예산은 업무량 또는 활동별 지출을 단위비용으로 표현하고자 한다.

### 3) 성과관리예산의 장점

예산배정과정에서 필요 사업량이 제시되므로 사업계획과 예산을 연계할 수 있다. 예산과 사업이 연계되므로 예산집행의 신축성을 증진시켜 재원배분의 합리성을 제고할 수 있다. 계량화된 정보를 통해 합리적인 의사결정과 관리개선에 기여할 수 있다. 성과주의예산은 운영관리를 위한 지침으로 효과적이다.

성과예산제도 (PBS) 는 사업별, 활동별로 예산을 편성하고 성과평가를 통하여 행정통제를 합리화할 수 있다. 국민이나 입법부가 정부사업의 목적을 이해하기 쉽기 때문에 정부사업과 활동에 대한 국민들의 이해를 증진시킬 수 있고, 입법부의 예산심의를 간편하게 하는 효과도 있다.

### 4) 성과관리예산의 단점

회계책임이나 예산통제는 품목별예산제도에 비해서 어려울 수 있다. 단위원가계산에 있어서 기술적 복잡성이 크므로 정부사업에 대한 회계책임을 묻기에 불리하다. 성과주의예산제도는 성과지표로서의 업무단위가 중간 산출물에 불과한 경우가 많아, 예산성과의 질적 측면을 파악하기 어렵다.

성과주의예산은 단위원가를 근거로 신축적으로 예산을 수립하기 때문에 행정관리에 있어서 능률성을 추구하므로, 장기적인 계획과의 연계보다는 구체적인 개별사업만을 중시하는 경향이 있다. 장기적인 계획과의 연계보다는 단위사업만을 중시하기 때문에 전략적인 목표의식이 결여될 수 있다.

## ❶ 프로그램예산

### 1) 의 의

프로그램예산은 동일한 정책목표를 가진 단위사업들을 하나의 프로그램으로 묶어 예산 및 성과관리의 기본 단위로 삼는다. 여기서 프로그램이란 '동일한 정책을 수행하는 단위사업 (activity / project) 의 묶음'을 말한다. 총액배분자율편성예산제도 (2005년 도입), 디지털예산회계시스템 (2007년 도입) 등과 같은 예산개혁의 실효성을 확보하기 위한 제도적 기반으로서 프로그램 예산제도가 도입되었다.

우리나라에서 프로그램예산제도는 중앙정부는 2007년부터, 지방정부 (사업예산제도라고 칭함) 는 2008년부터 공식적으로 도입하였다. 우리나라가 이것을 도입한 배경에는 투입 중심 예산 운용의 한계를 극복하고자 하는 측면이 있었다. 프로그램예산제도는 예산 운용의 초점을 투입에 두기보다는 성과에 둔다.

### 2) 프로그램예산서

프로그램예산 형식은 예산서에 제시된 숫자의 정보를 품목이 아니라 사업단위별 또는 프로그램별로 나열하는 것이다. 1950년대 미국의 성과주의예산제도와 계획예산제도에서 사용되었다.

프로그램예산은 기본적인 예산결정에 대해 공식화된 경제적 분석을 강조한다. 정부활동을 사업별로 조직하고 개별 목적을 달성하기 위한 대안들을 규명하며, 각 대안의 비용과 편익을 결정한 후 순편익이 극대화되는 대안을 선택한다.

**✚ 그림 5-2 품목별예산서와 프로그램예산서**

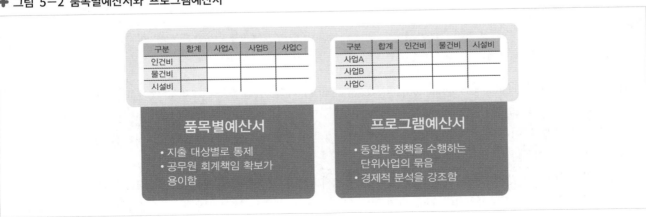

## 3) 예산의 과목구조

소관별 – 기능별 – 사업별 – 목별로 구분한다. 2007년부터 프로그램예산이 도입되면서 품목별 분류는 마지막 목에서 사용된다. 목은 인건비, 물건비 등이며 세목은 물건비의 경우 운영비, 여비 등이 해당된다.

**✚ 표 5−8 프로그램예산 분류체계**

| 구 분 | 입법과목 | | | | 행정과목 | | | |
|---|---|---|---|---|---|---|---|---|
| 품목별 예산체계 | 소관 | 장 | 관 | 항 | 세항 | 세세항 | 목 | 세목 |
| 프로그램별 분류 | – | 분야 | 부문 | 프로그램 | 단위 사업 | 세부 사업 | 편성 비목 | 통계 비목 |
| 예산 분류 | 기능별 분류 | | | | 사업별 분류 | | 품목별 분류 | |

장은 분야, 관은 부문, 항은 프로그램, 세항은 단위사업, 세세항은 세부사업에 해당된다. 장 – 관 – 항의 상호융통은 이용이며 입법과목이므로 의회의 승인을 받아야 한다. 세항 – 목은 행정과목이다.

프로그램예산(program budget)은 기존의 품목별(항목별) 분류체계를 탈피하여 성과를 지향하는 프로그램 중심으로 예산을 분류·운영하는 것이라고 할 수 있다. '프로그램 – 단위사업 – 세부사업'은 품목별 예산체계의 '항 – 세항 – 세세항'에 해당한다. 행정부 내의 실국(室局)을 기본 단위로 하여 예산제도를 운용한다.

## 4) 특 징

자원배분의 투명성을 높일 수 있고, 일반 국민이 예산사업을 쉽게 이해할 수 있게 한다. 프로그램예산(program budget)은 성과 중심의 예산운영을 위해 프로그램(사업) 중심의 하향식 예산방식으로 장기사업 등 다년도 중심의 예산과 연계되어 운영된다. 반면에 세부업무와 단가를 통해 예산금액을 산정하는 상향식 방식을 사용하고 단년도 중심의 예산으로 운영되는 것은 전통적인 품목별예산(LIBS)이나 성과주의예산(PBS)이다.

단위사업별 예산규모 파악이 용이하고, 사업별 총액 내에서 지출을 자율적으로 변경할 수 있다. 프로그램예산 대비 성과측정이 용이하여 사업의 성과관리에 대한 책임(performance responsibility)이 강화된다. 사업 기간별 중장기 예산편성이 가능하여 사업성·효과성 등의 정책분석이 강조될 수 있다.

## ❷ 계획예산

### 1) 의 의

계획예산제도(PPBS: Planning Programming Budget System)는 기획, 사업구조화 그리고 예산을 연계시킨 시스템적 예산제도로, 예산과 기획의 연결기능을 강조하는 예산제도이다. 장기적인 기획과 단기적인 예산편성을 유기적으로 연결하여 합리적인 자원배분을 이루려는 제도다. PPBS는 계획과 예산을 통합적 개념으로 이해하는 예산제도로 예산의 단년도주의를 극복하려는 것이다.

케인즈경제학이나 후생경제학의 영향으로 성립된 예산제도로서 장기기획과 예산의 연계를 강조하게 된다. 미국 케네디 행정부의 국방장관인 맥나마라(McNamara)가 1963년 국방부에 최초로 도입하였다. 미국에서 계획예산이 도입되는 초기부터 의회는 행정부에 대한 입법부의 지위 약화의 우려로 PPBS에 대해 소극적인 태도를 취했다. 그러나 쉬크 (Allen Schick) 는 제도의 설계나 준비과정이 미흡하여 그 성과를 거두지 못하였지만, 이를 보완하면 효과적인 예산제도라고 옹호했다. 미국 연방정부 차원에서 도입되었으나 전반적으로 실패한 것으로 평가되고 있다.

## 2) 계획예산제도의 특징

프로그램예산 형식을 취하고 있으며, 계획예산제도 (PPBS) 는 '계획 (plan) − 사업 (program) − 예산 (budget)'의 체계적 연계를 강조한다. 계획예산제도란 장기적인 기획과 단기적인 예산을 유기적으로 연결시켜 합리적인 자원배분을 이루려는 것으로, 경제적 합리성을 중시한다. 장기적인 안목을 중시하며 비용편익분석, 시스템분석 등의 계량적인 분석기법을 강조한다. 예산부서와 예산담당자의 분석적 능력이 요구된다.

계획예산 (PPBS) 은 기획의 책임이 중앙에 집중되어 있다. 계획예산은 영기준예산과는 달리 결정의 흐름이 하향적이다. 예산제도의 설계에 따라서 기능 비중이 달라지는데, 통제나 관리보다는 기획의 기능을 상대적으로 강조하는 제도이다. 계획예산제도 (PPBS) 의 주요한 관심 대상은 사업의 목표나, 투입과 산출에도 관심을 둔다. 사업의 대안들을 제시하도록 하고 가장 효과적인 프로그램에 대해 재원배분을 선택하도록 한다. 품목별예산과는 달리 부서별로 예산을 배분하지 않고 정책별로 예산을 배정한다.

## 3) 장 점

모든 사업이 목표달성을 위해 유기적으로 연계되어 있어, 부처 간의 경계를 뛰어넘는 자원배분의 합리화를 가져올 수 있다. 계획예산제도는 중장기적 전략기획에 따라 일관성 있게 예산이 뒷받침되는 전략예산체계를 지향한다.

국가목표를 실현하는 가장 효율적인 수단을 탐색한다. 국가목표를 보다 정확하게 파악할 수 있게 해준다.

## 4) 단 점

계획예산제도 (PPBS) 의 단점으로는 의사결정이 지나치게 집권화되고 전문화되어 외부통제가 어렵다는 점과 대중적인 이해가 쉽지 않아 정치적 실현가능성이 낮다는 것이다.

행정부에 의한 기획 중심적 성향으로 인하여 의회 예산심의기능의 약화를 초래할 수 있다. 윌다브스키 (Aaron Wildavsky) 는 예산의 분석적 측면만 강조하는 계획예산제도는 예산과정의 정치성을 감안할 때 출발부터 잘못된 제도라고 비판한다. 계획예산제도는 목표·계획·사업의 연계성을 높일 수 있으나, 과도한 정보를 필요로 한다는 단점이 있다. 목표설정은 가치판단을 수반하므로 계량화가 어렵다는 한계가 있으며, 목표에 대한 사회적 합의 도출이 어려울 경우에는 합리모형의 적합성이 낮아진다. 따라서 합리주의적 예산에 속하는 계획예산제도는 목표에 대한 사회적 합의도출이 전제되어야 하는 제약이 있다.

PPBS는 수립된 계획에 대한 상황변화적 대응이 적시에 이루어지지 못할 경우 예산배분의 합리성이 저해될 수 있다.

✚ 표 5-9 품목별예산과 성과주의예산 및 계획예산

| | 품목별예산 | 성과주의예산 | 계획예산 |
|---|---|---|---|
| 발달한 시대 | 1900년대 초반 | 1940~1950년대 | 1960년대 |
| 예산의 기능 | 통제지향 | 관리지향 | 기획지향 |
| 결정의 흐름 | 상향적 | 상향적 | 하향적 |
| 기획과 결정권 | 분 산 | 분 산 | 중앙집권 |
| 대안의 선택 | 점증적 결정 | 점증적 결정 | 총체적 결정 |
| 중심 지식 | 회계학 | 행정학 | 경제학 |
| 정보의 초점 | 품목 (투입) | 기능, 활동, 사업 (산출) | 목표 (효과) |
| 정책목표와의 관계 | 불투명 | 불투명 | 명 백 |
| 예산 이념 | 합법성 | 능률성 | 효과성 |
| 예산과 세출예산 | 동 일 | 동 일 | 별도로 수립 |
| 예산과 조직관계 | 직접적 | 직접적 | 간접적 |
| 예산과정상 중점 | 집행단계의 지출대상 | 편성단계의 활동단위 | 편성 전의 계획단계 |

## 제4절 목표관리예산과 영기준예산

### ❶ 목표관리예산

#### 1) 의 의

목표관리제 (MBO: Management By Objective) 는 참여를 통해 설정한 세부사업의 목표를 예산 편성과 연계하는 제도이다. 목표관리예산제도 (MBO) 는 계획예산제도 (PPBS) 가 집권적인 특성을 지니는 것과 달리, 예산결정과정에 관리자의 참여가 용이하다는 점에서 분권적인 경향이 있다. 그러나 참여과정을 통한 예산관리는 시간과 노력을 증대시킨다.

#### 2) 특 징

상관과 부하가 함께 참여하고 합의하는 과정을 중시하기 때문에 정책결정방식이 분권적·참여적인 것이 목표관리예산 (MBO) 의 특징이다.

목표관리예산은 부서별 목표와 예산의 연계성을 중시한다. 각 부서에서 예산요구서를 작성할 때 부서별 목표에 기초하여 작성하도록 하였으며, 돈이 지출되는 목적을 좀 더 명확히 하도록 요구한다. 성과주의예산 (PBS) 과 목표관리예산 (MBO) 은 모두 관리에 초점이 맞추어져 있다.

미국 연방 집행부서에 대한 행정통제를 강화하기 위해 닉슨 (Nixon) 대통령은 새로운 예산개혁인 목표관리제를 추진했으며, 1973년에 부서들에 대해 목표관리제를 적용했고 연방정부의 관리예산처가 핵심 역할을 수행했다.

## ❷ 영기준예산

### 1) 의 의

영기준예산 (Zero - Base Budgeting) 의 도입 취지는 불요불급한 지출을 억제하고 감축관리를 지향하는 데 있다. 경제적 합리성을 토대로 합리적 선택을 강조하는 총체주의 방식의 예산제도이다. 영기준예산제도는 미국 카터행정부에서 1977년에 채택되었던 것으로, 전년도 예산의 답습이 아니라 백지 상태에서 현행 사업을 재검토하고자 한 것이며 우리나라는 1983년부터 공식적으로 도입했다.

감축관리 (減縮管理) 방안으로는 영기준예산 (ZBB) 도입, 일몰법 (sunset law) 시행, 정책종결 (policy termination) 등이 있다.

### 2) 영기준예산제도의 특징

첫째, 점증예산제도가 전년도 예산수준을 기준으로 하는 것과 달리, 영기준예산제도는 영수준 (zero base) 에서 새로이 예산을 결정한다. 영기준예산제도는 모든 지출제안서를 영점 기준 (zero base) 에서 검토한다. 전년도 예산의 답습이 아니라 백지 상태에서 현행 사업을 재검토하고자 한 것이다. 제한된 재원을 효율적으로 배분하기 위하여 각 부처에서 추진해 오던 사업을 당연한 것으로 인정하지 않는 특징이 있다.

둘째, 비용·편익 내지 비용·효과분석의 대상에 있어서 신규사업만을 대상으로 하는 점증적 예산제도와는 달리, 영기준예산제도는 신규사업은 물론 계속사업도 대상으로 한다.

셋째, 예산과정에서 상향적 의사결정이 이루어지므로 실무자의 참여가 확대된다. 각 부처에서 지출규모에 대한 결정을 하고 조직구성원의 참여가 상대적으로 높은 분권화된 관리체계로, 기획의 책임이 분권화되어 있다. 의사결정 패키지 작성과 우선순위 결정과정에 구성원의 참여가 이루어진다.

넷째, 능률적인 관리를 위하여 구성원의 참여를 촉진한다는 점에서는 목표에 의한 관리 (MBO) 와 비슷하다. 예산운영방법의 개발에 있어서 소극적인 점증적 예산제도와는 달리, 영기준예산제도는 적극적이다.

다섯째, PPBS는 기획지향적인 반면, ZBB는 평가지향적이다. 계획예산제도 (PPBS) 가 단위사업을 사업 – 재정계획에 따라 장기적인 예산편성 쪽으로 잡았다면, 영기준예산제도 (ZBB) 는 당해 연도의 예산 제약조건을 먼저 고려한다.

여섯째, 국방비, 공무원의 보수, 교육비 등과 같은 경직성 경비가 많으면 영기준예산제도의 효용이 제약된다. 객관적 기준을 사용하는 계획예산과는 달리, 영기준예산은 우선순위를 설정할 때 의사결정자들의 주관적 판단에 의존한다.

### 3) 영기준예산의 내용

첫째, 영기준예산제도는 사업단위뿐만 아니라 조직단위도 의사결정단위 (decision unit) 가 될 수 있다는 점에서 계획예산보다 더 융통성이 있는 제도라 할 수 있다.

둘째, 영기준예산제도는 사업대안의 우선순위 결정에 필요한 정보를 제공한다. 정보들을 의사결정 패키지별 (decision package) 로 조직하는데, 의사결정 패키지란 의사결정단위에 대한 분석 및 평가결과를 명시해 놓은 표이다.[15] 한편 최적 대안의 선택과정에서 비용편익분석과 같은 방법들이 활용된다.

---

15 의사결정 패키지에는 사업이나 조직의 목표, 사업의 활동과 내용, 비용과 편익, 업무량과 성과측정, 목표달성을 위한 대안, 투입할 노력의 수준 등의 정보가 담겨 있다.

셋째, 증액대안 패키지는 선정된 사업대안에 대한 예산투입별 예상치를 담은 정보다. 예산투입의 수준은 최저수준 (minimum level), 현행수준 (current level), 증액수준 (incremental level) 으로 구분된다. 최저수준은 현행보다 낮은 수준인데, 최저수준 미만은 사업 자체가 무의미해지는 수준이다. 최저수준에서 점증적으로 증액해가는 방식으로 결정한다. 증액대안의 예산금액 표시방법은 최저수준과의 차액으로 표시한다.[16] 최종 우선순위결정 (ranking) 대상은 선정된 사업대안의 증액대안들 중에서 결정된다.

**➕ 그림 5-3 영기준예산의 의사결정 패키지**

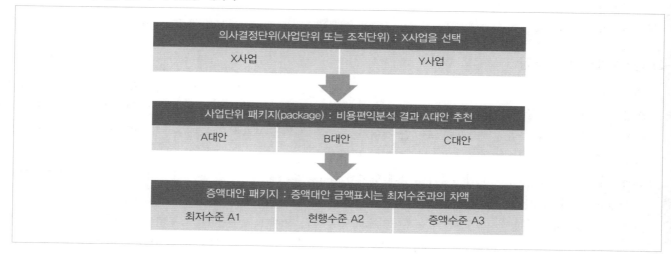

## 4) 영기준예산의 장점

예산과정에서 상향적 의사결정이 이루어지므로 실무자의 참여가 확대된다. 신규사업과 기존사업을 모두 분석하고, 과거 연도의 예산지출이 참고자료로 고려되지 않으므로 예산의 과대추정을 억제할 수 있다. 자원의 효율적인 배분 및 예산절감의 효과를 얻을 수 있다.

영기준예산은 모든 사업을 원점에서부터 검토하도록 함으로써 예산·계획·통제기능의 연계를 강조한다. 재정구조의 경직성을 타파하고 재정운용의 탄력성을 확보할 수 있다. 사업수행 방법에 있어서 영기준예산제도는 사업목표의 수준을 달리하여 예산을 융통성 있게 편성할 수 있다.

## 5) 영기준예산의 단점

영기준예산은 계산전략의 한계, 정보 획득의 애로, 경직성 경비로 인한 한계, 비경제적 요인의 간과, 장기적인 목표 경시 등의 단점이 있다.

첫째, 영기준예산제도는 합리적 의사결정과 재원배분을 강조하지만 현실적 제약으로 인해 우선순위 결정이 어렵다는 한계가 있다. 한편 소규모 조직이 희생당할 가능성이 높다.

---

16 그림 5-3에서 X사업에서 A대안을 선택하고, A대안의 증액대안 패키지가 최저수준 (A1) 은 33억 원이라고 하자. 현행수준 (A2) 이 최저수준보다 3억 원이 추가된다면 현행수준은 3억 원으로 표시된다. 증액수준 (A3) 이 현행수준 (A2)보다 7억 원이 추가된다면 증액수준 (A3) 은 7억 원으로 표시된다.

둘째, 영기준예산에서는 업무부담이 과중된다는 문제점이 있다. 예산편성에 비용·노력의 과다한 투입을 요구한다는 비판을 받는다. 모든 사업이나 대안을 총체적으로 분석하므로 시간이 많이 걸리고, 노력이 과중할 뿐만 아니라 과도한 문서자료가 요구된다.

셋째, 예산과정에서 정치적 고려 및 관리자의 가치관이 반영되기 어렵다. 또한 현 시점 위주로 분석하므로 장기적인 목표가 경시될 수 있다. 윌다브스키 (Wildavsky) 는 영기준예산제도가 점증주의식 예산 행태를 극복하지 못했으며, ZBB가 실제로는 영기준이 아니라 90% 기준 예산이라고 혹평했다.

## ❸ 일몰법

일몰법 (sunset law) 은 특정 조직이나 사업에 대해 존속시킬 타당성이 없다고 판명되면 자동적으로 폐지하는 제도이다. 정부의 불필요한 행위나 활동을 폐지하고 효율적인 정부를 추구하려는 노력이다. 사업 시행 후 기존 사업과 지출에 대해 입법기관이 재검토한다.

일몰법 (日沒法) 은 입법적 과정으로 정부기구나 사업들이 의회에 의하여 그 존립의 필요성을 인정받지 못하는 한, 특정 시점에서 자동으로 폐지될 것을 규정하고 있다. 따라서 개혁추진기관이 아니라 피대상기관이 기관이나 사업의 존립 필요성을 입증해야 한다. 매 회계연도마다 반복되는 예산과정에서 비교적 독립적으로 진행할 수 있다.

일몰법은 감축관리의 실행에 활용되며 영기준예산과 달리 예산뿐만 아니라 조직, 정책, 인력 등 광범위하게 적용된다.

> ■ **TIP** 영기준예산과 일몰법
> 영기준예산은 예산편성과 관련된 행정과정 중심의 상향적 흐름이지만, 일몰법은 정책에 대한 입법과정과 관련된 하향적 흐름이다.
> 영기준예산이 1년 단위의 시간적 범위를 가지고 예산분야만 다룬다면, 일몰법은 영기준예산에 비해 보다 장기적 시간관점을 가지며 그 적용의 범위가 더 넓다.

---

### 제5절  신성과주의예산

## ❶ 신성과주의예산의 개요

### 1) 개 념

신성과주의예산 (new performance budgeting) 또는 결과지향적 예산 (new result - oriented budgeting) 은 투입요소 중심이 아니라 산출 또는 성과를 중심으로 예산을 운용하는 제도이다.

성과관리 또는 성과중심 (performance oriented) 의 행정은 기존의 투입요소의 통제방식에 따라 수동적으로 업무를 수행하던 태도에서 벗어나, 보다 명확한 업무목표를 세우고 이를 달성하기 위한 추진전략을 마련함으로써 결과에 초점을 맞춘 능동적인 자세로 전환하고자 하는 것이다. 책임성 확보를 위해 시행되고 있는 성과관리를 예산과 연계시킨 제도이다.

보수주의적 예산을 탈피하기 위하여 경직성 경비를 삭감하고, 최고관리층의 중앙집권적 통제에 의해 성과주의예산과 목표기준예산을 활용한다.

## 2) 구성요소

신성과주의 재정운용을 위해 총괄배정예산제도, 지출통제예산제도, 효율성배당, 불용액 이월제도, 발생주의 회계제도 등이 필요하다. 신성과주의예산은 성과관리를 위해 성과계획 수립, 예산편성 및 집행, 성과 측정·평가의 기본구조를 가지고 있다.

✚ 그림 5-4 신성과주의예산제도의 구조

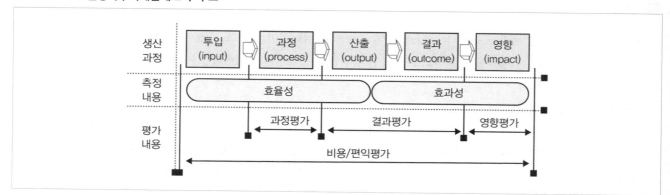

출처: 윤영진 (2014: 361).

## 3) 예산제도의 개혁

첫째, 효율성 배당제도는 예산집행의 자율성과 재량권을 확대하는 대신 절약에 대한 통제도 강화하기 위하여 매년 일정 비율로 국고에 반납토록 하는 것이다.

둘째, 운영예산제도는 권한의 위임과 융통성을 부여하기 위한 것으로, 총액으로 예산을 결정하며 항목 간의 전용을 인정하고 있다.

셋째, 발생주의(accrual basis)는 현금의 수불(受拂)과는 관계없이 경제적 자원에 변동을 주는 사건이 발생된 시점에 거래를 인식하는 방식으로, 자산·부채·수익·비용을 측정한다. 복식부기는 발생주의 회계와 서로 밀접한 연계성을 갖는다.

넷째, 다년도 예산제도(Multi-year Budget)는 최소 3년 이상의 장기적인 안목에서 자유로이 정책 결정 후, 이를 기초로 여러 해에 걸친 다년도 예산을 편성하는 방식이다. 미리 사업계획을 확정해두는 수단으로 등장한 제도이나 최근에는 사업 확장에 따른 예산증액을 막기 위한 수단으로도 널리 쓰인다. 한편 품목별예산과 단년도 예산제도는 재정에 대한 구체적 통제를 강화하려는 전통적인 예산제도들이다.

## ❷ 신성과주의예산의 특징

기존의 성과주의예산이 1990년대 이후 미국 클린턴 행정부에서 목표관리, 총체적 품질관리 등과 같은 혁신적인 방안이 추진되면서 부활된 제도이다. 20세기 후반부터 주요 국가들이 재정사업의 운영과정이나 기능에 초점을 두고 새로운 성과주의 예산체계를 도입하기 시작했다. 재정사업의 목표, 결과, 재원을 연계하여 예산을 '성과에 대한 계약'의 개념으로 활용한다. 각 부처 재정사업 담당자들에 대한 동기 부여를 강조하고, 이들에게 더 많은 권한을 부여하고자 한다.

지난 1980년대 기업가형 정부개혁이 강조되면서, 통제보다는 결과에 대한 책임을 확보하는 새로운 대안제도이다. 미국 클린턴 행정부는 결과지향적 예산제도의 일환으로 1993년에 GPRA (Government Performance and Results Act), 부시정부는 2002년에 PART (Program Assessment Rating Tool)를 도입했다. 예산집행에서의 자율성을 부여하되, 성과평가와의 연계를 통해 책임성을 확보하고자 한다. 우리나라는 예산편성과 성과관리의 연계를 위해 재정사업자율 평가제도를 실시하고 있다.

1950년대 성과주의예산제도는 투입 (input)이 자동으로 산출 (output)로 이어진다는 가정 하에, 투입에 좀 더 비중이 주어져 있었다. 반면에 최근 성과관리는 투입이 자동으로 산출로 연결된다는 단선적 가정에서 벗어나 성과를 적극 관리하여야 한다는 인식하에서 조직·인사·예산·환류 등 국정 전반에 걸쳐 통합적·균형적으로 연계·추진되고 있다. 신성과주의는 1990년대 결과기준예산제도로, 투입보다는 결과 (outcome)나 영향 (impact)을 중시하며 이를 구체적인 책임성과 연관시키는 새로운 성과주의예산이라는 점에서 1950년대 과거의 성과주의와 구분된다.

과거의 성과예산제도 시기에 프로그램 구조나 회계제도 등의 큰 변혁이 있었기에 신성과주의예산제도는 상대적으로 프로그램 구조와 회계제도에 미치는 영향의 범위가 좁은 편이고, 예산과정에서 성과정보 활용을 예산개혁의 주된 과제로 삼았다.

➕ **표 5-10 (구) 성과예산제도와 신성과예산제도**

| | (구) 성과예산제도 | 신성과·결과지향예산제도 |
|---|---|---|
| 예산의 연계 범위 | 재무적 관점: 예산편성과정에서 예산과 사업의 연계에 국한 | BSC (균형성과지표) 관점: 인사, 조직, 예산, 평가, 감사 등 국정 전반과 연계 |
| 예산제도 개혁의 목표 범위 | 광범위함: 프로그램 구조, 회계제도 변경 등 광범위한 제도개혁 추구 | 좁음: 성과정보를 예산과정에서 활용이 주된 목적 |
| 경로에 대한 가정 | 단선적 가정: 투입은 자동적으로 성과로 연결된다는 가정에 근거함 | 복선적 가정: 투입이 반드시 성과를 보장해 주지는 않는다는 가정에 근거함 |
| 논리의 초점 | 투입 중심이며 투입 (input)과 산출 (output) | 결과 (outcome)나 영향 (impact)을 중시 |
| 행정 가치 | 능률성 강조 | 효과성 강조 |
| 책임의 유형 | 정치적, 도덕적 책임 중시 | 구체적이고 보상적 책임 중시 |
| 성과의 관점 | 정부 또는 공무원 중심의 시각 | 고객 또는 시민의 만족감에 초점 |
| 원가산정 기준 | 개별 단위사업 | 프로그램, 정책사업 |
| 정부회계방식 | 불완전한 발생주의 회계방식 사용 | 완전한 발생주의 회계방식 사용 |

### ❸ 신성과주의예산의 한계

신성과주의예산제도는 모든 조직에 공통적으로 적용할 수 있는 표준적 성과측정지표를 개발하기 어렵다는 것이 단점으로 지적된다.

또한 성과 중심 행정에 집착할 경우 목표전환 (目標轉換)이 나타나거나 잘못된 절차를 묵인 (默認)할 가능성이 있다.

## 제6절 총액배분자율편성제도와 지출통제예산제도

### ❶ 총액배분자율편성제도

#### 1) 의 의

예산 운영에 관한 장기적인 전망과 계획에 의거하여, 예산 총액이 먼저 결정된 후 분야별 예산의 배분이 결정된다. 자금관리의 분권화를 강조하지만 의사결정의 주된 흐름은 하향적이다. 상향적 예산편성과 달리 각 부처 내 예산담당기관의 예산조정과 삭감기능이 강화된다.

하향식 (top - down) 예산관리모형인 총액배분자율편성예산제도는 전략적 재원배분을 촉진한다. 하향식 예산편성제도는 추계한 예산총량을 전략적 우선순위에 따라 먼저 부문별·부처별로 배분하여 예산의 배분적 효율성의 제고를 우선적인 목적으로 한다.

우리나라는 기획재정부 수립 후 국무회의 의결로 확정되는 5년 단위의 국가재정운용계획 (2004년부터 수립) 에 따라 총액배분자율편성예산제도를 2005년부터 도입했다. 영국 (Spending Review), 스웨덴 (Spring Fiscal Plan), 네덜란드 (Coalition Agreement) 등의 예산편성 방식을 그 예로 들 수 있다.

#### 2) 특 징

주어진 지출한도 내에서 각 부처는 자율적으로 정책과 사업을 구상한다. 각 부처가 국가 재정운용계획에 의해 설정된 1년 예산상한선 내에서 자율적으로 예산을 편성하는 제도이다. 기획재정부가 부문별·부처별로 예산상한을 할당하면, 그 범위 내에서 각 부처에서 구체적인 사업별 재원배분을 결정하는 제도이다. 기획재정부가 부문별·부처별로 예산상한을 할당하는 집권화된 예산편성 방식으로, 전략기획과 분권 확대를 예산편성 방식에 도입하기 위해 실시하고 있다.

개별 사업 위주의 단년도 재정운영보다는 중기적 재정운영에 적합한 예산제도이다. 재원운용의 분권화를 목적으로 하지만 의사결정의 주된 흐름은 하향적이다. 국가 재원의 전략적 배분을 강조하고, 그에 필요한 중앙통제를 인정한다. 중앙예산기관이 소관 정책과 우선순위에 입각해 연도별 재정규모, 분야별·부문별 지출한도를 제시한다.

#### 3) 장 점

한도액의 설정으로 각 부처의 무분별한 예산 과다요구 등의 관행을 줄일 수 있다. 지출한도가 사전에 제시되기 때문에 부처의 재정사업에 대한 책임과 권한을 강화할 수 있다.

예산총액배분자율편성제도는 중앙예산기관과 정부부처 사이의 정보 비대칭성을 완화하려는 목적을 갖고 있다. 예산편성 과정에서 예산점증의 관행을 막고, 각 부처의 의견과 전문성을 활용하여 중앙예산기관과 각 부처 간 정보 비대칭성을 완화시킨다. 사업별 재원배분에 대하여 세밀한 관리·통제를 지향하는 것이 아니라, 부처의 재량을 확대하되 기획재정부의 사업별 예산통제 기능을 유지하고 있다.

#### 4) 단 점

국가재원의 전략적 배분을 위한 협의과정에서 갈등이 격화되어 조정이 어려울 수 있다. 각 부처의 이기적·방어적 정보 제공이 국무회의의 판단을 그르칠 수 있다는 단점이 있다.

## ❷ 지출통제예산제도

지출통제예산(ECB: Expenditure Control Budget)은 예산의 구체적인 항목별 지출에 대해 통제하는 것이 아니라 지출 총액만을 통제하는 예산이다. 지출통제예산은 중앙예산기관이 예산 총액만 통제하고, 구체적인 항목별 지출에 대해서는 집행기관의 재량을 확대하는 결과·성과지향적 예산제도이다.

총괄예산 또는 총액계상예산은 예산집행의 구체적 용도를 제한하지 아니하고 포괄적인 지출을 허용하는 제도로서, 지방교부세 등 포괄보조금과 같은 형식이 있다. 총괄예산은 지출통제예산의 일종으로, 항목을 구분하지 않고 지출을 자율화한 제도이다.

반면에 총괄배정예산제도는 예산편성을 지출한도 내에서 자유롭게 편성하는 자율편성제도(top-down)일 뿐 지출의 자율화와는 직접적인 관계가 없다.

---

| 제7절 | 조세지출예산과 자본예산 |

## ❶ 조세지출예산

### 1) 의 의

조세지출(tax expenditure)이란 정부가 징수해야 할 세금을 비과세, 감면, 공제 등의 세제 혜택을 통해 포기한 액수를 뜻한다. 각종 사회·경제적 목적을 달성하기 위해 정부가 세금을 줄여 주거나 받지 않는 등의 재정지원을 예산지출로 인정하는 것이다.

조세지출예산제도란 조세지출의 내용과 규모를 주기적으로 공표해 조세지출을 관리하는 제도이다. 국회 차원에서 조세감면의 내역을 통제하고 정책효과를 판단하기 위한 제도이다. 조세지출은 법률에 따라 집행되기 때문에 경직성이 강하다. 조세감면, 비과세, 소득공제, 세액공제, 우대세율 적용 등을 하기 위해 지출한 예산을 통합적으로 관리하기 위한 예산시스템이다. 우리나라는 조세지출예산제도를 2010년에 도입했고, 중앙정부와 지방정부 모두 시행하고 있다.

### 2) 조세지출예산의 순기능

조세지출예산제도는 불공정한 조세지출의 방지를 목적으로 한다. 과세의 수직적·수평적 형평성을 파악할 수 있기 때문에, 세수인상을 위한 정책판단의 자료가 된다. 조세지출예산서는 재정지원의 직전 연도 실적과 해당 연도 및 다음 연도의 추정금액을 기능별·세목별로 분석한 내용을 포함하고 있어, 계획적인 조세지출을 위한 재정정보의 제공이 가능하다. 기획재정부는 주요 조세특례에 대한 평가를 할 수 있다.

조세지출의 주된 분류방법은 세목별 분류로, 의회의 예산심의를 강화하는 데 기여한다. 조세지출예산제도는 조세지출의 투명성을 높이고, 조세지출의 필요성이 없음에도 불구하고 관성적으로 존재하는 조세지출의 항구성·지속성을 타파하는 장점이 있다. 조세지출은 특정 부문에 대한 사실상의 보조금으로, 세출예산상의 보조금과 같은 경제적 효과를 초래한다.

### 3) 조세지출예산의 역기능

조세지출항목이 행정부의 재량에 의해 신설 또는 폐지되고 의회의 주기적 심사대상이 되지 못할 경우, 조세지출예산제도의 의미가 상실될 수 있다. 의회의 예산심의를 강화하기 위한 조세지출의 주된 분류방법인 세목별 분류는 조세지출의 신축성을 저하시켜, 시대적 상황에 따른 능동적 대처에 한계가 있다. 조세지출은 숨겨진 보조금적 성격을 띠므로 예산서에 명시될 경우 개방화된 자유무역환경 하에서 무역마찰 발생 가능성이 있다.

## ❷ 자본예산

### 1) 의 의

자본예산제도(CBS: Capital Budgeting System)는 세입·세출을 경상적인 것과 자본적인 것으로 분리·계리하여 구분하는 복식예산제도이다.[17] 정부예산을 단기적인 경상계정과 장기적인 자본계정으로 구분하여 경상지출은 조세수입과 같은 경상적 수입으로 충당하고, 자본적 지출은 대부분 국·공채의 발행에 의하여 충당하는 복식예산이다.

자본예산의 재원은 적자재정(budget deficit)과 공채발행 및 경상예산의 잉여에 의하여 충당한다. 다만, 공채차입금으로 미래운영비에 직접 충당할 수 없다.

자본예산은 시설투자사업의 종류뿐만 아니라 정부의 기능이나 조직별로 분류하여 사용할 수 있다. 자본예산제도는 시설투자사업별 종류에 따라 분류하는 것을 원칙으로 하나, 기능이나 조직 및 품목별 분류를 병행할 수 있다. 자본예산은 정부 순자산의 증감상태를 명확히 알 수 있는 반면 정부의 예산적자를 은폐하는 일에 악용될 수 있다.

### 2) 자본예산의 장점

경상적 지출과 자본적 지출을 분리·계리함으로써 재정의 기본구조를 보다 잘 파악할 수 있게 해준다. 이는 국가의 자산상태를 명확하게 파악할 수 있게 한다. 경상적 지출이 아니라 자본적 지출에 대한 특별한 사정과 분석을 가능하게 하여, 자본적 지출에 대한 심도 있는 분석에 유리하다.

경기침체 시 적자예산을 편성하고, 경기과열 시에는 흑자예산을 편성하여 경기변동의 조절에 도움을 준다. 경제적 불황기 내지 공황기에 적자예산을 편성하여 유효수요와 고용을 증대시킴으로써 불황을 극복하는 유용한 수단이 될 수 있다. 정부는 자본예산제도를 통해서 필요한 예산을 조달하여 유효수요를 증가시킴으로써 경기회복 정책을 추진할 수 있다. 예산의 적자재정 편성을 특징으로 하고, 세출규모의 변동을 장기적 관점에서 조정하는 일에 기여한다. 미래세대와 부채상환의 책임을 분담하여 세대 간 형평성을 높인다. 수익자의 부담(user's charging)을 균등화시킬 수 있다.

### 3) 자본예산의 단점

예산이란 경기 순환기를 중심으로 균형이 이루어지면 된다는 논리로, 부채를 정당화하여 재정 안정화를 저해한다. 부채의 증가는 예산관리의 경직화를 초래할 수 있다.

자본예산은 특히 인플레이션 시기에는 곤란하다. 재정지출을 통한 경제활성화 과정에서 경제 안정을 해치고 인플레이션을 조장할 가능성이 있다.

---

[17] 자본예산제도는 1937년 스웨덴에서 실시한 것이 최초이다. 미국에서는 지방정부에서 공공투자사업을 위한 재원 조달에 초점을 둔다.

# ① 참여예산제도

## 1) 의 의

참여예산제도는 예산운영의 효율성이나 성과관리보다는 예산주권의 극대화나 민주성을 중요시하는 제도라고 할 수 있다. 예산과정의 단계별로 볼 때 예산편성 단계에서의 참여에 초점을 둔다. 참여예산제도는 결과적 측면보다는 과정적 측면의 이념을 지향한다.

예산과정에의 시민참여는 중앙정부와 지방정부 모두 가능하지만, 참여예산제도는 주로 지방정부를 대상으로 시행된다. 1989년에 브라질의 포르투 알레그리 (Porto Alegre) 시는 참여예산제도를 세계 최초로 도입한 사례다. 우리나라의 경우는 광주시 북구청에서 2004년에 최초로 도입했다.

생각 넓히기 _ 재정민주주의

재정민주주의는 '대표없이 과세없다'라는 표현에서 나타나듯이, 재정주권 (財政主權) 또는 납세자주권 (taxpayers sovereignty) 이 납세자인 국민에게 있다는 것을 의미한다. 주민참여예산제도, 납세자 소송제도, 예산감시 시민운동 등은 재정민주주의 실현을 위한 것이라고 할 수 있다. 재정민주주의는 국민의 재정선호 (fiscal preference) 에 일치하는 예산집행을 주장한 K. Wicksell의 이론에 기초한다.

## 2) 국민참여예산제도

국민참여예산제도는 2019년도 예산편성부터 시행되었다. 국민참여예산제도에서 각 부처는 소관 국민제안사업에 대한 적격성 점검을 실시하고 기획재정부, 국민참여예산지원협의회와 협의하여 최종적으로 사업예산편성 여부를 결정한다.

## 3) 주민참여예산제도

지방자치단체의 장은 대통령령으로 정하는 바에 따라 지방예산편성 과정에 주민이 참여할 수 있는 제도 (주민참여예산제도) 를 마련하여 시행하여야 한다. 지방예산편성 등 예산과정의 주민 참여와 관련되는 사항을 심의하기 위하여 지방자치단체의 장 소속으로 주민참여예산위원회 등 주민참여예산기구를 둘 수 있다. 지방자치단체의 장은 주민참여예산제도를 통하여 수렴한 주민의 의견서를 지방의회에 제출하는 예산안에 첨부하여야 한다.

행정안전부장관은 지방자치단체의 재정적·지역적 여건 등을 고려하여 대통령령으로 정하는 바에 따라 지방자치단체별 주민참여예산제도의 운영에 대하여 평가를 실시할 수 있다. 주민참여예산기구의 구성·운영과 그 밖에 필요한 사항은 해당 지방자치단체의 조례로 정한다.

PART 05

## ❷ 성인지예산

### 1) 의 의

성인지 (gender sensitive) 란 남성과 여성이 생물학적 성에서의 차이가 있다는 것을 전제로, 사회적인 성에 있어서는 차별이 있어서는 안 된다는 점을 고려해야 한다는 것이다. 성인지예산[18]은 예산의 편성이나 지출시, 남성과 여성의 삶의 차이와 특성을 고려하여 그 효과가 평등하게 나타나도록 하는 것을 말한다. 성인지예산은 예산의 성 중립성 (gender neutral) 을 비판하고, 예산 과정에 성 주류화 (gender mainstreaming) 의 적용을 의미한다. 세출뿐만 아니라 세입에 관해서도 차별 철폐를 추구한다.

### 2) 예산과정에서 성인지 반영을 위한 수단

성인지 (性認知) 예산서는 예산이 남성과 여성에 미칠 영향을 미리 분석한 보고서로 정부가 예산안과 함께 국회에 제출해야 하는 첨부서류이다. 기획재정부 장관이 여성가족부 장관과 협의하여 제시한 작성기준 및 방식 등에 따라 각 중앙관서의 장이 작성한다.

성인지 (gender sensitive)예산은 예산의 편성, 심의, 집행, 결산의 모든 과정에 적용된다. 성인지예산의 적용범위에는 기금도 포함되므로, 성인지 기금운용계획서나 성인지 기금결산서를 작성하여야 한다.

성인지 (性認知) 예산서에는 성인지예산의 개요, 규모, 성평등 기대효과, 성과목표 및 성별 수혜 분석 등의 내용이 포함되어야 한다. 성인지결산서에는 집행실적, 성평등 효과분석 및 평가 등이 포함되어야 한다. 성별영향분석평가는 정책이 성평등에 미칠 영향을 사전에 분석한다.

중앙부처 및 지방자치단체는 모두 성인지결산서를 작성하여야 한다. 국회는 성인지예산서와 결산서를 예산안 및 결산서와는 독립적인 안건이 아니라 첨부 및 부속서류로 상정하여 심사를 진행하여야 한다.

---

[18] 1984년 호주에서 처음 시작되었으며 국가재정에 관한 기본법에 성인지예산제도를 명문화한 것은 한국이 최초이다. 성인지예산제도는 중앙정부의 경우 2010년에 도입했고, 지방자치단체의 경우 2013회계년도 예산안 및 결산부터 적용하고 있다. 한편, 성별영향분석평가의 실시를 통해 정책의 수립과 집행에서 성평등을 실현하기 위해 2011년 9월 「성별영향평가법」이 제정되었다.

# CHAPTER 32 예산결정이론

## 제1절 총체주의 예산결정모형

### ❶ 총체주의 예산결정의 개요

예산의 분배과정에 있어 선택과 집중을 하는 것은, 행정의 효율성을 강조하는 것이다. 1940년에 미국의 키 (V. O. Key, Jr.) 는 예산이론에서 "X달러를 사업B 대신 사업A에 배정해야 하는 논리의 기초는 무엇인가?"라는 질문을 제기했는데, 경제적 합리성에 기초한 총체주의·합리주의 접근이 이에 대한 응답이었다.

총체주의·합리주의 예산은 한계효용 (限界效用) 개념을 이용한 상대적 가치에 의해서 결정된다. 예산은 합리적이고 분석적인 과정을 거쳐서 결정된다. 그리고 예산의 규모는 사회후생 극대화 기준에 의한다.

루이스 (Lewis) 가 제시한 상대적 가치, 증분분석, 상대적 효과성의 명제도 총체주의 예산결정의 사례가 될 수 있다. 계획예산 (PPBS) 과 영기준예산 (ZBB) 은 총체주의 예산결정제도의 대표적 예이다.

### ❷ 총체주의 예산이론의 특징

#### 1) 경제적 합리성

총체주의·합리주의예산은 경제적 합리성을 강조하는 이론으로, 총체주의는 형평성이 아니라 효율성에 의한 재정배분을 중시한다. 집권적이며 하향식으로 자원을 배분한다.

합리주의는 경제원리인 최적화 원리를 강조하며, 효율적 자원배분의 상태인 파레토 최적은 형평성보다는 경제적 효율성에 의해 달성된다.

연역법적 방법론에 의하며 가치와 사실을 구분한다. 사업의 대안들을 제시하도록 하고, 가장 효과적인 프로그램에 대해 재원배분을 선택하도록 한다.

#### 2) 선형적 과정

예산의 목표와 목표 간의 우선순위를 명확하게 설정한다. 목표와 수단 간의 연계관계를 명확히 밝혀 합리적 선택을 모색한다. 합리적 분석을 통해 비효율적 예산배분을 지양한다.

목표에 대한 합의를 통한 목표설정, 대안 탐색과 분석, 최적의 대안 선택이라는 '선형적 과정'을 거친다. 합리주의모형은 대안의 선정 시에 순현재가치, 내부수익률, 비용편익비율, 체제분석, OR 등과 같은 분석 기준을 주로 사용한다.

## 3) 예산통일성 원칙의 예외적 영역

특별회계나 목적세가 많을 때에 타당성이 높아진다. 특별회계나 목적세처럼, 예산통일성 원칙의 예외 영역에서는 특정 수입과 특정 지출이 연계되므로 정치적 조정과 타협을 통한 예산의 증감이 어려워 점증주의가 적합하지 않으며, 총체주의 혹은 합리주의가 적합하다.

### ❸ 총체주의 예산이론의 장점과 단점

총체주의 예산은 합리적 모형을 적용하여 계획기능이 강화되므로 집권화를 초래할 위험이 있다. 목표에 대한 사회적 합의가 도출되지 않은 경우에는 적용할 수 없다는 단점을 가지고 있다. 합리주의 예산방식은 예산의 배정이 불안정하며 예산투쟁이 격화될 수 있다.

정책결정에 영향을 미치는 외부 요인을 고려하지 못하고 단순하게 정책결정자의 의사결정만을 강조한다. 합리주의 (총체주의) 는 모든 정보를 다 파악할 수 없다는 한계를 가지며, 공익과 가치의 계량화가 어렵다는 단점이 있다.

---

## 제2절 　점증주의 예산결정모형

### ❶ 점증주의 예산결정의 개요

#### 1) 정치적 합리성

점증주의예산은 협상과 타협에 의한 정치적 합리성을 강조한다. 정치적 타협과 상호 조절을 통해 행정부의 예산요구액과 의회의 승인액 간에는 일정한 선형적 함수관계가 존재하므로, 예산의 배정이 안정적이며 현상유지 (status quo) 적 결정에 치우칠 수 있다. 점증주의 예산모형은 예산과정을 행정부와 의회의 선형적 함수관계로 파악한다.

점증모형은 목표와 수단 간의 선형적 과정을 중시하는 합리모형과는 달리, 다수의 참여자들 간에 고리형의 상호작용을 통한 합의를 중시한다. 합리모형의 결정이 선형적 과정을 통한 경제적 합리성을 추구하는 것이라면, 점증모형은 '고리형의 상호작용'을 통한 참여자들 간의 합의인 정치적 합리성을 중시한다. 예산은 정부기관, 관료, 의원 및 관련집단 간 갈등의 원만한 해결에 의해서 결정된다고 본다. 참여자 간의 합의를 중시한다.

#### 2) 현실설명력, 실증적, 보수적

점증주의 예산결정은 예산결정과정의 합리화를 위한 실증적 또는 현실적 성격이 강한 의사결정방식이다. 행정개혁의 시기에는 소극적 저항 혹은 관료병리로 평가될 수 있다. 점증주의는 현실 설명력은 높지만 본질적인 문제해결방식이 아니며 보수적이다. 합리모형은 예산상의 편익을 극대화하기 위한 결정방식으로 이상적·규범적 성격이 강한 반면, 점증주의는 현실적·실증적 성격이 강하다.

점증주의 예산결정이론의 대표적 예산제도는 품목별예산 (LIBS), 성과주의예산 (PBS) 이다.

## 3) 부분적 분석, 가분적 결정

결정자의 인식능력의 한계를 전제로 하며 결정과 관련된 모든 요소를 검토할 수 없다고 보고, 좋은 결정이란 관련자들의 포괄적 참여와 합의에 기초한 결정이라고 한다.

## ❷ 예산상의 점증주의 유발요인

예산상의 점증주의를 유발하는 요인으로는 의사결정자의 분석능력 및 시간 부족, 정보 제약, 대안비교기준의 불분명, 예산배정 관계의 규칙성, 좁은 역할 범위를 지닌 참여자 간의 협상, 외부적 요인의 영향이 결여된 경우, 예산통일 원칙의 적용, 가용재원의 여유가 크지 않을 때 등이 있다.

첫째, 의사결정자의 분석능력 및 시간이 부족하고, 정보도 제약되어 있으며, 대안비교의 기준마저 불분명한 상태에서 현존 정책에서 소폭적 변화만을 대안으로 고려해 정책결정을 할 수 밖에 없을 경우 사용된다.

둘째, 관계의 규칙성은 예산의 안정성을 가져오고, 외부적 요인의 영향 결여는 기존의 자원배분을 존중하는 보수성을 낳고, 좁은 역할 범위를 지닌 참여자 간의 협상은 타협을 통한 조정을 가져오므로 예산상 점증주의를 유발하는 요인이라 할 수 있다. 국고로 통일되는 일반회계는 상대적으로 점증주의가 적용되기 용이하다.

셋째, 점증주의는 주어진 예산범주 내의 결정에만 관심을 가지기 때문에 범주 밖의 외부적 요인을 고려하지 않는다. 외부변수를 고려하지 않는다는 것은 예산범주들끼리 경쟁을 하지 않고 소관분야의 수요만을 반영하는 결정을 한다는 의미이다.

넷째, 예산통일성의 원칙이 지켜지는 영역인 일반회계와 보통세의 경우, 정치적 타협과 조정이 용이하여 정치적 합리성을 강조하는 점증주의가 타당하다.

## ❸ 점증주의 예산결정의 장점과 단점

### 1) 점증주의의 장점

정책과정상의 갈등을 완화하고 해결하는 데 필요한 정치적 합리성이 있으며, 협상과 타협의 과정을 통해 이해관계의 대립과 갈등을 조정하고 합의를 형성하는 데 유리하다. 예산과정의 권력 중심을 입법기관으로 옮겨주기 때문에 의회의 지지를 받기 용이하다. 점증주의는 정치적 협상과 타협, 단편적 결정 등을 통해 경제적 효율성보다는 사회적 갈등 완화 또는 형평성을 고려할 수 있다.

대안의 부분적·한계적 탐색에 그치기 때문에 지출대안의 탐색과 분석에 소요되는 비용을 줄일 수 있다.

### 2) 점증주의의 단점

자원이 부족한 경우, 소수 기득권층의 이해를 먼저 반영하게 되어 사회적 불평등을 야기할 우려가 있다. 새로운 환경을 반영하는 혁신 또는 개혁적 정책결정이 어렵다.

한번 잘못된 결정이 이루어지면 지속적으로 잘못된 결정이 반복될 가능성이 높다. 예산결정에서 기존 사업에 대한 당위적 예산배분을 제어할 수 없다는 점은 점증모형의 한계이다. 예산담당관이 보수적 성향을 가질 경우, 현실이나 기득권을 인정한 채 점진적 개선만을 추구하기 때문에 점증주의모형에 따른 예산결정이 현실적으로 나타나게 되고, 정치적 합리성의 가치를 강조하기 쉽다.

정책을 축소하거나 종결하기 어렵다. 점증주의는 예산의 점증적 증가를 전제로 하므로, 긴축재정 시의 예산행태를 잘 설명해주지 못한다. 불안정한 상황이나 급속한 개발단계에서 짧은 시간에 큰 정책변화가 이루어지는 상황을 설명하기 어렵다.

그리고 예산개혁 차원에서 뚜렷한 방향을 제시하지 못하고 정책분석 기능이 미흡하다는 한계가 있다. 분석적·합리적 결정에 대한 노력을 약화시켜 정책기능을 축소시키며, 지속적 예산 증가의 문제를 발생시킬 수 있다. 체계적인 대안개발 및 대안검토가 없기 때문에 관료들의 무사안일·타성을 조장할 가능성이 있다.

**생각 넓히기 _ 점감주의(decrementalism)**

점감주의(漸減主義)는 예산의 소폭적 감소에 초점을 맞춘다. Allen Schick는 경기침체와 예산감축이라는 조건 하에서 예산결정과정과 그 결과를 설명하기에는 점감주의(decrementalism)가 유용하다고 하였다.

점감적 예산결정은 "누가 무엇을 잃어야 하는가?"이므로 감축을 위한 재분배적 결정의 성격을 지닌다. 따라서 점증적 예산결정보다는 예산배정과정이 불안정하고, 예산투쟁과 갈등이 더 커질 수 있다.

---

## 제3절 공공선택론적 예산결정모형

### ❶ Niskanen의 예산극대화모형

#### 1) 의 의

William A. Niskanen, Jr. (1971)의 예산극대화모형(budget - maximization model)은 관료들이 권력의 극대화를 위해 소속 부서의 예산 규모를 극대화하는 행태에 분석의 초점을 둔다.

정치인과 관료들은 개인효용함수에 따라 예산행태를 보이며 정치인과 관료의 목적함수는 다르다고 본다. 관료가 소속 부서의 예산을 극대화하려고 한다면, 정치가는 사회후생의 극대화를 추구한다고 가정한다.

**■ TIP** 공공선택론과 예산

공공선택론은 합리적 경제인을 가정하는 이론으로, 신제도주의 분파인 합리적 선택 제도주의와 상통한다. 참여자들 간의 선호 또는 효용함수의 차이, 정치적 득실 계산 등에 의해 예산이 결정되는 현상을 분석한다.

## 2) 내 용

✚ 그림 5-5 Niskanen의 예산극대화모형

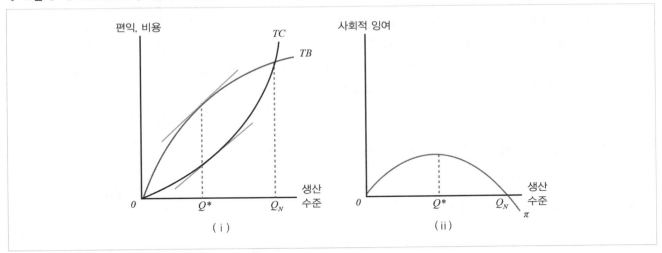

출처: 이준구, 『재정학』, (2011: 143).

그림 5-5에서 정치인들이 생각하는 공공재의 적정 공급량은 총편익(TB)과 총비용(TC)의 차이인 순편익 혹은 사회적
잉여가 극대화되는 수준인 Q*이다. 반면에 관료들의 효용은 공공재의 편익보다는 비용 자체에 의해 좌우되기 때문에
공공재의 총비용이 총편익보다 크지 않은 한도 내에서 공공재의 공급을 늘리려고 하며, 관료는 총편익곡선과 총비용곡
선이 만나는 점이자 순편익이 '0'인 Qn에서 공공서비스를 공급하려고 한다.

William A. Niskanen에 의하면 예산결정에 있어 관료의 최적수준Qn은 정치인의 최적수준Q*보다 더 높다. 한계편익과
한계비용이 일치하는 지점[19]이 파레토 최적[20]의 생산지점임에도 불구하고, 관료들은 한계비용이 한계편익보다 훨씬 큰
지점까지 생산을 늘려서 공공서비스는 과잉생산된다는 것이다.

## ❷ Dunleavy의 관청형성모형

### 1) 의 의

P. Dunleavy (1991)의 관청형성 또는 부처최적화모형 (bureau-shaping model)은 니스카넨 (Niskanen)의 '관료예산극대화
가설'을 비판한 모형이다.

---

**19** 경제학 이론에서 이윤극대화점은 한계편익과 한계비용이 같은 지점으로 해석된다. 한계편익 (MB: Marginal Benefit)은 총편익곡선 (TB: Total
Benefit)의 접선의 기울기로 표현되며, 한계비용 (MC: Marginal Cost)은 총비용곡선 (TC: total cost)의 접선의 기울기로 표현된다. 그림 5-5의 (i)
에서 접선의 기울기는 한계편익과 한계비용을 의미하며, Q*지점에서 MR=MC가 되어, (ii)에서 보듯이 Q*에서 사회적 잉여 또는 순편익이 극대화
된다.

**20** 파레토 최적 (Pareto optimum)은 사회적 자원의 가장 적합한 배분 상태를 의미한다. 어떤 사람의 효용을 감소시킴이 없이는 어떤 개인의 효용을
증가시킬 수 없도록 자원이 배분되어 있다면, 자원배분은 파레토 최적 상태에 있다고 한다.

고위직 관료는 예산극대화에 의한 금전적 편익보다는 수행하는 업무의 성격과 업무환경에서 오는 효용을 증진시키는 것에 더 큰 관심을 가진다. 고위직 관료들은 예산증대보다는 직무특성을 자신들이 선호하는 방향으로 전환함으로써 효용을 극대화하는 것이다.

합리적 고위 관료들은 소수의 엘리트로 구성된 정치권력의 중심 (central) 에 접근해 있는 부서에서 참모기능 (collegial staff functions) 수행을 원한다. 합리적 고위 관료들은 책임과 통제가 수반되어 고위 관료의 선호에 맞지 않는 기능을 민영화나 위탁계약을 통해 지방정부나 준정부기관으로 넘기고, 그 결과 정부조직은 막료기관이나 책임운영기관 등으로 분권화되고 다양한 형태의 관청이 형성·발전된다고 본다.

## 2) 내 용

던리비 (P. Dunleavy) 는 예산의 유형을 핵심예산 (core budget), 관청예산 (bureau budget), 사업예산 (program budget), 초사업예산 (super program budget) 으로 구분한다.[21]

**✚ 그림 5-6 Dunleavy의 예산 분류**

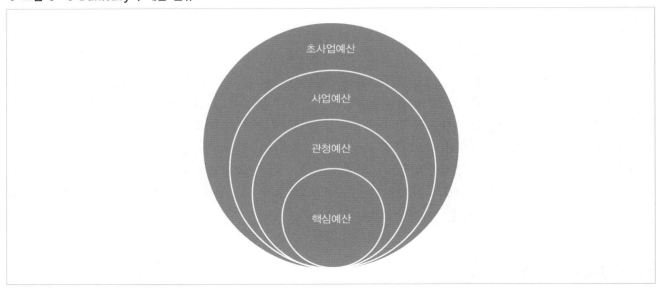

관청의 유형은 사부문에 대한 보조금·사회보장 형태의 재정지출을 취급하는 이전기관 (transfer agency), 전형적인 고전적 일선 관료제에 해당하는 전달기관 (delivery agency), 규제기관 (regulatory agency), 봉사기관 (servicing agency), 공공조직들의 자금사용·정책집행 방식을 감독하는 기관인 통제기관 (control agency), 계약기관 (contracts agency), 조세기관 (taxing agency), 거래기관 (trading agency) 등 8가지로 분류한다.

관료들의 효용은 소속기관이 통제하는 전체 예산액 중 일부분에만 관련된다. 합리적인 관료가 자신의 핵심예산 및 관청

---

[21] 핵심예산 (core budget) 은 기관을 운영하는 일에 직접적으로 소요되는 지출로, 임금과 사무기기 및 사무실 운영비용 등을 포함한다. 관청·부처예산 (bureau budget) 은 핵심예산을 포함하여 해당 기관이 사적 부문에 직접 지불하는 모든 지출액이 포함된다. 사업예산 (program budget) 은 관청예산을 포함하여 해당 기관이 집행목적으로 타 기관에 이전하는 예산이다. 초사업 (super-program budget) 예산은 사업예산을 포함하여 기관들이 자체적으로 확보한 예산이다.

예산 부분을 극대화하는 데 관심이 있다면, 이러한 예산극대화의 동기는 핵심·관청·사업예산과 밀접한 상관성이 있는 '전달기관'에서 가장 크고, '통제기관'에서는 가장 약하다.

전달기관은 산출물을 직접 생산하거나 시민·기업에게 서비스를 직접 전달하는 등 자체 고용인력을 사용하여 정책집행을 직접 담당하므로 핵심예산이 예산의 큰 몫을 차지하며, 사업예산이 증가하면 핵심 및 관청예산도 안정적으로 증가한다. 사업통제기관은 교부금 및 정부 간 이전의 형태로 다른 공공부문기관에 자금을 전달한 다음 예산집행을 감독하는 기관으로, 예산이 증가할수록 하위기관의 성과에 의존해야 될 필요성이 더 증가할 뿐 관료들(특히 고위관료)에게는 별 실질적인 이득이 없으므로 예산극대화의 동기를 찾기 힘들다.

## ❸ Migue & Belanger의 재량예산극대화모형

J. L. Migue & G. Belanger (1974)의 재량예산극대화모형은 관료는 업무량을 확대하는 자체가 목적이 아니라, 재량적으로 사용할 수 있는 예산의 극대화를 추구한다고 본다.

## ❹ Downs의 중위투표자모형

Anthony Downs (1957)의 중위투표자모형 (median voter theorem) 또는 표극대화모형 (vote maximization model)은 정당들은 표의 극대화를 위해서 자신들만의 고유한 이념적 기반보다는 중위수준의 투표자들을 위한 정책을 내놓는 경향이 있음을 지적한다.

## ❺ Romer & Rosenthal의 회복수준이론

Tomas Romer & Howard Rosenthal (1982) 등의 회복수준이론은 중위투표자 정리를 비판하면서, 예산이 팽창되는 이유를 설명한 이론이다. 회복수준 (reversion level)[22]이란 전년도 지출수준처럼 관료가 제안한 예산안이 기각되었을 경우 복귀해야 하는 지출수준을 의미한다.

회복수준에서의 공공서비스 공급수준이 아주 낮다면 투표자들은 낮은 수준을 회피하기 위하여 상당히 높은 수준의 공공지출을 수용하게 됨으로써 예산이 팽창된다.

## ❻ 정치적 경기순환론

William D. Nordhaus (1975)와 Schneider 등의 정치적 경기순환론 (political business cycle) 또는 선거경제주기이론[23]은

---

22 관료는 요구한 예산수준이 의회에서 의제통제 (agenda control)를 통해 수용되지 않을 경우에 아주 낮은 수준의 행정업무만을 제공할 수밖에 없음을 국회에 강요하게 되고, 결국 의회는 낮은 복귀 혹은 회복수준 (nothing)을 감수하기보다는 관료가 요구하는 높은 수준 (all)의 예산을 받아들이게 된다는 논리이다.

23 공공선택이론의 한 유파인 쥐리히 학파의 모형이다. 정치인들은 선거에서 승리하기 위하여 선거 전에는 경기가 호황상태가 되도록 경기부양책을

정치인들이 선거 전 (前) 에는 경기부양책을 주장하다가, 선거 후 (後) 에는 긴축재정을 강조한다는 점을 주장한다. 선거경제주기이론이 시사 (示唆) 하는 점은 정치인들의 시간적 할인율이 높아 미래의 편익보다는 임기 중에 가시적인 성과를 내어 재선에 유리하도록 하려는 심리가 작용한다는 것이다.

## ❼ 투표의 거래모형

투표의 거래 (vote trading) 모형은 정치인들의 예산 확보를 위한 담합 (log‑rolling)[24]과 투쟁 (pork barrel)[25]을 통해서 정부 사업이 팽창하게 된다는 것이다.

## 제4절　다양한 예산이론

## ❶ 리바이어던 가설

Geoffrey Brennan과 James M. Buchanan (2008) 의 리바이어던 가설 (Leviathan hypothesis) 은 공공부문의 총체적 규모는 정부의 조세 및 지출 권한의 분권화에 반비례하여 변화된다[26]는 견해이다.

리바이어던 가설은 재정권을 독점한 정부에서 정치가나 관료들이 독점적 권력을 국민에게 남용하여 재정 규모를 과도하게 팽창시키는 행위를 한다는 내용을 담고 있다. 공공지출에 대한 통제 권한이 집중화될 경우, 정치인·관료·로비스트들의 선호가 재정정책에 반영됨으로써 재정지출이 늘어나고 규모가 과도하게 팽창하게 된다는 것을 의미한다.

따라서 정부 규모의 팽창을 억제하기 위해서는 조세와 정부지출의 권한을 분권화해야 한다는 것이다.

## ❷ 파킨슨의 법칙

Cyril N. Parkinson (1955) 은 영국의 해군성에 대한 실증 연구를 바탕으로 공무원의 수는 본질적인 업무의 강도나 양과는 관계없이 항상 일정한 비율로 증가한다고 보았으며, 이는 상승하는 피라미드의 법칙 (the law of rising pyramid) 이라고도 한다.

파킨슨 (Cyril N. Parkinson) 의 법칙은 부하배증의 법칙과 업무배증의 법칙으로 구성된다. 부하배증의 법칙은 공무원은 업무의 양이 증가하면 비슷한 직급의 동료보다 부하 직원을 충원하려는 경향이 강하다는 것을 뜻한다. 업무배증의 법칙은 본질적인 업무가 아닌 감독, 지시, 보고 등 파생적 업무를 증가시키려는 현상을 말한다.

Brennan &Buchanan의 리바이던 가설 (Leviathan Hypothesis) 처럼 관료제가 '제국의 건설'을 지향한다는 입장이다.

---

사용하다가, 선거 후에는 반대로 긴축재정을 펴기 때문에 경기순환이 정치적으로 이루어진다는 이론이다.

**24** 로그롤링 (log‑rolling) 은 이권이 결부된 법안을 관련 의원들이 거래나 담합을 통해서 통과시키는 행태이다.

**25** 포크배럴 (pork barrel) 은 이권이나 정책교부금 등을 얻기 위해 모여드는 의원들의 행태이다.

**26** The overall size of the public sector should inversely vary with the extent of simultaneous decentralization of the national government's taxing and spending power.

### ❸ Lewis의 대안적 예산제도모형

Verne B. Lewis (1952)는 예산배분결정에 경제학적 접근법을 적용하여 '상대적 가치', '증분분석', '상대적 효과성'이라는 세 가지 분석명제를 제시한다.

첫째, 예산결정은 상대적 가치에 입각해야 한다. 자원은 희소하기 때문에 기회비용의 개념에 입각하여 자금의 대체적 용도에서 얻은 결과의 상대적 가치를 비교한다. 둘째, 증분분석이 필요하다. 추가적 지출로 생기는 추가적 가치의 분석으로, 한계효용체감에 의해 상이한 목적 간의 상대적 가치를 비교한다. 셋째, 공통목표 달성에서의 상대적 효과성에 의해서만 상대적 가치를 비교할 수 있다.

### ❹ 다중합리성모형

Kurt M. Thurmaier & Katherine G. Willoughby (2001)의 다중합리성 모형은 정부예산의 과정적 접근방법(process approach)에 근거한다. 정책과정과 예산과정 간의 연계점(nexus)에 대한 인식의 틀을 제시하기 위해, 정책과정의 복잡하고 불확실한 역동성을 부각시키는 Kindon의 정책결정모형과 루빈의 실시간 예산운영모형을 통합하고자 한다.

관료들의 의사결정이 예산주기의 다양한 시점에서 단계별로 작용하는 합리적 기준에 따라 서로 다른 형태의 다중적·복합적 결정으로 구성된다는 것이다. 다중합리성 모형은 미국 주정부 중앙예산실의 예산분석가들을 인터뷰한 연구결과를 제시하면서, 복수의 합리성 기준이 중앙예산실의 예산분석가들의 선택에 어떤 영향을 미치는지를 미시적으로 분석하였다. 정부 예산의 성공을 위해서는 예산과정 각 단계에서의 예산 활동 및 행태를 구분해야 함을 강조하면서, 미시적 수준의 예산상의 의사결정을 설명하고 탐구한다.

### ❺ 단절균형예산이론

Bryan D. Jones and Frank R. Baumgartner (2012)가 주장한 모형으로, 예산이 전년 대비 일정 정도의 변화에 그친다는 점증주의예산을 비판하면서 등장한 이론이다. 단절균형이론(punctuated equilibrium theory)은 재원의 배분 형태가 항상 일정하게 유지되는 것이 아니라, 균형 상태에서 급격한 변화가 발생하는 단절(punctuated) 현상이 발생한 후 다시 균형(equilibrium)을 지속한다는 예산이론이다.

단절균형예산이론은 예산의 대폭적인 변화를 인정하는 점에서는 합리모형과 상통하는 측면이 있다. 단절균형모형은 정책이 어떤 계기에 의해 급격히 변화하는 이유를 설명하는 데 유용하다. 이 이론은 급격한 단절적 예산변화를 설명하지만, 단절균형이 발생할 수 있는 시점을 예측할 수 없는 단점이 있다.

## ❻ Rubin의 실시간 예산운영모형

Irene S. Rubin (1988) 의 '실시간 예산운영 (real time budgeting)' 모형은 세입흐름, 세출흐름, 예산균형흐름, 예산집행흐름, 예산과정흐름으로 느슨하게 연계된 상호의존성을 갖고 있다.

첫째, 세입흐름에서 의사결정은 '누가, 얼마만큼 부담할 것인가'에 관한 의사결정으로, 의사결정의 흐름 속에는 '설득 (persuasion) 의 정치'가 내재해 있다.

둘째, 세출흐름에서 의사결정은 '누구에게 배분할 것인가'에 관한 의사결정으로 '선택 (choice) 의 정치'로 특징지어지며, 참여자들은 지출의 우선순위가 재조정되기를 바라거나 현재의 우선순위를 고수하려고 노력한다.

셋째, 예산균형흐름에서 의사결정은 '예산 균형을 어떻게 정의할 것인가'에 관한 의사결정으로 '제약조건 (constraints)의 정치'라는 성격을 지니며, 예산균형의 결정은 근본적으로 정부의 범위 및 역할에 대한 결정과 연계되어 있다.

넷째, 예산집행흐름에서 의사결정은 '계획된 대로 수행할 수 있는가'에 대한 의사결정으로, 기술적 성격이 강하고 '책임성 (accountability) 의 정치'라는 특성을 지니며 예산계획에 따른 집행과 수정 및 일탈의 허용 범위에 대한 문제가 중요하다.

다섯째, 예산과정흐름에서 의사결정은 '누가 참여하는가'의 문제로, 행정부와 입법부 간, 납세자인 시민과 정부관료 간의 결정권한의 균형에 관한 것으로 '어떻게 예산을 결정하는가, 특히 누가 예산을 결정하는가의 정치'와 관련된다.

## ❼ 모호성모형

Gerald J. Miller (2012) 가 비합리적 의사결정모형을 예산에 적용하여 개발한 예산모형이다. 모호성 (ambiguity) 모형은 독립적인 조직들이나 조직의 하위단위들이 서로 느슨하게 연결되어 독립성과 자율성을 누릴 수 있는 조직의 예산결정에 적합한 예산모형이다. 모호성 모형은 '쓰레기통모형 (garbage can model)'이라고도 한다.

Gerald J. Miller는 일관된 목표나 선호가 존재하지 않는 의향·목표의 모호성 (ambiguity of intention), 조직이 외부환경에 어떻게 대응해야 하는지에 대한 인과적 지식이 없는 이해의 모호성 (ambiguity of understanding), 역사에 대한 해석이 각 양각색이며 지나치게 불명확한 역사의 모호성 (ambiguity of history), 결정자의 참여와 관심에 관한 것으로 참여자가 수시로 교체되는 조직의 모호성 (ambiguity of organization) 등을 전제로 한다. 예산결정은 해결해야 할 문제, 그 문제에 대한 해결책, 결정에 참여해야 할 참여자, 결정의 기회 등 결정의 요소가 우연히 서로 잘 조화되어 합치될 때 이루어지며 그렇지 않을 때는 예산결정이 이루어지지 않는다는 견해이다.

모호성 모형은 느슨하게 연결된 조직, 은유와 해석의 강조, 제도와 절차의 영향 등을 특징으로 한다. 그러나 행정조직에 대해 적용이 곤란하고, 사후적 해석에 불과하다는 비판을 받는다.

## 제5절 | 자원의 희소성과 예산문화

### ❶ 자원의 희소성과 예산제도

#### 1) 예산의 희소성

예산의 희소성은 '정부가 얼마나 원하는가'에 대해서, '정부가 얼마나 보유하고 있는가'의 양면적 조건으로 이루어져 있다. 공공부문에서의 희소성 법칙이 항상 절대적으로 받아들여지는 것은 아니다. 공공부문은 목적세나 특별회계 등을 통한 재정 확충이 상대적으로 용이하기 때문이다. 쉬크(A. Shick)는 예산의 희소성을 완화된 희소성(relaxed scarcity), 만성적 희소성(chronic scarcity), 급격한 희소성(acute scarcity), 총체적 희소성(total scarcity)으로 유형화했다.

#### 2) 완화된 희소성

정부가 현존 사업을 계속하고 새로운 공약을 떠맡을 수 있는 충분한 자원을 가지고 있는 상황이다. 완화된 희소성(relaxed scarcity)에서는 사업개발에 역점을 두고, 통제와 관리보다는 '기획기능'을 강조한다.

#### 3) 만성적 희소성

만성적 희소성(chronic scarcity)에서 예산은 주로 지출통제보다는 '관리의 개선'에 역점을 둔다. 사업의 분석과 평가는 소홀히 하고, 관리상 효율과 예산의 관리기능을 강조한다.

#### 4) 급격한 희소성

급격한 희소성(acute scarcity)은 자원이 계속적 사업의 점증적 증가분을 충당하지 못하는 상태이다. 단기적·임기응변 예산으로 '세입예산'이라고 불린다.

#### 5) 총체적 희소성

총체적 희소성(total scarcity)은 가용자원이 정부의 계속사업을 지속할 만큼 충분하지 못한 경우에 발생한다. 총체적 희소성에서는 '회피형 예산'을 편성한다. 실질은 무시되고, 장부상의 균형만 추구하는 회피형 예산편성이 이루어진다. 총체적 희소성 하에서는 반복적 답습예산에 의존한다.

### ❷ Wildavsky의 예산결정문화론

#### 1) 점증적 예산 행태

윌다브스키(A. Wildavsky)의 예산결정문화론에서는 예측력이 높고, 경제력이 풍부한 경우 점증적 예산(incremental budgeting)이 나타난다. 경제력이 풍부하고 재원의 예측 가능성이 높기 때문에 과거의 지출 수준을 토대로 작은 변화만을 추구한다. 선진국, 미국의 연방정부가 이 유형에 속한다고 볼 수 있다.

## 2) 세입예산 행태

세입예산(revenue budgeting) 또는 양입제출(量入提出) 예산은 국가의 경제력은 낮으나 재원의 예측 가능성이 높은 경우이다. 양입제출예산은 세입을 고려해서 세출을 계획하는 것이다. 미국의 지방정부, 선진국의 도시정부에서 많이 발견되는 형태이다.

## 3) 보충적 예산 행태

보충적 예산(supplemental budgeting)은 경제력은 높지만 행정능력이 낮아 재정의 예측 가능성이 떨어지는 경우에 나타나는 예산 행태이다. 반복예산과 점증예산이 교체되면서 나타날 수 있다. 정치적으로 불안정하지만 경제력이 높은 국가에서 나타나기 쉬운 유형이다.

## 4) 반복적 예산 행태

총체적 희소성 상황에 처한 저개발국가에서 나타나는 예산운영은 반복적 예산운영(repetitive budgeting)이다. 경제력이 낮고 예측 가능성도 낮은 경우에 나타나는 예산 행태이다. 경제력이 낮기 때문에 재원 고갈을 방지하기 위해 예산의 급격한 변화를 추구하지 못하고, 낮은 예측 가능성으로 인해서 기존의 사업을 그대로 유지하는 선에서 예산결정을 하게된다. 후진국에서 발생 가능성이 높은 예산문화 유형이다.

**✚ 표 5-11 Wildavsky의 예산결정문화**

| | | 경제력, 부(wealth)의 정도 | |
|---|---|---|---|
| | | 높음 | 낮음 |
| 재정의 예측성 (predictability) | 높음 | • 점증적 예산(incremental budgeting)<br>• 미국의 연방정부나 서구 선진국 | • 세입예산(revenue budgeting)<br>• 미국의 지방정부 |
| | 낮음 | • 보충적 예산(supplemental budgeting)<br>• 점증과 반복예산의 혼합 | • 반복예산(repetitive budgeting)<br>• 총체적 희소성 상황 |

# C HAPTER

# 33 예산과정

제1절 **예산과정의 특징**

## ❶ 예산의 순환과정

예산과정은 '예산편성 ➡ 예산심의 ➡ 예산집행 ➡ 예산결산'의 순으로 이루어진다. 예산과정은 전문적 과정이자 정치적 과정이며, 3년을 주기로 하는 순환과정이다.[27]

예산편성은 행정부의 중앙예산기관이 주된 역할을 한다. 정부는 헌법상 독립기관의 예산도 편성하여 국회에 제출하는데, 독립기관의 예산편성에 있어서는 독립기관의 장의 의견을 최대한 존중하여야 하며, 정부가 독립기관과 감사원의 세출예산요구액을 감액하고자 할 때에는 국무회의에서 당해 독립기관 장의 의견을 구하여야 한다.

편성된 예산은 입법부인 국회에서 심의과정을 거쳐 행정 각 부처에서 집행한다. 집행된 결과는 감사원 검사와 국회에서의 결산과정을 거친다. 결산이란 한 회계연도에서 국가의 수입과 지출의 실적을 확정적 계수로서 표시하여 검증받는 행위이다.

**➕ 그림 5-7 예산과정의 단계**

| 예산편성 | 예산심의 | 예산집행 | 결산 |
|---|---|---|---|
| 행정부 | 입법부 | 행정부 | 감사원 회계검사 |
| 중앙예산기관 | 국회 | 행정 각 부처 | 국회 |

## ❷ 우리나라의 예산안과 법률안의 의결방식

우리나라의 예산은 행정부가 제출하고 국회가 심의·확정하지만, 미국과 같은 세출예산법률의 형식은 아니다. 법률에 대해서는 대통령의 거부권 행사가 가능하지만 예산은 거부권을 행사할 수 없다. 예산으로 법률의 개폐가 불가능하고, 법률로 예산을 변경할 수 없다.

법률과 달리 예산안은 정부만이 편성하여 제출할 수 있다. 예산안을 심의할 때 국회는 정부가 제출한 예산안의 범위 내에서 삭감할 수 있고, 정부의 동의 없이 지출예산의 각 항의 금액을 증가하거나 새 비목을 설치할 수 없다.

---

**27** 2020년도 예산은 2019년도에 예산편성과 심의과정을 거쳐 의회에서 통과된 예산으로, 2020년도에 집행되는 것이다. 2020년도의 예산집행의 결과는 결산과정을 거쳐 2021년도에 완료된다.

### ❸ 부처의 예산확보전략

#### 1) 관료정치 과정

예산을 요구하는 부처들은 관련 이익단체의 시위를 해당 부처의 예산확대 또는 유지를 위한 수단으로 활용하기도 한다. 상급자 및 국회의원과 같은 후견인을 동원하는 방법도 사용한다. 대통령의 국정과제이거나 장관 역점사업임을 강조하여 해당 사업을 꼭 살려야 한다는 전략을 이용한다.

정치적으로 인기가 있는 사업은 예산확보가 용이하므로 가급적 우선순위를 낮게 설정하고, 인기가 없는 사업의 우선순위를 높여 정치쟁점화시킨다.

한편 쟁점화될 가능성이 높아 예산에 계상될 가능성이 낮은 사업은 우선순위를 낮춰 제시하거나 또는 엄청난 자료를 제시해 중앙예산기관이 검토할 엄두를 내지 못하게 한다.

#### 2) 새로운 사업을 시작하는 전략

새롭거나 문제 있는 사업을 인기 있는 프로그램과 결합해 만든다. 소위 '끼워 팔기' 식으로 여러 예산을 하나의 꾸러미 예산으로 만든다. 위기 시에 평소에는 통과하기 힘든 사업들을 시작하는 경우가 많다.

새로운 사업은 경우에 따라서는 적은 예산을 배정받더라도 일단 시작하는 전략을 구상한다.

### ❹ 중앙예산기관의 대응전략

#### 1) 항목별 통제법

항목별 통제법 (item - item control)은 하급기관이 제출한 예산항목을 항목별로 검토하는 방법이다. 품목별 예산제도와 관련되며 모든 부처의 인건비, 공공요금 등을 전문적으로 사정 (査正)할 수 있다. 그러나 전체 사업의 관점에서 개별 사업을 검토하기가 힘들다는 문제점이 있다.

#### 2) 한도액 설정법

한도액 설정법 (fixed - ceiling budgeting)은 하급기관이 예산을 요구하기 전에 초과할 수 없는 예산요구 한도액을 미리 설정하는 방법이다. 신성과주의예산인 총액배분자율편성제도와 관련된다. 각 부처에 예산편성의 자율성을 부여할 수 있고, 중앙예산기관은 예산사정과정에서 도움을 받을 수 있다. 그러나 한도액을 정하는 객관적 근거를 확보하는 것이 용이하지 않다.

#### 3) 우선순위 명시법

우선순위 명시법 (priority listing)은 각 부처가 예산사업 간의 우선순위를 명시해 줌으로써 중앙예산기관이 예산을 사정하는 데 도움을 주는 방법이다. 우선순위 명시법은 영기준예산제도와 관련된다. 그러나 예산항목 간의 우선순위를 정하는 것이 쉽지 않다는 문제가 있다.

### 4) 증감분석법

증감분석법 (increase - decrease analysis) 은 전년도 예산대비 증감된 예산 요구 항목을 중점적으로 사정하는 방법이다. 역점사업이나 예산비중의 변화를 파악하기는 용이하지만, 각 기관에 필요한 기본 예산액이 얼마인지에 대한 충분한 검토가 이루어질 수 없다.

### 5) 업무량 측정 및 단위원가 계산법

업무량 측정 및 단위원가 계산법 (work load measurement and unit costing) 은 업무단위를 개발하고 단위원가를 결정하여 예산액을 산정하는 방법으로, 성과주의예산제도에서 활용된 것이다. 계량적인 측정을 바탕으로 예산을 요구하지만 업무단위와 단위원가의 결정이 쉽지 않다는 단점이 있다.

### 6) 무제한 예산법

무제한 예산법 (open - end budgeting) 은 하급부서가 예산을 요구할 때 한도액을 제한하지 않는 방법이다. 하급기관의 입장에서는 새로운 사업 추진이 용이해진다. 그러나 상급기관이 예산 삭감의 모든 부담을 져야 한다는 점에서 어려움이 따른다.

## ⑤ 국가재정운용계획

국가재정운용계획은 기획재정부가 중장기 국가발전전략을 구체화한 5년 단위의 중기재정계획을 수립해 국회에 제출하는 제도다.[28] 이 제도에 근거해서 예산과 기금 운용을 연계하고, 일반적인 예산과정에서는 충분하게 고려하기 힘든 전략적인 분야별 재원배분 기능을 강화할 수 있다. 또한 성과관리 차원에서도 중기전략계획, 예산재원의 효율적 배분, 성과관리가 유기적으로 연계되어야 하므로 국가재정운용계획은 의미가 있다.

「국가재정법」에서 "정부는 재정운용의 효율화와 건전화를 위하여 매년 당해 회계연도부터 5회계연도 이상의 기간에 대한 재정운용계획인 '국가재정운용계획'을 수립하여 회계연도 개시 120일 전까지 국회에 제출하여야 한다."라고 규정하고 있다.

국회에 제출하는 국가재정운용계획에 첨부하여야 하는 서류에는 전년도에 수립한 국가재정운용계획 대비 변동사항과 변동요인 및 관리계획 등에 대한 평가·분석보고서, 중장기 기금재정관리계획, 국가채무관리계획, 「국세기본법」에 따른 중장기 조세정책운용계획 등이다.

---

28 2004년 정부는 단년도 예산편성의 한계를 극복하고 중장기적 시계에서 재정운용전략과 재원배분에 초점을 맞춘 국가재정운용계획을 최초로 수립하고, 2006년도에 제정되어 2007년부터 시행된 「국가재정법」을 통해 국가재정운용계획 수립과 동 계획의 국회 제출을 의무화했다.

<table>
<tr><td>제2절</td><td>예산편성</td></tr>
</table>

## ❶ 예산편성과정의 개요

행정부가 예산을 편성하여 입법부에 제출하는 것이 현대국가의 추세이다. 예산편성 과정은 '각 중앙관서 장의 중기사업계획서 제출 ⇨ 기획재정부장관의 예산안 편성지침 통보 ⇨ 각 중앙관서 장의 예산요구서 작성 및 제출 ⇨ 기획재정부장관의 예산안 편성 ⇨ 대통령 승인을 얻은 후 국회에 제출'의 순으로 진행된다.

✚ 그림 5-8 예산편성 과정

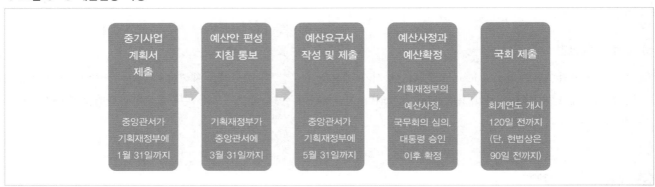

## ❷ 예산편성의 구체적 과정

### 1) 중기사업계획서 제출

각 중앙관서의 장[29]은 매년 1월 31일까지 해당 회계연도부터 5회계연도 이상의 기간 동안의 신규사업 및 기획재정부장관이 정하는 주요 계속사업에 대한 중기사업계획서를 기획재정부장관에게 제출하여야 한다.

### 2) 예산안 편성지침 통보

기획재정부장관은 국무회의 심의를 거쳐 대통령의 승인을 얻은 다음 연도의 예산안 편성지침을 매년 3월 31일까지 각 중앙관서의 장에게 통보하여야 한다.

기획재정부장관은 국가재정운용계획과 예산편성을 연계하기 위하여 예산안 편성지침에 중앙관서별 지출한도를 포함하여 통보할 수 있다. 기획재정부장관은 각 중앙관서의 장에게 통보한 예산안 편성지침을 국회 예산결산특별위원회에 보고하여야 한다. 예산안 편성지침에 중앙관서별 지출한도를 포함하여 통보할 수 있는 총액배분·자율편성제도가 도입되어 기획재정부의 사업별 예산통제 기능이 유지되었다.

---

[29] 「국가재정법」 제6조에 의하면 중앙관서라 함은 「헌법」 또는 「정부조직법」 그 밖의 법률에 따라 설치된 중앙행정기관을 말한다. 독립기관이라 함은 국회, 대법원, 헌법재판소 및 중앙선거관리위원회를 말한다. 국회의 사무총장, 법원행정처장, 헌법재판소의 사무처장 및 중앙선거관리위원회의 사무총장은 「국가재정법」을 적용할 때 중앙관서의 장으로 본다.

## 3) 예산요구서 작성 및 제출

각 중앙관서의 장은 예산안 편성지침에 따라 그 소관에 속하는 다음 연도의 세입세출예산·계속비·명시이월비 및 국고채무부담행위 요구서(예산요구서)를 작성하여 매년 5월 31일까지 기획재정부장관에게 제출하여야 한다.

각 중앙관서의 장이 기획재정부장관에게 제출하는 예산요구서에는 대통령령이 정하는 바에 따라 예산의 편성 및 예산관리기법의 적용에 필요한 서류를 첨부하여야 한다. 각 중앙관서의 장은 예산요구서를 제출할 때에 다음 연도 예산의 성과계획서 및 전년도 예산의 성과보고서를 기획재정부장관에게 함께 제출하여야 한다. 기획재정부장관은 제출된 예산요구서가 예산안 편성지침에 부합하지 아니하는 때에는 기한을 정하여 이를 수정 또는 보완하도록 요구할 수 있다.

## 4) 예산의 편성

기획재정부장관은 예산요구서에 따라 예산안을 편성하여 국무회의 심의를 거친 후 대통령의 승인을 얻어야 한다.

## 5) 예산안의 국회 제출

「국가재정법」에 의하면, 정부는 대통령의 승인을 얻은 예산안을 회계연도 개시 120일 전까지 국회에 제출하여야 한다. 다만, 「헌법」에서는 정부는 회계연도마다 예산안을 편성하여 회계연도 90일 전까지 국회에 제출하도록 규정되어 있다. 정부가 국회에 제출하는 예산안에는 조세지출예산서, 성인지예산서, 성과계획서, 국고채무부담행위 설명서, 세입세출예산사업별 설명서, 세입세출예산 총계표 및 순계표, 예산정원표와 예산안편성 기준단가, 국유재산특례지출예산서, 예비타당성조사를 실시하지 아니한 사업의 내역 및 사유, 지방자치단체 국고보조사업 예산안에 따른 분야별 총 대응지방비 소요 추계서 등을 포함하여야 한다.

## 6) 국회 제출 중인 예산안의 수정

정부는 예산안을 국회에 제출한 후 부득이한 사유로 인하여 그 내용의 일부를 수정하고자 하는 때에는 국무회의의 심의를 거쳐 대통령의 승인을 얻은 수정예산안을 국회에 제출할 수 있다.

---

## 제3절 예산심의

### ❶ 예산심의과정의 개요

예산심의는 국민의 대표기관에 의한 재정통제 역할 수행이라는 측면에서 재정민주주의를 실현하는 과정이다. 예산심의과정 자체는 구체적인 정책결정의 기능으로도 이해할 수 있다. 예산심의는 사업 및 사업수준에 대한 것과 예산총액에 대한 것으로 나누어 볼 수 있다.

우리나라의 예산심의는 대통령 중심제라는 정치체제의 성격이 국회예산심의의 기본 특징을 규정한다. 상임위원회의 예비심사 후, 그리고 예산결산특별위원회의 종합심사와 본회의 의결을 거쳐 예산안을 확정한다. 예산은 본회의 중심이 아니라 상임위와 예결위 중심으로 심의된다. 국회는 정부의 동의 없이 새로운 비목을 설치하지 못한다. 예산결산특별위원회의 심의과정은 예산조정의 정치적 성격이 강하게 반영되는 특징이 있다.

## ❷ 예산심의의 구체적 과정

### 1) 심의단계

국회의 예산안 심의는 '정부 예산안의 국회 제출 ⇨ 정부의 본회의 시정연설 ⇨ 국회 소관 상임위원회의 예비심사 ⇨ 국회 예산결산특별위원회의 종합심사 ⇨ 본회의 의결' 순으로 진행된다.

✚ 그림 5-9 예산심의 과정

### 2) 예산심의 기간

국회는 국정 전반에 관하여 소관 상임위원회별로 매년 정기회 집회일 이전에 국정감사 시작일부터 30일 이내의 기간을 정하여 감사를 실시한다. 다만, 본회의 의결로 정기회 기간 중에 감사를 실시할 수 있다. 시기적으로는 국정감사가 대통령의 시정연설보다 먼저 실시되는데, 국정감사는 직접적인 예산심의는 아닐지라도 행정부와 정부의 정보 비대칭성을 완화하는 것으로 예산심의활동의 하나로도 볼 수 있다.

「헌법」에 의하면 정부는 회계연도마다 예산안을 편성하여 회계연도 개시 90일 전까지 국회에 제출하도록 되어 있다. 「대한민국 헌법」에는 국회가 회계연도 개시 30일 전까지 예산을 의결해야 한다고 명시되어 있다. 국회에서의 예산심의 기간은 「헌법」에 의하면 60일이다.

「국가재정법」의 개정으로, 국회는 예산의 심도 있는 심의를 위해서 정부 예산안의 제출시기를 연차적으로 앞당기기로 하였고 현재는 회계연도 개시 120일 전까지 예산안을 제출하여야 한다. 따라서 「국가재정법」에 의한 국회의 예산심의기간은 90일이 된다.

> ■ **TIP** 국회의 예산심의기간
> 헌법에 의하면 60일간이고, 국가재정법에 의하면 90일간이다.

### 3) 상임위원회의 예비심사

상임위원회의 예산심사는 '소관 부처장관의 예산안 제안 설명 ⇨ 상임위원회 소속 전문위원의 소관 예산에 대한 검토 보고 ⇨ 상임위원회 소속 의원들의 대체토론 ⇨ 소위원회에서 부별 심사와 계수 조정 ⇨ 예비심사의 결과보고서 채택'의 순으로 진행된다.

### 4) 예산결산특별위원회의 종합심사

국회의장이 상임위원회의 예비심사보고서를 첨부한 예산안을 예산결산특별위원회에 회부해 오면 종합심사가 시작된다.

예산결산특별위원회의 종합심사의 과정도 상임위원회의 예비심사 과정과 유사하다.

종합심사의 절차는 '예산안 제안 설명 ⇨ 전문위원의 예산안 검토 보고 ⇨ 종합정책 질의 ⇨ 부별 심사와 계수 조정 ⇨ 전체회의 의결' 순으로 진행된다.

의사공개주의 원칙은 본회의 공개뿐만 아니라 위원회에서도 적용되므로, 예산결산특별위원회의 회의는 공개를 원칙으로 한다. 예산결산특별위원회의 종합심사가 완료된 예산안은 본회의에 상정되어 정책질의와 찬반투표를 거쳐 의결된다.

## ❸ 국회의 예산심의 특징

### 1) 정치체제의 성격

단원제에서의 예산심의는 양원제의 경우보다 심의를 신속하게 할 수 있으나 신중한 심의가 어렵다. 대통령 중심제라는 정치체제의 성격이 국회예산심의의 기본 특징을 규정한다. 대통령제는 정치체계의 성격상 예산심의 과정이 의원내각제에 비해 상대적으로 엄격하다. 의원내각제의 경우 의회의 다수당이 집행부를 구성하기 때문에 예산심의 과정이 엄격하지 않은 반면, 대통령제에서는 상대적으로 엄격하다.

### 2) 국회운영 방식

일반적으로 예산의 심의에서 본회의는 형식적인 경우가 많다. 국회는 본회의 중심이 아니라 국회 상임위원회와 예산결산특별위원회 중심으로 예산이 심의된다. 예산결산특별위원회는 특별위원회의 활동기한을 정한 국회법의 규정이 적용되지 않는 상설위원회이다.

상임위원회의 예비심사를 거친 정부예산안은 예산결산특별위원회에 회부되고, 예산결산특별위원회에서 종합심사가 종결되면 본회의에 부의된다. 예산결산특별위원회는 소관 상임위원회의 동의 없이 상임위원회에서 삭감한 세출예산 각 항의 금액을 증액할 수 없다.

국회의장은 예산안을 소관 상임위원회에 회부할 때에는 심사기간을 정할 수 있으며, 상임위원회가 이유 없이 그 기간 내에 심사를 마치지 아니한 때에는 이를 바로 예산결산특별위원회에 회부할 수 있다.

### 3) 예산의 형식

예산의 형식으로 통과되어 법률보다 하위의 효력을 지닌다. 예산은 하나의 행정 형식이고, 법률은 강제성이 강하다. 미국은 한국과 달리 세입세출법안을 의결하는 형식으로 통과된다.

예산심의를 통하여 예산이 법률보다 하위 형식으로 총액이 확정된다. 국회 심의과정에서는 부처별 한도액 제한을 받지 않는다. 부처별 한도액 설정은 예산편성과정에 관련된 총액배분자율편성예산에 적용된다.

### 4) 재정건전화

국회는 정부의 동의 없이 정부가 제출한 지출예산 각 항의 금액을 증가하거나 새 비목을 설치할 수 없다. 세목 또는 세율과 관계있는 법률의 제정 또는 개정을 전제로 하여, 미리 제출된 세입예산안은 소관 상임위원회에서 심사할 수 없다. 의원이 예산 또는 기금 상의 조치를 수반하는 의안을 발의하는 경우에는 그 의안의 시행에 수반될 것으로 예상되는 비용에 대한 재정소요를 추계하여야 한다.

### 5) 관료정치 과정

예산심의 과정에서 국회 상임위원회가 소관 부처의 이해관계를 대변하기 쉽다. 정치 과정인 예산심의 과정에서 의원, 정당, 국회, 행정부가 영향을 미친다. 「대한민국 헌법」에는 국회가 회계연도 개시 30일 전까지 예산을 의결해야 한다고 명시되어 있지만, 예산안이 정치적 투쟁 수단으로 활용되고 있어 이러한 법정 시한이 잘 지켜지지 않고 있다.

---

## 제4절　예산집행

### ❶ 예산집행 과정

### 1) 의 의

예산집행 과정은 '각 중앙관서 장의 예산배정요구서 제출 ⇨ 기획재정부 장관의 예산의 배정 ⇨ 각 중앙관서 장의 예산의 재배정 ⇨ 지출원인행위와 지출행위'의 순으로 진행된다.

✚ 그림 5-10 예산집행 과정

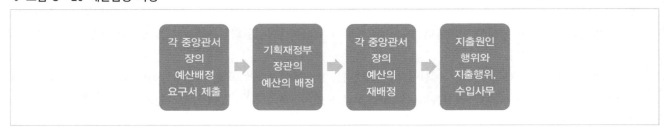

### 2) 예산배정요구서 제출

각 중앙관서의 장은 예산이 확정된 후 사업운영계획 및 이에 따른 세입세출예산·계속비와 국고채무부담행위를 포함한 예산배정요구서를 기획재정부장관에게 제출하여야 한다.

### 3) 예산의 배정

기획재정부장관은 예산배정요구서에 따라 분기별 예산배정계획과 자금계획을 작성하여 국무회의의 심의를 거친 후 대통령의 승인을 얻어야 한다. 기획재정부장관은 각 중앙관서의 장에게 예산을 배정한 때에는 감사원에 통지하여야 한다. 기획재정부장관은 예산집행의 효율성을 높이기 위하여 매년 예산집행에 관한 지침을 작성하여 매년 1월 말까지 각 중앙관서의 장에게 통보하여야 한다.

### 4) 예산의 재배정

중앙관서에 대한 예산배정이 되면 중앙관서의 장은 예산배정의 범위 내에서 예산지출 권한을 산하기관에 위임하는 절차를 이행하며, 이를 예산의 재배정이라고 한다.

각 중앙관서의 장은 「국고금관리법」에 따라 재무관으로 하여금 지출원인행위를 하게 할 때에는, 배정된 세출예산의 범위 안에서 재무관별로 세출예산 재배정계획서를 작성하고 이에 따라 세출예산을 재배정하여야 한다. 각 중앙관서의 장은 세출예산을 재배정한 때에는 이를 지출관과 기획재정부장관에게 통지하여야 한다.

## 5) 지출원인행위와 지출행위

국가의 지출사무를 총괄하는 기관은 기획재정부이고, 각 중앙관서의 장은 각 소관 부처의 지출원인행위와 지출에 관한 사무를 관리하는데 이들 기관을 지출관리기관이라고 한다.

재무관은 지출원인행위[30]를 담당한다. 예산지출 권한을 위임받은 재무관은 사업담당부서와 협조하여 재화나 서비스를 제공할 사업시행자와 지출원인행위를 한다. 지출원인행위는 원칙적으로 배정된 예산의 범위 내에서 이루어져야 하며 다음 연도에 걸쳐 집행할 수 없다. 다만, 계속비와 명시이월비는 다음 연도에 걸쳐 집행할 수 있다.

부처의 지출관은 재무관으로부터 지출원인행위 관계 서류를 송부받고 지출을 명하는 명령기관이다. 출납기관은 지출관의 지출명령에 따라 현금의 지급을 행하는 집행기관으로 한국은행, 관서운영경비 출납공무원 등이 있다.

부처의 지출관이 재무관으로부터 지출원인행위에 관한 서류를 받은 후에 한국은행에 지출명령을 하면, 한국은행은 채권자 또는 사업시행자에게 경비를 지급한다. 다만, 기관의 운영경비는 한국은행 대신 기관 내의 출납공무원이 지급하게 된다. 재무관, 지출관, 출납공무원의 직무는 원칙적으로 서로 겸할 수 없다. 다만, 기금의 경우에는 대통령령이 정하는 바에 따라 지출관과 출납공무원의 직무를 겸할 수 있다.

기획재정부장관은 수입의 징수와 수납에 관한 사무를 총괄하고, 중앙관서의 장은 그 소관 수입의 징수와 수납에 관한 사무를 관리한다.

수입사무는 납부의무자에게 납입 고지하는 징수와 납부의무자가 납부하는 현금을 수령하는 행위인 수납을 의미한다. 수입징수관은 조사 결정과 납입 고지의 사무를 담당하며, 출납공무원은 수납 사무를 담당한다. 수입의 수납기관으로는 출납공무원, 한국은행, 특별회계 또는 기금의 출납사무를 취급하는 금융기관 등이 있다. 수입징수관과 수입금 출납공무원의 직무는 원칙적으로 서로 겸할 수 없다.

## ❷ 예산집행의 통제

### 1) 예산의 배정와 재배정

예산의 배정은 국가예산을 회계체계에 따라 질서 있게 집행하도록 하기 위한 내부통제의 기능을 수행한다. 기획재정부장관은 예산배정요구서에 따라 분기별 예산배정계획을 작성하여 국무회의의 심의를 거친 후 대통령의 승인을 얻어야 한다. 기획재정부장관은 각 중앙관서의 장에게 예산을 배정한 때에는 감사원에 통지하여야 한다. 기획재정부장관은 필요한 때에는 대통령령으로 정하는 바에 따라 회계연도 개시 전에 예산을 배정할 수 있다.

예산의 재배정은 행정부처의 장이 실무부서에게 지출을 할 수 있는 권한을 부여하는 것을 의미한다. 중앙관서의 장이 산하기관의 장에게 각 분기별로 집행할 수 있는 금액과 책임소재를 명확히 하는 절차로, 재정통제수단이다.

---

30 지출원인행위는 국고금 지출의 원인이 되는 계약 또는 기타의 행위를 말한다. 재무관이 세출예산, 계속비, 국고채무부담행위, 기금운용계획에 따라 지출의 원인이 되는 계약 등을 행하는 것이다. 대학 및 연구소와의 연구용역계약이나 건설회사와의 공사계약 등이 지출원인행위가 된다.

## 2) 통합재정수지

통합재정수지는 재정건전성 분석, 재정의 실물경제효과 분석, 재정운용의 통화부문에 대한 영향 분석 등에 활용될 수 있다.

## 3) 총사업비관리제도

총사업비관리제도란 완성에 2년 이상 소요되는 일정 규모 이상의 대규모사업 (500억 원 이상인 토목사업, 200억 원 이상인 건축사업) 에 대하여 기획재정부장관과 사전에 협의하게 하는 것이다. 협의를 거친 사업규모·총사업비 또는 사업기간을 변경하고자 하는 때에도 또한 같다.

우리나라는 총사업비관리제도를 예비타당성조사제도 실시 이전인 1994년부터 운영하고 있다. 총사업비란 건설사업에 소요되는 모든 경비로서 공사비, 보상비, 시설부대경비로 구성되며 국가부담분, 지방자치단체부담분, 민간부담분을 포함한 것이다. 총사업비 관리업무 절차는 '사업구상 (예비타당성조사, 타당성조사) 단계 ⇨ 기본설계 단계 ⇨ 실시설계 단계 ⇨ 공사발주 및 계약 단계 ⇨ 착공 이후 시공 단계 (50억 원 이상 설계변경, 물가변동으로 인한 총사업비 변경 시는 조달청장의 사전검토 후에 기획재정부장관과 협의하여 중앙관서장이 변경)'로 구성된다.

## 4) 예비타당성조사

예비타당성조사는 대규모 신규사업에 대한 예산편성 및 기금운용계획을 수립하기 위하여 기획재정부장관 주관으로 실시하는 사전적인 타당성 검증·평가제도이다. 우리나라는 2000년 예산편성 때부터 예비타당성조사를 적용하고 있다.

기획재정부장관은 총사업비가 500억 원 이상이고 국가의 재정지원 규모가 300억 원 이상인 신규 사업으로서, 대규모사업에 대한 예산을 편성하기 위하여 미리 예비타당성조사를 실시하고 그 결과를 요약하여 국회 소관 상임위원회와 예산결산특별위원회에 제출하여야 한다.

예비타당성조사 대상사업은 건설공사가 포함된사업, 지능정보화사업, 국가연구개발사업, 중기사업계획서에 의한 재정지출이 500억 원 이상 수반되는 신규 사업인 사회복지, 보건, 교육, 노동, 문화 및 관광, 환경 보호, 농림해양수산, 산업·중소기업 분야의 사업 등이다. 예비타당성조사 대상사업은 기획재정부장관이 중앙관서의 장의 신청에 따라 또는 직권으로 선정할 수 있다. 기획재정부장관은 국회가 그 의결로 요구하는 사업에 대하여는 예비타당성조사를 실시하여야 한다.

그러나 공공청사, 교정시설, 초·중등 교육시설의 신·증축사업이나 문화재 복원사업은 예비타당성조사 대상에서 제외될 수 있다.[31]

## 5) 기록과 보고제도

각 중앙관서의 장은 월별로 기획재정부장관에게 사업집행보고서를 제출해야 한다. 각 중앙관서는 자체의 수입 및 지출을 기록할 뿐만 아니라 각종 서식에 의거하여 기획재정부에 월별, 분기별로 보고해야 한다.

---

[31] 「국가재정법」 제38조 제2항에 의해 예비타당성조사사업 대상에서 제외되는 것은 공공청사, 교정시설, 초·중등 교육시설의 신·증축사업, 문화재 복원사업, 국가안보와 관계되거나 보안이 필요한 국방 관련 사업, 남북교류협력과 관계되거나 국가 간 협약·조약에 따라 추진하는 사업, 도로 유지보수, 노후 상수도 개량 등 기존 시설의 효용 증진을 위한 단순개량 및 유지보수사업, 재난복구 지원, 시설 안전성 확보, 보건·식품 안전 문제 등으로 시급한 추진이 필요한 사업, 재난예방을 위하여 시급한 추진이 필요한 사업으로서 국회 소관 상임위원회의 동의를 받은 사업, 법령에 따라 추진하여야 하는 사업, 출연·보조기관의 인건비 및 경상비 지원, 융자 사업 등과 같이 예비타당성조사의 실익이 없는 사업이다. 그리고 지역 균형발전, 긴급한 경제·사회적 상황 대응 등을 위하여 국가 정책적으로 추진이 필요한 사업 중에서 일정요건을 갖춘 경우에는 예비타당성조사 면제 사업의 내역 및 사유를 지체 없이 국회 소관 상임위원회에 보고하여야 한다.

## 6) 정원 및 보수의 통제

정원 및 보수를 통제하여 경직성 경비의 증대를 억제한다. 우리나라는 「국가공무원총정원령」과 「공무원보수규정」에 의해서 정원과 보수를 통제하고 있다. 정원과 보수의 변경이 요청될 때에는 해당 부서뿐만 아니라 행정안전부·기획재정부와 협의가 필요하다.

## ❸ 예산집행의 신축성

### 1) 이용과 전용

예산의 이용 (移用) 은 입법과목 간의 상호융통을, 예산의 전용 (轉用) 은 행정과목 간의 상호융통을 위한 제도이다.

이용 (移用) 은 국회에서 승인된 예산 중 입법과목 (장, 관, 항) 간 울타리를 뛰어넘어 자금을 이전하는 것을 말하며, 이를 위해서는 국회의 승인을 받아야 한다.

반면, 전용 (轉用) 은 행정과목 (세항, 목) 간 울타리를 뛰어넘어 자금을 이전하는 것을 말하며, 이를 위해서는 국회의 승인을 받을 필요가 없다. 각 중앙관서의 장은 예산의 목적범위 안에서, 재원의 효율적 활용을 위하여 대통령령이 정하는 바에 따라 기획재정부장관의 승인을 얻어 각 세항 또는 목의 금액을 전용할 수 있다. 각 중앙관서의 장이 예산을 전용한 경우에는 그 전용내역을 기획재정부장관 및 감사원에 즉시 제출하여야 한다.

그러나 각 중앙관서의 장은 당초 예산에 계상되지 아니한 사업을 추진하는 경우나 국회가 의결한 취지와 다르게 사업예산을 집행하는 경우에는 예산을 전용할 수 없다.

### 2) 이 체

예산의 이체 (移替) 는 법령의 제정·개정·폐지로 인하여 그 직무와 권한에 변동이 있을 때 예산의 귀속을 변경시키는 것이다. 이체란 정부조직 등에 관한 법령의 제정, 개정 또는 폐지로 인하여 중앙관서의 직무와 권한에 변동이 있을 때 관련 예산을 이동하는 것이다. 예산의 이체는 책임소관만 변동될 뿐 사용목적과 금액은 변하지 않는 것으로, 국회의결을 필요로 하지 않는다.

예산의 이체 (移替) 는 정부조직 개편으로 예산을 조직 간 상호 이용하는 것으로, 예산의 원칙 중 목적 외 사용 금지원칙의 예외에 속한다.

기획재정부장관은 정부조직 등에 관한 법령의 제정·개정 또는 폐지로 인하여 중앙관서의 직무와 권한의 변한이 있는 때에는 중앙관서장의 요구에 의하여 예산을 상호 이용 (移用) 하거나 이체 (移替) 할 수 있다.

### 3) 이 월

이월 (移越) 은 세출예산 중 미지출액을 당해 연도를 넘겨 다음 연도에 계속적으로 사용하는 것을 말한다. 이월은 명시이월과 사고이월로 구분된다. 명시이월 (明示移越) 은 연내 지출 마감이 불가함이 예측된 경비를 세입·세출예산에 명시해 국회 승인을 얻어 다음 연도에 사용하는 것이다.

사고이월 (事故移越) 은 연도 내에서 지출원인행위를 하고, 불가피한 사유로 연도 내에 지출하지 못한 경비를 다음 연도로 넘겨서 사용하는 것이다. 사고이월은 불가피한 사유로 이월한 것이므로 국회 승인이 불필요하지만, 사고이월한 경비는 다음 연도에 다시 사고이월할 수는 없다.

## 4) 계속비

계속비(繼續費)란 완성에 수년도를 요하는 공사나 제조 및 연구개발사업을 위하여 지출하는 경비로, 그 경비의 총액과 연도별 지출액을 정하여 미리 국회의 의결을 얻은 범위 안에서 수년도에 걸쳐 지출하는 경비이다. 완성에 수년도를 요하는 공사나 제조 및 연구개발사업은 그 경비의 총액과 연부액을 정하여 미리 국회의 의결을 얻은 범위 안에서, 그 회계연도부터 5년 이내로 정하여 수년도에 걸쳐서 지출할 수 있다고 보는 것이 원칙이다.

계속비의 사용기간은 원칙상 5년 이내로 국한되지만, 기획재정부장관이 필요하다고 인정하는 때에는 국회의 의결을 거쳐 10년 이내로 연장할 수 있다. 계속비는 경비총액과 연부액에 대하여 미리 국회의 의결을 얻어야 하고, 매년 연부액에 대해서는 국회의 의결을 별도로 얻고 사용해야 한다.

## 5) 예비비

예비비란 예측할 수 없는 예산 외의 지출 및 초과지출에 충당하기 위한 경비로, 예비비는 기획재정부장관이 관리한다. 각 중앙관서의 장은 예비비의 사용이 필요한 때에는 그 이유 및 금액과 추산의 기초를 명백히 한 명세서를 작성하여 기획재정부장관에게 제출하여야 한다. 기획재정부장관은 예비비 신청을 심사한 후 필요하다고 인정하는 때에는 이를 조정하고, 예비비사용계획 명세서를 작성한 후 국무회의의 심의를 거쳐 대통령의 승인을 얻어야 한다. 예비비는 예측할 수 없는 예산 외의 지출 또는 예산초과지출에 충당하기 위하여 일반회계 예산총액의 100분의 1 이내의 금액을 세입·세출예산에 계상한 것이다. 다만, 예비비는 공무원 인건비 인상을 위한 인건비 충당을 목적으로 사용할 수 없다.

## 6) 추가경정예산

추가경정예산은 예산 성립 후에 생긴 사유로 편성하는 것으로, 예산의 신축성 확보를 위한 제도이다. 추가경정예산은 전쟁이나 대규모 자연재해, 경기침체나 대량실업 등의 경우에 한하여 편성할 수 있다.

예산심의가 종료된 후 발생한 변화에 대처하기 위한 예산이긴 하지만 편성횟수에 제한은 없다. 국회에서 예산이 확정되기 전에 정부가 예산을 미리 배정하거나 집행할 수는 없다.

## 7) 총액계상예산제도

총액계상예산제도는 세부 사업별 예산항목이 정해지지 않고, 총액 규모만을 정하여 예산에 반영시키는 것이다. 총액계상은 예산구조나 과목이 국민들이 이해하기 쉽게 단순해야 한다는 명확성 원칙의 예외이다.

기획재정부장관은 대통령령이 정하는 사업으로서 세부 내용을 미리 확정하기 곤란한 사업의 경우에는 이를 총액으로 예산에 계상할 수 있다. 총액계상 대상사업은 도로보수 사업, 도로안전 및 환경개선 사업, 항만시설 유지보수 사업, 수리시설 개보수 사업, 수리부속지원 사업, 문화재 보수정비 사업, 기타 대규모 투자 또는 보조사업 등이다. 총액계상사업의 총 규모는 매 회계연도 예산순계 기준 100분의 3을 초과할 수 없다.

총액계상사업에 대하여는 예산배정 전에 예산배분에 관한 세부사업시행계획을 수립하여 기획재정부장관과 협의하여야 하며, 그 세부집행실적을 회계연도 종료 후 3개월 이내에 기획재정부장관에게 제출하여야 한다. 각 중앙관서의 장은 총액계상사업의 세부사업시행계획과 세부집행실적을 국회 예산결산특별위원회에 제출하여야 한다.

## 8) 총괄예산제도

총괄배정예산제도는 구체적인 용도를 제한하지 않고 신축적 집행을 인정하는 것이다. 총괄예산은 지출통제예산의 일종으로 항목을 구분하지 않고 지출을 자율화한 제도이다.

총괄예산제도는 예산집행의 구체적 용도를 제한하지 아니하고 포괄적인 지출을 허용하는 제도로, 지방교부세, 포괄보조금 등과 같은 형식이 있다.

## 9) 수입대체경비

수입대체경비는 국가가 특별한 용역 또는 시설을 제공하고 그 제공을 받은 자로부터 비용을 징수하는 경우의 당해 경비로서 기획재정부장관이 정하는 경비로, 수입이 예산을 초과하거나 초과할 것이 예상되는 때에는 그 초과수입을 대통령령이 정하는 바에 따라 그 초과수입에 직접 관련되는 경비 및 이에 수반되는 경비에 초과지출할 수 있다.

수입대체경비는 예산완전성 원칙의 예외이자, 예산통일성 원칙의 예외사유이다.

## 10) 국고채무부담행위

국고채무부담행위란 법률, 세출예산금액, 계속비 범위 밖에서 정부가 채무를 부담하는 행위로, 미리 예산으로서 국회의 의결을 얻어야 한다.

국고채무부담행위에 대한 국회의 의결은 국가로 하여금 다음 연도 이후에 지출할 수 있는 권한까지 부여하는 것은 아니며, 다만 채무를 부담할 권한만을 부여하는 것이므로 채무부담과 관련한 지출에 대해서는 다시 국회의 의결을 얻어야 한다.

## 11) 긴급배정

기획재정부장관이 회계연도 개시 전에 예산을 배정하는 긴급배정은 외국에서 지급하는 경비, 선박의 운영·수리 등에 소요되는 경비, 교통이나 통신이 불편한 지역에서 지급하는 경비, 부식물의 매입경비, 범죄수사 등 특수활동에 소요되는 경비, 여비, 경제정책상 조기집행을 필요로 하는 공공사업비, 재해복구사업에 소요되는 경비 등이다.

그러나 과년도 지출, 수입대체경비, 도로 유지·보수 등에 소요되는 경비 등은 긴급배정 대상경비에 포함되지 않는다.

## 12) 예산집행상 지출특례

선금급, 개산급(槪算給), 과년도 지출, 관서운영경비, 수입대체경비 등이다. 선금급은 외국에서 직접 구입하는 도서 등의 대가를 상대방의 급부가 있기 전에 지급하는 것이다.

개산급은 채무금액이 확정되기 전에 채무금액을 개략 계산하여 미리 채무금액을 지급하는 것으로, 채무금액이 확정되면 이를 정산하여야 한다.

과년도 지출은 지난 연도에 속하는 채무확정액이지만 지출하지 아니한 경비는 현 연도 세출예산에서 지출하되, 그 경비가 소속된 연도의 해당 과목 가운데 쓰지 아니한 금액을 원칙적으로 초과하지 못한다.

관서운영경비는 종전의 일상경비 및 도급경비(都給經費) 등을 관서운영경비로 통합하였으며, 관서운영경비는 출납공무원에게 자금을 교부하여 지급할 수 있도록 하였다.

수입대체경비는 중앙관서의 장은 그 수입이 확보되는 범위에서 지출할 수 있다.

## 제5절 | 예산의 결산

### ❶ 예산결산의 개요

결산은 한 회계연도의 수입과 지출 실적을 확정적 계수로 표시하는 행위이다. 결산은 정부의 예산집행의 결과가 정당한 경우 집행 책임을 해제하는 법적 효과를 가진다.

결산심의에서 위법하거나 부당한 지출이 지적되더라도, 그 정부활동은 무효나 취소로 되지 않는다. 국회는 결산심의를 통해 정부에 정치적·도의적 책임 추궁만 할 뿐이지, 위법하거나 부당한 지출을 무효나 취소시킬 수는 없다.

### ❷ 정부의 결산과정

#### 1) 결산과정의 개관

정부의 결산과정은 출납사무의 완결, 결산서의 작성 및 제출, 감사원의 결산검사, 국가결산보고서의 국회 제출, 국회의 결산심의 과정을 거친다.

출납사무를 완결하기 위해서는 세입금의 수납과 세출금의 지출 및 지급을 해당 회계연도 말일까지 폐쇄해야 하는데, 이를 출납정리기한 (complementary period) 이라고 한다. 그러나 예외적인 경우에 정부의 수납 및 지출은 다음 연도 1월 20일까지 할 수 있도록 규정하고 있다.[32]

#### 2) 출납사무의 완결

한 회계연도에 속하는 세입세출의 출납에 관한 사무는 다음 연도 2월 10일까지 완결하여야 한다 (국고금관리법 제4조의2).

#### 3) 결산보고서 작성 및 제출

각 중앙관서의 장은 「국가회계법」에서 정하는 바에 따라 회계연도마다 작성한 결산보고서 (중앙관서결산보고서) 를 다음 연도 2월 말일까지 기획재정부장관에게 제출하여야 한다 (국가재정법 제58조). 국회의 사무총장, 법원행정처장, 헌법재판소의 사무처장 및 중앙선거관리위원회의 사무총장은 회계연도마다 예비금사용명세서를 작성하여 다음 연도 2월 말까지 기획재정부장관에게 제출하여야 한다. 각 중앙관서의 장은 회계연도마다 소관 기금의 결산보고서를 중앙관서결산보고서에 통합하여 작성하여야 한다.

정부는 여성과 남성이 동등하게 예산의 수혜를 받고, 예산이 성차별을 개선하는 방향으로 집행되었는지를 평가하는 보고서 (성인지결산서) 를 작성하여야 한다 (국가재정법 제57조). 성인지결산서에는 집행실적, 성평등 효과분석 및 평가 등을 포함하여야 한다.

---

[32] 한국은행 등은 매 회계연도의 수입금을 해당 회계연도 말일까지 수납하여야 하는 것이 원칙이지만, 예외적으로 다음 회계연도 1월 20일까지 수납할 수 있다 (국고금관리법 시행령 제5조). 지출관은 매 회계연도의 경비를 해당 회계연도 말일까지 지출하여야 하지만, 예외적으로 다음 회계연도 1월 20일까지 지출할 수 있다 (국고금관리법 시행령 제6조). 이미 지출된 국고금을 해당 지출과목에 반납하려는 경우에는 해당 회계연도 말일까지 반납하여야 하지만, 관서운영경비출납공무원이 교부받은 관서운영경비를 반납하는 경우에는 다음 회계연도 1월 20일까지 반납할 수 있다 (국고금관리법 시행령 제7조).

기획재정부장관은 「국가회계법」에서 정하는 바에 따라 회계연도마다 작성하여 대통령의 승인을 받은 국가결산보고서를 다음 연도 4월 10일까지 감사원에 제출하여야 한다 (국가재정법 제59조).

## 4) 감사원의 결산검사

감사원은 세입세출의 결산을 매년 검사하여 대통령과 차년도 국회에 그 결과를 보고하여야 한다 (헌법 제99조). 감사원은 국가결산보고서를 검사하고 그 보고서를 다음 연도 5월 20일까지 기획재정부장관에게 송부하여야 한다 (국가재정법 제60조).

## 5) 국가결산보고서의 국회 제출

정부는 감사원의 검사를 거친 국가결산보고서를 다음 연도 5월 31일까지 국회에 제출하여야 한다 (국가재정법 제61조).

## 6) 국회의 결산심의

결산은 국무회의의 의결과 대통령의 승인을 거쳐 국회의 심의로 종료된다. 국회의 결산심의 절차는 예산심의처럼 소관 상임위원회의 예비심사, 예산결산특별위원회의 종합심사, 본회의의 심의와 의결을 거친다. 국회는 결산에 대한 심의·의결을 정기회 개회 전까지 완료하여야 한다 (국회법 제128조의2).

**➕ 그림 5-11 정부의 결산과정**

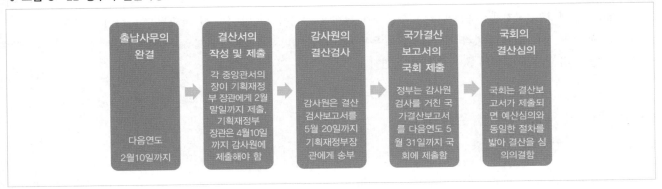

# 34 재정건전화와 재정성과관리

## 제1절 재정건전성 관리

### ❶ 재정준칙

「국가재정법」에서 규정하고 있는 예산의 원칙은 재정건전성 확보의 원칙, 국민부담 최소화의 원칙, 재정성과의 원칙, 투명성과 참여성의 원칙, 성인지적 효과평가의 원칙이다.

각 중앙관서의 장은 매년 1월 31일까지 당해 회계연도부터 5회계연도 이상의 기간 동안의 신규사업 및 기획재정부장관이 정하는 주요 계속사업에 대한 중기사업계획서를 기획재정부장관에게 제출하여야 한다.

「국가재정법」에서 정부는 재정운용의 효율화와 건전화를 위하여 매년 당해 회계연도부터 5회계연도 이상의 기간에 대한 재정운용계획인 '국가재정운용계획'을 수립하여 회계연도 개시 120일 전까지 국회에 제출하여야 한다.

각 중앙관서의 장과 법률에 따라 기금을 관리·운용하는 자(기금의 관리 또는 운용 업무를 위탁받은 자를 제외)인 기금관리주체는 재정활동의 '성과관리체계'를 구축하여야 한다.

### ❷ 공공지출의 재정건전성을 위한 규범

#### 1) 의 의

바람직한 예산은 총량규모에 관한 재정규율, 배분적 효율성, 운영상 효율성과 같은 기능을 잘 수행하는 것이라고 쉬크 (Allen Shick) 는 지적하였다. 배분적 효율성이 부문 간의 배분을 중시하는 효율성이라면, 운영상 효율성은 부문 내의 효율성을 의미한다.

#### 2) 총량적 재정규율

총량적 재정규율이란 예산총액에 대한 효과적인 통제를 의미하는 것으로, 거시적 예산결정을 토대로 자원배분을 이루려는 개념이다.

#### 3) 배분적 효율성

배분적 효율성(allocative efficiency)은 각 재정부문 간 재원배분을 통한 재정지출의 총체적 효율성을 도모하는 개념으로, 예산지출의 편익이 큰 분야에 예산액을 집중할 때 배분적 효율성이 높아질 수 있다. 즉 비용편익분석 등에 의하여 예산배분 측면에서 파레토 최적(Pareto optimum)을 달성하는 것이며, '패키지 효율성(package efficiency)'이라고도 한다.

## 4) 운영상의 효율성

운영상의 효율성(operational efficiency)을 높이기 위해서는 투입에 대한 산출의 비율을 높여야 한다. 운영상의 효율성은 기술적 효율성(technical efficiency) 또는 생산적 효율성(productive efficiency)이라고도 한다.

## ❸ 재정건전화를 위한 노력

### 1) 의 의

정부는 건전재정을 유지하고 국가채권을 효율적으로 관리하며 국가채무를 적정수준으로 유지하도록 노력하여야 한다. 현행 「국가재정법」에서 규율하고 있는 제도들 중 재정운용의 건전성 강화 목적과 직접적 관련이 있는 사항은 추가경정 예산안 편성의 제한, 세계잉여금 일정 비율의 공적 자금 등 상환 의무화, 국가채무관리계획 수립, 국가 보증채무부담의 국회 사전동의, 국세감면의 제한, 법률안 재정소요 추계제도 등이다.

### 2) 법률안 재정소요 추계제도

의원이 예산 또는 기금 상의 조치를 수반하는 의안을 발의하는 경우에는 그 의안의 시행에 수반될 것으로 예상되는 비용에 대한 재정소요(財政所要)를 추계(推計)하여야 한다.

정부는 재정지출 또는 조세감면을 수반하는 법률안을 제출하고자 하는 때에는 법률이 시행되는 연도부터 5회계연도의 재정수입·지출의 증감액에 관한 추계자료와 이에 상응하는 재원조달방안을 그 법률안에 첨부하여야 한다.

### 3) 세계잉여금 등의 처리

세계잉여금(歲計剩餘金)은 재정운용 결과 당초 예산상 목표로 잡았던 세수액(稅收額)을 초과해 징수되었거나 지출이 세출예산보다 적어 사용하지 않은 금액이 발생한 경우, 이 초과 징수된 세입과 쓰지 않은 세출불용액(歲出不用額)을 합한 금액이다. 세계잉여금에는 세입세출예산인 일반회계와 특별회계는 포함되나, 세입세출예산 외로 운용되는 기금은 제외된다.

세계잉여금은 적자국채 발행규모와 반드시 부(-)의 관계에 있는 것은 아니다. 세계잉여금은 사용 우선순위가 정해져 있고, 세계잉여금이 증가하더라도 긴급한 재정수요가 있을 경우 적자국채 발행규모가 커질 수 있기 때문이다. 따라서 세계잉여금은 국가의 재정건전성을 파악하기 위한 효과적인 수단이라고는 볼 수 없다.

일반회계 예산의 세입 부족을 보전(補塡)하기 위한 목적으로 해당 연도에 이미 발행한 국채의 금액 범위에서는 해당 연도에 예상되는 초과 조세수입을 이용하여 국채를 우선 상환할 수 있고, 이 경우 세입세출 외로 처리할 수 있다.

세계잉여금으로 지방교부세 및 지방교육재정교부금을 정산할 수 있고, 교부금 정산 후 100분의 30 이상을 공적 자금 상환기금에 우선적으로 출연하여야 하고, 앞선 금액을 제외한 100분의 30 이상을 국채 또는 차입금의 원리금과 확정된 국가배상금 등의 채무를 상환하여야 한다.

앞선 금액을 제외한 세계잉여금은 추가경정예산안의 편성에 사용할 수 있고, 다시 남은 금액은 다음 연도의 세입에 이입(移入)하여야 한다.

➕ 그림 5-12 세계잉여금 처리

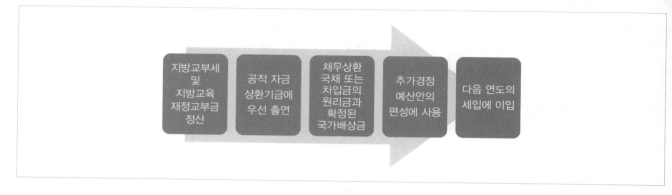

## 4) 국가채무관리계획

기획재정부장관은 국가의 회계 또는 기금이 부담하는 금전채무에 대하여 일정한 사항이 포함된 국가채무관리계획을 매년 수립하여야 한다. 국가채무관리계획에 포함되어야 할 사항은 전전년도 및 전년도 국채 또는 차입금의 차입 및 상환실적, 당해 회계연도의 국채 발행 또는 차입금 등에 대한 추정액, 국가의 회계 또는 기금이 발행한 채권, 국가의 회계 또는 기금의 차입금, 국가의 회계 또는 기금의 국고채무 부담행위 등이다. 그러나 재정증권 또는 한국은행으로부터의 일시차입금, 국가의 회계 또는 기금이 인수 또는 매입하여 보유하고 있는 채권, 국가의 다른 회계 또는 기금으로부터의 차입금 등은 국가채무에 포함하지 아니한다.

## 5) 국가보증채무의 부담 및 관리

국가가 보증채무를 부담하고자 하는 때에는 미리 국회의 동의를 얻어야 한다. 기획재정부장관은 매년 국가보증채무의 부담 및 관리에 관한 국가보증채무관리계획을 작성하여야 한다.

채무의 이행에 대한 국가의 보증을 받고자 하는 채무자 또는 채권자는 사업내용과 그 보증을 받고자 하는 채무의 범위·채권자명·채무자명·상환 또는 회수계획 등 필요한 사항에 대하여 미리 소관 중앙관서의 장의 의견을 받아 채무보증신청서를 기획재정부장관에게 제출하여야 한다. 기획재정부장관은 신청서를 받은 경우에는 그 주채무를 국가가 보증할 필요가 있다고 인정할 때에는 국무회의의 심의를 거쳐 대통령의 승인을 얻은 후 국회의 동의를 얻기 위하여 필요한 절차를 이행하여야 한다.

## 6) 국세 감면의 제한

재정건전화의 한 수단으로 국가는 국세감면율을 대통령령이 정하는 비율 이하로 유지하도록 규정하고 있다.

국세감면율이란 당해 연도 국세수입 총액과 국세감면액 총액을 합한 금액에서 국세감면액 총액이 차지하는 비율을 의미한다.

즉, 국세감면율＝[국세감면액/(국세수입 총액＋국세감면액)]이다.

## 7) 추가경정예산안 편성의 제한

정부는 전쟁이나 대규모 재해가 발생한 경우, 경기침체, 대량실업, 남북관계의 변화, 경제협력과 같은 대내·외 여건에 중대한 변화가 발생하였거나 발생할 우려가 있는 경우, 법령에 따라 국가가 지급하여야 하는 지출이 발생하거나 증가하는 경우에만 추가경정예산을 편성할 수 있다.

그러나 정부는 국회에서 추가경정예산안이 확정되기 전에 이를 미리 배정하거나 집행할 수 없다.

---

## 제2절  통합재정

### ❶ 통합재정의 개요

통합재정(統合財政) 또는 통합예산제도(unified budget)는 정부 전체의 재정 규모를 파악하고, 재정이 국민경제에 미치는 영향을 효과적으로 파악하고자 하는 제도이다.

통합재정은 일반회계, 특별회계, 기금을 포괄한다. 다만 회계·기금 간의 내부거래와 국채발행, 차입, 채무상환 등의 수지차(收支差) 보전을 위한 보전거래(保全去來)를 세입과 세출에서 각각 제외해서 작성한다. 즉 통합재정수지는 순계(純計) 개념의 세입과 세출의 차를 뜻한다.

### ❷ 통합재정의 포괄 범위

#### 1) 통합재정의 기관 범위

통합예산(統合豫算)을 금융 공공부문을 제외하고 비금융 공공부문의 일반회계, 특별회계, 기금, 세입세출외 자금 등을 포함하는 것으로 해석할 경우, 비금융 공공부문은 중앙정부와 지방정부 외에 비금융 공기업을 포함한다. 비금융 공기업은 중앙정부에서는 기업특별회계가 적용되는 부문이고, 지방정부에서는 공기업특별회계가 적용되는 부문이 해당된다.

일반정부(general government)에는 중앙정부와 지방정부가 있으며, 지방정부 부문에서는 지방교육자치단체가 포함된다. 따라서 중앙정부의 일반회계, 특별회계, 기금, 세입세출 외 항목과 지방정부의 일반회계, 특별회계, 기금 그리고 지방교육자치단체의 교육비특별회계를 포함한다.

한편 금융 공공부문이란 민간의 금융적 성격을 띠는 공공부문으로 금융성 기금과 공기업 등 공공기관을 말한다. 금융성 기금이란 특정 사업에 수반해 보증 또는 보험 등 보조적 역할을 수행하는 기금으로 기술보증기금, 신용보증기금 등이 해당된다.

일반정부와 공기업의 구분기준은 시장성이며, 경제적으로 유의미한 가격으로 시장에 공급하는 경우를 공기업이라 한다. 즉 공금융 기금과 「공공기관의 운영에 관한 법률」의 적용을 받는 공공기관예산은 통합재정에서 제외된다. 따라서 중앙정부의 공공기관과 중앙은행 등 공공 금융기관, 금융성 기금은 통합재정에 포함되지 않는다.

✚ 그림 5-13 통합재정의 범위

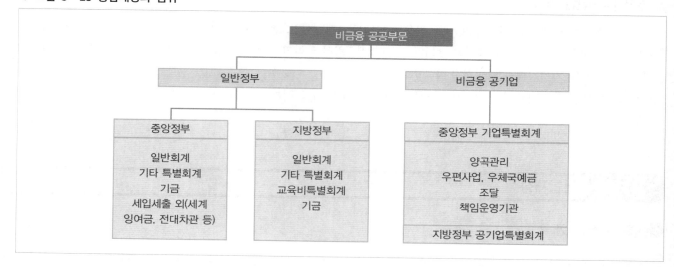

출처: 이종수 외(2016: 348).

## 2) 회계상의 포괄 범위

통합재정은 일반회계, 특별회계, 기금, 세계잉여금이나 전대차관 도입분 등의 세입세출 외의 항목을 포괄한다. 세계잉여금(歲計剩餘金)이란 결산산 잉여금으로 1회계연도의 세입액에서 지출된 세출액을 차감한 잔액이다. 전대차관(轉貸借款)이란 국내 거주자에게 전대할 것을 조건으로 기획재정부장관을 차주(借主)로 하여 외국의 금융기관으로부터 외화자금을 차입하는 것을 뜻한다.

내부거래(內部去來)와 보전거래(保全去來)는 제외한다. 내부거래는 회계기금 간, 회계 내 계정 간 거래를 의미하고, 내부거래의 제외란 순계 기준의 적용을 뜻한다. 보전거래는 국채 발행이나 차입 및 채무상환 등 수지차(收支差) 보전을 위한 거래이다.

## ❸ 통합재정의 구조

### 1) 통합재정의 범위

통합재정(unified budget)은 중앙재정, 지방재정, 지방교육재정(교육비특별회계)을 포함한다. 중앙재정을 일반회계와 특별회계 외에 기금 및 세입세출 외 자금을 포함해 파악한다. 재정이 국민 경제에 미치는 효과를 효과적으로 파악하게 한다.

### 2) 통합재정의 구조

통합재정에서는 정부의 거래를 세입, 세출, 보전재원으로 구분해 파악한다. 회계 간 내부거래와 보전거래(保全去來)를 세입과 세출에서 제외하고, 세입과 세출을 순계(純計) 개념으로 파악하여 재정건전성을 판단한다. 국민의 입장에서 느끼는 정부의 지출 규모로, 실질적인 정부의 총예산 규모를 파악하는 데에는 예산순계 기준이 유용하다.

실질적인 정부의 총예산 규모를 파악하기 위해서는 예산의 이중적 계상의 조정이 필요한데, 일반회계와 특별회계 및 기금 간의 중복분을 차감한 것이 예산순계(豫算純計)이다. 회계 간 내부거래와 보전거래를 세입과 세출에서 각각 제외한다는 점에서 기업의 연결재무제표와 유사하다.

### 3) 통합재정에서의 정부수입

통합재정에서 정부수입은 비상환성 수입인 세입과 유동성 목적의 상환성 수입인 국채발행수입, 차입 등의 보전수입 그리고 융자회수로 분류된다.

비상환성 수입인 세입은 다시 경상수입과 자본수입으로 나뉜다. 경상수입에는 조세수입과 재산수입, 수수료 등의 세외수입이 포함된다. 자본수입에는 자본재를 매각해 발생한 수입금이 포함된다.

보전재원은 재정수지차를 보전하기 위한 국채발행, 차입 등을 뜻한다. 적자예산으로 인한 재정적자는 국채발행, 한국은행으로부터의 차입, 해외차입 등으로 보전한다. 보전재원의 크기는 세입과 세출·순융자의 차이와 같다.

### 4) 통합재정에서의 정부지출

통합재정에서의 정부지출은 세출, 보전지출, 융자지출로 구분된다. 세출은 경제성질별, 기능별로 나눠 작성된다. 경제성질별 지출은 경상지출과 자본지출로 구분되며 기능별 지출은 일반 행정 및 교육 등으로 나뉜다.

보전지출은 국채상환을, 융자지출은 융자금 및 출자금 지출을 의미한다.

### 5) 통합재정의 분류체계

세입과 세출은 경상거래와 자본거래로 구분하는 경제적 분류로 작성되며, 세출예산은 경제적 분류에 기능적 분류가 추가된다. 통합재정은 정부소비 및 정부투자 등 국민소득 계정과 연계해 작성한다.

## ④ 통합재정수지

### 1) 의 의

통합재정수지(統合財政收支)는 일반회계, 특별회계, 기금을 포괄한 정부예산의 규모를 정확하게 파악하기 위한 것이다. 우리나라는 국제통화기금(IMF)의 권고에 따라 1979년부터 통합재정수지를 작성 및 발표하고 있다.[33]

통합재정수지는 당해 연도의 순수한 수입에서 순수한 지출을 차감한 수치로, 재정활동의 건전성을 보여주는 지표이다. 통합재정수지는 총수입에서 총지출을 차감한 재정수지와 동일하다. 통합재정수지에서 세입과 융자회수는 수입이고, 세출과 융자지출은 지출을 구성한다. 따라서 정책적 목적의 상환성 지출인 융자지출은 통합재정수지상의 적자요인으로 간주한다.

> 통합재정수지 = (세입 + 융자회수) − (세출 + 융자지출)
> = 세입 − 세출 + 순융자(융자회수 − 융자지출)

---

33 우리나라는 IMF (IMF: International Monetary Fund)의 권고에 따라 1979년부터 연도별로 통합재정수지를 작성했고 1994년부터는 분기별로, 1999년 7월부터는 월별로 작성·공표하고 있다. 2004년 이전까지는 지방재정이 통합재정수지에 포함되지 않았지만, 2005년 회계연도분부터는 지방재정과 지방교육재정까지를 포괄하는 통합재정 통계를 작성하고 있다. 현재는 지방재정의 일반회계, 기금, 교육특별회계까지 모두 통합재정수지에 포함된다.

## 2) 특 징

첫째, 통합재정수지(統合財政收支)는 정부가 실제 수행하고 있는 활동영역별 예산을 파악하기 위한 공식적인 법정 예산 혹은 집행용 예산이 아니라, 정부 전체의 월별 재정수지를 알려주는 단순한 재정통계이다.

둘째, 통합재정수지는 국가재정을 통합하여 관리하기 위한 것이므로, 재정의 신축성을 제고하기 위한 것이 아니라 재정통제에 초점을 둔다.

셋째, 통합재정수지를 계산할 때 국민연금기금, 사학연금기금, 고용보험기금, 산재보험기금 등의 사회보장성 기금의 수지는 포함된다. 그러나 외국환평형기금과 금융성기금은 제외된다.

넷째, 재정수지와 흑자를 보여주는 통합재정수지는 보전재원과 크기가 같으며 부호만 다를 뿐이다. 통상적인 예산은 세입과 세출이 균형(세입 = 세출)을 이루어 재정운영의 건전성을 파악하기 곤란하나, 통합재정은 재정적자의 보전 또는 흑자처분을 위한 거래는 제외되므로 재정의 건전성 판단이 가능하다. 즉 재정수지가 적자면 보전재원은 '+'로 표시되며, 이는 재정적자를 차입이나 국채발행 등으로 보전하였음을 의미한다. 따라서 통합재정수지와 보전재원은 금액은 일치하며 부호만 반대이다.

## ❺ 관리재정수지

### 1) 의 의

관리재정수지(管理財政收支)는 통합재정수지에서 사회보장성기금의 수지를 제외한 수치(사회보장성기금의 흑자분을 차감한 수치)이다. 사회보장성기금은 국민연금기금, 사학연금기금, 산업재해보상보험기금, 고용보험기금을 포함한다. 다만 정부가 고용주인 공무원연금과 군인연금은 제외한다.

### 2) 특 징

사회보장성기금은 실질적 국가채무라는 측면에서 볼 때, 관리재정수지가 통합재정수지보다는 재정건전성 측정지표로서의 설득력이 더 크다.

> 관리재정수지 = 통합재정수지 − 사회보장성기금의 수지

## ❻ 총지출규모

### 1) 의 의

총지출규모는 국민의 입장에서 느끼는 정부의 지출규모로, 2005년부터 정부의 재정규모통계로 사용되고 있으며 OECD에서도 국가 간 재정규모의 비교를 위해 '일반정부 총지출규모'를 발표하고 있다.

## 2) 특징

총지출규모와 통합재정규모는 모두 통합재정처럼 내부거래와 보전거래는 제외한다. 그러나 통합재정규모가 융자거래와 기업특별회계를 순계 개념으로 파악하는 것과 달리, 총지출규모는 융자거래와 기업특별회계를 총계 개념으로 파악한다.[34] 따라서 총지출규모는 통합재정규모보다 항상 크다.

> • 정부의 총지출규모 = 경상지출 + 자본지출 + 융자지출
> • 정부의 통합재정규모 = 경상지출 + 자본지출 + 순융자 (융자지출 - 융자회수)

---

## 제3절   국가채무와 국가부채

### ❶ 국가채무

#### 1) 국가채무의 범위

국가채무 (debt) 의 범위는 「국가재정법」에 의하면, "국가의 회계 또는 기금이 부담하는 금전채무"를 의미한다. 국가채무에는 국채, 차입금, 국고채무부담행위와 정부의 대지급 이행이 확정된 국가보증채무가 포함된다. 보증채무는 재정통계에 포함시키지 않으나, 정부의 대지급 이행이 확정된 채무의 경우는 국공채 및 차입금이 아니더라도 국가채무에 포함시킨다. 채무 계산은 통합방식이 적용되어 내부거래를 제외한다. 재정증권이나 한국은행으로부터의 일시차입금, 국가의 회계 혹은 기금이 인수나 매입해서 보유하고 있는 채권과 차입금은 국가채무대상에서 제외된다. 그리고 지방자치단체 채무를 계산하는 경우에도 국가와 지방자치단체 상호 간의 채무를 차감한 순채무로 표시한다.

#### 2) 국채

국채는 국고채권 (국고채), 재정증권, 해외부문 통화관리를 위한 외국환평형기금 채권, 국민주택 건설재원 마련을 위한 국민주택 채권 등이 있다. 이 중 국고채가 국가재정자금 조달의 핵심적인 수단이다. 국채를 발행하고자 할 때에는 국회의 의결을 얻어야 한다. 「대한민국헌법」제58조는 "국채를 모집하거나 예산 외에 국가의 부담이 될 계약을 체결하려 할 때에는 정부는 미리 국회의 의결을 얻어야 한다."고 규정하여 국채발행에 대한 기본원칙을 선언하고 있다. 또한 「국가재정법」제18조에서는 "국가의 세출은 국채, 차입금 외의 세입을 그 재원으로 한다. 다만 부득이한 경우에는 국회의 의결을 얻은 금액의 범위 안에서 국채 또는 차입금으로써 충당할 수 있다."라고 규정하고 있다.

재정증권은 정부의 일시적인 재정부족 자금을 보전하기 위해 발행하는 채권으로 연말 발행 잔액을 '0'으로 처리하여 차기 연도로 이월시키지 않는다.

---

[34] 기업특별회계 산정방식의 경우, 통합재정 규모에서는 영업수입이 영업지출보다 클 때의 영업수지를 수입으로 계상하고, 영업수입이 영업지출보다 작을 때의 영업수지를 지출로 계상한다. 반면에 총지출의 경우는 영업지출 총계 규모를 기업특별회계 규모로 산정한다.

그러나 특수채는 현재 정부가 계산하는 채무의 범위에서 제외된다. 특수채란 한국은행과 공사 및 은행 등의 공기업이 발행하는 채권을 말한다. 통화안정증권, 산업금융채권 등이 특수채의 대부분을 차지한다.

### 3) 차입금

정부가 한국은행, 민간기금 또는 국제기구 등으로부터 법정 유가증권의 발행 없이 직접 차입한 금액을 의미한다. 차입 대상에 따라 국내 차입금과 해외 차입금으로 구분된다.

### 4) 국고채무부담행위

국가의 회계 또는 기금의 국고채무부담행위는 국가채무에 해당한다. 국가는 법률에 따른 것과 세출예산금액 또는 계속 비의 총액 범위 안의 것 외에 채무를 부담하는 행위를 하는 때에는 미리 예산으로써 국회의 의결을 얻어야 한다. 예산총 칙, 세입세출예산, 계속비 및 명시이월비와 함께 예산의 한 부분을 구성한다. 필요한 이유를 명백히 하고 채무부담의 금 액을 표시하여야 하며, 국회의 의결을 사전에 얻어야 한다.

### 5) 보증채무

정부보증채무는 정부가 정부 이외의 채무상환을 보증하는 채무다. 주채무자가 채무를 상환하지 못할 경우에만 정부가 채무를 인수하는 것으로, 우발채무(contingency debt)에 해당된다. 국가가 보증채무를 부담하고자 하는 때에는 미리 국 회의 동의를 얻어야 한다. 기획재정부장관은 매년 국가보증채무의 부담 및 관리에 관한 국가보증채무관리계획을 작성하 여야 한다. 정부의 보증채무는 일반채무보증, 채권발행에 대한 지급보증, 차관에 대한 지급보증으로 구분된다.

### 6) 국가채무관리계획

기획재정부장관은 국가채무관리계획을 수립하여야 한다.

### 7) 우리나라 국가채무의 규모

우리나라의 GDP 대비 국가채무비율은 일본과 미국보다 아직은 낮은 상태이다. 그러나 최근 국가채무의 규모가 빠른 속 도로 증가하고 있다. 국가재정법에 의한 국가채무는 현금주의 방식에 의해 산정되므로, 발생주의 기준에 의한 미지급금, 선수금 등의 부채 항목이 제외되어 있다.

## ❷ 국가부채

### 1) 개 념

국가채무(debt)와 국가부채(liability)는 구분된다. 국가회계기준에 의하면, "부채는 과거의 거래나 사건의 결과로 국가회 계실체가 부담하는 의무로서, 그 이행을 위하여 미래에 자원의 유출 또는 사용이 예상되는 현재의 의무를 말한다."라고 규정되어 있다. 국가재정법에 의한 국가채무와 국가회계기준에 의한 국가부채를 비교하면 국가부채의 범위가 더 넓다. 국가재정법상의 국가채무를 금융부채라고 한다면, 국가부채는 금융부채 외에 발생주의 방식에 의한 충당부채와 같은 비 금융부채를 포함한다. 또한 발생주의 방식에 의할 경우는 미지급금, 미지급 비용, 선수금 등과 같은 금융부채도 부채 항 목에 포함된다.

## 2) 국가채무(D1)

국가재정법상의 채무로, 현금주의 기준에 의해 작성하는 채무 규모이다. 국가재정운용계획 및 국가채무관리계획 등을 수립할 경우에 사용한다. 국가채무(D1)는 중앙정부와 지방정부의 회계와 기금에서의 채무를 합산한 것으로, 비영리공공기관의 채무를 포함하지 않는다는 점에서 일반정부의 채무와 구별된다.

## 3) 일반정부 부채(D2)

일반정부 부채는 정부단위 외에 비영리공공기관을 포함한다. 「국가재정법」상의 채무 항목 외에 재무제표상의 부채 항목이 포함된다는 점에서 국제기준에 부합하는 부채 개념이다. 국가 간의 재정건전성을 비교하는 재정지표로 활용되고 있다.

## 4) 공공부문 부채(D3)

일반정부 부채(D2)에 비금융공기업 부채를 포함한 개념이다. 공공부문의 재정위험을 관리하는 지표로 활용되고 있다. 그러나 공공부문 부채(D3)의 경우에는 공공부문에 속하는 금융공기업을 제외하고 있다.

✚ 그림 5-14 국가채무와 부채의 유형

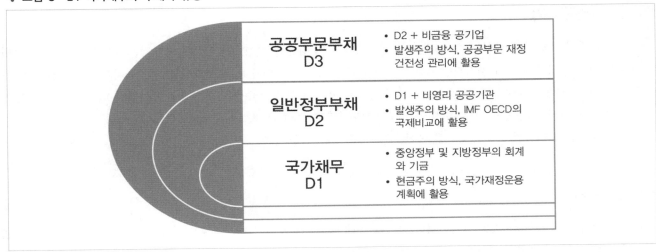

## 제4절  재정성과관리

### ❶ 지방재정관리제도

지방자치단체의 재정관리를 위한 사전예산제도로 지방재정계획과 지방재정 투융자심사제도가 있다. 1988년에 중기지방재정계획이 도입되었다. 중기지방재정계획은 「지방재정법」에 근거한 사전예산제도로, 지방재정 건전화와 효율화를 추구한다.

지방자치단체의 장은 지방재정을 계획성 있게 운용하기 위하여 매년 다음 회계연도부터 5회계연도 이상의 기간에 대한 중기지방재정계획을 수립하여 예산안과 함께 지방의회에 제출하고, 회계연도 개시 30일 전까지 행정안전부장관에게 제출하여야 한다.

지방재정법에서 중기재정계획과 투융자심사제도에 대한 법적 근거를 마련하였고, 지방예산 편성과 직접적으로 연계시켜 투자심사를 받지 않은 사업은 중기재정계획에 포함되지 못하며 계획에 반영되지 않은 사업은 차기연도 예산편성에 반영되지 못한다.

### ❷ 총사업비관리제도

총사업비관리제도는 1994년부터 도입되었다. 각 중앙관서의 장은 완성에 2년 이상이 소요되는 사업[35]으로서 총사업비가 500억 원 이상이고 국가의 재정지원 규모가 300억 원 이상인 토목사업 및 정보화사업, 총사업비가 200억 원 이상인 건축사업, 총사업비가 200억 원 이상인 연구시설 및 연구단지 조성 등 연구기반구축 R & D사업에 대하여는 그 사업규모, 총사업비 및 사업기간 등을 정하여 미리 기획재정부장관과 협의하도록 하는 제도이다.

관리대상사업은 원칙적으로 프로그램 예산구조체계의 '세부사업'을 기준으로 편성한다.

### ❸ 예산성과금제도

예산성과금제도는 예산지출을 절약하거나 조세를 통해 국고수입을 증대시킨 경우, 그 성과의 일부를 기여자에게 인센티브로 지급하는 제도이다. 예산제도 개선 등으로 절약된 예산 일부를 예산성과금으로 지급할 수 있으며, 다른 사업에 사용할 수도 있다. 우리나라에는 1998년에 도입되었다.

각 중앙관서의 장은 예산의 집행방법 또는 제도의 개선 등으로 인하여 수입이 증대되거나 지출이 절약된 때에는 이에 기여한 자에게 성과금을 지급할 수 있으며, 절약된 예산을 다른 사업에 사용할 수 있다. 각 중앙관서의 장은 성과금을 지급하거나 절약된 예산을 다른 사업에 사용하고자 하는 때에는 직권으로 할 수 없고, 예산성과금심사위원회의 심사를 거쳐야 한다.

---

35 「국가재정법 시행령」에 의하면, 총사업비관리대상에서 제외되는 사업은 국고에서 정액으로 지원하는 사업으로서 사업추진 과정에서 국가의 재정지원 규모가 증가하지 아니하는 사업, 국고에서 융자로 지원하는 사업, 「사회기반시설에 대한 민간투자법」에 따른 민간투자사업, 도로 유지·보수, 노후 상수도 개량 등 기존 시설의 효용 증진을 위한 단순 개량 및 유지·보수 사업, 시설 또는 장비의 구축을 포함하지 아니하는 연구개발사업 등이다.

각 중앙관서의 장은 예산낭비신고센터를 설치·운영하여야 한다. 예산낭비신고, 예산절감과 관련된 제안을 받은 중앙관서의 장 또는 기금관리주체는 그 처리결과를 신고 또는 제안을 한 자에게 통지하여야 한다. 예산낭비를 신고하거나 예산낭비 방지방안을 제안한 일반 국민도 성과금을 받을 수 있다.

## ❹ 예비타당성조사제도

### 1) 의 의

예비타당성조사 (preliminary feasibility study) 제도는 기존에 유지된 타당성조사 (feasibility study) 의 문제점을 보완하기 위해 1999년에 도입하여, 2000년 예산편성 때부터 적용하고 있는 제도이다. 대형 신규사업에서 발생할 수 있는 예산낭비를 방지하고 재정운용의 효율성을 제고하기 위해 도입되었다.

예비타당성조사제도는 대규모 개발사업에 대하여 개략적인 사전조사를 통하여 경제성, 투자 우선순위, 적정 투자시기, 재원 조달방법, 타부문과의 연계성 등 타당성을 사전에 검증함으로써 대형 신규사업의 신중한 착수와 재정투자의 효율성을 높이기 위한 제도이다.

### 2) 예비타당성조사 대상사업

예비타당성조사는 총사업비가 500억 원 이상이면서 국가재정지원이 300억 원 이상인 신규사업 중에 일정한 절차를 거쳐 실시한다. 예비타당성조사는 대규모 건설사업, 정보화사업, 연구개발사업 외에도 교육·보건·환경 분야 등에도 적용되고 있다.[36] 기획재정부장관은 예비타당성조사를 실시하고 중앙행정기관의 장과 그 결과를 협의해야 한다.

### 3) 예비타당성조사의 분석 체계

경제적 타당성뿐만 아니라 정책적 타당성도 분석의 대상이 된다. 기획재정부장관은 예비타당성조사를 실시하기로 결정한 경우에는 조사 대상사업의 경제성 및 정책적 필요성 등을 종합적으로 검토하여 그 타당성 여부를 판단한다.

첫째, 경제성 분석은 해당 공공사업의 경제적 타당성을 점검하는 것이다. 비용편익 분석, 민감도 분석 (sensitivity analysis),[37] 재무성 분석, 수요의 추정, 편익의 추정 등이 포함된다.

둘째, 정책적 분석은 해당 공공사업의 현실적인 실행가능성 (feasibility) 을 점검한다. 해당 공공사업이 다른 정책과 일관성·연계성이 있는지 여부, 해당 사업 시행에 관련된 사회적·정치적·자연적·공학적 요인들 및 사업추진상의 위험요인 등이 분석 대상이다. 상위계획과의 일치성, 환경성 평가, 안전성 평가, 재원조달 위험성, 사업추진상의 위험요인, 일자리 효과, 생활여건 영향 등이 포함된다.

---

**36** 「국가재정법」에 의하면 예비타당성조사 대상에서 제외되는 것은 공공청사, 교정시설, 초·중등 교육시설의 신·증축 사업, 문화재 복원사업, 국가안보와 관계되거나 보안이 필요한 국방 관련 사업, 남북교류협력과 관계되거나 국가 간 협약·조약에 따라 추진하는 사업, 도로 유지보수, 노후 상수도 개량 등 기존 시설의 효용 증진을 위한 단순개량 및 유지보수사업, 「재난 및 안전관리기본법」에 따른 재난복구 지원, 시설 안전성 확보, 보건·식품안전 문제 등으로 시급한 추진이 필요한 사업, 재난예방을 위하여 시급한 추진이 필요한 사업으로서 국회 소관 상임위원회의 동의를 받은 사업, 법령에 따라 추진하여야 하는 사업, 출연·보조기관의 인건비 및 경상비 지원, 융자 사업 등과 같이 예비타당성조사의 실익이 없는 사업, 지역 균형발전, 긴급한 경제·사회적 상황 대응 등을 위하여 국가 정책적으로 추진이 필요한 사업 등이다.

**37** 민감도 분석 (sensitivity analysis) 은 비용편익의 측정과정에서 전제했던 다양한 불확실성 요인과 관련된 변수의 변화가 생긴 경우에, 그 변수의 변화에 따른 사업의 경제성 변화의 정도를 파악하기 위한 것이다.

셋째, 지역균형발전 분석의 경우는 지역낙후도, 지역경제 파급효과 등이 해당된다.

넷째, 종합평가의 단계에서는 전문 연구가집단이 참여하여 종합적 판단을 내리며, 이때 주로 활용되는 것이 계층화분석법이다.

계층화분석법(AHP: Analytic Hierarchy Process)은 대안과 평가기준이 다수이고, 개별 평가기준별로 서로 다른 선호도를 가진 대안들을 체계적으로 평가하기 위해 개발된 의사결정기법이다.[38]

「예비타당성운용지침」에 따르면 경제성과 정책성 및 기술성 등의 평가항목별 가중치를 미리 제시하고 있는데, 수도권은 경제성 평가의 비중이 높지만 비수도권은 정책성과 지역균형발전의 평가 비중이 높다.[39]

✚ 그림 5-15 예비타당성조사의 분석 체계

| 종합평가(AHP) | | |
|---|---|---|
| 경제성 분석 | 정책성 분석 | 지역균형발전 |
| 민감도 분석<br>비용편익 분석<br>재무성 분석<br>수요의 추정<br>편익의 추정 | 환경성 평가<br>안전성 평가<br>재원조달 위험성<br>일자리 효과<br>생활여건 영향 | 지역낙후도<br>지역경제파급효과 |

## 4) 예비타당성조사와 타당성조사의 비교

첫째, 조사 주체는 예비타당성조사는 예산당국에서 담당하지만, 타당성조사는 사업 주무부처에서 담당한다.

둘째, 조사의 특징은 예비타당성조사는 투자우선순위 결정을 중시하지만, 타당성조사는 본격적인 사업착수 여부를 중시한다.

셋째, 경제성 분석은 예비타당성조사가 개략적 조사를 시행한다면, 타당성조사는 실제 사업착수를 위해 좀 더 정밀하고 세부적인 조사를 한다.

넷째, 예비타당성조사와 달리 타당성조사에서 정책분석은 검토 대상이 아니다.

다섯째, 기술성 분석은 예비타당성조사에서는 원칙적으로 검토 대상이 아니고, 전문가 자문 등으로 대체한다. 다만 정보화사업의 경우 예비타당성조사에서도 기술성 분석을 포함한다. 반면에 타당성조사에서 기술성 분석은 토질조사, 공법분석 등 다각적인 분석이 시행된다.

여섯째, 예비타당성조사는 타당성조사에 비해 조사기간이 단기적이다.

---

[38] 일반적으로 AHP $\geqq$ 0.5이면 사업시행이 바람직하다.

[39] 2019년 5월 1일부터 시행되는 개편 내용을 보면 수도권은 경제성 평가가 60~70%, 정책성 평가는 30~40%이다. 비수도권은 경제성 평가는 30~45%, 정책성 평가는 25~40%, 지역균형발전 평가는 30~40%이다.

✚ 표 5-12 예비타당성조사와 타당성조사

| | 예비타당성조사 | 타당성조사 |
|---|---|---|
| 조사 주체 | 기획재정부 (중앙예산기관) | 국토교통부 등 사업 주무부처 |
| 조사의 초점 | 투자우선순위 결정을 중시 | 본격적인 사업착수 여부를 중시 |
| 경제성 분석 | 개략적 수준에서 조사 | 정밀하고 세부적인 수준에서 조사 |
| 정책 분석 | 중시함 | 검토 대상이 아님 |
| 기술성 분석 | 원칙적으로 검토 대상이 아님 | 토질조사, 공법 등 다각적인 기술성 분석 |
| 조사 기간 | 상대적으로 단기적 | 상대적으로 중·장기적 |

## ❺ 재정사업 성과관리제도

### 1) 의 의

재정사업 성과관리제도는 재정성과 목표관리제도, 재정사업 자율평가제도, 재정사업 심층평가제도의 세 가지 형태로 운영되고 있다.

### 2) 재정성과 목표관리제도

재정성과 목표관리제도 (performance monitoring) 는 2003년에 도입된 제도로, 기관별 성과계획서 및 성과보고서를 통해 설정된 성과 목표의 달성 여부를 모니터링한다. 성과계획서는 매 회계연도 개시 120일 전 (9월 3일)까지 다음 연도 예산안 첨부서류로 국회에 제출한다. 성과보고서는 매년 5월 31일까지 국가결산보고서 서류로 국회에 제출한다.

### 3) 재정사업 자율평가제도

재정사업 자율평가제도 (program review) 는 미국의 PART (Program Assessment Rating Tool) 제도를 원용해 2005년에 도입된 제도이다. 사업 수행부처가 자체적으로 정한 10개의 평가지표에 근거하여 매년 소관 재정사업 모두를 평가하는 것이 아니라, '예산, 기금이 투입되는 재정사업의 1/3 (3년 주기로 평가)에 해당하는 사업'이 대상이다.

### 4) 재정사업 심층평가제도

재정사업 심층평가제도 (program evaluation) 는 2006년에 도입된 제도로, 부처 간 유사·중복 사업 또는 비효율적인 사업 추진으로 예산낭비의 소지가 있는 사업에 대해서는 재정사업 심층평가를 실시할 수 있다.[40] 재정사업 자율평가 결과 추가적인 검토가 필요하다고 판단되는 사업에 대해 계량분석기법 등을 활용하여 심층적으로 분석·평가하는 제도이다. 심층평가는 자율평가와 다음과 같은 점에서 차이가 있다. 첫째, 자율평가의 주체는 중앙관서의 장 또는 기금관리 주체이나, 심층평가의 주체는 기획재정부장관이다. 둘째, 자율평가는 매년 전체 성과목표 중 1/3에 해당하는 관리과제를 대상으로 하여 그 범위가 포괄적이나, 심층평가의 범위는 자율평가 결과 추가평가가 필요하다고 판단되는 사업으로 제한된다.

---

[40] 재정사업 심층평가는 2009년까지는 개별 사업을 대상으로 했으나, 2010년부터는 사업군으로 대상을 변경하여 실시하고 있다.

셋째, 자율평가는 정형화된 일련의 질문으로 구성된 체크리스트를 통해 점검이 이루어지나, 심층평가는 계량분석 등 과학적 기법을 활용하여 추진내용과 성과의 인과관계를 분석한다.

**＋ 그림 5-16 재정성과관리제도**

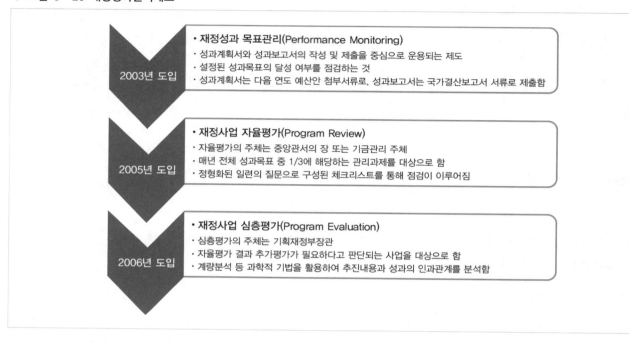

**2003년 도입**
- **재정성과 목표관리(Performance Monitoring)**
- 성과계획서와 성과보고서의 작성 및 제출을 중심으로 운용되는 제도
- 설정된 성과목표의 달성 여부를 점검하는 것
- 성과계획서는 다음 연도 예산안 첨부서류로, 성과보고서는 국가결산보고서 서류로 제출함

**2005년 도입**
- **재정사업 자율평가(Program Review)**
- 자율평가의 주체는 중앙관서의 장 또는 기금관리 주체
- 매년 전체 성과목표 중 1/3에 해당하는 관리과제를 대상으로 함
- 정형화된 일련의 질문으로 구성된 체크리스트를 통해 점검이 이루어짐

**2006년 도입**
- **재정사업 심층평가(Program Evaluation)**
- 심층평가의 주체는 기획재정부장관
- 자율평가 결과 추가평가가 필요하다고 판단되는 사업을 대상으로 함
- 계량분석 등 과학적 기법을 활용하여 추진내용과 성과의 인과관계를 분석함

## ❻ 디지털 예산회계시스템

디지털 예산회계시스템(dBrain System)은 예산의 편성·집행·결산·성과관리의 정부 재정활동 과정에서 생성된 정보를 종합 관리하는 정보시스템이다. 성과중심형 예산시스템으로, 발생주의·복식부기 회계제도를 기반으로 한 과학적 예산관리제도이다. 우리나라는 2007년에 예산회계시스템을 구축했다.[41]

국가재정운용계획 수립, 예산총액배분 자율편성제도, 성과관리 예산제도와 같은 재정혁신을 지원하기 위해 프로그램 예산체계 기반으로 구축되었다. 자금과 자산·부채를 연계 관리하고 재무정보를 정확히 산출할 수 있게 복식부기·발생주의 회계주의와도 연계되어 있다.

---

[41] 지방은 2008년에 e-호조 시스템을 도입했다.

# CHAPTER

# 35 정부회계와 조달행정

---

## 제1절　정부회계

### ❶ 정부회계의 특징

정부회계는 영리성보다 합법성을 더욱 중요시한다. 정부회계는 이윤극대화라는 단일목표를 추구하는 기업회계에 비해 다양한 목표를 추구한다. 정부기업회계는 기업회계의 특성을 갖기 때문에 기업회계의 원칙에 입각한다.

정부회계는 기업회계에 비해서 예산의 준수를 강조한다. 정부회계는 합법성 원칙에 근거하여, 기업회계에 비해서 신축성·자율성보다 예산의 준수를 강조한다.

기장방식에 의한 구분으로는 단식부기와 복식부기가 있다. 인식기준에 의한 구분으로는 현금주의와 발생주의가 있다.

### ❷ 단식부기

#### 1) 의 의

단식부기 (single - entry bookkeeping) 는 현금의 수지 (收支) 와 같이 단일 항목의 증감을 중심으로 기장 (記帳) 하는 방식이다. 현금의 증감 발생 시에 회계처리를 하는 현금주의에서 주로 채택한다.

#### 2) 단식부기의 특징

거래의 영향을 단 한 가지 측면에서 수입과 지출로만 파악해 기록하는 점이 특징이다. 그러나 단식부기에서는 총괄적이고 체계적인 현황 파악이 곤란하다. 단식부기에서는 상당액의 부채가 존재해도 세입·세출 결산서상 재정이 건전한 상태인 것처럼 보일 수 있다.

### ❸ 복식부기

#### 1) 의 의

복식부기 (double - entry bookkeeping) 는 하나의 거래를 대차평균의 원리에 따라 차변 (왼쪽) 과 대변 (오른쪽) 에 이중 기장 (記帳) 하는 방식이다. 복식부기는 자산, 부채, 자본을 인식해 거래의 이중성에 따라 차변과 대변에 계상하고, 그 결과 차변의 합계와 대변의 합계의 일치 여부로 자기검증 기능을 갖는다. 복식부기는 발생주의뿐만 아니라 현금주의에서도 사용할 수 있다.

복식부기·발생주의회계를 지방정부는 2007년에 도입했고, 「국가회계법」에 2009년 1월 1일부터 정부부문에 발생주의·복식부기 회계제도를 도입하도록 규정했으며, 중앙정부는 2009년부터 시범 운영한 후 2011년에 공식적으로 채택했다. 우리나라는 「국가회계법」에 근거하여 국가의 재정활동에서 발생하는 경제적 거래 등은 발생사실에 따라 복식부기방식으로 회계처리하여야 한다. 현행 법령상 지방자치단체의 장은 발생주의와 복식부기를 기초로 하여 재무보고서를 작성하여야 한다.

## 2) 복식부기의 요소

정부회계를 복식부기의 원리에 따라 기록할 경우 부채의 감소는 차변에 위치하고, 자산의 감소는 대변에 위치한다. 정부가 채권을 발행하게 되면, 자산의 증가를 차변에 기록하고 동시에 부채의 증가를 대변에 기록해야 한다. 수익의 발생은 대변에, 수익의 소멸은 차변에 기록되며 비용의 발생은 차변에, 비용의 소멸은 대변에 기록된다.

✚ 그림 5-17 복식부기 요소

| 차변 요소 | 대변 요소 |
|---|---|
| ☐ 자산의 증가 | ☐ 자산의 감소 |
| ☐ 부채의 감소 | ☐ 부채의 증가 |
| ☐ 자본의 감소 | ☐ 자본의 증가 |
| ☐ 수익의 소멸 | ☐ 수익의 발생 |
| ☐ 비용의 발생 | ☐ 비용의 소멸 |

## 3) 복식부기의 장점

복식부기에서는 계정 과목 간에 유기적 관련성이 있기 때문에 상호 검증(cross check)을 통한 부정이나 오류의 발견이 쉽다. 복식부기의 세부 개별 데이터는 실무부서에 존재하고, 총량 데이터(gross data)는 회계부서에서 집계하며 상호 검증(相互檢證)이 가능하다.

복식부기는 자동이월(rolling-over) 기능이 있어서 매일매일의 재정 상태를 즉시 알 수 있기 때문에 정보의 적시성(適時性)이 확보되고, 당기 발생액이 누적되면 자동적으로 기말 금액을 산출해준다. 또한 복식부기는 별도의 작업이 없이 항상 최근의 총량 데이터를 확보할 수 있어 정책결정자에게 적시(適時)에 유용한 정보를 제공할 수 있다.

복식부기를 도입하면 성과주의예산, 성과감사 등 비용과 성과 개념에 입각한 성과 중심의 정부개혁이 가능하다. 원가 개념을 제고하고 성과측정 능력을 향상시킬 수 있다.

## 4) 복식부기의 단점

회수 불가능한 부실채권(不實債權)이나 지불이 불필요한 채무도 모두 계상(計上)하므로 이들을 쉽게 구별해낼 수 없어서 재무정보의 왜곡(歪曲) 현상이 발생할 수 있다. 자산평가 및 감가상각에 있어서 회계공무원의 주관을 배제하기 어려우며 회계공무원의 자의적인 회계처리가 가능하다. 단식부기에 비해 회계처리비용이 많이 들고, 의회통제 회피를 위해 악용될 가능성이 높다.

## ❹ 현금주의

### 1) 의 의

현금주의(cash basis)는 현금을 수취하거나 지급한 시점에 거래를 인식하는 방식이다. 현금을 수취했을 때 수익으로 인식하고, 현금을 지불했을 때 비용으로 인식한다.

### 2) 현금주의의 특징

현금주의는 단식부기와 연계되는 것이 일반적인 유형이지만, 현금주의 기준에 의한 복식부기 제도의 유형도 가능하다. 현금주의 기준에 의한 복식부기 제도의 유형은 현금기준 재무상태 변동표, 금융기관 재무제표의 일부 등에서 운용될 수 있다.

현금주의는 외형상 수지균형의 건전성 확보가 용이하다. 현금으로 지불되지 않으면 부채로 표시되지 않으므로 교량, 박물관, 체육관 등 가시적 치적 쌓기에 관심이 있는 정치인들이 선호하는 회계제도이다.

### 3) 현금주의의 장점과 단점

현금주의 회계방식은 자의적인 회계처리가 불가능하여 통제가 용이하다. 현금주의는 기록의 보존과 관리가 간편하며 현금흐름 파악이 용이하다. 현금주의 회계는 회계관리가 간편하고, 이해 통제가 용이하며 운영경비를 절감할 수 있다. 그러나 경영 성과 등의 파악이 곤란한 단점이 있다.

## ❺ 발생주의

### 1) 의 의

발생주의(accrual basis)는 현금의 수불과는 관계없이 경제적 자원에 변동을 주는 사건이 발생된 시점에 거래를 인식하는 방식으로, 자산·부채·수익·비용을 측정한다. 복식부기는 발생주의 회계와 서로 밀접한 연계성을 갖는다. 단식부기에서는 자산, 부채, 자본을 별도로 인식하지 않기 때문에, 발생주의 회계기준을 도입하기 위해서는 복식부기 제도의 도입이 전제되어야 한다. 복식부기 제도의 도입이 선행되어야만 발생주의 회계를 도입할 수 있다.

### 2) 발생주의의 특징

정부회계의 발생주의는 정부의 수입을 납세고지 시점으로, 정부의 지출을 지출원인행위 시점 또는 채무부담시점으로 계산하는 방식을 의미한다. 발생주의에서는 출납폐쇄기한이 불필요하다.

발생주의에서 인정되는 계정과목에는 감가상각충당금, 대손충당금이 포함된다. 감가상각과 대손상각은 발생주의에서는 비용으로 인식된다. 현금주의에서는 인식되지 않는 미지급금, 부채성 충당금 등을 포함하여 부채를 정확하게 측정한다. 무상거래는 현금주의에서는 인식되지 않으며, 발생주의에서는 이중거래로 인식된다.

선급비용과 선급수익은 현금주의에서는 수익과 비용으로 인식하지만, 발생주의에서는 자산과 부채로 본다. 미지급 비용과 미수 수익은 현금주의에서는 인식되지 않지만, 발생주의에서는 부채나 자산으로 인식된다. 감가상각(減價償却)과 대손상각(貸損償却)은 현금주의에서는 인식되지 않지만, 발생주의에서는 비용으로 인식된다.

### 3) 발생주의의 장점과 단점

발생주의 회계방식은 산출에 대한 원가 산정이 가능하기 때문에 분권화된 조직의 자율과 책임을 구현할 수 있다. 행정의 성과평가에 필요한 재무정보를 획득하는 데 유리하다. 정부의 자산에 대한 평가와 재평가를 통해 자원을 효율적으로 사용할 수 있다.

발생주의 회계방식은 자산, 부채, 순자산과 수입, 비용 등에 대한 정보가 창출되기 때문에 공공부문의 경영성과를 파악하기가 현금주의보다 용이하다. 미래의 현금지출에 대한 정보나 자산·부채의 정확한 파악으로 실질적인 재정건전성 평가에 유용하다. 발생주의의 경우 경영성과 등의 파악이 용이하므로 사업예산제도를 충실히 이행하는 데 긴요한 제도이다.

발생주의 회계에서는 자기검정 기능으로 회계오류를 방지할 수 있다. 회계의 자기검증 기능으로 부정과 비리에 대한 통제 가능성을 높여준다. 발생주의 회계는 기간별 손익계산과 기관별 성과의 비교가 가능하다는 장점이 있다.

그러나 자산평가나 감가상각 시 주관적이고 자의적인 회계처리가 우려되는 문제가 있다.

| | 현금주의 | 발생주의 |
|---|---|---|
| 거래 인식 시점 | 현금의 수취와 지불 시 | 수익과 비용의 발생시점 |
| 거래의 해석과 분류 | 현금의 수취와 지불 | 이원거래 (쌍방 흐름) |
| 부기와의 연계 | 단식부기와 연계 | 복식부기가 전제조건임 |
| 선급비용, 선급수익 | • 선급비용은 수익으로 인식<br>• 선급수익은 비용으로 인식 | • 선급비용은 자산으로 인식<br>• 선급수익은 부채로 인식 |
| 상환이자 지급액 | 지급 시에 비용으로 인식 | 기간별로 인식 |
| 미지급 비용, 미수 수익 | 인식이 안 됨 | • 미지급 비용은 부채로 인식<br>• 미수 수익은 자산으로 인식 |
| 감가상각, 대손상각,<br>제품보증비, 퇴직급여충당금 | 인식이 안 됨 | 비용으로 인식 |
| 무상거래 | 인식이 안 됨 | 이중거래로 인식 |
| 정보 활용원 | 개별자료 우선 | 통합자료 우선 |
| 추가 정보 요구 | 별도의 작업이 필요함 | 기본 시스템에 존재함 |
| 주된 적용 사례 | 가계부, 비영리 공공부문 | 기업, 일부 비영리부문 |

### ❻ 수정현금주의

수정현금주의는 순수현금주의와 달리 현금기준의 조건을 완화시킨 것이다. 수정현금기준은 회계기간이 끝나도 며칠 동안의 유예기간을 두어, 미처 마치지 못한 지출 혹은 수입에 대해 유예기간에 지출 또는 수납을 허용하는 것이다. 우리나라는 출납정리기간을 두고 있는데, 이는 수정현금주의가 적용되고 있다고 볼 수 있다.

### ❼ 수정발생주의

수정발생주의는 부실채권 등 재무정보상 왜곡을 방지하기 위하여 자산이나 부채가 재무자원 (財務資源) 또는 유동자원 (流動資源) 화되었을 때 회계계리를 하는 방식이다. 수입은 측정 및 징수가 가능할 때 수입으로 인식하고, 지출은 채무가 확정되어 빠른 시일 내에 지불할 수 있을 때 비용으로 인식하는 방식이다.

수정발생주의 회계는 수입은 현금주의적으로, 지출은 발생주의적으로 기록·보고하는 방식이지만 일반적으로 발생주의와 동일하게 현금의 유입·유출에 관계 없이 그 거래가 발생한 시점에서 인식하고, 적용대상을 재무자원으로 한정하는 방식이다.

## 제2절　재무제표

### ❶ 국가재무제표

#### 1) 의 의

우리나라의 정부회계제도는 「국가회계법」과 「지방회계법」에 의해 복식부기·발생주의를 기본으로 한다.[42] 국가의 회계 처리는 복식부기·발생주의 방식으로 한다. 재무제표는 국가결산보고서(세입세출결산, 재무제표, 성과보고서 등이 포함됨)에 포함되어 국회에 제출하도록 하고 있다.

국가의 경우 각 중앙관서의 장이 중앙관서별 통합재무제표를 작성하고, 이를 통합해 기획재정부장관이 국가통합재무제표를 작성한다. 지방자치단체의 경우는 각 지방자치단체별로 각 회계 및 기금을 통합해 재무제표를 작성한다.

#### 2) 국가재무제표의 구성요소

「국가회계법」에 따르면 재무제표는 재정상태표, 재정운영표, 순자산변동표로 구성된다. 「국가회계기준에 관한 규칙」에 의하면 재무제표는 재정상태표, 재정운영표, 순자산변동표로 구성하되, 재무제표에 대한 주석을 포함한다. 재무제표의 부속서류는 필수보충정보와 부속명세서로 한다.

재정상태표는 특정 시점에서의 재무상태를 나타내는 저량(stock)의 개념이고, 재정운영표는 회계연도 또는 일정 기간 동안 재정운영의 성과를 나타내는 유량(flow)의 개념이다.

「지방자치단체 회계기준에 관한 규칙」에 따르면 재무제표는 지방자치단체의 재정상황을 표시하는 중요한 요소로서 재정상태표, 재정운영표, 현금흐름표, 순자산변동표, 주석(註釋)으로 구성된다. 재무제표의 부속서류는 필수보충정보와 부속명세서로 한다.

> ■ **TIP** 국가와 지방의 재무제표 차이
> 현금흐름표의 경우 중앙정부 재무제표에서는 제외되고, 지방정부에서만 사용하고 있다. 현금흐름보고서는 정부의 일정 기간 동안 현금의 유입과 유출을 표시한다.

### ❷ 재정상태표

#### 1) 의 의

재정상태표(statement of financial position)는 일정 시점의 자산과 부채 및 순자산 현황을 나타낸 것이다. 국가회계기준은 재정상태표를 "재정상태표일 현재의 자산과 부채의 명세 및 상호관계 등 재정상태를 나타내는 재무제표"라고 정의내리고 있다.

---

[42] 복식부기·발생주의 회계제도는 지방은 2007년에 도입했고, 중앙정부는 제도 자체는 2009년에 도입했으나 2011년부터 공식적으로 채택했다.

## 2) 재정상태표의 구조

재정상태표에서는 자산 총계에서 부채 총계를 차감한 잔액을 순자산 (net asset) 으로 표시한다.[43] 재정상태표는 실질적인 공공서비스의 공급능력을 보여주는 데 목적이 있다.

## 3) 재정상태표의 양식

재정상태표의 서식은 계정식과 보고식이 있다. 계정식 (account form) 은 차변에 자산, 대변에 부채와 순자산을 배열하는 방식이다. 보고식 (report form) 은 자산, 부채, 순자산 (자산합계 - 부채합계) 의 순서로 표시하는 방법이다. 정부회계는 보고식 형식을 채택하고 있다.

재정상태표의 배열은 유동성 배열법을 채택하고 있다. 유동성이란 현금으로 전환되기 쉬운 정도를 뜻한다. 유동성 배열법은 자산과 부채를 유동성이 높은 항목부터 고정 항목의 순서로 배열하는 방식이다. 자산, 부채 및 순자산은 총액으로 표시한다. 이 경우 자산 항목과 부채 또는 순자산 항목을 상계함으로써 그 전부 또는 일부를 재정상태표에서 제외하면 안 된다.

## ❸ 재정운영표

### 1) 의 의

재정운영표 (statement of financial operations) 는 「국가회계기준」에 의하면, "회계연도 동안 수행한 정책 또는 사업의 원가와 재정운영에 따른 원가의 회수명세 등을 포함한 재정운영 결과를 나타내는 재무제표"라고 정의내리고 있다.

재정운영표의 목적은 정부운영에 대한 이익과 손실의 산정이 아니라, 수익과 비용의 내역을 일정 기준에 따라 체계적으로 보여주는 것이다. 따라서 재정운영표에 나타난 재정운영의 결과인 수익과 비용의 차액을 정부의 운영성과로 단정하는 것은 바람직하지 않다. 정부회계는 민간기업과 달리 비용과 수익의 대응원칙이 엄격히 적용되기 어렵기 때문이다.

### 2) 재정운영표의 구조

재정운영결과 (net results of operations) 는 수익과 비용의 차액이다. 재정운영표의 작성기준은 중앙정부와 지방정부가 사실상 동일하고, 재정운영표의 모든 수익과 비용은 발생주의 원칙에 따라 거래나 사실이 발생한 기간에 표시한다.

수익 (revenues) 은 국가의 재정활동과 관련하여 재화 또는 용역을 제공한 대가로 발생 (교환수익) 하거나, 직접적인 반대급부 없이 법령에 따라 납부의무가 발생한 금품의 수납 또는 자발적인 기부금 수령 등에 따라 발생 (비교환수익) 하는 순자산의 증가를 말한다. 수익의 인식기준의 경우, 교환수익은 수익창출 활동이 끝나고 그 금액을 합리적으로 측정할 수 있을 때에 인식한다. 비교환수익은 해당 수익에 대한 청구권이 발생하고 그 금액을 합리적으로 측정할 수 있을 때에 인식한다. 비용 (expenses) 은 국가의 재정활동과 관련하여 재화 또는 용역을 제공하여 발생하거나, 직접적인 반대급부 없이 발생하는 자원 유출이나 사용 등에 따른 순자산의 감소를 말한다.

---

43 하나의 사례를 들어보면, 복식부기제도하에서 정부보유 현금자산이 200조, 고정자산이 300조, 유동부채가 100조, 재정수익이 300조, 비용이 200조라면, 회계기간 중 특정 시점의 재정상태를 나타내는 보고서상에 순자산으로 보고될 액수는 400조이다. 재정상태표는 자산, 부채 및 순자산으로 구성되며 자산에서 부채를 뺀 금액을 순자산으로 표시한다. 따라서 사례에서 순자산은 (정부보유 현금자산 200조 + 고정자산 300조) - (유동부채 100조) = 400조이다. 재정수익 300조와 비용 200조는 재정운영표 작성 시 사용되는 항목이다.

비용의 인식기준은 재화나 용역의 제공 등 국가재정활동 수행을 위하여 자산이 감소하고, 그 금액을 합리적으로 측정할 수 있을 때 또는 법령 등에 따라 지출에 대한 의무가 존재하고, 그 금액을 합리적으로 측정할 수 있을 때에 비용으로 인식한다. 또한 과거에 자산으로 인식한 자산의 미래 경제적 편익이 감소 또는 소멸하거나 자원의 지출 없이 부채가 발생 또는 증가한 것이 명백한 때에 비용으로 인식한다.

### 3) 재정운영표의 양식

중앙관서 또는 기금의 재정운영표는 프로그램 순원가, 재정운영 순원가, 재정운영 결과로 구분하여 표시한다. 국가의 재정운영표는 중앙관서 또는 기금의 재정운영표를 통합해 작성하되 내부거래를 제거한다. 국가재정운영표는 재정운영 순원가, 비교환수익 등, 재정운영 결과로 구분해 표시한다. 재정운영 순원가는 각 중앙관서별로 구분해 표시한다. 재정운영 결과는 재정운영 순원가에서 비교환수익 등을 빼서 표시한다.

## ❹ 순자산변동표

### 1) 의 의

순자산 (net assets) 변동표는 회계연도기간 동안 순자산의 증감 내역을 보여 주는 재무제표로, 재정운영에 따른 재정운영 결과 및 기타 순자산의 변동을 포함한다. 순자산[44]은 자산에서 부채를 차감한 잔여액 개념으로 사용한다.

$$순자산 = 자산 - 부채$$

자산 (assets) 은 과거의 거래나 사건의 결과로 현재 국가회계실체가 소유 (실질적으로 소유하는 경우를 포함한다) 또는 통제하고 있는 자원으로서, 미래에 공공서비스를 제공할 수 있거나 직접 또는 간접적으로 경제적 편익을 창출하거나 창출에 기여할 것으로 기대되는 자원을 말한다. 자산은 유동자산, 투자자산, 일반유형자산, 사회기반시설, 무형자산 및 기타 비유동자산으로 구분하여 재정상태표에 표시한다. 자산은 공용 (公用) 또는 공공용 (公共用) 으로 사용되는 등 공공서비스를 제공할 수 있거나 직접적 또는 간접적으로 경제적 편익을 창출하거나 창출에 기여할 가능성이 매우 높고, 그 가액을 신뢰성 있게 측정할 수 있을 때에 인식한다.[45]

부채 (liabilities) 는 과거의 거래나 사건의 결과로 국가회계실체가 부담하는 의무로서, 그 이행을 위하여 미래에 자원의 유출 또는 사용이 예상되는 현재의 의무를 말한다. 부채는 유동부채, 장기차입부채, 장기충당부채 및 기타 비유동부채로 구분하여 재정상태표에 표시한다. 부채는 국가회계실체가 부담하는 현재의 의무 중 향후 그 이행을 위하여 지출이 발생할 가능성이 매우 높고, 그 금액을 신뢰성 있게 측정할 수 있을 때 인식한다.[46]

---

[44] 순자산 (net assets) 은 자산에서 부채를 뺀 금액을 말하며 기본 순자산, 적립금 및 잉여금, 순자산조정으로 구분한다. 기본 순자산은 순자산에서 적립금 및 잉여금과 순자산조정을 뺀 금액으로 표시한다. 적립금 및 잉여금은 임의적립금, 전기이월결손금·잉여금, 재정운영 결과 등을 표시한다. 순자산조정은 투자증권 평가손익, 파생상품 평가손익 및 기타 순자산의 증감 등을 표시한다.

[45] 국가안보와 관련된 자산은 기획재정부장관과 협의하여 자산으로 인식하지 아니할 수 있다. 이 경우 해당 중앙관서의 장은 해당 자산의 종류, 취득시기 및 관리현황 등을 별도의 장부에 기록하여야 한다.

[46] 국가안보와 관련된 부채는 기획재정부장관과 협의하여 부채로 인식하지 아니할 수 있다. 이 경우 해당 중앙관서의 장은 해당 부채의 종류, 취득시

## 2) 순자산변동표의 양식

중앙관서 또는 기금의 순자산변동표는 기초 순자산, 재정운영 결과, 재원의 조달 및 이전, 조정 항목, 기말 순자산으로 구분하여 표시한다.

조정항목은 납입자본의 증감, 투자증권 평가손익, 파생상품 평가손익 및 기타 순자산의 증감 등을 포함한다.

## ❺ 필수보충정보, 부속명세서, 주석

### 1) 필수보충정보

필수보충정보는 재무제표에는 표시하지 않았지만, 재무제표를 보완하고 이해를 돕기 위해 필수적으로 제공되어야 하는 정보이다. 유산자산의 종류와 수량 및 관리상태, 연금보고서, 보험보고서, 사회보험보고서, 국세징수활동표, 총잉여금과 재정운영 결과조정표, 수익과 비용 성질별 재정운영표, 기타 재무제표에는 반영되지 않았으나 중요하다고 판단되는 정보다.[47]

### 2) 부속명세서

부속명세서는 재무제표에 표시된 회계과목에 대한 세부 명세를 명시할 필요가 있을 때에 추가적인 정보제공을 위한 것이다.

### 3) 주 석

주석은 정보 이용자에게 충분한 회계정보를 제공하기 위해 채택한 중요한 회계정책과 재무제표에 중대한 영향을 미치는 사항을 설명한 것이다.

## ❻ 디지털예산회계시스템

디지털예산회계시스템(dBrain System)은 성과중심형 예산시스템으로, 발생주의·복식부기 회계제도를 기반으로 한 과학적 예산관리제도이다. 예산편성, 집행, 결산, 사업관리 등 재정업무 전반을 종합적으로 연계 처리하도록 하는 통합재정정보시스템이다.

노무현 정부 당시 재정개혁의 일환으로 구축이 추진되었다. 디지털예산회계기획단의 4대 개혁추진 과제는 재정범위 재설정, 프로그램 예산제도 도입(중앙정부 2007년, 지방정부 2008년), 복식부기 및 발생주의제도 도입(지방정부 2007년, 중앙정부 2009년), 통합재정정보시스템 구축(중앙정부 2007년, 지방정부 2008년) 등이다. UN 공공행정상을 수상하는 등 국제적으로 호평을 받고 있다.

---

기 및 관리현황 등을 별도의 장부에 기록하여야 한다.

**47** 현재 세대와 미래 세대를 위하여 정부가 영구히 보존하여야 할 자산으로서 역사적, 자연적, 문화적, 교육적 및 예술적으로 중요한 가치를 갖는 자산(유산자산)은 자산으로 인식하지 아니하고 그 종류와 현황 등을 필수보충정보로 공시한다.

| 제3절 | 조달행정 |

### ❶ 집중조달과 분산조달의 의미

집중조달(구매)은 필요한 물품 및 서비스를 중앙조달기관에서 일괄적으로 조달해 수요기관에 공급해 주는 제도이다. 분산조달(구매)은 수요기관이 직접 조달하는 제도이다.

### ❷ 집중조달

#### 1) 장점

다량구매를 통한 규모의 경제에 의해서 비용이 절감된다. 부패나 부당거래 통제에 용이하고 재정적 통제체계를 향상시킬 수 있다. 조달 물품 및 절차의 표준화가 가능하다. 또한 장기적이고 종합적인 조달정책의 수립이 가능하고, 조달업무의 전문성을 확보할 수 있다. 집중구매에 의한 집중보관을 통해 긴급수요나 예상 외의 수요에 신속히 대처할 수 있다.

#### 2) 단점

구매를 전담하는 대규모 조직체인 중앙구매기관을 경유하여 구매해야 하므로 조달행정절차가 복잡하게 되어, 관료화 (red tape)와 행정비용이 증가한다. 수요자의 요구에 부응하여 적시에 물품을 공급하기 어렵다. 경쟁력이 없는 중소기업을 보호하기도 어려워진다. 또한 수요기관이 직접 조달하는 방식에 비해 책임소재가 불명확해서 책임회피 수단으로 악용되는 경향도 존재한다.

### ❸ 분산조달의 장점과 단점

구매조직의 관료화를 방지하고, 중소기업 보호 측면에서 유리하다. 집중조달의 장점은 분산조달의 단점이 되고, 집중조달의 단점은 분산조달의 장점이 된다.

### ❹ 집중조달과 분산조달의 선택

집중조달과 분산조달의 선택은 양자택일적 성격이 아니라 양자배합(兩者配合) 정도의 문제라고 볼 수 있다.
우리나라는 전체 조달시장에서 집중조달보다는 각 수요기관의 분산조달이 대부분을 차지한다. 조달행정의 최근의 추세는 조달의 의사결정은 분권화하되, 조달의 통일된 규정 및 절차의 마련과 조달에 대한 지속적인 평가는 중앙부서가 담당하고, 모든 부서에 동일하게 사용되는 물품의 조달은 중앙조달기관이 조달하는 방향으로 나아가고 있다.

생각 넓히기 _ 전자조달시스템

전자조달행정은 전자상거래(e-commerce) 방식이 도입된 조달행정이다. 우리 정부의 국가종합전자조달시스템(government e-procurement system)인 'e-나라장터'는 G2B(government to business)이다.

## ❶ 정부계약의 개요

### 1) 정부계약의 개념

정부계약은 지출원인행위로 국가기관이나 지방자치단체가 계약당사자가 되어 상대방인 사인과 계약을 체결하는 행위이다. 한편 국가나 지방자치단체의 계약법[48]을 준용하는 공공기관을 포함할 경우에는 공공계약이라고 한다.

### 2) 정부계약의 원칙

정부계약은 공권력의 주체로서가 아니라 사인과 대등한 위치에서 계약을 체결하고 이행해야 하므로, 민법상의 일반원칙인 서로 대등한 입장에서 당사자의 합의에 의한 계약체결의 원칙, 신의와 성실의 원칙, 사정변경의 원칙 및 권리남용금지의 원칙의 적용을 받으며 이에 관한 다툼은 민사소송의 대상이 된다.

### 3) 계약사무의 위임·위탁

국가 및 지방자치단체의 장은 그 소관에 속하는 사무 처리를 위해 재무관 또는 분임재무관, 대리재무관에게 계약에 관한 사무를 위임하여 처리할 수 있다.

## ❷ 정부계약의 종류

### 1) 회계연도 시작 전의 계약체결

각 중앙관서의 장 또는 계약담당공무원은 임차계약·운송계약·보관계약 등 그 성질상 중단할 수 없는 계약의 경우, 대통령령으로 정하는 바에 따라 「국고금 관리법」에도 불구하고 회계연도 시작 전에 해당 연도의 확정된 예산의 범위에서 미리 계약을 체결할 수 있다.

### 2) 계속비 및 장기계속계약

각 중앙관서의 장 또는 계약담당공무원은 「국가재정법」에 따른 계속비사업에 대하여는 총액과 연부액을 명백히 하여 계속비계약을 체결하여야 한다.

각 중앙관서의 장 또는 계약담당공무원은 임차, 운송, 보관, 전기·가스·수도의 공급, 그 밖에 그 성질상 수년간 계속하여 존속할 필요가 있거나 이행에 수년이 필요한 계약의 경우 대통령령으로 정하는 바에 따라 장기계속계약을 체결할 수 있다. 이 경우 각 회계연도 예산의 범위에서 해당 계약을 이행하게 하여야 한다.

### 3) 단가계약

각 중앙관서의 장 또는 계약담당공무원은 일정 기간 계속하여 제조, 수리, 가공, 매매, 공급, 사용 등의 계약을 할 필요가 있을 때에는 해당 연도 예산의 범위에서 단가(單價)에 대하여 계약을 체결할 수 있다.

---

48 국가를 당사자로 하는 계약에 관한 법률은 약칭으로 '국가계약법'이라고 하고, 지방자치단체를 당사자로 하는 법률은 약칭으로 '지방계약법'이라고 한다.

### 4) 개산계약

개산계약(cost reimbursement contracts)은 개산가격으로 계약을 체결하고 계약 이행 후에 계약금액을 확정하는 계약방법이다. 각 중앙관서의 장 또는 계약담당공무원은 개발시제품(開發試製品)의 제조계약, 시험·조사·연구 용역계약, 「공공기관의 운영에 관한 법률」에 따른 공공기관과의 관계 법령에 따른 위탁 또는 대행 계약, 시간적 여유가 없는 긴급한 재해복구를 위한 계약 중 어느 하나에 해당하는 계약으로서 미리 가격을 정할 수 없을 때에는 대통령령으로 정하는 바에 따라 개산계약(概算契約)을 체결할 수 있다.

### 5) 종합계약

각 중앙관서의 장 또는 계약담당공무원은 같은 장소에서 다른 관서, 지방자치단체 또는 「공공기관의 운영에 관한 법률」에 따른 공기업 및 준정부기관이 관련되는 공사 등에 대하여 관련 기관과 공동으로 발주하는 계약인 종합계약을 체결할 수 있다. 종합계약을 체결하는 데에 관련되는 기관의 장은 그 계약체결에 필요한 사항에 대하여 협조하여야 한다.

### 6) 공동계약

각 중앙관서의 장 또는 계약담당공무원은 공사계약·제조계약 또는 그 밖의 계약에서 필요하다고 인정하면 계약상대자를 둘 이상으로 하는 공동계약을 체결할 수 있다. 공동계약의 계약서를 작성하는 경우에는 그 담당 공무원과 계약상대자 모두가 계약서에 기명하고 날인하거나 서명함으로써 계약이 확정된다.


## ❸ 정부계약의 절차

### 1) 계약방법의 결정

각 중앙관서의 장 또는 계약담당공무원은 계약을 체결하려면 일반경쟁에 부쳐야 한다. 다만, 계약의 목적, 성질, 규모 등을 고려하여 필요하다고 인정되면 대통령령으로 정하는 바에 따라 참가자의 자격을 제한하거나 참가자를 지명(指名)하여 경쟁에 부치거나 수의계약(隨意契約)을 할 수 있다.

### 2) 입찰공고

각 중앙관서의 장 또는 계약담당공무원은 경쟁입찰을 하는 경우에는 입찰에 관한 사항을 공고하거나 통지하여야 한다. 각 중앙관서의 장 또는 계약담당공무원은 입찰 또는 수의계약 등에 부칠 사항에 대하여 낙찰자 및 계약금액의 결정기준으로 삼기 위하여 미리 해당 규격서 및 설계서 등에 따라 예정가격을 작성하여야 한다.

### 3) 입찰 참가자격 사전심사

경쟁입찰에 부치는 경우 계약이행의 난이도, 이행실적, 기술능력, 재무상태, 사회적 신인도 및 계약이행의 성실도 등 계약수행능력평가에 필요한 사전심사기준, 사전심사절차, 그 밖에 대통령령으로 정하는 바에 따라 입찰 참가자격을 사전심사하고 적격자만을 입찰에 참가하게 할 수 있다.

## 4) 입찰참가 신청

각 중앙관서의 장 또는 계약담당공무원은 경쟁입찰에 참가하려는 자에게 입찰보증금을 내도록 하여야 한다. 각 중앙관서의 장 또는 계약담당공무원은 낙찰자가 계약을 체결하지 아니하였을 때에는 해당 입찰보증금을 국고에 귀속시켜야 한다.

## 5) 낙찰자 결정

세입의 원인이 되는 경쟁입찰에서는 최고가격의 입찰자를 낙찰자로 한다. 국고의 부담이 되는 경쟁입찰에서는 충분한 계약이행 능력이 있다고 인정되는 자로서 최저가격으로 입찰한 자, 입찰공고나 입찰설명서에 명기된 평가기준에 따라 국가에 가장 유리하게 입찰한 자, 그 밖에 계약의 성질, 규모 등을 고려하여 대통령령으로 특별히 기준을 정한 경우에는 그 기준에 가장 적합하게 입찰한 자를 낙찰자로 한다.

다만 각 중앙관서의 장 또는 계약담당공무원은 공사에 대한 경쟁입찰로서 예정가격이 100억 원 미만인 공사의 경우, 재료비·노무비·경비 및 그 부가가치세의 합계액의 100분의 98 미만으로 입찰한 자를 낙찰자로 하여서는 아니 된다.

## 6) 계약의 체결

각 중앙관서의 장 또는 계약담당공무원은 계약을 체결할 때에는 계약의 목적, 계약금액, 이행기간, 계약보증금, 위험부담, 지체상금(遲滯償金), 그 밖에 필요한 사항을 명백하게 기재한 계약서를 작성하여야 한다. 각 중앙관서의 장 또는 계약담당공무원은 계약을 체결할 때 계약상대자로 하여금 해당 계약을 이행하는 근로자(「하도급거래 공정화에 관한 법률」에 따른 수급사업자가 고용한 근로자를 포함한다)의 근로조건이 「근로기준법」 등 근로관계 법령을 준수하도록 하는 내용을 계약서에 포함시킬 수 있다.

계약서를 작성하는 경우에는 그 담당 공무원과 계약상대자가 계약서에 기명하고 날인하거나 서명함으로써 계약이 확정된다. 각 중앙관서의 장 또는 계약담당공무원은 국가와 계약을 체결하려는 자에게 계약보증금을 내도록 하여야 한다.

## 7) 계약의 이행 및 대가지급

각 중앙관서의 장 또는 계약담당공무원은 공사, 제조, 용역 등의 계약을 체결한 경우에 그 계약을 적절하게 이행하도록 하기 위하여 필요하다고 인정하면 계약서, 설계서, 그 밖의 관계 서류에 의하여 직접 감독하거나 소속 공무원에게 그 사무를 위임하여 필요한 감독을 하게 하여야 한다.

각 중앙관서의 장 또는 계약담당공무원은 계약상대자가 계약의 전부 또는 일부를 이행하면 이를 확인하기 위하여 계약서, 설계서, 그 밖의 관계 서류에 의하여 검사하거나 소속 공무원에게 그 사무를 위임하여 필요한 검사를 하게 하여야 한다.

각 중앙관서의 장 또는 계약담당공무원은 공사, 제조, 구매, 용역, 그 밖에 국고의 부담이 되는 계약의 경우 검사를 하거나 검사조서를 작성한 후에 그 대가(代價)를 지급하여야 한다. 각 중앙관서의 장 또는 계약담당공무원은 재산의 매각·대부, 용역의 제공, 그 밖에 세입의 원인이 되는 계약에서는 다른 법령에 특별한 규정이 없으면 계약상대자에게 그 대가를 미리 내도록 하여야 한다.

## 8) 이의신청, 재심신청, 국가계약분쟁조정위원회

이의신청은 이의신청의 원인이 되는 행위가 있었던 날부터 20일 이내 또는 그 행위가 있음을 안 날부터 15일 이내에 해당 중앙관서의 장에게 하여야 한다. 해당 중앙관서의 장은 이의신청을 받은 날부터 15일 이내에 심사하여 시정 등 필요한 조치를 하고, 그 결과를 신청인에게 통지하여야 한다. 시정 등의 조치에 이의가 있는 자는 통지를 받은 날부터 20일 이내에 국가계약분쟁조정위원회에 조정 (調停) 을 위한 재심 (再審) 을 청구할 수 있다.

국가를 당사자로 하는 계약에서 발생하는 분쟁을 심사·조정하게 하기 위하여 기획재정부에 국가계약분쟁조정위원회를 둔다. 위원회는 위원장 1명을 포함하여 15명 이내의 위원으로 구성한다. 위원회의 위원장은 기획재정부장관이 지명하는 고위공무원단에 속하는 공무원이 된다. 위원회는 특별한 사유가 없으면 심사·조정청구를 받은 날부터 50일 이내에 심사·조정하여야 한다.

---

## 제5절 　국유재산관리

### ❶ 국유재산의 개요

#### 1) 국유재산의 개념

국유재산 (國有財産) 이란 국가의 부담, 기부채납이나 법령 또는 조약에 따라 국가 소유로 된 재산을 말한다. 기부채납은 국가 외의 자가 재산의 소유권을 무상으로 국가에 이전하여 국가가 이를 취득하는 것이다.

#### 2) 국유재산의 구분과 종류

국유재산은 그 용도에 따라 행정재산과 일반재산으로 구분한다. 일반재산은 행정재산 외의 모든 국유재산이다. 행정재산의 종류는 공용 (公用) 재산, 공공용 (公共用) 재산, 기업용 (企業用) 재산, 보존용 (保存用) 재산이 있다.

행정재산은 원칙적으로 처분하지 못하고, 시효취득의 대상이 아니다. 반면에 일반재산은 대부 또는 처분할 수 있다.

### ❷ 국유재산의 총괄과 관리

#### 1) 국유재산의 취득

국유재산 (國有財産) 에는 원칙적으로 사권 (私權) 을 설정하지 못하지만, 일반재산의 경우는 일정한 경우 사권 설정이 가능하다. 사권 (私權) 이 설정된 재산은 판결에 따라 취득하는 경우를 제외하고는 그 사권이 소멸된 후가 아니면 국유재산으로 취득하지 못한다. 총괄청이나 중앙관서의 장은 소유자 없는 부동산을 국유재산으로 취득한다. 국가 외의 자는 원칙적으로 국유재산에 건물, 교량 등 구조물과 그 밖의 영구시설물을 축조하지 못한다.

총괄청이나 중앙관서의 장 (특별회계나 기금에 속하는 국유재산으로 기부받으려는 경우만 해당한다) 은 국유재산의 범위에 속하는 재산을 국가에 기부하려는 자가 있으면 대통령령으로 정하는 바에 따라 받을 수 있다. 총괄청이나 중앙관서의 장은 국가에 기부하려는 재산이 국가가 관리하기 곤란하거나 필요하지 아니한 것인 경우 또는 기부에 조건이 붙은 경우에는 받아서는 아니 된다.

## 2) 총괄청

총괄청(總括廳)인 기획재정부장관은 국유재산에 관한 사무를 총괄하고 그 국유재산을 관리·처분한다. 총괄청인 기획재정부장관은 대통령령으로 정하는 바에 따라 총괄에 관한 사무의 일부를 조달청장 또는 지방자치단체의 장에게 위임하거나 정부출자기업체 또는 특별법에 따라 설립된 법인으로서 대통령령으로 정하는 자에게 위탁할 수 있다.

국유재산의 관리·처분에 관한 사항을 심의하기 위하여 총괄청에 국유재산정책심의위원회를 둔다. 국유재산의 원활한 수급과 개발 등을 통한 국유재산의 효용을 높이기 위하여 국유재산관리기금을 설치한다. 국유재산관리기금은 총괄청이 관리·운용한다.

총괄청은 다음 연도의 국유재산의 관리·처분에 관한 계획의 작성을 위한 지침을 매년 4월 30일까지 중앙관서의 장에게 통보하여야 한다. 중앙관서의 장은 지침에 따라 국유재산의 관리·처분에 관한 다음 연도의 계획을 작성하여 매년 6월 30일까지 총괄청에 제출하여야 한다. 총괄청은 제출된 계획을 종합조정하여 수립한 국유재산종합계획을 국무회의의 심의를 거쳐 대통령의 승인을 받아 확정하고, 회계연도 개시 120일 전까지 국회에 제출하여야 한다.

## 3) 행정재산

행정재산(行政財産)은 원칙적으로 처분하지 못한다. 행정재산은 시효취득(時效取得)의 대상이 되지 아니한다.

중앙관서의 장은 공용·공공용·기업용 재산은 그 용도나 목적에 장애가 되지 아니하는 범위, 보존용 재산은 보존목적의 수행에 필요한 범위에서만 행정재산의 사용허가를 할 수 있다. 행정재산의 사용허가를 받은 자는 원칙적으로 그 재산을 다른 사람에게 사용·수익하게 하여서는 아니 된다.

행정재산(行政財産)을 사용허가하려는 경우에는 원칙적으로 그 뜻을 공고하여 일반경쟁에 부쳐야 한다. 행정재산의 사용허가기간은 원칙적으로 5년 이내로 한다. 중앙관서의 장은 행정재산이 용도폐지(用度廢止)된 경우, 장래의 행정수요에 대비하기 위하여 해당 재산에 대하여 사용승인을 우선적으로 해 줄 것(우선사용예약)을 용도폐지된 날부터 1개월 이내에 대통령령으로 정하는 바에 따라 총괄청에 신청할 수 있다.

행정학의
마루로 통하는 길

# 행정학 절요

**PART**

# 06

# 지방행정론

# 36 지방행정 요소

CHAPTER

---

## 제1절 | 중앙집권과 지방분권

### ❶ 지방행정의 개념

넓은 의미의 지방행정의 개념은 관치행정, 위임행정, 자치행정 모두를 포함한다.[1] 좁은 의미의 지방행정은 자치행정과 위임행정을 포함하며, 가장 좁은 의미의 지방행정은 자치행정만을 의미한다.

우리나라에서 실시하는 지방행정은 좁은 의미의 지방행정으로 자치행정과 위임행정을 포함한다. 한편 영·미 등 자치행정이 고도로 발달한 나라에서는 지방행정이 곧 자치행정의 의미로 사용되고 있다.

지방자치는 국가의 통치영역이 미치는 범위 안에서 국가 또는 중앙정부와의 관계 속에서 이루어진다. 지방 거버넌스 (local governance) 는 지방정부와 NGO 등 시민사회 간의 협력적 통치 또는 공동통치를 의미한다.

지방자치는 지방정부 간의 경쟁을 촉진시켜 효율성을 제고시킬 수 있으며, 지역의 개성과 특징에 맞는 정책을 추진할 수 있고 정책의 지역적 실험이나 혁신적인 정책의 추진이 용이하다.[2]

그러나 지방자치는 지방정부 간의 재정력이나 재정자립도, 인구의 수, 소득수준 등의 차이로 인해 지역 간의 형평성이 저하될 수 있다.

### ❷ 지방자치제의 유형

#### 1) 의 의

Jay M. Shafritz, E. W. Russel & Christopher Borick (2012) 에 의하면 주권의 소재에 따라 지방자치제를 단방제국가 (unitary governments), 연방제국가 (federal governments), 연합제국가 (confederations governments) 로 구분한다.

#### 2) 단방제 국가

단방제 (unitary governments) 는 책임소재가 명확하고 행정의 중복문제가 적다. 단방제는 지방정부의 권한을 헌법과 중앙정부가 제정하는 법률에서 규정하므로, 지방정부 주민의 참정권과 지방정부의 과세권은 중앙정부의 법률에 의해 제약을 받는다.

---

[1] 지방행정은 지방자치보다는 더 광범위한 개념이다. 한편 지방정부는 지방행정 외에, 지방선거나 입법과정을 포함한 정치 및 정책기능 그리고 사법기능까지 포함하는 개념이다.

[2] 영국의 James Bryce는 "지방자치의 실천은 민주주의의 최고의 학교이며, 민주주의를 성공시키기 위한 최고의 보증이다."라고 했다.

단방제 국가는 주민이 투표를 통해 중앙정부와 지방정부를 각각 창설하는 형태와 중앙정부만을 창설하는 경우도 있다. 단방제 국가는 대한민국, 프랑스, 일본 등이다.

## 3) 연방제 국가

연방제 (federal governments) 는 주인으로서의 주민이 대리인인 지방정부와 중앙정부를 각각 창설하는 것이다. 연방제는 연방구성원들인 각각의 주정부가 주권과 헌법을 갖고, 각 주는 주권의 일부를 연방정부에 위임하는 형태이다.

연방정부와 주정부의 권한은 원칙적으로 대등한 관계를 형성하지만, 구체적인 권한의 배분 형태는 국가에 따라 다르다. 미국, 캐나다 및 독일처럼 대체로 국토면적이 넓고 다민족 국가들이 연방제를 채택하는 경우가 많다. 단방제가 일반적으로 지방자치제가 획일적인 것에 비해서, 연방제는 주정부별로 다양성을 지니므로 다원성과 소수자 보호에 유리하다.

## 4) 연합제 국가

연합제 (confederations governments) 는 유럽연합 (EU), 건국 초기의 미국, 독립국가연합 (CIS: Commonwealth of Independent States) 의 형태이다. 연합정부로서 중앙정부는 주민의 대리인이 아니라 지방정부의 대리인이다.

주민이 투표하고 과세권을 보유하는 주체는 기본적으로 하위 또는 지방정부이다. 중앙정부는 지방정부가 제공하는 재원으로 운영되며, 하위정부에 의해 재위임된 사항만 관장한다. 연합정부로서 중앙정부의 권한은 연방제에 비해 제약되며, 중앙정부가 하위정부의 권한을 변경하고자 할 경우에는 하위정부의 비준이 필요하다.

## ❸ 중앙집권

### 1) 중앙집권 논리

중앙집권 (centralization) 은 권한이나 결정권의 우위가 중앙정부에 있는 경우이다. 한편 지방정부가 우위라면 지방분권 (decentralization) 이라고 한다.

첫째, 딜런의 규칙 (Dillon's rule) 은 지방정부가 갖는 고유한 자치권은 없다는 것이다. 지방정부가 주정부에 포함되거나 주정부에 의존하는 것을 상정하며, 미국의 주정부와 지방정부의 관계에서 시·군 등의 지방정부는 '주정부의 피조물 (creature of the state)'로서 명백히 부여된 자치권만을 행사하게 되며, 주정부는 지방정부를 폐지할 수 있다는 원칙을 말한다.

둘째, 월권금지 (越權禁止) 의 원칙은 지방정부는 국가로부터 명시적으로 위임받은 권한만을 행사할 수 있음을 의미한다.

셋째, Samuelson의 공공재 공급 이론에 따르면, 공공재의 경우 주민들의 진정한 선호파악이 어렵고 무임승차가 가능하기 때문에 공공재의 공급은 현실적으로 집권화된 중앙정부의 배분체계에 의존할 수밖에 없다고 본다.

### 2) 중앙집권과 지방분권의 측정지표

지방에 설치되어 있는 국가 소속 특별지방행정관서의 종류와 수, 지방자치단체의 자치사무와 위임사무 (단체위임사무+기관위임사무) 의 비율, 지방자치단체 중요 직위의 선임방식, 국가와 지방자치단체의 민원사무 처리의 비율, 국세와 지방세의 비율, 국가재정과 지방재정의 규모, 중앙의 지방에 대한 통제의 정도 등이다.

지방에 설치되어 있는 국가소속 특별지방행정관서의 종류와 수가 많을수록, 지방자치단체의 자치사무와 위임사무 (단체위임사무+기관위임사무) 의 비율 중에서 위임사무의 비율이 높을수록 중앙집권적이라고 볼 수 있다.

지방자치단체 중요 직위의 선임방식이 중앙에 의한 임명방식이 많을수록, 국가와 지방자치단체의 민원사무 처리의 비율이 중앙에 의한 처리비율이 높을수록, 국세와 지방세의 비율에 있어 지방재정이 국세와 국가재정에 대한 의존비율이 높을수록, 중앙의 지방에 대한 통제의 정도에 있어 중앙의 지방에 대한 통제가 강할수록 중앙집권적이라고 할 수 있다.

## 3) 신중앙집권화

신중앙집권은 과거의 중앙집권이 관료적·권력적·수직적·지배적 의미의 집권인 것과 달리 비권력적·지식적·기술적·수평적·협력적 집권이다. 교통과 통신의 발달로 인한 생활권역의 확대와 관련된 '비권력적인 집권성'을 의미한다.

국민생활권의 확대와 행정의 국민적 최저수준유지 (national minimum) 의 필요성에 의해 촉진되었다. 지방자치가 발달한 나라에서 행정국가의 등장과 함께 나타난 현상이다. 오랫동안 지방화·분권화된 국가에서 광역행정의 필요성이나 국제정세의 불안정성에 대한 대응책으로 새롭게 나타난 현상이다.

## ❹ 지방분권

### 1) 의 의

분권 (decentralization) 은 중앙정부가 선출직 단체장과 의회가 있는 지방자치단체에 권한을 넘기는 이양 (devolution) 과 궁극적 책임은 중앙정부에 유보하지만, 제한된 자율성을 지방행정관서에 부여하는 위임 (delegation) 으로 구분된다.

지방분권은 주민과 지방정부 간의 소통 및 접촉 기회를 증대시켜 지역실정에 맞는 행정의 구현이 가능하다. 소규모 자치행정구역을 지지하는 것은 지방자치의 근거가 되는 논리이다.

지방분권은 자유주의의 요청에 따른 행정서비스의 차별적 공급과 부합한다. 또한 지방분권 체제에서는 혁신적인 정책이나 제안을 실험하기가 중앙집권보다 더 용이하다.

### 2) 지방분권의 논리

보충성의 원칙 (principle of subsidiarity) , 홈룰 (Home - rule), Cooley 원칙, 티부 (Tiebout) 가설, 자치분권위원회, 다원주의 등은 지방분권을 지향하는 입장에 해당한다.

첫째, 보충성의 원칙은 기초지방정부가 잘할 수 있는 일을 상급정부가 직접 처리해서는 안 된다는 것이다. 지방정부가 처리하기 어려운 일에 대하여 중앙정부가 관여한다.

둘째, 홈룰 제도는 개별 지방정부가 자치 기본 조례를 제정·운영하도록 제도화한 것이다. Thomas Cooley는 지방자치단체 권리는 고유한 것이라고 판결했다.

셋째, 티부 가설은 소규모 자치행정 구역에 의한 지방분권의 근거가 된다.

## ❺ 광역행정

### 1) 개 념

광역행정 (廣域行政) 이란 기존의 행정구역을 초월해 더 넓은 지역을 대상으로 행정을 수행하는 것이다. 시·군통합은 광역행정을 지향하는 것이다.

## 2) 효 과

첫째, 광역행정은 국가적으로 총체적 위기에 처했을 때 대처하기가 용이하다. 행정권과 주민의 생활권을 일치시켜 행정 효율성을 증진시킬 수 있다. 교통·통신의 발달에 따른 생활권·경제권의 확대는 광역행정을 유발한다. 시·군통합은 광역적 문제의 효과적 해결수단이 될 수 있다.

둘째, 광역행정은 규모의 경제 (economy of scale) 를 확보하기 용이하다. 대규모 사업의 추진에 적합하고 행정의 기계적 능률성 확보에 유리하다.

셋째, 광역행정은 지방자치단체 간의 재정 및 행정서비스의 형평적 배분을 도모하여 지역격차의 완화에 공헌한다. 지방자치단체 간에 균질한 행정서비스를 제공하는 계기로 작용해 왔다. 광역행정은 지방분권과 중앙집권의 조화를 추구하고 중복행정서비스를 제거하며, 외부효과에 대처할 수 있다. 광역행정은 지방자치단체 간의 갈등해소와 조정의 기능을 수행한다.

그러나 광역행정은 자치단체 규모의 확대에 따른 행정의 집권화로 인해, 주민의 행정기관에 대한 접근성이 떨어질 수 있어 행정의 대응성은 저해된다.

## 3) 광역행정 방식

공동처리, 연합, 통합방식이 있다. 공동처리방식에는 행정협의회, 사무위탁, 일부 사무조합이 해당된다. 연합에는 단체연합체, 도시 공동체, 복합 사무조합이 해당된다. 통합방식에는 합병, 흡수통합, 전부 사무조합이 포함된다.

**➕ 그림 6-1 광역행정방식**

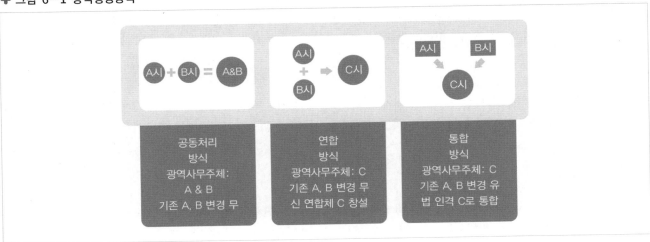

첫째, 공동처리방식 (共同處理方式) 은 둘 이상의 자치단체가 상호 협력관계를 형성하여 광역적 행정사무를 공동으로 처리하는 방식이다.

행정협의회에 의한 광역행정은 지방자치단체 간의 동등한 지위를 기초로 상호협조에 의하여 광역행정사무를 처리하는 방식이다. 사무위탁은 사무의 일부를 다른 자치단체와의 계약에 의하여 위탁하는 것이다. 자치단체 간 계약은 한 자치단체가 다른 자치단체에게 일정한 대가를 받고 서비스를 제공하는 것을 말한다. 일부 사무조합은 둘 이상의 자치단체가 사무의 일부를 공동처리하기 위해 규약을 정하고 설치하는 법인체로, 법인격이 있으며 특별자치단체의 지위를 가진다.

둘째, 연합방식 (聯合方式) 은 기존의 자치단체가 각각 독립적인 법인격을 유지하면서, 그 위에 광역행정을 전담하는 새로운 자치단체를 신설하는 방식이다.

단체 연합체는 둘 이상의 자치단체가 독립된 법인격을 유지하면서, 특별자치단체인 연합정부를 구성하는 방식이다. 도시공동체는 기초자치단체인 시 (市) 들이 광역행정단위를 구성하는 방식이다. 복합 사무조합은 둘 이상의 자치단체가 몇 개의 사무를 공동처리하기 위해 규약을 정하고 설치하는 법인체이다.

셋째, 통합방식 (統合方式) 에는 합병, 흡수통합, 전부 사무조합이 포함된다. 합병 (coalition) 은 자치단체를 몇 개 폐합하여 하나의 법인격을 가진 새로운 자치단체를 신설하는 방식이다. 흡수통합 (consolidation) 은 하급자치단체가 가지고 있던 권한이나 지위를 상급자치단체가 흡수통합하는 것이다. 전부 사무조합은 둘 이상의 자치단체가 모든 사무를 공동으로 처리하기 위해 설치하는 법인체로 사실상 합병이라고 할 수 있다.

## 제2절    자치권

### ❶ 자치권에 관한 학설

#### 1) 고유권설

고유권설 (지방권설) 에서 자치권은 국가와 관계없이 인간이 태어나면서부터 천부의 인권을 갖는 것과 마찬가지로 지방자치단체의 고유한 권리로 본다. 고유권설은 뚜레가 제창한 것으로, 자연법사상에 근거를 두며 자치권은 입법·사법·행정에 이어 자치단체가 본래적으로 가지고 있는 제4권으로 보는 견해이다.

#### 2) 전래권설

전래권설 (국권설) 에서 자치권은 주권적 통일국가의 통치구조 일환으로 형성된다는 의미에서 국법으로 부여된 권리로 본다. 주로 헤겔 (Hegel) 의 영향을 받은 19C 독일의 공법학자들의 주장으로 자치단체는 국가의 창조물이고, 자치권은 국가로부터 수여된 권리로 본다.

#### 3) 제도적 보장설

제도적 보장설은 자치권이 국가의 통치권에서 나오는 것이라고 하면서도, 헌법에 지방자치의 규정을 둠으로써 지방자치제도가 보장된다고 본다. 제도적 보장설에서의 보장은 지방자치제도의 일반적인 보장이지, 개별적인 지방자치단체의 존립을 계속 보장하는 것은 아니다.

## ❷ 자치입법권

### 1) 의 의

자치입법권에 입각한 자치법규로는 조례, 규칙, 교육규칙 등이 있다. 자치입법권은 지방의회에 의한 조례제정권과 지방자치단체의 집행기관 장인 자치단체장과 교육감의 규칙제정권이 있다.

조례는 지방의회의 의결을 통해 제정된다. 규칙의 제정은 지방의회의 의결을 필요로 하지 않는다.

지방자치단체의 사무 중에서 개별법 우선 적용의 원칙에 의해 자치입법권은 제약되고 있다. 지방자치단체는 조례로 주민의 권리 제한에 관한 사항을 법률의 위임 없이 제정할 수 없다. 한편 지방자치단체는 조례를 위반한 행위에 대하여 조례로써 1천만 원 이하의 과태료를 정할 수 있다.

### 2) 지방자치단체의 조례

지방자치단체는 법령의 범위 안에서 그 사무에 관하여 조례를 제정할 수 있다. 다만, 주민의 권리 제한 또는 의무 부과에 관한 사항이나 벌칙을 정할 때에는 법률의 위임이 있어야 한다.

지방자치단체는 조례를 위반한 행위에 대하여 조례로써 1천만 원 이하의 과태료를 정할 수 있다. 지방자치단체는 공공시설을 부정사용한 자에 대하여 과태료를 부과하는 규정을 조례로 정할 수 있다. 과태료는 해당 지방자치단체의 장이나 그 관할 구역 안의 지방자치단체의 장이 부과·징수한다.

### 3) 지방자치단체장의 규칙

지방자치단체의 장은 법령이나 조례가 위임한 범위에서 그 권한에 속하는 사무에 관하여 규칙을 제정할 수 있다. 규칙과 조례가 충돌할 때는 조례가 규칙에 우선한다. 시·군 및 자치구의 조례나 규칙은 시·도의 조례나 규칙을 위반하여서는 아니 된다.

지방자치단체를 나누거나 합하여 새로운 지방자치단체가 설치되거나 지방자치단체의 격이 변경되면, 그 지방자치단체의 장은 필요한 사항에 관하여 새로운 조례나 규칙이 제정·시행될 때까지 종래 그 지역에 시행되던 조례나 규칙을 계속 시행할 수 있다.

### 4) 조례제정 절차

조례안이 지방의회에서 의결되면 의장은 의결된 날부터 5일 이내에 그 지방자치단체의 장에게 이를 이송하여야 한다. 지방자치단체의 장은 조례안을 이송받으면 20일 이내에 공포하여야 한다.

지방자치단체의 장은 이송받은 조례안에 대하여 이의가 있으면 20일 이내에 이유를 붙여 지방의회로 환부(還付)하고, 재의(再議)를 요구할 수 있다. 이 경우 지방자치단체의 장은 조례안의 일부에 대하여 또는 조례안을 수정하여 재의를 요구할 수 없다. 재의요구를 받은 지방의회가 재의에 부쳐 재적의원 과반수의 출석과 출석의원 3분의 2 이상의 찬성으로 전과 같은 의결을 하면 그 조례안은 조례로서 확정된다.

지방자치단체의 장이 20일 이내에 공포하지 아니하거나 재의요구를 하지 아니할 때에도 그 조례안은 조례로서 확정된다. 지방자치단체의 장은 확정된 조례를 지체 없이 공포하여야 한다. 조례가 확정된 후 또는 확정조례가 지방자치단체의 장에게 이송된 후 5일 이내에 지방자치단체의 장이 공포하지 아니하면 지방의회의 의장이 이를 공포한다.

■ **TIP** 법률의 제정절차
국회에서 의결된 법률안은 정부에 이송되어 15일 이내에 대통령이 공포한다. 대통령은 15일 이내에 이의서를 붙여 국회로 환부하고, 재의를 요구할 수 있다. 대통령이 15일 내에 공포나 재의의 요구를 하지 아니한 때에도 그 법률안은 법률로서 확정된다.

## ❸ 자치재정권, 조직권, 행정권, 사법권

### 1) 자치재정권

자치재정권의 경우 조례를 통한 독립적인 지방 세목은 설치할 수 없다. 우리나라는 조세법률주의를 택하고 있어 조례를 통한 독립적인 지방 세목은 설치할 수 없다. 다만, 지방세 탄력세율, 재산과세의 과표 등과 같은 자치재정권이 인정된다.

### 2) 자치조직권

자치조직권에 있어서 중앙정부 승인 사항의 과다로 인한 제약이 있다. 2007년 총액인건비제의 전면 도입으로 자치조직권한이 일부 확대되었다.
지방자치단체의 행정기구의 설치와 지방공무원의 정원은 인건비 등 대통령령이 정하는 범위 안에서 지방자치단체의 조례로 정한다.

### 3) 자치행정권

중앙과 지방의 기능배분에 있어서 포괄적 예시(包括的 例示) 방식을 적용한다. 중앙과 지방 간의 기능배분 방식은 포괄적 예시원칙을 기준으로 하면서, 보충성의 원칙을 천명하고 있다. 중앙정부가 분권화시킨 결과가 지방정부의 자치권 확보라고 할 수 있다.

### 4) 자치사법권

우리나라는 자치사법권을 자치권에 포함시키지 않는다. 우리나라는 자치사법권이 부여되어 있지 않아, 다른 OECD 국가들에 비해 상대적으로 자치권이 제약되어 있다.

---

## 제3절 주민자치와 단체자치

## ❶ 주민자치

### 1) 의 의

주민자치는 지방주민의 의사와 책임 하에 스스로 그 지역의 공공사무를 처리한다. 지방의 공공사무를 결정하고 처리하는 데는 주민의 참여가 중요하다.
주민자치는 자치권을 국가 이전의 권리인 자연적·천부적 권리 또는 고유권으로 보고, 주민들의 참여라는 민주주의 사상에 기초를 두는 정치적 의미의 자치이다. 주민자치는 주민과의 관계에 중점을 두어 '대내적 자치'라고 부르기도 한다.

## 2) 특징

주민자치는 주민에 의한 자치로서 영미형 자치이다. 주민자치는 정치적 의미의 자치행정이다. 주민의 자치사무를 처리한다는 측면에서 정치적 의미가 강하다.

주민자치에서 지방자치단체는 고유사무만 수행하므로, 지방자치단체로서의 지위만 지닌다. 지방사무에 관해 자치단체 고유사무와 중앙정부 위임사무를 구별하지 않는다.

## ❷ 단체자치

### 1) 의의

자치권은 법적 실체 간의 권한배분관계에서 배태된 개념으로, 중앙정부가 분권화시킨 결과로 본다. 단체자치는 자치권의 본질을 전래권으로 보기 때문에 국가에 의해 수여된 실정법상의 권리로 본다.

단체자치는 국가가 법률로 지방자치단체의 독립된 법인격을 인정해 준 것으로, 법률적 의미의 자치이다. 단체자치는 지방자치단체와 국가와의 관계에 초점을 두기 때문에, 위로부터의 독립 내지 지방자치단체의 권능을 중시하므로 '대외적 자치'라고 부르기도 한다.

### 2) 단체자치의 특징

단체자치는 법률적 의미의 자치로서 대륙형 자치이다. 단체자치는 고유사무와 위임사무의 구분이 명확하다. 단체자치에서는 자치단체가 국가의 일선기관으로서의 지위를 갖는다.

단체자치 형태에서는 사무처리에 필요한 법규를 자율적으로 제정할 수 있는 자치입법권에 대해 제약적인 규정을 두고 있다. 적절한 재원조치 없는 사무의 지방이양은 자치권을 오히려 제약하는 문제를 야기한다.

### 3) 주민자치와 단체자치 비교

주민자치의 원리는 주로 영국과 미국에서 발달하였으며, 단체자치의 원리는 주로 독일과 프랑스에서 발달하였다. 주민자치가 지방자치를 실현하기 위한 내용적·본질적 요소라고 한다면, 단체자치는 지방자치의 형식적·법제적 요소라고 할 수 있다.

주민자치에서는 입법통제와 사법통제가 주된 통제방식이라면, 단체자치에서는 행정통제가 주된 통제방식이다. 주민자치가 단일한 성격의 순수 자치단체라면, 단체자치에서 지방자치단체는 지방의 자치행정기관으로서 이중적 지위를 갖는다. 주민자치에서는 사무를 자주적으로 처리할 수 있는 재량의 범위가 크다면, 단체자치에서는 법률에 의해 권한이 명시적·한시적으로 규정되어 사무를 자주적으로 처리할 수 있는 재량의 범위가 작다.

> ■ **TIP** 우리나라의 지방자치 성격
> 우리나라는 단체자치의 성격이 강하다. 따라서 지방자치단체는 고유사무 외에 국가의 일선기관으로서 위임사무를 처리하는 이중적 지위를 갖는다.

**+ 표 6-1 주민자치와 단체자치**

| | 주민자치 | 단체자치 |
|---|---|---|
| 권리의 성격 | 고유권 (자연법상 권리) | 전래권 (실정법상 권리) |
| 자치의 이념 | 정치적 민주주의 사상 | 법률적 의미의 자치 |
| 지방자치의 요소 | 내용적·본질적 요소 | 형식적·법제적 요소 |
| 자치의 중점 | 지방자치단체와 주민과의 관계 | 지방자치단체와 국가와의 관계 |
| 자치권의 범위 | 광범위 | 협소함 |
| 권한부여 방식 | 개별적 수권 (지정) 주의 | 포괄적 수권 (위임) 주의 |
| 중앙과 지방의 관계 | 기능적 협력관계 | 권력적 감독관계 |
| 중앙통제 방식 | 입법적·사법적 통제 | 행정적 통제 |
| 사무 구분 | 자치사무와 위임사무를 구분하지 않음 | 자치사무와 위임사무를 구분 |
| 지방정부 형태 | 기관통합형 | 기관대립 (분리) 형 |
| 주요 국가 | 영국, 미국 | 독일, 프랑스, 한국 |
| 조세제도 | 독립세주의 | 부가세주의 |
| 자치단체 지위 | 단일적 성격 (순수한 자치단체) | 이중적 지위 (자치단체 + 일선기관) |

---

## 제4절 　지방자치단체의 기관구성

### ❶ 기관대립형

#### 1) 의 의

기관대립형 (기관분리형)은 의결기관과 집행기관을 이원적으로 구성해 상호 견제와 균형의 원리를 충실히 도모한다. 현행 「지방자치법」에서는 권력분립 원칙에 입각한 기관대립형 구조만을 채택하고 있다. 우리나라의 현행 「지방자치법」은 지방자치단체의 의사를 결정하는 의결기관과 의사를 집행하는 집행기관을 이원적으로 구성하는 기관대립 (분리) 형만을 인정하고 있다.

우리나라는 단체장의 권한이 의회보다 강한 기관대립형에 해당한다. 기관대립형의 자치형태를 가지면서 단체장의 권한이 의회의 지위보다 강한 '강시장형 또는 시장우위형'을 택하고 있다.

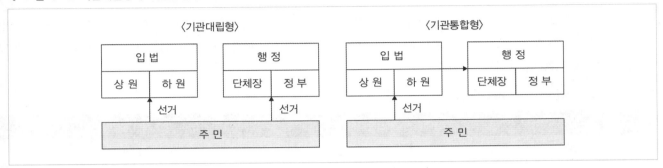

## 2) 기관대립형의 장점과 단점

견제와 균형(check and balance)을 통해 권력의 남용을 방지하고 비판 및 감시 기능을 할 수 있다. 기관통합형에 비해 행정부서 간 분파주의를 배제하기에 유리하다.

기관대립형(기관분리형)은 집행기능의 전담기관화를 통한 행정의 전문화를 향상시킬 수 있고, 행정책임의 소재가 분명하다는 장점이 있다.

기관통합형에 비해 집행기관구성에 있어서 별도의 선거를 거치므로 주민 대표성 또는 민주적 정당성이 더 크다. 지방의회와 지방자치단체의 장을 주민이 직선함으로써 지방행정에 대한 주민통제가 보다 용이하다.

그러나 의결기관과 집행기관 간의 마찰로 인해 행정의 비효율성이 증가할 수 있다.

## ❷ 기관통합형

### 1) 의 의

기관통합형은 주민 직선으로 지방의회를 구성하고 의회 의장이 단체장을 겸하는 방식이다. 지방행정의 권한과 책임이 의회에 집중된다. 기관통합형은 의결기능과 집행기능을 분리하지 않고 의회에 귀속시키는 형태를 띤다.

기관통합형 중 특히 위원회형은 소규모의 지방자치단체에 적합하다. 영국의 의회형이 기관통합형의 대표적 사례이다. 영국의 의회형은 지방의회가 그 밑에 분과별 집행위원회나 국·과 등 보조기관을 두고 집행기능까지 수행한다. 미국의 위원회형(commission plan)은 기관통합형의 전형적 형태로, 주민에 의하여 직접 선출된 3~7명의 위원들이 위원회를 구성하여 의결기능과 집행기능을 함께 수행하는 방식이다.

### 2) 기관통합형의 장점

기관통합형은 대의기관에 의한 민주정치와 책임행정의 구현에 적합하다. 행정수행에 대해 의회해산이나 내각불신임방식의 정치적 책임을 지므로 책임행정 구현에 유리하다.[3]

기관통합형은 의결기능과 집행기능이 통합되어 있으므로 정책결정과 집행의 유기적 관련성을 제고시킨다. 지방자치행정을 기관 간 마찰 없이 안정적으로 수행할 수 있기 때문에, 임기 동안은 지방자치행정에 대한 효율성을 확보할 수 있다.

---

3 우리나라의 「지방자치법」(1949년)에서는 지방의회의 시·읍·면장에 대한 불신임의결권과 시·읍·면장의 의회해산권이 규정된 적이 있었다.

### 3) 기관통합형의 단점

기관통합형의 집행기관은 기관대립형에 비해 행정의 전문성이 높지 않을 가능성이 크다. 행정주체의 잦은 교체로 인해 행정의 안정성과 전문성이 결여될 수 있다. 기관통합형은 의회의 다수파가 권력을 독점할 경우, 견제와 균형의 원리가 상실되어 권력남용의 우려가 있다.

**✚ 표 6-2 기관대립형과 기관통합형**

| | 기관대립형 (기관분리형) | 기관통합형 |
|---|---|---|
| 정부 형태 | 대통령제 | 의원내각제 |
| 민주적 정당성<br>주민 대표성 | • 집행기관인 자치단체장과 의결기관인 의원을 모두 주민이 선출<br>• 민주적 정당성과 주민대표성이 높음 | • 의원을 주민이 선출하고, 의회다수파가 집행부를 구성<br>• 민주적 정당성과 주민대표성이 낮음 |
| 장 점 | 행정 책임소재가 분명 | 책임행정 구현이 용이 |
| 단 점 | 대립으로 인한 행정의 비효율성 우려 | 행정의 전문성 결여 우려 |

## ❸ 절충형

### 1) 시정관리관형

주민의 대표로 구성된 지방의회가 그 책임 아래 행정의 전문가인 시정관리관 (city manager) 에게 집행기관의 역할을 맡기는 것이다. 시정관리관은 시 의회에 대해 책임을 진다. 19세기 말 20세기 초 미국의 행정개혁사에서 지방정부 운영의 효율성과 능률성을 높이기 위한 도시개혁운동의 일환으로 나타난 것으로, 과학적 관리론의 영향을 받은 것이며 시정관리관이 실질적 행정수장이다.

### 2) 주민총회형

주민들에 의한 직접민주주의적 유형으로, 미국의 타운미팅 (town meeting) 이나 스위스의 게마인데 (Gemeinde) 총회에서 나타나는 형태이다.

---

### 제5절    지방자치단체의 계층구조

## ❶ Millspaugh의 기초지방자치단체의 구역설정기준

A. C. Millspaugh (1936) 의 기초지방자치단체의 구역설정기준에 의하면, 공동사회 혹은 공동생활권과의 일치, 능률적이고 적정한 자치행정서비스 단위, 재원조달 능력 혹은 자주적 재원조달 가능단위, 주민의 행정기관 접근용이성 혹은 편의성이 제시되고 있다.

## ❷ 단층제

단층제는 기초자치단체 또는 광역자치단체 중 어느 하나를 폐지하는 방안이다. 단층제의 장점은 첫째, 단층제는 중층제보다 행정책임을 명확하게 할 수 있다. 둘째, 단층제는 중층제보다 중복행정으로 인한 행정지연의 낭비를 줄일 수 있다. 셋째, 중앙정부와 주민 간의 의사소통의 거리가 단축되어 의사소통이 원활해진다. 넷째, 단층제는 중층제에 비해서 신속한 행정을 도모할 수 있다. 다섯째, 중층제에 비해서 자치권이나 지역의 특수성 및 개별성을 더 존중한다.

그러나 단층제는 중앙정부의 비대화로 인해 중앙집권화의 우려가 크다. 또한 단층제는 국토가 넓거나 인구가 많은 국가에서는 채택하기 어렵다.

**✚ 표 6-3 단층제와 중층제**

|  | 단층제 | 중층제 |
|---|---|---|
| 행정책임의 명확성 | 명확함 | 이중감독과 이중행정으로 모호함 |
| 업무수행의 신속성 | 신속함 | 지연됨 |
| 지역의 개별성 고려 | 현지성과 개별성이 존중됨 | 광역자치단체의 획일적 처리가 우려됨 |
| 중앙정부와 주민의 의사소통 | 원활 | 장애 |
| 행정서비스 접근성 | 범위가 넓어져 곤란함 | 기초자치단체의 존재로 접근이 용이함 |
| 국가의 통제 | 중앙집권화가 초래될 수 있음 | 광역자치단체를 통한 자치와 국가의 감독 기능이 유지됨 |

## ❸ 중층제

중층제는 광역자치단체와 기초자치단체의 2층제를 의미한다. 기초자치단체는 시·군·구가 있다. 특별시·광역시·도는 같은 수준의 자치행정계층으로, 광역자치단체이다. 자치계층으로 군을 두고 있는 광역시가 있다.

중층제의 장점은 첫째, 광역자치단체를 통한 자치기능과 동시에 국가의 감독기능이 유지된다. 둘째, 중층제는 신중한 행정을 도모할 수 있다. 셋째, 광역자치단체 내에 기초자치단체가 존재하므로 주민의 행정서비스에의 접근성이 높아진다. 넷째, 기초자치단체가 그 본연의 기능을 제대로 수행하지 못할 때에는 광역자치단체가 이를 보완할 수 있다. 다섯째, 지방행정의 역사적 발전과정을 반영하기가 용이하다.

중층제의 단점은 첫째, 중층제에서는 단층제에서보다 기초자치단체와 중앙정부의 의사소통이 원활하지 못할 수 있다. 둘째, 중층제는 이중행정을 초래한다. 기초단체와 광역단체의 관할권의 중첩과 중복이 이루어져 단층제에 비해 행정책임의 명확화가 어렵다. 셋째, 기초자치단체의 자율성이 침해되고 지역적 특수성이 무시되기 쉽다. 넷째, 신속성이 떨어진다. 주민들의 의사가 중앙정부에 전달되는 속도가 느리고, 중앙정부의 행정력의 침투가 지연되는 점이 있다.

## ④ 우리나라의 지방자치계층

지방자치단체는 2층제가 일반적이며, 제주특별자치도와 세종특별자치시는 자치계층 측면에서 단층제로 운영되고 있다. 자치계층은 주민공동체의 정책결정 및 집행의 단위로서 정치적인 민주성 가치가 중요시된다. 반면에 행정계층은 행정의 효율성이 강조된다.

우리나라는 지방사무 배분방식에 있어 포괄적 예시주의를 취하고 있기 때문에, 도와 시−군 간 모호한 사무배분 기준으로 인해 행정의 비효율성이 발생한다.

우리나라는 광역단체와 기초단체 간 기능분담이 법률이 아니라 대통령령에 위임되어 있어 구분이 엄격하지 않기 때문에 행정의 비효율성이 발생한다. 다층구조로 인해 행정비용이 증대되고, 의사전달 왜곡이 발생한다. 시−도, 시−군 간 협력 행정이 미흡하여 갈등을 증대시킨다. 시−군−구에 대한 시−도의 통제기능으로 동일 지역 내 행정기관의 난립으로 인해 책임성의 확보가 어렵다. 시−군−구에 대한 시−도의 통제기능으로 인해 갈등이 발생한다.

## ⑤ 지방자치단체의 관할

### 1) 지방자치단체의 법인격과 관할

지방자치단체는 법인으로 한다. 특별시, 광역시, 특별자치시, 도, 특별자치도 (시·도) 는 정부의 직할 (直轄) 로 두고, 시는 도의 관할 구역 안에, 군은 광역시 및 특별자치시나 도의 관할 구역 안에 두며 자치구는 특별시와 광역시 또는 특별자치시의 관할 구역 안에 둔다.

특별시·광역시 및 특별자치시가 아닌 인구 50만 이상의 시에는 자치구가 아닌 구를 둘 수 있고, 군에는 읍·면을 두며 시와 구 (자치구를 포함한다) 에는 동을, 읍·면에는 리를 둔다.

도농 (都農) 복합형태의 시의 경우 도시의 형태를 갖춘 지역에는 동을, 그 밖의 지역에는 읍·면을 두되, 자치구가 아닌 구를 둘 경우에는 그 구에 읍·면·동을 둘 수 있다.

기초자치단체는 시·군·구가 있다. 광역 자치단체는 특별시·광역시·도이다. 지방자치단체인 구 (자치구) 는 특별시와 광역시의 관할 구역 안의 구만을 말하며, 자치구의 자치권의 범위는 법령으로 정하는 바에 따라 시·군과 다르게 할 수 있다.

### 2) 지방자치단체의 명칭과 구역

지방자치단체의 명칭과 구역은 종전과 같이 하고, 명칭과 구역을 바꾸거나 지방자치단체를 폐지 또는 설치하거나, 나누거나 합칠 때에는 법률로 정한다. 다만, 지방자치단체의 관할 구역 경계 변경과 한자 명칭의 변경은 대통령령으로 정한다. 자치구가 아닌 구와 읍·면·동의 명칭과 구역은 종전과 같이 하고, 이를 폐지 또는 설치하거나, 나누거나 합칠 때에는 행정안전부장관의 승인을 받아 그 지방자치단체의 조례로 정한다. 다만, 명칭과 구역의 변경은 그 지방자치단체의 조례로 정하고, 그 결과를 특별시장·광역시장·도지사에게 보고하여야 한다.

### 3) 시·읍의 설치기준 등

시는 그 대부분이 도시의 형태를 갖추고 인구 5만 이상이 되어야 한다. 읍은 그 대부분이 도시의 형태를 갖추고 인구 2만 이상이 되어야 한다.

## 4) 제주특별자치도

제주특별자치도는 「제주특별자치도 설치 및 국제자유도시 조성을 위한 특별법」의 적용을 받는다. 자치계층 측면에서 단층제로 운영되고 있다. 제주자치도는 그 관할구역에 지방자치단체인 시와 군을 두지 아니하고, 지방자치단체가 아닌 시인 행정시를 둔다.

제주특별자치도의 경우 특별자치도만 자치단체이며, 행정시인 서귀포시와 제주시는 자치단체가 아닌 행정계층이므로 자치계층과 행정계층이 일치하지 않는다.

제주도는 타 시·도에 두지 않는 감사위원회를 설치·운영하고 있다. 자치경찰제는 현재 제주특별자치도에서만 실시되고 있으며, 제주특별자치도에서는 국가경찰과 자치경찰이 함께 활동할 수 있다. 자치경찰단장은 도지사가 임명하며 도지사의 지휘·감독을 받는다. 자치경찰단장은 자치경무관으로 임명한다. 다만, 도지사는 필요하다고 인정하면 개방형 직위로 지정하여 운영할 수 있다.

## 5) 인구 50만 명 이상의 기초자치단체

특별시·광역시 및 특별자치시가 아닌 인구 50만 이상의 시에는 자치구가 아닌 구를 둘 수 있다. 인구 50만 명 이상의 기초자치단체인 시에 대하여는 광역자치단체인 도가 처리하는 사무의 일부를 직접 처리하게 할 수 있다.

조례의 제정과 개폐 청구제도의 청구요건으로 시·도와 인구 50만 이상 대도시에서는 19세 이상 주민 총수의 100분의 1 이상, 70분의 1 이하 범위에서 지방자치단체의 조례로 정하는 주민 수 이상의 연서(連署)로 해당 지방자치단체의 장에게 조례를 제정하거나 개정 또는 폐지할 것을 청구할 수 있다.

주민의 감사청구요건으로 인구 50만 명 이상 대도시는 300명을 넘지 아니하는 범위에서 그 지방자치단체의 조례로 정하는 주민수 이상의 연서로, 시·도에서는 주무부장관에게, 시·군 및 자치구에서는 시·도지사에게 그 지방자치단체와 그 장의 권한에 속하는 사무의 처리가 법령에 위반되거나 공익을 현저히 해친다고 인정되면 감사를 청구할 수 있다.

# 37 지방행정 기관과 사무

## 제1절  지방분권의 추진원칙과 기능배분이론

### ❶ 지방분권의 추진원칙

#### 1) 보충성의 원칙

보충성의 원칙은 기초지방정부가 할 수 있는 일을 상급정부가 관여해서는 안 된다는 것으로 '기초정부 우선의 원칙' 또는 '현지성의 원칙'이라고도 칭한다. 사무배분에 있어 기초자치단체가 우선적으로 처리하고, 그러하지 못한 사무는 상위자치단체나 국가가 단계적으로 보충하는 방법으로 이루어져야 한다는 것이다.

소극적 보충성의 원리는 기초공동체 또는 기초정부가 할 수 있는 일을 상급정부나 상급공동체가 관여해서는 안 된다는 것을 의미한다.

적극적 보충성의 원리는 상급정부는 기초정부가 일차적으로 활동할 수 있는 조건을 갖출 수 있도록 지원해 주어야 한다는 것을 의미한다. 개인 및 지역 간의 과도한 격차를 줄이기 위해 상급공동체는 필요한 최소수준을 정하고, 이에 미달하는 개인 및 지역의 삶을 보장하여야 함을 뜻한다.

기능배분은 대리석 무늬를 지닌 케익 (marble cake) 처럼 그 경계가 모호하고, 분야별로 기능배분의 정도가 상이하여 마치 피켓으로 담장을 이루고 있는 모양 (picket fence) 을 지니기도 한다.

#### 2) 종합성의 원칙

종합성의 원칙이란 지역단위에서 종합적으로 처리될 수 있도록 사무가 배분되어야 한다는 원칙이다. 중앙정부의 특별지방행정기관보다 일반목적의 지방자치단체에 우선적으로 기능을 배분해야 한다는 것이다. 고유사무, 단체위임사무, 기관위임사무 순으로 우선순위를 설정한다. 특별지방행정기관은 지방행정의 종합성을 제약하는 요인이다. 특별지방행정기관이 중앙행정기관의 지시를 받아 정책집행기능을 수행할 경우, 지방행정의 완전성과 종합성을 저해하게 된다.

#### 3) 포괄적 이양의 원칙

포괄적 이양의 원칙은 단편적인 지방이양의 문제점을 보완하기 위하여, 단위사무 중심의 사무이양에서 벗어나 중·대단위 사무를 포괄적으로 지방에 이양한다는 원칙이다.

포괄적 사무배분방식은 사무배분방식이 간편하고, 상황에 따른 사무처리 주체의 유연한 결정이 가능하다.

포괄적 사무배분방식은 실제에 있어 개별적 사무배분방식보다 지방자치단체 사무를 더 좁게 보장해주는 경향이 있다.

포괄적 배분방식은 국가사무와 자치사무 간 명확한 구별이 모호하여 행정주체 간에 혼란이 야기될 수 있고, 중앙정부가 자치사무 영역에 개입이 용이하다.

## 4) 선분권 후보완의 원칙

선분권 후보완의 원칙은 우선적으로 분권조치를 취하고, 자치단체가 분권의 부작용을 스스로 치유할 수 있는 자정능력을 갖도록 보완해 나가야 한다는 원칙이다.

## 5) 책임명확화의 원칙

책임명확화의 원칙은 비경합의 원칙이라고도 한다.

## 6) 경제성의 원칙

경제성의 원칙은 능률적 집행의 원칙이라고도 한다.

## ❷ 중앙정부와 지방정부 간의 기능배분이론

### 1) 엘리트론

신마르크스주의와 신베버주의를 수용한 이원국가(dual state)론에 근거한다. 중앙정부는 생산 측면에서 기업가 이윤추구와 사유재산제 보호를, 지방정부는 집합적 소비재(복지, 의료, 교육 등) 제공을 주로 담당한다.

### 2) 신우파적 관점

합리적 인간관과 엄격한 방법론적 개체주의 입장을 취하면서, 개인후생을 극대화하고자 하는 시민과 공직자 개개인들의 합리적 선택활동에서 비롯된다고 보는 공공선택론적 관점이다.

### 3) 계급정치론

정부의 기능배분에 관한 구체적인 기준에는 별로 관심을 가지지 않는다. 계급 간의 갈등의 산물로 본다.

### 4) 다원주의적 관점

중앙정부와 지방정부의 관계가 인사와 재정상 완전하게 분리되어, 서로 독립적이고 자율적이다.

## ❸ 공공선택론 관점에서 중앙과 지방정부 간 기능배분

### 1) 의 의

중앙과 지방정부 간의 기능배분 문제는 개인후생을 극대화하고자 하는 시민과 공직자 개개인들의 합리적인 선택행동에서 비롯되는 것으로 보는 관점이다.

1960년대 말 미국의 지역통제론이란 도시정부에 대한 통제방법과 효율성에 관한 이론으로, 소규모 도시정부나 지역 간 중첩·분권의 효용을 강조함으로써 공공선택론에 영향을 미친 이론이다. 도시정부 간 관할권의 중첩이나 서비스의 중복은 도시주민들의 선택의 폭을 넓히고, 행정의 신뢰성을 증진시켜 도시행정의 효율을 증진시킬 것이라고 주장한다.

도시정부화는 관료제의 비대화를 가져옴으로써 시민의 참여를 차단시켰을 뿐 아니라 시민들의 다양한 선호를 반영하지 못하고 있다고 본다. 준독립적인 근린주거지역 정부나 지역사회위원회 등의 창설을 통해 시민들의 다양한 선호를 반영할 수 있다고 주장한다. 소규모의 도시정부는 관료들이 소규모로 유지됨으로써 이들에 대한 관리나 통제 역시 용이하다.

## 2) 정책유형별 기능배분

재분배정책을 통하여 주민들에게 제공되는 편익은 그들의 조세 부담과는 역으로 결정되며, 주로 중앙정부에서 담당해야 한다. 배당정책(allocational policy)은 치안, 소방, 쓰레기 수거, 공공매립지 제공 등이며, 주로 지방정부에서 담당해야 한다. 개발정책은 지역경제성장을 촉진시키기 위한 정책으로, 원칙적으로 정책의 수혜자가 그 비용을 부담해야 한다.

## 제2절　지방자치단체의 기관

## ❶ 우리나라의 지방선거의 역사

### 1) 이승만 정부

이승만 정부에서 1949년 지방자치법 제정 이후, 1952년 처음으로 지방선거가 실시되어 최초로 지방의회가 구성되었다. 제정 지방자치법에서는 시·읍·면이 기초자치단체로 규정되었기에, 처음으로 시·읍·면 의회의원을 뽑는 지방선거가 실시되었다.

### 2) 박정희 정부부터 노태우 정부

박정희 정부부터 전두환 정부까지는 지방자치가 중단되었다. 노태우 정부에서 1988년 지방자치가 부활하여, 1991년에 시·군·자치구 의원과 시·도 의원 선거만 실시되었다.

### 3) 김영삼 정부 이후

지방자치단체장과 지방의회의원을 동시에 뽑는 선거가 1995년 김영삼 정부에서 최초로 실시되었다. 현재는 광역-기초 자치단체장 선거 및 광역-기초의회 의원 선거 모두에 정당공천제가 허용되고 있다.[4] 그러나 교육감 선거에서는 정당공천제가 허용되지 않는다.

광역의회 지역구 선거는 기본적으로 소선거구제에 입각하고 있다. 소선거구제의 경우, 풀뿌리 민주주의의 기반이 되는 주민과 의원과의 관계가 가깝다는 특징이 있다. 기초의회의 지역구 선거는 기본적으로 중선거구제를 채택하고 있다.

---

[4] 1995년 제1회 전국동시지방선거에서는 기초의회를 제외한 광역의회, 기초광역자치단체장 선거에 정당공천제가 도입되었다. 2002년에는 광역의원선거에 비례대표제가 채택되었으며 2006년에는 지방의원들에 대한 유급제, 기초의원에 대한 정당공천제, 비례대표제, 중선거구제가 도입되었다. 2010년 선거에서는 지역구 지방의회 의원선거에서 여성할당제가 도입됐다.

## ❷ 지방자치단체의 집행기관

### 1) 의 의

지방자치단체의 집행기관은 지방자치단체장, 보조기관, 소속 행정기관, 하부 행정기관, 교육·과학 및 체육에 관한 기관으로 구성된다. 지방자치단체장 상호 간의 교류와 협력을 위하여 전국적 협의체를 설립할 수 있다.

행정기구의 설치와 지방공무원의 정원은 인건비 등 대통령령으로 정하는 기준에 따라 그 지방자치단체의 조례로 정한다.

### 2) 보조기관

부지사·부시장·부군수·부구청장은 보조기관에 해당한다. 행정부지사·행정부시장 또는 정무부지사·정무부시장을 둔다. 특별시의 부시장의 정수는 3명을 넘지 아니하는 범위에서 대통령령으로 정한다. 특별시의 부시장은 3명, 광역시·특별자치시의 부시장과 도 및 특별자치도의 부지사는 2명 (인구 800만 이상의 광역시 및 도는 3명) 으로 한다.

국가공무원으로 보 (補) 하는 부시장·부지사 (행정부시장 또는 행정부지사) 는 특별시의 경우에는 정무직 국가공무원으로, 광역시·특별자치시·도와 특별자치도의 경우에는 고위공무원단에 속하는 일반직 공무원으로 보한다.

지방공무원으로 보하는 부시장·부지사 (정무부시장 또는 정무부지사) 는 특별시의 경우에는 정무직 지방공무원으로, 광역시·특별자치시·도와 특별자치도의 경우에는 별정직 1급 상당 지방공무원 또는 지방관리관으로 보한다. 정무부지사·정무부시장은 단체장이 입후보할 때부터 러닝메이트처럼 여기던 보좌역을 정무부시장으로 임명하므로, 엽관주의적 인사가 이루어진다.

### 3) 소속 행정기관

소속 행정기관에는 지방자치단체가 설치한 직속기관, 사업소, 출장소, 합의제 행정기관, 심의회·위원회 등의 자문기관이 포함된다.

### 4) 하부 행정기관

하부 행정기관인 자치구가 아닌 구에 구청장, 읍에 읍장, 면에 면장, 동에 동장을 둔다. 이 경우 구·동·면은 행정구, 행정동, 행정면이라고 한다.

### 5) 교육·과학 및 체육에 관한 기관

지방자치단체의 교육·과학 및 체육에 관한 사무를 분장하기 위하여 별도의 기관을 둔다. 지방교육자치에 관한 법률은 교육의 자주성 및 전문성과 지방교육의 특수성을 살리기 위하여 지방자치단체의 교육·과학·기술·체육 그 밖의 학예에 관한 사무를 관장하는 기관의 설치와 그 조직 및 운영 등에 관한 사항을 규정함으로써 지방교육의 발전에 이바지함을 목적으로 한다. 지방자치단체의 교육·과학·기술·체육 그 밖의 학예에 관한 사무는 특별시·광역시 및 도 (시·도) 의 사무로 한다. 시·도의 교육·학예에 관한 사무의 집행기관으로 시·도에 교육감을 둔다. 시·도의 교육청 부교육감은 국가 공무원이다.

### ❸ 지방자치단체장

#### 1) 의 의

지방자치단체장은 지방자치단체를 외부에 대표하는 기능, 국가위임사무 집행기능 등을 한다. 지방자치단체장의 권한은 선결처분(先決處分)권, 지방자치단체장의 규칙 제정, 예산불성립 시 예산집행(준예산), 재의 요구권, 임시회 소집요구권 등이다. 지방자치단체의 장의 임기는 4년으로 하며, 지방자치단체의 장의 계속 재임(在任)은 3기에 한한다.

#### 2) 지방의회의 의결에 대한 재의요구와 제소

지방자치단체의 장은 지방의회의 의결이 월권이거나 법령에 위반되거나 공익을 현저히 해친다고 인정되면 그 의결사항을 이송받은 날부터 20일 이내에 이유를 붙여 재의를 요구할 수 있다. 요구에 대하여 재의한 결과 재적의원 과반수의 출석과 출석의원 3분의 2 이상의 찬성으로 전과 같은 의결을 하면 그 의결사항은 확정된다.

지방자치단체장의 재의요구 사유는 지방의회의 의결이 월권이거나 법령에 위반되거나 공익을 현저히 해친다고 인정되는 경우, 지방의회의 의결이 예산상 집행할 수 없는 경비를 포함하고 있다고 인정되는 경우, 법령에 따라 지방자치단체에서 의무적으로 부담하여야 할 경비와 비상재해로 인한 시설의 응급 복구를 위하여 필요한 경비를 지방의회가 줄이는 의결을 할 경우 등이다. 또한 조례안에 이의가 있는 경우, 지방의회의 의결이 법령에 위반되거나 공익을 현저히 해한다고 판단되어 주무부장관 또는 시·도 지사가 재의요구를 지시한 경우 등이 해당된다.

지방자치단체의 장은 그 의결사항을 이송받은 날부터 20일 이내에 이유를 붙여 재의를 요구할 수 있다. 지방자치단체의 장은 지방의회에 재의를 요구한 사항이 재의결된 경우, 재의결된 사항이 법령에 위반된다고 인정되면 재의결된 날부터 20일 이내에 대법원에 소를 제기할 수 있다.

#### 3) 지방자치단체장의 선결처분

지방자치단체의 장은 지방의회가 성립되지 아니한 때(의원이 구속되는 등의 사유로 의결정족수에 미달하게 될 때를 말한다)와 지방의회의 의결사항 중 주민의 생명과 재산보호를 위하여 긴급하게 필요한 사항으로서 지방의회를 소집할 시간적 여유가 없거나 지방의회에서 의결이 지체되어 의결되지 아니할 때에는 선결처분(先決處分)을 할 수 있다.

선결처분은 지체 없이 지방의회에 보고하여 승인을 받아야 한다. 지방의회에서 승인을 받지 못하면 그 선결처분은 그때부터 효력을 상실한다. 지방자치단체의 장은 선결처분 사항을 지체 없이 공고하여야 한다.

### ❹ 지방의회

#### 1) 지방의원의 권한

서류제출요구, 행정사무감사권 및 조사권, 지방의회 의장에 대한 불신임 의결권, 소속의원의 사직허가, 의원에 대한 자격심사 청구 등의 권한이 있다. 그러나 지방의원은 국회의원과 달리 면책특권이나 불체포특권이 인정되지 않는다.

본회의나 위원회는 그 의결로 안건의 심의와 직접 관련된 서류의 제출을 해당 지방자치단체의 장에게 요구할 수 있다. 지방의회는 집행기관의 행정사무 처리사항을 조사 및 감사할 권한을 갖는다. 지방의회는 매년 1회 그 지방자치단체의 사무에 대하여 시·도에서는 14일의 범위에서, 시·군 및 자치구에서는 9일의 범위에서 감사를 실시하고, 지방자치단체의 사무 중 특정 사안에 관하여 본회의 의결로 본회의나 위원회에서 조사하게 할 수 있다.

지방의회의 의장이나 부의장이 법령을 위반하거나 정당한 사유 없이 직무를 수행하지 아니하면 지방의회는 불신임을 의결할 수 있다. 지방의회 의장과 부의장에 대한 불신임 의결은 재적의원 4분의 1 이상의 발의와 재적의원 과반수의 찬성으로 행한다. 지방의회는 그 의결로 소속 의원의 사직을 허가할 수 있다. 다만, 폐회 중에는 의장이 허가할 수 있다. 지방의회의 의원은 다른 의원의 자격에 대하여 이의가 있으면 재적의원 4분의 1 이상의 연서로 의장에게 자격심사를 청구할 수 있다.

## 2) 지방의원의 의무

지방의회의원은 공공의 이익을 우선하여 양심에 따라 그 직무를 성실히 수행하여야 한다. 지방의회의원은 청렴의 의무를 지며, 의원으로서의 품위를 유지하여야 한다. 지방의회의원은 지위를 남용하여 지방자치단체·공공단체 또는 기업체와의 계약이나 그 처분에 의하여 재산상의 권리·이익 또는 직위를 취득하거나 타인을 위하여 그 취득을 알선하여서는 아니 된다. 겸직 금지의무가 있고, 이해관계가 있는 안건에는 참여가 금지되어 있다. 지방의회의 의장이나 의원은 본인·배우자·직계존비속(直系尊卑屬) 또는 형제자매와 직접 이해관계가 있는 안건에 관하여는 그 의사에 참여할 수 없다.

## 3) 지방의회의 의결사항

「지방자치법」상 지방의회의 의결사항은 조례의 제정·개정 및 폐지, 예산의 심의·확정, 기금의 설치·운용, 결산의 승인, 법령에 규정된 것을 제외한 사용료·수수료·분담금·지방세 또는 가입금의 부과와 징수, 법령과 조례에 규정된 것을 제외한 예산 외의 의무부담이나 권리의 포기, 대통령령으로 정하는 중요 재산의 취득·처분, 대통령령으로 정하는 공공시설의 설치·처분, 청원의 수리와 처리, 외국 지방자치단체와의 교류협력에 관한 사항, 그 밖에 법령에 따라 그 권한에 속하는 사항 등이다. 다만, 지방자치단체는 앞서 제시된 사항 외에 조례로 정하는 바에 따라 지방의회에서 의결되어야 할 사항을 따로 정할 수 있다.

## 4) 자치단체장에 대한 권한행사

지방의회가 지방자치단체장에게 행사하는 것은 선결처분의 사후승인, 행정사무의 감사·조사, 청원서의 이송·보고 요구 등이다. 또한 지방의회의 의결사항은 지방자치단체장의 지방채 발행, 지방자치단체장의 보증채무부담행위, 지방자치단체의 출자 또는 출연 등이다.

## 5) 지방의회 구성과 운용

지방의회는 매년 2회 정례회를 개최한다. 지방의원은 임시회의 소집요구권이 있는데, 지방의회의장은 지방자치단체의 장이나 재적의원 3분의 1 이상의 의원이 요구하면 15일 이내에 임시회를 소집하여야 한다. 총선 후 최초로 소집되는 임시회는 지방의회의 사무처장, 사무국장, 사무과장이 지방의회의원 임기개시일로부터 25일 이내에 소집한다.

지방의회는 재적의원 3분의 1 이상의 출석으로 개의(開議)한다. 지방의회는 재적의원 과반수의 출석과 출석의원 과반수의 찬성으로 의결한다. 의장은 의결에서 표결권을 가지며, 찬성과 반대가 같으면 부결된 것으로 본다.

회기계속의 원칙에 의해서, 지방의회에 제출된 의안은 회기 중에 의결되지 못한 것 때문에 폐기되지 아니한다. 다만, 지방의회의원의 임기가 끝나는 경우에는 그러하지 아니하다. 일사부재의(一事不再議)의 원칙에 의해, 지방의회에서 부결된 의안은 같은 회기 중에 다시 발의하거나 제출할 수 없다. 다만, 위원회의 결정이 본회의에 보고된 날부터 폐회나 휴회 중의 기간을 제외한 7일 이내에 의장이나 재적의원 3분의 1 이상이 요구하면 그 의안을 본 회의에 부쳐야 한다.

지방의회는 조례로 정하는 바에 따라 위원회를 둘 수 있으며, 위원회의 종류는 상임위원회와 특별위원회로 한다. 지방의회는 그 의결로 소속 의원의 사직을 허가할 수 있다. 다만, 폐회 중에는 의장이 허가할 수 있다.

지방의회 의원에 대한 징계의 종류로는 '공개회의에서의 경고, 공개회의에서의 사과, 30일 이내의 출석정지, 제명'이 있으며, 제명의 경우 재적의원 3분의 2 이상의 찬성이 있어야 한다.

지방의회의 사무직원의 정수는 지방의회가 조례로 정하고, 사무직원은 지방의회 의장의 추천에 따라 그 지방자치단체장이 임명한다.

## 6) 지방의회의 자율적 권한

내부징계권, 의사자율권, 의원의 자격심사권 등은 지방의회가 자율적으로 규율하는 권한 영역이다.

---

## 제3절   특별지방자치단체와 특별지방행정기관

### ❶ 특별지방자치단체

### 1) 의 의

보통지방자치단체 외에 특정한 목적을 수행하기 위해 필요하면 따로 특별지방자치단체를 설치할 수 있다. 특정한 지방공공사무를 보다 편리하면서도 효율적으로 수행하기 위하여 별도의 관할구역과 행정조직이 필요하다는 것이 설립의 일반적 이유이다. 특별지방자치단체는 행정사무처리(행정사무단체) 이외에 공기업의 경영(기업경영단체)을 위해 설립되기도 한다.

### 2) 특징과 내용

특별지방자치단체인 지방자치단체조합은 둘 이상의 지방자치단체로 구성되는 법인이다. 지방자치단체의 조합은 의결기관으로 조합회의가 있고, 집행기관은 지방자치단체조합장이다.

지방자치단체의 의회 의원과 그 지방자치단체의 장은 지방자치단체조합회의의 위원이나 지방자치단체조합장을 겸할 수 있다. 시·도가 구성원인 지방자치단체조합은 행정안전부장관의, 시·군 및 자치구가 구성원인 지방자치단체조합은 1차로 시·도지사의, 2차로 행정안전부장관의 지도·감독을 받는다. 다만, 지방자치단체조합의 구성원인 시·군 및 자치구가 2개 이상의 시·도에 걸치는 지방자치단체조합은 행정안전부장관의 지도·감독을 받는다. 행정안전부장관은 공익상 필요하면 지방자치단체조합의 설립이나 해산 또는 규약의 변경을 명할 수 있다. 설립뿐만 아니라 규약 변경이나 해산의 경우에도 지방의회의 의결을 거쳐야 한다. 해산한 경우에 그 재산의 처분은 관계 지방자치단체의 협의에 따른다.

그러나 특별지방자치단체의 설립은 지방자치단체의 난립과 구역·조직·재무 등 지방제도의 복잡성과 혼란을 초래할 수 있다는 문제점이 있다.

## ❷ 특별지방행정기관

### 1) 의 의

특별지방행정기관은 국가의 특정한 중앙행정기관에 소속되어 해당 관할구역 내에서 시행되는 소속 중앙행정기관의 권한에 속하는 행정사무를 관장하는 국가의 지방행정기관이다. 「행정기관의 조직과 정원에 관한 통칙」에 의하면 특별지방행정기관은 '국가의 특정한 중앙행정기관에 소속되어 해당 관할구역 내에서 시행되는 소속 중앙행정기관의 권한에 속하는 행정사무를 관장하는 국가의 지방행정기관'을 말한다.

특별지방행정기관은 국가의 사무를 집행하기 위해 중앙정부에서 설치한 일선행정기관으로, 고유의 법인격은 물론 자치권도 가지고 있지 않다.

국가업무의 효율적이고 광역적인 추진이라는 긍정적인 목적과 부처이기주의적 목적이 결합되어 설치되었다. 출입국관리, 공정거래, 근로조건 등 국가적 통일성이 요구되는 업무를 수행한다.

특별지방행정기관의 수는 지방자치의 실시 논의가 이루어지던 1980년대 말에 급증했다. 지방자치제가 실시되면 국가의 감독이나 통제의 수준 및 강도가 약화될 것을 우려하여, 중앙부처에서 특별지방행정기관을 경쟁적으로 설치한 결과로 평가된다.

특별지방행정기관의 사례로는 지방국세청, 지방고용노동청, 지방경찰청, 지방통계청, 유역환경청, 출입국관리사무소, 교도소, 세무서, 세관, 우체국 등이 있다. 한편 지방식품의약품안전청은 행정 각부가 아닌 국무총리소속 식품의약품안전처의 특별지방행정기관에 해당한다. 지방자치단체의 하급행정기관은 특별지방행정기관이 아니다. 지방자치단체의 하급행정기관이란 일반적으로 자치단체 밑에 설치된 읍·면·동 등을 말한다.

### 2) 유용성

전국적 통일성을 요구하는 기능은 특별지방행정기관이 맡는 것이 바람직하다. 특별지방행정기관은 국가사무의 효율적이고 광역적인 수행을 용이하게 한다. 특별지방행정기관은 중앙행정기관의 업무를 지역적으로 분담하여 수행할 필요가 있고, 해당 업무의 전문성과 특수성으로 인하여 지방자치단체 또는 그 기관에 위임하여 처리하는 것이 적합하지 아니한 경우에 둘 수 있다.

공공서비스의 지역적 편차를 해소하여 공공서비스 제공의 형평성을 높이고, 소속 중앙행정기관에 의한 관리와 감독을 용이하게 한다.

현장의 정보를 중앙정부에 전달하거나 중앙정부와 지방자치단체 사이의 매개 역할을 수행하기도 한다.

---

■ **TIP** 특별지방자치단체와 특별지방행정기관
- 세종특별자치시와 제주특별자치도는 단층제의 보통지방자치단체에 속한다.
- 지방자치단체조합은 특별지방자치단체이다.
- 특별지방행정기관은 국가의 지방행정기관이다.

## 3) 문제점

중앙행정기관의 부처이기주의에 따라 설치가 남용되는 문제가 있다. 공무원 수의 팽창을 초래할 수 있다. 지방자치단체와의 관계에서 이중행정, 이중감독의 문제가 보조금의 교부, 자금의 대부 등에서 현저하게 나타난다.

주민들의 직접통제와 참여가 용이하지 않은 문제가 있다. 지역주민의 의사를 반영시키는 제도적 연결장치가 결여되어 있다. 특별지방행정기관은 소속된 중앙행정기관의 구체적인 지시에 따라 행정을 수행하므로, 관할지역 주민들의 직접적인 통제와 참여가 어렵기 때문에 책임행정과 민주성을 실현하기 어렵다. 특별지방행정기관은 주민의 선호나 요구를 제대로 반영하지 못하고, 중앙정부의 통제를 강화시키는 경향이 있기 때문에 자치행정을 저해한다는 비판을 받는다.

전문분야의 행정을 보다 효율적으로 수행하기 위해 설치하나 행정기관 간의 중복을 야기하기도 한다. 지방자치단체와 일선기관의 유사업무의 중복으로 비효율성이 초래되기도 하여, 지방자치단체와의 기능 중복을 타파하기 위해 특별지방행정기관의 지방이양이 추진되고 있다.

특별지방행정기관은 지방행정의 종합성을 저해할 우려가 있다. 특별지방행정기관의 설치는 집권화를 낳으며 중앙통제가 강화되는 원인으로 작용하고, 지방행정의 종합성을 제약한다.

특별지방행정기관의 관할 범위가 넓을수록 이용자인 고객의 편리성이 악화된다. 특별지방행정기관은 지방자치단체의 관할 경계와 반드시 일치하지는 아니하며, 대개 자치단체의 관할구역보다 더 넓은 것이 일반적이다. 일선기관의 관할 범위가 넓은 경우 이용자인 고객의 접근성이 떨어져 고객의 편리성이 저하된다.

---

## 제4절 　지방자치단체의 사무

### ❶ 지방사무의 배분방식

지방분권화의 세계적 흐름에 따라 지방사무의 배분방식은 포괄적 예시방식을 채택하고 있다. 우리나라 지방자치단체의 사무는 「지방자치법」상 포괄적 예시주의를 취하고 있으므로, 「지방자치법」에서 지방자치단체의 사무를 예시하고는 있지만 법률에 이와 다른 규정이 있으면 구속력이 없다.

위임사무와 자치사무로 구분되며, 위임사무는 다시 단체위임사무와 기관위임사무로 구분된다. 국가는 지방자치단체에 이양한 사무가 원활히 처리될 수 있도록 행정적·재정적 지원을 병행하여야 한다.

### ❷ 자치사무

자치사무에 대한 국가의 감독에서 적극적 감독, 즉 예방적 감독과 합목적성의 감독은 배제되는 것이 원칙이다.

행정안전부장관이나 시·도지사는 지방자치단체의 자치사무에 관하여 보고를 받거나 서류·장부 또는 회계를 감사할 수 있다. 이 경우 감사는 법령위반사항에 대하여만 실시한다.

### ❸ 단체위임사무

조례제정권의 범위는 지방자치단체의 사무(자치사무와 단체위임사무)이다. 따라서 법령에 의하여 지방자치단체에 속하는 사무(단체위임사무)에 관해서도 조례를 규정할 수 있다.

단체위임사무에 소요되는 비용은 원칙적으로 자치단체와 위임기관이 공동으로 부담한다. 지방의회는 단체위임사무에 대해 조사·감사를 할 수 있다.

### ❹ 기관위임사무

법령에 의하여 국가 또는 상급지방자치단체로부터 지방자치단체의 장에게 위임된 사무를 말한다. 기관위임사무의 수임주체는 지방자치단체의 집행기관이다.

전국적이고 국가적 이해관계가 크게 걸려 있는 사무는 기관위임사무이다. 기관위임사무는 지방자치단체장이 국가사무를 위임받아 수행하는 것으로 국가적 이해관계가 큰 사무이기에, 국가는 사무처리에 필요한 비용의 전부를 교부하여야 한다. 지방의회의 적극적 관여가 배제되고, 중앙정부의 통제가 강하게 작용한다.

지방자치단체의 장은 조례나 규칙으로 정하는 바에 따라 그 권한에 속하는 사무의 일부를 보조기관, 소속 행정기관 또는 하부행정기관에 위임할 수 있다.

그러나 기관위임사무는 지방자치단체를 국가의 하급기관으로 전락시키는 요인으로 작용할 수 있다. 전국적으로 획일적인 행정을 강조함으로써 지방적 특수성이 희생되기도 한다. 또한 기관위임사무는 국가와 지방자치단체 사이의 행정적 책임의 소재를 불명확하게 한다는 단점이 있다.

**➕ 표 6-4 지방사무의 구분**

| | 자치사무 | 시·도위임사무 (단체위임사무) | 국가위임사무 (기관위임사무) |
|---|---|---|---|
| 개 념 | 고유사무 | 자치단체에 위임된 사무 | 자치단체장에게 위임된 사무 |
| 지방의회의 관여 | • 지방의회가 관여 가능<br>• 조례제정권을 가짐 | • 지방의회가 관여 가능<br>• 조례제정권을 가짐 | • 지방의회가 관여 불가<br>• 조례를 제정할 수 없음 |
| 경비 부담 | 지방자치단체가 전액부담원칙 | 공동부담이 원칙 | 위임기관이 전액부담원칙 |
| 보조금 종류 | 장려적 보조금 지급 가능 | 부담금 | 위탁금 |
| 배상 책임 | 지방자치단체 | 공동책임 | 국가책임 |
| 감 독 | 합법성에 대한 사후 교정적 감독 | 합법성과 합목적성에 대한 사후 교정적 감독 | 합법성, 합목적성에 대한 사후 통제 및 사전 예방적 감독도 가능 |
| 예 시 | 조례·규칙 제정, 상하수도 사업, 지역민방위, 도서관, 학교, 시장, 쓰레기 처리, 주민등록 사무, 교통 및 도시계획 | 보건소 운영, 예방접종 사무, 시·군의 재해구호 사업, 의료보호제도, 조세 등 공과금징수 위임업무, 하천 및 국도의 유지수선 사무 | 대통령·국회의원 선거, 외국인 등록, 근로기준 설정, 도량형, 여권 발급, 의·약사면허, 가족관계등록 사무, 병역 사무, 인구조사 |

## ❺ 지방자치단체 사무처리

### 1) 의 의

「지방자치법」상 지방자치단체의 사무처리의 경우, 지방자치단체는 법령을 위반하여 그 사무를 처리할 수 없다. 시·도와 시·군 및 자치구의 사무가 서로 경합하면 시·군 및 자치구에서 먼저 처리한다.

### 2) 광역적 사무

행정처리 결과가 2개 이상의 시·군 및 자치구에 미치는 광역적 사무는 시·도가 처리한다. 국가와 시·군 및 자치구 사이의 연락·조정 등의 사무는 시·도에서 처리한다. 지역적 특성을 살리면서 시·도 단위로 통일성을 유지할 필요가 있는 사무는 시·도에서 처리한다.

### 3) 지방교육자치

지방자치단체의 교육·과학·기술·체육 그 밖의 학예에 관한 사무는 특별시·광역시 및 도의 사무로 한다. 시·도의 교육·학예에 관한 사무의 집행기관으로 시·도에 교육감을 둔다. 국가행정사무 중 시·도에 위임하여 시행하는 사무로서 교육·학예에 관한 사무는 원칙적으로 교육감에게 위임하여 행한다. 시·도의 교육·학예에 관한 사무를 분장하기 위하여 1개 또는 2개 이상의 시·군 및 자치구를 관할구역으로 하는 하급교육행정기관으로서 교육지원청을 둔다.

정당은 교육감선거에 후보자를 추천할 수 없다. 시·도의 교육·학예에 관한 경비를 따로 경리하기 위하여 당해 지방자치단체에 교육비특별회계를 둔다.

### 4) 국가사무의 처리제한

지방자치단체는 국방과 국세에 해당하는 국가사무를 관장할 수 없다. 지방자치단체는 법률에 다른 규정이 있는 경우를 제외하고 외교, 국방, 사법, 국세 등 국가의 존립에 필요한 사무를 처리할 수 없다.

자치단체가 관장할 수 없는 사무들은 다음과 같다. 외교·국방·사법(司法)·국세 등 국가의 존립에 필요한 사무, 물가정책·금융정책·수출입정책 등 전국적으로 통일적 처리를 요하는 사무, 농산물·임산물·축산물·수산물 및 양곡의 수급조절과 수출입 등 전국적 규모의 사무, 국가종합경제개발계획·국가하천·국유림·국토종합개발계획·지정항만·고속국도·일반국도·국립공원 등 전국적 규모나 이와 비슷한 규모의 사무, 근로기준·측량단위 등 전국적으로 기준을 통일하고 조정하여야 할 필요가 있는 사무, 우편·철도 등 전국적 규모나 이와 비슷한 규모의 사무, 고도의 기술을 요하는 검사·시험·연구·항공관리·기상행정·원자력개발 등 지방자치단체의 기술과 재정능력으로 감당하기 어려운 사무 등이다.

## ❻ 자치분권을 위한 특례

### 1) 자치구

자치구의 자치권 범위는 법령으로 정하는 바에 따라 시·군과 다르게 할 수 있다(지방자치법 제2조). 특별시장이나 광역시장은 「지방재정법」에서 정하는 바에 따라 해당 지방자치단체의 관할 구역 안의 자치구 상호 간의 재원을 조정하여야 한다(지방자치법 제173조).

## 2) 서울특별시, 세종특별자치시와 제주특별자치도

서울특별시의 지위·조직 및 운영에 대하여는 수도로서의 특수성을 고려하여 법률로 정하는 바에 따라 특례를 둘 수 있다 (지방자치법 제174조).

세종특별자치시와 제주특별자치도의 지위·조직 및 행정·재정 등의 운영에 대하여는 행정체제의 특수성을 고려하여 법률로 정하는 바에 따라 특례를 둘 수 있다 (지방자치법 제174조).

## 3) 대도시에 대한 사무특례

인구 50만 이상의 시에 대하여는 도가 처리하는 사무의 일부를 직접 처리하게 할 수 있다 (지방자치법 제10조). 서울특별시·광역시 및 특별자치시를 제외한 인구 50만 이상 대도시의 행정, 재정운영 및 국가의 지도·감독에 대하여는 그 특성을 고려하여 관계 법률로 정하는 바에 따라 특례를 둘 수 있다 (지방자치법 제175조).

「지방자치분권 및 지방행정체제개편에 관한 특별법」에 의하면, 특별시와 광역시가 아닌 인구 50만 이상 대도시 및 100만 이상 대도시의 행정·재정 운영 및 지도·감독에 대하여는 그 특성을 고려하여 관계 법률에서 정하는 바에 따라 특례를 둘 수 있다.

인구 100만 이상 대도시의 행정기구 및 정원은 인구, 도시 특성, 면적 등을 고려하여 대통령령으로 정할 수 있다. 인구 100만 이상 대도시의 부시장은 2명으로 한다. 도지사는 「지방재정법」에 따라 배분되는 조정교부금과 별도로 해당 시에서 징수하는 도세 (원자력발전에 대한 지역자원시설세, 소방분 지역자원시설세 및 지방교육세는 제외한다) 중 100분의 10 이하의 범위에서 일정 비율을 추가로 확보하여 해당 시에 직접 교부하여야 한다.

## 4) 지방자치분권 및 지방행정체제개편에 관한 특별법

자치분권 및 지방행정체제 개편을 추진하기 위하여 대통령 소속으로 자치분권위원회를 둔다. 시·군·구의 통합에 있어서는 시·도 및 시·군·구 관할구역의 경계에 제한을 받지 아니한다. 풀뿌리자치의 활성화와 민주적 참여의식 고양을 위하여 읍·면·동에 해당 행정구역의 주민으로 구성되는 주민자치회를 둘 수 있다. 국가는 교육자치와 지방자치의 통합을 위하여 노력하여야 한다. 국가는 지방행정과 치안행정의 연계성을 확보하고, 지역특성에 적합한 치안서비스를 제공하기 위하여 자치경찰제도를 도입하여야 한다.

통합지방자치단체에 대한 특례로는 지방자치단체의 통합으로 인하여 종전의 지방자치단체 또는 특정 지역의 행정상·재정상 이익이 상실되거나 그 지역 주민에게 새로운 부담이 추가되어서는 아니 된다. 지방자치단체의 통합으로 초과되는 공무원 정원에 대하여는 정원 외로 인정한다. 또한 예산 지원이나 지방교부세 산정 등에서도 특례가 인정된다.

---

## 제5절 · 지방자치단체 간의 협력

### ❶ 지방자치단체 간 협력의 개요

「지방자치법」상 인정되는 지방자치단체 간의 협력방안 또는 광역행정의 방식으로 지방자치단체조합의 설립, 사무위탁, 행정협의회의 구성 등이 있다.

공동의 관심 사항에 대한 전략적 협력이라는 적극적 측면은 「지방자치법」에 제도적으로 규정되어 있는 방식인 사무위탁, 지방자치단체조합 등이다. 행정협의회는 소극적인 분쟁조정과 적극적인 협력 모두와 관련된 방식이다.

지방자치단체는 다른 지방자치단체로부터 사무의 공동처리에 관한 요청이나 사무처리에 관한 협의·조정·승인 또는 지원의 요청을 받으면 법령의 범위에서 협력하여야 한다.

## ❷ 사무위탁

사무의 위탁은 지방자치단체나 그 장이 소관 사무의 일부를 다른 지방자치단체나 그 장에게 위탁하여 처리하게 할 수 있는 것이다. 이 경우 지방자치단체의 장은 사무위탁의 당사자가 시·도나 그 장이면 행정안전부장관과 관계 중앙행정기관의 장에게, 시·군 및 자치구나 그 장이면 시·도지사에게 이를 보고하여야 한다. 지방자치단체는 공공시설을 관계 지방자치단체의 동의를 얻어 그 지방자치단체의 구역 밖에 설치할 수 있다.

사무위탁은 사무처리비용의 절감, 공동사무처리에 따른 규모의 경제 등의 장점이 있으나, 위탁처리비용의 산정문제 등으로 인해 광범위하게 이용되지 못하고 있다.

> ■ **TIP** 사무위탁과 사무위임
> 사무위탁은 대등한 관계를 토대로 하며, 사무위임은 하향적 관계를 기초로 한다. 지방자치단체의 장은 조례나 규칙으로 정하는 바에 따라 그 권한에 속하는 사무의 일부를 보조기관, 소속 행정기관 또는 하부행정기관에 위임할 수 있다.

## ❸ 지방자치단체조합의 설립

2개 이상의 지방자치단체가 하나 또는 둘 이상의 사무를 공동으로 처리할 필요가 있을 때에는 규약을 정하여 그 지방의회의 의결을 거쳐 시·도는 행정안전부장관의, 시·군 및 자치구는 시·도지사의 승인을 받아 지방자치단체조합을 설립할 수 있다. 다만, 지방자치단체조합의 구성원인 시·군 및 자치구가 2개 이상의 시·도에 걸치는 지방자치단체조합은 행정안전부장관의 승인을 받아야 한다.

지방자치단체조합은 법인으로 한다. 지방자치단체조합의 사무처리의 효과는 지방자치단체가 아닌 지방자치단체조합에 귀속된다.

## ❹ 행정협의회

지방자치단체는 2개 이상의 지방자치단체에 관련된 사무의 일부를 공동으로 처리하기 위하여 관계 지방자치단체 간 행정협의회를 구성할 수 있다. 이 경우 지방자치단체의 장은 시·도가 구성원이면 행정안전부장관과 관계 중앙행정기관의 장에게, 시·군 또는 자치구가 구성원이면 시·도지사에게 이를 보고하여야 한다.

협의회를 구성한 관계 지방자치단체는 협의회가 결정한 사항이 있으면 그 결정에 따라 사무를 처리하여야 한다. 합의제 행정기관의 설치·운영에 관하여 필요한 사항은 대통령령 또는 조례로 정한다.

## ❶ 중앙정부와 지방정부 간의 갈등관계

### 1) 의 의

오늘날 입법적 통제나 사법적 통제에 비하여 행정적 통제가 보다 일반적으로 활용되고 있다. 감사원은 지방공무원에 대해서도 직무감찰을 실시할 수 있다. 중앙정부와 지방정부 간 국책사업 갈등에는 지역주민이 갈등의 당사자로 참여하는 경우가 있다.

중앙정부와 지방정부는 사무권한과 관련한 갈등의 경우 헌법재판소에 권한쟁의심판을 정구할 수 있다. 지방세인 취득세 감면조치는 중앙정부와 지방정부의 갈등요인으로 작용할 수 있다.

### 2) 위법·부당한 명령·처분의 시정명령

지방자치단체의 사무에 관한 그 장의 명령이나 처분이 법령에 위반되거나 현저히 부당하여 공익을 해친다고 인정되면 시·도에 대하여는 주무부장관이, 시·군 및 자치구에 대하여는 시·도지사가 기간을 정하여 서면으로 시정할 것을 명하고, 그 기간에 이행하지 아니하면 이를 취소하거나 정지할 수 있다. 이 경우 자치사무에 관한 명령이나 처분에 대하여는 법령을 위반하는 것에 한한다.

지방자치단체의 장은 자치사무에 관한 명령이나 처분의 취소 또는 정지에 대하여 이의가 있으면 그 취소처분 또는 정지처분을 통보받은 날부터 15일 이내에 대법원에 소(訴)를 제기할 수 있다.

### 3) 직무이행명령과 대집행

지방자치단체의 장이 법령의 규정에 따라 그 의무에 속하는 국가위임사무나 시·도위임사무의 관리와 집행을 명백히 게을리하고 있다고 인정되면 시·도에 대하여는 주무부장관이, 시·군 및 자치구에 대하여는 시·도지사가 기간을 정하여 서면으로 이행할 사항을 명령할 수 있다. 주무부장관은 지방자치단체장이 국가위임사무에 대한 이행명령을 이행하지 아니하면 지방자치단체의 비용부담으로 대집행하거나 행정상·재정상 필요한 조치를 할 수 있다. 지방자치단체장은 주무부장관의 이행명령에 이의가 있으면 이행명령서를 접수한 날부터 15일 이내에 대법원에 소를 제기할 수 있다. 이러한 소의 제기의 경우, 지방자치단체장은 이행명령의 집행을 정지하게 하는 집행정지결정을 신청할 수 있다.

> ■ **TIP** 자치사무와 위임사무에 대한 감독
> 자치사무도 시정명령과 감사의 대상이 되지만 법령에 위반한 것에 한한다.
> 한편 위임사무는 시정명령 외에 이행명령의 대상이 된다.

**➕ 표 6-5 시정명령과 이행명령**

| | 시정명령 | 이행명령 |
|---|---|---|
| 대 상 | 지방자치단체의 사무 (자치사무＋시도 위임사무) | 시도 위임사무, 국가 위임사무 |
| 사 유 | • 자치사무는 위법한 경우에만 시정명령이 가능<br>• 단체위임사무는 위법부당한 경우에 가능 | 관리 및 집행을 명백히 게을리할 때 |
| 절 차 | 기간을 정하여 서면으로 명령 | 기간을 정하여 서면으로 명령 |
| 불이행 시 조치 | 주무부장관이 직권으로 취소정지 가능 | 지방자치단체 비용부담으로 대집행 또는 행정재정상 조치 가능 |
| 불복 절차 | 지방자치단체장은 자치사무의 경우에는 15일 내에 대법원에 소 제기 가능 | 지방자치단체장은 15일 이내에 대법원에 소 제기 가능 |

## 4) 지방자치단체의 자치사무에 대한 감사

행정안전부장관이나 시·도지사는 지방자치단체의 자치사무에 관하여 보고를 받거나 서류·장부 또는 회계를 감사할 수 있다. 이 경우 감사는 법령위반사항에 대하여만 실시한다. 주무부장관, 행정안전부장관 또는 시·도지사는 이미 감사원 감사 등이 실시된 사안에 대하여는 새로운 사실이 발견되거나 중요한 사항이 누락된 경우 등 대통령령으로 정하는 경우를 제외하고는 감사대상에서 제외하고 종전의 감사결과를 활용하여야 한다.

## 5) 행정협의조정위원회

중앙정부와 지방정부 간 공식적인 갈등조정 기구는 국무총리 소속의 행정협의조정위원회이다. 중앙행정기관의 장과 지방자치단체의 장이 사무를 처리할 때 의견을 달리하는 경우, 이를 협의·조정하기 위하여 국무총리 소속으로 행정협의조정위원회를 둔다. 중앙과 지방정부 간의 분쟁을 조정하는 국무총리 소속의 행정협의조정위원회의 결정은 구속력은 있지만, 강제력을 가지지는 못한다.

「지방자치법」은 행정협의조정위원회가 협의·조정사항에 관한 결정을 하면 통보를 받은 관계 중앙행정기관의 장과 그 지방자치단체의 장은 그 협의·조정 결정사항을 이행하여야 한다고 규정하고 있기 때문에 구속력은 있지만, 조정 결정사항을 이행하지 않을 시 이행명령이나 대집행 등의 강제력을 확보할 수 없기에 강제력은 없다.

# ❷ 지방정부 간의 갈등

## 1) 의 의

지방정부 간 갈등을 해결하기 위하여 분쟁조정위원회의 의결을 거쳐 시·도지사나 행정안전부장관이 조정결정을 하는 것은 직무이행명령권이나 대집행권이 있기 때문에 강제력을 지닌다.

지방자치단체 상호 간이나 지방자치단체의 장 상호 간 사무를 처리할 때 의견이 달라 다툼이 생기면 다른 법률에 특별한 규정이 없으면 행정안전부장관이나 시·도지사가 당사자의 신청에 따라 조정(調整)할 수 있다. 다만, 그 분쟁이 공익을 현저히 저해하여 조속한 조정이 필요하다고 인정되면 당사자의 신청이 없어도 직권으로 조정할 수 있다.

조정결정사항 중 예산이 수반되는 경우에 관계 지방자치단체는 이에 필요한 예산을 우선적으로 편성하여야 한다.

## 2) 분쟁조정위원회

행정안전부에 중앙분쟁조정위원회, 시·도에 지방분쟁조정위원회를 둔다. 중앙분쟁조정위원회는 시·도 간 또는 그 장 간의 분쟁, 시·도를 달리하는 시·군 및 자치구 간 또는 그 장 간의 분쟁, 시·도와 시·군 및 자치구 간 또는 그 장 간의 분쟁, 시·도와 지방자치단체조합 간 또는 그 장 간의 분쟁, 시·도를 달리하는 시·군 및 자치구와 지방자치단체조합 간 또는 그 장 간의 분쟁, 시·도를 달리하는 지방자치단체조합 간 또는 그 장 간의 분쟁 등을 심의·의결한다.

지방분쟁조정위원회는 중앙분쟁조정위원회의 심의·의결사항에 해당하지 아니하는 지방자치단체·지방자치단체조합 간 또는 그 장 간의 분쟁을 심의·의결한다. 시·도를 같이하는 시·군 및 자치구 간 또는 그 장 간의 분쟁, 시·도를 같이하는 시·군 및 자치구와 지방자치단체조합 간 또는 그 장 간의 분쟁, 시·도를 같이하는 지방자치단체조합 간 또는 그 장 간의 분쟁 등을 심의·의결한다.

## 3) 갈등해결

자치단체 간의 갈등해결방법으로는 협의회, 협약 등이 있다. 지방자치단체와 주민 간의 갈등해결 방법으로는 공청회, 공람 (供覽) 등이 있다. 중앙정부와 지방정부 간 인사교류의 활성화는 갈등해결 방안에 속하는 것으로, 소모적 갈등의 완화에 기여한다.

PART 06

---

## 제7절 　 정부 간의 관계모형

# ❶ Wright의 모형

## 1) 의 의

Deal S. Wright (1988) 는 연방정부의 정부 간 관계를 포괄형·종속형, 분리형·독립형, 중첩형·상호의존형의 세 유형으로 구분했다. 각 유형별로 지방정부의 사무내용, 중앙·지방 간 재정관계와 인사관계의 차이가 있음을 밝히고 있다.

## 2) 내포·포괄·종속형

내포형 혹은 포괄형 (inclusive model) 은 지방정부가 중앙정부에 완전히 의존되어 있는 관계를 의미한다. 포괄형에서는 정부의 권위가 계층적이다. Dillon의 원칙과 상통한다.

라이트 (Wright) 의 포괄형은 엘코크 (Elcock) 의 대리자모형과 유사하다.

## 3) 분리·독립형

분리권위모형 (seperated authority model) [5]은 중앙과 지방 간의 독립적인 관계를 의미한다. 분리형에서는 정부의 권위가

---

5 Wright는 연방정부와 주정부가 독립적인 관계를 처음에는 분리권위모형으로 표현했으나, 각 정부 간의 독립성을 존중하고 의사불일치를 조정하는 것이 중요하다고 보아 조정권위모형 (coordinate authority model) 으로 이름을 변경했다. 그러나 일반적으로 분리권위모형으로 표현되고 있다.

독립적이다. 연방정부와 주정부가 각각 독립된 주권을 바탕으로 독자적으로 자치권을 행사하며, 지방정부는 주정부에 종속되어 있는 이원적 관계의 모형이다. Home Rule의 원칙, Cooley의 원칙과 상통한다.

라이트 (Wright) 의 분리권위형은 엘코크 (Elcock) 의 동반자모형과 유사하다.

### 4) 중첩·상호의존형

중첩형 (overlapping model) 은 정치적 타협과 협상에 의한 중앙과 지방 간의 상호의존 관계를 의미한다. Wright의 이론 중 중첩권위형은 중앙정부와 지방정부가 상호의존적인 관계를 맺고 있는 유형을 말하며, 가장 이상적인 형태다.

Wright의 중첩형과 유사한 성격의 모형은 로즈 (Rhodes) 의 전략적 협상관계모형, Elcock의 교환모형 등이다. 전략적 협상관계모형, 교환모형 등은 절충적인 모형으로, 중앙과 지방이 상호독립적인 관계가 아니라 상호의존적인 관계에 있다고 본다.

✚ 그림 6-3 Wright의 정부 간 관계모형

출처: 이달곤 외, 『지방자치론』, (2012: 125).

### ❷ Elcock의 모형

Howard James Elcock (1994) 는 대리인모형 (agency model), 동반자모형 (partnership model), 교환모형 또는 지배인모형 (stewardship model) 으로 구분하였다.[6]

첫째, 엘코크 (Elcock) 의 대리인모형은 지방정부가 중앙정부의 단순한 대리인으로 중앙정부의 감독 및 지원 하에 국가정책을 집행하고, 재량권이 거의 없다. Elcock의 대리인모형 (agency model) 은 Wright의 내포·포괄·종속형과 비슷하다.

둘째, Elcock의 동반자모형 (partnership model)[7]은 중앙과 지방정부는 서로 대등한 입장에서, 지방정부는 재량권을 갖고 중앙정부에도 영향력을 미치는 것으로 본다. 동반자모형은 Wright의 분리권위·독립형과 상통한다.

---

**6** J. A. Chandler (2001) 는 대리인모형, 동반자모형, 소작인모형, 상호의존형으로 구분했다. 대리인모형과 동반자모형은 Howard James Elcock (1994) 의 모형과 동일하다. Chandler는 중앙정부의 통제와 규제 속에서도 지방정부의 자율성이 인정되는 소작인모형 (stewardship model) 과 지방정부와 중앙정부가 갖는 권한과 자원의 상이성을 인정하는 바탕 위에서 상호공존을 모색하는 상호의존형 (power dependence model) 을 구별했는데, 이것은 Elcock의 지배인모형 (stewardship model) 이 세분화된 형태다.

**7** D. Wilson & C. Game (1998) 은 대리인모형, 권력의존모형 (power-dependence model), 지배인모형으로 설명하고 있다. 대리인모형과 지배인모형은 Howard James Elcock (1994) 의 내용과 동일하고, 권력의존모형은 Elcock (1994) 의 동반자모형과 유사하다.

셋째, 교환모형 또는 지배인모형 (stewardship model) 은 지방정부가 중앙정부의 통제하에 놓여 있기는 하지만 어느 정도의 자율성을 가지고 있다고 보는 것으로, 중앙과 지방이 상호 의존적 관계를 가지는 것으로 설명하는 모형이며 Wright의 중첩·상호의존형과 유사하다.

## ❸ Rhodes의 모형

R. A. W. Rhodes (1983) 의 전략적 협상관계모형 또는 상호의존모형 (interdependent model) 에서, 지방정부는 중앙정부에 완전히 예속되는 것도 아니고 완전히 동등한 관계가 되는 것도 아닌 상태에서 상호 의존 (interdependent) 한다. 지방과 중앙의 관계를 제로섬 게임 (zero sum game) 의 상황이 아니라 전략적 게임을 벌이는 협상관계로, 상호 의존적인 게임 (positive sum game) 상황으로 인식한다.

로즈 (Rhodes) 는 중앙정부는 법적 자원과 재정적 자원에서 우위를 점하며, 지방정부는 정보자원과 조직자원의 측면에서 우위를 점한다고 주장한다.

## ❹ Nice의 모형

David C. Nice (1987) 는 정부 간 관계를 경쟁형과 상호의존형으로 이원화하였다. 경쟁형 (competitive model) 은 정책을 둘러싼 정부 간 경쟁관계를 의미한다.

## ❺ Muramatsu의 모형

무라마츠 미치오 (1988) 는 중앙정부와 지방정부 간의 관계를 수직적 행정통제모형과 수평적 정치경쟁모형으로 나눈다. Muramatsu (村松岐夫) 의 수직적 행정통제모형은 중앙정부가 지방정부에 대하여 권력적 수단과 지시 및 명령 등을 통해서 일방적으로 통제하는 형태를 의미한다.

수평적 정치경쟁모형은 중앙정부와 지방정부가 서로 경쟁하면서도 상호 협력하는 상호의존적인 관계를 형성하는 모형이다.

무라마츠는 일본의 정부 간 관계는 제도적으로는 수직적 행정통제모형이지만 실제로는 수평적 정치경쟁모형에 가깝다고 보면서, Wright의 동등관계에 기초한 상호의존모형으로 나아가야 함을 제시했다.

## ❻ Dunsire의 이론

Andrew Dunsire (1981) 는 중앙정부와 지방정부의 관계를 하향식 (top - down) 모형, 지방자치 (local authority) 모형, 정치체제 (political system) 모형으로 구분했다.[8]

---

8 앙드레 라조와 (Andree Lajoie) 는 정부 간 관계를 권한에 중점을 두어 행정권 위임, 정치적 분권, 행정권 분권의 세 가지 유형으로 분류했다. 행정권

첫째, 하향식 (top - down) 모형은 지방정부가 중앙정부에 전적으로 의존하는 유형을 말한다.

둘째, 지방자치 (local authority) 모형은 지방정부는 중앙정부와 상호 대등한 관계이며 광범위한 자율성을 가진다.

셋째, 정치체제 (political system) 모형은 중앙정치와 지방정치집단 간의 관계인 정치적 관계로 전환된다고 본다.

## ❼ Wildavsky의 모형

Aaron Wildavsky (1979) 의 이론 중 협조 – 강제모형 (cooperative - coercive model) 은 지방정부는 중앙정부의 감독 하에 국가정책을 단순히 집행하는 대리자로서, 자율성이나 재량은 없거나 극소화된다.

월다브스키 (Wildavsky) 의 갈등 – 합의모형 (conflict - consent model) 은 중앙정부와 지방정부의 관계가 인사와 재정상으로 완전하게 분리되어 서로 독립적·자치적으로 운영되는 유형을 말한다.

## ❽ Kingdom의 모형

John Kingdom (1991) 의 소작인모형 (stewardship) 은 지방정부는 중앙정부를 설득할 수는 있으나, 대부분 복종해야 하는 소작인과 같은 위치에 있다는 것이다. 즉 상호의존관계이나 동등한 지위는 아닌 것이다.

### ✚ 표 6-6 정부 간의 관계모형

| | 내포, 종속, 수직적 의존 | 분리독립, 동반, 경쟁 | 중첩, 교환, 상호의존 |
|---|---|---|---|
| D. Wright | 내포·포괄·종속형 | 분리·독립형 | 중첩·상호의존형 |
| H. J. Elcock | 대리인모형 | 동반자모형 | 지배인모형, 교환모형 |
| Wilson, Game | 대리인모형 | 권력의존모형 | 지배인모형 |
| R. Rhodes | | | 전략적 협상관계, 상호의존모형 |
| D. C. Nice | | 경쟁형 | 상호의존형 |
| 무라마츠 미치오 | 수직적 행정통제모형 | 수평적 정치경쟁모형 | 상호의존모형 |
| A. Dunsire | 하향식 (top – down) 모형 | 지방자치모형 | 정치체제모형 |
| A. Wildavsky | 협조 – 강제모형 | 갈등 – 합의모형 | |
| J. Kingdom | | | 소작인모형 |
| J. Chandler | 대리인모형 | 동반자모형 | 소작인모형, 상호의존모형 |
| A. Lajoie | 행정권 위임 | 정치적 분권 | 행정권 분권 |

위임형은 지방정부는 중앙정부의 일선집행기관의 지위에 머무르고, 지방정부는 중앙정부에 의존적 관계이다. 정치적 분권형은 지방정부의 고유한 자치권을 인정하는 이념적 바탕 위에서 중앙정부와 대등한 관계이며, 재정적으로도 독립적인 특징을 지닌다. 행정권 분권형은 지방정부는 어느 정도의 자율성을 누리지만, 중앙정부에의 의존적 성격에서 벗어나지 못한 형태이다.

# C HAPTER

# 38 지방재정

## 제1절 국가재정과 지방재정

### ① 공통점

#### 1) 조세지출예산, 통합재정제도, 성인지예산제도

국가재정과 지방재정 모두 조세지출예산서, 통합재정통계, 성인지예산서 작성이 의무화되었다. 지방재정은 지방세지출 예산서 작성, 지역통합재정통계, 성인지예산서 작성을 의무화하고 있다.

#### 2) 복식부기, 발생주의 회계

국가의 회계처리는 복식부기·발생주의 방식으로 한다. 지방자치단체의 회계처리와 재무보고는 발생주의·복식부기 방식 에 의한다.

#### 3) 참여예산제도

국가재정은 2019년도 예산편성부터 국민참여예산제도가 시행되었고, 지방재정은 2004년에 기초자치단체부터 도입되 었다.

지방자치단체의 장은 대통령령으로 정하는 바에 따라 지방예산 편성 등 예산과정에 주민이 참여할 수 있는 제도인 주민 참여예산제도를 마련하여 시행하여야 한다.

#### 4) 성과 중심의 재정운용

각 중앙관서의 장은 예산요구서를 제출할 때에 다음 연도 예산의 성과계획서 및 전년도 예산의 성과보고서를 기획재정 부장관에게 함께 제출하여야 하며, 기금관리주체는 기금운용계획안을 제출할 때에 다음 연도 기금의 성과계획서 및 전 년도 기금의 성과보고서를 기획재정부장관에게 함께 제출하여야 한다. 각 중앙관서의 장은 예산의 집행방법 또는 제도 의 개선 등으로 인하여 수입이 증대되거나 지출이 절약된 때에는 이에 기여한 자에게 성과금을 지급할 수 있으며, 절약 된 예산을 다른 사업에 사용할 수 있다.

지방자치단체의 장은 행정안전부령으로 정하는 바에 따라 예산의 성과계획서 및 성과보고서를 작성하여야 한다. 지방자 치단체의 장은 예산의 집행 방법이나 제도의 개선 등으로 예산이 절약되거나 수입이 늘어난 경우에는 절약한 예산 또는 늘어난 수입의 일부를 이에 기여한 자에게 성과금으로 지급하거나 다른 사업에 사용할 수 있다. 지방자치단체의 장 또는 기금관리주체는 시정요구에 대한 처리결과에 따라 수입이 증대되거나 지출이 절약된 때에는 시정요구를 한 자에게 성과 금을 지급할 수 있다.

## ❷ 차이점

### 1) 특별회계

국가재정의 특별회계는 국가에서 특정한 사업을 운영하고자 할 때, 특정한 자금을 보유하여 운용하고자 할 때, 특정한 세입으로 특정한 세출에 충당함으로써 일반회계와 구분하여 회계처리할 필요가 있을 때에 법률로써 설치하되, 법률에 의하지 아니하고는 이를 설치할 수 없다.

지방재정의 특별회계는 「지방공기업법」에 따른 지방직영기업이나 그 밖의 특정사업을 운영할 때 또는 특정자금이나 특정세입·세출로서 일반세입·세출과 구분하여 회계처리할 필요가 있을 때에만 법률이나 조례로 설치할 수 있다. 다만, 목적세에 따른 세입·세출은 다른 법률에 특별한 규정이 있는 경우를 제외하고는 특별회계를 설치·운용하여야 한다.

### 2) 추가경정예산

국가재정은 추가경정예산 편성사유의 제한 규정[9]이 있다. 정부는 국회에서 추가경정예산안이 확정되기 전에 이를 미리 배정하거나 집행할 수 없다.

반면에 지방재정은 지방자치단체의 장은 이미 성립된 예산을 변경할 필요가 있을 때에는 추가경정예산(追加更正豫算)을 편성할 수 있다고 규정하여, 별도의 편성 제한사유를 규정하지 않고 있다.

다만 시·도의 경우 국가로부터, 시·군 및 자치구의 경우 국가 또는 시·도로부터 그 용도가 지정되고 소요 전액이 교부된 경비, 시·도의 경우 국가로부터, 시·군 및 자치구의 경우 국가 또는 시·도로부터 재난구호 및 복구와 관련하여 복구계획이 확정·통보된 경우 그 소요 경비는 추가경정예산의 성립 전에 사용할 수 있으며, 이는 같은 회계연도의 차기 추가경정예산에 계상하여야 한다.

### 3) 총액계상예산제도

총액계상예산제도는 국가에는 도입[10]되어 있으나, 지방자치단체에는 도입되어 있지 않다. 기획재정부장관은 대통령령이 정하는 사업으로서 세부내용을 미리 확정하기 곤란한 사업의 경우에는 이를 총액으로 예산에 계상할 수 있다.

### 4) 납세자소송제도

납세자소송제도는 국가에는 도입되어 있지 않고, 지방자치단체에는 도입되어 있다. 공금의 지출에 관한 사항, 재산의 취득·관리·처분에 관한 사항, 해당 지방자치단체를 당사자로 하는 매매·임차·도급 계약이나 그 밖의 계약의 체결·이행에 관한 사항 또는 지방세·사용료·수수료·과태료 등 공금의 부과·징수를 게을리한 사항을 감사청구한 주민은 그 감사청구한 사항과 관련이 있는 위법한 행위나 업무를 게을리 한 사실에 대하여, 해당 지방자치단체의 장(해당 사항의 사무처리에 관한 권한을 소속 기관의 장에게 위임한 경우에는 그 소속 기관의 장)을 상대방으로 하여 소송을 제기할 수 있다.

---

9 「국가재정법」 제89조에 의하면 정부는 전쟁이나 대규모 재해가 발생한 경우, 경기침체·대량실업·남북관계의 변화·경제협력과 같은 대내·외 여건에 중대한 변화가 발생하였거나 발생할 우려가 있는 경우, 법령에 따라 국가가 지급하여야 하는 지출이 발생하거나 증가하는 경우에 해당하게 되어 이미 확정된 예산에 변경을 가할 필요가 있는 경우에는 추가경정예산안을 편성할 수 있다.

10 「국가재정법」 제37조에 의하면, 총액계상사업의 총 규모는 매 회계연도 예산의 순계를 기준으로 대통령령이 정하는 비율인 매 회계연도 예산순계 기준 100분의 3을 초과할 수 없다. 총액계상사업에는 도로보수 사업, 도로안전 및 환경개선 사업, 항만시설 유지보수 사업, 수리시설 개보수 사업, 수리부속지원 사업, 문화재 보수정비 사업, 기타 대규모 투자 또는 보조사업 등이 있다.

### 5) 예비비제도

국가재정에서 예비비는 임의사항[11]이지만, 지방재정에서 일반회계와 교육비특별회계의 경우에는 필수사항이다.
지방자치단체는 예측할 수 없는 예산 외의 지출 또는 예산 초과지출에 충당하기 위하여 일반회계와 교육비특별회계의 경우에는 각 예산 총액의 100분의 1 이내의 금액을 예비비로 예산에 계상하여야 하고, 그 밖의 특별회계의 경우에는 각 예산 총액의 100분의 1 이내의 금액을 예비비로 예산에 계상할 수 있다.

### 6) 재정운용계획

정부는 재정운용의 효율화와 건전화를 위하여 매년 당해 회계연도부터 5회계연도 이상의 기간에 대한 재정운용계획인 국가재정운용계획을 수립하여 회계연도 개시 120일 전까지 국회에 제출하여야 한다.
지방자치단체의 장은 지방재정을 계획성 있게 운용하기 위하여 매년 다음 회계연도부터 5회계연도 이상의 기간에 대한 중기지방재정계획을 수립하여 예산안과 함께 지방의회에 제출하고, 회계연도 개시 30일 전까지 행정안전부장관에게 제출하여야 한다.

### 7) 예산제출 및 의결 시한

정부는 대통령의 승인을 얻은 예산안을 회계연도 개시 120일 전까지 국회에 제출하여야 한다. 국회는 제출된 예산안을 회계연도 개시 30일 전까지 의결해야 한다.
지방자치단체의 장은 회계연도마다 예산안을 편성하여 시·도는 회계연도 시작 50일 전까지, 시·군 및 자치구는 회계연도 시작 40일 전까지 지방의회에 제출하여야 한다. 제출된 예산안을 시·도의회에서는 회계연도 시작 15일 전까지, 시·군 및 자치구의회에서는 회계연도 시작 10일 전까지 의결하여야 한다.

**✚ 표 6-7 국가재정과 지방재정**

| | 국가재정 | 지방재정 |
|---|---|---|
| 행정이념 초점 | 형평성 | 효율성 |
| 적용원칙 | 응능주의 | 응익주의 |
| 가격원리 | 가격원리 적용 곤란 | 가격원리 적용 용이 |
| 예산제출 시한 | 회계연도 개시 120일 전 | • 광역: 50일 전 <br> • 기초: 40일 전 |
| 예산의결 시한 | 회계연도 개시 30일 전 | • 광역: 15일 전 <br> • 기초: 10일 전 |
| 총액계상예산 | 도 입 | 미도입 |
| 납세자소송제도 | 미도입 | 도 입 |
| 추가경정예산 | 편성사유 제한 있음 | 편성사유 제한 없음 |
| 특별회계 | 법률로 설치 | 법률 또는 조례로 설치 |
| 참여예산제도 | 국민 참여예산제도 | 주민 참여예산제도 |
| 예비비 반영 | 임의사항 | 필수사항(일반회계와 교육비특별회계) |

---

11 「국가재정법」 제22조에 의하면, 정부는 예측할 수 없는 예산 외의 지출 또는 예산 초과지출에 충당하기 위하여 일반회계 예산 총액의 100분의 1 이내의 금액을 예비비로 세입세출예산에 계상할 수 있다. 공무원의 보수 인상을 위한 인건비 충당을 위하여는 예비비의 사용목적을 지정할 수 없다.

## ❸ 지방재정의 운영

### 1) 자치재정의 내용

우리나라의 경우 조세법률주의를 채택하고 있기 때문에 지방자치단체가 법령의 근거 없이 스스로 세목을 개발하고 지방세를 부과·징수할 수 없다. 지방자치단체에도 조세법률주의는 적용되므로, 법령의 위임이 없는 경우에는 조례의 제정을 통하여 지방 세목을 설치할 수 없다. 다만 지방자치단체 재정의 신축성과 자율성을 제고하기 위해서 지방세 탄력세율제도를 인정하고 있다.

현행법상 지방자치단체의 관할구역 자치사무에 필요한 경비는 그 지방자치단체가 전액을 부담한다. 한편 지방자치단체의 장은 재정투자사업에 관한 예산안을 편성할 경우, 대통령령이 정하는 바에 따라 사전에 그 필요성과 타당성에 대한 심사를 하여야 한다. 그리고 지방자치단체의 장은 재해예방 및 복구사업을 위한 자금조달을 위해서 필요할 경우에는 지방채를 발행할 수 있다.

### 2) 부담금과 교부금

지방자치단체나 그 기관이 법령에 따라 처리하여야 할 사무로서 국가와 지방자치단체 간에 이해관계가 있는 경우에는 원활한 사무처리를 위하여 국가에서 부담하지 아니하면 아니 되는 경비는 국가가 그 전부 또는 일부를 부담한다.

국가가 스스로 하여야 할 사무를 지방자치단체나 그 기관에 위임하여 수행하는 경우 그 경비는 국가가 전부를 그 지방자치단체에 교부하여야 한다.

### 3) 보조금의 교부

국가는 정책상 필요하다고 인정할 때 또는 지방자치단체의 재정 사정상 특히 필요하다고 인정할 때에는 예산의 범위에서 지방자치단체에 보조금을 교부할 수 있다.

### 4) 예산의 전용

지방자치단체의 장은 대통령령으로 정하는 바에 따라 각 정책사업 내의 예산액 범위에서 각 단위사업 또는 목의 금액을 전용(轉用)할 수 있다. 다만, 지방자치단체의 장은 예산에 계상되지 아니한 사업을 추진하는 경우, 지방의회가 의결한 취지와 다르게 사업 예산을 집행하는 경우, 그 밖에 대통령령으로 정하는 경우 중에서 어느 하나에 해당하는 경우에는 전용할 수 없다.

### 5) 지방자치단체의 부담을 수반하는 법령안

중앙관서의 장은 그 소관 사무로서 지방자치단체의 경비부담을 수반하는 사무에 관한 법령을 제정하거나 개정하려면 미리 행정안전부장관의 의견을 들어야 한다.

### 6) 긴급재정관리단체의 지정

행정안전부장관은 재정위기단체로 지정된 지방자치단체가 재정건전화계획을 3년간 이행하였음에도 불구하고 재정위기단체로 지정된 때부터 3년이 지난 날 또는 그 이후의 지방자치단체의 재정위험 수준이 재정위기단체로 지정된 때보다 대통령령으로 정하는 수준 이하로 악화된 경우, 소속 공무원의 인건비를 30일 이상 지급하지 못한 경우, 상환일이 도래한 채무의 원금 또는 이자에 대한 상환을 60일 이상 이행하지 못한 경우 중에서 어느 하나에 해당하여 자력으로 그 재정위기상황을 극복하기 어렵다고 판단되는 경우에는 해당 지방자치단체를 긴급재정관리단체로 지정할 수 있다. 이 경우 행정안전부장관은 긴급재정관리단체로 지정하려는 지방자치단체의 장과 지방의회의 의견을 미리 들어야 한다.

## 7) 긴급재정관리계획의 수립 및 시행

긴급재정관리단체의 장은 긴급재정관리계획안을 작성하여 긴급재정관리인의 검토를 받아 지방의회의 의결을 거친 후 행정안전부장관의 승인을 받아야 한다. 긴급재정관리단체의 장은 긴급재정관리계획을 성실히 이행하여야 한다.

---

## 제2절　지방세의 종류와 지방세의 원칙

### ❶ 지방세의 종류

#### 1) 지방세의 구분

첫째, 지방세는 보통세와 목적세로 구분되며 보통세 9개와 목적세 2개의 세목으로 간소화되었다. 목적세는 지방교육세와 지역자원시설세이며, 기초자치단체는 목적세를 부과할 수 없고 광역자치단체만 부과할 수 있다. 보통세는 도세, 시·군세, 특별시·광역시세, 자치구세로 구분된다.

둘째, 도세는 취득세, 지방소비세, 레저세, 등록면허세 등이다. 시·군세는 주민세, 재산세, 자동차세, 담배소비세, 지방소득세이다. 특별시·광역시세는 취득세, 지방소비세, 레저세, 자동차세, 담배소비세, 지방소득세, 주민세이다. 자치구세는 등록면허세와 재산세이다.

지방소비세는 특별시·광역시·도세이다. 지방소득세는 특별시·광역시세, 시·군세이다. 등록면허세는 도세, 자치구세이다. 취득세는 특별시·광역시·도세이다.

셋째, 재산과세, 소비과세, 소득과세, 혼합과세로 구분할 수 있다. 재산과세에 속하는 것은 취득세, 등록면허세, 재산세, 자동차세가 있다. 소비과세로는 지방소비세, 담배소비세, 레저세가 해당된다. 소득과세에 속하는 것은 지방소득세이다. 재산과세와 소비과세 및 소득과세 등의 성격을 지닌 혼합과세는 지방교육세, 지역자원시설세, 주민세가 해당된다.

#### ✚ 표 6-8 지방세의 구분

| | 특별시·광역시세 | 도 세 | 자치구세 | 시·군세 |
|---|---|---|---|---|
| 보통세 (9개) | 취득세, 지방소비세, 레저세, 지방소득세, 담배소비세, 주민세, 자동차세 | 취득세, 지방소비세, 레저세, 등록면허세 | 등록면허세, 재산세 | 담배소비세, 주민세, 지방소득세, 재산세, 자동차세 |
| 목적세 (2개) | 지역자원시설세, 지방교육세 | 지역자원시설세, 지방교육세 | - | - |

## 2) 지방세제의 특징

첫째, 지방세는 재산과세의 비중이 높기 때문에 중앙정부의 부동산 정책과 지역경제 상황에 따라 영향을 많이 받는다. 특히 지방세는 재산세와 같은 재산보유에 대한 과세보다 취득세와 같은 재산거래에 대한 과세의 비중이 상대적으로 높다.

### 생각 넓히기 _ 공동과세

서울특별시의 재산세는 공동과세로 특별시분 50%와 자치구분 50%로 구분하고, 특별시분은 자치구에 균등분배하고 있다. 서울시 자치구 간 재정력의 형평화에 기여할 수 있다. 그러나 지방자치제의 본래의 의미를 훼손할 수 있다는 비판을 받기도 한다. 기초지방자치단체 간 갈등을 야기할 수 있다.

둘째, 지방소비세는 국세인 부가가치세의 일부를 일정한 기준에 따라 광역지방자치단체에 이전하는, 일종의 세원공유 방식의 지방세다. 국세인 부가가치세의 일부를 지방세로 전환한 세금으로, 납세의무자는 부가가치세를 납부할 의무가 있는 자이며, 국가에 부가가치세를 납부하면 국가가 납세액의 일정비율을 지방자치단체로 이전하는 형식을 취한다.

셋째, 주민세는 균등분, 재산분, 종업원분의 세 가지 항목으로 징수된다. 주민세는 시세(市稅)로 분류되지만, 광역시의 경우 주민세 중 재산분 및 종업원분은 자치구에 귀속한다.[12]

넷째, 광역시의 군 지역은 광역시세와 자치구세의 세목 구분이 적용되지 않고, 도세와 시·군세의 세목 구분이 적용된다.

다섯째, 지역자원시설세[13]는 지하·해저자원, 관광자원, 수자원, 특수지형 등 지역자원의 보호 및 개발, 지역의 특수한 재난예방 등 안전관리사업 및 환경보호·개선사업, 그 밖에 지역균형개발사업에 필요한 재원을 확보하거나 소방시설, 오물처리시설, 수리시설 및 그 밖의 공공시설에 필요한 비용을 충당하기 위하여 부과하는 세금이다.

여섯째, 지방교육세는 지방교육의 질적 향상에 필요한 지방교육재정의 확충에 소요되는 재원을 확보하기 위하여 부과한다. 레저세, 담배소비세, 주민세 균등분 등의 납세의무자에게 부과한다. 시·도는 지방교육세를 매 회계연도 일반회계예산에 계상하여 교육비특별회계로 전출하여야 한다. 레저세는 종전의 경주·마권세가 변경된 것이다.

## ❷ 재정수입 측면에서 지방세의 원칙

### 1) 충분성의 원칙

충분성의 원칙이란 지방자치를 위해 충분한 금액이어야 함을 뜻한다. 그러나 지방세 수입이 지방사무의 양에 비교하여 충분하지 못하다.

---

12 서울특별시의 경우에는 주민세의 세 항목을 모두 시세로 징수한다. 주민세 개인균등분은 다른 지방자치단체(1만 원 정도)에 비해서 서울시(6천 원 정도)가 상대적으로 낮다.

13 지역자원시설세는 지역개발세와 공동시설세를 통합한 세목이다. 지역자원시설세의 과세 대상은 특정자원과 특정부동산으로 구분된다. 특정자원의 과세 대상은 발전용수, 지하수, 지하자원, 컨테이너를 취급하는 부두를 이용하는 컨테이너, 원자력 발전 등이다. 특정부동산분의 과세 대상은 소방시설, 오물처리시설, 수리시설, 선박 등이다.

### 2) 보편성의 원칙

보편성의 원칙이란 지방세의 세원이 특정지역에 편재되어 있지 않고 고루 분포되어 있어야 함을 의미한다. 그러나 수도권과 비수도권의 세원이 심각하게 불균형적이다.

### 3) 세수안정의 원칙

세수 (稅收) 안정의 원칙은 경기변동에 관계 없이 세수가 안정적으로 확보되어야 함을 뜻한다. 중앙정부의 부동산 정책과 지역경제 상황에 따라 세수가 영향을 많이 받게 되면 세수안정성이 떨어지게 된다.

### 4) 신장성의 원칙

신장성 (伸張性) 의 원칙은 늘어나는 행정수요에 대응하여 매년 지속해서 세수가 확대되어야 함을 의미한다. 지방세는 자산과세 중심으로 배분되어 있기 때문에, 소비과세나 소득과세가 중심이 되어 있는 구조에 비해 신장성이 약하다.

### 5) 자율성의 원칙

지방재정의 자율성 또는 신축성의 원칙은 자치단체의 특성에 따라 탄력적으로 운영되어야 함을 뜻한다. 그러나 지방세의 세목설정 권한이 인정되지 않기 때문에 자율성이 상대적으로 떨어진다.

## ❸ 징세행정 측면에서 지방세의 원칙

### 1) 편의 및 최소비용의 원칙

편의 및 최소비용의 원칙은 징세 (徵稅) 가 쉽고 징세비가 절감되어야 함을 뜻한다.

### 2) 자주성의 원칙

자주성의 원칙이란 중앙정부로부터 독자적인 과세자주권이 확립되어야 함을 말한다. '조세의 종목과 세율은 법률로 정한다.'라는 조세법률주의에 의해 지방자치단체의 과세자주권은 제약된다. 즉 지방자치단체는 조례로 지방세를 설치·운영할 수 없다.

 생각 넓히기_ 지방세 탄력세율과 과세자주권

지방세 탄력세율제도는 「지방세법」에서 인정하는 대표적인 과세자주권에 해당한다. 레저세 (레저세의 세율은 100분의 10), 지방소비세 (부가가치세 과세표준에 100분의 21을 적용하여 계산한 금액) 등을 제외하고는 지방자치단체조례 또는 대통령령에 의거하여 법정표준세율의 50~30% 범위 내에서 지방자치단체가 세율을 증감해서 적용할 수 있다. 그러나 탄력세율을 높게 설정할 경우, 조세저항이 발생할 수 있고 또한 기준재정수입이 증가하게 되어 교부세액이 축소되므로 세율 인상이 선호되지는 않는다.

### 3) 국지성의 원칙

국지성 (局地性) 의 원칙이란 과세객체가 관할구역 내에 국한되어 있어야 하며, 조세부담을 회피하기 위한 지역 간 이동이 없어야 함을 의미한다.

## ❹ 주민부담 측면에서 지방세의 원칙

### 1) 부담보편의 원칙

부담보편의 원칙은 주민들에게 공평성 또는 형평성이 있게 부담시켜야 한다는 원칙이다.

### 2) 부담분임의 원칙

부담분임의 원칙 또는 책임분담의 원칙은 지역 행정서비스에 소요되는 경비를 가능한 한 많은 주민이 분담하도록 하는 것이다. 주민세 균등할은 각 개인의 납세능력의 차이를 고려하지 않고 일률적으로 책정하는 세금의 성격을 지니며, 대상에 따라 개인에 대한 과세 (개인균등할), 법인에 대한 과세 (법인균등할) 로 나누어진다. 여기서 개인균등할은 해당 지역에 거주하는 모든 주민들에게 부과되는 조세이기 때문에 부담분임의 원칙을 가장 잘 충족시킨다고 볼 수 있다.

### 3) 응익성의 원칙

응익성 (應益性) 의 원칙은 납세자의 지불능력보다는 주민이 누린 편익에 비례하는 것 또는 공공서비스의 수혜 정도를 기준으로 한다. 세외수입 역시 이 원칙의 적용을 받는다.

### 4) 효율성의 원칙

효율성의 원칙은 자원배분의 효율화에 기여해야 한다는 것이다.

---

## 제3절 　 지방재원의 분류

## ❶ 지방재원의 개요

지방재정의 세입구조는 수입원에 따라 자주재원과 의존재원으로, 용도의 제한성에 따라 일반재원과 특정재원으로 분류된다. 지방교부세의 종류는 보통교부세, 특별교부세, 소방안전교부세, 부동산교부세로 구분한다.
상급지방자치단체가 하급지방자치단체를 지원하는 제도로 자치구 조정교부금과 시·군 조정교부금이 있다.

## ❷ 자주재원과 의존재원

### 1) 의 의

지방자치단체의 세입재원은 크게 자주재원과 의존재원으로 나눌 수 있다. 자주재원에는 지방세와 세외수입 등이 있고, 의존재원에는 지방교부세, 국고보조금, 조정교부금 등이 있다. 다만, 지방채의 경우는 자주재원설도 있으나, 일반적으로 자주재원도 아니고 의존재원도 아닌 제3의 독립된 재원으로 간주한다.

## 2) 자주재원

자주재원 (自主財源) 은 지방자치단체의 다양성과 지방분권화를 촉진하며, 지방세와 세외수입이 자주재원에 속한다. 지방세는 법률이 정하는 바에 따라 강제적으로 징수하고, 보통세와 목적세가 있다. 세외수입은 자주재원 중에서 지방세 외의 모든 수입을 포함하는 개념이다.

세외수입은 그 종류와 형태가 다양하며, 매년 정기적으로 징수되고 수입의 안정성이 상대적으로 높은 경상 (經常) 세외수입과 특정 회계연도에 일회적으로 발생하는 수입인 임시 (臨時) 세외수입으로 나뉜다.[14] 세외수입은 자주재원이지만 그 용도가 제한되는 경우가 있다. 세외수입의 연도별 신장률은 특별회계의 영업수입과 재산매각수입 및 기부금 등 변동성이 큰 임시적 수입을 많이 포함하므로 불안정적이다.

세외수입으로는 사용료, 수수료, 분담금, 부담금, 징수교부금, 과징금 및 과태료 등이 있다.

첫째, 사용료 (使用料) 는 지방자치단체가 주민의 복지증진을 위해 설치한 공공시설을 특정소비자가 사용할 때, 그 반대급부로 개별적인 보상원칙에 따라 지방자치단체의 조례에 의거하여 강제적으로 부과·징수하는 공과금이다.

둘째, 수수료 (手數料) 는 지방자치단체가 특정인에게 제공한 행정서비스에 의해 이익을 받는 자로부터 그 비용의 전부 또는 일부를 반대급부로 징수하는 수입이다.

셋째, 분담금 (分擔金) 은 지방자치단체의 재산 또는 공공시설의 설치로 인해 주민의 일부가 특별히 이익을 받을 때, 그 비용의 일부를 부담시키기 위해 그 이익을 받는 자로부터 수익의 정도에 따라 징수하는 공과금이다.

넷째, 부담금 (負擔金) 은 「부담금관리기본법」에 의하면 중앙행정기관의 장, 지방자치단체의 장, 행정권한을 위탁받은 공공단체 또는 법인의 장 등 법률에 따라 금전적 부담의 부과권한을 부여받은 자인 부과권자가 분담금, 부과금, 기여금, 그 밖의 명칭에도 불구하고 재화 또는 용역의 제공과 관계없이 특정 공익사업과 관련하여 법률에서 정하는 바에 따라 부과하는 조세 외의 금전지급의무 (특정한 의무이행을 담보하기 위한 예치금 또는 보증금의 성격을 가진 것은 제외한다) 를 말한다.

다섯째, 징수교부금 (徵收交付金) 은 광역자치단체가 기초자치단체에게 지방세 징수과정에서 발생한 인건비와 고지서 작성·송달비용 등의 비용을 추후 보전해 주는 교부금이다.

여섯째, 과징금 (過徵金) 은 행정법상 의무위반에 따른 금전적 제재 (制裁) 로, 영업정지 기간에 갈음하여 부과하거나 행정법상 의무위반으로 인해서 발생한 경제적 이익에 부과하기도 한다. 한편 과태료 (過怠料) 는 주로 「질서위반행위규제법」을 위반한 행위에 부과된다.

## 3) 의존재원

의존재원 (依存財源) 은 지방자치단체에서 필요로 하거나 부족한 재원을 외부에서 조달한다는 특징이 있으며 지방교부세, 국고보조금, 조정교부금 등이 해당된다. 지방교부세는 지방자치단체 간 재정력의 불균형을 조정하는 재원으로, 보통교부세, 특별교부세, 부동산교부세 및 소방안전교부세로 구분한다.

지방재정의 지역 간 불균형을 시정하고 지방재정의 안정성 확보를 가능하게 하며, 지방자치단체에 대한 유도·조정을 통해 국가 차원의 통합성을 유지할 수 있다.

그러나 의존재원의 비중이 높아지면 재정분권이 취약해질 수 있다.

---

14 경상적 세외수입은 재산임대 수입, 수수료 수입, 사용료 수입, 사업 수입, 이자 수입, 징수교부금 수입 등이다. 임시적 세외수입은 재산매각 수입, 부담금, 과징금 및 과태료, 지난 연도 수입, 기타 수입 등이다.

## ❸ 일반재원과 특정재원

### 1) 일반재원

일반재원 (一般財源) 은 지방자치단체가 독자적으로 사용할 수 있는 재원으로 지방세, 보통교부세가 대표적이다. 일반적으로 일반재원의 비중이 커지면 지출 선택의 범위가 넓어져 재정운영의 자주성과 탄력성이 커진다.

### 2) 특정재원

특정재원 (特定財源) 은 재원의 용도가 특정한 사업에 엄격하게 제한되어 있는 재원이며, 국고보조금은 대표적 특정재원이라고 할 수 있다. 특정재원은 지방재정의 신축성을 방해하고 경직성을 심화시킬 수 있기 때문에 지방자치의 자율성을 저해한다.

## ❹ 지방채

### 1) 지방채의 방식

지방자치단체가 과세권을 담보로 하여 발행하는 증권으로, 채무부담행위이다. 지방채의 종류로는 모집공채, 매출공채, 교부공채의 방식이 있다.

모집공채 (募集公債) 는 공모방식을 통한 기채이다. 매출공채 (賣出公債) 는 지방정부가 채권을 발행하여 차량이나 주택구입 및 인·허가자에게 강제로 구입하도록 하는 채권이다. 교부공채는 지방자치단체가 공사대금 등 현금을 지급해야 하는 경우에 현금지급 대신 후일지급을 약속하는 증권을 교부하는 방법이다.

### 2) 지방자치단체장의 지방채 발행

지방자치단체의 장은 공유재산의 조성 등 소관 재정투자사업과 그에 직접적으로 수반되는 경비의 충당, 재해예방 및 복구사업, 천재지변으로 발생한 예측할 수 없었던 세입결함의 보전, 이미 발행한 지방채의 차환 등을 위한 자금 조달에 필요할 때에는 지방채를 발행할 수 있다.

지방자치단체의 장은 지방채를 발행하려면 재정 상황 및 채무 규모 등을 고려하여 대통령령으로 정하는 지방채 발행 한도액의 범위에서 지방의회의 의결을 얻어야 한다. 다만, 지방채 발행 한도액 범위더라도 외채를 발행하는 경우 지방의회의 의결을 거치기 전에 행정안전부장관의 승인을 받아야 한다. 지방자치단체의 장은 행정안전부장관의 승인을 받은 경우에는 그 승인받은 범위에서 지방의회의 의결을 얻어 지방채 발행 한도액의 범위를 초과하여 지방채를 발행할 수 있다. 그러나 제주특별자치도지사는 제주특별자치도의 발전과 관계가 있는 사업을 위하여 필요하면, 도의회 의결을 마친 후 외채 발행과 지방채 발행 한도액의 범위를 초과한 지방채 발행을 할 수 있다.

### 3) 지방자치단체조합장의 지방채 발행

지방자치단체조합의 장은 그 조합의 투자사업과 긴급한 재난복구 등을 위한 경비를 조달할 필요가 있을 때 또는 투자사업이나 재난복구사업을 지원할 목적으로 지방자치단체에 대부할 필요가 있을 때에는 지방채를 발행할 수 있다. 이 경우 행정안전부장관의 승인을 받은 범위에서 조합의 구성원인 각 지방자치단체 지방의회의 의결을 얻어야 한다. 발행한 지방채에 대하여는 조합과 그 구성원인 지방자치단체가 그 상환과 이자의 지급에 관하여 연대책임을 진다.

## ❶ 재정자립도

### 1) 의 의

재정자립도(financial independence rate)는 세입총액에서 지방세수입과 세외수입과 같은 자체수입이 차지하는 비율을 나타낸다. 재정자립도는 지방자치단체의 일반회계 세입총액 가운데 자주재원이 차지하는 비중을 의미한다.

재정자립도(財政自立度) 산정방식은 실질적 재정상태와 관계없이 중앙정부로부터 얼마나 지원받지 않고 있느냐 만을 나타내는 것이다. 지방자치단체 지방수입의 구조에서 가장 두드러진 특징 중 하나는 자주재원에 비해 의존재원이 매우 많다는 점으로, 지방자치단체의 국가재정에 대한 의존도가 상당히 크다고 할 수 있다.

### 2) 재정자립도의 특징

의존재원이 적을수록 지방재정자립도는 높게 나타난다. 지방재정자립도는 자치단체의 재정상황과는 무관하게, 의존재원이 적으면 적을수록 재정자립도가 높게 나타난다. 국세의 지방세 이전은 지방세 수입을 증가시키므로 재정자립도 증대에 도움이 된다. 중앙정부가 지방교부세를 감액하면 재정자립도는 올라간다.

일반회계에서 차지하는 자체 재원의 비율이 높을수록 재정자립도가 높게 산정되기 때문에, 지방교부세를 받은 지방자치단체는 재정력이 커짐에도 불구하고 재정자립도는 반대로 낮아지게 된다.

### 3) 재정자립도의 한계

지방재정자립도를 높이기 위해 국세의 일부를 지방세로 전환할 경우, 세수불균형이 존재하므로 지역 간 재정불균형이 심화될 수 있다.

재정자립도가 높다고 지방정부의 실질적 재정이 반드시 좋다고 볼 수는 없다. 대규모 사업의 수행을 가능케 하는 재정규모의 중요성을 간과하고 있다. 지방자치단체의 일반회계만을 고려하고 특별회계와 기금 등을 종합적으로 고려하지 못하므로 지방자치단체의 실제 재정력이 과소평가된다. 지방자치단체 간의 상대적 재정 규모를 평가하지 못하는 문제가 있다. 지방자치단체의 세입을 중심으로 산정되기 때문에 지방자치단체의 재정력을 효과적으로 파악하기 곤란하다. 재정지출의 내역이라고 할 수 있는 세출의 질을 고려하고 있지 않다. 지방재정자립도는 경상적 경비와 임시적 경비비율 등의 세출구조를 고려하지 않는다.

지방자치단체 예산에서의 의존재원별 특성을 반영하지 못한다. 중앙정부에 의한 재정지원을 의존재원으로 처리함으로써, 재정지원의 형태를 제대로 파악할 수 없다.

## ❷ 재정자주도

재정자주도(financial autonomy rate)란 일반회계 세입에서 자주재원과 지방교부세를 합한 일반재원의 비중이다. 재정자주도(財政自主度)가 높을수록 지방자치단체가 재량껏 사용할 수 있는 예산의 폭이 넓다. 재정자주도는 생계급여 등 사회복지 분야에서 차등보조율을 설계할 때 사용된다.

PART 06

### ❸ 재정력

지방정부의 재정력(fiscal capacity)이란 지방정부의 재정수요(fiscal need)를 각 지방정부 차원의 조세수입으로 충당할수 있는 조세부담능력(taxable capacity)을 뜻한다. 지방교부세(보통교부세)는 기준재정 수입액과 기준재정 수요액을 비교한 '재정력지수'를 사용한다. 재정력지수는 기준재정 수입액 / 기준재정 수요액이다. 기준재정 수요액에 비해서 기준재정수입액이 부족할 경우인 재정력 지수가 '1' 미만일 때, 보통교부세가 교부된다.

**✚ 표 6-9 지방재정 평가지표**

| 지방세, 세외수입 ↑ | 재정자립도 | 재정자주도 | 재정규모 |
|---|---|---|---|
| 지방세, 세외수입 ↑ | ↑ | ↑ | ↑ |
| 지방교부세 ↑ | ↓ | ↑ | ↑ |
| 국고보조금 ↑ | ↓ | ↓ | ↑ |

## 제5절 　지방재정조정제도

### ❶ 지방재정조정제도의 기능과 유형

#### 1) 제도의 기능

지역 간의 재정 형평성을 확보하기 위해 지방재정조정제도를 운영하고 있다. 지방재정조정제도는 중앙정부와 지방정부사이의 불균형을 조정하는 수직적 재정조정 기능이 있으며, 동일한 계층에 속하는 자치단체 간 재정력 격차의 불균형을조정하는 수평적 재정조정 기능이 있다. 또한 지방재정조정제도는 해당 지방거주자 개인 간의 재정력 불균형을 시정하는 역할도 내포한다.

지방재정조정제도는 지역 간의 확산효과(spillover effect)를 조절할 수 있는 정책수단이 되기도 한다. 다른 지방정부나지방자치단체에게 외부경제 또는 긍정적 외부효과를 낳는 경우에는 해당 공공재를 생산한 지방정부나 지방자치단체에게 보조금을 지급하여 적정 공공서비스 생산수준을 유지할 수 있다. 반면에 외부불경제 또는 부정적 외부효과를 유발하는 경우에는 해당 서비스 생산주체에게 조세 부과 또는 부담금 징수 등을 통해서 과다생산을 억제할 수 있다.

#### 2) 제도의 유형

지방재정조정제도는 재원 사용의 자율성 정도, 교부주체, 보조금의 성격, 지방정부의 대응지출의무 여부에 따라 구분될수 있다.

첫째, 지방자치단체에게 재원 사용의 자율성을 부여하는 지방교부세와 특정한 사업에 사용할 것을 조건으로 선택적으로지원하는 국고보조금으로 구분한다.

둘째, 국가에 의한 재정조정제도인 국고보조금과 지방교부세가 있고, 상급자치단체에 의한 재정조정제도인 조정교부금이 있다.

셋째, 보조금의 특성에 따라 일반보조금, 특정보조금, 중간적 형태인 포괄보조금으로 구분되기도 한다.

일반보조금(general grant)은 중앙정부가 지방정부의 자금사용에 대한 조건을 부여하지 않는 보조금으로, 무조건부 보조금(unconditional grant)이라고도 한다. 지방교부세 또는 지방교부금은 일반보조금에 해당한다고 볼 수 있다.[15]

특정보조금(specific or earmarked grant)은 중앙정부가 자금의 용처를 지정하여 이전하는 보조금으로, 조건부 보조금(conditional grant)이라고도 불린다. 국고보조금은 특정보조금에 속한다.

포괄보조금(block grant)은 일반보조금과 특정보조금의 중간적 형태로, 중앙정부가 지방정부에 보조금을 주면서 보조금의 용처를 지정하기는 하지만 개별·구체적이 아니라 포괄적으로 지정하는 것을 뜻한다.

넷째, 지방정부의 대응지출의무 여부에 따라 의무가 없는 정액보조금과 의무가 있는 정률보조금으로 구분될 수 있다.

정액보조금은 중앙정부가 지원해준 보조금을 지방정부가 사용처에 사용하기만 하면 되고 별도의 대응지출의 필요가 없는 것으로, 비대응 보조금(nonmatching grant)이라고도 불린다.

정률보조금은 중앙정부가 지원해주는 보조금 사업 중에서 지방정부도 일정 비율을 부담하도록 하는 경우로, 대응 보조금(matching grant)이라고도 한다.

## ❷ 지방교부세

### 1) 의 의

지방교부세는 중앙정부가 지방정부의 재정수요와 재정수입을 비교하여 부족한 재원을 보전할 목적으로 내국세의 적정비율에 해당하는 금액을 지방정부에 교부하는 것이다. 지방교부세제도는 지방자치단체 간 재정수입의 불균형을 완화하기 위한 제도이다. 지방교부세의 기본 목적은 지방자치단체 간 재정격차를 줄임으로써 기초적인 행정서비스가 제공될 수 있도록 하는 것에 있다.

지방교부세는 지방세가 아니며, 국가가 지방자치단체의 재정불균형을 시정하기 위하여 교부하는 조정재원 중에서 의존재원이다.

지방교부세는 내국세 총액의 19.24%와 종합부동산세 전액을 재원으로 한다. 지방교부세의 재원에는 종합부동산세 총액, 담배에 부과하는 개별소비세 총액의 일부 등이 포함된다. 지방교부세 총액은 법률에 의해 정해지지만, 국고보조금의 규모는 중앙정부의 재정여건, 예산정책 등을 고려하여 중앙정부에서 결정한다.

### 2) 지방교부세의 종류

「지방교부세법」에서 지방교부세의 종류는 보통교부세, 부동산교부세, 특별교부세, 소방안전교부세로 구분한다. 한편 분권교부세는 폐지(2014)되었다.

---

15 지방교부세는 지방교부세의 구체적인 종류에 따라 일반보조금의 성격을 지니는 것과 특정보조금이라고 할 수 있는 것이 있으나, 통상적인 개념적 징표로는 재원사용의 자율성이 부여되는 일반보조금으로 본다.

첫째, 보통교부세는 그 용도를 특정하지 아니한 일반재원이다. 중앙정부는 보통교부세를 교부할 때 일정한 조건을 붙이거나 용도를 제한할 수 없다. 기준재정 수요액에 비해서 기준재정 수입액이 부족할 경우인 재정력 지수가 '1' 미만일 때, 보통교부세가 교부된다.

둘째, 특별교부세는 중앙정부가 용도를 제한하여 지방자치단체의 재량권이 없는 재원이다. 보통교부세의 산정기일 후에 발생한 재난을 복구하거나 재난 및 안전관리를 위한 특별한 재정수요가 생기거나 재정수입이 감소한 경우 특별교부세를 교부할 수 있다. 지방행정 및 재정운용 실적이 우수한 지방자치단체에 재정지원 등 특별한 재정수요가 있을 경우 특별교부세를 교부할 수 있다. 특별교부세는 중앙정부가 지방정부를 통제하기 위한 수단으로 사용된다는 비판도 있다.

셋째, 부동산교부세는 지방자치단체에 전액 교부하여야 한다. 부동산교부세는 원칙적으로 기초자치단체에 전액 교부하여야 하지만, 기초자치단체가 없는 세종특별자치시나 제주특별자치도에는 부동산교부세가 교부될 수 있다.

넷째, 행정안전부장관은 지방자치단체의 소방 인력 운용, 소방 및 안전시설 확충, 안전관리 강화 등을 위하여 소방안전교부세를 지방자치단체에 전액 교부하여야 한다. 이 경우 소방 분야에 대해서는 소방청장의 의견을 들어 교부하여야 한다. 소방안전교부세의 재원은 「개별소비세법」에 따라 담배에 부과하는 국세인 개별소비세 총액의 일부 금액이다.

## ❸ 국고보조금

### 1) 의 의

국고보조금은 지방정부가 수행하는 업무 중에서 국가사업과 지방사업의 연계를 강화하고자, 중앙정부가 지방정부의 특정 사업에 대하여 경비 일부의 용도를 지정하여 부담한다.

국고보조금은 장려적 보조금, 위탁금, 부담금 등으로 구성된다. 위탁금은 국가사무 혹은 기관위임사무를 지방에 위임할 경우 그 경비의 전부를 지급하는 것이고, 부담금은 단체위임사무를 지방에 위임하는 경우 그 경비의 일부를 지급하는 것이다.

국고보조금은 지방재정의 형평성을 유지하기 위한 수단이며 중앙정부와 지방자치단체 간의 수직적 재정조정이다. 중앙정부가 지방자치단체에 대해 사무와 기능을 위탁할 때 지원하는 경우도 있다.

그러나 국고보조사업의 수행에서 중앙정부의 감독을 받으므로, 지방자치단체의 자율성이 약화될 우려가 있다. 국고보조금은 행정서비스의 구역의 확산에 대처할 수 있지만 지역 간 재정력 격차 및 불균형을 심화시키기도 한다.

**생각 넓히기 _ 가격효과**

국고보조금 지급에 의한 가격하락으로 수요(소비)량에 영향을 주게 되는데, 이를 가격효과(price effect)라고 한다. 어떤 재화의 가격하락은 대체재 관계에 있는 다른 재화의 소비감소와 해당 재화의 소비증가를 유발하는데 이를 대체효과(substitution effect)라 칭한다. 또한 가격하락에 따른 실질소득증가로 더 많은 재화(어느 하나 또는 두 재화 모두)의 소비를 가능하게 하는 소득효과(income effect)를 낳는다. 소득효과가 정(+)인 재화를 정상재(normal goods), 부(-)인 재화를 열등재(inferior goods)라고 한다.

| | 지방교부세 | 국고보조금 |
|---|---|---|
| 재원 성격 | 의존재원, 일반재원 | 의존재원, 특정재원 |
| 자치단체 재량 정도 | 일반재원이므로 자치단체의 재량이 많음 | 특정재원이므로 자치단체의 재량이 거의 없음 |
| 교부 주체 | 행정안전부장관 | 기획재정부장관 |
| 교부 기준 | 기준에 의한 지원 | 기획재정부의 재량에 의한 보조 |
| 재정조정 | 수직적·수평적 재정조정 | 수직적 재정조정 |
| 재정기능 | 지방재정 간의 형평화를 위한 보조 | 자원배분 효율화를 위한 보조 |
| 지방비 부담 | 없음, 정액현금 보조성격 | 있음, 정률(보조율)현물 보조성격 |
| 재 원 | 내국세의 19.24%＋담배에 부과되는 개별소비세의 45%＋종합부동산세 전액＋정산액 | 중앙정부의 일반회계와 특별회계에서 지원 |
| 근거 법률 | 지방교부세법 | 보조금관리에 관한 법률 |

## 2) 보조율

보조금이 지급되는 대상사업, 경비의 종목, 국고보조율 및 금액은 매년 예산으로 정한다. 다만 지방자치단체에 대한 보조금의 경우 대상사업과 기준보조율은 대통령령으로 정한다. 대부분의 국고보조사업은 일률적 보조금(기준보조율)이며 차등보조율을 적용하는 차등보조금도 일부 사용한다.

기획재정부장관은 매년 지방자치단체에 대한 보조금 예산을 편성할 때에 필요하다고 인정되는 보조사업에 대하여는 해당 지방자치단체의 재정 사정을 고려하여 기준보조율에서 일정 비율을 더하거나 빼는 차등보조율을 적용할 수 있다. 중앙관서의 장은 보조사업을 수행하려는 자로부터 신청받은 보조금을 조정하여 기획재정부장관에게 보조금예산을 요구해야 한다. 보조금 교부 및 집행실적은 상임위, 예결위, 기재부장관에게 제출해야 한다.

## ❹ 조정교부금

### 1) 의 의

「지방재정법」에서 조정교부금에 관한 규정을 두고 있다. 조정교부금은 일반적 재정수요에 충당하기 위한 일반조정교부금과 특정한 재정수요에 충당하기 위한 특별조정교부금으로 구분하여 운영하되, 특별조정교부금은 민간에 지원하는 보조사업의 재원으로 사용할 수 없다.

### 2) 시·군 조정교부금

시·도지사(특별시장은 제외)는 시·군에서 징수하는 광역시세·도세(화력발전·원자력발전에 대한 지역자원시설세, 소방분 지역자원시설세 및 지방교육세는 제외)의 총액, 해당 시·도(특별시는 제외)의 지방소비세액을 전년도 말의 해당 시·도의 인구로 나눈 금액에 전년도 말의 시·군의 인구를 곱한 금액의 27%(인구 50만 이상의 시와 자치구가 아닌 구가 설치된 시는 47%)에 해당하는 금액을 시·군 간의 재정력 격차를 조정하기 위한 조정교부금의 재원으로 확보하여야 한다.

### 3) 자치구 조정교부금

특별시·광역시 내 자치구 사이의 재정 격차를 해소하여 균형적인 행정서비스를 제공하기 위해 도입되었다. 특별시장 및 광역시장은 대통령령으로 정하는 보통세 수입의 일정액을 조정교부금으로 확보하여 조례로 정하는 바에 따라 해당 지방자치단체 관할구역의 자치구 간 재정력 격차를 조정하여야 한다. 특별시나 광역시가 징수하는 보통세 수입액의 일부를 자치구에 교부하는 것이므로, 지방교육세 및 지역자원시설세 등의 목적세는 자치구 조정교부금의 재원이 될 수 없다. 자치구 조정교부금의 재원은 특별시·광역시의 시세(市稅) 중 「지방세기본법」에 따른 보통세로 한다. 다만 특별시의 「지방세법」에 따라 배분되는 지방소비세, 광역시의 「지방세법」에 따라 배분되는 지방소비세와 주민세 재산분 및 주민세 종업원분의 금액은 제외한다.

---

## 제6절 지방재정의 관리제도

### ❶ 지방재정의 사전관리제도

### 1) 재정지원사업 사전협의

각 중앙관서의 장은 재정지출을 수반하는 중·장기계획을 수립하는 때에는 미리 기획재정부장관과 협의하여야 한다.

### 2) 지방채 발행

지방자치단체의 장은 지방채를 발행하기 전에 대통령령으로 정하는 지방채 발행 한도액의 범위에서 지방의회의 의결을 얻어야 한다. 다만, 지방채 발행 한도액 범위더라도 외채를 발행하는 경우에는 지방의회의 의결을 거치기 전에 행정안전부장관의 승인을 받아야 한다. 대통령령으로 정하는 범위를 초과하는 지방채를 발행하는 경우에는 행정안전부장관의 승인을 받은 후 지방의회의 의결을 받아야 한다.

### 3) 지방재정영향평가

지방자치단체의 장은 대규모의 재정적 부담을 수반하는 국내·국제경기대회, 축제·행사, 공모사업 등의 유치를 신청하거나 응모를 하려면 미리 해당 지방자치단체의 재정에 미칠 영향을 평가하고, 그 평가결과를 토대로 지방재정투자심사위원회의 심사를 거쳐야 한다.

### 4) 중기지방재정계획

중기지방재정계획이란 「지방재정법」에 의하여 지방자치단체의 장이 지방재정을 계획성 있게 운용하기 위하여 매년 다음 회계연도부터 5회계연도 이상의 기간에 대한 중기지방재정계획을 수립하여 예산안과 함께 지방의회에 제출하고, 회계연도 개시 30일 전까지 행정안전부장관에게 제출하여야 하는 제도를 말한다.

## 5) 성인지예산제도

성인지예산제도란 「지방재정법」에 의하여 지방자치단체의 장이 여성과 남성에게 미칠 예산의 영향을 미리 분석한 보고서를 작성하도록 하는 제도를 말한다.

## 6) 지방재정투자심사

지방재정투자심사란 「지방재정법」에 의하여 지방자치단체의 장은 예산안을 편성할 때 일정한 사업에 대해서는 사전에 그 필요성과 타당성에 대한 심사를 하도록 되어 있는 것이다.

지방재정투자심사 대상은 재정투자사업에 관한 예산안 편성, 채무부담행위와 보증채무부담행위와 같은 지방의회 의결이 필요한 사업이다. 지방자치단체의 장은 총 사업비 500억 원 이상인 신규사업에 대해서는 행정안전부장관이 정하여 고시하는 전문기관으로부터 타당성 조사를 받고 그 결과를 토대로 투자심사를 하여야 한다.

## 7) 지방자치단체 재정운용 업무편람 작성 및 보급

행정안전부장관은 국가 및 지방재정의 운용 여건, 지방재정제도의 개요 등 지방자치단체의 재정운용에 필요한 정보로 구성된 회계연도별 지방자치단체 재정운용 업무편람을 작성하여 지방자치단체에 보급할 수 있다.

## ❷ 지방재정의 사후관리제도

## 1) 행정사무 감사권 및 조사권

「지방자치법」에 따라 지방의회는 매년 1회 그 지방자치단체의 사무에 대하여 시·도에서는 14일의 범위에서, 시·군 및 자치구에서는 9일의 범위에서 감사를 실시하고, 지방자치단체의 사무 중 특정 사안에 관하여 본회의 의결로 본회의나 위원회에서 조사하게 할 수 있다.

## 2) 결산 및 보고

지방자치단체의 장은 출납 폐쇄 후 80일 이내에 결산서와 증빙서류를 작성하고 지방의회가 선임한 검사위원의 검사의견서를 첨부하여 다음 연도 지방의회의 승인을 받아야 한다. 결산의 심사결과 위법 또는 부당한 사항이 있는 경우에 지방의회는 본회의 의결 후 지방자치단체 또는 해당 기관에 변상 및 징계 조치 등 그 시정을 요구하고, 지방자치단체 또는 해당 기관은 시정요구를 받은 사항을 지체 없이 처리하여 그 결과를 지방의회에 보고하여야 한다.

## 3) 보조금의 반환 및 제재

중앙관서의 장은 보조사업자가 보조금 취소사유일 경우에는 보조금 교부 결정의 전부 또는 일부를 취소할 수 있다. 중앙관서의 장은 보조금의 교부 결정을 취소한 경우에 그 취소된 부분의 보조사업에 대하여 이미 보조금이 교부되었을 때에는 기한을 정하여 그 취소한 부분에 해당하는 보조금과 이로 인하여 발생한 이자의 반환을 명하여야 한다.

## 4) 부당 교부세의 시정 및 반환

행정안전부장관은 지방자치단체가 교부세 산정에 필요한 자료를 부풀리거나 거짓으로 기재하여 부당하게 교부세를 교부받거나 받으려 하는 경우에는 그 지방자치단체가 정당하게 받을 수 있는 금액을 초과하는 부분을 반환하도록 명하거나 부당하게 받으려 하는 금액을 감액(減額)할 수 있다.

### 5) 재정운용에 관한 보고

지방자치단체의 장은 대통령령으로 정하는 바에 따라 예산, 결산, 출자, 통합부채, 우발부채, 그 밖의 재정 상황에 관한 재정보고서를 행정안전부장관에게 제출하여야 한다. 이 경우 시·군 및 자치구는 시·도지사를 거쳐 행정안전부장관에게 제출하여야 한다.

### 6) 지방재정 운용상황의 공시

재정공시제도란 「지방재정법」에 의하여 지방자치단체의 장이 예산 또는 결산의 확정 또는 승인 후 2개월 이내에 예산서와 결산서를 기준으로 그 내역을 주민에게 공시하여야 하는 제도를 말한다.

### 7) 지역통합재정통계의 작성 및 제출

지방자치단체의 장은 회계연도마다 예산서와 결산서를 기준으로 지역통합재정통계를 작성하여야 한다. 지방자치단체의 장은 작성한 지역통합재정통계를 행정안전부장관에게 제출하여야 하며, 시·도지사는 교육부장관에게도 제출하여야 한다.

### 8) 재정분석 및 재정진단

행정안전부장관은 대통령령으로 정하는 바에 따라 재정보고서의 내용을 분석하여야 한다. 행정안전부장관은 지방자치단체의 재정 상황 중 채무 등 대통령령으로 정하는 사항에 대하여 대통령령으로 정하는 바에 따라 재정위험 수준을 점검하여야 한다. 행정안전부장관은 지방자치단체에 대하여 지방재정위기관리위원회의 심의를 거쳐 대통령령으로 정하는 바에 따라 재정진단을 실시할 수 있다.

### 9) 재정위기단체와 재정주의단체의 지정

행정안전부장관은 재정분석 결과와 재정진단 결과 등을 토대로 지방재정위기관리위원회의 심의를 거쳐 해당 지방자치단체를 재정위기단체 또는 재정주의단체(財政注意團體)로 지정할 수 있다. 재정위기단체는 재정위험 수준이 심각하다고 판단되는 지방자치단체이고, 재정주의단체는 재정위험 수준이 심각한 수준에 해당되지 아니하나 지방자치단체 재정의 건전성 또는 효율성 등이 현저하게 떨어졌다고 판단되는 지방자치단체이다.

**＋ 표 6-11 중앙정부의 지방재정운용 통제**

| 구 분 | 해당 제도와 내용 |
|---|---|
| 사전통제 | 재정지원사업 사전협의, 지방채 발행, 지방재정영향평가, 중기지방재정계획, 성인지예산제도, 지방재정투자심사, 지방자치단체 재정운용 업무편람 작성 및 보급 |
| 사후통제 | 행정사무 감사권 및 조사권, 결산 및 보고, 보조금의 반환 및 제재, 부당 교부세의 시정 및 반환, 재정운용에 관한 보고, 지방재정 운용상황의 공시, 지역통합재정통계의 작성 및 제출, 재정분석 및 재정진단, 재정위기단체와 재정주의단체의 지정 |

# C HAPTER
# 39 주민참여행정과 지방공공서비스 공급

## 제1절 | 주민참여의 기능과 이론

### ❶ 시민참여의 기능

#### 1) 순기능

국민주권의 원리에 부합하게 되므로 정책의 민주성과 정당성이 증대된다. 정책과정에 시민들이 참여해봄으로써 시민의 역량과 자질이 제고될 수 있다. 이를 바탕으로, 집행과정에서 시민의 정책순응과 협조를 확보할 수 있다.

또한 주민참여는 대의정치의 결함을 보완하여 행정의 민주화를 고양시킨다.

#### 2) 역기능

행정에 참여하는 시민의 대표성과 공정성 확보의 어려움이 있다. 공동체 전체의 이익보다는 지엽적인 특수이익에 집착할 가능성이 있다. 시민들이 행정에 참여하는 수단들이 증가할수록, 의사결정을 위한 비용과 노력 및 시간이 증가되어 행정적 비용이 높아지는 측면의 역기능도 있다.

행정에 참여하는 시민의 전문성 결여로 인한 의사결정의 지연과 부실의 우려가 있다. 잘못된 정책에 대한 책임을 시민에게 전가시키는 빌미로 활용될 수 있다.

### ❷ Arnstein이 제시한 주민참여의 8단계론

#### 1) 의 의

Sherry R. Arnstein (1969) 은 참여의 실질적 의미 및 영향력 정도를 기준으로 참여의 형태를 구분하고 있다. 아른슈타인 (Arnstein) 에 의하면, 비참여 (nonparticipation) 단계는 조작 (manipulation) 과 치료 혹은 교정 (therapy) 단계가 해당된다. 명목적 혹은 형식적 참여 (tokenism) 단계는 정보제공 (informing) 단계, 상담·의견수렴 (consultation), 회유·유화 (placation) 단계가 포함된다. 주민권력적 (citizen power) 참여는 대등협력 (partnership), 권한위임 (delegated power), 주민통제 (citizen control) 가 해당된다.

✚ 그림 6-4 Arnstein의 주민참여의 8단계

| 8단계 | 시민통제(Citizen Control) | |
|---|---|---|
| 7단계 | 권한위임(Delegated Power) | 시민권력단계 |
| 6단계 | 협동관계(Partnership) | (Degree of Citizen Power) |
| 5단계 | 유화(Placation) | |
| 4단계 | 상담(Consultation) | 명목적 참여단계 |
| 3단계 | 정보제공(Informing) | (Degree of Tokenism) |
| 2단계 | 치유(Therapy) | 비참여단계 |
| 1단계 | 조작(Manipulation) | (Non Participation) |

출처: 이달곤, 『지방정부론』, (2005: 95).

## 2) 비참여의 단계

1단계 조작(manipulation)과 2단계 치료 혹은 교정(therapy) 단계는 비참여의 단계로, 주민을 참여시키는 것이 아니라 지방정부가 시민의 의사를 조작하거나 계몽·치료하는 것을 목적으로 하는 단계이다. 교정(therapy) 단계에서는 주민의 태도나 행태 등을 교정해 나가는 일이 벌어진다.

## 3) 명목적 참여단계

3단계 정보제공(informing) 단계와 4단계 상담·의견수렴(consultation) 및 5단계 회유(placation) 혹은 유화(宥和) 단계는 명목적 참여단계이다. 주민이 지방정부로부터 정보를 받고 공청회나 위원회에 참여하여 의견제시가 이루어지나, 판단결정권은 지방정부에 유보되는 단계로 유사참여(quasi - participation) 수준에 불과하다.

정보제공(informing)은 행정기관과 주민 간의 정보회로가 일방향적이어서 환류를 통한 협상과 타협에 연결되지 않는 수준이다. 회유 또는 유화(placation)는 주민이 정보를 제공받고 각종 위원회 등에서 의견을 제시 및 권고하는 등의 역할은 하지만, 주민이 정책결정에 영향력을 행사하는 능력은 갖지 못하는 수준으로 치장참여(window - dressing participation)라고도 할 수 있다.

## 4) 실질적 참여단계

6단계 대등협력 또는 협력관계(partnership), 7단계 권한위임(delegated power), 8단계 주민통제(citizen control)는 실질적 참여 또는 주민권력 단계이다. 시민들이 정책결정과정에 참여하여 실질적인 권한을 보유·행사 및 주도하는 주민권력의 단계이다. 주민참여예산제도는 실질적 참여가 이루어지는 것을 전제로 하기 때문에, Arnstein의 주민권력단계에 속한다고 할 수 있다.

첫째, 대등협력 또는 협력관계(partnership)는 행정기관이 최종결정권을 가지고 있지만, 주민이 필요하다고 판단될 경우 행정기관에 맞서서 자신의 주장을 내세울 만큼의 영향력을 갖고 있는 수준이다. 둘째, 권한위임(delegated power)은 주민이 정책의 결정·실시에 우월한 권력(dominant decision-making authority)을 가지고 참여하는 경우로, 주민의 영향력이 강하여 행정기관은 문제해결을 위하여 주민을 협상으로 유도하는 수준이다. 셋째, 주민통제단계(citizen control)는 주민이 정부의 진정한 주인으로 모든 결정을 주도하는 단계로, 가장 높은 수준의 주민참여 단계이다.

## 제2절 주민참여제도

### ❶ 주민참여제도의 유형

주민의 지방행정 참여제도는 직접적 참여방식과 간접적 참여방식으로 구분할 수 있다. 「지방자치법」에 의한 주민의 직접적 참여방식에는 주민감사청구제도, 주민투표제도, 주민소송제, 주민소환제도 등이 있다. 「지방재정법」에 의한 주민의 직접적 참여방식으로는 주민참여예산제도가 있다.

「지방자치분권 및 지방행정체제개편에 관한 특별법」에 의하면, 풀뿌리자치의 활성화와 민주적 참여의식 고양을 위하여 읍·면·동에 해당 행정구역의 주민으로 구성되는 주민자치회를 둘 수 있다.

의회나 시민단체 등을 통해 참여하는 간접적 참여방식은 각종 자문위원회, 주민협의회, 공청회, 연합회 등이다.

지방자치제가 1995년 부활한 이후 조례제정·개폐청구제(1999), 주민감사청구제(1999년), 주민투표제(2004년), 주민소송제(2005년), 주민참여예산제(2006년), 주민소환제(2007년)의 순서로 도입되었다.

✚ 그림 6-5 주민참여제도 도입 순서

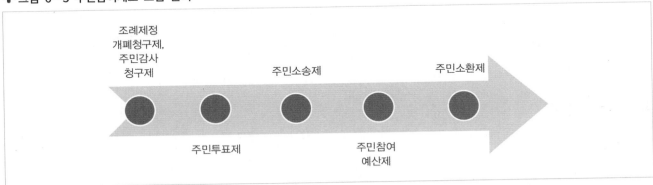

주민투표는 자치단체장에게, 주민감사청구는 감사원이 아니라 상급단체장이나 주무부장관에게, 주민소송은 관할 행정법원에, 주민소환은 관할 선거관리위원회에 청구한다.

일정한 자격을 갖춘 외국인에게도 허용되는 것은 조례제정개폐청구권, 주민투표권, 주민소환권, 정보공개청구권 등이다.

## ❷ 조례의 제정과 개폐 청구제도

### 1) 의 의

조례의 제정·개폐 청구제도는 지방선거의 유권자 중 일정 수 이상의 연서로 지방자치단체의 조례 제정 및 개폐에 대해 주민들이 직접 발안할 수 있도록 하는 것이 원칙적 모습이다. 하지만 현행 「지방자치법」의 규정에 따르면 주민은 조례의 제정과 개폐를 지방자치단체장에게 발의하도록 청구할 수 있다.[16]

조례제정·개폐 청구제도는 다른 주민참여제도보다 먼저 도입되었다.

### 2) 청구요건

청구권자는 19세 이상의 주민으로서 해당 지방자치단체의 관할 구역에 주민등록이 되어 있는 사람, 「재외동포의 출입국과 법적 지위에 관한 법률」에 따라 해당 지방자치단체의 국내거소신고인 명부에 올라 있는 국민, 「출입국관리법」에 따른 영주의 체류자격 취득일 후 3년이 경과한 외국인으로서 해당 지방자치단체의 외국인등록대장에 올라 있는 사람이다. 시·도와 인구 50만 이상 대도시에서는 19세 이상 주민 총 수의 100분의 1 이상 70분의 1 이하, 시·군 및 자치구에서는 19세 이상 주민 총 수의 50분의 1 이상 20분의 1 이하의 범위에서 지방자치단체의 조례로 정하는 19세 이상의 주민 수 이상의 연서(連署)로 해당 지방자치단체의 장에게 조례를 제정하거나 개정 또는 폐지할 것을 청구할 수 있다.

지방자치단체의 19세 이상의 주민이 조례를 제정하거나 개정 또는 폐지할 것을 청구하려면 청구인의 대표자를 선정하여 청구인 명부에 적어야 하며, 청구인의 대표자는 조례의 제정안·개정안 및 폐지안인 주민청구조례안을 작성하여 제출하여야 한다. 지방자치단체의 장은 청구를 받으면 청구를 받은 날부터 5일 이내에 그 내용을 공표하여야 하며, 청구를 공표한 날부터 10일간 청구인 명부나 그 사본을 공개된 장소에 갖추어두어 열람할 수 있도록 하여야 한다.

### 3) 청구 제외사항

「지방자치법」 제15조에 의하면, 주민에 의한 조례의 제정 및 개폐 청구대상에 포함되지 않는 것은 법령에 위반하는 사항, 지방세·사용료·수수료·부담금의 부과·징수·감면에 관한 사항, 행정기구의 설치·변경에 관한 사항 또는 공공시설의 설치를 반대하는 사항 등이다.

## ❸ 주민감사청구

### 1) 주민감사청구 요건

주민은 지방자치단체와 그 장의 권한에 속하는 사무의 처리가 법령에 위반되거나 공익을 현저히 해친다고 인정되면 감사를 청구할 수 있다. 「지방자치법」 제16조는, '지방자치단체의 19세 이상의 주민은 시·도는 500명, 인구 50만 명 이상 대도시는 300명, 그 밖의 시·군 및 자치구는 200명을 넘지 아니하는 범위에서 그 지방자치단체의 조례로 정하는 19세 이상의 주민 수 이상의 연서로, 시·도에서는 주무부장관에게, 시·군 및 자치구에서는 시·도지사에게 그 지방자치단체

---

16 현행 「지방자치법」 제15조의 규정방식으로 볼 때, 조례의 제정과 개폐 청구권은 주민이 직접 조례안을 만들어 지방의회에 발의하는 직접적 주민발안이 아니므로 주민발안제도로 보지 않는 견해들도 있다. 한편 지방자치단체장을 통한 간접적 주민발안제도로 보는 견해들도 있다.

와 그 장의 권한에 속하는 사무의 처리가 법령에 위반되거나 공익을 현저히 해친다고 인정되면 감사를 청구할 수 있다.' 라고 규정하고 있다.

## 2) 청구 제외사항

주민감사청구의 대상에서 제외되는 것은 수사나 재판에 관여하게 되는 사항, 개인의 사생활을 침해할 우려가 있는 사항, 다른 기관에서 감사하였거나 감사 중인 사항 (다만, 다른 기관에서 감사한 사항이라도 새로운 사항이 발견되거나 중요 사항이 감사에서 누락된 경우와 주민소송의 대상이 되는 경우는 주민감사청구대상 가능), 동일한 사항에 대하여 소송이 진행 중이거나 그 판결이 확정된 사항 등이다. 주민의 감사청구는 사무처리가 있었던 날이나 끝난 날부터 2년이 지나면 제기할 수 없다.

## 3) 청구 절차

주무부장관이나 시·도지사는 주민감사청구를 처리 (각하 포함) 할 때 청구인의 대표자에게 반드시 증거제출 및 의견진술의 기회를 주어야 한다. 주무부장관이나 시·도지사는 감사청구를 수리한 날부터 60일 이내에 감사청구된 사항에 대하여 감사를 끝내는 것을 원칙으로 한다.

## ❹ 주민투표

### 1) 의 의

주민투표의 본질은 대의제를 대체하려는 것이 아니라 보완하려는 것이다. 주민투표를 주민의 권리이자 의무로 보아서 아르헨티나, 프랑스, 브라질 등 일부 국가의 경우, 투표 불참 시 벌금 등 불이익을 부과한다. 항의적 주민투표 (protest referendum) 는 지방의회에서 의결한 사항에 대하여 그 효력 여부를 결정하는 투표이다.

### 2) 주민투표 발의

지방자치단체장은 주민 또는 지방의회의 청구에 의하거나 직권에 의해 주민투표를 실시할 수 있다. 주민투표의 청구는 주민 또는 지방의회도 할 수 있으나, 발의는 지방자치단체의 장만 할 수 있다. 주민투표는 주민, 지방의회, 단체장의 청구로 실시될 수 있다. 다만, 단체장이 주민투표를 직권으로 실시하고자 하는 경우에는 사전에 지방의회의 동의를 얻어야 한다.

「지방자치법」은 '지방자치단체의 장은 주민에게 과도한 부담을 주거나 중대한 영향을 미치는 지방자치단체의 주요 결정사항 등에 대하여 주민투표에 부칠 수 있다. 주민투표의 대상·발의자·발의요건, 그 밖에 투표절차 등에 관한 사항은 따로 법률 (주민투표법) 로 정한다.'라고 규정하고 있다.

「주민투표법」에 의하면, 지방자치단체의 장은 주민 또는 지방의회의 청구에 의하거나 직권에 의하여 주민투표를 실시할 수 있다. 주민에게 과도한 부담을 주거나 중대한 영향을 미치는 지방자치단체의 주요결정사항으로서 그 지방자치단체의 조례로 정하는 사항은 주민투표에 부칠 수 있다. 국가정책의 수립에 관하여 주민의 의견을 듣기 위하여 필요한 경우에도 가능하다. 중앙행정기관의 장은 지방자치단체의 폐치 (廢置)·분합 (分合) 또는 구역 변경, 주요시설의 설치 등 국가정책의 수립에 관하여 주민의 의견을 듣기 위하여 필요하다고 인정하는 때에는 주민투표의 실시구역을 정하여 관계 지방자치단체의 장에게 주민투표의 실시를 요구할 수 있다.

## 3) 주민투표 제외 대상

우리나라에서 행정기구의 설치·변경에 관한 사항은 주민투표에 부칠 수 없다. 지방자치단체의 예산이나 지방세에 관한 사항은 주민투표의 대상에서 제외된다. 법령에 위반되거나 재판 중인 사항에 대해서는 주민투표에 부칠 수 없고, 지방자치단체의 계약이나 재산관리에 관한 사항도 주민투표의 대상에서 제외된다. 지방자치단체의 장 및 지방의회는 주민투표 결과 확정된 사항에 대해 2년 이내에는 이를 변경하거나 새로운 결정을 할 수 없다.

법령에 위반되거나 재판 중인 사항, 국가 또는 다른 지방자치단체의 권한 또는 사무에 속하는 사항, 지방자치단체의 예산·회계·계약 및 재산관리에 관한 사항과 지방세·사용료·수수료·분담금 등 각종 공과금의 부과 또는 감면에 관한 사항, 행정기구의 설치·변경에 관한 사항과 공무원의 인사·정원 등 신분과 보수에 관한 사항, 다른 법률에 의하여 주민대표가 직접 의사결정주체로서 참여할 수 있는 공공시설의 설치에 관한 사항 (지방의회가 재적의원 과반수의 출석과 출석의원 3분의 2 이상의 찬성으로 그 지방자치단체의 장에게 주민투표의 실시를 청구한 경우는 제외), 동일한 사항 (그 사항과 취지가 동일한 경우를 포함) 에 대하여 주민투표가 실시된 후 2년이 경과되지 아니한 사항 등은 이를 주민투표에 부칠 수 없다.

## 4) 주민투표권자

투표일 현재를 기준으로 산정된 19세 이상의 주민 중, 투표인명부 작성기준일 현재 그 지방자치단체의 관할 구역에 주민등록이 되어 있는 사람, 출입국관리 관계 법령에 따라 대한민국에 계속 거주할 수 있는 자격 (체류자격 변경허가 또는 체류기간 연장허가를 통하여 계속 거주할 수 있는 경우를 포함) 을 갖춘 외국인으로서 지방자치단체의 조례로 정한 사람에게는 주민투표권이 있다. 외국인도 관계 법령에 따라 일정한 자격을 갖춘 때에는 조례가 정하는 바에 따라 주민투표권자가 될 수 있다.

## 5) 주민투표 효력

주민투표사무는 관할 선거관리위원회가 담당한다. 주민투표는 특정한 사항에 대하여 찬성 또는 반대의 의사표시를 하거나 두 가지 사항 중 하나를 선택하는 형식으로 실시하여야 한다. 주민투표는 주민투표법에 따라 모두 개표하고 그 결과는 공표된다. 주민투표에 부쳐진 사항은 주민투표권자 총 수의 3분의 1 이상의 투표와 유효투표 수 과반수의 득표로 확정된다. 지방자치단체의 장 및 지방의회는 주민투표 결과 확정된 내용대로 행정·재정상의 필요한 조치를 하여야 한다. 주민투표의 효력에 대해 이의가 있는 경우 투표결과가 공표된 날부터 14일 이내에 소청을 제기할 수 있다.

## ❺ 주민소송제도

## 1) 개 념

주민소송은 재무행위만 대상이 되므로 납세자 대표소송의 성격이 강하다. 주민소송은 주민감사청구의 결과에 불복하는 경우에 하는 것이다.

납세자소송제도는 개인의 권익을 구제받기 위한 당사자 소송이 아니라 행정의 적법성 실현을 위한 객관소송, 민중소송 및 공익소송의 일종이다. 우리나라는 지방정부를 대상으로 도입·시행 중이지만 중앙정부를 대상으로 하는 국민소송제는 아직 도입되지 않았다. 납세자소송제도는 처분의 당사자가 아니더라도 시민대표가 제기할 수 있는 일종의 공익소송으로, 행정소송법상 민중소송 조항과 「국가재정법」 제100조에 근거를 두고 있다.

## 2) 요 건

주민의 감사청구를 전심절차로 하되, 소송대상을 재무행정에 관한 사항으로 한정하고 있다.

주민소송의 소송 대상은 주민감사를 청구한 사항 중 공금지출에 관한 사항, 해당 지방자치단체를 당사자로 하는 매매·임차·도급계약에 관한 사항, 재산의 취득·관리·처분에 관한 사항, 지방세·사용료·수수료·과태료 등 공금의 부과·징수의 해태에 관한 사항 등 재무·회계에 관한 사항이다.

주민소송은 주민의 감사청구를 전심절차로 하며, 다수 주민의 연서를 필요로 하지 않는다. 주무부장관이나 시·도지사가 감사청구를 수리한 날부터 60일이 지나도 감사를 끝내지 아니한 경우 소송제기가 가능하다. 주민소송은 해당 사유가 발생한 날부터 90일 이내에 제기하여야 한다. 즉 감사가 종료되지 아니한 시점에서도 주민소송의 제기가 가능하다.

## ❻ 주민참여예산제도

### 1) 의 의

예산편성권을 지역사회와 지역주민에게 분권화함으로써 예산편성 과정에 해당 지역주민들이 직접 참여하는 제도이다. 예산 과정의 단계별로 볼 때 예산편성 단계에서의 참여에 초점을 둔다. 참여예산제는 예산편성 과정에 주민들이 참여하는 제도로, 결과적 측면보다는 과정적 측면의 이념을 지향한다.

공공부문에서 예산운영의 효율성과 지출가치의 극대화보다는, 예산주권의 극대화나 시민욕구의 반영을 중요시하는 제도이다. 예산과정에 있어서 시민들의 선호를 반영함으로써 대응성을 강화할 수 있다. 시민에 의한 예산 참여는 재정민주주의 발전 과정상 예산감시에서 시작하여 직접 예산을 편성하는 참여예산제도로 발전하였다.

### 2) 제도화

주민참여예산제를 1989년에 최초로 실시한 도시는 브라질의 포르투 알레그레(Porto Alegre) 시(市)이며, 예산을 편성할 때 시민들의 직접 참여를 통해 공공투자 예산안을 결정한다. 우리나라에서는 기초자치단체인 광주광역시 북구에서 2004년 참여예산제도를 처음 도입하였다.

2011년 9월 「지방재정법」 개정으로 주민참여예산제도는 모든 지방자치단체가 의무적으로 이행해야 하는 제도가 되었으며, 중앙정부의 경우 2018년부터 국민참여예산제도가 제도화되었다. 정부의 지출을 통제하고 책임성을 제고하기 위해 최근 '함께하는 시민행동', '경실련 예산감시위원회' 등 시민단체의 예산활동이 다양하게 이루어지고 있다.

### 3) 제도의 운용

지방자치단체의 장은 지방의회의 의결사항을 제외하고, 예산과정에 주민참여예산제도를 마련하여 시행하여야 한다.

지방예산 편성 등 예산과정에 주민이 참여할 수 있는 방법은 공청회 또는 간담회, 설문조사, 사업공모, 그 밖에 주민의견 수렴에 적합하다고 인정하여 조례로 정하는 방법 등이 있다.

지방자치단체의 장은 주민참여예산제도를 통하여 수렴한 주민의 의견서를 지방의회에 제출하는 예산안에 첨부하여야 한다. 행정안전부장관은 지방자치단체의 재정적 여건을 고려하여 지방자치단체별 주민참여예산제도의 운영을 평가할 수 있다. 주민참여예산기구의 구성·운영과 그 밖에 필요한 사항은 해당 지방자치단체의 조례로 정한다.

### 4) 제도의 평가

관료 중심의 예산운영으로 인한 전통적 비효율성과 지방자치단체장의 인기성, 선심성예산 운영으로 인한 비효율성을 극복하려는 사전적 주민통제방안이라고 할 수 있다.

신공공관리론의 산물이었던 신성과주의예산이 효율과 성과라는 결과만을 중시하는 예산이었다면, 주민참여예산은 재정거버넌스(협치)의 산물로 예산편성과정의 민주화를 중시하는 예산이다. 주민참여예산제도는 지방자치단체의 예산편성에 주민이 직접 참여하여 재정운영의 투명성과 책임성을 제고할 수 있도록 하는 것이다.

그러나 경직성 경비를 제외한 가용예산이 부족한 자치단체의 경우에는 그 실효성이 미흡할 수 있다.

## ❼ 주민소환제도

### 1) 의 의

지방자치에 관한 주민의 직접 참여를 확대하고 지방행정의 민주성과 책임성을 제고함을 목적으로 한다. 주민소환의 방식은 해당 관할구역의 주민들이 자율적으로 정할 수 없고, 주민소환 방식과 절차 요건 등은 「주민소환에 관한 법률」에 규정되어 있다.

「지방자치법」 및 「주민소환에 관한 법률」상 주민소환제도는 주민소환투표청구권자 중 일정 수 이상의 서명으로 지방자치단체의 장 혹은 지방의회의원(비례대표 제외) 등을 소환하도록 청구할 수 있는 제도이다. 시·도지사의 소환청구 요건은 주민투표권자 총 수의 100분의 10 이상이다.

지방자치단체장과 지방의회의원에 대한 주민소환투표가 실시된 적이 있다. 주민소환제를 통해 주민소환이 확정된 지방자치단체장은 없지만 지방의회의원(2007년 경기도 하남시의원)은 있다. 지역구 지방의회의원에 대한 주민소환투표는 당해 지방의회의원의 지역선거구를 대상으로 한다. 주민소환투표권자의 연령은 주민소환투표일 현재를 기준으로 계산한다.

### 2) 주민소환 대상과 제외사유

주민소환 대상은 선출직 지방공직자이다. 주민소환의 대상은 지방자치단체장, 비례대표의원을 제외한 지방의회의원, 교육감이다. 주민은 그 지방자치단체의 장뿐만 아니라 지방에 속한 의회의원까지도 소환할 권리를 가진다. 그러나 국회의원, 비례대표 지방의회의원은 주민소환 대상에서 제외된다.

선출직 지방공직자의 임기 개시일부터 1년이 경과하지 아니한 때, 선출직 지방공직자의 임기 만료일부터 1년 미만일 때, 해당 선출직 지방공직자에 대한 주민소환투표를 실시한 날부터 1년 이내인 때에는 주민소환투표의 실시를 청구할 수 없다.

### 3) 주민소환 결정과 효력

19세 이상의 외국인으로서 「출입국관리법」 규정에 따른 영주의 체류자격 취득일 후 3년이 경과한 자 중 당해 지방자치단체 관할구역의 외국인등록대장에 등재된 자에 한하여 투표권이 인정된다. 주민소환투표권자 총 수의 3분의 1 이상의 투표와 유효투표 총 수 과반수의 찬성으로 확정된다.

주민소환이 확정된 때에는 주민소환투표 대상자는 그 결과가 공표된 시점부터 그 직을 상실한다. 소환투표의 효력에 이의가 있는 경우 투표결과가 공표된 날로부터 14일 이내 관할 선거관리위원회 위원장을 피소청인으로 하여 소청제기가 가능하다.

소청에 대한 결정에 관하여 불복이 있는 소청인은 관할선거관리위원회 위원장을 피고로 하여 그 결정서를 받은 날로부터 10일 이내에 고등법원이나 대법원에 소를 제기할 수 있다.

---

## 제3절  지방정부의 행정서비스 공급

### ❶ 지방행정서비스 공급의 분류

#### 1) 의 의

상하수도나 교통관리는 범위가 지역으로 국한되는 지방행정서비스이나, 건강보험 등 복지정책은 전형적인 국가의 공공서비스에 해당한다. 한편 Peter Saunders (1979) 의 이원국가론 (dual state theory) 에 따르면 중앙정부는 생산부문 (산업정책, 고용대책 등) 을, 지방정부는 소비적 공공서비스 부문 (사회서비스, 주택, 교육 등) 을 주로 처리한다.

정부의 직접적 공급이 아닌 대안적 서비스 공급체계 (ASD: Alternative Service Delivery) 는 생활쓰레기 수거, 사회복지사업 운영, 시설 관리 등의 분야에 적용되고 있다. 사용자부담 방식의 활용은 재정부담의 공평성 제고에 기여한다.

#### 2) Savas의 공공서비스 공급유형

Emanuel S. Savas (1982) 가 제시한 공공서비스 공급유형론[17]에 따르면, 자원봉사 (voluntary service) 방식은 민간이 결정하고 민간이 공급하는 유형에 속한다. 정부가 결정하고 정부가 생산하는 유형에는 정부서비스와 정부 간 협정이 있다. 우리나라의 사무위탁은 정부 간 협정에 해당한다.

### ❷ 지방공기업

#### 1) 의 의

지방공기업은 지방자치단체가 지역주민의 복리증진 등을 목적으로 직접 설치·경영하거나 법인을 설립하여 경영하는 기업이다.

#### 2) 지방공기업의 유형

지방공기업의 유형에는 지방직영기업과 지방공사·공단의 방식이 있다. 첫째, 지방직영기업은 지방자치단체가 직접 사업 수행을 위해 소속행정기관의 형태로 설립하여 경영하는 사업으로, 별개의 법인격은 없으며 소속된 직원은 공무원 신분이다. 지방자치단체가 일반회계와 구분되는 공기업특별회계를 설치해 독립적으로 회계를 운영하는 형태의 기업이다. 일반적으로 상수도사업, 하수도사업, 공영개발, 지역개발기금 등이 지방직영기업에 속한다.

---

17 PART 1 CHAPTER 04 제2절 표 1-10 Savas의 모형에 의한 공공서비스 구분을 참고하면 된다.

둘째, 지방공사·공단의 방식은 지방자치단체가 별개의 법인을 설립하여 그 법인을 통하여 지방공기업을 경영하는 방식이다. 지방공사는 법인으로 한다. 지방공사 및 지방공단은 자치단체로부터 분리된 법인이므로 소속직원은 공무원이 아니다. 지방공사의 자본금은 지방자치단체가 전액 출자한다. 지방공사는 지방자치단체 외의 자(법인, 외국인 및 외국법인을 포함)가 출자를 할 수 있지만 지방공사 자본금의 2분의 1을 넘지 못한다.

## 3) 지방공기업 대상사업

「지방공기업법」에 의한 지방공기업 대상사업은 수도사업(마을상수도사업은 제외), 공업용수도사업, 궤도사업(도시철도사업 포함), 자동차운송사업, 지방도로사업(유료도로사업만 해당), 하수도사업, 주택사업, 토지개발사업, 주택(대통령령으로 정하는 공공복리시설 포함)·토지 또는 공용·공공용건축물의 관리 등의 수탁 등이다.

## 4) 운 영

지방자치단체의 장이 지방직영기업의 관리자를 해당 지방자치단체의 공무원으로서 임명하며, 임기제로 할 수 있다. 행정안전부장관은 지방공기업에 대한 평가를 실시하고, 그 결과에 따라 필요한 조치를 하여야 한다. 「지방공기업법 시행령」에 따라 경영평가가 매년 실시되어야 하나 행정안전부장관이 이에 대해 따로 정할 수 있다. 지방공기업에 대한 경영평가, 관련정책의 연구, 임직원에 대한 교육 등을 전문적으로 지원하기 위하여 지방공기업평가원을 설립한다.

## ❸ Samuelson의 공공재 공급이론

Paul A. Samuelson(1954)의 공공재 공급이론에 따르면, 공공재의 경우 주민들의 진정한 선호파악이 어렵고 무임승차가 가능하기 때문에 공공재의 공급은 현실적으로 집권화된 중앙정부의 배분체계에 의존할 수 밖에 없다고 본다.

## ❹ Tiebout모형

### 1) 의 의

Charles M. Tiebout(1956) 가설은 주민들이 지역 간에 자유롭게 이동할 수 있기 때문에 지방공공재에 대한 주민들의 선호가 나타나며, 지방공공재 공급의 적정 규모가 결정된다는 것이다. Tiebout가설은 지방분권을 지향하는 원칙에 해당하고, 소규모 자치행정 구역에 의한 지방분권의 근거가 된다.

### 2) Tiebout모형의 가정(assumptions)

첫째, 시민의 자유로운 이동성이다. 지방정부의 시민들은 그들의 선호체계에 가장 적합한 지역으로 언제나 자유롭게 이동할 수 있다. 공공서비스의 소비자인 시민은 거래비용 없이 자유롭게 이주할 수 있으며, 자신의 선호를 가장 잘 충족시켜 주는 지방정부에 옮겨 가려고 한다.

둘째, 충분히 많은 수의 지방정부가 존재한다. 공공서비스의 소비자이자 유권자인 시민들이 선택할 수 있는 지방정부의 수는 많다.

셋째, 주민들은 지방정부들의 세입과 지출 패턴에 관하여 완전한 정보를 가지고 있어야 한다. 모든 지방정부의 공공재와 조세 (수입·지출의 패턴) 에 대한 정보가 공개되어 주민이 그 내용을 알 수 있어야 한다.

넷째, 외부효과가 배제되어야 한다. 공급되는 공공서비스는 지방정부 간에 파급효과 및 외부효과를 발생시키지 않아야 한다. 어떤 지방정부가 공급하는 서비스의 수혜지역은 순전히 그 지방정부에 한정된다.

다섯째, 시민들이 배당수입 (dividend) 에 의존하여 생활해야 한다. 모든 시민은 지역 내 소득과 재산에 의한 배당수익에 의존하여 생계를 유지한다. 재원은 당해 지역 주민들의 재산세 (property tax) 로 충당한다.

여섯째, 한 가지 이상의 고정적 생산요소 (fixed factor) 가 존재한다. 모든 지방정부에서는 최소 한 가지의 고정적인 생산요소가 존재하며, 이와 같은 제약 때문에 각 지방정부는 자신에게 맞는 최적 규모 (optimal size) 를 갖는다. 여기서 최적 규모란 일정 수준의 지방공공재가 최저평균비용으로 생산될 수 있는 인구 규모를 뜻한다.

일곱째, 최적 규모를 추구하며 규모가 크면 주민이 유출되고, 규모가 작으면 주민이 유입된다. 자신의 최적 규모보다 작은 지방정부는 평균비용을 감소시키기 위하여 더 많은 주민을 유인하려 할 것이고, 자신의 최적 규모보다 큰 지방정부는 자신의 주민을 감소시키려 할 것이며 자신의 최적 규모에 있는 지방정부는 그대로 유지하려 할 것이다.

여덟째, 단위당 평균비용이 동일하고 규모의 경제가 작용하지 않아 규모수익이 불변 (constant returns to scale) 해야 한다.[18] 만약 규모가 커짐에 따라 비용이 감소하는 규모의 경제가 존재한다면, 규모가 큰 소수의 지방정부만이 존재하는 상황이 나타나 경쟁체제의 성립이 어려워진다.

## ❺ Oates의 상응원칙

William Oates (1972) 의 상응원칙 또는 대응원칙 (correspondence principle) 이란 공공서비스의 종류에 따라서 공급구역의 범위를 달리 책정하여야 한다는 이론이다. 정부의 규모를 공공재의 편익을 받는 지역과 일치시키는 원칙에 따라 지방정부를 설계해야 한다는 것이다.[19]

William Oates는 주민의 이동성이 없고, 수요자의 수에 관계 없이 지방공공재의 평균비용이 고정되어 있다면 지방공공서비스의 편익이 미치는 범위와 일치하도록 지방정부의 규모를 획정하는 것이 경제적 효율을 극대화할 수 있다는 것이다.

대응원칙 (correspondence principle) 이 준수된다면 편익의 분포가 넓은 공공서비스는 상위의 정부에 의해, 편익의 분포가 좁은 공공서비스는 하위정부에 의해 서비스가 공급되게 된다. 이러한 원칙에 따르면, 공공재의 공급이 발생시키는 편익의 범위와 공급주체인 지방정부의 관할구역 간의 불일치 (imperfect correspondence) 로 인한 비효율을 축소시킬 수 있다고 보았다.

Ronald C. Fisher (1998) 에 의하면 공공서비스의 편익이 영향을 미치는 범위를 넓게 설정할 경우에, 작은 범위에 한정했을 때 누출되던 편익의 감소량은 줄어들게 된다. 그에 따라 전체적 총 편익은 증가하게 된다. 반면에 광역화되면 개별 구성원들의 선호를 정확하게 측정하지 못하게 될 것이다. 그에 따라 증가하는 불만족으로 인해서 사회적 후생손실은 커지게 된다.

---

[18] 티부가설에서 규모수익불변 (constant returns to scale) 이란 공공재를 생산하는 데에 소요되는 단위당 비용이 불변으로 유지됨으로써, 단지 한 사람만이 사는 지역일지라도 최소평균비용에서 서비스를 생산할 수 있어야 한다는 것이다.

[19] 위성위치확인시스템 (GPS) 과 같이 모든 사람에게 혜택이 돌아가는 서비스는 전국적 권역이, 상하수도와 같이 특정 지역의 주민에게만 혜택이 미치는 것은 제한된 권역을 설정하여 공공서비스를 공급하는 것이 경제적 효율을 높일 수 있다는 것이다.

따라서 최적 서비스관할규모 (optimal jurisdiction size) 는 편익과 손실의 차이인 사회적 순후생이 가장 큰 지점이 되므로, 그림 6−6에서 N*점이 된다.

✚ 그림 6−6 최적 서비스관할구역

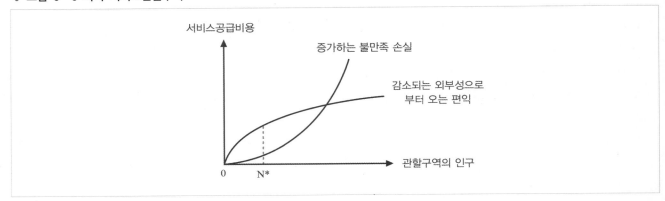

출처: 이달곤, 『지방정부론』, (2005: 197).

## ❻ 지방행정서비스의 다양한 공급주체

### 1) 제3섹터

제3섹터 또는 민관공동출자 (民官共同出資) 방식은 지방공공서비스의 공급유형 중 공공부문 (제1섹터) 과 민간부문 (제2섹터) 이 결합하여 자본을 공동출자하여 설립한 법인으로서 공공성과 영리성을 동시에 추구하는 공공서비스의 공급유형이다.

### 2) 커뮤니티 비즈니스

커뮤니티 비즈니스 (community business) 는 지역공동체 단위의 사회적 기업을 함께 공유한다는 점에서 사회적 기업과 유사점이 강하다. 커뮤니티 비지니스는 혁신적인 중소기업이나 도시의 발전을 위한 이론이 아니라 정부실패로 인한 지역재생, 지역커뮤니티 활성화를 위한 이론이다. 일본에서 커뮤니티 비즈니스란 마을 만들기 경험의 축적이 비즈니스 차원으로 전개된 것이다. 일본에서는 버블경제 (bubble economy) 붕괴 후 구도심 쇠퇴현상이 발생하자, 지역 재활성화를 위한 방안으로 1990년대 중반부터 이 용어를 사용하기 시작했다.

### 3) 이음매 없는 행정서비스

이음매 없는 행정서비스 (seamless service) 는 린덴 (Linden) 의 '이음매 없는 조직'과의 관련성이 높다. 전통적 조직에 비하여 조직 내의 역할구분이 비교적 명확하지 않다. 행정조직의 구성원들은 시민에게 보다 향상된 서비스를 직접 제공한다. 이음매 없는 행정서비스는 성과와 고객만족기준을 중시하기 때문에 BSC (Balanced Score Card) 를 비롯한 신공공관리적 성과관리방식과 지향성에 있어서 공통적이다.

# ❶ 지역사회의 권력구조론

## 1) 신다원론

신다원론 (neo-pluralism) 은 기업이나 개발관계자들의 우월적 지위를 주민이나 지방정부가 용인한다. 린드브롬 (Lindblom) 과 피터슨 (Peterson) 의 신다원론에서는, 기업과 개발관계자 등 엘리트 집단이 갖는 특별한 지위와 영향력은 엘리트론에서 주장하는 바와 같이 엘리트 집단의 의도적인 노력의 결과가 아니라, 자본주의 구조 아래서 이루어지는 지역주민과 지방정부의 합리적 선택의 결과로 발생한다고 본다. 지역주민 등 지역사회 구성원들은 지역 간 경쟁에서 이기기 위해, 또 이를 위한 재정적 기반의 마련을 위해 기업과 개발관계자들에게 특별한 영향력과 지위를 인정한다.

## 2) 엘리트론

엘리트론 (elite theory) 은 엘리트 계층 전체의 이익을 해치지 않는 범위 내에서 엘리트의 분열과 다툼은 조정되며, 엘리트의 이익을 보호하기 위한 이념과 제도 및 문화를 끊임없이 만들어가며 사회화 과정을 통해 이를 대중에게 전파한다고 본다. 엘리트와 일반 대중 간의 정보의 비대칭성이 심화되면 엘리트이론의 설득력이 더 높아질 수 있다.

## 3) 성장기구론

성장기구 (growth machine) 론에 의하면, 성장연합과 반성장연합의 대결구도에서 대체로 성장연합이 승리하여 권력을 쟁취한다. 자기 소유의 주택가격 상승을 원하는 주민들이 많을수록 성장연합이 더 강한 힘을 발휘하는 경향이 있다.

성장연합은 반성장연합에 비해서 토지 또는 부동산의 사용가치보다는 교환가치를 중시한다. 토지문제와 개발문제 그리고 이와 연계된 도시의 공간 확장문제 등과 관련이 있다. 반성장연합은 일부 지역주민과 환경운동 집단 등으로 이루어진다. 스톤 (Stone) 이 제시한 레짐 (regime) 중 중산층 진보 레짐은 환경과 조화되는 지속가능한 발전을 추구한다.

## 4) 레짐이론

레짐이론 (regime theory) 은 도시권력구조에 대한 이해를 통해 정부 및 비정부 부분의 다양한 세력 간 상호 의존성을 강조한다. 도시정치이론에 이론적 뿌리를 두고 있는 도시레짐이론에서 말하는 레짐은 정권적 차원의 레짐이 아니라, 다양한 참여세력들이 어떻게 집단적 정책결정을 이끌어내는가에 관한 일종의 지방거버넌스 (local governance) 이다.

레짐이론은 정부기구활동의 경제적 종속성을 수용하면서 동시에 정치의 독자성을 강조한다. 도시권력구조에 대한 인식을 제고시키고, 도시정치에서 인과관계와 행태적 측면의 연구에 이론성을 강화해준다.

# ❷ Stone의 레짐의 유형

## 1) 의 의

Clarence N. Stone (1987) 는 도시레짐 (urban regimes) 의 유형을 중산층 진보 레짐, 개발형 레짐, 현상유지형 레짐, 저소득층 기회확장 레짐으로 구분하고 있다.

## 2) 중산층 진보 레짐

중산층 진보 레짐은 자연·생활환경 보호, 삶의 질 개선, 인종적 평등과 같은 이념을 지향한다. 시민의 참여와 감시를 강조한다. 생존능력은 보통 수준이라고 본다.

## 3) 개발형 레짐

개발형 레짐은 지역성장을 추구하고 지역개발을 적극 도모한다. 관련 행위자 간 갈등이 심한 편이고, 생존능력은 비교적 강하다.

## 4) 현상유지형 레짐

현상유지형 레짐 혹은 관리형 레짐은 친밀성이 강한 소규모 지역사회에서 나타나는 유형으로, 관련 행위주체 간의 갈등이나 마찰이 적고 생존능력이 강한 레짐이다.

## 5) 저소득층 기회확장 레짐

저소득층 기회확장 레짐은 저소득층의 기본적인 경제욕구 충족과 이익의 확대를 추구하고, 대중 동원이 가장 큰 과제이다. 생존능력이 약하다.

# ❸ Stoker & Mossberger의 레짐의 유형

## 1) 의 의

Gerry Stoker & Karen Mossberger (2001) 는 레짐 (regime) 형성의 동기를 기준으로 도구적 레짐, 유기적 레짐, 상징적 레짐으로 구분하고 있다.[20]

## 2) 도구적 레짐

구체적인 프로젝트와 관련되는 단기적인 목표에 의해 구성되며, 올림픽 게임과 같은 주요한 국제적 이벤트를 유치하기 위해 구성되는 레짐이다.

## 3) 유기적 레짐

군건한 사회적 결속체와 높은 수준의 합의를 특징으로 하며, 현상유지와 정치적 교섭에 초점을 두고 있다.

## 4) 상징적 레짐

변화를 추구하고 이데올로기를 재조정하며, 경쟁적인 동의를 특징으로 한다.

---

[20] Fainstein (1983) 은 레짐의 유형을 지도형, 권한참여형, 현상유지형으로 구분한다. Stoker & Mossberger의 유기적 레짐과 Fainstein의 현상유지형은 결속과 합의가 매우 강한 소규모 지역단위 레짐으로서 현상유지와 정치적 교섭을 중시하는 유형이다.

생각 넓히기 _ 도시공원 일몰제

도시공원 일몰제는 「도시계획법」에 의거해서 도시공원으로 지정한 이후 20년간 공원 조성을 하지 않을 경우에, 토지소유자의 사유재산권 보호를 위해 도시공원 지정을 해제하는 것을 뜻한다.

그린벨트 해제나 보전지역 축소를 주장하면서 토지의 교환가치를 중시하는 성장연합과 토지의 사용가치에 주목하면서 환경보존을 주장하는 중산층 진보레짐의 반성장연합이 대립하기도 한다.

신다원론처럼 주민이나 지방정부가 기업이나 개발관계자들의 우월적 지위를 용인하거나 성장기구론의 논리대로 성장연합이 승리할 경우, 환경보존보다는 개발행위가 이루어지게 될 것이다.

행정학의
마루로 통하는 길

# 행정학 절요

**PART**

# 07

# 행정환류론

# 40 행정윤리와 행동규범

| 제1절 | 행정윤리 |

## ❶ 행정윤리의 의미

행정윤리 또는 공직윤리는 공무원이 수행하는 행정업무와 관련된 윤리 또는 공무원이 행정업무를 수행할 때 준수해야 할 행동규범(行動規範)을 의미한다. 행정윤리의 개념 속에는 공무원이 지켜야 할 공무원의 직업윤리(職業倫理)는 물론, 공무원이 입안하여 집행하는 정책의 내용이 윤리적이어야 한다는 의미도 내포되어 있다. 공무원의 개인적 윤리기준은 공공신탁(公共信託)과 관련된다.

Abraham Kaplan(1982)에 의하면 행정윤리는 소극적으로는 부정부패에 빠지지 않아야 한다는 것이며, 적극적으로는 가치관과 능력면에서 바람직한 행정인상(行政人像)의 정립과 구현을 위한 행동규범이다.

Dennis F. Thompson(1987)은 공무원 개인의 가치관이나 윤리관과 집단의 대표(代表) 및 대리인(代理人)으로서의 가치관이 충돌할 경우, 개인적으로는 수용이 불가능한 결정일지라도 대표성을 지닌 공무원으로서는 수용해야 하는 경우에 놓이게 되는 상황을 더러운 손의 딜레마(dirty hand dilemma)로 표현했다.

생각 넓히기 _ 정약용의 4지(四知)와 4외(四畏)

> 다산(茶山) 정약용은 '공직비리는 내가 알고, 네가 알며, 하늘이 알고, 귀신이 안다'며 4지(四知)와 '공직자는 감독관청, 정부, 백성, 하늘을 두려워하라'면서 4외(四畏)를 강조하였다.

## ❷ 행정윤리의 특징

행정윤리는 사익보다 공익과 밀접한 관계가 있다. 공직자 윤리나 책임성을 평가하기 위해서는 결과주의와 의무론이 균형 있게 결합되어야 한다. 결과주의에 근거한 윤리평가는 사후적인 것이며, 문제의 해결보다는 행위 혹은 그 결과에 대한 처벌에 중점을 둔다.

행정윤리는 특정 시점이나 사실과 관계없이 규범성과 당위성을 가지고 작동되어야 하는 것은 아니다. 윤리란 특정 시기에 특정 사람들의 의식과 행태를 결정하는 것으로서, 추상적인 것이라기보다는 구체적이고 실질적인 것이다. 윤리(ethics)의 다양한 어원의 하나인 'ethos'는 특정한 지역의 풍토, 관습, 문학, 정서 등을 의미한다.

정치와 행정의 상호작용이 활발해지면 행정윤리의 확보가 어려워질 가능성이 높아진다. 공직윤리의 가치 기준으로서 공익의 과정설은 '어떤 과정이나 절차를 통해 공익을 달성할 수 있는가'에 주목한다. 공무원들은 국민생활에 심대한 영향을 미칠 수 있는 독점적 권력을 행사하기 때문에 높은 직업윤리를 요구받게 된다.

OECD는 정부의 '신뢰적자(confidence deficit)' 문제를 해결하기 위한 방안으로 윤리의 확보를 제시하고 있다. 신뢰적자란 불신을 말하는 것으로, 신공공관리론 이후 OECD는 윤리 확립을 위해 신뢰적자 해결을 강조하였다.

「국가공무원법」과 「공직자윤리법」은 부정부패 방지 등을 위한 구체적이고 적극적인 행정윤리가 아니라, 추상적이고 소극적인 윤리를 담고 있다. 당위적인 행동규범이며, 민주성과 책임성 이념을 적극 실현하려는 규범이기보다는 하지 말아야 할 사항들만을 열거한 소극적 규정에 불과하다.

---

## 제2절 공직부패

### ① 공무원 부패의 원인에 대한 접근방법

#### 1) 사회문화적 접근

사회문화적 접근은 특정한 지배적 관습이나 경험적 습성이 부패를 조장한다는 입장으로, 관료 부패를 사회문화적 환경의 종속변수로 본다. 공무원에게 선물을 제공하는 관행을 부패의 원인으로 보는 것은 사회문화적 접근이다.

#### 2) 권력문화적 접근

권력문화적 접근은 공직과 사직의 혼동, 권력의 남용, 장기집권의 병폐 등을 포함한 미분화된 권력문화를 부패의 원인으로 본다.

#### 3) 도덕적 접근

도덕적 접근은 부패의 원인을 부패를 저지르는 개인의 성격 및 습성, 관료 개인의 윤리의식과 자질의 탓으로 돌린다.

#### 4) 구조적 접근법

구조적 접근법은 공직자들의 잘못된 의식구조를 공무원 부패의 원인으로 본다.

#### 5) 제도적 접근

제도적 접근은 행정통제 장치의 미비, 법과 제도상의 결함, 부패관리기구와 그 운영상의 미숙, 예기치 않았던 부작용 등이 부정부패의 원인으로 작용한다고 본다. 공무원 부패에 대한 제도적 접근에서는 행정통제장치를 제대로 갖추지 못하였기 때문에 부패행위가 발생한다고 본다.

#### 6) 체제론적 접근

체제론적 접근은 관료 부패현상을 관료 개인의 속성과 공무원의 행태, 제도상 결함, 구조상 모순, 사회문화 환경 등 다양한 요인이 복합적으로 상호작용한 결과로 이해한다.

### 7) 시장적 접근

부패에 대한 시장적 접근은 정치경제학적 접근이라고도 하며, 부패의 원인 분석에 있어서 정치·경제엘리트 간 야합과 이권 개입에 의한 공직타락을 중시한다.

### 8) 거버넌스적 접근

거버넌스적 접근은 부패란 정부 주도의 독점적 통치구조에서 비롯된 것으로, 일방적 외부통제로는 척결이 어려우므로 정부와 시민 간의 동등한 참여나 상호보완적 감시에 의한 협력적 네트워크에 의하여 해결될 수 있다고 본다.

## ❷ 공직부패의 유형

### 1) 부패의 제도화 정도

첫째, 제도화된 부패 (institutionalized corruption)는 구조화된 부패 또는 체제적 부패로도 불린다. 행정체제 내에서 조직의 임무수행에 필요한 행동규범이 예외적인 것으로 전락되고, 부패가 일상적으로 만연화되어 있는 상황을 지칭하는 부패의 유형이다.

인허가와 관련된 업무를 처리할 때 '급행료'를 지불하거나 은행의 자금대출 시 '커미션 (commission)'을 지불하는 것을 당연시하는 경우가 있는데, 이는 제도적 부패에 해당한다.

제도화된 부패의 특징은 부패저항자에 대한 보복, 비현실적 반부패 행동규범의 대외적 발표, 부패행위자에 대한 보호, 공식적 행동규범을 준수하지 않고 준수자를 제재하는 것, 부패의 타성화 등이다. 대부분의 부패행위는 개인 수준에서 발생하는데, 조직부패는 공모에 의한 부패이므로 일반적으로 잘 드러나지 않는다.

둘째, 일탈형 부패는 개인의 윤리적 일탈에 의한 개인적 부패에 속한다. 무허가 업소를 단속하던 공무원이 정상적인 단속활동을 수행하다가 금품을 제공하는 특정 업소에 대해서는 단속을 하지 않는 경우이다.

### 2) 부패의 영향

첫째, 백색부패 (white corruption)는 사회에 심각한 해가 없거나 관료사익을 추구하려는 기도가 없는 선의의 부패로서 구성원들이 어느 정도 용인할 수 있는 관례화된 부패의 유형이다. 선의의 부패로서 구성원 모두가 처벌을 원치 않는 부패를 백색부패라고 한다.

금융위기가 심각함에도 불구하고 국민들의 동요나 기업활동의 위축을 방지하기 위해 금융위기가 전혀 없다고 관련 공무원이 거짓말을 경우가 백색부패에 해당한다. 선의의 목적으로 공직자가 국민에게 거짓말을 하는 백색부패도 엄밀한 의미에서는 부패의 범주에 들어간다. 부패의 용인 가능성을 기준으로 백색부패, 회색부패, 흑색부패로 나눌 수 있다.

둘째, 흑색부패 (black corruption)는 악의가 있고 사회적 지탄의 대상이 되는 부패로, 구성원 모두가 처벌을 원하는 부패의 유형이다. 법률에 규정하여 처벌이 가능한 부패의 유형이다.

셋째, 회색부패 (gray corruption)는 백색부패와 흑색부패의 점이지대 (漸移地帶)에서 발생한다는 의미이다. 회색부패는 과도한 선물의 수수와 같이 공무원 윤리강령이나 행동강령 등에는 규정할 수 있지만, 부패방지법과 같은 법률로 규정하는 것은 논란이 되는 부패를 말한다.

회색부패는 사회체제에 파괴적인 영향을 미칠 수 있는 잠재성을 지닌 부패로서, 사회구성원 가운데 일부집단은 처벌을 원하지만 다른 일부집단은 처벌을 원하지 않는 부패의 유형이다.

## 3) 부패의 원인

첫째, 권력형 부패는 정치인이나 상위 직급의 공무원이 부당한 권한 행사를 통해 행하는 부패이다.

둘째, 생계형 부패는 하급 행정관료들이 낮은 보수를 채우기 위해 생계유지 차원에서 저지르는 것이다. 생계형 부패를 '작은 부패(petty corruption)'라고 부르기도 한다.

## 4) 거래의 여부

첫째, 거래형 부패는 상대가 있는 외부 부패이다. 가장 전형적인 부패의 형태인 뇌물수수는 거래형 부패에 해당된다. 공무원과 기업인 간의 뇌물과 특혜의 교환은 거래형 부패에 해당된다.

둘째, 비거래형 또는 사기형 부패는 상대가 없는 내부 부패이다. 비거래형 부패는 거래당사자 없이 공금 횡령, 개인적 이익편취, 회계부정 등으로, 공무원에 의해 일방적으로 발생한다.

## 5) 부패발생의 수준

개인부패는 개인 수준에서 일어나는 부패의 유형이고, 조직부패는 부패 사건에 조직적 혹은 집단적으로 연루된 경우이다.

## 6) 후원형 부패

명시적인 물질적 이익을 추구하지 않더라도, 정실이나 학연 등을 토대로 불법적인 후원을 하는 것도 행정부패의 한 유형이다.

## ❸ 행정권의 오용행위

## 1) 개 념

Flex A. Nigro & Lloyd G. Nigro(1974)는 행정권의 오용(誤用)을 8가지로 정리하였다. 입법의도의 편향된 해석, 부정행위, 비윤리적 행위, 무사안일, 실책의 은폐, 무능과 무소신, 불공정한 인사, 법규의 경시 등이다. 법규 중심의 융통성이 없는 인사, 재량권을 행사하는 행위는 니그로(Nigro)가 제시한 행정권의 오용행위에 해당하지 않는다.

## 2) 입법의도의 편향된 해석

입법의도의 편향된 해석이란 정부가 환경보호 의견을 무시한 채 관련 법규에서 개발업자나 목재회사 측의 편을 들어 벌목을 허용하는 등의 행위를 말한다.

## 3) 부정행위

부정행위란 공무원들이 고속도로 통행료를 착복하고 영수증을 허위 작성한다든가 또는 공공기금을 횡령하고 계약의 대가로 지불금의 일부를 가로채는 등의 행위를 말한다.

### 4) 비윤리적 행위

비윤리적 행위란 공무원들이 친구 또는 특정 정파에 호의를 베풀거나 자신의 경제적 이익을 위해 어떤 결정을 내리는 행위를 말한다.

### 5) 무사안일

무사안일은 공무원들이 부여된 재량권을 행사하지 않고 적극적인 조치를 취하기를 꺼리는 현상을 말한다.

## ❹ 공직부패 방지대책

비리에 대해서는 즉시 상응하는 제재(制裁)를 가하는 '뜨거운 난로의 법칙'을 적용하거나, 행정정보공개제도를 활성화하고 행정절차를 보다 명확화·간소화한다. 또한 정책과정에의 시민참여 확대를 통해 공직에 대한 민주적 통제를 활성화하는 방안도 필요하다. 한편 공무원의 보수와 연금을 적정화하는 것도 공직부패를 막는 하나의 방법이 될 수 있다.

## ❺ 합성의 오류와 분할의 오류

### 1) 합성의 오류

합성 혹은 구성의 오류(fallacy of composition) 또는 환원주의(reductionism) 오류 혹은 원자론적 오류는 공무원 개인의 가치와 태도를 토대로, 공직사회 전체의 부패 정도를 설명하려는 경우에 발생되기 쉬운 오류이다.
집단 그 자체의 속성을 무시하고, 개인의 단순 합을 집단으로 파악하는 방법론적 개체주의 또는 환원주의에서 나타날 수 있는 오류이다.

### 2) 분할의 오류

분할의 오류(fallacy of division) 또는 생태적 오류(ecological fallacy)는 공직사회 전체의 부패 정도를 토대로, 공무원 개인의 가치와 태도를 설명하려는 경우에 발생되기 쉬운 오류이다.
개개의 속성을 무시하고, 전체의 특성을 개개의 특성으로 파악하는 방법론적 전체주의 또는 생태주의적 접근에서 나타날 수 있는 오류이다.

---

## 제3절 행정윤리 법률

## ❶ 대한민국헌법

공무원은 국민 전체에 대한 봉사자이며 국민에 대하여 책임을 진다. 공무원의 신분과 정치적 중립성은 법률이 정하는 바에 의하여 보장된다.

## ❷ 국가공무원법

### 1) 공무원의 13대 의무규정

「국가공무원법」에 의하면 성실의무, 복종의무, 직장이탈금지의무, 친절공정의무, 종교중립의무, 비밀엄수의무, 청렴의무, 영예 등의 수령규제, 품위유지의무, 영리행위 및 겸직금지, 집단행위금지, 정치활동금지, 선서의 의무 등 13대 의무가 규정되어 있다.

### 2) 공무원 의무의 구체적 내용

공무원은 취임할 때에 소속 기관장 앞에서 대통령령 등으로 정하는 바에 따라 선서(宣誓)하여야 한다. 모든 공무원은 법령을 준수하며 성실히 직무를 수행하여야 한다.

공무원은 직무를 수행할 때 소속 상관의 직무상 명령에 복종하여야 한다. 공무원은 소속 상관의 허가 또는 정당한 사유가 없으면 직장을 이탈하지 못한다. 수사기관이 공무원을 구속하려면 그 소속 기관의 장에게 미리 통보하여야 한다. 다만, 현행범은 그러하지 아니하다.

공무원은 국민 전체의 봉사자로서 친절하고 공정하게 직무를 수행하여야 한다. 공무원은 종교에 따른 차별 없이 직무를 수행하여야 한다. 공무원은 소속 상관이 종교중립의무에 위배되는 직무상 명령을 한 경우에는 이에 따르지 아니할 수 있다.

공무원은 재직 중은 물론 퇴직 후에도 직무상 알게 된 비밀을 엄수(嚴守)하여야 한다. 공무원은 직무와 관련하여 직접적이든 간접적이든 사례·증여 또는 향응을 주거나 받을 수 없다. 공무원은 직무상의 관계가 있든 없든 그 소속 상관에게 증여하거나 소속 공무원으로부터 증여를 받아서는 아니 된다.

공무원이 외국 정부로부터 영예나 증여를 받을 경우에는 대통령의 허가를 받아야 한다. 공무원은 직무의 내외를 불문하고 그 품위가 손상되는 행위를 하여서는 아니 된다. 공무원은 공무 외에 영리를 목적으로 하는 업무에 종사하지 못하며 소속 기관장의 허가 없이 다른 직무를 겸할 수 없다.

공무원은 정당이나 그 밖의 정치단체의 결성에 관여하거나 이에 가입할 수 없다. 공무원은 선거에서 특정 정당 또는 특정인을 지지 또는 반대하기 위한 행위(투표를 하거나 하지 아니하도록 권유운동을 하는 것, 서명운동을 기도(企圖)·주재(主宰)하거나 권유하는 것, 문서나 도서를 공공시설 등에 게시하거나 게시하게 하는 것, 기부금을 모집 또는 모집하게 하거나 공공자금을 이용 또는 이용하게 하는 것, 타인에게 정당이나 그 밖의 정치단체에 가입하게 하거나 가입하지 아니하도록 권유운동을 하는 것)를 하여서는 아니 된다.

공무원은 노동운동이나 그 밖에 공무 외의 일을 위한 집단 행위를 하여서는 아니 된다. 다만, 사실상 노무에 종사하는 공무원은 예외로 한다. 사실상 노무에 종사하는 공무원의 범위는 대통령령 등으로 정하고, 사실상 노무에 종사하는 공무원으로서 노동조합에 가입된 자가 조합 업무에 전임하려면 소속 장관의 허가를 받아야 한다.

## ❸ 공직자윤리법

### 1) 의 의

재산등록 및 공개의무, 외국정부 등으로부터의 선물수수의 신고·등록의무, 취업제한의무, 이해충돌방지의무, 주식백지신탁의무 등이 규정되어 있다.

## 2) 재산등록의무

첫째, 대통령과 국회의원 등을 포함한 국가의 정무직 공무원, 지방자치단체장과 지방의원 등의 지방의 정무직 공무원이다.

둘째, 4급 이상의 일반직 국가공무원 (고위공무원단에 속하는 일반직 공무원을 포함) 및 지방공무원과 이에 상당하는 보수를 받는 별정직 공무원 (고위공무원단에 속하는 별정직 공무원 포함), 법관 및 검사, 헌법재판소 헌법연구관, 대령 이상의 장교 및 이에 상당하는 군무원, 총경 이상의 경찰공무원과 소방정 이상의 소방공무원, 공기업과 한국은행 등을 포함한 공직유관단체 임원 등은 재산등록의무가 있다.

셋째, 재산등록과 관련하여 등록의무자 본인과 배우자 및 본인의 직계존속·직계비속의 보유재산을 등록하고, 재산변동 사항을 신고해야 한다. 다만 혼인한 직계비속인 여자와 외증조부모, 외조부모, 외손자녀 및 외증손자녀는 제외한다.

넷째, 교육공무원 중 총장·부총장·대학원장·학장 (대학교의 학장 포함) 및 전문대학의 장과 대학에 준하는 각종 학교의 장, 특별시·광역시·특별자치시·도·특별자치도의 교육감 및 교육장은 재산을 등록하여야 한다.

다섯째, 세무, 감사, 건축·토목·환경·식품위생분야의 대민업무 담당부서에 근무하는 일반직 7급 이상의 경우 재산등록 대상에 해당한다.

여섯째, 퇴직한 등록의무자는 퇴직일부터 2개월이 되는 날이 속하는 달의 말일까지 그 해 1월 1일 (1월 1일 이후에 등록의무자가 된 경우에는 등록의무자가 된 날)부터 퇴직일까지의 재산 변동사항을 퇴직 당시의 등록기관에 신고하여야 한다.

## 3) 재산공개의무

첫째, 대통령, 국무총리, 국무위원, 국회의원, 국가정보원의 원장 및 차장 등 국가의 정무직 공무원과 지방자치단체의 장, 지방의회의원 등 지방자치단체의 정무직 공무원이다.

둘째, 일반직 1급 국가공무원 및 지방직 공무원과 이에 상응하는 보수를 받는 별정직 공무원, 지방 국세청장 및 3급 공무원 또는 고위공무원단에 속하는 공무원인 세관장, 대통령령으로 정하는 외무공무원과 국가정보원의 기획조정실장, 고등법원 부장판사급 이상의 법관과 대검찰청 검사급 이상의 검사, 중장 이상의 장성급 장교, 치안감 이상의 경찰공무원 및 특별시·광역시·특별자치시·도·특별자치도의 지방경찰청장, 소방정감 이상의 소방공무원, 교육공무원 중 총장·부총 장·학장 (대학교의 학장은 제외한다) 및 전문대학의 장과 대학에 준하는 각종 학교의 장, 특별시·광역시·특별자치시·도·특별 자치도의 교육감 등이다.

셋째, 공기업의 장·부기관장 및 상임감사, 한국은행의 총재·부총재·감사 및 금융통화위원회의 추천직 위원, 금융감독원의 원장·부원장·부원장보 및 감사, 농업협동조합중앙회·수산업협동조합중앙회의 회장 및 상임감사 등이다.

## 4) 이해충돌방지의무

공직에서 이해충돌의 회피가 중요시되는 이유는 공직자가 국민의 대리인이기 때문이다. 공무원의 직무와 재산상 이해 간 충돌을 방지하기 위해 노력할 의무는 공무원 자신에게도 있지만, 국가나 지방자치단체에도 있다.

## 5) 주식백지신탁제도

백지신탁 (blind trust) 은 이해충돌이 존재하는 주식을 신탁회사에서 신탁자인 공직자가 모르게 처분함으로써 이해충돌이 없는 주식으로 변경하는 것이다.

고위공직자의 직무 관련 주식 보유에 따른 공·사적 이해충돌방지를 위해 주식백지신탁제도를 도입·운용하고 있다. 공개대상자 등 및 그 이해관계인이 보유하고 있는 주식의 직무관련성을 심사·결정하기 위하여 인사혁신처에 주식백지신탁 심사위원회를 둔다. 재산공개 대상자가 직무 관련성이 있는 경우 매각 혹은 백지신탁해야 하는 주식의 하한가액은 1천만 원이다.

## 6) 선물수수신고의무

공무원이 직무와 관련하여 외국인으로부터 10만 원 또는 100달러 이상의 선물을 받은 때에는 소속 기관·단체의 장에게 신고하고 그 선물을 인도하여야 한다.

## 7) 퇴직공직자의 취업제한

「공직자윤리법」상 취업심사대상자는 관할 공직자윤리위원회의 승인을 받지 않고는 취업제한기관에 퇴직일로부터 3년간 취업할 수 없다. 취업심사대상자인 4급 이상 공무원과 공직유관단체 임직원은 퇴직일로부터 3년간, 퇴직 전 5년 동안 소속하였던 부서 또는 기관의 업무와 밀접한 관련성이 있는 취업제한기관에 취업할 수 없다.

한국은행과 공기업은 정부 공직자윤리위원회에 의해서 공직유관단체로 지정될 수 있다.

## 8) 퇴직공직자의 업무취급제한

기관업무기준 취업심사대상자는 다른 법률에 특별한 규정이 있는 경우를 제외하고는 퇴직 전 2년부터 퇴직할 때까지 근무한 기관이 취업한 취업심사대상기관에 대하여 처리하는 업무를 퇴직한 날부터 2년 동안 취급할 수 없다.

## 9) 공직자윤리위원회

공직자윤리법은 국회·대법원·특별자치도교육청 등에 재산등록사항의 심사 등을 위하여 공직자윤리위원회를 두도록 하고 있다.

## ❹ 부패방지 및 국민권익위원회의 설치와 운영에 관한 법률

### 1) 의 의

우리나라는 '모든 국민의 공공기관 부패방지 시책에 대한 협력의무'를 법률로 규정하고 있다. 「부패방지 및 국민권익위원회의 설치와 운영에 관한 법률」은 '모든 국민은 공공기관의 부패방지시책에 적극 협력하여야 한다.'라고 규정하고 있다. 공직 내부비리 발견 시에 신고할 의무, 내부고발자 보호제도, 비위공직자 취업제한의무 (퇴직 후 5년간), 국민감사청구제도 등이 규정되어 있다.

### 2) 내부고발자 보호제도

내부고발자 보호제도를 규정하고 있다.[1] 내부고발은 조직구성원인 개인 또는 집단 (퇴직자도 포함) 이 비윤리적이라고 판단

---

[1] 우리나라에서는 내부고발인 보호를 위한 규정을 「부패방지법」에 두고 있다. 미국에서 내부고발자 보호제도는 부정주장법 (False Claim Act, 1986), 내부고발자보호법 (1989) 에 근거한다. 우리나라는 내부고발자 보호에 관한 규정을 두고 있으나, 실효성이 부족하다는 비판이 있다.

되는 조직 내의 일을 대외적으로 폭로하는 행위를 말한다. 내부고발자 보호제도는 조직구성원이 재직 중 또는 퇴직 후 조직운영상의 불법, 부당 등을 외부에 폭로하는 것으로 대부분 이타주의적 외형을 취하고 있다.

공직자는 그 직무를 행함에 있어 다른 공직자가 부패행위를 한 사실을 알게 되었거나 부패행위를 강요 또는 제의받은 경우에는 지체 없이 이를 수사기관·감사원 또는 위원회에 신고하여야 한다. 그러나 신고자가 신고의 내용이 허위라는 사실을 알았거나 알 수 있었음에도 불구하고 신고한 경우에는 이 법의 보호를 받지 못한다.

신고를 하려는 자는 본인의 인적사항과 신고취지 및 이유를 기재한 기명의 문서로써 하여야 하며, 신고대상과 부패행위의 증거 등을 함께 제시하여야 한다. 신고자는 신고를 한 이유로 자신과 친족 또는 동거인의 신변에 불안이 있는 경우에는 위원회에 신변보호조치를 요구할 수 있다.

내부고발자에 대하여 신분상 불이익이나 근무조건상의 차별을 한 자가 국민권익위원회의 적절한 조치 요구를 이행하지 아니한 때에는 형사처벌을 받는다.

## 3) 비위공직자 취업제한의무

비위면직자란 공직자의 재직 중 직무와 관련된 부패행위로 당연퇴직 및 파면 또는 해임된 자, 공직자였던 자가 재직 중 직무와 관련된 부패행위로 벌금 300만 원 이상의 형의 선고를 받은 자 등에 해당하는 자를 말한다.

비위면직자 등은 당연퇴직, 파면, 해임된 경우에는 퇴직일, 벌금 300만 원 이상의 형의 선고를 받은 경우에는 그 집행이 종료(종료된 것으로 보는 경우를 포함한다)되거나 집행을 받지 아니하기로 확정된 날부터 5년 동안 취업제한기관에 취업할 수 없다.

## 4) 국민감사청구제도

공공기관의 부패행위로 인하여 공익을 현저히 해하는 경우, 감사원에 감사를 청구할 수 있는 국민감사청구제도가 시행되고 있다. 19세 이상의 국민은 공공기관의 사무처리가 법령위반 또는 부패행위로 인하여 공익을 현저히 해하는 경우 대통령령으로 정하는 300명 이상의 국민의 연서로 감사원에 감사를 청구할 수 있다.

그러나 국가의 기밀 및 안전보장에 관한 사항, 수사·재판 및 형집행(보안처분·보안관찰처분·보호처분·보호관찰처분·보호감호처분·치료감호처분·사회봉사명령을 포함한다)에 관한 사항, 사적인 권리관계 또는 개인의 사생활에 관한 사항, 다른 기관에서 감사하였거나 감사 중인 사항(다만, 다른 기관에서 감사한 사항이라도 새로운 사항이 발견되거나 중요사항이 감사에서 누락된 경우에는 그러하지 아니하다), 그 밖에 감사를 실시하는 것이 적절하지 아니한 정당한 사유가 있는 경우로서 대통령령이 정하는 사항 등은 감사청구의 대상에서 제외한다.

---

**■ TIP** 국민감사청구제도와 주민감사청구제도
- 국민감사청구제도는 「부패방지 및 국민권익위원회의 설치와 운영에 관한 법률」에 근거하며 감사원에 감사를 청구할 수 있는 것이다.
- 주민감사청구제도는 「지방자치법」에 근거하며 시·도에서는 주무부장관에게, 시·군 및 자치구에서는 시·도지사에게 감사를 청구할 수 있는 것이다.

## 5) 국민권익위원회

국민권익위원회는 국무총리 소속기관으로 제도개선 권고, 시정조치 권고권을 갖는다. 그러나 직권조사권과 사전심사권은 없다.

국민권익위원회 위원장과 위원의 임기는 각각 3년으로 하되, 1차에 한하여 연임할 수 있다. 지방자치단체는 고충민원을 처리하기 위해 시민고충처리위원회를 둘 수 있다.

## ❺ 공직자 행동강령

### 1) 의 의

공무원 행동강령 (code of conduct)은 공무원 청렴유지와 관련된 추상적이 아닌 구체적인 행동기준을 제시하고 있다. 2002년 공무원이 준수하여야 할 행동기준으로 「부패방지 및 국민권익위원회의 설치와 운영에 관한 법률」 제8조에 근거해, 2003년 노무현 정부 때 대통령령으로 제정되었다.

행동강령은 공무원에게 기대되는 바람직한 가치판단이나 의사결정을 담고 있으며, 공무원이 준수하여야 할 행동기준으로 작용한다. 행동강령은 사후처벌보다는 사전예방적 기능을 주된 목적으로 한다.

「공직자 행동강령 (code of conduct)」은 중앙행정기관의 장 등에게 「공직자 행동강령」의 시행에 필요한 범위에서 해당 기관의 특성에 적합한 세부적인 기관별 공무원 행동강령을 제정하도록 규정하고 있다. OECD 국가들의 행동강령은 1990년대부터 집중적으로 제정되었으며, 주로 '법률'의 형식으로 규정하고 있다.

### 2) 내 용

대통령령인 「공무원 행동강령」에 따르면, 공무원은 직무 관련 여부 및 기부·후원·증여 등 그 명목에 관계없이 동일인으로부터 1회에 100만 원 또는 매 회계연도에 300만 원을 초과하는 금품 등을 받거나 요구 또는 약속해서는 아니 된다. 그 예외에 해당하는 것은 불특정 다수인에게 배포하기 위한 기념품 또는 홍보용품 등이나 경연·추첨을 통하여 받는 보상 또는 상품 등, 공무원의 친족 (「민법」 제777조에 따른 친족) 이 제공하는 금품 등, 원활한 직무수행 또는 사교·의례 또는 부조의 목적으로 제공되는 음식물·경조사비·선물 등으로서 중앙행정기관의 장 등이 정하는 가액 범위 안의 금품 등, 공무원과 관련된 직원상조회·동호인회·동창회·향우회·친목회·종교단체·사회단체 등이 정하는 기준에 따라 구성원에게 제공하는 금품 등 및 그 소속 구성원 등 공무원과 특별히 장기적·지속적인 친분관계를 맺고 있는 자가 질병·재난 등으로 어려운 처지에 있는 공무원에게 제공하는 금품 등이다.

## ❻ 부정청탁 및 금품등 수수의 금지에 관한 법률

### 1) 적용대상

누구든지 직접 또는 제3자를 통하여 법에 규정된 직무를 수행하는 공직자 등에게 부정청탁을 해서는 아니된다. 「부정청탁 및 금품등 수수의 금지에 관한 법률」 적용 대상인 공공기관의 범주에는 국회, 법원, 헌법재판소, 선거관리위원회, 감사원, 국가인권위원회, 중앙행정기관 (대통령 소속 기관과 국무총리 소속 기관을 포함한다)과 그 소속 기관 및 지방자치단체,

「공공기관의 운영에 관한 법률」에 따른 기관, 「공직자윤리법」에 따른 공직유관단체, 「언론중재 및 피해구제 등에 관한 법률」에 따른 언론사, 「사립학교법」에 따른 학교법인 등이 있다.

## 2) 금품 등 수수 금지

공직자는 직무 관련 여부와 관계없이 동일인으로부터 1회에 100만 원 또는 매 회계연도에 300만 원을 초과하는 금품 등을 받을 수 없다. 경조사비는 축의금, 조의금은 5만 원까지 가능하고, 축의금과 조의금을 대신하는 화환이나 조화는 10만 원까지 가능하다.

## 3) 금지되는 부정청탁

금지하는 부정청탁에 해당하는 것은 각급 학교의 입학·성적·수행평가 등의 업무에 관하여 법령을 위반하여 처리·조작하도록 하는 행위, 공공기관이 주관하는 각종 수상, 포상, 우수기관 선정 또는 우수자 선발에 관하여 법령을 위반하여 특정 개인·단체·법인이 선정 또는 탈락되도록 하는 행위, 채용·승진·전보 등 공직자 등의 인사에 관하여 법령을 위반하여 개입하거나 영향을 미치도록 하는 행위 등이다.

그러나 공개적으로 공직자 등에게 특정한 행위를 요구하는 행위는 허용된다.

## ❼ 공직자 등의 병역사항 신고 및 공개에 관한 법률

정무직, 4급 이상 공직자, 법관, 검사 등과 공직 후보자의 병역신고의무가 규정되어 있다. 병역신고의무자는 본인과 18세 이상인 직계비속의 병역처분, 군복무 사실, 병역면제 등에 관한 사항을 소속기관에 신고해야 한다.

## ❽ 공무원 헌장

현행 「공무원 헌장 (公務員 憲章)」은 2016년부터 시행되고 있다.

> 우리는 자랑스러운 대한민국의 공무원이다.
> 우리는 헌법이 지향하는 가치를 실현하며 국가에 헌신하고 국민에게 봉사한다.
> 우리는 국민의 안녕과 행복을 추구하고 조국의 평화 통일과 지속 가능한 발전에 기여한다.
> 이에 굳은 각오와 다짐으로 다음을 실천한다.
> 하나. 공익을 우선시하며 투명하고 공정하게 맡은 바 책임을 다한다.
> 하나. 창의성과 전문성을 바탕으로 업무를 적극적으로 수행한다.
> 하나. 우리 사회의 다양성을 존중하고 국민과 함께하는 민주 행정을 구현한다.
> 하나. 청렴을 생활화하고 규범과 건전한 상식에 따라 행동한다.

# CHAPTER

# 41 행정책임과 행정통제

---

## 제1절    행정책임

---

### ❶ 행정책임의 개요

행정책임 (responsibility) 은 국가적 차원에서 국민 전체에 대한 국가 역할의 정당성을 확인하는 것이라고 할 수 있다. 행정책임은 일정한 의무를 전제로 하여 발생하므로, 권한과 책임의 명확화가 전제되어야 한다. 행정책임의 기준으로 공익, 행정이념, 관계법령, 조직목표 등을 들 수 있다. 행정책임의 기준 또는 요소 및 개념은 다양하고 유동적이다.

행정책임에 대한 전통적 시각은 행위의 동기가 아니라, 결과책임뿐만 아닌 과정책임도 포함된다. 행정행위의 절차에 대한 책임은 과정책임을 의미한다.

보편적 도덕법칙 (普遍的 道德法則) 과 선의지 (善意志) 를 강조하는 절대주의 윤리 또는 의무론적 윤리설과 달리, 결과나 상황에 따라 가치척도가 달라질 수 있다는 결과주의 윤리 또는 상대주의 윤리에 근거한 윤리평가는 사후적이며 문제의 해결보다는 행위 혹은 그 결과에 대한 처벌에 중점을 둔다. 행정책임에 대한 현대적 시각은 결과주의 윤리와 의무론적 윤리의 조화에 입각한 책임인식이 필요함을 강조한다.

고전적 국가에서의 법적 책임이 의회에 대한 책임을 의미했다면, 현대의 신공공관리론에 의한 책임은 성과계약에 기반한 책임을 뜻한다.

### ❷ 행정책임의 유형

#### 1) 고전적 책임론

Herman Finer (1941) 의 고전적 책임론은 사법부·입법부 등 제도화된 외부적인 힘에 의한 통제를 강조한다. 고전적 책임론의 대표적인 것은 법률이나 규칙에 대한 책임, 국민에 대한 책임, 의회에 대한 책임 등이다. 파이너 (H. Finer) 는 공무원의 책임 있는 행동을 보장하기 위해 공무원 개개인에게 통제를 행사해야 한다고 주장했다.

고전적 책임론은 입법국가에서 강조하는 것으로, 정치행정이원론의 입장에서 행정외부로부터의 통제를 강조한다.

#### 2) 현대적 책임론

Carl Joachim Friedrich (1940) 의 현대적 책임론은 외부적 힘이 아닌 관료의 내면적 기준에 의한 책임, 전문기술적·과학적 기준에 따라야 할 기능적 책임과 국민의 요구에 의한 공무원 스스로의 자발적 책임을 강조하였다. 전문직업적 기준을 강조하고 행정책임을 기능적 책임, 내재적 책임으로 인식하였다. 프리드리히 (C. J. Friedrich) 는 파이너 (H. Finer) 와 달리, 행정국가의 불가피성과 외부통제의 어려움으로 인해 전문성이나 윤리적 헌장 같은 내부통제장치를 통한 행정책임을 더 강조해야 한다고 주장했다.

행정재량권과 전문성이 강조되는 현대 행정국가에서 행정책임의 유형에 대한 입장은 외재적 책임보다 내재적 책임 또는 자율적 통제를 중시하고 있다.

## 3) 주관적 책임

주관적 책임 (subjective responsibility), 내재적·자율적·비제도적 책임은 국민정서에 응답하는 자발적 책임, 관료의 내면적 기준에 의한 주관적·자율적·비제도적·심리적·재량적 책임, 전문기술적·과학적 기준에 따라야 할 기능적·직업적 책임, 대표관료제처럼 출신집단에 대한 책임 등이다. 현대 행정국가 시대에는 내재적 책임 기준이 중시되고 있다.

자율적 책임성이란 공무원이 전문가로서의 직업윤리와 책임감에 기초해서 자발적인 재량을 발휘해 확보되는 행정책임을 의미한다. 자율적 책임성은 제도적 책임성보다 상대적으로 광범위한 행정책임을 의미한다.

## 4) 객관적 책임

객관적 책임 (objective responsibility), 외재적·제도적 책임은 상급자와 부하 등 계층구조에 대한 책임, 법률이나 규칙에 대한 합법적 책임이 있다. 국민, 의회, 사법부, 수익자 집단, 공익 (公益) 등에 대한 응답적·정치적·민주적·도의적 책임 등도 외재적 책임에 속한다고 볼 수 있다. 법적 책임은 분담될 수 없지만, 도의적 책임은 실제에 있어서 분담될 수 있다. 제도적 책임성의 특징으로는 공식적·제도적 통제, 문책자의 외재성 (外在性), 판단기준과 절차의 객관화, 제재수단의 존재 등이 있다.

행정윤리는 사익보다는 공익과 밀접한 관계가 있다. 윤리적·도의적 책임은 행정인의 직무행위가 도덕적 규범성을 위반했을 때 묻는 책임으로, 국민의 요구나 희망에 대한 대응성·응답성까지 포함하는 책임이다. 윤리적·도의적 책임은 합법적 책임보다 더 광범위한 책임으로 국민의 여망에 부응해야 하는 대응적 (responsiveness) 책임까지 포함하지만, 직업윤리에 의한 내재적 책임과는 다른 것이다. 제도적 책임인 법령적 규제의 형식을 지닌 법적 공직윤리는 비제도적 책임인 자율적 공직윤리에 비해 구속력이 높다.

✚ 표 7-1 제도적 책임과 자율적 책임

| 제도적 책임 | 자율적 책임 |
|---|---|
| 공식적·타율적·소극적인 책임 | 실질적·능동적·적극적인 책임 |
| 합법성과 절차를 중시 | 절차의 준수와 성과책임을 별개로 인식 |
| 고전적 책임에서 강조 | 현대적 책임에서 중시 |
| 판단기준과 절차의 객관화가 용이 | 객관화하기가 곤란 |
| 제재수단이 존재하여 제재가 용이 | 제재수단의 부재로 제재가 곤란 |
| 문책자가 존재하고 문책자의 외재화가 가능 | 문책자가 부재하고 문책자가 내재화됨 |

## 5) 행정책임 분류

Barbara S. Romzek & Melvin J. Dubnick (1987)은 통제의 정도와 통제의 원천이 기관 내부인지 외부인지에 따라 관료적 책임, 법률적 책임, 정치적 책임, 전문가적 책임 등 네 가지로 유형화하였다. Romzek & Dubnick의 행정책임의 유형 중 내부지향적이고 통제의 정도가 높은 책임성은 관료적 책임성이다.

Romzek & Dubnick은 단순한 업무의 경우 내부적 통제와 법적인 통제로 책임성을 확보할 수 있으며, 자율성을 요하는 복잡한 업무의 경우 전문적 책임기제가 효과적이라고 보았다. 따라서 외부에서 내부로, 높은 통제에서 낮은 통제로 중점이 변화되어 왔다고 주장하였다.

**✚ 표 7-2 Romzek & Dubnick의 행정책임 유형**

| | | 통제의 원천 | |
|---|---|---|---|
| | | 기관 내부통제 | 기관 외부통제 |
| 통제의 정도 | 높은 통제, 낮은 자율성 | 관료제 (bureaucratic) 책임성 | 법률적 (legal) 책임성 |
| | 낮은 통제, 높은 자율성 | 전문가적 (professional) 책임성 | 정치적 (political) 책임성 |

---

## 제2절  행정통제

### ❶ 행정통제의 변화

### 1) 의 의

행정통제 (administrative control)는 공무원 개인 또는 행정체제의 일탈에 대한 감시와 처벌을 통해 원래의 행정성과를 달성하려는 활동을 말한다. 행정통제는 설정된 행정목표 또는 정책목표와 기준에 따라 성과를 측정하고, 이에 맞출 수 있도록 시정하는 노력을 의미한다.

행정책임은 행정상의 일정한 의무를 전제로 발생한다. 따라서 권한과 책임의 명확화가 전제되어야 한다. 행정통제는 행정의 책임성을 확보하기 위한 구체적인 수단으로 볼 수 있다. 정보공개를 통하여 정책의 투명성이 증가하면 행정통제를 자연스럽게 추진할 수 있게 된다.

행정통제는 통제시기의 적시성과 통제내용의 효율성이 고려되어야 한다. 통제의 효율을 위해 일상적·반복적인 것보다는 예외적인 사항만을 통제하는 것이 바람직하다.

감사원에 의한 통제는 내부통제로서 사후 통제적 성격을 갖고 있다. 일반 국민은 선거권이나 국민투표권의 행사를 통하여 행정을 간접적으로 통제한다.

행정에 대한 통제를 어렵게 하는 요인으로는 행정규모의 팽창, 권위주의적 행정문화, 준공공부문의 확대 등이 있다.

행정통제력 강화 방안으로는 행정정보공개제도의 활성화, 행정절차법의 활용, 내부고발자 보호제도의 활용 등이 있다.

## 2) 내부통제 중시

전통적인 행정통제방법으로 가장 중요시되는 것은 입법부에 의한 외부통제이다. 정치행정이원론적 입장에 따르면 외부통제가 더 바람직하다.

행정권한의 강화 및 행정재량권의 확대가 두드러지면서, 행정책임 확보의 수단으로서 행정통제의 중요성이 커지고 있다. 행정이 전문성과 복잡성을 띠게 되면서 외부통제보다 내부통제가 점차 강조되고 있다. 현대 행정국가에서는 입법부의 권한과 책임이 행정부로 전환되고 있으므로, 외재적 책임 또는 외부통제보다 내재적 책임 또는 내부통제가 더 중시되고 있다.

사법통제는 합법성을 강조하므로 위법행정보다 부당행정이 많은 현대행정에서는 효율적인 통제가 어렵다. 일반적으로 사법부에 의한 통제는 위법행정을 다루는 합법성 위주의 통제여서 부당한 재량행위를 방지하기 힘들기 때문에 소극적·사후적인 통제성격이 강하다.

의회는 국가의 예산을 심의하고 승인하거나 혹은 지출을 금지하거나 제한하는 등의 조치를 통하여 행정부를 통제한다. 입법통제는 최근에는 행정의 복잡성과 전문성 증대로 그 실효성이 약화되고 있다.

## ❷ 행정통제의 분류

### 1) 통제시점에 의한 구분

첫째, 사전적 통제 (a priori control) 또는 예방적·예측적 (preventive, predictive) 통제는 실행되는 행동이 목표에서 이탈될 가능성을 사전에 방지 및 차단하는 것이다.

둘째, 동시적 통제 (concurrent control) 는 행동이 가져오는 결과값을 기다리지 않고, 통제기준에서 이탈되는 행동이 발생할 때마다 교정해 나가는 것이다.

셋째, 사후적 통제 (a posteriori control) 또는 교정적·환류 (corrective, feedback) 통제는 행동의 결과가 목표기준에 부합되는가를 평가하여 필요한 시정조치를 취하는 통제이다.

### 2) 시정조치에 의한 구분

첫째, 부정적 환류통제 (negative feedback control) 는 결과가 설정된 목표에서 이탈된 것을 발견하고, 이어지는 과정에서는 그 예외를 관리하여 시정하는 통제이다.

둘째, 긍정적 환류통제 (positive feedback control) 는 결과가 목표와 부합됨을 발견하고, 이어지는 실행도 같은 방향으로 나가도록 하는 것으로 확장적 통제 (amplifying feedback control) 이다.

셋째, 시정조치와 통제과정의 정확도를 기준으로 결정론적 통제 (deterministic control) 와 추계적 통제 (stochastic control) 로 나눌 수 있다.

### 3) 통제주체에 의한 구분

C. E. Gilbert (1959) 는 통제자가 행정조직의 내부에 위치하는가 또는 행정부 외부에 있느냐에 따라 내부통제와 외부통제로 구분하고, 공식화된 절차의존 여부에 따라 공식 통제와 비공식 통제로 구분하였다.

## ✚ 표 7-3 Gilbert의 행정통제 구분

|  | 내부통제 | 외부통제 |
|---|---|---|
| 공식 통제 | • 독립통제기관 (감사원, 국민권익위원회), 교차기능조직 (정부막료부처: 인사혁신처, 법제처, 조달청, 행정안전부, 기획재정부), 국무총리실에 의한 통제<br>• 계층제, 근무성적평가, 행정심판 | • 입법부에 의한 통제<br>• 사법부에 의한 통제<br>• 헌법재판소에 의한 통제 |
| 비공식 통제 | • 공무원으로서의 직업윤리<br>• 동료집단의 평가와 비판<br>• 대표관료제 | • 정당, 언론기관에 의한 통제<br>• 시민단체, 이익단체의 의한 통제<br>• 선거·투표권의 행사에 의한 통제 |

첫째, 외부통제는 입법부에 의한 통제 (국회), 사법부에 의한 통제 (법원), 정당에 의한 통제, 언론에 의한 통제, 시민단체에 의한 통제 등이다.

외부－공식 통제는 국회의 국정감사, 일반적인 옴부즈만에 의한 통제, 사법부에 의한 통제, 헌법재판소에 의한 통제 등이 해당된다. 국회는 국정 전반에 관하여 소관 상임위원회별로 감사를 실시한다. 사법통제는 행정명령·처분·규칙의 위법 여부를 심사하는 외부통제 방법이다. 사법통제는 행정이 이미 이루어진 후의 소극적 사후조치라는 한계가 있다. 사법통제는 법적 책임에 대한 통제는 가능하지만, 정치적·정책적·도의적 책임에 대한 통제는 어렵다고 볼 수 있다. 헌법재판제도는 헌법을 수호하고 부당한 국가권력으로부터 국민의 권리와 자유를 보호하는 과정에서 행정에 대한 통제기능을 수행한다. 또한 헌법재판소는 국가기관 간의 권한쟁의에 관한 심판을 관장한다.

외부－비공식 통제는 선거에 의한 통제, 이익집단에 의한 통제, 시민단체의 행정 참여에 의한 통제, 정당에 의한 통제, 여론에 의한 통제, 민중통제 등을 포함한다. 언론은 행정부의 과오를 감시하고 비판하며 공개하는 역할을 수행함으로써 행정에 영향을 미친다. 정책결정과정에 시민들의 참여기회를 확대하는 것으로, 행정통제가 추진되나 이익집단에 의해서 압력을 받을 우려가 제기된다.

둘째, 내부통제는 대표관료제, 행정윤리 또는 공무원으로서의 직업윤리, 교차기능조직, 국민정서에 응답하는 자발적 책임, 감사원의 회계검사나 직무감찰 및 성과감사, 감찰통제, 예산통제, 인력의 정원통제 등이다.

내부－공식 통제의 유형으로는 국민권익위원회에 의한 통제, 교차기능조직에 의한 통제, 명령체계에 의한 통제, 정부업무평가에 의한 통제 등이 있다.

내부－비공식 통제의 형태로는 전문직업상의 행동규범인 행정윤리에 의한 통제, 동료집단의 평판에 의한 통제, 대표관료제 등이 있다.

## ❸ 행정통제의 기관

### 1) 독립통제기관

독립통제기관 (separate monitoring agency)은 일반 행정기관과 대통령 그리고 외부적 통제중추들의 중간 정도에 위치하며, 상당한 수준의 독자성과 자율성을 누린다. 대통령 소속의 감사원[2]과 국무총리 소속의 국민권익위원회가 해당된다고 할 수 있다.

첫째, 감사원은 헌법기관으로 대통령 소속이며 회계검사, 직무감찰, 결산확인 또는 결산검사 등의 기능을 수행한다. 회계검사의 결과에 따라 국가의 세입·세출의 결산을 확인한다. 국가의 회계 및 지방자치단체의 회계는 감사원의 필요적 검사사항에 해당한다. 감사원의 직무감찰은 공무원의 비위를 시정 및 방지하고 행정운영의 개선에 기여하는 행정의 내부통제 목적을 가진다. 감사원의 구성은 헌법상으로는 원장을 포함하여 5인 내지 11인 이하로 되어 있지만, 법률에는 원장포함 7인으로 구성된다. 임기는 4년이고, 1차에 한하여 중임할 수 있다.

둘째, 국민권익위원회는 고충처리, 부패방지, 행정심판 등의 기능을 수행한다. 감사원과 달리, 법률상 기관으로 국무총리소속이다. 구성은 위원장을 포함하여 15인으로 하며, 임기는 3년이고 1차에 한하여 연임할 수 있다.

## 2) 교차기능조직

교차기능조직 (criss - cross organizations) 은 행정체제 전반에 걸쳐 관리작용을 분담하여 수행하는 참모적 조직단위들로서 행정부 내부적 통제체제 범위 내에 있다. 인사, 조직, 정원, 예산, 법제, 조달 등 횡적 지원조직으로 막료부처를 말한다. 우리나라의 인사혁신처, 조직과 정원에 관련된 행정안전부, 기획재정부의 예산실, 법제처, 물자조달 업무를 수행하는 조달청 등이 교차기능조직 (交叉機能組織) 에 해당된다고 볼 수 있다.

## ❹ 옴부즈만

### 1) 의 의

옴부즈만 (Ombudsman) 은 1809년 스웨덴에서 처음으로 채택되었고, 스웨덴어로 대리자·대표자를 의미한다. 영국과 미국에서는 민정관 또는 호민관이라는 뜻으로 사용된다.

옴부즈만은 대부분의 국가에서는 입법부에 소속되어 있다. 옴부즈만을 임명하는 주체는 입법기관, 행정수반 등 국가별로 상이하다. 옴부즈만 제도는 설치 주체에 따라 크게 의회 소속형과 행정기관 소속형으로 구분된다. 옴부즈만은 입법기관에서 임명하는 옴부즈만이었으나, 국회의 제청에 의해 행정수반이 임명하는 옴부즈만도 등장하게 되었다.

옴부즈만은 시정을 촉구하거나 건의함으로써 국민의 권리를 구제하는 제도이다. 제도의 기본 성격은 청원이나 진정과 비슷하다. 잘못된 행정에 대해서는 언론을 통해 공표되기도 한다.

### 2) 특 징

통상적으로 옴부즈만 (Ombudsman) 은 임기 중 강한 신분보장을 받으며 옴부즈만의 임기는 임명권자의 임기와 같거나 장기인 경우가 많고, 임명하는 기관으로부터 직무상 엄격히 독립되어 국정을 통제한다.

옴부즈만의 개인적 신망과 영향력에 의존하는 바가 크다. 옴부즈만 제도는 융통성과 비공식성이 높은 제도이다. 형식과 절차가 간단하고, 비용이 적게 든다. 옴부즈만 제도는 법적이라기보다 사회적·정치적 성격이 강한 제도이다. 옴부즈만에게 민원을 신청할 수 있는 사안은 행정 관료의 불법행위와 부당행위를 포함하므로, 옴부즈만은 행정행위의 합법성뿐만 아니라 합목적성 여부도 다룰 수 있다.

---

2 독립통제기관은 행정체제의 두상조직 (頭上組織) 가운데 하나인데, 두상조직 (overhead unit) 이란 그 기관적 지위가 높고 행정수반에게 직접 보고하는 의사전달 통로를 지닌다. 우리나라의 감사원은 대표적인 두상조직의 사례로 볼 수 있다.

옴부즈만은 시민의 요구·신청·고발에 의하여 활동을 개시하는 것이 일반적이나, 직권으로 조사활동을 하는 경우도 있다. 주로 비공식적인 절차를 이용하는 경우가 많지만 조사는 대면적·직접적·공개적으로 이루어진다.

옴부즈만은 행정기관의 결정이나 행위를 무효로 할 수는 없고, 취소 또는 변경도 할 수 없다. 시정조치의 강제권이 없기 때문에 비행의 시정이 비행자의 재량에 달려 있는 경우가 많다. 옴부즈만 제도는 행정감찰관제도로서 기본적으로 간접적 통제, 즉 공표, 보고, 권유, 설득 등의 수단을 활용하게 된다. 이를 위해 독립적인 조사권과 시찰권은 인정하지만 소추권은 대부분의 나라에서 인정하지 않고 있다.

## 3) 기 능

옴부즈만 (Ombudsman) 제도는 행정에 대한 통제기능을 수행한다. 공무원에 대한 국민의 책임 추궁의 창구 역할을 하며, 입법·사법통제와 같은 외부통제의 한계를 보완하는 제도이다. 다른 통제기관들이 간과한 통제의 사각지대를 감시하는 데 유용하다.

업무처리에 있어 절차상의 제약이 크지 않으므로 옴부즈만에 대한 시민들의 접근이 용이하다. 비용이 적게 들고, 간편하게 문제해결이 가능하다.

## 4) 국민권익위원회

국민권익위원회는 국무총리 소속으로, 행정체제 내의 독립통제기관이며 대통령이 임명하는 옴부즈만의 일종이다.[3] 국민권익위원회는 헌법상 기관이 아닌 법률상 기관이다. 신청에 의한 조사만 가능하고, 직권에 의한 조사와 사전심사는 불가능하다.

국민권익위원회는 부패행위에 대해 검찰에 고발할 수 있고, 이에 검찰이 공소제기하지 않을 경우 고등법원에 재정신청을 할 수 있다. 국민권익위원회에 접수된 고충민원은 접수일로부터 60일 이내에 처리하여야 한다. 국민권익위원회의 위원장과 부위원장은 국무총리의 제청으로 대통령이 임명한다. 상임위원은 위원장의 제청으로 대통령이 임명한다. 국민권익위원회의 위원장과 위원의 임기는 각각 3년으로 하되, 1차에 한하여 연임할 수 있다.

국민권익위원회에 중앙행정심판위원회를 두도록 하고, 국민권익위원회의 부위원장 중 1명이 중앙행정심판위원회의 위원장이 된다. 우리나라 지방자치단체는 시민고충처리위원회를 둘 수 있는데 이것은 지방자치단체의 옴부즈만이라고 할 수 있다.

## ⑤ 행정정보공개제도

## 1) 의 의

행정정보가 공개될수록 행정통제가 활성화된다. 행정정보공개제도는 행정책임의 확보와 통제비용 절감에 기여할 수 있다. 행정정보공개는 국민의 알권리를 보장하여 국정운영의 투명성을 확보함을 목적으로 한다. 「공공기관의 정보공개에 관한 법률」에 따르면 직무를 수행한 공무원의 성명·직위는 공개대상 정보이다.

---

3 우리나라의 경우 1994년 (김영삼 정부) 에 국민고충처리위원회가 설치되었고, 2002년 (김대중 정부 시절) 제정된 「부패방지법」에 의한 부패방지위원회가 운용되었으며 2008년에 「부패방지 및 국민권익위원회의 설치와 운영에 관한 법률」에 의해 국무총리 소속으로 국민권익위원회가 설치되었다.

## 2) 순기능과 역기능

행정절차의 명확화는 비공식적 절차에 의한 통제를 제한하여 열린 행정과 투명행정을 통해 행정기관과 시민 간의 분쟁을 방지할 수 있다. 정책과정에서 시민참여의 확대 및 자체감사 기능의 활성화는 투명하고 열린 행정을 가능하게 할 수 있다. 그러나 행정정보공개는 행정비용과 업무량의 증가를 유발할 수 있다. 행정정보공개는 행정책임과 관련하여 정보의 조작 또는 왜곡을 초래할 수 있다.

# C HAPTER

# 42 행정개혁

## 제1절 | 행정개혁의 특징과 접근방법

### ❶ 행정개혁의 의의와 특징

#### 1) 행정개혁의 의의

행정개혁이란 행정을 현재의 상태보다 나은 방향으로 개선하기 위한 의도적이고 계획적인 노력·활동을 의미한다. 행정개혁은 조직관리의 기술적인 속성과 함께 권력투쟁, 타협, 설득이 병행되는 사회·심리적 과정을 포함한다.

행정개혁의 목표에는 행정수요 대응, 행정능률 향상 등이 있다. 행정개혁을 촉진하는 요인으로는 자원의 부족, 새로운 이념의 등장, 국제적 환경의 변화 등이 있다. 행정개혁의 계기는 행정수요의 변동, 정권교체와 같은 정치질서 변동, 정치이념의 변화, 새로운 과학기술의 도입, 시민참여욕구의 증대 등이 있다.

#### 2) 행정개혁의 일반적 특징

행정개혁 성공을 위해서는 정치적 요소도 고려하여야 한다. 행정개혁은 주로 환경과의 상호작용과정에서 필요성이 나타나게 되므로, 대외적 관계에서 전개되며 개방체제적이다.

행정개혁은 단시간에 결과를 보는 일시적인 과정이 아니라 장기적이고 지속성을 갖는 학습과정이다. 행정개혁은 행정체제가 갖는 생태적인 속성상 계속적인 과정의 성격을 갖는다. 개혁의 대상이 되는 조직 내·외 요인들이 복잡하게 얽혀져 있어 상호의존적인 포괄적 관련성을 갖는다. 고객지향적인 행정은 욕구의 내용이나 만족 여부 측정 등에 있어서 공무원의 전문가적 판단보다는 고객의 판단을 중시한다.

#### 3) 행정개혁을 위한 행정능력

행정능력은 지적 능력, 실행적 능력, 정치적 능력을 포괄한다. 지적 능력은 바람직한 정책결정을 위한 전문성과 관련되어 있으며, 우리나라 행정학에서 중요한 능력으로 인식되어 왔다. 실행적 능력은 리더십, 동기부여 및 정치 혹은 민간 지원의 확보능력을 포함한다. 정치적 능력은 민주적 또는 고객에 대한 책임성을 의미한다.

행정능력을 구성하는 하위 능력요인들 간에 상충관계가 존재한다. 지적 능력은 최소비용으로 최대산출을 이끌어 내는 능률성과 업적이나 공적에 따른 인사관리인 실적제(實績制)와 관련되고, 정치적 능력은 민주성이나 정당에의 충성도에 따른 임용인 엽관제(獵官制)와 관련되어 양자 간에는 모순(矛盾)관계가 존재한다.

## ❷ 행정개혁의 접근방법

### 1) 구조적 접근법

구조적 (structural) 또는 제도적 접근법은 최적의 구조가 업무의 최적 수행을 가져온다는 가장 고전적인 전략이다. 원리 (principle) 전략과 분권화전략으로 세분할 수 있다.

원리 (principle) 전략은 최적의 구조가 업무의 최적 수행을 가져온다는 전략으로 책임의 재규정, 기능중복의 제거, 권한의 재조정, 조정 및 통제절차의 개선, 명령계통의 수정, 계층제와 조정의 원리와 연관된 행정조직 계층 간의 의사전달체계의 개선 등을 포함한다.

분권화 전략은 조직의 분권화의 확대를 통해 계층의 수를 줄이는 것으로, 관리자의 행태뿐만 아니라 의사결정까지를 포함하는 종합적 성격을 지닌다.

관료집단의 권한을 축소할 규제 완화나 기구 축소는 관료집단의 저항을 초래할 가능성이 높으므로, 기술적 접근방법보다 성공가능성이 낮다. 구조적 접근법은 조직 내부구조 개선에는 유리하지만 환경과의 관계, 조직 내 인간관계, 조직의 동태적 측면을 소홀히 한다는 평가가 있다.

### 2) 과정적 또는 기술적 접근법

과정적 (procedural) 또는 관리기술적 접근방법은 행정체제의 과정 또는 일의 흐름을 개선하려는 접근방법이다. 과정적 또는 기술적 접근법에는 조직 내 운영과정, 기타 일의 흐름, 이에 결부된 기술의 개선 등의 기법을 사용한다.

관리기술적 접근법은 행정전산망 (PMIS: Public Management Information System) 등 장비수단의 개선, 총체적 품질관리 (TQM: Total Quality Management), 업무과정 재설계 (BPR: Business Process Reengineering), 균형성과지표 (BSC: Balanced Score Card) 등이다.

### 3) 행태적 접근법

행태 또는 인간관계적 접근방법은 가치관과 신념의 변화를 통하여 행정체제 전체를 개혁하려는 방법이다. 행태적 접근 방법의 하나인 조직발전 (OD: Organizational Development) 은 의식적인 개입을 통해서 조직 전체의 임무수행을 효율화하려는 계획적이고 지속적인 개혁활동이다.

행태적 (behavioral) 접근법은 집단토론, 감수성 훈련 등 조직발전 (OD)기법을 활용한다. 정부조직은 수직적·계층적 성격이 강하기 때문에, 수평적 관계를 전제로 하는 감수성 훈련과 같은 조직발전 기법의 성공 가능성은 낮아진다.

### 4) 사업 중심적 접근법

사업 혹은 산출 중심적 접근방법 (program - output centered) 은 행정활동의 목표를 개선하고 서비스의 양과 질을 개선하려는 접근방법이다. 사업 (산출) 중심적 접근방법은 행정산출의 정책목표와 내용, 소요자원에 초점을 두어 행정의 목표를 개선하고, 서비스의 양과 질을 개선하려는 접근법이다.

각종 정책분석과 평가, 생산성 측정, 직무검사와 행정책임평가 등이 주요 도구이다.

## 5) 문화론적 접근법

문화론적 (cultural) 접근방법은 행정체제의 보다 근본적인 개혁 성취를 위해 행정문화를 개혁하려는 접근방법이다. 문화론적 접근방법은 행정문화를 개혁함으로써 보다 근본적이고 장기적인 개혁을 성취하려는 접근방법이다.

---

## 제2절 행정개혁의 저항요인과 극복전략

### ❶ 행정개혁에 대한 저항의 요인

행정개혁은 행정을 인위적·의식적으로 변화시키려는 것이므로 불가피하게 관련자들의 저항을 수반한다.

행정개혁의 저항요인으로는 개혁에 대한 조직 간 갈등, 현상유지적인 조직문화, 기득권의 침해, 관료나 이해관계자의 반발, 관료제의 경직성, 개혁대상자의 전문지식이나 기술의 결여, 피개혁자의 능력 부족, 개혁내용의 불확실성 등이 제시된다.

### ❷ 행정개혁에 대한 저항극복 방안

#### 1) 규범적·사회적 방법

규범적·사회적 방법에는 개혁 지도자의 신망 또는 카리스마 개선, 의사소통과 참여의 원활화, 사명감 고취와 자존적 욕구의 충족, 피개혁자 교육훈련, 불만해소 기회 제공 등이 있다. 저항을 가장 근본적으로 해결하는 방법은 규범적·사회적 방법이다.

#### 2) 공리적·기술적 방법

공리적·기술적 방법에는 경제적 손실에 대한 보상, 반대급부의 보장, 임용상 불이익 방지, 개혁이 가져오는 가치와 개인적 이득의 실증, 적절한 시기의 선택 혹은 개혁의 시기조절, 인사이동 등 적절한 인사배치, 개혁안의 명확화와 공공성 강조, 개혁방법과 기술의 수정 등이 있다.

#### 3) 강제적 방법

강제적 방법은 저항을 근본적으로 해결하기보다는 단기적으로 또는 피상적으로 해결하는 방법으로, 장래에 더 큰 저항을 야기할 위험이 있다. 강제적 방법으로는 긴장 분위기 조성과 압력의 행사, 물리적 제재나 상급자의 권력 행사 등이 있다.

✚ 표 7-4 행정개혁에 대한 저항극복 전략

| 저항극복 전략 | | |
|---|---|---|
| 규범적·사회적 전략 | 공리적·기술적 전략 | 강제적·물리적 전략 |
| • 가장 근본적이고 장기적 전략<br>• 카리스마나 상징 활용<br>• 참여 확대<br>• 집단토론과 사전 훈련<br>• 의사소통 촉진<br>• 충분한 시간 부여 | • 개혁의 점진적 추진<br>• 개혁방법과 기술의 수정<br>• 적절한 범위와 시기의 선택<br>• 개혁안 명확화와 공공성 강조<br>• 손실의 최소화와 보상의 명확화<br>• 적절한 인사배치와 호혜적 전략 | • 물리적 제재나 압력 사용<br>• 상급자의 권력 행사 |

### ❸ 행정개혁 전략과 성공가능성

#### 1) 저항이 강하고 성공가능성이 낮은 전략

포괄적·급진적 개혁, 외부주도형 개혁, 명령적·하향적 개혁이다. 포괄적·전면적·급진적 개혁은 부분적·점진적 개혁보다 저항이 많고 성공가능성도 낮다. 외부집단에 의해 개혁이 추진될 경우, 내부에 의한 개혁보다 조직 구성원의 더 큰 저항을 가져올 수 있다.

#### 2) 저항이 약하고 성공가능성이 높은 전략

부분적·점진적 개혁, 내부주도형 개혁, 참여적·상향적 개혁이다.

---

## 제3절 ┃ 주요 국가의 행정개혁

### ❶ 주요 국가의 행정개혁 개요[4]

1980년대 이후 주요 OECD 국가들은 국가의 재정 및 경제적 위기를 극복하기 위해 행정개혁을 추진하였다. 이론적으로는 신공공관리론에 기초하여 고객지향적 행정, 성과와 경쟁 강조, 생산성 향상과 비용가치 증대 노력, 서비스 공급지점으로의 권한 위임, 정부의 정책결정과 서비스전달로서의 집행을 분리하고자 했다.

영국은 복지국가의 위기에 대응하여, 중앙집권적인 하향식 추진전략을 통해서 행정의 효율성과 경제성을 지향하면서 구조개혁 중심으로 혁신을 추진했다.

---

4 많은 외국정부 내지 상세한 행정개혁의 내용과 역사를 소개하기에는 너무 광범위하므로, 한국행정에 미친 영향의 정도가 크다고 할 수 있는 영국과 미국 및 일본의 특징적 경향을 살펴보고자 한다.

미국은 석유파동과 반관료제적 정서에 대응하여, 집권과 분권을 조화시키는 전략을 통해서 대응성과 봉사성을 지향하면서 행태와 문화 중심으로 혁신을 추진했다.

일본은 중앙집권체제에 입각한 정부혁신을 추진하여 하향적이었고, 영국과 미국이 포괄적인 개혁을 추진한 것과는 달리 일본의 개혁은 범위가 제한적이었다.

## ❷ 영국의 행정개혁

### 1) 의 의

영국형 개혁은 신자유주의와 신공공관리주의에 입각하여 민영화나 결과지향적 행정, 복식부기 방식의 정부회계, 시민헌장제도 등을 추진하였다.

복지국가의 위기 속에서 행태나 문화변수 및 관리기법의 변화 등에 초점을 맞추는 능률성 정밀진단 (Efficiency Scrutiny, 1979), 총괄예산과 성과관리 및 발생주의 회계방식 도입 등의 재무관리개혁 (Financial Management Initiatives, 1982), Next Steps 프로그램과 책임집행기관 (Executive Agency, 1988), 시민헌장제도 (Citizen's Charter, 1991), 시장성 검증제도 (Marketing Test, 1991), 최고가치정책 (Best Value Policy, 2000) 등의 방법을 추진하였다.

### 2) 행정서비스헌장제

행정서비스헌장제는 1991년 영국의 Citizen's Charter에서 유래한 것이다. 시민헌장이란 행정기관이 제공하는 서비스 중 주민생활과 밀접히 관련되어 있는 서비스를 선정하여 이에 대한 서비스 이행기준과 내용, 제공방법, 절차, 잘못된 상황에 대한 시정 및 보상조치를 정해 공표하고, 이의 실현을 주민들에게 문서로써 약속하는 행위이다.

Charter Mark는 1992년 영국에서 제정된 상으로서, 3년간의 서비스 실적에 대한 평가를 통해 그 성과가 탁월한 기관에 수여하는 헌장표시상 (charter mark awards) 을 의미한다. 처리부서, 관계법령, 정보절차 등 정보를 상세하게 제공하는 것도 서비스헌장 원칙에 포함된다. 서비스의 제공에 소요되는 비용과 고객 편익을 고려하여 서비스의 기준을 설정하도록 하고 있다. 시민헌장제도는 1996년 서비스제일주의 (Service First) 로 개편했다.

경찰, 외교 등 순수 공공재의 경우에도 행정서비스헌장제도를 운영할 수 있으며, 우리나라의 경우에도 순수공공재 분야를 포함해 대부분의 중앙부처나 자치단체, 공기업도 이와 유사한 제도를 운영하고 있다.

### 3) 시장성평가

시장성평가 (marketing test) 는 집행기능에 대해 시장성 테스트를 실시한다. 민간이 할 수 있는 기능이면 민영화하고, 민영화할 수 없는 기능인 경우 민간위탁 (contracting - out) 또는 강제적 경쟁입찰 (CCT: Compulsory Competitive Tendering) 을 통해 서비스를 제공하도록 한다.

민간위탁을 할 수 없는 기능일 경우 공기업 등의 방식을 통해서 기업화하고, 기업화도 할 수 없는 기능이라면 경쟁성을 확보할 수 있도록 책임운영기관 (agency) 을 두고 권한을 위임하도록 한다. 정부가 해야 할 기능일 경우에는 담당조직의 구조를 적절히 재설계하도록 한다.

영국에서 널리 채택되고 있는 Next Steps 방식은 1단계로 공기업화한 다음, 2단계로 민영화하거나 별도의 집행기관을 설치하여 일정 기간 기능을 수행한 후 민영화하는 방법이다.

시장성평가(market testing)는 2000년에 최고가치정책(Best Value Policy)으로 개편되었다. 영국의 최고가치정책은 의무 경쟁입찰제가 전환된 형태로서, 중앙정부가 주도적으로 추진하는 하향식 접근의 성격이 강하다.

**✚ 표 7-5 시장성 테스트**

| 시장성 테스트 단계 | 구체적 대응 방식 |
|---|---|
| 반드시 필요한 업무인가? | 필요가 없는 업무는 폐지함 |
| 정부가 책임을 맡아야 하는가? | 정부가 맡아야 할 책임이 아니라면 민간에게 책임을 넘김 ⇨ 민영화 |
| 정부가 직접 수행해야 하는가? | 정부가 직접 수행할 필요가 없다면 계약 수행 ⇨ 민간위탁 |
| 효율성 증대방안은 무엇인가? | 정부가 직접 수행하되, 시장성이 약한 경우는 책임기관화, 시장성이 강한 경우는 공기업화 |

출처: 유민봉, 『한국행정학』, (2016: 155) 재구성.

## ❸ 미국의 행정개혁

미국은 클린턴(Clinton) 행정부 시절 신공공관리론에 입각한 혁신을 단행하여 고객지향적 행정, 번문욕례(red-tape) 제거, 기본원칙으로의 복귀 및 감축관리, 분권화와 결과 중심의 관리개혁 등 기업가형 내지 기업형 정부로의 변화를 추진하였다. 고어(E. Gore) 부통령의 주도 아래 직업관료 250인으로 국정성과평가팀(National Performance Review)을 구성하여 추진했다.

신성과주의예산(New Performance Budgeting) 또는 결과지향적 예산제도(new result-oriented budgeting)는 투입요소 중심이 아니라 산출 또는 성과를 중심으로 예산을 운용하는 제도이다. 지난 1980년대 기업가형 정부개혁이 강조되면서, 통제보다는 결과에 대한 책임을 확보하는 새로운 대안제도이다.

미국 클린턴 행정부는 결과지향적 예산제도의 일환으로 1993년에 GPRA(Government Performance and Results Act), 부시 정부는 2002년에 PART(Program Assessment Rating Tool)를 도입했다. 예산집행에서의 자율성을 부여하되, 성과평가와의 연계를 통해 책임성을 확보하고자 한다.

## ❶ 김영삼 정부

김영삼 행정부는 대통령 직속으로 행정쇄신위원회를 두고 지방분권화를 위해 당시의 내무부를 실질적인 지방자치 지원 부처로 개편하고자 지방통제기능을 축소하였다.

경제기획원과 재무부를 통합하여 부총리급의 재정경제원을 신설했다.

## ❷ 김대중 정부

김대중 정부는 1997년 IMF 외환위기를 극복하는 과정에서 신공공관리주의(NPM)에 기초한 정부혁신을 추진했다. 정부 혁신추진위원회, 지방이양추진위원회, 규제개혁위원회, 기획예산처 정부개혁실, 정책평가위원회, 반부패특별위원회 등과 같은 혁신기구를 설치했다.

대통령 소속의 중앙인사위원회를 신설하고, 내무부와 총무처를 행정자치부로 통합하였다. 국무총리 소속의 국정홍보처를 신설하였다. 「공무원총정원령」에 의한 공무원 인력감축, 행정서비스헌장제도(1998), 책임운영기관제도(1999), 「부패방지법」 (2002) 등이 도입되었다.

## ❸ 노무현 정부

노무현 행정부는 참여, 분권, 균형, 사회투자로 대표되며 정부혁신지방분권위원회를 설치하여 행정개혁을 추진했다. 참여정부의 조직개혁은 부처 간 통폐합이나 신설이 아니라, 주로 기능상의 조정을 중심으로 이루어졌다. 기관의 자율성 확대와 실국 중심의 책임행정 구축, 업무 재설계를 통한 일하는 방식의 개선, 다수의 이해관계자가 참여하는 뉴거버넌스 (New Governance)적 조직개혁 등을 특징으로 한다. 「국가재정법」을 제정해 성과주의 재정운용을 명시적으로 선언했으며, 소방방재청을 신설했다.

주민참여제도들인 주민투표제(2004), 주민소송제(2006), 주민소환제(2007)가 도입되었다. 공무원의 전문성과 역량 강화를 위해 고위공무원단 제도를 도입(2006)하였다. 예산의 자율편성제도(2005), 총액인건비제도(2007), 예산효율화를 위해 사업별 예산제도 또는 프로그램예산제도를 도입(2007)하였다. 노인복지 등에 전자바우처제도가 처음 도입(2007)되었다.

PART 07

---

5 한국정부의 행정개혁 역사를 모두 살펴보기에는 너무 광범위하므로 군사정부 이후, 즉 문민정부라고 불리는 김영삼 정부부터 살펴보고자 한다.

## ❹ 이명박 정부

이명박 정부의 국정철학은 창조적 실용주의에 기초하며, 현장 중시의 상황적응적 행정을 강조했다. 성인지예산제도와 조세지출예산제도가 도입되었으며 「국가회계법」이 제정되었다.

대통령 소속의 방송통신위원회가 신설되었고, 부총리제가 폐지되고 부처 중심의 국정운영체제를 확립했다. 기획예산처, 국정홍보처, 정보통신부, 해양수산부, 과학기술부 등을 다른 부처와 통폐합하였다.

기획예산처와 재정경제부를 통합하여 기획재정부로 개편했고, 정보통신부를 폐지하고 방송통신위원회를 신설했다. 이명박 행정부는 공기업 선진화를 위해 민영화, 통폐합 등의 조치를 단행하였다.

## ❺ 박근혜 정부

박근혜 정부는 스마트 모바일 기술의 기반 위에서 국민 개개인에 대응하는 확장된 민주성을 추구하는 '정부 3.0'을 토대로 행정개혁을 추진했다. 국정운영의 목표는 '국민 모두가 행복한 대한민국'이었다.

부총리제를 부활시켜 경제부총리와 사회부총리를 두었다. 행정안전부를 안전행정부로 개편하고, 식품의약품안전청을 식품의약품안전처로 개편하였다. 소방방재청 및 해양경찰청을 국민안전처로 흡수·통합했고 인사혁신처를 신설했다. 외교통상부의 통상교섭기능을 산업통상자원부로 이관했으며, 미래창조과학부를 신설했다.

## ❻ 문재인 정부

'열린 혁신'을 토대로 하여 행정개혁을 추진했다. 중소기업청을 중소벤처기업부로 승격·신설하였다. 국민안전처를 해체하고 소방청과 해양경찰청 조직은 외청으로 독립시켜 소방청은 행정안전부 산하, 해양경찰청은 해양수산부 산하에 두었다. 미래창조과학부는 과학기술정보통신부로 명칭을 변경하고, 과학기술 혁신의 컨트롤타워 기능을 강화하기 위해 과학기술혁신본부를 차관급 기구로 두었다. 일관성 있는 수자원 관리를 위해 한국수자원공사에 대한 관할권을 국토교통부에서 환경부로 이관하였다. 국가보훈처는 장관급으로 격상하고, 대통령경호실은 차관급으로 하향 조정하며 명칭을 대통령경호처로 변경했다.

# C HAPTER

# 43 지식정보화 행정

---

## 제1절  행정정보화 및 지식관리

### ❶ 행정정보화

#### 1) 의 의

정보화를 통해 행정업무의 처리 방식을 혁신하고 행정서비스의 질을 향상시키며, 국가사회의 정보 기반을 구축하는 것을 말한다. 정보통신기술을 활용하여 작지만 효율적인 정부를 이루고, 클라우드(cloud) 컴퓨팅을 통해 분권적 시스템을 구축할 수 있다. 대국민 행정서비스의 질적 향상을 통해 행정의 대응성을 높이고 국민의 서비스 만족도를 향상시킨다. 그러나 국민 개개인에 대한 인적·물적 정보가 확보됨으로써 개인의 프라이버시 침해 우려가 있다.

#### 2) 자료, 정보, 지식

자료(data)는 사물이나 사실을 기호로 표시한 것이고, 정보(information)는 자료가 사용자에게 의미 있는 형태로 가공된 결과이다. 지식(knowledge)은 특정 상황에 사용 가능한 정보를 해석하고, 해결 방법을 결정하기 위해 응용된다.

데이터마이닝(data mining)은 각 데이터 간의 상관관계를 인공지능기법으로 자동적으로 알려주는 기법으로, 과거에는 알지 못했지만 축적된 데이터 속에서 유도된 새로운 데이터 모델을 발견하여 신전략적 정보를 추출해내는 정보추출 및 지식발견기법이다.

#### 3) 지식행정의 특징

연성(軟性) 조직의 강화, 의사소통의 활성화, 인적 자본의 강화가 필요하다. 지식의 원천은 숙련된 경험이나 노하우(know-how) 등의 암묵지(暗默知)이므로, 지식행정관리의 성공을 위해서는 암묵지 기능을 활성화하여야 한다.

### ❷ 지식관리시스템

#### 1) 의 의

전통적 행정관리가 계층제적 조직을 기반으로 한다면, 지식관리는 학습조직 기반 구축을 특징으로 한다. 전통적 행정관리와 비교한 새로운 지식행정관리의 특징은 공유를 통한 지식가치 향상 및 확대 재생산, 지식을 조직의 공동재산화하는 것, 구성원의 전문가적 자질 향상 등이다.

지식을 암묵지와 형식지로 구분할 때, 지식의 원천으로서 암묵지에는 조직의 경험 그리고 숙련된 기능 등이 해당한다. 업무매뉴얼 등은 형식지에 해당된다.

## 2) 지식관리시스템의 성공요인

지식관리시스템(KMS: Knowledge Management System)을 성공시키기 위해서는 개인적 지식 축적보다는 지식의 공유를 통한 조직적 지식을 창출하는 것이 중요하다. 개인 또는 부서가 업무결과로 얻은 새로운 지식을 다른 구성원들과 공유하는 문화를 조성한다. 지식을 효과적으로 발굴하고 활용할 수 있는 제도와 조직구조를 정비한다. 지식관리의 촉진제이자 실질적인 도구인 정보기술 인프라를 구축한다.

정보재의 속성상, 그 생산자는 자신의 소유권을 명확히 하기 어렵다. 지식관리에서는 암묵적 지식(tacit knowledge)을 적극적으로 명시적 지식(explicit knowledge) 혹은 형식지화하여 조직의 지식을 증폭시키는 것이 중요하다.

## 3) 지식행정관리의 기대효과

지식행정관리는 지식의 개인 사유화를 촉진하는 것이 아니라 지식의 공유를 통한 조직 자체의 발전을 추구한다. 조직구성원의 전문적 자질을 향상시킬 수 있으며, 지식 공유를 통한 지식가치의 확대 재생산과 학습조직의 기반을 구축할 수 있다.

# ❸ 효율성 모델과 민주성 모델

## 1) 의 의

효율성 모델은 정보기술을 활용한 전자정부의 효율성이나 생산성 제고를 위한 것으로, 전산망 확충과 민원해결을 강조하는 협의의 전자정부라고 할 수 있다. 모든 행정기관의 결재업무 중 전자결재 비율을 높여나가는 조치, 공무원 교육·훈련의 전체 과정 중 일정비율 이상을 원격교육화하는 조치, 원거리 기관과의 각종 회의를 원격 영상회의로 진행하는 조치, 인사업무의 대부분을 전자화된 자료로 전환하는 조치 등은 효율성 모델의 사례들이다.

민주성 모델은 전자민주주의와의 연계에 중점을 두는 광의의 입장이라고 볼 수 있다. 정부기관에 온라인으로 시민들이 행정에 참여할 수 있도록 만드는 조치는 민주성 모델과 관련된다.

## 2) 비 교

효율성 모델의 사회발전관은 기술결정론인 데 반하여, 민주성 모델은 사회결정론으로 볼 수 있다.

효율성 모델은 국민 편의의 극대화와 정책의 투명화·전문화 과정 등을 통한 정부 내부(back office)의 생산성 제고를 꾀하며, 민주성 모델은 행정과정상의 대외적(front office) 민주성 증진에 초점을 둔다.

효율성 모델은 전자정부를 협의로 해석한 것이며, 민주성 모델은 광의로 해석한 것이다. 효율성 모델은 행정전산망을 확충하거나 행정민원 해결을 강조하는 데 반하여 민주성 모델은 전자민주주의와의 연계를 중요시한다.

✚ 표 7-6 전자정부의 효율성 모델과 민주성 모델

| | 효율성 모델(back office) | 민주성 모델(front office) |
|---|---|---|
| 초 점 | 정부 내부의 생산성 제고 | 국민 참여를 통한 민주주의의 발전 |
| 개념의 범위 | 협의의, 초기의 전자정부 | 광의의, 최근의 전자정부 |
| 사회발전관 | 기술결정론 | 사회결정론 |
| 지향점 | 행정전산망 확충, 행정민원 해결 | 전자민주주의(tele-democracy) |

## ❹ 빅데이터

빅데이터는 다양성 (Variety) 이 높고, 속도 (Velocity) 가 빠르며, 규모 (Volume) 가 크다. 빅데이터는 정형적 데이터뿐만 아니라 비정형적 데이터를 포함하여 지칭한다. 빅데이터를 활성화하기 위해서는 개인정보 보호장치가 제도적으로 선행될 필요가 있다.

빅데이터 부상의 이유로 페이스북 (Facebook)·트위터 (Twitter) 등의 소셜네트워크서비스 (SNS) 의 보급 확대를 들 수 있다. 인터넷 쇼핑업체인 아마존 (Amazon) 이 고객행동패턴 데이터를 분석하여 상품 추천 시스템을 도입한 것은 빅데이터를 활용한 사례이다.

한국석유공사가 제공하는 국내유가예보서비스는 각 주유소의 유류판매가격에 대한 객관적인 정보를 토대로 하는 빅데이터를 활용한 것으로, 데이터 마이닝을 도입한 대표적 사례이다. 한편 오피니언 마이닝 (opinion mining) 이란 웹문서에서 사용자들의 의견이나 평가를 분석해 해당 주제에 대한 평판을 도출해 내는 기술로, 평판 마이닝 기법이다.

싱가포르 정부는 재난방재, 테러감지, 전염병 확산같은 불확실한 미래에 대비하기 위해 2004년부터 빅데이터를 활용하여 국가위험관리시스템 (RAHS) 을 추진하고 있다. 미국 FBI의 DNA색인시스템은 빅데이터를 활용하여 단시간에 범인을 검거하는 시스템이다.

---

## 제2절  전자정부

## ❶ 정보화와 전자정부

### 1) 의 의

전자정부 (e-government) 는 정부 내 공문서나 자료가 전자적으로 처리되어 종이 없는 행정을 추구한다. 민주성과 효율성 (efficiency) 을 모두 지향한다. 정부 내 업무처리의 효율화인 백오피스 (back office) 와 대민 행정서비스인 프런트오피스 (front office) 간의 간격을 축소하고, 정부의 조직구조와 프로세스의 혁신을 지향한다.

국민을 위해 언제 어디서나 한번에 서비스가 제공되는 원스톱 (one-stop) 또는 제로 스톱 (Zero-Stop) 전자민원서비스를 제공한다. 부처별·기관별 업무처리가 아니라 통합처리를 지향한다.

전자정부는 접근수단을 다양화하고, 전자정부 대표 포털을 구축하고 e-Governance를 구현하며, 공급자인 정부 중심으로부터 쌍방향서비스로 다시 맞춤형서비스로의 정부혁신을 추구한다.

정부혁신전략으로 전자정부가 지향하는 것은 정보의 분산과 공유, 그리고 분권화가 이루어지는 민주형 전자정부이다. 전자정부는 조직의 분권화를 촉진시키지만 집권화를 위해서 사용될 수도 있다.

전자정부 구현에 따른 기대효용은 정보의 공개와 상호작용을 통한 행정의 신뢰성 확보, 정보통신 기술을 활용한 업무 효율성 제고, 정부 정보에 대한 시민의 접근성 강화이다.

## 2) 전자정부와 조직구조

전자정부(e - government) 구현과정에서 정보화에 따른 조직구조의 변화는 조직구조가 탈관료제화, 조직의 수평화 및 네트워크화되는 것이다. 조직 규모가 줄어들고 수평적 관계가 중요해진다. 중간관리층 규모가 축소되고 행정농도가 낮아진다. 사람이 직접 수행하는 업무는 다기능화 수준이 높아져 직무 간 경계 및 기능 간 경계는 점점 모호해진다.

## 3) 유비쿼터스 정부

유비쿼터스 정부(ubiquitous government)는 언제 어디서나 개인화되고 중단 없는 정보서비스를 제공함으로써 부가적인 가치를 제공하는 정부이다. 행정 서비스가 추구하는 가치는 고객지향성, 지능성, 실시간성, 형평성 등으로 요약된다. 개인의 관심사, 선호도 등에 따른 실시간 맞춤정보 제공으로 시민참여도가 제고되어 궁극적으로 투명한 정책결정과 행정처리가 가능해진다.

유비쿼터스 정부는 웹(web) 기술과는 관계없이 '언제, 어디서나, 어떠한 장치로든' 연결되는 정부를 말한다. 종래의 유선인터넷을 기반으로 하는 초기 전자정부 개념을 뛰어넘어, 전자공간과 물리적 공간을 연결시킴으로써 정보화서비스의 이용공간과 이용매체를 대폭적으로 확대시킨 차세대 전자정부 개념이다.

## 4) 스마트 워크

스마트 워크(smart work)란 영상회의 등의 정보통신기술을 이용해 시간과 장소의 제약 없이 업무를 수행하는 유연한 근무 형태이다.

## 5) UN의 전자정부 발전단계

'자동출현 ⇨ 출현조정 ⇨ 상호작용 ⇨ 상호거래 ⇨ 연계(connected)'의 5단계로 구분하였다. UN이 전자정부 발달단계에서 최종단계로 본 것은 통합처리(seamless) 단계이다. 연계의 내용은 정부기관 간 수평적 연계, 중앙부처와 지방정부 간의 수직적 연계, 상호운용성(interoperability) 확보를 위한 인프라(infra) 간의 연계, 정부기관과 시민 간의 연계, 정책 이해관계자들 간의 연계정책에 관련되는 정부기관, 민간기업, 학계뿐만 아니라 각종 다양한 시민단체들 간의 상호연계이다.

## ❷ 전자거버넌스

## 1) 의 의

전자거버넌스 또는 e - 거버넌스(e - govenance)는 모범적인 거버넌스를 실현하기 위하여, 다양한 차원의 정부와 공공부문에서 정보통신기술의 잠재력을 활용하기 위한 과정과 구조의 실현을 추구한다. 정부서울청사 등에 스마트 워크센터를 설치하여 운영하고 있다. 또한 민원서비스를 통합적으로 제공하는 '민원24'를 도입하였다. 정부에 대한 불편사항 제기, 국민제안, 부패 및 공익 신고 등을 위해 '국민신문고'를 도입하였다. 정부의 '국민신문고'나 서울시의 '천만상상 오아시스' 시스템은 참여형 전자거버넌스의 예이다. 우리나라의 나라장터(G2B)는 2002년 개설된 범정부적 전자조달사업으로서 입찰공고 및 조달정보 제공, 제안서 제출시스템 등을 갖추고 있다.

미국의 'challenge.gov' 프로그램은 온라인 공모 플랫폼으로, 국민을 정부정책을 홍보해야 할 대상으로 보기보다는 프로슈머

(prosumer) 협력자로 여긴다. 'challenge gov' 프로그램은 정책현안 및 문제 해결을 위한 정책 솔루션 공모안을 제시하고, 선정된 아이디어에 일정 금액을 포상하는 등 시민들의 정책참여에 대한 동기부여를 촉진하는 방법이다.

공동생산형 전자정부 단계에서는 정부와 국민이 공동 생산자로 등장하기 때문에 GNC (Government and Citizen)로 약칭된다.

## 2) 온라인 시민참여

정보제공형, 협의형, 정책결정형으로 구분할 수 있다. 첫째, 정보공개법은 정보제공형에 속한다. 둘째, 행정절차법과 옴부즈만 제도는 협의형에 해당한다. 셋째, 국민의 입법 제안과 전자국민투표법은 정책결정형에 해당한다.

## 3) UN의 전자적 참여형태

UN에서 제시하는 세 가지 전자적 참여형태에는 '전자정보화 (e - information) 단계 ⇨ 전자자문 (e - consultation) 단계 ⇨ 전자결정 (e - decision) 단계'가 있다.

첫째, 전자정보화 (e - information) 단계는 정부가 정보를 공개하고 제공하는 유형으로 다소 일방향적인 정보공개가 일어난다. 전자보고서 제공, 온라인 일정 공개, 스마트폰에서의 접속 등을 포함한다.

둘째, 전자자문 (e - consultation) 단계는 정부가 국민의 의견을 수렴하고, 정부의 입장을 전달하는 쌍방향 의사소통 유형이다. 시민과 선출직 공무원 간에 상호소통뿐만 아니라 사이버 공간에서의 청원활동이 이루어지며 선출직 공무원은 유권자들과 직접적으로 토론을 벌인다. 온라인 설문조사, 온라인 토론방 등이 해당된다.

셋째, 전자결정 (e - decision) 단계는 정부가 중요 쟁점을 공론화하고 공개적인 토론을 거쳐 합의를 도출하는 유형이다. 전자자문 단계의 토론 결과가 어떠한 정책결정에 직접적으로 반영되었는가에 대해 시민들에게 정보를 제공해 준다. 전자결정 단계는 가장 적극적인 시민참여 방식이고, 숙의민주주의 (deliberate democracy) 실현의 장이 될 수 있다.

## ❸ 정부 3.0 또는 스마트 정부

### 1) 정부 1.0

정부 1.0은 공급자 중심의 서비스 개발, 일방향적 공공서비스 공급, 직접 방문에 의한 행정서비스 수혜 등을 특징으로 한다. 공공기관의 정보 제공에 초점을 둔 정부 중심의 국가 운영 거버넌스를 의미한다.

### 2) 정부 2.0

정부 2.0은 정부 1.0과 정부 3.0의 중간단계이다. 정부 중심의 일방향적 정보제공으로부터 쌍방향적 정보제공으로 전환했다.

### 3) 정부 3.0

정부 3.0의 핵심 키워드는 개방, 공유, 협력, 소통, 맞춤형 서비스, 일자리 창출, 칸막이 해소 등이다. 정부 3.0의 운영 방향은 공공정보의 개방과 공유, 정부와 국민 간의 소통과 협력을 포함하고 있다. 정부 3.0은 기술적 관점에서 모바일 스마트 기반의 차세대 전자정부로 이해할 수 있다. 정부의 직접 참여보다는 민간의 능동적 참여를 유도하는 플랫폼 (platform) 정부를 지향하고 있다. 온라인 민관협업공간을 구축하는 데 역점을 둔다.

정부운영의 새로운 패러다임인 정부 3.0은 정부 내 칸막이 해소와 공공데이터의 민간활용 활성화에 역점을 두고, 빅데이터를 활용한 과학적 행정 구현 등을 중시한다. 공공정보의 적극 공개로 국민의 알권리 충족에 역점을 둔다. 정보 취약계층의 서비스 접근성을 제고한다. 정부 3.0은 공공정보를 적극 개방하고 공유하여 부처 간 소통과 협력을 강조한다. 행정서비스는 양방향·맞춤형 제공을 지향하고, 민원 24 서비스를 확대하여 개인별 생활민원정보를 하나의 창구에서 통합 안내한다. 부처 간 칸막이를 없애고 소통과 협력을 통해 일하는 방식의 개선을 강조하고 있다.

## 4) 스마트 정부

스마트 정부는 개인별 맞춤형 통합서비스 제공, 1회 신청으로 연관 민원 일괄처리, 스마트폰이나 태블릿 PC 및 스마트 TV 등 다매체를 활용한다. 스마트 사회의 전자정부는 시민집단수요 중심이 아니라 개인별 맞춤형 서비스 제공을 강조한다. 스마트 정부는 국민들이 민원서비스를 신청하지 않더라도 정부가 국민의 요구들을 미리 파악해서 행정서비스를 선제적으로 제공한다. 스마트기술을 활용하여 국민이 시간과 장소에 상관없이, 필요한 경우 원하는 방식으로 정부서비스에 접근할 수 있다. 지능형 정보기술을 활용하여 재난사고 등에 대해 사전예방 위주의 위기관리를 강화한다. 모바일 기술에 의해 현장근무, 재택근무 등의 유연근무가 촉진된다.

## ❹ 전자정부의 유형

### 1) G2C(Government to Customer)

G2C (Government to Customer)는 국민을 상대로 하는 전자정부로 대민 전자정부라고 할 수 있다. 민원24 (www. minwon. go. kr), 국민신문고 (www. epeople.go.kr) 등이 대표적인 예이다.

첫째, 민원24 (www. minwon. go. kr)는 정부의 통합민원창구로 전자민원서비스의 허브 (hub) 역할을 한다.

둘째, 국민신문고 (www. epeople.go.kr)는 정부기관에 대한 불만 및 불편사항, 정부정책 및 제도개선 제안, 정부정책에 대한 토론 혹은 전자공청회 참여, 공무원 및 공공기관의 부패행위에 대한 신고, 부당한 행정처분에 대한 권리구제 등의 문제가 있을 때 활용가능한 범정부 국민참여포털이다.

### 2) G2B(Government to Business)

G2B (Government to Business)는 정부와 기업 간의 거래, 전자조달, 통관시스템과 관련된다. 나라장터 (www.g2b.go.kr)와 전자통관시스템 (Universal Pass)이 대표적인 예이다.

첫째, 나라장터 (www.g2b.go.kr)는 모든 공공기관의 공사, 용역, 물품 등의 발주정보를 공개하고 그 조달절차를 인터넷으로 처리하도록 만든 온라인 단일창구시스템이다. 나라장터는 전자조달 (e‐procurement) 업무뿐만 아니라 판매자와 구매자 간의 상품정보제공과 거래성사를 중개시키는 중개형 e‐marketplace의 역할도 하고 있다. 나라장터는 전자정부의 발달단계로 볼 때, 연계 (connected) 또는 통합처리 (seamless)의 단계로 볼 수 있다.

나라장터는 최저가 낙찰의 일반 원칙에 따라 자동으로 결정된다.

둘째, 전자통관시스템 (UNI‐PASS, Universal Pass)은 관세청이 수출입 업무를 효율적으로 추진하기 위해 개발한 최첨단 통관 포털 시스템이다. UNI‐PASS는 세계 관세 기구 (WCO)가 권고하는 국제표준을 모두 반영하였기 때문에 세계 어느 나라에서나 사용할 수 있는 시스템이다.

## 3) G2G(Government to Government)

G2G (Government to Government) 의 초기 형태는 종이문서의 전자문서화 혹은 면대면 결재의 온라인 결재화 정도였다. 현재는 전자문서유통, 기록물관리시스템, 온-나라시스템, 디지털예산회계 (dBrain) 등이 G2G의 대표적 예이다.

첫째, 전자문서교환인 EDI (Electronic Data Interchange) 는 서로 다른 조직 간에 약속된 포맷을 사용하여 행정상의 거래를 컴퓨터와 컴퓨터 간에 행하는 것이다.

둘째, 기록물관리시스템은 2006년 「기록물관리법」이 전면 개정되어 전자적 관리규정이 신설되면서 노무현 정부에서 구축되었다.

셋째, 행정업무처리재설계 (Public Administration Process Re-engineering) 는 정보처리기술을 활용한 새로운 업무처리방식을 통해 행정조직의 업무성과를 향상시키는 데 기여한다.

넷째, 온나라 시스템 (On-nara BPS: Business Process System) 은 개별 공무원이 행하는 일체의 행정관련 내용을 온라인상에서 실시간으로 시스템에 입력하고, 이를 축적·활용할 수 있도록 만들어진 것이다. 온나라 시스템 (On-nara BPS) 은 정부기능분류를 표준화한 정부기능분류체계 (BRM: Business Reference Model) 와 연계되도록 설계되었다.[6]

다섯째, 디지털예산회계 (dBrain) 시스템은 예산의 편성·집행·결산·성과관리의 정부재정활동 과정에서 생성된 정보를 종합관리하는 정보시스템이다. 성과중심형 예산시스템으로, 발생주의·복식부기 회계제도를 기반으로 한 과학적 예산관리 제도이다. 우리나라는 2007년에 예산회계시스템을 구축했다.

## ❺ 전자정부법

### 1) 정 의

전자정부란 정보기술을 활용하여 행정기관 및 공공기관의 업무를 전자화하여 행정기관 등의 상호 간의 행정업무 및 국민에 대한 행정업무를 효율적으로 수행하는 정부를 말한다.

중앙사무관장기관이란 국회 소속 기관에 대하여는 국회사무처, 법원 소속 기관에 대하여는 법원행정처, 헌법재판소 소속 기관에 대하여는 헌법재판소사무처, 중앙선거관리위원회 소속 기관에 대하여는 중앙선거관리위원회사무처, 중앙행정기관 및 그 소속 기관과 지방자치단체에 대하여는 행정안전부를 말한다.

정보자원이란 행정기관 등이 보유하고 있는 행정정보, 전자적 수단에 의하여 행정정보의 수집·가공·검색을 하기 쉽게 구축한 정보시스템, 정보시스템의 구축에 적용되는 정보기술, 정보화예산 및 정보화인력 등을 말한다.

정보시스템이란 정보의 수집·가공·저장·검색·송신·수신 및 그 활용과 관련되는 기기와 소프트웨어의 조직화된 체계를 말한다.

### 2) 정보기술 아키텍처

정보기술 아키텍처란 일정한 기준과 절차에 따라 업무, 응용, 데이터, 기술, 보안 등 조직 전체의 구성요소들을 통합적으로 분석한 뒤 이들 간의 관계를 구조적으로 정리한 체제 및 이를 바탕으로 정보화 등을 통하여 구성요소들을 최적화하기 위한 방법을 말한다.

---

6 개별공무원이 수행하는 과업이 부처 차원 및 범정부적 관점에서도 연계되도록 하여 국정과제에 대한 거시적 이해를 도모할 수 있도록 했다.

### 3) 전자정부기본계획의 수립

중앙사무관장기관의 장은 전자정부의 구현·운영 및 발전을 위하여 5년마다 행정기관 등의 기관별 계획을 종합하여 전자정부기본계획을 수립하여야 한다.

### 4) 전자정부서비스 제공과 이용

행정기관 등의 장은 첨단 정보통신기술을 활용하여 국민·기업 등이 언제 어디서나 활용할 수 있는 행정·교통·복지·환경·재난안전 등의 서비스(Ubiquitous 기반의 전자정부서비스)를 제공하여야 하며, 이에 필요한 시책을 마련하여야 한다.

행정기관 등의 장은 국민이 경제적·지역적·신체적 또는 사회적 여건 등으로 인하여 전자정부서비스에 접근하거나, 이를 활용하는 데 어려움이 발생하지 아니하도록 필요한 대책(전자정부서비스의 보편적 활용을 위한 대책)을 마련하여야 한다.

행정안전부장관은 행정정보의 원활한 공동이용을 위하여 행정안전부장관 소속으로 행정정보 공동이용센터(공동이용센터)를 두고, 대통령령으로 정하는 바에 따라 공동이용에 필요한 시책을 추진하게 할 수 있다.

행정안전부장관은 관계 행정기관 등의 장과 협의하여 정보기술아키텍처를 체계적으로 도입하고 확산시키기 위한 기본계획(정보기술 아키텍처 기본계획)을 수립하여야 한다.

---

## 제3절 ┃ 정보화 정책

### ❶ 보편적 서비스 정책의 지향

#### 1) 의 의

Steven E. Miller(1996)는 보편적 정보서비스 정책의 방향을 접근성(access), 활용가능성(usability), 훈련과 지원(training & support), 유의미한 목적성(meaningful purpose), 요금의 저렴성(affordability)으로 제시했다.

#### 2) 접근성

접근성(access)은 살고 있거나 일하고 있는 장소에 관계없이, 접속하기를 원하는 모든 사람들을 위한 접속을 제공하고 의미 있는 양방향식 전달을 위한 충분한 기능을 제공할 수 있어야 한다.

#### 3) 활용가능성

활용가능성(usability, the access device)은 신체적 조건 때문에 배제되지 않아야 하는 것을 의미한다. 다양한 목적을 위해 정보를 생산하고 소비하기를 원하는 사람들이 장비의 부적절성 또는 개인적 장애 때문에 배제되지 않도록 성능이 우수하고 유연성을 가진 쌍방향성 기기와 인터페이스를 고안하여야 한다.

### 4) 훈련과 지원

훈련과 지원(training & support)은 사람들의 일상적인 삶의 제도적 맥락 속에서 통합된 방식으로 적절한 훈련과 지원을 제공하여, 사람들이 기술의 부족 때문에 접근가능성에서 배제되지 않아야 한다.

### 5) 유의미한 목적성

유의미한 목적성(meaningful purpose)은 정보시스템이 대부분의 사람들을 위해 개인적 만족 증대와 시민권 보장뿐만 아니라 경제적 성취 등과 같은, 개인적으로나 사회적으로 의미 있는 일들을 위한 하부구조로서의 역할을 할 수 있도록 제공되어야 한다.

### 6) 요금의 저렴성

요금의 저렴성(affordability)은 정보시스템이 다른 대안들에 비해 상대적으로 비용효과적이고, 보편적으로 사용 가능하여야 하며 빈부격차 등 경제적인 이유 때문에 배제되지 않아야 한다.

## ❷ 공공부문 빅데이터 정책

기존 데이터와 비교할 때 빅데이터(big data)의 주요 특징은 속도(velocity), 정형적 데이터 외에 비정형적 데이터를 포함한 다양성(variety), 크기(volume)에 있어서 차이를 보인다. 빅데이터의 유통 활성화를 위해서는 데이터 보안, 암호화, 비식별화 등 개인정보 보호를 위한 기술 개발이 중요하다. 반정형화된 데이터나 비정형 데이터에 이르기까지 활용하는 데이터의 수준이나 폭이 확대되고 있다. 우리나라는 현재 빅데이터 활성화를 목표로 하는 기본법이 시행되고 있고 지방자치단체의 조례도 제정되었다.

## ❸ 정보화 요소

### 1) 정보기술 아키텍처

정보기술 아키텍처는 정부업무, 업무수행에 필요한 데이터, 업무를 지원하는 응용서비스 요소, 데이터와 응용시스템의 실행에 필요한 정보기술, 보안 등의 관계를 구조적으로 연계한 체계로서 정보자원관리의 핵심수단이다.

정보기술 아키텍처는 정부의 정보시스템 간의 상호운용성 강화, 정보자원 중복투자 방지, 정보화 예산의 투자효율성 제고 등에 기여한다.

### 2) 블록체인 네트워크

블록체인 네트워크는 블록에 데이터를 담아 체인 형태로 연결하고, 수많은 컴퓨터에 동시에 이를 복제해 저장하는 분산형 데이터 저장기술이다. 중앙 집중형 서버에 거래 기록을 보관하지 않고 거래에 참여하는 모든 사용자에게 거래 내역을 보내주며, 거래 때마다 모든 거래 참여자들이 정보를 공유하고 이를 대조해 데이터 위조나 변조를 할 수 없도록 되어 있다.

## 3) 제3의 플랫폼

정보기술에서 말하는 플랫폼은 컴퓨터시스템의 기반이 되는 하드웨어 구조나 소프트웨어 프레임워크를 말한다. 여기서 말하는 제3의 플랫폼 (The 3rd Platform) 은 모바일, 소셜, 클라우드, 빅데이터를 토대로 한 차세대 IT 환경을 말한다. 인터넷 환경이 지배하는 제2세대 플랫폼과 달리, 제3세대 플랫폼은 스마트폰, 태블릿 등의 모바일 기기가 중요하다.

클라우드 서비스란 인터넷상에 자료를 저장해 두고, 사용자가 필요한 자료나 프로그램을 자신의 컴퓨터에 설치하지 않고도 인터넷 접속을 통해 언제 어디서나 이용할 수 있는 서비스를 말한다.

## 4) 스마트워크센터

스마트워크센터는 이용자가 자신의 원래 근무지가 아닌, 주거지와 가까운 지역에서 근무할 수 있도록 환경을 제공하는 원격근무용 업무공간을 말한다. 업무에 필요한 IT인프라 (업무용 S/W가 설치된 공용 컴퓨터, 보안성을 갖춘 전산망 등) 및 업무환경 (독립된 사무용 책상, 회의실) 은 물론, 원 근무지와의 원활한 커뮤니케이션을 위한 영상회의 시스템이 마련되어 있다.

## 5) 전문가시스템(ES)

전문가시스템 (ES: Expert System) 은 인공지능의 응용분야 중 하나로서 컴퓨터시스템이 특정 분야의 문제 해결을 자동적으로 지원하는 시스템이다.

## 6) 인트라넷(intranet)

인트라넷 (intranet) 은 회사나 학교와 같은 조직 내부에서만 사용하는 근거리 통신망이다. 기업 등 조직에서 인터넷 기술과 통신규약을 이용해 조직 내부의 업무를 통합하는 정보시스템이다.

생각 넓히기 _ 광대역 통합망(BcN)

광대역 통합망(BcN: Broad convergence Network)은 통신, 방송·인터넷 등을 통합한 멀티미디어 서비스를 안전하게 제공하는 통합네트워크를 뜻한다.

## ❹ 국가정보화 기본법

### 1) 국가정보화 기본계획

과학기술정보통신부 장관은 국가와 지방자치단체의 부문계획을 종합하여 5년마다 국가정보화 기본계획을 수립하여야 한다. 「국가정보화 기본법」에 의하면 정부는 5년마다 국가정보화 기본계획을 수립하여야 하며, 국가기관과 지방자치단체는 정보격차 해소 시책을 마련하여야 한다.

기본계획은 과학기술정보통신부장관이 국가와 지방자치단체의 부문계획을 종합하여 정보통신 전략위원회의 심의를 거쳐 수립·확정한다. 지역정보화 정책의 기본 목표는 지역경제의 활성화, 주민의 삶의 질 향상, 행정의 효율성 강화이다.

## 2) 정보화책임관

국가기관과 지방자치단체의 장은 해당 기관의 국가정보화 시책의 효율적인 수립·시행과 국가정보화 사업의 조정 등의 업무를 총괄하는 정보화책임관을 임명하여야 한다. 정보화책임관은 전략적이기보다는 전문적이어야 한다.

## 3) 국가정보자원관리원

종전의 정부통합전산센터가 현재는 국가정보자원관리원으로 변경되었으며, 행정안전부의 소속기관이다.

---

### 제4절　전자정부의 기능과 대책

## ❶ 전자정부의 순기능

### 1) 전자민주주의

전자정부는 전자적 참여를 통한 직접민주주의 방식의 도입으로 행정의 민주화를 제고할 수 있다.

### 2) 모자이크 민주주의

모자이크 민주주의는 다양성을 반영한 조화로운 민주주의를 의미한다. 토플러 (A.Toffler) 는 지식정보화시대 공동체의 올바른 질서를 모자이크 민주주의 (mosaic democracy) 라고 표현하였다.

이는 다수결에 기반을 둔 대중민주주의가 아닌 소수세력의 다양성과 조화로움을 추구하는 전자민주주의와도 상통하는 개념으로, 전자정부의 긍정적 효과에 해당한다.

## ❷ 전자정부의 역기능

### 1) 의 의

전자정부 또는 정보화의 부정적 효과로 전자전제주의 (tele-facism), 전자파놉티콘 (panopticon), 정보의 그레샴 법칙, 인포데믹스 (infodemics), 선택적 정보접촉 (selective exposure to information), 집단극화 (group polarization), 정보격차 (digital divide) 등이 거론되고 있다.

### 2) 정보의 그레샴 법칙

정보의 그레샴 (Gresham) 법칙은 공개되는 공적 정보시스템에는 사적 정보시스템에 비해서 상대적으로 가치가 낮은 정보가 축적되는 현상을 말한다. 그레샴 (Gresham) 법칙은 본래 악화 (惡貨) 가 양화 (良貨) 를 구축 (驅逐) 한다는 것을 의미한다. 정보의 그레샴의 법칙은 개인들이 좋은 정보는 소장하고, 불필요한 정보만 유통하는 현상을 지칭한다.

PART 07

## 3) 집단극화

인포테믹스 (infordemics) 는 근거 없는 각종 루머들이 IT 기기나 미디어를 통해 확산되면서 사회, 정치, 경제, 안보에 치명적 위기를 초래하는 것을 의미한다. 선택적 정보접촉 (selective exposure to information) 은 자신의 입장에 부합하는 정보들을 선택하는 것으로, 정보화사회는 다른 관점들에 대한 노출을 저해할 수 있다.

집단극화 (group polarization) 는 개인이 의사결정을 내릴 때보다 집단으로 의사결정을 내릴 때 과격해지는 현상으로, 정보화사회에서는 개인이 집단의 의사를 확인하기 용이해지므로 의사결정이 양극화되는 경향성이 나타날 수 있다.

## 4) 정보격차

정보격차 (digital divide) 는 정보접근 및 정보이용이 가능한 자와 그렇지 못한 자 사이에 경제적·사회적 격차가 심화되는 현상이다. 경제협력개발기구 (OECD) 는 정보격차를 '개인, 가정, 기업 및 지역들 간에 상이한 사회·경제적 여건에서 비롯된 정보통신 기술에 대한 접근 기회와 다양한 활동을 위한 인터넷 이용에서의 차이'로 정의했다.

## ❸ 전자정부의 문제해결 정책

### 1) 정보격차 해소

정보격차를 줄이기 위해서는 모든 국민이 정보통신서비스에 원활하게 접근할 수 있도록 해야 한다. 시각 장애인의 정보접근성 향상을 위한 인프라 구축, 개인별 특성을 고려한 맞춤형 정보화 교육 실시, 온라인 정보화 교육시스템 운영, 정보화마을 시범 운영 등은 정보격차를 해소하기 위한 노력에 해당한다. 정보화마을은 우리나라에서 도농 간 정보격차 해소를 위해 시행한 지역정보화 정책의 사례이다. 「국가정보화 기본법」은 국가기관과 지방자치단체에 대하여 정보격차 해소 시책을 마련할 의무를 규정하고 있다.

### 2) 웹 접근성 강화

웹 접근성이란 장애인 등 정보 소외계층이 웹사이트에 있는 정보에 접근할 수 있도록 편의를 제공하는 것을 말한다. 「장애인차별금지 및 권리구제 등에 관한 법률」은 정보통신·의사소통 등에서의 정당한 편의제공 의무에 관한 규정을 두고 있다.

### 3) 개인정보 보호 정책

공공아이핀 (I-PIN) 보급은 개인의 정보 보호를 위한 정책에 해당한다.

## ❶ 행정조직의 변화

### 1) 저층구조와 수평적 조직구조

피라미드형 조직구조에서 수평적 네트워크구조로 전환되고 있다. 지식정보화에 의한 새로운 조직형태로 공동조직, 후기기업가조직, 삼엽조직, 혼돈정부, 그림자정부 등을 들 수 있다. 조직은 전통적인 수직적 피라미드 형태에서 수평적 조직형태로 변화한다. 정보화 사회에서는 탈관료제화, 탈계층화가 진행되어 계층적 분화가 축소되고 조직 계층의 수가 감소한다. 조직 중간층의 기능이 약화되어 중간관리층의 규모가 축소된다.

### 2) 학습조직

조직의 기본구성 단위는 팀으로, 수평적 조직구조를 강조한다. 불확실한 환경에 요구되는 조직의 기억과 학습의 가능성에 주목한다. 사회적 지식의 활용에 있어 개인과 집단의 활동 자체보다 사회적 학습이 강조된다. 체계화된 학습이 강조됨에 따라 조직구성원의 권한은 강화된다. 리더에게는 구성원들이 공유할 수 있는 미래비전 창조의 역할이 요구된다.

### 3) 신중앙집권과 리더십

정보의 기획 및 통제기능이 중요해짐에 따라 조직의 집권화가 촉진되는 측면이 있다. 계선도 정보공유 및 상층부에 대한 접근이 용이해지므로, 계선과 참모의 구별도 모호해질 것이다.

지식정보화 사회에 있어서 조직 내, 조직 간의 경쟁은 가속화된다. Don Tapscott (1996) 는 정보화 사회에서 상호연계적 리더십을 형성하고 발휘하는 데 최고관리자의 지원과 관심은 필수적이라고 주장했다.

## ❷ 조직구조의 유형

### 1) 삼엽조직

삼엽조직 (shamrock organization) 은 소규모 전문직 근로자들, 계약직 근로자들, 신축적인 근로자들로 구성된 조직형태이다. 삼엽 (三葉) 조직은 지식정보화 사회의 조직구조 중 정규직원을 소규모로 유지하면서도 산출의 극대화를 도모하는 조직이다.

직원의 수를 소규모로 유지하는 한편 산출의 극대화가 가능하도록 설계된 조직으로서, 조직구조는 계층수가 적은 날씬한 조직을 말한다.

### 2) 후기기업가조직

후기기업가조직 (post - entrepreneurial organization) 은 신속한 행동, 창의적 탐색, 더 많은 신축성, 직원과 고객과의 밀접한 관계 등을 강조하는 조직형태이다. 후기기업가조직은 조직에서 거대한 규모를 유지하면서도 날렵하게 움직일 수 있는 유연성을 강조하는 조직이다. 후기기업가조직은 의사결정단계를 축소하여 거대하면서도 기동성 있는 유연한 조직이다.

### 3) 공동화조직

공동 (空洞) 조직은 정부기능의 일부를 민간에게 위임·위탁하여 정부기능을 기획·조정·통제 등 핵심적인 것에만 국한시키려는 네트워크조직을 말한다. 공동조직 (hollow organization) 은 기획·조정·통제·감독 등의 중요한 업무만을 직접 수행하고, 운반·보관·시제품생산 등은 제3자에게 위임 또는 위탁하는 조직형태이다.

### 4) 그림자국가

그림자국가는 정부가 직접 모든 서비스를 공급하기보다는 준정부조직이나 민간조직 등을 이용하는 네트워크형 국가를 말한다.

### 5) 혼돈조직

혼돈조직 (chaos organization) 은 혼돈이론, 비선형동학, 복잡성이론 등을 적용한 조직형태이다.

### 6) 이음매 없는 조직

Russell Matthew Linden (1994) 이 정의한 '이음매 없는 정부 (seamless government)'의 출현이 확산된다. 정보사회에서 새롭게 등장하고 있는 가상조직에서는 조직의 경계 (boundary) 가 불분명해진다.

생각 넓히기 _ 그림자 국가와 그림자 정부

그림자 국가 (shadow state)는 정치학자 Ian Bremmer가 제시한 개념으로, 강대국 옆에 놓인 지정학적 위치로 인해서 그 영향력에서 벗어나지 못하고 제 목소리를 내지 못하는 나라를 지칭하는 것으로 사용된 것이다.
한편 그림자 정부 (shadow government) 는 세계의 주요 정치·경제 분야를 조정하는 보이지 않는 비밀조직을 일컫는 의미로 사용된다.

# INDEX
| 색인

# REFERENCE
## 참고문헌

■ **국내문헌**

권영성(2009), 『헌법학원론』(법문사)

국회예산정책처(2014), 『국가재정법: 이해와 실제』(국회예산정책처)

김구(2019), 『인간과 공공사회』(윤성사)

김동건(1997), 『비용편익분석』(박영사)

김동욱(2015), 『정보미디어 정책평가와 과제』(대영문화사)

김동욱 외(2016), 『정부역할의 재정립: 행정』(박영사)

김동원(2002), 포스트모더니즘의 현대행정이론에 대한 비판과 담론의 등장, 『현대사회와 행정』, 12(2): 1－22.

김동희(2019), 『행정법 Ⅰ』(박영사)

김신복(1999), 『발전기획론』(박영사)

김용옥(2013), 『중용 한글역주』(통나무)

김용옥(2014), 『논어 한글역주』(통나무)

김석준(2020), 『바로 찾는 한국고대국가학: 고조선의 국가와 행정』(대영문화사)

김성준(2012), 『공공선택론: 정치·행정의 경제학적 분석』(박영사)

김종성 외(2004), 지방자치법상 지방자치단체에 대한 국가감독제도의 개선방안, 『행정논총』, 42(3): 27－52.

김학성(2015), 『헌법학원론』(피앤씨미디어)

김혁(2002), 미국 관료제의 소수인종 대표성에 관한 연구: 차별보상정책을 통한 대표관료제의 달성 수준에 대한 평가를 중심으로, 『한국정치학회보』, 36(2): 245－268.

남궁근(2012), 『정책학』(법문사)

노승용 외(2018), 『행정학 트레이닝』(윤성사)

노화준(2012), 『정책학원론』(박영사)

루이스 코저 지음·신용하 외 옮김(1997), 『사회사상사』(일지사)

박순애(2019), 『공공부문의 성과측정과 관리』(문우사)

박천오 외(2007), 정부관료제와 민주주의: 정부관료제의 책임과 통제확보를 통한 조화의 모색, 『행정논총』, 45(1): 221－253.

서울대학교 정치학과교수 공저(2008), 『정치학의 이해』(박영사)

신무섭 외(2019), 『재무행정학』(대영문화사)

심재영 외(2019), 『알기 쉬운 정부회계』(대영문화사)

심준섭 외(2010), 갈등당사자의 프레임과 프레이밍 변화과정 분석: 청주시 화장장 유치 사례, 『행정논총』, 48(4): 229－261.

안해균(옮김)(1987), 『행정국가와 관료제』, F. M. Marx, (박영사)

오석홍(2016), 『행정학』(박영사)

오석홍(2018), 『행정개혁론』(박영사)

오세덕 외(2020), 『행정관리론』(대영문화사)

오연천(2008), 재정운영 시스템의 개선, 최병선·최종운 엮음,『국가운영 시스템: 과제와 전략』(나남)

오시영(2008), 『일본의 행정과 공공정책』(법문사)

우명동 외(2019), 『알기 쉬운 재정학』(대영문화사)

유광호 외(2011), 『관료제론』(대영문화사)

유민봉(2016), 『한국행정학』(박영사)

유민봉 외(2015), 『한국인사행정론』(박영사)

유종해 외(2003), 『행정사의 이해』(대영문화사)

유훈(2007), 『재무행정론』(법문사)

윤영진(2014), 『새 재무행정학 2.0』(대영문화사)

원구환(2019), 『재무행정론』(대영문화사)

원숙연(2019), 『다문화 사회의 다층성: 인종적 다양성을 둘러싼 정책적 편입과 배제』(이화여자대학교출판문화원)

이극찬(2001), 『정치학』(법문사)

이달곤(2005), 『지방정부론』(박영사)

이달곤 외(2012), 『지방자치론』(박영사)

이만우(2004), 『공공경제학』(율곡출판사)

이영균(2015), 『조직관리론』(박영사)

이윤식(2006), 우리나라 정부의 정책평가방법에 관한 개선방안 연구,『정책분석평가학회보』, 16(3): 1−33.

이재원(2019), 『지방재정론』(윤성사)

이재은(2020), 『현대 한국사회와 정부 조직관리: 가치·철학·쟁점』(충북대학교출판부)

이종범(2006), 『전환시대의 행정가: 한국형 지도자론』(나남)

이종수(2009). 『행정학사전』(대영문화사)

이종수 외(2016), 『새 행정학 2.0』(대영문화사)

이준구(2008), 『미시경제학』(법문사)

이준구(2011), 『재정학』(다산출판사)

이창원 외(2014), 『새 조직론』(대영문화사)

임창희(2015), 『조직론 이해』(학현사)

정용덕 외(2014), 『현대국가의 행정학』(법문사)

정정길 외(2011), 『정책학원론』(대명출판사)

주운현 외(2019), 『쉽게 쓴 행정학』(윤성사)

최병선(2001), 정부주도의 경제사회 운영과 행정윤리,『행정논총』, 39(4): 81−111.

최창현 외(2019), 『행정학으로의 초대』(윤성사)

최태현(2014), 자기조직적 거버넌스의 재고찰: 설계와 창발개념의 통합을 중심으로,『행정논총』, 52(2): 67−90.

하연섭(2016), 『제도분석: 이론과 쟁점』(다산출판사)

한국산업사회학회(2008), 『사회학』(한울아카데미)

한국행정연구원(2011), 『공정사회와 갈등관리 Ⅰ·Ⅱ』(박영사)

### ■ 해외문헌

Ackoff, Russel Lincoln(1974), *Redesigning the Future: a Systems Approach to Societal Problems,* New York: John Wiley & Sons.

Adams, John Stacy(1963), Toward an Understanding of Inequity, *Journal of Abnormal and Social Psychology,* 67(5): 422－436.

Alderfer, Clayton Paul(1972), *Existence, Relatedness, and Growth: Human Needs in Organizational Settings,* New York: The Free Press.

Allison, Graham T.(1971), *Essence of Decision: Explaining the Cuban Missile Crisis,* Boston: Little, Brown and Company.

Almond, Gabriel A. & G. Bingham Powell Jr.(1980), *Comparative Politics*(3rd ed), Boston: Little Brown.

Anderson, James E.(2005), *Public Policy－Making*(5th ed), Boston: Houghton Mifflin Company.

Arnstein, Sherry R.(1969), A Ladder of Citizen Participation, *JAIP,* 35(4): 216－224.

Atkinson, Anthony(1970), On the Measurement of Inequality, *Journal of Economic Theory,* 2: 244－263.

Appleby, Paul H.(1949), *Policy and Administration,* Tuscaloosa, Ala.: University Press of Alabama.

Argyris, Chris(1957), *Personality and Organization: The Conflict between System and the Individual,* New York: Harper & Row.

Aristotle(1952), *Nicomachean Ethics,* London: Encyclopaedia Britannica, Inc. (최명관 역, 1984, 『니코마코스 윤리학』, 서광사).

Arrow, Kenneth J.(1951), *Social choice and individual values,* New York: Wiley.

Astley, W. & Van de Ven, A.(1983), Central Perspectives and Debates in Organization Theory, *Administrative Science Quarterly,* 28: 245－273.

Bachrach, Peter & Morton Baratz(1962), Two faces of power, *American political science review,* 56(4): 947－952.

Bass, Bernard(1993), Transformational Leadership: A Response to Critiques. In M. Chemers & R. Ayman(eds.). *Leadership Theory and Research: Perspectives and Directions,* 49－80, New York: Academic Press.

Baumol, William J.(1967), Macroeconomics of Unbalanced Growth: The Anatomy of Urban Crisis, *American Economic Review,* 57: 415－426.

Bennis, Warren G.(1966), *Changing Organizations: Essays on the Development and Evolution of Human Organization,* New York: McGraw－Hill.

Bentham, Jeremy(1789), *An Introduction to the Principles of Morals and Legislation,* London.

Bently, Arthur Fisher(1908), *The Process of Government: A Study of Social Pressures,* University of Chicago Press.

Berman, Paul(1978), The Study of Macro－and Micro－Implementation, *Public Policy,* 26(2): 157－184.

Birkland, Thomas A.(2011), *An Introduction to Policy Process: Theories, Concepts, and Models of Public Policy Making*(3rd ed.), New York: M. E. Sharpe.

Blake, R. R. & J. S. Mouton(1964), *The Managerial Grid,* Houghton: Golf Publishing Co.

Blastors, G.(1962), Justice and Equality, In R. B. Brandt(ed.), *Social Justice,* N. J.: Englewood Cliffs.

Blau, Peter M. & W. Richard Scott(1962), *Formal Organizations: a comparative approach,* Chandler.

Braybrooke, David & Charles E. Lindblom(1970), *A Strategy of Decision,* NY: The Free Press.

Brennan, Geoffrey & James M. Buchanan(2008), *The Reason of Rules: Constitutional political economy,* Cambridge University Press.

Buchanan, James M. & Gordon Tullock(1962), *The Calculus of Consent,* Ann Arbor: The University of Michigan Press.

Burns, James MacGreger(1978), *Leadership*, New York: Harper & Row.

Burns, Tom & G. M. Stalker(1961), *The Management of Innovation*, London: Tavistock.

Chandler, J. A.(2001), *Local Government Today*(3rd ed.), Manchester University Press.

Coase, Ronald H.(1960), The Problem of Social Cost, *Journal of Law and Economics*, 3: 1−44.

Cnudde, Charles F. & Donald J. McCrone(1969), Party Competition and Welfare Policies in the American States, *The American Political Science Review*, 63(3): 858−866.

Cobb, Roger W. & Charles D. Elder(1983), *Participation in American Politics: the Dynamics of Agenda−Building*(2nd ed.), Baltimore, MD: Johns Hopkins University Press.

Cobb, Roger W., Jenni−Keith Ross & Marc Howard Ross(1976), Agenda Building as a Comparative Political Process, *The American Political Science Review*, 70(1): 126−138.

Cohen, M., James March & Johan Olsen(1972), A Garbage Can Model of Organizational Choice, *Administrative Science Quarterly*, 17(1): 1−25.

Cook, Thomas D. & Donald T. Campbell(1979), *Quasi−experimentation: Design & analysis issues for field settings*, Boston: Houghlin−Mifflin Company.

Cox, Taylor(2001), *Creating the multicultural organization: a strategy for capturing the power of diversity*, San Francisco: Jossey−Bass.

Crenson, Matthew A.(1971), *The Un−politics of Air Pollution*, Baltimore: Johns Hopkins University Press.

Cyert, Richard M. & James G. March(1963), *A Behavioral Theory of the Firm*, N.Y.: Prentice−Hall.

Daft, R. L.(2004), *Organizational Theory and Design*, Cincinnati: South−Western.

Dahl, Robert Alan(1961), *Who governs?: Power and democracy in an American city*, New Haven: Yale University Press.

Dawson, Richard E. & James. A. Robinson(1963), Inter−party Competition, Economic Variables, and Welfare Policies in the American States, *Journal of Politics*, 25(2): 265−289.

Denhardt, Janet V. & Robert B. Denhardt(2011), *The New Public Service*(3rd ed.), M. E. Sharpe.

Diesing, Paul(1962), *Reason and Society*, Urbana: Univ. of Illinois Press.

Dimaggio, Paul J. & Walter W. Powell(1983), The Iron Cage Revisited: Institutional Isomorphism and Collective Rationality in Organizational Fields, *American Sociological Review*, 48: 147−160.

Dimock, Marshall Edward(1937), *Modern Politics and Administration*, New York: American Book Company.

Douglas, Mary & Aaron Wildavsky(1982), *Risk and Culture: An Essay on the Selection of Technological and Environmental Danger*, Berkeley: University of California Press.

Downs, Anthony(1957), *An Economic Theory of Democracy*, New York: Harper & Row.

Downs, Anthony(1972), Up and down with ecology: The 'issue−attention' cycle, *The Public interest*, 28: 38−50.

Dror, Yehezkel(1971), *Design for Policy Sciences*, New York: Elsevier.

Duesenberry, James Stemble(1967), *Income, Saving, and The Theory of Consumer Behavior*, Oxford University Press.

Dunleavy, P.(1991), *Democracy, Bureaucracy and Public Choice*, N.Y.: Harvester Wheatsheaf.

Dunn, William N.(2009), *Public Policy Analysis: An Introduction*(4th ed.), Englewood Cliffs: Prentice Hall.

Dunsire, Andrew(1981), Central Control over Local Authorities: A Cybernetic Approach, *Public Administration*, 59(2): 173−188.

Easton, David(1965), *Systems Analysis of Political Life*, New York: John Wiley & Sons Ltd.

Elcock, Howard J.(1994), *Local Government: Policy and Management in Local Authorities*, Routledge.

Elliott, M., B. Gray & R. J. Lewicki(2003), *Making Sense of Intractable Environmental Conflicts: Frames and Cases*, Washington, DC: Island Press.

Elmore, Richard F.(1985), Forward and Backword Mapping: Reversible Logic in the Analysis of Public Policy, *Policy Implementation in Federal and Unitary Systems: 33−70.*

Etzioni, Amitai(1961), *A Comparative Analysis of Complex Organization*, New York: Free Press.

Etzioni, Amitai(1967), Mixed−Scanning: A 'Third' Approach to Decision−Making, *Public Administration Review*, 27(5): 385−392.

Etzioni, Amitai(1968), *The Active Society: A Theory of Society and Political Processes*, New York: The Free Press.

Evans, M. G. (1970), The Effects of Supervisory Behavior on the Path−Goal Relationship, *Organizational Behavior and Human Performance*, 5: 277−298.

Eyestone, Robert(1978), *From social issues to public policy*, New York: John Wiley & Sons.

Fainstein, N. I. & S. S. Fainstein(1983), Regime strategies, communal resistance, and economic forces. In *Restructuring the city*, edited by S. S. Fainstein and N. I. Fainstein, 245−282, New York: Longman.

Farmer, David John(1995), *The Language of Public Administration: Bureaucracy, Modernity, and Postmodernity,* The University of Alabama Press.

Fiedler, F. E. (1967), *A Theory of Leadership Effectiveness*, New York: McGraw−Hill.

Filimon, Radu & Tomas Romer & Howard Rosenthal(1982), Asymmetric information and agenda control, *Journal of Public Economics*, 17(1): 51−70.

Finer, Herman(1941), Administrative Responsibility in Democratic Government, *Public Administration Review*, 1(4): 335−350.

Finer, Herman(1944), *The Road to Reaction,* Boston, Mass.: Little Brown and Company.

Fisher, Ronald C.(1998), *State and Local Public Finance*, Glenview, Ⅲ: Scott, Foreman and Company.

French, Wendell L. and Bell, Jr. Cecil H.(1995), *Organization Development*(5th ed.), Englewood Cliffs, New Jersey: Prentice−Hall.

French Jr., J. E. & B. H. Raven(1959), The Base of Social Power, In D. Cartwright(ed.), *Studies in Social Power*, Ann Arbor, Mitch.: University of Michigan Press.

Friedrich, Carl Joachim(1940), Public Policy and the Nature of Administrative Responsibility, C. J. Friedrich and E. S. Mason(eds.), *Public Policy: 3−24*, Harvard University Press.

Galbraith, John K.(1969), *The Affluent Society*(2nd ed.), Boston: Houghton Mifflin.

Gaus, John Merriman(1947), *Reflections on Public Administration,* Alabama University Press.

Gibson, J. L., J. M. Ivancevich & J. H. Donnelly(1982), *Organizations, Behavior, Structure, Processes*, Dallas, Texas: Business Publications.

Gilbert, C. E.(1959), The Framework of Administrative Responsibility, *The Journal of Politics,* 21(3): 373−407.

Goggin, Malcom L., Ann O'M Bowman, James P., Lester, & Laurence J., O'Toole, Jr.(1990), *Implementation Theory and Practice: Toward a Third Generation*, NY: Harper Collins.

Goldsmith, Stephen & William D. Eggers(2004), *Governing by Network: The New Shape of the Public Sector*, Washington D.C.: Brookings Institution Press.

Golembiewski, Robert T.(1962), *The Small Group: An Analysis of Research Concepts and Operations,* Chicago University Press.

Goodnow, Frank Johnson(1900), *Politics and Administration: A Study in Government,* New York: Macmillan.

Goodsell, Charles T.(1985), *The Case for Bureaucracy: A Public Administration Polemic,* Chatham House Publishers.

Gouldner, Alvin W.(1960), The Norm of Reciprocity: A Preliminary Statement, *American Sociological Review,* 25(2): 161−178.

Gramsci, Antonio(1971), *Selections From The Prison Notebooks,* New York: International Publishers.

Greiner, Larry E.(1970), Patterns of Organization Change, In Gene W. Dalton, Paul R. Lawrence, and Larry E. Greiner(eds.), *Organizational Change and Development:* 213−229, Homewood, Illinois: Richard D. Irwin and The Dorsey Press).

Greiner, Larry E.(1972), Evolutions and Revolution as Organization Grow, *Harvard Business Review,* 50: 37−46.

Gulick, L. H.(1937), *Papers on the Science of Administration,* Institute of Public Administration.

Hackman, J. R. & G. Oldham(1976), Motivation through the Design of Work: Test of a Theory, *Organizational Behavior and Human Performance,* 16: 250−279.

Hall, Peter A.(1993), Policy Paradigms, Social Learning, and the State: The Case of Economic Policymaking in Britain, *Comparative Politics,* 25(3): 275−296.

Hall, Peter A. & Rosemary C. R. Taylor(1996), Political Science and the Three New Institutionalism, *Political Studies,* 44(5): 936−957.

Hardin, Garrett(1968), The Tragedy of the Commons, *Science,* 162: 1243−1248.

Harmon, Michael M.(1981), *Action Theory for Public Administration,* Longman Publishing Group.

Hayek, Friedrich A.(1944), *The Road to Serfdom,* Chicago: The University of Chicago Press.

Hayes, Michael T.(2001), *The Limits of Policy Change: Incrementalism, Worldview, and the Rule of Law,* Washington, DC: Georgetown University Press.

Heclo, Hugh(1978), Issue Networks and the Executive Establishment, In A. King(eds.), *The American Political System,* Washington, D.C.: AEI.

Hersey, P. & K. H. Blanchard(1982), *Management of Organizational Behavior: Utilizing Human Resources,* Englewood Cliffs, NJ: Prentice−Hall.

Herzberg, Frederick(1966), *Work and the Nature of Man,* New York: World Publishing Company.

Hirschman, Albert. O.(1975), Policymaking and Policy Analysis in Latin America: A Return Journey, *Policy Science,* 6: 385−402.

Hofstede, Geert(1980), *Culture's Consequences: International Differences in Work Related Values,* Beverly Hills, Calif.: Sage.

Holcomb, Arthur Norman(1935), *Government in a Planned Democracy,* W. W. Norton & Company, Inc.

Hood, C.(1986), *The Tools of Government,* Chatham, NJ: Chatham House.

House, R. J.(1971), A Path−Goal Theory of Leader Effectiveness, *Administrative Science Quarterly,* 16: 321−339.

Howlett, Michael & M. Ramesh(1995), *Studying Public Policy,* Oxford: Oxford University Press.

Hudson, Barclay M.,Thomas D. Galloway & Jerome L. Kaufman(1979), Comparison of Current Planning Theories: Counterparts and Contradictions, *Journal of the American Planning Association,* 45: 387−398.

Hunter, Floyd(1953), *Community Power Structure: A Study of Decision Makers,* Chapel Hill: University of North Carolina Press.

Ingram, Helen & Anne Schneider(1991), The Choice of Target Populations, *Administration & Society,* 23(3): 333−356.

Janis, Irving L.(1972), *Victims of Group−think,* Houghton Mifflin.

Jantsch, Erich(1980), *The Self−Organizing Universe*, NY: Pergamon Press.

Johnson, Chalmers(1999), *The Developmental State: Odyssey of a Concept,* Cornell, CA: Cornell University Press.

Jones, Bryan D. & Frank R. Baumgartner(2012), From There to Here: Punctuated Equilibrium to the General Punctuation Thesis to a Theory of Government Information Processing, *The Policy Studies Journal*, 40(1): 1−19.

Kaplan, Abraham(1982), Moral Responsibilities and Political Realities, *Policy Sciences*, 14: 205−223.

Katz, Daniel & Robert L. Kahn(1966), *The Social Psychology of Organizations,* N. Y.: Wiley.

Keidel, Robert W.(1995), *Seeing Organizational Patterns: A New Theory and Language of Organizational Design*, Berrett−Koehler Publishers.

Kelley, Harold(1971), *Attribution in Social Interaction*, Morris Town, N.J.: General Learning Press.

Kerr, S. & J. Jermier(1978), Substitutes for Leadership: Their Meaning and Measurement, *Organizational Behavior and Human Performance*, 22: 375−403.

Key, V. O. Jr.(1949). *Southern Politics in State and Nation,* New York: Alfred A. Knopf.

Kingdom, Jone(1991), *Local Government and Politics in Britain,* London: Simon and Schuster.

Kingdon, John(2003), *Agendas, alternatives, and public policies*, New York: Longman.

Kingsley, J. D.(1944), *Representative Bureaucracy: An Interpretation of the British Civil Service*, Yellow Springs, Ohio: Antioch Press.

Kirkhart, Larry J. & Orion F. White, Jr.(1974), The Future of Organization Development, *Public Administration Review*, 34(2): 129−140.

Kotter, John P. & Dan S. Cohen(2002), *The Heart of Change,* Boston, MA: Harvard Business School Press.

Kranz, Harry(1976), *The Participatory Bureaucracy*, Lexington Books.

Krasner, Stephen D.(1978), *Defending the national interest: Raw materials investments and US foreign policy*, Princeton University Press.

Krasner, Stephen D.(1984), Approaches to the State: Alternative Conceptions and Historical Dynamics, *Comparative Politics*, 16(2): 223−246.

Landau, M.(1969), Redundancy, Rationality, and the Problem of Duplication and Overlap, *Public Administration Review*, 29(4): 346−358.

Lasswell, Harold D.(1951), The Policy Orientation, In *The Policy Sciences*, edited by Daniel Lerner. and Harold D. Lasswell, CA: Stanford University Press.

Lawless, David J.(1972), *Effective Management: Social Psychological Approach,* Englewood Cliffs: Prentice−Hall.

Leavitt, Harold J.(1965), Applied Organizational Change in Industry: Structural, Technological, and Humanistic Approaches, In James G. March(ed.), *Handbook of Organizations:* 1144−1170, Chicago: Rand McNally & Company.

Lewicki, R., Gray, B and Elliott, M.(2003), *Making Sense of Intractable Conflicts: Concepts and Cases*, Washington, D.C. Island Press.

Lewin, Kurt(1947), Frontiers in Group Dynamics: Concept, Method and Reality in Social Science; Social Equilibria and Social Change, *Human Relation*, 1(1): 5−41.

Lewis, Verne B.(1952), Toward a Theory of Budgeting, *Public Administration Review*, 12(1): 42-54.

Likert, Rensis(1961), *New patterns of Management,* New York: McGraw−Hill.

Lindblom, Charles E.(1959), The Science of Muddling Through, *Public Administration Review*, 19(2): 79−88.

Lindblom, Charles E.(1977), *Markets and politics,* New York: Basic Books.

Linden, Russell Matthew(1994), *Seamless Government: A Practical Guide to Re−Engineering in the Public Sector,* Jossey−Bass Publishers.

Lipsky, Michael(1976), Toward a Theory of Street−level bureaucracy, In Willis D. Hawley & Michael Lipsky(eds.), *Theoretical Perspectives on Urban Politics,* Englewood Cliffs, N. J.: Prentice−Hall.

Lockard, Duane(1959), *New England State Politics,* NJ: Princeton University Press.

Locke, Edwin A.(1968), Toward a Theory of Task Motivation and Incentives, *Organizational Behavior and Human Performance,* 3: 157−189.

Lowi, Theodore(1964), American Business, Public Policy, Case Studies, and Political Theory, *World Politics,* 16(4): 677−715.

Lowi, Theodore(1972), Four Systems of Policy, Politics and Choices, *Public Administration Review,* 32(4): 298−310.

Lundstedt, Sven(1972), Consequences of Reductionism in Organization Theory, *PAR,* 32(4): 328−333.

Mannheim, Karl(1959), Freedom, Power and Democratic Planning, *Science & Society,* 15(3): 278−280.

Marx, Fritz Morstein(1946), *Elements of Public Administration,* New York: Prentice−Hall.

Maslow, Abraham Harold(1954), *Motivation and Personality,* New York: Harper & Row.

Matland, Richard E.(1995), Synthesizing the Implementation Literature: the Ambiguity−Conflict Model of Policy Implementation, *Journal of Public Administration Research and Theory,* 5(2): 145−174.

May, Peter J.(1991), Reconsidering Policy Design: Policies and Publics, *Journal of Public Policy,* 11(2): 187−206.

Mazmanian, Daniel & Paul Sabatier(1979), The Conditions of Effective Implementation: A Guide to Accomplishing Policy Objectives, *Policy Analysis,* 5(4): 481−504.

McClelland, David(1973), Testing for competence rather than intelligence, *American Psychologist,* 28: 114.

McClelland, David(1961), *The Achieving Society,* Princeton, New Jersey: D. Van Nostrand Company, Inc.

McGregor, Douglas(1960), *The Human Side of Enterprise,* New York: McGraw−Hill.

Migué, J. L. and Bélanger, G.(1974), Towards a General Theory of Managerial Discretion, *Public Choice,* 17: 27−51.

Miller, Gerald J.(2012). *Government Budgeting and Financial Management in Practice: Logics to Make Sense of Ambiguity,* CRC Press by Taylor & Francis Group.

Miller, Nicholas R.(1977), Logrolling, Vote Trading, and the Paradox of Voting: A Game−Theoretical Overview, *Public Choice,* 30(1): 51−75.

Miller, Steven E.(1996), *Civilizing Cyberspace: Policy, Power and the Information Superhighway,* New York: ACM Press.

Mills, C. Wright (1956), *The Power Elite,* Oxford University Press.

Millspaugh, A. C.(1936), *Local Democracy and Crime Control,* Washington D. C.: Brooking Inc.

Mintzberg, Henry(1979), *The Structuring of Organizations,* Englewood Cliffs, New Jersey: Prentice−Hall.

Moorhead, G. & R. Griffin(2004), *Organizational Behavior,* Boston: Houghton Mifflin Company.

Morgan, Gareth(1997), *Images of Organization,* Beverly Hills, CA: Sage.

Mosher, Frederick C.(1982), *Democracy and the Public Service*(2nd ed), New York: Oxford University Press.

Mucciaroni, Gary(1995), *Reversals of Fortunes: Public Policy and Private Interests,* Washington, D. C. : Brookings Institution.

Muramatsu Michio村松岐夫(1988), 『地方自治』, 東京: 東京大學出版部.

Musgarve, Richard A.(1959), *The Theory of Public Finance: A Study in Public Economy,* New York: McGraw−Hill.

Nakamura, Robert & Frank Smallwood(1980), *The Politics of Policy Implementation,* NY: St, Martin's Press.

Neumark, Fritz(1940), Budgetary Methods in National and State Governments, *Social Research: An International Quarterly*, 7: Iss 1.

Nice, David C.(1987), *Federalism: The Politics of Intergovernmental Relations*, New York: St. Martin's Press.

Nigro, Flex A. & Lloyd G. Nigro(1974), *Modern Public Administration*(3rd ed.), Jocnne Couler Books.

Niskanen, Jr., William A.(1971), *Bureaucracy and Representative Government*, Chicago: Aldine−Atherton.

Nonaka, Ikujiro(1988), Toward Middle−Up−Down Management: Accelerating Information Creation, *Sloan Management Review*, 29(3): 9−18.

Nordhaus, William D.(1975), The Political Business Cycle, *Review of Economic Studies*, 42: 169−190.

Oates, William(1972), *Fiscal Federalism,* New York: Harcourt Brace Javanovich.

O' Donnell, Guillermo A.(1978), Reflections on the Patterns of Change in the Bureaucratic−Authoritarian State, *Latin American Research Review*, 13(1): 3−38.

Organ, D. W.(1988), *Organizational Citizenship Behavior: The Good Soldier Syndrome*, Lexington, MA: Lexington Books.

Osborne, David & Gaebler, Ted(1992), *Reinventing Government: How the Entrepreneurial Spirit is Transforming the Public Sector,* New York: Addison−Wesley Publishing Co.

Osborne, David & Peter Plastrik(1997), *Banishing Bureaucracy: The Five Strategies for Reinventing Government,* ERIC.

Ostrom, Vincent(1974), *The Intellectual Crisis of American Public Administration,* Alabama: University Press of Alabama.

Ostrom, Vincent & Ostrom, Ellino(1971), Public Choice: A Different Approach to the Study of Public Administration, *Public Administration Review*, 31(2): 204−216.

Ouchi, William G.(1981), *Theory Z: How American Business Can Meet the Japanese Challenge, Reading*, MA: Addison−Wesly.

Parkinson, Cyril N.(1955), Parkinson's law, *The Economist*, 19, Nov, London.

Parsons, Talcott(1960), *Structure and Process in Modern Society,* New York: Free Press.

Peacock, Alan T. & Jack Wiseman(1961), *The Growth of Public Expenditure in the United Kingdom,* Princeton University Press.

Perrow, Charles(1970), *Organizational Analysis: A Sociological View*, Belmont, CA: Wadsworth.

Perry, James L. & Wise, L. R.(1990), The Motivational Bases of Public Service, *Public Administration Review*, 50: 367−373.

Peter, B. Guy(2001), *The Future of Governing: Four Emerging Models*, Lawrence: Kansas University Press.

Pigou, Arthur C.(1918), *The Economics of Welfare,* London: Macmillian.

Pondy, L. R.(1967), Organizational Conflict: Concepts and Models, *Administrative Science Quarterly*, 12(3): 296−320.

Porter, Lyman W. & Edward E. Lawler Ⅲ(1968), *Managerial Attitudes and Performance*, Homewood, Illinois: Richard D. Irwin.

Poulantzas, Nicos(1968), *Political power and social classes,* London: Verso.

Pressman, Jeffrey L. & Aaron Wildavsky(1979). *Implementation*(2nd ed), L. A.: California University Press.

Quinn, R. E.(1988), *Beyond Rational Management,* SanFrancisco: Jossy−Bass Publisher.

Quinn, R. E. & J. Rohrbaugh(1983), A Spatial Model of Effectiveness Criteria: Toward a Competing Value Approach to Organization Analysis, *Management Science*, 29: 363−377.

Rainey, Hal G. & Steven A. Watson(1996), Transformational leadership and middle management: Towards a role for mere mortals, *International Journal of Public Administration*, 19: 763−800.

Rawls, Jone(1971), *A Theory of Justice,* Cambridge, Mass: Harvard University Press.

Reddin, William J.(1970), *Managerial Effectiveness,* New York: McGraw—Hill Book Company.

Rhodes, R. A. W.(1983), *Control and Power in Central—Local Government Relations,* Hants: Gower Publishing Co. Ltd.

Rhodes, R. A. W.(1996), The New Governance: Governing without Government, *Political studies,* 44: 652—667.

Rhodes, R. A. W. & David Marsh(1992), New Directions in the Study of Policy Networks, *European Journal of Political Research,* 21: 181—205.

Riggs, Fred W.(1964), *Administration in Developing Countries: The Theory of Prismatic Society,* Houghton Mifflin.

Riper, Paul P. Van(1958), *History of the United States civil service,* Illinois: Row Petersert and Company.

Ripley, Randall B. & Grace A. Franklin(1986), *Policy Implementation and Bureaucracy,* Dorsey Press.

Robbins, S. P. & Judge, T.(2011), *Organizational Behavior,* Upper Saddle River, NJ: Pearson Prentice Hall.

Rogers, Everett(2003), *Diffusion of innovations*(5th ed.), New York: Free Press.

Ramos, Alberto Guerreiro(1972), Models of Man and Administrative Theory, *PAR,* 32(31): 241—246.

Romzek, Barbara S. and Melvin J. Dubnick(1987), Accountability in the Public Sector: Lessons from the Challenger Tragedy, *Public Administration Review,* 47(3): 227—238.

Rubin, Irene S.(1988), *New Directions in Budget Theory,* Albany: State University of New York.

Rose, Richard(1976), Models of Change, In R. Rose(ed.) *The Dynamics of Public Policy,* Beverly Hills: Sage.

Sabatier, Paul A.(1986), Top—Down and Bottom—Up Models Policy Implementation: A Critical Analysis and Suggested Synthesis, *Journal of Public Policy,* 6: 21—48.

Sabatier, Paul A.(1993), *Policy Change and Learning: An Advocacy Coalition Approach,* Boulders Co: Westview Press.

Saffold III, G. S.(1988), Culture traits, strength, and organizational performance: Moving beyond strong culture, *Academy of Management Review,* 13(4): 546—558.

Salamon, Lester(1999), *America's Nonprofit Sector: A Primer*(2nd ed.), Foundation Center.

Salamon, Lester M.(2002), *The Tools of Government: A Guide to the New Governance,* New York: Oxford University Press.

Salisbury, Robert H.(1968), The Analysis of Public Policy: A Search for Theories and Roles, In Austin Ranney(ed.). *Political Science and Public Policy,* Chicago: Markham.

Samuelson, Paul A.(1954), The Pure Theory of Public Expenditure, *Review of Economics and Statistics,* 36: 387—389.

Saunders, Peter(1979), *Social Theory and the Urban Question,* Holmes & Meier.

Savas, Emanuel S.(1982), *Privatizing the Public Sector: How to Shrink Government,* Chatham: Chatham House.

Sayre, W.(1958), Promises of Public Administration: Past and Emerging, *Public Administration Review,* 18: 102—103.

Schein, Edgar H.(1969), *Process Consultation: Its Role in Organization Development,* Addison—Wesley.

Schein, Edgar H.(1985), *Organizational Culture and Leadership,* San Francisco: Jossy—Bass.

Schick, Allen(1966), The Road to PPB: The Stages of Budget Reform, *Public Administration Review,* 26(4): 243—258.

Schmitter, Philippe C.(1974), Still the Century of Corporatism?, *The Review of Politics,* 36: 85—131.

Schubert, Glendon(1957), The Public Interest in Administrative Decision—Making, *American Political Science Review,* 51: 346—68.

Scott, W. R.(2003), *Organizations: Rational, Natural, and Open Systems,* New Jersey: Prentice—Hall.

Selznick, Philip(1957), *Leadership in Administration: A Sociological Interpretation,* New York: Harper & Row.

Senge, Peter M.(2006), *The Fifth Discipline: The Art and Practice of the Learning Organization,* New York: Currency

Doubleday.

Shafritz, Jay M., E. W. Russel & Christopher Borick(2012), *Introducing Public Administration*(8th ed.), Pearson Education Inc, New York: Marcel Dekker.

Shaw, M. E.(1981), *Group Dynamics: The Psychology of Small Group Behavior*(3rd ed., New York: McGraw—Hill.

Simon, Herbert A.(1978), *Administrative Behavior: A Study of Decision—Making Processes in Administrative Organization* (3rd ed.), New York: The Free Press.

Simon, Herbert A.(1978), Rationality as Process and as Product of Thought, *American Economic Review*, 68(2): 1—16.

Skinner, Burrhus Frederic(1953), *Science and Human Behavior,* New York: Macmillan.

Steinbruner, John D.(1974), *The Cybernetic Theory of Decision,* Princeton: Princeton University Press.

Stoker, Gerry & Karen Mossberger(2001), The Evolution of Urban Regime Theory, *Urban Affairs Review*, 36(6): 810—835.

Stone, Clarence N.(1987), Summing up: Urban regimes, development policy, and political arrangements, In *The politics of urban development*, edited by C. N. Stone and Heywood T. Sanders: 269—290, Lawrence: University Press of Kansas.

Stigler, George J.(1971), The Theory of Economic Regulation, *Bell Journal of Economics and Management Science*, 2(1): 3—21.

Sundelson, J. W.(1935), Budgetary principles, *Political Science Quarterly*, 50: 236—263.

Tannenbaum, Robert & Warren Schmidt(1973), How to choose a leadership pattern, *Harvard Review*, May—June: 162—180.

Tapscott, Don(1996). *The Digital Economy: Promise and Peril in the Age of Networked Intelligence,* New York: McGraw—Hill.

Taylor, Frederick W.(1911), *The Principles of Scientific Management,* New York: Harper & Row.

Thomas, Kenneth W.(1992), Conflict and Conflict Management: Reflections and Update, *Journal of Organizational Behavior*, 13(3): 265—274.

Thompson, Dennis F.(1987), *Political Ethics and Public Office,* Harvard University Press.

Thompson, James D.(1967), *Organizations in Action,* New York: McGraw—Hill.

Thompson, James D. & A. Tuden(1959), Strategies, Structures and Processes of Organizational Decision, In J. Thompson, P. Hammond, R. Hawkes & A. Tuden, *Comparative Studies in Administration,* Pittsburgh, Pa.: Univer. of Pittsburgh Press.

Thompson, Victor A.(1965), Bureaucracy and Innovation, *Administrative Science Quarterly*, 10(1): 1—20.

Thurmaier, Kurt M. & Katherine G. Willoughby(2001), *Policy and Politics in State Budgeting,* M.E. Sharpe.

Tiebout, Charles M.(1956), A Pure Theory of Local Expenditures, *Journal of Political Economy*, 64: 416—424.

Toulmin, S. E.(1958), *The Uses of Argument,* Cambridge: Cambridge University Press.

Trompenaars, Fons & Charles Hampden—Turner(2001), *21 Leaders for The 21st Century,* New York: McGraw—Hill.

Truman, David Bicknell(1971), *The Governmental Process: Political Interests and Public Opinion,* New York: Alfred A. Knopf.

Vedung, Evert(1998), Policy Instrument: Typologies and Theories, In Bemelmans—Videc, M. Ray, C. Rist and Evert Vedung(eds.), *Carrots, Stick and Sermons: Policy Instruments and Their Evaluation,* New Brunswick New York: Transaction Publishers.

Vroom, Victor H.(1964), *Work and Motivation,* New York: John Wiley 7 Sons.

Wagner, Adolf H. G.(1958), Three Extracts on Public Finance, in R. Musgrave and A. Peacock editors, *Classics in the Theory of Public Finance,* New York: Macmillian.

Waldo, Dwight(1948), *The Administrative State: A Study of the Political Theory of American Public Administration,* USA: Transaction Publishers.

Walzer, Michael(1984), *Spheres of Justice: A Defence of Pluralism and Equality,* Oxford: Blackwell.

Wamsley, Gary L.(1990), *Refounding Public Administration,* C. A.: Sage Publications.

White, Leonard Dupee(1926), *An Introduction to the Study of Public Administration,* New York : Macmillan.

Wildavsky, Aaron(1979), *Speaking Truth to the Power: The Art and Craft of Policy Analysis,* Boston: Little, Brown and Company.

Wildavsky, Aaron(1984), *The politics of the budgetary process*(4th ed.), Boston: Little, Brown and Company.

Williams, Larry J. & Stella E. Anderson(1991), Job Satisfaction and Organizational Commitment as Predictors of Organizational Citizenship and In−Role Behaviors, *Journal of Management,* 17: 601−617.

Williamson, Oliver E.(1975), *Markets and Hierarchies: Analysis and Antitrust Implications,* New York: Free Press.

Willoughby, William Franklin(1927), *Principles of Public Administration,* Johns Hopkins Press.

Wilson, D. & C. Game(1998), *Local Government in the United Kingdom,* England, U. K.: Macmillan Press Ltd.

Wilson, James Q.(1995), *Political Organizations,* Princeton, N. J.: Princeton University Press.

Wilson, Woodrow(1887), The Study of Administration, *Political Science Quarterly,* 2(2): 197−222.

Winter, Soren(1990), Integrating Implementation Research, In D. J. Palumbo and D. J. Calista (eds.), *Implementation and Policy Process,* New York: Greenwood Press.

Woodward, Joan(1965), *Industrial Organization: Theory and Practice,* London: Oxford University Press.

Wright, Deal S.(1998), *Understanding Intergovernmental Relations,* Pacific Grove, California: Brooks/Cole Publishing Company.

Yates, Douglas(1982), *Bureaucratic Democracy,* Cambridge, Massachusetts: Harvard University Press.

Yishai, Yael(1992), From an iron triangle to an iron duet?: Health policy making in Israel, *European Journal of Political Research,* 21: 91−108.

Yukl, Gary A.(1994), *Leadership in Organizations,* Englewood Cliffs, NJ: Prentice−Hall.

행정학 절요
- 행정학의 마루로 통하는 길 -

초판발행            2020년 11월 11일
지은이              변종순
펴낸이              안종만·안상준

편 집               김민경
기획/마케팅          김한유
표지디자인           박현정
제 작               고철민·조영환

펴낸곳              (주) **박영사**
                   서울특별시 금천구 가산디지털2로 53, 210호(가산동, 한라시그마밸리)
                   등록 1959. 3. 11. 제300-1959-1호(倫)

전 화               02)733-6771
f a x              02)736-4818
e-mail             pys@pybook.co.kr
homepage           www.pybook.co.kr
ISBN               979-11-303-1085-5  13350

정 가        40,000원